Die Schriftsteller

und die

um Wissenschaft und Kunst verdienten Mitglieder

des

Benediktiner-Ordens

im heutigen Königreich Bayern

vom Jahre 1750 bis zur Gegenwart.

Von

August Lindner,

Priester des Fürstbisthums Brixen.

Erster Band.

Regensburg, 1880.

Druck von Georg Joseph Manz.

In Commission der M. Hueber'schen Buchhandlung in Schrobenhausen.

Die Schriftsteller

und die

um Wissenschaft und Kunst verdienten Mitglieder

des

Benediktiner-Ordens

im heutigen Königreich Bayern

vom Jahre 1750 bis zur Gegenwart.

Von

August Lindner,
Priester des Fürstbisthums Brixen.

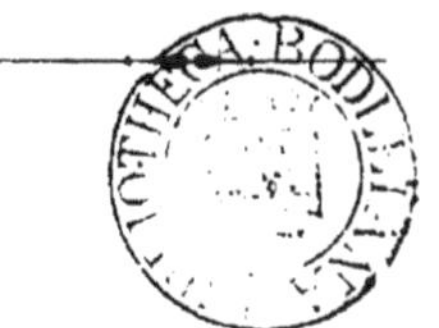

Erster Band.

Regensburg, 1880.
Druck von Georg Joseph Manz.

In Commission der M. Hueber'schen Buchhandlung in Schrobenhausen.

Motto:

Non excelsi parietes, non marmoreae turres, ... sed religiosorum pietas ac eruditio monasteriis nominis celebritatem, gloriam ac splendorem accersunt.

Ziegelbauer, Nov. rei lit. O. S. B.
Conspectus. fol. 68.

Dem Andenken

Sr. Majestät

König Ludwig's I.,

des hochherzigen Wiederherstellers des Benediktiner-Ordens
in Bayern

pietätsvoll gewidmet.

Vorwort.

Es wird auf den ersten Blick befremden, dass ein Werk mit dem Titel: „Die Schriftsteller — des Benediktinerordens“ den Namen eines Verfassers trägt, der selbst nicht Mitglied dieses Ordens ist. Die Erklärung ist ganz einfach. Herr August Lindner, z. Z. Cooperator in Götzens bei Innsbruck, hatte seit Frühjahr 1868 seine Aufmerksamkeit und seine Studien den wissenschaftlichen Bestrebungen und Leistungen der im Gebiete des heutigen Königreichs Bayern gelegenen Benediktinerstifte zugewendet. Das vorliegende Werk, das Resultat vieljähriger unermüdlichen Forschungen, war beinahe druckreif, als im Frühjahr 1879 die Frage aufgeworfen wurde, was von Seite der bayerischen Benediktiner zur Feier des 1400jährigen Jubiläums der Geburt des heiligen Ordensstifters auch literarisch geschehen sollte. Der Antrag des hochw. P. Pius Gams, es möge u. a. das Werk des Herrn August Lindner auf Kosten der bayerischen Benediktinerstifte herausgegeben werden, fand ungetheilten Beifall. Ueber Plan und Anlage des Werkes hat der Verfasser selbst sich in folgender Weise ausgesprochen:

„Das Werk umfasst nur jene Schriftsteller und Gelehrten, welche Benediktinerstiften des heutigen Königreichs Bayern angehörten und die nicht vor dem Jahre 1750 gestorben sind. Gebürtige Bayern, die in ausländischen Stiften Gelübde ablegten, wurden nicht berücksichtigt. Ebenso wurden alle jene nicht mit aufgenommen, welche ihren Orden wieder verlassen haben.

Nach dem Beispiele Felder's und Baader's wurden auch solche um Wissenschaft und Kunst verdiente Ordensmitglieder aufgeführt, von denen keine Schriften bekannt geworden sind.

Die Biographien sind fast immer nur im Auszuge mitgetheilt, weil sonst das Werk wohl sechsmal so umfangreich geworden wäre. Es wurde aber am Schlusse der biographischen Notizen auf ausführlichere Berichte, wenn solche vorhanden, hingewiesen.

Das Verzeichniss der Druck- und Handschriften wurde möglichst vollständig gegeben und, soweit es der Verfasser in Erfahrung bringen konnte, auch erwähnt, wo die Handschriften gegenwärtig sich befinden.

Absichtlich wurden nicht nur die bedeutenden Gelehrten, sondern, nach dem Vorgange von Felder und Baader, alle Schriftsteller, auch wenn sie nur Leichenreden oder Dissertationen geschrieben hatten, aufgeführt. Das Werk soll nicht ein Gelehrten-, sondern Schriftsteller-Lexikon sein. Selbstverständlich bleibt das Urtheil über den wissenschaftlichen Werth der einzelnen Schriften jedem Kenner freigegeben.

Leider konnten für manche verdiente Schriftsteller trotz aller Bemühungen nicht sämmtliche erwünschten Daten aufgebracht werden.

Solche mögen in dem Ausspruch des Mathematikers P. Placidus Heinrich aus St. Emmeram einigen Ersatz finden: „Die schönste Denkschrift sind unsere literarischen Arbeiten und unser Streben, das Gute nach Kräften zu fördern. Wohl dem, der mit dem Wenigen wuchert.“ (Epistola ad L. de Westenrieder d. 18. Maji 1824.)

Allen, die ihn bei seiner mühevollen Arbeit unterstützt, wünscht der Verfasser auf's Wärmste zu danken. Von den Hunderten von Briefen, die er in Angelegenheit dieses Buches geschrieben hat, sind nur 5—6 unbeantwortet geblieben. Jedwede Berichtigung und Ergänzung wird stets mit aufrichtigem Dank entgegengenommen und gewissenhaft verwerthet werden.“

Wie hoch man immer die mannigfachen literarischen Unterstützungen anschlagen mag — das Hauptverdienst bleibt dem Verfasser ungeschmälert. Dieses Verdienst wird um so sicherer Anerkennung finden, je mehr man sich vergegenwärtigt, wie der Verfasser seit vielen Jahren Seelsorgsposten auf dem Lande zu verwalten hatte, die für literarische Beschäftigung nicht gerade die reichsten und bequemsten Hilfsmittel darboten.

Die bayerischen Benediktiner sprechen dem verdienstvollen Verfasser hiemit öffentlich ihren Dank aus für ein Werk, das ohne begeisterte Liebe zum Orden des hl. Benediktus wohl nicht entstanden wäre.

Die dem Titelblatt unmittelbar folgende Widmung soll dafür Zeugniss geben, dass die dankbare Erinnerung an den höchstseligen Stifter und Wiederhersteller der bayerischen Benediktinerklöster unverwelklich fortblüht.

Nie darf das Wort vergessen werden, das Abt Haneberg am Grabe des erhabenen Königs sprach:

„Vollkommen gerechtfertigt wird er sicher mehr durch

Thaten, als durch Worte; das Wirken und die Leistungen der Orden, die er eingeführt hat, müssen — das sind sie nicht nur ihrem Gelöbnisse, sondern auch dem Andenken des edlen Königs schuldig — zeigen, dass derjenige einem hohen Ideale nachstrebte, der diese Institutionen vom Untergang rettete".

München, St. Bonifaz, am 29. Februar 1880.

P. O. R.

Inhalt.[1]

		Seite
Quellen		1
Einleitung		
I. Cap.	Kurzer Umriss der literarischen Thätigkeit der Benediktiner in Bayern im achtzehnten Jahrhunderte	14
II. „	Der disziplinäre Zustand des Ordens in Bayern im achtzehnten Jahrhunderte	38
III. „	Die Aufhebung sämmtlicher Benediktinerabteien in Bayern	40

I. Die Abteien der bayerischen Benediktiner-Congregation:

	Seite
1) **Weltenburg**	42
Schriftsteller und Gelehrte:	
P. Anselm Löx	43
C. Edmund Schmid	—
P. Rupert Schmid	44
„ Benedikt Werner	—
„ Benedikt Niedermayer	49
2) **St. Emmeram**	50
Schriftsteller und Gelehrte:	
P. Sebastian Beyerer	52
„ Nonnos Hackl	—
„ Joh. Bapt. Kraus	—
„ Heinrich Ledermann	56
„ Veremund Baader	—
C. Wendelin Calligari	—
P. Frobenius Forster	—
„ Petrus Weissengruber	62
„ Bonifaz Kranzberger	63
„ Emmeram Paumann	—
P. Heinrich Mayer	63
„ Joachim Baumann	64
„ Joseph Reindl	—
„ Sebastian Prixner	—
„ Joh. Bapt. Enhuber	—
„ Joh. Ev. Reichmayr	65
„ Colomann Sanftl	—
„ Wolfgang Fröhlich	67
„ Frobenius v. Emmerich	68
„ Rupert Aign	—
„ Roman Zirngibl	69
„ Cölestin Steiglehner	80
„ Albert Lukas	87
„ Benedikt Puchner	—
„ Placidus Heinrich	88
„ Dionys Danegger	93
„ Paul Schönberger	94
„ Augustin Lex	—
„ Virgil Bacher	95
„ Martin Minichsdorfer	—
„ Petrus Werner	—

[1] In diesem Verzeichnisse sind die in den Amerkungen besprochenen Benediktiner nicht aufgeführt.

	Seite
P. Joseph Diller	97
„ Bernard Stark	—
„ Emmeram Salomon . .	105
„ Cölestin Weinzierl . .	107
„ Maximian Pailler . . .	108
„ Augustin Tröster . . .	—

3) **Oberaltaich**	109

Schriftsteller und Gelehrte:

P. Aemilian Hemauer . .	110
„ Pirmin Freyberger . . .	—
„ Cölestin Oberndorfer . .	111
„ Joh. Ev. Schifferl . . .	—
„ Beda Appel	112
„ Maurus Ott	—
„ Benno Ganser	—
„ Joh. Gualbert Lambacher .	114
„ Benedikt Bucher . . .	115
„ Vinzenz Partl	—
„ Anselm Zacherl	116
„ Marian Gerl	—
„ Cölestin Moser	—
„ Jos. Maria Hiendl . . .	117
„ Hermann Scholliner . . .	—
„ Michael Aman	122
„ Angelus Maria Lang . . .	—
„ Rupert Reiffenstuel . .	123
„ Georg Schneller	—
„ Dominikus Gollowitz . .	124
„ Corbinian Diemer . . .	—
„ Joh. Ev. Mayerhofer . .	125
„ Bernard Stöger	126
„ Beda Aschenbrenner . .	127
„ Jos. Maria Mayer . . .	129
„ Innozenz Raith	130
„ Max. Arnold	—
„ Vinzenz Gräsböck . . .	—
„ Benedikt Schneider . . .	131
„ Amand Höcker	—
„ Florian Azenberger . . .	—
„ Pius Pschorn	132
„ Augustin Kiefel	—
„ Lambert Knidtlmaier . . .	—

4) **Benediktbeuern**	133

Schriftsteller und Gelehrte:

	Seite
P. Alphons v. Haidenfeld .	136
„ Aegid Madlseder . . .	—
„ Leonhard Hochenauer . .	—
P. Gottfried Luidl	136
„ Bonifaz Riedl	137
„ Landfried Heinrich . . .	—
„ Benno Vogelsanger . .	138
„ Gerard Sepp	—
„ Aemilian Reiff	—
„ Marian Wourstn	139
„ Amand Fritz	140
„ Bonifaz Koller	—
„ Gregor Brunner	—
„ Carl Klocker	141
„ Virgil Hiedl	143
„ Joh. Damascen. Walcher .	—
„ Aegidius Jais	—
„ Benno Winnerl	147
„ Wolfgang Vitzthum . .	148
„ Sebastian Mall	—
„ Florian Meilinger . . .	149
„ Joseph Maria Wagner .	150
„ Ulrich Riesch	152
„ Corbinian Riedhofer . . .	—
„ Maurus Hagel . . .	155

5) **Tegernsee**	157

Schriftsteller und Gelehrte:

P. Sebastian Zeidlmayr . .	161
„ Aemilian Dratzieher . . .	—
„ Castorius Zeitler	—
„ Leonhard Trautsch . . .	—
„ Augustin Mayr	—
„ Gregor Plaichshirn . .	162
„ Marian Pruggberger . . .	—
„ Nonnos Pämer	—
„ Anselm Marschall . .	163
„ Maurus Wagner	—
„ Bernard Gaigl	—
„ Gotthard Durmayr . . .	—
„ Rupert Wilhelmseder . .	164
„ Nonnos Brand	—
„ Chrysogonus Zech . . .	—
„ Augustin Schelle . . .	—
„ Leonhard Buchberger . .	166
„ Michael Lory	167
„ Gregor Rottenkolber . .	168
„ Sebastian Günthner . .	169
„ Virgil Sorko	172
„ Martin Frischeisen . . .	—
„ Gotthard Gloggner . . .	—
„ Maurus Magold	173
„ Joseph Fuchs	174

Seite

6) **Wessobrunn** 176

Schriftsteller und Gelehrte:

P. Rupert Mayr 177
„ Cölestin Leutner . . 178
„ Beda v. Schallhamer . . 179
„ Veremund Eisvogl . . —
„ Benedikt Millbaur . . 180
„ Jos. Maria v. Packenreuth —
„ Gregor Zallwein . . . 181
„ Alphons v. Campi . . 182
„ Ulrich Mittermayr . . 183
„ Lambert Höllerer . . —
„ Virgil Sedlmayr . . . —
„ Paul Nagl 184
„ Roman Kandler . . . 185
„ Bernard Hypper . . . —
„ Maurus Bayrhamer . . 186
„ Pontian Schallhart . . —
„ Symbert Schwarzhuber . —
„ Joseph Leonardi . . . 188
„ Thassilo Beer . . . —
„ Joh. Damasc. v. Kleimayern —
„ Benedikt Fischer . . . 190
„ Anselm Ellinger . . . —
„ Rupert Schmidhuber . . 192

7) **Thierhaupten** 193

Schriftsteller und Gelehrte:

P. Willibald Furtner . . 194
„ Benedikt Hundtriser . . —
„ Joseph Jansen . . . —
„ Placidus Pichler . . . —
„ Edmund Schmid . . . —
„ Symbert Heinrich . . 195

8) **Weihenstephan** 196

Schriftsteller und Gelehrte:

P. Rupert Carl 197
„ Aemilian Naisl . . . 198
„ Maximilian Dagaro . . —
„ Bernard Reitter . . . 199
„ Heinrich Waizenbauer . —
„ Rupert Niedermayr . . —
„ Gabriel Liebheit . . . —
„ Roman Weixer . . . 200
C. Lukas Carl 201
P. Innocenz Völkl . . . —
„ Wolfgang Graf . . . —
„ Maurus Fischer . . . 202
„ Benedikt Licklederer . . —

Seite

P. Bernard Peslmüller . . 202
„ Rupert Sturm . . . . —
„ Innocentius Förtsch . . 203
„ Cölestin Hochbrucker . —
„ Raphael Thaler . . . —
„ Nonnos. Feil . . . 204
„ Benno Ostermayr . . —

9) **Attel** 205

Schriftsteller und Gelehrte:

P. Marian Oberhueber . . 206
„ Engelbert Hörmann . . —
„ Nonnosus Moser . . 207
„ Florian Scheyerl . . . —
C. Sebastian Zobl . . . . —
P. Marian Mareis . . . 208
„ Aegidius Holler . . . —
„ Dominikus Weinberger . —
„ Maurus Dietl . . . 210

10) **Weissenohe** 211

Schriftsteller und Gelehrte:

P. Placidus Perl 212
„ Joh. Nep. Lingl . . . —
„ Marian Dobmayr . . . —
„ Aemilian Vogt . . . 213
„ Joh. Ev. Kronbaur . . —
„ Willibald Schrettinger . 214

11) **Rott** 216

Schriftsteller und Gelehrte:

P. Columban Prälisauer . . 217
„ Corbinian Graz . . . 218
„ Thyemo Luidl . . . . —
„ Rupert Lupperger . . . —
„ Beda Schweinöster . . —
„ Placidus Metsch . . . 219
„ Emmeram v. Sutor . . —
„ Joseph Maria Kerscher . —
„ Joh. Bapt. Roth . . . —
„ Rupert Weigl . . . . —
„ Ildephons Ruedorfer . . 220
„ Gregor Stangl . . . . —
„ Magnus Schmid . . . —
„ Aemilian Miller . . . 221

12) **Scheyern** 222

Schriftsteller und Gelehrte:

P. Joh. Ev. Manikor . . 224
„ Ludwig Alteneder . . . —
„ Corbinian Lambacher . 225

Seite
P. Leonhard Holner . . . 225
„ Angelus März . . . . —
„ Rupert Hauff . . . 227
„ Conrad Muckensturm . —
„ Frobenius Hibler . . 228
„ Martin Jelmiller . . —
„ Otto Enhueber . . . 229
„ Benno v. Hofstetten . . —
„ Lukas Biderer . . . 230
„ Cölestin Zacherl . . —
„ Gabriel Knogler . . . —
„ Maurus Harter . . . 231
„ Hieronymus Scheiffele . 235
„ Thaddäus Siber . . . 236
„ Rupert Leiss . . . 238
„ Petrus Lechner . . . 239
„ Anselm Thoma . . . 241
„ Aloys Prand . . . . —

13) **Prifling** 242
Schriftsteller und Gelehrte:
P. Veremund Gufl . . . 243
„ Franz Xav. Gerbl . . 244
C. Gabriel Doblinger . . 245
„ Marian Königsberger . . —
P. Wunibald Reichenberger . —
„ Petrus Gerl 246
„ Martin Pronath . . . 247
„ Florian Scharl . . . . —
„ Benno Ortmann . . . —
„ Maurus v. Schenkl . . 250
„ Rupert Kornmann . . 252
„ Joh. Ev. Kaindl . . 259
„ Benedikt Wisneth . . . —
„ Edmund Walberer . . 260
„ Joh. Bapt. Froben. Weigl —

14) **Reichenbach** 263
Schriftsteller und Gelehrte:
P. Anselm Meiller . . . 263
„ Emmeram Kellner . . 264
„ Benedikt Muck . . . . —
„ Diepold Ziegler . . . . —
„ Florian Flierl . . . 265
„ Joseph Prixner . . . . —
„ Ildephons Holzwart . . . —

15) **Michelfeld** 267
Schriftsteller und Gelehrte:
P. Otto Sporer 268
„ Wolfgang Häckl . . . —

Seite
P. Heinrich Eumring . . 268
„ Joh. Nep. Ströhl . . . —
„ Aegid Bartscherer . . 269
„ Benedikt Gulder . . . —
„ Max. Prechtl . . . . —
„ Marian Reber . . . 272

16) **Ensdorf** 274
Schriftsteller und Gelehrte:
P. Jacob Fellerer . . . 275
„ Vincenz Müller . . . . —
„ Bonaventura Engl . . . —
„ Sigismund Mar. Poschinger —
„ Anselm Desing . . . . —
„ Odilo Schreger . . . 282
„ Placidus Velhorn . . 283
„ Joseph Kremer . . . . —
„ Remigius Dreer . . . —
„ Joh. Ev. Huckher . . . —
„ Emmeram Kellner . . . —
„ Thaddäus Sinner . . 284
„ Franz Xav. Pellet . . . —
„ Marian Wilhelm . . . —
„ Anselm Moritz . . . . —
„ Joseph Moritz . . . . —
„ Maurus Schub . . . 286

17) **Mallersdorf** 287
Schriftsteller und Gelehrte:
P. Heinrich Widmann . . 287
„ Placidus Scheinhörl . . 288
„ Anton Warmuth . . . —
„ Bonifaz Stöckl . . . . —
„ Emmeram Frings . . . —
„ Wolfgang Aigner . . 289
„ Maurus Deigl . . . . —
„ Ernest Heilmayr . . . —

18) **Frauenzell** 290
Schriftsteller und Gelehrte:
P. Anselm Pellhamer . . 290
„ Heinrich Mühlpaur . . 291

19) **Andechs** 292
Schriftsteller und Gelehrte:
P. Meinrad Mosmiller . . 293
„ Gregor Schreyer . . 294
„ Rupert Schröfl . . . . —
„ Ulrich Apell . . . . —
„ Maurus Streidel . . . —

	Seite
P. Romuald Schleich . .	295
„ Maurus Burger . . .	—
„ Colomann Frank . .	—
„ Nonnos Madlseder . .	—
„ Joh. Bapt. Randl . .	296
„ Gregor Rauch . . .	—
„ Roman Baumgärtner . .	297
„ Placidus Scharl . . .	—
„ Benedikt Holzinger . .	300
„ Edmund Hochholzer . .	—
„ Ildephons Nebauer . .	—
„ Joh. Nep. v. Hortig . .	301
„ Ulrich v. Tein . . .	303
Literatur der Klöster der bayer. Benediktiner-Congregation	304
Nachträge und Berichtigungen .	306
Aus Weltenburg:	
P. Roman Niedermayr . .	—
C. Jos. Koller	—
P. Maurus Cammermaier . .	307
„ Rupert Walxheiser . .	—
„ Benno Gruber . . .	—
Aus St. Emmeram:	
P. Jacob Passler . . .	309
Aus Benediktbeuern:	
P. Joh. Bapt. Rauch . . .	311
C. Columban Kern . . .	—
Aus Tegernsee:	
P. Heinrich Trittenpreis . .	312
„ Columban Höchstetter . .	—
C. Ellinger Krinner . . .	—
„ Andreas Grienwald . .	—
P. Franz Minsterberger . .	313
„ Benedikt Schwarz . . .	—
Aus Wessobrunn:	
P. Angelus Widmann . .	313
C. Waltho Pambler . . .	314
P. Amand Saurlacher . .	—
Aus Thierhaupten:	
P. Placidus Rumpf . . .	314
Aus Rott:	
P. Primus Schreier . . .	315
Aus Prifling:	
P. Gregor Petz	—

Quellen.

A) Allgemeines.

(**Anders** Math.[1]), Bayern's Klöster als erste Pflanzschule der christlichen Religion und ihr Abschied 1803. München 1832. 8.

Aretin J. Christ. Frhr. v., Beyträge zur Geschichte und Literatur, vorzüglich aus den Schätzen der Münchner National- und Hofbibliothek. München 1803—1807. 9 Bde. 8.

Baader Cl. A., Reisen durch verschiedene Gegenden Deutschlands, in Briefen. Augsburg. 1795—1797. 2 Bde. 8.

Bayern, das Königreich in seinen alterthümlichen, geschichtlichen, artistischen und malerischen Schönheiten in einer Reihe von Stahlstichen mit Text, 3 Bde. (in 60 Heften). München 1843—1854. gr. 8.

Bibliothèque générale des écrivains de l'ordre de saint Benoit, par un Religieux Bénédictin de la congrégation de S. Vannes. Bouillon 1777—1778. 4 Tom. 4. (Verfasser ist P. Joh. François.)

Bibliotheca principalis ecclesiae et monasterii ord. s. Bened. ad S. Emmeramum Ratisb. 4 Tom. 1748. 8.

Bock Ch. W., Sammlung von Bildnissen gelehrter Männer und Künstler nebst kurzen Biographien. Nürnberg 1790—1802. 8.[2])

Braun Pl., Notitia historico-litteraria de codicibus manuscriptis in Bibliotheca liberi et imperialis monasterii ord. s. Bened. ad. S. S. Udalricum et Afram existentibus. Aug. Vind. 1791—1796. 6 Voll. 4.

— Geschichte der Bischöfe von Augsburg. 1813—1815. 4 Bde. 8.[3])

---

[1]) Wenn der Name des Verfassers in Klammern geschlossen, erschien die betreffende Schrift anonym.

[2]) Davon soll 1803 eine Fortsetzung erschienen sein.

[3]) Enthält nach jedem Zeitabschnitte ein Verzeichniss aller bedeutenden Gelehrten und Schriftsteller aus dem Clerus, welche im Bisthum Augsburg gelebt haben.

Braun Pl., Historisch-topographische Beschreibung der Diöcese Augsburg. Augsburg 1823. 3 Bde. 8.

Bruschius Casp., Chronologia monasteriorum praecipuorum Germaniae ac maxime illustrium. Sulzbaci 1682. 4.[1])

— Supplementum sive centuria II. ed. a Daniel de Nessel. Vindob. 1692. 4.

Catalogus codicum manuscriptorum germanicorum bibliothecae regiae Monacensis nach J. A. Schmellers kürzerem Verzeichniss. München 1866. 8.

— codicum latinorum bibliothecae regiae Monacensis. 2 Tom. Cod. 1 bis 21313. Monachii 1868—1878.

Catalog der fürstlich Leiningen'schen Bibliothek der vormaligen Benedictinerabtei Amorbach in Unterfranken. Amorbach 1851. 8.

— der Bibliothek des historischen Kreisvereins im Regierungsbezirke Schwaben und Neuburg. Augsburg 1867. gr. 8. (Verfasst von P. L. Brunner O. S. B.)

— der Bibliothek des historischen Vereins von und für Oberbayern (siehe Föringer).

— der Bibliothek des historischen Vereins von Unterfranken (s. Contzen).

Catalogi religiosorum almae et exemptae congregationis S. S. angelorum custodum Benedictino-bavaricae. Typis monasterii Tegernsee. Anno 1724, 1730, 1733, 1735, 1738, 1741, 1746, 1750, 1753, 1756, 1759, 1761, 1765, 1768, 1773, 1776, 1782, 1785, 1788, 1792, 1795, 1797, 1802. 4.

Conspectus status ecclesiastici Dioec. Frisingensis. Landishuti 1811 et 1814. (Enthält im Anhange ein Verzeichnis der in den genannten Jahren im Bisthum Freising lebenden Schriftsteller aus dem Ordens- und Weltklerus, auctore P. Dionysio Reithofer, Ord. Cisterc.)

Contzen Dr. M. Th., die Sammlungen des historischen Vereins für Unterfranken und Aschaffenburg zu Würzburg. Bücher, — Handschriften, — Urkunden. Würzburg 1856. 8.

Deutinger Dr. M. v., Beyträge zur Geschichte, Topographie und Statistik des Erzbisthums München-Freising. München 1850—1854. 6 Bde. 8.

— Die ältern Matrikeln des Bisthums Freising. München 1849—1850. 3 Bde. 8.

Föringer H., die Büchersammlung des historischen Vereins von und für Oberbayern nach ihrem Bestande zu Anfang des Jahres 1866. München 1867—1868. 2 Bde. 8.

Foertsch J., Catalogus Professorum Lycei Frisingensis ab anno 1697—1797. Monachii 1797. 4.

---

[1]) Die Citate aus Bruschius in diesem Werke beziehen sich alle auf diese II. Ausgabe.

Frenninger Fr. X., Matrikelbuch der Universität Ingolstadt-Landshut-München. München 1872. 2 Bde. 8.

Gengler'sche Sammlung von lithographischen Bildnissen. 1821—1823.

Gerbert M., Iter alemannicum. Typ. S. Blasii. 1774. 8.

Gerken Ph. W., Reisen durch Schwaben, Baiern, angränzende Schweiz, Franken und die Rheinprovinzen in den Jahren 1779—1785, nebst Nachrichten von Bibliotheken, Handschriften u. s. w. Stendal und Worms 1783—1788. 4 Bde. 8.

Günthner S., Geschichte der literarischen Anstalten in Baiern. München 1810. 2 Bde. 8.

— Was hat Baiern für Künste und Wissenschaften gethan? München 1815. 1 Bd. 8.

Gutenäcker, Verzeichniss aller Programme der bayerischen Lyceen und Gymnasien vom Jahre 1823—1860. Bamberg. 4. (Mit Fortsetzung bis 1873 von Zeiss.)

Heller J., Verzeichniss von bambergischen topo-historischen Abbildungen in Holzschnitt, Kupferstich u. s. w. mit historisch-artistisch-literarischen Notizen. Bamberg 1841. 8. (Als Beilage zum IV. Bericht des historischen Vereins zu Bamberg.)

— Verzeichniss von bambergischen Portraits in Holzschnitt, Kupferstich u. s. w. mit historisch-artistisch-literarischen Notizen. (Im VIII. Bericht des historischen Vereins zu Bamberg S. 53—96, im IX. Bericht S. 1 bis 96 und im X. Bericht S. 3—72.)

Hirsching Fr. C. G., Historisch-geographisch-topographisches Stifts- und Klosterlexikon. Lit. A—D. (Vol. unic.) Leipzig 1792. 8.

— Nachrichten von sehenswürdigen Gemälde-, Kupferstich-, Münz- Gemmen- und Kunstsammlungen Teutschlands. Erlangen 1786—1792. 6 Bde. 8.

— Versuch einer Beschreibung sehenswürdiger Bibliotheken Teutschlands. Erlangen 1786—1791. 4 Bde nebst 1. Supplement- und 1. Register-Band. 8.

Historia almae et archiepiscopalis universitatis Salisburgensis sub cura Benedictinorum. Bonndorffii 1728. 4. (Verfasser ist P. Roman Sedelmayr, Herausgeber P. Meinrad Troger, beide Benedictiner von St. Blasien im Schwarzwald.)

Hundius Wiguleus a Sulzemos, Metropolis Salisburgensis cum notis Christ. Gewoldi edit. II. Ratisbon. 1719. 3 Bde. Fol.[1])

Jäck H. J., Gallerie der vorzüglichsten Klöster Deutschlands historisch-statistisch-topographisch beschrieben. Nürnberg 1831—1833. 2 Bde.

[1]) Die Citate aus Hundius sind in diesem Werke, wenn nicht bemerkt, immer aus dieser II. Edition genommen.

Jäck H. J., Erstes Pantheon der Literaten und Künstler Bambergs. Erlangen 1812—1815. 7 Hefte. 4., und Zweites Pantheon oder Nachträge u. s. f. Bamberg 1843. 8.

— Vollständige Beschreibung der öffentlichen Bibliothek zu Bamberg. Nürnberg 1831—1836. 3 Theile. 8.

Kehrein J., Geschichte der katholischen Kanzelberedsamkeit der Deutschen. Regensburg 1843. 2 Bde. 8.

Klüpfel E., Necrologium sodalium et amicorum. Friburg. Bris. 1811. 8.

Kraus J. B., Ratisbona monastica, d. i. Klösterliches Regensburg. Regensburg 1752. 4.

Kuen M., Collectio scriptorum rerum historico-monastico-ecclesiasticorum variorum religiosorum Ordinum. Ulmae 1756—1765. 5 Tom. Fol. (mit vielen Kupfern).

Link G., Klosterbuch der Diöcese Würzburg. Würzburg 1873—1876. 2 Bde. gr. 8.

Lipowsky F. J., Geschichte der Schulen in Bayern. München 1825. 8.

Mayer A., Statistische Beschreibung des Erzbisthums München-Freising. München 1874—1878. (Wird fortgesetzt von G. Westermayer).

Meichelbeck C., Historia Frisingensis. Tom. II. Aug. Vind. 1724—1729. Fol.

Meidinger Fr. S., Historische Beschreibung der churfürstlichen Haupt- und Regierungsstädte in Niederbayern Landshut und Straubing mit einer ansehnlichen Gemäldesammlung der Kirchen verschiedener Städte und hoher Prälaturen. Landshut 1787. 8.

Monumenta boica Vol. I—XLVIII. Monachii 1763—1876. 4. (werden fortgesetzt).

Nekrolog der Deutschen (die von 1823—1851 verstorben). Weimar 1824 bis 1853. 30 Jahrgänge. 8.

Nikolai, Beschreibung einer Reise durch Deutschland im Jahre 1781. Berlin 1783—1797. 8.

Oberthür, Taschenbuch für die Geschichte, Topographie und Statistik des Frankenlandes, besonders Würzburg. 1. Bd. Frankfurt 1795, 2. Bd. Weimar 1796, 3. Bd. Erlangen 1797. 8.

Oefelius F., Rerum boicarum scriptores. Aug. Vind. 1763. 2 Voll. Fol.

Paricius J. C., Allerneueste.... Nachricht von den in der Stadt Regensburg gelegenen Reichsstiften, etc. Regensburg 1753. 8.

Permaneder M., Annales almae literarum universitatis Ingolstadii olim conditae, inde autem primo hujus saeculi initio Landishutum posteaque Landishuto Monachium translocatae ab anno 1772, quo Mederer desiit, usque ad annum 1826 inclus. Monachii 1859. 4.

Pez B., Thesaurus Anecdotorum; Aug. Vind. 1721—1729. 6 Tom. Fol.

Prantl D. C., Geschichte der Ludwig-Maximilians-Universität in Ingolstadt, Landshut, München. München 1872. 2 Bde. gr. 8.

Reithofer D., Die merkwürdigen Landshuter. (Fortlaufende Artikel im Landshuter Wochenblatt 1817, Nr. 30 u. ff.)

Roppelt J. B., Historisch-topographische Beschreibung des kaiserlichen Hochstiftes und Fürstenthums Bamberg. Nürnberg 1801. 2 Bde. 8.

Ruland A., Series et vitae professorum s. s. theologiae, qui Wirceburgi a fundata academia per d. Julium usque ad annum 1834 docuerunt. Wirceburgi 1835. 8.

Schaden A. v., Gelehrtes München im Jahre 1834. München 1834. 8.

Schenkl J. B., Taschenbuch auf das Jahr 1816 und 1817 mit dem Verzeichnisse der in den k. b. Staaten lebenden Schriftsteller. Amberg und Regensburg.

Schenz v. Schemmerberg, Compendium benedictinum. Prag 1736. 8.

Schrank Fr., Baierische Reise. München 1786. 8.

Schlichtegroll Fr., Nekrolog auf das Jahr 1791—1800. Gotha 1791 bis 1801. 22 Bde. 8.

— Nekrolog der Deutschen für das neunzehnte Jahrhundert. Gotha 1801 bis 1805. 5 Bde. 8.

Schöpf G., Historisch-statistische Beschreibung des Hochstiftes Wirzburg. Hildburghausen 1802. 8. (Enthält S. 347—448 ein Verzeichniss der Gelehrten und Künstler des Hochstiftes Würzburg.)

Schwarz J., Anleitung zur Kenntniss derjenigen Bücher, die den Candidaten der Theologie u. s. w. wesentlich nothwendig. Coburg 1804—1805. 2 Bde. 8.

Series R. et V. Capituli inferioris Altachae sub regula S. P. Benedicti. Ratisbon. 1793. Passavii 1800. 12.

Steichele Dr. A., Das Bisthum Augsburg historisch und statistisch beschrieben. Augsburg 1861—1878. gr. 8. (wird fortgesetzt.)

— Archiv für Geschichte des Bisthums Augsburg. Augsburg 1854—1861. 3 Bde. 8.

— Beiträge zur Geschichte des Bisthums Augsburg. Augsburg 1849 bis 1853. 2 Bde. 8.

Stengelius C., (abbas Anhusanus) Monasteriologia, in qua insignium aliquot monasteriorum familiae S. Benedicti in Germania origines, fundatores, clarique viri ex eis oriundi describuntur, eorumdemque ideae aeri incisae subjiciuntur. Aug. Vind. Pars I. 1619; Pars II. ibid. 1638. Fol. Beide Theile sind unpaginirt. — (Ohne Abbildungen ist diese Schrift abgedruckt in Kuen, Collectio Scriptorum. Vol. I.)

Strauss A., Viri scriptis, eruditione ac pietate insignes, quos Eichstadium vel genuit vel aluit. Eichstad. 1799. 4.

Stumpf Pl., Bayern, ein geographisch-statistisch-historisches Handbuch des Königreichs. München 1852. 2 Theile. gr. 8.

Suttner J. G., Bibliotheca Eystettensis Dioecesana. Ein Beitrag zur Herstellung von Annalen der Literatur des Bisthums Eichstätt. Eichstätt 1866—1867. 2 Theile. 4.

Thesaurus librorum rei catholicae. Ein Handbuch der Bücherkunde der gesammten Literatur des Katholicismus. Würzburg. 1848—1850. 2 Bde. gr. 8.

Ussermann A., Episcopatus Bambergensis sub metropoli Moguntina chronologice et diplomatice illustratus (op. posth.). Typis. S. Blasianis 1804. 4.

— Episcopatus Wirceburgensis sub metropoli Moguntina chronologice et diplomatice illustratus. Typis S. Blasianis 1794. 4.

Veith Fr. A., Bibliotheca Augustana, complectens notitias varias de vita et scriptis eruditorum, quos Augusta Vindelica orbi litterato vel dedit vel aluit. Aug. Vind. 1785—1796. 12 Tom. (Alphabeta) cum supplemento tomo XII. annexo. 8.

— Reliquiae et fragmenta Manuscriptorum ad bibliothecam Augustanam XII voluminibus comprehensam spectantia edita a Filio J. G. Veith (o. O.) 1800. 12.

Verzeichniss aller akademischen Professoren der Universität Salzburg vom Jahre 1728—1813. Salzburg 1813. 8. (Verfasser dieser Schrift ist J. Th. Zauner.)

— einer werthvollen Sammlung von Büchern, bestehend grösstentheils aus der Bibliothek eines Benediktinerklosters, und der Bibliothek des H. R. Schuegraf. Regensburg 1856. 8.

Wagner B., Biographien denkwürdiger Priester und Prälaten. Aschaffenburg 1846. 8.

Wenning M., Historica topographica descriptio, d. i. Beschreibung des Churfürsten- und Herzogthums Ober- und Niederbayern. 4 Tom. Fol. München 1701—1726 mit Abbildungen aller Städte, Stifte, Klöster, Schlösser u. s. w.

Werner Dr. C., Geschichte der katholischen Theologie seit dem Trientner Concil bis auf die Gegenwart. München 1866. 8.

Westenrieder L. v., Beiträge zur vaterländischen Historie, Geographie und Statistik. München 1788—1817. 10 Bde. 8.

— Geschichte der Akademie der Wissenschaften in München. München 1784—1807. 2 Bde. 8.

Zapf G. W., Literarische Reise durch einen Theil von Baiern, Franken, Schwaben und die Schweiz in den Jahren 1780—1782 in einigen Briefen an seine Freunde. Augsburg 1783. 3 Abth. 8.

Zauner J. Th., Biographische Nachrichten von den Salzburgischen Rechtslehrern von der Stiftung der Universität bis auf die gegenwärtigen Zeiten. Salzburg 1789. 8.

Zauner J. Th., Nachträge zu den biographischen Nachrichten. Salzburg 1797. 8.

— Syllabus rectorum magnificorum universitatis Salisburgensis inde ab ejus primordiis ad haec usque tempora. Salisburg. 1792. 8.

Ziegelbauer Magnoald, Novus rei literariae ordinis s. Benedicti conspectus. (Tom. unic.) Ratisbonae 1739. Fol.

Zimmermann J. A., Churbayerischer Geistlicher Calender. München 1754 bis 1758. 5 Theile. 8. (Enthält kurze Monographien von bayrischen Stiften.)

Lexika und Zeitschriften.

Baader C. A., Das gelehrte Baiern oder Lexikon aller Schriftsteller, die Baiern im achtzehnten Jahrhunderte erzeugte oder ernährte. (Vol. unic. Lit. A—K.) Nürnberg und Sulzbach 1804. 4.

— Lexikon verstorbener baierischer Schriftsteller des achtzehnten und neunzehnten Jahrhunderts. Augsburg und Leipzig 1825. 2 Bde. in 4 Abtheilungen. 8.

Baur S., Allgemeines historisches Handwörterbuch aller merkwürdigen Personen, die in dem letzten Jahrzehent des achtzehnten Jahrhundertes gestorben sind. Ulm 1803. 8.

— Neues historisches biographisch-literarisches Handwörterbuch. Ulm 1807 bis 1816. 7 Bde. 8.

Benkert, „Athanasia“, eine theologische Zeitschrift besonders für die gesammte Pastoral, Kirchengeschichte und Pädagogik. Würzburg 1827 bis 1840. 8.

Berichte über das Bestehen und Wirken des historischen Vereines von Oberfranken zu Bamberg. Bamberger Bericht I—XXXIX. 1834—1876. 8. (Wird fortgesetzt.)

Bibliothek, allgemeine deutsche, Bd. I—CVI. Berlin 1765—1791. — Bd. CVII—CXVIII, Kiel und Hamburg 1792—1798 nebst 21 Bden Anhänge. Fortgesetzt unter dem Titel: „Neue allgemeine deutsche Bibliothek“, Bd. I—LV, daselbst 1793—1800. Bd. LVI—CVII, Berlin 1801—1806 nebst 10 Bden. Anhänge.

Conferenzarbeiten der Augsburgischen Diözesan-Geistlichkeit im Pastoralfache und anderweitigen Gebieten der praktischen Theologie. Augsburg 1829—1837. 8.[1]

Ersch J. S. und Gruber J. G., Allgemeine Encyklopädie der Wissenschaften und Künste in alphabetischer Ordnung. Leipzig 1. Sect. 97 Theile 1818—1878, 2. Sect. 31 Theile 1827—1855, 3. Sect. 25 Theile 1830 bis 1850. 4.

[1]) Enthält mehrere Nekrologe von Gelehrten des Bisthums Augsburg.

Felder-Waitzenegger, Gelehrtenlexikon der katholischen Geistlichkeit Deutschlands und der Schweiz. Landshut 1817—1822. 3 Bde. 8.

Felder, Kleines Magazin für katholische Religionsschullehrer. Constanz und Rottweil 1806—1808. 3 Jahrgänge; fortgesetzt unter dem Titel: Neues Magazin für katholische Religionslehrer. Schwäbischgmünd 1809—1811. 3 Jahrgänge. Landshut 1812—1818. 7 Jahrgänge.

Gradmann J. J., Das gelehrte Schwaben. Ravensburg 1802. 8.

Jahresberichte des historischen Vereins in Mittelfranken (vormals Rezatkreis). Ansbach 1830—1878. 4.

— des historischen Vereines von und für Oberbayern. München 1838 bis 1878. gr. 8.

— des historischen Vereins im Oberdonaukreise (nun Schwaben und Neuburg.) Augsburg 1835—1878. Bericht I—XVII erstattet von Raiser, Bericht XVIII—XXX erstattet von Greiff.

Kapler L., Kleines Magazin für katholische Religionslehrer. Bd. I. und II. Ingolstadt 1800—1801, Bd. III. und IV. Landshut 1802—1803. 8.

Klüpfel E., Bibliotheca nova ecclesiastica. Friburg. Brisg. 1775—1790. 8.

Lexikon, geographisch-statistisch-historisches von Baiern. Ulm 1796 bis 1797. 3 Bde. nebst Supplement. Daselbst 1802.

— geographisch-statistisch-historisches von Schwaben. II. Aufl. Ulm 1800—1801. 2. Bde. gr. 8.

Lipowsky Fr. J., Baierisches Künstlerlexikon. München 1810. 2 Bde.

— Bayerisches Musiklexikon. München 1811. 8.

Literatur des katholischen Teutschland (edirt von Pl. Sprenger). Coburg und Nürnberg 1775—1792. 12 Bde. Fortgesetzt unter dem Titel: „Literarisches Magazin für Katholiken". Coburg 1792—1798. 6 Hefte.

Literatur-Zeitung für katholische Religionslehrer, anfänglich edirt von Felder, fortgesetzt von Mastiaux und Besnard. Landshut (Thoman) 1810—1836. 26 Jahrgänge in 104 Bden.

— von Kerz. Jahrgang 1—3. München 1826—1828; Jahrgang 4—8. Mainz 1829—1833; Jahrgang 9 München 1834. (Jahrgang 10 und 11 erschien vereinigt mit der obgenannten Felder-Mastiaux Besnard'schen Literatur-Zeitung.)

Meusel J. G., Das gelehrte Teutschland, oder Lexikon der jetzt lebenden teutschen Schriftsteller. V. Edition Lemgo 1796—1834. 23 Bde. 8.

— Lexikon der von 1750—1800 verstorbenen teutschen Schriftsteller. Leipzig 1802—1816. 15 Bde. gr. 8.

— Historisch-litterarisch-bibliographisches Magazin. Zürich und Chemnitz 1788—1794. 8.

Monatsschrift, akademische (deutsche Universitätszeitung) redigirt von D. J. J. Lang und D. H. Th. Schletter. Leipzig 1849—1854. gr. 8.

Realencyklopädie, allgemeine, oder Conversationslexikon für das katholische Deutschland bearbeitet von einem Verein von Gelehrten und herausgegeben von Binder. Regensburg 1846—1850. 10 Bde. gr. 8 nebst 2 Supplementbden. (Neue Bearbeitung von Schönchen. 12 Bde. Regensburg, Manz, 1865—1873.)

Religionsfreund, redigirt von Benkert. Würzburg 1822—1840. 4. (Von Saffenreuter 1841—1849.)

Ries, das, historisch-statistische Zeitschrift, edirt von J. Fr. Weng und J. B. Guth. Nördlingen 1835—1844. 10 Hefte. 8.

Verhandlungen des historischen Vereins von Oberpfalz und Regensburg (vormals Regenkreis). Regensburg 1831—1875. 31 Bde. Mit Register zu Bd. 1—30 (1874).

— des historischen Vereines für Niederbayern. Passau und Landshut 1834—1877.

Würzburger gelehrte Anzeigen. Würzburg 1780—1802. 8.

Zarbl J. B., Der Seelsorger, eine katholische Zeitschrift. Landshut 1839 bis 1845. 7 Bde. 8.

Zeitschrift für Baiern und angränzende Länder. München 1816—1817. 24 Hefte. 8.

B) **Specielles** (meist Monographien über einzelne Stifte oder Persönlichkeiten).

Aurbacher L., Andenken an Theodor Clarer, Pfarrer in Ottobeuren. München 1820. 8. (Enthält auch biographische Nachrichten über P. Ulrich Schiegg und P. Maurus Feyerabend.)

Beilhack, Nariskus J. S., Dr. Joh. Nep. von Hortig. München 1851. 4. (Programm.)

Braun P., Geschichte der Kirche und des Stiftes St. Ulrich und Afra zu Augsburg. Augsburg 1817. 8.

— Placidus, Conventual der ehemaligen Benediktiner Reichsabtei St. Ulrich zu Augsburg, Nekrolog über denselben, von einem unbekannten Verfasser, in den Conferenzarbeiten der Augsburgischen Diözesangeistlichkeit. I. Bd. 1. Heft. S. 203—227.

Catalogus monachorum Tegernseensium ab anno 1678—1787 defunctorum et in nova potissimum crypta sive subterraneo sacello Basilicae S. Salvatoris quiescentium. Typis m. Tegernsee 1787. 4.

— religiosorum professorum monasterii S. Emmerami Episcopi et M. Ratisbonae ord. S. P. Benedicti ab anno 1278—1744. Ratisbonae 1744. 35 S. 4.

Denkmal auf P. Dionys Danegger von St. Emmeram, 1828. (s. l.) (Separatabdruck aus der Kerz'schen Literaturzeitung.)

Erb N., Anselm Desing, Abt des Klosters Ensdorf, ein biographischer Versuch. (Verhandlungen des historischen Vereines von Oberpfalz. Bd. X. S. 75—133.)

Erinnerung an S. fürstlich Gnaden den Hochw. Fürsten und H. H. Cölestin Steiglehner, letzten Fürstabt zu St. Emmeram in Regensburg. 1819. 4.

Esterl Fr., Geschichte des Stiftes Nonnberg bei Salzburg. Salzburg 1841. 8. (Enthält ein genaues Verzeichniss sämmtlicher Beichtväter und Capläne dieses Stiftes, welche aus verschiedenen österreichischen, bayrischen und schwäbischen Benediktinerstiften genommen wurden, nebst biographischen Nachrichten.)

Feyerabend M., Des ehemaligen Reichsstiftes Ottenbeuren sämmtliche Jahrbücher. Ottenbeuren 1813—1816. 4 Bde. 8. (Mit Abbildung des Stiftes, einer Karte des Stiftsgebietes, und einem Catalog sämmtlicher Religiosen, welche zur Zeit der Aufhebung gelebt haben.)

Fuchs J. B., Geschichte des ehemaligen Klosters Plankstetten in der Diözese Eichstädt. (XVII. Jahresbericht des historischen Vereines von Mittelfranken. Ansbach 1847. S. 41—96.)

Gandershofer M., Verdienste der Benediktiner in Metten um die Pflege der Wissenschaften und Künste. Landshut 1841. 8.

Gentner G., Geschichte des Benediktinerklosters Weihenstephan. München 1854. 8.

Gropp Ig., Aetas mille annorum, s. historia monasterii Amorbacensis Ord. S. Bened. Francofurti 1736. Fol. Mit 2 Kupfern.

Günthner S., Gregor Rottenkolber, letzter Abt von Tegernsee, eine biographische Skizze. München 1811. 4. Mit Porträt.

Hefner J. v., Leistungen des Benediktinerstiftes Tegernsee für Kunst und Wissenschaft. (Oberbayrisches Archiv I. S. 15—35.)

— Literarische Leistungen des Klosters Scheyern. (Oberbayrisches Archiv II. S. 91—116.)

— Leistungen des Klosters Benediktbeuern für Wissenschaft und Kunst. (Oberbayrisches Archiv III. S. 337—373; auch separat.) München 1841.

Heinrich P., Kurze Lebensgeschichte des letzten Fürstabtes zu St. Emmeram in Regensburg, Cölestin Steiglehner. Regensburg 1819. 12.

Jäck H. J., Ueber die Entstehung und den Untergang der Abtei Banz vom Jahre 1058—1803, und die wissenschaftlichen Verdienste der geistlichen und weltlichen Bewohner von Banz. (Archiv für Oberfranken III. Heft. II. S. 1—14.)

— Grundzüge zur Geschichte der ehemaligen Benediktinerabtei Michelsberg bei Bamberg. (Kerz, Literatur-Zeitung 1826, Intelligenzblatt Nr. 7, S. 129—160.)

— P. Otto Reinhard, ehemaliger Conventual von Michelsberg, achtjähriger Bibliothekgehilfe zu Bamberg. Bamberg 1823. 4.

— Verdienste der Abtei Michelsberg bei Bamberg um die Beförderung der Wissenschaften. (Beiträge zur Kunst- und Literaturgeschichte. Nürnberg 1822. S. 15—73.)

Jais P. Aegidius, nach Geist und Leben geschildert von M. D. . . . Mit dessen Bildniss. München 1836. 8. (Verfasser ist P. Maurus Dietl O. S. B. von Attel.)

Jocham Dr. M., Dr. Al. Buchner, ein Lebensbild. Augsburg 1870. 8. Mit dem Porträt Buchner's.

Königsdorfer C., Geschichte des Klosters zum h. Kreuz in Donauwörth. Donauwörth 1819—1829. 4 Bde. 8.

Krumm A., Das Kloster Irsee, eine historische Skizze. Kaufbeuern 1856. 4.

Lackner J B., Memoriale seu Altachae inferioris memoria superstes. Passavii 1779. Fol.

Landgraf M., Das Kloster Michelsberg bei Bamberg. Mit Abbildungen. Bamberg 1837. 8.

Lebensgeschichte des Abtes Rupert Kornmann von Priefling. Mit Porträt. (In den Nachträgen zu den beiden Sibyllen der Zeit 1818. S. 319—448; anonym.)

Leuthner C., Chronicon Wessofontanum, seu historia monasterii Wessofontani historiam Bavaricam et universalem illustrans. Aug. Vind. Part. 2. 1753. 4.

Matthias (Abelin), abbas Weltenburgensis, chronographica instructio de fundatione monasterii Weltenburgensis. Straubing 1643.

Mittermüller R., Das Kloster Metten und seine Aebte. Straubing 1856. 8.

Nachricht, kurzgefasste, vom Ursprunge, Fortgang und Ende des Benediktinerklosters Ettal, Bisthums Freising in Oberbayern. München 1860. 8.

Puchner P. Benedikt, Benediktiner von St. Emmeram in Regensburg, eine Lebensskizze. München 1825. 8. (Anonym. Verfasser sehr wahrscheinlich P. Petrus Werner.)

Sächerl J., Chronik des Benediktinerklosters Frauenzell. Regensburg 1853. 8. (Auch im XV. Bd. der Verhandlungen des historischen Vereines von Oberpfalz.)

Salat, Einige Züge aus dem Charakter des P. Gregor Stangl O. S. B. von Rott. München 1803. 12.

Sattler M., Ein Mönchsleben aus der zweiten Hälfte des achtzehnten Jahrhunderts nach dem Tagebuche des P. Placidus Scharl. Regensburg 1868. 8.

— Chronik von Andechs. Donauwörth 1877. 8.

Schatt J., Lebensabriss des Abtes Gallus Dennerlein von Banz. Bamberg 1821. 8. (Daselbst in der Beilage S. 103—159 Series abbatum Banzensium . . . . additis conventualibus quantum scire licuit.)

(Schmöger), Erinnerung an J. Pl. Heinrich. Regensburg 1825. 8.

Schuegraf J. R., Kurzer Lebensabriss des G. Maurus Gandershofer. (Abgedruckt in den Verhandlungen des historischen Vereines von Oberpfalz. Bd. VIII. S. 278—294, und separat o. O.)

Siber Dr. Th., Gedächtnissrede auf Dr. Flor. Meilinger. (München) 1837. 8.

Bernard Stark's Leben und Wirken. Landshut 1840. 4. (Verfasser unbekannt.)

Theodori Dr. C., Geschichte und Beschreibung des Schlosses Banz. München 1857. 8.

Weigl Fr. J., Biographische Skizze des Abtes Max Prechtl von Michelfeld. Sulzbach 1833. 8. (Mit Porträt.)

Werner Benedikt, Der letzte Abt von Weltenburg. Augsburg 1835. 8. (Verfasser unbekannt.)

Wiedemann Dr. G. Fr., Lebensskizze des Sebastian Mall. München 1837. 8.

Wieland M., Das Schottenkloster zu St. Jakob in Würzburg. (XVI. Bd. des Würzburger Archivs.)

Handschriften.

Adlgasser Gaudenz, Das Kloster Attel, seine Entstehung, Wiederherstellung und Schicksale nebst der Reihe der Aebte vom Jahre 1087—1803, und der in und ausser dem Kloster sich um Kunst, Wissenschaft, Musik und Seelsorge verdient gemachten Aebte und Conventualen vom Jahre 1687—1836. 1842. 1 Bd. 105 S. 4. nebst 5 Beilagen. (Im historischen Vereine von Oberbayern.)

— Biographiae omnium abbatum olim monasterii Benedictoburani. 1840. 1 Bd. Fol. Mit mehreren Porträten der Benediktiner von Benediktbeuern. (Im historischen Verein von Oberbayern.)

Catalogus literatorum Oeno-Rottensium. (cod. lat. 1446 der königlichen Hof-Bibliothek zu München.)

Gams P. Pius, Dr. phil. et theolog., Verzeichnisse aller Religiosen, welche zur Zeit der Säkularisation in sämmtlichen Stiften Bayerns (seinem heutigen Umfange nach) gelebt haben, mit biographischen Notizen. Mehrere Faszikel, Fol.[1])

Hofstetten de, Benno, Catalogus abbatum Schyrensium nec non monachorum ab anno 1456—1803. 84 S. 4. (Bibliothek zu Scheyern.)

— Schyra docta, sive catalogus scriptorum Schyrensium aliorumque monachorum, qui cum domi tum foris doctrina atque eruditionis laude prae caeteris eminuerunt. 56 S. 4. (Daselbst).

Kuhn Kaspar O. S. B. zu Ottobeuren (Profess von St. Stephan), Katholische Literatur-Chronik von Christus bis 1870. Nur Heft I (umfassend den Zeitraum von Christus bis 1020) wurde gedruckt. Augsburg 1866. gr. 8. Das Uebrige ist noch MS. Bd. I. 1020—1600; Bd. II. 1600 bis 1700; Bd. III. 1700—1720; Bd. IV. 1720—1870.)

---

[1]) Ohne diese Sammlung wäre es in sehr vielen Fällen dem Verfasser unmöglich gewesen, die biographischen Daten der betreffenden Schriftsteller anzugeben.

Miller Basil, Liber mortualis monasterii Ottoburani a fundatione monasterii usque ad restaurationem. 764—1843. 87 S. Fol. (Bibliothek zu Ottobeuren. Enthält viele biographische Nachrichten von Religiosen dieses Stiftes.)

Morel Gallus, O. S. B. Professus Einsidlensis, Scriptores Ord. S. Benedicti ordine alphabetico, Nachtrag und Fortsetzung zu Ziegelbauer's Historia literaria Ord. S. B. I. Bd. 136 S. Kl. Fol. (Bibliothek des Stiftes Einsiedeln.)[1])

Nekrologium der im Laufe des achtzehnten Jahrhunderts verstorbenen Gelehrten und Künstler der bayrischen Benediktiner-Congregation, ausgezogen aus den noch ungedruckten Annalen der bayrischen Benediktiner-Congregation und deren Todtenroteln. I. Bd. 35 S. Fol. (Als Verfasser ist (mit Bleistift) an der Vorderseite Cl. Al. Baader angegeben. P. M. Gandershofer hat einige Ergänzungen hinzugefügt. (Zur Benützung mitgetheilt von P. Beda Stubenvoll von St. Bonifaz in München.)

Schilz (Schylz) Theodor O. S. B. in Ottobeuren, Corpus professionis Ottoburanae, sive catalogus Professorum et merita eorum (reicht bis 1734), von Andern fortgesetzt bis zum Jahre 1766. (Bibliothek des Priorates Ottobeuren. I. Bd. Fol., mitgetheilt von P. Mag. Bernhard.)

„Schrettingeriana“: Diarium P. Willibaldi Schrettinger, elenchus operum ab ipso editorum etc. (cod. germ. „Schrettingeriana,“ der kgl. Hofbibliothek zu München.)

Stark Ber., Literargeschichte von der gefürsteten Reichsabtei St. Emmeram zu Regensburg. 1 starker Faszikel in Fol. (Kgl. Hof- und Staatsbibliothek zu München, cod. germ. „Starkiana“.)

---

[1]) Enthält circa 1200 Schriftsteller des gesammten Ordens von 1750 bis auf die neueste Zeit. Das Verzeichniss der Schriften suchte Morel vollständig zu geben. In Rücksicht auf die biographischen Notizen beschränkte er sich auf Angabe des Professklosters und der Todeszeit des betreffenden Schriftstellers. Eine sehr schätzbare Collection, die vom Verfasser vollständig benützt wurde.

Einleitung.

I. Capitel.

Kurzer Umriss der literarischen Thätigkeit der Benediktiner in Bayern im achtzehnten Jahrhunderte.

§. 1. Ursachen des Aufschwunges der literarischen Thätigkeit.

Kaum hatte sich der in Folge der Glaubensneuerung des sechszehnten Jahrhunderts entstandene Sturm, durch den der Benediktinerorden auf deutschem Boden mehr als zwei Drittheile seiner Ordenshäuser verlor, wieder etwas gelegt, so machte sich bei demselben, namentlich in Süddeutschland, wieder regeres Leben bemerkbar. Wie Ein Mann erhob sich derselbe, suchte seine Existenz dort, wo er noch bestand, zu sichern, und selbst in Gegenden, wo er dieselbe verloren, wieder zu gewinnen.[1]) Diese Bemühungen waren auch vom Himmel gesegnet, und nach und nach gelangte der Orden wieder zu seinem alten Ansehen und seiner vorigen Blüthe, so dass derselbe im achtzehnten Jahrhunderte einen Höhepunkt erreichte, auf dem er seit den Zeiten eines Odo von Cluny und Wilhelm von Hirsau nicht mehr gestanden. Vor Allem erkannte der Orden, dass es für ihn förderlich sei, wenn die bisher isolirt gestandenen Abteien sich enger an einander anschliessen und sogenannte Congregationen bilden würden. Von den ältern Verbindungen dieser Art war in Deutschland nur mehr die Bursfelder Congregation übrig, die durch die Reformation sehr gelitten. Die erste Verbindung

---

[1]) S. Hay Roman, Astrum inexstinctum, sive jus agendi antiquorum religiosorum ordinum pro recipiendis suis monasteriis. Coloniae 1636; Bucelinus Gabr., Benedictus redivivus, hoc est benedictini ordinis immarcescibilis vigor ac viror, anniversaria vernantia chronologice comprobatus ac demonstratus ab anno Christi 1500 ad praesentem usque aetatem. Veldkirchii 1679. Fol.

nach der Reformation giengen die grösstentheils in Schwaben gelegenen Abteien des Constanzer Bisthums ein, deren Anfänge bis zum Jahr 1568 zurückreichen. Es entstanden nach und nach die schwäbische Congregation unter dem Schutze des heiligen Joseph,[1]) die schweizerische,[2]) die strassburgische,[3]) die bayrische[4]) und eine zweite schwäbische.[5]) Diesen können noch angereiht werden die österreichische[6]) und salzburgische,[7]) die aber als Congregationen von geringerer Bedeutung waren. Ohne Zweifel hat auch in Bayern der Benediktinerorden im achtzehnten Jahrhundert seinen Höhepunkt in geistiger und materiëller Hinsicht erreicht. Allen Zweigen des Wissens wendeten seine Mitglieder ihre Thätigkeit zu, und legten die Früchte ihrer jahrelangen Studien in Werken der Oeffentlichkeit vor, die bleibenden Werth behaupten.

---

[1]) S. Braig M., Kurze Geschichte der ehemaligen vorderösterreichischen Abtei Wiblingen in Schwaben. Isny 1834. 8. S. 168 sq.; Sulger Ar., Annales imperialis monasterii Zwifaltensis. Aug. Vind. 1698. 4. II. pag. 159—160; Kurze Geschichte des vormaligen Reichsstiftes Ochsenhausen in Schwaben von einem Mitgliede desselben (P. G. Geisenhof). Ottobeuren 1829. 8. S. 87; Gerbert M., Historia nigrae Sylvae. S. Blasii 1783-1784. 4. Tom. II. 376; Bucelinus Bened. rediv. Fol. 153; Hay R, Astrum inexstinctum, pag. 237; Templum honoris monasterii Wiblingensis. Aug. Vind. 1702. pag. 81—83. — Diese Congregatio Suevico-Benedictina sub patrocinio S. Josephi zählte 11 Abteien. Gegenwärtig besteht von diesen nur noch die Abtei Marienberg in Tirol.

[2]) Congregatio Helveto-Benedictina sub patrocinio B. V. M. sine labe conceptae, gegründet 1602. S. Hohenbaum, Geschichte der Abtei Rheinau. Donaueschingen 1778. Fol. 152; sie zählte 9 Abteien, jetzt noch 3.

[3]) Congregatio Argentoratensis vel Alsatica, gegründet 1624 von Erzherzog Leopold, Bischof von Strassburg, zählte 7 Abteien. S. Kürzel A., Die Benedictiner-Abtei Ettenheimmünster. Lahr 1870. 8. S. 80.

[4]) Congr. Bened. bavarica sub titulo S. S. Angelorum Custodum, gegründet 1684, zählte 19 Abteien und bestand bis zur Säkularisation; sie wurde 1858 wieder hergestellt. — Hagn sagt in seinem vortrefflichen Werke „Wirken der Benediktiner-Abtei Kremsmünster“, Linz 1848. S. 6 n. 17: diese Congregation sei 1768 aufgehoben worden. Diese Angabe beruht auf einer Verwechslung, indem im genannten Jahre die Congregation das „studium commune theologicum“ aufhob. S. Gentner, Geschichte von Weihenstephan, S. 152—155. Meichelbeck, Chronicon I. 325, 328, 341.

[5]) Congr. Suevico-Benedictino Dioecesis Augustanae sub titulo S. Spiritus. Sie wurde 1685 gegründet und umfasste 7 Abteien; s. Feyerabend, Jahrbücher III. S. 543-546.

[6]) Die Congregatio Austriaca, gegründet 1625; sie war sozusagen ein todtgebornes Kind, deren Statuten nie zur Ausführung kamen. S. Schramb, Chronicon Mellic. pag. 731—811; Keiblinger, Geschichte von Melk. I. S. 850; Friess Gottfr., Studien über das Wirken der Benedictiner in Oesterreich für Cultur, Wissenschaft und Kunst. Waidhofen 1868-1872. Heft IV. S. 19—20.

[7]) Congregatio Salisburgensis, gegründet 1641; sie zählte 7 Abteien, von denen 2 (Seon und St. Veit) in Bayern lagen. S. Novissimum Chronicon antiqui monasterii ad S. Petrum Salisburgi. Aug. Vind. et Oeniponti 1772. Fol. 552—554; Friess l. c. IV. 20—21.

Auch im siebenzehnten Jahrhunderte waren die Benediktiner in Bayern keineswegs in literarischer Hinsicht unthätig gewesen, jedoch allgemein wurde das wissenschaftliche Streben derselben erst im achtzehnten Jahrhundert. Dazu trugen mehrere Umstände bei.

I. Vor Allem war die im Jahre 1684 in's Leben getretene bayrische Benediktiner-Congregation von hoher Bedeutung, welche das geistige Leben weckte und hob.[1]) Durch diese Verbindung trat in Betreff der sogenannten „stabilitas loci" (Verbleiben des Religiosen in jenem Kloster, dem er sich durch die Gelübdeablegung verbunden) eine weise Modifikation ein, welche je nach Bedürfniss der einzelnen Abteien in Anwendung kam.[2]) Das Noviziat, sowie die philosophischen und theologischen Studien waren für die Kleriker aller Stifte, die sich der Congregation angeschlossen, gemeinsam. So wurde gleichmässige Bildung erzielt. Der junge Ordenszögling kam aus dem engen Kreis des Klosters, in das er eingetreten war, zeitweilig heraus, wurde mit anderen Standesgenossen bekannt, und fand Gelegenheit, seinen geistigen Gesichtskreis zu erweitern. An dem Communstudium der Congregation waren gewöhnlich die tüchtigsten Kräfte als Professoren thätig.[3]) Als Novizenmeister wurden stets fromme, im geistlichen Leben erprobte Männer aufgestellt. Es genügt, einen Namen zu nennen, P. Aegidius Jais, der von 1792—1802 dieses Amt bekleidete. — Durch Einigung der Klöster wurde auch in religiöser Hinsicht eine Regeneration des Ordens, die von ihm selbst ausgieng, erreicht. Die zum Theil in Verfall gerathene klösterliche Disziplin wurde dadurch ohne gewaltsames Einschreiten von Aussen (z. B. durch bischöfliche Visitationen, die nach dem Zeugniss der Ordensgeschichte selten segenbringend waren) wieder hergestellt und der wahre Geist des Benediktinerordens befestiget.[4]) Auch die

---

[1]) Ziegelbauer Mag., Novus rei literariae O. S. B. conspectus. Ratisbonae 1739 (Vol. unic.) Fol. 50, 56; Deutinger M., Aeltere Matrikeln des Bisthums Freising. I. S. 1·7 sq.

[2]) Per unionem monasteriorum Bavariae in unam congregationem nec stabilitatis in certo monasterio professio, nec ipsorum monasteriorum separatio tollitur; sed eatenus ex hoc respectu unionis seu congregationis ab uno monasterio alteri succurrendum, atque exigente justa necessitate vel utilitatis causa unus aut alter religiosus submittendus vel econtra recipiendus erit, ut tamen taliter translatus cessante causa necessitatis regressum ad suum monasterium, item titulum et jus vocis activae et passivae ibidem retineat, atque cessante causa translationis semper regressum habeat ad locum professionis suae. S. Regula S. P. Benedicti cum declarationibus exemptae Congr Bened. Bav. sub titulo S. S. Angelorum custodum. Editio Tegernseensis 1735. pag. 14.

[3]) Einen interessanten Einblick über das damalige Leben der bayrischen Benedictiner gewährt das Werk: Sattler M., Ein Mönchsleben aus der zweiten Hälfte des achtzehnten Jahrhunderts, nach dem Tagebuche des P. Pl. Scharl. Regensburg (Manz) 1868. 8.

[4]) Dort aber, wo der wahre Ordensgeist blüht, haben auch Wissenschaft und

schwäbischen Benediktinerklöster des Augsburger Bisthums bildeten im Jahre 1685 unter sich eine Congregation, die von der bayrischen in ihren Einrichtungen ziemlich verschieden war, weder Communnoviziat noch Communstudium hatte, und auch nie solche Thätigkeit entfaltete, indem gerade das einflussreichste Stift schon vor der Säkularisation sich vom Congregationsverbande lossagte.

II. Die im Jahre 1759 gegründete churfürstliche Akademie der Wissenschaften zu München. Nicht nur fand die Errichtung dieses gelehrten Vereines bei den Benediktinern Bayerns freudigen Anklang, sondern mehrere Mitglieder des Ordens wurden alsbald als Mitglieder aufgenommen.[1]) Fort und fort finden wir die bayrischen Benediktiner als sehr thätige Mitarbeiter bei Abfassung der gelehrten Schriften, welche die Akademie veröffentlichte. Wenn man die Abhandlungen der Akademie bis zur Zeit der Säkularisation durchgeht, wird man kaum einen Band finden, der nicht gelöste Preisfragen oder andere Arbeiten enthält, die aus der Feder bayrischer Benediktiner stammen. — Nach dem Abgange Pfeffel's hat man unter Andern auch den Bemühungen des Hermann Scholliner von Oberaltaich die Fortsetzung der Monumenta boica zu danken.[2])

Kunst ihr Asyl. — Fehlt dieser, so wird man finden, dass in solchen Ordenshäusern die Studien in Abnahme kommen oder ganz vernachlässigt werden, und dass dort statt brüderlicher Liebe und Eintracht, Zwietracht, Missvergnügen und schädliche Parteiungen herrschen. Mit Recht sagt Günthner von der bayrischen Benediktiner-Congregation: „Sittenreinigkeit und Gelehrsamkeit waren die Hauptgesetze der neuen Congregation, und beiden hat sie vollkommen entsprochen, wie diess die Achtung des höchsten Landesherrn und der vortheilhafte Ruf der Zeitgenossen bewähren.“ Geschichte der literarischen Anstalten, II. S. 244.

[1]) Im ersten Jahre des Bestandes zählte die churbayrische Akademie der Wissenschaften folgende Benediktiner bayrischer Stifte unter ihren Mitgliedern: Anselm Desing aus Ensdorf, Eugen Dobler aus Irrsee, Frobenius Forster aus St. Emmeram, Andreas Gordon von St. Jakob in Regensburg, Michael Lory von Tegernsee, Hermann Scholliner von Oberaltaich, Ulrich Weiss von Irrsee, Candidus Wörle von Irrsee, Gregor Zallwein von Wessobrunn.

[2]) Näheres über die Theilnahme der bayrischen Benediktiner an den Arbeiten der churbayrischen Akademie der Wissenschaften, sowie über die Beiträge, welche sie zu den wissenschaftlichen Sammlungen derselben lieferten, s. Günthner, Geschichte der literarischen Anstalten, II. S. 289—292. Westenrieder schreibt in seiner Geschichte der Akademie der Wissenschaften über die bayrische Benedictiner-Congregation (II. S. 494—495): „Eine vorzügliche ehrenvolle Erwähnung verdient eine zur Beförderung der Geschichte und der höhern Wissenschaften überhaupt vortreffliche Anstalt, die die bayrische Benediktiner-Congregation (hauptsächlich auf Betrieb und nach Entwurf des mit ganzer Seele für die Wissenschaften eifernden Abtes R. Kornmann von Priefling) im Jahre 1796 begonnen, da sie in dem zu Tegernsee am 23. August 1797 abgehaltenen Generalcapitel auf immer bestätigt und festgesetzt hat: 1) dass die bayrische Benediktiner-Congregation unter sich eine gelehrte Gesellschaft errichte; 2) dass diese Gesellschaft jährlich eine scripturistische und

III. Anregend wirkte auch auf die literarische Thätigkeit die sogenannte Societas litteraria germano-benedictina, welche vorzüglich auf Bemühen des P. Oliverius Legipontius 1752 in's Leben getreten war, obschon derselben nur eine kurze Dauer ihres Bestandes beschieden war. Im Jahre 1758 zählte dieselbe mehrere (24) bayrische Benediktiner als Mitglieder.[1]) Nachrichten über diese Gesellschaft geben die Schriften: „Systema societatis litterariae germano-benedictinae" Campidonae 1752 (auch abgedruckt bei Ziegelbauer, Hist. lit. I, p. 140—187) und „Corpus academicum almae societatis litterariae-benedictinae a P. Oliverio Legipont. distributum". Metis 17?8. 8.

IV. Ausgezeichnete Aebte, welche in ihren Klöstern neues Streben und Lust zu wissenschaftlicher Thätigkeit weckten, obschon sie nicht immer selbst Gelehrte waren. In Banz gebührt dieser Ruhm dem Abte Gregorius Stum;[2]) er war zu Sesslach am 30. März 1693 geboren, legte am 13. März 1715 Profess ab und wurde 1719 Priester. Bald bekleidete er im Kloster sehr wichtige Aemter und wurde am 27. Jänner 1731 zum Abte erwählt.

Eine seiner ersten Bemühungen war, die Wissenschaften in seinem Kloster zu fördern. Er zog talentvolle Novizen heran, die er auf Universitäten sandte. Er führte ein neues Bibliothekgebäude auf, erwarb

---

eine vaterländisch-historische, dann im zweiten Jahre eine philosophisch-humanistische Preisfrage stelle, welche 3) von den gelehrten Benediktinern beantwortet, von bestimmten Ordensgelehrten geprüft, von der Congregation belohnt, dann aber 4) die gekrönten Schriften allzeit zur Akademie der Wissenschaften in München, mit welcher einige Gelehrte des Ordens eine ordentliche Correspondenz erhalten würden, eingeschickt, und von dieser ihren Abhandlungsbänden einverleibt werden sollten. Mit diesem Vorhaben wurde auch sogleich zum Vollzuge geschritten, und am 23. August 1797 wurden die bereits 1796 aufgeworfenen Fragen untersucht und gekrönt. Im historischen Fache erhielt P. Jos. Moritz von Ensdorf den Preis." — So Westenrieder. — Günthner's vortreffliche Arbeit: „Geschichte der literarischen Anstalten in Baiern" verdankte ihr Zustandekommen einer solchen von der bayrischen Congregation gestellten Preisfrage; s. Günthner, I. S. V—VI, und II. S. 262—263.

[1]) Diese Mitglieder waren: Bonifaz Riedl von Benediktbeuern, Columban Lux von Elchingen, Joh. B. Kraus und Frob. Forster von St. Emmeram, Odilo Schreger und Anselm Desing von Ensdorf, Marcellin Reischl und Othmar Seywald von Ettal, Markus Cutts von St. Jakob in Würzburg, Ulrich Weiss von Irrsee, Engelbert von Sirgenstein, Fürstabt, Columban Graf Taxis und Epimachus v. Kronegg, Capitularen von Kempten, Heinrich Eumring von Michelfeld, Ludwig Dietz von Michelsberg in Bamberg, Benedikt Buecher und Herm. Scholliner von Oberaltaich, Veremund Gufl von Priefling, Joachim Herpfer von Scheyern, Christoph Balbes von Schwarzach a. M., Ign. Gropp von St. Stephan in Würzburg, Gabriel Liebheit und Max. Dr. Agaro von Weihenstephan, Cölest. Leutner von Wessobrunn.

[2]) S. Schatt, Lebensabriss des Abtes Gallus Dennerlein, Beilage S. 131—132 und 131; Roppelt, Beschreibung des Hochstiftes Bamberg, I. S. 196—197; Denkschriften der kgl. bayrischen Akademie der Wissenschaften, Bd. V. S. 19—21.

die besten Werke aus allen Fächern, räumte seinen Mönchen möglichst viel Zeit ein, und gab ihnen durch Ermunterung und Belehrung Lust und Liebe zum Studium. Gelehrte Zeitschriften aus Deutschland und Italien wurden gehalten, lebende und todte Sprachen erlernt, die Zahl der Conventualen vermehrt und zu diesem Zwecke das Conventgebäude erweitert. Er selbst legte ein schönes Münzkabinet[1]) und mit seiner Hilfe P. Gallus Winkelmann ein Naturalienkabinet an. Seine Neigung für die Zierde der Kirche beweisen die noch vorhandenen künstlich geschnitzten Chorstühle. Für sich liebte er das Einfache, war ein guter Haushälter und Wohlthäter der Armen, ein dem Ansehen nach sehr ernsthafter, aber in der That liebreicher Mann, gleich beliebt bei fürstlichen Personen als geschätzt von dem Volke. Er starb am 7. Oktober 1768. Seine Nachfolger Valerius Molitor und Otto Roppelt traten in seine Fussstapfen.[2])

Benediktbeuern hatte um dieselbe Zeit zwei vortreffliche Aebte, Eliland Oettl (1690—1707)[3]), und Magnus Pachinger (1707—1742). Eliland liess ein grossartiges Gebäude aufführen, für das gemeinsame Studium der bayrischen Benediktiner-Congregation, das man nach Benediktbeuern zu verlegen beschlossen hatte (1698). Er erweiterte die in den Wirren des dreissigjährigen Krieges zu einer lateinischen Vorbereitungsklasse herabgesunkene Klosterschule, so dass fortan an derselben alle Gymnasialfächer, einschliesslich der Rhetorik, gelehrt wurden. Magnus Pachinger[4]) war Gönner des grossen Meichelbeck, und förderte nach Kräften dessen gelehrte Thätigkeit. Er gab ihm den Auftrag, das Stiftsarchiv zu ordnen, welche schwierige Aufgabe er vortrefflich löste und über das gesammte Archiv eine gelehrte Beschreibung ver-

[1]) Es kam nach der Aufhebung nach München. Streber sagt in der Geschichte des kgl. Münzkabinetes, dass es eines der vornehmsten und werthvollsten war, die in Bayern existirten. (S. Abhand. der Akad. V. S. 19.)

[2]) S. Schatt, S. 139, 146; Roppelt, S. 197—200.

[3]) Abt Eliland war am 9. September 1653 zu Obersteinbach bei Benediktbeuern geboren. (Sein Vater, ein Zimmermann, verlor durch einen unglücklichen Sturz sein Leben, als er im Dienste des Klosters zu Benediktbeuern arbeitete.) Nachdem Eliland zu Weyarn und im gregorianischen Institute zu München studirt hatte, legte er am 11. November 1676 Profess ab und wurde 1681 Priester, — Abt am 25. Juli 1690. Die Weinberge des Klosters in Südtyrol (zu Terlan und St. Quirin bei Bozen) vergrösserte er durch neue Ankäufe. S. Meichelbeck, Chron. 330 sq.

[4]) Magnus Pachinger war zu Erding am 15. August 1675 geboren, Profess 30. Oktober 1695, Priester 1699, Abt 18. August 1707, † 1742. (S. Meichelbeck l. c. S. 363—410.) Den Weinbergen des Klosters zu Untermais bei Meran schenkte er seine besondere Aufmerksamkeit und sorgte für bessere Bewirthschaftung. Dort hatte das Kloster einen herrlichen Sitz in bester Lage, wo zur Zeit der Weinlese sich mehrere Conventualen zur Erholung aufhalten konnten. Ueber dem Eingangsthore sieht man heute noch das Stift Benediktbeuern und dessen Schutzpatronin St. Anastasia.

fasste (Archivum Benedictoburanum 1730. 4. Bde. Fol. Cod. germ. 2637 der Staatsbibliothek zu München), in welcher der Inhalt jeder Urkunde angegeben und viele kritische Bemerkungen beigefügt sind. Auch begann Meichelbeck auf Wunsch dieses Abtes das sogenannte „Necrologium Benedictoburanum", in welches die Lebensumstände sämmtlicher Conventualen, die vom Jahre 1707 an gestorben, eingetragen wurden.[1]) Um den kostbaren Schatz von seltenen Manuscripten und Büchern sicher zu stellen, führte Abt Magnus in einiger Entfernung vom Kloster ein grosses Gebäude auf, und stellte dort das Archiv und die Bibliothek auf. Ausser dem Geschichtschreiber Meichelbeck[2]) zeichneten sich noch andere Conventualen als Professoren und Gelehrte aus. So Roman Fridl[3]) († 1713), Waldram Erlacher († 1715), Virgil Staudigl[4]) († 1717), Angelus Baron von Rehling[5]) († 1721), Gregor Zödl[6]) († 1721), Bernard Gross[7]) († 1730), Meinrad Rousseau[8]) († 1744), und Eliland Bayer[9]) († 1749). Mit Recht bemerkt Zapf in seinen Reisen in bayrische Klöster, die er 1780 unternommen, über Benediktbeuern: „Alles lebt im Kloster in Eintracht und der Fleiss der Gelehrten wird durch nichts gestört." (Liter. Reise [I. Ausgabe], Brief IV. S. 33.) Zu St. Emmeram wirkten die Fürstäbte Anselm Goudin[10]), Johann Baptist Kraus[11]) und Frobenius Forster[12]), zu Ensdorf Anselm Desing[13]); zu Ettal Placidus Seiz[14]), Gründer der adeligen Ritterakademie, die europäischen Ruf erlangt hat; zu St. Magnus in Füssen Abt Aemilian Hafner[15]); zu

[1]) Dieses „Necrologium", das den Zeitraum von 1707—1730 umfasst, scheint bei der Aufhebung des Stiftes verloren gegangen zu sein. In München findet sich dasselbe nicht vor. (S. Meichelbeck, Chron. S. 390.)

[2]) S. Biographie s. Chronic. Benedictob. fol. L—LXVIII und „Arbeiten der Gelehrten im Reich", Stück VII.

[3]) Er lehrte mehrere Jahre im Stift Georgenberg Philosophie.

[4]) Dessgleichen Professor der Philosophie in Georgenberg.

[5]) Sekretär der bayrischen Benediktiner-Congregation seit 1698, ein Mann von grosser Frömmigkeit.

[6]) S. Kobolt, bayrisches Gelehrten-Lexikon I., S. 782. Er leistete im Fache der Dichtkunst nicht Unbedeutendes, war Professor zu Freising und Salzburg.

[7]) Professor am Communstudium der bayerischen Congregation; s. Hefner, Leistungen S. 26.

[8]) S. Baader, Lexikon II. 2. S. 59.

[9]) Baader, Gel. Baiern S. 82.

[10]) S. Baader, Gel. Baiern S. 395—396.

[11]) [12]) [13]) Ihre Biographien siehe bei den Schriftstellern von St. Emmeram.

[14]) Placidus Seiz, ein Mann von tiefem Wissen und ebenso grosser Frömmigkeit, war zu Landsberg am 13. September 1672 geboren, erhielt zu Salzburg seine höhere Bildung, wo er doctorirte; zum Abt erwählt 1709, † reich an Verdiensten am 2. Oktober 1736. Eine ausführliche Biographie gibt Ziegelbauer in: „Novus rei literariae O. S. B. Conspectus" fol. 139—141, und Besnard, Literatur-Zeitung 1834, II. S. 114—116.

[15]) Seine Biographie s. unten.

Michelsberg bei Bamberg Gallus Brockard [1]); zu **Niederaltaich** Joscio Hamberger. Er war zu München im Jahre 1667 geboren (Profess 1685, Priester 1691); zum Abt wurde er erwählt 1700 und starb 1739. Vor Allem liess er sich die Ausbildung seiner Religiosen angelegen sein, die von ihm auf die Hochschulen nach Ingolstadt, Salzburg und Prag geschickt wurden. Kaum hatte er tüchtig gebildete Religiosen um sich, so eröffnete er ein Gymnasium und eine Erziehungsanstalt (1723), die er unter den Schutz des heiligen Godehard, der einst zu Niederaltaich Abt gewesen, stellte.[2]) In demselben Geiste wirkten seine Nachfolger, unter ihnen besonders Ignatius Krenauer († 1799).

Zu **Ottobeuren** wirkte Honorat Göhl[3]); zu **Priefling** Rupert Kornmann[4]); zu **Tegernsee** Gregor Rottenkolber[5]); zu **St. Ulrich** Willibald Popp und Wikterp Grundner[6]). Ersterer war geboren zu Rain 25. Juli 1653, legte 4. November 1674 Profess ab, und erhielt zu Rom im Collegium germanicum seine theologische Bildung. In sein Kloster zurückgekehrt, war er Novizenmeister (1680), dann Chorregent. Durch seine Talente, Einsicht, regulären Wandel, reine Sitten, sanften und gefälligen Charakter erwarb er sich die allgemeine Liebe und Achtung seiner Mitbrüder, die ihn am 13. März 1694 zum Abt erwählten. Nach seiner Erhebung änderte er nichts an seiner vorigen Lebensart; er blieb durch strenge Regelmässigkeit im Chor, bei den geistlichen Uebungen, bei Tische und in seinem ganzen Betragen den Seinigen ein Muster. Sein Eifer für die Ehre Gottes kannte keine Gränzen. Unter ihm wurde 1712 mit grosser Feierlichkeit die siebente Säkularfeier der Einführung der Benediktiner zu St. Ulrich begangen. Ein Feind des Müssigganges und der Unwissenheit, und ein grosser Verehrer der Wissenschaften — hielt er seine Religiosen strenge zu den Studien an. Um ihnen eine bessere Bildung zu geben, liess er sie daheim sorgfältig unterrichten und schickte mehrere derselben nach Rom, Salzburg, Dillingen und Freising. Er gab Salzburg und Freising mehrere Lehrer aus seinem Kloster, die er stets zu literarischen Arbeiten aufmunterte. Ausser den in diesem Werke besprochenen Gelehrten (C. Mayr, Joseph Zoller und Benno Graf Ruepp) blühten unter ihm Corbinian Khamm[7]) und Roman Kistler.[8]) Abt Willibald erlebte noch das fünfzigste Jahr seines Priesterthums (1. Januar 1728). Der Churfürst

---

[1]) Seine Biographie s. unten.

[2]) S. Lackner, Memoriale fol. 117–122 und fol. 132.

[3]) [4]) [5]) Ihre Biographien s. unten.

[6]) Dessen Biographie s. unter St. Ulrich.

[7]) Ueber Khamm († 1730) s. Baader, Lex. II. S. 127; Veith, Biblioth. Aug. VII. S. 124 sq.

[8]) Ueber Kistler († 1745) s. Veith, bibl. l. c.

von Bayern, Carl Albrecht, und der Bischof von Augsburg, Alexander, erhöhten diese Feierlichkeit durch Abgesandte, Papst Benedikt XIII. aber durch Ertheilung eines vollkommenen Ablasses und durch das Geschenk werthvoller Reliquien. Noch sieben Jahre lebte Abt Willibald nach dieser Feier in Uebungen der Frömmigkeit und starb am 11. Juli 1735.[1])

Zu Weihenstephan wirkte Abt Ildephons Huber. Er war geboren zu Freising 10. Mai 1677, studirte zu München, Salzburg, Benediktbeuern und Ingolstadt, machte Profess 10. Oktober 1694, wurde zum Priester geweiht 10. Juli 1701, zum Abt erwählt 12. August 1705. Kann man schon die Wahl eines so jungen Mannes (er war der jüngste unter allen Conventualen) als Beweis ganz besonderer Vorzüge betrachten, so rechtfertigten um so mehr die Früchte seiner vierundvierzigjährigen Regierung das ihm geschenkte Vertrauen. Seine Gelehrsamkeit und Liebe zur Wissenschaft, sein strenges Halten auf Klosterzucht und seine Erfahrungen verschafften ihm nicht nur das Ansehen bei geistlichen und weltlichen Fürsten, sondern trugen nicht wenig bei, die ganze Congregation in jeder Hinsicht auf den Gipfel ihres Glanzes emporzuheben... Fünfmal wurde er als Präses an deren Spitze gestellt und bekleidete diese Würde im Ganzen 18 Jahre lang. Hierauf war er bis zu seinem Tode ordentlicher Visitator. Er war in der That ein Vater der übrigen Prälaten, und kein Jahr verging, ohne dass nicht Einige derselben nach Weihenstephan kamen und in den schwierigsten Angelegenheiten seinen Rath suchten. Er verstand es, ein rühriges wissenschaftliches Leben der Congregation mitzutheilen. Das Noviziat der Congregation, die Lehrkurse der Philosophie und Theologie, waren in Attel, Rott und Weihenstephan. Alle Monate und am Jahresschlusse fanden dialektische Wettkämpfe statt. Es wurden öftere Conferenzen über Moraltheologie, Pastoral und Casuistik eingeführt, und so immer neue Impulse zu wissenschaftlicher Thätigkeit gegeben. Im Jahre 1709 kam die Studienanstalt der Congregation von Benediktbeuern nach Weihenstephan, und war nicht nur von Ordenszöglingen, sondern auch von Nichtreligiosen besucht. Von dieser Zeit an verwendete Weihenstephan die tüchtigsten Kräfte als Professoren an der gemeinsamen Studienanstalt, und entsandte Lehrer an das Lyzeum nach Freising und die Universität Salzburg. Die meisten Gelehrten und Künstler Weihenstephans stammen aus der Zeit des Abtes Ildephons. Die Conventualen wussten aber auch des Abtes Verdienste zu schätzen. Während er von den Auswärtigen bewundert wurde, umgaben sie ihn innerhalb der Klostermauern mit kindlicher Liebe. Ildephons verstand es, väterliche Milde mit gewissenhafter Strenge zu vereinigen. Ungeachtet der häu-

[1]) Braun, Geschichte von St. Ulrich, S. 343–349.

figen Reisen, welchen er sich als Präses und Visitator der Congregation unterziehen musste, wurde doch im eigenen Kloster nicht das Mindeste vernachlässigt. Auch für angemessene Erholung sorgte der Abt. Das Kloster besass die eine gute Viertelstunde nördlich gelegene Schwaige Dürnast, die wegen ihrer Nähe und hübschen Lage zu einem Erholungsplatze für die Conventualen und studirenden Kleriker sehr geeignet war. Er baute dort 1722 ein Landhaus nebst Schlösschen und Kapelle zu Ehren des heiligen Benedikt vom Grunde aus neu, und liess einen schönen Garten anlegen. In den letzten Zeiten verlor Abt Ildephons das Augenlicht, wozu sein vieles Lesen und Schreiben das Meiste beigetragen haben mag. Einige Zeit darauf sah er jedoch wieder mit dem einen Auge so viel, dass er seine Wege gehen konnte. Am 31. Oktober 1749 Morgens gegen 10 Uhr, da er eben nach vollendeter heiliger Messe und gebetetem Recesse in seine Wohnung zurückkehrte, wurde er in dem Augenblicke, wo er einigen Armen reichliches Almosen spendete, vom Schlage berührt, und verschied bald darauf. Von ihm wurden 42 Novizen in den Orden aufgenommen.[1])

Die genannten Aebte, deren Verzeichniss keineswegs erschöpfend ist, waren in Bezug auf die literarische Thätigkeit der Abteien, denen sie vorstanden, Epoche machend, und haben als Beförderer der Wissenschaften an den gelehrten Arbeiten ihrer Religiosen sehr grosses Verdienst.[2])

---

[1]) Näheres s. Gentner, Geschichte von Weihenstephan, S. 157—166.

[2]) Aus obigen Thatsachen lässt sich ein Schluss ziehen, welchen Einfluss der Vorstand eines Klosters auf den Bildungsgang seiner Untergebenen habe. Diess gilt um so mehr bei allen jenen religiösen Körperschaften, die den Obern auf Lebensdauer wählen. Hagn hat sehr richtig die Behauptung aufgestellt, dass Wohl und Weh eines Stiftes, Blüthe und Verfall beinahe einzig von der Persönlichkeit und den Neigungen des Abtes abhängig sei. Schön bemerkt darüber Ziegelbauer (Novus rei literariae O. S. B. Conspectus, fol. 66): „Plerumque tamen res literaria, ut caetera omnia, ad abbates et superiores redit; prout ii in literas sunt affecti, ita studia earum in monasteriis vel vigent, aut languent, aut occidunt." An einer andern Stelle sagt derselbe: „Res literaria benedictina ab abbatum favore dependet," und in Bezug auf den traurigen Zustand mancher Klosterbibliotheken: „redit ea (culpa) saepe in eos superiores, qui, si reditus ac proventus monasterii non dilapidant, certe aliquando in conviviis, curribus, equis ceterisque seculi pompis adornandis ita sumptibus excedunt, ut cum subinde in rem literariam pro religiosis pecuniae expendendae sunt, parsimonia illis in memoriam redeat, eosque argentum deficiat; immo hercule bona mens" (l. c. fol. 40). Was frommt ein Convent, der mehrere fähige Männer in sich birgt, wenn deren Talente von Seite der Obern nicht nach Gebühr unterstützt werden? Wohl aber wird ein für die wissenschaftliche Thätigkeit eingenommener Abt, mag er auch selbst nicht Gelehrter sein, strebsame Jünglinge an sich ziehen. Ohne Fürstabt Gerbert hätte St. Blasien wohl keinen Ussermann, Eichhorn, Neugart, Kreuter; ohne Fürstabt Forster St. Emmeram keinen Steiglehner, Sanftl, Zirngibl, Heinrich; ohne Abt Pachinger Benediktbeuern keinen Meichelbeck gehabt u. s. w. — Die Vernachlässigung der Wissenschaften in den Klöstern rächt

V. Endlich mag auch das Beispiel der Benediktiner von der Congregation des heiligen Maurus anregend auf Bayerns Stifte gewirkt haben. Die gelehrten Werke, welche dieselben herausgaben, waren in allen grossen Klosterbibliotheken Bayerns zu finden. Durch die Art und Weise, wie die Mauriner das Studium der Geschichte betrieben, etwas aufgeklärt, fingen auch die deutschen Mönche an, die Geschichte kritischer zu behandeln, als es bisher geschehen war. Uebrigens lieferten die bayrischen Benediktiner Werke, die sich ganz ebenbürtig den gelehrten Arbeiten der Mauriner an die Seite stellen können. Ich nenne hier nur einen Forster, Enhuber, Sanftl, Zirngibl.

§. 2. Thätigkeit auf dem Gebiete des Unterrichtes und der Erziehung.

Die Erziehung und Bildung der Jugend hängt mit dem Orden des heiligen Benediktus auf das Engste zusammen. „Aus der Erlaubniss, Kinder vornehmer Eltern aufzunehmen, folgte unabweisbar die Errichtung von Schulen und die Aufstellung von Lehrern — und im Grunde hatte der heilige Benedikt selbst schon den Anfang zum Bildungsgeschäfte der Jugend gemacht mit der Erziehung der ihm besonders von Rom übergebenen vornehmen Knaben, z. B. des heiligen Maurus und Placidus.“ [1]) So finden wir auch von den Benediktinern in Bayern

---

sich aber am traurigsten dadurch, dass die Disziplin solcher Genossenschaften rasch dem Verfalle entgegen eilt. Dieses hat treffend Mabillon in seinem Tractatus de studiis monasticis nachgewiesen. (S. Cap. II, III, VIII—X.) Schon vor ihm rief Johannes Trithemius jenen Aebten, welche principielle Gegner der literarischen Thätigkeit ihrer Mönche waren, zu: „O stulti et insipientes! qui ordinem sanctum subvertitis, dum literis dare operam monachos prohibetis! . . . stultum est, monachis studium literarum propter humilitatem interdicere, cum et eos, qui sine eruditione sunt, videamus peramplius superbire. . . . Ignorantia autem non humilitatem, sed superbiam semper habet amicam. . . . Sola enim scientia et delectatio scripturarum monachos facit in cella quietos et tranquillos consistere.“ (Trithemii opera spiritualia, pag. 874.) Zur Ehre der bayrischen Benediktineräbte kann man bezeugen, dass sie der Mehrzahl nach zu Jenen gehörten, von denen Ziegelbauer schreibt: „Existimabant . . . nempe . . . esse virtuti ac regulari observantiae cum doctrina necessitudinem, ut altera sine altera vigere vix possit, neglectisque semel literarum studiis latissimus ad vitia quaeque aditus cito pandatur.“ (Conspectus, fol. 44.)

[1]) Hagn Th., Wirken der Benediktiner-Abtei Kremsmünster, S. 2. Ziegelbauer schreibt, dass die Parole der alten Benediktiner gewesen: ex scholis omnis nostra salus, omnis felicitas, divitiae omnes ac ordinis splendor constansque stabilitas. (Hist. rei litt. T. I. pag. 65.) An einer andern Stelle beklagt aber derselbe für den Orden begeisterte Verfasser, dass leider oft ein Vorstand, der für wissenschaftliches Streben keinen Sinn hatte, das zu Grunde gerichtet, was seine Vorgänger aufgebaut haben. „Haec sunt misera fata in ordine nostro . . . quod unus Abbas aedificet, alter destruat: et quae literarum studia sub uno Abbate virtutis loco habentur, sub altero vix non vitiorum numero ponuntur.“ (Conspectus rei literariae, fol. 59.) Eine

das Feld der Erziehung und des Unterrichtes von den ältesten Zeiten bis herab zur Gegenwart auf das Sorgfältigste bebaut und gepflegt, von der Volksschule angefangen bis hinauf zur Hochschule.

A) Hochschulen.

1. Universität zu Salzburg. Ihr Entstehen verdankte dieselbe dem Salzburgischen Erzbischofe Paris Graf Lodron (1622), der sie den süddeutschen Benediktinern zur Besetzung übergab.

Nach und nach vereinigten sich ungefähr 57 Benediktiner-Abteien[1]) zu einem schönen Bunde, um zum Besten der Wissenschaft und zur Ehre des Ordens durch die geistigen Kräfte eine Anstalt (Universität) zu pflegen, die einzig in ihrer Art dastand, weithin Segen verbreitete, und sich grossen wohlverdienten Ruhmes erfreute. Bedeutsam für das literarische Leben war insbesondere das dortige Convict für studirende Religiosen, welche die Universität besuchten, das seit 1633 bald zu einer grossartigen Anstalt gedieh, so dass in seinen beiden Museen, dem bayrischen und österreichischen, im Laufe der Zeit Kleriker aus 114 verschiedenen Abteien ihre Bildung erhielten.[2]) In dem Zeitraume von 1750—1810, in welchem Jahre von der bayrischen Regierung die Aufhebung der Universität Salzburg verfügt wurde, haben dort 31 Religiosen aus bayrischen Benediktinerstiften als Professoren gewirkt, Männer, die fast in allen Zweigen der Gelehrsamkeit sich als Schriftsteller auszeichneten. Die bedeutendsten, die in den letzten Decennien des Bestandes

---

gelungene Zusammenstellung der Lehrthätigkeit des Ordens mit besonderer Berücksichtigung Deutschlands gibt Ziegelbauer im „Conspectus rei literariae O. S. B.", fol 4'—14'; ferner die Hist. Universit. Salisb. S. CI—CXXXIII.; Egger F., Idea ord. hierarchic. I. S. 187—200. II. 595—606

[1]) Die Abteien, welche an die Hochschule Salzburg Professoren sendeten, waren: a) im heutigen Bayern: Andechs, Benediktbeuern, Donauwörth, Elchingen, St. Emmeram, Ensdorf, Ettal, Fultenbach, St. Jakob in Regensburg, Irrsee, Füssen. Mallersdorf, Metten, Niederaltaich, Ottobeuren, Priefling, Reichenbach, Rott, Scheyern, Seeon, Tegernsee, Theres, St. Ulrich in Augsburg, St. Veit, Weihenstephan, Weltenburg, Wessobrunn (27); b) im heutigen Kaiserthum Oesterreich: Admont, Garsten, Gleink, Göttweih, Kremsmünster, Lambach, St. Lambrecht, Mariaberg, Melk, Michelbeuern, Mondsee, Ossiach, St. Paul, St. Peter in Salzburg, das Schottenstift in Wien, Seitenstetten (16); c) im heutigen Württemberg und Baden: St. Blasien, Isny, Neresheim, Ochsenhausen, Petershausen, Reichenau, Schwarzach am Rhein, Weingarten, Wiblingen, Zwiefalten (10); d) in der Schweiz: Einsiedeln und St. Gallen (2) In diesem Verzeichnisse sind jene Stifte, aus welchen Mitglieder nur am akademischen Gymnasium zu Salzburg wirkten, nicht inbegriffen. Solche Stifte waren z. B. Attel, Aspach, Mererau, Michelsberg in Bamberg, Formbach (in Bayern), Fiecht in Tyrol . . . (cf. Hist. Univers. Salisb., Verzeichniss aller akademischen Professoren). — Unter den Universitätsprofessoren finden sich auch zwei, welche der kassinensischen Congregation, und einer, welcher der Abtei Lamspringe angehörte.

[2]) Hagn, Wirken, S. 203 sq.

der Hochschule dort lehrten, waren: Beck[1]) aus Ochsenhausen und Schiegg aus Ottobeuren.

Mit der Universität Salzburg war ein akademisches Gymnasium verbunden, das schon im Jahre 1617 vom Erzbischofe Markus Sittikus gegründet wurde, an welchem ausschliesslich Benediktiner lehrten[2]). Nach der Aufhebung der Universität wirkten dieselben dort noch fort. — Die letzten Professoren waren Benediktiner aus den Stiften St. Peter und Michelbeuern, bis endlich diese beiden Stifte allein die Last nicht mehr zu tragen vermochten. Gegenwärtig lehren an diesem Gymnasium nur weltliche Professoren. Dafür sind aber gegenwärtig mehrere Benediktiner aus St. Peter am bischöflichen Gymnasium (Borromaeum) zu Salzburg thätig, welche ihre Studien an der Innsbrucker Hochschule gemacht haben.

2. Universität Ingolstadt-Landshut-München. Bis zum Jahre 1773, in dem die Aufhebung der Gesellschaft Jesu erfolgte, lehrten an der theologischen Fakultät nur Jesuiten. Weil man aber selbst die Exjesuiten möglichst rasch von der Universität entfernen wollte, so suchte die churbayrische Regierung in den Stiften taugliche Männer, welche die philosophischen und theologischen Lehrkanzeln besetzen sollten; die überwiegende Zahl der neuen Professoren gehörte dem Benediktinerorden an (es lehrten neben ihnen auch Cisterzienser und regulirte Chorherren.)[3]) Durch churfürstliches Rescript vom Jahre 1794 sollten fortan alle Lehrstühle der theologischen und philosophischen Fakultät an der Ingolstädter Universität mit Benediktinern besetzt werden, was auch geschah.[4]) P. Steiglehner kam im Oktober 1781 als ordentlicher Professor der Mathematik, Experimentalphysik und Astronomie nach Ingolstadt. „Die Universität (schreibt Heinrich) konnte sich

[1]) S. Baader, Gelehrtes Baiern, S. 82—86.

[2]) Grosses, ja man kann sagen, das Hauptverdienst daran hatte Joachim Buchauer, Abt von St. Peter (1615—1626), ein Profess des Stiftes Wessobrunn. Dieser unternahm eine mühevolle Reise nach Schwaben, pilgerte von Abtei zu Abtei, und bat die Vorstände, sie möchten sich herbeilassen, taugliche Persönlichkeiten als Professoren an das zu gründende Gymnasium nach Salzburg zu senden Von den Meisten erhielt er aber nur gute Worte und in weiter Ferne stehende Versprechungen. Nur zwei fand er, die sich thatsächlich um die Sache annahmen und Opfer brachten, nämlich Gregor Reubi, Abt von Ottobeuren, und Abt Carl von Irrsee. Am 25. Oktober 1617 kamen wirklich zur allgemeinen Freude die sechs ersten Professoren zu Salzburg an, und eröffneten die Schulen. Fünf waren Conventualen von Ottobeuren und einer aus Irrsee. (S. Auszug der neuesten Chronik von St Peter, S. 105; Feyerabend, Jahrbücher III. S. 333—334; Leuthner, Hist. Wessof. S. 430—437.)

[3]) Prantl D. C., Geschichte der Universität Ingolstadt-Landshut-München, I, S. 619.

[4]) Prantl, I. S. 666.

glücklich schätzen, einen Mann zu erhalten, der seinem Fache nicht nur vollkommen gewachsen, sondern auch demselben einen neuen Schwung zu geben fähig war.“[1]) Nur durch des Fürstabtes Frobenius Unterstützung war es ihm möglich, die Vorlesungen aus der Experimentalphysik gegen alle Erwartung sogleich anzufangen. Nach dem Abgange des Laienbruders Calligari verschrieb sich Steiglehner einen jungen Mechaniker aus Wien, Anton Wiesenpaintner, der sich mit Brander in Augsburg und Höschl messen konnte. Steiglehner's Wirksamkeit dauerte bis 1. Dezember 1791, an welchem Tage er zum Fürstabte des Reichsstiftes St. Emmeram erwählt wurde.[2]) Sein Mitbruder P. Pl. Heinrich kam an seine Stelle. Es war keine Kleinigkeit, einem Manne zu folgen, wie Steiglehner. Bald aber zeigte er sich als einen würdigen Schüler desselben, der den Meister sogar noch übertraf.[3]) Von den übrigen Professoren aus dem Benediktinerorden an dieser Hochschule mögen genannt werden: Klocker, Reif, Schneller, Dobmayr, Gollowitz, Atzenberger, Schönberger, dann zu München: Mall, Meilinger, Magold, Hortig, Frank[4]), Sieber. (Ihre Biographien und Schriften kommen in diesem Werke unten bei den betreffenden Stiften vor.) Mit der Universität war ein akademisches Gymnasium verbunden, an welchem, nach Aufhebung des Jesuitenordens, gleichfalls die Benediktiner bayrischer Stifte als Professoren von 1781 an ausschliesslich thätig waren.

3. Universität Würzburg, gestiftet vom Fürstbischofe Julius Echter von Mespelbrunn 1582. Mit Ausnahme der juridischen und medizinischen Fakultät waren von ihrer Stiftung bis 1773 alle Lehrkanzeln von Jesuiten besetzt. Nach der Aufhebung der Gesellschaft Jesu finden sich theils Exjesuiten, vorherrschend aber Weltpriester als Professoren, und nur zwei Benediktiner, Rösser aus Banz und Reuss aus St. Stephan zu Würzburg[5]), denen noch Buchner aus Benediktbeuern beigezählt werden kann.[6])

---

[1]) Heinrich, Lebensgeschichte des Fürstabtes C. Steiglehner, S. 35 sq. s bei St. Emmeram bei Steiglehner's Biographie.

[2]) Steiglehner besass grosses Geschick in Anfertigung von Maschinen; er war praktischer Mechaniker, der sich im Falle der Noth selbst die Modelle und Instrumente fertigte. Wäre es in der Mechanik wie im Kunstfache gebräuchlich gewesen, dem fecit auch das invenit beizusetzen, so würde sein Name auf gar manchem Instrumente zu lesen gewesen sein. (Heinrich l. c.)

[3]) Von ihm sagt Prantl, dass er wissenschaftliche Leistungen hervorgebracht, deren Werth zu allen Zeiten anerkannt werden wird. Geschichte der Universität, I S 691.

[4]) Mit ihm gieng der letzte gelehrte Banzer Benediktiner zu Grabe. Er war ein grosser Kenner der Sprachen, namentlich des Sanskrit.

[5]) Hist. pol. Blätter LXV. S. 194.

[6]) S. Bönike, Grundriss einer Geschichte der Universität Würzburg. Würzburg 1782—1788. 2 Theile; Ruland, series et vitae professorum s. theologiae. . . .

4. Universität Bamberg. Die theologische und philosophische Fakultät hatten bis 1773 gleichfalls die Jesuiten inne; später finden wir fast gleichzeitig drei Benediktiner als Professoren: J. B. Roppelt aus Banz (Mathematik), C. Rost aus Michelsberg für Kirchengeschichte, dem Carlmann Rath aus demselben Stifte folgte.

5. Universität Fulda. Die Mehrzahl der Professoren an derselben waren stets Mitglieder der Gesellschaft Jesu; jedoch neben denselben lehrte gewöhnlich auch ein Mitglied des Benediktinerordens aus dem fürstlichen Stifte Fulda. Drei Professoren erhielt sie aus bayrischen Stiften: Anselm Erb und Chrysostomus Kolbinger[1]) aus Ottobeuren und Ludwig Beck aus Schwarzach (Franken). Alle drei lehrten Kirchenrecht.

6. Universität Erfurt. Einer der Professoren der philosophischen Fakultät war im achtzehnten Jahrhundert fast ohne Unterbrechung ein Benediktiner, meist aus dem Schottenstifte St. Jakob in Regensburg oder St. Jakob in Würzburg. P. Heinrich Widmann aus Mallersdorf lehrte dort fünf Jahre Philosophie.

B) Lyzeen und Gymnasien.

1. Lyzeum und Gymnasium zu Freising.[2]) Der Freising'sche Fürstbischof Johann Franz aus dem freiherrlichen Geschlechte der Ecker gründete diese Anstalt 1697. In diesem Jahre begannen drei Benediktiner (K. Baader von Ettal, K. Meichelbeck von Benediktbeuern und M. Pfendtner von St. Veit) mit Hilfe eines weltlichen Lehrers die Gegenstände der vier niederen Gymnasialklassen vorzutragen. Im Jahre 1698 war schon das ganze Gymnasium mit Benediktinern besetzt. Im Jahre 1707 legte Fürstbischof Johann Franz den Grund zu einem neuen geräumigen, auf dem schönsten Platze der Stadt gelegenen Schulhause. Nachdem dieser Bau sammt Aula vollendet war, wurde im Herbste 1709 ein Professor der Logik, 1710 ein Professor der Physik, 1713 und 1714 zwei Professoren der Theologie angestellt. Hiemit war das Lyzeum nach den Bedürfnissen der damaligen Zeit vollendet, und so blieb es bis zur Zeit der Auflösung.[3]) Diese Anstalt war ausschliesslich in den Händen der Benediktiner. Dreiunddreissig Abteien hatten sich ver-

---

Wirceb. 1815; Schöpf G., Hist.-stat. Beschreibung des Hochstiftes Wirzburg. S. 272—319.

[1]) Geboren zu Sigmaringen am 13. Oktober 1703, achtzehn Jahre Professor des Kirchenrechtes zu Fulda und erster Visitator der Fuldaischen Diözese, gestorben zu Fulda am 19. Oktober 1758. S. Feyerabend, III. S. 72.

[2]) Deutinger, Beyträge zur Geschichte des Bisthums München-Freysing, V. S. 243—260; Meichelbeck, Hist. Frising. II. 423; Ziegelbauer, Conspectus, 199—201.

[3]) Die Professoren wohnten im Schulgebäude, und wurden gemeinschaftlich verpflegt. Während der Ferienmonate begab sich jeder Professor in sein Stift.

pflichtet, die Professoren für dieselbe zu stellen.[1]) Mit Ausnahme des Stiftes Neresheim lagen dieselben im heutigen Bayern. — Im Herbste 1803 hob die bayrische Regierung diese Lehranstalt ganz auf. Auch das Gymnasium hörte sofort auf. Das Vermögen der Lehranstalt betrug 90,000 fl.

2. Mehrere Lyzeen und Gymnasien, an denen bisher die Jesuiten (resp. Exjesuiten) gelehrt hatten. Im Jahre 1781 übergab die churbayrische Regierung den Benediktinerstiften von Ober- und Niederbayern, sowie denen der Oberpfalz folgende Lehranstalten zur Besetzung, nachdem man die Exjesuiten auf Betrieb ihrer Feinde entfernt hatte: das Lyzeum und Gymnasium zu Amberg, das Lyzeum und Gymnasium zu Straubing, das Gymnasium und die zwei philosophischen Kurse zu Neuburg an der Donau. Mit jeder dieser Studienanstalten waren Studentenconvicte verbunden, deren Leitung gleichfalls die Benediktiner übernehmen mussten. Im Jahre 1794 wurde die Studienanstalt zu Neuburg den regulirten (lateranensischen) Chorherren S. Augustini übergeben; die Benediktiner mussten dafür das Lyzeum und Gymnasium zu München übernehmen. Auch Straubing wurde 1795 den Benediktinern wieder abgenommen und den Prämonstratensern übergeben, die es bis zum Jahre 1803 besetzten.[2]) An den Lehranstalten zu Amberg und München wirkten die Benediktiner auch nach erfolgter Säkularisation noch lange fort, jedoch die Lücken, welche der Tod in ihren Reihen verursachte, mussten natürlich durch Lehrer aus dem Weltpriester- oder Laienstande ersetzt werden.

C) Gymnasien und Studentenseminare innerhalb der Stifte.

1. Die adelige Ritterakademie zu Ettal. (Collegium nobilium sub patroc. S. Josephi et S. Catharinae.) — Dieselbe wurde vom Abte Placidus Seiz (1709—1736) im Jahre 1711 gegründet. Sie erlangte europäischen Ruf. Nicht nur aus Bayern, den österreichischen Erblanden und Deutschland, sondern sogar aus England, Italien, Spa-

---

[1]) Diese Benediktiner-Abteien waren: a) sämmtliche Abteien der bayrischen Benediktiner-Congregation. (Das Verzeichniss derselben s. in der Beilage). b) Die 7 Abteien der schwäbischen Benediktiner-Congregation (sub titulo S. Spiritus). Ottobeuren blieb, auch nachdem es sich vom Congregationsverbande losgesagt hatte, dennoch dieser Verbindlichkeit treu. (Das Verzeichniss dieser Stifte s. Beilage). c) Das Stift St. Veit aus der congregatio Salisburgensis (1). d) Ettal, Donauwörth, Metten, Niederaltaich, Seeon, St. Ulrich in Augsburg (6). Während des Bestandes der Anstalt lehrten an derselben 227 Benediktiner; 212 waren aus bayrischen Stiften, 14 aus Neresheim und 1 ausnahmsweise aus dem österreichischen Stifte Garsten.

[2]) Sieghart M., Geschichte und Beschreibung der Stadt Straubing, II. S 210 sq.

nien und Holland wurden adelige Jünglinge zur Erziehung dorthin geschickt. Sie erhielten Unterricht in allen Zweigen des Wissens und allen ritterlichen Uebungen; die talentvollsten Conventualen (damals zählte Ettal bei 40 Mitglieder) und auch auswärtige tüchtige Männer wirkten als Lehrer. Die Sorgfalt, welche dieses Stift für die geistige und moralische Bildung der ihm anvertrauten Blüthe des Adels verwendete, erwarb dieser Akademie einen solchen Ruhm, dass sie jenem einer Universität gleich kam. Mit dem furchtbaren Brande, der im Jahre 1744 das Stift Ettal in Asche legte, sank auch diese herrliche Anstalt in Trümmer, um nie wieder zu erstehen. Einige Zeit nach dem Wiederaufbau des Stiftes wurde ein etwas vollkommeneres Klosterseminar (Lateinschule) wieder errichtet, das besonders stark von Tyrolern und Italienern besucht wurde. Eine Wiederherstellung der adeligen Akademie mochte wohl desshalb nicht mehr versucht worden sein, weil bereits im Jahre 1743 im Stifte Kremsmünster in Oesterreich eine adelige Ritterakademie in's Leben getreten war.[1])

2. Das Gymnasium zu Benediktbeuern (1699—1803), gegründet von Abt Eliland Oettl 1699. Schon vorher bestand im Kloster eine lateinische Schule für die Sängerknaben, in welcher Carl Meichelbeck (1677—1681) seinen ersten Unterricht erhielt. Eliland erweiterte sie bis zu fünf Klassen (Rudiment, Grammatik, Syntax, Poesie, Rhetorik). Auch die auf Eliland folgenden Aebte wendeten ihr Augenmerk auf diese Schule und thaten viel für dieselbe. Nach Aussage des vorletzten Abtes Amand Fritz opferte das Kloster für diese Anstalt jährlich 2000 fl. Zeitweilig wurden sogar die philosophischen Fächer zu Benediktbeuern gelehrt, wie diess aus der Biographie des P. Fl. Meilinger hervorgeht. Die Zahl der Zöglinge betrug durchschnittlich 30. Mit der Aufhebung des Klosters fiel diese Anstalt von selbst.[2])

---

[1]) An der Ettaler Akademie studirten im Ganzen 2 Fürsten, 160 Grafen, 146 Barone, 99 Adelige aus Bayern, Oesterreich, Böhmen, Ungarn, Tyrol, Holland, Italien, Spanien und England. An dieser Akademie erhielt auch ein Abkömmling des kaiserlichen Stifters Ludwig des Bayern, nämlich Marquard Graf von Wartenberg, seine Erziehung. Er starb in der Blüthe seiner Jahre zu Ettal am 3. August 1736 als Schüler der Rhetorik in Folge eines verschluckten Pfirsichkerns. Mit ihm erlosch die Ferdinandeische Linie des Hauses Bayern, welche die Anwartschaft auf die Nachfolge im Herzogthume nach Abgang der Wilhelminischen Linie hatte. — Ein Verzeichniss sämmtlicher Zöglinge der Akademie gibt Westenrieder (Beiträge zur vaterländ. Hist. IX. S. 256—280). Näheres über dieselbe s. Günthner, Geschichte der lit. Anstalt, II. S. 272—274; Meichelbeck, Hist. Frising. II. 497; Chronicon Benedictob. S. 37; Ziegelbauer, Conspectus rei literariae O. S. B. S. 139—144; ejusd. Hist. rei literar. O S. B. I. 272—277.

[2]) Ungefähr um das Jahr 1710 wohnte Baron Jos. v. Unertl einem von den Zöglingen des Benediktbeurischen Gymnasiums aufgeführten Theaterstücke bei, bei welchem dieselben meisterhaft spielten; Unertl wurde dadurch so für die Anstalt

2. Das Gymnasium zu Niederaltaich (1725—1803). Gegründet von Abt Joscio Hamberger (1700—1739) um das Jahr 1725. Da diese Erziehungsanstalt unter den Schutz des heiligen Gotthard, der einst Abt zu Niederaltaich gewesen, gestellt war, wurde sie oft mit dem Namen „Gotthardianum" bezeichnet. Abt Ignaz Krenauer (1775—1799) eröffnete auch noch eine Realschule, um Jünglingen, die auf akademische Bildung nicht Anspruch machten, die im bürgerlichen Leben erforderlichen und zweckdienlichen Kenntnisse zu verschaffen.[1])

3. Das Gymnasium zu Tegernsee (circa 178?—1803). Es entstand durch Erweiterung der schon seit den ältesten Zeiten im Kloster bestandenen Knabensängerschule. Abt Gregor Rottenkolber bewerkstelligte dieselbe und schickte seine talentvollsten Conventualen auf die Hochschulen nach Ingolstadt und Salzburg, um sie dann als Lehrer an der Anstalt zu verwenden. Leider gieng dieselbe 1803, als sie eben erst zu blühen begann, mit der Aufhebung des Klosters zu Grunde.[2])

4. Das Gymnasium und die zwei philosophischen Kurse im Reichsstifte Ottobeuren (1789—1803). Abt Honorat Göhl gründete diese Erziehungsanstalt, die rasch emporblühte. Die Zahl der Studirenden belief sich jährlich auf 200. — Viele Adelige aus Baiern, Schwaben und Oesterreich besuchten diese Anstalt. Die Studirenden

---

gewonnen, dass er sofort derselben eine Stiftung von 6000 fl. machte, wofür das Kloster sich verpflichten musste, stets vier Jünglinge bis zur Rhetorik unentgeltlich zu unterrichten und zu verpflegen. (Meichelbeck, Chronicon, S. 370—371.) Der Erwähnung würdig ist das Zeugniss des verdienten Schulmannes Bischof M. Wittmann, welches er über den sittlichen Zustand dieser Erziehungsanstalt ausgestellt hat. Im Jahre 1798 machte Wittmann eine Ferienreise durch Oberbayern und besuchte am 28. September das Stift Benediktbeuern, wo er mehrere Tage blieb. Er schreibt in seinem Tagebuche über dieses Convict und den P. Regens desselben: „Herr, ich danke dir, dass du mir endlich einen Mann gezeigt hast, durch den du die Herzen der jungen Leute an dich ziehst; es ist P. Wolfgang Vitzthum, Seminarvorstand zu Benediktbeuern, ein Mann, zwar mager und bleich, aber voll Offenheit und Frische des Geistes." Wittmann vernahm, dass dessen Schüler vor Liebe glühen, durch Gottesfurcht und Sittsamkeit sich auszeichnen und eher zurückgehalten als angetrieben werden müssen. Als Wittmann den P. Wolfgang um seine Erziehungsmethode fragte, betheuerte dieser, er thue gar nichts, es mache sich Alles von selbst. Da sagte Wittmann in der Stille bei sich: „Das erste Erforderniss der Jugenderziehung ist die Demuth." (S. Leben Wittmann's, herausgeg. von P. Rup. Mittermüller, S. 47.) Ueber das Benediktbeurische Seminar s. „Jais nach Geist und Leben, geschildert von M. D(ietl)", S. 6—7; Dr. Alois Buchner, ein Lebensbild, von Dr. M. Jocham, S. 26—28.

[1]) S. Lackner, Memoriale, S. 74 und 132.

[2]) S. Günthner Seb., Biographie des Abtes Gr. Rottenkolber. Ob dieses Gymnasium, wie jenes zu Benediktbeuern, fünf Klassen umfasst habe, lässt sich aus der Stelle bei Günthner nicht mit Bestimmtheit behaupten. Sicher ist, dass dort alle jene Gegenstände gelehrt wurden, welche die sogenannten „Inferiora" in sich begriffen.

direnden waren in zwei Convicten vertheilt. Eines diente für die Jünglinge vornehmer Stände, das andere für die minder Bemittelten. (Siehe die Biographie des Abtes H. Göhl.)

5. Das Gymnasium zu Füssen im St. Magnusstifte (1790 bis 1803), gegründet vom Abt Aemilian Hafner (1778—1803). Die Mehrzahl der Studirenden wohnte in der Stadt.

Ausser diesen Lehranstalten hatte beinahe jedes Benediktinerstift Bayerns ein sogenanntes Seminar oder Institut, wo Sängerknaben unterhalten und zum Uebertritt in ein Gymnasium vorbereitet wurden. Die besten Seminare dieser Art hatten die Abteien Wessobrunn, Priefling und Andechs. Zu St. Emmeram in Regensburg bestand ein grösseres Seminar, in welchem die Zöglinge bis zu den philosophischen Studien erzogen wurden, jedoch ertheilten die Benediktiner dort niemals Unterricht. Die Alumnen besuchten das Jesuitengymnasium zu St. Paul.

D) Lehranstalten, vorherrschend zur Bildung des Ordensklerus.

1. Die theologische Studienanstalt der bayrischen Benediktiner-Congregation (genannt „Studium commune congregationis benedictino-bavaricae", 1687—1768).[1])

Um in den Herzen der angehenden Ordensgeistlichen eine feurige Liebe zu den Wissenschaften zu entzünden, fasste die bayrische Benedictiner-Congregation bald nach ihrem Entstehen den Entschluss, eine gemeinsame theologische Lehranstalt zu gründen, an die jedes verbündete Stift seine Kleriker zu schicken gehalten sein sollte, falls es nicht vorzöge, dieselben auf eine Hochschule zu senden. Mit diesem Vorschlage wurde auch bald Ernst gemacht, und schon 1687 im Kloster Scheyern die philosophischen Kurse eröffnet, denen im Jahre 1689 die theologischen in dem Kloster Mallersdorf folgten. In den ersten Zeiten waren die philosophischen und theologischen Kurse in verschiedenen Stiften, später aber in Einem und demselben.[2]) Im Jahre 1695 wurde eine eigene Lehrkanzel für das geistliche Recht errichtet, zu deren Unterhaltung der churbayrische geheime Rathspräsident Freiherr von Prielmayer nicht nur ein Kapital von 1000 fl., sondern auch den grössten Theil seiner werthvollen Bibliothek der Benediktiner-Congregation zum Geschenke machte. Zum Studium des Civilrechtes wurden die Kleriker auf Hochschulen geschickt, wie es bisher immer üblich gewesen war.

---

[1]) Ziegelbauer, Novus rei literar. O. S. B. Conspectus, fol. 56—58.

[2]) Die Stifte, in denen unter andern das studium commune sich befand, waren Benediktbeuern, Ensdorf, Mallersdorf, Priefling, Michelfeld, Rott, Attel, Scheyern, Weihenstephan und andere.

Das Communstudium wurde aber nicht nur von den Alumnen der bayrischen Congregation, sondern auch von andern Klerikern bayrischer, schwäbischer und ausländischer Stifte besucht. So schickten die Stifte St. Ulrich in Augsburg, Plankstetten, Banz, Neresheim, Michelbeuern (im Salzburgischen), Claderub (in Böhmen) und Fiecht (in Tyrol) Kleriker dorthin. Viele Männer, welche dieser Anstalt ihre theologische Bildung zu verdanken hatten, wurden hinwieder als Professoren in auswärtige Stifte berufen.[1])

Immer bleibt wahr, was Günthner von dieser Anstalt sagt: „Ich fürchte nicht, mich eines übertriebenen Lobes schuldig zu machen, wenn ich das gemeinsame Studium der bayrischen Benediktiner-Congregation als einen Versammlungsort der gelehrtesten Männer ihres Zeitalters betrachte, die mit Sorgfalt den Samen ihrer Kenntnisse ausstreuten."[2]) Im Jahre 1768 wurde diese Lehranstalt aufgehoben. Die Ursachen waren lediglich finanzieller Art.[3]) Zum Ersatze dafür blühte aber bald eine ähnliche Lehranstalt empor, deren Einrichtung noch zweck- und zeitgemässer war, nämlich:

2. Die philosophisch-theologische Lehranstalt im Stifte St. Emmeram zu Regensburg (1766—1802.)

Fürstabt Frobenius Forster ist der Gründer derselben. Im Wesentlichen hatte sie dieselbe Einrichtung wie das studium commune der bayrischen Benediktiner-Congregation, nur mit dem Unterschiede, dass in den philosophischen Kursen den naturwissenschaftlichen Fächern (Mathematik, Physik, Astronomie, Botanik) bedeutend mehr Aufmerksamkeit geschenkt, und denselben mehr Lehrstunden angewiesen wurden, als diess bisher üblich war. Im theologischen Kursus kam zu den üblichen Gegenständen (Dogmatik, Exegese, Moral, Kirchenrecht und Kirchengeschichte) neu das Studium der orientalischen Sprachen hinzu. Vom Jahre 1771 bis 1775 docirte dieselben der gelehrte P. Carl

---

[1]) So lehrten Corbinian Grätz aus Rott zu Claderub, Alph. Wenzel aus Mallersdorf zu Martinsberg (in Ungarn), Martin Pronath aus Priefling zu Schwarzach (in Franken), Alph. von Campi aus Wessobrunn zu Corvey (in Sachsen), Lambert Höllerer aus Wessobrunn zu Fiecht, Gregor Zallwein aus Wessobrunn und Bernard Gaigl aus Tegernsee zu Strassburg (in Kärnthen, Bisthum Gurk, wo ein neues Klerikalseminar gegründet worden), Gabriel Schwarz aus Reichenbach zu Michelsberg u. s. f.

[2]) Günthner, Geschichte der liter. Anstalten, II. S. 244—262; Sattler, Mönchsleben, S. 54—59 und 64—69.

[3]) Noch kurze Zeit vor dem Eingehen dieser Anstalt hatte P. J. D. von Kleinmayern, der seine Studien in Rom gemacht, ein Werk über den zu verbessernden Studienplan am studium commune der Oeffentlichkeit übergeben mit dem Titel: Systema de perficiendo studio theologico in convictu almae Congregationis Benedictino-bavaricae 1765 (Tegernsee). 4. S. Zanner, Syllabus Rectorum, S. 31.

Lancelot, Benediktiner der Congregation des hl. Maurus. Fürstabt Frobenius dürfte höchst wahrscheinlich der Einzige gewesen sein, auf dessen Betrieb man in mehreren Benediktinerstiften Bayerns anfieng, sich mit Eifer auf das Studium der morgenländischen Sprachen zu verlegen.[1]) Diese Anstalt wurde von Klerikern der Stifte und Klöster Regensburgs und von vielen anderen bayrischen Benediktinern besucht. Ein förmliches Uebereinkommen zwischen dem Stifte St. Emmeram und der bayrischen Benediktiner-Congregation, ihre Kleriker dorthin zu schicken, bestand jedoch niemals. Unter den vortrefflichen Professoren, die an derselben wirkten, genügen die Namen eines Enhueber, Sanftl, Fröhlich, Aign, Steiglehner, Heinrich, Schönberger, sämmtlich Professen von St. Emmeram, und Carl Klocker aus Benediktbeuern.

3. Das Seminar im Schottenkloster St. Jakob zu Regensburg. Dasselbe wurde 1718 gegründet, um junge Schotten zu Missionszwecken heranzubilden. Es wurden alle philosophischen und theologischen Disziplinen gelehrt. Ausnahmsweise studirten dort wohl auch Kleriker deutscher Benediktinerstifte.

§. 3. Pflege der Wissenschaften. — Schriftstellerische Thätigkeit. — Wissenschaftliche Sammlungen. — Literarische Reisen.

Nach dem Ausspruche des geistreichen Fürstabtes Martin Gerbert ist der Benediktinerorden nicht bloss ein Stand der Busse, sondern auch nützlicher Thätigkeit. Alle Benediktinerstifte sollten, wie er sich ausdrückte, Werkstätten gelehrten Fleisses sein, deren Bewohner den schnöden Vorwurf eines unthätigen und nutzlosen Daseins durch wissenschaftliche Arbeiten widerlegen. Von dieser erhabenen Idee war wohl die Mehrzahl der in Bayern bestehenden Benediktiner-Abteien durchdrungen. Die vorliegende Arbeit liefert den sprechendsten Beweiss, dass diess keine leere Behauptung sei.[2]) Es gab, die medizinische Wissenschaft etwa ausgenommen, kein Gebiet, das zu bearbeiten sie nicht gewagt hätten, und so finden wir auch Männer, die in der Geschichte, Mathematik, Physik, Botanik, Mineralogie und Philologie Bedeutendes geleistet haben.[3])

---

[1]) Heinrich, Leben Steiglehner's, S. 26.

[2]) Bei weitem nicht alle der Veröffentlichung würdigen Schriften der Religiosen kamen auch in die Oeffentlichkeit. Viele kostbare Manuscripte derselben harren noch in den Bibliotheken Münchens, Regensburgs, Augsburgs, Würzburgs und in den Sammlungen der hist. Vereine Bayerns auf den günstigen Zeitpunkt, wo sie Gemeingut der literarischen Welt werden sollen.

[3]) Mit Uebergehung der auf theologischem Gebiete ausgezeichneten Männer sollen hier nur einige Namen genannt werden, die in den philosophischen Fächern Namhaftes geleistet haben: a) Geschichtschreibung: Braun von St. Ulrich;

Dass manche Schriften aber auch das Schwülstige des verdorbenen Geschmackes der damaligen Zeit an sich tragen, wer möchte sich daran stossen? Die Benediktiner waren eben auch Kinder ihrer Zeit. Eine rühmliche Erwähnung verdient die rege Betheiligung der bayrischen Benediktiner auf dem Gebiete der Meteorologie. Im Jahre 1781 wurden in Churbayern und in der Oberpfalz an 34 verschiedenen Stationen meteorologische Beobachtungen angestellt. Davon besorgten 11 die Benediktiner.[1]) Im Jahre 1782 kamen vier, und 1783 drei neue Stationen hinzu, welche gleichfalls die Benediktiner übernahmen. Kein anderes Stift Deutschlands hat sich, was die Pflege der Naturwissenschaften betrifft, mehr verdient gemacht, als St. Emmeram, und P. Heinrich behauptet, „dass St. Emmeram rücksichtlich der physikalisch-mathematischen Wissenschaften in Bayern Epoche machte.“ Schon im Mai 1771 wurde dort von den Religiosen ein meteorologisches Tagebuch (täglich acht Beobachtungen enthaltend) begonnen und dasselbe durch mehr als ein halbes Jahrhundert ohne Unterbrechung fortgeführt. Als die meteorologischen Gesellschaften in München und Mannheim in's Leben traten, hatte St. Emmeram bereits das erste Beobachtungsdecennium hinter sich. Die „Ephemerides meteorologicae S. Emmeramianae“ umfassen einen Zeitraum von $52^1/_2$ Jahren; sie wurden von Steiglehner und zuletzt von Heinrich besorgt. Steiglehner war auch der erste Lehrer der Hochschule zu Ingolstadt, der seinen Schülern theoretische und praktische Vorlesungen über Meteorologie gab. (Vergleiche Heinrich: Leben Steiglehner's, S. 14, und Schmöger: Erinnerung an Pl. Heinrich, S. 13.)

Vortrefflich war der Stand der wissenschaftlichen Sammlungen in den bayrischen Benediktinerstiften.[2]) Die Bibliotheken wurden jederzeit

---

Desing von Ensdorf; Enhueber, Kraus, Forster, Zirngibl, Sanftl von St. Emmeram; Günthner von Tegernsee; Lackner von Niederaltaich, Scholliner von Oberaltaich; b) Philologie: Desing, Frank von Banz (Sanskrit), Kaindl von Priefling und Stocker von Donauwörth (deutsche Sprache); c) Naturwissenschaften: Arbuthnot, Dobler, Ellinger, Heinrich, Steiglehner, Schiegg, Huber, Elger, Geyer, Hunger, Linder, Schnb.

[1]) Diese 11 Stationen waren: Ettal, Benediktbeuern, Bogenberg (von Oberaltaich aus), Mallersdorf, Michelfeld, Niederaltaich, Reichenbach, Rott, Tegernsee, St. Veit, Wessobrunn; die in den Jahren 1782 und 1783 neu hinzugekommenen Stationen waren: Amberg (Observator war P. W. Graf von Weihenstephan), Andechs, Donauwörth (hl. Kreuz), Thierhaupten, Weihenstephan, Banz; etwas später schickte auch Scheyern die Beobachtungsresultate nach München. (S. philosoph. Abhandl. der bayr. Akademie der Wissensch. 1781 sq.; Westenrieder, Geschichte der Akademie der Wissensch. II. S. 256.)

[2]) Ausführlich handeln darüber die Schriften: Baader Cl., Reisen durch verschiedene Gegenden Deutschlands, Augsburg 1795—1797, 2 Bde.; Gerken, Reisen durch Schwaben, Baiern ..... Stendal und Worms 1783—1788; Hirsching, Versuch einer Beschreibung sehenswürdiger Bibliotheken Deutschlands, Erlangen 1786—1791;

reichert. Vortreffliche Bibliotheken hatten Benediktbeuern[1]), Banz[2]), Donauwörth, St. Magnus in Füssen[3]), Metten[4]), Michelsberg[5]), Ottobeuren, Priefling, Tegernsee, St. Ulrich[6]), Wessobrunn, Oberaltaich[7]) und Andechs[8]). Von den meisten Klosterbibliotheken Bayerns dürfte gelten, was G. W. Zapf über Tegernsee schreibt: „Man sieht, dass in den Klöstern dieses Landes noch sehr schöne und reiche Schätze verborgen liegen, und dass es Leute gibt, die solche auch zu schätzen wissen.“[9]) Gute physikalische Sammlungen und Naturalienkabinete besassen unter anderen: Andechs (durch Scharl, reich an Petrefakten), Banz (angelegt von Gallus Winkelmann [† 1757], erweitert von Linder und Geyer), St. Emmeram, Priefling und Metten.

Die Aebte gestatteten den Religiosen gerne grössere literarische Reisen, von denen meist Schätze von seltenen Büchern oder naturhistorischen Merkwürdigkeiten heimgebracht wurden.[10])

§. 4. Schattenseiten.

Bisher wurden Bayerns Benediktinerstifte nur von der Lichtseite betrachtet; auch die Mängel sollen nicht verschwiegen bleiben. Auffallen muss, dass die Stifte der nördlichen Provinzen Bayerns sich nicht ebenso in literarischer Beziehung hervorgethan, wie die in Altbayern und Schwaben. Der Grund dieser Erscheinung war vielleicht der geringe Personalstand und die Ueberbürdung der Conventualen mit

---

Aretin, Beiträge zur Geschichte der Literatur, München 1803—1807; Zapf, Literarische Reisen in Briefen, Augsburg 1783.

[1]) Besondern Zuwachs erhielt sie durch Carl Meichelbeck und M. Wourstn.

[2]) S. Roppelt, Beschreibung Bambergs, I. S. 199.

[3]) S. Helmschrott, Verzeichniss aller Druckdenkmale des Stiftes St. Magnus. Ulm 1790.

[4]) Mittermüller, S. 258—259.

[5]) Jäck J., Pantheon, S. 116.

[6]) Braun. Notitia historico-literaria de libris etc.

[7]) Vgl. Scholliner und Günthner l. c.

[8]) S. Sattler l. c. S. 375—379.

[9]) Zapf, Liter. Reise, III. Brief, S. 45.

[10]) Das Reisen zu wissenschaftlichen Zwecken war bei den Benediktinern schon von den ältesten Zeiten her im Gebrauche. Die hervorragendsten Gelehrten der Mauriner unternahmen grosse und Jahre in Anspruch nehmende Reisen, wie: Claud. Estiennot de la Serre, Ber. Montfaucon, Joh. Mabillon, Mich. Germain, Th. Ruinart, Ursin. Durand, Ed. Martene. Vgl. Ziegelbauer, „Conspectus rei literariae O. S. B. fol. 294—316. Von den Deutschen reisten Gabr. Bucelin aus Weingarten, Mart. Gerbert von St Blasien, Carl Stengel aus St. Ulrich, Mag. Ziegelbauer von Zwiefalten, die Gebrüder Bern. und Hieronymus Pez aus Melk. Von den Mönchen der lotharingischen Congregation ist der gelehrte Aug. Calmet hier zu nennen. — P. Legipontius aus Gross St. Martin in Cöln gab in einer eigenen Schrift Fingerzeige, wie am zweckmässigsten literarische Reisen einzurichten seien.

Seelsorgsdienst. So hatte Amorbach 12 Pfarreien zu versehen. Ausserdem mussten sich auch auf den verschiedenen Stiftsgütern zur Besorgung der ökonomischen Geschäfte Conventualen aufhalten. Banz macht indess eine vortheilhafte Ausnahme. Es hatte ausser seiner Stiftspfarrei keine auswärtigen Pfarreien[1]) und konnte somit auch bei mässigem Personalstand sehr viel leisten. Auch in Altbayern und Schwaben gab es Stifte, welche sich nie über den Stand der Mittelmässigkeit erhoben[2]) und in literarischer Hinsicht wohl eine sehr untergeordnete Rolle spielen. Der Grund lag theils im kleinen Personalstand und in dürftigen finanziellen Verhältnissen, theils im Mangel an Anregung.

Ein zweiter Uebelstand war eine in manchen Stiften dem Studium nachtheilige Tagesordnung. Das Generalcapitel der bayrischen Benediktiner-Congregation zu Wessobrunn (1788) wollte Abhilfe treffen. Durch Wissenschaft und Frömmigkeit ausgezeichnete Aebte und Religiosen stimmten desshalb für Reform der Tagesordnung. Jedoch das Projekt scheiterte und es blieb im Grossen beim Alten. Dem ungeachtet führten einzelne Aebte für sich Verbesserungen hierin ein.[3])

Endlich trifft einzelne Aebte mit Recht der Vorwurf, dass sie für die Hausgeschichte und auch sonst zur Förderung der Wissenschaften wenig gethan haben. Unter solchen Aebten nahm aber auch die Zahl der Mitglieder meist schnell ab.

Welche Ehre wäre es für den Orden, welcher Vortheil für den vaterländischen Geschichtsforscher, wenn jedes bayrische Benediktinerstift die Geschichte seines Hauses so der Nachwelt überliefert hätte, wie dieses Meichelbeck von Benediktbeuern, Leuthner von Wessobrunn, Lackner von Niederaltaich, Feyerabend von Ottobeuren, Königsdorfer von hl. Kreuz, Gropp von Amorbach gethan haben, der nur im Manuscripte vorhandenen Werke nicht zu gedenken.

---

[1]) Banz hatte ausserhalb des Stiftes nur zwei Conventualen, die Amtmänner der Herrschaften zu Buch (Bug) und Gleusdorf.

[2]) Z. B. Deggingen, Frauenzell, Fultenbach, Reichenbach, Formbach, St. Veit und Thierhaupten.

[3]) So that unter andern Aebten Cölestin Steiglehner von St Emmeram und (wenn sich der Verfasser noch recht entsinnt) auch Rup. Kornmann von Prietling. Es hatten ohne irgend welche Schädigung der religiösen Uebungen und des feierlichen Gottesdienstes die genannten Aebte diese und andere zweckmässige Verbesserungen vorgenommen, daher das Präsidium der Congregation ihre Massregeln tolerirte. Näheres über diesen Gegenstand s. Sattler, Mönchsleben, S. 401; Heinrich, Leben Steiglehner's, S. 59 sq. und die Schrift: „Was ich an den Klöstern geändert wünschte, 1802", obschon der Verfasser hier bemerken zu müssen glaubt, dass er keineswegs den in genannter Schrift ausgesprochenen Ansichten beipflichte.

II. Capitel.

Der disziplinäre Zustand des Ordens in Bayern im achtzehnten Jahrhunderte.

Ungeachtet der vielseitigen Thätigkeit nach Aussen verlor der Orden seine religiös-sittliche Aufgabe niemals aus dem Auge. Heilig hielt er das Gebot seines Stifters: „Nihil operi Dei praeponatur" (heil. Regel, cap. 43). Täglich wurde der Gottesdienst von den Mönchen bis zu ihrer Vertreibung mit einer Würde und Feierlichkeit abgehalten, die das Gemüth der Gläubigen mächtig ergriff. Von den ältesten Zeiten her liessen es sich die Benediktiner angelegen sein, die Erhabenheit der römisch-katholischen Liturgie zum vollendeten Ausdruck zu bringen.[1]) Selbst Protestanten räumten ihnen hierin den Vorzug vor dem Säkularclerus ein.[2]) Das, was dem Gottesdienst der Benediktiner[3]) eine solche Majestät verlieh, war einerseits der bei ihnen übliche ernst-feierliche Choralgesang[4]) und anderseits die Präcision, mit der sie den Ritus beobachteten. Was Feyerabend von Ottobeuren sagt (Jahrbücher IV, S. 184—185 und 320), galt ehedem wohl mehr oder minder von jedem

---

[1]) Dieselbe setzt schon ihrer Wesenheit nach einen zahlreichen Clerus voraus; somit sind auch nur Gotteshäuser, die mit einem solchen versehen sind (Kathedralen, Stifts- und Klosterkirchen), die Stätten, wo sich der Ritus in seiner ganzen Grossartigkeit und Schönheit zu entfalten vermag.

[2]) Nikolai bezeugt diess in seinen deutschen Reisen (II, 258). Er zieht einen Vergleich zwischen einem Pontifikalamte, das er von einem Bischof in der kath. Kirche zu Berlin halten gesehen, und einem, dem er im fürstl. Stifte St. Emmeram angewohnt hatte. Er schreibt über den Eindruck, den letzteres auf ihn gemacht hatte: „Auch ist etwas ganz Unbeschreibliches in der Gestalt der Personen, die sich dem Klosterstande widmen. Hier (St. Emmeram) war Alles: Gang, Tritt, Auge ganz katholisch, ganz klösterlich. Alle Geistlichen waren Religiosen .... Alle im Bewusstsein ihres Priesterthums, Alle im Bewusstsein, dass sie Religiosen sind, Alle in dem Aufmerken auf die höchste geistliche Handlung .... Die Gesichter waren meist schon sehr ausgezeichnet, und dann die Verschlossenheit, die innere Anspannung, die gänzliche Abwesenheit von Allem dem, was ausser der Handlung herum vorgieng. Man muss diess sehen, um sich's vorstellen zu können. Am Altare dienten dem Fürstabte 12 Geistliche."

[3]) Auch die Cisterzienser und die Prämonstratenser traten in die Fussstapfen der Benediktiner durch die Pflege des Chorals und die würdevolle Abhaltung des Gottesdienstes.

[4]) In allen Ordenskirchen konnte man täglich zweimal Choralgesang hören, beim sogenannten Conventamte (Missa conventualis cantata), öfters auch die Summa genannt, und bei der Vesper. Nur an hohen Festtagen wurden auch andere kanonische Tagzeiten gesungen. Der Choral, der in Anwendung kam, war der einstimmige mit Begleitung der Orgel. An höhern Festen trat an seine Stelle der vierstimmige. — Durch diese Gesangsweise haben die Benediktiner eine besondere Anziehungskraft auf die Aussenwelt ausgeübt.

Benediktinerstifte. Er schreibt, dass der von so vielen Kehlen mit Begleitung der Orgel gesungene Choral den kirchlichen Feierlichkeiten eine Herzerhebung und Anmuth gab, welche damals selbst in den meisten Kathedral- und Metropolitankirchen Deutschlands vermisst wurde. — Genau wurde in allen Klöstern die Regel beobachtet, nicht dem todten Buchstaben, sondern dem Geiste nach und gemäss den vom apostolischen Stuhle gutgeheissenen Constitutionen und Statuten, welche die verschiedenen Congregationen selbst in Rücksicht auf die Bedürfnisse des Landes und der Zeit entworfen hatten. — Nur in sehr wenigen Ordenshäusern war der alte Eifer zur Zeit der Säkularisation nicht mehr vorhanden, den sie im achtzehnten Jahrhunderte gezeigt hatten. Vollständig ungerecht sind die Urtheile, welche die klosterfeindliche Presse einer unwissenden Leserwelt brachte, um das Unrecht der Säkularisation zu beschönigen und als gerechte Strafe der Klöster darzustellen. Die Thatsachen sprechen dagegen.

Die Anhänglichkeit, welche die bei weitem grössere Zahl der vertriebenen Mönche ihren Ordenshäusern bewies, hat etwas Rührendes und Grossartiges an sich. Sie duldeten alle Arten von Nergeleien, scheuten weder Opfer noch Entbehrungen, ja verzichteten beharrlich auf glänzende Stellen, die man ihnen anbot, um, so gut es eben gieng, das Communitätsleben fortsetzen zu können, falls man ihnen nicht auch diesen Trost versagte.[1]) Nicht selten macht man den Benediktinern den Vorwurf von Prachtliebe und Verschwendung. Wenn man auf die nun halb verödeten Stifte hinsieht, die selbst in ihren Ruinen noch grossartig sind, so möchte man es wohl glauben. Aber diese Gebäude verdankten sehr häufig ihr Entstehen nicht dem Luxus, sondern den edelsten Zwecken zum Wohl der Menschheit. — Humane Aebte liessen desshalb Bauten aufführen, um der arbeitenden Klasse Brod und Lohn geben zu können. Im Stifte Banz trägt ein schöner Trakt heute noch den Namen der „Hungerbau“, da Abt Valerius Molitor zur Zeit grosser Theuerung am Ende des vorigen Jahrhunderts denselben aus obigem Grunde bauen liess. Im Volke ist die Tradition hievon bereits untergegangen. — Zudem waren die schönen Gemächer nicht von den Religiosen bewohnt, sondern für hohe und niedere Gäste bestimmt. Die Conventualen begnügten sich — selbst in Stiften von fürstlichem Range — mit einem bescheidenen Zimmer.[2])

---

[1]) So legten mehrere Religiosen der Stifte Ottobeuren, St. Ulrich, Tegernsee, Benediktbeuern, Ettal ihre Pensionsgelder zusammen und führten das Communitätsleben so lange fort, als sie in den Klostergebäuden geduldet wurden. Sie setzten auch den Gottesdienst und das Chorgebet fort, und befassten sich mit Studien und unentgeltlichem Privatunterrichte der Jugend.

[2]) Nur die Dignitäre und Offizialen hatten zwei Zimmer zur Verfügung.

III. Capitel.

Die Aufhebung sämmtlicher Benediktinerabteien in Bayern durch die Säkularisation.

Das von Frankreich im Einverständniss mit Preussen und Russland geplante Princip, die weltlichen Fürsten, welche am linken Rheinufer Besitzungen verloren hatten, mit den Gütern des Clerus in Deutschland zu entschädigen, wurde gemäss Reichshauptdeputationsschluss am 25. Februar 1802 zu Regensburg angenommen und sofort zum Vollzug dieses Beschlusses geschritten.[1]) Auf diese Weise hörte in Deutschland der Benediktinerorden zu bestehen auf. Seine in Bayern gelegenen Abteien sammt Besitzungen wurden der Mehrzahl nach Churbayern zugewiesen, einige wenige fielen fürstlichen Häusern zu, wie Oettingen-Wallerstein, Leiningen, Löwenstein-Werthheim.

Somit war keineswegs Mangel an Lebensfähigkeit, kein sich Selbstaufgeben Ursache seines Unterganges; er wurde ein Opfer der Politik. Tausendjährige Culturstätten,[2]) deren Namen der Geschichtsforscher mit Ehrfurcht nennt, sah man über kurz in Kasernen, Fabriken, Korrektionshäuser, Bierbrauereien u. s. f. umgewandelt. Noch heut zu Tage muss ihr Anblick den Beschauer desto trauriger stimmen, je tiefer derselbe in die Wirksamkeit der einstigen Bewohner derselben eingeweiht ist.

So war das Werk der Zerstörung vollbracht. Aber selbst den Trümmern entsprosste noch Leben; obgleich der Orden politisch todt war, so dauerte die Wirksamkeit einzelner Mitglieder auf wissenschaftlichem Gebiete noch fast ein halbes Jahrhundert fort. So blieben die Söhne Benedikt's ihrem erhabenen Berufe treu bis zum Tode, obschon beraubt des fördernden Verkehres mit gelehrten Mitbrüdern, beraubt der reichhaltigsten Bücher- und Handschriftensammlungen, beraubt oft sogar der zum Gedeihen einer gelehrten Arbeit so nothwendigen sorgenfreien Existenz. Konnten sie aus diesen Ursachen nicht mehr so viel leisten, wie früher, so thaten sie doch, was immer unter so traurigen Umständen zu leisten möglich war. Diese ihre Produkte verdienen daher gewiss eine um so grössere Anerkennung, da man ihr Zustandekommen lediglich dem unermüdlichen Fleisse und der durch keine Hindernisse abzu-

---

[1]) Im heutigen Bayern wurden von den 45 Benediktiner-Abteien circa 40 sogleich aufgehoben; St. Emmeram erhielt sich bis 1812; Plankstetten bis 1806; nur St. Jakob in Regensburg bestand, als ein einer fremden Nation angehöriges Institut, bis 1861 fort.

[2]) Das tausendste Jahr des Bestandes hatten 1802 lange schon hinter sich z. B. St. Emmeram, Weltenburg, Amorbach, Niederaltaich, Wessobrunn, Neustadt a. M., Tegernsee, Ottobeuren und andere.

schreckenden Energie der vereinzelnt lebenden Ordensmitglieder zu danken hat.[1]) — Wie gross würde die Zahl der Schriftsteller und Gelehrten der bayrischen Benediktiner sein, wenn die 45 zur Zeit der Säkularisation existirenden Abteien bis auf diese Stunde hätten fortbestehen können! Zu welchen Hoffnungen berechtigte der Orden in Bayern, der zur Zeit seiner Vernichtung noch solche vortreffliche Männer, wie Ellinger, Heinrich, Braun, Frank, Günthner, Magold, Zirngibl, Stark, Sanftl, Siber, Schiegg u. s. f. in sich barg? Jedoch im unerforschlichen Rathschlusse der göttlichen Vorsehung war es anders beschlossen. Alle seine Abteien sollten untergehen bis auf die letzte! — Manche majestätische Gotteshäuser, die er gebaut, liegen sammt den Stiftsgebäuden in Trümmern,[2]) die wissenschaftlichen Sammlungen sind nun anderswo aufbewahrt, oder gar zu Grunde gegangen. Nur Geistiges vermag dem Zahne der Zeit zu trotzen. Es sind das die Werke von wahrem wissenschaftlichen Werthe, durch welche die einstigen Bewohner dieser Stätten sich dauerhaftere Monumente geschaffen, als aus Stein und Erz verfertigte zu sein vermögen. So lange es Männer gibt, welche die Wissenschaften ehren und pflegen, eben so lange werden die Namen von solchen Religiosen und Abteien, denen sie angehörten, genannt, und die Geistesprodukte derselben von der in den Wissenschaften fortschreitenden Nachwelt mit Dankbarkeit benützt werden.

---

[1]) Auch von diesem Gesichtspunkte aus sind die gediegenen Arbeiten eines Braun, Gandershofer, Königsdorfer, Feyerabend, Günthner, Zirngibl und Anderer zu würdigen. Der Keim derselben reicht bis in jene Zeit zurück, in der diese Männer noch in ihren friedlichen Zellen weilten; zur Reife kam die Frucht erst zu einer Zeit, in der sie ihre Mutter nur mehr als eine Todte beweinen konnten.

[2]) So z. B. Theres, Schwarzach, Fultenbach, Wessobrunn, Elchingen.

I. Die Abteien der bayrischen Benediktiner-Congregation.

Weltenburg.

Weltenburg in Niederbayern (Valentia, Artobriga), Bisthum Regensburg, Gericht Kelheim, hart an der Donau gelegen, unstreitig eine der ältesten Abteien Bayerns. Das Stiftungsjahr lässt sich mit Bestimmtheit nicht angeben, ihr Alter reicht jedoch bis in's siebente oder sechste Jahrhundert hinauf. Gewöhnlich wird der Hergang also erzählt: Der heilige Rupert, Bischof von Salzburg, habe den unter den Trümmern der alten Römerburg Valentia noch stehenden Minervatempel in ein Kirchlein zu Ehren der seligsten Jungfrau verwandelt und eingeweiht. Thassilo I. habe dann ein Benediktinerkloster gegründet, dessen erster Abt Wisunt geheissen und aus dem Mutterkloster Monte Cassino gekommen sei. Von den Hunnen wurde Weltenburg zerstört, durch den heiligen Wolfgang, Bischof von Regensburg, wieder hergestellt, aufgehoben am 18. März 1803 von Churfürst Max Joseph. — König Ludwig stellte Weltenburg, namentlich mit Rücksicht, dass dieses das älteste Kloster in Bayern gewesen, 1842 als selbständiges Priorat wieder her. — Die Gebäude liegen auf einer kleinen Landzunge, welche von der Donau auf drei Seiten umströmt und im Rücken durch sehr hohe Felsen abgeschlossen sind.

Literatur:

Abelin Matth., abbas Weltenburgensis, chronographica instructio de fundatione monasterii Weltenburgensis. Straubing. 1643. 8. (Wegen der grossen Seltenheit wurde diese Schrift von Finauer wörtlich abgedruckt in der Bibl. bavarica, III. 1773. n. 4, 5.) Aretin, Beyträge 1805. Stück 3, S. 332—334. — Arnold, Die obere Donau, I. S. 55. — Monum. boic. XIII. S. 297—493, 77 Urkunden, excerpta necrologii, und Abbildung des Klosters. Münch. Intelligbl. 1785. S. 225. — Niedermayer Benedikt, O. S. B. von

Weltenburg, Matthias Abelin, Abt von Weltenburg. München 1853. 28 S. 4. (Programm.) — Reg. bav. II. 132, III. 130, 290, IV. 106, 254, 606, 672. — Stumpf, Handbuch, S. 256 mit Abbildung. — Sulzbacher Kalender 1851. — Vaterländisches Magazin I. S. 193. — In den Verhandlungen des historischen Vereins von Oberpfalz: Mayer Fr. X., Artobriga Ptolomaei oder Weltenburg, das muthmasslich älteste Kloster in Bayern (I. S. 87—107 und III. S. 207 sq.) — Wenning, Topographia IV. S. 89. — Werner Bened., letzter Abt von Weltenburg. Augsburg 1835. 8. (Verfasser ist unbekannt). Diese Schrift enthält genaue Nachrichten über die letzten Schicksale des Klosters. — Zimmermann, Churb. Geistl. Kalender IV. S. 119—123. — Ueber die Bibliothek: Pez, Thesaur. anecdot. T. 1. disser. isagog. pag. XXXVI.

Manuscripte:

Werners Manuscripte, ausserdem cod. lat. 1202 und 1381 der kgl. Hofbibliothek zu München.

Schriftsteller:

P. Anselm Löx (Lex), Dr. theolog., geb. zu Frontenhausen 2. Dez. 1700, Profess 9. Nov. 1722, Neomyst 24. April 1727, studirte am stud. comm. congregationis (zu Ensdorf) und zu Salzburg, an welch' letzterem Orte er zugleich Caplan des Stiftes Nonnberg war; 1738 bis 1740 Professor der Philosophie zu Salzburg, in's Kloster zurückgekehrt Lektor der Theologie und Prior, † 23. März 1754. (Baader, Lex. II. 1, S. 175.)

Schriften:

1) Ia et IIda disput. menstrua de instabilitate universalis in actuali praedicatione. Salisb. 1739. 8.
2) Disputatio de materia appetente et forma informante. ibid. 1740. 45 S.
3) Entis insatiabilis ejusque satiativi theoretica delineatio rationibus firmata, ibid. 1740.
4) Dreyfacher Dienst, erwiesen von Maria den Brüdern und Schwestern des heiligen, gnadenvollen karmelitanischen Skapuliers. Festpredigt gehalten bei den Carmeliten zu Abensberg am 19. Juli 1750. Straubing 1750. 4.

Conv.[1]) Edmund Schmid, geb. zu Hienheim 26. Juni 1733, Profess 6. Jan. 1768, † 20. Okt. 1786.

Manuscript:

Beschreibung der Römerschanze auf dem Berg bei Irsing (1781). (cod. germ. 1904 der Staatsbibliothek zu München.)

---

[1]) Conversus oder Laienbruder.

P. Rupert Schmid, Mitglied der botanischen Gesellschaft zu Regensburg, geb. zu Hienheim 20. April 1758, Profess 7. Okt. 1781, Neomyst 24. Juni 1783, von 1795—1799 Professor am Lyzeum zu München, † zu Mainburg 23. Okt. 1804. Er war ein tüchtiger Botaniker und Entdecker einer Pflanze, „Osmunda bavarica" genannt, über die er eine Abhandlung schrieb. (Besnard, Lit. Ztg. 1833. IV. S. 249 sq.)

P. Benedikt Werner, geb. zu Dietfurt, einer kleinen Stadt im Landgerichte Riedenburg (O. Pf.) 18. Dez. 1748, wo sein Vater Stadtpfarrmessner war. Im Jahre 1759 kam er in's Seminar nach Neuburg an der Donau, und blieb dort bis 1763. Im Gesang, Violin- und Clavierspiel hatte er bereits grosse Fortschritte gemacht. Seine Studien setzte er zu Ingolstadt fort. Obschon er dort mit Nahrungssorgen zu kämpfen hatte (er hatte die Woche hindurch nur drei Kosttage), schwang er sich doch bis zum dritten Platze empor. In der Folge erhielt er zwei Instruktionen, die seine Lage verbesserten. 1765 bezog er die Universität Ingolstadt, studirte Philosophie und versuchte sich nebenbei im Componiren. Durch Empfehlung des P. Carl Austenberg S. J. zu Bieburg, erhielt er die Aufnahme im Stifte Weltenburg. Nachdem dort die Einkleidung vollzogen war, wurde er mit zwei Mitnovizen (Seb. Jais und Innoz. Reindl) in's Communnoviziat nach Scheyern geschickt. Nach zehn Monaten kehrte er nach Weltenburg zurück. Als er von weitem den Thurm des Klosters erblickte, rief er mit inniger Freude aus: „Hic habitabo, quoniam elegi eam." Am 9. Okt. 1768 legte er Profess ab, und erhielt den Klosternamen Benedikt. Als Kleriker hielt er sich häufig in der Klosterbibliothek auf, [1]) und verfasste einen allgemeinen und einen Fachkatalog. Kurze Zeit war er auch im Kloster Priefling, wo er Theologie hörte. Am 19. Dez. 1772 erhielt er zu Regensburg vom Weihbischofe Adam Ernst v. Berklau die Priesterweihe. Leider wurde dieser Freudentag durch die Trauernachricht vom Tode seiner Mutter getrübt. Am 6. Jänner 1773 las er in der Klosterkirche zu Weltenburg die erste heilige Messe. In den ersten zwei Priesterjahren lehrte er einige jüngern Conventualen die Moraltheologie, und liess sich überhaupt seine Pflichten als Religios und Priester der Art angelegen sein, dass er das Vertrauen seiner übrigen Mitbrüder errang, und am 3. März 1775 zum Prior erwählt wurde. Nach dem Tode des Abtes Maurus, der ihn in den Orden aufgenommen hatte, wurde ihm als Prior die Administration in spiritualibus bis zur neuen Abtswahl, die am 22. April 1778 vor sich ging, übertragen. Bei der Wahl erhielt er in zwei Skrutinien die meisten Stimmen. — Da er aber im Angesichte des ganzen Capitels feierlich erklärte, dass er die äbtliche

---

[1]) Der Bibliothek stand damals kein eigener Bibliothekar vor.

Würde nicht annehmen werde, wurde P. Rupert Walxhäuser zum Abt erwählt. P. Benedikt blieb Prior bis zum 3. März 1781, von welchem Tage er die Pfarrei Holzerlanden vom Kloster aus versah, und den jüngern Religiosen Vorlesungen aus der Kirchengeschichte gab. 1783 übertrug ihm der Abt die Pfarrei Reysing, wo er ein eigenes Pfarrhaus mit nicht unbedeutender Oekonomie hatte. Dort blieb er drei Jahre, und machte sich ganz besonders um das Schulwesen verdient, indem er aus freiem Antrieb an allen Sonn- und Feiertagen die Kinder des Dorfes zu bestimmten Stunden in das Pfarrhaus kommen liess, und sie im Lesen, Schreiben und Rechnen unterrichtete, so dass sie bald schöner schreiben konnten, als ihre Lehrer. Nach dem schnellen Tode des Abtes Rupert fiel die Wahl zum Abte zum zweitenmal auf P. Benedikt (am 18. Sept. 1786). Diesesmal schlug er sie nicht mehr aus. Die Benediktion von Seite des Bischofs geschah am 1. Okt. 1786. Zum Wappen wählte sich Benedikt einen Oelzweig, das Zeichen des Friedens, welches ganz, und eine Wage, das Zeichen der Gerechtigkeit, welches nur halb gesehen wird, und zwar darum, damit er sich recht oft an das unschätzbare Gut (und damals schon vierzigjährige Eigenthum der weltenburgischen Mönche) den Hausfrieden erinnern müsste, solchen auch, wenn es nicht anders sein könnte, nachsichtsloser Gerechtigkeit zu erhalten. 1788 wurde er Prälatensteurer des Rentamts Straubing, 1790 Landsteurer, 1799 landschaftlicher Verordneter des Rentamts Straubing. Als Abt war er ebensoweit von Verschwendung als schmutziger Knickerei entfernt. Der Erfolg seiner 16-jährigen weisen Hauswirthschaft war ein Ersparniss von 33,828 fl. 30 kr. Diese Summe mit den ausserordentlichen Einnahmen während seiner Administration zu 23,625 fl. 41 kr. verwendete er theils zur Tilgung der bei Antritt seiner Regierung vorhandenen Schulden von 18,000 fl., theils zur Anschaffung von Werken für die Bibliothek und theils zu nothwendigen Bauten. Nebst vielen Unglücksfällen durch Naturereignisse, die dem Kloster während seiner Amtsführung einen Schaden von 12,171 fl. verursachten, ausserordentlichen Zahlungen an den Staat und Kriegskosten, die allein 11,724 fl. betrugen, hat sich Weltenburg doch einem ziemlichen Wohlstand genähert; fast alle Schulden waren bezahlt, der Aktivstand vermehrt, alle Zweige der Oekonomie in Ordnung, alle Gebäude in gutem Stande und in zwei bis drei Jahren hätte die gewünschte Vollkommenheit herbeigeführt werden können. Allein die ewige Vorsicht hatte den Untergang aller Klöster in Bayern beschlossen.

Noch im Jahre 1800 lieferte Kloster Weltenburg auf hohen Befehl alles entbehrliche Kirchensilber an das Münzamt nach München ab und zwar 205 Mark 12 Loth, im innern Gehalt und ohne Façon 3881 fl. werth.

Auch die Klosterzucht, und noch mehr die brüderliche Eintracht unter den Mönchen hat sich während seiner Amtsführung ganz erhalten, wozu seine Handlungsweise gegen dieselben vorzüglich beigetragen haben mag.

Der 18. März 1803 war der Tag, an welchen den Mönchen von Weltenburg ihr bürgerlicher Tod angekündigt wurde. Um ½9 Uhr Morgens kam der churfürstl. Gerichtsschreiber Wolfgang Schwarzer von Kelheim zu Weltenburg an, berief als geistlicher Commissär den ganzen Konvent zusammen, und las den landesherrlichen Auftrag vor, kraft dessen er im Namen des Landesherrn das Kloster Weltenburg in Besitz nehmen sollte. Mit sichtbarer Rührung und Theilnahme verrichtete der dem Kloster stets wohlgeneigte Freund diese Funktion, und verlor auch in Folge seines lange dauernden Geschäftes nie die Bescheidenheit, Schonung und Billigkeit. Er erlaubte dem Convent, das Fest ihres heiligen Ordensstifters Benedikt feierlich zu begehen. Vom 1. April angefangen, erhielten die Mönche ihre Alimentationsgelder, der Abt täglich 3 fl., jeder Priester 1 fl., der Laienbruder 45 kr. Jeder Mönch durfte die Einrichtung seines Zimmers, seine Bücher und sein kleines Depositum behalten. Da die Conventualen aufgefordert wurden, und zu erklären, ob sie im Kloster bleiben, oder anderswo hingehen wollen, sich einstimmig erklärten, dasselbe verlassen zu wollen, so blieb dem Abte ebenfalls nichts Anderes übrig, als sich seinen künftigen Aufenthalt anderwärtig zu suchen. Abt Benedikt blieb noch solange in Weltenburg, als ihn die Aufhebungscommission nothwendig hatte. Am 19. Okt. übergab ihm der Commissär ein Zeugniss, dass seine Gegenwart in Weltenburg nicht mehr nothwendig sei. Er entschloss sich daher, noch in derselben Nacht abzureisen, wozu ihm der Herr Commissär den Reisewagen, und die noch vorhandenen zwei Pferde des Klosters überliess. — Er hörte in dieser Nacht zum letztenmale die Stunde 12 Uhr in Weltenburg. Mit dem letzten Schlage sass er im Reisewagen. Er wählte die nächtliche Stunde zur Abreise, um Niemand mehr zu sehen und von Niemand gesehen zu werden.

Dadurch wollte er sich den Schmerz des persönlichen Abschiedes ersparen. Dieses Misstrauen auf seine Stärke war gerecht; denn als er allein ohne Zeugen das letztemal bei dem so lange bekannten Felsen vorbei fuhr, konnte er sich der Thränen nicht enthalten. Um wie viel stärker würde ihn das letzte Lebewohl der Menschen ergriffen haben. Am 21. Okt. kam er in München an, und bezog eine Wohnung in der Dienersgasse beim Apotheker Zaubzer. Seine verehelichte Schwester führte ihm die Wirthschaft. Einige Tage nach seiner Ankunft erhielt er das landschaftliche Dekret auf 800 fl. jährlicher Pension als Verordneter. Seine Klosterpension wurde auf 1400 fl. festgesetzt. Vom Ueberschusse seines Einkommens kaufte er Bücher und Kupferstiche, von welch' letztern er eine Sammlung von mehr als 4000 Stücken zusammen brachte, welche er später einem armen Künstler, Johann G. Brinner, Malerssohn von Haag, schenkte. Er unterstützte Nothleidende und that seinen Verwandten öfters Gutes. Für seine Person verwendete er wenig. Um nicht müssig zu bleiben, befasste er sich mit literarischen Arbeiten, der Geschichte seines Klosters, an der er von 1803—1816 arbeitete, und einer Musikgeschichte. Im Jahre 1805 machte er der niederbayrischen landschaftlichen Kanzlei seine Sammlung aller bayrischen Landtage, Postulate, und verschiedener anderer landschaftlicher Gegenstände zum Geschenke. Sie umfasste 245 Foliobände auf 97,875 Seiten. Eine, in ihrer Art, einzige Sammlung. Noch bei Lebzeiten machte er dem neugegründeten Priesterseminar des Erzbisthums München-Freising seine Bibliothek zum Geschenke (1827). Sie zählte 3257 Bände. Aus Dankbarkeit bestimmte der Erzbischof, dass zum unauslöschlichem Andenken an diese Wohlthat jedes Buch mit dem Wappen und Namen des hohen Gebers bezeichnet werde; dass sein Name unter den Gutthätern der Bibliothek aufgeführt, und endlich auf ewige Zeiten alljährlich an seinem Sterbetag von einem Seminarsvorstand eine heilige Messe gelesen werde, welcher sämmtliche Alumnen beizuwohnen und für den Wohlthäter zu beten gehalten sein sollten. Sie steht heute separat in der Bibliothek des Lyzeums zu Freising als Bibliotheca Werneriana. König Ludwig liess ihm am 14. Nov. 1827 wegen dieser Schenkung das allerhöchste Wohlgefallen eröffnen und verlieh ihm aus Anlass seines zurückgelegten 54. Priesterjahres den Titel und Rang eines geistlichen geheimen Rathes. Die Musikgeschichte, und Geschichte seines Klosters nebst vielen andern Manuscripten vermachte er der kgl. Hofbibliothek zu München. Im Jahre 1829 stiftete Abt Benedikt eine Jahrmesse für sich und seine Verwandte, welche an seinem Sterbetage in der Pfarrkirche seines Geburtsortes Dietfurt gelesen werden sollte. Hiefür erlegte er 100 fl., und einen vergoldeten Kelch, $46^3/_4$ Loth schwer, der die Inschrift trug: „Benedictus Werner abbas ultimus in Weltenburg, 1829.“ Im Jahre 1830 am 18. Sept. erkrankte er an der Lungenentzündung, und erlag derselben am 20. Okt. desselben Jahres. (Besnard Lit. Ztg. 1834 IV. S. 308—309; Werner B., letzter Abt von Weltenburg. Augsburg 1835. 66 S. 8.

Schrift:

Trauerrede auf Martin (Pronath), Abt von Priefling. Regensburg 1790. Fol.

Manuscripte:

A) Cod. germanic. der Staatsbibliothek zu München:

1) Verschiedene Aufsätze in Prosa und Versen. cod. 1840—1843. saec. XVIII. 52, 55, 60, 68 Bl. Fol.
2) Geschichte des Klosters Weltenburg in 24 Büchern. cod. 1844—1867. saec. XVIII. 1275 Bl. Fol.
3) Citate zu Buch I—VI. der Geschichte des Klosters Weltenburg. cod. 1868. 94 Bl. Fol.
4) Ungedruckte Urkunden zu obiger Geschichte. cod. 1869—1885. 17 Hefte. 894 Bl. Fol.
5) Auszüge aus Weltenburgischen Urkunden und Papieren. cod. 1886—1887. 2 Hefte. 72 und 81 Bl. Fol.
6) Grenz- und Markungssachen des Klosters Weltenburg. cod. 1888. 24 Bl. Fol.
7) Geschichte von Weltenburg. cod. 1889—1896 (verschieden von der Schrift sub Nr. 2). 8 Hefte. 380 Bl. Fol. Reicht vom Jahre 620 bis 1535.
8) Urkunden zu obiger Geschichte cod. 1897. 52 Bl. Fol.
9) Chronik der Hofmark Affecking vom Jahre 1045—1726. cod. 1898. 79 Bl. Fol.
10) Auszüge, die Geschichte und andere Verhältnisse der Hofmark Affecking betreffend. cod. 1899—1903. 5 Hefte. 66, 57, 92, 71, 36 Bl. Fol.

B) Codices latini daselbst:

11) Historia monasterii Weltenburgensis usque ad an. 1538. cod. 1479. 241 S. Fol.
12) Chartarium Weltenburgense, XI. voll. cod. 1480—1490. 5652 S. Fol.
13) Chartarium Affeckingense. cod. 1491. 506 S. Fol.
14) Quaedam de rebus monasticis. cod. 1492. 111 S. Fol.
15) Catalogus Collectionis suae iconum aeri incisarum. cod. 1493. 97 S. Fol.
16) Notitiae historicae de musica cum animadversionibus, speciminibus, delineationibus. cod. 1494—1502. 819 S. Fol.
17) Notata de musica. cod. 1503—1506. 400 S. Fol.
18) Notitiae ad historiam musicae illustrandam inservientes. cod. 1507 bis 1509. 301 S. Fol.
19) Specimina musica diversa cum indice auctorum. cod. 1510—1512. 3 Hefte. 14, 46, 74 Bl.
20) Quaedam de musica. cod. 1513. 13 Bl. Fol.

C) Folgende Manuscripte befinden sich wahrscheinlich in der bischöflichen Seminarsbibliothek zu Freising:

21) Stündliche Nothwendigkeit eines Landtages in Bayern (1798).
22) Das landesherrliche Recht über Klöster (1800).
23) Das Bierzwangsrecht in Bayern (1800).
24) Gespräch über den aufgehobenen Bierzwang (1801).

Nach erfolgter Restauration:

P. Benedikt Niedermayer, geb. zu Burglengenfeld 4. Nov. 1815, Priester 22. Juli 1840, Profess 12. Okt. 1845, freiresignirter Prior, d. Z. Professor der klassischen Philologie an der Studienanstalt zu Metten.

Schrieb:

1) Matthias Abelin, s. die Literatur.
2) Des ehrw. Thomas von Kempen vier Bücher von der Nachfolge Christi nebst einem kleinen Gebetbuche. Regensburg (Manz) 1875. 8. (IIte Aufl.)

St. Emmeram.

Fürstliches Reichsstift St. Emmeram in Regensburg, gestiftet vom Bayernherzog Theodo um das Jahr 697 zu Ehren des heiligen Emmeram, der 652 am 22. Sept. zu Helfendorf den Martyrtod erlitten. Bis zum Jahre 975 war das Bisthum Regensburg mit der Abtei St. Emmeram vereinigt. Im genannten Jahre schied der heilige Wolfgang, Bischof von Regensburg, die Abtei- und Bisthumsgüter von einander. Im Jahre 1803 wurde St. Emmeram dem Fürstprimas C. v. Dalberg als Entschädigung zugewiesen. Derselbe liess das Kloster St. Emmeram fortbestehen. Im Jahre 1810 kam Regensburg sammt allen darin befindlichen Stiften und Klöstern an die Krone Bayern. In Folge dessen hob König Max Joseph das Stift im April 1812 gänzlich auf. Bibliothek [1]) und Archiv kamen theilweise nach München. Die Klostergebäude brachte das fürstl. Taxis'sche Haus an sich. Die Kirche blieb dem Gottesdienste erhalten. St. Emmeram nimmt unter den bayrischen Benediktinerstiften eine hervorragende Stellung ein. Steiglehner, Heinrich, Zirngibl, Sanftl waren Männer, die der bayrischen Nation jederzeit zur Ehre gereichen. Mit Wahrheit konnte man von diesem fürstl. Stifte das sagen, was ein ungenannter Reisender von S. Germain des Prés bei Paris geschrieben: „Omnia in eo doctrinam morumque spirant elegantiam. Quod advenarum animos offendat, nihil videbis. Nullus religiosorum otio torpet, sed omnes studiis occupantur, quorum labores summae voluptatis loco habent . . . . . quibus nihil potius, quam ut sua literarum studia ad ecclesiae et rei publicae referant emolumentum.“ (Histoire d'un voyage litteraire fait en 1733 en France, pag. 78.) An Reichthum der Handschriften und Inkunabeln kam St. Emmeram dem Stifte Tegernsee gleich.

---

[1]) Bei diesem Anlasse kam der berühmte Codex aureus (geschrieben im Jahre 870 zu St. Denys bei Paris) nach München, wo derselbe nun im Cimeliensaale aufgestellt, eine vorzügliche Zierde desselben bildet. S. Sanftl, Dissert. in aureum . . . S. Evangeliorum codicem . . . 1786. Ratisbon.

Literatur:

Aign, s. dessen Schriften. — Baader, Reisen, II. S. 420—427. — Catalogus Religiosorum princip. M. S. Emmerami Ratisb. ab an. 1278—1742. Ratisb. 1744. 4. — Codex traditionum S. Emmeramensium, bei Pez, Thesaurus Anecdot. T. I. Pars III. S. 81—289. — Ersch und Gruber, Realencyklopädie, Artikel „St. Emmeram". — Gerken, Reisen, II. S. 88—109. — Heinrich P., Lebensgeschichte des letzten Fürstabtes von St. Emmeram, Cölestin Steiglehner. Regensburg 1819. 8. — Hundius, Metrop. II. 250—267. — Kraus J. B., s. dessen Schriften. — Lexikon von Baiern, II. 250—267. — Meidinger, Beschreibung, S. 285 sq. — Nikolai, Reise durch Deutschland, II. S. 352—362. — Paricius, Histor. Nachrichten, S. 122—155. — Sanftl, s. dessen Schriften. — (Schmöger) Erinnerung an J. Pl. Heinrich, Dr. phil. et theolog. Regensburg 1825. 8. — Scholliner, s. Oberaltaich. — B. Stark's Leben und Wirken (anonym). Landshut 1840. 4. — Stark B., s. dessen Schriften. — Steiglehner, s. dessen Schriften. — Stengelius C., Monasteriologia, Pars I. mit Abbildung. — Die Verhandlungen des histor. Vereins von Oberpfalz enthalten: a) Aventin's Grabmal zu St. Emmeram mit Abbildung III. 94 sq. — b) Monumenta sepulchralia praec. in coemeterio seu conditorio nobilium ad S. Emmeram. olim extantia, mitgetheilt von P. M. Gandershofer, III. 99 sq. — c) Auszüge aus 2 Nekrologien des Klosters St. Emmeram, erläutert von E. Fr. Mooyer, XIII. S. 272—411. — d) Thonreliefe (Fliese) von der Stiftskirche St. Emmeram mit Abbildung auf 4 lithographischen Tafeln in Roy. Fol. von Ziegler, XXV. S. 190 sq. — Walderdorff Graf Hugo, Regensburg in seiner Vergangenheit und Gegenwart, S. 136—155. — Wein H., Anrede bei der am 30. Juni 1848 erfolgten Beerdigung des P. Maximian Pailler, letzten Capitularen des ehem. fürstl. Reichsstiftes St. Emmeram, Professors und Bibliothekars in Regensburg. 1848. 8. — (Werner P.) B. Puchner, Capitular von St. Emmeram in Regensburg. (Biographische Skizze.) München 1825. (Giel). — Wittmann und Muffat, Quellen zur bayrischen und deutschen Geschichte . . . Urkunden der Klöster von St. Emmeram, Obermünster. . . . München 1856. — Zapf, Literarische Reisen (I. Edition), IV. Brief, S. 4—14. — (Auch bei Bernoulli, Sammlung von Reisen, Bd. XI. S. 201 sq.) — Zirngibl, s. dessen Schriften. — Ueber die Bibliothek: Gerbert, Iter, S. 436 sq. — Hirsching, Versuch, III. S. 567—597. — Pez, Thesaurus anecdot. T. I. diss. isagog. pag. XXXVIII sq. — Ziegelbauer, I. S. 528—536. — Cat. cod. lat. biblioth. reg. Monac. T. II. Pars II. S. 115—258 (= cod. 14.000—15.028).

Manuscripte: In der Staatsbibliothek in München:

a) Cod. germ. 1526. — Starkiana 24.
b) Cod. lat. 210—428 (fol. 232) Notitiae et epigrammata. — 1203 Fasc. VI. — 1333 Catalog. librorum. — 1436 Diplomatarium. — 14.990 Chronicon S. Emmerami (authore, ut conjicitur, P. Bened. Ersten-

dorffer.) — 15.019. Necrologium M. S. Emmerami innovatum 1760, et continuatum sub J. Bapt. s. imp. principe et abbate.

Schriftsteller:

P. Sebastian Beyerer, geb. zu Amberg 1. Nov. 1719, Profess 1740, Neomyst 17. Febr. 1743, Cooperator an der Stiftspfarre, gest. in Haindling 13. Aug. 1753. (Cat. S. Emmeram. S. 34.)

Schrieb:

Lobrede auf den heiligen Augustin, gehalten zu Niederviehbach am 28. August 1750. Stadtamhof 1750.

P. Nonnos. Hackl (Haeckl), geb. zu Regen 6. Sept. 1691, Profess 8. Okt. 1713, hörte im Kloster unter P. Heinrich Hardter Theologie, Neomyst 1. Nov. 1716, Cooperator zu St. Rupert, zweimal Stiftsprediger zu St. Emmeram, Pfarrer zu St. Rupert, Propst und Pfarrer zu Hainspach, Subprior, im Kloster Professor der Theologie, Prior (1741), zweimal Propst zu Lauterbach, † 26. Aug. 1754. Nach Zirngibl war er ein ernster arbeitsamer Religiose. (Cat. Religios. S. Emmerami, S. 29; Zirngibl, Geschichte von Hainspach, S. 508.)

Schriften:

1) Lobrede auf den heiligen Leonhard. Regensburg 1723. 4.
2) Theologischer Glaubens Tugend katholische Grundregeln, d. i. dogmatischer Bericht von der theologischen Glaubenstugend und dero Regeln, nehmlich von der göttlichen Schrift, Tradition, christlichen Kirchen, römischen Päbsten und ökumenischen Conzilien. Regensburg 1724. 2 Alph. 4 Bg. 4.
3) Geistliche Todtenallianz, die schon 1676 zu St. Emmeram in Regensburg unter dem Titel Bruderschaft S. Sebastiani errichtet worden. Regensburg 1748. 12.

P. Johann Bapt. Kraus, Fürstabt, geb. zu Regensburg 12. Jan. 1700, Profess 16. Nov. 1716, Logik hörte er zu Oberaltaich, Philosophie zu Michelfeld, und defendirte dort unter den Auspizien des Cardinal's von Saxen-Zeiz einige Thesen. Theologie hörte er daheim; in allen drei Fächern war P. Kaspar Erhard von St. Emmeram sein Lehrer. Im Jahre 1721 schickte ihn sein Fürstabt Anselm Goudin zur höhern Ausbildung nach S. Germain des Prés bei Paris. Dort hörte er unter den Maurinern Jean Carée und Matthieu Jorreth Dogmatik, unter Pierre Quarin orientalische Sprachen, unter Prudentius Maran Griechisch. Ausserdem studirte er Mathematik und französische und italienische Sprache, worin er es zu grosser Fertigkeit brachte. 1723 kehrte er von Frankreich zurück, und wurde am 23. Febr. 1724 Priester. Er war hierauf in kurzen Zwischenräumen praefectus refectorii 1725, Pfarrer von Schwabelweis, Pfarrer von Gebraching, Küchenmeister 1726, Professor der Theologie, Cooperator an der Stiftspfarre, Inspektor des Bauwesens zu Gebraching 1728, Expositus zu Hainspach 1729, Küchen- und Kellermeister 1730—1742. Seine hervorragenden Talente und die Geschicklichkeit, mit der er die verschiedenen ihm übertragenen Aemter verwaltete, bahnten ihm den Weg zur fürstlichen Würde. Am 24. Okt. 1742 wurde er zum Fürstabt erwählt, als welcher er am 14. Juni 1762 starb. Sein Aufenthalt bei den Maurinern war für seine Geistesentwicklung von grossem Vortheile gewesen. Er trat als Fürstabt in die Fussstapfen seines Vorgängers Anselm, und bahnte durch Ermunterung und Unterstützung seiner Conventualen zu wissenschaftlicher Thätigkeit seinem Nachfolger den Weg, St. Emmeram in einen Sitz der Musen zu verwandeln. Seine Hauptstärke besass Kraus auf dem Gebiete der Geschichte. (Baader, Gelehrt. Baiern, S 621; Baader, Reisen, II. S. 378; Catalogus religios. S. Emmerami, S. 29; Gerl P., Leichenrede auf F. Abt J. B. Kraus. Regensburg 1762; Gerken, Reisen, II. S. 98; Hirsching, Beschreibung, III. S. 570; Regensburger Gelehrte Nachrichten, 1750, S. 110; 1762, S. 285 und Beilage, VII. S. 52—56; Zapf, literarische Reisen (I. Ausgabe, Augsburg 1783) IV. Brief, S. 4 sq.

Schriften:

1) Auslegung christ.-katholischer Lehr des Büchleins Benigni Bossuet mit Refutation Antonii Ficklers. Regensburg 1733. 8.
2) Sittenkatechismus des P. Casp. Erhard O. S. B. (op. posthum.) Regensburg 1738. 12.
3) Paraphrasis des „Veni sancte spiritus".
4) Bibliotheca principalis ecclesiae et monasterii Ord. S. Benedicti ad S. Emmeramum Episc. et Martyr. Ratisbonae. 4 Partes. 1748. 8. (Ein vollständiger Katalog der Druckwerke und Handschriften der Stiftsbibliothek.)
5) De translatione Corporis S. Dionysii Areopagitae seu Parisiensium Apostoli e Gallia in Bavariam ad Civitatem Ratisbonam dissertatio. Ratisb. 1750. 226 S. 4. (Mit 5 Kupfern.)
6) Abhandlungen von den Ablässen. 1751. 4.
7) Ablässe für wahrhaft büssende Sünder. Regensburg 1751. 4.
8) Rechter Gebrauch der Vernunft zur Erkenntniss von der Wahrheit der christlichen Religion.
9) Die bis zum Ende beständig sichtbar und unfehlbar lehrende Auktorität der römisch-katholischen Kirche.
10) Nicht in mehreren, sondern in der einzig römisch-katholischen Religion kann man selig werden. 12.
11) Frag: „Wer hat recht: die alte oder die neue Kirche?"
12) Christliche Gedanken von den eitlen Schauspielen.

13) Von der Fasten und der wahren Tugend der Mässigkeit eines wahren Christen.
14) Weis und Manier, unter einander Frieden zu halten. Regensburg. 8.
15) Von dem freventlichen Urtheil. Das. 8.
16) Erkenntniss seiner selbst. Das. 8.
17) Menschensprach voll Gefahr. Das. 8.
18) Fata philosophiae a musis St. Emmeramensibus exhibita. Ratisb. 1751. 4.
19) Ratisbona monastica, oder Klösterliches Regensburg, d. i. Mausoleum und herrliches Grab des bairischen Apostels und Blutzeugen St. Emmerami nebst der Histori dieses Klosters und fürstlichen Stiftes. Erstlich von Abt Cölestin bis zum Jahre 1650 zusammengetragen, nunmehro bis auf das Jahr 1752 fortgesetzt. Regensburg 1752. 620 S. 4.
20) Liber probationum, sive bullae Summorum Pontificum, diplomata Imperatorum et Regum Ecclesiae S. Emmerami Ratisbonae. Ratisb. 1752. 563 S. 4.
21) Appendix sive sigilla quaedam cupro incisa ad bullas, diplomata aliasque litteras libri probationum de hist. Mon. S. Emmerami spectantia. Ratisb. 1752. 60 S. mit 22 Kupfertafeln. 4.
22) De ortu et libertate Monast. S. Emmerami Ep. et M. Ratisbonae dissertatio novo et inaudito, quod R. P. Marc. Hansiz S. J. presbyter de hoc coenobio novissime finxit, systemati opposita. Ibid. 1755. 4.
23) De exemtione et libertate imperialis Monasterii S. Emmerami Ratisb. Dissert. altera. Ibid. 1755. 4.
24) Excussio valoris disquisitionis R. P. Marci Hansizii S. J. de valore privilegiorum libertatis Monast. S. Emmerami. Ibid. 1755. 4.
25) Illustratio pro commodo R. P. M. Hansizii veritatem de prima ecclesia cathedrali Ratisbonensi minus assequentis. Ibid. 1755. 4.
26) Eaedem R. P. M. Hansizii de sede monasterii ad S. Emmeramum Naeniae specioso titulo documenti decisorii ab eo propositae. Ibid. 1756. 4.
27) Entdecktes Blendwerk der zu Frankfurt und Leipzig gedruckten Verdrehung des westphälischen Friedensschlusses, Art. V. §. 31 und Art. XVII. §. 4—7. Regensburg 1758. Fol.
28) Gründliche und aktenmässige Nachrichten von denen die Gewissensfreyheit und das Religionsexerzitium der Unterthanen betreffenden Friedensverhandlungen von 1555—1646 nebst wichtigen Beilagen. 1759. Fol.
29) In den actis publicis et protocollis protestantium gegründete Antwort auf die so betitelte Schrift: „Georg David Struben's Zugabe zur entdeckten Verdrehung des westphälischen Friedensschlusses, Art. V. §. 3 und Art. XVII. §. 4—7.“ Regensburg 1759. Fol.
30) Pacificatio Westphalica, seu themata historica de exercitio religionis subditorum ex actis publ. et protocollis pacific. Westphalicae desumpta. Ratisb. 1759. Fol.
31) Frage, ob ein römisch-katholischer Fürst und Herr, welcher einem evangelischen Fürsten und Landesherrn succedirt, auch vigore instru-

menti pacis westphalicae jurisdictionem ecclesiasticam, wie der hohe Vorfahrer dieselbe gehabt und exerziert hat, gleichermassen in subditos acatholicos exerzieren könne. 1758. 8.

32) Verdrehung des nudi facti possessionis anni normalis 1624. (Gesprächsweise.) 1758. 8.

33) Ungrund der sogenannten Selbsthülfe, nebst einer Widerlegung des impressi: „Modus procedendi in causis restitutionum impressus 1720. Ratisb. 1758. 8.

34) Gründliche Antwort auf die Einwürfe wider den Hauptsatz, dass ein hoher protestantischer, hernach zur katholischen Religion übertretender weltlicher Reichsstand das exercitium publicum Religionis seiner Unterthanen reformiren könne, nebst andern Sachen de simultaneo et jurisdictione ecclesiastica. (Gesprächsweise). Regensburg 1758. 8.

35) Bericht von den heiligen Leibern und Reliquien, welche in dem fürstlichen Reichsgotteshause St. Emmeram aufbehalten werden, nebst, vielen Kupfern. Regensburg 1761. 4.

36) Basis firma aedificii Gerseniani a Fr. Delfau et J. Mabillonio monachis Benedictinis anno 1674 et 1677 posita adjectis animadversionibus in deductionem criticam R. D. Euseb. Amort, C. Regul. ord. S. Aug. Ratisb. 1762. 8.

37) Documenta historica ex chronico Windeshemensi ord. can. reg. auctore J. Buschio et ex chronico montis S. Agnetis auctore Thoma a Kempis, quibus ostenditur, Thomam a Kempis libelli de imitatione Christi auctorem dici non debere. Ibid. 1762. 8.

38) Mayeri emblemata, sive loca quaedam ex Adami episcop. Hieropolitani, et ad tractatus pac. Westphal. legati, nuper ex authentico exemplari edita historia de pacificatione Westphalica, a J. Godefrido de Mayern interpolata, inversa, vel omissa prorsus. 1739. 4. Ibid. 1760. 4. [1]

37) Sehr wahrscheinlich ist Kraus Verfasser der Schrift: Catalogus religiosorum professorum monasterii S. Emmerami episc. et Mart. Ratisbonae ord. S. P. Benedicti, quorum nomina ex diversis manuscriptis, partim ex schedis professionis collegi. Ratisbon. (Lang) 1744. 35 S. 4. (Enthält die Religiosen, die von 1278—1744 in St. Emmeram lebten, nebst biographischen Notizen.) [2]

Manuscripte:

a) Notata historica monast. S. Emmerami usq. ad an. 1756. 8. (Im histor. Verein von Oberpfalz.)

b) Schriften über seine Reise nach Frankreich (unbekannt wo).

---

[1]) Titel scheint nicht genau zu sein; ich konnte die Schrift selbst nicht vergleichen.

[2]) Die Schriften sub Nr. 5—17 und sub Nr. 22—39 erschienen anonym.

P. Heinrich Ledermann, geb. zu Freising 21. Dez. 1704, Profess 23. Nov. 1721, hörte zu Ensdorf Philosophie, im Kloster und zu Ingolstadt Theologie und die Rechte, Neomyst 25. Sept. 1729, Pfarrer von Schwabelweis, dann mehrere Jahre Pfarrer zu Dechbetten, im Kloster zweimal Professor der Theologie, Subprior, Prior (1744), Beichtvater zu St. Walburg in Eichstätt, gest. als Propst zu Niederlauterbach 21. Juli 1763. (Catalogus religios. S. Emmeram. S. 30.)

Schriften:

1) Ectypon status religiosi theologice delineatum. Ratisb. 1743. 294 S. 8.
2) Porta pastoralis ab origine, habilitate, praesentatione, institutione et investitura parochi canonice aperta. Ratisb. 1750. 472 S. 4.

P. Veremund Baader, geb. zu Aufhausen 31. Juli 1707, Profess 13. Nov. 1726, Neomyst 29. Sept. 1733, Stiftsprediger zu St. Emmeram, † 22. April 1768. (Cat. S. Emmeram. S. 32; Kehrein, Gesch. I. S. 142.)

Schrieb:

1) Trauerrede auf den Fürstabt Anselm Goudin von St. Emmeram. Regensburg 1742. 20. S. Fol.
2) Allerhöchste Vermählung des deutschen Salomon mit dem deutschen Reiche, d. i. Dankrede wegen der Wahl des röm. Kaisers Carl VI. Regensburg 1742. 20 S. Fol.
3) Leichenrede auf Abt Benno von Frauenzell. Regensburg 1745. 15 S. Fol.
4) Lobrede, als Abt Roman von Priefling seine Sekundiz feierte. Regensburg 1747. 19 S. Fol.

Conversus Wendelin Calligari, geb. zu Augsburg 1744, Profess 8. Dez. 1780, gest. im Kloster 10. Mai 1789. Ein vortrefflicher Mechaniker, der physikalische Instrumente mit der grössten Genauigkeit zu construiren im Stande war, und daher längere Zeit vom Fürstabte Frobenius dem P. Cölestin Steiglehner als Gehilfe bei Einrichtung des physikalischen Kabinets der Ingolstädter Universität beigegeben worden war. (Heinrich, Leben Steiglehner's, S. 36 sq.)

P. Frobenius Forster, Fürstabt und Mitglied der Akademie der Wissenschaften zu München. Er war geboren zu Königsfeld 30. Aug. 1709. Seine Eltern, zwar dem gemeinen Stande angehörend, liessen ihre Kinder sorgfältig erziehen.[1]) Nachdem Frobenius zu Freising und Ingolstadt den Grund zur höhern wissenschaftlichen Bildung gelegt hatte, lenkte er sein Augenmerk auf St. Emmeram. Sein edler Blick, sein

[1]) Ein Bruder des Fürstabtes wurde Jesuit, und war längere Zeit Rektor, ein zweiter wurde Abt von Scheyern.

bescheidenes Benehmen erwarb ihm bald Freunde, und sein Wunsch, dort das Ordenskleid zu erhalten, wurde erfüllt (1727). Am 8. Dez. 1728 legte er Profess ab und erhielt den Namen Frobenius. Die theologischen Studien machte er theils im Kloster, theils im studium commune zu Rott. Am 18. Okt. 1733 primizirte er. Bald darauf wurde er Professor der Philosophie und Theologie für die Kleriker von St. Emmeram, Rector fratrum, praefectus culinae, granarius, versah die Pfarren Harting, Mading und Schwabelweis, hierauf wurde er wieder Bibliothekar und Professor. Mit grossem Eifer verlegte er sich auf das Studium der Philosophie und erwarb sich hierin einen solchen Schatz von Kenntnissen, dass er 1744 als Professor der Philosophie nach Salzburg berufen wurde. Er war der Erste, der in jenen Gegenden die Schriften eines Wolf, Locke und Leibnitz einer Beachtung würdigte, ohne sich an ihre Systeme zu binden, wie er auch ihre Sätze über Optimismus und die vorherbestimmte Harmonie ausdrücklich verwarf. Ueberdiess führte er an der dortigen Hochschule die bis dahin weit zurückgebliebene Experimentalphysik ein, über welche er nach eigenen Heften Vorlesungen hielt. Er hatte sich zu diesem Zwecke Instrumente gesammelt, und unterhielt auf eigene Kosten für sich einen Mechaniker.

Nach drei Jahren (1747) kehrte er wieder nach St. Emmeram zurück, wo er mit vielem Beifall philosophische und exegetische Vorlesungen hielt. Hier wohnte einst einer seiner Prüfungen der gelehrte Cardinal Angelo Maria Quirini bei, der seiner Freude über das wissenschaftliche Streben, das Frobenius zu wecken verstanden, öffentlich Ausdruck verlieh, und von dieser Zeit an mit P. Frobenius correspondirte. Im Jahre 1750 wurde P. Frobenius Prior. Von da an beschäftigte er sich vorzüglich mit historischen Studien und trat zu diesem Zwecke mit verschiedenen Gelehrten des In- und Auslandes in Briefwechsel.[1]) Nach dem Priorat musste er die Stelle eines Propstes zu Hohengebraching übernehmen. Als solcher brachte er mehrere wichtige Geschäfte des Reichsstiftes glücklich zu Ende, und arbeitete zugleich in der Seelsorge mit solcher Anstrengung, dass er sich in Folge dessen eine Krankheit zuzog. Mit wichtigen Erfahrungen bereichert, kehrte er von Hohengebraching in's Kloster zurück, und wurde am 15. Juli 1762 zum Fürstabt erwählt. In dieser neuen Stellung und unter vermehrten Geschäften setzte er nichts desto weniger seine historischen Studien fort. Vor Allem zog das für die Welt so wichtig gewordene Jahrhundert Carl's

---

[1]) Z. B. mit Fürstabt Gerbert in St. Blasien, Martini in Leipzig, Klotz in Halle, Resch in Brixen, Esterhazy in Ungarn, Plüer und Temler in Dänemark; mit Würdtwein, Amand und Besange in Deutschland; mit Oltrocchi, Romaldini, Sabbatini, Garampi und Grandegno in Italien; mit Catelinot, Brequigny und de Vaines in Frankreich; mit Mayans in Spanien.

des Grossen die Aufmerksamkeit des forschenden Fürsten auf sich. Er glaubte, dass eine dankbare Nachwelt es besonders dem gelehrten Alcuin schuldig sei, sein Andenken nicht untergehen zu lassen, und so fasste er den Entschluss, Alles, was von diesem merkwürdigen Manne in den Bibliotheken und Archiven Europa's versteckt liegen sollte, zu sammeln, und eine vollständige mit Erläuterungen begleitete Ausgabe seiner Werke zu veranstalten. Als er schon einige Zeit mit dieser Arbeit beschäftigt war, entdeckte ihm ein Benediktiner von Gross St. Martin zu Cöln, dass ein lotharingischer Benediktiner, P. Ildephons Catelinot aus der Congr. S. Vitoni et Hydulphi, einen bedeutenden Vorrath von Alcuin's Schriften gesammelt habe. Fürstabt Frobenius schrieb sofort an Catelinot, und bot ihm seine Dienste an. Aber dieser überliess mit seltener Grossmuth und Uneigennützigkeit seinen ganzen literarischen Apparat dem Fürstabte, der von jetzt an seine literarische Correspondenz verdoppelte. So kam im Jahre 1777 die prächtige Gesammtausgabe von Alcuin's Werken zu Stande; eine Arbeit, die sich rühmlich den allgemein geschätzten literarischen Erzeugnissen der Mauriner Congregation an die Seite stellen darf. Die gelehrten Akademien von München und Göttingen nahmen den Fürstabt als ihr Mitglied auf. Auch Papst Pius VI. bezeugte ihm seinen Beifall, und beschenkte ihn zum Zeichen der Huld mit der neuen Ausgabe der Werke des heiligen Maximus von Turin, die auf sein Zuthun erschienen war.

Wie Frobenius selbst ein Freund und Kenner der Wissenschaften war, so suchte er auch die Pflege der Wissenschaften immer mehr in seinem Stifte zu verbreiten.

St. Emmeram wurde seit seiner Regierung ein Musensitz. Mit Recht nennt daher Placidus Heinrich diesen Fürstabt den Schöpfer des goldenen Zeitalters für dieses Stift. Denn Frobenius verschaffte seinen Religiosen durch Unterricht, Belohnung und Unterstützung zu Reisen alle nur erdenkliche Gelegenheit, sich auszubilden; keine Kosten waren ihm zu gross, dem Liebhaber eines jeden literarischen Faches die Mittel zur Fortbildung (durch Anschaffung von Büchern, Instrumenten u. s. f.) zu verschaffen. Viel lag ihm daran, dass die jungen Religiosen einen gründlichen Unterricht in den philosophischen Fächern erhielten. Er stellte tüchtige Männer als Professoren auf, kam selbst in die Lehrzimmer, und zeigte den Gebrauch der mathematischen und physikalischen Instrumente. Seine kluge Haushaltung setzte ihn in Stand, alle nöthigen Hilfsmittel anzuschaffen. Dem berühmten Mechaniker Brander ertheilte er den Auftrag, alle Instrumente, die er verbessert, oder neu erfunden, oder in Zukunft erfinden würde, an das Stift zu schicken. So kam es, dass binnen zehn Jahren ein ganz vorzügliches physikalisches Armarium zu St. Emmeram entstanden war, das von allen Kennern bis zur Aufhebung des Stiftes fleissig besucht und bewundert wurde. Auch ein Naturalien-Kabinet legte Fürst Frobenius an, worin ihn Pastor Schäffer und Plato unterstützten.

Mit eigener Thätigkeit beförderte er das Studium der Geschichte unter seinen Religiosen. Er öffnete ihnen das Archiv, und lehrte sie, wie man die ächten von den falschen Urkunden unterscheiden könne, kurz er führte sie frühzeitig in das Studium der Diplomatik ein. Er legte auch eine Sammlung von Münzen an, die sich nicht so fast durch ihre grosse Zahl, als durch Auswahl derjenigen Münzen auszeichnete, welche in der römischen Geschichte und in der des Mittelalters Epoche machen. Er berief den Mauriner P. Carl Lancelot in sein Kloster und behielt ihn dort vom 1. Okt. 1771 bis zum 27. Mai 1775, um die jungen Religiosen in den orientalischen Sprachen zu unterrichten. Von nun an wurde in den bayrischen Benediktinerklöstern das Studium der orientalischen Sprachen bis zu ihrem Erlöschen eifrig betrieben. Die ersten Lehrer giengen von St. Emmeram aus, indem auch andere Aebte strebsame Jünglinge nach St. Emmeram zu Lancelot's Vorlesungen schickten, welche in der Folge wieder Lehrer der jüngeren Religiosen wurden. Um Jedem die Möglichkeit zu verschaffen, in was immer für einem Zweige der Wissenschaft sich auszubilden, wurden die besten Werke, welche zur gründlichen Kenntniss der heiligen Schrift, der Geschichte, der Diplomatik, der Münzwissenschaft, der Physik und Mathematik dienen konnten, angeschafft. Auch von den täglich in unzähliger Menge erscheinenden kleineren Schriften wurden diejenigen, welche im Bereich der Wissenschaften wahren Werth hatten, aufgenommen. Frobenius ärntete noch bei Lebzeiten die schönsten Früchte seines edlen Strebens. Hiefür bürgen die Namen eines Steiglehner, Heinrich, Enhuber, Sanftl und Zirngibl. Am 8. Dez. 1778 erlebte der Fürstabt das Jubiläum seiner Profess, und am 18. Okt. 1783 das seines Priesterthums; er beging diese Tage in stiller Andacht, und in religiöser Sammlung des Geistes, ohne äusseres Gepränge. Das Capitel von St. Emmeram liess eine Denkmünze prägen.[1]) In den letzten Jahren des Lebens litt Frobenius an den Schwächen des Alters, die ein dreimaliger unglücklicher Fall noch vermehrte. Uebrigens beklagte er sich über nichts, als über die Abnahme seines Gedächtnisses. Seine letzten Lebenstage widmete er fasst ausschliesslich religiösen Uebungen. Er endete

---

[1]) Auf der Vorderseite ist das Bildniss des Fürstabtes mit der Umschrift: „Frobenius Dei gratia Abbas S. Emmerami Ratisbonae S. R. I. Princeps"; auf der Rückseite ist sein Wappen mit der Umschrift: „Pietas sacerdoti Jubilaeo". Es wurden im Ganzen nur 60 Stücke geprägt. Eine Abbildung dieser Denkmünze findet sich im Journal von und für Deutschland, 1784, Dezemberheft.

sein verdienstvolles Leben am 11. Okt. 1791, im 83. Jahre seines Alters, wovon er 63 als Ordensmann, 58 als Priester, und 30 als Fürstabt verlebt hatte.[1])

Frobenius war freigebig gegen Arme und Nothleidende, es machte ihn oft sehr betrübt, dass er nicht Allen zu helfen im Stande war. Zu den Zeiten der allgemeinen Theuerung zeigte er sich wahrhaft grossmüthig, indem er ohne Wucher das tägliche Brod mit den Nothleidenden theilte. Ebenso erfuhren seine Freigebigkeit diejenigen, welche durch Feuer, Wasser, oder andere Elementarschäden in's Unglück gerathen waren. Oft unterbrach er seine Geschäfte oder Mahlzeiten, um die Bittschriften der Dürftigen zu unterzeichnen. Besonderes Augenmerk hatte er auf die Hausarmen; er liess arme Kinder kleiden, und für ihr Unterkommen, Unterricht u. s. w. sorgen. Obschon die Einkünfte des fürstlichen Stiftes nach Befriedigung der nothwendigen Bedürfnisse nach seiner Ueberzeugung an erster Stelle zur Hebung der Wissenschaften und Künste verwendet werden sollten, und er auch nach diesem Grundsatze handelte, so vergieng doch kein Jahr, in welchem nicht Gebäude theils neu aufgeführt, theils wiederhergestellt wurden. Diess geschah desshalb, damit, wie er selbst oft sagte, die armen Leute und Bürger Arbeit und Brod fänden. In Folge seiner weisen Haushaltung sah sich Frobenius in den Stand gesetzt, allen gerechten und billigen Wünschen seiner Conventualen zu entsprechen. Nur gegen sich war er sparsam, so dass man in Wahrheit von ihm sagen konnte: Jeder Religiose kostete mehr als er. (So Zirngibl bei Westenrieder, Beiträge, II. S. 450.) Er vergass den Anstand, welchen er der fürstlichen Würde schuldig war, nicht, aber verachtete nach Weise grosser Seelen den Tand einer eitlen Pracht, verabscheute die Ungerechtigkeit eines auf unnöthige Nebendinge gemachten Aufwandes, und wollte nichts weniger als den Reichsfürsten spielen. Durch die grosse Bescheidenheit, welche aus seinem ganzen Wesen hervorleuchtete, erhielten die vielen guten Eigenschaften des Fürstabtes einen höhern Werth und machten ihn Allen liebenswürdig. Seinen Handlungen lag kein Funke persönlicher Eitelkeit zu Grunde; er wollte nur die reichen Stiftungen, zu deren Verwalter ihn Gott bestellt, so gemeinnützlich und segenbringend als möglich machen. „Ich will“ (sagte er öfters), „dass meine Leute mehr lernen sollen, als ich gelernt habe, und sie sollen auch mehr Gelegenheit dazu haben, als ich hatte; mein Ruhm soll vergehen, aber die Ehre der Meinigen soll immerdar dauern.“ Als Klostervorstand war er gütig und ohne allen Eigensinn. Wohl drang er auf pünktliche Beobach-

[1]) Seinen beiden Vorfahrern, den Fürstäbten Anselm Goudin und Joh. Bapt. Kraus, sowie sich selbst, hatte Frobenius in der St. Emmeramskapelle einen sehr einfachen Grabstein setzen lassen, der dort noch zu sehen ist.

tung der Tagesordnung, würdige Abhaltung des Gottesdienstes und gewissenhafte Benützung der Zeit; im Uebrigen aber verpflichtete er die Religiosen nicht zu aussergewöhnlichen Strengheiten. Gerne bewilligte er ihnen theils als Belohnung, theils als Aufmunterung manche Erholung und Vergünstigung (z. B. Reisen), denn es war sein Grundsatz, dass sich die Seinigen nicht durch zwecklose Entsagungen von den Laien und Weltpriestern unterscheiden sollten, sondern durch einen exemplarischen, sittenreinen Lebenswandel und gründliche Wissenschaft. Im Betragen gegen die Seinen war er wie ein Vater gegen seine geliebten Söhne. „Wie oft war ich“ (sagt sein Leichenredner Abt Kornmann von Priefling) „bei dem rührenden Auftritte zugegen, wenn der ehrwürdige Greis mit entblösstem Haupte seinen zärtlichen Söhnen für ihre Gegenliebe dankte; wie er sie mit sichtbarer Rührung seines Herzens öffentlich bat, dass sie ihm seine Fehler vergeben, und mit den Gebrechen seines hohen Alters Geduld tragen möchten.“

So sehen wir an Abt Frobenius das Ideal eines Fürten, den nicht Erbrecht, sondern ausgezeichnete Talente und edle, hochherzige Gesinnung zur Fürstenwürde erhoben. Er bediente sich derselben, wie sich ein Weiser derselben bedienen soll, um Wissenschaft und Tugend zu befördern, die Armen zu unterstützen, ihre Thränen zu trocknen, und alle Jene, die seiner Leitung unterworfen waren, glücklich zu machen. Sein stilles Kloster verwandelte er in eine Freistätte für die Wissenschaften, und lenkte die Fähigkeiten derer, die ihre Zuflucht in diesen einsamen Hallen gesucht, zum Frommen der Kirche und des Vaterlands. (Theilweise wörtlich entnommen aus Schlichtegroll's Nekrolog pro 1791, I. S. 221—238, und den kurzen Nachrichten über Fürstabt Frobenius von P. R. Zirngibl [anonym], abgedruckt in Westenrieder's Beyträgen, II. S. 446—452. — Vergl. Baader, Gelehrtes Baiern, S. 337—342; Baader, Reisen, II. S. 425; Cat. religiosor. S. Emmeram. S. 32; Finnauer P. P., Magazin für die neueste Literatur, 1775 1. S. 100; Gerken, Reisen, Bd. II. S. 92; Hirsching, Beschreibung von Bibliothek. III. Abth. 2. S. 571 und 589; Kornmann R., Leichenrede auf Fürstabt Frobenius; Literatur, auserlesene des kath. Teutschland, Bd. I. Nr. 4. S. 586—597; Nikolai, Reisen, 3te Aufl. Bd. II. S. 361; Münchener Intelligbl. 1791. S. 322—324; Röttger, Nekrolog, 1796. I. St. S. 55; Rotula mortualis de obitu R. R. D. D. Frobenii Abb. et Principis 1791; Verzeichniss der akad. Professoren, S. 36—37; Zapf, literar. Reisen, IV. Brief, S. 4—14, auch in Bernoulli's Sammlung von Reisen, Bd. XI. S. 201 sq.)

Schriften:

1) Quid est veritas, quibusque notis ac characteribus de ejusdem existentia certi sumus? Salisb. 1746. 4.

2) Methodus inveniendi veritatem per meditationem breviter exposita. Salisb. 1746. 4.
3) Meditatio philosophica de mundo mechanico et optimo secundum systema Leibnizio-Wolfianum. Ibid. 1747. 4. 3 Bg. (S. Fortges. auerles. Lit. des kath. Teutschl. B. I. Nr. 4. S. 558; Regenb. Gel. Nachricht 1747. S. 195.)
4) Brevis discursus de philosophia in genere, cui adjectae sunt nonnullae conclusiones logicae et ontologicae. Ratisb. 1748. 4.
5) Dissertatio de scripturae sacrae vulgata editione ejusque authentica. Ibid. 1748. 4.[1])
6) Systema primorum principiorum breviter expositum, una cum parergis ex univ. philosophia . . .
7) Conspectus omnium, quae hucusque inveniri potuerunt, operum beati Flacci Alcuini, quorum nova editio paratur. Ratisb. 1760. $2^1/_2$ Bg. 4. (S. Regensb. Gel. Nachricht. 1760, S. 162 und 180.)
8) Abhandlung von dem zu Aschheim in Oberbaiern im Jahre 763 gehaltenen Conzilio. (In den Abhandl. der bayr. Akad. der Wissensch. Bd. I. S. 39—60. 1763.)
9) Concilium Aschhaimense sub Thassilone II., Duce Boioariae anno repar. salutis 763 celebratum, primo in lucem protactum ex pervetusto cod. m. s. Bibliothecae ill. capit. cathedralis Frisingensis, notis quibusdam illustratum, nunc post editionem Florentinam multis mendis scatentem in eruditorum commodum purgatum. Ratisb. 1767. 3 Bg. 4. (S. Regensb. Gel. Nachricht. 1767. S. 262.)
10) Beati Flacci Albuini seu Alcuini Abbatis, Caroli Magni regis et imperatoris magistri opera post primam editionem a viro clar. D. And. Quercetaro curatam de novo collecta, multis locis emendata et opusculis primum repertis plurimum aucta variisque modis illustrata. Ratisb. 1777. Fol. 2 Tom (in 4 Voluminibus). (S. Meusel, Neuest. Lit. der Gesch. Th. V. S. 307—312; Allg. d. Bibl. Bd. 36, St. 1. S. 37 bis 44; Nürnberger Gel. Ztg. 1778, S. 615; Nov. Biblioth. eccl. Friburg. Vol. III. fasc. 2. S. 339.)

P. Petrus Weissengruber, geboren zu Ingolstadt 11. Jan. 1759, Profess 9. Nov. 1777, Neomyst 25. März 1783, durch sieben Jahre Prediger an der Stiftskirche, dann Pfarrer von St. Rupert, starb 2. Juli 1792 an einem hitzigen Fieber als Opfer der Nächstenliebe. Er war einer der besten Kanzelredner, die damals in Bayern lebten. (Besnard, Lit. Ztg. 1834. IV. S. 302 sq.; Heinrich, Leben Steiglehner's, S. 58.)

---

[1]) Bei dieser Disputation war Cardinal Angelo Maria Quirini O. S. B. anwesend.

Schrieb:

Dankrede wegen der Wahl des römischen Kaisers Leopold II. Regensburg 1790. 23 S. 4.

P. Bonifaz Kranzberger, geb. zu Pfaffenstein 6. Juli 1755, Profess 7. Nov. 1773, Neomyst 27. Sept. 1778; war Vorstand des physikalischen Kabinets. Nach Heinrich's Ausspruch war er Steiglehner's bester Schüler in der Mathematik, und ein vorzügliches Genie. (Heinrich, Leben Steiglehner's, S. 58.) Er starb zu frühe für die Wissenschaften in Folge eines unglücklichen Sturzes vom Pferde 17. Dez. 1792.

Schriften:

1) Von der Ehrerbietigkeit gegen die Priester, Primizpredigt am 2. Juli 1780 zu Pielenhofen. (S. Böhmer's Magazin für Gelehrten- und Kirchengeschichte, 1787. I. S. 158.)
2) Beiträge zu den Beobachtungen des P. J. Reichmayr über die Erschütterung der Berge in der Gegend von Schwabelweis, 1783. 71 S. 8. (anonym.)

P. Emmeram Paumann, geb. zu Zell im Pinzgau 21. März 1726, Profess 15. Nov. 1744, Neomyst 28. Sept. 1749. Er war Pfarrer zu Haindling, Hainspach, Propst zu Hohengebraching, Stiftsprediger, Prior 1773—1775, † 3. Okt. 1793. Er erwarb sich als vorzüglicher Oekonom um die Cultivirung von öden Gründen, die Obst-, Schaf- und Bienenzucht viele Verdienste, wesshalb er (1777) von der Landesökonomie-Commission eine goldene Verdienstmedaille erhielt. (S. Besnard, Lit. Ztg., XIX. (1831) II. S. 115.)

Schrieb:

Lob- und Dankrede auf die priesterliche Jubelfeier des Abtes Adalbert (Tobiaschu) von Metten 11. Sept. 1768. Straubing. Fol.

P. Heinrich Mayer, geb. zu Altmannstein 31. Aug. 1743, Profess 30. Okt. 1763, Neomyst 26. April 1767. Seine Studien machte er unter Leitung des P. Joh. B. Enhuber. Nach deren Vollendung arbeitete er in der Seelsorge, und wurde vom Fürstabte Frobenius zum Custos des stiftischen Münzkabinetes bestellt. Er bildete sich in der Numismatik aus, und erlangte nach und nach in Entzifferung von Inschriften auf Münzen eine seltene Gewandtheit, wesshalb er von vielen Gelehrten dieses Faches zu Rathe gezogen wurde.[1]) Er starb am 14. Jan. 1796.

[1]) Heinrich P., Lebensgeschichte Steiglehners, S. 83; Günthner, Geschichte der literar. Anstalten, III. S. 208–209.

P. Joachim Baumann, geb. zu Ingolstadt 21. Febr. 1745, Profess 3. Nov. 1766, Neomyst 4. April 1769, Propst zu Hohengebraching bei Regensburg, † 15. Mai 1797. (Kehrein, Geschichte, I. S. 146.)

Schrieb:

Leichenrede auf Abt Albert I. von St. Mang zu Stadtamhof. Stadtamhof 1785. Fol.

P. Joseph Reindl, geb. zu Altmannstein 21. Nov. 1721, Profess 11. Nov. 1742, Neomyst 6. Jan. 1746, Grossökonom; gest. als Senior 28. Mai 1799. (Besnard, Lit. Ztg. 1832. I. S. 255; Catalog. S. Emmer. S. 34.)

Schrieb:

Justificatio parvuli sine martyrio et baptismate in re suscepta novis conatibus male defensa. Ratisb. 1757. 6 Bg. 4.

P. Sebastian Prixner, geb. zu Reichenbach 14. Okt. 1744, Profess 30. Okt. 1763, Neomyst 6. Nov. 1768, ein vortrefflicher Musiker und Componist; gestorben als Chorregent zu St. Emmeram 23. Dez. 1799. (Lipowsky, Musik-Lex., S. 257.)

Schrieb:

1) Tractatus de arte pulsandi organa paucos intra menses addiscenda. Landishuti ed. II. 1799.
2) Verschiedene Antiphonen für den Choralgesang zu St. Emmeram.

P. Johann Bapt. Enhuber (Enhueber), geb. zu Nabburg 14. Sept. 1736, Profess 10. Nov. 1754, Neomyst 7. Sept. 1760; lehrte im Stifte Theologie, und wurde im Jahre 1775 Prior. Diesem mühevollen Amte stand er bis zum Jahre 1785 mit Eifer und Nutzen vor, kam dann als Propst nach Hohengebraching, und von dort wieder in's Stift zurück, wo er Grosskellner (Grossökonom) wurde, und in dieser Stellung am 29. Mai 1800 starb. Schon im Jahre 1773 hatte er die ihm zugedachte äbtliche Würde für Ensdorf, und 1781 die erste Kanzel der Dogmatik an der Universität zu Ingolstadt ausgeschlagen. Wohl 25 Jahre arbeitete Enhuber an einer neuen Ausgabe sämmtlicher Werke des Rhabanus Maurus, die er 1795 beinahe druckfertig hatte. Sie war auf fünf Foliobände berechnet. — Zu diesem Zwecke hatte er einen ausgedehnten Briefwechsel mit verschiedenen Gelehrten[1]) des In- und Auslandes ein-

[1]) Z. B. A. Will in Altdorf, de Mosne in Brünn, P. J. Nep. Hauntinger zu St. Gallen, Lieble, Bibliothekar zu S. Germain des Prés, Congr. S. Mauri, Rieberer in Ofen, Thiele in Leipzig u. s. w.

leiten müssen. Er hatte auch eine bisher unedirte Schrift Rhaban's: „Commentarius in Isaiam Prophetam" in seine Sammlung aufgenommen. Sein Tod und die bald darauf eingetretene Säkularisation vereitelte die Drucklegung dieses kostbaren Werkes. — (S. Baader, Gelehrtes Baiern, S. 296—297; Finnauer P., Magazin für die neueste Literatur, 1775, S. 72; Gerken, Reisen, II. S. 93; Nikolai, Reise, II. S. 362; Nov. Bibliotheca eccl. Friburgens. II. fasc. II. S. 354; Regensburger gelehrte Nachrichten, 1768, S. 364, 1770, S. 285; Zapf G. W., Vierter Brief über seine literar. Reise durch Baiern, S. 10; auch bei Bernoulli, Sammlung von Reisen, XI. S. 210.)

Schriften:

1) Conciliorum Ratisbonensium brevis recensio ex antiquis monumentis adornata. Ratisb. 1768. 4.
2) Dissertatio critica de patria et episcopatu S. Erhardi Episcopi Ratisbonensis. Ibid. 1770. 4.
3) Trauerrede auf Abt Johann Ev. von Oberaltaich. Regensburg 1772. Fol.
4) Diss. historica de haeresi Elipanti Archiepiscopi Toletani et Felicis Ep. Orgelitani, in qua, quae hactenus obscura fuerunt, ex chartis recenter detectis et ipsius Alcuini scriptis illustrantur. (Appendix zu Forster's Werk: Opera Alcuini, Tom. I. S. 923—944.)
5) Diss. dogmatico-historica, qua contra Christianum Walchium ostenditur, Felicem et Elipantum adoptionis in Christo homine assertores merito ab Alcuino Nestorianismi fuisse petitos. (Ibid. Tom. I. S. 944—1005.)

Manuscript:

Enhuberi epistolae et Rhabani Mauri collectanea. 97 Faszikel (cod. lat. 15.024 der kgl. Hofbibliothek zu München).

P. Johann Ev. Reichmayr, geb. zu Schamhaupten 28. Okt. 1748, Profess 2. Nov. 1766, Neomyst 8. Nov. 1772, wurde Beichtvater der Benediktinerinen zu St. Walburg in Eichstädt und starb dort 14. Sept. 1803. (Besnard, Lit. Ztg. 1832. I. S. 254.)

Schriften:

1) Beobachtung über die Erderschütterung der Berge in der Gegend von Schwabelweis bei Regensburg am 13. Mai 1783. (Regensburg 1783.) 36 S. 8.
2) Leben der Eichstädtischen Stadt- und Landespatronin, der heiligen Benediktinischen Abtissin Walburga. Eichstätt 1792. 8. (Dieses Buch erlebte 1866 die 11te Aufl.)

P. Colomann Sanftl, geb. zu Niederaltaich 27. Aug. 1752, studirte zu Salzburg Philosophie, Profess 7. Nov. 1773, Neomyst 6. April 1777.

Nachdem er bis 1784 in der Seelsorge verwendet worden war, kam er in das Stift zurück, lehrte Dogmatik, Kirchengeschichte, orientalische Sprachen, und war Prior und Bibliothekar; starb in letzterer Eigenschaft 23. Nov. 1809 am Schlagfluss. Nach Heinrich's Zeugniss zuverlässig eines der tugendhaftesten und gelehrtesten Mitglieder des fürstl. Stiftes St. Emmeram.[1]) An 25 Jahre beschäftigte er sich mit Erforschung und Durchsichtung der kostbaren Manuscriptensammlung des Stiftes, deren Frucht der „Catalogus Manuscriptorum Bibliothecae Emmeramianae a saec. VIII. usque ad saec. XV.“ war, der äusserst scharfsinnige Bemerkungen und einen Anhang von noch ungedruckten, des Druckes würdigen Schriften, aus eben den genannten Handschriften gezogen, enthält. Niemand als Sanftl (der stärkste Literat in diesem Fache) war fähiger, eine so schwierige Aufgabe vollkommen zu lösen. Noch mit einem schadhaften Auge (denn er war am grauen Staar erblindet, aber auf dem linken Auge noch glücklich operirt worden) schrieb er den ganzen Catalog in's Reine — zum Drucke fertig. (S. Baader, Lex. I. 2, S. 73; Heinrich, S. 66—67.)

Schriften:

1) Dissertatio in aureum et pervetustum S. S. Evangeliorum codicem Manuscript. monasterii S. Emmerami Ratisbonae. 1786. 256 S. (mit 3 Kupfern). 4.[2]) (Diese Schrift ist Papst Pius VI. dedizirt. Hirsching sagt von ihr: „Seit Blanchini's Evangeliarien ist kein so wichtiger Beytrag für die Kritik des neuen Testamentes in dieser Gattung erschienen.“ Versuch, III. S. 576; vergl. Meusel, liter. Annalen, 8. St. S. 676; Göttinger Gelehrt. Anzeig. 1787, St. 19, S. 177 sq.; Leipziger Gel. Ztg. 1787, St. 61, S. 963; Journal von und für Deutschl. 1786, St. 10, S. 304; Jenaer Lit. Ztg. 1787, St. V. S. 35; Neuest. Liter. des kath. Teutschl. IV. S. 73.)
2) Von den Land- und Hoftagen in Baiern bis zum Ende des dreizehnten Jahrhunderts. (Gekrönte Preisschrift in den Neuen Abhandl. der bayr. Akad. der Wissensch. IV. Bd. 1792.)

Manuscript:

Catalogus Manuscriptorum Bibliothecae S. Emmerami Ratisbonae. 4 Bde. Fol. (Staatsbibliothek. zu München, Cod. bav. Cat. XIV.) Nach den Mit-

---

[1]) Heinrich, S. 66.

[2]) Dieser Codex wurde auf Befehl Carl des Kahlen im Jahre 870 geschrieben. Er war ursprünglich in der Abtei St. Denys in Frankreich; ob ihn Carl der Kahle oder sein Sohn Ludwig der Stammler dorthin geschenkt, ist unentschieden. K. Arnulph erhielt ihn vom Abte Ebulo (c. 893) gegen einige Reliquien des heiligen Dionysius, und schenkte ihn der Abtei St. Emmeram zu Regensburg, wo er bis zur Aufhebung des Stiftes (1812) verblieb.

theilungen des kgl. Oberbibliothekars Föringer „ein über alles Lob erhabener Katalog".

P. Wolfgang Frölich, Dr. theolog., geb. zu Sinching 27. Mai 1748, studirte zu Regensburg, Profess 10. Nov. 1765, Neomyst 26. Mai 1771. Im Jahre 1773 wurde er in seinem Stifte als Professor der Theologie aufgestellt, aber nach Stattler's und Sailer's Abgang wurde er Professor der Dogmatik zu Ingolstadt. Im Jahre 1790 verliess er Ingolstadt, und ging 1791 nach Rom. Von dort kehrte er nach sieben Jahren nach St. Emmeram zurück, und lehrte dort bis zur Aufhebung des Stiftes Theologie; starb zu Raab am 22. Aug. 1810.[1] (S. Baader, Gelehrtes Baiern, S. 354—356; Permaneder, Annales, S. 61, 118—119.)

Schriften:

1) Leichenrede über den Hintritt des Titl. Herrn Heinrich's, Abtes des berühmten Benediktinerstiftes Mallersdorf, gehalten den sechszehnten Wintermonat 1779. Regensburg 1779. Fol. (S. Münch. Intelligbl. 1780, S. 307.)
2) Reflexio in sic dictam demonstrationem catholicam Benedicti Stattleri. 1779. 8.[2])
3) Responsio Monachi Benedictini opposita Stattlerianis responsis pro veritatis defensione. Ratisb. 1780. (S. Nürnberger Gel. Ztg. 1780, S. 666).
4) Bedenken über die Toleranz, aus dem Französischen übersetzt. Ingolstadt 1783. 8.
5) De libertate animae humanae, praelectiones theologicae et philosophicae. Anglipoli 1784, 178 S. 8. (S. Liter. des kath. Teutschl. Bd. II. St. 2, S. 286—293.)
6) Die Religion aus der Philosophie, oder Nothwendigkeit der Religion aus dem Daseyn Gottes und einer geist. unsterblichen Seele erwiesen. Augsburg 1784, 116 S. (S. A. d. Bibl. Bd. 64. I. S. 91, u. II. S. 374; Liter. des kath. Teutschl. Bd. II. S. 293.)
7) Philosophische Gedanken über die Körper- und Geistesnatur, sonderheitlich des Menschen, sammt einem Anhang von der thierischen Natur. Ingolstadt 1785, 320 S. (S. Liter. des kath. Teutschl. Bd. II. St. 2, S. 276—286; A. D. Bibl. Bd. 78. I. S. 120.)

---

[1]) Einige (wie Permaneder, Annal. S. 118) geben 1812 als Todesjahr an.

[2]) Dagegen erschienen: 1) Responsio amica data Baccalaureo Moguntino etc. cum appendice congrua adversus reflexionem monachi Congregationis Benedictino-Bavaricae. Eichstad. et Günzburgi. 1780. 8. 2) Responsa praecisiora auctoris demonstrat. cathol. ad sibi objecta a Monacho Benedictino. Eichstad. et Günzburgi. 1780. 8. 3) Praktische Logik für den Widerleger an den Verfasser der sogen. Reflexion wider die Demonstratio catholica 1780. 8. (S. Liter. des kath. Teutschl. Bd. IV. St. 1, S. 5; Nürnberger Gel. Ztg. 1780, S. 21.)

8) De conjugio sacerdotibus permittendo, quaestio proposita a Leonardo Marstallero S. theolog. ord. prof. Ingolstadiensi et 27 conclusionibus resoluta anno 1543, nunc bini programmatis theologici materia. Ingolstadii 1787. 28. u. 46 S. 4. (S. Jenaer Allg. Lit. Ztg. 1788. I. S. 247; Allg. t. Bibl. Bd. 78. I. S. 45; Götting. Gel. A. 1787. II. S. 921; Liter. des kath. Teutschl. Bd. IV. St. 2. S. 171; Nürnberger Gel. Ztg. 1787, S. 239; Schott, Bibl. der neuest. jur. Lit. 1787, I. S. 90.)

9) Dissert. an Bossuetus vere sit auctor libri, cui titulus: defensio gallicanae declarationis, critica disquisitio, unacum selectis propositionibus ex universa theologia et jure ecclesiastico. Ingolstad. 1789.

10) Quis est Petrus? seu qualis Petri primatus? liber theologico-canonico-catholicus. Ratisbonae 1790. 4. Neue Auflage mit dem Titel: Jura S. S. sedis Romanae in S. S. literis fundata, documentis antiquis illustrata ac canonicis sanctionibus stabilita. Coloniae Agr. 1797. XIV. 454 S. 4. (S. Obert. Lit. Ztg. 1797, I. S. 199—213.)

11) Epistola apologetica Roma Monachium occasione recensiti libri et in causa Illuminatismi Bavarici. Romae 1791, 65 S. 8. (S. Obert. Lit. Ztg. 1791, II. S. 399 u. 832.)

12) Leichenpredigt auf Abt Augustin von Mallersdorf. Regensburg 1801. 8. (S. Obert. Lit. Ztg. 1801, II. S. 417—423.)

13) Das neue Erd- und Himmelsgebäude mit kurzen Anmerkungen geprüft. Augsburg 1802, 134 S. 8.[1])

P. Frobenius v. Emmerich, geb. zu Wallerstein 10. Jan. 1752, Profess 4. Nov. 1770, Neomyst 14. April 1776, Prior; gestorben zu Freising 24. Okt. 1810. Er machte sich durch Anlegung einer Gemäldesammlung, die vortreffliche Stücke enthielt, um das Stift sehr verdient. (S. Baader, Reisen, II. S. 426.)

P. Rupert Aign, geb. zu Ingolstadt 5. Dez. 1729, machte in seiner Vaterstadt die Studien, Profess 21. Nov. 1747, Neomyst 8. Juni 1754, Professor der Philosophie im Kloster, dann Pfarrer, Jubelprofessus 21. Nov. 1797, Jubelpriester 1804; starb als Senior 19. Sept. 1813. Er war der letzte Conventual, dem innerhalb der Mauern des Stiftes St. Emmeram zu sterben gegönnt war; denn nachdem im April 1812 von der kgl. bayr. Regierung die gänzliche Aufhebung über das Stift verhängt worden war, verkaufte sie die leeren Gebäude an das fürstl. Haus Thurn und Taxis. Dieses liess nun dem erblindeten P. Rupert seine Zelle bis zum Tode. Die übrigen Conventualen hatten 1812 das Gebäude räumen müssen. (S. Baader, II. 1, S. 1—2.)

---

[1]) Die Schrift: Rekapitulation der sieben Capitel von Klosterleuten (Regensburg 1782) wurde von Meusel fälschlich dem Frölich beigelegt.

Schriften:

1) Epitome seu conspectus philosophicus unacum thesibus ex psychologia et theologia naturali. Ratisb. 1758. 4.
2) Conspectus theologicus de vitiis et peccatis, de legibus et sacramentis in genere. Ibid. 1761. 4.
3) Conspectus theologicus continuatus de ultimis sacramentis. Ibid. 1762. 2 Alph. u. 2 Bg. 4.

Manuscripte:

a) Literaturgeschichte des Stiftes St. Emmeram.[1])
b) Materialien zu einer Geschichte seines Ordens und seiner Zeit. (Wo sich diese Manuscripte befinden, ist unbekannt.)

P. Roman Zirngibl, Mitglied der Akademie der Wissenschaften zu München, geb. im Markte Teisbach 25. März 1740, wo sein Vater Martin Marktschreiber war. Er studirte am Gymnasium zu Landshut, legte 4. Nov. 1759 Profess ab, und las 2. Juli 1764 die erste hl. Messe. Seine theologischen Studien machte er in seinem Kloster, und studirte nebenbei eifrig Geschichte und Diplomatik. Dem damaligen scharfblickenden Fürstabte Frobenius war diese Neigung des jungen Ordensmannes nicht entgangen, und er ernannte ihn desshalb (1765) zum Unterbibliothekar mit dem Auftrage, bei der eben damals begonnenen neuen Einrichtung der Bibliothek und beim Ausscheiden der Handschriften von den Druckwerken thätig zu sein. Während dieser Zeit suchte Zirngibl im Fache der Literaturgeschichte und Bücherkunde seine Kenntnisse zu erweitern. Leider sah sich Frobenius aus Mangel an tauglichen Subjecten öfter genöthigt, Zirngibl auf einige Zeit der literarischen Thätigkeit zu entziehen. Am 7. Mai 1767 wurde er als Beichtiger und Prediger an der Wallfahrtskirche zu Haindling angestellt. Am 15. Nov. 1768 rief ihn Frobenius zurück, und machte ihn zum ordentlichen Bibliothekar. Jedoch nur halb sollte er sich dieser angenehmen Stellung freuen dürfen, denn er musste auch die Stelle eines Caplans (Cooperators) der sehr ausgedehnten und volkreichen Stadtpfarrei St. Emmeram versehen, was ihm viele Zeit nahm. Ferner war er Subprior vom Nov. 1771 bis 25. Febr. 1775, Stadtpfarrer von St. Emmeram vom 4. Juni 1778 bis 19. Juni 1782. Doch benützte er jeden freien Augenblick, um für die Bibliothek

[1]) Im hist. Vereine von Oberbayern befindet sich ein Bruchstück einer Literaturgeschichte des genannten Stiftes von einem unbekannten Verfasser, enthaltend biographische Nachrichten über die P. P. H. Mayer, S. Prixner und B. Puchner. (S. XXVIII. Jahresb. S. 86.) Wahrscheinlich ist dieses Bruchstück entweder Autograph oder eine Copie vom Manuscripte Aign's.

zu arbeiten. In diese Zeit fällt die Abfassung seiner Animadversiones in Cod. Manuscr. Dionysii exigui, die Recensio Manuscr. Monast. S. Emmerami, und die erste Beantwortung einer Preisfrage. Auch wurde er (1777) ordentliches Mitglied der bayr. Akademie der Wissenschaften zu München. Von nun an bis zur Zeit der Säkularisation war Zirngibl zweimal Propst in Hainspach (mit dem Sitze zu Haindling), 20. Juni 1782 bis 1. Dez. 1784, und vom Frühjahr 1796—1804. Ferner zweimal Stiftsprior 1784—1788, und 1794—1796. Von 1788—1794 war er in Haindling als Wallfahrtspriester. (?) In allen diesen Stellungen sammelte er unablässig historische Daten, und seine Collektaneen bildeten schon damals ein kostbares Material für vaterländische Geschichte. In den Jahren 1784—1788 kopirte er sämmtliche Inschriften der in Regensburg befindlichen Grabsteine, von denen sonst viele für immer verloren gegangen wären;[1]) denn bei der Säkularisation verschwanden viele Grabmäler gänzlich, wieder andere wurden von ihren ursprünglichen Standorten entfernt, und anderswohin versetzt. Zirngibl klagte in seinen späteren Briefen an Westenrieder bitter über das barbarische Verfahren, das so manche ehrwürdige und geschichtlich denkwürdige Grabmonumente erfuhren.[2]) Der Aufenthalt Zirngibl's zu Haindling-Hainspach war mühevoll, und in den letzten Jahren in Folge der französischen Invasionen ein wahrhaft qualvoller. Diese beständigen Beunruhigungen der wilden Soldateska rieben den so mildgesinnten, ganz für die historische Muse lebenden Mann völlig auf. Am 4. Januar 1801 schrieb Zirngibl an Westenrieder: „Ich hatte über 100 Tage französische Officiere im Hause. Sie haben mich schon sicher 1000 fl. gekostet; denn täglich haben sie Kameraden eingeladen; aber um das Geld ist mir weniger, als um die Gesundheit und die Zeit. Diese wurde mir geraubt, und jene haben tausend Verdrüsslichkeiten zerrüttet. Es war Tag und Nacht keine Ruhe

---

[1]) Zirngibl schreibt hierüber an Lorenz v. Westenrieder 3. Sept. 1787: „Ich habe über 1000 Grabschriften, die in den hiesigen Stiften und Klöstern sich befinden, abgeschrieben. In St. Emmeram, bei den Minoriten und Augustinern wird kein Stein sein, den ich nicht in meine Sammlung aufgenommen habe. Die Steine in der Domkirche ..... habe ich ebenfalls bereits gesammelt, und ich meine, dass das Ganze, zumal da ich hie und da genealogische und andere historische Bemerkungen beifügen werde, nicht ganz missfallen dürfte."

[2]) Eine Stelle aus: „Regensburg in seiner Vergangenheit und Gegenwart" von Graf Walderdorff diene hier als Beleg. S. 125 schreibt er: „Wie in allen Klöstern, wurden auch hier (in der Minoritenkirche, St. Salvator) die meisten Grabmonumente vernichtet. Eine grosse Anzahl der prachtvollsten Marmorplatten wurde zum Pflastern der Latrinen (!!) der Kaserne verwendet. Viele wurden verkauft, darunter der Grabstein des seligen Berthold (des berühmten Predigers), welchen nebst manchen andern Hauptmann Neumann vor einigen Jahren in dem Pflaster eines Privathauses wieder auffand." Der Kreuzgang von St. Emmeram war voll von Grabmonumenten. Heut zu Tag ist auch nicht Eines mehr sichtbar.

im Hause, mich wundert nur, dass mir meine Domestiken nicht davongelaufen sind. Am 29. Dez. (1800) kamen Husaren vom zweiten Regiment vor meine Thür. Um nicht ausgeplündert zu werden, musste ich mich mit 16 Karolin abkaufen. Am Ende bat ich um eine Sauve garde, und diese kostete mich wieder vieles Geld. Bei diesen Umständen verliere ich alle Lust zum Arbeiten, alle Lust zum Leben. Ich erwache täglich nach einem kurzen unterbrochenen fieberartigen Schlaf zu neuen Sorgen und Beängstigungen." Einmal war sogar das Leben Zirngibl's in höchster Gefahr gestanden. In einem Schreiben an Westenrieder berichtet er die näheren Umstände dieses fürchterlichen Mordanschlages: „Am 15. März 1800 Abends halb zwölf Uhr schoss man mit einem Kugelstutzen zwei Kugeln durch eines meiner Zimmerfenster, vor welchem alle Nächte die Läden verschlossen sind, gerade über meinen Schreibtisch auf meine Bettstatt hin. Die gerade Richtung des Schusses über meinen Schreibtisch, bei welchem ich mich manchmal mitten in der Nacht befinde, nach meiner Bettstatt, und die Ladung des Stutzens mit zwei Kugeln scheinen zu beweisen, dass der Thäter meinen Tod bezweckt habe. Ich kann mich in einen solchen Thäter schlechterdings nicht finden. Ich weiss mich auch nichts schuldig, nisi quod omnibus benefecerim....... Ich helfe, wo ich helfen kann, und ein solcher Anschlag auf mich!.....

Bei der Säkularisation erhielt Dalberg die Stadt Regensburg sammt allen innerhalb ihrer Ringmauern befindlichen Stiften und Klöstern. Dalberg erklärte, dass er die Fürstabtei St. Emmeram als eine wohlgeordnete, überaus religiöse und wissenschaftliche Genossenschaft niemals auflösen werde. Er hatte Zirngibl aus seinen Schriften als einen vortrefflichen Mann und Gelehrten kennen gelernt, und berief ihn daher, nachdem er einige Zeit die Geschäfte der Propstei Hainspach-Haindling provisorisch fortgeführt hatte, nach Regensburg, und übertrug ihm die Aufsicht über die Archive sämmtlicher Stifte und Klöster Regensburg's (1804). Obschon Zirngibl sich dadurch sehr geehrt fühlte, so machte das Ereigniss der Säkularisation auf ihn, der mit ganzer Seele seinem Orden zugethan war, einen tief erschütternden Eindruck, weil er die Existenz des fürstl. Reichsstiftes für die Zukunft sehr in Frage gestellt sah. Seitdem er in Regensburg zum Wächter der unermesslichen Archivschätze bestellt worden war, fieng er mit einem Eifer zu arbeiten an, als ob er bis dahin noch nie etwas gearbeitet, und zu seinem neuen Amte auch neue Jahre der Jugend erhalten hätte. Unter anderem beschäftigte er sich (1804—1806) mit Anfertigung eines vollständigen Registers über das St. Emmeramische Archiv. Von jeder Urkunde gab er den wesentlichen Inhalt und ihre Epoche an, und zog die in derselben genannten Orte, Güter und Personen aus. Ueberdiess unterhielt er fortwährend einen ausgedehnten Briefwechsel mit den bewährtesten deutschen

Geschichtsforschern, und auch mit Ausländern. Hier muss auch Zirngibl's Correspondenz mit von Chiniac, der eine neue Ausgabe der Capitularia regum Francorum des Baluz nebst zwei Supplementbänden angekündigt hatte, erwähnt werden. Zirngibl arbeitete längere Zeit für Chiniac, welcher ihm desshalb als Zeichen der Erkenntlichkeit seine sämmtlichen gedruckten Werke schenkte. Als Zirngibl im Jahre 1810 bei der Uebergabe Regensburgs an Bayern auch von der kgl. bayrischen Regierung in seinem bisherigen Amte bestätigt wurde, so setzte er sich, um allen Anforderungen gründlich genügen zu können, eine neue Tagesordnung. Er arbeitete von nun an (wenige Tage ausgenommen) täglich neun Stunden, und nahm erst gegen Abends sieben Uhr sein Mittagmahl ein. Bei dieser allerdings sonderbaren Tagesordnung stellten sich bei seiner schon ohnehin geschwächten Gesundheit bedenkliche Zustände ein. Er litt seit Jahren an einem schrecklichen Uebel — einem bösartigen Magenkrampf — das den Bemühungen der geschicktesten Aerzte trotzte. Er litt, wie aus einem seiner Briefe des Jahres 1809 hervorgeht, daran schon 40 Jahre mehr oder weniger, kürzer oder länger, und konnte in den Stunden dieses grässlichen Anfalles weder gehen noch stehen, weder sitzen noch liegen, und nur höchst kümmerlich Athem holen. [1]) Im Jahre 1814 feierte er unter tausend Segenswünschen seiner Freunde das Jubiläum seines Priesterthums; jedoch seine Tage waren gezählt. Als er eine bedeutende Abnahme seiner Körperkräfte fühlte (1816), traf er seine letzten Anordnungen.

Zum Universalerben seines durch viele literarische Arbeiten und seine höchst einfache Lebensweise erworbenen Vermögens setzte er das Regensburgische Krankenhaus, das eben neu gegründete Arbeitshaus, und das Armeninstitut ein. Seine schöne kostbare Bibliothek widmete er der kgl. Kreisbibliothek zu Regensburg. In den letzten Zeiten hatte er noch öfters seine Manuscripte, obschon dieselben schon gut geordnet waren, durchmustert. Am 16. Aug. 1816 nahm er noch einige archivalische Arbeiten vor, musste sich aber dann bei zunehmenden Schmerzen zu Bette begeben, das er nicht mehr verliess. Die drohende Gefahr nicht misskennend, liess er sich die Sterbsakramente reichen und verschied am 29. Aug. 9 Uhr Morgens im Beisein seines Fürstabtes Cölestin, des P. Placidus Heinrich, des Stadtpfarrers P. Paul Schönberger, und einiger anderer Conventualen von St. Emmeram, im 77. Lebensjahre, im 57. seines

---

[1]) „Ich ergreife" (schreibt er an Westenrieder) „nach einer jammervollen Pause zum ersten Male wieder die Feder, um ihnen zu sagen, dass ich eine fürchterlich lange Zeit nicht mehr im Stande war, die Feder zu halten. Ich hatte viele Nächte keinen Schlaf und verlor fasst alle meine körperlichen Kräfte. Sie würden sich entsetzen, wenn Sie mich sehen würden. Ich bin ganz zerknickt und gleich einem Skelette."

Ordenslebens, im 52. seines Priesterthums. Seine sterbliche Hülle wurde auf dem Gottesacker der Pfarrei St. Emmeram beigesetzt. Auf seinen Grabstein wurde folgende Inschrift, die er kurz vor seinem Tode selbst verfasst hatte, gesetzt:

„Hic exspectat cum omnibus hic sepultis
Resurrectionem in Christo
Romanus (Josephus) Zirngibl,
nat. Teisbachii 25. Mart. 1740,
Monachus ad S. Emmeramum 4. Nov. 1759,
Presbyter 2. Julii 1764,
Consil. Eccl. Bavaro-Palatin. 18. Jun. 1784.
Regius Archivarius 23. Maji 1810,
Denatus (29. Aug. 1816).
„Parce mihi Domine; nihil enim sunt dies mei.“

Zirngibl ist für den Freund der vaterländischen Geschichte, und ganz besonders für jeden Benediktiner eine Erscheinung, die Achtung und Ehrfurcht einflösst. Man kann auf seine rastlose Thätigkeit nicht blicken, ohne ergriffen zu werden und zu staunen. Zirngibl war von dem glühendsten Eifer für die Geschichte seines Vaterlandes und für die seines mehr als tausendjährigen Ordenshauses beseelt. Wenn Böhmer den Ausspruch that, er könne sich einen tüchtigen Archivar oder Bibliothekar nur als Mitglied einer Benediktiner-Abtei vorstellen, so findet man für denselben einen neuen Beleg, sobald man das Leben und Schaffen Zirngibl's überblickt. Täglich neun Stunden widmete Zirngibl der wissenschaftlichen Thätigkeit, und dabei versäumte er keine der Pflichten, die ihm als Religiosen oblagen, die auch täglich einige Stunden in Anspruch nahmen, denn er war durch und durch Ordensmann. Sein Gehorsam gegenüber seinem Obern gränzte beinahe an Aengstlichkeit. Die Verhältnisse erheischten, dass sein Abt ihn auf einige Zeit mit Aemtern, die seiner Neigung minder entsprachen, betraute. Zirngibl gehorchte, erfüllte gewissenhaft alle Obliegenheiten, die seine Stellung mit sich brachten, und ging erst dann an seine historischen Arbeiten; ja er entzog sich desshalb oft den nöthigen Schlaf, um in den Stunden der Nacht das einholen zu können, wozu ihm während des Tages die Zeit gefehlt hatte. Jedoch waren derartige Hemmnisse nur vorübergehend, denn ein vernünftig handelnder Vorgesetzter, ein solcher war Abt Frobenius, nimmt bei Vertheilung der verschiedenen Beschäftigungen stets auf die Talente und Fähigkeiten seiner Untergebenen Rücksicht, hängt einen Fisch nicht an einen Baum, und sperrt einen Adler nicht in einen Käfig. — Wenn ein Alleinleber, wenn ein selbst erlaubte Weltfreude sich versagender Mann irgend einen Gegenstand der Gelehrsamkeit aus angeborner Neigung dergestalt liebgewonnen hat, dass seine ganze Zufriedenheit davon abhängt, wenn er seinem Gegenstande den möglichsten Grad von Vollkommenheit zu verschaffen vermag, — dann lebt der Mann in seiner Idee, und es kann ihm kaum etwas mangeln, um ein überaus glücklicher Mann zu sein.

Diess, möchte man meinen, wäre auch bei Zirngibl der Fall gewesen; jedoch er genoss dieses Glück nur halb. Sein Leben fiel in eine betrübende Epoche; man erinnere sich nur an das oben Angeführte aus der Zeit der französischen Invasion und an die Katastrophe der Säkularisation, welche ihre zerstörende Wirkung an St. Emmeram erst 1812 vollends zur Geltung brachte, und man wird zur Ueberzeugung gelangen, dass solche Ereignisse ganz geeignet waren, einen Freund der Musen, wie Zirngibl, tief zu verwunden. Westenrieder fällt über Zirngibl folgendes Urtheil: „Er ging in dem, was er sah, was er wahrnahm und ahnte, seiner Zeit voraus." ..... Die verfeinerten Genüsse, deren man sich als eines Zeitfortschrittes rühmt, kannte Zirngibl nicht; selig in sich selbst, war er sich selbst Lohn und Erquickung. Cl. Baader nennt ihn eine „Zierde der deutschen Nation". (Stellenweise wörtlich aus Westenrieder's Denkschrift auf R. Zirngibl. S. auch Zeitschrift für Baiern und angränzende Länder, 1817, I. Bd. S. 243—254; Baader, Lex. I. 2, S. 369—374; Westenrieder, Geschichte der bayr. Akademie der Wissensch. I. S. 458, 459, II. 492, 605, 616, 619, 620, 623; Bock Ch. W., Sammlung von Bildnissen enthält eine kurze Biographie Zirngibl's nebst Porträt.) [1])

Schriften:

1) Welche waren die ersten Regenten in Baiern bis auf Carl den Grossen? was kann von ihrer Familie, ihren Regierungsjahren und vorzüglichen Thaten gemeldet werden? (Neue hist. Abhandl. der bayr. Akademie, Bd. I. S. 1—266. 1779.)[2])

2) Da Baiern nach der Entsetzung des Herzogs Thassilo II. von Carl dem

---

[1]) Am Sterbehause Zirngibl's (alte Waisenhausgasse am Strahl Nr. 63) wurde ihm zu Ehren eine Gedenktafel errichtet, die folgende Inschrift trägt:

Der bayerische Geschichtforscher
Roman Zirngibl O. S. B.
kl. geistl. Rath und Archivar vom
Reichsstifte St. Emmeram,
Mitglied d. k. b. Akademie der Wissenschaften,
geb. zu Teisbach am 25. März 1740,
starb in diesem Hause am 29. Aug. 1816."

[2]) Für die Lösung dieser Preisfrage, welche sich wegen ihrer Gründlichkeit und schönen Anordnung empfahl, erhielt Zirngibl 50 Dukaten; man trägt kein Bedenken, diese von ihm aufgestellte Regentenreihe der bayrischen Geschichte zu Grunde zu legen.

Grossen nur lauter Grafen und Markgrafen anvertraut worden, so entsteht die Frage, in wie viele Graf- und Markgrafschaften wurde selbes damals vertheilt? Wann wurde der erste Herzog wieder aufgestellt, und wer war dieser? [1]) (Neue hist. Abhandl. der bayr. Akademie, Bd. II. S. 1—314. 1781.)

3) Abhandlung über die Reihe und Regierungsfolge der gefürsteten Abtissinen in Obermünster zu Regensburg. Regensburg 1787, 122 S. (S. Auserles. Liter. des kath. Teutschl. I. St. 2, S. 229.)

4) Wie und aus welchen Ursachen und an wen sind die Lande zu Baiern nach der Achterklärung Heinrich's des Löwen zugefallen.[2]) (Neue Abhandl. der bayr. Akad. Bd. III. S. 379—612. 1791.)

5) Von der Geburt und Wahl des Königs Arnolf (Arnulf), von der durch ihn neu erbauten Stadt Regensburg, seinem Pallast allda, Einweihung des St. Emmeramischen Gotteshauses, seinem Tode und Grabstätte. (Neue Abhandl. Bd. III. S. 289—378. 1791.)

6) Bedenken über Aventin's Vorgeben, dass die Stadt Regensburg anno 1180 der baierischen Landeshoheit entzogen und von einer baierischen Landstadt zu einer Reichsstadt erhoben worden. (Neue hist. Abhandl. IV. S. 65—113, edirt 1818.)

7) Was für Rechte, Vorzüge und Vortheile hatte das Mundiburdium oder das Schutz- und Schirmrecht über die Bischöfe, Klöster und Kirchen in Baiern vom Jahre 900 bis zum Ausgange des XIII. Jahrhunderts? Wie haben diese Advocaten ihr Amt verwaltet, und wann hörte selbes auf, das alte Ansehen zu haben? (Neue hist. Abhandl. Bd. IV. S. 1—387. 1798.)

8) War der heilige Wolfgang, Bischof von Regensburg, ein geborner Graf von Pfulingen? (Neue hist. Abhandl. Bd. V. S. 677—689. 1798.)

9) Anmerkungen über ein St. Blasianisches Manuscript, in dem von einer Liutgarde, welche eine Gemahlin Alberti von Windberg gewesen sein soll, und von einem Conrad, Bruder einer Liutgarde, und Engelbert Grafen von Hall (nicht Hals) avunculo Alberti I. Bogensis Meldung geschieht. (Neue hist. Abhandl. Bd. V. S. 689—701.)

10) Geschichte der Propstey Hainspach, deren Gotteshäuser und Pertinenzen,

---

[1]) Für die Lösung dieser Preisfrage erhielt Zirngibl die grosse goldene Medaille. Zirngibl suchte bei dieser Arbeit mit unermüdlichem Fleisse aus den gleich- und nachzeitigen Chronisten, Urkunden und andern bewährten historischen Quellen Alles, was ihn nur immer in der Ausführung und Berichtigung seiner Absichten unterstützen konnte, mit der grössten Unparteilichkeit auf, indem er keinem Beweise eine scheinbare Stärke verlieh, die nicht in ihm lag, sondern sich gewissenhaft angelegen sein liess, Alles mit dem scharfen Blick seines Kennerauges zu betrachten, und das Gewisse oder Zuverlässige vom bloss Wahrscheinlichen und dieses wieder vom Möglichen zu unterscheiden.

[2]) Für die Lösung dieser Preisfrage erhielt Zirngibl die grosse goldene Medaille.

von der Beschaffenheit ihres Bodens, und von dem Charakter ihrer Bewohner. München (akad. Verlag) 1802. 638 S. 8. (S. Jenaer Lit. Ztg. 1805, II. S. 25.)

11) Abhandlung über den Exemptionsprocess des Gotteshauses St. Emmeram mit dem Hochstifte Regensburg vom Jahr 994 — 1325. (Neue hist. Abhandl. 1803, Bd. I. S. 1—176.)

12) Abhandlung vom Stifter und Stiftungsjahre des Klosters St. Paul zu Regensburg. Regensburg 1803. 4.

13) Beiträge zur Geschichte Heinrich II. des Heiligen, Herzogs in Baiern, Königs der Deutschen, und in Italien römischen Kaisers. (Neue Abhandl. der bayr. Akad. 1807, Bd. I. S. 339—429.)

14) Wann wurde Böhmen von dem Bisthume Regensburg getrennt? (Neue hist. Abhandl. 1807, I. Bd. S. 429—437.)

15) Sammlung aller Urkunden Kaiser Ludwig des Baier vom Jahre 1282 bis zu seinem Tode 11. Okt. 1347. (In den Neuen Abhandl. der bayr. Akad. III. Bd. S. 1—612, edirt 1814.)[1])

16) Bemerkungen über Otto, Domherrn in Regensburg, Propst zu Niedermünster, ehemaligen Bischof zu Bamberg, und über Sophia, Tochter Kaiser's Heinrich III., sammt einem Nachtrag von den Pflichten, Rechten und Vortheilen der obersten Pröpste in Nieder- und Obermünster. (Das. B. II. S. 251—293, edirt 1813.)

17) Bemerkungen über zwei Diplome Kaisers Otto des Grossen oder des I. und über zwei andere Kaisers Otto II. (Das. Bd. II. S. 293—313.)

18) Erklärungen und Bemerkungen über einige in der Stadt Regensburg sich befindliche Steininschriften. (Das. Bd. II. S. 203—251.)

19) Allocutio ad Principem et Abbatem Coelestinum sacerdotem jubilaeum. Ratisbonae 1813. 4.

20) Rede und Antwort wider und für das historische Dasein des Babo von Abensberg und seiner 32 Söhne von R. H. v. Lang und Roman Zirngibl. München 1814. 8.

In Westenrieder's Beiträgen zur vaterländischen Historie sind von Zirngibl:

21) Nachrichten vom Fürstabte Frobenius Forster von St. Emmeram zu Regensburg. (B. II. S. 446—452.)

22) Chronik des Isaias Wipacher. (Bd. II.)

23) Geschichte der in Baiern vom neunten bis zum fünfzehnten Jahrhundert gangbaren Münzen mit einem Anhange über die Preise verschiedener Lebensartikel und Waaren, dann über Belohnungen der Handwerker und Taglöhner im vierzehnten Jahrhundert. (Bd. VIII. S. 1—148.)

---

[1]) Wurde von der bayr. Akademie mit 30 Dukaten honorirt.

24) Ueber die Lage der aus Eugippius bekannten Hauptstadt Tiburnia. (Bd. IX. S. 116—155.)
25) Eine St. Emmeramische Klosterrechnung von 1325 — 1326 von Abt Albert. (Bd. IX. S. 218—260.)
26) Ueber eine unbekannte Tochter des Herzog Ludwig I. (Bd. X. S. 122—141.)
27) Des St. Emmeramischen Abtes Albert Rechnung vom Jahre 1328—1329. (Bd. X. S. 142—192.)

---

28) Ueber die kurze öffentliche Einladung zur Beantwortung einiger Fragen und Bedenken über die Abhandlung der Reihenfolge der gefürsteten Aebtissinen in Obermünster zu Regensburg. (In den Regensburger Gel. Nachrichten, 1788, St. 17, S. 248.)
29) Prüfung einer in der Zeitschrift für Kunst und Wissenschaft (Bd. I. H. III. S. 122) eingerückten Rezension über die in den Abhandlungen der bayr. Akademie der Wissenschaften befindliche Zirngibl'sche Abhandlung: „Beiträge zur Geschichte Heinrich's des Heiligen." Gedruckt auf der alten Erde. (Regensburg) 1808 8.
30) Pragmatische Geschichte des baierischen Handels sowohl mit rohen Produkten als mit Fabrikaten, von den ältesten Zeiten angefangen bis auf die gegenwärtige Zeit mit Anführung der darüber von Zeit zu Zeit ergangenen Gesetze, landesherrlichen Verordnungen, Landesverträgen, dann ihres vortheilhaften und schädlichen Einflusses auf den Handel selbst, oder unmittelbar auf die Landeskultur. (Preisfrage der bayr. Akad. der Wissensch.)[1]) Erschien erst nach des Verfassers Tod im Drucke. München 1817. 4.

---

[1]) Zur selben Zeit (1803) hatte die physikalische Klasse der bayr. Akademie der Wissenschaften zu München pro 1805 folgende Preisfrage gestellt: „Was sind in Baiern und der obern Pfalz, oder auch in den übrigen dermaligen churfürstl. Staaten für Naturprodukte vorhanden, welche eine grössere Aufmerksamkeit verdienten, als denselben bisher geschenkt worden ist? Welche von diesen Produkten wären dazu geeignet, um mit der Bearbeitung und Vervollkommnung derselben mehrere Menschenhände fabrikenmässig beschäftigen zu können? Zur Beantwortung der von der historischen Klasse gestellten Preisfrage war vorerst die Lösung der von der physikalischen Klasse gegebenen nothwendig. Zirngibl verband daher beide Preisfragen dergestalt, dass er im ersten Theile die Natur- und Landprodukte, dann die Fabriken und Manufakturen von Bayern, und im zweiten Theile die pragmatische Handelsgeschichte behandelt. Er fügte einen doppelten Anhang bei. Der erste handelte von den Hindernissen des bayr. Handels und inländischer Gewerbe, der zweite von den Mitteln zur Aufhelfung des Handels und der Gewerbe. — Die bayr. Akademie der Wissenschaften fand zwar Zirngibl's Antwort nicht als vollkommen preiswürdig, erkannte ihm aber ein Honorar von 50 Dukaten zu, und erhöhte den Preis von 50 auf 100 Dukaten, indem sie dieselbe Frage noch einmal stellte. Aber Niemand antwortete; es blieb bei dem, was Zirngibl gelöst hatte. Westenrieder behauptete (in seiner Denkschrift auf Zirngibl), dass auch schwerlich Jemand viel Besseres zu leisten

Manuscripte:

1) Catalogus manuscriptorum monasterii St. Emmerami alphabeticus (conscriptus 1769). (In der Staatsbibliothek zu München cod. bav. Cat. XIII. Fol.)
2) Animadversiones criticae et historicae in codicem celeberrimum canonum a Dionysio exiguo collectorum saec. X. in folio maximo conscriptum et in bibliotheca monast. S. Emmerami existentem. 1771.[1])
3) Nova et accurata recensio manuscriptorum monast. S. Emmerami cum quibusdam notis historicis et criticis. 1772. (Enthält mehr als 200 codd. manuscript. beschrieben; ehemals war dieses Manuscript in der Stadt- und Kreisbibliothek zu Regensburg, gegenwärtig aber nicht mehr.)
4) „Mausolea et epitaphia“: I. Ecclesiae Cathedralis. II. S. Emmerami. III. Niedermünsterensia. IV. Obermünsterensia. V. Ad S. Salvatorem F. F. ord. Minorum. VI. Fr. Fr. Augustinianorum. (Enthält über 1000 Grabinschriften, die einst in den genannten Kirchen sich vorfanden. Zirngibl sammelte sie in den Jahren 1785—1786; dieses Manuscript ist in der kgl. Stadt- und Kreisbibliothek zu Regensburg, cod. R. Ep. et Cl. Nr. 409.)
5) Diplomatische Geschichte des Reichsstiftes St. Emmeram zu Regensburg von seiner Entstehung bis in's fünfzehnte Jahrhundert. 8 Bde.[2])
6) Chronicon Monasterii (S. Emmer.) mei temporis (conscriptum 1795—1796.)
7) Auszüge aus St. Emmeramischen Urkunden mit kritischen Erläuterungen (conscripsit 1804—1806). 21 Bde. Fol. im kgl. Reichsarchiv. Enthält den wesentlichen Inhalt von mehr als 10.000 Urkunden sammt Orts- und Personalregistern.
8) Lebensgeschichte des Abtes Albert von St. Emmeram 1324—1358 (conscript. 1802). 2 Bde. 4. (In der Stadtbibliothek zu Regensburg.)
9) Auszüge alter Rechte, Gewohnheiten und Ausdrücke aus Niedermünster,

---

im Stande sein würde, und erklärte die genannte Abhandlung nicht nur für höchst wichtig und lehrreich, sondern auch als unterhaltend, so dass sie verdiene, in den Händen eines jeden denkenden Bayern zu sein.

[1]) Baader stellt zwar diese Schrift mit voller Bestimmtheit an die Spitze der von Zirngibl bekannt gewordenen Druckschriften (Zeitschrift für Baiern und angränzende Länder, II. Jahrg. Bd. I. S. 252); jedoch weder die kgl. Hofbibliothek zu München, noch die Kreis- und Stadtbibliothek zu Regensburg besitzt von dieser Schrift ein Exemplar. Die vom Verfasser hierüber gepflogenen Nachforschungen blieben erfolglos. Es ist somit sehr wahrscheinlich, dass diese Schrift wohl für den Druck bestimmt war, aber Manuscript geblieben, und hierin dem sonst durchweg genauen Baader ein Verstoss begegnet ist.

[2]) An diesem Werke arbeitete Zirngibl viele Jahre; es lag in seinem Plan, eine vollständige auf Urkunden beruhende Geschichte seines Stiftes zu schreiben. Der Tod hinderte ihn aber an der Ausführung dieses schönen Vorhabens.

Obermünster und St. Emmeramischen Grund-, Lehen- und Rechtsbüchern. [1])

10) Specificatio illorum monumentorum, quae 29. Oct. 1812 ex ambitu Monasterii S. Emmerami et ex Capella S. Colomanni interea ad ecclesiam ejusdem monasterii transportata sunt. [2])

11) Beitrag zur geistlichen Statistik in Baiern, d. i. vollständige Beschreibung der in der Diözese Regensburg gelegenen Dom- und Collegiatkirchen, Dekanate, Pfarreien, Cooperaturstellen, Benefizien, überzähligen und vakanten Priester, die sich zu Anfang des Jahres 1789 in jener Diözese befunden haben.

12) Da Babo Graf von Abensberg nach Aventin's Bericht 32 Söhne erzeugt haben soll, so entsteht die Frage, welche Söhne von dieser oder jener Ehe, und in welchem Jahre sie geboren waren, was für Güter oder Ortschaften dieselben innegehabt, ob und wie sie ihre Linien fortgepflanzt haben, und was für Wappen sie geführt. [3])

13) Ueber Alberik von Breitenbrunn.

14) Von der Einweihung der Kirche zu St. Emmeram in Regensburg durch Papst Formosus.

15) Ueber ein Diplom Ludwig des Kindes.

16) Ueber das Martyrium des heiligen Emmeram. [4])

17) Einige Nachrichten der bairischen und Regensburgischen Geschichte.

18) Berichtigung und Herstellung des Familiensiegels der Pfalzgrafen zu Scheyern-Wittelsbach, und der ersten Herzoge aus diesem Geschlechte.

19) Ueber die Burggrafen von Regensburg, welche ihre Wohnung in dem alten deutschen Hause hatten. (In Besitz des hist. Vereins der Oberpfalz.)

20) Genealogische Notizen über die Auer. 1 Bg.

21) Abhandlung über die Grafen von Vohburg.

22) Abhandlung über die Grafen von Abensberg. Fol. (Die sub Nr. 20, 21 und 22 genannten Manuscripte sind in der Stadtbibliothek zu Regensburg.)

23) Abhandlung über die Grafen von Bogen.

---

[1]) Von Westenrieder zu seinem historischen Glossarium benützt. Tom. II.

[2]) Ein kurzes Verzeichniss dieser Grabmonumente ist zu lesen in Westenrieders „Denkschrift auf R. Zirngibl".

[3]) Zirngibl machte sich an die Beantwortung dieser (1778) von der bayr. Akademie der Wissenschaften gestellten Preisfrage; obschon er den Preis nicht errang, so erhielt er für die „mit ächtem Spürsinn und eisernem Fleisse abgefasste Arbeit" 20 Dukaten. Auf Seite derjenigen, welche sich für die Existenz der 32 Söhne Babo's erklären, stehen: Arnpeck, Aventin, Hundius, Brunner, Adlzreiter, Kraus, du Buat, Scholliner, Lori, Zirngibl

[4]) Die sub Nr. 12 bis inclus. Nr. 16 angeführten Handschriften sendete Zirngibl der bayr. Akademie der Wissenschaften ein. (S. Westenrieder, Gesch. der Akad., II. S. 491.)

24) Abhandlung über Luzius von Syrene vermeinten, und über Luzius Brittanikus vermuthlichen, ersten Glaubensprediger unter den Römern.
25) Untersuchung der Blitze, Donner und Regen weckenden Legion unter Markus Aurelius.
26) Auszüge aus dem Codex diplomat. octo Fraternitatum S. Wolfgangi. Fol.
27) Auszüge aus den Domcapitel-Registraturbüchern de annis 1585 et 1732. Fol.
28) Codex Niedermünsterensis. (Die Manuscripte 26, 27 und 28 sind im hist. Verein von Oberpfalz; s. Verhandl. Bd. XVI. S. 355.)

P. Cölestin Steiglehner, letzter Fürstabt, und Mitglied der Akademie der Wissenschaften zu München. Er wurde geboren zu Sündersbühl bei Nürnberg 17. Aug. 1738, Sohn eines geschickten Wundarztes. Bei gänzlichem Mangel einer katholischen Schule schickte ihn sein Vater zu den Deutschordensrittern nach Nürnberg, wo er die Musik und Anfangsgründe der Wissenschaften erlernte (1748—1752). Im Jahre 1752 erhielt er Aufnahme im Seminar von St. Emmeram und besuchte das Gymnasium der Jesuiten von St. Paul. Mit 20 Jahren trat er in den Orden, und legte 4. Nov. 1759 Profess ab, wobei er seinen Taufnamen Georg Christoph mit dem Klosternamen Cölestin vertauschte. Am 2. Okt. 1763 las er die erste heilige Messe, und wurde nach Vollendung der theologischen Studien, in denen er P. Roman Zirngibl als Lehrer hatte, als Cooperator an der Stiftspfarre, dann als Pfarrvikar von Schwabelweis verwendet. Fürstabt Frobenius, überzeugt, dass ernstes Studium den wahren Klostergeist nähre, fasste den Entschluss, in seinem Stifte eine philosophisch-theologische Lehranstalt zu eröffnen und unter seinen Religiosen eine Art wissenschaftlicher Akademie zu bilden. Einige tüchtige Religiosen fand er bei seinem Regierungsantritte schon vor, andere zog er erst nach und nach an sich, weil der Ruf, dass er die Wissenschaften begünstige, sich bald in ganz Bayern verbreitet hatte. Der Erfolg übertraf selbst die kühnsten Erwartungen. Frobenius genoss noch bei Lebzeiten das süsse Vergnügen, unter seinen Mitbrüdern Männer zu zählen, deren Verdienste um die Wissenschaften auch ausserhalb des Vaterlandes anerkannt und gerühmt wurden, da sie auf dem Gebiete der Naturlehre, Mathematik, Geschichte, Numismatik, Diplomatik, Orientalistik u. s. f. Namhaftes leisteten. Steiglehner ward für mathematische Wissenschaften bestimmt, sofort aller heterogenen Beschäftigungen enthoben, von seinem fürstlichen Mentor mit Büchern, Instrumenten u. s. f. unterstützt, um sich auf sein Lehramt gehörig vorbereiten zu können. Schon im Nov. 1766 konnte der philosophische Kurs seinem ganzen Umfange nach begonnen werden. Von dieser Zeit an war Steiglehner bis zu seiner Erhebung zur fürstlichen Würde ununterbrochen als Professor der Mathematik thätig, und machte in den mathematisch-physikalischen Wissenschaften (nach dem Zeugnisse Heinrich's) in Bayern Epoche. Zahlreich waren die Klostergeistlichen von Regensburg, die Steiglehner's Vorlesungen, welche er zu St. Emmeram gab, besuchten. Auch viele Aebte der bayr. Benediktiner-Congregation schickten die Kleriker nach St. Emmeram, da gerade um diese Zeit das sogenannte studium commune aufgehört hatte. Seit dem Jahre 1771 beschäftigte sich Steiglehner vorzüglich mit der praktischen Witterungskunde und begann (5. Mai 1771) mit Unterstützung seiner Mitbrüder ein meteorologisches Tagebuch, das täglich acht Beobachtungen in sich fasste. Als die meteorologische Gesellschaft zu München und Mannheim in's Leben getreten, hatte St. Emmeram bereits sein erstes Beobachtungsdecennium geschlossen. So gingen die Mönche auch hierin, wie in vielen andern Stücken, voraus. Die Beobachtungen der Station St. Emmeram, die von 1781—1791 gemacht wurden, wurden in den Mannheimer meteorologischen Ephemeriden mitgetheilt. P. Cölestin entschloss sich, das erste Decennium der Oeffentlichkeit zu übergeben. Jedoch erschienen nur die Jahrgänge 1771—1775. Im Oktober 1781 wurde er als ordentlicher Professor der Mathematik, Astronomie und Experimentalphysik an die Universität Ingolstadt berufen. Sein erstes Geschäft war, die Sternwarte einzurichten. Er fand dieselbe bei seiner Ankunft ganz vernachlässigt, ohne die nöthigen Instrumente, ja sogar baufällig.[1]) Er liess aus dem physikalischen Kabinete zu St. Emmeram viele Instrumente nach Ingolstadt bringen. Fürstabt Frobenius sandte ihm den Bruder Wendelin Calligari, der die verwahrlosten Instrumente herstellen und neue anfertigen musste. Steiglehner trat in seinem Fache als Lehrer auf, wie Ingolstadt vor ihm noch keinen hatte. Sein edler, deutlicher Vortrag verschaffte ihm Zuhörer aus allen Ständen und allen Fakultäten. Die meisten Offiziere der dortigen Garnison waren seine Schüler. Ausser den gewöhnlichen Vorlesungen gab er noch privatissima — aber Alles unentgeltlich. Ueber Meteorologie wurde von ihm ein eigenes Colleg gegeben. Vor ihm hatte diess noch kein Professor gethan. Er suchte seinen Zuhörern vor Allem Liebe und Neigung für diesen bisher so wenig gewürdigten Gegenstand einzuflössen. Auch zu Ingolstadt setzte er das meteorologische Tagebuch mit acht täglichen Beobachtungen fort, und vollendete dort sein zweites Decennium meteorologicum. In der Sternwarte stellte er den Bachovischen Zenithsektor, einen beweglichen Quadranten, eine in Ingolstadt verfertigte Pendeluhr, auf, liess eine andere noch viel genauere Uhr anschaffen, und aus Augsburg Brander's Observatorium portabile, das mit einem achromatischen Fernrohr versehen war, bringen. Es sollte die Stelle eines kleinen Aequatorial ver-

[1]) Die Balken der steinernen Plattform fand er faul und der Regen drang in's Beobachtungszimmer.

treten, und ausserdem zu übereinstimmenden Sonnenhöhen dienen, wozu noch kein brauchbares Instrument vorhanden war! Zum Glück war die Polhöhe schon früher sehr genau bestimmt;[1]) für die geographische Länge konnte erst jetzt gesorgt werden. So beobachtete er nun, was sich auf einer beschränkten Sternwarte beobachten liess. Hätte Steiglehner auch kein anderes Verdienst um diese Universität, so müsste er ihr schon desshalb unvergesslich sein, weil sie durch seine Bemühungen ein physikalisches Kabinet erhielt, das sich bereits im Jahre 1797 mit den besten in ganz Deutschland messen konnte. Sein Geist ruhte auch auf seinen Nachfolgern. — Tag und Nacht arbeitete Steiglehner und genoss nur wenig Ruhe und Erholung. Gleich einem Leibnitz verliess er seinen Studirtisch nur, wenn ihn andere Arbeiten abriefen. Auch seine früher gemachten Reisen hatten lediglich wissenschaftliche Vervollkommnung im Auge, so die Reise nach Prag (1769), nach Kremsmünster und Wien (1770), wo er die Astronomen Hell und Fixlmillner kennen lernte. Im Jahre 1772 hatte er mit P. Lancelot, aus der congr. S. Mauri, Bayern bereist. Was Bäckmann für Baden, Hammer für die Rheinprovinz, Gatterer für Göttingen und Hannover war, das war Steiglehner schon viel früher für Bayern. Daher war er überall hochgeschätzt. Der damalige Statthalter zu Ingolstadt, Graf von Pappenheim, schenkte ihm sein ganzes Vertrauen, alle Professoren der Universität erwiesen ihm nicht bloss eine sogenannte collegiale Freundschaft, sondern eine Hochachtung, die von Innen kam. Sie fanden ihn und Dr. v. Leveling vor Andern geeignet, im Herbst 1786 als Deputirte zur vierten akademischen Säkularfeier nach Heidelberg zu senden. Die Reichsstädte Frankfurt, Speyer, Worms, Heilbronn, die Akademie der Wissenschaften von Mannheim, die Universitäten Bonn, (Tübingen?), Bamberg, Würzburg, Jena, Mainz, Basel schickten gleichfalls ihre Deputirten. Im Kreise so ausgezeichneter Männer fand sich Steiglehner ganz in seinem Elemente, er, der ausser seinen Berufsstudien noch so viele andere Kenntnisse besass, und in keinem Fache ein Fremdling war. Sehr wahrscheinlich machte seine Person auf den zu Mannheim anwesenden Churfürsten Carl Theodor einen vortheilhaften Eindruck; denn er erhielt bald darauf den Antrag, die Direktion der berühmten Mannheimer Sternwarte zu übernehmen, die nach Mayer's Tod nicht in die besten Hände gerathen war. Allein Steiglehner lehnte diesen Ruf von sich ab, weil er sich von seinem Stifte nie zu weit entfernen wollte, am allerwenigsten lebenslänglich, was hier wohl der Fall gewesen sein würde. Es ist begreiflich, dass Steiglehner und sein Begleiter die Gelegenheit benützten, ausser den Merkwürdigkeiten von Heidelberg und Mannheim

---

[1]) De altitudine poli observatorii astronomici Ingolstadii 1767. Verfasst von dem vortrefflichen Mathematiker Ignaz Pickel S. J.

sich noch in andern Städten umzusehen, als in Dillingen, Stuttgart, Ludwigsburg, Bruchsal, Worms, Mainz, Frankfurt, Hanau, Aschaffenburg, Würzburg, Anspach u. s. f. Am 15. Nov. 1786 traf er wieder zu Ingolstadt ein und erfuhr, dass er in seiner Abwesenheit vom akademischen Senate einhellig als Rector magnificus für das Schuljahr 1786/87 erwählt worden sei. Auch dieses Amt führte er mit seiner gewohnten Klugheit und Mässigung zur allgemeinen Zufriedenheit, so kritisch die Umstände damals waren, wie aus den Annalen der Universität hervorgeht. Steiglehner war nicht nur Mathematiker, sondern auch in der Philosophie, in der Musik, in der Zeichnen- und der Baukunst, sowie in den orientalischen Sprachen wohl bewandert. Er verfertigte die schönsten Baurisse, topographische Karten, zeichnete geometrische Figuren und physikalische Instrumente, die er nach eigenen Ideen konstruiren liess, im Grundriss, Aufriss und Perspektiv. Alle Kupferstiche und Vignetten in der Ausgabe der Werke Alkuin's (veranstaltet vom Fürstabt Frobenius) sind seine Erfindung, und nach seinen Handzeichnungen gestochen worden. In die ersten Jahre seines Aufenthaltes im Kloster fallen die Anfertigung eines herrlich geschriebenen Nekrologiums und Copien von hebräischen, syrischen, und griechischen Handschriften der St. Emmeramer Bibliothek mit solcher Genauigkeit, dass sie die Typographie nicht schöner wiederzugeben im Stande sein dürfte. — Seine Lebensart zu Ingolstadt war jener in Regensburg ganz ähnlich; stets arbeitsam und beschäftigt, stets in seinem Berufe, äusserst selten in einem freundschaftlichen Zirkel, niemals ausser den Ringmauern der Festung. Um seine meteorologischen und astronomischen Beobachtungen nicht zu unterbrechen, verliess er die Universität selbst während der Herbstferien nie über acht Tage. So verflossen zehn Jahre rastloser Thätigkeit, als er am 1. Dezember 1791 zum Fürstabte von St. Emmeram erwählt wurde. Aus Anlass seines Scheidens von Ingolstadt schreibt Permaneder in den Annalen der Universität: „Ab hac alma literarum universitate discessit relinquens post se ingens omnium desiderium. Praeterquam enim quod numerosissimum cujuslibet ordinis ad suas praelectiones attraxerit auditorium, ac doctrinae soliditatem mira claritate temperaverit, singulari etiam studio religionis et eximia morum comitate simul ac probitate omnium animos sibi conciliavit.“ (Annal. S. 128.) — Leider fiel seine Regierung als Fürstabt in eine für Kunst und Wissenschaften höchst ungünstige Periode, jedoch leistete er, was er unter so betrübten Verhältnissen leisten konnte. Eine seiner ersten Handlungen als Fürstabt war, dass er mit Zustimmung des Kapitels im Kloster eine neue Tagesordnung einführte. Ein an sich ganz unbedeutender Akt, der aber dennoch von grosser Tragweite war. Bisher waren die verschiedenen religiösen Uebungen den Tag über so ausgetheilt, dass die Zeit sehr zersplittert, und zusammenhängendes Studium kaum möglich war. Dem wurde nun gründlich abgeholfen. Der bisher um 12 Uhr Nachts abgehaltene Chor (wo Matutin und Laudes gebetet wurden) wurde auf die vierte Morgenstunde angesetzt. Das Mittag- und Nachtmahl wurde später als bisher eingenommen, kurz Alles auf eine geschickte Weise concentrirt, ohne den geistlichen Uebungen und dem feierlichen Gottesdienste den geringsten Abbruch zu thun.[1])

Auf diese Weise konnten die Bewohner von St. Emmeram sehr viel leisten, ohne dass sie aufhörten, gute Religiosen zu sein. — Alljährlich verwendete Steiglehner grosse Summen für die Bibliothek und das physikalische Kabinet. Im Jahre 1796 sah er sich genöthigt, um die kaum zu erschwingenden Lasten bestreiten zu können, das meiste Haus- und Kirchensilber einschmelzen zu lassen. Obschon der edle Fürstabt von den vielen Rückständen seiner Unterthanen durch das Anerbieten, Jedem, der bis an einem bestimmten Termine zahlen würde, die Hälfte nachzulassen, nur Weniges hereinbringen konnte, so wollte er sie doch nicht quälen, da ja auch sie die Lasten des Krieges zu tragen hatten. Durch die Säkularisation fiel Regensburg sammt den darin befindlichen Stiften, Abteien und Klöstern dem Churfürsten und Erzkanzler Carl von Dalberg zu. Der 1. Dez. 1802 war dazu bestimmt, von St. Emmeram Besitz zu nehmen. Merkwürdiges Zusammentreffen! Vor 11 Jahren der Wahltag des Abtes, nun so viel als der Abdankungstag. — Zwar schien es, dass Fürst Dalberg — selbst ein Geistlicher — in seinen Staaten kein Kloster aufheben wollte. Er nahm zwar von den liegenden Gründen und Gütern des Stiftes St. Emmeram Besitz, liess aber die Religiosen ungestört in ihrem Stifte, setzte ihnen Pensionen aus, die vierteljährig anticipando bezahlt wurden, und wollte, dass die klösterliche Ordnung unter Aufsicht der regulären Obern fortgesetzt werde. Dem Fürstabte wurden zu seiner und der nöthigen Dienerschaft Unterhalt 10,000 fl. Pension zuerkannt, auch die abteiliche Einrichtung sammt allen von den Vorfahrern angelegten Sammlungen von Büchern, Münzen, Gemmen, Gemälden und Kupferstichen als Eigenthum überlassen. Die Pensionen der Capitularen betrugen nach Verschiedenheit des Alters 500—650 fl. Ausserdem verblieb ihnen zum Gebrauche und zur Nutzniessung das gesammte Klostergebäude, die Klostergärten, ein kleiner Vorrath von Tischwein, Brennholz und etwas Bier für den Winter. Die wissenschaftlichen Sammlungen des Stiftes, als: Manuscripte, Bibliothek, physikalische Instrumente u. s. w. blieben an Ort und Stelle unangetastet unter Auf-

---

[1]) Es würde für manchen Religiosen eine Aufmunterung zum Studium sein, wenn ihm mehr zusammenhängende Zeit vermöge einer weisen Tagesordnung zugemessen würde. Allerdings sollen derartige Abänderungen niemals auf Kosten der religiösen Uebungen oder des Gottesdienstes geschehen, dem nach dem ausdrücklichen Befehl des heiligen Vaters Benedikt nichts vorgezogen werden darf.

sicht und zur Benützung der Capitularen. Die bisher übliche Tagesordnung, das öffentliche Chorgebet, die Funktionen in der Stifts- und Pfarrkirche, sowie in den Seelsorgsstationen auf dem Lande wurden fortgesetzt. — Demungeachtet schien aber der Fortbestand des Stiftes sehr gefährdet. Die Besitzungen desselben waren eingezogen, die Pensionen waren kein Gemeingut, und zudem wurden einzelne Capitularen vom Fürsten Dalberg sogar auf auswärtige, bisher immer von Weltpriestern besorgte Pfarreien definitiv versetzt. Die Novizenaufnahme wurde zwar dem Stifte in Aussicht gestellt, aber nicht verwirklicht. Die einzelnen Capitularen wurden sogar auf unverschämte Weise (gewiss ohne Wissen und Willen des Fürstprimas) unter Vorgeben von allerlei im Grunde nichtigen Rechtstiteln mit Beiträgen zu verschiedenen Fonden belästigt, mussten Einquartierungslasten tragen u. s. f., so dass sie nur kümmerlich ihre Existenz fristen konnten, besonders seitdem sich der Fürstabt gegen den ausdrücklichen und einstimmigen Willen des Capitels von der Communität getrennt, und eine eigene Wirthschaft zu führen begonnen hatte.

Er wohnte zwar noch im Stifte, fand sich täglich um 4 Uhr der Erste im Morgenchor ein, stand um ½7 Uhr zur Feier der heiligen Messe am Altar, und hielt an höhern Festtagen den feierlichen Gottesdienst. In seinen Nebenstunden unterhielt er sich meistens mit seiner Münz- und Antiquitätensammlung, die er zu erweitern suchte, und über die er einen mit gelehrten Anmerkungen begleiteten Catalog verfasste. — Am 23. April 1809 wurde St. Emmeram von den französischen Truppen drei Stunden lang mit Haubitzgranaten beschossen, um die Stadt auf der Südseite in Brand zu stecken, und in der folgenden Nacht seine Wohnung förmlich geplündert, wobei ihm nebst andern Geräthschaften eine zahlreiche Sammlung von Münzen aus neuerer Zeit geraubt wurde. Endlich nahte die völlige Auflösung des Stiftes. Frankreich wies dem Fürsten Dalberg (10. Febr. 1810) Frankfurt, Hanau und Fulda an, welcher aber dafür sein Fürstenthum Regensburg an Bayern abgeben musste. Bald darauf erwarb das fürstl. Haus Thurn und Taxis vom Staate die Gebäude des Stiftes St. Emmeram. Im April 1812 erging daher von der kgl. Regierung an die dort sich aufhaltenden Mitglieder die Weisung, binnen 14 Tagen die Gebäude zu räumen. „So schlossen sich die stillen friedlichen Pforten der hohen ehrwürdigen Emmerama, nachdem sie über ein Jahrtausend der Wissenschaft und Kunst, der frommen Betrachtung und Erbauung, der Wohlthätigkeit, Humanität, Gastfreundschaft und Barmherzigkeit eine sichere Freistätte eröffnet, und so mancher politischer Sturm seit zehn Jahrhunderten vergebens ihre Grundfeste zu erschüttern versucht hatte." (A. Krämer, fürstl. Taxis'scher Bibliothekar, in der Regensb. Ztg. 28. Aug. 1819, Nr. 100.)

Cölestin Steiglehner musste seine Abtei im Sommer 1812 verlassen, und um nicht als Miethling in einem fremden Hause wohnen zu müssen, opferte er sein Einziges und Theuerstes — seine Münzen- und Antikensammlung der kgl. bayr. Regierung, die ihm dafür lebenslänglich freie Wohnung im ehemaligen Deutschordenshause gewährte. Von dieser Zeit sind keine interessanten Begebenheiten mehr anzuführen. Er starb am 21. Febr. 1819 als Jubilar des Ordens und Priesterthums, und wurde, seinem Wunsche gemäss, auf dem sogenannten obern Stadtgottesacker, den er 1812 selbst eingeweiht hatte, beerdigt.

Seine Münz- und Antikensammlung befindet sich in München und gehört unter dem Namen der „Steiglehner'schen" Sammlung zum Fideikommiss der Krone Bayerns. Die Antikensammlung zählt über 800 Gemmen von Bronze. (S. Denkschrift der bair. Akademie 1814/15, Bd. V., u. Streber, Fortsetzung der Gesch. des k. Münzkabinetes zu München, das. 1817, S. 14—18.) Ausserdem hinterliess Steiglehner eine Gemälde- und Kupferstichsammlung, mehrere chinesische Kunstgegenstände, Schnitzereien, physikalische Instrumente, und eine auserlesene Büchersammlung von 2224 Numern. Sie wurde nach seinem Tode versteigert. Von Losch, kgl. Medaillier, wurde auf Steiglehner eine Denkmünze geprägt. Ein Portrait sieht man noch im Pfarrhause von St. Emmeram. (S. Baader, Lex. II. S. 182—185; Besnard, Lit. Ztg. 1834, III. S. 123—125; Heinrich Pl., Kurze Lebensgeschichte des letzten Fürstabtes von St. Emmeram. Regensburg 1819. 8.; Krämer's Nekrolog über Steiglehner im Morgenblatt, 1819, Nr. 93 u. 94; Permaneder, Annales, S. 62, 63, 68, 77, 83, 97, 98, 128, 132; Wagner, Biographien denkwürdiger Priester, S. 363—376.)

Schriften:

1) Positiones ex. univers. philosophia et mathesi. Ratisb. 1768 et 1770. 2 Partes. 4. I. 63, II. 57 S.
2) Observationes phaenomenorum electricorum in Hohengebraching et Priefling (prope Ratisbonam) factae et expositae. Ratisb. 1773, 53 S. 4. (Enthält eine Abhandlung über die Wirkung des Blitzes auf Gebäude, die nicht mit Blitzableitern versehen sind. (S. Allg. deutsche Biblioth. Bd. 22, I. S. 260; Acta Eruditorum Lipsens. 1773.)
3) Ueber die tägliche Abwechslung des Steigens und Fallens des Quecksilbers im Barometer. (In den Ephemeriden Societ. meteorologicae Palatinae. Manhemii 1783.)
4) Atmosphaerae pressio varia observationibus baroscopicis propriis et alienis quaesita. Ingolstad. 1783, 58 S. 4.
5) Analogie der Elektrizität und des Magnetismus — Gelöste Preisfrage. — (In den Neuen philos. Abhandl. der bair. Akad. der Wissensch. Bd. II S. 227—350. 1780.) Es erschien auch eine französische Uebersetzung

dieser Abhandlung mit dem Titel: Analogie de l' electricité et du magnetisme, ou recueil de Memoires couronnés par l' Academie de Baviere avec des notes et dissertations nouvelles par J. H. van Schwinden. 1785, 3 Vol. 8.

Manuscripte:

a) Nekrologium und Verzeichniss aller Mitglieder und Wohlthäter des fürstlichen und kaiserlichen Reichsstiftes St. Emmeram. (Nun in der kgl. Hofbibliothek zu München.)

b) Katalog der Münz- und Antikensammlung des Stiftes St. Emmeram mit erläuternden Anmerkungen.

c) Abhandlung über den Choral. (Ging verloren.)

d) Mehrere kirchliche Hymnen unter Riepel's Direktion in Musik gesetzt.

e) Geschichte des deutschen Hauses zu St. Gilgen in Regensburg mit einem Verzeichnisse aller im deutschen Hause, und in der dasigen Kirche vorgefundenen denkwürdigen Grab- und Denksteine. Fol. (Im Besitz des hist. Vereins der Oberpfalz.) (S. Verhandl. IX. S. 377—378.)

f) Tagebuch. (Unbekannt wo.)

P. Albert Lukas, geb. zu Gänsdorf 14. April 1769, Profess 15. Nov. 1789, Neomyst 1. Jan. 1793, Professor zu Amberg 1802, gest. zu Abensberg 25. Juli 1821. (Besnard, Lit. Ztg. 1828, II. S. 254.)

Schrieb:

Die guten Kinder, ein kl. Schäferspiel in 2 Aufz. aus Anlass der Wiedergenesung des Fürstabtes Frobenius, aufgef. 15. Heum. 1790. Regensb. 18 S. (In Musik gesetzt von Franz Bühler.)

P. Benedikt Puchner, geb. zu Regensburg 15. Febr. 1773, Profess 4. Nov. 1792, Neomyst 9. Okt. 1796, Adjunkt des Bibliothekars und zugleich Repetitor der Präbendisten des St. Emmeramer-Seminars, Custos; dieses letzte Amt brachte die Verbindlichkeit mit sich, die vielen Ministranten der Stiftskirche „abzurichten“. Hier wurde man zuerst auf sein pädagogisches Geschick aufmerksam, wesshalb ihm der Fürstabt bald die Leitung der Knabenschule der obern Stadtpfarre übertrug, wo er eine umfangsreiche Thätigkeit entfaltete. Der bisher übliche und mangelhafte Lehrplan musste einem verbesserten Platz machen. Puchner sorgte auch für tüchtige Lehrer, und führte 1801 die öffentlichen Prüfungen ein. Der Erfolg übertraf alle Erwartungen, so dass sich bald nach der Trivialschule St. Emmeram's die übrigen Schulen der Stadt Regensburg vervollkommneten. Sogar der protestantische Rath von Regensburg drückte Puchner seine vollste Anerkennung aus, und liess ihm eine silberne Verdienstmedaille überreichen. Nachdem Regensburg unter Fürstprimas v. Dalberg gekommen war, wurde Puchner Schulrath des ganzen Regensburgischen Gebietes, und machte seinen Einfluss auch auf Verbesserung der Landschulen geltend.[1]) Im Jahre 1808 wurde er Pfarrer und Dekan zu Pondorf. Im Jahre 1823 machte er eine grössere Reise nach Italien, besuchte Rom und Neapel, kehrte aber von dort kränkelnd zurück, und starb in Folge zurückgetretenen Friesels 29. Mai 1824. (S. dessen ausführliche Biographie: „P. Bened. Puchner, Capitular des ehem. gefürsteten freien Benediktiner-Reichsstiftes St. Emmeram von P. W. B. [Petrus Werner, Benediktiner]. München 1825.[2]) (Kehrein, I. S. 473 u. 474.)

Schriften:

1) Rede bei dem fünfzigjährigen Priesterjubiläum des Hochw. H. u. geistl. Rathes Jos. Kellner, Pfarrer in Pfaffenmünster. Gehalten 3. Febr. 1822. Regensburg 1822.
2) Rede bei der Sekundiz des Hochw. P. Augustin Lex, Capitular des fürstl. Reichsstiftes St. Emmeram zu Regensburg am 25. März 1822. (S. Mastiaux, Lit. Ztg. XIII. Jahrg. I. Bd. S. 161—168.)
3) Recension des Werkes: Fr. Aug. Chateaubriand: Schönheiten des Christenthums oder Religion und Gottesdienst der Katholiken. (Abgedr. in Mastiaux's Lit. Ztg. für kath. Relig. XIII. Jahrg. I. S. 106—111.)
4) Mehrere Schulprogramme, in denen er seine Lehrmethode darlegte.

P. Placidus (Jos.) Heinrich, Dr. philos. und theolog., Mitglied von neun gelehrten Gesellschaften, geb. zu Schierling 19. Okt. 1758. Er behauptete unter seinen Mitschülern in allen Klassen des bischöflichen Gymnasiums die ersten Plätze. Am 10. Nov. 1776 legte er die Profess in St. Emmeram ab. Er studirte nun im Kloster mit allem Eifer Philosophie und Theologie. Fürstabt Frobenius bemerkte bald an ihm eine Neigung zu den mathematischen und physikalischen Studien. P. Cölestin Steiglehner wurde sein Lehrer. Placidus verwendete bis zum Ende seines Lebens alle von geistlichen Studien und Verrichtungen freien Augenblicke mit grösstem Eifer auf die mathematischen und physikalischen Wissenschaften. Am 27. Okt. 1782 erhielt er die Priesterweihe. Im Jahre 1785/86 übernahm er das philosophische Lehramt in seinem Kloster. Nicht nur seine Mitbrüder, sondern auch Religiosen aus andern Klöstern und weltliche Söhne der angesehensten Häuser Regensburgs zählte er bei seinen

---

[1]) Puchner wird „mit Recht der Vater des Regensburgischen Volksschulwesens genannt". S. Verhandl. des hist. Vereins von Oberpfalz, Bd. XXVIII. S. 305.

[2]) Dieses Schriftchen ist auch wörtlich abgedruckt in der Lit. Ztg. von Kerz, 1825, Intelligbl. Nr. VIII. S. 17—36.

Collegien aus der Experimentalphysik unter seinen Zuhörern. Als am 1. Dez. 1791 Cölestin Steiglehner als Fürstabt erwählt worden, bekam Placidus den ruhmvollen Ruf, als öffentlicher Professor der Mathematik und Physik desselben Stelle zu ersetzen. Mit Freuden wurde er dort aufgenommen und mit dem philosophischen und theologischen Doktorgrade beehrt. Einem Lehrer nachfolgen, wie Steiglehner, war keine Kleinigkeit; allein bald zeigte sich Placidus als würdiger Zögling und Nachfolger desselben. Fasslich und gründlich waren seine Vorträge; es war ein Genuss, ihn experimentiren zu sehen. Gegen Ende des August 1798 vernahm er den Wunsch seines Fürstabtes, dass er, da einige Mitbrüder erkrankt, andere mit Tod abgegangen waren, in sein Kloster zurückkehren, und dort wieder das frühere Lehramt übernehmen möchte. Nur ungern gab der akademische Senat die Erlaubniss, dass Placidus Ingolstadt verlasse. In's Kloster zurückgekehrt gab er noch einen ganzen philosophischen Cursus. Am 1. Dez. 1802 wurde das Stift vom Fürstprimas Carl von Dalberg in Besitz genommen. Die Aufnahme von Ordenszöglingen hatte fortan zu unterbleiben. Placidus auf diese Weise seiner Thätigkeit als Lehrer der Ordenskleriker enthoben, widmete die ihm übrige Zeit dem fortschreitenden Studium in dem grossen Umfange seiner Wissenschaft, und der Ausarbeitung gelehrter Schriften, insbesondere über das Licht. Ein glücklicher Erfolg krönte die Bemühungen des P. Heinrich, der stets und ohne Unterbrechung alle Hilfsmittel der Chemie benützte, die zerstreuten Wahrnehmungen sammelte, bereits gemachte Versuche prüfte, neue veranstaltete, die Beobachtungen vervielfältigte, und alle von den Akademien der Wissenschaften dargebotenen Gelegenheiten benützte, um durch Zusammenstellung seiner Erfahrungen die Erkenntniss der Materialität des Lichtes zu befördern. Dafür ward ihm die ehrenvollste Anerkennung. Die Akademie zu München belohnte seine erste Abhandlung (1789) mit einem Preise; jene zu Petersburg theilte 17 Jahre später ihren Preis zwischen ihm und Link; die Jablonowskysche Gesellschaft zu Leipzig beehrte seine Concurrenzschrift mit dem vollen Preise; das kaiserlich-französische Institut gab seinem Traktate den zweiten Platz, und liess ihn, als er vom Dezember 1809 bis April 1810 in Paris verweilte, zwischen den ordentlichen Mitgliedern Platz nehmen. Diese Reise machte er als Begleiter des Fürstprimas Dalberg, der St. Emmeram eine jährliche Summe von 600 fl. zur fernern Anschaffung neuer Werke und physikalischer Instrumente bewilligt hatte, und der, für P. Placidus besonderes Wohlwollen hegend, manches kostbare Instrument auf eigene Kosten anschaffen liess. P. Placidus fing bald wieder an, Collegien aus der Experimentalphysik zu lesen, welche nicht nur von den Studirenden des Lyzeums von St. Paul, sondern auch von andern Männern geistlichen und weltlichen Standes zahlreich besucht wurden. Er beschäftigte sich unermüdet mit Versuchen über die im Dunkeln bemerkbaren Lichtphänomene, welche die Basis des oben erwähnten Traktates und des später erschienenen klassischen Werkes über die Phosphoreszenz der Körper wurden. Jener war in deutscher Sprache, und nur auszugsweise in der französischen verfasst, und wohl nur so lässt sich erklären, warum Dessaignes den Preis erhalten konnte. Vom Jahre 1800—1802 und von 1804—1812 hatte P. Placidus auch die Inspektion des sogenannten St. Emmeramischen Studentenseminars. Auf seinen klösterlichen Beruf, welchen er mit reifer Ueberlegung und mit herzlicher Zuneigung bisher gewissenhaft erfüllt hatte, war auch nach der Aufhebung seines Ordenshauses (1812) sein Hauptaugenmerk gerichtet. Bis zu seinem letzten Athemzuge blieb er seinem Orden treu. Er wich nicht von den verschiedenen religiösen Uebungen, die er im Kloster zu verrichten gewohnt war, ab. Vorgeschriebenes und freiwilliges Gebet, Betrachtung, Selbstprüfung, geistliche Lesung nahmen vom frühesten Morgen an täglich mehrere Stunden seiner Zeit in Anspruch. Zudem widmete er sich ungeachtet seiner Studien mit Aufopferung freiwillig dem geistlichen Wohle seiner Mitmenschen. An Sonn- und Festtagen, wie auch an den Vorabenden derselben war er für Regensburgs Katholiken von den höchsten Ständen bis herab zur geringsten Volksklasse ein unermüdeter eifriger Beichtvater. Oeftere Krankenbesuche waren eine natürliche Folge von der grossen Zahl seiner Beichtkinder. Schon im Jahre 1811 war an ihn das Ersuchen gestellt worden, am kgl. Lyzeum zu Regensburg das Lehramt der Mathematik, Physik und Astronomie zu übernehmen, wozu er sich bereit erklärte, und dasselbe bis 1821 fortführte. Einen an ihn 1812 ergangenen Ruf, sich nach München zu begeben, um dort als ordentliches Mitglied der Akademie zu wirken, lehnte er ab. Der Fürst von Taxis hatte ihm einen Thurm im fürtl. Hofgarten als astronomisches Observatorium herrichten lassen. In diesem Thurme richtete er sich seine Wohnung ein, die er erst im Sommer 1822 mit einer in der Stadt (dem jetzigen Dompräbendehause) vertauschte. Vom Fürstprimas mit einem Repetitionskreise von Fortin zu Paris beschenkt, kaufte er noch aus eigenen Mitteln alle übrigen zu einer Sternwarte erforderlichen Instrumente aus der Werkstätte von Reichenbach, Liebherr und Frauenhofer. So war es ihm möglich, die im Jahre 1771 begonnenen Beobachtungen fortzusetzen. Steiglehner hatte im Jahre 1771 zu St. Emmeram ein meteorologisches Tagebuch zu führen begonnen; 1781 übernahm P. Placidus diese Arbeit, und setzte sie ununterbrochen, grösstentheils mit den nämlichen Instrumenten fort. So ist es der beharrlichen Ausdauer zweier Männer allein gelungen, ein Semi-Saeculum meteorologicum Ratisbonense zu liefern, während manche gelehrte Gesellschaft mit mehreren Gehilfen und grösseren Geldmitteln dasselbe bis zu jener Zeit wohl versucht, aber nicht zu Stande gebracht hatte. — Diese Beobachtungen trug Placidus noch eilf Tage vor seinem

Hinscheiden selbst in das Journal ein. Sehnlichst hatte er die vollständige Publikation seines Semi-Saeculum gewünscht, aber Niemand wollte für ein solches Werk die Druckkosten bestreiten. Nur die von 1779 – 1791 gemachten Beobachtungen nahm die meteorologische Gesellschaft von Mannheim in ihre Ephemeriden auf. Die Beschwerden einer längeren Kränklichkeit trug P. Placidus in Geduld. Er entschlummerte, nachdem er wiederholt die heiligen Sterbsakramente empfangen, am 18. Jan. 1825 sanft und ruhig.[1]) (Erinnerung an J. Placidus Heinrich, Dr. phil. et theol., Regensburg 1825, 20 S. 8. (anonym), Verfasser ist Schmöger; Sulzb. Kal. 1872, S. 115—118; Nekrolog über P. Pl. Heinrich, von Georg Heinrich, Benefiz. in Schierling; Permaneder Annales, S. 128, 131—132, 176—177; Fellecker, Gesch. der Sternwarte Kremsmünster, S. 106. — Das kgl. Lyzeum zu Regensburg, welches auch in den Besitz von sämmtlichen physikalischen und astronomischen Instrumenten Heinrich's gelangte, besitzt von ihm ein schönes Portrait in Oel.)

Schriften:

1) Abhandlung über die Wirkung des Geschützes auf Gewitterwolken. (Neue philos. Abhandl. der bair. Akad. der Wissensch. 1789, Bd. V. S. 1—144.)
2) Abhandlung über die Frage: Kommt das Newton'sche oder Euler'sche System vom Lichte mit den neuesten Versuchen der Physik mehr überein? (Neue Abhandl. 1789, Bd. V. S. 145 — 328; erhielt von der bair. Akad. der Wissensch. den Preis.)
3) Positiones selectae ex physica et mathesi. Ratisbon. 1791.
4) Oscillationes mercurii in tubo torricelliano ingruentibus procellis et tempestatibus observatae in museo physico Ratisbonae ad S. Emmeramum annis 1788 et 1789 a P. Pl. Heinrich. (Neue philos. Abhandl. der bair. Akad. 1794, Bd. VI. S. 71—121.)
5) Ueber die mittlere Kraft und Richtung der Winde, mit zwei Kupfern.

---

[1]) An seinem Sterbehause hat der hist. Verein von Oberpfalz eine steinerne Gedenktafel mit entsprechender Inschrift anbringen lassen. — Verzeichniss derjenigen gelehrten Gesellschaften, von denen P. Placidus Mitglied war, nach der Zeit der Aufnahme geordnet: 1785 Mitglied der meteorologischen Gesellschaft zu Mannheim; 1789 ausserordentliches Mitglied der churfürstl. bair. Akademie der Wissenschaften zu München und ordentliches seit 1808; 1790 Ehrenmitglied der botanischen Gesellschaft zu Regensburg; 1809 Ehrenmitglied der Akademie nützlicher Wissenschaften zu Erfurt; 1811 Correspondent der kaiserl. russisch. Akademie der Wissenschaften; 1819 Ehrenmitglied des russisch. und bair. pharmazeutischen Vereins; 1822 Ehrenmitglied der kaiserl. russisch. Akademie der Wissenschaften; 1823 Mitglied der k. k. Leopold's-Akademie der Naturforscher; 1824 Mitglied der Heidelbergischen Gesellschaft für Naturwissenschaften.

(Neue philos. Abhandl. der bair. Akad. der Wissensch. 1797, Bd. VII. S. 273—308.)

6) De sectionibus conicis tractatus analyticus. Ingolstadii 1797. 8. cum 8 tabulis aeneis.

7) Positiones physicae et mathematicae. Ratisbon. 1799. 8. (Ein kurzer Entwurf der neuen mathematisch chemischen Naturlehre.)

8) De longitudine et latitudine geographica urbis Ratisbonae observationibus astronomicis determinata, cui accedunt theses selectae ex physica et mathesi. Ratisbon. 1801. 4.

9) Pyrometrische Versuche über die Ausdehnung des Eises und der Holzkohle, 1803. (In den physikal. Abhandl. der bair. Akad. 1806, Abth. II. S. 149—200.)

10) Bestimmung der Maasse und Gewichte des Fürstenthums Regensburg. Regensburg 1808. 8.

11) Von der Natur und den Eigenschaften des Lichtes, eine chemisch-physikalische Abhandlung, 1808. 4. (Erhielt von der kaiserl. russisch. Akademie den halben Preis.)

12) Monumentum Keplero dedicatum Ratisbonae die 27. Dec. 1808. Ratisbonae 1809. Fol. (anonym).

13) Brevis et dilucida chemicorum effectuum luminis diversorum expositio, addita, quae inde derivatur, variorum luminis phaenomenorum explicatione, adhibitaque experientiae et experimentorum fide. 4. (In actis societatis Jablonov. noviss.) Erhielt den Preis.

14) Die Phosphoreszenz der Körper nach allen Umständen untersucht und erläutert. Fünf Abhandlungen. Nürnberg 1811—1820. 4. I. Von der durch Licht bewirkten Phosphoreszenz. II. Von der durch äussere Temperaturerhöhung bewirkten Phosphoreszenz. III. Vom Leuchten vegetabilischer und thierischer Substanzen, wenn sie sich der Verwesung nähern. IV. Von der durch Druck, Bruch, Reibung u. s. w. bewirkten Phosphoreszenz. V. Von der durch chemische Mischung bewirkten Phosphoreszenz.

15) Kurze Lebensgeschichte des letzten Fürst-Abtes zu St. Emmeram, Cölestin Steiglehner. Regensburg 1819, 107 S. 8.

16) Verschiedene Aufsätze und Beiträge zu:
   a) B. v. Zach's monatlicher Correspondenz zur Beförderung der Erd- und Himmelskunde. Gotha und Tübingen.
   b) Im Journal für Chemie und Physik von Gehlen und Schwaigger, Nürnberg; von dieser Zeitschrift lieferte er seit 1808 einen monatlichen Auszug.
   c) In den Annalen der Physik von Gilbert, Leipzig.
   d) Zu den Denkschriften der kaiserl. russisch. Akademie der Wissenschaften in Petersburg lieferte er ein vollständiges Sach- und Namenregister von Allem, was bis 1822 erschienen.

e) Observationes meteorologicae factae ad S. Emmeramum Ratisbonae ab ann. 1779—1791. Abgedruckt in den Ephemerides societatis meteorologicae Palatinae. Mannhemii 1781—1792.

P. Dionys **Danegger**, geb. zu Freising 31. März 1767, machte die Studien in der Klosterschule zu Tegernsee und zu Freising; Profess 21. Nov. 1786, Neomyst 15. Mai 1791; die Theologie hörte er im Kloster unter den Professoren Klocker, Sanftl und Schönberger. Nach deren Vollendung war er Pfarrer von Schwabelweis, das er excurrendo vom Stifte aus versah, 1791—1794; exponirter Pfarrer in Harting 1794—1801; Subprior (der letzte) 1801—1812. In allen Stellungen bewies er sich als geübter Geschäftsmann. Wie er pünktlich in allen klösterlichen Verrichtungen war, ebenso unermüdet war er als Seelsorger. Zwei Jahre nach erfolgter Aufhebung des Stiftes versah er noch die Pfarrei Schwabelweis 1815—1817, und lebte dann als Pensionist zu Regensburg, wo er 30. Juli 1828 starb.[1]) Er war ein tüchtiger Mathematiker, obschon er nichts drucken liess. Man hat von ihm nur eine ziemlich umfangreiche Arbeit (nach Art eines mathematischen Lehrbuches), welche er dem letzten Fürstabte Cölestin zu seinem achtzigsten Geburtstage (1818) überreichte. Sie zerfällt in folgende Abschnitte:

Schriften in Manuscripten:

1) Anfangsgründe der Mathematik.
2) Die Permutationen, Kombinationen, Variationen und der binomische Lehrsatz.
3) Gleichungen aller Grade mit Beispielen. (Es sind von ihm selbst erfundene Formeln beigefügt.)
4) Die Kardanische und Bombardische Regel.
5) Die unbestimmte Analytik.
6) Die Lehre vom Unendlichen, die Logarithmen, Anwendung der Logarithmen auf die Interessenrechnung.
7) Die Präliminarsätze von den Funktionen und dem Unendlichen, — die Reihen, — die logarithmischen und harmonischen Reihen mit Anwendung des Differenzial- und Integralkalkul.
8) Die Trigonometrie mit Beispielen.
9) Die sphaerische Trigonometrie mit Beispielen.
10) Die Lehre vom Kegelschnitt.[2])

[1]) Obschon ernst von Angesicht, war er doch eines guten Herzens, und munter in der Conversation. Die Freimüthigkeit war ein Hauptzug seines Charakters. Dieser sein männlicher Sinn trat am offensten von der Zeit an zu Tage, als der Fortbestand des Stiftes St. Emmeram gefährdet war, für dessen Erhaltung er alle seine Kräfte vergebens einsetzte. Zum Universalerben setzte er die Kranken Regensburgs ein.

[2]) Dieses Manuscript kam nach Danegger's Tod in den Besitz des P. Jos.

P. Paul Schoenberger, Dr. phil. und theolog., geb. zu Stadtamhof 12. Jan. 1761, Profess 9. Nov. 1779, Neomyst 21. März 1784, wurde 1794 Professor der orientalischen Sprachen, Exegese und Hermeneutik an der Universität zu Ingolstadt, zugleich Inspector des churfürstl. Seminars, Universitätsbibliothekar und 1800 Rector magnificus. Nach Verlegung der Universität lehrte er noch ein Jahr zu Landshut, und kehrte 1801 in sein Kloster zurück. Nach dem Rücktritte des P. A. Lex wurde er Pfarrer von St. Rupert 1803, und starb als solcher 19. Sept. 1829. In seinem Testamente legirte er 3000 fl. dem neugegründeten kath. Bruderhause zu Regensburg; seine Bibliothek erhielt das Klerikalseminar. (Zarbl, in der Zeitschr. „Der Seelsorger", Jahrgang 1843, S. 271—272; Permaneder, Annales, S. 144, 152, 197, 211; Kehrein, Gesch. I. S. 342—343.)

Schriften:

1) Predigten auf alle Sonn- und die vorzüglichsten Festtage des Kirchenjahres. (Opus posth.), edirt von Deinl. Regensburg 1834—1837. 8 Bde. 8.
2) Homilien auf alle Sonntage des Kirchenjahres. (Opus posth.), edirt von Deinl. Regensburg 1850. 2 Bde. 8.

P. Augustin Lex, geb. zu München 3. Febr. 1748, Profess 1. Nov. 1767, Neomyst 25. März 1772, Seelsorger von Matting, Schwabelweis, Dechbetten und Hohengebraching, darauf vieljähriger Professor der Exegese und orientalischen Sprachen zu St. Emmeram, von 1792—1800 Pfarrer von St. Rupert, in welcher Eigenschaft er durch seinen apostolischen Eifer bei seinen Pfarrkindern ein unvergängliches Andenken hinterlassen hat. Er wurde hierauf Prior, und feierte 25. März 1822 seine Sekundiz zu St. Emmeram, starb zu Regensburg 11. Dez. 1831.[1]) S. Predigt bei der Jubelfeier des fünfzigjährigen Priesterthums des Hochw. P. Aug. Lex, Senior des ehem. Reichsstiftes St. Emmeram, gehalten von P. Bened. Puchner. Regensburg 1822. (S. Felder, Lit. Ztg. 1823, III. S. 161—168.)

P. Virgil Bacher, geb. zu Donauwörth 27. Okt. 1767, Profess

Diller, Professor der Mathematik zu Dillingen, welcher über diese Schrift folgendes Urtheil gefällt hat: „Aus der ganzen Arbeit leuchtet der tiefdenkende Mathematiker hervor; überall bezeichnet der eigene Gang den gründlichen Forscher." — Nekrolog von Danegger in: Kerz, Lit. Ztg. 1828, IV. Intelligbl. S. 138—143, und 1829 Intelligbl. S. 28—33. Es kommen darin viele edle Züge Danegger's, sowie Nachrichten über das Ende des Stiftes St. Emmeram vor. Der Freund des Ordens wird sie mit grösstem Interesse lesen.

[1]) Im Jahre 1788 wurde er von dem Generalcapitel der bair. Congregation zum Historiographen für die in Niederbayern und der Oberpfalz gelegenen Abteien erwählt. Wie lange er dieses Amt versah, ist mir unbekannt.

15. Nov. 1789, Neomyst 17. Juni 1792, genoss das ganze Vertrauen des Fürstabtes Cölestin, und war dessen Begleiter, als er sich im Juni 1800 von Regensburg nach Oesterreich (Linz und Wilhering) flüchtete. Er war Hilfspriester zu Hainspach-Haindling, und von 1823 an dort Pfarrer, starb zu Hainspach 16. März 1834. (Zarbl, „Der Seelsorger“, Jahrg. 1839, S. 820.)

Schrieb:

Sechs Fastenpredigten von der Leidensgeschichte Jesu sammt einer Predigt auf das Osterfest. Passau und Regensburg 1827, 94 S. 8. III. Aufl. Regensburg (Manz) 1878.

P. Martin Minichsdorfer, geb. zu Stadtamhof 13. Okt. 1763, Profess 11. Nov. 1781, Neomyst 30. Sept. 1787. Seit 1791 versah er mit P. Petrus Weissengruber das Amt eines Stiftspredigers zu St. Emmeram. Er war ein guter Kanzelredner und der englischen und italienischen Sprache kundig. Nach Aufhebung seines Stiftes wurde er Pfarrer zu Thalmassing, wo er 24. März 1835 starb. (S. Zarbl, „Der Seelsorger“ 1842, IV. S. 286—287.)

Schriften:

1) Leichenrede auf Abt Gregor II. (Schwab) von Mallersdorf gehalten am 6. Heumonat 1795. Fol.
2) Predigt auf das Fest des heiligen Emmeram, gehalten in der Stiftskirche von St. Emmeram 22. Sept. 1814. (Darin beklagt Minichsdorfer mit rührenden Worten den Untergang dieses einst so berühmten Stiftes.)
3) Predigt bei dem hundertjährigen Jubiläum der Wallfahrtskirche zur allerh. Dreifaltigkeit zu Osterberg bei Regensburg 1. Sept. 1815.
4) Predigt bei der Primiz des Hochw. H. G. Dettenwanger auf dem Eichelberg 1. Sept. 1822.

P. Petrus Werner, geb. zu Ingolstadt 30. März 1776; im Jahre 1788 begann er in seiner Vaterstadt die Studien. Nach Vollendung der philosophischen Studien erhielt er 1795 Aufnahme zu St. Emmeram, bestand unter P. Aegidius Jais zu Rott das Noviziat, und legte 6. Nov. 1796 Profess ab. Theologie studirte er unter Sanftl und Fröhlich im Stifte. Am 30. März 1800 erhielt er die Priesterweihe. Von dieser Zeit an begann er aus Stellen der heiligen Schrift und der Kirchenväter ein Collectaneenbuch anzulegen. Am 25. Okt. 1805 wurde er als Cooperator nach Haindling versetzt, welcher Wallfahrtsort nach St. Emmeram gehörte. Dort versah er 7 ½ Jahr das Predigtamt, bis ihn Kränklichkeit nöthigte, Haindling am 16. März 1813 zu verlassen. St. Emmeram hatte aufgehört zu sein. Werner ging daher nach

München. Als er sich wieder erholt hatte, begann er aus freiem Antriebe im November desselben Jahres in der Herzogsspitalkirche zu predigen. Am 27. Aug. 1815 wurde er ordentlicher Prediger der deutschen marianischen Congregation der Herren und Bürger zu München; 1825 übernahm er zugleich die Provision des Textor'schen Benefiziums an der Dreifaltigkeitskirche. Im Jahre 1837 wurde er Präfekt und Offiziator an der St. Michaelshofkirche, starb aber schon am 15. Mai 1837. (S. Kehrein, I. S. 256, 258; Felder, Lex. II. S. 505—509.)

Schriften:

1) Gelegenheitsrede bei der fünzigjährigen Jubelfeier der zweiten ehelichen Einsegnung des Martin Putzmann, Schullehrers zu Haindling am 8. Febr. 1807. Straubing 1807. 4.
2) Rede beim Grabe des M. Putzmann, dreiundfünfzigjährigen Schullehrers in Haindling, gehalten 22. Febr. 1810. (S. Felder, Lit. Ztg. 1810, II. S. 76—77.)
3) Jesus Christus der wahre und beste Heiland der Menschen. Predigt, gehalten am 9. Okt. 1808 zu Hebramsdorf, als J. Ev. Paintner das erste heilige Messopfer darbrachte. Straubing 1810. 8.
4) Christliche Geheimnissreden für Advent und Fasten. München und Leipzig 1815, 214 S. 8. (S. Felder, Lit. Ztg. 1817, I. S. 283—291.)
5) Predigt (III.) bei der vierzigstündigen Anbetung an den heiligen Weihnachtstagen auf dem Bürgersaale zu München. München 1815. (S. Felder, Lit. Ztg. 1817, III. S. 59—64.)
6) Die Heiligkeit der Ehe. Eine Trauungsrede, gehalten zu St. Veit bei Neumarkt, 1819. München 1819.
7) P. Benedikt Puchner, Capitular des ehem. fürstl. Stiftes St. Emmeram zu Regensburg O. S. B. (ein Nekrolog). München 1825 (anonym). (Auch wörtlich abgedruckt in Kerz's Lit. Ztg. 1825, Intelligbl. VIII. S. 17—36.) [1]
8) Rückblick auf die Vorzeit, und Hinblick auf die Gegenwart. Rede beim tausendjährigen Jubiläum der Stadt Moosburg, 1827.
9) Andenken an den Hochw. H. Fr. Xav. von Schilling, ehem. Präses der deutschen mar. Congregation. (Abgedr. in Kerz's Lit. Ztg. 1827, S. 216—234.)
10) P. Wolfgang Vitzthum Dr. phil. O. S. B. des ehem. Klosters Benediktbeuern (Nekrolog). (Abgedr. in Kerz's Lit. Ztg. 1828, Intelligbl. Nr. 5, S. 75—94.)
11) Was ist das Christenthum? Vier Predigten. München 1831. 8.

---

[1]) Erst nach der Drucklegung des I. Bogens eruirte der Verfasser, dass Werner diesen Nekrolog geschrieben. S. Quellen S. 11.

P. Joseph Diller, geb. zu Regensburg 20. Jan. 1779, Profess 11. Nov. 1799 — der letzte, der die Gelübde ablegte, — Priester 4. Sept. 1803. Wurde Professor der Mathematik und Physik zu Amberg, und seit 1819 dort auch Bibliothekar. 1824 kam er in gleicher Eigenschaft an das Lyzeum nach Dilingen, starb als quieszirter Professor zu Ebersberg 20. Dez. 1838. Er war ein vorzüglicher Mathematiker und P. Pl. Heinrich's bester Schüler.

P. Bernard Stark, Mitglied der Akademie der Wissenschaften zu München seit 1808, geb. zu Höchstadt 12. Juni 1767. Im Herbste 1786 bezog er die Universität Ingolstadt, wo er unter Grafenstein, Mederer, Rousseau und Steiglehner die philosophischen Fächer hörte. 1788 erfolgte sein Eintritt in den Orden. Am 15. Nov. 1789 machte er Profess; Neomyst 24. Juni 1792. Seine Musse verwendete er zum Studium der Geschichte, und zur Erlernung der französischen und italienischen Sprache. Für die Abhandlung über den Auerochsenzahn (s. unten Nr. 67), die er 1799 schrieb, wurde er von der Gesellschaft der Alterthümer zu Hessenkassel als Ehrenmitglied aufgenommen. Um das Jahr 1802 wurde er mit der Seelsorge von Harting bei Regensburg betraut. Im Jahre 1804 am 17. Mai fanden mehrere Arbeiter zu Harting bei Abgrabungen zerbrochene Vasen, Ringe und sogar Skelette. Auf Stark's Veranlassung wurden weitere Nachgrabungen vorgenommen, und es zeigten sich germanische Gräber, deren Inhalt an die kgl. Akademie der Wissenschaften nach München gesandt wurde. Der glänzendste Erfolg, den Stark bei seinen Nachforschungen errang, war die Entdeckung des römischen Bustums bei Regensburg (Winter 1807). Dieses Bustum (Beerdigungsplatz) nahm den ganzen Raum der sogenannten kleinen Emmeramerbreite ein. In dem Berichte über die Ausgrabungen sagt Stark, dass er 60 Lampen, viele ossuaria und Münzen (sie trugen entweder das Bild der Kaiserin Faustina, oder das des Kaisers Antoninus Pius) gefunden. Die Zahl der geöffneten Gräber betrug 300. Die Regierung belohnte seine Bemühungen dadurch, dass sie ihn am 7. Sept. 1811 zum Conservator des kgl. Antiquariums zu München ernannte. Dasselbe befand sich damals in einem sehr verwahrlosten Zustande. Stark's erste Arbeit war, dasselbe von allen fremdartigen Gegenständen zu reinigen, und auf Erweiterung des Lokals anzutragen. Sobald der Bau beendet und das Lokal in sehenswerthem Zustande war, bemühte er sich nach Kräften, das seiner Aufsicht anvertraute Kabinet zu bereichern. Er versetzte die in der Akademie befindlichen Antiken in das neu erbaute Zimmer und stellte sie in mehreren Glasschräuken auf. Den ansehnlichsten Zuwachs erhielt unter ihm das Antiquarium durch die allenthalben im ganzen Lande unter seiner Leitung ausgegrabenen römischen und germanischen Alterthümer. Er leitete dieselben im Deisenhoferforst und bei Grünwald (1812), auf den Loigerfeldern (1815) und im Roseneggergarten bei Salzburg. Im Herbst 1818 gab ihm die Akademie den Auftrag, sich nach Rosenheim zu begeben, und dort Untersuchungen über römische Alterthümer vorzunehmen. Vom Jahre 1820—1823 versah er die Pfarrei Bogenhausen bei München mit Beibehaltung der Aufsicht des Antiquariums. Da aber sich Beides nicht recht vereinen liess, so gab er die Seelsorge (1823) wieder auf. Obschon Stark sich so viele Verdienste erworben und auf die uneigennützigste Weise alle seine Kräfte dem Antiquarium gewidmet hatte, erfolgte dennoch am 9. Mai 1825 unverhofft seine Entfernung von der Stelle eines Conservators. Stark war nun auf sich selbst angewiesen, liess jedoch den Muth nicht sinken, und veranstaltete bald darauf auf eigene Kosten die Drucklegung von zwei paläographischen Abhandlungen. 1826 unternahm er eine Reise nach Oesterreich, um die in jenem Lande befindlichen römischen Alterthümer zu besichtigen. — Alois Röggl, Abt des Prämonstratenser-Stiftes zu Wilten, hatte im Jahre 1832 auf dem sogenannten „Schuster" Nachgrabungen veranstalten lassen. Stark (gerade damals in Tirol anwesend) leitete dieselben, und veröffentlichte die Resultate in einem eigenen Aufsatze. 1833 kam Stark abermals nach Tirol, untersuchte die im Schlosse Amras bei Innsbruck aufbewahrten, und 1836 und 1837 die bei Zierl gefundenen Meilensteine. Seit 1836 war Stark's Gesundheit gebrochen. Er starb zu München 6. Nov. 1839. (Entnommen aus der Monographie: „Ueber Bernhard Stark's, Capitularen des Stiftes St. Emmeram in Regensburg .... und ehem. Conservators des kgl. Antiquariums zu München, Leben und Wirken. Landshut 1840 [37 S. 4]. Jäck, II. Pantheon, S. 108.)

Schriften:

1) Bemerkungen über S. Günthner's Geschichte der literarischen Anstalten in Bayern. (Regensb. literar. Anzeiger 1810, Nr. 37, 38.)
2) Paläographische Abhandlung über einen bei Kösching gefundenen, dem Kaiser Antoninus Pius gesetzten Denkstein mit lithogr. Zeichnung. München 1824. (S. Jul. Leichtlen, Forschungen im Gebiete der Geschichte, des Alterthums und der Schriftenkunde Deutschlands, Bd. I. Heft 4; C. Orelli, Inscriptiones latinarum selectar. collectio. Vol. I. S. 200, 343.)
3) Paläographische Abhandlung über einen zum Andenken des Kaisers Decius und seiner beiden Söhne errichteten und in der Prämonstratenserabtei Wilten bei Innsbruck aufbewahrten Meilenstein nebst Bemerkungen über eine im kgl. Antiquarium zu München befindliche Tabula honestae missionis von Kaiser Philipp mit 1 lithogr. Tafel. Augsburg 1832. 4.
4) Paläographische Bemerkungen über einen bei Zirl in Tyrol aufgefundenen, zum Andenken des Kaisers Decius und seiner beiden Söhne

errichteten Meilenstein, mit 4 lithogr. Tafeln. Landshut 1840. 4. (Op. posth.)

5) Abhandlung über eine griechische zum Theil abbrevirte Inschrift am Sinzenhofe zu Regensburg. (Opus posth., edirt von J. v. Hefner in den Verhandl. des hist. Vereins von Oberpfalz, Bd. XV. S. 155—166.)

Handschriften:

I. Schriften, welche die Alterthümer Regensburgs betreffen:

1) Paläographische Abhandlung über die vorzüglichsten in und ausser Regensburg aufgefundenen römischen Grabschriften.

2) Abhandlung über einige in und ausser Regensburg neu aufgefundene römische Grabschriften von Soldaten der III. italienischen Legion. (Vorgelegt in der Sitzung der Akad. der Wissensch. zu München 30. April 1814.)

3) Paläographische Erläuterung der in und bei Regensburg aufgefundenen römischen Denkmäler nebst kurzer Geschichte des in den Jahren 1807 und 1811 dort entdeckten römischen Bustums.

4) Versetzung der in Regensburg und Kelheim befindlichen röm. Alterthümer nach München.

5) Die in Regensburg befindlichen röm. Alterthümer.

6) Inschriften an Grabsteinen und Sarkophagen in Regensburg und andern Orten.

7) Paläographische Abhandlung über einen dem Mercurius geweihten, zu Ehren des K. S. Severus errichteten und im Jahre 1816 nach München in's Antiquarium versetzten Votivstein.

8) Beschreibung der auf dem römischen Bustum bei Regensburg entdeckten Alterthümer.

9) Nähere Aufschlüsse über die in den Jahren 1808 und 1811 bei Regensburg und im Jahre 1814 am Bürgelstein bei Salzburg ausgegrabenen römischen Alterthümer.

10) Abhandlung über die Feuer-Signale bei den Römern, bezüglich der Signale auf der Donau.

11) Dissertatio de lucernis sepulchralibus in busto romano prope Ratisbonam effossis. (Mit Zeichnung.)

12) Erklärung einer an dem ehemaligen Sinzenhof befindlichen griechischen Inschrift. (S. Nr. 5. Op. posth.)

13) Bericht über die Ausgrabung der Grabhügel bei Harting in der Oberpfalz.

14) Miszellen über die Alterthümer in und bei Regensburg nebst Kritik der von R. Zirngibl erklärten röm. Steininschriften.

II. Alterthümer, die auf Salzburg, die dortige Gegend und auf Tyrol Bezug haben:

15) Beschreibung der im Rosenecker Garten bei Salzburg ausgegrabenen römischen Alterthümer.

16) Nachgrabung auf den Loigerfeldern bei Salzburg im Jahre 1815.

17) Bemerkung über das Mosaik der Alten.

18) Antiquarische Reise nach Salzburg im Jahre 1819.

19) Commissorium im Betreffe der Nachgrabungen auf den Loiger Feldern bei Salzburg im Jahre 1815.

20) Abhandlung über einige auf dem römischen Bustum bei Salzburg ausgegrabenen Alterthümer, 1816.

21) Verschiedene auf Tyrol Bezug habende Schriften.

III. Meilensteine und Römerstrassen betreffend.

22) Paläographische Abhandlung über Ergänzung und Deutung der zum Andenken des K. Septimius Severus und seiner beiden Söhne in Süddeutschland errichteten Meilensteine. (Gelesen in der Sitz. der Akad. der Wissensch. 1817.)

23) Paläographische Bemerkungen über einen im Schloss Maretsch bei Bozen in Tyrol aufbewahrten Meilenstein (dessen Inschrift vielseitig missverstanden wurde) zum Andenken des Tiberius Claudius.

24) Ueber Herstellung römischer Heerstrassen in Bayern unter Marc. Aurel. (Caracalla).

25) Material zu einer paläographischen Abhandlung über den Meilenstein des Kaisers S. Severus, d. Z. im Kloster Wilten bei Innsbruck aufbewahrt.

26) Paläographische Abhandlung über einen dem Kaiser Maximinus und seinen Söhnen errichteten und im Schlosse Ambras bei Innsbruck befindlichen Meilenstein.

IV. Römische Antiquitäten in verschiedenen Gegenden Bayerns (ausser Regensburg und Salzburg).

27) Ueber den Reichthum des Königreichs Bayern an römischen Alterthümern. (Gelesen in der Sitz. der Akad. der Wissensch. zu München am 26. Mai 1812. Diese Schrift sollte die Grundlage zu einer Bavaria Romana bilden.)

28) Ueber die römischen Denksteine, welche zu Eining (Niederbayern) gestanden haben.

29) Ueber einen für das Wohl des Antonius Caracalla zu Emmetsheim befindlichen Votivstein.

30) Ueber das Denkmal zu Abbach: Jovi O. M. Statori.

31) Ueber eine dem Bedaio errichtete Votivstatue am Chiemsee.

32) Alterthümer zu Augsburg.
33) Beiträge zur Geographie von Norikum.
34) Auszüge aus Akten des archäologischen Comité und anderer Aufsätze über gefundene römische Alterthümer.
35) Abhandlung über den Weinbau in Bayern.
36) Ueber den Geist vaterländischer Denkmäler.
37) Römisch-bayrische Geographie. (Nur Andeutungen.)
38) Alphabetische Ortsanzeige von aufgefundenen römischen Alterthümern.
39) Miszellen über die Alterthümer in Bayern.

V. Untersuchungen von Grabhügeln.

40) Ueber altgermanische Grabhügel:
   a) bei Harting (im Jahre 1805),
   b) bei Deisenhofen und Grünwald sammt Zeichnungen der in diesen Grabhügeln aufgefundenen Gegenstände.
41) Ueber Grabhügel und die darin enthaltenen Gegenstände.
42) Beschreibung der vom Consistorialrath Redenbacher in römischen Ruinen und Grabhügeln aufgefundenen und der kgl. Akademie übergebenen Antiken.

VI. Schriften über Archäologie, Paläographie, Philologie, Diplomatik, Numismatik.

43) Archäologische Abhandlung über die Salbengefässe und deren Gebrauch bei römischen Leichenbegängnissen.
44) De quelle manière on representait le Sauveur sur les monuments du moyen âge.
45) Ueber Paläographie im Allgemeinen.
46) Dictionnaire archéologique. Commencée l'ann. 1813.
47) Observations critiques sur un fragment d' un ancien manuscrit.
48) Dissertatio diplomatica de codice membranaceo saeculi IX. dissecto formulasque Marculfi continente.
49) Die Kenntniss antiker Münzen nach Jobert, Rasche etc.
50) Ueber den Gebrauch des Papiers.
51) Sur un passage de Ciceron où il est parlé du tombeau d' Archimede.
52) Antiquarische Notaten. (Gesammelt 1813.)
53) Ueber ein von Winkelmann herausgegebenes Relief im Antiquarium.
54) Ueber Diplomatik.
55) Miszellen über Archäologie und Antiquitäten.
56) Sur l'étude des antiquités.

VII. Paläographische Gegenstände.

57) Paläographische Abhandlung über die Verbesserung der lateinischen Wörterbücher nach römischen Inschriften, besonders der Worte mit der Präposition ex.
58) Dissertation sur la méthode de retablir les inscriptions romaines mutilées.
59) Sur la Determination des Lettres ajoutées à l'alphabet-latin par Chilperic roi de France.
60) Ueber die richtige Bestimmung der vom Kaiser Claudius dem lateinischen Alphabete beigesetzten drei Buchstaben und die für alte Literatur und Denkmäler sich daraus ergebenden Resultate.
61) Handbuch der Paläographie.
62) Gründlicher Beweis, dass der Kaiser Maximilian I. den Grund zur römischen Paläographie gelegt hat.
63) Ueber das Studium der römischen Paläographie als Hilfswissenschaft der Geschichte.
64) Paläographische Aphorismen oder Sammlung irriger Lesearten aus den Schriften von bayrischen und andern Gelehrten.
65) Discours paléographique sur la faussété de deux lames de Bronze, sur les quelles sont gravés des Congés absolus accordés aux Soldats par les deux Philippes.
66) Dissertatio palaeographico-numismatica de anno, quo Antoninus Pius titulum imperator II. adsumpserit.
67) Julius Capitolinus in Antoninum Pium monumentis illustratus et auctus.
68) Abhandlung über den Gebrauch der alten Völker, aus Urhörnern zu trinken, und über das Urhorn zu St. Emmeram. (Seit dessen Aufhebung in der kgl. Schatzkammer oder Hofkapelle zu München). Mit drei lithographischen Zeichnungen, 1799. (Französisch und deutsch.)

VIII. Beiträge zur allgemeinen Geschichte.

69) Dissertation sur l'histoire.
70) Ueber die Verbindung der Philosophie mit historischer Kritik.
71) Disquisitio historica de vero ecclesiae cathedralis Pragensis consecratore.
72) Samodruh Boleslai filius in schola S. Emmerami excultus, Episcopus Pragensis vindicatus.
73) Consideratione intorno ad una pioggia di terra.
74) Nekrologische Notaten vom eilften bis fünfzehnten Jahrhundert.
75) Bruchstücke eines historischen Gelehrten-Verzeichnisses.
76) Notizen über den Gebrauch der Uhren.
77) Unvollständige italienische Abhandlungen über Gesetzgebung.
78) Miszellen.

IX. Beiträge zur bayerischen Geschichte.

79) Abhandlung über das Grabmal Herzogs Heinrich II. als Staatsgefangenen des Bischofs Poppo zu Würzburg, und nicht zu Utrecht (1807).

80) Abhandlung über das Grabmal Herzog's Heinrich I. von Bayern in der Stiftskirche zu St. Emmeram. (1802.)

81) Animadversiones criticae in Angeli Rumpleri Abbatis Farnbacensis collectanea historica.

82) Bemerkungen über die Monumenta boica. (Etwa identisch mit seiner Schrift sub Nr. 119: Monumenta monastica Bavariae ab injuriis vindicata?) (S. Stark's Leben und Wirken, S. 34.)

83) Historisch-kritische Prüfung der Geschichte, in welcher die Gemahlin Kaisers Otto III. der ehelichen Untreue beschuldigt wird.

84) Bamberg —, bayrische Geschichte. (?)

85) Collectanea historica ducum Bavariae.

86) Necrologium ducum Bavariae.

87) Was die Päpste dem Lande Bayern geschadet haben.

88) Dissertatio de Bavaria gentili.

89) Notaten zu einer Bojoarischen Geschichte.

90) Chronicon Salisburgense.

91) Copia confirmationis „Angelimissariae“ in oppido Hochstaedt an der Aisch anno 1507.

92) Miszellen.

93) Series Episcoporum, Abbatum et Abbatissarum in Bavaria. (Enthält viele Nachrichten über die bayr. Stifte im Allgemeinen, und über Oberaltaich insbesondere; ferner eine Abhandlung über den Nutzen der Nekrologien und Grabschriften.)

94) Familiengeschichte der Preysing de la Scala, und Sinzenhofer. (Die sub Nr. 1—94 aufgeführten Manuscripte sind im Besitze des hist. Vereins von Oberbayern. S. Jahresbericht III. [1840] S. 66—71.)

In der kgl. Hof- und Staatsbibliothek werden unter Cod. germ. Starkiana von Stark folgende Schriften bewahrt:

95) Ad bibliothecam S. Emmeramensem spectantia. Fol.

96) Literargeschichte der Reichsabtei St. Emmeram. 1 Faszikel. Fol.

97) Plagium literarium Rhabani Mauri per collationem operis de Universo cum etymologiis Isidori Hispalensis detectum ac per duo programmata demonstratum.

98) a) Welches sonderliche Verdienst haben die gelehrten Benediktiner aus der Congregation des heiligen Maurus in Frankreich bei den Ausgaben der heiligen Väter sich erworben?

b) Kritische Bemerkungen über die auf Befehl des Papstes Pius VI. erschienene Ausgabe der Werke des heiligen Bischofs Maximus.

c) Wann und woher hat der wahre Namenszug XC von Christus seinen Ursprung genommen?

99) a) Histoire de l'Astronomie dans le moyen âge, savoir du commencement du VIIIme siècle jusqu' a la fin du XIme par. Don B. Stark.

b) Ueber die Verdienste der Benediktiner um die Astronomie im Mittelalter.

c) De vini cum aqua miscendi ritu in missa.

100) Was haben die aus Tyrol gebürtigen Priester von der Gesellschaft Jesu zur Beförderung der Wissenschaften in Baiern beigetragen?

101) a) Donatio Witlafi regis Merciorum Abbatiae Croylandensi facta cum illa, quam Arnulfus Imperator coenobio S. Emmerami Ratisbonae fecit, comparata.

b) Eclaircissements sur le coupes a boire, que les Souverains ont données aux monastères au moyen âge, où les religieux de leur part, célébroient des anniversaires pour leurs bienfaiteurs defunts.

102) Vita S. Emmerami cum notis Frobenii Princip. et Abb. (a Bollandistis edita).

103) Vita Ramvoldi primi Abbatis ordinarii ad S. Emmeram. Ratisbon. ann. 995—1001.

104) Apparatus ad Martianum Capellam edendum.

105) Animadversiones criticae in Maximi de paschatis solemnitate Sermones IV. e Cod. S. Emmeramensi.

106) Uebersetzung von J. J. Rousseau's Werk: „Ueber den gesellschaftlichen Vertrag."

107) Descriptio Romae antiquae inde a libri II. capite VI. usque in finem libri VII.

108) Fragmente von Abhandlungen über Numismatik und Verfälschung der Münzen.

109) a) Hebräische Grabmonumente in und um Regensburg.

b) De linguae hebraicae cultu in Bavaria.

110) Literarhistorische und bibliographische Notizen zur griechischen, römischen, deutschen italienischen und französischen Literatur. [1])

---

[1]) Die übrigen unter Starkiana im Catalogus cod. germanicorum aufgeführten Handschriften hat Stark nur gesammelt, und so der Vernichtung entrissen.

Darunter sind bemerkenswerth:

a) Catalogus religiosorum professorum Monasterii S. Emmerami ab 1278—1741. Ratisb. 1741. 4. Mit handschriftlichen Zugaben bis zum Jahre 1760.

b) Patrum Congregationis S. Mauri in regali S. Germani Abbatia a Pratis Parisiis Litterae ad S. Emmeramenses missae 1715—1782.

c) Eusebii Amort ad Emmeramensem quendam (Casp. Erhard?) litterae 1727—1728.

d) Epistolae ad Frobenium Forster, Abb. S. Emmer., d. i. dessen Correspondenz:

Von folgenden Handschriften kann der Verfasser nicht angeben, wo sich dieselben befinden:

111) Was kann man über die mit Wachs überzogenen Schreibtafeln der Alten Neues sagen?

112) Ueber einen im kgl. Antiquarium zu München aufgestellten Opferaltar. (Vorgelesen in der Sitz. der Akad. der Wissensch. zu München 6. Mai 1815.)

113) Mittheilung über zwei schöne Glasurnen in ausgehauenen Steinen, welche im Rosenegger'schen Garten zu Salzburg ausgegraben wurden. (Vorgelesen in der Sitz. der Akad. der Wissensch. zu München 3. Mai 1816.) Besagte zwei Urnen sind nun wahre Zierden im kgl. Antiquarium zu München.

114) Bemerkungen über einen zu Rabland bei Meran in Tyrol entdeckten Meilenstein aus der Zeit des Kaisers Tiberius Claudius. (Vorgelegt der kgl. Akad. der Wissensch. 1818.)

115) Nachtrag zu den Bemerkungen über eine im kgl. Antiquarium zu München befindliche Tabula honestae missionis von K. Philippus.

116) Archäologische Zugabe zu dem Auszuge aus Fr. Tiersch's Abhandlung über Cinctus Gabinus.

117) Material zu einer Ausgabe der Homilien des heiligen Maximus.

Im kgl. Reichsarchiv:

118) Necrologium Monasterii S. Emmerami Ratisbon. emendatum plurimisque epitaphiis auctum. (Beginnt mit dem zehnten Jahrhundert und endet mit 1803.)

119) Monumenta monastica Bavariae ab injuriis vindicata.

P. Emmeram Salomon, geb. zu Wernberg 18. Juli 1773. Nachdem sein Vater 1778 gestorben war, zog seine Mutter nach Regensburg. Unter den grössten Entbehrungen besuchte er dort das Gymnasium und Lyzeum, in denen er stets die ersten Plätze behauptete. Im Jahre 1792 bat er um Aufnahme zu St. Emmeram, wurde aber, weil er ein Pfälzer war, (?)[1]) abgewiesen. Diess entmuthigte ihn nicht; er studirte ein Jahr Theologie, und erneuerte nach Verlauf desselben seine Bitte um Aufnahme. Diessmal wurde sie ihm nicht mehr verweigert; am 5. Okt. 1793 erhielt er in der St. Emmeramskapelle das Ordenskleid. Am 20. Okt. desselben Jahres begann er unter Leitung des P. A. Jais das Noviziat zu Rott, kehrte 14. Aug. 1794 nach St. Emmeram zurück, und

---

über die in verschiedenen Bibliotheken Europa's vorkommenden Handschriften der Werke Alcuin's.

e) Epistolae ad P. J. B. Enhueber opera Hrabani Mauri editurum datae cum ipsius responsis.

[1]) Auch P. Willibald Böhm war ein Pfälzer.

machte am 2. Nov. Profess. Im Kloster lehrte er als Kleriker ein Jahr die jüngern Kleriker Philosophie und für ein Jahr wurde er nach Ingolstadt geschickt, um unter Dobmayr Dogmatik zu hören. Die übrigen theologischen Fächer studirte er zu Hause. Am 23. Sept. 1797 empfing er die Priesterweihe. Seit dem Jahre 1798 lehrte er im Kloster Theologie, und vom Jahre 1803 an am Lyzeum Dogmatik und Religionsphilosophie. Dieses Amt versah er 35 Jahre lang. Bestimmt und klar war sein Vortrag; er hatte dabei nicht nur die Bildung des Verstandes, sondern auch die Veredlung des Herzens im Auge. Mit seltener Aufmerksamkeit folgten seine Zuhörer seinen Vorträgen; er hatte die allgemeine Liebe und Achtung der Schüler erworben, wie sie nur selten einem Professor zu Theil wird. In seiner Wohnung war er jederzeit bereit, seinen Schülern Aufschlüsse und Belehrung zu ertheilen. Die Studirenden hatten zu Salomon ein besonderes Zutrauen. Auf seine Kosten unterhielt er eine ausgesuchte Bibliothek, aus der er mit Freuden auslieh. Rastlos zeigte sich sein Eifer im Beichtstuhle. Ohne irgend eine Verbindlichkeit zu haben, wartete er demselben an allen Sonn- und Festtagen mehrere Stunden ab. Der Zulauf war ein ausserordentlicher; selbst viele Priester Regensburgs wählten Salomon zum Gewissensrath. Ein so unverdrossenes uneigennütziges und segensreiches Wirken konnte seinem Oberhirten, dem Bischofe J. M. Sailer, nicht unbekannt bleiben. Er wollte ihn zum Domcapitular in Vorschlag bringen, aber Salomon lehnte ab. In den letzten Jahren seines Lebens hatte er mit schweren körperlichen Leiden zu kämpfen, die aber seine Geduld nicht erschöpften. Seit 1820 war er bischöfl. Synodalexaminator, 1835 trat er in den Ruhestand, und starb zu Regensburg 14. April 1845. (Gutenäcker, Verzeichniss, II. S. 126; Manz'sche Realencyklopädie, Bd. VIII. S. 1126--1128.)

Schriften:

1) Novum Jesu Chr. testamentum ad exemplar vaticanum accurate revisum. Ratisb. 1805. 2 Tom.

2) Vetus testamentum vulgatae editionis. Das. 1806. 4. Neue Auflage der beiden Testamente, 1826.

3) Friedrich Leopold, Graf zu Stolberg, an seine Söhne und Töchter. Regensburg 1809, 40 S.

4) Betrachtung (zweite), über die wichtigsten Pflichten eines Christen, gehalten bei Gelegenheit der heiligen Exerzitien der Studirenden aus der congr. mariana, 1821. (In der Sammlung der gehaltenen Betrachtungen. Regensburg 1821.)

5) P. Mariani Dobmayr O. S. B., institutiones theologicae in compendium redactae. Solisbaci 1823. 2 Voll. (S. Felder, Lit. Ztg. 1824, IV. S. 113—119.)

6) De divina origine religionis christianae, Ratisbonae 1827. (Programm des Lyz.)
7) P. Dionys Danegger, Capitular des fürstl. Stiftes St. Emmeram. (Nekrolog in der Kerz'schen Lit. Ztg. 1828, IV. S. 138—148 und 1829, Intelligbl. S. 28—33: auch separat.)
8) Leitfaden für die Vorlesungen in den Religionskollegien. Regensburg (Manz) 1835—1836. 3 Abtheil. (anonym).

P. Cölestin Weinzierl, Mitglied des hist. Vereins von Oberpfalz, geb. zu Neuhausen[1]) 23. Aug. 1774, Profess 2. Nov. 1794, Neomyst 16. Sept. 1798. Nach der Aufhebung seines Stiftes wohnte er einige Zeit in München. Nach dem Tode des P. P. Schönberger wurde er 16. Mai 1830 Pfarrer von St. Emmeram (und Rupert) in Regensburg. Er starb in dieser Stellung 14. April 1845.

Schriften:

1) Die Liebe Jesu gegen seine Heerde. Eine Primizpredigt. 1801.
2) Zwei Predigten bei dem Dankfest für die glückliche Befreiung Seiner Heiligkeit Pius VII. Regensburg 1814. 8. (Eine von diesen Predigten ist von Cölestin Weinzierl, die andere von Franz Jos. Weinzierl.)
3) Predigt bei der Jubelfeier des fünfzigjährigen Priesterthums des P. Roman Zirngibl, Capitular des Stiftes St. Emmeram. Regensburg 1814.
4) Drei Predigten, gehalten zu St. Emmeram am 1., 2. u. 3. Nov. 1817. Augsburg 1817. (S. Felder, Lit. Ztg. 1818, II. S. 92—95.)
5) Betrachtung (dritte) über die wichtigsten Pflichten eines Christen, gehalten den Studirenden der marianischen Congregation zu Regensburg 1821. Regensburg 1821. (In der Sammlung der gehaltenen Vorträge.)
6) Predigt aus Anlass der fünfundzwanzigjährigen Regierungszeit Max Joseph's, Königs von Bayern. München 1824.
7) Trauerrede bei den feierlichen Exequien des Königs Max Joseph von Bayern. München 1825. 8.
8) Predigt über das christliche Gebet. Sulzbach 1833.
9) Kurze Geschichte des Gottesackers der Pfarrei zum heiligen Rupert (St. Emmeram). Regensburg 1834, 27 S. 8.
10) Acht Predigten bei der Jubelfeier des eilfhundertjährigen Bestandes der Diözese Regensburg. 1840. 8. (Die sechste Predigt in dieser Sammlung ist von Cölestin Weinzierl.)
11) Rede vor der bayrischen Deputirten-Kammer bei den Verhandlungen derselben über die gemischten Ehen. (Athanasia, Zeitschr. 1832, Bd. XII. S. 346—354.)

---

[1]) Es gibt in Ober- und Niederbayern sechs Ortschaften Neuhausen; welche von diesen sein Geburtsort sei, erhellt aus dem Catalog. Congr. Bened. Bav. anni 1802 nicht, es heisst dort nur Neohusanus Bojus.

P. Maximian [1]) Pailler, geb. zu Regensburg 30. Nov. 1779, besuchte 1793—1796 das bischöfliche Gymnasium zu St. Paul in Regensburg, trat 15. Okt. 1796 in den Orden, machte 5. Nov. 1797 Profess, und wurde 4. Sept. 1803 zum Priester geweiht. Am 29. Okt. 1804 erhielt er die Lehrstelle der II. Klasse der Grammatik am Gymnasium zu St. Paul, 1811 lehrte er Syntax, 1811—1812 gab er am vereinigten (paritätischen) Gymnasium zu Regensburg Unterricht in der kath. Religion und griechischen Sprache; 1813—1817 war zugleich er Rektoratsassessor. Im Jahre 1817 kam er als Gymnasialprofessor nach Amberg, wo er 1818 die nachgesuchte Entlassung aus dem Lehramte erhielt. Nach seiner Rückkehr von Rom (1820) übernahm er den Unterricht und die Erziehung der Zöglinge des Schottenstiftes St. Jakob in Regensburg. 1825 wurde er Custos der Regensburg'schen Kreis- und Stadtbibliothek, welche Verwaltung er bis 4. Jan 1847 führte. Er starb zu Regensburg 28. Juni 1848. (S. Wein H., Anrede bei der Beerdigung des P. Maximian Pailler, letzten Capitulars des ehem. Reichsstiftes St. Emmeram, gehalten 30. Juni 1848. Regensburg 1848. 8.) [2])

P. Augustin Troester, geb. zu Amberg 1703, Profess 21. Nov. 1724, hörte zu Ingolstadt theologische und juridische Vorlesungen, Priester 1730, Subprior, Bibliothekar, Pfarrer von Harting, Beichtvater zu St. Walburg in Eichstädt, † 8. Okt. 1751.

Schrieb:

Cultus divae Walburgae Virg. Aug. Vind. 1751. [3])

---

[1]) Nicht Maximilian, wie fälschlich geschrieben wird.

[2]) Ausser einem kleinen Aufsatze in den Verhandlungen des hist. Vereins von Oberpfalz, dessen Mitglied er war, kenne ich von ihm keine Schrift. Wein's Anrede enthält Pailler's Biographie. Pailler war der Onkel des durch seine relig. Schauspiele rühmlich bekannten Wilhelm Pailler, reg. Chorherrn des Stiftes St. Florian.

[3]) Wurde dem Verfasser erst bekannt, als St. Emmeram schon beinahe vollständig gedruckt war.

Oberaltaich.

Oberaltaich in Niederbayern (Oberalteich, Oberaltach, Altacha superior), im Bisthum Regensburg, Landgerichts Bogen, an der Mennach, gestiftet von Herzog Odilo 731 zu Ehren der Apostel Petrus und Paulus. An der Stelle, wo das Kloster gebaut worden, soll der Tradition zu Folge eine dem Wodan geheiligte Eiche gestanden haben, daher der Name... Die ersten Mönche kamen aus Reichenau. Im Jahre 908 zerstörten es die Ungarn, es wurde im eilften Jahrhundert wieder hergestellt, aufgehoben von Churfürst Max Joseph 1803. Die liegenden Güter des Stiftes hatten zur Zeit der Aufhebung einen Schätzungswerth von 1½ Million. — Die Klosterkirche wurde Pfarrkirche. Bis auf den Abteistock, der dem jeweiligen Pfarrer als Wohnung dient, sind beinahe alle Klostergebäulichkeiten dem Ruine verfallen. — Selbst aus der Kirche riss man nach der Aufhebung die merkwürdigsten Grabsteine der Aebte und der darin begrabenen Adeligen, und führte sie nach Plattling und Vilshofen zu Uferbauten.

Literatur:

Bayern in seinen .... Schönheiten, II. S. 327—336; (Beschreibung von Oberaltaich mit Abbildung der Kirche). — Bruschius, II. S. 3—10. — Hemauer A., hist. Entwurf der obern alten Aich. Straubing 1731. 4. — Hirsching, Stifts- und Klosterlex. S. 53—56. — Hundius, II. S. 34—39. — Lexikon von Baiern, II. S. 544—548. — Meidinger, S. 351—355. — Monum. boica, XII. S. 1—303, Reihenfolge der Aebte, 121 Urkunden mit einem Nekrologium und Abbildung des Klosters. — Müller und Gruber, der bayr. Wald, S. 357. — Parnassus boicus, II. Abtheil. S. 4—26. — Reg. bav. I. 236, 324; II. 104, 122, 144, 150, 152, 208, 360. — Stumpf, Handbuch, S. 232. — Wenning, Topographia, IV. 87, mit Abbildung. — Wiedemann Th. Dr., Necrologium von Oberaltaich nach einer Handschrift der k. k. Hofbibliothek in Wien, 1862. 8. — Zimmermann, Churb. Geistl. Cal. 1757, IV. S. 263—311. (Enthält eine kurze Geschichte von Oberaltaich.) — Ueber die Biblioth.: Pez, Thesaur.

anecdot. T. I. dissert. isagog. pag. XLIV. — Gerken Ph. W., Reisen, II. S. 74—77. — Aretin, Beyträge, 1805, St. VI. S. 621—625. — Ueber den sel. Albert: Pez, Thesaur. T. I. P. III. S. 537—557.

Manuscripte in der Staatsbibliothek zu München:

a) Cod. germ. Aschenbrenneriana. (Näheres unter Aschenbrenner.) — Höckeriana, enthaltend: a) Chronicon Oberaltacense ab anno 742—1625. 2 Bde. Fol. b) Dieselben deutsch von P. Amand. Höcker; in ein Ganzes gesammelt unter Abt Beda, 1800. c) Memorabilia Oberaltacensia saec. XVI et XVII., gesammelt von P. A. Höcker. d) Dokumente, Oberaltach betreffend, von 1790—1801. Fol. — Cod. germ. 2925 Jac. Perger, Annales Oberaltacenses ab a. 1701—1725.

b) Cod. lat. 1043 Necrologium Oberaltacense. — 1071. — 1325 u. 1326 Viti Hoeseri, abbatis, Annales Oberaltacenses ab a. 1614—1630 et ultra. — 1327 Dominici Kloepfer, Epitome historica continens annales plusquam millenariae quercus superioris ab a. 1192—1634. — 1330 Catalogus librorum biblioth. Oberaltac. — 1855 Processus electionis. — 1856—1873 Synopsis historica de iis rebus praecipue, quae in monasterio Oberaltaich contigerunt notatu dignae sub regimine J. Ev. Schiferl abb. ab a. 1758—1769, 18 Voll. Fol.

Schriftsteller:

P. Aemilian. Hemauer, geb. zu Laaberweinting 9. Febr. 1691, studirte als Zögling des gregorianischen Institutes zu München, Profess 19. Nov. 1713, Neomyst 21. März 1719; Pfarrer zu Loitzendorf, 6 Jahre Prior im Kloster, und 15 Jahre auf dem Bogenberge, gestorben im Kloster 5. Juli 1755. (Felder, Lit. Ztg. 1822, I. S. 155—156.)

Schriften:

1) Rede beim Jubiläum des Cisterzienser Stiftes Gotteszell. 1729.
2) Historischer Entwurf der im Jahre 1731 tausendjährigen Obern — Alten — Aich, oder kurze Zeitschriften des uralten exemten Benediktinerklosters Oberaltaich. Straubing 1731. 4. Mit Abbildung des Klosters in Kupfer.

P. Pirmin. Freyberger, geb. 8. Sept. 1705, Profess 23. Mai 1733, Neomyst 24. Juni 1736, † 22. Febr. 1758.

Schrift:

Achte Lobrede bei der Canonisationsfeier des sel. Fidelis v. Sigmaringen, ord. Capuc.

P. Cölestin Oberndorfer, geb. zu Landshut 20. Sept. 1724, Profess 25. Nov. 1745, Neomyst 29. Sept. 1748, Professor der Physik zu Freising 1756—1763, der Theologie daselbst 1763—1765, von 1761—1765 zugleich Regens Lycei, † 18. Sept. 1765 an der Kolik. Er ruht in der St. Georgenkirche zu Freising. (Baader, Lex. I. S. 94.)

Schriften:

1) Dissert. theolog. de charitatis initio ad attritionem sacramentalem necessario. Ratisb. 1754, 66 S. 4.
2) Scholae catholicorum, tum philosophia tum theologia. Frising. 1757. 4.
3) Dissert. theolog. de usu formae conditionatae. Ibid. 1752. 4. (nov. editio ibid. 1757.)
4) Vindiciae continuatae, quibus J. Bruckeri duo asserta: unum, quo S. Gregorium M. melioris philosophiae ruinam, alterum, quo Lutherum reformatae philosophiae ducem scribit, falsa ostenduntur. Ibid. 1757. 4.
5) Dissert. de anima, animae conditore et corpore physico. Ibid. 1758, 184 S. 4.
6) Diss. dog.-schol.-hist. de sacram. ordinis. Ibid. 1759 et 1761, 62. S.
7) Brevis apparatus eruditionis de fontibus theologicis. 5 Partes. Aug. Vind. et Friburg. Brisg. 1760. 8.
8) Theses de accidentalibus absolutis. (anno ?).
9) Systema theolog. dogmatico hist.-criticum. Aug. Vind. 1762, 596 S. 8. (Annexus est index authorum theologiam solidiorem docentibus vel discent. necessariorum)
10) Theses ex univ. theolog. dog.-hist.-critic. Frising. 1764. Fol.
11) Oratio funebris in obitum Joannis Theodori, Card. et episcop. Frisingens. Frising. 1765. Fol.
12) Theologia dogmatico-hist.-scholastica ad usum episcop. Lycei Frisingensis. Frisingae, 5 Tomi, 1762—1765, editio II^da 1777 ibid.; fortgesetzt von P. Ans. Zacherl aus Oberaltaich. Tom. VI. bis Tom. XII. Ibid. 1768—1780.
13) Authoritas verbi divini tum scripti tum traditi method.-polem.-hist.-scholast. expensa. Aug. Vind. 1768. 8. (Opus posthum.?).

P. Johann Ev. Schifferl, geb. zu Erding 23. März 1704, Profess 8. Okt. 1723, Neomyst 19. Dez. 1728, Professor der Philosophie und Theologie am stud. commune der Congregation. Zum Abt erwählt 20. Febr. 1758, † 26. Dez. 1771. (Besnard, Lit. Ztg. 1833, III. S. 349—352.)

Schriften:

1) Philosophus resolutus contra principia scotistica et recentioristica in causa efficiente fundamentaliter expensus. Ratisb. 1731. 4.

2) Medium sine medio, i. e. scientia Dei infallibilis. Ibid. 8.
3) Conspectus metaphysicus sacramenti cum parergis historico-polemicis. Ibid. 1741. 8.

P. Beda Appel, Mitglied der bayr. Akad. der Wissensch., geb. zu Ingolstadt 11. Aug. 1744, studirte zu Ingolstadt und München, Profess 16. Okt. 1763, Neomyst 3. Mai 1768, Lektor der Theologie, † 11. März 1773. (Baader, Gel. Baiern, S. 32.)

Schriften:

1) Historische Abhandlung der Gränzen, Gaue und Ortschaften des Herzogthums Baiern unter den Herzogen des Agilolfingischen Stammes. (Abhandl. der bair. Akad. Bd. VII. S. 353—464.) 1772.
2) Kurze Abhandlung von der Ankunft und Wanderung der Bojer in's Norikum und Vindelizien. (Das. Bd. X. S. 91—136.) 1776.
3) Lieferte Beiträge zu den Monum. boic.

P. Maurus Ott, geb. zu Sallach 1. März 1712, Profess 31. Aug. 1732, Neomyst 28. Sept. 1736, lehrte Theologie daheim, und am stud. commune der bayr. Benediktiner-Congregation, † 26. Mai 1775.

Schriften:

1) Maria Mater Dei et Virgo, i. e. Maria vere Mater Dei ante, in et post partum inviolata virgo contra haereticos theologice vindicata. Straubing 1748. 4.
2) Tractatus theologico-thomist.-schol.-dogmat. de vitiis et peccatis. Ibid. 1749, 14 S. 4.
3) Tractatus theol.-thom.-schol.-dogm. de jure et justitia. Tegernsee 1751. 4.

P. Benno Ganser, Mitglied der bayr. Akademie der Wissenschaften, geb. zu München 15. Nov. 1728, Profess 8. Dez. 1749; Neomyst 29. April 1753. Nach vollendeter Theologie verlegte er sich mit Eifer auf die Naturwissenschaften, und wagte sich an die Beantwortung der von der bair. Akademie der Wissenschaften 1761 aufgeworfenen Preisfrage über den eigenen Beitrag der Pflanzen zur Zubereitung ihres Nahrungssaftes.... Obschon Ganser den Preis nicht errang, so belobnte die Akademie doch sein Streben durch Verleihung einer silbernen Medaille, und seine Ernennung als correspondirendes Mitglied. Im Jahre 1763 kam er an die Universität Salzburg, wo er bis 1766 Philosophie lehrte. Wieder in's Kloster zurückgekehrt lehrte er Theologie und wurde Stiftsarchivar. — Als Professor hielt er strenge an der scholastischen Lehrmethode fest, und bekämpfte Osterwald's Schriften von der geistlichen

Immunität. Als Archivar ordnete er innerhalb sechs Jahren das Stiftsarchiv und fertigte über dasselbe eine Menge Bemerkungen und Auszüge an. Die letzten sechs Jahre seines Lebens kränkelte er beständig, und starb am 5. Aug. 1779. Ganser war von magerer Leibesbeschaffenheit und melancholischen Temperamentes; in grossen Gesellschaften fühlte er sich unbehaglich und war schüchtern; im engen Kreise gelehrter Freunde war er aufrichtig und mittheilend. (S. Annalen der bair. Literatur, I. St. 3, S. 195—199; Baader, Gel. Baiern, S. 365; Finauer, Magazin für die neueste Literatur 1775, St. 6, S. 122—125; Vacchiery, Rede zum Andenken P. B. Ganser's. München 1780; Verzeichniss aller akad. Professoren, S. 61.)

Schriften:

1) Castrum doloris piissimo funeri abbatis Dominici († 29. Dec. 1757) erectum. 1757. Fol.
2) Systema S. P. Augustini de divina gratia actuali abbreviatum et ejusdem continuatio. Ratisb. 1758. 8.
3) Auctoritas Rom. Pontificis a calumniis D. Huthii professoris Erlangensis vindicata. 1759. 8.
4) Doctrinae ex univ. theologia per modum systematis theologici. 1760.
5) Was ist die Ursache des periodischen Ab- und Zunehmens der unterirdischen Gewässer, die der gemeine Mann in Baiern Hüdel nennt? (Erhielt von der Akademie den Preis.) 1764. (S. Westenrieder, Gesch. der Akadem. II. S. 552—555.)
6) Cogitationis humanae natura, principia et genesis. Salisb. 1764. 4.
7) Cogitationis humanae ordo. Ibid. 1764. 4.
8) Cogitationis humanae adjumenta ab auctoritate. Ibid. 1764. 4.
9) Cogitationis humanae perfectio et defectus. Ibid. 1764. 4.
10) Cogitationis humanae objectum primarium, seu Deus metaphysice expensus. Ibid. 1765. 4.
11) Cogitationis humanae subjectum, seu mens humana. Ibid. 1765. 4.
12) Abhandlung von der Benutzung der Torferde und der moosigen Gründe. (Abhandl. der Akademie, Bd. III. S. 213—246.) 1765.
13) Minister sacramenti matrimonii. Straub. 1766. 4.
14) Varii status mentis humanae disputationi finali subjecti, unacum epistola de statu mentis separatae a corpore suo jam a. 1762 a se ad nobil. Danum data, qui in novellis Erlangensibus (anno 1762, n. 15) sibi explicari petiit, an talis anima adhuc libera, activa et cogitativa sit. Straub. 1766. 4.
15) Verschiedene Fragen über Lochstein's Gründe, sowohl für als wider die geistliche Immunität nur allein an H. v. Lochstein und dessen

Herausgeber gestellt. Strassburg (München) 1766, 75 S. (anonym). (Dagegen erschien von Osterwald: V. v. Lochstein's Antwort auf die Frage eines ungenannten Mitgliedes der churbayr. Akademie der Wissenschaften wegen der geistl. Immunität. 1767. 4.)

16) Neu versprochene Frage über V. v. Lochstein's Gründe. (Das Amortisationsgesetz betreffend.) 1768. 4.

17) Erinnerung an den H. Widerleger des P. Veremund Gufl. 1768. 4.

18) Von einem fasslichen Unterricht, die lateinische Sprache eher als wie bisher in neun Jahren zu lernen. (Münch. Intelligbl. 1768, S. 132 und 151 sq.)

19) Sendschreiben an einen gelehrten Freund, betreffend die heutigen Schriften von der Hexerei. 1769. 8.

20) Antwortschreiben eines Fürsten auf das Bedenken eines Staatsministers über die Frage, wie über die Beschwerden gegen die Geistlichkeit und die Immunität zu verfahren sei. 1770. 8.

21) De monachorum cura pastorali per omnia saecula, tentamen historicocriticum dissertationi intitulatae „Bona clericorum causa" oppositum. 1770. 4.

22) Historia illustrissimorum et antiquissimorum comitum de Bogen fundator. utriusque monasterii Oberaltacensis et Windbergensis horumque amborum sicut et mon. Niederaltacensis et Priflingensis advocatorum. (Neue Abhandl. der Akadem. II. S. 411—508. 1781.)[1])

Manuscripte:

a) Brevis autobiographia.

b) Excerpta et notamina archivi Oberaltacensis.

c) Historia comitum de Bogen cum documentis ineditis Windbergensibus VIII. et Vacchieri judicio de hoc libro. (cod. lat. 1744 kgl. Hofbiblioth. zu Münch.)

d) Epistola ad P. H. Schollinerum de quibusdam dubiis circa tabulam primam genealogicam comitum de Bogen in mon. boic. Vol. XII. (cod. lat. 1381 [fol. 331] daselbst).

P. Johann Gualbert Lambacher, geb. zu Mainburg 14. Nov. 1726, Profess 21. Nov. 1745, Neomyst 29. Sept. 1750, lehrte im Kloster Kirchenrecht, † 2. Juli 1780.

---

[1]) Die beiden Abhandlungen: Ueber den eigenen Beitrag der Pflanzen zur Bereitung ihres Nahrungsstoffes, und über die Güte des bayrischen Hopfens in Vergleich zum böhmischen blieben wahrscheinlich Manuscript.

Schriften:

1) Casus practicus in puncto decimarum. 1755, 18 S. 4.
2) Theses de sacramentis. Sumpt. M. Oberaltac. 1758.

P. Benedikt Bucher (Buecher), Dr. theolog. et phil., Mitglied der bayr. Akad. der Wissensch., und der societas litteraria germano-benedictina, geb. zu Regensburg 19. Okt. 1706, wurde 1729 Weltpriester und 1732 Benediktiner, Profess 23. Nov. 1733, Professor zu Freising 1737—1740, zu Salzburg 1741—1748, wo er zuerst Philosophie, dann Theologie lehrte. Im Jahre 1748 nahm ihn der Erzbischof Andreas Jakob von Salzburg in seinen unmittelbaren Dienst als Hoftheolog und Gewissensrath. In dieser Eigenschaft hatte Bucher Hauptantheil an der Diöcesan-Synode, die der Bischof von Chiemsee am 16. Mai 1748 zu St. Johann im Leukenthale hielt. Nach dem Tode des Erzbischofes Andreas Jakob (1753), dessen Vertrauen Bucher im vollsten Maasse genossen hatte, kehrte er in sein Kloster zurück, wo er † 8. Dez. 1780. (Verzeichniss, S. 29.)

Schriften:

1) Theses philosophicae. 1734.
2) Potestas legislativa ecclesiae. 1737. 8.
3) Natura thomistice universalis in actuali praedicatione. Frising. 1739. 8.
4) Prima philosophiae experimentalis principia ad sensum peripatetico-thomisticum ut plurimum reducta. Salisb. 1742. 4. (cum multis fig. aen.)
5) Quaestiones theologiae speculativae dogmaticae de peccatis in genere et originali in specie in compendium redactae. Ibid. 1745. 4.
6) Symbolum: „Quicunque vult salvus esse“ suo auctori D. Athanasio assertum. Ibid. 1746. 4.
7) Dissertatio de Cepha a S. Paulo reprehenso (Gal. c. II.), num S. Petrus fuerit reprehensus. Ibid. 1747. 4.
8) Diss. I. de facto Honorii Sum. Pontif. in causa monothelitarum. Ibid. 1748. 4.
9) Diss. II. de facto Honorii. Ibid. 1748. 4.
10) „Domine opus tuum!“ Jubelrede, gehalten zu Maria Loretto bei Salzburg 1751.
11) Marianische durch die alttestam. Cron Aaronis vorbedeutete dem wunderthätig. Bildniss Mariä Trost zu Plain aufgesetzte Cron der Ehren. Festpredigt, gehalten 1751. (In der Samml. der Festreden.)
12) Leichenrede auf Andreas Jakob, Erzbischof von Salzburg. Salzburg 1753. Fol.

P. Vincenz Partl, geb. zu Kochl 2. Febr. 1716, Profess 21. Nov. 1741, Neomyst 4. Okt. 1742, Subprior, Prior, † 11. Sept. 1784.

Schrieb:

Theses theolog.-schol.-dogmat. de prolegomenis et locis theologicis. Straubing. 1754. 4.

P. Anselm Zacherl, geb. zu Schleissheim 4. März 1729, Profess 21. Nov. 1748, Neomyst 29. April 1753, Professor der Theologie, Kanzleidirektor und Sekretär des Abtes, † 14. April 1807. (Besnard, Lit. Ztg. 1834, IV. S. 329.)

Schriften:

1) Theses ex logica, physica et univers. jure canonico. Ratisb. et Straub. 1755—1759. Fol.
2) Positiones controversae ex I. et II. libr. Decretalium et jure canonico. Straubing. 1763—1764.
3) Opusculum polemicum contra auctorem Viennensem introductionis in univ. jus ecclesiasticum. 1763.
4) *Figmentum jurium status politici in res ac personas status ecclesiastici. Amstelod. 1764. 4. (S. Sartori, geistl. und weltl. Staatsrecht. 2. Bd. 2. Thl. S. 534.)
5) *Verschiedene Fragen über Veremund v. Lochstein's Gründe für und wider die Immunität in geistlichen Dingen. 1767. 4.
6) *Unversprochene Frage von Veremund v. Lochstein.
7) Positiones dogmat. schol. ex libr. III. sententiarum Scoti. Ingolst. 1772.
8) P. Coelest. Oberndorfer Theologia dogmatica (continuatio). T. VI. bis T. XII. Frisingae 1768—1780. 8.

P. Marian Gerl, geb. zu Ambs 2. Dez. 1736, Profess 21. Nov. 1757, Neomyst 8. Juni 1760, Professor zu Freising 1771—1778, Prior zu Bogenberg 1783—1785, gest. im Kloster 20. Juni 1790.

Schriften:

1) Dissert. theolog. historica de sacramentis unacum thesib. ex univ. theolog. Straub. 1774, 115 S. 4.
2) Witterungsbeobachtungen der Station Bogenberg 1783—1785. (Ephemeriden der bayr. Akad. der Wissensch. Jahrg. III—V.)

P. Cölestin Moser, geb. zu Gastein (Salzburg) 3. Sept. 1746, studirte zu Salzburg, Profess 12. Okt. 1766, Neomyst 14. Okt. 1770, Lehrer der Theologie, Bibliothekar, Pfarrer zu Kreuzkirchen und Geltolfing, † 5. Jan. 1791. (Besnard, Lit. Ztg. 1828, IV. S. 377.)

NB. Die mit * bezeichneten Schriften gab Zacherl anonym heraus. Die churfürstl. Regierung bezeichnete sie mit Dekret vom 1. Aug. 1769 als verbotene Schriften.

Schriften:

1) Theologiae pastoralis pars praecipua de sacramentorum administratione. Straubing. 1782. 8.
2) Die Pflichten des Seelsorgers. Regensburg, 3 Thle. 1783. 8.
3) Dogmata theoretica religionis christiano-catholicae. Straub. 1786. 63 S. 4.

P. Joseph Maria Hiendl, Abt und Präses der bayr. Benediktiner-Congregation, Condirektor der churfürstl. bayr. Studienanstalten, geb. zu Straubing 1. Dez. 1737, Sohn des dortigen begüterten Bürgermeisters Johann G. Hiendl, Profess 2. Sept. 1754, Neomyst 23. Nov. 1760, Caplan zu Nonnberg, Professor zu Freising, Wallfahrtspriester zu Bogenberg, Prior, Abt seit 5. Febr. 1772. Er war ein grosser Beförderer des wissenschaftlichen Strebens seiner Religiosen. Bibliothek, Naturalienkabinet und Münzsammlung erhielten bedeutenden Zuwachs. Er starb in Folge eines Schlagflusses 25. Juni 1796. (S. Kornmann R., Leichenrede auf Abt Joseph Maria; Felder, Lit. Ztg. 1823, S. 132—135.)

Schriften:

1) Prodromus mathematicus, seu prolegomena mathematica. Ratisb. 1765. 4.
2) Leichenrede auf Abt Bernhard (Strelin) von Windberg, S. Ord. Praem. Straub. 1777. 2.
3) Oratio ad Senatum et populum academicum in templo almae et archiep. Univ. Salisburgensis ante triennalem Rectoris Magnif. electionem, dicta díe 13. Junii 1785. Salisb. 1785, 12 S. 4.
4) Trauerrede auf Abt Petrus (Gerl) von Priefling. Regensburg 1781, 26 S. Fol.

P. Hermann Scholliner, Dr. theolog., Mitglied der bayr. Akademie der Wissenschaften (hist. Klasse seit 1759), geb. zu Freising 15. Jan. 1722, studirte in seiner Vaterstadt, Profess 21. Nov. 1738, Neomyst 19. März 1745. Die weitere Ausbildung erlangte er auf den Universitäten zu Salzburg und Erfurt. 1750 begann er im Kloster Kirchenrecht zu lehren, wurde aber noch in demselben Jahre Direktor des studium commune der Congregation, welches sich damals theils zu Rott, theils zu Priefling befand (1750—1757). Von 1760—1766 lehrte er mit Beifall zu Salzburg Dogmatik. 1766 übertrug ihm die churbayr. Akademie der Wissenschaften das Amt eines Revisors der Monumenta boica. Eine 1770 nach Wien unternommene Reise war für ihn in literarischer Hinsicht wichtig, weil er Gelegenheit fand, verschiedene Bibliotheken und Archive kennen zu lernen, und mit Gelehrten Bekanntschaft zu machen. 1772 wurde er Prior, 1773 Professor der Dogmatik zu Ingolstadt, 1776 Rector magnificus; 1780 legte er sein Lehramt nieder und kehrte in das Kloster zurück. Bald darauf wurde er Propst zu Welchenberg (1780—1784); Beschwerden des Alters mögen ihn bewogen haben, diese Stellung wieder aufzugeben. Er ging in das Kloster zurück, wo er 17. Juli 1795 starb.[1]) Seine Hauptstärke besass Scholliner in der Geschichte und Diplomatik, obschon er auch auf theologischem Gebiete einige sehr gute Schriften verfasst hat. Unstreitig nimmt er unter den vaterländischen Historikern eine ehrenvolle Stellung ein. Er führte mit hervorragenden Gelehrten des In- und Auslandes eine rege Correspondenz. Seine Münz- und Landkartensammlung, sowie seine Privatbibliothek war bedeutend, und enthielt im Fache der Geschichte ausgezeichnete Werke. Von den Honoraren für schriftstellerische Arbeiten und gelöste Preisfragen hatte Scholliner nach und nach eine Summe von 3000 fl. zusammengebracht. Die Zinsen dieses Capitals bestimmte er im Einvernehmen mit seinem Abte ausschliesslich zur Anschaffung wissenschaftlicher Werke für die Stiftsbibliothek, was Oberaltaich gewissenhaft befolgte.[2]) Sein Porträt findet sich vor dem III. Bd. der Beiträge zur vaterl. Historie v. Westenrieder. (S. Baader, Lex. I. 2, S. 220—224; Permaneder, Annales, 6—7, 52; Westenrieder, Beiträge, Bd. VII. S. 393—396.)

Schriften:

1) De Magistratuum ecclesiasticorum creatione, Diss. juridica-historico-critica. Straubing. 1751, 5 Bg. 4. Continuata ibid. 1752. 13 Bg. (S. Regensb. gelehrt. Ztg. 1751, S. 275.)
2) Epistola ad Joan. Rud. Kieslingium, in qua de religione Lutherana Catholicis, juxta ipsum, ut ad eam accedant, amabili, reipsa vero, ut ad eam deficiant, jure merito odibili, disserit. Ratisb. 1753, 7 Bg. 4.
3) Axioma Theologorum: Facienti, quod est in se, Deus non denegat gratiam, dogmatice et scholastice consideratum. Tegernsee typ. monast. 1754, 4 Bg. 4.
4) De merito vitae aeternae, Diss. dogmat. Ibid. 1756, 6 Bg. 4.
5) Disciplina Arcani, Diss. theologico-historica, qua contra Dallaeum, Albertinum, Tenzelium, Binghamum, et alios heterodoxos illius antiquitates et usus vindicantur. Typ. Mon. Tegernsee 1756, 1 Alph. und 12 Bg. 4.
6) Disciplina Arcani suae antiquitati restituta, et ab heterodoxorum impugnationibus vindicata. Ibid. 1756. 4. (S. Regensb. gel. Ztg. 1756, S. 283.)

---

[1]) Im Verzeichniss der akad. Professoren S. 55 ist sein Sterbejahr irrthümlich angegeben (1791).

[2]) Cf. Documentum originale, quo Josephus Maria, abbas Oberaltacensis P. Hermanni Scholllineri donationem 3000 flor. pro bibliotheca monasterii sui acceptat. (cod. lat. 2211 der kgl. Hof- und Staatsbibliothek zu München.)

7) Ecclesiae orientalis et occidentalis concordia in transsubstantiatione, historiae concertationis a D. Rud. Kieslingo Professore Lips. fictae, opposita. Ratisb. 1756, 1 Alph. und 15 Bg. 4. (S. Regensb. gel. Ztg. 1756, S. 268.)

8) De Magistratuum ecclesiasticorum origine et creatione, Diss. theologico-historica secundis curis adornata, plurimumque aucta. Pedeponti 1757, 1 Alph. und 4 Bg. 4.

9) De Hierarchia ecclesiae catholicae, Dissert. theologico-historicae duo, I. de clericorum laicorumque discrimine, II. de fictitio laicorum jure sacerdotali. Ratisb. 1757, 1 Alph. und 6 Bg. 4.

10) De Hierarchia eccl. cath. Diss. III[tia], qua episcoporum supra presbyteros eminentia adversus Boehmerum vindicatur. Ibid. 1758. 4.

11) Diss. Anti-Huthiana, qua calumnia de Papa Antichristo in S. C. majestatis statuumque catholicorum injuriam redundare ostenditur. Ibid. 1758. 4.

12) Innocuum Romani Pontificis in elargiendis titulis jus ab ineptiis Anonymi Halensis vindicatum. Ibid. 1759, 14 Bg. 4. (S. Regensb. gel. Ztg. 1759, S. 284.)

13) Historia Theologiae christianae saeculi primi. Salisb. 1761, 1 Alph. und 3 Bg. 4. (S. Regensb. gel. Ztg. 1761, S. 334.)

14) De conciliis ac formulis Sirmiensibus et subscriptione Liberii Rom. Pontif. Dissertatio, qua conciliorum istorum epocha determinatur, plures eruditorum virorum anachronismi modeste emendantur, et Liberius Rom. Pontifex ab ariana haeresi vindicatur. Ibid. 1762, 2 Bg. 4.

15) Praelectiones theologicae de Deo, mundi, angelorum et hominum creatore, horumque ultimo fine ac beatitudine. Ibid. 1764, 2 Alph. und 2 Bg. 4. (S. Regensb. gel. Ztg. 1764, S. 132.)

16) De praedestinatione haereseos ante Calvinum phantasmate, Dissertatio. Aug. Vind. 1767, 9 Bg. 8.

17) Praelectiones theologicae ad usum studii communis congregationis Benedictino-Bavaricae in XII Tomos divisae. Aug. Vind. 1769. 8.

18) Introductio ad praelectiones theolog. cum thesib. ex univ. theologia. Ingolst. 1775. 8.

19) Dissertatio historico-theologica de non commentitio, eoque genuino, sed excusato lapsu Liberii Rom. Pontif. qua conciliorum formularumque Sirmiensium numerus et epocha determinantur, et ipse pontifex, binis licet formulis subscripserit, ab arianae haereseos labe vindicatur. Ingolst. 1775. 4. Es erschien davon zu Wien bei Tattnern: Editio secunda ab Anonymo multis animadversionibus aucta 1783, 183 S. 8. Wider diese Anmerkungen der Wiener Ausgabe liess Scholliner drucken: Ad virum clar. dissertationis de non commentitio etc. editorem Vindobonensem Authoris epistola apologetica. Reginoburgi 1776, 1 Bg.

(S. Lit. des kath. Teutschl. B. I. St. 3, S. 31; Allg. t. Biblioth. Bd. 36, I. S. 215.)

20) Historisch heraldische Abhandlung von den Wappen der Pfalzgrafen von Wittelsbach und nachmaligen Herzogen in Baiern. Frankfurt und Leipzig 1776. 4. Hildburghausen 1776. München (Lentner) 1784.

21) De Synodo Neuenheimensi sub Tassilone celebrata. Ingolstad. (Luzenberger) 1777. 4.

22) De eadem synodo conjecturae. 1777.

23) De Synodo Neuenheimensi sub Tassilone Bojoariae duce celebrata, eruditorum historiae ecclesiastico-boicae statorum disquisitioni conjecturas suas exponit. Ingolst. 1777. 4. (S. Nürnberg. gel. Ztg. 1777, S. 478; Lit. des kath. Teutschl. Bd. 2, S. 106; Nov. bibl. eccl. Friburg. T. IV. fasc. 3. S. 373.)

24) De eadem Synodo a Dingolfingensi diversa. Neoburgi 1777. 4.

25) Untersuchung der Voraltern Otto des Grossen, geb. Pfalzgrafen von Wittelsbach und gemeinschaftlichen Stammvaters des durchlaucht. Churhauses Baiern und Pfalz, sammt 18 genealog. und chronolog. Tabellen. Ingolst. 1778. (S. Lit. des kath. Teutschl. Bd. 3, S. 21; Nürnb. gel. Ztg. 1778, S. 776.)

26) Entscheidender Beweis, dass das eigentliche Geschlechtswappen der Pfalzgrafen von Wittelsbach vor dem Jahre 1242 weder Adler noch Wecken, sondern die sog. Sparren gewesen. Mit Kupfern. Hildburghausen 1779. 4.

27) Nachtrag zur hist. herald. Abhandlung von den Sparren als dem Geschlechtswappen u. s. w. München (Lentner) 1784, 62 S. 4. (S. Jen. Lit. Ztg. 1785, V. S. 62; Allgem. t. Biblioth. B. 78, S. 161.)

28) Dissert. genealogica sistens Weissenoensis ord. S. P. Benedicti et plurium coenobiorum fundatores, unacum stemmatographia paterna et materna Lotharii II. et Ithae sororis, ex diplomatibus anecdotis aliisque rarius obviis collecta, ad modum Ch. Koehleri adornata. Mit 2 Kupfern. Nürnberg 1784, 62 S. 4. (S. Münch. gel. Ztg. 1785, S. 23; Jenaer Lit. Ztg. 1785, V. S. 254; Gött. gel. Ztg. 1785, III. S. 1961; Meusel, hist. Lit. 1785, II. S. 330.)

29) Indiculus conciliorum ab anno 716 ad annum 1770 in Bojaria celebratorum. 1785.

30) Stemmatographia Gebehardi hoc nomine primi episcopi Ratisbonensis comitibus ab Hohenwart perperam hactenus adscripti. Monach. 1785, 4 Bg. 4. (S. Jen. Lit. Ztg. 1785, V. S. 99.)

31) Berichtigte Reihe der herzoglichen Linie in Niederbaiern von Herzog Heinrich I. im Jahre 1255 bis Herzog Johann den letzten 1340. Mit 3 Geschl.-Tafeln. Augsburg (Rieger) 1786, 80 S. (S. Gött. gel. Ztg. 1786, III. S. 1749; Allg. t. Biblioth. B. 76, I. S. 194; Nürnberg. gel. Ztg. 1786, S. 319.)

32) Monumenta Niederaltacensia. (In Mon. Boicis Vol. XI. S. 1—340.)

33) Monumenta Oberaltacensia, Elisabethcellensia et Osterhofensia. (Das. Vol. XII.)

34) Observationes ad quaedam Henricorum II., III. et IV. german. regum et imp. aliaque diplomata. Mit Kupfern. Ingolstadt (Krüll) 1790, 23 S. 4. (S. Obert. Lit. Ztg. 1790, II. S. 798, und 1791, II. S. 1103; Jen. Lit. Ztg. 1791, IV. S. 487.)

35) Wann, wie, und auf was Art ist Arnulph der Sohn Luitpold's zum Herzogthum Baiern gekommen, und worin bestunden dessen landesfürstliche Gerechtsame, die ihm entweder besonders eigen waren, oder die er mit andern Herzogen Teutschlands gemein hatte? (In den Neuen Abhandl. der Akad. der Wissensch. Bd. IV. Th. 1, S. 147—231. Diese Abhandlung erhielt den Preis von 50 Dukaten.)

36) Erklärung einer in dem Kloster Niederaltaich entdeckten bleyernen Tafel, eines Grabsteines, wodurch aus wahrscheinlichen Gründen erwiesen wird, dass Herzog Berthold, Herzogs Arnulph Bruder, einen Sohn Heinrich, dieses Namens den dritten, Herzog in Baiern und Kärnthen hinterlassen habe. (Ebendas. Bd. VII. S. 177—224. 1772.)

37) Vollständige Reihe der Voraltern Otto des Grossen, ersten Herzogs in Baiern aus dem Pfalzgräflichen Hause Scheyern-Wittelsbach, und gemeinschaftlichen Stammvaters des durchlaucht. Churhauses Baiern und Pfalz, sammt 26 genealog. und chronolog. Tafeln. (In den Neuen hist. Abhandl. der Wissensch. Bd. III. S. 1—288.) (1791.)

38) Stemmatographia illust. S. R. J. comitum de Bogen, hodie ab arcu, ex monumentis undique conquisitis. (Ebend. Bd. IV. S. 1—386.) (1792.)

39) De Gerbirge Geisenfeldae sepulta ejusque parentibus ac progenitoribus disquisitio, praecedit stemmatographia comitum de Semta et Ebersberg. (Ebend. S. 549—700.) (1792).

40) Synodus Nivhingana sub Tassilone Bojoariae duce a. 774 celebrata, e codice manusc. Benedictoburano recens eruta, et idoneis observationibus illustrata. (In Westenrieder's Beyträgen zur vaterl. Historie. Bd. I. S. 2—30.)

41) Zweyter Nachtrag zur historisch heraldischen Abhandlung von den Sparren, als dem eigentlichen Geschlechtswappen der Pfalzgrafen von Scheyern und Wittelsbach gegen zwei neue Gegner. (Das. Bd. I. S. 96—141.)

42) De patria, episcopatu et martyrio S. Emmerami, disquisitio critica. (Das. Bd. II. S. 1—29.)

43) Prüfung und Bemerkung von Oesterreichs Gränzen zu K. Friedrich's I. Zeiten. (Bd. III. S. 2—32.)

44) Zwote Prüfung der Bemerkung von Oesterreichs Gränzen zu K. Friedrich's I. Zeiten, als dieses Markgrafenthum zum Herzogthum erhoben wurde. (Ebend. IV. S. 1—52.)

45) Genealogische Nachrichten von Agnes, Kaiser Ludwig's des Baiern

Schwester, und zwoen desselben Töchtern Margareth und Elisabeth. (Ebendas. V. S. 1—29.)

46) Muthmassung über zwo baierische seltene Münzen. (Ebend. V. S. 30—37).

47) Versuch einer verbesserten Stammreihe der Grafen von Vohburg und Markgrafen von Cham. (Ebend. VI. S. 1—48.)

48) Anzeige des ächten Geschlechtes Richenzen, Ladislaus I. Herzogs in Böhmen einziger Gemahlin. (Ebend. VI. S. 49- -67.)

49) Untersuchung der Frage, ob Thassilo II. Herzog in Baiern seinen Namen schreiben gekonnt habe. (Ebend. IX. S. 356—437.)

50) Muthmassliche Erklärung einer seltenen Medaille Albrecht V., Herzogs in Bayern, mit 1 Kupfertafel. (In den Neuen hist. Abhandl. der Akad. I. S. 239 sq. [1807] opus posthum.) cf. Cod. germ. 3260 der kgl. Hofbibliothek zu München.

Manuscripte:

a) Berichtigung einer verworrenen Stelle in der Chronik Alberich's von Drey-Brunnen, zur Beleuchtung der Geschlechtsreihe der Pfalzgrafen von Wittelsbach (cod. lat. 1384 und cod. germ. 3258 der kgl. Hofbibliothek zu München).

b) Plan zu den theologischen Vorlesungen zu Ingolstadt und Geschichte der Jesuiten-Theologie in Baiern. 1774. 4. (Cod. germ. 4807 das.)

c) Bemerkungen zu Einzinger's hist. Gallerie. 1788. 4. (Cod. germ. Schollineriana (22), das.)

d) Varia ad historiam bavaricam spectantia. 4. Ibid.

e) Documenta Oberaltacensia varia. 4. Ibid.

f) Historica varia. 4. Ibid.

P. Michael Aman, geb. zu Bogen 24. Okt. 1752, Profess 1. Sept. 1773, Neomyst 21. Dez. 1776, Professor der Theologie im Kloster, Sekretär der bayr. Benediktiner-Congregation, Subprior und Archivar, † 20. Aug. 1797. (Baader, Lex. I. 1, S. 18.)

Schriften:

1) Exercitatio analytica et hermeneutica selectorum capitum et locorum textus hebraici ac graeci unacum quaestionibus quibusdam scripturisticis. Ratisbonae 1777. 8.

2) Das Buch des heiligen Cyprian vom Sterben. Aus dem Lateinischen nach der Maurinerausgabe. München 1786. 8.

P. Angelus Maria Lang, geb. zu Hohenkammer 30. Aug. 1754, Profess 30. Okt. 1774, Neomyst 30. Okt. 1778, Professor zu Straubing und Neuburg an d. D., gest. im Kloster 31. Dez. 1798.

Schrieb:

1) Positiones juris ecclesiastici univ. Germaniae particul. ac Bavariae in specie, accommodatae. Monach. 1797. 8.
2) Mehrere Festpredigten.

P. Rupert Reiffenstuel, Dr. phil., geb. zu Rosenheim 21. Nov. 1718, Profess 29. Sept. 1737, Neomyst 20. Dez. 1741, akademischer Prediger zu Salzburg, gest. als Senior und Jubilar im Kloster 30 April 1802. (Besnard, Lit. Ztg. 1832, I. S. 254.)

Schrieb:

B. Maria virgo invicta fortitudinis atque refugii urbs Bavariae (Festpredigt, gehalten zu Neukirchen.) Augsburg 1753. 4.

P. Georg Schneller, Dr. theol. et phil., geb. zu Pfaffenberg 25. Febr. 1746, Profess 12. Okt. 1766, Neomyst 21. März 1770, Professor und Rektor zu Amberg 1789, Professor der Moral und Pastoraltheologie an der Universität Ingolstadt 1790—1798, im Jahre 1796 zugleich Rector magnificus. Er kehrte 1798 in das Kloster zurück, wurde Propst zu Conzell 1801, und starb daselbst 31. März 1804. (Besnard, Lit. Ztg. 1833, IV. S. 376—379.)

Schriften:

1) Kurze Auszüge aller Materialien, die in der Realschule zu Oberaltaich von 1776—1777 vorgetragen wurden. Straubing 1776—1777. 8.
2) Prima octo saecula a Christo nato ad leges historiae ecclesiasticae deducta. Ibid. 1777, 26. S. 4.
3) Historia ecclesiastica a saec. IX. post Chr. usq. ad saec. XVIII. Ibid. 1778, 55 S. 4.
4) De Liberii Rom. pontificis communioni S. Athanasii renuntiantis oeconomia. Dissert. hist. theolog. Ibid. 1779, 62 S.
5) Specimen doctrinae ex jure publico eccles. ac ejus institutionibus. Ibid. 1780. 8.
6) Specimen doctrinae ex jure eccl. privato. Ibid. 1781, 25 S.
7) Concilii Ratisbonensis saec. XIII. (1377) celebrati statuta ex cod. ms. bibliothecae Oberaltacensis eruta. Ibid. 1785, 58 S. 4.
8) Zurechtweisung des Verfassers der Anekdoten zur Todesgeschichte des verfolgten P. Nonnos Gschall. München 1786, 104 S. 8. (Verfasser dieser Anekdoten war ein gewisser Fr. Wilh. Rothammer, † 1800.)
9) Trauerrede auf Abt Wolfgang (Krieger) von Frauenzell. Straubing 1788, 35 S. 4.
10) Conciliorum ab 716—1770 in Bojoaria ac confinibus quibusdam locis,

civitatibus praecipue metropoliticis ac episcopalibus celebratorum indiculus. Ingolst. 1797, 26 S. 4.

11) Miscellanea theologica anecdota ex cod. ms. bibliothecae Oberaltacensis eruta. Ibid. cod. 28 S. 4.

P. Dominicus Gollowitz, Dr. phil. et theol., geb. zu Geiselhöring 31. Mai 1761, Profess 17. Okt. 1779, Neomyst 5. Juni 1784, lehrte im Kloster Dogmatik und Moral, Prior 1791—1796, von 1799—1801 Professor der Moral und Pastoraltheologie zu Ingolstadt, 1801—1804 lehrte er dieselben Fächer zu Amberg, Pfarrer zu Conzell 1804—1809, starb daselbst 6. Mai 1809. (Baader, Lex. II. 1, S. 65; Felder, Lit. Ztg. 1820, II. S. 257—258; Permaneder, Annales, S. 177 und 188.)

Schriften:

1) Theologiae moralis in systema redactae principia. Straubing. 1786, 47 S. 4.
2) Theologiae revelatae principia theoretica. 1787, 56 S. 8.
3) Theoreticae religionis nostrae veritates. 1788, 51 S. 8.
4) Religionis christiano-catholicae veritates theoreticae. 1789, 91 S. 8.
5) Kurzer Leitfaden für die vorgeschriebenen Kollegien aus der Pastoraltheologie. 1790, 249 S. 8.
6) Specimen praelectionum patrologicarum. 1790, 51 S. 8.
7) Kurze Beschreibung der in Niederbaiern gelegenen berühmten Wallfahrt zu Bogenberg. Straubing 1791, 38 S. 8.
8) Historiae ecclesiasticae a Christo nato usque ad Carolum magnum epitome. 1791, 110 S. 8. Pars II. a Carolo magno usque ad nostra tempora. 1798, 127 S. 8.
9) Anleitung zur Pastoraltheologie. Landshut 1803, 2 Bde. 4. Auflage revidirt von Wiedemann. Regensburg und Landshut 1836. 5. Auflage edirt von Vogel. Das. 2 Bde. 1845. 6. Auflage. Regensburg 1851. (S. Kayser, Annalen der bair. Literatur Nr. 29, St. 29, April 1803; Obert. Lit. Ztg. 1805, I. S. 154.)

P. Corbinian Diemer, geb. zu Freising 15. Aug. 1737, Profess 1. Nov. 1758, Neomyst 31. Aug. 1760, wirkte als Seelsorger in Winkling und Espenzell, lehrte von 1782—1785 im Kloster Rott am Inn Moraltheologie, war hierauf nacheinander Pfarrvikar zu Conzell, Prior zu Bogenberg und Propst zu Sattelbogen, starb als Pensionist zu Bogen 1. April 1813. (Eine ausführliche Biographie s. Felder, Lit. Ztg. 1814, I. Intelligbl. Nr. 2, S. 13 sq. und 1819, III. S. 276—278; Baader, Lex. I. 1, S. 108—109.)

Schriften:

1) Resolutiones ex theologia hist.-crit.-dogmat.-scholastica de Deo, de angelis, de creatione mundi et primi hominis nec non de actibus humanis. Straubing. 1764. 4.
2) Jus ecclesiasticum in suo actu et progressu expensum. Ibid. 1767. 4.
3) Resolutiones ex univ. jure naturali ecclesiastico tum civili tum privato. Ibid. 1768. 4.
4) Praelectiones ex tractatu de legibus, vitiis ac peccatis. Ibid. 1769. 4.
5) Disquisitio historico-critica an Joannes XXII. Rom. Pontif. docuerit animas justorum a beatifica visione usque ad extremi judicii diem excludi. Ibid. 1770, 34 S. 4.
6) Disputatio theolog. de sacramentis in genere et in specie. Ibid. 1773. 4.
7) Principia juris ecclesiastici histor.-critice expensa. Ibid. 1774. 4.
8) Dissertatio de annatis. Ibid. 1774. (Diese Schrift liess das fürstbischöfl. Ordinariat von Regensburg von der Presse hinwegnehmen.)
9) Controversiae ex jure naturali canonico tum publico tum privato civili. (Zweifelhaft, ob gedruckt oder Manuscript.)
10) Vollkommener juridischer Kurs. (Manuscript.)

P. Johann Ev. Mayerhofer, geb. zu Landshut 16. Sept. 1743, Profess 16. Okt. 1763, Neomyst 27. Dez. 1767, lehrte an den Lyzeen zu Freising und Straubing, war Professor des Kirchenrechtes zu Amberg 1784, Propst zu Atzenzell 1803, starb zu Roding 25. April 1814. (Felder, Lex. I. S. 466; Deutsche Encyklopädie, Bd. XXI.)

Schriften:

1) Xenium immortalitatis Joanni Ev. abbati in rhythmis musicis ad diem nominis oblatum. Straub. 1765, 8 S. 4.
2) Die gewitzigte Ehrsucht. Ein Lustspiel. Straubing 1766, 20 S.
3) Annua memoria ausp. electionis Joannis Ev. abb. Oberaltacensis. Straub. 1767, 8 S. 4.
4) Gratus animus optimus votorum interpres. 1767, 8 S. 4.
5) Taedium scholae in scena exhibitum a rudimentistis episc. Lycei Frisingens. 1773, 8 S. 4.
6) Sichtbares Lexikon einiger dermal in deutscher Sprache üblicher französischer Wörter, denen zu Liebe, so nicht lesen können, ohne Druck in Leibesgrösse an's Tageslicht gestellt durch eine Schlittenfahrt der Studenten von Freising. Freising 1773, 8 S. 4.
7) Equipage d'un galant homme, d. i. Reisegepäck eines süssen Herrchens nach der Mode, so auf Reisen geht. Straubing 1775, 16 S.
8—9) Erste und zweite Schulübung in der Beredsamkeit der Schüler zu Straubing. 1775, 16 und 20 S.

10) Die Freundschaft, ein bürgerliches Trauerspiel in drei Aufzügen. Aufgeführt am Ende des Schuljahres zu Straubing. Landshut 1775, 64 S.
11) Conspectus controversiarum ex univ. jure. 1777—1778. 8.
12) Annui labores ex institutionibus logicis metaphysicis et mathematicis. Frising. 1781, 68 S.
13) Synopsis institutionum biennalium ex univ. philosophia. Frising. 1782, 8 Bg. 4.

P. Bernard Stöger, geb. zu Passau 12. Jan. 1757, Profess 7. Okt. 1776, Neomyst 1. Okt. 1780. Seine Ausbildung erhielt er zu St. Emmeram unter Steiglehner und Lex. Er war Professor der Philosophie zu Salzburg 1785—1801 und seit 1797 akademischer Prediger, Propst zu Gossersdorf 1801—1803, Professor der klassischen Philologie am Lyzeum zu Dilingen 1804—1809, kam 1809 in gleicher Eigenschaft nach Straubing, wurde 1811 Rektor der Studienanstalt zu Passau, trat in Folge eines Schlaganfalles 1813 vom Lehramte ab, und starb zu Bogen bei Oberaltaich 6. Mai 1815. (Felder, Lex. II. S. 421—425; Baader, Lex. II. 2, S. 196—198, wo als Todesort fälschlich Passau angegeben ist; Felder, Lit. Ztg. 1815, II. S. 277, und Verzeichniss aller akad. Professoren, S. 84—86.)

Schriften:

1) Sätze aus der reinen Mathematik. Straubing 1783, 27 S. 4.
2) Positiones ex hermeneutica sacra V. et N. T. Ratisbon. 1784, 26 S. 8.
3) Tentamen finale ex linguis hebraea et graeca. Straubing. 1785, 8 S. 4.
4) Synopsis institutionum philosophicarum. Ratisbon. 1785, 70 S. 8.
5) Tentamen finale publicum ex logica et metaphysica. Salisb. 1786, 22 S. 4.
6) Synopsis institutionum biennalium ex philosophia theoretica. Ibid. 1787, 80 S. 8.
7) Anleitung zum Studium der theoretischen Philosophie für seine Zuhörer in Privatstunden. (1. Th. Logik, 2. Th. Metaphysik, 3. Th. Anthropologie.) Salzburg 1788—1795. 8.
8) Positiones ex logica et metaphysica. Ibid. 1788, 16 S. 8.
9) Ueber die Frage: Welcher Lehrvortrag in der Philosophie ist auf deutschen Universitäten der nützlichere, der lateinische oder der deutsche? Eine Vorlesung bei Eröffnung der öffentlichen Collegien. Salzburg 1790. 8.
10) Harmonie der wahren Grundsätze der Kirche, der Moral und der Vernunft mit der bürgerlichen Verfassung des Clerus in Frankreich. Von den Bischöfen der Departemente als Mitgliedern der constituirenden Nationalversammlung verfasst. (Aus dem Französischen.) Salzburg 1792. 8.

11) Skizze der allgemeinen Logik. Salzburg 1792, 39 S. 8.
12) Stoff einer öffentlichen Prüfung. Salzburg 1792, 50 S. 8.
13) Kant's Prolegomena zu jeder künftigen Metaphysik in einem kurzen Auszug. Salzburg 1794, 45 S.
14) De eo utrum Kantiana categoriarum tabula sit omnibus numeris absoluta, exercitatio academica. Salzb. 1795, 50 S. 8.
15) Oratio in anniversariis electionis solemniis R. Archiep. ac Principis nostri Hieronymi pro litteris dicta. Salisburg. 1796, 20 S. 4.
16) Kantische Kritik der reinen Vernunft in einem gedrängten Auszuge. Salzburg 1797, 58 S. 8.
17) Compendium institutionum logicarum. Salisb. 1798, 86 S. 8.
18) Ueber die beste Art, den öffentlichen Lehrvortrag auf der Akademie zu benützen. (Eine akademische Rede.) Salzburg 1798. 8.
19) Geistliche Reden, gehalten bei dem akademischen Gottesdienste zu Salzburg. 2 Bde. Straubing 1803—1804. (1. Bd. 270 S., 2. Bd. 235 S.) 8. Erschien auch unter dem Titel: Predigten über wichtige Gegenstände der christlichen Religion mit vorzüglicher Rücksicht auf die studirenden Jünglinge. (S. Kehrein, I. S. 291.)
20) Rede über die gegenwärtige Einrichtung der vaterländischen Gymnasialinstitute und Studienanstalten überhaupt und den Zustand dieser Lehranstalten in Dilingen insbesondere. (Eine akademische Rede.) Dilingen 1809, 22 S. 4.
21) Jahresbericht über die kgl. Studienanstalt Straubing. 1810, 16 S. 4.
22) Jahresbericht über die kgl. Studienanstalt in Passau. 1811, 12 S. 4.
23) Verschiedene Rezensionen in der oberteutschen Literaturzeitung.

P. Beda Aschenbrenner, letzter Abt, geb. zu Vielreich bei Mitterfels 6. März 1756, Profess 15. Okt. 1775, Neomyst 20. Mai 1780, Professor zu Neuburg an d. D. und Straubing 1781—1787; seit 1789 Professor des Kirchenrechtes zu Ingolstadt, wo er bis 1796 verblieb. Zum Abt wurde er erwählt 27. Sept. 1796. Während seiner siebenjährigen Regierung hatte er harte Zeiten zu bestehen. Sämmtliches Kirchensilber wurde zu Bedürfnissen des Staates dem Kloster abgefordert, dessen Werth sich auf 100.000 fl. belief. Dem ungeachtet that Beda noch Vieles für wissenschaftliche Zwecke, namentlich für die Stiftsbibliothek, so dass zur Zeit der Aufhebung Frhr. v. Aretin derselben, was die neuesten Literaturerzeugnisse betraf, fast noch den Vorrang vor der Pollingerbibliothek einräumte. Nach der Aufhebung seines Klosters privatisirte er zu Haselbach, Straubing und zuletzt zu Ingolstadt, wo er 24. Juli 1817 starb. Aschenbrenner huldigte, wie namentlich aus seiner Schrift: „Was ich in den Klöstern“ u. s. w., hervorgeht, einer rationalistischen Richtung. (Baader, Lex. II. S. 6; Felder, Lex. I. S. 11—15; Bock und Riederer, Sammlung von Bildnissen gelehrter

Männer, 1803, Heft 25; Permander, Annales, 108, 115, 126, 143, 166, 168; Prantl, Gesch. der Univ. Ingolstadt, S. 644.)

Schriften:

1) Gegenstände der öffentlichen Prüfung der Schüler der I. Rhetorik zu Neuburg. Neuburg a. d. D. 1782, 23 S.
2) Gegenstände der öffentlichen Prüfung aus der Poesie zu Neuburg. Das. 1783, 23 S.
3) Die Fastnachtspieçe mit ästhetischer Anschaulichkeit dargestellt. Neuburg, 1784. 4.
4) Aufklärungsalmanach für Aebte und Vorsteher katholischer Klöster. Nürnberg (Grattenauer) 1784, 112 S. (S. allgem. t. Biblioth. Bd. 61, I. S. 230.)
5) Nachtrag zum Aufklärungsalmanach. 128 S. (S. Allgem. t. Biblioth. Bd. 61, S. 230; Hupfauer: 10 Paragraphe über das Klosterwesen, 1801, §. 1.)
6) Gegenstände der I. Rhetorik zu Straubing 1785 und 1786.
7) Elementa praelectionum canonicarum. Partes II. Straubing 1787, 159 S. — Pars III. Continens jus ecclesiast. privatum. Ratisbonae 1787, 154 S.
8) Breviarium historiae ecclesiasticae. Ratisb. 1789, 106 S. (S. Obert. Allg. Lit. Ztg. 1789, II. S. 638.)
9) Meine Gedanken über die gründliche Entwickelung der Dispens- und Nuntiaturstreitigkeiten zur Rechtfertigung der 4 teutschen Erzbischöfe wider die Anmassungen des röm. Hofes. Mannheim 1789, 336 S. 4. (S. Biblioth. d. n. jurist. Literatur III. St. 1, S. 92—98)
10) Positiones ex jure can. zur Abhandl. des H. von Degen „de jure patronatus excelso". Ingolstad. 1792.
11) Rom, nicht Deutschland, begünstigt die Klausel von der 5jährigen Andauer im Costnitzer Concordate. Nürnberg (Grattenauer) 1793, 84 S. (S. Obert. Lit. Ztg. 1793, II. S. 623; Allgem. t. Biblioth. Bd. 21, II. S. 308.)
12) Commentarius de obligatione, quae nationi Germanicae incumbit concordata Aschaffenburgensia seu Vindobonensia et annexa etiamnum illibata servandi. Ingolstad. 1796, 99 S. 4.
13) Anhang zur V. Lieferung der Präliminarien eines neuen Landtages in Baiern. Straubing 1801. Erschien auch unter dem Titel: Kommentar über die Frage: „Ist das Kirchengeräth ein Theil des Privateigenthums der Klöster und Kirchen?" Das. 1801, 132 S. (S. Kayser, Annalen d. bair. Literatur, 1802, St. 44.)
14) Was ich überhaupt in den Klöstern geändert wünschte. Landshut 1802 (anonym). (S. Lor. Kapler, Kl. Magaz. f. kath. Religionslehr. 1802, II. S. 91; Würzburger Gelehrt. Anzeig. 1802, 21. Aug. Nr. 62, 63,

S. 507—512; Oberteutsche Allg. Lit. Ztg. 1803, 5. Febr. S. 232, St. XV.)

15) Pflichtmässige Zurechtweisung des Verfassers der Pieçe: „Ueber die Verwendung einiger Klostergüter zu Bildungs- und Wohlthätigkeitsanstalten. Landshut 1802, 198 S. 8.

16) Der Mönch hört mit dem Mönchthum auf, oder die Gelübde gehen mit den Klöstern ein. 1805. Landsh. 124 S. 8. (S. Obert. Lit. Ztg. 1805, I. S. 1102.) (anonym.)

17) Supplik an Max Jos. IV., Churfürst v. Baiern, von unangestellten Exreligiosen. Straubing 1805, 34 S. 8.

18) Kurze Berichtigung des Gegenstückes zur Supplik. Landshut 1806. 8.

19) Ode auf Max Jos. I., König von Baiern. Straubing 1806.

20) Aschenbrenner war Mitarbeiter mehrerer literarischer Zeitschriften und lieferte zu Felder's Gelehrten-Lexikon die Nachrichten über die Religiosen von Oberaltaich.

Manuscripte:

a) Praelectiones in jus ecclesiasticum universum. (1789—1796.)

b) Vorlesungen über die Rechtsgeschichte.

c) Memorabilien, einer reifern Nachwelt gewidmet.

d) Aufsätze verschiedener Art.

e) Apparat zur Geschichte von Oberaltaich, Biographien der bei der Aufhebung lebenden Mitglieder.

f) Necrologium Benedictinorum Oberaltacensium sub Beda abbate inde a mense Sept. 1796. 4.

g) Necrologium von Oberaltaich, 1. Bd. 1796—1803, 2. Bd. 1804—1816. 8.

h) Catalog der zur Zeit der Aufhebung (26. März 1803) in Oberaltaich lebenden Kleriker und deren Biographien. 12. (NB. Die Manuscripte von a bis incl. c scheinen verloren gegangen zu sein. Die übrigen befinden sich in der kgl. Hofbibliothek zu München. Cod. germ. Aschenbrenneriana.)

P. Joseph Maria Mayer, geb zu Bogenberg 1. Juni 1758, Profess 29. Sept. 1779, Neomyst 17. Juni 1781, Professor zu Straubing und Neuburg (1782—1795), Wallfahrtspriester zu Maria Plain bei Salzburg (1797), Pfarrer zu Oberwinkling 1802, gest. zu Bogenberg 9. Febr. 1821. (S. Felder, Lex. I. S. 462—463.)

Schriften:

1) Schulprogramme in den Jahren 1786, 1787, 1788, 1789, 1791, 1792, 1793.

2) Poëtische Chrestomatie für Freunde der Dichtkunst zum Gebrauche in Schulen. Nürnberg 1796, 184 S. 8.

3) Jährlicher christl. Unterricht und geistl. Andachtsübungen auf die Festtage des Herrn. Salzburg 1800, 472 S. 8.

P. Innocenz Raith, geb. zu Atting 6. Nov. 1759, Profess 17. Okt. 1779, Neomyst 20. Dez. 1783, Lehrer an der Realschule zu Oberaltaich, seit 1803 dort Pfarrer, gest. als solcher 27. Sept. 1821. (Felder, Lex. II. S. 135.)

Schrieb:

1) Praecipua sanctae religionis capita theoretica. Straub. 1795, 63 S.
2) Catalogus Religiosorum Oberaltacensium. Ratisb. 1796, 58 S. 12.
3) Programme der Realschule zu Oberaltaich aus den Jahren 1786, 1787, 1789. Regensburg. 8.

P. Maxmilian Arnold, Dr. phil., geb. zu Straubing 8. Juni 1756, Profess 15. Okt. 1775, Neomyst 20. Mai 1780, Professor zu Straubing und Ingolstadt, seit 1805 Pfarrer zu Aiterhofen, gest. daselbst 25. Juni 1826. (S. Felder, Lex. I. S. 9—10.)

Schriften:

1) Gegenstände der öffentlichen Prüfungen in den Jahren 1782, 1784, 1785, 1786, 1787, 1788, 1790, 1792, 1793.
2) Rede auf die erfreuliche Ankunft Sr. Durchlaucht Carl Theodor zu München 18. Februar 1795. 1795.
3) Mehrere Rezensionen in der Oberteutschen allgem. Lit. Ztg. 1795.

P. Vincenz Graesböck, geb. zu Schärding 27. Nov. 1764, Profess 20. Nov. 1785, Neomyst 6. Jan. 1788, lehrte zu München Dogmatik und Moral 1794—1795, Schulrektor daselbst (1796—1797), lehrte 1803 zu München zum zweiten Mal am Lyzeum Moral; Pfarrer zu Bogenberg (1804), Pfarrer in seiner Heimath Schärding (1814). In seinem Alter resignirte er, und starb dort 6. Dez. 1828. (Felder, Lex. I. 279.)

Schriften:

1) Rede des Dankes und der Freude auf die Rückkehr des Churfürsten Carl Theodor. Straubing 1789, 31 S.
2) Rede: „Warum geniesst man bei allen redlichen Bemühungen doch so wenige Früchte von den wohlthätigsten Anstalten öffentlicher Schulen?“ Straubing 1790, 16 S. 4.
3) Corollaria selecta ex jure ecclesiastico univ. Germaniae Bavariaeque accomod. Straub. 1797, 10 S. 4.
4) Primae lineae introductionis in theolog. dogmaticam christ.-cathol. Monachii 1796. 46 S. 8.
5) Brevis adumbratio saniorum capitum historiae eccl. univ. a Christo ad saec. usque XVIII. 1801.

6) Erklärung der churfürstl. Verordnung, die abgeschafften Feyertage betreffend, sammt einer diessbezügl. Predigt. Straubing 1802, 45 S. 8.
7) Taufe, Krankenhülfe und Ehe nach Ordnung des Regensburgischen Rituals. Straubing 1808, 92 S. 8. 2. vermehrte Aufl. Das. 1810, 133 S.

P. Benedikt Schneider, Dr. theolog., geb. zu Mainburg 27. Sept. 1762, Profess 26. Okt. 1783, Neomyst 24. Sept. 1785, Professor zu Freising 1789, zu Neuburg 1791—1793, zu Ingolstadt 1794—1798, lehrte von 1804—1808 zu München Dogmatik, und von 1808—1826 dasselbe Fach an der Universität zu Landshut. Im Jahre 1809 erhielt er die Stadtpfarre St. Martin zu Landshut mit Beibehaltung seiner Professur, starb zu Landshut 14. Juni 1829. (Felder, Lex. II. S. 300—302; Permaneder, Annales, S. 145—146, 153, 189, 290, 293, 297, 383, 411, 479; Prantl, Gesch. der Univ. Ingolstadt, I. S. 691, 710.)

Schriften:

Biographie des letzten Abtes von Oberaltaich, Beda Aschenbrenner. (In der Bock und Riederer'schen Sammlung von Bildnissen. Nürnberg 1803, Hft. XXV.)[1]) S. Fortschritte des Lichtes in Baiern. Leipzig 1805, S. 48.

P. Amand Hoecker, geb. zu München 9. Sept. 1764, Profess 20. Nov. 1785, Neomyst 20. Sept. 1788, Professor zu Freising 1798—1801, Bibliothekar im Kloster, zog 1803 nach München, wo er 12. Dez. 1836 starb. Seine Schriften s. bei der handschriftl. Literatur von Oberaltaich.

P. Florian Azenberger, Dr. theol. et phil., geb. zu Straubing 2. Dez. 1766, Profess 3. Febr. 1788, Neomyst 21. Dez. 1790. Nachdem er zu Salzburg die höheren Studien vollendet hatte, war er Professor der Exegese an der Universität zu Salzburg 1801—1803, dann einige Zeit Privatdozent an der Universität zu Landshut. Seit 1814 ordentl. Professor der Dogmatik zu Amberg, Pfarrer zu Haselbach 6. Mai 1825, starb dort als Jubilar 16. April 1841. (Felder, Lex. I. S. 17—19; Permaneder, Annales, S. 248, 316, 329; Verzeichniss der akad. Professoren, S. 101—103.)

Schriften:

1) Brevis conspectus institutionum hermeneuticae. Straub. 1798, 72 S. 8.
2) Materia ad disputandum exposita ex linguis orientalibus. Ibid. 1798. 8.
3) Materia tentaminis ex lingua hebraica. Straub. 1799. 8.
4) Materia tentaminis ex philosophiae elementis. Ibid. 1799. 8.
5) Ueber den Begriff der Theologie. Ein Versuch. Straubing 1801, 60 S. 4.

---

[1]) Ich kann nicht mit Bestimmtheit sagen, ob dieses XXV. Heft wirklich erschienen. Ich habe es selbst nicht gesehen. Meine Quelle ist Felder l. c.

6) Fragment eines Lehrgedichtes über die Urwelt, zur Probe dargelegt. Landshut 1810, 14 S. 8.

P. Pius Pschorn (B'schorn), geb. zu Straubing 14. März 1765, Profess 21. März 1786, Neomyst 28. März 1789, Professor zu Freising 1794—1796, Subprior, † 2. Juli 1843 zu Hofdorf. (Felder, Lex. I. 113.)

Schriften:

1) Kurzer Inhalt der Gegenstände der II. Grammatik zu Freising. 1796, 8 S. 8.
2) Selectiora ex elementis matheseos. 1799, 43 S. 8.
3) Propositiones quaedam ex mathesi sublimiori ac physica. Straub. 1800, 26 S. 8.

P. Augustin Kiefel, geb. zu Buchberg 10. Juli 1775, Profess 14. Okt. 1798, Neomyst 7. Juni 1800, Prediger auf dem Bogenberg, Stadtpfarrprediger zu Straubing 1813, Pfarrer zu Haselbach 1818, Pfarrer zu Schwarzach, starb dort 19. April 1844. (Felder, Lex. I. S. 383—384.

Schriften:

1) Geschichte von Bogenberg. (Im Straubinger Polizeianzeiger 1813, St. 44—52; desgleich. im Straubinger Wochenblatte 1814, St. 2—19.)
2) Die Feyer des VII. Jahrhundertes am Bogenberg. Straubing 1816. 18 S. 8.
3) Vorzug und Pflicht eines Hausvaters. Eine Predigt. 1817, 24 S. 8.
4) Der Bogenberg als Grafschaft und Wallfahrtsort berühmt. Passau 1819.

P. Lambert Knidtlmaier, geb. zu Conzell 13. März 1769, Profess 23. Okt. 1791, Neomyst 21. März 1793; Inspektor des Klosterseminars und Lehrer an der Realschule zu Oberaltaich 1796—1797, Chorregent 1798, Professor am Lyzeum zu Freising 1798—1799, daheim wieder Lehrer an der Realschule und Seminar-Inspektor 1799—1803, Professor zu Straubing 1804—1806, Seminar-Inspektor zur München 1806—1808, Oekonom daselbst 1808—1817, Oekonom des kgl. Erziehungsinstitutes zu München (Holland'schen Institutes) 1817—1850, gest. zu München 22. Nov. 1854.

Schrieb:

1) Entwurf der Gegenstände der Schulen der Realklasse zu Oberaltaich. Straubing 1798. 8.
2) Entwurf der Gegenstände u. s. w. Das. 1801. 8.
3) Mehrere musikalische Compositionen, die Felder, Lex. I. S. 396 aufführt.

Benediktbeuern.

Benediktbeuern (Burin, Burum, Benedictoburum, Benedictobura, M. Benedictoburanum), Bisthums Augsburg, Landgerichts Tölz, gestiftet von drei Brüdern Landfried, Waldram und Eliland (Söhnen des Schwabenherzogs Theodebert?) im Jahre 740 zu Ehren des heiligen Benedikt. Der heilige Bonifazius, Bischof von Mainz, weihte am 22. Okt. 742 die Klosterkirche ein. Im Jahre 955 durch die Hunnen zerstört, wurde es nach seiner Wiedererbauung einige Zeit von Weltpriestern bewohnt, durch Grafen Adalbero von Sempt 1031 den Benediktinern wieder gegeben. Am 30. Okt. genannten Jahres zogen 11 Mönche aus Tegernsee mit Ellinger, als Abt an der Spitze, in Benediktbeuern ein. Es wurde aufgehoben durch Churfürst Max Joseph 17. März 1803. Die Stiftskirche im grossartigen edleren italienischen Style von Abt Placidus erbaut und 1686 eingeweiht, wurde Pfarrkirche des Ortes. Die weitläufigen Gebäude erwarb durch Kauf der kgl. bayr. Rath Jos. Utzschneider, der dort ein mechanisch-optisches Institut errichtete. Nachdem dasselbe (1819) nach München verlegt worden, kaufte der Staat die Gebäude zurück, und errichtete dort einen Militärfohlenhof. Seit 1868 ist in den Klostergebäuden das Invalideninstitut, welches ehedem zu Fürstenfeld war, untergebracht. — Die Bibliothek zählte zur Zeit der Aufhebung nahezu 40,000 Bände. An Handschriften hatte das Kloster acht Codices aus dem achten und mehrere aus dem neunten und zehnten Jahrhundert u. s. f. Hätte das Kloster auch nur den einzigen P. Carl Meichelbeck aufzuweisen, so wäre sein Ruhm bei der gelehrten Nachwelt schon hinreichend gesichert gewesen. — Das gefreite Klostergericht Benediktbeuern umfasste 1803 einen Flächeninhalt von 8 $^1/_5$ □Meilen mit ungefähr 3500 Einwohnern. Den bei weitem grössern Theil des Gebietes nahmen die Waldungen ein. Zu Walchensee besass das Kloster ein Superiorat. Zu Untermais und an verschiedenen Orten in der Gegend von Meran und Bozen besass er grosse Weingüter.

Literatur:

Annalen der bayr. Literatur. 1833, S. 69, 153. — Arbeiten der Gelehrten im Reich, St. VII. (Meichelbeck's Biographie.)[1]) — Bessel, Chronicon Gottwicens. II. 793. — Blätter, hist. politisch. 1844, S. 444 sq. (Aufhebung).[2]) — Gerken, Reisen, I. 372—386. — Gerbert M., Iter alemannic. S. 424—427. — Hazzi, statistische Aufschlüsse, II. 35. — Hefner J. v., Leistungen des Kl. Benediktbeuern f. Wissenschaft und Kunst. (Oberbayr. Archiv, III. S. 337—373; auch separat. München, 37 S. 8. (1840.) — Hirsching, Stiftslex. S. 333—339. — Hundius, Metropol. II. 95—100. — Lexik. v. Baiern, I. S. 316—323, Supplembd. 37. — Meichelbeck C., Chronicon Benedictoburanum (op. posth.), edirt v. Haidenfeld. Aug. Vind. 1753, mit Meichelbeck's Biographie und Porträt nebst Abbildung des Stiftes in Querfolio. Partes 2. Fol. Pars I. 410 S. Pars II. (diplomatarium) 288 S. — Desselb. Historia Frisingensis, T. I. 37, 55, 178, 197, 203, 204, 208, 225, 247, 250, 259, 260, 276, 305, 311, 312, 336. T. II. 87, 201, 274, 275, 429, 451. — Meidinger, Beschreibung, S. 315. — Monum. boic. Vol. VII. S. 1—223 mit Abbildung. — Münchner Intelligbl. 1792. — Perz, Archiv, IV. S. 553. — Pez, Thesaur. anecdotor. T. I. dissert. isagog. S. XVI. sq. T. III. Pars III. S. 595—655. („Monumenta vetera historiam inclyti monasterii Benedictoburani illustrantia.") — Reg. bav. I. 88, 94, 100, 114, 124, 170, 172. 180, 186, 190, 216, 262, 324, 386. — Schrank, bair. Reise, S. 88—93 u. 104—115. — Stengelius C., Monasteriologia I. mit Abbildung. — Stumpf, Handb. S. 185 sq. — Wenning, Topographia I. S. 239 mit Abbildung. — Wolf, bayr. Chronik, II. 64. — Zimmermann, churb. geistl. Calend. 1754, S. 125—129. — Ueber die Bibliothek: Aretin Frh. Ch. v., Beyträge zur Geschichte der Literatur 1803, Stück V. S. 70—77. — Pez, Thesaur. l. cit. — Zapf, Literarische Reisen, Augsbg. 1783, Brief III. S. 25—33 (II. Ausgabe, 1796, S. 53—72). — Ziegelbauer, Hist. rei lit. I. S. 542—548.

Miscellen: Harther Fr., die Guts- und Gemeindewaldungen und Alpen des ehem. Klosters u. Gerichtsbez. Benediktbeuern. Münch. 1869. — Geiger, Fontigraphia, oder Brunnenbeschreibung des Heilbrunnens bei Benediktbeyern. München 1636. — Oettinger, die Adelheidsquelle zu Heilbrunn. Münch. 1854 (war Eigenthum des Klosters).[3]) — Kurzer Bericht über die Gegend von Walchensee (o. O.) 1789. 4. (gehörte dem Kloster). — Lindermayr S., Kurze Ortsgeschichte von Jachenau nebst der Holzordnung des Klosters Benediktbeuern v. J. 1700. Münch. 1869, 142 S. 8.

---

[1]) Auch der Parnassus boic. II. S. 35—49 enthält eine Biographie Meichelbeck's.

[2]) Der dortige Bericht scheint sich nicht auf Akten zu gründen, und widerspricht der Aufhebungsgeschichte, die Adlgasser im Manuscripte „Biographiae Abbatum Benedictoburanorum" liefert.

[3]) Sie wurde bei der Aufhebung für 500 fl. veräussert. Bald darauf wurde sie wieder verkauft für 10,000 fl.

Manuscripte: In der Staatsbibliothek in München:

a) Cod. germ. 29 u. 30. Notate und Excerpte des Abtes Narcissus von Benediktbeuern 1484—1504, 522 S. 4. — 1764. Benediktbeurische Ehaft zu Sindelsdorf im J. 1534, desgleichen zu Grossen-Weil und Aidling (Aindling); Holzordnung in den Gerichten Tölz und Wolfertshausen, saec. XVIII. — 2637. Archivum Benedictoburanum, d. h. Verzeichniss über das Archiv des Klosters Benediktbeuern von P. Carl Meichelbeck, 1730, 4 Bde. Fol. 1064 Bl.[1]) — 2931. Einschreibkalender eines unbekannten Benediktiners von Benediktbeuern v. J. 1763, 55 Bl. 4.

b) Cod. lat. 1073. Passio et translatio St. Anastasiae V. et Martyr. — 1085. Sex picturae ad monasterium Benedictoburanum pertinentes. — 1087. Epitaphium Reginberti abbatis. — 1749. Abbatum Benedictoburanorum a Landfrido usque ad Amandum II. series, singulorum emblemat. pictis et encomiis illustrata anno 1785. 126 fol. — 1340. Catalogus librorum. — 1381 u. 2098. Chronicon Monast. Burani. — 2297. Notata archivarii et bibliothecarii Benedictoburani 1746—1752.

Im hist. Verein von Oberbayern:

Anzaig was unter der Regierung Magni abbatis bei dem Kloster Benediktbeuern von 1708—1785 erbauet worden. (S. Jahresber. IX. S. 62.) — Biographien sämmtlicher Aebte des Klosters Benediktbeuern nebst einem Anhange von Epitaphien einiger berühmt gewordener Conventualen von Gaudenz Adlgasser, Pfarrer zu Benediktbeuern. 1 Bd. Fol. 1840. (S. Jahresb. III. S. 62.) Dieses Manuscript enthält auch die Porträte der Aebte Amand Fritz († 1796) in Aquarell und Carl Klocker in Kupfer gestochen von C. W. Bock 1801 und der Conventualen Seb. Mall, Florian Meillinger, Joh. D. Walcher, und Ulrich Riesch (in Lithographie).[2]) — Beytrag[3]) zu den Biographien der Aebte des Klosters Benediktbeuern von Adlgasser, 1842, 1 Bd. Fol. — Catalog sämmtl. Hof- und Klosterrichter von Benediktbeuern v. J. 1365—1803 nach einem Manuscripte des P. Carl Meichelbeck; (s. Jahresb. VII. S. 55). — Fridl Fr., Ueber die 7 Glocken in den Thürmen zu Benediktbeuern und

---

[1]) Das sogenannte „Necrologium novum Benedictoburanum“ von Meichelbeck im Jahre 1707 angelegt und von ihm bis zum Tode fortgesetzt, welches die Biographien von allen jenen Conventualen enthielt, welche innerhalb dieses Zeitraumes starben, scheint verloren gegangen zu sein. Es ist weder in der kgl. Hofbibliothek noch im Reichsarchiv zu München. Der Verfasser konnte über dieses Manuscript Meichelbeck's nichts erfragen.

[2]) Die Porträte der Benediktbeuerischen Aebte (mit Ausnahme der zwei letzten) hängen auf den Galerien der Pfarrkirche zu Benediktbeuern. Erst vom siebenzehnten Jahrhundert an Originalporträte. Das Porträt des berühmten Mönches Florian Treffler († 1565) (cf. Meichelbeck, Chronicon, fol. 250) scheint bei der Aufhebung verschleppt worden zu sein.

[3]) Besser Nachtrag.

deren Inschriften; (s. Jahresb. XX. S. 41.) — Nomina eorum, qui in Seminario Benedictoburano praemiis publice donati sunt et proxime accesserunt ab a. 1750—1802, 2 Bde. 179 S. Fol. (S. Jahresber. XII. S. 69.) — Ordnung des Küchenmeisteramtes im Kl. Benediktbeuern im Jahre 1786. Fol. — J. v. Hefner, Grabschriften der Mönche des Klosters Benediktbeuern, dem hist. Ver. v. Oberbayern 1840 vorgelegt. (S. Jahresb. XXIV. S. 72 u. 74.) — Akten des Klosters Benediktbeuern ab a. 1530—1722, betreffend die dem Kloster gehörige Adelheidsquelle zu Heilbrunn. (S. Jahresb. VI. S. 61.)

Schriftsteller:

P. Alphons[1]) v. Haidenfeld, geb. zu Rotterdam aus adeligem Geschlechte 7. Nov. 1712, Profess 21. Okt. 1731, studirte sieben Jahre am studium comm. congregationis, Neomyst 1. Juni 1738, Archivar, gest. als solcher 22. Jan. 1751. (Felder, Lit. Ztg. 1821, II. S. 114.)

Schriften:

1) Vita R. P. Caroli Meichelbeckii, monachi Benedictoburani cum catalogo operum tum editorum tum ineditorum. (Chronic. Benedictobur. S. L—LXVIII.)
2) Besorgte die Drucklegung des von P. Carl Meichelbeck verfassten Chronicon Benedictoburanum. Aug. Vind. 1753. Fol. Partes II. (Sumptibus monasterii.) Mit dem Porträte Meichelbeck's im Frontispiz, und einer Abbildung des Klosters aus der Vogelperspektive.

Manuscript:

Continuator Annalium Congr. Bened. Bav. ab ann. 1734—1746.

P. Aegid Madlseder, geb. zu Geiselhöring 17. Juli 1718, Pfarrvikar zu Kochel bei Benediktbeuern, † 21. Nov. 1757.

Schrieb:

Predigt beim 1000jährig. Jubiläum des Stiftes Wessobrunn. (In der Sammlung der gehaltenen Festpredigten 1755.)

P. Leonhard Hochenauer, geb. zu Weilheim 13. Nov. 1691, Profess 16. Nov. 1710, Neomyst 18. Juni 1719. Nach Meichelbeck's Tod (1734) Archivar, zum Abt erwählt 20. Aug. 1742, † 25. April 1758.[2]) Er hat sich dadurch, dass er Meichelbeck's Chronicon Benedictoburanum

---

[1]) Ildephons.

[2]) Er starb im Kloster Scheyern und ruht in der dortigen Stiftskirche, wo sein Convent ihm ein Monument setzen lies. Er hatte sich dorthin als Visitator ordinarius der Congregation begeben.

auf Kosten des Klosters dem Druck übergab, verdient gemacht. Er war Mitarbeiter von Meichelbeck's Historia Frisingensis, und setzte von 1732—1734 die Annales Congr. Benedictino-Bavaricae fort. Sein Porträt in Oel ist bei den übrigen Porträten der Aebte von Benediktbeuern auf der Galerie der dortigen Kirche. (Baader-Gandershofer, Nekrologium.)

P. Gottfried Luidl, geb. zu Weilheim 7. Sept. 1705, Pfarrer zu Heilbrunn und Benediktbeuern, † 24. Nov. 1767. Schrieb (nach Baader-Gandershofer, Nekrologium) mehrere Erbauungsbücher für das Volk.

P. Bonifaz Riedl, Mitglied der societas litteraria germano-benedictina, geb. zu Freising 19. Juli 1725, Profess 10. Nov. 1743, Neomyst 29. Sept 1749, Bibliothekar seines Klosters, † 6. April 1769. (Hefner, Leistungen Benediktbeuerns, S. 31.)

Manuscripte:

a) Archivum et bibliothecam Benedictoburanam concernentia. (Cod. lat. 1279 d. Staatsbiblioth.)

b) Felix connubium sive applausus filialis, cum R. ac A. D. D. Leonardus abbas Benedictoburanus repetitam electionis suae felicissime memoriam celebraret. 32 Bl. Fol. (Im hist. Ver. v. Oberbayern, S. Jahresber. III. 1841, S. 63.)

P. Landfried Heinrich, Dr. philos., geb. zu Abensberg 3. Mai 1721, Profess 10. Nov. 1743, Neomyst 23. Okt. 1746. Er lehrte von 1755—1757 zu Salzburg Philosophie, dann dasselbe Fach am stud. comm. congregationis. Seit 1766 Pfarrvikar von Laimgruben, starb er dort 20. Mai 1773 vom Schlage getroffen, als er in seiner Kirche den Gottesdienst halten wollte. (Baader, Gel. Baiern, S. 481; Felder, Lit. Ztg. 1821, II. S. 408; Verzeichniss der akad. Professoren, S. 48—49.)

Schriften;

1) Dissert. de natura signi in genere philosophice expensa. Salisburg. 1756. 4.
2) Dissert. de perceptione, seu prima mentis operatione. Ibid. 1756. 4.
3) Tractatus semiologicus de signo mentali, vocali et scripto. Ibid. 1756. 4.
4) Consideratio physica de affectibus corporis immediate ab ipso corpore fluentibus. Ibid. 1757. 4.
5) Consideratio physica naturae et artis. Ibid. 1757. 4.
6) Introductio historico-chronologica in vetus testamentum. 3 Partes. Ratisbon. 1759—1761. 4.
7) Hierarchia angelorum ad mentem Dionysii in compendio expensa. Ibid. 1760. 4.
8) Joannes Cassianus presbyter Massiliensis Pelagianismi postulatus a R. D. Prospero Prantner C. R. Beurbergensi, sed contra historico-

critice theolog.-dogmatice vindicatus. Monachii 1767, 3 Alph. 4. (S. Regensburger gelehrt. Nachrichten, 1759, S. 284; 1761, S. 19; 1767, S. 115.)

P. Benno Voglsanger, Dr. philos., geb. zu St. Johann im Leukenthale 11. Juni 1706, Profess. 28. Okt. 1728, Neomyst 17. Okt. 1734. Zur Ausbildung in den juridischen Fächern wurde er nach Salzburg geschickt. Von dort zurückgekehrt, war er Professor der Philosophie am stud. comm. congregationis, und von 1741—1751 Professor der Dogmatik und des Kirchenrechtes zu Freising, Prior, zum Abt erwählt 6. Juni 1758. Zwanzig Monate vor seinem Tode resignirte er, da ein Schlaganfall ihm den Gebrauch der Sprache und der Schrift versagt hatte; † 29. April 1785. Er war auch einige Zeit Präses der bayr. Bened.-Congregation. (S. Peslmiller, Leichenrede auf Abt Benno. Freysing 1785, 16 S. Fol.)

Schriften:

1) Terminus logicus ad mentem D. Thomae Aq. argumentis reflexis discussus in studio communi congr. Bened. Bav. 1738.
2) Theses philosophicae menstruae in eod. studio comm.
3) Theses philosophicae finales in eod. stud. comm.

Manuscripte:

a) Continuator(io) Annalium Congr. Bened. Bav. ab anno 1747—1748. (Kgl. Reichsarchiv.)
b) Tractatus de angelis, beatitudine, actibus humanis, de conscientia excerpti ex B. Schallhameri scriptis in comm. stud. Rottae (1732). (Kgl. Biblioth. zu Münch. cod. lat. 4912. 503 S. 4.)

P. Gerard Sepp, geb. zu Wolfartshausen 1747, Profess 1770, Priester 1772, † 6. Jan. 1788. Er war der Begründer der Münzsammlung des Klosters.

P. Aemilian Reiff (Reif), Dr. theolog., geb. zu Ambs 16. Mai 1741, Profess 24. Okt. 1762, Neomyst 20. Sept. 1766; lehrte im Kloster Dogmatik und Kirchenrecht, und von 1781 Moraltheologie an der Universität Ingolstadt. Im April 1790 gab er wegen Krankheit sein Lehramt auf und ging in sein Kloster zurück, wo er 9. Juni 1790 starb. (Baader, Lex. II. 2, S. 12; Permaneder, Annales, S. 52, 62, 64, 118—119, 122; Prantl, I. S. 661.)

Schriften:

1) Positiones theolog. dog. scholasticae ex prolegomenis de Deo uno, trino, Christo ac ejus gratia. Tegernsee 1778, 3 Bg. 4.
2) De originibus typographicis. Programma academ. 4 Partes. Ingolstad. 1785—1790. (S. N. Lit. des kath. Teutschl. II. S. 359, III. S. 557;

Meusel, Lit. Annal. der Gesch. 1786. VI. S. 523; Allgem. teutsch. Biblioth. Bd. 76, II. S. 533.)

3) Systema theologiae moralis christianae justis theorematibus conclusum. Ingolstadii. 2 Tomi 1787—1788, 489 u. 694 SS.) (S. Obert. Lit. Ztg. 1788, I. S. 137, II. S. 3149; Würzburger Gel. Ztg. 1788; Jenaer Lit. Ztg. 1789, I. S. 148.)
4) Meine Verantwortung gegen Würzburger und Salzburger Kritik. Ingolstad. 1788, 96 S.

P. Marian Wourstn, geb. zu München 12. Sept. 1727, Profess 22. Okt. 1747, Neomyst 8. Okt. 1752, Pfarrvikar zu Heilbrunn 1755, Professor am Lyzeum zu Freising 1759—1761, Bibliothekar im Kloster, in welcher Eigenschaft er am 3. Juli 1793 starb. Gerken und Hirsching erwähnen seiner rühmlich. Ersterer schreibt (Reisen, I. S. 374): „Benediktbeuern hat einen Bibliothekar, der die Aufmerksamkeit eines jeden Kenners verdient. Dieser gelehrte Bibliothekar P. Wourstn macht sich besonders durch den Ankauf der neuesten und seltensten, sowohl in- als ausländischen Werke um dieselbe sehr verdient." (Besnard, Lit. Ztg. 1834. IV. S. 325; Hirsching, Stiftslex., S. 338; Gerken, Reisen, I. S. 374 sq.

Schriften:

1) Jubelpredigt beim 500jährig. Jubiläum des Kl. Andechs 1755. (In der Sammlung der Jubelreden.)
2) Dissert. philosophica de animabus brutorum. Frising. 1761, 39 S. 4.
3) Dissert. philosophica ex ontologia, aetiologia et cosmologia. Frising. 1769. 4.
4) Lieferte eine Schriftprobe aus dem Codex Homiliarum S. Gregorii saec. VIII. (in monasterio Benedictoburano asservato). — In Kupfer gestochen in Gerken's Reisen, I. Th.
5) Bearbeitete einen neuen Catalog der Klosterbibliothek von Benediktbeuern, die im J. 1780 über 30.000 Bde. zählte. (S. Zapf, literar. Reisen, I. Edition, III. Brief, S. 27.) [1])

---

[1]) Mit Recht schreibt Gerken: „In Deutschland, wenn ich die kaiserl. Bibliothek in Wien ausnehme, wird ihr (der Benediktbeurischen) schwerlich eine andere an Zahl der codices membran. aus dem achten und neunten Jahrhundert gleichkommen. . . . Man sorgt auch, dass sie beständig (durch neue Werke) vermehrt werde." — Die grösste Zahl Handschriften besass unter allen bayr. Stiften Tegernsee. — Die grösste Klosterbibliothek in Bayern besass das Stift Polling. Aretin schreibt über dieselbe in seinem neunten Briefe ddo. Polling 25. April 1803 (abgedruckt in den Beiträgen zur Geschichte und Literatur, München 1803, Nov. Heft, S. 89 sq.): „Sie besteht aus mehr als 80,000 Bänden und enthält die seltensten und kostbarsten Werke in allen Fächern. . . . Der letztverstorbene Prälat Franz Töpsl war der Schöpfer ihres jetzigen glänzenden Zustandes. Er verwendete in einem Zeitraume von 52 Jahren den grössten Theil seiner Einkünfte auf Anschaffung neuer

P. Amand Fritz, geb. zu Tölz 30. Mai 1731, Profess 22. Okt. 1752, Neomyst 29. Sept. 1756, Novizenmeister der bayr. Benediktiner-Congregation, zum Abt erwählt 1. Sept. 1784. Er war ein vorzüglicher Gönner der Studirenden, indem er mehrere tausend Gulden für das Klosterseminar verwendete. Ihm gebührt auch als Beförderer der Künste dankbares Andenken, da er den berühmten Maler Martin Knoller berief und von demselben drei Gemälde anfertigen liess, welche, ohne Vorarbeiten, auf 22,000 fl. zu stehen kamen; † 4. März 1796. (Näheres s. Adlgasser, Biographien sämmtl. Aebte von Benediktbeuern, wo auch sein Porträt in Aquarell.)

P. Bonifaz Koller, geb. zu Tölz 25. Nov. 1752, Profess 24. Okt. 1773, Neomyst 29. Sept. 1776. Seine vortrefflichen Kenntnisse in der Musik erwarben ihm die Gunst des Herzogs Clemens von Bayern, der ihn an seinem Hofe zu haben wünschte. P. Bonifaz zog aber die klösterliche Einsamkeit dem Hofleben vor, und wirkte am Stiftsgymnasium als Präfekt, wo er am 12. April 1799 starb. Er komponirte mehrere Theaterstücke.

P. Gregor Brunner, geb. zu Landshut 11. April 1754, Profess 22. Okt. 1775, Neomyst 10. Okt. 1779, durch 19 Jahre Professor der Theologie in seinem Kloster, Bibliothekar und Sekretär der bayr. Bened.-Congregation, † 24. Febr. 1801. (Baader, Lex. II. 1, S. 18—19.)

Schrieb:

1) Positiones theologicae. Monachii 1785—1791.
2) Synopsis praelectionum theologicarum de religione et ecclesia. Tegernsee 1788. 4.

Handschriften und Bücher. . . . Bei Versteigerung der ehemaligen Jesuitenbibliothek zu Paris liess er neuerdings 15 Handschriften auf Pergament vom eilften bis fünfzehnten Jahrhundert für seine Klosterbibliothek kaufen. Von dieser Zeit an sammelte er unausgesetzt mit dem grössten Eifer und mit vieler Kenntniss. Sein Briefwechsel erstreckte sich bis nach Spanien und Portugal. Auch im Vaterlande war er ein aufmerksamer Beobachter, und entriss manche wichtige Aktenstücke dem Untergange und der Vergessenheit. . . . Wir fanden einige besondere Collektionen, z. B. alle Werke von Geistlichen aus dem Orden der regulirten Chorherrn, alle Ausgaben von Thomas a Kempis de imitatione Christi . . ., eine äusserst reichhaltige Sammlung von Schriften über die Jesuiten, die jansenistischen und antijansenistischen Schriften . . ., Freimaurer- und Illuminatenschriften . . ., eine Sammlung von Reformationsschriften, die Schriften über die französische Revolution, gegen 1600 Bände Dissertationen, einige hundert Bände Miszellaneen. Von allen Fächern war das der Geschichte in allen Zweigen am reichsten besetzt. Die zahlreichen Bücher in ausländischen Sprachen, worunter sich viele befinden, die jetzt selbst in den Ländern, wo sie erschienen sind, zu den grössten Seltenheiten gehören, geben dieser Bibliothek einen ausgezeichneten Werth.“ Ueber die Collektion der Schriften regulirter Chorherren sagt Aretin: „Ueber diese, deren Anzahl sich über 1100 beläuft, sind zwei ganz ausgearbeitete kritische Kataloge vorhanden, der eine von dem bekannten Seemiller, der andere von dem Klosterbibliothekar Aug. Heitmayr († 1. Jan. 1818).“

P. Carl Klocker,[1]) Dr. theolog. et juris utr., letzter Abt, geb. zu Friedberg 13. Jänner 1748, studirte zu Augsburg bei den Jesuiten, und legte am 28. Okt. 1766 Profess ab. Im Kloster wurde er bald I. Conventorganist. Am 10. Mai 1772 las er die erste Messe. Hierauf lehrte er Philosophie und Theologie und war Inspektor der Stiftswaldungen. Im Jahre 1784 wurde er Professor des kanonischen Rechtes zu Ingolstadt. In Folge seiner Schrift: „Dissertatio de clausula Aschaffenburgensi" etc. fiel er beim Churfürsten in Ungnade und musste seine Professur 1789 aufgeben. Fürstabt Frobenius lud ihn ein, in St. Emmeram Vorlesungen über das Kirchenrecht zu halten. Klocker folgte diesem Rufe und lehrte dort 1789—1792 Kirchenrecht, und 1792—1796 dasselbe Fach am Lyzeum zu Regensburg. Am 15. März 1796 wurde er zum Abt von Benediktbeuern erwählt. Er richtete sein Hauptaugenmerk auf die Studien seiner Religiosen, denen er tüchtige Professoren gab.

Er liess ferner einen Klosterjäger zu München das Forstwesen erlernen, und verbesserte die vielen Alpenweiden des Stiftes. Nach dem Tode des Propstes von Polling wurde er Landschaftsverordneter. Am 23. Aug. 1797 wurde er in Tegernsee zum Präses der bayr. Benediktiner-Congregation erwählt. — Es war die letzte Präseswahl. — Da im Jahre 1798 von den bayr. Stiften eine Contribution von zehn Millionen Gulden gefordert wurde, brachte er es durch seine Bemühungen dahin, dass dieselbe auf eine halbe Million herabgesetzt wurde. — Benediktbeuern traf es 13,000 fl. Ferner wurde während seiner Regierung zweimal alles Kirchensilber abgefordert. Da erste Mal löste er es mit dem vorräthigen Klostersilber, das zweite Mal mit baarem Gelde aus. Ungeachtet der grossen Staatsabgaben setzte Abt Carl die Wohlthätigkeit seines Vorgängers Amand gegen das Seminar der studirenden Jugend nach Kräften fort. — Zur Zeit der französischen Einquartierungen schickte er den Klosterunterthanen zur Beköstigung der Officiere und Mannschaft nach Kochel, Ort, Bichel u. s. f. Bier, Wein, Weissbrod und andere Viktualien. — Durch seinen Muth und seine Entschlossenheit flösste er den im Kloster einlogirten Offizieren Achtung ein. Sie sagten: „Schade, dass dieser Abt ein Priester, er hätte die Stelle eines thätigen und entschlossenen Generals versehen können." Nachdem im Jahre 1801 zwischen Oesterreich und Frankreich der Friede hergestellt war, befürchtete Klocker hiebei mit Recht das Schlimmste für die deutschen Stifte, und pflegte daher zu den Seinen öfters zu sagen: „In pace amaritudo mea amarissima." Bald darauf traf die sog. Silbercommission, und am 4. Nov. 1802 der churfürstl. Commissär H. von Schattenhofer in Benediktbeuern ein. Während seines dortigen Auf-

[1]) Zuweilen findet man auch Glocker geschrieben.

enthaltes von zwei Monaten wurde Klocker von der Commission seiner Regierung entsetzt, und die oberste Leitung bis auf Weiteres dem damaligen Conventprior P. Landfrid Harpf übergeben. Derselbe machte aber hievon keinen Gebrauch, und erwies dem rechtmässigen Vorstande stets die schuldige Ehrfurcht. Den gröbsten und schwärzesten Undank musste der Abt von Seite eines Klosterbeamten und von dreien Religiosen erfahren, welche ihm allen Gehorsam aufkündeten. Am 17. März 1803 traf ein zweiter churfürstl. Commissär, H. v. Ockel, in Benediktbeuern ein, und verlas dem versammelten Convente das Aufhebungsdekret. Am 21. März hielt der Abt zum letzten Male das Pontifikalamt, und lebte dann den Sommer über gemeinschaftlich mit der Mehrzahl seiner Religiosen im Kloster, fest entschlossen, seine Tage dort zu beschliessen. Allein Mitte September 1803 kam von München aus ein Befehl, gemäss dem alle Conventualen binnen acht Tagen, der Abt aber binnen drei Wochen das Klostergebäude zu räumen hätten. Abt Klocker hielt bei der Regierung an, nach Walchensee in's sog. „Klösterle“ (wo Benediktbeuern ein kleines Superiorat für drei Religiosen besass, das nun auch von der Regierung in Beschlag genommen war) ziehen zu dürfen; es wurde ihm abgeschlagen; er solle sich in München um eine Wohnung umsehen.[1]) Als jährliche Pension erhielt er 2000 fl., als Landtagsmitglied jährlich 400 fl. Im Juni 1805 unternahm er mit seinem Mitbruder P. Ulrich Riesch eine Reise in das Stift Wiblingen; dort erkrankte er am Typhus und verschied am 22. Juni Abends. Seine Ruhestätte erhielt er in der Gruft der dortigen Aebte.[2])

(C. W. Bock stach Klocker's Porträt in Kupfer [im halben Leib]; ein Exemplar hievon befindet sich im Manuscripte Adlgasser's „Biographiae abbatum m. Benedictoburani“; Klockers Biographie ist aus dieser Handschrift entnommen; vgl. Baader, Gel. Baiern, S. 597; Felder, Lit. Ztg. 1827, II. S. 260; Gerken, Reisen, I. 375; Permaneder, annales, 113—115; Westenrieder, Gesch. der Akademie, S. 70; Zapf, literar. Reise. Augsb. 1783. III. Brief, S. 26, 33.)

Schriften:

1) Dissert. de clausula Aschaffenburgensi „In aliis autem decretorum Basileensium salvatoria“. Ingolst. 1789, 110 S. 4.

2) Responsum juris puncto primarum precum ser. D. D. S. R. Imper. vi-

---

[1]) Ob Klocker wirklich nach München gezogen, konnte der Verfasser nicht erfragen; es ist jedoch wahrscheinlich.

[2]) Seine Grabschrift in der Kapelle der schmerzhaften Mutter Gottes lautet: „Memoria Car. Glocker, abbatis Benedictoburae ultimi, doctrina pietate primi, lucem dedit Fridberga 1748, Ingolstadium juris cathedram, celebritatem Monachium dedit; ob. hospes Wiblingae XXII. Jun. 1805.“

cariis competentium a Justino Nolano elucubratum anno 1790, tempore interregni. Monach. 1790, 80 S. 8. (anonym).

3) Antiquitates ecclesiasticae ex legibus Bajuvariorum selectae. Ratisb. 1793, 91 S. 4.

4) Abhandlung über die Barschalken in Bayern. (Abhandl. d. Akademie, V. Bd. 1798, S. 387—506; erhielt den Preis.)

5) Lieferte Beiträge zu einigen anonymen die ehem. bayr. Landschaft und die Klöster in Schutz nehmenden Schriften.

P. Virgil Hiedl, geb. zu Dingolfing 5. Mai 1751, Profess 22. Okt. 1775, Neomyst 11. Okt. 1778, Professor zu Neuburg a. d. D. und zu Freising. Er starb nach der Aufhebung des Klosters in Dingolfing 1813. (Felder, Lit. Ztg. 1832, II. S. 130.)

Schrieb:

Vom Glück der Diener Mariä. Predigt, gehalten zu Wessobrunn. München 1797. 4.

P. Johann Damasc. Walcher,[1]) geb. zu Traunstein 20. April 1766, Profess 26. Okt. 1788, Neomyst 9. Okt. 1791; lehrte Rhetorik und Poësie am Klostergymnasium (1791—1794), dann am Lyzeum zu Freising (1794—1798), zu Amberg (1798—1811), zu Salzburg (1811—1813), zu München (1813—1817). Hier starb er am 17. April 1817 an einem Nervenschlag, nachdem er am nämlichen Tage sieben Stunden Vorlesungen gehalten. Er war in den alten klassischen Sprachen sehr bewandert, und erwarb sich um das Erziehungswesen grosse Verdienste. (Felder, Lit. Ztg. 1817, III. Intelligbl. Nr. VIII. S. 20—22; Besnard, Lit. Ztg. 1824, IV. S. 219.)

P. Aegidius Jais, Dr. theolog., Rector magnificus zu Salzburg, geb. zu Mittenwald 17. März 1750. Die Anfangsgründe der lateinischen Sprache studirte er im Klosterseminar zu Benediktbeuern, Poësie und Rhetorik zu München, 1769 trat er in den Orden und legte 11. Nov. 1770 Profess ab. Die Philosophie hörte er zu St. Emmeram in Regensburg, die Theologie im Kloster. Am 23. März 1776 wurde er Priester und kam 1777 als Wallfahrtspriester nach Maria-Plain. In den Jahren 1778—1788 lehrte er zu Salzburg stufenweise I., II., III. Grammatik, I. Rhetorik, und in den letzten vier Jahren II. Rhetorik; auch war er Schulpräfekt. Hierauf wirkte er 4 Jahre in Jachenau[2]) als Seelsorger.

---

[1]) Sein älterer Bruder, P. Beda, war auch Conventual von Benediktbeuern geb. 2. Aug. 1759, Profess 18. Nov. 1781, Neomyst 12. Juni 1785, Professor zu Freising 1796—1802, zu Salzburg 1802—1803, † 22. Nov. 1823. (Felder, Lit. Ztg. 1834, IV. S. 20.)

[2]) Er war eigentlich Cooperator zu Walchensee und musste excurrendo die zwei Stunden entfernte Gemeinde Jachenau pastoriren.

Im Jahre 1792 wurde er Novizenmeister der Congregation, die ihr gemeinsames Noviziat damals im Kloster Rott hatte. Hier wirkte Jais bis zur Zeit der Auflösung sämmtlicher Klöster. Im November 1803 folgte er einem Ruf nach Salzburg als Professor der Moral und Pastoraltheologie. Im Jahre 1804 erwählte ihn der damalige Churfürst Ferdinand zum Religionslehrer seiner Söhne.[1]) 1805 wurde er Rector magnificus. Im Jahre 1806 musste er als Erzieher der Söhne des Grossherzogs von Toskana mit denselben nach Würzburg und 1814 auf kurze Zeit nach Florenz. Nur unter der Bedingung, dass er nicht am Hofe selbst wohnen, die Hoffeste nicht mitmachen müsse, und stets sein Ordenskleid tragen dürfe, wollte Jais die Stelle eines Erziehers annehmen. Der Grossherzog willigte gerne ein. So lange Jais in Würzburg war, hatte er seine Wohnung im Minoritenkloster. Am 28. Okt. 1814 kehrte Jais von Florenz nach Benediktbeuern zurück, und bezog ein Zimmer des indessen fast öde gewordenen Klosters:[2]) „Hier (so schrieb er an einen Vertrauten) zwischen diesen einsamen Mauern will ich im Stillen leben und mich zum Tode vorbereiten. Ich kann es mit Wahrheit sagen, dass ich der Welt so ziemlich abgestorben bin.“ Er trug dem dortigen Pfarrer bereitwilligst seine Dienste an, und leistete bei allen seelsorglichen Verrichtungen Aushilfe. Er wurde oft von den Seelsorgern der Nachbarschaft als Gastprediger eingeladen, und bestieg häufig die Kanzeln zu Sindelsdorf, Habach, Heilbrunn, Walchensee, Kochl, Ohlstadt u. s. f.

Es vergieng kein Sonn- noch Festtag, an welchem sich nicht Beichtende vor seiner Zelle einfanden. Auch ungerufen besuchte er die Kranken des Ortes, besonders die aus der ärmeren Klasse, denen er geistlichen und leiblichen Trost spendete. Diess war schon immer seine Sitte gewesen und besonders in Florenz, wo so viele Deutsche im Lazareth ohne deutsche Priester schmachteten; da hatte er manchem Leidenden Trost gebracht, manche Seele gerettet. Am 30. Dez. 1820 starb der Pfarrer von Mittenwald, Damasus Hornsteiner. Jais begab sich dorthin, und unterzog sich, obwohl ein Siebenziger, allen Pflichten und Beschwerden eines Seelsorgers bis zur Ankunft des neuen Pfarrers. Nach Benediktbeuern zurückgekehrt, setzte er seine Thätigkeit wieder fort, arbeitete an seinen Bemerkungen über die Seelsorge, und am IV. Bande der Predigten (Gast- und Gelegenheitspredigten).

Er hatte öfters geäussert, dass ein jäher Tod ihm erwünscht wäre; „denn (sagte er) bei einer langwierigen Krankheit möchte mir die Geduld mangeln.“ Auch scheint er die Erfüllung seines Wunsches geahnt zu haben, denn in seinen letzten Predigten pflegte er öfters zu

---

[1]) Einer seiner Zöglinge, Leopold II. von Toskana, starb 31. Jan. 1870 zu Rom.

[2]) Einige Conventualen wohnten doch noch mit Erlaubniss Utzschneider's im Kloster.

sagen: „Heute ist's vermuthlich zum letzten Mal," Gott mahnt mich öfters, dass ich bald sterben, und vor seinem Richterstuhl erscheinen werde. Was er gewünscht, das geschah. Er hatte am 2. Dez. 1822 noch fleissig an seinen herauszugebenden Predigten gearbeitet; Abends ass er wie immer mässig zu Nacht, war darnach sogar fröhlicher, als gewöhnlich, und legte sich dann zu Bette. Als des andern Morgens sein Aufwärter ihm das Licht und den Morgengruss: „Gelobt sei Jesus Christus" brachte, erhielt er keine Antwort mehr; er trat an das Bett hin, und fand den guten Jais ohne Besinnung. Während der Nacht hatte ihn ein Schleimschlag getroffen. Alle vom Arzte angewendeten Mittel blieben ohne Erfolg, und am 4. Dez. 10 Uhr Abends war er verschieden.

Seine Wohlthätigkeit sollte mit seinem Tode nicht versiegen. Er machte eine wahrhaft grossmüthige Stiftung für seine Heimathsgemeinde Mittenwald. Er bestimmte ein Capital von 10.000 fl. (die er sich nach erfolgter Aufhebung des Klosters als Professor und Erzieher der grossherzogl. Prinzen erspart hatte), von dessen Interessen zunächst seine armen Verwandten, dann auch andere Gemeindeangehörige unterstützt werden sollten.[1]) („P. A. Jais, nach Geist und Leben geschildert von M. D.... [Maurus Dietl.] München 1836. 8, mit dem Porträt des Jais in Kupfer, 120 S." Eine vortreffliche Schrift, die werth ist, in den Händen eines jeden Benediktiners und Ordensfreundes zu sein. P. Maurus Dietl, einst als Novize unter Leitung des P. Aegidius im Kloster Rott (1794), hat diesen edlen Charakter wohl erfasst, und trefflich geschildert. Diese Biographie hat zwei Auflagen erlebt. — vergl. Felder, Lex. I. S. 349; Baader, Gel. Baiern, S. 549; Riedhofer C., Kleine Nachlese zu des P. A. Jais Biographie, in kurzen Erzählungen vorgetragen. Augsburg 1826.)

Schriften:

1) Das Opfer des Jephte und dessen Anwendung auf die Jubelprofess des Abtes Benno (Voglsanger) von Benediktbeuern. (Ein Singspiel.) Tegernsee 1778.
2) Ode auf den Tod des P. Constantin Langhayder, Rect. magnif. zu Salzburg und Capitular von Kremsmünster. Salzburg 1788.
3) Lehrbuch für meine Schüler. Die II. und III. Auflage dieses Buches

[1]) Die dankbare Marktgemeinde Mittenwald liess am Geburtshause des Jais eine steinerne Gedenktafel anbringen, die folgende Inschrift trägt: „In diesem Hause (Nr. 352) wurde am 17. März 1750 geboren Dr. Aegidius Jais, Conventual des Klosters Benediktbeuern, Universitätsprofessor zu Salzburg, grossherzogl. toskanischer Rath und Erzieher der grossherzogl. Prinzen, hochverdient um seinen Orden, sowie als Seelsorger, Jugendlehrer und Volksschriftsteller, unvergesslich um die Marktgemeinde Mittenwald durch die im Jahre 1817 von ihm begründete Wohlthätigkeits-Stiftung."

führt den Titel: „Lesebuch für studierende Jünglinge.“ Salzburg 1806. (Das Buch enthält vortreffliche Lese- und Lehrstücke, sowie Gedichte.)

4) Lehr- und Betbüchlein für Kinder. Salzburg 1821 (12 Auflagen).

5) Schöne Geschichten und lehrreiche Erzählungen zur Sittenlehre für Kinder. Salzburg, 2 Bdchen 1820. (Viele Auflagen.)

6) Guter Saamen auf gutes Erdreich. Ein Lehr- und Gebetbuch. Salzburg 1822. (Viele Auflagen.) Eine der letzten Ausgaben dürfte die sein, welche P. Gregor Hürlimann O. S. B. von Einsiedeln veranstaltete. Einsiedeln 1868.

7) Hausandacht oder Gebete, die man in christl. Häusern zum Vorbeten und für sich gebrauchen kann. Salzburg 1805. (Mehrere Auflagen.)

8) Amulet für Jünglinge, oder Gebete und Lehren, die ein tugendliebender Jüngling öfter zu Herzen nehmen soll. Salzburg 1797. (Viele Auflagen.)

9) Amulet für Jungfrauen. Das. 1797. (Viele Auflagen.)

10) Gebete und Lehren für christliche Eheleute. Das. 1808, 1811. Eine neue Ausgabe hat P. Joh. de cruce Klingl, O. S. B. zu St. Bonifaz veranstaltet.

11) Gebetbuch für gottesfürchtige Mütter. Das. 1812.

12) Das Wichtigste für Aeltern, Schullehrer und Aufseher der Jugend, also auch für Seelsorger. Salzburg 1798. 7te unveränderte Auflage, München 1874, 104 S. 8. (Ein vortreffliches Schriftchen!)

13) Pfarrer Sebald's Lehren und Ermahnungen bei den gegenwärtigen Kriegszeiten. 2te Aufl. 1800.

14) Messandacht zum Gebrauche ganzer Gemeinden. Würzburg 1802.

15) Mess-, Kreuzweg-, Beicht- und Communionandacht. Salzburg 1822 und 1823.

16) Walter und Gertraud; für das Landvolk. Würzburg 1808.

17) Unterricht in der christ. kath. Glaubens- und Sittenlehre. Das. 1807. 2te Aufl. 1811. (NB. Durch grossherzogl. Verordnung v. 14. Okt. 1812 wurde dieser Katechismus in allen kath. Schulen des Grossherz. Würzburg als Schulbuch eingeführt.)

18) Handbuch des Unterrichtes in der christkath. Glaubens- und Sittenlehre zum Gebrauche seines Katechismus. Das. 1813.

19) Goldener Spiegel für Mütter. Salzburg 1813.

20) Lehr- und Gebetbüchlein für die lieben Kinder, 1816, 1819 und öfter.

21) Das Auge Gottes, ein Bild, das fromme Christen immer vor Augen haben sollen. München (Schulbücherverlag.) V. Aufl. Salzburg 1838.

22) Vertrautes Wort des Vaters an seinen Sohn, der zum Soldatenstand gerufen. Dillingen 1813.

23) Christlicher Haussegen. München 1817.

24) Bemerkungen über die Seelsorge, besonders auf dem Lande. Salzburg 1817. (Viele Auflagen.) Eine neue Bearbeitung dieser Schrift gab Jos. Köhler heraus. Paderborn bei Schönigh. 1876, 2 Bde. 844 S.

25) Jesus Christus, unser lebendiges Evangelium. Das. 1820, 360 S. III. Aufl. Salzburg 1838.

26) Predigten, die Alle verstehen und die Meisten brauchen können. Salzburg 1821,[1]) III. unveränderte Aufl. Das. 1825 — 1828, 4 Bde.[2]) IV. Aufl. Das. 1845.

27) Gast- und Gelegenheitspredigten. (Opus posthum.) Regensburg 1824. (S. Kehrein, I. S. 236, 239.)

28) Stoff zu nützlichen Betrachtungen und Predigten. (Opus posthum.) Das. 1824. 1 Bd. 3te Aufl. Münch., Passau und Regensb. 1831. und öfter.

J. war auch Mitarbeiter von Kapler's Magazin für kath. Religionslehrer (Ingolstadt 1800, bei Attenkofer). Es finden sich in demselben mehrere Predigten und Christenlehren von Jais mit „J." bezeichnet, ferner folgende Abhandlungen:

a) Nothwendigkeit einer besondern Aufsicht über Ministranten und Hirtenknaben.
b) Die Feiertagsschule.
c) Opfergehen und Klingelbeutel.
d) Bemerkungen über den Krankenbesuch, die nicht in jeder Pastoral stehen.

29) Sechs und dreissig christl. Ermahnungen, Predigten und Christenlehren. 2 Thle. München 1826, III. Aufl. Das. 1834.

P. Benno Winnerl, geb. zu München 11. Nov. 1764, Profess 29. Okt. 1786, Neomyst 29. Sept. 1789; war nach Aufhebung seines Klosters Dekan und Stadtpfarrer zu Wasserburg, wo er am 23. Febr. 1824 starb. (Besnard, Lit. Ztg. 1834, IV. S. 320.)

Schriften:

1) Witterungsbeobachtungen der Station Benediktbeuern in den Jahren 1788 und 1789. (In den meteorolog. Ephemeriden der b. Akad. d. Wissensch.)

2) Rede nach der Hinrichtung des G. W., gehalten zu Wasserburg. 1820. München. 8.

3) Rede bei der Hinrichtung des B. W., gehalten zu Wasserburg (o. O.). 1821. 8.

Manuscript:

Glossar über die deutschen Predigten, die im cod. germ. 39 (saec. XIII.), der sich in der k. Hof-Bibliothek zu München befindet, enthalten sind. (Cod. germ. 380, saec. XVIII. 88 Bl. 4. Das.)

---

[1]) S. Athanasia, Zeitschr. 1839, B. XXVI. S. 260—261, wo über des Jais Predigten eine sehr günstige Kritik zu finden.

[2]) Der IV. Bd. enthält im Anhange: „Nachtrag biographischer Notizen zu P. A. Jais Leben von Matth. Reiter," 32 S.

P. Wolfgang Vitzthum, Dr. philos., geb. zu Illkofen 17. Nov. 1760, studirte als Seminarist von St. Emmeram zu Regensburg, Profess 18. Nov. 1781, Neomyst 12. Juni 1785; Präfekt des Klosterseminars zu Benediktbeuern, das unter Abt Amand Fritz bedeutenden Aufschwung genommen. In dieser Stellung erwarb er sich bald den Ruf eines ausgezeichneten Pädagogen. Nach Aufhebung seines Klosters wurde er Professor am akad. Gymnasium zu Salzburg 1804—1808. Dort wurde er vom damaligen Gouverneur von Salzburg zum Erzieher seiner Kinder auserlesen. Krankheit nöthigte Vitzthum, sich in den Ruhestand zu begeben; er zog nach Neumarkt am Wallersee; 1810 kehrte er nach Benediktbeuern zurück, wo ihm der k. Rath Utzschneider (der durch Kauf Besitzer der Klostergebäude geworden) freie Wohnung gab unter der Bedingung, dass er ihm die ökonomischen Geschäfte besorge, worauf Vitzthum eingieng. 1814—1815 war er Pfarrer zu Jachenau, 1815—1818 Pfarrer zu Benediktbeuern, 1818 zog er nach München, wo er privatisirte. 1826 übernahm er, vielseitigem Drängen nachgebend, die Stelle eines Präses der sog. grössern lat. Congregation, starb aber bald in Folge der Anstrengungen, denen sein Alter nicht mehr gewachsen war, 21. Febr. 1827. (Eine Biographie von ihm schrieb P. W. B. [Petrus Werner, Benediktiner von S. Emmeram] in die Kerz'sche Lit. Ztg. 1828. Intelligbl. V. S. 75—94.)

Schriften:

1) Die in Wahrheit und Einfalt betende Seele. Augsburg 1803.
2) Gott ist reich an Barmherzigkeit. München 1822. (Erschien auch unter dem Titel: Gott unsere Zuflucht. München 1827.)
3) Fasciculus precum in usum Christianorum selectus. Monach. 1824, 172 S. 8.

P. Sebastian Mall, Dr. philos., geb. zu Fürstenfeldbruck 11. Nov. 1766, erhielt seine Bildung in den Klosterschulen zu Fürstenfeld, Wessobrunn und Benediktbeuern, wo er auch noch Physik studirte. Auf Kosten des letzteren Klosters gieng er alsdann nach Salzburg, und erwarb sich daselbst den Doctorgrad; Profess am 26. Okt. 1788, Neomyst am 9. Okt. 1791, Abt Amand schickte ihn dann abermals nach Salzburg zum Studium der orientalischen Sprachen. Von dort zurückgekehrt, wurde er Lehrer der Theologie für die jungen Ordenszöglinge. Am 20. April 1801 wurde er zum Professor der orientalischen Sprachen und der Exegese an die Universität Landshut berufen und siedelte mit ihr 1826 nach München über. Als Dekan der theologischen Fakultät hielt er am 3. April 1835 vor den Studirenden der Theologie eine Rede über die Bedeutung der Wiederherstellung des Benediktinerordens in Bayern. Im Herbste 1836 nahm er Theil an der Sekundizfeier seines Mitbruders P. Ulrich Riesch in Benediktbeuern, fühlte sich indess beim Feste bereits unwohl und starb am Tage darauf, am 12. Sept., plötzlich an der Herzwassersucht. So fand der verdienstvolle Mann seine Ruhestätte unter seinen Ordensbrüdern im heimathlichen Kloster. „Vir ob singularem Dei et proximi charitatem atque animi hilaritatem ab omnibus amatus aestimatusque.“ [1]) (S. Hefner, Leistungen Benediktbeuerns, S. 35; Nekrolog der Deutschen, Bd. XIV, II. S. 595; Permaneder, Annales, S. 209, 211, 263, 286, 288, 293, 303, 320, 328, 396, 410, 429, 466; Wiedemann Dr. G. Fr., Lebensskizze von Seb. Mall. München 1837 (bei Lindauer), 15 S. 8.

Schriften:

1) Positiones selectae ex hermeneutica sacra et ex exegesi psalmorum, Isaiae epistolarumque ad Galatas et Ephesios. Monachii 1798.
2) Nekrolog des Joh. Pet. Roider, Dr. theolog. und Professor an der L. M. Universität zu Landshut († 1820). (Im Landshuter Wochenblatt 1820, St. 16, S. 125.)
3) Hebräische Sprachlehre. Landshut 1808; 2te Aufl. München 1827; 3te Aufl. Das. 1834.
4) Psalmi cum lectionibus variantibus ex versionibus graeca et latina collectis. Monach. 1828. 8.
5) Rede auf den verklärten Collegen Georg Amann, Dr. theolog. und Professor an d. Lud. Max. Universität zu München. München 1832.

P. Florian Meilinger,[2]) Dr. phil., ordentl. Professor der Ludw. Max. Universität zu München, kgl. Schulrath, geb. zu Landshut 29. Nov. 1763, vollendete dort seine Studien, legte am 24. Okt. 1784 Profess ab, und beendete die theologischen Studien in seinem Kloster; Neomyst am 21. Okt. 1787. Er war in der Seelsorge zu Walchensee von 1787—1789. Seit 1789 Lyzealprofessor zu Freising, lehrte er dort fünf Jahre Grammatik und Poësie, und zwei Jahre Philosophie und Mathematik, alsdann docirte er seit 1796 in seinem Kloster Logik, Metaphysik, Mathematik und Physik. Im Jahre 1801 wurde er als Professor der Moralphilosophie, des Naturrechtes, der Geschichte und Philosophie nach Salzburg berufen, von wo er im Oktober 1803 zum Professor der Philosophie und Rektor der neuorganisirten Studienanstalt zu Passau befördert wurde; 1807 wurde er an das Lyzeum zu München versetzt, am 23. Juni 1817 wurde er zum Hofkaplan und im Oktober 1823, zum Rektor des Lyzeums ernannt. Nach Verlegung der Universität von Landshut nach München wurde er ordentlicher Universitätsprofessor

[1]) Adlgasser, Pfarrer von Benediktbeuern († 13. Sept. 1877 als Benefiziat in Mindelheim) in seiner Schrift: „Biographien sämmtl. Aebte Benediktbeuerns“ (Manuscript). Daselbst findet sich auch Mall's Porträt.

[2]) Auch Meillinger.

für Philosophie, als welcher er 1828 zum Rector magnificus erwählt wurde; 1832 wurde er Mitglied des obersten Kirchen- und Schulrathes. Volle 47 Jahre hatte er bereits der Bildung und Erziehung der Jugend sich gewidmet, als ihn Gott am 30. Nov. 1836 zu sich rief. Für studirende Jünglinge seiner Vaterstadt Landshut stiftete er ein Stipendium von 1000 fl. (Hefner J. v., Leistungen Benediktbeuerns, S. 32—33; Nekrolog der Deutschen, XIV. S. 779—784; Permaneder M., Annales Univers. 420, 443—444; Schaden, Gelehrtes München, S. 79—80; Siber Th., Gedächtnissrede auf Dr. Fl. Meilinger. München [bei Franz] 1837, 16 S. 8.)

Schriften:

1) Grundriss der Logik und Metaphysik. München 1821, 191 S. 8; 2te Aufl. Das. 1825; 3te Aufl. Das. 1835. (Felder, Lit. Ztg. 1821, S. 257 sq.)
2) Pädagogische Bemerkungen über die vaterländischen Gymnasien. München 1826. 4. (Dem Verzeichniss der Studirenden der k. Studienanstalt vorgedruckt.)
3) Grundriss der Moralphilosophie und des Naturrechtes zum Gebrauch für seine Vorlesungen. München 1827. 8.
4) Ueber den wahren Sinn und die Bedeutung der akademischen Gesetze; eine Rede, gehalten am 10. Nov. 1828 als neu erwählter Rector magnificus der Ludw. Max. Universität zu München. München 1828. 8. (Auch abgedruckt in Besnard's Lit. Ztg. 1829, Januar-Hft. Intelligbl. I. S. 4—11.)

P. Joseph Maria Wagner, Dr. phil., geb. zu Thierhaupten 23. Sept. 1770, machte in der Klosterschule zu Benediktbeuern seine Studien, und trat 1790 in den Orden, Profess 23. Okt. 1791, Neomyst 12. Okt. 1794, dann Lehrer und Subpräfekt der Klosterschule. Wagner betrieb mit Vorliebe mathematische Studien. Nicht lange darnach war es ihm vergönnt, sein Lieblingsfach auch zu lehren; von 1796—1803 war er Professor am akadem. Gymnasium zu Ingolstadt, von 1803—1810 Professor der Mathematik und Physik an der Universität zu Salzburg. Im Jahre 1810 kehrte er in das Kloster Benediktbeuern zurück, woselbst ihm der damalige Besitzer H. v. Utzschneider für Leitung der Oekonomie freie Wohnung etc. anwies. Utzschneider liess sich auch von ihm in der Mathematik und Physik unterrichten.

Am 16. Sept. 1817 erhielt Wagner die Pfarrei Hohenpeissenberg und nahm daselbst die bereits früher angestellten meteorologischen und astronomischen Beobachtungen wieder auf.[1]) Zehn Jahre später fasste

[1]) Das Stift Rottenbuch hatte bereits im achtzehnten Jahrhundert zu Hohenpeissenberg ein astronomisches Observatorium errichtet und mit ausgezeichneten Instrumenten versehen. Auch jetzt befindet sich das astronomische Observatorium noch im Pfarrhause auf dem Peissenberge.

Wagner den Entschluss, mit seinen beträchtlichen Ersparnissen für die Diözese Freising ein Knabenseminar zur gründen, dem er auch seine zahlreichen physikalischen Instrumente schenken wollte. Das bischöfliche Ordinariat überliess ihm zu diesem Zwecke das ehemalige unbenützte Propsteigebäude zu Freising. Unter zahlreichen Schwierigkeiten wurde das neue Institut 1827 eröffnet, dem er als erster Inspektor bis zu seinem Tode vorstand. Zu Anfang des Schuljahres 1831/32 war das Knabeninstitut bereits zu einem vollständigen Gymnasium mit acht Klassen erweitert, das ausser den Seminaristen auch noch viele Stadtschüler besuchten. Als im Jahre 1832 noch ein Lyzeum für Philosophie und Theologie hinzugekommen war, wurde dem Inspektor Wagner am 30. Okt. 1834 die Professur für Mathematik und Physik nebst dem Rektorate übertragen. Erzbischof Lothar Anselm bedachte das Seminar mit einer reichlichen Stiftung. Wagner widmete sich nebst seinen vielen Geschäften, welche das Rektorat, die Professur und die Leitung des Seminars ihm brachte, auch noch fleissig der Seelsorge. Noch am Tage vor seinem Tode hatte er gepredigt. Am 1. April 1837 starb dieser hochverdiente Priester, eine Zierde seines Ordens und ein Beförderer des Unterrichtes. (Eine ausführliche Biographie gibt Zarbl, „Der Seelsorger“, 1840, II. Jahrg. S. 501—504; Verzeichniss der akad. Profess. S. 106; Gutenäcker, Verzeichniss, S. 28—29, 136; Permaneder, Annales, S. 163—164; Briefliche Mittheilungen des Dr. M. Jocham.)

Schriften:

1) De studio disciplinarum mathematicarum studiosis tyronibus etiam atque etiam commendando. (Programm des Lyz. zu Freising 1831.)
2) De scholis latinis Frisingae olim institutis. (Programm des Lyz. zu Freising 1832.)
3) Succincta Reverendiss. et Celsissimi D. D. Josephi Conradi L. B. de Schroffenberg, qui ultimus et Episcopatus et Principatus Frisingensis tenuit gubernacula, vitae descriptio. (Programm des Lyz. zu Freising 1833.)
4) Ueber das Studium der lateinischen Sprache. (Programm des Lyz. zu Freising 1834, S. 3 sq.
5) Schluss der Lebensgeschichte des Fürstbischofes Jos. Conrad von Freising. (Das. 1834.)
6) Bemerkungen über den auf dem Kochelsee herrschenden Südwind. (Programm des Lyz. von Freising 1836.)

Manuscript:

Eine Menge Abhandlungen über mathematische und physikalische Gegenstände, welche den Gelehrten in diesen Fächern bekunden.

P. Ulrich Riesch, Dr. theolog. et jur. utriusq., geb. zu Jachenau 2. Sept. 1762, Profess 24. Okt. 1784, Neomyst 22. Okt. 1786. An der Universität Ingolstadt erlangte er seine Ausbildung, und vertheidigte unter Klocker's Vorsitz die „dissertatio de clausula Aschaffenburgensi". Von 1792—1794 Professor zu Freising; von 1796—1799 Professor des Kirchenrechtes zu Ingolstadt; darauf lehrte er dasselbe Fach kurze Zeit zu St. Emmeram in Regensburg, alsdann Pfarrer zu Benediktbeuern 1799—1803. Nach der Aufhebung des Klosters blieb er freiwillig als Kaplan der neuorganisirten Pfarrei Benediktbeuern und zwar bis zu seinem Tode am 28. Mai 1839, nachdem er drei Jahre zuvor seine Sekundiz gefeiert hatte. Dr. Riesch hat sich auch durch Sammlung und Ankauf von Paramenten und kirchlichen Geräthen für seine ehemalige Kloster- jetzt Pfarrkirche bleibende Verdienste erworben, und steht noch heute als seeleneifriger Priester zu Benediktbeuern in lebhaftem Andenken. (Permaneder, Annales, S. 162, 167, 188; Adlgasser, l. c.; dort befindet sich auch sein Porträt.)

Manuscripte:

1) „Mappa Burana", vorstellend alle diejenigen Gerichte und Ortschaften Bayerns, in welchen das löbl. Kloster Benediktbeuern einige Unterthanen hat. (Illuminirte Handzeichnung im Besitze des hist. Ver. v. Oberbayern. S. Jahresbericht IX. S. 66.)
2) Die hl. Kreuzwegandacht zum Gebrauche der Pfarrgemeinde Benediktbeuern. „Anno solutionis monasterii" 1803. 8.

P. Corbinian Riedhofer wurde am 23. Okt. 1772 zu Beuerberg als Sohn des dortigen Klosterrichters geboren. Den ersten Unterricht erhielt er bei den regul. Chorherren seines Heimathortes, kam dann nach München und zuletzt in's Klosterseminar nach Benediktbeuern, wo er die philosophischen Kurse absolvirte. 1792 trat er dort in den Orden, und legte 26. Okt. 1794 Profess ab. Neomyst 23. Okt. 1796, war hierauf drei Jahre Lehrer an der Klosterschule und Musikinstruktor, 1802 Kaplan zu Ehingen (einer Klosterpfarrei, Ger. Wertingen), wo er unter P. Anton Haberl's Leitung bis 1809 segensreich wirkte. 6. Okt. 1809 wurde er Pfarrer zu Uttigkofen, wo er am 14. Dez. 1839 starb. Seine freien Stunden verwendete er auf Abfassung von Volks- und Jugendschriften, deren Brauchbarkeit durch ihren grossen Absatz hinlänglich bekundet wurde. Dieselben athmen gleiche Herzlichkeit und gleich kindlich frommen Sinn, wie die Schriften seines Mitbruders P. Aegid Jais. „Ein ächt religiöser Geist, eine das unbefangene Gemüth ansprechende Heiterkeit, und eine ungekünstelte, aber dabei sich doch nicht allzusehr erniedrigende Sprache sind die Vorzüge seiner Erzeugnisse."[1] (Vgl. Hefner, Leistungen Benediktbeuerns, S. 33—35; Felder, Lex. II. S. 357—361.)

Schriften:

1) Allmacht und Weisheit Gottes. Ein Christenlehrgeschenk. Augsburg (Bolling) 1800.
2) Joachim und Anna. Ein lehrreiches Geschenk für Eltern, die ihre Kinder lieb haben. Das. 1804.
3) Wache und bete! Das. 1805.
4) Leben der heiligen Afra mit sittlichen Anwendungen. Augsburg (Doll.) 1805.
5) Das Gebot der Kirche: „Du sollst die aufgesetzten Feyertage halten." Das. (Bolling) 1806.
6) Die Parabel vom verlornen Sohn in fasslichen Predigten für die hl. Fastenzeit. Augsburg (Bolling) 1806.
7) Der Christ vor seinem Gott im Gotteshause. Ein Gebetbuch besonders für das Landvolk. Das. 1807.
8) Unterricht zum Empfang der heiligen Sakramente der Busse und des Altars. Dillingen (Brenner) 1807.
9) Unterricht über das hl. Sakrament der Firmung. Das. 1807 (?).
10) Christenlehrgeschenke. Straubing (Heigl) 1812.
11) Der Kreuzweg des Herrn. Ein Kreuzwegbüchlein sammt Fastenandachten. Passau und Straubing 1813.
12) Das grosse Opfer Jesu am Kreuze, vorgebildet im Opfer Isaak's. Passau 1816.
13) Die hl. Jungfrau und Dienstmagd Zitta. Den christlichen Dienstboten zur Nachahmung vorgestellt. Salzburg (Duyle) 1817.
14) Heiliges Leben der Jungfrau und Ordensstifterin Theresia. Das. 1817.
15) Der Sieg der Unschuld. Eine biblische Geschichte mit sittlichen Anmerkungen zur Erbauung erzählt. Das. 1817.
16) Handbüchlein für die Verehrer des hl. Antonius. Straubing 1817.
17) Die Stunden der Andacht am Grabe der Verblichenen, oder heiliges und heilsames Andenken an die Verstorbenen zum vor- und nachmittägigen Gebrauche bei Begräbnissen und den Gottesdiensten. Landshut (Storno) 1818.
18) Christenlehrbüchlein in kurzen Fragen und Antworten. Ein Leitfaden zum christlichen Unterrichte der Kinder in und ausser der Schule. Passau 1818.
19) Abschiedsrede über: „Nun empfehle ich euch Gott" (Apostelgesch. 20), gehalten in der Filialkirche zu Wortelstetten. Augsburg 1818. 8.
20) Die hl. Franziska Romana. Ein wahrer Tugendspiegel für alle Stände des weiblichen Geschlechtes. Salzburg (Duyle) 1818.

---

[1]) Kebrein, Geschichte der Kanzelberedsamkeit, I. 361.

21) Nützliches Allerlei. (Fünf Lieferungen neuer Haus- und Christenlehrgeschenke.) Augsburg (Bolling) 1818.

22) Ein Bauerssohn aus dem Dorfe Wortelstetten der Pfarrei Ehingen im Landgerichte Wertingen, Johannes Lippert, den der Herr in der schönsten Blüthe seiner Jahre zu sich genommen hat. Ein Denkmal zur Erbauung. Augsburg (Bolling) 1820.

23) Das Bild einer frommen und getreuen Ehegattin, Mutter und Hausfrau; dargestellt in der Rosina Hafensteinerin, gewesene Schullehrerin und Messnerin zu Uttigkofen; zur Nachahmung für Jederman, besonders Ehegattinen, Mütter und Hausfrauen. Landshut (Thoman) 1820.

24) Die grosse Sünderin und Büsserin Maria aus Aegypten. Augsburg (Bolling) 1821.

25) Tugendbeyspiele zur Nachahmung für Jedermann, ausgehoben aus dem frommen Leben des Joseph Hinshamer, Schneidermeister zu Freundorf. Augsburg (Bolling) 1821.

26) Die evangelische Geschichte: Jesus und die Samariterin am Jakobsbrunnen in homiletischen Vorträgen. Augsburg 1821.

27) Der jungfräuliche Ehrenkranz zu einem kleinen Denkmale auf das Grab der ehr- und tugendreichen Jungfrau Creszentia Höflmaierin, wie auch zur Belehrung über die Wart und Pflege der Jungfrauschaft. Augsburg (Bolling) 1825.

28) Kleine wohlfeile Hausapotheke von den nutzbarsten und adprobirtesten Mitteln gegen verschiedene Krankheiten der Seele. Ein Haus- und Christenlehrbuch. Passau 1825.

29) Alphabetisches Vorrathsbuch von Geschichten und Aussprüchen der Heiligen Gottes. 2 Bde. Augsburg (Bolling) 1825.

30) Religiöse Vorträge auf alle Sonn- und Festtage des Kirchenjahres über verschiedene kirchliche Ceremonien, Gebräuche und Feste u. s. w. für das gemeine Volk. 3 Bde. Augsburg (Bolling) 1825—1827. N. Aufl. Das. 1835. 8.

31) Kleine Nachlese zu P. Aegidius Jais Biographie — in kurzen Erzählungen vorgetragen. Das. 1826.

32) Das christliche Herz im Umgange mit Gott. Ein Gebeth-, Lehr- und Betrachtungsbuch. Deggendorf (Pustet) 1828.

33) Geistliches Geschenk von Gebeten. — Ein Gebethbuch. Augsburg (Bolling) 1829.

34) Hausbüchlein für Kranke und Sterbende. Deggendorf (Pustet) 1829.

35) Beichtspiegel. Das. 1829.

36) Anreden in kurzen Erklärungen der Ceremonien und Gebräuche bei Begräbnissen. 2. Bde. Augsburg (Bolling) 1829.

37) Erzählungen aus dem Leben der Heiligen mit kurzen sittlichen Anwendungen und Denksprüchen. Ein Prämiengeschenk. Das. 1829.

38) Bete und arbeite, oder das tägliche Geschäft des guten Christen. Landshut (Krüll) 1831.
39) Die einträglichste Lotterie. Eine Geschichte. Landshut 1831.
40) Wähle gut, so hast du's gut, oder die glücklichen Eheleute. Eine Familiengeschichte. Das. 1831.
41) Gott in seinen Fügungen und Erbarmungen wunderbar. Eine Gesch. zur Erbauung. Landshut (Krüll) 1832.
42) Ehrenbund der Jünglinge und Jungfrauen in Kirchenthal. Eine Erzählung zur Belehrung über den hohen Werth der keuschen Jünglingschaft und der jungfräulichen Ehre nebst Anweisungen, sie aufrecht zu erhalten. Das. 1832.
43) „Unrecht Gut thut nicht gut," oder was den Segen Gottes in's Haus bringt. Eine lehrreiche Erzählung. Das. 1832. (Christenlehrgeschenk.)
44) Kleine Hauslegende. 2 Bde. Das. 1833.
45) Erzählungen, den Eltern und Kindern geweiht. Das. 1833.

Maurus Hagel, Dr. theol., geb. zu Neustift bei Freising 27. Febr. 1780, war zur Zeit, als Benediktbeuern aufgehoben wurde, clericus professus, Priester 9. Juni 1805, anfänglich Progymnasiallehrer zu Amberg 1805—1816, dann Professor der Exegese und Dogmatik daselbst 1816—1824, seit 19. Juni 1824 in gleicher Eigenschaft nach Dillingen versetzt, wo er am 2. Febr. 1842 starb. Seine Bibliothek vermachte er der dortigen Lyzealbibliothek. (Jahresbericht des Lyz. zu Dillingen, 1842, S. 13.).

Schriften;

1) Der Katholizismus und die Philosophie. Sulzbach 1822, 138 S. 8. (Felder, Lit. Ztg. 1822, III. S. 337—351.)
2) Theorie des Supernaturalismus mit besonderer Rücksicht auf das Christenthum. Sulzbach 1826, 200 S. 8.
3) Ueber den gegenwärtigen Stand der kath. Theologie; Rede, gehalten am Beginn des Studienjahres zu Dillingen 1826. Dillingen 1826, 25 S. (Besnard, Lit. Ztg. 1827, II. S. 178—191.)
4) Ein Wort über Erziehung. (Programm d. Lyz. zu Dillingen, 1827.)
5) Apologie des Moses. Sulzbach 1828. 8. (S. Benkert, Religionsfreund, 1829, S. 535 sq., wo Hagel's Rationalismus mit Recht getadelt wird.)
6) Demonstratio religionis christiano-catholicae. Aug. V. 1832, 2 Tomi.
7) Rationalismus im Gegensatz zum Christenthum. Sulzbach 1835, 168 S. 8.
8) Handbuch der kath. Glaubenslehre für denkende Christen. Augsburg 1838.
9) Dr. Strauss' Leben Jesu aus dem Standpunkte des Katholizismus betrachtet. Kempten 1839, 108 S. 8.[1])

---

[1]) Hier mag auch Dr. Aloys Buchner eingereiht werden, welcher zur Zeit der Klosteraufhebung gleichfalls Kleriker des Stiftes Benediktbeuern war. Derselbe konnte nicht mehr die feierlichen Gelübde ablegen, weil ein Erlass der Regierung

strengstens verboten hatte, den Klerikern vor vollendetem einundzwanzigsten Lebensjahre die Profess abzunehmen. Buchner war am 20. Mai 1783 zu Murnau geboren, erhielt 1794 Aufnahme im Seminar zu Benediktbeuern, trat dort 1799 in's Kloster, und bestand zu Rott sein Noviziat unter A. Jais, der ihn in seinen Briefen „seinen Frater Aloys“ nennt. 1800 kehrte Buchner nach Benediktbeuern zurück, und absolvirte die zwei philosophischen Kurse. Abt Carl stellte ihm bei der Aufhebung des Klosters ein glänzendes Zeugniss aus. Nach Vollendung der Lyzealstudien zu München hörte Buchner Theologie zu Landshut und wurde am 23. März 1806 zum Priester geweiht. Sailer schenkte ihm sein ganzes Vertrauen, und bediente sich Seiner zwei Jahre als Amanuensis Hierauf wirkte Buchner als Kaplan zu Krumbach (Schwaben) vom Okt. 1806—1814, und als Pfarrer zu Rieden 1814—1818. Im Jahre 1818 beginnt seine Thätigkeit als Professor der Dogmatik; zuerst zu Dillingen (1818—1824), dann zu Würzburg (1824—1827), endlich zu München (1827—1838). Möhler wählte sich den frommen und gelehrten Buchner zum Gewissenrath und Beichtvater. (Vgl. Symbolik XXVII. 9. Aufl.). 1838 wurde Professor Buchner Domcapitular zu Passau, und starb als solcher am 29. Aug. 1869. (Vgl. Dr. A. Buchner, ein Lebensbild zur Verständigung über J. M. Sailer's Priesterschule, verfasst von Dr. M. Jocham. Augsburg 1870, 194 S. 8.; Ruland, Series et vitae Professor. Univ. Wirceburg. S. 216—217; Sulzbach. Kal. 1871.)

Schriften:

1) Wie heissen die Gesetze der Popularität, die in dem Wesen einer guten christl. Volkspredigt liegen? (Diese von der theolog. Fakultät zu Landshut gestellte Preisfrage hat Buchner 1806 gelöst. J. M. Sailer hat sie in den „Beiträgen zur Bildung der Geistlichen“, B. I. [1809] abdrucken lassen.)
2) Wichtige Erinnerungen für Schullehrer und Adstanten. Augsburg 1809, 40 S. 8. (S. Felder, N. Magazin für kath. Religionslehr. 1819, II, S. 382—392.)
3) Summa theologiae dogmaticae in usum praelectionum publicarum. Monach. 1828—1829, 4 Voll. 8.
4) Encyklopädie und Methodologie der theolog. Wissenschaften. Sulzbach 1837.
5) Grundsätze der Erziehung und des Unterrichtes. Das. 1838.

Manuscript:

Religionsphilosophische Unterhaltungen.

Tegernsee.

Tegernsee in Oberbayern (M. Tegurinum, Tegernseense, S. Salvatoris et S. Quirini in Tegernsee, auch Tegrinsee), Bisthum Freising, 2224′ über dem Meere, gestiftet 746 von den Brüdern Adalbert und Otkar aus dem Geschlechte der Agilolfinger. — Colonisirt wurde es sehr wahrscheinlich von St. Gallen aus. Im zehnten Jahrhundert wurde das Kloster von den Hunnen zerstört, 979 aber wieder hergestellt, im Aufange des eilften Jahrhunderts befestigt und zu einer unmittelbaren fürstlichen Abtei erhoben. Im Jahre 1012 zählte es 200 Religiosen. 1193 wurde es zerstört, aber wieder prächtiger hergestellt als zuvor. Im Jahre 1426 entsagte Abt Conrad dem fürstlichen Range, und unterwarf sich der bayerischen Hoheit. Aufgehoben wurde es vom Churfürsten Max Joseph im Frühjahr 1803. Die Stiftskirche wurde Pfarrkirche des Ortes. — Die Klostergebäude kaufte Freiherr von Drechsel, welcher den schönen Gasttrakt niederreissen liess. Von diesem kaufte es König Max I. von Bayern 1817, und richtete sich Tegernsee als Lustschloss ein. Das gefreite Klostergericht Tegernsee erstreckte sich im Jahre 1803 über 4½ □Meilen, und umfasste in 16 Dörfern und 127 Weilern 3200 Bewohner. — Seit dem Jahre 1573 bestand im Kloster eine Buchdruckerei, der stets ein Conventual als Inspektor vorstand. Das berühmte Werk Bessel's „Chronicon Gottwicense", die Notitiae Austriae, das Chronicon Laurisheimense gingen aus dieser Druckerei hervor. Die Bibliothek zählte im Jahre 1779 über 40,000, und zur Zeit der Aufhebung circa 60,000 Bände. Handschriften besass sie über 2000, darunter codices aus dem achten, neunten und zehnten Jahrhundert; Inkunabeln über 4000.[2]) Der je-

---

[1]) Freiherr von Aretin, der im April 1803 nach Tegernsee kam, um für die Hofbibliothek zu München die werthvollsten und seltensten Werke auszuwählen, schreibt darüber: „Vielen Dank ist ihnen (den Tegernseer Mönchen) die Nachwelt schuldig, dass sie so fleissig sammelten und das Gesammelte so gut aufbewahrten. .... Die in Baiern gedruckten ältern Werke fanden wir hier beinahe alle, auch war uns die besonders aufgestellte Sammlung der Tegernseer Druckdenkmäler vom Jahre 1577

weilige Abt von Tegernsee führte den Titel „Primas Bavariae“. Das Kloster hatte schöne Besitzungen in der Nähe von Bozen und Meran (meist Weingüter), ferner zu Loiben in Niederösterreich eine Propstei. Tegernsee ist neben Benediktbeuern und Wessobrunn eine der ehrwürdigsten Culturstätten Oberbayerns.

Literatur:

Aretin Frh. Ch., Beiträge zur Geschichte der Literatur. München 1803, St. II. S. 54—74; 1804, St. V. S. 78—81. — Baader Cl. A., Reisen, I. S. 42—48. — Bayern in seinen Schönheiten, III. S. 193—216, „Tegernsee u. s. Umgegend“ nebst Abbildung. — Bollandistae ad 24. Mart. — Canisius, Antiquae lectiones T. III. Pars II. — Catalogus monachorum Tegernseensium ab anno 1678—1787 defunctorum et in nova potissimum crypta sive subterraneo sacello Basilicae S. Salvatoris quiescentium. Typ. m. Tegernsee 1787. 4. — Deutinger, Aeltere Matrikeln, I. S. 188—190. — Eccard, corp. histor. med. aevi. — Freiberg Max, Aelteste Geschichte Tegernsee's. München 1822. 8. (Reicht bis zum J. 1324.) — Fuchs M., Geschichte des ehem. Klosters Tegernsee. München 1876. 8. — Gerbert iter alemannicum, S. 427—430. — Gerken, Ph. W., Reisen, I. S. 386—399. — Gruber und Lehner, Tegernsee's Natur- und Kunstschönheiten. Stadtamhof 1822. — Günthner Seb., Gregor Rottenkolber, letzter Abt von Tegernsee, eine biogr. Skizze mit Porträt. München 1811. 4. — Hefner J. v., Tegernsee und seine Umgebung. München 1838. 8, mit Ansichten. — Hoheneicher, Ueber 2 Manuscripte ehem. in der Bibliothek zu Tegernsee. (Archiv der Gesellsch. für ältere deutsche Geschichtskunde, IV. S. 548 sq.) — Desselben, das leidige Fleischessen der Tegernseer Mönche und der wunderliche Cardinal. (Hormayr, Taschenbuch für vaterl. Gesch. XIV. S. 247). — Hundius, Metropolis, III. 268—283. — Jäck, Gallerie der Klöster Deutschlands, enthält: „Tegernsee, beschrieben von Deissboeck“, Bd. I. S. 1—30. — Krämer, Beschreibung des Wildbades Kreuth und seiner Umgebung mit 7 Ansichten und 2 Karten. München 1825.[1]) — Krempelhuber, Tegernsee und seine Umgebungen mit 12 Stahlstichen und 1 Karte. München 1854. — Lexik. v. Baiern, III. S. 464—476; Supplem. S. 175. — Mabillon, Annales O. S. B. T. II. — Meichelbeck, Historia Frisingensis. — Meidinger, Beschreibung, S. 373—375. — Monum boic. VI. S. 1—354, Reihenfolge der Aebte, 137 Urkunden und Abbildung des Klosters. — Mooyer E. Fr., Beiträge zur Gesch. der vormaligen Benediktiner-

---

bis auf gegenwärtige Zeiten sehr willkommen.“ Aretin, Beiträge, 1803, St. II. S. 74. Der letzte Bibliothekar war P. Corbinian Kleinhans, geb. zu Nauders in Tirol 19. März 1769, Profess 2. Okt. 1791, Neomyst 19. Okt. 1794, starb zu Tegernsee 1824 bei seinen Mitbrüdern, die als Pensionäre nach Vertreibung aus dem Kloster sich dort gemeinsam eine Wohnung gemiethet hatten.

[1]) War Eigenthum des Klosters.

Abtei Tegernsee und deren Verbindung mit andern Klöstern. (Westphälisch. Provinzialblätter, III. Hft. 1. (1843). — Obermayr J., Geschichte der ehem. Tegernseeischen Klosterpfarre Gmund. Freising 1868. 8. — Oefele, scriptores rer. boicarum, enthält: a) Fragmenta bina chronici Tegernseensis et excerpta ex Necrologio Tegernseensi opera P. Mich. Lory, T. I. S. 629—639; b) Anonymi monachi Tegurini O. S. B. historia S. Quirini regis et martyris cum fundatione monasterii in Tegernsee et successione abbatum, ex autographo edid. Oefele; accedit ejusdem cura Diplomatarium Tegurinum nunquam antehac editum. T. II. S. 49—99. — Pez B., Thesaurus anecdot. novissim.: a) De biblioth. T. I. diss. isagog. XII—XVI; b) Monumenta vetera historiam inclyti M. Tegernseensis illustrantia. T. III. 473—594. (Enthält eine kurze Geschichte des Klosters bis zu Anfang des achtzehnten Jahrh.) — Pez, Bibl. ascetica, de obitu abbatis Casp. Aindorffer, epistola encyclica T. VIII. S. 589. — Raderus, Bavaria sancta. — Redivivus e funere phoenix, seu series et gesta abbatum Tegernseensium. Tegernsee 1746. Fol. mit Abbildg. des Klosters und Porträt des Abtes Gregor Plaichshirn. (Verfasser dieser Schrift ist P. Nonnos Pämer.) — Reg. bav. I. 64, 70, 74, 196, 224, 296, 302, 330, 338, 386. — Schaden A. v., Beschreibung des Tegernsee's, mit 19 Kupfern. München 1832. — Stengelius C., Monasteriologia. Pars I. mit Abbildung. — Stumpf, Handbuch S. 179—180, mit Abbildung. — Sulzbacher Kalender, 1854, S. 45—62, mit Abbildung. — Tausend Jahr des Gotteshauses Tegernsee. Tegernsee 1746. (Festschrift zum 1000jährig. Jubiläum.) — Wenning, Topographia, I. S. 264, mit Abbildung. — Wetzer und Welte, Kirchenlexikon, X. S. 696 sq. „Tegernsee" (in gedrängter Kürze das Wichtigste beisamm.). — Zapf, literarische Reisen in d. J. 1780, 1781, 1782, III. Brief, S. 33—46 (I. Edition, Augsburg 1783). Auch bei Bernoulli, Sammlung v. Reisebeschreibungen, Bd. VIII. S. 165—230. — Zeitschrift f. Baiern, II. Hft. 11, S. 253 sq. — Zimmermann, churb. geistl. Cal. 1754, S. 190—198. — Ueber Tegernsee's berühmte Männer (bis 1750) s. Baader, Gelehrtes Baiern und dessen Lexikon; Kobolt, Baier. Gelehrten-Lexikon nebst den Nachträgen von P. M. Gandershofer, Landshut 1825. 8. — „Beiträge zur Literatur in Baiern älterer und neuerer Zeit", (in Felder's Lit. Ztg., die dann Mastiaux und Besnard fortgesetzt haben, 1810—1834 inclus.; diese Beiträge haben P. Maurus Gandershofer zum Verfasser). — Günthner, Geschichte der literarischen Anstalten in Baiern, München 1810—1815, enthält zerstreut eine Literaturgeschichte Tegernsee's aus älterer Zeit. — Hefner J. v., Leistungen Tegernsee's für Kunst und Wissenschaft (Oberbayr. Arch. I. S. 15—35). — Kugler Fr., De Werinhero monacho Tegernseensi et de picturis minutis, quibus carmen suum theotiscum de vita B. V. Mariae ornavit. Berolini 1831. — Lipowsky, Bair. Musikerlexikon.

Miscellen: Pez, B. Bibliotheca Ascetica. — Worte der Erinnerung, gesprochen am Grabe des P. Ulrich Heimgreiter, ehem. Conv. v. Tegernsee, 1848 (o. O.). — Ziegelbauer, Hist. rei lit. I. S. 539—542.

Manuscripte: In der Staatsbibliothek zu München:

a) Cod. germ. 540. — 802. — 809. — 1148. — 1606. — 1836. Histori und geschicht von S. Quirinus und vom Kloster Tegernsee bis 1586 von J. Fabricius von Dilher anno 1586. 160 Bl. Fol. — 1837. — 2616. Urkunden und Akten. 295 Bl. Fol. saec. XVII. — 2961. Chronik v. Tegernsee bis 937. 103 Bl. 4. saec. XV. — 3111. — 3302. Spicilegium Tegurinum, seu de viris illustribus monasterii Tegernseensis auctore P. A. Hueber anno 1715. 182 Bl. 8. — 4841. —

b) Cod. lat. 1005. Observantiae vitae regularis, necrologium, confoederationes, litterae indulgentiarum. — 1006. Necrologium. — 1008. Confoederationes, bullae papales, observ. regulares, charta reformationis. — 1017 und 1021. Necrologia. — 1023. Breviarium chori. — 1036. Historia fundationis. — 1072. Hist. fund., consecratio ecclesiae et altarium, chronicon, series abbatum. — 1131. Ceremoniarum liber, casus abbati reservati, carta visitationis (anno 1427). — 1201. (fasciculus I.). — 1465 — 1469 inclus. Calendarium, necrologia, liber epistolarum fraternitatis, breviarium chori, traditiones, hist. fundationis, manuale oeconomicum, miscellanea. — 1807 (fol. 116). Miscellanea, chronicon, series abbatum. — 1922 und 1929. Histor. fundationis. — 1923. Ceremoniarum liber. — 1924. Edmundi Mändl, chronologia abbatum Tegernseensium saec. XVIII. 84 S. 4. — 1925. Catalogus manuscriptorum bibliothecae Tegernseensis anno 1483. 131 fol. — 1926. Ordinationes Nuntii apostolici anno 1581. — 2301. Chronicon, privilegia. — 19255. Series religiosorum ab 1500 — 1528 defunctorum. — 19882. P. Pl. a Preu, Epistolae.

In den Sammlungen des hist. Vereins von Oberbayern:

Annotationes pro vineis Monast. Tegernsee in Tyroli ad fluvium Athesin sitis, item de jure et obligatione colonorum, quibus vineae ad Athesin infeudatae sunt, conscriptae a P. Chrysogono Krapf de Insprugg, Cellerario Tegernseensi ann. 1501—1506. Cod. chart. 313 Bl. 8. (S. VIII. Jahresb. S. 55.). — Besitzungen des Kl. Tegernsee in Oesterreich zu Streuberg, Thiernstein, Jeuching, Loiben. (S. XIII. Jahresb. S. 38.) — Hefner J. v., Hist. artist. Reisenotizen über Tegernsee. (I. Jahresb. S. 46.) — Kloster Tegernseeische Jäger und Jägerei, zusammengetragen v. P. Aegid Schmid O. S. B., Waldmeister anno 1752 (Copie) und das Gämbs- und Reisgejaid des Klosters Tegernsee v. Jahre 1506 (Copie). (S. XX. Jahresb. S. 72.) — Urkunden des Kl. Tegernsee über dessen Weinberge in Tyrol, 1436—1758. (S. XXXIII. Jahresb. S. 149.)

Schriftsteller:

P. Sebastian Zeidlmayr, geb. zu Berchtesgaden, ein vorzüglicher Organist, der viele Jünglinge zu Musikern heranbildete; † 19. März 1750, 79 Jahre alt, im 60. seiner Profess, im 53. seines Priesterthums. (Lipowsky, M.-Lex. S. 400.)

P. Aemilian Dratzieher, geb. zu Salzburg 10. Sept. 1702, Profess 19. Okt. 1721, Neomyst 10. Okt. 1726, Professor der Philosophie zu Salzburg 1733—1735, dann zu Freising 1744—1746, lehrte dasselbe Fach im Kloster; † 31. Aug. 1754. (Verzeichniss der akad. Prof., S. 18.)

Schriften:

1) Cursus philosophicus ad mentem Aristotelis et Doctoris angelici. Salisb. 1733. 4.
2) Logica genuina Aristotelico-thomistica. Ibid. 1734. 8.
3) Fundamentum, structura et ruina universalium. Ibid. 1734. 8.
4) Partus genuinae logicae Aristotelico-thomisticae. Ibid. 1734. 8.
5) Concordia materiae ac formae in unione et composito. Ibid. 1735. 8.
6) Leichenrede auf Abt Magnus (Pachinger) von Benediktbeuern. Tegernsee 1742. 24 S. Fol.
7) Hatte Antheil am Werke: „Theologia universa speculativo-practica", welches P. Benedikt Pettschacher herausgab. (S. Zauner, Syllabus Rectorum, S. 5.)

Manuscript:

Porta theologica introducens ad s. doctrinam speculativo-dogmaticam juxta hodiernam methodum 1751; (blieb unvollendet.)[1])

P. Castorius Zeitler, geb. zu Waldsassen 2. Mai 1713, Profess 22. Okt. 1730, Priester 1737, Director Fr. Fr. clericorum, Pfarrvikar zu Egern, Prior; † 17. Jan. 1758.

Manuscript:

Actio scenica in annum millesimum consecrati templi in Tegernsee. 1746. (Modulos musicos composuit P. Columb. Praelisauer, Professus in Rott.)

P. Leonhard Trautsch, geb. zu München 8. Sept. 1693, † 13. Jan. 1762; ein vortrefflicher Organist und Violinist. Er componirte Mehreres. Vorzüglich wird sein Te Deum gerühmt, das bei der 1000jährigen Jubelfeier des Stiftes Tegernsee (1746) aufgeführt wurde. (S. Lipowsky, Lex. S. 351.)

P. Augustin Mayr, geb. zu München 27. Sept. 1710, Profess 17. Okt. 1728, Neomyst 2. Okt. 1735, Professor zu Freising 1736—1746, gest. im Kloster 6. April 1762.

---

[1]) Am 25. Dez. 1761 starb P. Marian Praunsberger, geb zu Salzburg 1681, schrieb ein Büchlein „Vom guten Tod", das wahrscheinlich zu Tegernsee gedruckt wurde.

Manuscript:

Anni saecularis a templi consecratione millesimi (1746) in monasterio Tegernsee per dies tres celebrati descriptio. 1746.

P. Gregor Plaichshirn, geb. zu Dorfen 5. Sept. 1685, Profess 11. Nov. 1703, Neomyst 18. Okt. 1711, Professor zu Freising 1713—1714, Professor der Theologie am studium commune der Congregation 1714—1723, zum Abt erwählt 29. Jan. 1726, Präses der bayr. Benediktiner-Congregation 1735, Jubilar 1761, † 27. Mai 1762. Er vergrösserte die Klostergebäude, brachte das Archiv in Ordnung und verwendete grosse Summen für die Bibliothek. (Baader, Lex. II. 1, S. 255.)

Schriften:

1) Trina mentis operatio. Straub. 1711. Fol.
2) Quaestiones disputatae Thomistas inter et Scotistas. Ibid. 1717. 8.
3) Meritum reviviscens, dissert. theolog. hist. Ratisbon. 1718. 8.
4) Tò formale peccati, diss. theolog. Ibid. 1721. 8.
5) Corona centum stellarum, sive conclusiones theolog. imagini B. V. Mariae subjectae. 1723.
6) Gratia S. Augustini a diversis tam praeterito, quam nostro tempore imputatis erroribus immunis. Ratisb. 1725. 8.
7) Mirakel und Leben des hl. Quirin. Tegernsee 1732.

P. Marian Pruggberger, geb. zu Landsberg 30. Aug. 1726, Profess 17. Okt. 1745, Neomyst 15. Okt. 1752, Professor und Direktor am studium commune der Congregation, † 10. April 1770.

Schriften:

1) Fontes sacrae doctrinae, seu loci theologici. 1763.
2) Dissert. historico-critica de profanis paganorum oraculis a daemonibus vindicatis una cum tractatu de angelis. Tegernsee 1764. 8 Bg. 4.
3) Mehrere theolog. Dissertationen.

P. Nonnos Paemer, geb. zu Freising 11. Jan. 1714, Profess 21. Okt. 1731, Neomyst 8. Juni 1738, Prior 1749—1753, seit 1762 Propst der dem Kloster gehörigen Herrschaft Unterloiben in Oesterreich,[1]) starb daselbst 6. Mai 1772.

Schriften:

1) Redivivus e funere phoenix, sive series abbatum Tegernseensium stylo lapidari. Typ. monast. Tegernsee. 1746. Fol. anonym. (Mit Abbildung des Stiftes und dem Porträte des Abtes Greg. Plaichshirn.)
2) Sacrificium Noë. Melodrama zur Feier der Jubelprofess des Abtes Gregor

[1]) Andere Besitzungen des Klosters im Oesterreichischen waren Thiernstein und Strenberg.

Plaichshirn, am 10. Jan. 1753 aufgeführt. (P. Greg. Schreyer v. Andechs lieferte die Musik.)

3) Jubelpredigt beim 300jährig. Jubiläum des Kl. Andechs. (In der Sammlung der Festpredigten.)

4) Leichenrede auf Abt Leonhard (Hochenauer) von Benediktbeuern. Tegernsee 1758.

P. Anselm Marschall, geb. zu Wessobrunn 28. Aug. 1697, Professor zu Freising 1728—1729; Pfarrer zu Gmund bei Tegernsee 1738—1778, gest. als Jubilar im Kloster 5. Jan. 1781.

Schrieb:

De causalitate causae 1730. (Frisingae?)

P. Maurus Wagner, geb. zu Salzburg 27. Febr. 1733, Profess 17. Okt. 1751, Neomyst 3. Mai 1757, Professor der Philosophie und Theologie, Bibliothekar und Gründer des mathematisch-physikalischen Kabinetes in Tegernsee; † 10. Mai 1781. (Zapf, Lit. Reisen [I. Edit.], III. Brief, S. 33.)

P. Bernard Gaigl, geb. zu Mühldorf im Salzburgischen 17. März 1718, Profess 14. Okt. 1736, Neomyst 2. Sept. 1742, Professor der Philosophie und des Kirchenrechtes am studium comm. congreg., zuletzt lehrte er dasselbe Fach am Clerikalseminar zu Strassburg in Kärnthen; † 3. Juli 1783. (Felder, Lit. Ztg. 1820, I. S. 411.)

Schriften:

1) Theses ex univ. logica in stud. comm. congreg. Tegernsee 1747.

2) Canticum trium puerorum ad literam philosoph. et theologicam expensum. 1748.

3) Dissert. historico-canonica, qua refertur impugnatio atque resumitur defensio epistolarum Decretalium a Clemente I. usque ad Siricium Papam, nec non collectionis earum S. Isidori Archipraesul. Hispalensis. Tegernsee 1753. 4.

4. Immunitas ecclesiae, introductio et extensio succincte expensa. Tegernsee 1754. 4.

5) Regulae moderaminis pro tuenda subordinatione ad cathedram S. Petri. 1756.

6) Dissert. de praedefinitione Christi ante omnem creaturam. Tegernsee 1760. 4.

7) Humanitas verbi incarnati sine creata hypostasi cum subjectis positionibus. Tegernsee 1760. 4.

P. Gotthard Durmayr, Mitglied der churfürstl. Akademie zu Mannheim. Geb. zu Landau 30. Nov. 1725, erhielt seine wissenschaftliche Bildung im „Gotthardianum“ zu Niederaltaich und im Gregorianischen Institute zu München, Profess 17. Okt. 1745, Neomyst 29. Sept. 1750. Sein Lieblingsstudium waren die mathematischen Wissenschaften. Er besass in der Physik und Astronomie grosse Kenntnisse, und verfertigte selbst viele Instrumente, die bis 1803 im physikalischen Kabinete zu Tegernsee aufbewahrt wurden. Seit 1780 besorgte er die meteorologischen Beobachtungen der Station Tegernsee, deren Resultate in den Ephemeriden der churfürstl. Akademie zu Mannheim abgedruckt wurden. Er war auch ein vortrefflicher Organist und Regens chori; † 4. Aug. 1783. (Felder, Lit. Ztg. 1819, IV. S. 258.)

P. Rupert Wilhemseder, geb. zu Salzburg 4. Juli 1710, Profess 15. Okt. 1730, Neomyst 6. Jan. 1734, Professor am stud. comm. congregationis, Subprior, Prior; † 25. Jan. 1785.

Schrieb:

Comparatio lucis ad tenebras, seu veritas peripatetico-thomistica. 1739. 4.

P. Nonnos Brand (Brant), geb. zu Wasserburg 9. Okt. 1755, Profess 17. Nov. 1776, Neomyst 29. April 1787, Präfekt der Klosterschule zu Tegernsee, von 1791—1793 Professor am Lyzeum zu Freising, starb dort am Schlagfluss 27. Mai 1793. Ein vortrefflicher Organist, der Mehreres componirte. Auf seine Verwendung hin erhielt Caspar Aiblinger (der bekannte Componist) im Klosterseminar zu Tegernsee Aufnahme und Unterricht in der Musik. (Lipowsky, Lex. S. 31.)

P. Chrysogonus Zech, geb. zu Aichach 3. April 1728, Profess 2. Okt. 1746, Neomyst 15. Okt. 1752, war über 20 Jahre Lehrer der Grammatik an der Klosterschule, in der er seine erste Bildung genossen hatte; gest. zu Tegernsee 12. Jan. 1804.

Schrieb:

1) Introductio in Latinum, d. i. eine Anweisung, die lat. Sprache zu erlernen. Augsburg 1765. 8.
2) Mehrere Vespern und Messen, die er unter dem Namen des „Padre Tegurini“ in Druck gab.

P. Augustin Schelle, Dr. phil., geb. zu Peiting bei Schongau 29. Okt. 1742, Profess 13. Nov. 1763, Neomyst 4. Okt. 1767. Seine theologische Bildung erhielt er theils zu Benediktbeuern, theils zu Salzburg. Von 1774—1802 lehrte er zu Salzburg Ethik, Naturrecht und allgemeine Geschichte. Vom 7. Mai 1792 bis 16. Juli 1802 war er Rector magnificus. Unter seinem Rektorate erfolgten in öffentlichen Schriften die meisten Angriffe auf die Universität, und erschien (1798) die Skandalschrift: „Ueber öffentliche Lehranstalten, insbesondere über

Lectionskataloge auf Universitäten." Germania (Nürnberg). Verfasser war der berüchtigte Fingerlos. Schelle starb als Pensionist zu Peiting 10. April 1805. (S. Baader, Lex. II. 2, S. 91—92; Zauner, Syllabus Rectorum Univ. Salisb. S. 30—35; Verzeichniss aller akad. Professoren, S. 75—77; Hübner, Beschr. der Haupt- und Residenzstadt Salzburg, Bd. II. S. 605.)

Schriften:

1) Handbuch z. Gebrauche der niedern lateinischen Schulen. Salzburg 1776. 8. (anonym.)
2) Griechische Sprachlehre sammt Auszügen aus griechischen Schriftstellern, als eine vollständige Anleitung . . . griechische Schriftsteller ohne Anstoss lesen zu können. Das. 1776. 8.
3) Epitome Telematologiae cum propositionibus ex univ. philos. Salisb. 1780. 8.
4) Abriss der Universalhistorie zum Gebrauche der akademischen Vorlesungen. 1 Th. Salzb. 1780. 392 S.; 2. Th. Das. 1782. 503 S. (S. Allg. t. Biblioth. Bd. XLVI. I. S. 282; Lit. des kath. Teutschl. Bd. IV. St. 2. S. 177.)
5) Judicium facultatis philosophicae Salzburgensis in causa Wiehrliana, actum in concilio facultatis philosophicae die 6. Julii 1781. (In der Schrift: „Weitere Beleuchtung der Wiehrlischen Sache in Absicht der als anstössig und ketzerisch angefochtenen Disputirsätze dieses Lehrers aus der praktischen Philosophie." 1782, Fol. S. 85--108.)
6) Ueber den Cölibat der Geistlichen und die Bevölkerung in kath. Staaten, aus Gründen der politischen Rechenkunst. Salzburg 1784, 142 S. (anonym.) (S. Neue Lit. des kath. Teutschl. Bd. III. S. 127.)
7) Praktische Philosophie zum Gebrauche akademischer Vorlesungen. Salzb. 1785, 2 Thle. 1. Th. Allgem. pract. Philosophie und Moral, 456 S.; 2. Th. Natur-, Völkerrecht und Staatsklugheit, 434 S. 2te Aufl. Das. 1792—1794, XXXIV. 584 S. und XXIV. 462 S. 8. (S. Jenaer Lit. Ztg. 1786, V. S. 622; Neue Lit. des kath. Teutschl. II. S. 596, III. S. 112, IV. S. 369; Leipziger gel. Ztg. 1786, III. S. 1303, Nürnberger gel. Ztg. 1785, S. 549; Obert. Lit. Ztg. 1793, I. S. 254, 1794, I. S. 677.)
8) Ueber die Pflichten der Mildthätigkeit und verschiedenen Arten, die Armen zu versorgen. Salzburg 1785, 54 S. 8. (Dieses soll die erste Dissertation sein, welche an der Salzburger Universität in deutscher Sprache geschrieben und vertheidigt worden.) (S. Jen. Lit. Ztg. 1786, I. S. 150; Neue Lit. des kath. Teutschl. II. S. 373.)
9) Versuch über den Einfluss der Arbeitsamkeit auf Menschenglück, nebst auserlesenen Sätzen aus der praktischen Philosophie. Salzburg 1790. 8. (S. Jen. Lit. Ztg. 1790, Intelligbl. S. 1305.)

10) Ueber den Grund der Sittlichkeit nebst einigen von J. N. Grafen von Küenburg und C. Baron von Gumpenberg vertheidigten Sätzen aus der praktischen Philosophie. Das. 1791. 8. (S. Obert. Lit. Ztg. 1791, II. S. 504.)
11) Ad agenda solemnia R. R. Archiepiscopi celsissimi ac clement. Principis nostri Hieronymi Josephi. . . . cives academicos invitat et de libertate cogitandi, loquendi et scribendi aliqua disserit Aug. Schelle. Salisb. 1793, 13 S. 4. (S. Obert. Lit. Ztg. 1794, II. 405.)
12) Apologie für die Universität zu Salzburg gegen einen Ungenannten im II. Stück der neuesten Staatsanzeigen. (Im kaiserl. privileg. Reichsanzeiger 1797, Nr. XIII. S. 131 sq. und daraus in den „Neuesten Staatsanzeigen", II. St. 121—136.)
13) Besorgte die dritte umgearbeitete Ausgabe von P. Sympert Schwarzhuber's „Praktisch kath. Religionshandbuch". Salzburg 1797. 8.
14) Rezensionen in der Oberteutsch. Lit. Ztg. von 1788—1792.

P. Leonhard Buchberger, geb. zu Gmund bei Tegernsee 14. Dez. 1740. Die Anfangsgründe der Wissenschaften lernte er im Klosterseminar zu Tegernsee unter P. Chrysogonus Zech und ging dann zu den höhern Studien nach München. Er legte Profess am 14. Nov. 1762 ab; Neomyst den 4. Okt. 1767. Die theologische Bildung erlangte er theils in Benediktbeuern, theils in Priefling, wo sich damals das gemeinsame Studium der bayr. Benediktiner-Congregation befand. Im Jahre 1772 wurde er Stiftskellermeister, 1778 Prior, welches Amt er sechs Jahre zur Zufriedenheit seiner Mitbrüder versah. Als Bibliothekar war er sehr auf die Vermehrung der Bibliothek bedacht, so dass man sagen kann, dieselbe habe durch ihn eine ganz neue Gestalt gewonnen. Besonders erwarb er viele historische Werke. Im Jahre 1784 wurde ihm die nahe Klosterpfarre Gmund übertragen, wo er durch 22 Jahre unermüdlich thätig war, und am 27. März 1806 starb. Jede freie Stunde widmete Buchberger dem Studium der vaterländischen Geschichte, in welchem Fache er ausgebreitete Kenntnisse besass. Ueberdiess war er auch in der Numismatik, Heraldik und auf dem Kunstgebiete sehr bewandert. Die Ueberschüsse der Pfarreinkünfte verwendete er zur Bereicherung seiner ausgezeichneten Privatbibliothek, die nach seinem Tode auf 3000 fl. geschätzt wurde. (Seine nähern Lebensschicksale s. Tabell.-Verzeichniss aller von S. k. Majestät in Baiern verliehenen .... Pfarreien von 1801—1811 von G. T. .... [Georg Tölzer], München 1813, 4; Baader, Gel. Baiern, S. 162; Gerken, Reisen, I. S. 387; Obermayr, Gesch. der Pf. Gmund, S. 134—142, 538—543.)

Schriften:

1) Trauer- und Lobrede auf Abt Ulrich von Wessobrunn. 1770. Fol.
2) Heilig angestellte Wallfahrt zu dem im Tabernakel gefangenen Jesus Christus auf alle Tage der Woche. Salzburg 1771. 8.
3) Das wunderbare Leben des heiligen Franziskus von Assisi. 1771. 8.
4) Buchberger versuchte die Lösung der von der bayr. Akademie der Wissenschaften gestellten Preisfrage: „Wie und aus welchen Ursachen und an wen sind die Lande in Baiern nach der Achterklärung Heinrich's des Löwen (zu)gefallen?" Seine Arbeit wurde zwar von den Censoren nicht als preiswürdig befunden, doch der Fleiss des Verfassers rühmend anerkannt.

P. Michael Lory, Dr. philos. und Mitglied der Akademie der Wissenschaften in München, geb. zu München 28. Sept. 1728, Profess 2. Okt. 1746, Neomyst 22. Okt. 1752. Bald nach Beendigung seiner Studien kam er als Professor an das akademische Gymnasium nach Salzburg und rückte dann auf die Universität vor. Dort lehrte er von 1759—1766 an der philosophischen Fakultät theoretische Philosophie, Moralphilosophie und Mathematik, von 1766—1789 an der theologischen Fakultät Dogmatik, Moral und Exegese. 1789 ging er nach Tegernsee zurück; nach der Aufhebung seines Klosters bat er in St. Peter (welches Stift er während seines vieljährigen Aufenthaltes in Salzburg kennen gelernt hatte) um Aufnahme, die er auch erhielt. Dort lebte er das Leben eines frommen Religiosen, und fand seine Freude, die Kleriker in der mathematischen Wissenschaft zu unterrichten. Er starb im Kloster als ein von Allen hochgeschätzter Greis am 21. Mai 1808. (Baader, Lex. I. 1, S. 322—324; Verzeichniss, S. 55—58.)

Schriften:

1) Des Publ. Ovidius Naso Trauerlieder in deutschen Versen. Augsburg 1758 und 1762. 8.
2) Lustratio scepseos. Dissert. I., II., III. Salisburg. 1759—1760. 4.
3) Methodus methodice pertractata. Diss. IV. Ibid. 1761. 4.
4) Principia corporum suis principiis restituta. Ibid. 1761, 4 Bg. 4.
5) Rechenkunst sowohl in Ziffern als Buchstaben. Das. 1761. Neue Aufl. 1768. 8.
6) Paul Segneri, Bethschule oder Betrachtungen über das Vater unser. (Aus dem Italienischen.) Salzb. o. J., (1761) und 1778. 8.
7) Commercium corporis inter et animam nova ratione expositum. Salisb. 1761. 4.
8) Specimen mathematicum. Ibid. 1762. 4.
9) Brevier eines Christen, d. i. vollständiges Kirchengebethbuch. Augsbg. 1774. 8.

10) Gnomonik, worin eine besondere die allerleichteste, geschwindeste und sicherste Methode, alle Gattungen der Sonnenuhren, sogar deklinirende, bis auf einzelne Minuten zu verzeichnen, aus der trigonometrisch-sphärischen und einer besondern neu entdeckten Theorie vorgetragen wird. Mit 32 Kupfern. Salzburg 1781. 4.
11) Sphärische Trigonometrie mit möglichster Klarheit beschrieben. Mit 5 Kupfertafeln. Augsburg 1783. 8.
12) Theologiae dogmatico-theoreticae universae institutiones. Coloniae 1784—1786. 4 Tomi. 8.
13) M. Bullet, kritische Beantwortungen der vorzüglichsten Einwendungen, welche von den heutigen Glaubensfeinden über verschiedene Stellen der hl. Schrift vorgetragen werden. (Aus dem Französischen.) Cöln 1785. 3 Bde. 8.
14) Des H. Bergier, Gewissheit der Beweise des Christenthums. (Aus dem Französischen.) Cöln 1786—1787. 2 Bde. gr. 8.
15) Ueberlegungen über die Gewalt der Kirche und des Staates nach den Gründen der Offenbarung und Vernunft. (Aus dem Italienischen.) Augsb. 1792. 8.
16) Gott bewiesen aus den Wundern der Natur v. H. Bullet, kgl. Lehrer zu Besançon. (Aus dem Französischen.) Augsburg 1795. 8.
17) Excerpta ex Necrologio Tegernseensi. (Abgedruckt bei Oefele, Scriptor. rerum boicar. T. I. S. 629—639.)

Manuscripte:

a) Abhandlung vom Transporteur. (1765 der Akad. der Wissensch. zu München eingesendet.) b) Abhandlung „de tubis astronomicis“, ferner eine Menge Uebersetzungen von französischen und italienischen Erbauungsschriften.

P. Gregor Rottenkolber, letzter Abt, geb. zu Deutenhofen 10. Nov. 1750, studirte zu Freising, Profess 15. Okt. 1775, Neomyst 19. Okt. 1777, wirkte als Professor der Dogmatik und Moraltheologie im Kloster 1780—1782, war Kassier und Waldmeister, und wurde am 4. Dez. 1787 zum Abt erwählt. Als solcher liess er sich vorzüglich angelegen sein, seinen jungen Ordensgeistlichen eine höhere wissenschaftliche Bildung zu vermitteln. Er schickte daher mehrere Conventualen theils nach Ingolstadt, theils auf andere Hochschulen: P. Maurus Magold zur Ausbildung in der Mathematik; P. Anselm Schmid zur Ausbildung in der Rechtsgelehrsamkeit und Geschichte; P. Sebastian Günthner zur Ausbildung in denselben Fächern; P. Nonnos Höss [1]) zur Erlernung der naturwissenschaftlichen Fächer; P. Ignaz Hönig zur Ausbildung in den orientalischen Sprachen. Für P. Gotthard Goggner liess er den churfürstlichen Kammerkompositeur Michl nach Tegernsee kommen, damit er demselben Unterricht in der Tonsetzkunst ertheile. Der

[1]) Er wurde ein tüchtiger Botaniker

Abt hatte die Freude, die Früchte seiner Bemühungen theilweise zu erleben. Auch wurde unter ihm das sog. „Herbarium Tegurinum“ angelegt, welches alle Pflanzen, die in und um Tegernsee vorkamen, enthielt. Auch die Münz- und Kupferstichsammlung verdanken Abt Gregor ihre Entstehung. Das Klosterseminar zu Tegernsee erweiterte er (s. Einleitung S. 31), und auf der Herrschaft des Klosters zu Achleithen (Oesterreich) liess er ein neues Schulhaus aufführen. Er war für Tegernsee das, was Abt Rupert Kornmann für Priefling war, nur mit dem Unterschiede, dass Abt Gregor sich mit schriftstellerischen Arbeiten nicht befasste. Dafür war er aber ein tüchtiger Oekonom und Haushälter, der darin seine Freude fand, die ersparten Gelder für wissenschaftliche Zwecke verwenden zu können. Die Aufhebung seines Stiftes setzte diesem edlen Streben ein Ziel. Im Verein von 20 Conventualen erkaufte Abt Gregor von der k. Regierung im Jahre 1803 den Conventstrakt seines Klosters für 5000 fl., und bewohnte denselben mit seinen Religiosen bis zu seinem am 13. Febr. 1810 erfolgten Tode. Ein nicht zu unterschätzendes Verdienst hat sich Abt Gregor auch dadurch erworben, dass er einen Theil der Druckkosten des gelehrten Werkes: „Geschichte der lit. Anstalten in Baiern von P. S. Günthner“ übernahm, ohne welche Unterstützung diese Schrift nicht so bald in die Oeffentlichkeit gekommen sein würde. Aus Dankbarkeit hat daher der P. Sebastian Günthner das Andenken seines Abtes verewigt in der Schrift: Biographie des Abtes Gregor Rottenkolber von Tegernsee, Primas in Baiern. Münch. bei Giel 1811. 31 S. 4. Mit dem Bildnisse des Verewigten. (Rezens. Felder, Lit. Ztg. 1811, II. S. 305—311.)

P. Sebastian Günthner, correspond. Mitglied der Akademie der Wissenschaften zu München, geb. zu Benediktbeuern 12. Sept. 1773, war der Sohn ganz unbemittelter Landleute. Die Unterstützung des dortigen Stiftes ermöglichte ihm, die Studienlaufbahn zu betreten, indem er im dortigen Klosterseminar Aufnahme erhielt. Von Jugend auf mit dem Geist des Benediktinerordens vertraut, hatte der feurige Jüngling keinen sehnlicheren Wunsch, als sein Leben diesem Stande weihen zu können. Tegernsee sah er sich zur bleibenden Wohnstätte und zweiten Heimath aus. 1792 trat er in's Noviziat, machte 11. Nov. 1794 Profess, wurde am 15. April 1797 Priester und primizirte am 7. Mai d. J. Nach Beendigung der theologischen Studien schickte ihn Abt Gregor Rottenkolber an die Universitäten nach Ingolstadt und Salzburg, wo er sich in den Rechtswissenschaften, der Geschichte und Diplomatik ausbilden musste. Die erste Frucht seiner Studien war die Schrift: Vom Prinzip und den rechtlichen Folgen der Landstandschaft u. s. f., s. unten Nr. 1. Am 13. Sept. 1801 wurde er Waldmeister und hatte als solcher die sehr ausgedehnten Stiftswaldungen zu beaufsichtigen. Die Aufhebung seines Stiftes entrückte ihn diesem Geschäftskreise. Da

Günthner nicht nur gegen die Säkularisation im Allgemeinen, sondern namentlich gegen das rücksichtslose Benehmen der churfürstlichen Commissäre im Namen des Stiftes Tegernsee förmlich Protest erhoben, wurde er mittelst eines Dekretes der Generallandesdirektion in das bereits aufgehobene Kloster Niederaltaich verwiesen und unter Aufsicht gestellt, bald aber wieder auf freien Fuss gesetzt. Auch erhielt er gleich den übrigen Religiosen seine volle Klosterpension. Mit Recht trauerte Günthner über den unersetzlichen Verlust so vieler Bibliotheken, die Vernichtung so vieler literarischer Institute Deutschlands, die der Nation im Wahnsinne eines blinden Fanatismus entrissen wurden. Er bezog dann auf einige Zeit die Universität Landshut.

Am 6. April 1808 wurde er corresp. ordentl. Mitglied der k. bayr. Akademie der Wissenschaften, und am 22. Nov. d. J. Revisor der Monumenta boica. In München, wo er nun seinen Sitz hatte, arbeitete er in seinen freien Stunden an der „Geschichte der litterarischen Anstalten in Baiern". Die Jahrbücher der Literatur (Wien 1818, Bd. IV, S. 200 sq.) nennen dieses Werk „Eine gediegene vortreffliche Arbeit, das Resultat unendlicher Belesenheit."

Im Jahre 1814 hatte die k. Akademie der Wissenschaften die Preisfrage gestellt: „Was ist von den beiden Herzogen von Baiern, Wilhelm IV. und Albert IV. unmittelbar selbst, oder vermöge ihrer Unterstützung und Aufmunterung durch Andere unter ihrer Regierung für Wissenschaften und Künste geschehen, und welches war überhaupt der Zustand der geistigen Cultur in Baiern während jener Periode?"

Günthner wollte sich an die Beantwortung dieser Frage machen, da aber der gestellte Termin ihm zu kurz schien und eine Reklamation um Verlängerung desselben ohne Erfolg war, so entwarf er einstweilen nur eine Einleitung zur Preisfrage. (S. die Schrift sub Nr. 8.) Erst nachdem er diese mühevolle, aber höchst schätzbare Vorarbeit vollendet, ging er mit edler Verzichtleistung auf den früher ausgesetzten Preis an die Beantwortung der eigentlichen Preisfrage. Allein der Tod verhinderte ihn an der Vollendung der Arbeit. Die Angriffe eines H. v. Lang auf die Monumenta boica[1]) und das elende Machwerk „der baierischen Geschichten" von Zschokke veranlassten Günthner, für Wahrheit und zur Ehre der bayerischen Nation die Feder zu ergreifen. In bündiger und schlagender Weise widerlegte er das Lügenhafte beider Schriften, wofür ihm jeder Gelehrte Dank zollte, und selbst die kgl. Regierung mittelst mehrerer Rescripte die vollste Anerkennung aussprach. (S. hierüber Schrank: „Kann ein Religiose Mitglied einer Akademie der Wissen-

[1]) Die Monum. boica, Bd. I—XVI. vor den Richterstuhl der Kritik gefordert von H. v. Lang.

schaften sein?“ München 1818. 8.) Günthner fuhr ununterbrochen fort, seine historischen Forschungen zu erweitern, das bereits gesammelte Material zu ordnen und zu ergänzen. Erst dann, als zuverlässige Kennzeichen seinen nahen Tod befürchten liessen, entsank seiner Hand die Feder, erst dann entsagte er seinen liebgewonnenen Arbeiten, um allein mit Gott und seiner Seele sich beschäftigen zu können. Er starb zu München an der Herzwassersucht am 9. April 1820.

Versöhnlichkeit und Liebe bildeten die Grundzüge seines Charakters. Den jährlichen Ertrag seines Vermögens, das ihm in Folge einer Erbschaft zugefallen, verwendete er grossmüthig zur Unterstützung armer studirender Jünglinge, Künstler und Handwerker. Einem seiner Freunde, der ihn wenige Wochen vor seinem Tode mahnte, seine letzte Willensmeinung schriftlich in legaler Form auszusprechen, gab er die einfache Antwort: „Was bedarf es noch einer weiteren Verfügung? Mein ganzes Vermögen gehörte von jeher meinen Brüdern, den Benediktinern; die Zinsen gebühren von Rechtswegen den Armen.“

Ungeachtet seiner literarischen Beschäftigungen war Günthner mehr als 20 Jahre freiwillig unermüdet im Beichtstuhle und am Krankenbett thätig. (Felder, Lit. Ztg. 1820, II. Intelligbl. Nr. VII. S. 101—106; Felder, Lex. I. S. 286—288, III. S. 496—499.)

Schriften:

1) Vom Prinzip und den rechtlichen Folgen der Landstandschaft in Baiern. Landshut 1802. 8.
2) Geschichte der litterarischen Anstalten in Baiern. München 1810—1815., 2 Bde. (Lindauer) 8. (S. Jahrbüch. d. Literat., edirt von Matth. Collin Wien 1818, IV. S. 200—207; Göttinger Gelehrt. Anzeig. 1810; Jenaer allgem. Lit. Ztg. 1811; Allgem. Lit. Ztg. v. Halle 1811.)
3) Biographie des Gregor Rottenkolber, Abt des aufgelösten Benediktinerstiftes Tegernsee und Primas in Baiern. München 1811, 31 S. 4.
4) Ueber den Verfasser der Peutingerischen Tafel. (Westenrieder's Neue Beyträge, I. (IX. Bd.), S. 156—185. 1812.)
5) Das Wappen der Stadt Nürnberg. (Lipowsky's Nationalgarde-Almanach v. J. 1812.)
6) Die Schlacht bei Giengen unter Herzog Ludwig dem Reichen. (Das. Jahrg. 1814.)
7) Merkwürdige Lebensgeschichte Sr. päpstlichen Heiligkeit Pius VII. München (Lindauer) 1814.
8) Was hat Baiern für Künste und Wissenschaften gethan? München (Giel) 1815, 326 S. 8. (Fortsetzung der Schrift sub Nr. 2.)
9) Die Monumenta boica I—XVI. vor dem Richterstuhl der Kritik vertheidigt. München (Lentner) 1815. 8.

10) Rechtliche Würdigung der Bemerkungen über die Schrift „Die Monum. boica vor dem Richterstuhl der Kritik vertheidigt." Das. 1816. 8.
11) Bemerkungen über des H. Zschokke baierische Geschichten. III. Bdes. I. Hft. München (Giel) 1818. 8. (S. Jahrbüch. der Literat. Wien 1819, Bd. V. S. 1—35, wo diese Bemerkungen ein wahrer Schatz genannt werden.)
12) Beiträge und Rezensionen zu Felder's Lit. Ztg. in den J. 1810—1820.

Manuscripte:

a) Aus welchem Geschlechte war Pfalzgraf Rapotho? (Preisfrage, welche die bayr. Bened.-Congreg. pro 1796 gestellt hatte.)
b) Genealogie der Grafen von Andechs und Diessen.
c) Die Grafen von Vohburg. (S. Westenrieder, Gesch. der Akademie, II. S. 496.)

P. Virgil Sorko, geb. zu Salzburg 16. März 1771, Profess 20. Okt. 1793, Neomyst 1. Jan. 1797. Zur Zeit der Aufhebung des Klosters wurde er von der bayr. Regierung beauftragt, im Vereine mit P. Nonnos Höss, die Vermessung der Kloster Tegernseeischen Besitzungen zu Kaltenbrunn vorzunehmen, was auch, 25. April 1803 geschah. 1804—1806 wirkte er als Hilfspriester der (Kloster Tegernseeischen) Pfarrei zu Gmund, von 1806—1809 war er dort Pfarrprovisor, und machte sich um die Schule sehr verdient. In Ermangelung eines Lehrers hielt er einige Zeit selbst Schule, und baute zu Gmund, durch Schulfreunde unterstützt und durch Geldopfer von seiner Seite, ein neues Schulhaus. Am 8. Aug. 1809 wurde er Pfarrer zu Waakirchen (ehedem eine Filiale von Gmund), 1816 resignirte er in Folge von Kränklichkeit, und zog als Pensionist nach Freising, wo er 11. Dez. 1820 starb. Sorko war ein guter Zeichner und Aquarellmaler. Ihm hat man eine genaue Abbildung des Stiftes Tegernsee zu danken, wie dasselbe im Jahre seiner Auflösung ausgesehen. Dieses Gemälde hängt noch gegenwärtig in der Sakristei zu Tegernsee. In Manuscript hat man von ihm: „Kurze Uebersicht der Grundvermessung des Ebertshauser- und Kaltenbrunnerhofes sammt einem historischen Anhange". 1803. (Capitelbibliothek zu Oberwarngau.) (Ausführliche Nachrichten über sein Leben gibt Obermayr, Geschichte der Pfarrei Gmund, S. 142, 147, 173, 257, 271.)

P. Martin Frischeisen, geb. zu München 18. Okt. 1766, Profess 14. Okt. 1787, Neomyst 11. Nov. 1790, Professor der Physik zu Salzburg 1795—1803, kam in gleicher Eigenschaft nach Dillingen, wo er Rektor wurde; gest. als Pfarrer und Dekan zu Mühldorf 27. Sept. 1825.

P. Gotthard Gloggner, geb. zu Kreuth bei Tegernsee 7. Sept. 1765, studirte zu Tegernsee, Profess 15. Okt. 1786, Neomyst 18. Okt. 1789. Abt Gregor liess ihn in der Tonsetzkunst unterrichten. Kaspar Aiblinger war ein Schüler des P. Gloggner. Nach der Aufhebung des Klosters zog er nach

Kreuth, wo er sich mit Musik und Jugendunterricht beschäftigte. Er starb zu Egern 12. Juli 1832. (Hefner, Leistungen Tegernsee's; Lipowsky, M.-Lex. S. 91.)

Manuscripte:

Mehrere Messen und Cantaten.

P. Maurus Magold, Dr. theolog. et philos., Mitglied der Akademie der Wissenschaften zu München, geb. zu Schongau 12. Juli 1761, kam, neun Jahre alt, in die Klosterschule nach Wessobrunn, wo er 1770—1773 unentgeltlich Verpflegung und Unterricht genoss. Von dort kam er nach München, wo er, von den Hieronymiten grossmüthig unterstützt, die philosophischen Studien absolvirte; er machte Profess 14. Okt. 1781, und wurde Neomyst 2. Okt. 1785. Abt Benedikt Schwarz liess ihm, da er seine Vorliebe für mathematische Studien kannte, alle Unterstützung angedeihen, und übertrug ihm das Lehramt der Physik und Mathematik für die Stiftskleriker. Zugleich besorgte Magold mehrere Jahre die meteorologischen Beobachtungen der Station Tegernsee, deren Resultate er nach Mannheim sandte. Im Jahre 1788 wurde er zur weitern Ausbildung vom neuerwählten Abte Gregor Rottenkolber nach München zu Professor Däzl, und 1789 nach Ingolstadt gesandt, wo er Mederer, Rousseau, Steiglehner, Schlögel, Wiest und Grafenstein zu Professoren hatte. Am Schlusse der akademischen Studien durfte Magold eine Reise nach Eichstädt, Kremsmünster und Wien machen. Nach seiner Rückkehr war er Oekonom, Bibliothekar und Custos des neuangelegten naturhistorischen Kabinetes. Von 1792—1798 lehrte er am Lyzeum zu Amberg Philosophie und Mathematik. Im Jahre 1798 kam er in gleicher Eigenschaft an die Universität Ingolstadt, wurde bei der neuen Organisation in seinem Amte bestätigt, und zog bei der Verlegung der Universität nach Landshut, wo er bis 1826 wirkte. Bereits hatte er 28 Jahre den Katheder der Mathematik mit Ruhm versehen. Nach München wollte er nicht mehr ziehen. Er übernahm daher persönlich die Leitung der ihm schon 1814 (mit Beibehaltung seiner Professur) verliehenen und indessen durch einen Vikarius pastorirten Stadtpfarrei zu St. Jodok in Landshut, und war bis zu seinem Tode, 8. Dez. 1837, als eifriger Seelsorger thätig und allgemein geachtet. Seit dem Jahre 1819 war er Mitglied der Deputirtenkammer. Permaneder schreibt von ihm in den Annalen der Universität Ingolstadt-Landshut: „Literis et pastorali curae totus deditus .... fuit ingenio acerrimo et subtilissimo, vir prorsus antiquae fidei Germanique candoris, qui re nulla a recto officiorum et virtutum tramite poterat dimoveri.“ S. 480. (Felder, Lex. I, 439; Nekrolog der Deutschen, XV, S. 1032; Permaneder, Annales, S. 110, 173—174, 177, 199, 203, 230, 235, 240, 257, 263, 271, 285, 298, 304, 310, 323, 338, 343, 346, 348, 353, 391, 401, 414, 416, 480;

Zarbl, „der Seelsorger", 1841, III. S. 438—446, wo eine ausführliche Biographie von Magold zu finden ist.)

Schriften:

1) Mathematisches Lehrbuch zum Gebrauche öffentlicher Vorlesungen. 5 Thle. Landshut 1802—1813. a) Arithmetik. Landshut 1802. b) Elementar-Geometrie und Trigonometrie. Das. 1802. 2te Aufl. Das. 1814. c) Polygonometrie und Markscheidekunst. Mit 6 Kupfertafeln. 1804. 2te Aufl. 1813. — Höhere Geometrie. 1805. 2te Aufl. 1814. d) Mechanik fester Körper. München 1809. e) Angewandte Mechanik. Mit 8 Kupfertafeln und 8 Tabellen. Landshut 1813.
2) Auflösung einer kubischen und biquadratischen Gleichung. Landshut 1808.
3) Abhandlung von der Epicykloide, als auch der höhern Geometrie. Landshut 1813.
4) Beiträge zur höheren Geometrie. Landshut 1813.
5) Lehrbuch der Chronologie mit 22 lithographischen Tabellen. München 1829. gr. 8.
6) Mathematisches Lehrbuch für akademische Vorlesungen. Münch. 1830. gr. 8.

Joseph Fuchs, geb. zu Benediktbeuern 20. Febr. 1781, war zur Zeit der Aufhebung des Stiftes noch Kleriker,[1]) Priester 22. Sept. 1804, wurde 1824 Pfarrer zu Waalhaupten, seit 1830 Pfarrer zu Altdorf bei Kaufbeuern, wo er am 13. April 1853 starb.

Schrieb:

1) Kann der christliche Religionsunterricht gründlich und behältlich der Jugend gegeben, und bei den Erwachsenen fortgesetzt werden, ohne dass er von der Geschichte ausgehe und an der Hand der Geschichte fort- und durchgeführt werde? (Abhandl. in den Conferenzarbeiten der Augsburgischen Diözesangeistlichkeit, Bd. I. Hft. 2, S. 91—118.)
2) Abhandlung über das Geistesleben, das der Priester führen soll. (Gediegene Arbeit in 80 Paragraphen. Das. Bd. II. Hft. 1, S. 105—179.)
3) Abhandlung über die Frage: „Wie kann die verderbliche und dennoch ziemlich beliebte Meinung: die unsichtbare Kirche, zu welcher Jeder aus dem Volke gehört, welcher recht thut, sei die wahre von Christus gestiftete Kirche," gründlich widerlegt, und unschädlich gemacht werden?" (Das. Bd. III. Hft 1, S. 18—42.)
4) Abhandlung über die Frage: „Man vernimmt eine Zeit her wieder jene gleissende Rede: Die Christen stehen nicht mehr unter dem Zwange des Gesetzes, sondern unter der Gnade und Freiheit des Evan-

[1]) Ob er die Profess abgelegt, ist mir unbekannt.

geliums; die Christen dürfen daher in Hinsicht ihres Wandels nicht ängstlich sein, sondern sich los halten von der Verbindlichkeit des Gesetzes. Das Gesetz ist ja ohnehin nicht den Gerechten geschrieben." (Das. Bd. III. Hft. 2, S. 1—74.)

5) Abhandlung über die Diözesansynoden, deren Zweck, Nothwendigkeit und Bedingungen zum heilsamen Gedeihen derselben. (Das. Bd. IV. Hft. 1, S. 1—104.)

6) Abhandlung über die Wiederherstellung der gefallenen Menschennatur. (Das. Bd. IV. Hft. 2, S. 135—234.)

7) Jesus der gute Hirt (eine Primizpredigt). (In Heim's Predigtmagazin, Bd. II. S. 228 sq.)

8) Das heilige Altarsgeheimniss, die Quelle aller Gnaden und alles Segens, sowie die Pflanzschule der Liebe. (Das. Bd. IV. S. 239 sq.)

Wessobrunn.

Wessobrunn in Oberbayern (Monast. Wessofontanum, M. ad fontes Wessonis), Bisthum Augsburg, Landgericht Weilheim. Gestiftet von Herzog Thassilo II. 753 zu Ehren der Apostel Petrus und Paulus, kolonisirt von Niederaltaich. Die Lage des Klosters auf einer mässigen Anhöhe bietet eine herrliche Fernsicht auf die bayerischen und tirolischen Alpenketten. Es wurde 1803 von Churfürst Max Joseph aufgehoben; Kirche und Kloster gingen durch Kauf in den Besitz eines gewissen Chevalier de Montot über, der die prachtvolle Stiftskirche nebst dem Convent- und Prälatenbau niederreissen liess (1810).[1]) Die Quadersteine wurden als Baumaterial nach Weilheim verführt. Gegenwärtig steht nur jener Theil des Klosters, der zur Beherbergung der Gäste bestimmt war, und nun Eigenthum des Dr. Sepp in München ist, der auch einen Theil der ehem. Klostergüter erworben hat. Die ehem. viel besuchte Wallfahrt zu U. L. Fr. ist seit Aufhebung des Klosters beinahe ganz erloschen. Das Gnadenbild, ehemals in der Stiftskirche, hängt nun auf einem Seitenaltare der unansehnlichen Pfarrkirche.[2]) Wessobrunn hatte nebst grossen Besitzungen in Bayern ein Superiorat zu Vilgertshofen, wo eine Wallfahrtskirche zur schmerzhaften Muttergottes bestand; ferner schöne Weingüter und einen Ansitz zu Gratsch bei Meran.[3])

Literatur:

Freyberg, Sammlung, II. 393. — Gerbert, iter alemann. S. 420 sq. — Hammerschmid, Beschreibung von Wessobrunn (Weilheimer Wochenblatt 1856, Nr. 37—41). — Hefner J. v., Ueber Diemut von Wessobrunn und

---

[1]) Pfarrer Andreas Müller von Wessobrunn hat an der Stelle, wo einst der Hochaltar der Stiftskirche gestanden, auf eigene Kosten eine Säule aus Sandstein mit entsprechender Inschrift errichtet.

[2]) Das Gnadenbild hat ein Laienbruder des Klosters Priefling gemalt.

[3]) Noch zur Stunde sieht man an der Front dieses Hofes, der nun im Besitz eines Privaten, eine Abbildung des Klosters Wessobrunn al fresco und auf einer Seite desselben den sel. Abt Waltho († 1157).

ihr literarisches Wirken. (Oberbayr. Archiv, I. S. 355—373.) — Hundius, Metropol. III. S. 335—338. — Leutner, Chronicon Wessofontanum. Aug. Vind. 1753. 4. — Lexikon von Baiern, III. S. 615. — Mon. boic. VII. S. 329—427 mit Abbildung. — Reg. bav. I. 18, 126, 160, 216, 236, 304, 386. — Stumpf, Handb. S. 199. — Sulzbacher Kalender 1872, Beschreibung mit Abbildung. — Zimmermann, Churb. Geistl. Calender 1754, S. 205 sq. — Ueber die Bibliothek [1]): Pez, Thesaur. anecdotor. diss. isagog. pag. XIX—XXI. und T. III. pag. 495. — Aretin, Beyträge, 1804, St. IV. S. 87—92. — Ueber die Heiligen und Seligen des Klosters: über Thiento, Abt, und seine sechs Genossen, Martyrer, die sel. Judith, Nonne daselbst, die sel. Diemodis (Diemut) Reklusin, den sel. Waltho, Abt, die sel. Wulfhildis, Nonne, s. Braun, Lebensgeschichten aller Heiligen und Seligen der Diözese Augsburg, S. 139, 156, 158, 162, 165. — Ueber die Gemälde der Klosterkirche: Meidinger, Beschreibung, S. 381 sq. — Eine Abbildung des Klosters findet sich in Wenning, I. S. 143 und im Werke: Gloria S. P. Benedicti in terris adornata auctore P. Thom. Erhard. Aug. Vind. 1719. — Ueber die Wallfahrt in Vilgertshofen: Leutner C., Tres decades, s. dessen Schrift sub Nr. 7. — Endres A., Geschichte der Wallfahrtskirche Vilgertshofen. Augsburg 1864.

Manuscripte: In der Staatsbibliothek zu München:

Cod. lat. 901, 1211 Notatu digna ex bibliotheca et catalog. abbatum. - 1807, 1896, 1927, 1928, Catalogi abbatum. — Im hist. Verein von Oberbayern: Hefner Jos. v., Hist. artistische Reisenotizen über Kloster Wessobrunn. (S. Jahresber. I. S. 46.) — Vgl. Ellinger's Manuscripte.

Schriftsteller:

Mehrere Benediktiner von Wessobrunn bearbeiteten und gaben heraus: Concordantia bibliorum sacrorum opera et studio religiosorum O. S. B. monasterii Wessofontani. Aug. Vind. 1751. 2 Voll. Fol. Vorzüglichen Antheil hiebei hatten die P. P. Cölestin Leutner, Alphons Campi, Veremund Eisvogl und Ulrich Mittermayr.[2])

P. Rupert Mayr, geb. zu Weissenohe 26. Nov. 1702, Profess 24. Okt. 1728, Neomyst 29. Juni 1727, Inspektor des Klosterseminars, Pfarrvikar zu Issing und Wessobrunn, Chorregent; gest. auf der Kanzel, vom Schlage gerührt, 26. Aug. 1753. (Besnard, Lit. Ztg. 1828, Bd. III; Leutner, chronic., S. 560.)

---

[1]) In derselben befand sich das bekannte Wessobrunnergebet, abgedr. in den M. boic. l. c. S. 377.

[2]) Das diessbezügliche apostol. Breve von Papst Benedikt XIV. findet sich bei Ziegelbauer, Hist. lit. IV. S. 66.

Schrift:

1) Der kürzeste Raittweg (?). Augsburg 1753. 8.
2) Mehrere musikalische Compositionen.

P. Coelestin Leutner (Leuthner), Dr. philos., Mitglied der societas literaria germano-benedictina, geb. zu Traunstein 23. Nov. 1695, Sohn armer Töpfersleute, studirte zu München, dann zu Salzburg, und wollte in den Weltpriesterstand treten. Jedoch das Beispiel der gelehrten Männer an der Hochschule zu Salzburg wirkte so mächtig auf das Gemüth des Jünglings, dass er seinen Plan änderte und zu Wessobrunn in den Orden trat. Er machte Profess 7. Nov. 1717; Neomys. 6. Juli 1721; er vollendete die theologischen Studien zu Salzburg, ward Pfarrvikar von Roth, Professor zu Freising 1723–1733, dann zu Salzburg 1733—1738, Superior zu Vilgertshofen. Um auch an diesem einsamen Orte dem Geiste fortwährend Nahrung zu verschaffen, legte er eine Bibliothek an, die nach und nach vortreffliche Werke erhielt. An der Wessobrunnischen Bibelkonkordanz nahm er lebhaften Antheil. Mit dem Kardinal Angelo Maria Quirini stand er in fortwährendem Briefwechsel und eignete ihm mehrere seiner Schriften zu. Seine Gewandtheit in Geschäften verschaffte ihm die Stelle eines Sekretärs der bayr. Benediktiner-Congregation. Sein Hauptwerk ist die mit anerkannter Gründlichkeit geschriebene Geschichte seines Klosters, wodurch er diesem Stifte ein bleibendes Denkmal gesetzt hat. Drei Jahre vor seinem Tode verlor er durch einen Schlagfluss den Gebrauch des linken Armes und Fusses, und starb am 9. Jan. 1759. — Auch in den klassischen Sprachen war Leutner wohl bewandert. (Baader, Lex. I. 1, S. 314; Besnard, Lit. Ztg. 1828, I. S. 121—124.)

Schriften:

1) Mysteria vitae Christi considerationibus, symbolis et epigrammatibus illustrata. Aug. Vind. 1723. 8.
2) Leben des Papstes Benedikt XIII. (Aus dem Italienischen.) 1724. 8.
3) Epigrammatum libri IV. Salisb. 1730. 8.
4) Vita, doctrina et passio D. N. Jesu Christi cum 100 figur. aeneis. Aug. Vind. 1733. Editio II. 1734. (Auch deutsch von P. R. Carl O. S. B. von Weihenstephan.)
5) Doctrina de periodo. Salisb. 1734. 4.
6) Dramata parthenia ad docendum Dei amorem .... commodo studiosae juventutis, praesertim Sodalium Marian., primum in scenam, nunc in lucem publ. data. Salisburgi 1736. 8.
7) Tres decades mirabilium beneficiorum B. Mariae V. dolorosae Vilgertshofii cum praefat. de ortu et progressu sacrae hujatis peregrinationis. Aug. Vind. 1746. 12.

8) Coelum Christianorum, in quo vita, doctrina et passio Jesu Chr. nonnulla Deiparae virg. festa, S. S. Apostolor. et Evangelistarum gesta proponuntur. Aug. Vind. 1749. 8.
9) Chronicon Wessofontanum, seu historia monasterii Wessofontani historiam Bavaricam et universal. illustrans. Aug. Vind. 1753, Part. duae, 512 und 114 S. 4.

P. Beda von Schallbamer, Dr. j. utr. und Praeses congr. bened. bav., geb. zu Teissendorf den 10. Jan. 1684, studirte zu Salzburg, machte Profess 6. Jan. 1704, Neomyst 17. Juni 1708. Die theologische Bildung erhielt er theils am studium commune der Congregation, theils zu Salzburg. Er war im Kloster zweimal Prior, dann Lehrer des Kirchenrechtes zu Priefling und Michelfeld. Von 1734—1741 lehrte er zu Freising gleichfalls Kirchenrecht und war Regens des Lyzeums. Von 1741—1743 lehrte er dasselbe Fach zu Salzburg; zum Abt erwählt wurde er 30. Juli 1743 und † 20. Mai 1760. Unter ihm feierte Wessobrunn (1753) das tausendjährige Jubiläum, zu welchem Anlasse Cardinal Angelo Maria Quirini an ihn ein Glückwunschschreiben richtete, da Abt Beda zugleich sein fünfzigjähriges Jubiläum als Ordensmann beging. (Baader, Lex. II. 2, 80; Leutner, Hist. Wessof., S. 505 sq.; Zauner, biographische Nachrichten, S. 95—97; Nachtrag, 18—19.)

Schriften:

1) Sponsus bis imponens ter delusus, seu casus sponsalitius. Ratisb. 1717, 67 S. 8.
2) Religio munda, seu theses canon. de simonia in ingressu religionis timenda et titulis ab ea mundis. Ibid. 1718, 73 S. 8.
3) Minister ordinum extraordinarius, seu theses canon. de potestate conferendi minores ordines abbatum regularium. Ibid. 1719, 78 S. 8.
4) Confessus moriens, seu thes. can. de valore confessionis in articulo mortis emissae. Ibid. 1720, 81 S. 8.
5) Duodenae quaestiones selectae ex libro IV. Decretal. Frisingae 1736, 34 S. 8.
6) Theses canon. ad Titul. III. libr. V. Decretal. de causis et titulis dandi vel acceptandi temporale propter spirituale, vel econtra, a simonia mundis. Ibid. 1737, 110 S. 8.
7) Variae canonicae quaestiones. Salisb. 1742. 8.

P. Veremund Eisvogl, geb. zu Weilheim 17. April 1687, studirte zu München, machte Profess 23. Okt. 1707, Neomyst 16. Okt. 1712; war Prediger und Pfarrvikar zu Wessobrunn, dann neun Jahre Novizenmeister der bayr. Benediktiner-Congregation. In sein Kloster zurückgekehrt, war er Subprior, dann Prior, starb, nachdem er seine Todeszeit vorhergesagt hatte, im Rufe grosser Frömmigkeit 7. Sept. 1761. Zwanzig Benediktineräbte nahmen an seinem Leichenbegängnisse Theil. Dieselben hätten sich eben zu Wessobrunn zur Wahl eines Congregationspräses eingefunden. Eisvogl stand bei der Kaiserin Amalia, einer geb. Churfürstin von Bayern, in hoher Gunst. Dieselbe schenkte dem Kloster einen prachtvollen Ornat. Wegen seiner ungeheuchelten Demuth und tiefen Frömmigkeit war Eisvogl von der ganzen bayr. Congregation hochgeschätzt. (Baader, Gelehrt. Baiern, S. 294.)

Schriften:

1) Concordia animae benedictinae cum deo, seu reflexiones asceticae in singulos anni dies. Aug. Vind. 1723, 2 Thle. 8.
2) Recipe medico-christianum, seu exercitia spiritualia per 8 dies. Ibid. 1724. 8.
3) Mane nobiscum devotorum et religiosorum fratrum et clericorum, sive exercitationes pro conservando spiritu novitio. Aug. Vind. 1724, 407 S. 8.
4) Norbertus der zweyfache grosse und hochselige Wundersmann; (Pred., gehalt. im Stift Staingaden.) Mindelheim 1737. Fol.
5) Leichenrede auf Abt Thassilo von Wessobrunn. 1743.
6) Wessobrunnische Fama in der Hauptbruderschaft der unbefleckten Empfängniss Mariä zu Wessobrunn. Augsburg 1743, 1751, 1754, 167 S. 8.
7) Lob- und Trauerrede auf Abt Maurus von Andechs. Augsburg 1746.
8) Wessobrunnische tausendjährige Jubelfreude. (Predigt beim Jubelfest.) In der Schrift: „Der tausendmal gesegnete Brunnen Wessonis." Augsburg 1754. Fol.
9) Lob- und Ehrenpredigt bei der 300jährig. Jubelfeier des Klosters Andechs, 1755. (In der Sammlung der Festpredigten. Augsburg 1756.)
10) Hatte grossen Antheil an der Concordantia Bibliorum Wessofontana, die Papst Benedikt XIV. in einem Breve belobte.

P. Beda Millbaur, geb. zu Erding 11. Jan. 1690, Profess 22. Nov. 1711, Neomyst 24. Juni 1714, † 17. Aug. 1763.

Schrieb:

Dankrede beim 1000jährigen Jubiläum zu Wessobrunn, 1753. (In der Sammlung der gehaltenen Festreden.)

P. Joseph Maria von Packenreuth (Backenreith), Dr. der Theologie und beider Rechte, geb. zu Landshut 28. März 1717, studirte zu Landshut, Freising und Salzburg, machte Profess 30. Okt. 1735, Neomyst 6. April 1741, war Professor am stud. comm. congregationis (zu Rott), † 25. Febr. 1764.

Schrieb:

1) Theses menstruae biennii philosophici. 1750.
2) Usus contra abusum logicae sophisticae. 1751.

P. Gregor Zallwein, Dr. jur., Mitglied der Akademie der Wissenschaften zu München, geb. zu Oberviechtach 20. Okt. 1712, studirte zu Regensburg und Freising, Profess 15. Nov. 1733, Neomyst 27. Okt. 1737, wurde darauf zum Studium der Rechtswissenschaft nach Salzburg geschickt, wo er sich 1739 den rigorosen Prüfungen unterzog. In's Kloster zurückgekehrt, war er Prior, wurde 1745 vom Fürstbischofe von Gurk, Jos. Mar. von Thun, als Professor des Kirchenrechtes für das neugegründete Klerikalseminar nach Strassburg (Kärnthen) berufen, und lehrte dort bis 1749. Vom Herbste 1749 bis zu seinem Tode lehrte er zu Salzburg Kirchenrecht und war zugleich vom 2. April 1759 bis zu seinem am 9. Aug. 1766 erfolgten Tode Rector magnificus. Mit Zallwein begann zu Salzburg für das Studium des Kirchenrechtes eine neue Epoche. Seine Vorgänger hatten sich auf das Corpus juris can. beschränkt. Zallwein beleuchtete auch die Urquellen des Kirchenrechtes, und brachte sie mit der Geschichte in Verbindung; auch verbreitete er sich in seinen Vorlesungen über das allgem. deutsche Recht. Seine Collegien waren sehr zahlreich besucht. Viele vom höchsten Adel nahmen bei ihm Privatunterricht im Kirchenrechte; selbst aus Italien und Neapel kamen junge Leute nach Salzburg, um seine Schüler zu werden. Jedoch lässt sich nicht läugnen, dass Zallwein in Bezug auf gewisse Fragen sich selbst nicht recht klar war und in seinen Werken öfters sich widersprechende Sätze vorfinden. Während seines Rektorates liess er sich die Hebung der Studien sehr angelegen sein, und fand sein Vergnügen, arme Jünglinge, an denen er hervorragende Talente entdeckte, zu unterstützen. Dagegen suchte er jene Burschen, die sich nur darum als Studenten einschreiben liessen, um unter dem Deckmantel der akademischen Freiheit desto ungestörter dem Müssiggange und Bettel nachgehen zu können, aus dem Bezirke der Universität zu verscheuchen. (Eine ausführliche Biographie Zallwein's lieferte P. J. D. v. Kleimayern in: P. Gregorii Zallwein principia juris ecclesiastici. Aug. Vind. 1781. S. Baader, Lex. I. 2, S. 342—344; Gutrath, R., Leichenrede auf P. G. Zallwein. Salzb. 1766; Nova bibliotheca ecclesiastica Friburgensis. Vol. VI. Fasc. III. pag. 444 sq.; Verzeichniss der akad. Professoren, S. 112—113; Zauner, Biographische Nachrichten, S. 101—109; Zauner, Syllabus Rectorum, S. 22—24.)

Schriften:

1) Dreyfach sichtbarliche in Maria der Mutter Gottes erneuerte Sendung des heiligen Geistes und daraus erfolgte Ehrenkron .... Ehrenrede bei der Krönung des Gnadenbildes zu Maria-Plain. Salzburg 1751.
2) Godefridus .... als ein in der Lehrschul Christi geleriger Lehrjünger und nachmals vollkommener Lehr-Meister der christlichen Sanftmuth und Demuth. Salzburg 1753. Fol. (Leichenrede auf Gottfried, Abt von St. Peter zu Salzburg.)
3) Höchstbeglückte Schiffahrt und reicher Fischfang Petri in dem Hochw. H. Gregorius, des Klosters Tegernsee würdigsten Abten, an dem Ehrentag seiner fünfzigjährigen heiligen Profess sittlicher Weise erneuert. Tegernsee 1753, 14 S. Fol.
4) Disput. I^ma^ de jure canonico in genere et praecipue trium primorum saeculorum. Salisb. 1753. 4.
5) Corona triplex cels. ac. R. D. D. Sigismundo Christophoro S. R. J. principi et archiep. Salisburgensi etc. etc. in solemni confirmatione D. Joann. Bapt. ex S. R. J. comitibus de Turri Tassis et Valsassina episcopi Lavantini nominati ac confirmati unacum actis confirmationis. Salisb. 1754. Fol.
6) Fontes originarii juris canonici, adjuncta historia ejusdem juris per priora quatuor ecclesiae saecula. Ibid. 1752. 4. (Nov. editio ibid. 1755, 16 Bg.) (S. Regensburger gel. Ztg. 1752, S. 224.)
7) Jus ecclesiasticum particulare Germaniae ab aera Christi usque ad Carolum IV. imp. Dissert. I. Ibid. 1757. Dissert. II. ab aevo Caroli IV. usque ad nostra tempora. Ibid. 1757. 4.
8) Dissertatio de statu ecclesiae, de hierarchia in statu ecclesiae et praerogativis ecclesiae Salisburgensis in hierarchia ecclesiastica. Ibid. 1757. 4.
9) Collectiones juris ecclesiastici antiqui et novi, a primordiis ecclesiae usque ad decretum Gratiani. Dissert. I. Ibid 1760. — Collectiones juris eccl. novi et novissimi a decreto Gratiani ad nostra tempora. Dissert. II. Ibid. 1760.
10) Principia juris ecclesiastici universalis et particularis Germaniae, 4 Tomi. Aug. Vind. 1763. (Enthält auch die sub Nr. 9 angezeigten Dissertationen.) Ed. II^am^ curavit P. J. D. v. Kleimayern. Aug. Vind. 1781, 4 Tomi. Ed. III^tia^ ibid. 1831, 5 Tomi.

P. Alphons (= Ildephons) v. Campi „de monte sancto", Dr. jur. utriusq., aus adeligem Geschlechte stammend, war geb. zu Bozen 3. Sept. 1707, erzogen an der Akademie zu Ettal, Profess 17. Nov. 1726, Neomyst 30. Sept. 1731, Professor des Kirchenrechtes am studium commune, und dann im fürstl. Benediktinerstifte Corvey, starb im Rufe hoher Frömmigkeit zu Wessobrunn 10. Juni 1769. Am Schlusse eines jeden Schuljahres veröffentlichte er die üblichen Thesen, und war ein thätiger Mitarbeiter der Concordantia bibliorum Wessofontana. In Manuscript hinterliess er: „De rubricis et caeremoniis ecclesiasticis", nach Leutner's Zeugniss des Druckes werth. (Leutner, Hist. Wessof. S. 507.)

P. Ulrich Mittermayr, geb. zu Augsburg 11. Okt. 1717, Profess 18. Nov. 1736, Neomyst 1. Nov. 1741, Pfarrer und Oekonom, zum Abt erwählt 18. Aug. 1760, † 28. Jan. 1770. Er war unermüdet im Studium der heiligen Schrift, und hatte vielen Antheil am Zustandekommen der Concordantia bibliorum P. P. Wessofontanorum. (Besnard, Lit. Ztg. 1828, IV. S. 127.)

Schriften:

1) Leichenrede auf den Hintritt des Abtes Bernard von Andechs. 1759, 18 S. Fol.
2) Lob- und Ehrenrede, als Abt Gregor von Tegernsee seine Jubelmesse feierte. Tegernsee 1761, 14 S. Fol.
3) Leichenrede auf Abt Gregor von Tegernsee. Tegernsee 1762, 22 S. Fol.

P. Lambert Hoellerer, geb. zu Mülln bei Salzburg 22. Jan. 1700, Profess zu Wessobrunn 24. Febr. 1723, zum Priester geweiht 14. Juli 1726, lehrte seit 1731 im Stifte Fiecht in Tirol Theologie, und wurde von den dortigen Conventualen 14. Mai 1732 als Abt postulirt. Unter seiner Regierung wurde die neuerbaute Stiftskirche von Leopold Gf. Spaur, Fürstbischof von Brixen, 5. Aug. 1750 eingeweiht; auch brachte er die Wallfahrt zu S. Georgenberg empor, und starb 17. Jan. 1772.[1])

Schriften:

Annus pastorum ecclesiastico-politico-asceticus, i. e. pastor bonus in gesta et festa sanctorum illustratus. Aug. Vind. et Oeniponti 1750, 2 Tomi. 4.

Manuscript:

Analecta parthenio-mariana, seu de immaculata conceptione praecelsae Dei genitricis Mariae ex s. scriptura, ss. patribus, pontificum bullis, conciliis, jure utroque, theologia et ascetis, historicis codicibus manuscriptis atque membranaceis aliisve monumentis excerpta. 12 Bde. Fol. In der Biblioth. des Stiftes Fiecht. (NB. Pars III. enthält: Cultus ab ordine S. Benedicti beatiss. virgini praecipue sine labe conceptae exhibitus.)

P. Virgil Sedlmayr, geb. zu Stadel 2. März 1690, Profess 13. Okt. 1712, Neomyst 21. Jan. 1717, Professor am Lyzeum zu Freising 1723—1727, Professor der Philosophie und Theologie am studium commune congregationis, Wallfahrtspriester zu Vilgertshofen, starb als Senior und

---

[1]) Sein Porträt (in Oel) befindet sich noch in Fiecht, hat aber beim Brande im Jahre 1868 etwas Schaden gelitten.

Jubilar im Kloster 1. Febr. 1772. (Baader, Lex. II. 2, S. 139; Leutner, Chronic. Wessof. S. 507.)

Schriften:

1) Quatuor disputationes philosophicae, quibus cursum integrum philosophiae absolvit. Ratisb. 1722. 8. (Von diesen haben die ersten zwei Disputationen auch eigene Titel: Syllogismus sophisticus et Character thomisticus.)
2) Philosophemata Thomistico-Mariana. Ambergae 1723. 8.
3) De concursu Dei. Ibid. 1723. 8.
4) Ars sophistica. Ibid. 1723.
5) Cursus philosophiae biennalis in episcop. lyceo Frisingensi. 2 Tomi. Frisingae 1724—1725. 8.
6) Reflexiones practicae in materiam de gratia. Monach. 1726. 8.
7) Praedeterminatio infallibilitans ad unum. Ratisb. 1730. 4.
8) Nobilitas B. M. V. sine labe conceptae. Monach. 1731, 202 S. 8.
9) Tabula virtutum moralium. 1731. Fol.
10) Quaestio theologica de ordine singulorum in mente divina. Frising. 1732. 8.
11) Catalogus haeresum, unacum methodo disputandi cum acatholicis. Ratisb. 1733. 8.
12) Disputatio de locis theologicis. Tegernsee 1736. 4.
13) Reflexio critica in ideam divini amoris contra R. D. Euseb. Amort. Aug. Vind. 1749. 8.
14) Responsio apologetica contra animadversiones in reflexionem criticam circa ideam divini amoris R. D. E. Amort. Friburgi Brisg. 1749. 8.
15) Systema theologiae dogmatico-scholasticae juxta methodum Thomae Aq. Aug. Vind. 1754. 8.
16) Theologia Mariana, in qua quaestiones de gloriosissima Dei parente agitari solitae stylo theologis speculativis proprio discutiuntur. Monach. 1758. 4.

Manuscripte:

a) Tractatus de incarnatione. 1732, 515 S. 4. (Cod. lat. 4913 der Staatsbibliothek zu München.)
b) Tractatus de sacramentis in genere et aliquibus in specie. 1732—1733. 4. (Cod. lat. 4914 das.)
c) Tractatus de poenitentia et tribus ultimis sacramentis 1733—1734. (Cod. lat. 4917 das.)

P. Paulus **Nagl**, geb. zu Altfrauenhofen 27. Dez. 1711, Profess 26. Nov. 1730, Neomyst 1. Juli 1736, Professor der Rhetorik zu Salzburg, Sekretär der bayr. Benediktiner-Congregation, † 12. Juli 1776.

Manuscript:

Continuatio Annalium congregat. benedictino-bavaricae ab anno 1749—1767. (K. Reichsarchiv zu München.)

P. Roman Kandler, geb. zu Velden 10. Dez. 1718, studirte zu Weihenstephan, Freising und Augsburg, Profess 12. Nov. 1741, Neomyst 19. Juli 1744, Pfarrvikar von St. Leonhard, Praes. confrat. immacul. conceptionis zu Wessobrunn, Schaffner, Küchenmeister, † 24. Okt. 1782.

Schrieb:

1) Abhandlung von den Vorzügen der unbefleckten Gnadenmutter der schönen Liebe zu Wessobrunn. Augsburg 1767—1768, 2 Thle.
2) Verschiedene Predigten und kleinere aszetische Schriften.

P. Bernard Hypper, geb. zu Weilheim 30. Juli 1716, Sohn eines Bräuereibesitzers, Profess 18. Nov. 1736, Neomyst 9. April 1741, Professor zu Freising 1747—1753, starb im Kloster 10. Dez. 1782. (Baader, Gel. Baiern, S. 548.)

Schrieb:

1) Caes. Calini's hist. und sittl. Erinnerungen über das Leben einiger Auserwählten Gottes aus dem Orden des heiligen Patriarchen Benediktus. (Aus dem Italienischen.) Augsburg und Graz 1748.
2) Calini's biblische Weltgeschichte des alten und neuen Testamentes. (Aus dem Italienischen.) Augsburg 1750—1751, II. Aufl. 1758.
3) Calini's Fastenpredigten. (Aus dem Italienischen.) Das. 1750—1751, II. Aufl. 1768. Fol. und noch öfter.
4) Trauerrede auf den Propst Dietram von Dietramszell C. Reg. S. Aug. Tegernsee 1754, 26 S. Fol.
5) Lob- und Ehrenreden von der seligen Jungfrau Maria. (Aus dem Italienischen.) Augsburg 1758. Fol.
6) Anton Godeau's allgem. Kirchengeschichte nach der italienischen Ausgabe des A. Speroni in's Deutsche übersetzt, Bd. I—XIX. Augsburg 1768—1782. (Die folgenden Bde. XIX—XXXVIII. hat Groote übersetzt.)
7) Gründliche Unterweisung in der christl. Vollkommenheit; aus dem Italienischen des Dr. Alph. Liguori. 1778, 3 Bde. (Eine Erweiterung des Werkes desselben Verfassers: „Die wahre Braut Christi oder heilige Klosterfrau. Augsburg 1764, 2 Thle. 8.)
8) Leben des heiligen Benedikt mit kritischen Noten (aus dem Italienischen) von Cäsare Calini.
9) Naevae jurisprudentiae von Muratori. (Aus dem Italienischen.) (NB. Von den Schriften 8 und 9 ist es ungewiss, ob sie gedruckt wurden.)

P. Maurus Bayrhamer, geb. zu Salzburg 4. Sept. 1721, Profess 2. Nov. 1741, Neomyst 5. Juni 1746, Professor zu Salzburg, dann Lektor in seinem Kloster, † 8. Juni 1787. (Baader, Gel. Baiern, S. 99.)

Schriften:

1) Promptuarium concionatorium exhibens diversos conceptus praedicabiles .... pro singulis totius anni dominicis et festis. 2 Tomi. Aug. Vind. 1757. 8.
2) Epigrammatum libri quatuor. Frisingae 1758. 8.
3) Passionspredigten. Kaufbeuern 1769. 4.

P. Pontian Schallhart, geb. zu Salzburg 27. Jan. 1730, Profess 12. Nov. 1752, Neomyst 2. März 1756, Praeses archiconfraternit. B. V. Mariae, † 20. Jan. 1795. (Besnard, Lit. Ztg. 1833, III. S. 215.)

Schrieb:

1) Fortsetzung der Abhandlung von den Vorzügen der unbefleckten göttlichen Gnadenmutter der schönen Liebe zu Wessobrunn (o. O.) 1771.
2) Abhandlung von der Verehrung der unbefleckten Jungfrau und Mutter Gottes Maria in den ersten 500 Jahren der Kirche. München 1774. (?) 8.[1]

P. Sympert Schwarzhuber, geb. zu Augsburg 4. Dez. 1727, studirte unter den Jesuiten zu Augsburg, dann zu Freising, Profess 13. Nov. 1746, Neomyst 23. Jan. 1752. Er lehrte im Kloster Theologie, 1757—1765 war er Professor am Gymnasium zu Salzburg, von 1765—1774 lehrte er an der dortigen Universität Naturrecht, Völkerrecht, Geschichte und Moralphilosophie; von 1774—1793 Moral, Dogmatik und Kirchengeschichte. Er bekleidete die Aemter eines Universitätssekretärs, Bibliothekars, Prokanzlers, Vizerektors. Seit 1777 war er Präses der akad. Congregation. 1793 legte er Alters halber das Lehramt nieder, und wurde Superior zu Maria-Plain, wo er 30. April 1795 starb. Er ruht in der dortigen Wallfahrtskirche. Ein kleiner Grabstein bezeichnet die Stelle. Schwarzhuber arbeitete der unter einigen Professoren der Theologie einreissenden Neologie nachdrücklich entgegen, jedoch auf eine so edle Art, dass ihm selbst seine Gegner ihre Achtung nicht versagen konnten. Weil ihm keine Hindernisse in Erreichung seiner Zwecke zu gross schienen und er Alles, was er einmal vorhatte, sofort in Angriff nahm, nannten ihn seine Collegen scherzweise „den Gewaltgottes.“ (Näheres s. Sattler, Mönchsleben, S. 136; Baader, Lex. I. 2, S. 227; Verzeichniss der akad. Professoren, S. 65; Weilheimer Wochenblatt 1867, Nr. 47.)

---

[1] Vergl. Schwarzhuber's Schrift sub Nr 6. Ich bin nicht sicher, ob diese Schrift wirklich Schallhart zum Verfasser hat, und ob ihr Titel genau so lautet.

Schriften:

1) Predigten über die wichtigsten Gegenstände des Christenthums, I. Thl. 492 S. II. Thl. 487 S. Augsburg und Innsbruck 1768. 8.
2) Ethica, seu jus naturae philosophice expensum. Aug. Vind. 1768, 400 S. 8.
3) De celebri inter sacerdotium et imperium schismate tempore Friderici III. (?) imp., Diss. historica. Salisb. 1771. 8.
4) Neue Sittenreden von den Seligkeiten, von dem allerh. Sakrament und von der göttlichen Mutter, 4 Thle. Augsburg 1772. .8.
5) Synopsis historica saeculi VIII. Tentamen imitationis Bossuetianae. Salisb. 1772. 8.
6) Abhandlung von der Verehrung der unbefleckten Jungfrau und Mutter Gottes Maria in den ersten fünf Jahrhunderten der Kirche. Kaufbeuern 1772. 8.
7) Fortsetzung von der Verehrung der unbefleckten Jungfrau in den folgenden Jahrhunderten. Das. 1773—1782.
8) De Platonismo, dissertatio. 1774, 36 S. 8. (S. Kohlbrenner, Material. 1774, S. 136.)
9) Rede von dem heiligen Messopfer. In den Predigten des churbayr. Predigerinstituts. 1779, I. Bd. (S. Nürnb. gel. Ztg. 1779, S. 242.)
10) Recapitulation der sieben Capitel von Klosterleuten. Regensburg 1782.[1]) 8.
11) Trauerrede auf Scholastika, Gräfin v. Wicka, Abtissin des adeligen Benediktinerfrauenstiftes Nonnberg bei Salzburg. Salzburg 1783. Fol.
12) Praktisch kathol. Religionshandbuch für nachdenkende Christen, I. Bd. Salzburg 1784, II. und III. Bd. Das. 1785, IV. Bd. 1786; Nachdruck dieser Ausgabe, Prag 1786, 2te Aufl. vermehrt, 4 Bde. Salzburg 1786. (S. Jen. Lit. Ztg. 1785, II. S. 305 und 313; Neue Liter. des kath. Teutschl. Bd. 1, S. 335, Bd. 2, S. 378, Bd. 3, S. 260.)
13) Blasius Gisbert, Christliche Beredsamkeit nach ihrem innerlichen Wesen neu übersetzt. Augsburg 1788, 520 S. 8.
14) Praktisch kathol. Religionshandbuch zum Gebrauche des gemeinen Stadt- und Landvolkes, wie auch zum Behufe der Christenlehrer auf höchsten Befehl des Erzbischofs umgearbeitet und aus dem grössern Werke in einen fasslichen Auszug gebracht, I. Bd. 743 S. II. Bd. 689 S. Salzburg 1790. Nachgedruckt zu Prag 1790.
15) Fasslicher Auszug aus dem praktisch kathol. Religionshandbuch des P. S. Schwarzhuber. Hildesheim 1793. 8.
16) System der christlichen Sittenlehre, 2 Thle. Salzburg 1793—1794. 8.
17) Praktisch kathol. Religionshandbuch für nachdenkende Christen, 3te Aufl., umgearbeitet, 3 Bde. Salzburg 1794—1796. 8. Der 4. Bd. erschien auch unter dem Titel: Vollständige christliche Sittenlehre, aus Vernunft und Offenbarung. Nach des Verfassers Tod herausgegeben mit

[1]) Erschien anonym.

einer Vorrede (und biographischen Nachrichten über Schwarzhuber) von A. Schelle. Salzburg 1797. (S. Obert. Lit. Ztg. 1798, S. 161.)

18) Gedanken über die bedenklichen Einwendungen gegen die Untrüglichkeit der Kirche, und über die Frage: ob und in wie ferne die kath. oder die christliche Religion für die allein seligmachende zu halten sey. Salzburg 1794, 224 S. 8. (Erschien auch als Anhang der III. Ausgabe des Praktisch kathol. Religionshandbuches, 1794—1797.)

Manuscript:

Adversaria theologischen Inhaltes aus den Jahren 1784—1792, 315 Bl. Fol. Cod. germ. 3830 in der Staatsbiblioth. zu München.

P. Joseph Leonardi, Dr. J. U., geb. zu Wolnzach 19. März 1747, Profess 28. Okt. 1767, Neomyst 30. Sept. 1770, zum Abt erwählt 27. Nov. 1781, erwarb sich sehr grosse Verdienste um das Volksschulwesen, † 8. März 1799.[1]) (Eine ausführliche Biographie dieses Abtes lieferte P. Maurus Gandershofer in Besnard's Lit. Ztg. 1827, II. S. 409—416.)

Schriften:

1) Rede auf das Titularfest der Erzbruderschaft Mariä zu Wessobrunn, gehalt 2. August1772.
2) Leichenrede auf Abt Joseph (Hörl) von Andechs. Augsburg 1775. Fol.

P. Thassilo Beer, geb. zu Schongau 12. Nov. 1724, Profess 25. Nov. 1742, Neomyst 29. Sept. 1749, Professor der Philosophie am studium commune congregat. 1758. Er war Erfinder einer Messmaschine, mittelst welcher man weitentlegene Gegenstände auf einem Standpunkte mit rechten Winkeln und Tangenten ohne Logarithmen und ohne Kreise messen konnte. Diese Maschine stand bis 1803 im physikalischen Kabinete des Klosters. Zur Zeit der Aufhebung war er Senior und Jubilar, starb als Pfarrer zu Wessobrunn 8. Okt. 1804. Sein Porträt in Oel (von Jaud gemalt) ist im Pfarrhofe zu Wessobrunn. (Schrank, Baierische Reise, S. 105.)

Schrieb:

1) Disputatio philosophica respond. Eug. Paur, Attilensi, et Wilh. Mar. Werner, Thierhauptano monacho. Ratisb. 1758. 4.
2) Trauerrede auf Abt Meinrad (Mosmiller) von Andechs. Augsburg 1767. Fol.

P. Johann Damasc. v. Kleimayern, Dr. jur. utriusq., letzter Abt, geb. zu Zell im Zillerthal 19. Okt. 1735, studirte zu Salzburg, Profess

---

[1]) Sein Porträt sieht man noch im Pfarrhause zu Wessobrunn.

12. Nov. 1752, erhielt seine theologische Bildung am Communstudium der Congregation, dann im Colleg S. Callisto in Rom,[1]) von wo aus er Neapel und andere Städte Italiens bereiste. Nach Hause zurückgekehrt, las er 4. Okt. 1758 die erste Messe und hörte noch zu Salzburg juridische Collegien. Er wurde 1762 Professor des Kirchenrechtes, der Moral und Exegese am stud. commune der Congregation, von 1770—1772 Pfarrer zu Iffeldorf, 1772 bis Nov. 1773 Superior der Missionsstation zu Schwarzach (Pongau), vom 7. Nov. 1773 bis Herbst 1789 Professor des Kirchenrechtes zu Salzburg, vom 21. Jan. 1788 bis 7. Mai 1792 Rector magnificus. Verschiedener Umtriebe wegen, die gegen ihn in Scene gesetzt wurden, zog er sich vom Lehrfache zurück und wurde von seinem Abte als Superior von Vilgertshofen ernannt, 1792—1798. Er wurde zum Abt erwählt 17. April 1798. Nach Aufhebung seines Klosters zog er nach Landsberg, wo er am 25. Nov. 1810 starb. (Zauner, Biographische Nachrichten, S. 141—144, und dessen Nachtrag, S. 23; Zauner, Syllabus Rector. magnif., S. 28; Verzeichniss der akad. Profess., S. 114—115. NB. Im Taufbuche der Pfarrei Zell lautet sein Name v. Klaymayern; er selbst schrieb sich in der sub Nr. 6 angezeigten Schrift Kleienmaiern, korrupt und unrichtig ist Kleinmayern.)

Schriften:

1) Vetus et nova disciplina de proprio ordinandorum episcopo. Tegernsee 1763. 4.
2) Positiones canonicae ad lib. III. decretal. Ibid. 1765. 4.
3) Positiones ex universo jure can. et ecclesiastico-germanico. Ibid. 1765. 4.
4) Systema de perficiendo studio theologico in studio communi congregationis benedictino-bavaricae. Tegernsee 1765. 4.
5) System des geistlichen Rechtes. Salzburg 1767.
6) Praelectionum ex universo jure canonico ratio reddita Benedictoburae. Tegernsee 1767, 72 S. 4.
7) Exercitatio academica de conciliis apostolorum. Ibid. 1778. 8.
8) Positiones ex jure univ. ecclesiastico. Salisb. 1778. 4.
9) Greg. Zallwein, principia juris ecclesiastici universalis et particularis

---

[1]) Diese Lehranstalt, eigentlich „Collegium Anselmo-Benedictinum" genannt, wurde 1687 gegründet, und war zunächst zur Heranbildung von Klerikern der aus sieben Provinzen bestehenden Cassinensischen Benediktiner-Congregation bestimmt. Es konnten aber auch junge Benediktiner anderer Länder dort studiren. Es wurden nur theologische Fächer gelehrt. Die Professoren waren ausschliesslich Benediktiner. Nur im Sommer wohnten die Alumnen zu S. Callisto; im Winter zog die ganze Anstalt nach St. Paul fuori le mura. Näheres über diese Anstalt s. Ziegelbauer, Novus rei literariae O. S. B. conspectus, fol. 128—138, wo auch das Bestätigungsbreve des Papstes Innozenz XI. „Inscrutabili divinae" wörtlich abgedruckt ist.

Germaniae quatuor tomis comprehensa. Ed. II^{da} . . . cui brevis synopsis de vita cl. auctoris accedit. Aug. Vind. 1781. 8. (anonym.)

10) Meine Gedanken von den Gränzen der gesetzgebenden Gewalt und Gerichtsbarkeit der Kirche. Frankfurt und Leipzig (Salzburg) 1782. 8. (anonym.)

11) Trauerrede auf Abt Beda (Seeauer) von St. Peter zu Salzburg 28. Dez. 1785. Salzburg 1786. Fol.

12) Klage gegen die Professoren zu Salzburg, den Visitatoren der Universität übergeben am 6. Mai 1792. (In den Urkunden zur neuesten Universitätsgeschichte von Salzburg, S. 25—60.)

13) Lieferte Beiträge zu Zauner's Schrift: „Biographische Nachrichten von den Salzburgischen Rechtsgelehrten." Salzburg 1789.

Manuscript:

Lehre über die Klerikaltestamente.

P. Benedikt Fischer, geb. zu Altmannstein 30. Okt. 1744, Profess 13. Nov. 1763, Neomyst 9. April 1769, gest. zu Landsberg 10. Febr. 1814.

Schrieb:

1) Soriot's (Oratorianer) sämmtl. Predigten auf alle Sonn- und Festtage übersetzt, abgeändert und für die Kanzeln Deutschlands brauchbar gemacht. Augsburg 1784, 4 Bde.

2) Leichenrede auf Abt Johann Bapt. (Bergmann) von Andechs. Augsburg 1791. Fol.

P. Anselm Ellinger, Dr. phil. et theol., corresp. Mitglied der bayr. Akademie der Wissenschaften (seit 1792), geb. zu Geisenhausen bei Landshut 20. Nov. 1758, studirte zu Landshut, hörte zu Salzburg zwei Jahre Theologie und trat 1780 in den Orden (Profess 6. Jan. 1782). Von Abt Joseph zur Vollendung der theologischen Studien nochmals nach Salzburg geschickt, erlangte er den Doctorgrad, und wurde am 24. Juni 1783 Neomyst. Im Kloster lehrte er die Kleriker Theologie, Mathematik und Physik. Als Bibliothekar verfasste er einen neuen Catalog der Klosterbibliothek, und als Archivar ein systematisches Repertorium der Dokumente des Klosterarchivs. In der Folge wurde er Offizial der auswärtigen Klosterangelegenheiten, welch' schwierigem Amte er bis zur Zeit der Auflösung vorstand. Das Naturalienkabinet verdankte ihm einen bedeutenden Zuwachs an Instrumenten (unter andern ein athmosphärisches Elektrometer). Im Jahre 1803 wurde er von dem topographischen Bureau in München als Mitarbeiter ernannt. 1804 wurde er frequentirendes Mitglied der Akademie der Wissenschaften physikalischer Klasse. Bei Reorganisirung der Akademie (1807) verblieb er in seiner Stellung; 1807 übertrug ihm die k. bayr. Landesdirektion das mühsame Geschäft, einen Catalog über die Bibliothekreste von 28 bayr. Klöstern zu verfertigen, welche Aufgabe er in zwei Jahren löste. Er starb zu München am Schlagfluss 28. April 1816. (Baader, Lex. I. 1, S. 139; Felder, Lit. Ztg. 1816, II. Intelligbl. Nr. 8, S. 18 bis 19; Zeitschrift für Bayern und angränz. Länder, I. S. 367--368.)

Schriften:

1) Abhandlung über die Anwendung und Wirksamkeit der Elektrizität bei Augenkrankheiten. (Abhandl. der Akad. Bd. VI.) 1794.
2) Beyträge zu Gräter's Braga und Hermode, oder neuem Magazin für die vaterländischen Alterthümer der Sprache, Kunst und Sitten. Leipzig 1797.
3) Beyträge zur Erläuterung der Vorstellung von Wetterwolken und Blizen. (Abhandl. der Akad. München 1806, Abth. II.)
4) Werth der positiven Offenbarung aus der Unhaltbarkeit der bisherigen philosophischen Bemühungen, 6 Aufsätze in Friedrich Schlegel's deutschem Museum. (Wien 1812—1813.)
5) Beyträge über den Einfluss der Himmelskörper auf unsere Atmosphäre, mit Tabellen. München 1814—1816, 3 Hfte. (S. Leipzig. Lit. Ztg. 1816, August. S. 1545.)
6) Von den bisherigen Versuchen über längere Voraussicht der Witterung. München 1816. 4.

Manuscripte:

a) Quaeritur optima methodus conductoribus fulminum aedes nostras muniendi. (Gelöste Preisfrage, welche die bayr. Benediktiner-Congregation pro 1802 gestellt hatte.)
b) Literarische Nachrichten von Wessobrunn; ein Beitrag zur Geschichte der Wissenschaften in Bayern.
c) „En quels caracteres reconnoit on la vraie philosophie?" (Response à la question proposée 1810 par la société des sciences d'agriculture et des belles lettres du departement de Marne et Garonne a Montauban.)
d) Ueber den Ungrund der Behauptung synthetischer Erkenntnisse a priori mit besonderer Rücksicht auf Kant's Schriften.
e) Werth des Christenthums, aus der Unhaltbarkeit der bisherigen philosophischen Bemühungen erwogen.
f) Betrachtungen und Gebete eines christlichen Philosophen.
g) Catalog der Stiftsbibliothek von Wessobrunn.
h) Systematisches Repertorium des Stiftsarchivs von Wessobrunn.
i) Viele geometrische Aufnahmen von Gründen und Besitzungen des Klosters Wessobrunn. — (NB. Alle seine Instrumente und Manuscripte legirte Ellinger dem k. Schulhause zu München.)

P. Rupert Schmidhuber, geb. zu Salzburg 29. Dez. 1743, Profess 13. Nov. 1763, Neomyst 2. Okt. 1768, lebte noch 1803 und wurde Pfarrvikar zu Petzenhausen bei Landsberg.[1])

Schrieb:

1) Rede auf das Titularfest der Erzbruderschaft Mariä zu Wessobrunn 11. Aug. 1771. München 1772. 4.
2) Rede auf den heiligen Augustin, gehalten in der Stiftskirche zu Rottenbuch. Augsburg 1785. 4.

---

[1]) Sein Todesjahr konnte nicht ermittelt werden. In den Diözesanschematismen kommt sein Name nicht vor.

Thierhaupten.

Thierhaupten in Oberbayern (M. Thierhauptanum, M. S. Petri et Pauli in Thierhaupten), Bisthum Augsburg, Landgericht Rain. Gestiftet von Herzog Thassilo (nach Einigen im Jahre 750, nach Andern 770). Im Jahre 955 von den Hunnen zerstört, 1022 von Graf Gebhard von Wittelsbach wieder hergestellt. Aufgehoben von Churfürst Max Joseph 18. März 1803. Die Kirche ist Pfarrkirche des Ortes, die Klostergebäude sind Eigenthum eines Privaten.

Literatur:

Archiv, Oberbayerisches, 1843, S. 139. — Bruschius, Chronolog. I. S. 546—552. — Hundius, Metropolis, III. S. 283—285. — Khamm C., Hierarchia August. III. S. 353—362. — Kuen M., Collectio scriptor. I. 42—43. — Lexikon von Baiern, III. S. 483. — Meichelbeck, Hist. Frising. I. 170. — Meidinger, Beschreibung, S. 375. — Monum. boic. XV. S. 89—145, 28 Urkunden, excerpta necrologii nebst Abbildung. — Rainer Wochenblatt. (Es kommen darin zerstreut Nachrichten von Thierhaupten vor.) — Reg. bav. III. 174, IV. 424, 452, 500. — Stengelius, Monasteriologia, Pars I. mit Abbildung. — Stumpf, Handbuch, S. 158. — Wenning, Topographia, I. S. 175, mit Abbildung. — Zimmermann, Churb. Geistl. Calender, I. S. 199 sq. — Ueber die Bibliothek s. Aretin, Beyträge, 1806, St. I. S. 103 sq.[1])

Manuscript:

Wiedemann Dr. Th., Gründung und erste Schicksale der vormaligen Benediktiner-Abtei Thierhaupten in Oberbayern, dem hist. Verein von Ober-

---

[1]) Die gesammte Bibliothek des Klosters wurde (1803), nachdem einige wenige Stücke für die Hofbibliothek ausgewählt worden waren, von den Bibliothek-Commissären Paul Hupfauer und J. Schuhbauer an den Papierfabrikanten Kauth in Thierhaupten zum Einstampfen verkauft. Umsonst bot das Landcapitel Rain eine namhafte Summe an. Alles war umsonst. Die Bibliothek wanderte unter die Stampfe. (Schuhbauer war ein abtrünniger Benediktiner von Niederaltaich.) Wiedemann, fol. 58.

bayern vorgelegt, 1853. (Jahresb. XVI. S. 47.) — Desselben, Urkundliche Geschichte der Benediktiner-Abtei Thierhaupten. Fol. (Im Besitze des Herrn Erzbischofes Dr. Steichele in München.)

Schriftsteller:

P. Willibald Furtner, geb. zu Rain im bayr. Wald 16. Dez. 1717, Profess 24. Okt. 1734, Neomyst 7. Jan. 1742, zum Abt erwählt 1754, starb zu München 23. Mai 1761. (Kehrein, Gesch. der Kanzelbereds. I. S. 145, 147; Wiedemann, Gesch. v. Thierhaupten (Manuscript), fol. 55.)

Schrieb:

Leichenrede auf Abt Placidus (Forster) von Scheyern. Augsburg 1757. Fol.

P. Benedikt Hundtriser, geb. zu Mondsee (Oberösterreich) 31. Juli 1718, Profess 1. Nov. 1740, Neomyst 19. April 1745, Prior, † 25. Jan. 1770. (S. Besnard, Lit. Ztg. 1826, II. S. 129.)

Schriften:

1) Renovatio spiritus sive exercitia spiritualia. Aug. Vind. 1758. 8.
2) Antidotum quotidianum contra morbos animae, sive meditationes quotidianae in singulos totius anni dies distributae. Aug. Vind. et Oenipont. 1768, 2 Tomi. 8.

P. Joseph Jansen, geb. zu München 23. Febr. 1744, Profess 13. Okt. 1765, Neomyst 1769, Professor der Moral- und Pastoraltheologie zu Amberg 1775, starb wahrscheinlich vor 1792. (Rixner, Gesch. d. Studienanstalt zu Amberg, S. 179.)

Schrieb:

Positiones ex theologia dogmatico-scholastica, 1772 (s. l.). 4. (S. Finauer, Magazin für die neueste Literatur, S. 95.)

P. Placidus Pichler, geb. zu Pfaffenhofen an der Ilm 5. Mai 1722, Profess 15. Okt. 1741, Neomyst 2. Mai 1745. Im Jahre 1772 verliess er Thierhaupten und gieng nach Scheyern; aber auch hier schien es ihm zu enge zu sein, indem er sich von dort in die Benediktiner-Abtei S. Georgio bei Venedig begab, wo er 1796 starb. Er war ein vortrefflicher Organist. (S. Lipowsky, M. Lex., S. 246.)

P. Edmund Schmid, letzter Abt, Dr. philos., geb. zu Hözlarn bei Rain 10. Jan. 1752, Profess 10. Okt. 1773, Neomyst 6. Okt. 1776. Zum Abt erwählt 19. Nov. 1801. Nach Aufhebung seines Klosters providirte er ohne jegliche Remuneration die Pfarre Thierhaupten und starb dort am 2. Dez. 1825. (Besnard, Lit. Ztg. 1833, IV. S. 126; Wiedemann, Gesch. v. Thierhaupten, fol. 59.)

Schrieb:

Trauerrede auf Michael (Grillmayr), Abt von Scheyern. Neuburg 1793, 15 S. Fol.

P. Symbert Heinrich, geb. zu Thierhaupten 24 März 1760, Profess 28. Okt. 1783, Neomyst 9. Okt. 1785, gest. zu Ehingen 30. Juli 1803.

Manuscript:

Trauerrede auf den Hintritt der Frau Maria Gertrud Mutschelle, Abtissin des Klosters Kühbach O. S. B., gehalten 8. Aug. 1799, 10 Bl. 4. (Im hist. Verein von Oberbayern. S. Jahresb. IX. S. 64.)

Weihenstephan.

Weihenstephan (Mon. S. Michaelis et S. Stephani in Weihenstephan), eine Viertelstunde von Freising auf einem Berge gelegen, von dem aus man eine Aussicht geniesst, wie sie kaum ein Punkt der oberbayrischen Ebene bietet. Die erste Gründung durch den heiligen Corbinian fällt in das Jahr 725. Nur kurze Zeit blieben die Benediktiner auf dem sog. Mons S. Stephani, da der heilige Corbinian bald zu Freising selbst zu Ehren des heiligen Benediktus eine Kirche nebst Kloster erbaute und sie dorthin versetzte. Bischof Hitto von Freising errichtete 830 zu Weihenstephan ein Collegiatstift, und Bischof Engelbert führte daselbst 1021 wieder die Benediktiner ein und versetzte die dortigen Chorherren nach St. Veit. — Das Kloster wurde aufgehoben 24. März 1803 durch Churfürst Max Joseph. Die Klosterkirche wurde 1810 gänzlich abgebrochen. Die Klostergebäude stehen gegenwärtig auch nur mehr zum Theil und sind Staatseigenthum. Seit 1852 ist dort eine landwirthschaftliche Centralschule eingerichtet.

Literatur:

Bruschius C., Chronologia Monast. Germaniae. S. 647—658. — Buginet, Reihenfolge freysingischer Weihbischöfe, S. 49—53 Extrakt eines Nekrologiums v. Weihenstephan. — Deutinger, d. ältern Matrikeln, I. S. 190—192. — Gentner H., Geschichte des Benediktinerklosters Weihenstephan, aus Urkunden angefertigt (VI. Bd. der Beyträge z. Gesch., Topograph. und Statistik des Erzbisthums München.) Auch Separatabdruck. Münch. 1854, 350 S. 8. — Hohn, Oberbayern, S. 146. — Hormayer, Taschenbuch 1836, S. 318. — Hundius, Metropol. ed Monac. III. 455—480, ed. Ratisbon. III. S. 314—332. — Lexik. v. Baiern, 597. — Meidinger, hist. Beschreibung versch. Städte, S. 379—381. — Monum. boic. IX. S. 343—524. Reihenfolge der Aebte, 20 Urkunden und Abbildung. — Regest. bav. I. 126. — Stumpf, Bayern . . . ., Handbuch, S. 119. — Sulzbacher Kal. 1870, S. 47—57, mit zwei Abbildungen. — Wenning, Topographia, I. S. 80, mit Abbildung. — Ueber d. Biblioth.: Pez, Thesaur. anecdot. T. I. diss. isagog. pag. XXIV—XXVI. — Gerken, Reisen, I. S. 345 sq.

Manuscripte: In der Staatsbibliothek zu München:

a) Cod. ger. 1839 Chronik von Weihenstephan (reicht bis 1750), und Biographiae abbatum Ildephonsi, Michaelis et Innocentii 1705—1769, saec. XVIII. Fol.

b) Cod. lat. 1015 Chronicon Weihenstephanense. — 1016 Frasii C. Chronica Weihenstephanensis coenobii aucta per G. Ammersee, continuata usq. ad an. 1705. — 1026 Necrologium continuat. usque ad saecul. XVIII. — 1045 Ordinatio, reformatio, consuetudines (auch abgedruckt bei Gentner in den Beilagen, S. 252—281). — 1074 Ordo breviarii et missalis. — 1132 Consuetudines et carta visitationis anno 1452. — 1478 Chronicon.

In der Domkapitelbiblioth. zu München: Synopsis historica M. Weihenstephanensis auct. P. M. Fischer, 127 S. 4. (reicht bis 1787.) — Annales M. Weihenstephanensis, auct. G. Tanner († 1645), 406 Bl. 4. — Unbekannt wo: Reithofer Dionys, Geschichte des Klosters Weihenstephan, 53 S. 4. (Wird zitirt von Deutinger.)

Schriftsteller:

P. Rupert Carl, notarius apostolicus, geb. zu Erding 11. Aug. 1682, Profess 28. Okt. 1703, Neomyst 23. April 1707, Sekretär der bayr. Benediktiner-Congregation und Novizenmeister Subprior, dann Prior 1723—1730; † 19. Nov. 1751. (Gentner, S. 214, 230.)

Schrieb:

Leben, Lehre und Leiden unsers Herrn Jesu Christi. (Eine Uebersetzung des Werkes: Vita, doctrina et passio D. N. Jesu Chr. v. P. Cölest. Leutner aus Wessobrunn.)

Manuscripte:

a) Animadversiones in Germaniam benedictinam. (Im hist. Verein von Oberbayern cod. Nr. 1813. S. Jahresb. 1850, S. 65.)

b) Monasteria O. S. B. in Germania sita ordine alphabetico. 11 S. Fol. (Das. cod. Nr. 1815.)[1])

[1]) In diesem nicht uninteressanten Manuscripte zählt Carl die ihm bekannten Klöster des Benediktinerordens auf, die damals in Deutschland noch bestanden:

Abbatiae principales	13
„ imperiales	25
„ exemptae (offenbar irrig)	28
„ non exemptae	114
„ monialium	56
Prioratus virorum	12
Prioratus monialium	2
Praepositurae	12
Superioratus	5
Studia publica	10
Summa	277

Die Zahl der exempten Abteien, sowie die der Priorate und Propsteien ist offenbar viel zu niedrig angegeben.

P. Aemilian Naisl (Neissl), Dr. philos., Mitglied der societas litteraria germano-benedictina, geb. zu Friedberg 11. Jan. 1670, studirte zu Salzburg, Profess 18. Okt. 1693, Neomyst 24. April 1696, sechs Jahre Novizenmeister der bayr. Benediktiner-Congregation (zu Weihenstephan und Mallersdorf). Die Schottenabtei St. Jakob in Regensburg und das fürstl. Stift Kempten wollten ihn als Novizenmeister Er bewies durch Lehre und Wandel einen streng religiösen Sinn, und war seiner Schriften wegen in allen Klöstern seines Ordens berühmt; gest. 26. Juni 1753. (Genter, S. 213; Baader, Lex. I. 2, S. 68.)

Schriften:

1) Refutatio theolog. Ludov. a Seckendorf, acerrimi Lutherani dogmatis parastatae. Pedep. 1730. 4. (Auch deutsch, 1734.)
2) Speculum utriusque cleri, tam saecularis quam regularis, quo via perfectionis demonstratur. Coloniae, 4 Tomi, 1710. Nova editio. Ibid. 1734.
3) Lineae asceticae, sive meditationes quotidianae secundum tres vias, purgativam, illuminativam et unitivam. Dillingae 1715. Nova editio. Ibid. 1725. 3 Tomi und noch öfters. 8.
4) Vox clamantis in deserto, sive exercitia octiduana. Aug. Vind. et Ratisb. 1722. 8. Aliae editiones 1738, 1740, 1750. Auch deutsch Regensburg 1722. Augsburg 1750.
5) Considerationes nocturnae. 8. (ubi?)
6) Evangelisches Posthörnlein, d. i. aufrichtige Anweisung auf die wahren Glaubens- und Sittenstrassen. Augsburg 1722. 4. Neue Aufl. das. 1726; Regensburg 1727.
7) Epistola paraenetica ad animarum pastores. Aug. Vind. 1729. 8.
8) Marianische Liebesverbindniss zur Beförderung einer wahren Religions- und Glaubensvereinigung in Deutschland. Ingolstadt 1751. 8.
9) Scintillae asceticae ad exercitandum et fovendum spiritum in praecipua festa et sacratiora tempora. Monach. 1752. 8.

Manuscripte:

a) Scripta ascetica pro novitiatu communi congregat. benedict. bavaricae pro annis 1718 et 1720.
b) Eine vollständige Aszese (in lat. Sprache). Dieses Manuscript wurde auf Wunsch des Papstes Benedikt XIV. nach Rom geschickt.

P. Maximilian Dagaro (vulgo Pacher), Mitglied der societas litteraria germano-benedictina, geb. zu Eggenfelden 5. Juni 1696, Profess 8. Okt. 1715, Neomyst 24. Juni 1720, Sakristan, Küchen- und Kellermeister, † 9. Jan. 1757. Er war der italienischen und französischen Sprache vollkommen mächtig. (Baader, Gel. Baiern, S. 205;

Gentner, S. 242, wo er aber aus Versehen [wahrscheinlich des Setzers] Darago heisst.)

Schrieb:

Sapienti pauca, seu meditationes in verbis breves, longae in sensu ad singulos anni dies ex opusculo Gerardi Belgae, O. S. B. traduct. Monach. et Pedeponti 1750.

Manuscript:

Viele Uebersetzungen französischer und italienischer Werke.

P. Bernard Reitter, geb. zu Isen 28. Okt. 1696, wurde 8. Okt. 1719 Weltpriester, trat ca. 1733 in's Kloster, machte Profess 28. Okt. 1734, Professor am studium comm. congreg., Prior, † 24. März 1758. (Gentner, S. 218.)

Schrieb:

Theses de jure cleri circa ultimas voluntates.

P. Heinrich Waizenbauer, geb. zu Moosburg 18. Nov. 1689, Profess 28. Okt. 1709, Neomyst 26. Dez. 1715, Professor am studium comm. congreg., † 7. Mai 1759.

Schrieb:

Qualitates logicae. 1728.

P. Rupert Niedermayr, geb. zu Mühldorf 7. Juni 1729, Profess 19. Nov. 1752, Neomyst 29. Sept. 1754, Chorregent, † 8. März 1761. Er liess zu Nürnberg vier geographische Karten, betitelt „Germania, Italia, Gallia et Hispania Benedictina“, stechen, auf welchen alle dem Benediktinerorden in diesen Ländern gehörigen Abteien und Priorate angegeben waren. Ob Niedermayr diese Karten auch selbst entworfen, lässt sich aus der Stelle bei Sattler (Mönchsleben, S. 210) nicht mit Gewissheit folgern. (Gentner, S. 245.)

P. Gabriel Liebheit, geb. zu Edelstetten 16. Nov. 1700, studirte zu Salzburg, wo er zwei Jahre Repetitor der Philosophie war. Auf einer Reise durch Bayern (1724), im Begriffe, nach Würzburg zu gehen, um dort Jurist zu werden, kam er nach Freising und besuchte, während man ihm im Gasthause das Mittagessen bereitete, die nahegelegene Benediktiner-Abtei Weihenstephan. Die Lage, und zweifelsohne das freundliche Entgegenkommen von Seite der Religiosen, wirkten so mächtig auf sein Gemüth, dass er sich augenblicklich entschloss, hier Benediktiner zu werden. Er wies seine Zeugnisse vor und erhielt die Aufnahme. Der vortreffliche Ildephons Huber war damals Abt (1705 bis 1749). 28. Okt. 1725 legte Liebheit Profess ab, und war nach erhaltener Priesterweihe (14. [?] Febr. 1729) Director clericorum, Küchenmeister, Pfarrvikar von Tünzhausen und St. Jakob, von 1732—1748 Professor am Lyzeum zu Freising, 1752 Prior, starb als solcher 6. März 1764. (Baader, Lex. II. 1, S. 166; Gentner, S. 217, 231.)

Schriften:

1) Gyges gallus, sive Petri Firmiani ingeniosa in mores suae gentis quaestio et animadversio, summariis, notis et indice copioso illustrata. Pedeponti 1736. 8.
2) Rudimenta eloquentiae. Ratisb. 1739. Ed. II. Pedeponti 1740. 8.
3) Allegoria, Aeneas Jovi supplex pro suo Ascanio, D. Ascanii Canoniae Neocellensis Praelati nuper electi honoribus oblata, cum in ecclesia cathedrali Frisingensi inauguretur die 29. Mart. 1740. Frisingae. Fol.
4) Dissert. de ideis platonicis. Monachii 1742. 4.
5) Epistel gegen einen Leipziger Theologen c. 1755.
6) Jubelpredigt beim I. Säkulum des Augustiner-Eremitenklosters Taxa.
7) Dissert. philosophica de auro genuino artificaliter producendo. 4.

P. Roman Weixer, geb. zu Erding 4. Okt. 1690, Profess 28. Okt. 1711, Neomyst 17. Okt. 1715, Professor zu Freising 1725—1727, zu Salzburg 1728—1730, hierauf am studium commune der Congregation. In das Kloster zurückgekehrt, war er Pater spiritualis, Prior 1745—1747, starb als Senior 1. Mai 1764. (Baader, Lex. I. 2, S. 315; Gentner, S. 215—216; Verzeichniss der akad. Professoren, S. 9—10.)

Schriften:

1) Logica juxta mentem Aristotelis scientia rigorosa. Ambergae 1724. 4.
2) Creatura ab aeterno possibilis. Ibid. 1724. 4.
3) Creatura actu infinita impossibilis. Ibid. 1725. 4.
4) Creatura juxta angelicam mentem praemota. Ibid. 1725.
5) Speculatio speculationis et praxis per principia aristotelica. Frising. 1726. 8.
6) Disputatio menstrua I. an logica sit scientia. Salisburgi 1729. 8.
7) Disputatio menstrua II. an detur ens rationalis thomisticum. Ibid. eod.
8) Disputatio menstrua III. an detur distinctio formalis ex natura rei. Ibid. eod.
9) Disputatio menstrua IV. an respectus ideales in Deo sint entia rationis. Ibid. eod.
10) Disputatio menstrua V. an voluntas possit facere ens rationis. Ibid. eod.
11) Leichenrede beim Seelengottesdienst des P. Franz Schmier, O. S. B., des Reichsstiftes Ottobeuren, und Rector magnif. zu Salzburg. 1729.
12) Umbo peripateticus sub quo proteguntur accidentia absoluta. Salisb. 1730. 4.
13) Klare Wahrheitsfackel oder Vernunftschlüsse, sonnenklar an den Tag legend, welche die wahre Kirche Gottes sey. Landshut 1737. 8.

14) Theses theolog. de causalitate sacramentorum. Tegernsee 1737. 4.
15) Theses theolog. de Deo uno et trino. Ibid. 1739. 4.
16) Jubelrede, als Abt Ildephons (Huber) von Weihenstephan seine Jubelprofess ablegte. München 1745. Fol.
17) Ehrenruhm und Glorie der Frag: „Ob das lutherische Evangelium das wahre und unverfälschte sei." München 1757. 8.

Convers. Lucas Carl, geb. zu Nabburg 28. Sept. 1698, Profess 2. Juni 1732, † 27. Nov. 1768. Ein guter Oelmaler. Zur Zeit der Aufhebung des Klosters waren von ihm noch vorhanden: S. Benedikt, Altarblatt in der Klosterkirche zu Weihenstephan, verschiedene Porträte u. s. f. (S. Gentner, S. 223 u. 244.)

P. Innocenz Völkl, geb. zu Ensdorf 17. Okt. 1719, Profess 16. Nov. 1738, Neomyst 12. Juni 1745, zum Abt erwählt 23. Sept. 1761. Wegen Schuldenmacherei und despotischem Gebahren gegen seine Ordensbrüder wurde er im Febr. 1769 zur Abdankung genöthigt, und starb zu Moosburg 21. Sept. 1781. Der durch ihn beinahe zu Grunde gerichtete Convent sorgte liebevoll für ihn. Als man zu Weihenstephan von seiner bedenklichen Erkrankung Kunde erhalten hatte, reisten zwei Conventualen nach Moosburg, um ihm ihre Dienste anzubieten. Der Exabt brach bei ihrem Anblicke in Thränen aus und bat unaufhörlich um Verzeihung für Alles, was er gegen das unschuldige Kloster gesündigt, mit dem dringenden Wunsche, man möchte seinen Leichnam zum Kloster bringen und ihn unter die Schwelle der Kirchthüre begraben, damit alle Hineingehenden ihn mit Füssen treten. (Eine ausführl. Biographie s. Gentner, Gesch. v. Weihenstephan, S. 168—177, u. Besnard, Lit. Ztg. 1834, IV. S. 213—214.)

Schrieb:

De praestantia philosophiae, dissertatio. Frisingae 1756. 4.

P. Wolfgang Graf, geb. zu Pfakofen 11. Dez. 1743, studirte zu Regensburg und Freising, Profess 13. Okt. 1765, Neomyst 23. Juni 1769. Von 1769—1771 studirte er an der Universität Salzburg Mathematik und Rechtswissenschaft (war zugleich Kaplan in Nonnberg), später Professor zu Amberg und Freising, gest. im Kloster 6. Okt. 1787. Er war ein guter Mathematiker. (Felder, Lit. Ztg. 1820, II. S. 262 sq.; Gentner, S. 220, 246.)

Schriften:

1) Positiones philosophicae. Frisingae 1765. 4.
2) Theses ex philosophia et mathesi. Ibid. 1779. 4.
3) Positiones philosophicae et mathematicae. Ibid. 1781. 4.

4) Positiones ex physica, philosophia practica, historia naturali et oeconomia selectae. Ambergae 1783. 4.
5) Witterungsbeobachtungen der Station Amberg. (In den meteorolog. Ephemeriden der bayr. Akademie der Wissensch. 1782 und 1783.)

P. Maurus Fischer, geb. zu München 17. Okt. 1725, Profess 29. Okt. 1746, Neomyst 31. März 1750, Bibliothekar, Prior 1772—1778, Subprior 1782—1785, † 1. Nov. 1788. (Felder, Lit. Ztg. 1820, I. S. 265; Gentner, S. 2, 218, 232.)

Manuscript:

Synopsis historica monasterii Weihenstephanensis (reicht bis 1787). In der Domkapitelbibliothek zu München. (P. Maurus Debler O. S. B., von Weihenstephan, der in den Besitz dieses Manuscriptes gekommen war, schenkte es derselben 1837.)

P. Benedikt Licklederer, geb. zu Neufarn 15. Jan. 1743, Profess 11. Okt. 1761, Neomyst 29. Sept. 1767, Chorregent, Prior 1787 bis 1793, † 3. Febr. 1794. (Gentner, S. 2, 219, 233.)

Manuscript:

Synopsis historiae Weihenstephanensis praemissa dissertatione succincta de originibus benedictinis in monte S. Stephani hodie Weihenstephan dicto. 1792. (Kgl. Staatsbiblioth zu München.)

P. Bernard Peslmüller, geb. zu Freising 3. Jan. 1742, Profess 19. Okt. 1760, Neomyst 6. Jan. 1766. Von 1766—1768 Professor zu Freising, † 29. Juni 1798.

Schrieb:

Trauerrede auf Abt Benno (Voglsanger) von Benediktbeuern. Freising 1785. 16 S. Fol.

P. Rupert Sturm, geb. zu Kirchberg (Salzburg) 21. März 1741, Profess 14. Okt. 1764, Neomyst 29. Sept. 1767, Professor zu Salzburg, Straubing, Freising und Neuburg a. d. D., Provisor des Benefiziums zu Niederschleissheim, † 24. Aug. 1798. (Gentner, S. 246.)

Schriften:

1) Hypocrisis in juventute in scenam data a poësi Salisburgensi. Salisb. 1774. 8.
2) Trauergedicht auf den Tod der Kaiserin Maria Theresia. (Deutsch und lateinisch.) Salzburg 1781. Fol.
3) Quomodo per figuras rhetorica doceat, moveat, delectet. Straub. 1782.
4) Tentamen philologicum de stylo Demosthenis et Ciceronis. Ibid. eod.

5) Tentamen practicum de modo imitandi libr. I., II. et IV. Virgilii in materia simili tam profana quam sacra. Ibid. eod.
6) Entwurf der Gegenstände der II. Rhetorik zu Neuburg a. d. D. 1786. 20 S. 8.

P. Innocentius Förtsch, geb. zu Villach (Kärnthen) 12. Dez. 1744, Profess 29. Sept. 1763, Neomyst 26. Dez. 1768, Beichtvater zu Maria-Plain, Professor am akad. Gymnasium zu Salzburg 1771--1778, Professor der Theologie zu Amberg 1781—1787, lehrte dann dasselbe Fach von 1794—1798 am Lyzeum zu Freising, war zugleich Regens des Lyzeums, dann Verwalter der Weingüter des Stiftes zu Gumpoldskirchen in Oesterreich 1798. Er starb nach bereits erfolgter Aufhebung seines Klosters im Kloster Scheyern 17. Dez. 1803. (S. Gentner, S. 219—220 u. S. 246; Rixner, Gesch. d. Studienanst. Amberg, S. 191 sq.)

Schriften:

1) Synopsis doctrinae de possibilitate, convenientia, necessitate, existentia, utilitate et interprete divinae revelationis. Amberg. 1782. 4.
2) Theses de incarnatione verbi divini. Frising. 1795. 20 S.
3) Catalogus P. P. Professorum inclyti et episcopalis Lycei Frisingensis ab anno 1697 — 1797. Monachii 1797. 39 S. 4. (Wieder abgedruckt in Deutinger's Beiträgen zur Gesch. des Erzbisthums München-Freising. Bd. V, S. 450—479.)
4) Puncta theologica de religione S. S. Patrum aliorumque illustrium virorum auctoritate corroborata, et omnibus religionis amatoribus oblata. Monach. 1797. 76 S. 8.
5) Puncta theologica de fide S. S. Patrum aliorumque illustrium virorum. Monach. 1798. 59 S. 8.

P. Coelestin Hochbrucker, geb. zu Tagmersheim (Neuburg) 10. Jan. 1727, Profess 15. Okt. 1747, Neomyst 9. April 1752, † 1809 zu Wien. Ein ausgezeichneter Harfenspieler und guter Organist. Sein vorzüglichstes Werk ist: „Die Juden in der Gefangenschaft des Manasses“ (1774). (S. Lipowsky, Mus. Lex., S. 412—413.)

P. Raphael Thaler, Dr. theolog. und philos., geb. zu München 25. April 1741, Profess 21. Okt. 1759, Neomyst 29. Sept. 1765. Von 1768 — 1775 Professor am Lyzeum zu Freising; Pfarrvikar von Tünzhausen, Wippenhausen und St. Jakob; Prior 1770—1772, Subprior 1788 bis 1803.[1]) Nach der Aufhebung zog er sich nach Aichach zurück,

[1]) Vom 27. April 1790 bis Juli desselben Jahres lehrte er an der Universität Ingolstadt Moral, als er plötzlich durch ein churfürstl. Dekret vom 3. Juli 1790 seiner Professur enthoben und wieder in sein Kloster zurückgeschickt wurde; die Ursache seiner Entfernung ist bis zur Stunde ein Geheimniss. (Permaneder, S. 121.)

wo er am 3. Febr. 1813 starb. Im Kloster war er auch Bibliothekar, Archivar und einige Jahre Historiograph der bayr. Benediktiner-Congregation. (Besnard, Lit. Ztg. 1834, IV. S. 196—197; Gentner, S. 218—219, 232—233; Permaneder, Annales, S. 117, 119—121.)

Schriften:

1) Positiones de Deo ultimo fine hominis et viis inde vel ad- vel abducentibus. Frisingae 1767. 4.
2) Positiones philosophicae ex logica et metaphysica in episcopali Lyceo Frisingensi. Frising. 1768. 4.
3) Conspectus universae theologiae dogmaticae ad propugnationem Fratrum Weihenstephanensium. 1787.
4) Leichenrede auf Maria Josepha (Reifenstuehl), Aebtissin zu Geisenfeld. München 1794. Fol.
5) Trauerrede auf den Abt Castolus (Wolmuth) von Neustift bei Freising S. Ord. Praemonstrat., gehalten am 2. Sept. 1802. (S. Kapler, Magazin, Jahrg. 1803, Bd. 1. S. 263.)
6) Witterungsbeobachtungen der Station Weihenstephan vom Jahre 1783 —1789, abgedruckt in den meteorologischen Ephemeriden der bayr. Akademie der Wissenschaften.

Manuscript:

Continuatio Annalium Congreg. Bened.-Bavar. ab anno 1783—1789.

P. Nonnosus Feil, geb. zu Donauwörth 8. Dez. 1769, Profess 12. Dez. 1790, Neomyst 29. Sept. 1793, Professor zu Amberg, starb dort als Quiescent 23. Febr. 1829. (S. Zarbl, „Der Seelsorger", 1841, S. 119.) Er gab mehrere Schriften pädagogischen Inhaltes heraus, deren Titel der Verfasser nicht näher kennt.

P. Benno Ostermayr, geb. zu Vötting 23. Aug. 1765, Profess 15. Okt. 1786, Neomyst 13. April 1789, Sakristan, Küchen- und Kellermeister, trat nach erfolgter Aufhebung wegen Kränklichkeit (er hatte schon früher an einem Blutsturz gelitten) in den Ruhestand und kommorirte zeitweilig zu München, Aichach, Burghausen, Altötting und zuletzt zu Bogen bei Straubing, wo er als der letzte Conventual von Weihenstephan circa 1854 gestorben sein soll. (Nach Anderen soll er schon viel früher gestorben sein.) (S. Gentner, S. 247 u. 346.)

Manuscript:

Kurze Geschichte der ehem. Klosterkirche von Weihenstephan. (S. Gentner, S. 220.)

Attel.

Attel in Oberbayern (Attl, M. Attilense), Bisthum Freising, an der Mündung der Attl in den Inn, gestiftet von Arnold V., Grafen von Andechs und Diessen, und seiner Gemahlin Gisela circa 1040 zu Ehren der seligsten Jungfrau Maria und des heiligen Michael. Im Jahre 1070 wurde das Kloster von dem Bruder des Stifters, Friedrich, überfallen und nach Vertreibung der Mönche verwüstet. Graf Engelbert III. von Hall, Wasserburg und Limpurg stellte es zwischen 1080—1087 wieder her. Es wurde aufgehoben von Churfürst Max Joseph 1. April 1803. Die Klosterkirche ist noch Pfarrkirche des Ortes. Der Convent- und Gasttrakt des Klosters sind demolirt; in den noch stehenden Gebäuden wohnen einige barmherzige Brüder.

Literatur:

Archiv, Oberbayerisches, 1840, S. 439. — Deutinger, ältere Matrikeln I. S. 197—198. — Hirsching, Stiftslex. S. 184—186. — Hundius, Metropol. ed Ratisb. II. S. 80—87. — Lexikon von Baiern, I. S. 118—121. — Meidinger, Beschreibung, S. 309—313. — Monum. boic. I. S. 253—334, 73 Urkunden und Abbildung des Klosters. — Pez, Thesaur. anecdot. I. diss. isagog. pag. IX. sq. — Reg. bav. I. 216, 296, 386, II. 4, 8, 12, 16. — Reithofer, Gesch. der Stadt Wasserburg, 1814. 8. — Schmid, bayr. Alterthümer, S. 40. — Stumpf, Handbuch, S. 195. — Wenning, Topographia, I. S. 233, mit Abbildung. — Zimmermann, Churb. Geistl. Calender 1754. S. 123—125.

Manuscripte: In der Staatsbibliothek:

a) Cod. germ. (Ana 27.) Chronik vom Kloster Attl (reicht bis 1733). — Cod. 1819 Auszug aus dem Archiv des Klosters Attl.

b) Cod. lat. 3302 Necrologium monasterii Attl usque ad saec. XVIII.

Im hist. Verein von Oberbayern:

Das Kloster Attl, seine Entstehung, Wiederherstellung und Schicksale nebst der Reihe der Aebte von 1087—1803, und der um Kunst, Wissenschaft und Seelsorge verdienten Aebte und Conventualen dieses Klosters vom

Jahre 1687—1803, und von da bis 1836. Aus zwei verlässlichen Manuscripten zusammengestellt von Gaudenz Adlgasser, Pfarrer zu Benediktbeuern. 1 Bd. 4. (S. V. Jahresbericht, S. 39.) — Schmid M., Abhandlung v. Engelbert, ersten Grafen von Wasserburg und zweiten Stifter der Abtei Attel. (S. IV. Jahresbericht, S. 62.)

Im Erzbischöfl. Ordinariat zu München:

Chronik der Benediktiner-Abtei Attel von P. Dominikus Weinberger, letztem Abt des Klosters, fortgesetzt von P. Maurus Dietl.

Reithofer D., kurze Gesch. des Klosters Attl (unbekannt wo).

Schriftsteller:

P. Marian Oberhueber, geb. zu Traunstein 1. Sept. 1710, Profess 15. Okt. 1730, Neomyst 17. Okt. 1734, machte sich durch seine allseitige wissenschaftliche Bildung rühmlich bekannt, war ein geborner Dichter, ausgezeichneter Redner, in beiden Rechten wohl bewandert. Ihm verdankte die Klosterbibliothek die bessern Werke, die er im Verein mit P. E. Hörmann aus dem Gelde, das sie durch löbliche Sparsamkeit erübrigten, ankaufte. Er war Präfekt des zahlreich besuchten Klosterseminars, aus dem mehrere tüchtige Männer hervorgingen, zuletzt Subprior und Pfarrvikar von Eiselfing; † 10. Febr. 1751. (Adlgasser, Kl. Attl, S. 36—37.)

P. Engelbert Hörmann, geb. zu Aichach 7. Nov. 1711, Profess 17. Okt. 1728, Neomyst 11. Okt. 1734, durch viele Jahre Professor der Dogmatik und Kirchengeschichte am studium commune (zu Rott am Inn). Er starb, als er eben den Tractatus de gratia mit seinen Schülern beginnen wollte, 18. März 1754. (Felder, Lit. Ztg. 1823, III. S. 159—160; Adlgasser, Kl. Attl, S. 41—47.)

Schriften:

1) Universa theologia scholastico-thomistica parergis dogmat.-polem. illustrata. Tegernsee 1748. 16 S. 4.
2) Responsum Summi Pontificis Nicolai M. ad consulta Bulgarorum de baptismate in nomine Christi collato ab errore vindicatum. Straubing. 1749. 52 S. 4.
3) Dogmata s. oecum. Concilii Tridentini de sacram. extrem. unctionis, ordinationis et matrimonii. Straub. 1750. 20 S. 4.
4) Claves Petri, seu sacram. poenitentiae. Ibid. eod. 4.
5) Prolegomena sacrae doctrinae, seu theologiae dogmatico scholasticae. Tegernsee 1751. 4.
6) Dogmatica Rom. Pontif. Joannis XXII. sententia de sanctarum statu animarum ante universalem corporum resurrectionem vindicata. Ibid. eod. 4.

7) Disputatio theolog. de humana Christi voluntate una cum parergis ex univ. theologia scholast. dogmatica. Ibid. 1752. 131 S. 4.
8) Dogmata ecclesiae et scholae de peccato actuali. Ibid. 1753. 4.

Manuscript:

Theologia scholastico-hist.-dogmatica. Diese Schrift diente dem P. Coel. Oberndorfer bei Abfassung seines „Systema theologicum" zum Muster.

P. Nonnosus Moser, geb. zu Wasserburg 13. Febr. 1694, Profess 10. Nov. 1715, Neomyst 12. Okt. 1720, Professor am Lyzeum zu Freising, zum Abt erwählt 25. Aug. 1723. Er baute einen grossen Theil des Klosters neu, und starb, reich an Verdiensten um dasselbe, 22. Nov. 1756. (Felder, Lit. Ztg. 1828, IV. S. 380; Adlgasser, Kl. Attl, S. 48—51.)

Schrieb:

1) Achte Rede bei der 100jähr. Jubelfeier U. H. im Elend am Inn bei Attl, gehalten 3. Okt. 1728. München 1729. 4.
2) Psalterium Davidis in tres partes distributum, explanatione litterali et mystica affectuose ac in modum meditationum dilucidatum; accedunt cantica canticorum Salomonis . . . Straubing 1741. 4.

Manuscripte:

a) Liber sapientiae in modum meditationum et moralium reflexionum dilucidatus. 1755. 4.
b) Nucleus veritatis, das ist Kern der Wahrheit oder überzeugende, durch 1700 Jahrgänge hergeleitete Beweisthümer . . . ., dass allein die römisch-kath. Kirche die wahre sei, wider Christ. Matthäi in Tübingen. 1755. 4. (Vergl. Eusebii Amort, introductio in sacram scripturam, S. 386.)

P. Florian Scheyerl, geb. zu Freising 29. Jan. 1720, Profess 28. Okt. 1739, Neomyst 19. April 1744, Professor am Lyzeum zu Freising 1746—1758, dann in seinem Kloster Lehrer der Theologie, gest. als Jubilar und Senior 19. Nov. 1791. (Besnard, Lit. Ztg. 1833, III. S. 348; Adlgasser, Kl. Attl, S. 59.)

Schrieb:

Tobias junior in patriam redux. Frising. 1755. (Theaterstück, aufgeführt aus Anlass der glücklichen Wiederkehr des Fürstbischofes von Freising, Cardinal Theodor von Lüttich, aus Rom.)

Conv. Sebastian Zobl, geb. zu Tannheim (Tirol) 31. Dez. 1726, Profess 1. Nov. 1758, † 13. März 1801. Ein guter Maler und Schüler des berühmten Martin Knoller. Zur Zeit der Aufhebung befanden sich zu Attl von Zobl's Pinsel noch mehrere Oelgemälde, u. a. die Altarblätter: der heilige Sebastian, Jesus, Maria und Joseph, der heilige Benedikt. (Adlgasser, Kl. Attl, S. 61—62.)

*P. Marian Mareis, geb. zu Haag 26. Febr. 1756, Profess 22. Okt. 1775, Neomyst 11. April 1779, Professor am Lyzeum zu Amberg 1781—1791, Professor der Aesthetik zu Ingolstadt 1794—1796, Prior 1801—1803, gest. in seiner Heimath 12. Okt. 1805. (Besnard, Lit. Ztg. 1828, II. S. 255; Adlgasser, S. 64—68.)

Schrift:

Leichenrede auf Abt Gregor (Mack) von Rott, 1801. Tegernsee 1801.

P. Aegidius Holler (auch bekannt unter dem anagrammatischen Namen Diego Orelli), geb. zu Zangenstein 4. Febr. 1751, Profess 11. Juli 1773, Neomyst 17. April 1775. Er hatte sich in allen Zweigen des Wissens die ausgebreitetsten Kenntnisse erworben, sprach fertig, wie seine Muttersprache, lateinisch, französisch und italienisch, war ein guter Sänger, Meister auf der Violine und nach Abbé Vogler vielleicht der grösste Organist seiner Zeit. Im Jahre 1787 wandelte ihn die Lust an, Italien zu besuchen; längere Zeit hielt er sich in der Benedictiner-Abtei St. Urban zu Siena auf. Im Jahre 1823 soll er noch in Italien gelebt haben. Todeszeit unbekannt. (S. Felder, Lex. III. S. 237; Felder, Lit. Ztg. 1823, III. S. 286—287.)

Schrieb:

1) Solfeggio nuovo facile e sicuro per tutti i tuoni del canto fermo. Siena 1797.
2) Sentimenti storico-critici sopra el canto fermo e sue regole.

P. Dominikus II. Weinberger, letzter Abt, geb. zu Mallersdorf 2. Jan. 1754, studirte in den Klöstern zu Mallersdorf und Weihenstephan, absolvirte zu Freising und machte 10. Okt. 1773 Profess; Neomyst 19. April 1778. Um ihn zum Nutzen des Klosters nicht nur zu einem theoretischen, sondern auch praktischen Juristen heranzubilden, sandte ihn Abt Dominikus I. zum Landgericht nach Wasserburg, wo er beim damaligen Pfleggerichtsvorstande v. Griming den vollständigen praktischen Kurs absolvirte, und sich durch seine vorzüglichen Talente und sein edles Betragen in hohem Grade beliebt machte; zwischen Griming und Weinberger bestand ein Band beständiger Freundschaft. Im Kloster lehrte er Philosophie und Theologie. Nach dem Tode des Abtes Dominikus Gerl wurde er zu dessen Nachfolger erwählt 20. April 1789. Durch seine weise Haushaltung tilgte er die alten Schulden und brachte es dahin, dass er ungeachtet der schweren Kriegsjahre, der vielen Einquartierungen, eines Lazarethes von mehreren Hundert Oesterreichern im Kloster, keine neuen Anlehen machte. Hiebei blieb die Sorge für das moralische Wohl des Klosters nicht zurück. Die Ordensregel und die Congregationsstatuten mussten genau beobachtet werden. Dazu ermunterten Wort und Beispiel. Die an gewissen Vorabenden von Festen üblichen Capitelreden unterliess er nie; in ernster Religiosität leuchtete er den Seinen vor. Um halb vier Uhr frühe war er der Erste im Chor; er genoss keinen Kaffee, Mittags und Abends nahm er nur die gemeinsame Kost des Conventes; er trank nur selten Wein und erlaubte sich ausser den gewöhnlichen Erholungen selten ein Vergnügen. Ueber Haushalt, Oekonomie, Dienstboten, Unterthanen, deren Leistungen und Abgaben wurden Rechnungsbücher geführt, so dass bei der Aufhebung des Stiftes (1. April 1803) der Aufhebungscommissär v. Schieber sprach: „Wenn überall solche Ordnung herrscht, wird das Geschäft der Klostercommission bald beendigt sein.“ Nach der Aufhebung widmete sich Abt Dominikus ganz den Werken der Gottseligkeit, der Nächstenliebe und dem Wohle seiner zerstreuten Mitbrüder. Sein stilles Ordensleben setzte er auch nach Auflösung der Communität fort, anfangs zu Attl, dann zu Eiselfing, und die letzten acht Jahre zu Wasserburg. Was der im juridischen Fache bewanderte Abt als advocatus pauperum geschrieben, ist viel, wurde aber nur Wenigen bekannt. Im April 1828 feierte er zu Eiselfing seine Sekundiz. Bald darauf nahmen die Altersgebrechen überhand; vom Schlage gerührt, verlor er sein Augenlicht; einem zweiten Schlaganfalle erlag er am 28. Mai 1831. Seine Ruhestätte erhielt er auf dem Friedhofe zu Wasserburg.[1]) Zur Stiftung von vier Freiplätzen im Knabenseminar zu Freising gab er dem erzbischöfl. Ordinariate München 8500 fl. Zur Herstellung der Wohnungen für den Expositus in Edling und Rommelberg, wie auch für Schul- und Gotteshäuser gab er namhafte Beiträge. Die Pfarrkirche zu Eiselfing liess er auf seine Kosten vergrössern, und schenkte ihr einen prachtvollen Kirchenornat. Ein armes Kind adoptirte er, liess dasselbe ein Handwerk lernen, und vermachte ihm sein Haus zu Wasserburg. (Adlgasser, „Kloster Attel“, S. 84—90. Besnard's Lit. Ztg. 1834, IV. S. 296.)

Manuscripte:

1) Chronik der Benediktinerabtei Attel. (Im Ordinariatsarchiv v. München-Freising.)

---

[1]) Die Grabschrift lautet: „Hic jacet R. R. Perillustr. ac amplissim. Praesul D. D. Dominicus Weinberger, monasterii Attilensis Abbas ultimus ac status Praelatorum Deputatus. Candida virtus ac pietas christiana, scientia praeclara et beneficentia egregia defuncti tumulum coronant, ad Deum remuneratorem animam immortalem comitantes. R. I. P.

2) Abhandlung von dem Grafen Engelbert von Wasserburg, Wiederhersteller des Klosters Attel.
3) Historische Nachrichten von den Pfarren zu St. Jakob und St. Aegid in Wasserburg.
4) Geschichte der Grafen von Wasserburg. (Wo die Manuscripte sub Nr. 2, 3 und 4 sich befinden, ist dem Verfasser unbekannt.)

P. Maurus Dietl, geb. zu Biehl bei Benediktbeuern 6. April 1775, genoss sieben Jahre im Klosterseminar zu Benediktbeuern Unterricht und Verpflegung, Profess 17. April 1796, Neomyst 24. Juni 1800, Cooperator zu Attl und Inspektor der Trivialschulen 1800—1803. Gleich bei Aufhebung des Klosters erbat sich ihn Herr Xaver Fortner, Pfarrer in Rieden, als Cooperator. Der Abt schickte P. Maurus nach Rieden, wo er bis 26. Dez. 1812 blieb. Hierauf war er Cooperator zu Lafering 1812—1814, Pfarrer zu Ohlstadt 1814 bis 13. Nov. 1836. Als solcher zeichnete er sich durch Wohlthätigkeit aus. Der Verlust des Gehöres nöthigte ihn die Pfarrei zu verlassen; er zog nach Tölz, wo er in Zurückgezogenheit von seiner Pension lebte, in seiner Wohlthätigkeit fortfuhr und nebenbei auch literarisch thätig war. Für das bischöfl. Knabenseminar zu Freising stiftete er einen Freiplatz. Er starb zu Tölz 19. Aug. 1846 als der letzte Conventual von Attl. (Adlgasser, S. 96—99.)

Schriften:

1) P. Aegidius Jais, nach Geist und Leben geschildert von M. D. . . . (Maurus Dietl). München 1826. II. Aufl., redigirt von J. M. Sailer. München, Passau und Regensburg 1836. 130 S. 8.
2) Seb. Winkelhofers zusammenhängende Predigten. München (Lindauer) 1833—1842. 6 Bde. 8. (anonym.)
3) Testament des Schullehrers Thomas Bruckmayr, mit einem kurzen Umriss seines 45jährigen Wirkens in der Pfarrschule zu Ohlstadt. München 1838.

Manuscripte:

a) Fortsetzung der Chronik des Klosters Attl, die P. D. Weinberger begonnen. (Ordinariatsarchiv von München-Freising.)
b) Biographien der vom Jahre 1789—1832 verstorbenen Conventualen des Klosters Attl; (verfasst auf Wunsch des Pf. G. Adlgasser, welcher dieselben seiner Schrift „Kloster Attl“ einverleibt hat. S. 59—93.)

Weissenohe.

Weissenohe in Oberfranken (Weissenoë, Augia alba, Augia Nariscorum, Aug. Noricorum, Wizenohe), Bisthum Bamberg, Landgerichts Gräfenberg, gestiftet vom Pfalzgrafen Aribo IV., und seiner Gemahlin Willa 1053.[1]) Zur Zeit der Reformation 1554 wurde es aufgehoben, 1661 durch Churfürst Ferdinand Maria wieder hergestellt. Die zweite Colonisirung ging von Priefling aus. Aufgehoben wurde es von Churfürst Max Joseph 1803.

Literatur:

Beschreibung der Ritterorden. Klöster.... Regensburg 1799, S. 148 sq. — Bruschius, Chronologia, I. S. 13 sq. — Goldwitzer Fr. W., Neue Chronik der ehem. Abtei Weissenohe O. S. B., mit 13 Beilagen. (In Okens Isis, Heft XXIII. S. 993—1041). — Heller J., Handbuch für Reisende in dem ehem. fränkischen Kreise. S. 361. — Lexikon v. Baiern, III. S. 606. — Mayer Dr. Fr., Wanderungen durch das Pegnitzthal. Nürnberg 1844. S. 239. — Reg. bav. I. 158, II. 112, 140, 178, 196, III. 14, 60, IV. 472, 478, 584. — Scholliner H., Dissert. genealogica sistens Weissenoensis Ord. S. Bened. . . . et plurium coenobiorum fundatores . . . . Norimb. 1784, mit Abbildung des Klosters. — Schrettinger W. M., Kurzgefasste Geschichte des Benediktinerklosters Weissenohe. (In der Bayr. National-Ztg. 1835.) — Sulzbach. Kalend. 1871, S. 71 sq. Kurze Geschichte und Abbildung. — Ussermann A., Episcopatus Bambergens. S. 346—356. — Zimmermann, Churb. Geistl. Calend. V. S. 95—107. (Kurze Geschichte.)

Manuscripte:

Tagebuch des P. Willib. Schrettinger (enthält manches Material zur Gesch. des Klosters von den Jahren 1793—1803, cod. germ. Schrettingeriana in der k. Staatsbiblioth. zu München). — Urkundliche Geschichte der Abtei

---

[1]) Andere bezeichnen 1109 als eigentliches Stiftungsjahr.

Weissenohe in der Oberpfalz. Dieses Manuscript befand sich im Nachlasse des Domprobstes Dr. M. Deutinger zu München. — Abbildungen des Klosters: a) Aus dem Jahre 1700 in der Festschrift zur Benediktionsfeier des Abtes Johann Gualbert. (S. Heller, Verzeichniss, Nr. 868.) b) In Brönner's Sammlung. c) Kupferstich von Stahl in Nürnberg, wovon ein Exemplar im hist. Verein von Oberpfalz zu Regensburg.

Schriftsteller:

P. Placidus Perl, geb. zu Oberviechtach 22. März 1751, Profess 9. Nov. 1778, Neomyst 24. Juni 1781, Professor am Gymnasium zu Amberg; † 19. Nov. 1798.

Schrieb:

Gegenstände der I. Grammatik zu Amberg. Amberg 1787. 8.

P. Johann Nep. Lingl, geb. zu Schwarzenfeld 22. März 1758, Profess 17. Nov. 1778, Neomyst 24. Juni 1782, widmete sich meistens der Seelsorge und dem Predigeramte, wurde nach der Aufhebung seines Klosters Pfarrer zu Weissenohe (1808), wo er am 10. Febr. 1816 starb. (Baader, Lex. I. S. 318; Kehrein, I., 1, S. 215—216.)

Schriften:

1) Positiones theologiae dogmaticae universalis. Norimb. 1789. 4. (S. Lit. des kath. Deutschl. I. S. 267.)
2) Predigten auf die Festtage des Herrn, Mariä und der Heiligen. Augsburg 1793. 2 Bde.
3) Neueste Predigten auf einige Festtage des Herrn, Mariä und der Heiligen. Das. 1793—1800. 3 Bde.
4) Sprache der Liebe und der Vertraulichkeit an unser Bestes und Liebstes auf Erden, oder Besuche des hochheiligen Sakramentes des Altars. Augsburg 1794. 2. Aufl. 1805. 3. Aufl. 1810.
5) Geisteserneuerung des Christen nach dem System des praktischen Christenthums in sechs sonntägigen Predigten. Augsburg 1794.
6) Das Magnificat oder Mariä Lobgesang, ein geistl. Unterhaltungsstück. Das. 1794. 12.
7) Neueste Sonntagspredigten, dem Städter, Bürger und Landmann an das Herz gelegt. Augsburg 1794—1799. 4 Bde.
8) Schmerz und Liebe am Grabe Jesu. Das. 1795.
9) Kurze Predigten auf die sechs Fastensonntage. Augsburg 1800.

P. Marian Dobmayr, Dr. theol. et philos., geb. zu Schwandorf 24. Okt. 1753, studirte zu Amberg und trat in den Jesuitenorden. Nach Aufhebung desselben wurde er Benediktiner zu Weissenohe, legte 22. Okt. 1775 Profess ab, und wurde Neomyst 19. Juli 1778. Er war

Professor der Philosophie zu Neuburg 1781—1787, Professor der Dogmatik und Kirchengeschichte zu Amberg 1787—1794, Professor der Dogmatik, Patrologie und Literaturgeschichte zu Ingolstadt 1794—1799. Den Ruf, in gleicher Eigenschaft nach München zu ziehen, lehnte er ab und kehrte 1799 in sein Kloster zurück. Nach Aufhebung des Klosters ging er abermals nach Amberg, lehrte wieder theologische Fächer und starb dort 21. Dez. 1805. (Eine ausführliche Biographie Dobmayr's enthält das „Neue Monatsblatt f. kath. Literatur." München 1813, S. 186—189 u. S. 248—258; s. Baader, Gel. Baiern, S. 246 sq.; Jahrbücher der Literatur, Wien 1818, III. S. 343—354; N. Magazin f. kath. Religl. 1813, V. Hft. S. 235—248; Allgem. Lit. Ztg. Intelligbl. 1806, S. 548; Permaneder, Annales, S. 151—152, 192—193.)

Schriften:

1) Schema praelectionum ex philosophia spirituum et elementis matheseos. Aug. Vind. 1784. 8.
2) Auszug aus der theoretischen Philosophie und den Anfangsgründen der Mathematik. Ingolstadt 1785. 4 Bg. 8. (S. Harless, fortges. kritisch. Nachrichten, II. 2, S. 126.)
3) Lehrsätze und Gegenstände der I. philosoph. Klasse zu Neuburg a. d. D. Ingolstadt 1786, 64 S. 8. (S. Lit. d. kathol. Deutschl. III. S. 282.)
4) Conspectus theologiae dogmaticae catholicae. 1789. 76 S. 8. (S. L. d. kath. Deutschl. III. 2, S. 301.)
5) Theologia dogmatica, seu systema theologiae catholicae; (op. posth.) ed. curav. P. Pantaleon Senestrey s. ord. Cisterc. Solisbaci 1807—1819. 8 Tomi. 8 maj.
6) Regula fidei ac theologiae catholicae (op. posth.). Edit. a P. Pant. Senestrey. Solisbaci 1821. 8.
7) Institutiones theologicae in compendium redactae (op. posth.). Ed. a P. Em. Salomon. Solisbaci 1823. 2 Tomi. Ed. II[da]. ibid. 1833. 8 maj.

P. Aemilian Vogt, geb. zu Kulmain 21. Sept. 1753, Profess 22. Okt. 1775, Neomyst 26. Juli 1778, Kastner, Prior, Chorregent und ein vorzüglicher Organist; starb wahrscheinlich zu Amberg zwischen 1815—1816. (Lipowsky, M. Lex. S. 365.)

P. Johann Ev. Kronbaur, geb. zu Michelfeld 15. Dez. 1763, Profess 23. Okt. 1785, Neomyst 29. Okt. 1788. Er war nach der Aufhebung seines Klosters Professor zu Amberg und dann zu Bamberg, wo er zugleich Studienrektor und Religionslehrer war, trat 12. Okt. 1816 in den Ruhestand und starb zu Bamberg 3. Jan. 1819. (S. Jäck, II. Pantheon, S. 61.)

Schrieb:

Aphorismen aus der Mathematik und Naturlehre. Amberg 1795.

P. Willibald (Martin) Schrettinger, geb. zu Neumarkt 17. Juni 1772, studirte zu Burghausen und Amberg, Profess 24. Juni 1793, Neomyst 11. Okt. 1795, seit 15. März 1800 Klosterbibliothekar. Nach erfolgter Aufhebung zog er nach München, wo er auf sein Ansuchen Erlaubniss erhielt, an der k. Bibliothek mitarbeiten zu dürfen. Bei der am 8. April 1806 erfolgten neuen Organisirung des Bibliothekpersonals wurde er Custos, und am 3. Juli 1823 Unterbibliothekar. Am 2. Febr. 1839 erhielt er ein Kanonikat zu St. Cajetan mit Beibehaltung seiner Stelle an der Staatsbibliothek. Durch die theilweise Anfertigung eines Zettelkatalogs hat er sich ein bleibendes Denkmal seines Fleisses gesetzt. Er starb zu München 12. April 1851 als Jubilar, nachdem er sich die letzten Jahre in den Ruhestand begeben. Sein Nachlass befindet sich in der Staatsbibliothek. Aus den Tagebüchern Schrettinger's liesse sich über denselben ein vollständiges Lebensbild entwerfen. Namentlich gewähren sie interessante Aufschlüsse über das oberpfälzische Klosterleben aus dem Zeitraum von 1793—1803 (aber einseitig gefärbt).

Schriften:

1) Die Obstkultur in dem oberpfälzischen Stifte Weissenohe. (In Hübner's bayr. Wochenblatt 1800, Nr. 33.)
2) Die Kunst, unter Menschen glücklich zu leben, von H. Grafen von Chersterfield. Aus dem Französ. übers. Sulzbach 1801. 88 S. 8.
3) Uebersicht der verschiedenen Meinungen über den Ursprung der Buchdruckerkunst von Bürger Daunon. Aus dem Französ. übersetzt und berichtigt. (In Aretin's Beiträgen zur Gesch. der Literatur 1805. Stück VIII, S. 161—224, und Stück IX, S. 225—237.)
4) Das Wiederaufleben des baierischen Nationalgeistes. Ein hist. Gedicht. München 1806. 4.
5) Versuch eines vollständigen Lehrbuches der Bibliothekwissenschaft. München. Heft I u. II, 1808. Heft III u. IV (II. Bd.), 1829. 8.
6) Handbuch der Bibliothekwissenschaft. Wien 1834. 8.
7) Schwanen-Märchen. (Eos 1820, Nr. 94.)
8) Nothwendige Beilage zur Jenaischen Allgem. Lit. Ztg. Jahrg. 1821, Nr. 70 u. 71. München 1822. 4.
9) Die Beschwerden einiger Gelehrten über die Münchner Hof- und Nationalbibliothek, in ihrem wahren Lichte dargestellt. (Inland 1830, Nr. 10, 11, 12.)
10) Merkwürdige Geschichte eines sonderbaren Buches (Aurora von Auerweck 1830, Nr. 37 u. 39) unter dem Titel: „Die Lebensweisheit der Hindus.“
11) Kurzgefasste Geschichte der Abtei Weissenohe. (Bayr. National-Ztg. 1835, Nr. 20.)
12) Provinzialbibliotheken. (Bayr. National-Ztg. 1835, Nr. 65 u. 66.)

13) Buchstabenfabrikanten. (Das. 1835, Nr. 95.)
14) Kirchenmusik. (Das. 1835, Nr. 20.)
15) Nekrolog eines ausgezeichneten Professors, des P. Eugenius Pausch, S. Ord. Cist. von Walderbach. (Das. 1838, Nr. 52.)
16) Verschiedene Rezensionen in der oberteutschen Lit. Ztg., Allgem. Jenaer Lit. Ztg. u. s. f.

Manuscripte:

a) Tagebuch des P. Willib. M. Schrettinger. Drei starke Faszikel in 4. (Beginnt mit dem Jahre 1793, endet mit 1. Nov. 1850.)
b) Entwurf seiner Selbstbiographie nebst Angabe aller von ihm veröffentlichten Druckschriften. [1])
c) Ueber Volksdialekte.
d) Gesammelte kleine prosaische Schriften, Abschriften aus Zeitungsblättern.
Sämmtliche Manuscripte in der k. Staatsbibliothek zu München, cod. germ: Schrettingeriana.

---

[1]) Das Verzeichniss seiner Schriften ist diesem Manuscripte Schrettinger's entnommen.

Rott.

Rott in Oberbayern (Rot, Rota, M. Rottense), auf einer Anhöhe am Inn. Gestiftet von dem bayer. Pfalzgrafen Kuno und seiner Gemahlin Elisabeth (aus dem Hause Lothringen) im Jahre 1073 zu Ehren der Heiligen Marinus und Anianus, nachdem ihr einziger Sohn Kuno im Heerbanne Heinrich's IV. gefallen war; es wurde aufgehoben von Churfürst Max Joseph im Frühjahr 1803. Die Klostergebäude sind beinahe ganz vom Erdboden verschwunden. Die Klosterkirche ist Pfarrkirche. In dieser Abtei war in den letzten Decennien des Bestandes der bayer. Benediktiner-Congregation das gemeinsame Noviziat derselben. Rott besass das Priorat St. Ulrich in Pillersee (Tirol) und die Propstei Kötzing in Niederbayern nebst der Seelsorge des genannten Ortes.

Literatur:

Abhandlung der bayr. Akad. der Wissensch. II (1764), S. 87 sq. — Archive, die geöffneten. Jahrg. III, Heft VI. S. 76—95. — Deutinger, die ältern Matrikeln, I. S. 195—197. — Finauer P. P., Lit. hist. Magazin. Heft III, Nr. 10. — Geiss Ernst, die Aebte des Klosters Rott. (Oberbayr. Archiv, XIV. S. 14 sq., S. 48 sq., XVI. S. 219 sq.) — Desselben, Urkunden zur Geschichte des Klosters Rott. (Das. XIII. S. 175 sq., S. 313—330; XIV. S. 14—49, S. 219 sq.) Auch Separatabdruck. München 1852, 105 S. gr. 8. — Hundius, Metropolis Salis. ed. Mon. III. S. 264—271, ed. Ratisbon. III. 179—189. — Lexikon v. Baiern II. S. 820. — Monum. boic. I. S. 335—448, II. S. 1—114, enthält 266 Urkunden und Abbildung des Klosters. — Moritz J., Gesch. der Grafen von Sulzbach. — Obernberg, über die Heiligen Marinus und Anianus, Schutzpatrone des Klosters Rott. (Oberbayr. Arch. I. S. 291—312.) — Desselben Reisen durch den Isarkreis, II. S. 91—102. — Pez, Thesaur. anecdot. T. I. Diss. isagog. pag. XI sq. — Reg. bav. I. 302, 314, 324, 350, II. 56, 170. — Schmid M., Von den Grafen von Rot, Stiftern der Abtei Rot. (Westenrieder, Beyträge, I. S. 76—95.) — Schrank Fr. v. P., Reisen in den südlichen Gebirgen, S. 290. —

Stumpf, Handbuch, S. 195 sq. — Vita SS. Marini episcopi Hyberno-bavari martyris, et Aniani archidiaconi confessoris, patronorum monasterii in Rota. Monachii 1597. 4. — Wenning, Topographia, II. S. 235, mit Abbildung. — Zimmermann, churbayr. geistl. Calender 1754, S. 171—173. — Ueber die Bibliothek: Arctin, Beiträge, 1805, St. X. S. 435—437. — Ziegelbauer, Hist. lit. I. S. 548 sq., und Pez l. c.

Manuscripte: In der Staatsbibliothek in München:

a) Cod. germ. 639 consuetudines et ceremoniae regulares monast. O. S. B. in Rot. — 1819 Extract aus dem Archiv und den Originalien des Klosters Rott, 1050 Stücke 1 Bd. Fol. — 1828 Stiftbuch des Klosters Rott von den Jahren 1743—1749, 354 Bl. Fol. — 2959 Catalog der Incunabeln der Bibliothek zu Kloster Rot (und Kl. St. Peter in Salzburg), 168 Bl. saec. XVIII.

b) Cod lat. 1390. — 1440—1443 P. Wolfgangi Dullinger, Traditiones Rotenses ab ann. 1073—1681 (saec. XVIII. 3 Bde. Fol. 509, 423 und 436 SS. — Ejusdem α) Vita SS. Marini et Aniani, β) varia documenta controversiae de patronis monast. Rotensis, γ) Extractus chronologicus ex archivo praepositurae Kötzingensis (saec. XVIII.) 747 S. — 1445 P. Wolfg. Dullinger α) Vita SS. Marini et Aniani, varia documenta de controversis reliquiis eorund. Sanctorum. β) Acta domestica monast. Rotensis ab ann. 1717—1722. γ) Jus venandi. (saec. XVIII.) 734 S. — 1446 Catalogus literatorum Oeno-Rotensium (saec. XVIII.) 13 Bl. Fol. — 1918 Catalogus sacrarum reliquiarum (saec. XVIII.) 30 Bl. 4. — P. Daniel Molitor, Rota, seu chronicon Rotensis monast. usq. 1500. 1 Bd. 1100 S. Fol.

Schriftsteller;

P. Columban Praelisauer,[1]) geb. zu Kötzing 9. Jan. 1703, † 23. Okt. 1753; Bibliothekar, Chorregent und Componist.

Schrieb:

Specimen signorum musicae veteris, und lieferte zum Drama: „Actio scenica in annum millesimum" die Musik. (S. P. Castor Zeitler von Tegernsee. Ziegelbauer nennt ihn: „Scrutator antiquitatum egregius". (Hist. lit. I. S. 549.)

[1]) Noch bedeutender war sein Bruder P. Cölestin, Benediktiner in Tegernsee; geb. zu Kötzing 1694, † 5 Febr. 1745. Er war Chorregent, und bildete viele Klosterzöglinge zu vortrefflichen Musikern heran. Er studirte fleissig die Werke eines Orlando di Lasso, und bildete sich im Geiste dieses grossen Meisters. Seine vorzüglichste Composition war: „Responsoria ad vigilias officii defunctorum", die nach Lipowsky's Zeugniss voll von Ernst und hoher Empfindung sind. (Lipowsky, M. Lex. S. 252.)

P. Corbinian Graz (Graez), geb. zu Erding 15. Okt. 1686, Profess 15. Nov. 1706, Neomyst 2. Okt. 1712, erhielt seine theologische Bildung zu Salzburg. Professor zu Freising 1715—1717, dann Professor am stud. comm. congregat., und in der Benediktinerabtei Cladernb in Böhmen, zum Abt erwählt 3. Juni 1726; † 15. Sept. 1757. (Baader, Gel. Baiern, S. 397; Catalogus Litteratorum Oeno-Rottensium.)[1]

Schriften:

1) Unio litigiosa. Monach. 1714.
2) Magister usus, seu logica docens et utens. Frising. 1716.
3) Crisis isagogica contra Peripato-Mastyges. Ibid. 1716. 8.
4) Totum compositum physicum. Ibid. 1717. Ratisb. 1719.
5) De alta clavium potestate circa materiam fidei. Pedeponti 1724. 4.
6) Leichenrede auf Abt Aemilian (Oettlinger) von Rott. München 1726.
7) Leichenrede auf Abt Petrus (v. Guetrath) von Tegernsee. (Tegernsee?) 1726.
8) Rede beim Jubiläum der Wallfahrtskirche U. H. im Elend bei Attl, 26. Sept. 1728. München 1729. 4.

P. Thyemo Luidl, geb. zu Weilheim 18. Febr. 1697, Profess 1724, gest. als Prior zu St. Ulrich in Pillersee (Tirol) 2. Nov. 1760. (S. cod. lat. 1446 der Staatsbibliothek zu München.)

Manuscript:

Diocomene, seu veritas a civili hominum societate proscripta ethicopoetice emodulata.

P. Rupert Lupperger, geb. zu Wifling 16. Juni 1698, anfangs Cooperator, dann Prior zu St. Ulrich in Pillersee, Prior im Stifte und Novizenmeister; † 14. Febr. 1761. Er hinterliess eine werthvolle Handbibliothek, in welcher besonders die italienische und französische Literatur reichlich vertreten war. Von ihm erschienen mehrere Gelegenheitsreden in Druck.

P. Beda Schweinöster, geb. zu Pillersee 24. April 1746, Profess 18. Okt. 1768, Neomyst 19. Jan. 1772, Professor am Lyzeum zu Amberg, starb dort 27. Juni 1775 in Folge eines unglücklichen Sturzes, den er von der Galerie des Collegiums in den Hof that. Begraben im Kloster Ensdorf. (S. Besnard, Lit. Ztg. 1834, I. S. 123.).

---

[1]) Cod. lat. 1446 der kgl. Hof- und Staatsbibliothek zu München. Dieses Manuscript enthält ferners die Biographien von folgenden gelehrten Conventualen von Rott: Daniel Molitor, Corbinian Taller, Gregor Müllpacher, Wolfgang Dullinger, Bernard Holzmann, Othmar Pals, Col. Praelisauer, deren Tod sich mit Ausnahme des letztgenannten schon vor 1750 ereignete, die somit hier keine Stelle finden können.

Schrieb:

Oratio de causis corruptionis posteriori aevo apud nostros eloquentiae; habita V. Cal. Aprilis 1775. Aubergae. (Abgedr. in Finauer's Miszellaneen für Schul- und Erziehungswesen in Bayern, I. St. S. 61—104.)

P. Placidus Metsch, geb. zu Wessobrunn 7. Jan. 1700, Profess 15. Nov. 1723, Neomyst 1731; gest. als Senior 19. Juli 1778. Musiker und Componist. (S. Lipowsky, M. Lex. S. 207.)

P. Emmeram von Sutor, geb. zu Tittmanning, ehem. Salzburgisch, 9. Nov. 1759, Profess 15. Okt. 1781, Neomyst 1782, wurde zu Salzburg unter dem berühmten P. Dominikus Beck[1]) in den mathematischen Wissenschaften ausgebildet, in's Kloster zurückgekehrt war er Lehrer derselben Fächer und Vorstand des meteorologischen Observatoriums; † 18. Juli 1787. Ein hoffnungsvoller, leider früh dahingeschiedener Gelehrter. (Besnard, Lit. Ztg. 1834, IV. S. 109—111; Lexikon von Baiern, II. S. 821.)

Schriften:

1) Das Steigen und Fallen des Quecksilbers im Barometer. (Erhielt von der bayr. Akad. der Wissensch. eine Belohnung von sechs Dukaten.) 1783.
2) Astronomische und meteorologische Beobachtungen, zu Rott angestellt. (Manuscript.)

P. Joseph Maria Kerscher, geb. zu Rosenheim 12. Dez. 1742, † 28. Juni 1796. (Besnard, Lit. Ztg. 1827.)

Schrieb:

Auszüge aus Schulbüchern und Schriften von der gemeinen Arithmetik in eine Lehrordnung gebracht. 1796. 8.

P. Johann Bapt. Roth, geb. zu Wasserburg 22. Sept. 1759, Profess 15. Nov. 1782, Neomyst 17. Okt. 1784, † 24. Juli 1801. Ein guter Botaniker, Mineralog und Entomolog. Die Naturaliensammlung des Klosters verdankte ihm die grösste Zahl ihrer Stücke. Zugleich war er ein vollkommener Tonkünstler.

P. Rupert Weigl, Mitglied der Akademie der Wissenschaften zu München, geb. zu München 16. Aug. 1749, Profess 4. Okt. 1767, Neomyst 30. Juni 1773, Professor der Mathematik und Physik im Kloster, gest. als Prior 10. Dez. 1801. Er besorgte die meteorologischen Be-

---

[1]) Er war Capitular des Reichsstiftes Ochsenhausen, † 22. Febr. 1791. Vergl. Baader, Gel. Baiern, S. 82—86.

obachtungen der Station Rott, deren Resultate in den meteorologischen Ephemeriden abgedruckt wurden.

P. Ildephons Ruedorfer, Mitglied der Akademie der Wissenschaften zu München, geb. zu Kitzbichl (Tirol) 3. Jan. 1726, Profess 15. Nov. 1744, Neomyst 12. Okt. 1750. Während er im Kloster Attl den theologischen Studien oblag, verlor er aus unbekannter Ursache grösstentheils sein Gehör. Auf diese Art zu Verrichtungen ausserhalb des Klosters untauglich, wurde er 1757 zum Archivar bestellt, und ordnete das ganze Klosterarchiv. In seinem Alter lernte er noch das Malen. Er begann zuerst Kupferbilder zu illuminiren, dann solche Gegenstände auf ganz einfache Weise auf Glas nachzuahmen, bis er es so weit brachte, dass er auch auf Leinwand mit Oelfarben malen lernte und viele grosse Bilder zu Stand brachte, die theils in den Gastzimmern, theils in den Zellen des Klosters noch zur Zeit der Aufhebung zu sehen waren. † 16. Dez. 1801. (Besnard, Lit. Ztg. 1833, I. S. 249; Westenrieder, Gesch. der Akademie, I. S. 108, 128, 441, 445.)

Schriften:

1) Zuverlässige Nachricht von den alten Erbhofbeamten des berühmten bayerischen Klosters Rot am Inn. (Hist. Abhandl. der Akadem. Bd. II. 1764.)
2) Abhandlung von den Stiftern der fürstlichen Propstei Berchtesgaden. (Das. Bd. III. 1765.)

Manuscripte:

a) Abhandlung über die Stifter des Klosters Rott. (Der bayer. Akad. der Wissensch. eingesandt.)
b) Continuatio chronici Rottensis.

P. Gregor Stangl, geb. zu Neukirchen im Wald 16. Okt. 1768, studirte zu Freising, Profess 25. Okt. 1789, Neomyst 15. Nov. 1791. Sein Abt schickte ihn zur höhern Ausbildung nach Kremsmünster, wo er in der Mathematik und Physik vortreffliche Lehrer hatte. Von dort zurückgekehrt, lehrte er im Kloster Philosophie und Theologie; die letzten vier Jahre seines Lebens war er Professor der Moral und Pastoraltheologie am Lyzeum zu München, wo er am 29. Dez. 1802 starb. Er veröffentlichte eine Rede, betitelt: „Nothwendigkeit einer Reform der katholischen Theologie.“ (S. Fellöcker, Gesch. der Sternwarte der Benediktiner-Abtei Kremsmünster, S. 111; Salat, Einige Züge aus dem Charakter eines würdigen Mannes (G. Stangel's), München 1802, 30 S. 8; Schlichtegroll, Nekrolog der d. Teutschen für das neunzehnte Jahrhundert, II. Bd. S. 123—140.)

P. Magnus Schmid, Mitglied der Akademie der Wissenschaften

zu München, geb. zu Kreuzholzhausen 7. Dez. 1737, Profess 18. Okt. 1759, Neomyst 20. Jan. 1765. Vieljähriger Archivar, der sich um die Geschichte seines Klosters grosse Verdienste erwarb; † 26. Nov. 1803. (Baader, Lex. II, 2, S. 101.)

Schriften:

1) Von den Grafen von Rot, Stiftern der Abtei Rot am Inn. (In Westenrieder's Beiträgen, Bd. I. S. 76—95.)
2) Verschiedene kleine Aufsätze in periodischen Zeitschriften.

Manuscripte:

Abhandlung von Engelbert, ersten Grafen von Wasserburg, und zweiten Stifter der Abtei Attl. (Der Akad. der Wissensch. zu München eingesendet. S. Westenrieder, Gesch. der Akad. II. S. 492. Nun ist dieses Manuscript im Besitze des hist. Vereins von Oberbayern; s. Jahresb. IV. S. 62, Nr. 6.)

P. Aemilian Miller, letzter Abt, geb. zu Hainbichl 20. Mai 1763, Profess 29. Sept. 1784, Neomyst 17. Juni 1787, Professor am akad. Gymnasium zu Salzburg, seit 1795 lehrte er an der Universität Philosophie; zum Abt erwählt 7. Okt. 1801. Nach der Aufhebung seines Klosters zog er nach München, wo er sich mit der Redaktion von gelehrten und politischen Zeitungen befasste; gest. zu München 4. Febr. 1809. (Verzeichniss der akad. Professoren, S. 99.)

Schriften:

1) Einleitung zu den schönen Wissenschaften. Salzburg 1795. 8.
2) Anthologie aus römischen Dichtern zur Theorie der Dichtkunst, I. Theil. Das. 1796. 8.
3) Vorschlag, dem öffentlichen Eide im Staate mehr Zuverlässigkeit zu geben, nebst Sätzen aus der praktischen Philosophie. Das. 1798. 8.
4) De foedere pacifico. (Programma.) Salisb. 1799. 4.

Scheyern.

Scheyern in Oberbayern (Schyra), Erzbisthum München-Freising, bei Pfaffenhofen an der Ilm. Anfänglich gründete Graf Otto III. ein Benediktinerkloster zu Bayerisch-Zell oder Margarethenzell c. 1077. Die ersten Mönche sandte dorthin der selige Wilhelm von Hirsau (in Württemberg). Bald darauf, c. 1096, bat Haziga (Gemahlin Otto's III.) den Abt Erchinbald von Bayerisch-Zell, zu Fischbachau eine neue klösterliche Niederlassung zu gründen, was auch geschah. Aber schon nach sechs Jahren zogen die Mönche von dort wieder weg nach Petersberg oder Eisenhofen. Im Jahre 1113 fasste Graf Otto III. mit noch 14 Mitgliedern des Scheyrischen Hauses den Entschluss, die Stammburg Scheyern in ein Kloster zu Ehren der seligsten Jungfrau umzuwandeln. Man hielt es am angemessensten, die Benediktiner von Petersberg dorthin zu versetzen. Diese bezogen Scheyern 1119. Aufgehoben wurde die Abtei 21. März 1803. König Ludwig I. stellte das Kloster 1838 anfänglich als Propstei wieder her. Seit 1843 ist es wieder eine selbstständige Abtei. Hefner sagt über dieses Kloster: „Scheyern erfreut sich unter den Abteien Bayerns eines vorzüglichen literarischen Rufes." (Literarische Leist. Scheyerns, S. 91.) (Sion, 1838, Nr. 124, S. 985—991; „Athanasia" 1838, Bd. XXIV, Heft 3, S. 59—61; Schematismus des Bisth. Freising, 1839, S. 143—145.)[1])

Literatur:

Bruschius C., Chronologia monasterior. S. 667—679. — Bucelinus, Germ. sacra, II. S. 266—268. — Chronicon sive annales Schirenses a Joh. Aventino perscripti. Biponti 1600. 4. — Conradi philosophi Chronicon originis et fundationis monasterii Scheiern additionibus et notis auctum a Stephano (Reit-

[1]) Ein bleibendes Verdienst hat sich der gegenwärtige Abt und Präses Rupert II. dadurch erworben, dass er die bisher abscheulich verzopfte und vernachlässigte Klosterkirche von innen und aussen stylgerecht und geschmackvoll restaurirt hat.

berger), ejusdem monasterii Abbate. Ingolstadii 1623. Fol. Mit 2 Kupfertafeln. — Eine andere Ausgabe dieses Chronicon besorgte G. Christian Joannis. Argentorati 1716. 4. — Deutinger Dr. M., Aeltere Matrikeln, I, S. 193—195. — Fichtl Fr. X., Versuch einer hist. stat. Beschreibung des k. b. Landger. Pfaffenhofen mit besonderer Berücksichtigung auf Kloster Scheyern. Neuburg 1851. — Hefner J. v., Ueber die literarischen Leistungen des Klosters Scheyern und den Mönch Conradus Philosophus. (Oberbayr. Archiv, II. S. 91—116 und 155—180.) — Desselben, Die Fürstengruft und Fürstenkapelle in Scheyern. (Das. II. S. 181—202.) — Hormayr, sämmtl. Schriften, III. 139. — Hundius, Metropol. Salisb. ed. Monac. III, S. 301—320; ed. Ratisbonens. III. S. 208—221. — Hundt Fr. H., Kloster Scheyern, seine ältesten Aufzeichnungen und Besitzungen. (Abhandl. der k. b. Akadem. der Wissensch. Bd. IX. Abth. 2, 1862.) — Huschberg J. Fr., Aelteste Geschichte des Hauses Scheyern-Wittelsbach. München 1838. 8. — Lang und Blandeau, hist. Nachrichten von allerhand Merkwürdigkeiten. München 1751—1754, Bd. II. S. 87—121. — Leiss, Rupert, das Scheyrer Kreuz, oder Belehrung über den seit 700 Jahren zu Kloster Scheyern aufbewahrten Theil des wahren Kreuzes Christi. Augsburg 1843. — Lexik. von Baiern, III. 268. — Mabillon, Iter germ. ed. Hamburg, S. 53—55. — März Angelus, Abhandlung von dem Kreuz Christi und dessen wunderthätig. Partikel . . . zu Scheyern. Freysing 1770. 8. — Meidinger, Beschreibung, 370—372. — Monum. boic. X. S. 373—600, Reihenfolge der Aebte, 106 Urkunden und Abbildung. — Perz, Archiv, II. 135. — Pez, Thesaur. anecdotor. T. I. diss. isagog. pag. XXVII—XXXI. — Reg. bav. I. 120, 122, 164, 178, 324, 330, II. 178, 376, 416. — Stumpf, Bayern . . . Handbuch, S. 155, mit Abbildung. — Stengelius C., Monasteriologia, I. mit Abbildung. — Sulzbacher Kalend. 1842. — Wenning, Topograph. I. S. 163, mit Abbildung des Klosters. — Zimmermann, churb. geistl. Calend. 1754, S. 175—184. — Ueber die Bibliothek: Aretin, Beiträge 1806, Stück I. S. 100 sq. — Ziegelbauer, Hist. lit. I. 550—554. Pez, l. c. — Ueber die Stifter des Klosters: Koch-Sternfeld, über die Abstammung der Gräfin Haziga († c. 1100), Stifterin der Bened.-Abtei Fischbachau im bayer. Gebirg. München 1863. 8.

Manuscripte: In der Staatsbibliothek:

Cod. germ. 698. — 1629. — 2928 Chronik von Scheiern. — Cod. lat. 1011 Necrologium Schirense. — 1052 Diplomatarium, ad ecclesiam spectantia, nomina abbatum, chronicon. — 1211 Nomina abbatum. — 1328 Chronicon. — 1456, 1457 Necrologium. — 1470 Annales. — 1719 Chronicon. — 1800 Chronicon et series abbatum. — 1805. — 2300 P. Brunonis Feller, mon. Schyrensis Diarium, ab a. 1693—1727, 90 S. 8.

Im hist. Verein von Oberbayern:

Hefner Jos. v., Notizen über Scheyern. (S. XXXI. Jahresb. S. 154.)

Im Kloster Scheyern:

P. Bennonis de Hofstetten, Catalogus abbatum Schyrensium, nec non monachorum ab anno 1456—1803, 84 S. 4. u. desselben, Schyra docta, sive catalogus scriptorum Schyrensium, 56 S. 4. (Beide Manuscripte wurden dem Verfasser vom gegenwärtig regierenden Abte und Präses der bayer. Benediktiner-Congregation, Rupert II., zur Benützung überschickt.) — Grundt und Registratur Puech aller dem Kl. Scheyern gehöriger Güter in der Hofmark Vischbachau und im Landger. Aybling, 2 Bde. Fol. 1636.

Schriftsteller:

P. Johann Ev. Manikor, geb. zu München 5. Aug. 1732, studirte dort, Profess 5. Dez. 1751, erhielt zu Ingolstadt seine theologische Bildung, Neomyst 9. April 1758, Professor der Philosophie zu Freising 1758—1763 und 1765—1768 Pfarrer excurrens von Niederscheyern, Inspektor des Klosterseminars, Director Fr. Fr clericorum; † 4. Mai 1769. Ein gern gehörter Kanzelredner.

Schrieb:

1) Zweyfach in dem Verlurst Mariä gefundener Vortheil, d. i. Lob- und Sittenrede auf das Fest Mariä Himmelfahrt. Freysing 1763, 22 S. 4.
2) Würdige Frucht des allerbesten Baumes, d. i. die hl. Büsserin Magdalena. Eine Lob- und Sittenrede, als dero hohes Fest in dem uralt churbairischen Stamm-Stifft und Kloster Scheyern feyerlichst begangen wurde. Freysing 1762, 25 S. 4.

Manuscripte:

a) Cogitationes circa ss. altaris mysterium ex principiis philosophiae corpuscularíae defendendum. 4.
b) Verschiedene Theaterstücke.

P. Ludwig Alteneder,[1]) geb. zu Braunau 5. Febr. 1702, studirte zu Salzburg, Profess 22. Okt. 1724, Neomyst 13. Okt. 1726, Chorregent, Inspektor des Klosterseminars, Praeses confr. s. s. rosarii, Propst zu Fischbachau 1753—1764; von dort zurückgekehrt, widmete er seine übrigen Tage ganz seinem Lieblingsfache, der Mathematik, worin er auch Unterricht ertheilte. Er verfertigte viele geometrische Instrumente und Sonnenuhren in Metall und Stein. Besonders merkwürdig sind die von ihm angefertigten topographischen Karten der Gegend von Fischbachau, auf denen alle Besitzungen des Klosters mit der grössten Genauigkeit verzeichnet sind. Er starb am Schlagfluss 19. Jan. 1776.

Schrieb:

Rhythmi ad marianam devotionem compositi (s. l. s. a.) 8.

---

[1]) In der Bibliotheca scriptorum O. S. B. wird er irrig Attenεder genannt.

Manuscripte:

a) Ein vollständiges Werk mathematischen Inhaltes mit Handzeichnungen, 2 Bde. Fol.
b) Psaltes monasticus laudans Deum in choro et organo. Fol. (Musikalische Composition.)

P. Corbinian Lambacher, geb. zu Mainburg 23. März 1738, Profess 22. Okt. 1758, Neomyst 14. Okt. 1763, Professor am Lyzeum zu Freising 1765—1767; als solcher zeichnete er sich besonders durch seinen klaren und deutlichen Vortrag aus; Pfarrer zu Scheyern, Propst zu Fischbachau; starb als solcher 25. Dez. 1780.

Schriften:

1) Epitome thesium ex logica deff. D. Haberkorn, Monacensi et D. Schmid, Landishutano. 1766. (Frisingae?)
2) Theses philosophicae def. Mart. Jelmiller Benedictino Schyrensi.

P. Leonhard Holner, geb. zu Freising 3. Sept. 1699, Profess 13. Nov. 1718, Neomyst 8. Sept. 1723, Direktor der Kleriker, Pfarrer zu Fischbachau und Scheyern, durch 24 Jahre Prior. In allen Aemtern erwarb er sich vielseitige Verdienste um sein Kloster, zeichnete sich durch wahre Frömmigkeit, Gelehrsamkeit und vorzügliche Geschicklichkeit in Geschäften aus. Er beschloss sein frommes und bescheidenes Leben im Kloster als Senior der bayer. Benediktiner-Congregation am 2. Febr. 1782. (Kehrein, I. S. 137.)

Schrieb:

Tausend Jahr stehender Alto-Brigittanischer Wunder-Belz-Baum, d. i. erste Lob- und Ehrenrede, gehalten bey hochfeyerlicher Celebrirung des tausendjährigen Saeculi in dem hochlöbl. Brigittaner Ordens-Stift und Kloster Maria Alto-Münster am 27. Aug. 1730. München, 32 S. 4.

Manuscript:

Exhortationes capitulares ab anno 1725—1768. 4.

P. Angelus Maerz, Mitglied der Akademie der Wissenschaften zu München, geb. zu Schlehdorf 14. Okt. (Febr.?) 1731, studirte zu Freising, Profess 16. Nov. 1749, Neomyst 9. Okt. 1757. Die theologische Bildung erhielt er theils im Commun-Studium der Congregation, theils zu Ingolstadt. — Er war in seinem Kloster Professor der Philosophie und Theologie, Inspektor des Klosterseminars, Bibliothekar und Archivar. In diesen Aemtern beschäftigte er sich unermüdlich mit dem Studium der Geschichte und Diplomatik. Mit Gelehrten des In- und

Auslandes stand er in fortwährender Correspondenz. Durch Ueberanstrengung zog er sich ein Augenleiden zu, das ihn ein Auge kostete. Der Abt versetzte ihn, damit er sich etwas erholen sollte, als Propst nach Fischbachau, jedoch gelangte er zu keiner dauerhaften Gesundheit, musste 1783 die Propstei Fischbachau wieder verlassen und starb 3. Febr. 1784 zu Scheyern. (Baader, Lex. II., S. 177—178.)

Schriften:

1) Nicolaus Herpfer ab Herpfenburg honoribus R. D. Joachimi Herpfer ab Herpfenburg O. S. B. antiquissimi ac exempti Monasterii Schyrensis Abbatis in scena exhibitus. Frisingae 1759, 2 Bg. 4.
2) Dissertatio critica, qua libri IV de imitatione Christi Joannis Gerseu Abbatis Vercellensis O. S. Ben. postliminio vindicantur. Frisingae 1760. 8.
3) Angelus contra Michaelem (Kuen)[1], sive Crisis apologetica adversus Joannem Canabaco. Frising. 1761. 8.
4) Crisis in Anticrisin Adolphi de Kempis Can. R. (Michaelem Kuen). Monachii 1761. 8.
5) Kurze Vertheidigung der thätigen Hexerei und Zauberei wider eine dem hl. Kreuz zu Scheyern nachtheilige akademische Rede. Freising 1766. 4. 2te Aufl. 1767, Ingolstadt, 35 S. (S. Lit. des kath. Teutschl. Bd. I. S. 123; Allg. t. Bibliothek, Bd. 24, II. S. 671.)
6) Verantwortung über die von Ferdinand v. Sterzinger bei dem geistl. Rathe zu Freysing wider ihn gestellten Fragen. München 1767. 4. (S. Allg. t. Biblioth. Bd. 24, II. S. 615; Lit. d. kath. Teutschl. Bd. I. S. 130.)
7) David amatus et amans Jonathas, R. D. Joachimo Mon. Schyr. O. S. B. Abbati etc. modulis musicis exhibitus ad diem nominis 1768. Ingolstad. 1768. 4.
8) Kurze, doch gründliche Abhandlung von dem hl. Kreuz Christi und dessen wunderthätigen Partikel, welcher zu Scheyern O. S. Bened. in Oberbayern schon über 600 Jahr mit grosser Andacht verehrt wird. Freysing 1770, 156 S. 8.
9) Abhandlung von dem uralten Benediktinerkloster und nachmaligen weltlichen Chorherrnstift Illmünster. (In den hist. Abhandl. d. Akad. d. Wissensch. Bd. X. S. 307—372. 1776.)
10) De oraculis paganorum epistola ad P. Marianum Pruggberger O. S. B. in Tegernsee (anno?) 4.
11) Frag: Ob die Drückung der Geistlichkeit und Antastung der Gott ge-

[1]) War Propst des regul. Chorherrenstiftes zu den Wengen bei Ulm und berühmt durch die Herausgabe des Werkes: „Collectio scriptorum rerum hist. monasticarum.

heiligten Güter einem Regenten oder Staate einmal nützlich gewesen? wider die baierischen Projektanten beantwortet. 1768 (ohne Druckort). 8.[1])

Manuscripte:

a) Geschichte von Illmünster und des hl. Arsacius. 1770, 99 Bl. Fol. (In der k. Hof- und Staatsbiblioth. zu München, cod. germ. 1781.)

b) Kurze Einleitung über das bei dem pfaffenhofnerischen Ziegelstadl introduzirte Novale ex puncto juris decimandi zwischen Kloster Scheyern und H. Stadtpfarrvikar Pfaffenhofens. (Das. cod. germ. 1781.)[2])

P. Rupert Hauff, geb. zu München 2. März 1730, Profess 24. Nov. 1748, studirte zu Ingolstadt und in dem Commun-Studium, Neomyst 9. Okt. 1757, lehrte Theologie zu Rott am Inn und in seinem Kloster; † 2. Jan. 1792.

Schriften:

1) Der hl. Kreutzbaum der allerschönste Mayenbaum. Freysing 1762. 4.
2) Der Honigfliessende Lehrer sein selbst eigener Lobredner, oder dreyfaches Lob Bernardi. Predigt, gehalten am 20. Aug. 1767 im Kloster Fürstenfeld. München 1768, 32 S. 4.
3) Trauerrede auf die hochw. Frau Generosa, Abtissin zu Geissenfeld. Ingolstadt 1768, 5 Bg. Fol.

P. Conrad Muckensturm, geb. zu Wald 15. Febr. 1739, studirte zu Reichenbach und Regensburg, Profess 22. Okt. 1758, Neomyst 14. Okt. 1764, erhielt zu Ingolstadt unter Ickstadt seine höhere Ausbildung in der Rechtswissenschaft, Professor der inferiora zu Freising 1770—1776, dann von 1776—1781 ebendaselbst Professor des Kirchenrechtes, Prior 1786—1793, Subprior 1793, starb als solcher 30. Aug. 1799. Seit 1788 war er Historiograph der bayr. Benediktiner-Congregation für die in Oberbayern gelegenen Abteien.[3])

---

[1]) Von dieser anonymen Schrift wurden nur drei Bogen gedruckt; der Druck des Uebrigen wurde eingestellt und strengstens verboten.

[2]) Am 17. Dez. 1791 starb P. Joachim Klauber, Conv. von Scheyern, geb. zu Augsburg 9. Sept. 1737, Profess 13. Nov. 1757, Neomyst 29. Sept. 1761, der im Manuscript hinterliess: Varii actus virtutum, textus s scripturae, preces et suspiria tempore infirmitatis seu pro praeparatione ad bonam mortem adhibenda. 1788. 134 S. 4.

[3]) Gewöhnlich wurden von der Congregation zur Herstellung der Annalen vier Conventualen bestimmt. Zwei mussten die Ereignisse der in Oberbayern, zwei die Ereignisse der in Niederbayern gelegenen Abteien niederschreiben, damit der Stoff desto leichter bewältigt werden könnte.

Schriften:

1) Rara amicorum pietas in dramate scholastico a poësi episcop. Lycei Frisingensis exhibita. 1773. Frisingae 1773, 18 S. 4.
2) Epinicion cum Roma Frisingam rediret episcopus Ludovicus Josephus ex L. B. de Welden. Frising. 1776. 4.
3) Trauerrede auf Gregorius, Propst des regul. Chorherrnstiftes Indersdorf. Freising 1780, 18 S. Fol.
4) Trauerrede auf Maria Aloysia Walburga Freyin von Asch, Abtissin zu Geissenfeld, Ingolstadt 1784, $4^{1}/_{2}$ Bg. Fol.

P. Frobenius Hibler, geb. zu Forstenried 8. April 1752, Profess 10. Okt. 1773, Neomyst 16. Juni 1777, Professor am Lyzeum zu Amberg 1781—1786, Bibliothekar im Kloster; starb dort 12. Okt. 1803.

Manuscript:

Commentar über die Mathese des P. la Calle. (Gieng verloren.)

P. Martin Jelmiller (Jelmüller), letzter Abt, geb. zu Augsburg 10. Dez. 1747, studirte bei den Jesuiten zu Augsburg, Profess 21. Okt. 1764, Neomyst 6. Okt. 1771, erhielt seine Bildung zu Freising und am Commun-Studium der Congregation, das aber, bevor er den theolog. Cursus beendet hatte, aufhörte. Der Sitz derselben war zuletzt in Benediktbeuern. Der Abt schickte ihn zur Vollendung seiner Studien nach Michelfeld. Zu St. Emmeram in Regensburg hörte er orientalische Sprachen unter P. Carl Lancelot. Nach Aufhebung der Gesellschaft Jesu erhielt Jelmiller einen Ruf nach Ingolstadt, um die Lehrkanzel der Exegese und orientalischen Sprachen zu übernehmen. Er zog es jedoch vor, in Scheyern zu bleiben, und dort das Lehramt der Theologie zu übernehmen. Er war auch Subprior und Direktor der Kleriker. Von 1783—1792 war er Novizenmeister der Benediktiner-Congregation. Am 13. Mai 1793 wurde er fast einstimmig zum Abt erwählt, wozu 1794 die Würde eines ausserordentlichen Visitators der Congregation kam. Er stand seiner Abtei bis zur Auflösung rühmlich vor, beförderte unter seinen Religiosen die Wissenschaften und lehrte selbst, obschon Abt geworden, die orientalischen Sprachen. Das Armarium physicum wurde neu eingerichtet, die Bibliothek mit guten Werken bereichert und nichts versäumt, was immer zur Hebung des wissenschaftlichen Strebens beitragen konnte. Hiemit verband er eine seltene Herzensgüte und ungeheuchelte Herablassung, welche ihm die allgemeine Liebe und Verehrung seiner Conventualen erwarb. Gegen Arme war er so freigebig, dass er oft selbst am Nothwendigen für seine Person Mangel litt. Er starb tief betrauert zu Scheyern an der Brustwassersucht 10. Sept. 1807.

Schriften:

1) Fasciculus precum excerptus ex novissimo breviario congregat. S. Vitoni et Hydulphi. Tegernsee 1787, 165 S. 12.
2) Die Würde des Priesterthums, die erhabenste und schrecklichste Würde, Predigt bei der Primiz des P. Ed. Hochholzer von Andechs 30. Sept. 1787. 46 S. 8.
3) Trauerrede auf Abt Dominikus I. von Attl, 23. März 1789. Tegernsee 1789, 5 ½ Bg. Fol.

Manuscripte:

a) Compendium grammaticae hebraicae et chaldaicae, juxta P. Guarin. 4.
b) Compendium tyrocinii benedictini.
c) Spicilegium Anecdotorum Annalium Schyrensium, seu continuatio chronic. Schyrensis ad moderna usque tempora. Fol.
d) Epitome meditationum in singulos menses et singulos anni dies, examina particularia etc. etc.

P. Otto Enhueber[1]), geb. zu Nabburg 17. Nov. 1738, Profess 5. Okt. 1760, Neomyst 28. Okt. 1764, Pfarrer zu Fischbachau und Niederscheyern, Inspektor des Klosterseminars, zweimal Prior, dann Subprior; gest. zu Euernbach bei Scheyern 19. Juli 1808. Er besass ausgebreitete Kenntnisse im physikalischen Fache.

Schrieb:

Witterungsbeobachtungen der Station Scheyern während zehn Jahren. 1797—1798, 3 Stücke. 4. (Von ihm selbst im Kloster mit einer Handpresse gedruckt.)

P. Benno von Hofstetten, geb. zu Straubing 27. Febr. 1731, Profess 16. Nov. 1749, Neomyst 1. Jan. 1758, Propst zu Fischbachau, Administrator des Jesuiten-Collegiums zu Ingolstadt (nach der Aufhebung des Ordens). Nach der Säkularisation providirte er einige Zeit ein Benefizium zu Leyerndorf (Bisth. Regensburg), zog sich aber dann nach Wolfrathshausen zurück, wo er als Pensionist am 10. Juli 1813 starb. Er war ein um die Geschichte seines Stiftes hochverdienter Mann, namentlich dadurch, dass er sich der Mühe unterzog, die literarischen Leistungen der Religiosen von Scheyern, von den ältesten Zeiten an, zu verzeichnen. (S. Felder, Lit. Ztg. 1823, III. S. 280—281.)

Manuscripte:

1) Schyra docta sive Catalogus Scriptorum Schyrensium aliorumque Monachorum, qui cum domi, tum foris doctrina atque eruditionis laude prae caeteris eminuerunt. 56 S. 4. (Biblioth. zu Scheyern.)

[1]) Bruder des P. Johann Bapt. zu St. Emmeram.

2) Succincta recensio Abbatum Schyrensium. (Das.)
3) Catalogus monachorum Schyrensium ab anno 1456—1803. 84 S. 4. (Das.)
4) De Conrado Philosopho, monacho Schyrensi ejusque scriptis.
5) Memorabilia ex chartis autographis P. Aegidii Ranpeck, professo Schyrensi J. U. D.

P. Lucas (Andreas) Biderer, geb. zu Sinzing 13. Nov. 1757, Profess 12. Okt. 1783, Neomyst 9. Okt. 1785, Professor zu Freising 1786—1791, dann zu Amberg 1791—1800; wurde nach Aufhebung seines Klosters Pfarrer zu Kapfelberg 3. Dez. 1812, starb daselbst 4. Nov. 1817.

Schriften:

1) Jolas Metamorphos, Cantate bei der feyerl. Erneuerung der 50jährig. Ordensprofession des Hochw. Abtes Michael von Scheyern. Freising 1788, 1 Bg. 4.
2) Gegenstände der öffentl. Prüfung der II. Rhetorik aus den Vorlesungen über Rede- und Dichtkunst. Freising 1798, 20 S. 8.
3) Symbolische Vorstellungen und Aufschriften, mit welchen bei den feyerl. Exequien des Churfürst. Karl Theodor . . . das löbl. St. Martins-Gotteshaus zu Amberg geziert war. Amberg 1799, 12 S. 4. (Von Biderer entworfen.)
4) Er arbeitete längere Zeit an einem Werke über die schönen Wissenschaften und Künste; ob es wirklich im Drucke erschien, kann der Verfasser nicht sagen.[1])

P. Coelestin Zacherl, geb. zu Kelheim 30. März 1776, Profess 14. Mai 1797, Neomyst 2. April 1799, Archivar, nach der Aufhebung des Klosters Pfarrer zu Neukirchen bei Miesbach, wo er am 9. Okt. 1826 starb. (Besnard, Lit. Ztg. 1834, IV. S. 330.)

Schrieb:

Das Wiederaufleben der Kirchweihfeste, Feiertage, Kreutz- und Wallfahrtsgänge in Baiern. Münch. 1814. 8.

Manuscript:

Materialien zu einer bayer. Gelehrtengeschichte.

P. Gabriel Knogler, Dr. phil., geb. 1. Jan. 1759 zu Pfaffenhofen, Profess 12. Okt. 1777, wurde zur Ausbildung an die Universität nach Ingolstadt geschickt und las 11. Mai 1783 die erste Messe.

---

[1]) Es steht nicht in dem Bücherlexikon von Kayser.

Anfangs wurde er als Cooperator zu Scheyern verwendet, kam aber bald (1784) als Professor nach Freising. 1786 wurde er Professor der Mathematik und Physik zu Amberg, 1792 in derselben Eigenschaft zu Neuburg a. d. D., 1794 Universitätsprofessor zu Ingolstadt, wo er Mathematik, und nach dem Abgange des P. Plac. Heinrich auch Physik vortrug, bis Weber aus Dilingen (1799) dieses Fach übernahm. Rector magnificus war er 1798—1799. Bei der Verlegung der Universität von Ingolstadt nach Landshut zog er dahin als Professor der Meteorologie, der höheren Mathematik, der physisch-mathematischen Geographie und Astronomie, und leitete daselbst zugleich auf Befehl der geheimen Universitäts-Curatel den Bau des neuen Universitäts-Gebäudes. Im Jahre 1805 erhielt er zur Belohnung seiner Verdienste die Pfarrei Schatzhofen bei Landshut, mit Beibehaltung seines Gehaltes als Professor (1700 fl.), bis er im Sommer 1806 auf die obere Stadtpfarre zu Ingolstadt befördert wurde. Er legte seine Professur mit Ende des Sommersemesters 1806 nieder und zog auf seine Pfarrei nach Ingolstadt. Am 31. Juli 1809 wurde er Stadtpfarrer zu Wemding, wo er am 5. März 1838 starb. (Baader, Gel. Baiern, S. 600; Felder, Lex. I, S. 396; Permaneder, Annales, S. 80, 145, 152, 168, 179, 199, 203, 223, 230, 262, 266—267, 276, 303, 445; Nekrolog der Deutschen Bd. XVI. 1. Thl. S. 294.)

Schriften:

1) Elemente der angewandten Mathematik. Ingolstadt 1796. 8. (Mit Kupfern.)
2) Die Meteorologie zum Gebrauch seiner Vorlesungen. Landshut 1802. 8.

P. Maurus (Aloys)[1]) Harter, Dr. philos. Er wurde geboren zu Aichach 4. April 1777. Der Priester Himmel ertheilte ihm den ersten lateinischen Unterricht und brachte ihn an die Studienanstalt nach Augsburg. Als 19jähriger Jüngling bewarb er sich um die Aufnahme in den Benediktinerorden und erhielt sie im Jahre 1796. Das Noviziat bestand er zu Rott unter Leitung des P. A. Jais, den er nie genug rühmen konnte. Am 13. Mai 1789 machte er Profess, und feierte 26. April 1801 in Augsburg seine Primiz.[2]) Er suchte nun als Adjunkt des Bibliothekars die aus c. 6000 Bänden bestehende Biblio-

[1]) Aloys war sein Taufname; er schrieb aber fast immer nur seinen Klosternamen (Maurus).

[2]) Harter erzählte einem vertrauten Freunde (Dr. A. Ruland) wenige Wochen vor seinem Ende mit Thränen der Rührung, dass seine Mutter auf ihrem Sterbbette ihn aus Scheyern habe zu sich rufen lassen, um ihre zeitlichen Angelegenheiten noch zu ordnen. Da sprach dieselbe sterbend: „Maurus, Er ist im Kloster und ist versorgt, Ihm vermache ich nichts. Aber ein Andenken gebe ich Ihm doch. Hierauf

thek von Scheyern, in der sich noch mehrere Codices von der Hand des berühmten Conradus Philosophus befanden, gehörig zu ordnen. Unter den Handschriften (jetzt sämmtlich in der Staatsbibliothek zu München) befand sich auch die „Scholastica historica Petri Comestoris", welche einst der berühmte Joh. Mabillon in Scheyern sah und in dem „Iter germanicum" (Editio Fabricii 1717, pag. 54) mit den Worten beschreibt: Deinde in secundo folio picta musica, et in tertio astronomia exhibetur, adjunctam habens a dextris Ptolomaei effigiem, sidera contemplantis ope instrumenti longioris, quod instar tubi optici quatuor ductus habentis, concinnatum est, et in fronte hujus libri conspicitur." Durch dieses Bild des dreizehnten Jahrhunderts wird bekanntlich eine Controverse über das Alter schiebbarer Fernröhre entschieden. Eben dieser Codex nebst dem Bilde sollte bei der Säkularisation über Harter's Lebensbestimmung entscheiden. Er hatte die Scheyrer Bibliothek zur Hälfte geordnet, als das Kloster (21. März 1803) aufgehoben wurde. Als die zur Auswahl der Klosterbibliotheken ernannte Commission, der Staatsbibliothekar v. Aretin im Interesse der Staatsbibliothek zu München, und Prälat Paulus Hupfauer (von Beuerberg) im Interesse der Universitätsbibliothek zu Landshut nach Scheyern kamen, führte sie der junge P. Maurus mit blutendem Herzen in der bald zu zerstreuenden Klosterbibliothek umher, zeigte hiebei auch obigen Codex vor, und machte sie auf Mabillon's Untersuchung aufmerksam. Sogleich fragte man ihn, ob er nicht Lust habe, sich bei Einrichtung der Universitätsbibliothek in Landshut verwenden zu lassen. Harter, damals erst 26 Jahre zählend, sagte ungesäumt zu und bezog im November 1803 die Universität Landshut, theils, um noch einige philosophische und theologische Vorträge nachzuholen, theils, um in der Bibliothek, der damals Paul Hupfauer vorstand, zu arbeiten. Er wurde in das für die Bibliothek bestimmte Dominikanerkloster zugelassen, wo er 42,000, den Klöstern entnommene Bände aufgeschichtet fand, bei deren Bearbeitung er sich so auszeichnete, dass er schon am 15. Febr. 1804 zum Scriptor, und dann zum Custos der Bibliothek ernannt wurde mit einer Zulage von 300 fl. zu seiner Klosterpension und freier Wohnung. Vorzüglich war die nach Panzer's Annalen bethätigte Aufstellung der Incunabeln sein Werk. Gleiches Wohlwollen schenkte ihm, nachdem Hupfauer am 14. Juni 1808 gestorben war, dessen Nachfolger, der Oberbibliothekar Dr. J. Siebenkees. Unter der Direktion desselben wurde Harter's Gehalt vermehrt, indessen ihm die philosophische Fakultät in Würdigung

---

liess sie aus dem Schrank ein Taschentuch sorgfältig aufbewahrt, herausnehmen, reicht es dem Sohne dar und sprach: „Da nimm Er das Taschentuch. In ihm habe ich die Freudenthränen bei seiner ersten hl. Messe geweint."

seiner Verdienste 1816 den philosophischen Doctorgrad verlieh. Zwei Jahre später machte er Geschäftsreisen, um die berühmtestan Bibliotheken Deutschlands kennen zu lernen, stets unermüdet, thätig und wahrhaft glühend für das Beste seiner Bibliothek. Die Universität Landshut wie die Regierung wussten seine Verdienste zu ehren, und so ward er denn 1823 mit erhöhtem Gehalte zum zweiten Universitätsbibliothekar ernannt. Am 3. Okt. 1826 dekretirte König Ludwig die Transferirung der Universität Ingolstadt-Landshut nach München. Auch Siebenkees, damals bereits 50 Jahre im Lehramte, war nach München als Oberbibliothekar berufen worden, konnte sich jedoch nicht mehr entschliessen, in seinem hohen Alter dahin zu übersiedeln, sondern trat in den Ruhestand (1826). Von nun an war Harter der Sache nach der einzige Bibliothekar der Universität; zwar erhielten sich Titel und Gerechtsame eines Oberbibliothekars fort, indem sie an Professoren übertragen wurden. Die Translokation der Bibliothek nach München führte Harter mit solcher Geschicklichkeit durch, dass ihre Wiederaufstellung zu München in den Räumen des ehem. Jesuitencollegiums in wenigen Wochen vollendet, und die Benützung derselben alsbald wieder möglich war. Der Eifer, mit welchem Harter für seine Bibliothek arbeitete, erstreckte sich auch auf die numismatische Sammlung der Münchner Hochschule. Eines seiner grössten Verdienste war die Auffindung des Gronovischen Briefwechsels, der in Augsburg, wohin er 1785 von Leiden aus um 500 holländische Gulden verkauft worden war, Jahrzehnte lang verborgen lag, bis ihn Harter entdeckte und für die Universitätsbibliothek um ein Spottgeld erwarb. Noch einmal sollte, als die Universität ihre jetzigen Räume erhielt, Harter die ganze Büchersammlung in ein neues Lokal transferiren. Auch diese abermalige Uebersetzung wurde auf das Schnellste beendet. So konnte man wahrhaft sagen, dass Harter das stets ordnende Princip der Bibliothek blieb, immer rege, immer voll Leben, immer, selbst im Jahre 1848 derselbe Büchermonarch, zumal, da seit 1847, wo Döllinger als Oberbibliothekar quieszirt worden war, diese Stelle bis 1849 unbesetzt blieb. Harter erhielt am 16. Mai 1849 seine ehrenvolle Entlassung aus dem aktiven Amte. Das Regierungsblatt sagt: „Seinem Ansuchen entsprechend unter Anerkennung seiner vieljährigen, treu und mit Auszeichnung geleisteten Dienste lasse ihn der König in den wohlverdienten Ruhestand treten.“ Als er seine Bibliothek, die er länger als ein Menschenalter fast täglich besucht, verliess, verlangte er von der Emmittirungskommission nichts, als ein Andenken an die Bibliothek, bestehend in einem doppelt vorhandenen Werke: Sylloge epistolarum Petri Burmanni, Leidae 1727. 5 Vol. Man überliess es ihm willig. — Von nun an pflegte er um so sorgfältiger seine eigene Bibliothek, die sehr reich an Werken der Literaturgeschichte war, sowie seine ausgewählte Münzsammlung, und lebte seinen Büchern, Münzen und seinen Freunden, die durch die unerwartete Nachricht seines Todes tief erschüttert wurden. Er starb in der Nacht vom 11. auf den 12. August 1852 am Schlage.[1]) Harter erwarb sich auch durch die Anlegung einer Sammlung von Autographen gelehrter Zeitgenossen ein Verdienst. Diese Sammlung ist im Besitz des hist. Vereins von Oberbayern und erhält fortwährend Zuwachs. Das Verzeichniss der von Harter gesammelten Autographen steht im fünfzehnten Jahresbericht des hist. Vereins von Oberbayern, S. 70—73.

---

[1]) Harter war als Mensch ein edler Charakter, ehrlich, wohlmeinend, theilnehmend, dabei aber etwas heftigen Temperaments, dassich in seinem ganzen Wesen und dem immer noch jugendlichen Aussehen des hochbejahrten Mannes kund gab. Lebhaft nahm er Theil an der Zeit und allen ihren Erscheinungen, und weit entfernt, den Erfindungen und Bestrebungen der Neuzeit abgeneigt zu sein, war er vielmehr für manche derselben mit einem Enthusiasmus begeistert, den man selten bei Greisen findet. So fand sich nicht leicht ein grösserer Enthusiast für Eisenbahnbauten, als der alte Harter, die er nicht nur pries, sondern auch sich zu Nutzen machte. Noch zwei Jahre vor seinem Tode unternahm er eine Reise nach Italien. Harter war aber auch zugleich ein höchst moralischer Mann und eifriger Priester, der nie vergass, dass er die Ordensgelübde abgelegt, und strenge Sittlichkeit angelobt hatte. Immer dankbar zeigte er sich gegen sein Kloster Scheyern, zu dessen Restauration er nach Kräften Beiträge leistete, und demselben seine bedeutende Bibliothek vermachte, nachdem er schon im Leben einen grossen Theil derselben dorthin geschenkt hatte. — Nie unterliess er sein Breviergebet. Im Brevlarium erkannte er, der Kenner so vieler vortrefflicher Werke, ein seiner Ansicht nach höchst kunstreich zusammengesetztes Werk, dem er den Vorzug vor jedem andern aszetischen Werke oder Andachtsbuche gab. Nie unterliess er, dem Altare pflichtmässig zu dienen, und erlebte die Freude, am 6. April 1851 in der schön geschmückten Ludwigskirche zu München seine Jubelmesse feiern zu können. Als Bibliothekar war Harter nicht so fast ein tiefer Gelehrter (er machte kein Geheimniss, dass er in der Handschriftenkunde weniger zu Hause sei), als vielmehr ein ausgezeichneter Bücherkenner, der sich, was am Bibliothekdienste immer die Hauptsache ist, in seiner Universitätsbibliothek durch und durch auskannte, und so im Stande war, Männer des verschiedensten Berufes, wie z. B. Savigny, Mittermaier, Möhler und Andere auf Dinge aufmerksam zu machen, welche von solchen ausgezeichneten Gelehrten alsbald dazu benützt wurden, der Wissenschaft wesentliche Dienste zu leisten. Bezüglich der Benützung der Bibliothek war Harter sehr liberal, aber doch in einer gewissen Beziehung strenge. Bereitwillig, freundlich und zuvorkommend unterstützte er jedes ernste Studium, aber nichts konnte ihn mehr empören, als unnütze oder bloss auf Zeitvertreib gerichtete Leserei. Harter's Verdienste um die Bibliothek der Münchner Hochschule wird dieselbe stets um so dankbarer anerkennen, je seltener Männer gefunden werden, die mit solcher Liebe und solchem Eifer an ein und demselben einmal liebgewonnenen Institute ausharren, und demselben jede andere auch noch so glänzende Existenz vorziehen. — (Entnommen aus dem Nekrologe über Harter, den Dr. A. Ruland in der: „Akademischen Monatsschrift (Deutsche Universitätszeitung) 1853, Jahrgang V. Februarheft, S. 64—71, veröffentlicht hat. Vergl. Permaneder, Annales, S. 243, 247, 295, 352, 360, 400, 478.

Schriften:

1) Kurzgefasste Nachrichten von der Universitätsbibliothek zu München. (In dem von Dr. Spengel herausgegebenen Almanach der Ludwig-Maximilians-Universität. München 1828, S. 67—85.)
2) Joa. Frider. Gronovii Epistolae XXXVII ad filium suum Jacobum nondum editae cum notis. Landishuti 1835. 8. (Mit Recht hielt Harter sehr viel auf die sogenannten Epistolographen, die heute zu sehr vernachlässigt werden.)

Manuscripte:

a) Geschichte der Münchner Universitäts-Bibliothek.
a) Literatur der Numismatik.
c) Abhandlung über verschiedene gewaltsame Todesarten unvorsichtiger Bibliothekare.
d) Notizen über die Glockengewichte in verschiedenen Kirchen und Höhenmasse mehrerer Kirchthürme (namentlich in München), 18 Bl.
e) Alphabetisches Notizbuch bibliographischen und literarischen Inhaltes, 182 Bl. 8. (Die Manuscripte d und e befinden sich im hist. Verein von Oberbayern.)

P. Hieronymus Scheiffele, geb. zu Stadtbergen (bei Augsburg) 20. Nov. 1769, Profess 30. Jan. 1791, Neomyst 29. Sept. 1795, Cooperator zu Fischbachau 1797—1798; kam 1801 an die Universität nach Landshut, um sich in den theologischen Fächern noch auszubilden, wo er bis zum Jahre 1803 blieb. Er erhielt 1803 von der Regierung eine Anstellung als Professor der Rhetorik und Religionslehre zu Passau, dann zu Amberg und kurze Zeit zu Bamberg. Am 2. Nov. 1823 erhielt er die untere Stadtpfarre zu Ingolstadt. Er starb zu Regensburg im Dezember 1853.

Schriften:

1) Rede und Gebeth in der Wallon'schen Kirche zu Amsterdam über die gegenwärtige Revolution, vorgetragen von H. Bullier. Aus dem Französischen. Augsburg 1793. 8.
2) Sousi, das Muster junger Leute, aus dem Französischen des Proyart. München 1797. 8.
3) Friedensfestpredigt, gehalten zu Kloster Scheyern. München 1801. 8.
4) Ermunterungen zum Fleisse in Lesung der Alten. Eine Rede. Passau 1804, 2 Bg. 8.
5) Vom beständigen Cölibate, eine vollständige hist. moralische Abhandlung eines alten Theologen mit seinen und neuern Anmerkungen, den Zeitumständen gemäss durchflochten. Nebst einer Adresse an Dalberg. Rom und Paris (Straubing) 1805. 8.
6) Gottes Wort und des Menschen Herz. Landshut 1832. 8. (Pred.)

7) Worte der Liebe und des Andenkens, am Grabe des Stadt-Schulinspektors Kraus. Landshut 1832.
8) Erinnerungen an die Alpen. 1 Hft. Stuttgart. [1])

P. Thaddaeus Siber, Dr. philos., Mitglied der Akademie der Wissenschaften zu München und der naturwissenschaftl.-medizinischen Gesellschaft zu Erlangen, geb. zu Schrobenhausen 9. Sept. 1774, studirte zu Scheyern und Augsburg, trat 1791 in den Orden, legte 8. Sept. 1795 Profess ab und wurde Neomyst 4. Juli 1797. Im Frühjahr 1798 kam er als Cooperator nach Fischbachau, und blieb dort bis Febr. 1799. Abt Martin schickte ihn hierauf nach Ingolstadt, damit er sich in den mathematisch-physikalischen Fächern ausbilde. Er war von 1801—1803 Professor am Lyzeum zu Freising, 1803—1810 Professor der höhern Mathematik und Physik am Lyzeum zu Passau, vom Jahre 1807 an verwaltete er auch das Rektorat. Er wurde 1810 Professor der Physik und Chemie am kgl. Lyzeum zu München, 1826 Conservator der physikalischen Apparate des Staates, 3. Okt. 1826 ordentl. öffentl. Professor der Mathematik und Naturwissenschaft an der Universität zu München, Rector magnificus 1834/35 und 1839/40. — Jubilar 1847. Mehr als 20 Jahre war er ein eifriges Mitglied des Senates und öfters Dekan der philosophischen Fakultät. Mit dem Schuljahre 1851/52 beschloss er seine 51jährige Wirksamkeit als Professor. Obschon vom Lehrstuhl selbst entfernt, blieb er doch noch immer mit der Universität in Verband und nahm an den Prüfungen fortwährend bis in sein 80. Lebensjahr thätigen Antheil. Er starb zu München 30. März 1854, und war der letzte Benediktiner von Scheyern in der ältern Zeit. (S. Allgem. Zeitung 1854, Nr. 229 Beilage; Permaneder, Annales, S. 182, 420, 444—455.)

Schriften:

1) Leitfaden zu den Vorlesungen über Naturlehre und angewandte Mathemathik, 3 Bde. Passau 1805. 8. Neue Aufl. mit dem Titel: „Anfangsgründe der Physik und angewandten Mathematik. Landshut 1815. 3te Aufl. Das. 1828.
2) Theorie des mathematisch Unendlichen nach Schulz und Bendavid. Passau 1808. 8.
3) Rede an Professor Raab's Grab. München 1812.
4) Anfangsgründe der Algebra, Geometrie und Trigonometrie mit Kupfern. Landshut 1819. 8. 2te Aufl. 1826.
5) Leben und Lehrmeinungen berühmter Physiker am Ende des sechszehnten und am Anfange des siebenzehnten Jahrhunderts, 7 Hfte. Herausgegeben im Verein mit P. A. Th. Rixner.)

---

[1]) Ich zweifle ob von diesem Scheiffele.

1. Hft. Theophrastus Paracelsus. Sulzbach 1819. 2te Aufl. 1829.
2. „ Hieronymus Cardanus. 1820.
3. „ Bernardin Telesius. 1820.
4. „ Franz Patritius. 1823.
5. „ Jordan Bruno. 1825.
6. „ Thomas Campanella. 1826.
7. „ Joh. Bapt. v. Helmont. 1826.

6) Anfangsgründe der höhern Mathematik mit lithograph. Zeichnungen. Sulzbach 1826.
7) Grundlinien der Experimentalphysik, 2 Atheilungen. München 1834 und 1837. 2te Aufl. 1845.
8) Gedächtnissrede auf den verstorb. k. Oberbergrath Jos. v. Baader. München 1836. 4.
9) Gedächtnissrede auf den Professor der Philosophie an der k. Ludw.-Max.-Universität A. Florian Meilinger (o. O.) 1837.
10) Rede an die Studirenden der L.-M.-Univ. zu München. Münch. 1838. 4.

In den Abhandlungen der k. b. Akademie der Wissenschaften:

11) Tagebuch und graphische Darstellung der Barometer- und Thermometer-Beobachtungen in München. (Bd. X. 1829/30.)

In Kastner's Archiv:

12) Ueber den Winter 1829/30 in München aus angestellten Beobachtungen vom Nov. 1829 bis März 1830. (Bd. XIX.)
13) Auszug aus dem meteorologischen Tagebuch v. J. 1830. (Bd. XX.)
14) Verfolg und Wirkung eines in München beobachteten merkwürdigen Blitzschlages. (Bd. XXII.)
15) Fragmente zu einer Geschichte der Meteorologie. (Bd. XXII, XXIII, XXIV, XXV.)
16) Resultate aus den auf dem hohen Peissenberg von 1781—1795 und 1800—1809 angestellten Barometer- und Thermometer-Beobachtungen. (Bd. XXII.)
17) Resultate aus den S. Haberl'schen Beobachtungen des Quinquenniums, 1825—1829.

In den gelehrten Anzeigen:

18) Resultate aus den Beobachtungen des Barometers und Thermometers im J. 1835. (Bd. II.)
19) Resultate und Beobachtungen etc. aus dem J. 1836. (Bd. IV.) Aus dem J. 1837. (Bd. VII.)
20) Nachrichten und Auszüge aus Abhandlungen physikal. Inhalts in J. C. Poggendorff's Annalen der Physik. (Bd. X, XI, XII, XIII, XIV.)

In den bayerischen Annalen:

21) Resultate aus 25jährigen meteorologischen Beobachtungen des H. Obermedizinalrathes v. Haberl. (1832, Nr. 20—36.)

22) Beiträge zur Geschichte der Meteorologie des sechsten und siebenten Jahrhunderts (Isidorus Hispalensis), 1832, Nr. 64. Beiträge zur Geschichte u. s. w. des achten Jahrhunderts (Beda venerabilis), 1833, Nr. 2. Beiträge zur Geschichte u. s. w. des neunten Jahrhunderts (Abogard), 1833, Nr. 7.

Nach der Restauration des Klosters:

P. Rupert Leiss, erster Abt des wiederhergestellten Stiftes, geb. zu Kelheim 26. Febr. 1795, begann mit 15 Jahren seine Studien, nachdem er bis dahin seinem Vater, der ein Webermeister war, in seinem Geschäfte behilflich gewesen. Seine theologische Ausbildung erhielt er zu Landshut und Regensburg; Priester 16. Aug. 1819, primizirte 12. Sept. und wirkte als Cooperator zu Mening bei Vohburg, zu Kösching und Altheim bei Landshut (Bisth. Regensburg). Da um diese Zeit der durch seine Erbauungsschriften bekannte Simon Buchfelner die Gründung eines Wallfahrtspriesterhauses zu Altötting betrieb, fühlte sich Leiss gedrängt, ihm beizutreten. Er wirkte dort 1827—1833. 29. Juni 1833 nahm er das Ordenskleid im wiederhergestellten Kloster Metten und machte 2. Juli 1833 Profess. — Er war Pfarrer der dem Kloster überwiesenen Pfarrei Edenstetten 1833—1835; — Professor am Gymnasium zu St. Stephan in Augsburg 1835/36; kehrte wieder nach Metten zurück und wurde dort nach der freiwilligen Resignation des P. Ildephons Nebauer erster (kanonisch erwählter) Prior 11. Jan. 1837; Nach Restauration des Klosters Scheyern dessen erster Propst 25. Sept. 1838. Zum ersten Abt von Scheyern von König Ludwig ernannt 18. März 1842, wurde er benedizirt 24. Sept. 1843. — Der Convent, dessen Leitung er nun übernommen, zählte mit den Priesternovizen 14 Mitglieder. Alle waren dem innern, von Gott kommenden Rufe gefolgt, Alle hatten nach längerer Prüfung und mitunter in heissen Kämpfen sich von ihrer frühern Stellung losgerissen, Alle hatten in den Klosterräumen ihre zweite Heimath gefunden, Alle hingen mit Ehrfurcht und Liebe an dem gemeinsamen Vater und Führer. Er war ihr Vorbild und Lehrer. Darum ist es ihm gelungen, in eine Klostergemeinde, die aus so ganz verschiedenen Elementen sich sammelte, eine solche Zucht und Ordnung herzustellen, Alle in solcher Harmonie zu vereinigen, dass einem jeden Fremdlinge wohl ward, wenn er die Stufen der Pforte betreten und diese sich ihm geöffnet hatte. Ausgezeichnete Verdienste erwarb sich der Abt mit seinen Conventualen durch die Gründung und Erhaltung des Seminars. Der Zudrang der Studirenden aus allen Gegenden und den verschiedensten Ständen mehrte sich von Jahr zu Jahr. Die Grafen Butler von Haimhausen und von Sprety-Weilbach sendeten ihre Söhne nach Scheyern. — Noch gegenwärtig hat diese Anstalt in Bayern einen guten Klang, indem die Knaben trefflich unterrichtet und christlich erzogen werden. Sie zeichnen sich vor andern Studirenden aus durch ein freundliches offenes Wesen und ungeheuchelte Frömmigkeit. Abt Rupert starb 12. Nov. 1872 an marasmus senilis. (Eine ausführliche Biographie s. im Schematismus der Geistlichkeit des Erzbisthums München-Freising, 1873, S. 312—321; Jahresbericht des hist. Vereins von Oberbayern 1871/72, S. 179—181.)

Schriften:

1) Die wunderbare Erscheinung eines Kreuzes zu Migné im J. 1826. Augsburg 1842.
2) Das Scheyrer Kreuz, oder gründliche Belehrung über den beiläufig 700 Jahre zu Kloster Scheyern aufbewahrten Theil des wahren Kreuzes Christi. Augsburg 1843. II. Aufl. das. 1871.
3) Der hl. Katharina von Genua Büchlein vom Fegfeuer.

Manuscript:

Geschichte des Klosters Scheyern. 1 Bd. 264 S. Fol. (Biblioth. z. Scheyern.)

P. Petrus Lechner, Dr. theolog., geb. zu Pfaffenhofen an der Ilm 7. März 1805, machte zu München seine philosophischen Studien, studirte als Alumnus des Georgianums zu Landshut und München und wurde 9. Dez. 1827 zu Augsburg zum Priester geweiht. Er wirkte dann als Caplan in der Seelsorge zu Burgheim bei Donauwörth und zu St. Max (in Augsburg), wo er mit Dr. Fr. Anton Schmid die Zeitschrift Sion gründete, und als Seelsorger von Oberwittelsbach (bei Aichach) und Inchenhofen. 1. Nov. 1838 trat er in das wiederhergestellte Kloster Scheyern; Profess 1. Nov. 1839, Prior 1842—1847. 1847 wanderte er mit P. Bonifaz Wimmer nach Amerika und wirkte als Novizenmeister des neugegründeten Klosters St. Vinzent und als Regens des Priesterseminars in Birmingham (1850—1851). Von seinem Abt wieder nach Scheyern zurückberufen, war er bis zu seinem Tode, 26. Juli 1873, Prior. Er starb im Rufe grosser Frömmigkeit. (Einen ausführlichen Nekrolog enthält der Schematismus der Geistlichkeit von München-Freising, 1875, S. 275—287.)[1])

Schriften:

1) De autoritate fidei. Gekrönte Preisschrift. Augsburg (Wolff) 1829. 8.
2) Geist des hl. Franz v. Sales von Camus. (Aus dem Französisch.) 1831.
3) Sion, ein kath. Zeitschrift. 1832, I. Jahrg. 4.

---

[1]) Vgl. Salzburger Kirchenblatt Nr. 14, 18, 26, 27.

4) Gebetbuch f. kath. Christen. 1832. 12.
5) Die Familie Tobias. Biblische Erbauungsschrift. 1832. 8.
6) Der ägyptische Joseph. Eine Jugendschrift.
7) Saint Jure's Erkenntniss und Liebe Jesu Christi. Im Auszuge bearbeitet. 2te Aufl. Regensburg (Manz) 1865. 8.
8) Gebetbüchlein f. Kinder. Augsburg (Wolff) 1835. 16.
9) Stipperger, Lehr- und Gebetbuch für Jungfrauen. Im Auszuge bearb. Augsburg 1836—1838, 3 Bde. 8.
10) Leben des hl. Aloysius nebst einer sechssonntäg. Andacht. 1838.
11) Leben des hl. Bernhard, für's Volk bearbeitet. 1838. 8.
12) Andacht zum göttl. Herzen Jesu. Augsburg (Wolff) 1840. 12.
13) Leben des hl. Leonhard. 1841. 12.
14) Lesungen über die hl. Gebräuche und Ceremonien der Kirche nebst einer alten Hauspostille, d. i. Erklärung der hl. Evangelien. Augsburg (Kollmann) 1842. 8.
15) Leben, Leiden und Sterben U. H. Jesu Christi, nach den vier Evangelien und Auslegungen der Väter. Augsburg 1842. 8.
16) Das Messopfer ein Meer der Gnade. Augsburg (Rieger) 1847. 8.
17) Apostelgeschichte mit den Briefen der Apostel, für's Volk bearbeitet. Augsburg (Kollmann) 1849.
18) Das Büchlein von den armen Seelen. 1851. 8.
19) Bericht einer Missionsreise nach Nord-Amerika. Augsburg (Kollmann.) (Enthält Nachrichten über die ersten Anfänge des von P. Bonifaz Wimmer gegründeten Benediktinerklosters St. Vinzent.)
20) Leben des hl. Dominikus, des Ordensstifters. Augsburg 1852.
21) Gläser, Philothea des hl. Franz von Sales, in neuer Aufl. bearbeitet. Das. 1852. 8.
22) Leben der hl. Clara. (Aus dem Französisch.) 1854. 8.
23) Ausführliches Martyrologium des Benediktinerordens und seiner Verzweigungen. Augsburg (Schmid) 1855, 536 S. 8.
24) Leben des hl. Johann von Gott. München (Lentner) 1857. 8.
25) Leben des hl. Benedikt, Ordensstifters. Regensburg (Manz) 1857. 8.
26) Leben des hl. Johannes von Kreuz. (Aus dem Spanischen.) Das. 1858. 8.
27) Leben und Schriften der hl. Katharina von Genua. Das. 1859. 8.
28) Briefe des hl. Hieronymus. (Aus dem Lat.) Das. 1859. 8.
29) Schriften des hl. Johannes von Kreuz, 2 Bde. Das. 1859. 8.
30) Leben der hl. Margaretha von Cortona. Das. 1862. 8.
31) Beatifikation und Canonisation der Diener Gottes. (Nach Benedikt XIV.) Das. 1862. 8.
32) Das geistliche Jahr, fromme Uebungen für jeden Tag. (Aus dem Franz.) Nach den Schriften des Franz von Sales und Fenelon. Das. 1863. gr. 8.
33) Leben der Heiligen, Seligen und Ehrwürdigen aus dem Kapuzinerorden, 3 Bde. München (Lentner) 1863. 8.

34) Leben des sel. Benedikt Passionei Ord. Capuc. Augsburg (Huttler) 1867. 8.
35) Des Ordenslebens Wesenheit, Würde, Rechte und Pflichten. Regensburg (Manz) 1872. 8.
36) Beispiele christlicher Vollkommenheit aus dem Leben der Heiligen. Das. 1873. 8.
37) Weg des Heils und des Lebens. Münch. 1877. 8. (Bücherverein. Op. posth.)
38) Rede nach Hinrichtung der K. L. Augsburg 1835. (Mehrere Aufl.)
39) Ueber die Armuth im Geiste. Primizpredigt, sowie mehrere Predigten in Heim's Predigtmagazin.
40) Saint Jure, das Bild eines vollkommenen Christen, dargestellt in dem Leben des Hrn. v. Renty. (Aus dem Französ.) Regensburg (Manz) 1837. 8.
41) Der fromme Matthäus. Eine erbaul. Lebensbeschreibung. Augsburg 1848. 8. [1]

P. Anselm Thoma, geb. zu Kaufbeuern 12. Juli 1809, Priester 28. Mai 1834, Profess 17. Okt. 1841.

Schriften:

1) Der Christ auf Golgatha. Regensburg (Manz) 1855. 12.
2) Im Kreuze ist Heil. Schrobenhausen (Hueber) 1865. 8.

Manuscripte:

Viele Uebersetzungen von Leben der Heiligen aus den Bollandisten.

P. Aloys Prand, Dr. theolog., geb. zu Waging 13. März 1804, Priester 14. Sept. 1826, Profess 20. Aug. 1868, Novizenmeister und Prior. Er ist Ritter des k. b. Verdienstordens vom heiligen Michael I. Classe.

Schriften:

1) Hat Christus eine Kirche gestiftet? Preisschrift. München 1830. (Giel.)
2) Moral in Beispielen. München 1836, kath. Bücherverein, 3 Aufl.
3) Congregationsbüchlein für die grössere Marianische Congregation in München. 1834.
4) Mehrere Jahrgänge von Xenien für dieselbe Congregation.
5) Herr, lehre uns beten. München, kath. Bücherverein, 8 Aufl.
6) Kindlein, bleibet in meiner Liebe. Das. 13 Aufl.
7) Uebersetzung der Betrachtungen des P. Lancicius S. J. Ausgabe für die Mitglieder des Institutes der engl. Fräulein.
8) Dreissig Jahrgänge Berichterstattung über die k. Erziehungsanstalt in Nymphenburg.
9) Ueber den Autoritätsglauben. (Abhandl. in einer theolog. Zeitschr.)

---

[1] Auch über die gottsel. Nonne Maria von Medingen ord. Praed. soll Lechner eine Schrift verfasst haben. Ich kenne sie nicht.

Priefling.

Priefling in der Oberpfalz (Prüfling, Prifling, Prüfening, M. S. Georgii in Bruveninga, Prieflinga), Bisthum Regensburg, $^{3}/_{4}$ Stunden von Regensburg entfernt in herrlicher Lage. Gestiftet vom heiligen Otto, Bischof von Bamberg, 1109 zu Ehren des heiligen Georgius, kolonisirt von Hirsau; aufgehoben von Churfürst Max Joseph 21. März 1803. Die Stiftskirche ist nun Pfarrkirche. Die Klostergebände sind Eigenthum des Frh. Zuylen van Nyevelt, welcher dieselben in ein Lustschloss umgeschaffen hat. Ein Theil des Conventgebäudes wurde schon vom ersten Käufer, H. v. Vrints-Berberich demolirt. Priefling hatte zu Hemau eine Propstei, wo fünf Patres residirten, welche auch die Seelsorge an der dortigen Stadtpfarre besorgten.

Literatur:

Acta S. S. T. I. — Gufl V., Vitae divorum Priflingensium. Ratisb. 1755. 4. — Hundius, Metrop. III, S. 85—99. — Lebensgeschichte des Abtes Rup. Kornmann. (Nachträge zu der Sybille der Zeit, Regensburg 1817; darin kommen Nachrichten über das Endesschicksal des Klosters vor.) — Mon. boic. XIII. 1—297, nebst Abbildung des Klosters; — Paricius, allerneueste Nachricht etc., S. 500—517. (Reihe der Aebte und kurze Geschichte.) — Pergmayr J., Vita Dionysii Jerg, abbatis monast. Priefling. O. S. B. Ingolstadii et Monachii 1763.[1]) — Reg. bav. I. 48, 112, 120, 128, 132, 140, 142, 154, 156, 162, 166, 168, 182, 190, 194. — Schuegraf J. R., Geschichtl. Beschreibung von Priefling. (Bayern in s. alterthüml. Schönheiten, Heft 23/24, Bd. II, S. 82—90.) Desselb., Umgebungen von Regensburg, I. S. 8 sq. — Stumpf, Handbuch, S. 518. — Sulzbacher Kal. 1866, S. 86—96, mit Abbildung.

In den Sammlungen des hist. Vereins von Oberpfalz:

a) Verzeichniss der kath. Pfarrer von Nittendorf (Klosterpfarrei von Priefling), Bd. I. S. 84, 221—224 84.

---

¹) Diese Schrift zitirt Strauss in dem Werke „Viri scriptis" etc.

b) Prüfening und Bruckdorf, cappela abbatialis monast. Prüflingensis, Bd. IX, S. 199—204.

Weixer Melch., O. S. B. mon. Priflingens. Vita S. Erminoldi abbatis Prieflingensis. Ingolst. 1624. 4. cum fig.; desselb., Rotula mortualis, sive confoederatio fraterna perquam inclyti coenobii S. Georgii M. in Brunfening ord. s. Bened. cum quibusdam diversorum ordinum monasteriis. Ingolst. 1625. 12. — Desselb., De ecclesia s. Crucis in Pruggdorf supra Ratisbonam ejusque miraculosa dedicatione. Ingolst. 1625. — Desselb., Fontilegium sacrum, seu fundatio insignis monast. S. Georgii M. ord. S. Bened. vulgo Prifling, item privilegia, donationes, nonnullaeque res ibidem gestae sub abbatum serie. Ingolst. 1626. Fol. — Wenning, Topograph, IV. S. 61, mit Abbildung des Klosters. — Zimmermann, Churb. Geistl. Cal. IV. S. 91—117. (Kurze Gesch. des Klosters.) — Ueber die Bibliothek: Aretin, Beiträge 1805, Stück 4, S. 446; Baader, Reisen, II. S. 444; Pez, Thesaur. anecdot. T. I. diss. isagog.; Ziegelbauer, Hist. rei lit. I. S. 537.

Manuscripte: In der Staatsbibliothek zu München:

Cod. lat. 1369 Liber receptorum conventus Priffeningensis 1756—1764. 121 folia. — 1889 Necrologium monast. S. Georgii in Brunfening anno 1628. 94 Bl. 4.

In der Bibliothek zu Metten:

Kaindl J. E., Subsidia historica ad res Priflingenses ab anno 1107—1822.

In der Bibliothek von St. Jakob zu Regensburg:

Walberer Ed., Historia monasterii Priflingensis. (Vgl. Verhandl. des hist. Vereins von Oberpfalz, Bd. III, S. 299.)

Ellerbacher David (abbas, † 1582), Statuta et consuetudines monasterii Prüffening et Castel (wird zitirt von Gandershofer; unbekannt wo). — Eine sehr schöne Abbildung des Stiftes Priefling (in Oel) besitzt das Kloster Säben in Tirol, wohin dasselbe wahrscheinlich durch einen Benediktiner aus Priefling gekommen, welches bis zum Ende des XVIII. Jahrhundertes den Nonnen einen Beichtvater und einen Caplan stellte.

P. Veremund Gufl, Mitglied der societas litteraria germano-benedictina, geb. zu Meran (in Tirol) 2. Juli 1705, Profess 28. Okt. 1726, Neomyst 28. Okt. 1732, Professor der Moral und des Kirchenrechtes am studium commune congregationis (zu Rott am Inn); gest. als Archivar im Kloster 13. Jänner 1761 in Folge eines plötzlichen Schlaganfalles. Gufl war Einer Derjenigen, welche wider die damals unter dem Churfürsten Maximilian III. geplanten kirchlichen und klösterlichen Reformen (besonders das Amortisationsgesetz) eiferten. Zugleich blieb er sein Leben lang ein Vertheidiger der sogenannten scholastischen

Philosophie, die er über 40 Jahre studirte und zum Theil Andern vortrug. Aus allen Kräften widersetzte er sich der Einschleppung von antikirchlichen Grundsätzen, die vorzüglich norddeutsche neue Philosophen verbreiteten, und wollte dieselben aus den Klosterschulen gänzlich verbannt wissen. (S. Baader, Gel. Baiern, S. 420—421; Felder, Lit. Ztg. 1821, I. S. 260.)

Schriften:

1) Quaestiones disputatae in physicam Aristotelis. Ratisb. 1735. 4.
2) Testamentum litigiosum disp. schol. expositum. Amberg. 1747. 4.
3) Crimen usurae disp. finali expositum. Ibid. 1748. 15 Bg.
4) Casus matrimonialis juxta principia tuta et aequa discussus. Ratisb. 1750. 44 S. 4.
5) Crimen simoniae. Ibid. 1752. 158 S. 4.
6) Quid juris recuperet religiosus ad communionem protestanticam transiens vi pacis Westphalicae? an bona ecclesiastica per pacem Westphalicam Protestantibus cessa restitui debeant ecclesiis postquam ad manus catholicas fuerint reversa? Pedep. 1752. 4.
7) Philosophia scholastica universa principiis D. Thomae apprime conformata contra Neotericos praecipue defensa experimentorum quoque et matheseos tum purae tum mixtae accessionibus aucta. Ratisb. 1750. 4. 4 Tomi. 22 Alphab. und 17 Bg. mit 20 Kupfertafeln. Ed. II[da]. Monachii et Pedep. 1753. 4.
8) Vitae div. Priflingensium B. Erminoldi et S. Eberhardi. Ratisb. 1755. 232 S. 4. (Erschien auch separat: Vita B. Erminoldi primi Abbatis M. Priflingensis O. S. B. et Martyris notis et dissertationibus illustrata. Ibid. 1757. 110 S. 4. — Vita S. Eberhardi Archiepiscopi Salisburgensis Confessoris, olim monachi in asceterio Priflingensi O. S. B. notis illustrata. Ibid. 1757. 122 S. 4.)
9) Defensio jurium status ecclesiastici circa temporalia ex principiis juris naturae etc. etc. deducta. Ratisb. 1757. 2 Partes. 4.
10) Biga discussionum. Pedep. 1758. 4.
11) Examen theologicum philosophiae neotericae Epicureae, Cartesianae, Leibnitzianae et Wolfianae. Ratisb. 1760. 2 Partes.
12) Vertheidigung der klösterlichen Rechte in zeitlichen Dingen in einem getreuen Auszuge; der Abhandlung des Liz. Neuberger entgegengesetzt. (opus posth.) München 1768, 267 S. 8. anonym. (S. A. d. Biblioth. 12. Bd. S. 391.)

P. Franz Xav. Gerbl, geb. zu Pfaffenberg 14. Nov. 1689, Profess 29. Okt. 1713, Neomyst 3. Mai 1717; † 4. Okt. 1762.

Schriften:

1) Geistliche Praktika: Die tägliche Meditation und das Examen particulare und generale nützlich zu machen. Regensburg 1738.
2) Director novelli religiosi. Ratisb. 1740. 12.

Conv. Gabriel Doblinger, geb. zu Neumarkt in Oesterreich 18. Jan. 1715, † 6. Dez. 1764. Verfertigte Ferngläser, Vergrösserungsgläser, Elektrisirmaschinen, war überhaupt ein sehr geübter Mechaniker, auch verfertigte er schöne Kunststickereien.

Conv. Marian Koenigsberger, geb. zu Roding 4. Dez. 1708, † 10. Okt. 1769. Ein Virtuose auf der Orgel und bekannter Componist. (Eine ausführliche Biographie nebst Verzeichniss seiner Compositionen bei Lipowsky, Mus. Lex. S. 152—155.)

P. Wunibald Reichenberger, geb. zu Cham 1. Nov. 1697, Profess 28. Okt. 1719, Neomyst 11. Okt. 1722, kam 1736 als Caplan nach Säben [1]) bei Klausen (in Tirol). Durch seine Bemühungen kam dort der sog. Neubau zu Stande, indem er mit höherer Bewilligung in Oesterreich zu diesem Zwecke für das sehr arme Nonnenkloster eine Sammlung vornahm, die ihm 1602 fl. eintrug. Nach 17jähriger Wirksamkeit berief ihn der Fürstbischof von Brixen, Caspar Ignaz Graf Künigl, zu sich als Beichtvater. 20. Okt. 1743 trat er sein Amt an, und verblieb in demselben bis zum Tode des genannten Fürstbischofes (1747). Er kehrte dann wieder in sein Kloster zurück und starb 20. Dez. 1769. (Baader, Lex. II. 2, S. 10; Chronik des Klosters Säben, Manuscript.)

Schriften:

1) Anrede des himmlischen Vaters an das menschliche Herz (in Betrachtungen). Augsburg 1728. 12.
2) Paradeys, oder wahre Glückseligkeit auf Erden. D. i. geistl. Traktätlein von der Glückseligkeit einer von allen Aembtern befreyten Ordensseel. Augsburg 1738. 8.
3) Geistlicher Himmelsthau. Augsburg 1739. 8.
4) Anleitung oder Unterweisung zum geistlichen Leben einer eifrigen Dienerin Gottes. Das. 1739. 8.
5) Auszug aus Aegypten in das versprochene Land durch acht Tagreisen der geistigen Einöde. Kempten 1741. 8.
6) Betrachtungen über das Leiden Christi auf jeden Tag eines Monaths. (Aus dem Französischen.) Brixen 1742. 8.
7) Sittliche Diskurs und anmuthige Betrachtungen vom Leiden Christi. (Aus dem Italien. des P. Paciuchelli ord. Praed.) Linz 1743. Fol.

---

[1]) Dieses Nonnenkloster Benediktinerordens besteht noch heut zu Tage.

8) Psalmus Miserere in demüthigen und bussfertigen Gedanken und Anmuthungen. Augsburg 1745.
9) P. Angeli Paciuchelli ord. Praed. Traktat von der Geduld. (Aus dem Italien.) Linz 1747. Fol.
10) Theophilus contemplans, d. i. der beschauende Teophilus. Augsburg 1749. 8.
11) Der getreue Geleitsmann Tobiä, d. i. achttägige geistliche Exerzitien, aus dem Latein. des P. J. Bapt. Hutschenreuter. Regensburg. 1753. (2. Aufl.)
12) Auserlesene Fastenpredigten von P. Franz Vanalesti S. J. (Aus dem Italien.) Linz 1756.
13) Des P. Seraphin von Vicenza ord. Capuc. lehrreiche Sittenpredigten. (Aus dem Italien.) München 1767. 3 Thle. Fol. (S. Finauer, Bibl. bav. II. St. 1, S. 58.)
14) Des P. Pantaleon Dolera Fastenpredigten. Augsburg 1768. 4.
15) Des P. Zacharias ord. minor. Antifebronius, d. i. Widerlegung des Justini Febronii. (Aus dem Italien.) Augsburg 1768. 4.
16) Des Barth. le Maitre Uebungen der Andacht. (Aus dem Italien.)

P. Petrus Gerl, Praeses congr. Bened. Bav., geb. zu Straubing 13. Juli 1718, Profess 1736, Neomyst 1. Jan. 1742, Beichtvater zu Säben in Tirol 1743—1756, Pfarrer und Propst zu Hemau, Prior, zum Abt erwählt 17. Febr. 1756, † 15. Okt. 1781. Kehrein sagt von ihm: „Ein durch Religion, Weisheit, Sittenreinheit, Starkmuth und biedere Redlichkeit ausgezeichneter Hirt und nicht zu übersehender Kanzelredner.“ (Gesch. der kath. Kanzelberedsamkeit, I. S. 146.) Er war es, der bei Gelegenheit einer Abtswahl, wo es zu Reibereien bezüglich des Präsidiums kam, aufstand, den vor sich stehenden Kelch aufhob und sich mit demselben an den untersten Platz des Tisches setzte mit den Worten: „Ubi Präses, ibi prima sedes!“ (Besnard, Lit. Ztg. 1820, II. S. 121—122; Zimmermann, churb. geistl. Cal. IV, S. 112—113.)

Schriften:

1) Leichenrede auf Abt Dominikus von Oberaltaich. Straubing 1758. 24 S. Fol.
2) Lob- und Ehrenrede auf die Sekundiz des Abtes Beda (Schallhamer) von Wessobrunn, 24. Sept. 1758. Augsburg 1758. 21 S.
3) Leichenrede auf Abt Heinrich (Widmann) von Mallersdorf. Regensburg 1758. 21 S.
4) Leichenrede auf den Fürstabt Joh. Baptist (Kraus) von St. Emmeram. (1762, 14. Juli.) Regensburg 1762. 24 S. Fol.
5) Leichenrede auf Abt Heinrich (Schneider) von Frauenzell. Regensburg 1766. 26 S.

Manuscripte:

Aszetische Schriften aus der Zeit seiner Thätigkeit als Beichtvater zu Säben. 8 Bde. Fol. (Klosterbibliothek zu Säben.)

P. Martin Pronath, geb. zu Niederaichbach 5. Okt. 1731, studirte zu Weihenstephan und Freising, Profess 1. Nov. 1756, Neomyst 6. Jan. 1762, war 18 Jahre Lektor der Theologie im Kloster, dann 3 Jahre in der Abtei Schwarzach in Franken. Von dort zurückgekehrt, Sekretär der bayr. Benediktiner-Congregation, zum Abt erwählt 20. Nov. 1781. Er beförderte unter seinen Religiosen die Wissenschaften, hob die Oekonomie, und zeigte sich gegen die verunglückten Klosterunterthanen sehr wohlthätig, indem dieselben nicht nur sammt ihrem Vieh im Kloster Obdach fanden, sondern auch Verpflegung und Darlehen erhielten. Gest. am Schlagfluss 5. Jan. 1790. (Besnard, Lit. Ztg. 1831, III. S. 245—248.)

Schriften:

1) Nexus doctrinae theolog. dog. schol. in selectas positiones divisae. Ratisb. 1774. 2¾ Bg. 4.
2) Positiones selectae ex univ. theolog.
3) Corrolaria selecta ex jure naturae, gentium, et jure eccl. univ. Ibid. 1777. 4.
4) Breviculum historiae ecclesiasticae univ. critice expensae. Ibid. 1779. 36 S. 4.
5) Dissert. de eo, quod justum est in matrimonio infidelium altero ad fidem converso. Ibid. 1780. 4.

P. Florian Scharl, Mitglied der Akademie der Wissenschaften zu München hist. Klasse, geb. zu Freising 15. Nov. 1735, Profess 29. Sept. 1755, Neomyst 1. Juni 1760. Ein im Fache der Diplomatik wohl erfahrene Mann; gest. im Kloster nach bereits erfolgter Aufhebung 19. Mai 1803. (Besnard, Lit. Ztg. 1833, III. S. 215; Felder, Lit. Ztg. 1816, Intelligbl. Nr. 8, S. 22.)

Manuscript:

Historia literaria monasterii Prieflingensis, die verloren gegangen zu sein scheint.

P. Benno Ortmann, geb. zu Mariaort bei Regensburg 1. Febr. 1752. Sein Vater war ein armer Ziegelbrenner. Sieben Jahre alt, fand er im Kloster Priefling Aufnahme als Ministrant und wurde dann Alumnus des Klosterseminars. In Regensburg studirte er die lateinischen Schulen, hatte aber dabei mit grossen Nahrungssorgen zu kämpfen, denn seine Eltern konnten ihn nicht unterstützen. Er musste daher täglich an den Klosterpforten und bei mitleidigen Privaten seine Mittagssuppe erbitten. Talent, Fleiss und sittsames Betragen erwarben ihm mehrere Gönner, und so konnte er die philosophischen Studien in Regensburg beenden. 1773 trat er in den Orden, machte sein Noviziat in Scheyern, legte 1. Nov. 1774 Profess ab, und wurde 5. Okt. 1777 Neomyst. Hierauf war er Inspektor des Klosterseminars, Professor zu Amberg (1782—1794), kam 1794 in gleicher Eigenschaft nach München, blieb dort bis 1800, in welchem Jahre eine Reorganisirung des Studienwesens vorgenommen wurde. Schon seit 1798 war er Präses der sogenannten grössern lateinischen Congregation, und hatte als solcher nach hergebrachter Sitte an allen Sonn- und Festtagen im Congregationssaale in lateinischer Sprache zu predigen. Nach seiner Enthebung vom Lehrfache blieb er bis zu seinem Tode Präses, welches Amt in keinem Zusammenhange mit der Professur gestanden. Er starb zu München 7. März 1811. Ortmann erwarb sich bei seinen Schülern grosse Verdienste um die Hebung der Beredsamkeit. Schon in Amberg, als er Präses der sog. kleinern lateinischen Studentencongregation war, hielt er mit seinen Schülern öfters deklamatorische Uebungen. Er setzte dieses Verfahren auch in München fort, daher ihm als Seminarinspektor der Unterricht der theologischen Candidaten in der geistlichen Beredsamkeit übergeben wurde. Seine Bereitwilligkeit, in gelehrten Angelegenheiten Jedermann erbetene Auskunft zu geben, wurde von den Literaten dankbar anerkannt und benützt. (S. Baader, Lex., I. Bd. 2. Thl. S. 116—118; Kehrein, I. S. 255—256.)

Schriften:

1) Plan der Gegenstände aus der Dichtkunst. Amberg 1785. 8.
2) Gegenstände der I. Rhetorik zu Amberg, 1787. 16 S. 8.
3) Drei Cantaten zu Ehren des Abtes Martin von Priefling, 1785—1788.
4) Zwei festliche Gesänge auf die Wahl des Abtes Rupert von Priefling. Amberg 1793. 8.
5) Drei Schlittaden als Faschingslustbarkeiten für die Studenten zu Amberg.
6) Die ersten Anfangsgründe für die italienische Sprache. Amberg 1793. 8.
7) Ode auf die Wiedergenesung S. Herzogl. Durchlaucht Carl von Zweibrücken.
8) Bardenode auf die Wiederkehr S. Durchlaucht Carl Theodor von Mannheim nach München.
9) Umfang der heutigen Poësie im Allgemeinen und Besondern zum Gebrauche der Vorlesungen in lateinischen Schulen. Sulzbach (Seidel). Der II. Theil auch mit dem Titel: „Fortschritte des menschlichen Geistes in Betreff

der teutschen Poësie mit beständiger Rücksicht auf Bayern." Das. 1809. (S. N. Allg. t. Bibliothek, Anhang zu Bd. 1—28. III. S. 158.)

10) Beredsamkeit in ihrer Uebersicht, oder Plan der rhetorischen Gegenstände. München 1795. 8.

11) Dreitägige Geisteserneuerung, vor den Sodalen der marianischen kleinen Congregation gehalten. Das. 1795. 26 S. 8.

12) Epithalamium auf die festl. Vermählung des durchl. Churfürsten Karl Theodor mit Maria Leopoldine. München 1795. 4.

13) Triumph der Künste und Wissenschaften. Cantate bei der öffentl. Preisvertheilung. Das. 1795. 8.

14) Schäfer-Cantate bei Gelegenheit der Zurückkunft der von den Franzosen zu Amberg mitgenommenen Geiseln. 1796. 8.

15) Christlich patriotische Zusprüche an die Studierenden meines Vaterlandes. Ein Erbauungsbuch, dem hochl. Magistrat von München zugeeignet. München (Lentner) 1797. 8.

16) Officium hebdomadis sanctae. Aus dem römischen Missale und Brevier zusammengestellt. 1797. 8.

17) Principia cum sacrae, tum civilis eloquentiae. Monach. 1797. 307 S. 8. 2. Aufl. 1800.

18) Einklang der studierenden Jugend des Gregorianischen Hauses in die allgem. Landesfreude beim feierlichen Einzug des durchl. Landesfürsten Max Joseph (ein Feyerlied). München 1799. 4.

19) Moralität gründete von jeher der Staaten Glück. Verdient sie nicht in dem öffentlichen Unterrichtssysteme einen vorzüglichen Rang? warum und wie soll sie erzielet werden? Einige Reflexionen, abgelesen bei der feierl. Preisverth. Das. 1799. 4.

20) Codex scripturisticus relationem hominis ad Deum delineans (duo tomuli). Additae sunt antiquitatis etheicae sententiae homogeneae.

21) Deus in suis perfectionibus. Monachii.

22) Discursus christiano morales in odeo Congregationis latinae habiti. Monach. 1800. 8.

23) Harmonie der Evangelien mit Erläuterungen. 5 Abtheilungen.

24) Das Beten im Geiste und Wahrheit. Ein Gebetbuch.

25) Philosophisch-christliche Betrachtungen auf die Festtage des Herrn.

26) Facies primaevae ecclesiae christianae in Bavaria usque ad saeculum X. ad optimorum scriptorum testimonium adumbrata. Monach. 1803. 8.

27) Die Cokarde. Ein Gelegenheitsgedicht.

28) Gedicht bei der Wiederkehr der Bojer aus dem Felde.

29) Mehrere Schützenlieder für die Jakobidult in München.

30) Georg der Seinsheimer, eine Biographie zur Beleuchtung des von Seinsheimischen adelichen Stammes. Augsburg 1805. 8.

31) Biographie des erlauchten Helden und Staatsmannes Grafen Ludwig

von Seinsheim, mit beständiger Rücksicht auf die Reichsbegebenheiten. Das. 1805. 8.

32) Geschichte des altadelichen Spretischen Hauses. Ursprung und Fortblüthe in Ravenna und Baiern. Nürnberg und Sulzbach 1806. 142 S. 8.

33) Christliche Reden und Predigtskizzen. Augsburg 1806. 8.

34) Meine Empfindungen über Mariens Verklärung von Guido Renzi in der kgl. Gallerie zu München. München 1806. 8.

35) Auli Flacci Persii satyrae cum paraphrasi teutonica et notis illustrantibus. Monach. 1807. 130 S. 8.

36) Ode auf das im Juli 1807 zu München gehaltene Hauptschiessen. 4.

37) Idylle: ein Hirtengespräch sammt Chören. München 1807. 16 S. (S. O. D. Allg. Lit. Ztg. 1811, S. 519—520.)

38) Ein allegorisches Gemälde auf die hohe Vermählung des Erbprinzen Wilhelm mit der k. Hoheit Charlotte Augusta. München 1808. 8.

39) Christliche Reden über die wichtigsten Wahrheiten der Religion. Augsburg 1811. 8.

P. Maurus von Schenkl, geb. zu Auerbach 4. Jan. 1749. Sein Vater war dort Stadtsyndikus. Unter den Jesuiten zu Amberg besuchte er das Gymnasium und die philosophischen Kurse. Sein frommer religiöser Sinn, seine Neigung zu wissenschaftlicher Beschäftigung und die damit verbundene Liebe zur Zurückgezogenheit bewogen ihn zum Eintritt in den Ordensstand. Das Noviziat bestand er in Scheyern, legte 2. Okt. 1768 Profess ab und wurde 27. Sept 1772 Neomyst. Seine Lehrer in der Theologie waren P. Cölestin Engl, P. Florian Scharl und P. Martin Pronath. Er verwaltete dann verschiedene Aemter, war Pfarrer zu Priefling, Bibliothekar, Inspektor des Klosterseminars, Oekonom zu Puch bei Straubing (1777), Seelsorger zu Gegenbach. Im Nov. 1778 erhielt er einen Ruf nach Kloster Weltenburg, um dort Theologie zu lehren; er ging dahin und blieb dort fünf Jahre. 1783 kehrte er in sein Kloster zurück, lehrte Kirchenrecht und Moraltheologie, zugleich war er Bibliothekar. Durch die Herausgabe seines Syntagma juris ecclesiastici hatte er sich bereits einen Namen erworben, und wurde daher 1790 an's Lyzeum nach Amberg berufen, lehrte dort Moraltheologie und Pastoral, war Regens und Inspektor des Seminars, seit 1794 Schulrektor. Einen Ruf nach Ingolstadt schlug er mit der Begründung aus, dass man bei seinem schwachen Sprachorgane ihn im grossen Hörsaal zu Ingolstadt nicht verstehen würde. Ganz Amberg freute sich, den theuern Mann noch länger besitzen zu können, da er sich nicht blos durch Gelehrsamkeit, sondern auch durch Aufrechthaltung der Ordnung und Disziplin unter den Studirenden hervorthat. Vom Jahre 1808 an lehrte er nur mehr Kirchenrecht und Pastoraltheologie.

Ungeachtet seiner schwächlichen Gesundheit unterliess er weder die öffentlichen Vorlesungen, noch seine literarischen Arbeiten; sein Lieblingsgedanke war, als Professor zu leben und zu sterben. Von 1813 an nahmen seine Kräfte zusehends, wegen drei nacheinander folgenden Krankheiten, ab. Im Februar 1816 musste er seine Vorlesungen einstellen, — nun konnte man es voraussagen, dass er nicht mehr lange leben werde, er starb auch schon nach fünf Monaten am 14. Juni 1816. P. Maurus v. Schenkl war als Gelehrter im In- und Auslande geschätzt. Seine Schriften fanden bei der gelehrten Welt gute Aufnahme, erhielten in den öffentlichen Blättern eine günstige Beurtheilung und wurden in vielen, sowohl inländischen als auch auswärtigen Lehranstalten als Vorlesebücher benützt, wie zu Amberg, Bamberg, Düsseldorf, Köln, Regensburg, Salzburg, Wien, Würzburg. In allen seinen Werken verräth er eine ausgebreitete Belesenheit, eine gründliche Kenntniss der ältern und neuern Literatur, ein gesundes Urtheil, das das Aechte vom Unächten, die Wahrheit vom Scheine zu scheiden wohl versteht. — Güte und Herablassung gegen seine Untergebenen, warme Vaterlandsliebe, heitere Laune, Wohlwollen gegen seine Freunde und Amtsgenossen waren die Grundzüge seines Charakters. (Cl. Al. Baader veröffentlichte Schenkl's Biographie in der Bock'- und Riederer'schen Sammlung. Nürnberg 1799, Heft 22; Baader, Lex. II. 2, S. 92—95; Felder, Lex. II. S. 277—282; Jäck, I. Panth. 989; Heldmann J. N., Memoria Mauri de Schenkl, Aug. Bavariae Regi a consiliis in rebus sacris Gymn. et Lycei Ambergensis quondam Rectoris et ejusdem Lycei Professoris celeberrimi. Ratisbonae 1832. Programm.)

Schriften:

1) Positiones ex I^ma^ parte theologiae dogmaticae. Ratisb. 1779. 8.
2) Positiones ex altera parte theologiae dogmaticae. Ibid. 1780.
3) Positiones ex theologia universa. Ibid. 1781.
4) Positiones ex jure ecclesiastico universo et Bavarico. Ibid. 1783.
5) Juris ecclesiastici, statui Germaniae maxime et Bavariae adcommodati syntagma. Ratisb. 1785. Salisb. 1786. 578 S. 8. (Dieses Werk wurde verfälscht und ohne Wissen des Verfassers zu Köln und Bonn bei Haas nachgedruckt. S. N. Lit. d. kath. Teutsch. Bd. III, St. 3, S. 398; Auserles. Lit. d. kath. Teutsch. Bd. 1, S. 240; Allg. t. Bib. Bd. 74, II. S. 387; Tüb. gel. Ztg. 1786, S. 315.)
6) Nachricht an das Publikum, den Nachdruck vom Syntagma juris ecclesiastici betreffend. 1788. 8.
7) Synopsis Prolegomenorum ac Periodi primae historiae ecclesiasticae, una cum adjectis ex historia ecclesiastica universa corallariis. Ratisb. 1787, 68 S. 8. (S. Auserl. Lit. d. kath. Teutschl., Bd. I. St. 1, S. 33.)

8) Positiones ex universo jure ecclesiastico Germaniae et Bavariae accomodato. Ibid. 1788. 36 S. (S. Auserl. Lit. d. kath. Teutschl., Bd. I, St. 4, S. 611.)

9) Positiones ex theologia christiana universa. Ibid. 1790. 27 S. 8. (S. Fortges. auserl. Lit. d. kath. Teutschl., Bd. I, S. 265.)

10) Institutiones juris ecclesiastici, Germaniae inprimis et Bavariae accomodatae. Pars I. Prolegomena et jus publicum continens. Ingolst. 1790, 483 S. 8. (S. Auserl. Lit. d. kath. Teutschl. Bd. III. St. 4, S. 37.)

11) Institutiones juris ecclesiastici, Pars II. ibid. 1791. 8. Nachgedruckt zu Bonn und Cölln bei Haas 1792 und 1793. Und mit neuem Titelblatt als Editio quarta, 1798; — Institutiones etc. ... Pars I. et II. ab auctore emendatae et auctae. Edit. III[tia]. Ingolst. 1793; nachgedruckt zu Bonn und Cöln 1793 und 1794. — Neue Auflagen Ingolstadt 1794—1796 und 1797.

12) P. M. Schenkl, Institutiones juris eccles. Germaniae inprimis et Bavariae accomodatae. Editio computatis alienis nona, secundum recentissimum rerum ecclesiasticarum statum procurata ab J. Scheill: 2 Partes Landishuti (Krüll) 1823. 8. Editionem XI. curavit Engelmann. Ratisbonae 1853, 2 Voll. 8.

13) Ethica christiana T. I. Introductio et theologia practica universalis. Ingolst. 1800, 416 S. T. II. Ethica christiana communis; ibid. 1800, 682 S. T. III. ibid. 1801, 528 S. Nova editio, 3 Tomi. Landishuti (Krüll) 1802—1803. Ed. III[tia]. Viennae (Wimmer) 1823. (S. Obert. Lit. Ztg. 1801, I. S. 529, II. S. 321 und 1804, I. S. 185 Würzb gel. Z. 1801, S. 65; Kapler, Magazin, 1802, I. S. 206.)

14) Institutiones theologiae pastoralis. Ingolst. (Attenkofer) 1802, 644 S. 8. Neue Aufl. das. 1803, 749 S. 8. (S. Kapler, Magazin 1802, II. S. 226.)

15) Compendium Ethicae christianae. Ingolst. 1805. 8; iterum ibid. 1807, 536 S.

16) Lytaneien und Wechselgebete zur Beförderung der christl. Andacht. Ingolst. 1809. 8.

17) Theologiae pastoralis systema. Ingolst. 1815. 8. (S. Felder, Lit. Ztg. 1817, III. S. 106—112.) Andere Ausgaben besorgte Dr. J. Laberer. Ratisbon. (Manz), und Wesselack, ibid. 1859.

P. Rupert Kornmann, Mitglied der Akademie der Wissenschaften zu München und letzter Abt. Er war zu Ingolstadt 22. Sept. 1757 geboren und erhielt zum Taufpathen den Universitätsprofessor Ludwig Rousseau, einen verdienten Chemiker, der ihm während seiner Studienlaufbahn mit Büchern und durch mündlichen Unterricht an die

Hand gieng. Sein Vater zog nach einigen Jahren nach Amberg, wo er die Aemter eines militärischen Bau- und Oekonomieverwalters, sowie eines churfürstl. Kammer-Sekretärs bekleidete. Die rechtschaffenen Eltern thaten ihr Möglichstes für die moralische und intellektuelle Ausbildung ihres Sohnes. Er studirte zu Amberg unter den Jesuiten bis in die I. Rhetorik.

Es war für seine Bildung ein Glück, dass die neu angestellten Professoren in das Haus seines Vaters kamen, um daselbst gemeinschaftlich zu speisen. Die Eltern sorgten dafür, dass auch ihr Sohn mitspeisen durfte. Wie vortheilhaft dieses für seinen Bildungsgang gewesen, wie sehr der tägliche Umgang mit Gelehrten seinen Gesichtskreis erweiterte, bekannte er selbst noch in spätern Jahren. So brachte er seine drei letzten Studienjahre im Umgang mit Bergler, Rothfischer, Schweinöster, Hofmann, Jansens, Bermiller und andern mehr oder minder berühmten Männern zu. Die Herbstferien brachte er entweder zu Ingolstadt bei Professor Rousseau oder zu St. Emmeram in Regensburg zu, wo sein nächster Anverwandter, der grosse Frobenius Forster, Fürstabt war. Von dort aus besuchte er das still gelegene Priefling und entschloss sich, dort um Aufnahme zu bitten (1776), die ihm auch gewährt wurde. Nachdem er das Noviziat zu Scheyern bestanden, legte er am 12. Okt. 1777 Profess ab. Er kehrte wieder nach Priefling zurück und begann seine theologischen Studien. P. Martin Pronath, bereits früher mehrere Jahre Lektor der Theologie in der Benediktiner-Abtei Schwarzach (in Franken), und P. Cölestin Engel waren seine Lehrer; 1780 1. Okt. las er die erste Messe; 1782 schickte ihn Abt Martin Pronath zur weitern Ausbildung nach Salzburg. Er war dort zugleich Kaplan auf dem Nonnberg und frequentirte von dort aus die Universität. Er hörte reine Mathematik unter Beck, orientalische Sprachen unter Schelle, Civilrecht unter Schallhamer. Nach drei Jahren (1785) kehrte er nach Priefling zurück und wurde Lektor der Philosophie und Mathematik. Im Jahre 1786 veröffentlichte er bei Gelegenheit einer Prüfung ein System der theoretischen Philosophie, wobei er der Vernunftlehre die Geschichte der Menschheit und die empirische Psychologie voranschickte. Er nahm die Ideen zu jener aus Ferguson, Iselin, Hissmann, Herder, Hume und Garve; zu dieser aus Platner, Haller, Bonnet, Malbranche u. s. f. — Um diese Zeit machte er den Vorschlag zur Errichtung eines mathematischen Museums; der Abt willigte ein und sämmtliche Conventualen wetteiferten zur Verwirklichung dieses Vorhabens, das Ihrige beizutragen. 1787 hielt er sich einige Zeit zu Ingolstadt bei Professor Rousseau auf und nahm bei ihm Unterricht in der praktischen Chemie. Im folgenden Jahre entwarf er den grossartigen Plan zur Errichtung einer literarischen Gesellschaft und gelehrten Verbindung der Benediktinerklöster in Bayern und der Pfalz, den Abt Martin Pronath an das Präsidium der bayerischen Benediktiner-Congregation überschickte. Bei der Vielseitigkeit der Geschäfte behielt Kornmann dennoch die schönen Wissenschaften immer im Auge und weihte ihnen seine Erholungsstunden. Er stellte dem Wunsche des Abtes gemäss das Theater in Priefling wieder her, und so verdankten mehrere dramatische Stücke ihm ihre Entstehung. 1789 gab er Vorlesungen aus den orientalischen Sprachen und leitete den Bau des astronomischen Observatoriums, das Abt Martin in Priefling errichten liess. Einen Ruf an die Universität nach Salzburg lehnte er ab, weil er in Priefling unentbehrlich nothwendig war. Am 5. Januar 1790 starb der um die Wissenschaften hochverdiente Abt Martin, und P. Rupert ging am 8. Februar d. J. aus der Urne als Abt hervor. In dieser Stellung wurden ihm verschiedene Aemter und Würden übertragen. So ward er 1792 Assistent der Universität zu Salzburg, 1793 ordentliches Mitglied der Akademie der Wissenschaften zu München, 1794 ausserordentlicher Visitator der bayr. Benediktiner-Congregation, 1796 Prälatensteurer. Als Visitator betrieb er nochmals die Errichtung obgenannter literarischer Gesellschaft beim Präsidium der Congregation. Leider kam diese seine grosse Idee, welche dem gesammten katholischen Deutschland und besonders den einzelnen Individuen des Benediktiner-Ordens von ungemeinem Vortheil gewesen wäre, nicht zu Stande. Jedoch erreichte er, dass jährlich von der bayr. Congregation drei Preisfragen gegen drei bestimmte Prämien aufgeworfen wurden. Die Kriegsunruhen und der daran sich knüpfende Geldmangel war das Haupthinderniss, dass sein Plan vereitelt wurde. Ungeachtet der den Wissenschaften und Musen ungünstigen Zeit that Abt Rupert für wissenschaftliche Zwecke sehr viel. Die Bibliothek bereicherte er mit den neuesten Erscheinungen auf dem Gebiete der Literatur; das mathematische Armarium mit vielen neuen Instrumenten. Die berühmte Kupferstichsammlung zu Priefling hatte durch ihn einen Zuwachs von einigen tausend Stücken und drei Bänden Originalhandzeichnungen grosser Meister erhalten, so dass die ganze Sammlung sich auf 24,000 Stücke belief.[1]) Auch die Elfenbeinsammlung erhielt einen Zuwachs an Stücken. Er brachte eine komplete Glasschleife (einst im Besitz des Pfarrers Miethaner zu Alsing, der sich durch Verfertigung optischer Gläser bekannt gemacht) käuflich an's Kloster. Für Mechanik war ein eigenes Kabinet eingerichtet, ein anderes war mit kleinen Gemälden aus Spinnengeweben gefüllt. Kurz jeder Liebhaber eines Kunst- oder Literaturzweiges konnte hier etwas Neues kennen lernen und bewundern. Als Deputirter des Prälatenstandes stellte er mehrere mündliche Anträge

[1]) Dieselbe wurde 1803 dem Kupferstich-Kabinet zu München einverleibt.

vor dem Throne. Als Bevollmächtigter der Landschaft beim Reichsdeputationsschlusse zu Regensburg that er sein Möglichstes zum Besten und zur Erhaltung der bayerischen Abteien. Obgleich er das Schicksal der Klöster voraussah, so blieb er doch bei dem Grundsatze stehen, dass er sich vor dem Urtheil der Nachwelt sicher stellen müsse, als habe man seine Existenz gleichgiltig oder gar leichtsinnig preisgegeben. Noch ehe die gänzliche Vernichtung der klösterlichen Gemeinde erfolgt war, hatte Kornmann viele Leiden zu ertragen. In den letzten Tagen des Jahres 1800 war Abt Rupert 16 volle Stunden in den Schrecken des Todes. Wüthende Krieger erbrachen im Dunkel der Nacht die Klosterthore, rannten wie Rasende an, bewachten alle Zugänge, um jede Hilfe unmöglich zu machen, drangen mit gezückten Säbeln und gespannten Pistolen in das zweite Stockwerk. Nur durch einen Seitensprung entging der Abt dem auf ihn geführten Streiche. Der P. Oekonom bekam einen Hieb über den Kopf, ward ergriffen und musste mit 16 Karolinen ausgelöst werden. Des Forderns war kein Mass, kein Ende. Parteien über Parteien theilten sich in Tag und Nacht und mussten mit schwerem Gelde besänftigt werden. Ein anderes Mal überraschte den Abt ein Offizier von Rang, drängte ihn in's innerste Gemach, wo er ein paar scharfgeladene Pistolen ersah, deren eine ergreifend, er dem Prälaten zu Leibe ging. Dieser fasst im nämlichen Augenblicke die andere und steht schlagfertig. Schnell legt der betroffene Gegner das Gewehr nieder und bittet demüthig, der Beleidigte möchte den Vorgang nicht zu höherer Kenntniss gelangen lassen. In diesen und noch vielen andern Leiden und herben Schicksalsschlägen betete der fromme Dulder Rupert die unerforschlichen Wege der göttlichen Vorsehung an. Unerschütterlich war sein Gottvertrauen. Vorzüglich gerne betete er den 90. Psalm, seinen Lieblingspsalm: „Qui habitat in adjutorio altissimi.“ Oft gestand er seinen Vertrauten, dass ihn die Abbetung dieses Psalmes immer mit neuem Vertrauen und neuer Zuversicht erfüllt habe und dass sein Vertrauen niemals zu Schanden geworden.

Endlich folgte der härteste Schlag — die Aufhebung seines lieben Priefling. Am 21. März 1803, es war der Montag nach Laetare und das Fest des Ordensstifters Benedikt — mitten unter dem feierlichen Gottesdienste, den der Abt selbst hielt, kam der churfürstliche Commissär von Limbrun im Kloster an und publizirte nach einer Stunde dem Abte und sämmtlichen Conventualen die gänzliche Auflösung ihres Stiftes. Es war eine erschütternde Scene, als Abt Rupert an der Spitze seiner Mitbrüder vor dem Commissär stand, welcher ihnen das Urtheil ihrer politischen Vernichtung vorlas. Die Thränen und Seufzer so mancher, besonders der ältern Religiosen, verriethen unzweideutig den Eindruck, welchen diese Publikation auf sie machte. Wer vermag es aber, die Gefühle und Empfindungen zu schildern, welche die Seele des würdigen Abtes pressten und bestürmten. Doch er fasste noch zum letzten Male alle Manneskraft zusammen und mit sichtbarer Selbstüberwindung den Schmerz seines tiefverwundeten Herzens unterdrückend, sprach er mit lauter Stimme die feierlichen Worte: „Wenn unser Schicksal unwiderruflich entschieden ist, dann bleibt nichts mehr übrig, als mich nach den höchsten Anordnungen zu fügen und die letzte Pflicht eines sterbenden Vaters zu erfüllen, nämlich die, für die Meinigen zu sorgen und zu bitten."

Abt Rupert beschloss, in seiner Abtei so lange zu wohnen, bis der Verkauf des Klosters ratifizirt sein würde. Dieses geschah im Monate Dezember desselben Jahres. Mit den übrigen Ordensbrüdern wanderte nun auch der Abt aus; er miethete sich eine Wohnung zu Kumpfmühl. Die äussere Lage der Dinge hatte sich für ihn gänzlich geändert. Er fühlte sich mit einem Male entrissen dem weiten Wirkungskreise, in dem er 13 Jahre so thätig gearbeitet hatte. — Alles, was er während dieses Zeitraumes mit so emsiger Mühe zum Besten der Wissenschaften und Kunst gesammelt, war ihm nun entrissen, nicht mehr zum Gebrauche zugänglich, — ja sogar in allen vier Winden zerstreut. Das Stift, das er einst im vollen Sinne das Seine nennen konnte, existirte nicht mehr; von der klösterlichen Gemeinde, der er nicht als Beherrscher, sondern als liebender Vater und Freund vorgestanden, war er getrennt. Demungeachtet setzte er seine Studien und sein Forschen fort. So entstand seine Sybille der Zeit und der Religion; in denselben legte er die Frucht seiner Studien, seiner Erfahrungen und seiner Beobachtungen nieder. Fortwährend unterhielt er mit gelehrten Männern einen Briefwechsel. Fürst Karl von Thurn und Taxis schätzte es sich zur Ehre, Kornmann unter seine Hausfreunde zählen zu können. So verflossen unter nützlichen Beschäftigungen seine Jahre des Exils. Am Vorabende seines Sterbtages schrieb er noch die Vorrede zu den Nachträgen zu den beiden Sybillen der Zeit und der Religion. Am 22. September 1817 feierte er seinen 60. Geburtstag. Nicht lange nach dem Abendmahle zogen sich seine Freunde zurück, damit der Abt früher zur Ruhe kommen möchte; — er pflog seiner gewöhnlichen Abendandacht und gieng zu Bette. Hier endet seine Biographie; von den Stunden der Nacht hat sie keine Daten mehr. In den Morgenstunden des 23. Septembers vernahm man keine Bewegung in seinem Zimmer; man sah nach und fand den Abt in seinem Bette entseelt liegen. Ein Schlagfluss hatte seinem Leben ein Ende gemacht. Seine Ruhestätte erhielt er auf dem Friedhofe der obern Stadt Regensburgs. Sein Porträt findet sich in Kornmann's „Nachträgen zu den beiden Sybillen der Zeit und Religion". Regensburg 1817. Ein schönes Porträt in Oel besitzt Kloster Metten. Entnommen aus der Biographie die obigen „Nachträgen" beigefügt ist. Verfasser derselben ist ein Benediktiner aus Priefling.

Schriften:

1) Biographia, seu epistola encyclica in funere Rmi D. Abbatis Priflingensis Petri II. 1781. Fol.
2) Der gute Fischer, oder das Regiment der Bedienten. Eine sittl. Unterhaltung auf dem Theater zu Prifling.
3) Sätze aus der Philosophie und Mathematik. Regensburg 1786. 8.
4) Der Verwalter und die Armen. Eine Scene aus dem menschlichen Leben. 8.
5) Sätze aus dem Rechte der Natur, der Mathematik und der Naturlehre. Regensburg 1787. 8.
6) Der Ritter in der Höhle an der Donau. Eine allegorische Cantate. 1790. 8.
7) Zwei Schullehrer in einem Dorfe, oder die entgegengesetzte Erziehung, in 3 Aufzügen, aufgeführt auf dem Theater zu Prifling. 1790. 8.
8) Die guten Unterthanen, in 5 Aufzügen, aufgeführt daselbst bei der öffentl. Preisvertheilung. 1791. 8.
9) Trauerrede auf Fürstabt Frobenius von St. Emmeram. Regensburg 1791. Fol.
10) Die Versteigerung, oder Keiner will sie haben, und Alle wollen sie haben. Operette in 2 Aufzüg. 8.
11) Nachricht an das Publikum über den von einer Regensburgischen Behörde gebrauchten Ausdruck „Priflinger-Herberge" d. d. Priflingerhof den 26. März 1795. 4. Est autem Priflingerhof priscum palatium Butzerorum gentis patriciae dictum in der Putzen. Ratisbonae.[1])
12) Trauerrede auf den Hochw. H. Joseph Maria, Abt von Oberaltaich. Regensburg 1796. Fol.
13) Das Fest der Greisen. Cantate auf die 50jährige Jubelfeier der Prifling'schen Senioren P. Gregor Petz, und P. Joh. Bapt. Donnersberger am 12. Nov. 1797. 8.
14) Chronologische Auszüge aus der Geschichte des hl. Otto, des achten Bischofs von Bamberg, und des baierischen Herzogs Heinrich des Schwarzen zur Beleuchtung einiger Münzen. 1797. (Im V. Bd. d. Neuen hist. Abhandl. d. b. Akad. d. Wissensch. S. 641.)
15) Sammlung wichtiger Aktenstücke, die Landschaft in Baiern betreffend. Frankfurt und Leipzig 1800. 4.
16) Neueste Aktenstücke des Prälatenstandes und der Landschaft in Baiern. 1802. 8.
17) Die Huldigung der Jäger. Ein Singstück. 1806. 8.

[1]) Bei Felder, Lex. I. 419, steht „in den Putzern".

18) Rede bei der ersten Kommunion der durchl. Prinzessin Therese von Thurn und Taxis, 31. Mai 1807. Regensburg. 4.
19) Die Sybille der Zeit aus der Vorzeit, oder politische Grundsätze, durch die Geschichte bewährt. Nebst Abhandl. über die politische Divination. Frankfurt und Leipzig 1810, 2 Bde. 8.
20) Sybille der Religion aus der Welt- und Menschengeschichte, nebst einer Abhandl. über die goldenen Zeitalter. München 1818. 8.
21) Die Sybille der Zeit u. s. w. wie oben. Regensburg 1814, 3 Bde. 8.
22) Die Sybille der Religion u. s. w. wie oben. Regensburg 1816. 8.
23) Denksprüche auf jeden Tag des Jahres, in dem kleinen Stammbuche des P. Ed. Walberer, 1815, und Denksprüche zu dessen neuen Stammbuch. 1816.
24) Rede bei der Vermählung des Freyherrn v. Axter mit Fräul. v. Verger. (In Felder's Magazin, 1816.)
25) Die Hand des Herrn. Eine Predigt, bei Gelegenheit einer 50jährigen Priesterthumsfeier gehalten 1798. Regensburg 1816.
26) Gutachten über den Priestermangel an das Ordinariat Regensburg gesendet. Landshut 1817. 8.
27) Rede, gehalten vor Churfürst Carl Theodor für die Rechte des Prälatenstandes. (Abgedr. in Posselt's Annalen.)
28) Nachträge zu den beiden Sybillen der Zeit und Religion. Regensburg 1817 (opus posthum). Denselben ist eine ausführliche Biographie Kornmann's beigefügt, nebst dessen Porträt.
29) Bemerkungen über die projektirte Wiederherstellung einiger Klöster in Bayern. 1817. (Wurde später abgedruckt in Besnard's Lit. Ztg. 1828, Hft. 6, S. 344—349.)[1]

Manuscripte:

1) Tabulae literarum originem ostendentes cum animadversionibus criticis. 1786.
2) Ist der Gedanke von einer Hagelableitung vernünftig, möglich, ausführbar. Fragment. 1790.
3) Introductio in S. Scripturam ex linguis orientis adornata in usum suorum auditorum.
4) Lectiones variantes ex vetustis manuscriptis Bibliorum hebraicorum non punctarum collectae in usum novissimae sacri textus editionis.
5) Abhandlung über die Abneigung der teutschen Nation von ihrer Muttersprache. 24 Bg. (Gieng unter den Papieren des Freiherrn v. Hartmann zu Burghausen verloren.)

---

[1]) In Gratz soll 1825 erschienen sein: Kornmann's gesammelte Werke, 10 Bde. V. [illegible]kennt diese Ausgabe nicht.

6) Anrede an das Hochw. Capitel der Karthause Prül bei Regensburg 12. Juli 1796.
7) Rede an den Hochw. Fürstbischof von Bamberg Fr. Ch. Freiherrn v. Buseck. (3. Mai 1797.)
8) Der Tempel der Dankbarkeit, Cantate, als die Herzogin von Birkenfeld auf einer Reise nach Priefling kam.
9) Geistliche Reden, gehalten in der Stiftskirche des adelichen Benediktinerfrauenstiftes Nonnberg bei Salzburg.
10) Sermones capitulares annui ad monachos Priflingenses, lingua latina dicti.
11) Sermones sacri in Visitationibus Monasteriorum Congr. Benedictino-Bavaricae, tum in electione R. D. D. Abbatis Bedae, Oberaltacensis.
12) Rede bei der Vermählung des Hochg. Freyherrn v. Schacky auf Offendorf und Hinzenhausen.
13) Rede bei der priesterlichen Einsegnung des H. v. Bürgel.
14) Rede bei der Vermählung des k. bayr. Hofgerichtsrathes Al. v. Neger.

P. Johann Ev. Kaindl, geb. zu Straubing 18. Juni 1744, Profess 7. Nov. 1762, Neomyst 31. Mai 1767, Pfarrer zu Priefling, dann Archivar, in welcher Stellung er sich umfassende Kenntnisse im diplomatischen Fache aneignete. Nebenbei war er ein tüchtiger, gern gehörter Kanzelredner. Mit besonderer Vorliebe verlegte er sich auf das Studium der deutschen Sprache. Das Resultat seiner Forschungen legte er in dem Werke: „Die Wurzeln der deutschen Sprache“ nieder. Nach Aufhebung seines Klosters zog er nach Kumpfmühl bei Regensburg, wo er am 17. April 1823 starb. (Felder, Lex. I, 374.)

Schriften:

1) Die Anfänge Priflingens. Regensburg 1774. 4. (Ein Drama, das die Stiftung von Priefling behandelt, wie dieselbe bei den Bollandisten in Vita S. Ottonis und bei Canisius-Basnage, Antiquae lectiones, Vol. II. dargestellt.)
2) Monumenta Priflingensia. (Mon. boic. Vol. XIII.) 1774.
3) Die deutsche Sprache aus ihren Wurzeln mit Paragraphen über den Ursprung der Sprache. Regensburg und Sulzbach 1815—1826, 5 Bde. 8. (Dr. Th. Rixner lieferte zu diesem trefflichen Werke ein erläuterndes Wortregister in 2 Thlen. Sulzbach 1830.)

Manuscript:

Subsidia historica ad res Priflingenses ab ann. 1107—1822. Fol. (Biblioth. des Klosters Metten.)

P. Benedikt Wisneth, geb. zu Schalkenthan 17. Juli 1766, Profess 28. Okt. 1788, Neomyst 28. Sep. 1790, Professor zu Freising 1796—1798, dann vieljähriger Professor und Schulrektor am Lyzeum zu Amberg bis 1835; † 18. Okt. 1836. Eine ausführliche Biographie dieses um das Studienwesen sehr verdienten Mannes s. Benkert, Religionsfreund, 1836, S. 609—611.[1])

P. Edmund Walberer, geb. zu Schwarzenbach 18. Febr. 1768, Profess 1. März 1789, Neomyst 1. Mai 1791, Pfarrer zu Priefling. Nach der Aufhebung seines Klosters kommorirte er von 1804—1809 zu Prül bei Regensburg, zog dann nach Regensburg, feierte seine Sekundiz 18. Febr. 1841 und starb dort als Pensionist 16. Juni 1842. Bis zum Tode war dieser Religiose unermüdet literarisch thätig, obschon von ihm wenig in Druck kam. Durch Abfassung der Geschichte des Stiftes Priefling hat er seinem untergegangenen Professkloster ein schönes Denkmal gesetzt, welches in einer der monastischen Literatur günstigeren Zeit wohl in die Oeffentlichkeit treten wird. Walberer ruht an der Seite seines Abtes Rupert Kornmann auf dem Gottesacker der obern Stadtpfarrei Regensburgs. (Eine ausführliche Biographie von Walberer s. Zarbl, „der Seelsorger", 1843, V. Jahrg. S. 259—262.)

Schriften:

1) Kleines Stammbuch. Eine sittliche Erläuterung des beständigen Kalenders. Regensburg 1815—1816, 2 Thle. — 3te Aufl. 1827. (Dieses Stammbuch wurde 1852 und 1853 im österreichischen Universalkalender (Wien bei Klang) ohne Angabe des Verfassers wörtlich abgedruckt mit dem Titel: „Der beständige Haus- und Sittenkalender."
2) Beiträge zu J. B. Frob. Weigel's Werk: Denkschrift über den Verfasser der Nachfolge Christi.

Manuscripte:

a) Historia monasterii Priflingensis mit Urkunden und verschiedenen Zeichnungen. Mehrere Foliobände. (In der Biblioth. von St. Jakob zu Regensburg, welcher es der Verfasser testamentarisch hinterliess.)
b) Notamina et excerpta, 3 Bde. (In der Bibliothek zu Metten.) Enthält verschiedene interessante Aufschlüsse über das Leben und Wirken der bayr. Benediktiner kurz vor der Zeit der Säkularisation.
c) Meteorologische Beobachtungen der Station Prüfling von 1791—1793, 295 Bl. 4. (K. Staats-Biblioth. zu München, cod. germ. 3115.)

Joh. Bapt. Frobenius Weigl, ausserordentl. Mitglied der Akademie der Wissenschaften hist. Classe, geb. zu Hahnbach 26. März 1783, begann seine Studien im Klosterseminar zu Priefling unter P. Martin

[1]) Rixner in der „Gesch. d. Studienanstalt zu Amberg, Sulzbach 1832", führt ihn S. 279 als Schriftsteller auf, ohne eine Schrift näher zu bezeichnen.

Jäger's Leitung. Nach zwei Jahren ging er nach Amberg, wo Schenkl sein Lehrer war. 1801 trat er in den Orden und bestand zu Rott unter Direktion des P. A. Jais sein Probejahr. Mit Liebe und Verehrung sprach Weigl noch in seinem hohen Alter von diesem vortrefflichen Pädagogen. Er sagte, dass derselbe seine Tyronen mit Castigationen und äussern Mortifikationen verschont, aber umsomehr auf innere Abtödtung gedrungen habe. 1802 kehrte Weigl der nun mit dem Klosternamen Frobenius hiess, nach Priefling zurück, Willens, die Gelübde abzulegen, sobald er das vom Staate vorgeschriebene Alter erreicht haben würde. Indess brach jedoch die Aufhebung der Klöster herein, und er musste mit seinen zwei Connovizen, Trauz und Iberer, in die Welt zurück. Nachdem er zu Amberg die Studien vollendet hatte, erhielt er 31. Mai 1806 die Priesterweihe, wirkte anfangs als Hilfspriester am Dom zu Regensburg, dann als Professor am Lyzeum zu Amberg. Von 1813 lehrte er dort Moraltheologie und Kirchengeschichte, 20. Okt. 1817 kam er in gleicher Eigenschaft nach Regensburg, 1849 wurde er Domcapitular; gest. zu Regensburg 6. Juni 1852. Sein Porträt befindet sich im hist. Verein von Oberpfalz. S. Mettenleiter: J. B. Weigl, Nekrolog in der Zeitschrift Sion, 1853 (?).[1])

Schriften:

1) Lehrbuch der Arithmetik und Algebra zum öffentl. Gebrauche und Selbstunterricht. Sulzbach 1811. (Erlebte in Deutschland mehrere Auflagen und fand selbst in Amerika Verbreitung.)
2) Katholisches Gebet- und Gesangsbuch für nachdenkende und innige Christen mit besonderer Rücksicht auf die Verhältnisse der studirenden Jugend. Sulzbach 1817. 8. 5 Abtheil. mit Melodien. (S. Felder, Lit. Ztg. f. kath. Religl. 1817, III. S. 225—230.)
3) Thomae Kempensis libri quatuor de imitatione Christi. Solisb. 1815.
4) De anno Attico. (Programm. Lyc. Ratisbon.) Stadtamhof 1825.
5) Nummus Neronis argenteus Augustissimo Illustr. Potentiss. Ludovico I. Bojorum Regi Justo Constanti inter cives suos Ratisbonenses praesenti ea, qua par est submissione, devotione oblatus, addita brevi commentatione et figura nummi aere expressa. Ratisb. mens. Oct. 1830. 4.
6) G. v. Gergory's Denkschrift über den Verfasser des Buches der Nachfolge Christi. Aus dem Französisch. Sulzbach 1832.
7) Abt M. Prechtl von Michelfeld O. S. B. Eine biographische Skizze. Sulzbach 1833, mit Porträt. 8.
8) Populäre Erdglobuslehre zum Privat- und Schulgebrauch. Das. 1843.
9) Kronst J. N., Meditationes de praecipuis fidei mysteriis ad usum cleri-

[1]) Gehört streng genommen nicht mehr unter die Schriftsteller des Ordens, weil er nicht Profess abgelegt hatte.

corum praecipue accomod. quibus annexa vita auctoris, V Tomi. Solisb. 1844—1847.

10) De imitatione Christi libri quatuor V. Thomae a Kempis heptaglota, lingua italica, hispanica, gallica, germanica, anglica, graeca, et latina cum notis et variis lectionibus. Solisb. 1837. 8.

11) Theologisch-chronologische Abhandlung über das wahre Geburts- und Sterbejahr Jesu Christi. Sulzbach 1849, 2 Thle.

12) Gemeinsam mit G. Schwab und Maccathie gab Weigl heraus: Rodriguez, Uebungen der christl. Vollkommenheit, 6 Bde.

13) Weigl's hinterlassene Predigten, herausgegeb. von Mehler. Regensburg 1853, 3 Bde.

14) Weigl's Gast- und Gelegenheitspredigten, herausgegeb. von Mehler. Das. 1855.

Reichenbach.

Reichenbach in der Oberpfalz, Bisthum Regensburg, Gericht Nittenau. Gestiftet von Diepold II., Markgrafen von Cham, 1118, von Kastel aus kolonisirt. In Folge der Reformation wurde es 6. Nov. 1553 aufgehoben, von Churfürst Ferdinand Maria 1669 wieder hergestellt. Der erste Abt nach der Restauration war P. Odilo Mayrhofer, Profess von St. Emmeram. Aufgehoben 1802 von Churfürst Max Joseph.[1]) Die Kirche ist dem Gottesdienste erhalten. Die Klostergebäude dienen als Steingutfabrik und Bräuerei. Das Kloster besass in der Oberpfalz zwei Propsteien: Illschwang und Nabburg.

Literatur:

Monum. boic. XXVII. S. 1—454. — Reg. bav. I. 322, II. 132, 228, III. 184, 360, IV. 222, 534. — Ried, cod. dipl. I. 250. — Schuegraf J. R., Kloster Reichenbach, geschichtl. Beschreibung desselb. mit Abbildung. (Bayern in seinen . . . Schönheiten. II. Hft. 35/36, S. 375—388.) — Stumpf Pl., Handbuch, S. 499, mit Abbildung. — Westenrieder, Beiträge z. vaterl. Hist. VI. 1.

Manuscripte: In der Staatsbibliothek zu München:

Cod. lat. 351 Extractum de annalibus insignis monast. Reichenbach. — 486 (fol. 238). — 716. — 903.

In der Stadtbibliothek zu Regensburg:

Codex traditionum Reichenbacensium. 1 Bd. Fol.

In den Sammlungen des hist. Vereins von Oberpfalz:

a) Röhrer Dr., Abtei Reichenbach. (Monographie.) S. Verhandl. VII. S. 342.
b) Tagebuch des Klosters Reichenbach von 1746—1751. (S. Verhandl. XXII. S. 452.)

Schriftsteller:

P. Anselm Meiller, Abt von Ensdorf, geb. zu Amberg 5. Febr. 1678, studirte unter den Jesuiten zu Amberg, Profess 10. Nov. 1697

[1]) Vergl. Königsdorfer, Gesch. v. hl. Kreuz, III. 2, S. 152 sq.

im Kloster Reichenbach, Neomyst 11. März 1702, Professor zu Freising 1707—1709, dann Prior zu Ensdorf und hernach von den dortigen Conventualen als Abt postulirt 1716; † 18. Sept. 1761. Jubiläus der Profess und des Priesterthums. (Sein Porträt ist in Zimmermann's Churbayr. Calender, Bd. V. ad pag. 262, in Kupfer gestochen; Baader, Lex. II. 1, S. 189.)

Schriften:

1) Der Gott und Mariä zur Wohnung gefällige Berg. Festpredigt beim VI. Säkulum des Klosters Reichenbach. 1718. Fol.
2) Lob- und Ehrenpredigt beim VI. Säkulum des Klosters Ensdorf. 1723. Fol.
3) Mundi miraculum, seu S. Otto episcopus Bambergensis, Pomeraniae apostolus et exempti monasterii Ensdorffensis praecipuus dotator cum .... antiquorum abbatum serie et actis. Ambergae 1730. 4. 2te Aufl. Pedeponti 1739. 3te Aufl. Frinsingae 1773, 479 S. 4.

Manuscripte:

a) Fortgesetzte Chronik des Kl. Ensdorf nach Art eines Diariums.
b) Carmen epicum in fugam S. P. Benedicti Sublacum.

F. Emmeram Kellner, geb. zu Winklarn 6. März 1736, Professor der Theologie; † 29. Okt. 1791.

Schrieb:

1) Leichenrede auf Abt Anselm (Desing) von Ensdorf. Regensburg 1773 Fol.
2) Mehrere Erbauungsschriften (deren Titel der Verfasser nicht näher kennt).

P. Benedikt Muck, geb. zu Neumarkt 14. Mai 1754, Profess 28. Okt. 1776, Neomyst 31. Mai 1779, Professor am Lyzeum zu Freising 1783—1787, dann zu Amberg 1792—1799. Nach Niederlegung der Professur übernahm er auf Bitten der Gemeinde Wahl zum zweiten Mal die Pastoration derselben und starb dort 21. April 1800. Sein Amtsbruder fand ihn am Morgen todt im Sessel sitzen. Seine Verdienste um das Schul- und Erziehungswesen s. in Kapler's Kl. Magazin für kath. Religionslehrer, 1802. S. 390—396.

P. Diepold Ziegler, geb. 19. März 1728 zu Penting bei Neuburg v. Wald, studirte zu Regensburg, Profess 8. Dez. 1752, Priester 1753, die Philosophie studirte er zu St. Jakob in Regensburg. Er war Professor der Philosophie und Theologie am stud. comm. congreg., 1767 Pfarrer zu Wahl, Prior, 18. Jan. 1773 von den Conventualen des Stiftes Ensdorf als Abt postulirt. Als solcher verbesserte er die Landschulen, führte beim Gottesdienste den deutschen Volksgesang ein, sorgte für wissenschaftliche Fortbildung der Kleriker und that viel für die Bibliothek. Auch als Oekonom war er glücklich, liess bisher unbebaute Gründe urbar machen und zahlte viele Schulden ab, in die Ensdorf durch die Ungunst der Zeiten gerathen war. In seinem Kloster herrschte die edelste Gastfreundschaft gegen Fremde jeder Confession. Die Wittwen und Waisen der Klosterunterthanen fanden die kräftigste Unterstützung. Für seine Person lebte er sehr mässig und seine Wohnung war nur dürftig eingerichtet. Die von den Berufsgeschäften freien Stunden verwendete er auf mathematische und historische Studien. In Handhabung der klösterlichen Disciplin war er strenge, jedoch nicht pedantisch. Ruhmvoll beschloss er die Reihe der Ensdorfischen Aebte 21. Nov. 1801. (Baader, Lex. II. 2, S. 241.)

Schrieb:

1) Dei existentis ejusque immensae artis ac ineffabilis providentiae ac bonitatis testimonia in corpore humano conspicua. 1761. 4.
2) Gebet- und Unterrichtsbuch für die Mitglieder der Ensdorfischen Fronleichnam- und Skapulierbruderschaft. Sulzbach 12.
3) Theses ex tractatu de incarnatione. 1764.

Manuscript:

Geschichtliche Abhandlung über die oberpfälzische Landschaft. 1799.

P. Florian Flierl, geb. zu Pilsheim 19. April 1730, Profess 8. Okt. 1758, Neomyst 24. Juni 1760. Mehrere Jahre Professor der Poësie und Rhetorik zu Salzburg und Amberg. Starb als Bibliothekar im Kloster 29. März 1802.

Manuscripte:

a) Repertorium archivii Ensdorfensis.
b) Catalogus bibliothecae Ensdorfensis.
c) Catalogus bibliothecae Reichenbacensis.

P. Joseph Prixner,[1]) geb. zu Reichenbach 14. Febr. 1743, Sohn des dortigen Klosterrichters, Profess 16. Okt. 1763, Neomyst 12. Juli 1767, Subprior, Prior; † 1804. Ein vortrefflicher Organist und Violinist.

P. Ildephons Holzwart, Dr. philos., geb. zu Schwarzhofen 16. Mai 1761, machte seine Studien in Regensburg, Profess 27. Dez. 1781, Neomyst 24. Sept 1785, Lektor der Philosophie im Kloster, sechs Jahre Prior, Professor der Mathematik an der Universität Salzburg 19. Dez. 1801 —1803; kam im Herbste 1803 in gleicher Eigenschaft an das Lyzeum nach München 1803—1808, Pfarrer zu Laberweinting (1809—1827);

[1]) Bruder des P. Sebastian P. zu St. Emmeram.

resignirte und starb als Quieszent zu Straubing 23. Mai 1829. (S. Felder, Lex. III, S. 238—239; Felder, Lit. Ztg. 1829, Intelligbl. IX, S. 129—131. Der dortige Nekrolog ist von P. M. Gandershofer; Verzeichniss aller akad. Professoren, S. 103—104.)

Schriften:

1) Aufklärung und Erziehung einer Nation durch den Staat. München 1803.[1])
2) Im Verein mit P. Th. Siber löste er die von der bayr. Benediktiner-Congregation aufgeworfene Preisfrage: Quid est Iris?" (S. Westenrieder, Gesch. d. b. Akad. d. Wissensch. II. S. 496.)
3) Exegetische Abhandlung über Corinth I, XV. 51. (In Felder's Lit. Ztg. für kath. Religionslehr. 1824, II. Intelligbl. VI. S. 82—88.)
4) Die Naturgesetze zur Bildung des Menschengeistes. I. Thl. Naturgesetzliche Bildungsform. Sulzbach 1826, 294 S. 8. (S. Allgem. Lit. Ztg. von Halle. 1827, II. S. 246—248.)

---

[1]) Diese Schrift fand bei der Regierung solchen Beifall, dass ihm dafür eine jährliche Gehaltszulage von 200 fl. bewilligt wurde.

Michelfeld.

Michelfeld in der Oberpfalz (Michaelfeld), Bisthum Bamberg, Landgericht Auerbach. Gestiftet vom heiligen Otto, Bischof von Bamberg, und Beringer, Grafen von Sulzbach, 1119 zu Ehren des heiligen Johannes Ev. Aufgehoben vom Pfalzgrafen Otto Heinrich 1556, wiederhergestellt vom Churfürsten Ferdinand Maria 1669; Oberaltaich kolonisirte es. Zum zweiten Male aufgehoben von Churfürst Max Joseph[1]) 1802. Die Klostergebäude stehen leer.

Literatur:

Bruschius, Cronologia monast. I. 306—312. — Ertl, Churb. Atlas, II. 236. — Monum. boica XXV. 93—576, Reihenfolge der Aebte, 253 Urkunden. — Reg. bav. I. 160, 162, 178, 209, 326, 330, 363, 368, II. 168. — Schultes, hist. Schriften, I. 22. — Stumpf, Handbuch, S. 454. — Sulzbacher Kalender 1864, S. 73—82 und 1865, S. 71—79. (Kurze Geschichte des Klosters, mit 2 Abbildungen.) — Ussermann A., Episcopatus Bambergensis, S. 317—346. (Enthält Historia monast. Michelfeldensis auctore M. Prechtl.) — Weigl J. B. Frob., Abt Prechtl, eine biograph. Skizze. Sulzbach 1833. 8. (Mit Porträt.) — Zimmermann, Churb. geistl. Calend. V. S. 107—112. — Ueber die Bibliothek: Jäck, Beschreibung der öffentl. Biblioth. zu Bamberg, II. S. 74 sq.

Manuscript:

Prechtl M., Historia monasterii Michelfeldensis. (Im hist. Verein von Oberpfalz. 8. Jahresbericht XXVIII. S. 304.) (Vielleicht identisch mit der bei Ussermann edirten.)

---

[1]) Das Uebergabsprotokoll bezügl. der Aufhebung des Klosters ist vom 13. März 1802.

Schriftsteller:

P. Otto Sporer, geb. zu Göttersdorf 11. März 1711, Profess 23. Nov. 1732, Neomyst 24. Sept. 1735. Er war 15 Jahre Novizenmeister der bayr. Bened.-Congregation, † 7. Jan. 1768.

Schrieb:

Recollectiones morales extemporaneae super theologiam universam. Aug. Vind. 1747, 2 Thle.

P. Wolfgang Haeckl, geb. zu München 11. Nov. 1704, Profess 1. Nov. 1722, Neomyst 11. Juni 1729, † 18. April 1774.

Schrieb:

Leichenrede auf Alexander, Abt von Waldsassen, s. Ord. Cisterc. 1757. Fol.

P. Heinrich Eumring, Mitglied der societas litteraria germano-benedictina, geb. zu Luxemburg 23. Juni 1704, kam, acht Jahre alt, nach Regensburg zu Dekan Balthas. Eumring, der ihm in der Folge die Aufnahme in Michelfeld erwirkte; Profess 1. Nov. 1723, Neomyst 24. Mai 1729. Er war Professor am stud. commune congregationis und 1742—1754 am Lyz. zu Freising. In das Kloster zurückgekehrt, war er zweimal Prior, und Pfarrer zu Zeill, wo er seine Nebenstunden als ausgezeichneter Calligraph dazu benützte, für den Klosterchor neue Antiphonarien anzufertigen. Im J. 1771 wurde er vom Schlage gerührt, der ihm das Gehen unmöglich machte; ein zweiter Anfall benahm ihm den Gebrauch der Sprache und des Gesichtes, bis er einem dritten 30. Sept. 1781 erlag. (Felder, Lit. Ztg. 1820, I. S. 124.)

Schrieb:

Declarationes in regulam S. P. Benedicti et forum regulae. Typ. m. Tegernsee 1735.

P. Johann Nep. Ströhl, geb. zu Amberg 3. März 1718, Profess 2[illegible]. Okt. 1737, Neomyst 3. Sept. 1741, Professor zu Freising 1751—1752, dann am stud. comm. congregat. Von 1760—1773 war er Beichtvater zu Nonnberg bei Salzburg, starb im Kloster 17. Mai 1786.

Schriften:

1) Cultus Christi crucis ac imaginis immaculatae virginis. Tegernsee 1756. 4.

2) Petrus Petra, sive dissert. contra Huthium professorem Erlangensem. Ratisb. 1757. 4.

P. Aegid Bartscherer, geb. zu Neumarkt 4. Juli 1730, Profess 30. Sept. 1749, Neomyst 21. Sept. 1754, Professor der Theologie am stud. comm. congregat. (zu Benediktbeuern), dann Novizenmeister der Congregation; als solcher zum Abt erwählt 10. März 1783, † 12. Nov. 1799. Er war Virtuose auf der Violine. (Lipowsky, Mus. Lex. S. 404; Prössl, Trauerrede auf Abt A. Bartscherer. Amberg 1799, 4; Ussermann, Episc. Bamberg. S. 345.)

Schriften:

1) Recta in coelum semita theologice demonstrata, seu positiones theolog.-dog.-schol. de beatitudine, actibus humanis, conscientia et peccatis. 1761. 4.
2) Theses ex univ. theolog. resp. Alph. Hafner, Bened. Ettalensi. Tegernsee 1767. 4.
3) Theologia dogmatica in sua theoremeta per singulos tractatus divisa. Frising. 1771. 4.
4) Systema theologicum genio moderni saeculi accomodatum. Amberg. 1775. 4.

Manuscript:

Tyrocinium benedictinum in usum novitiorum congr. bened. bavaricae.

P. Benedikt Gulder, geb. zu Nabburg 21. Jan. 1761, Profess 11. Nov. 1782, Neomyst 24. Sept. 1785, ein guter Organist und Componist, Professor der franz. Sprache zu Amberg, † 23. Juni 1830. (Lipowsky, M. Lex. S. 107.)

P. Max. Prechtl, letzter Abt. Er wurde am 20. Aug. 1757 zu Hahnbach geboren, machte in Amberg unter den Jesuiten seine Studien, trat mit 18 Jahren in den Orden, und legte 25. Nov. 1776 Profess ab, nachdem er zu Scheyern unter P. Amand Fritz aus Benediktbeuern das Noviziat bestanden hatte. Am 7. Okt. 1781 feierte er sein erstes hl. Messopfer, und wurde (1782) von seinem Abte zur weiteren Ausbildung nach Salzburg gesendet, wo er beide Rechte hörte, und zugleich Kaplan im Stifte Nonnberg war. Im J. 1786 in das Stift zurückgekehrt, wurde er Lektor des Kirchenrechtes für die jungen Ordenskleriker. Es wurde ihm zur Uebung seiner juridischen Kenntnisse ein weites Feld eröffnet. Der damalige Abt vertraute ihm die neue Einrichtung des Archivs, und später die der Registratur an, und übertrug ihm die Beilegung wichtiger, theilweise schon über 100 Jahre anhängiger Prozesse, die er zum Besten seines Klosters glücklich zu Ende führte. Vom J. 1788—1791 lehrte er Dogmatik und Moral. Im Anfange des J. 1793 liess ihn Fürstabt Martin Gerbert um einen Beitrag zur Germania sacra bitten. Es wurde eine kurze urkundliche Geschichte des Klosters Michelfeld für den „Episcopatus Bambergensis" gewünscht. Die Aufgabe war eine sehr schwierige, denn die historischen Quellen der oberpfälzischen Stifte und Klöster waren grösstentheils zu Grunde gegangen, und man hatte sich bis dahin nur mit ungewissen Sagen aus der Vorzeit begnügt. Prechtl studirte genau alle noch vorhandenen Urkunden, stellte Vergleiche an, und sammelte verlässliche Daten über Michelfelds Geschichte. Abt Martin Gerbert erhielt die Arbeit noch kurz vor seinem Tode, äusserte darüber grosse Freude, und liess ihm dafür seinen Dank erstatten. Bald darauf (1794) erhielt Prechtl die Lehrkanzel der Dogmatik und Kirchengeschichte am Lyzeum zu Amberg. Dort theilte er mit Maurus von Schenkl das theologische Fach, lebte mit ihm auf dem vertrautesten Fusse, und erfreute sich des Zutrauens seiner Schüler.

Einem Rufe, die Lehrkanzel der Moral an der Universität Ingolstadt zu übernehmen, leistete er keine Folge. Seit 1798 war er Rektor der Lehranstalt zu Amberg. So lästig schon an und für sich dieses Amt war, so erschwerten die Zeitumstände dasselbe noch mehr. Ein Korps österreichischer Truppen hielt unter General Starrey zu Amberg Winterquartier, was auf die Schule in verschiedener Beziehung nachtheilig wirken musste. Prechtl beobachtete hierin die Maximen liebevoller Energie, so dass General Starrey sich öffentlich verlauten liess: „Er sei in vielen Städten gewesen, aber nirgends habe er ein so geordnetes Betragen der studirenden Jugend angetroffen, wie in Amberg." Indessen spielten gegen Prechtl allerlei Intriguen, die damit endeten, dass er durch Dekret vom 23. Nov. 1799 zum Lehrer der II. Rhetorik degradirt wurde. Prechtl übernahm schweigend diese Stelle. Hatte er sich bisher als gründlichen, gut katholischen Theologen bewiesen, so zeigte er sich auch in dem neuen Wirkungskreise nicht ungewandt. Er übernahm auch, an die Gymnasiasten der sog. kleinern lateinischen Congregation, — ein Ueberbleibsel der alten Jesuitenschulen — die üblichen Anreden zu halten; jedoch am 14. Jan. 1800 erfolgte die Wahl eines neuen Abtes von Michelfeld. Schon im ersten Skrutinium vereinigten sich die Stimmen auf ihn. Er nahm die Würde mit der Aeusserung an: Er wisse wohl, welche Bürde er übernehme, doch wolle er gehorchen, und auch dieses Opfer bringen, und sollte es nöthig sein, das Leben für sein Kloster hinzugeben." In Mitte lästiger Einquartierungen lag ihm schon im Anfange seiner Regierung die Bildung der Jugend am meisten am Herzen. Er sorgte nicht nur für gediegene, wissenschaftliche Ausbildung seiner Ordenskandidaten, sondern liess hoffnungsvolle Jünglinge verpflegen und unterrichten, und begann im J. 1802 den Bau eines schönen Schulhauses zu Michelfeld, dessen Vollendung [illegible] ungemein erschwert wurde. Schon im Anfange des J. 1802 zogen sich trübe Gewitterwolken über alle oberpfälzischen Abteien und Klöster zusammen. Abt Prechtl hatte theils allein, theils mit Andern verschiedene Schritte gethan, um das drohende Unglück abzuwenden. Er war in Begleitung des Abtes Marian von Reichenbach und des P. Marian Dobmayr nach München gereist; jedoch der vernichtende Schlag liess sich nicht mehr abwenden. Michelfeld wurde 13. März 1802 aufgehoben. Ein Theil der Bibliothek kam nach Amberg, ein Theil nach Bamberg. Abt Prechtl wählte sich, da seines Bleibens im Kloster nicht mehr war, das Städtchen Vilseck zu seinem Aufenthalte, und lebte dort isolirt ganz der Literatur; in dieser Stille arbeitete er seine irenischen Schriften aus. Seine Lebensweise war höchst einfach; desto freigebiger war er gegen Arme. Im J. 1812 zog er nach Amberg. Im J. 1827 richtete Bischof Sailer an ihn ein Schreiben, worin er ihm den Antrag machte, und zugleich die Bitte stellte, wenigstens auf zwei Jahre die Stelle eines Vorstandes in dem neu zu errichtenden Kloster Metten zu übernehmen. Jedoch seines vorgeschrittenen Alters wegen lehnte er diesen Antrag ab. Wirklich stellten sich ernstere Krankheitszustände ein. Sein Gedächtniss nahm zusehends ab, besonders schwand dasselbe in Rücksicht auf die Ereignisse der Gegenwart, während die Erinnerung an die Begebenheiten seiner frühesten Jugend noch ziemlich lebhaft blieb. Am 22. Sept. 1831 feierte er in aller Stille seine Sekundiz — unter unbeschreiblichen Gefühlen und Gebeten des gerührtesten Dankes gegen Gott.

Er starb an Entkräftung 12. Juni 1832 und fand seine Ruhestätte neben seinen Freunden P. M. Dobmayr und dem Exjesuiten P. Georg v. Heeg. — In seinem Testamente hatte er die Armen von Hahnbach, Michelfeld und Amberg zu gleichen Theilen als Erben eingesetzt. Seine Bibliothek und seine Manuscripte vermachte er dem Klerikalseminar zu Regensburg. (Entnommen aus Prechtl's Biographie von J. Weigl. Sulzbach 1835; s. Felder, Lex. II. 123 sq.)

Schriften:

1) Positiones juris ecclesiastici universi Germaniae ac Bavariae adcommodatae. Ambergae 1787.
2) Succincta series theologiae theoreticae. Ambergae 1791, 112 S. 8.
3) Trauerrede auf das Hinscheiden des Carl Theodor, Churfürst von Bayern, gehalten in der Studienkirche zu St. Georg in Amberg. Amberg 1799.
4) Wie sind die oberpfälzischen Abteien im J. 1669 abermal an die geistlichen Ordensstände gekommen? Als Beitrag zur Kirchengeschichte der Oberpfalz. 1802. Nürnberg bei Grattenauer (anonym). 8.
5) Historia Monasterii Michelfeldensis O. S. B. (Abgedruckt im Episco-

patus Bambergensis edit. a P. Aemil. Ussermann. Typis principal. Monasterii S. Blasii, 1802.)

6) Friedensworte an die katholische und protestantische Kirche für ihre Wiedervereinigung. Sulzbach (Seidel) 1810. 2. Aufl. das. 1820, XVI. 344 S. 8.

7) Friedensbenehmen zwischen Bossuet, Leibnitz und Molan für die Wiedervereinigung der Protestanten und Katholiken. Das. 1815.

8) Gutachten der Helmstädter Universität bei der einer protestantischen Prinzessin angesonnenen Annahme der katholischen Religion. Salzburg (Mayr) 1815. (?)

9) Seitenstück zur Weisheit Dr. Martin Luther's. — Zuerst anonym bei Rodtermundt in Regensburg, 1817; dann bei Seidel in Sulzbach, 1817, X. 436; abermals 1818, XVI. 350 S. Die 4. Auflage hat eine Beigabe: Ueber das moralische (psychologische) Räthsel im Betragen Luther's. — Sulzbach, Wien (Gerold) 1818, 348 S. (S. Felder, Lit. Ztg. 1818, III. S. 117—122.)

10) Antwort auf das Sendschreiben Dr. M. Luther's an den neuesten Herausgeber seiner Streitschrift: „Das Papstthum zu Rom, vom Teufel gestiftet." Sulzbach und Wien (Gerold) 1817, 94 S. 8. II. Aufl. das. 1818.

11) Abgedrungene Antwort auf das zweite Sendschreiben Dr. M. Luther's an den neuesten Herausgeber seiner Streitschrift „Das Papstthum u. s. w." Sulzbach 1818, 110 S. 8.

12) Kritischer Rückblick auf J. Ch. Berbert's kritische Beleuchtung des Seitenstückes zur Weisheit Dr. M. Luther's. Sulzbach 1818, 190 S. 8. (Felder. Lit. Ztg. 1818, III. S. 122—138.)

13) Beleuchtung der Dr. Tzschirner'schen Schrift: „Protestantismus und Katholizismus aus dem Standpunkte der Politik betrachtet." Sulzbach 1823. 8.

14) Rechtfertigender Rückblick auf die Beleuchtung der Dr. Tzschirnerschen Schrift: „Protestantismus u. s. w. . . . als Antwort auf das Tzschirner'sche Sendschreiben für und an das Publikum. Sulzbach 1824. (Felder, Lit. Ztg. 1824, II. S. 58 sq.)

15) Mehrere Beiträge zu Literatur-Zeitungen.

Manuscript:

Material zu einer Reformationsgeschichte der Oberpfalz; — Kurzer Bericht über die verschleuderte Bibliothek des Klosters Michelfeld. 1823. (Letzteres Manuscr. in der Biblioth. v. St. Jakob in Regensburg.)

Marian (Wilhelm) Reber, geb. zu Forsting 10. Nov. 1781, war zur Zeit der Säkularisation noch Kleriker, und wurde Priester 1. Sept. 1805. Abt Prechtl hatte schon den Plan gefasst, ihn zur höhern Ausbildung nach Salzburg zu senden, als die Aufhebung des Klosters es vereitelte. Reber vollendete seine Studien zu Landshut und wurde Professor am Lyzeum zu Regensburg, dann provisorischer Religionslehrer am kgl. Hofe. 1817 erhielt er die Pfarrei Eggenfelden, wurde 1824 Domcapitular zu Regensburg, † 24. Okt. 1825. (S. Zarbl, „der Seelsorger“, 1842, S. 289 sq.; Weigl, Abt Prechtl, S. 33.)

Schrieb:

Rede bei der öffentl. Preisvertheilung zu Regensburg. Regensburg 1811.

Ensdorf.

Ensdorf in der Oberpfalz (M. Ensdorfense), Bisthum Regensburg, von Amberg drei Stunden entfernt. Es wurde gestiftet 1121 vom Pfalzgrafen Otto IV. von Wittelsbach mit Hilfe des hl. Otto, Bischofes von Bamberg, zu Ehren des hl. Jakobus. Die ersten Mönche wurden aus St. Blasien im Schwarzwald gerufen. Zur Zeit der Reformation wurde es aufgehoben, aber 1669 vom Churfürsten Ferdinand Maria wieder den Benediktinern übergeben. Die Colonisirung übernahm Prüfling. Im J. 1802 wurde es von Churfürst Max Josef aufgehoben. Die Klosterkirche ist Pfarrkirche des Ortes, die Klostergebäude dienen als Correktionshaus für Priester des Regensburger Bisthums.

Literatur:

Denkwürdigkeiten der Oberpfalz, Gesch. von Ensdorf, Kastl.... Sulzbach 1843. -- Fink J. v., die Privilegien des Klosters Ensdorf. (Verhandl. des hist. Vereins von Oberpfalz, VII. S. 214—250.) — Lexikon von Baiern, I. 559. — Meiller A., Mundi miraculum, seu S. Otto Episcop. Bamberg. monast. Ensdorfensis praecipuus dotator cum ejusdem monasterii abbatum serie et actis. Mit Abbildung des Klosters. Ambergae 1730, Pedep. 1739. 4. — Monum. boica XXIV. S. 1—304. — Moritz J., Codex traditionum monast. Ensdorf. (Freyberg, Sammlg. hist. Schriften, II. Hft. 2. Stuttgart 1828.) — Parfues Jac., Chronicon Ensdorfense. (Oefele, script, rer. boic. I. S. 579—598.) — (Prechtl M.) Wie sind die oberpfälzischen Abteien im J. 1669 abermal an die geistl. Ordensstände gekommen? (o. O.) 1802, 150 S. (anonym). — Reg. bav. I. 120, 122, 154, 166, 220, 258, 260, 264. — Sulzbacher Kalender 1843, mit Abbildung des Klosters. — Zimmermann, Churb. geistl. Cal. V. S. 247—263. (Kurze Gesch. des Klosters mit Porträt des Abtes Anselm Meiller.)

Manuscripte: In der Staatsbibliothek zu München:

Cod. lat. 351 Chronicon Ensdorfense.

In den Sammlungen des hist. Vereins von Oberpfalz:

Geschichte des Kl. Ensdorf v. J. 1756 — 1795. (Von P. Stephan Götz [1]) O. S. B. von Ensdorf, 1849 dem Vereine geschenkt. S. Verhandl. Bd. XIV. S. 275.) — Sammlung von Epitaphien des Domes zu Regensburg . . . . und Kloster Ensdorf.

Schriftsteller:

P. Jacob Fellerer, geb. zu Amberg 2. Nov. 1694, Profess 23. Okt. 1718, Neomyst 25. März 1719, † 14. Aug. 1753.

Schrift:

Leichenrede auf Abt Placidus von Reichenbach. 1754. 4.

P. Anselm Meiller, s. Stift Reichenbach.

P. Vincenz Müller, geb. zu Rötz 21. Jan. 1719, Profess 23. Okt. 1740, Neomyst 6. Okt. 1743, † 30. Nov. 1764.

Schrift:

Ehrenrede bei der Jubelprofess des Abtes Anselm Meiller von Ensdorf 12. Nov. 1747. Amberg 1747. Fol.

P. Bonaventura Engl, geb. zu Amberg 22. Febr. 1697, Profess 28. Okt. 1717, Neomyst 16. Juni 1720, erhielt seine Bildung theils am studium commune der Congregation, theils zu Ingolstadt, lernte ohne fremde Leitung das Kupferstechen, war in der Medizin, Mathematik und Astronomie sehr bewandert. In freien Stunden beschäftigte er sich mit Verfertigung von Uhren oder Schriftsetzen; † 13. Juni 1765. Zur Zeit der Aufhebung waren von ihm im Kloster mehrere Repetir- und Sekundenuhren vorhanden, sowie mehrere Choralbücher, die er selbst gedruckt hat. (Gandershofer, Nekrologium.)

P. Sigmund Maria Poschinger, geb. zu Neumarkt im Salzburgischen 21. April 1722, Profess 29. Okt. 1741, Neomyst 18. Sept. 1745, Reisegefährte des Abtes Anselm Desing, als derselbe Italien besuchte; † 11. Mai 1772.

Manuscript:

Fragmenta diarii itineris Italici a. 1750.

P. Anselm Desing, Dr. philos., Mitglied der Akademie der Wissenschaften zu München und der societas litteraria germano-benedictina, geboren zu Amberg am 15. März 1699 und Franz Joseph Albert ge-

[1]) Derselbe war seit 1837 Pfarrer zu Ensdorf und starb dort 10. März 1855.

taufl. Sein Vater war wohl Joh. Georg Desing, J. U. Lic., Regierungs-Advokat und Hofrichter daselbst. — In den Jahren 1710—1717 machte er in seiner Vaterstadt unter Leitung der Jesuiten seine Studien mit bestem Erfolge, und trat 1717 in das Kloster Ensdorf. Am 31. Okt. des folgenden Jahres legte er Profess ab. Im J. 1723 erlangte er die Priesterweihe, und primizirte 4. Mai d. J. Leider war die Bibliothek von Ensdorf nicht gut bestellt. Ensdorf war erst seit 1669 dem Benediktinerorden wieder gegeben worden. Seine Finanzen reichten bloss zur Erhaltung eines kleinen Conventes hin. Im J. 1725 wurde er als Professor an das Lyzeum nach Freising berufen, wo er bis 1731 blieb. Er brach hier in Bezug auf Lehrmethode Bahn, indem er das bis dahin beinahe vernachlässigte Studium der Geschichte und Geographie mit Eifer betrieb, und zu diesem Zwecke mehrere Lehrbücher verfasste. Im J. 1731 wurde er nach Ensdorf zurückberufen und zum Prior bestellt. Dort arbeitete er an seinen „Auxilia historica und geographica", die nacheinander mit 33 von ihm selbst gestochenen Karten erschienen. Im J. 1735 wurde er für die Universität Salzburg gewonnen, wo er Moralphilosophie und Geschichte lehrte. Er besass neben seinem Talente auch die seltene Gabe, seine Schüler für die Wissenschaften zu begeistern, und mittelst derselben sie zu veredeln. Auch hier war er unermüdet als Schriftsteller. Eine besondere Vorliebe hatte Desing für die Benediktinerabtei Kremsmünster. Mit P. Nonnos. Stadler, einem vorzüglichen Beförderer der Studien, stand er auf dem vertrautesten Fusse. Der dortige Abt Alexander trug sich schon länger mit dem Gedanken, in seinem Stifte eine Akademie für die adelige Jugend zu errichten. Es sollten an derselben nicht nur die sog. Humaniora, sondern auch Theologie, Philosophie, die Rechte, höhere Mathematik, Physik, Astronomie, sowie die neuern Sprachen gelehrt werden. In Ausführung dieses Planes bediente sich der Abt Alexander besonders seines Schaffners, des P. Nonnos. Stadler, und des P. Anselm Desing. Die Feder Desing's war nach allen Richtungen hin thätig, um das werdende Institut, dessen Wichtigkeit wegen der Stellung des Adels er wohl würdigte, in Aufnahme zu bringen. — Schon am 16. Nov. 1742 schickte er einen Entwurf des ganzen Lehrplanes nach Kremsmünster, wobei er zugleich versprach, alle Privilegien und Statuten zu sammeln, die an andern Akademien und derartigen Instituten üblich sind. Ihm wurde die Aufgabe, für die verschiedenen Fächer die nöthigen Lehrkräfte zu erwerben. Bei ihm erholte man sich Rath bei der Auswahl der Lehrbücher. Selbst ein und das andere Lehrbuch für Kremsmünster floss aus seiner Feder. So das Buch „Hinlängliche Geographie vor die Schule" u. s. w. Desing gewann für Kremsmünster P. **Eugen** Dobler O. S. B. aus Irrsee; derselbe füllte seinen Posten vollkommen aus, und lehrte von 1746—1761 dort Mathematik und Physik. Selbst auf die Erbauung der Sternwarte zu Kremsmünster hatte Desing Einfluss. Schon 1740 sendete er an Stadler einen Grundriss zu einem derartigen Gebäude, wenn schon nicht genau nach demselben gebaut wurde. Stadler schickte an Desing öfter das Modell, um nöthig gewordene Abänderungen zu treffen, worauf Desing in Briefen antwortete, und auch einige Male selbst nach Kremsmünster kam. Die unmittelbare Aufsicht über den Bau hatte P. Eugen Dobler.[1] (S. Hagn, Wirken der Bened.-Abtei Kremsmünster für Wissenschaft, Linz 1848.)

Im J. 1744 verliess Desing die Universität Salzburg, und begab sich nach Wien. Im J. 1746 berief ihn der Fürstbischof von Passau, Cardinal Joseph Domin. v. Lamberg, zu sich, um sich seines Rathes und Beistandes in der Leitung seiner Diözese zu bedienen. Er ordnete dort das fürstbischöfliche und domcapitel'sche Archiv.

Im Jubeljahre 1750 pilgerte Desing nach Rom. Diese Reise hatte einen religiösen und literarischen Zweck. — Besondere Aufmerksamkeit widmete er den Bibliotheken. Mit kostbar gefüllter Reisemappe trat er seine Rückreise nach Deutschland an. Er nahm den Weg über die Schweiz, Schwaben und Oesterreich. Ueberall schätzten sich die Klostergemeinden glücklich, diesen grossen Gelehrten in ihrer Mitte beherbergen zu können. — Kaiser Franz und Maria Theresia würdigten ihn ihrer besondern Huld. — Desing liess sich wieder in Passau nieder. Innerhalb dreier Jahre erschienen 11 Werke von ihm. Cardinal Lamberg wollte keinen andern Gewissensrath als Desing, der dem edlen Kirchenfürsten am 30. August 1761 die Augen schloss.

Desing kehrte nun nach Ensdorf zurück. Dort lebte noch Anselm Meiller als Abt, von dem Desing vor 44 Jahren das Ordenskleid erhalten hatte. — Dieser starb am 18. Sept. desselben Jahres. Am 4. Nov. war die Abtswahl, welche auf Desing fiel. Er fand besonders in den Hungersjahren 1770, 1771 und 1772 Gelegenheit, sein mildes Herz an den Tag zu legen; so weit gieng seine Sorgfalt für die Noth leidenden Oberpfälzer, dass er sich selbst den grössten Abbruch auflegte. Ueberall erschien er als tröstender und rettender Engel. Zahllos sind die Thränen, die er getrocknet und die wunden Herzen, die er geheilt hat. — Während seiner Regierung war er bestrebt, die Bibliothek zu bereichern, schaffte viele mathematische Instrumente an, und setzte die Bearbeitung der deutschen Reichsgeschichte fort. Vor ihm hatte kein katholischer Historiker sich an diese Arbeit gewagt. Es erschien aber (1768) bloss der erste Theil. In den siebziger Jahren zeigten sich Symptome der Wassersucht; er täuschte sich über die Gefahr nicht, verlor aber nichts von seiner Heiterkeit und Gemüthsruhe, und arbeitete beständig an seinen

[1]) Näheres über Dobler s. unter Irrsee.

Werken. Oft äusserte er scherzweise, wie nach Vespasian's Ausspruch ein Kaiser stehend sterben müsse, so müsse ein ächter Beförderer der Wissenschaft schreibend seine Seele aushauchen. Es hätte sich diess an ihm beinahe erfüllt. Er starb in seinem Sessel sitzend, umgeben von seinen Ordensbrüdern am 17. Dez. 1772, im vierundsiebenzigsten Lebensjahre. Der demüthige Abt, der nie nach eitlem Lobe gegeizt, verordnete ausdrücklich, dass man ihm folgende Grabschrift setzen möge: „Bittet Gott für Anselm Desing, hiesigen Abt." Ziegelbauer sagt von ihm, dass wenn je ein Benediktiner Deutschlands sich um die Hebung des Studienwesens verdient gemacht hat, 'dieser Ruhm ganz vorzüglich Desing zukomme.

Staunenswerth ist der Reichthum der Kenntnisse, welche Desing sich eigen gemacht. Er war Philolog, Redner, sprach italienisch und französisch, war Geschichtsschreiber, Mathematiker, Jurist und Politiker. — Ueber seine juridisch-politischen Schriften fällt Koch-Sternfeld folgendes Urtheil:[1]) „Mit hohem Berufe und wahrer Seherkraft hat Desing die seit 200 Jahren von den Ideal-Sozialisten Hobbes, Hugo Grotius, Puffendorf, Wolf und Heinecius aufgeführten Staatensysteme geprüft und ihre Unhaltbarkeit nachgewiesen. Es ist die im Kampf der Zeit durch die civilisirte Welt gehende Lehre der Tories, die königliche Macht sei ein Ausfluss Gottes, die der weise, tief in die Natur und Geschichte der Menschheit blickende Abt gegen die Lehre der Whigs, dass der Staat auf einem Vertrage beruhe, verfocht." Was von ihm in der Kunst geleistet wurde, ist erwähnenswerth. Den Grabstichl führte er mit ebenso sicherer Hand, als den Pinsel, wovon noch gegenwärtig ein Christus am Kreuz in Oel Zeugniss gibt, der zu Ensdorf gezeigt wird. Die Kupferplatten zu mehreren geographischen Karten gravirte er selbst. Als Architekt haben wir ihn beim Bau der Sternwarte von Kremsmünster kennen gelernt. Er war auch Verfertiger eines Erdglobus von enormer Grösse, der bis 1803 in der Bibliothek des Klosters Ensdorf stand. Desing's Kenntnisse wurden allenthalben gewürdiget. Die Akademie der Wissenschaften zu München nahm ihn unter ihre Mitglieder auf. Gelehrte Männer seiner Zeit standen mit ihm in Briefwechsel, wie Forster von St. Emmeram, Oliverius Legipontius von St. Martin in Cöln, Angelo Mar. Quirini, Bibliothekar der vatikanischen Bibliothek und Andere. Die Werke eines Desing, sagt Koch-Sternfeld (l. c. S. 378) verdienen auf unsern Schulen und in den Verwaltungs-Collegien auch wieder in's Gedächtniss zurückgerufen zu werden. Unvergänglich ragen solche gediegene Geister aus dem deutschen, ja europäischen Boden, aus der Flugasche der Zeit hervor." (Aus Desing's Monographie

---

[1]) S. Beiträge zur deutschen Länder- und Völkerkunde, II. S. 378.

von N. Erb, abgedr. in den Verhandlungen des hist. Vereins von Oberpfalz, Bd. XVIII. S. 75—133; Baader, Gelehrt. Baiern, S. 228; Kohlbrenner, Materialien, I. S. 234—236.)

Schriften:

1) Methodus contracta historiae, sive triplex schema depingens historiae naturam, studium et praxin. Amberg. 1725. Fol.
2) Cogitationes de vita bene degenda, quibus praecipua morum capita intimius considerantur. Campid. 1727. 8.
3) Sicherheit der unschuldigen, sonderbar studirenden Jugend, oder nützliches Lehr- und Gebetbüchlein. Amberg 1727. 12.
4) Porta linguae latinae, exhibens nomenclaturam, phraseologiam, barbarismi emendationem. Ingolstadii 1727. 8. Monach. 1734. Ingolstad. 1741, 1756. Salisburgi 1764. Ingolstadii 1764. Eichstadii 1786. Aug. Vind. 1788. 8.
5) Compendium eruditionis, complectens historiam sacram profanamque, politicen, juris publici adumbrationem, geographiam, ritus veterum. ... Monach. 1728. Ingolst. 1733, 1746. Monach. 1765. 8.
6) Kürzeste Universalhistorie nach der Geographie auf der Landkarte zu erlernen. Freysing 1731. Kempten 1732, 1733. Sulzbach 1735. Augsburg und Zweybrücken 1736. München und Stadtamhof 1767, 1768. 12. — Fr. Xav. Jann besorgte eine neue verbesserte Ausgabe unter dem Titel: „Des Abtes Desing kurze Anleitung, die Universalhistorie auf der Landkarte zu erlernen. Augsb. 1808, mit 1 Karte. 8. (S. A. d. B. Bd. 94, St. 2, S. 526; Nürnberger gel. Ztg. 1782, S. 316.)
7) Schulgeographie für junge Leute. Regensburg 1734. 12. Sulzbach 1761.
8) Index poëticus continens nomina propria, genealogiam, mythologiam etc. ... cum 8 tabulis geographicis. Ambergae 1731. 8. Ingolstad. 1758, 1768.
9) Auxilia historica, od. Beyhülff zu den histor. und dazu erforderlichen Wissenschaften. Sulzbach 1733. 12. Vermehrt in 8 Thlen. mit 3 Supplem.-Bden. Stadtamhof 1741—1748. 8. (S. Regensb. gel. Nachricht. 1741, I. S. 334, und 1748, S. 12.)
10) Auxilia geometrica in usum tironum. Ratisb. 1738. 8. Salisb. 1753, 1765. 8.
11) Quintus Curtius Rufus de rebus gestis Alexandri Magni brevibus notis german. illustratus; access. excerpta electa ex Livio, Sallustioque ac Caesare — Ratisbon. 1738. 8. Ed. II. 1739. Ed. III. augmentata, Pedeponti 1747 u. 1754. Ed. IV. Monachii 1768. Ed. nova mit dem Titel: „Institutiones styli historici Curtii et Livii, praecipue imitationi acco-

modatae; accedit paradigma variandi styli cum indice phrasium ad usum juventutis studiosae. Aug. Vind. 1772, 230 S. 8. Nach seinem Tode erschien: Excerpta ex Livio, Sallustio u. s. w. mit nützlichen Anmerkungen. Aug. Vind. 1781. 8.

12) Philosophia Aristotelica P. Marcell. Reischl O. S. B. cui subsidia, ut arithmeticae geometriae etc.... adjecit A. Desing. Salisb. 1741. 4.

13) Hinlängliche Schulgeographie vor die Schule, auf eine Art vorgetragen, ... dass junge Leute mehr ergötzt als beladen werden. Zum Gebrauche der stud. Jugend in Kremsmünster. Salzburg 1743. (anonym.)

14) Collegia geographico-historico-politica. Stadtamhof 1744. 4.

15) Theses ex universa philosophia atomistica defend. D. comite de Butter Ensdorfensi convictore. 1746.

NB. In diese Zeit fällt die Abfassung zweier Schriften Desing's, von denen der Verfasser nicht mit Bestimmtheit sagen kann, ob sie im Druck erschienen; Erb verneint diess, Gandershofer aber sagt von ersterer, sie sei 1745 zu Salzburg im Druck erschienen.

a) Electa poëtica Ovidii, Horatii et Martialis notisque brevibus illustrata. (1745.)

b) Juris publici Germanorum pedia. 1746.

16) Regnum rationis hodiernum nihil praestantius esse vetere, et multos de regno rationis multa crepantes confuse et indefinite loqui, demonstratur. Pedeponti 1752. 4.

17) Diatribe circa methodum Wolfianam in philosophia practica universali, h. e. in principiis juris naturae statuendis adhibitam, quam non esse methodum, nec esse scientificam, ostenditur. Ibid. 1752. 4.

18) Spiritus legum bellus an solidus? disquisitio contra librum „l'esprit des loix". Ibid. 1752, 1754. 4.

19) Opuscula varia. 5 Partes. Salisburg. 1752.

20) Praejudicia reprehensa praejudicio majore, ubi ostenditur, eos, qui saepe hortantur nos praejudicia omnia ponere, hoc ipsum ex praejudicio majore plerumque dicere. Pedep. 1752, 1754. 4.

21) Hypodigma politicum juris naturae, eos, qui ratione sola in jure naturae utendum docent, aut ludere, aut modernum hominum statum demutare et magistratibus ac reipublicae periculum creare. Ibid. 1753. 4.

22) Juris naturae larva detracta compluribus libris sub titulo juris naturae prodeuntibus ut Puffendorfianis, Heineccianis, Wolfianis etc. Pedep. 1753. Fol.

23) Jus naturae liberatum ac repurgatum a principiis lubricis et multa confusione per doctores heterodoxos inductis. Monach. 1753. Fol.

24) Jus gentium redactum ad limites suos, quos novi quidem doctores perruperunt. Ibid. 1753. Fol.

25) Opes sacerdotii num reipublicae noxiae? ex rerum natura, sana politica et communi sensu generis humani examinatum. Pedep. 1753. 4. Erschien auch deutsch mit dem Titel: Staatsfrage, sind die Güter und Einkünfte der Geistlichkeit dem Staate schädlich oder nicht? Beantwortet und Lochstein und Neuberger entgegengesetzt. Münch. 2 Thle. 1768—1769, 157 und 195 SS. 4. (S. A. d. Bibl. Anhang, 1.—12. Bd. S. 1035—1038.)

26) Ad eminentiss. principem Angelum Mar. S. R. E. titul. S. Praxedis Cardinalem Quirinum etc. Replica pro cl. Abraham. Gotthelf Kaestnero super methodo Wolfiana scientifica aut mathematica. Aug. Vind. et Monachii 1754. 4.

27) Commonitorium ad civilis et publici juris consultos catholicos de rebus ecclesiasticis. Monach. 1755. 4.

28) Oratio panegyrico-funebris domus Habsburgicae cum Carolo VI. extinctae. Salisburg. 1741. 8. (Auch deutsch im 6. Bd. d. Auxilia historic. S. 627.)

29) Teutschlands untersuchte Reichsgeschichte. Von dem alten freyen Teutschland und der fränkischen Monarchie bis. auf Ludwig d. Kind. Regensburg und München, 1. Thl. 1768. (Nicht mehr erschienen.)

30) Historische Lob- und Ehrenpredigt beim VI. Säkulum des Kl. Reichenbach. Sulzbach 1718.

31) Das von Gott zum Opfer erwählte Haus, Predigt beim VI. Säkulum des Kl. Ensdorf, 1723. Das. 1723.

Von Einigen (wie von Baader) wird Desing auch das anonym erschienene Werk: „Immedietas Ord. S. Benedicti contra abusus advocatiae et sensim imminentem superioritatem territorialem regionum, dominorum ... ex historia, jure, nec non documentis fide dignis asserta.“ 1751. Fol. (o. O.) zugeschrieben.

Manuscripte:

1) Deutsche Reichshistorie II.—IV. Thl. 1768—1772, reicht bis zum Tode des Kaisers Friedrich (1190). Anfänglich kam dieses Manuscript nach St. Emmeram in Regensburg, dann in den Besitz des P. J. Moritz von Ensdorf; wohin es nach dessen Tod (1834) gekommen, ist mir unbekannt.
2) Juan Palirmez „historia insulae Semirotorum ab ipso et sociis inventae“. Ein Roman für die stud. Jugend.
3) Itinerarium italicum, oder Beschreibung der 1750 nach Rom gemachten Reise. (Dieses Manuscript kam in den Besitz des P. J. Moritz.)
4) Collectanea historica et genealogica, 1744—1761. (Theils zu Salzburg, theils zu Passau geschrieben.)
5) Astronomische Ephemeriden.
6) Electa poëtica Ovidii. (S. nota nach Nr. 15.)

7) Officina epithetorum.
8) Doctrina christiana commodiori methodo exposita.
9) Cosmographia universa.
10) De abusibus catholicorum.
11) Historia gentis graecae.
12) Wido Ferariensis episcopi de schismate Hildebrandi. (Copie nach einem Manuscripte der Domcapitelbibliothek von Freising; dieses Manuscript befindet sich im Besitze der Akademie der Wissenschaften zu München.)
13) Verzeichniss der Handschriften der f. b. Domcapitelbibliothek zu Salzburg. (Staatsbibliothek zu München.) Diese Schrift gibt Hübner (Beschreibung der Stadt Salzburg, II. S. 560) irrig als gedruckt an.

P. Odilo Schreger, geb. zu Schwandorf 2. Nov. 1697, studirte zu München und Ingolstadt, Profess 10. Nov. 1720, Neomyst 4. April 1723, Pfarrer, Lektor der Theologie im Kloster, Prior, starb als Jubilar der Profess und des Priesterthums 21. Sept. 1774. Er war ein sehr frommer Religios, und auch Mitglied der societ. liter. germ. benedictina. (Baader, Lex. I. 2, S. 224—225.)

Schriften:

1) Calendarium asceto-biblicum. Pedepont. 1730. 12.
2) Diurnale asceticum religiosorum. Ibid. 1734. 12.
3) Hausbüchlein. Bamberg 1748. 12.
4) Studiosus jovialis, seu auxilia ad jocose et honeste discurrendum. Monach. et Pedep. 1749. 7te Aufl. Aug. Vind. 1773. 8.
5) Nützliche Zeitanwendung. 4 Thle. Augsburg 1750 und 1766
6) Reisebüchlein. Bamberg 1753. 12.
7) Lustig und nützlicher Zeitvertreiber zum Nutzen eines melancholischen Gemüths. Stadtamhof 1753. 11te Aufl. 1802. 8.
8) Djurnale Neocurati, exhibens curam ipsius et curam proximi. Passav. 1762. 8.
9) Vorsichtiger Speisemeister, oder nützlicher Unterricht vom Essen und Trinken zur Erhaltung und Verlängerung der Gesundheit. München 1766 und 1776. Augsburg 1776. 8.
10) Dictionarium pauperum studiosorum. Monachii 1768. 8.
11) Kleines Wörterbuch im Handel und Wandel vorkommender Wörter. 1768. 8.
12) Kleine Hausapotheke, oder Sammlung der besten Hausmittel f. Kranke. München 1769. Augsburg 1774. 8.
13) Speculum vitae sacerdotalis. Fol.
14) Auszug merkwürdiger Sachen.

15) Der vorsichtige und nach dem heutigen Geschmack wohl erfahrene Speisemeister. München 1769.[1])
16) Eine gute Nacht, das ist nützliche Gedanken vor dem Schlafengehen wohl zu überlegen. 1te Aufl. München 1772. 8. 7te Aufl. München (Lentner) 1870. 8.

P. Placidus Velhorn, geb. zu Amberg 16. Jan. 1699, Profess 16. Nov. 1721, Neomyst 15. Jan. 1726, Prior, starb als Senior 18. Jan. 1776.

Schriften:

1) Philosophia. 1727. (S. Ziegelbauer, Hist. lit. III. S. 617.)
2) Helles und unverfälschtes Licht göttlicher hl. Schrift alten und neuen Testamentes. I. Bd. Sulzbach 1757; II. Bd. Amberg 1761. Fol. 2te Aufl. München 1766.

P. Joseph Kremer, geb. zu Hohenfels 26. Sept. 1755, Professor zu Amberg, † 19. April 1789.

Schrift:

Gegenstände der III. Grammatik zu Amberg. Amberg 1787. 8.

P. Remigius Dreer, geb. zu Amberg 21. Dez. 1734, Profess 19. Okt. 1755, Neomyst 22. Sept. 1759, Prior und Inspektor der Stiftswaldungen, † 19. März 1798. Er gieng dem P. Anselm Desing bei Anfertigung des grossen Erdglobus an die Hand, und konstruirte selbst mehrere kleine Globen. Handschriftlich hinterliess er mehrere topographische Karten. (Gandershofer, Nekrolog.)

P. Johann Ev. Huckher, geb. zu Wien 18. Aug. 1711, Profess 24. Okt. 1728, primizirte 18. Sept. 1734, Professor der Theologie im Kloster, Subprior, gest. als Senior und Jubilar des Ordens und Priesterthums, 90 Jahre alt, 17. Febr. 1801.

Manuscripte:

a) Deutsche Zunamen nach Art eines Nomenklators.
b) Reisebeschreibungen.
c) Geographische Beschreibung der Oberpfalz und angränzenden Länder.
d) Tagebuch.
e) Meteorologische Beobachtungen. (Gandershofer, Nekrolog. Manuscr.)

P. Emmeram Kellner,[2]) geb. zu Winklarn 12. Mai 1743, Profess 1. Nov. 1764, Neomyst 19. Sept. 1767, Professor der Theologie in seinem Kloster, Pfarrer und Prior, † 16. März 1801.

---

[1]) Vielleicht nur eine andere Auflage von Nr. 9.
[2]) Bruder des P. Emmeram zu Reichenbach.

Schrieb:

Trauerrede auf Abt Gregor (Haimerl) von Reichenbach. Regensburg 1773, 19 S. Fol. (?)

P. Thaddaeus Sinner, geb. zu Amberg 26. Jan. 1726, Priester 1. März 1749, Profess 13. Okt. 1754, Pfarrer und Custos, † 28. Juni 1801.

Manuscript:

Diarium ab anno 1756—1801.

P. Diepold Ziegler, Abt, s. Stift Reichenbach.

P. Franz Xav. Pellet, geb. zu Pleistein 26. Febr. 1735, Profess 13. Okt. 1754, Neomyst 22. Sept. 1759, † 24. Juli 1805.

Manuscript:

Mehrere musikalische Compositionen.

P. Marian Wilhelm, geb. zu Hiltersrieth 10. Aug. 1753, Profess 21. Nov. 1774, Neomyst 14. März 1778, gest. zu Rieden 10. Nov. (Sept.?) 1808. (Gandershofer, Nekrolog.)

Manuscript:

Fragmenta ad continuandum chronicon monast. Ensdorfensis. (Unbekannt wo?)

P. Anselm Moritz, geb. zu Ensdorf 12. Sept. 1766, Profess 26. Sept. 1790, Neomyst 16. März 1793. Nach der Aufhebung des Klosters war er Professor am Lyzeum zu Amberg, dann Professor der Physik und Chemie am Lyzeum zu München, wo er 29. Febr. 1832 starb. Ein guter Mathematiker. Schriften sind mir von ihm nicht bekannt.

P. Joseph Moritz, Mitglied der Akadem. der Wissensch. zu München hist. Classe, geb. zu Ensdorf 16. Febr. 1769, studirte er zu Amberg, Profess 26. Sept. 1790, Neomyst 16. März 1793. Zum Studium der orientalischen Sprachen, der Rechte und Diplomatik wurde er nach Regensburg geschickt. (St. Jakob.) Im Kloster war er Professor der Theologie, Archivar und Bibliothekar. Im J. 1807 wurde er II. Bibliothekar der neu errichteten Provinzialbibliothek zu Amberg, welche aber durch den Brand vom 3. Juni 1815 grösstentheils zu Grunde gieng. Von 1816—1825 lehrte er am Lyzeum zu Amberg Pastoral und Kirchenrecht, später wurde er Professor der Kirchengeschichte und des Kirchenrechts zu Dillingen. 1825 wurde er als Funktionär des kl. Reichsarchives nach München berufen, und starb dort 13. März 1834. (Felder,

Lex. II. S. 23; Westenrieder, Geschichte der Akademie, II.; Schaden, Gelehrtes München, S. 81.)

Schriften:

1) Wer und von welchem Geschlechte war jener Pfalzgraf Rapotho, von dem Cosmas Pragensis ad ann. 1073 sagt, dass er so mächtig und reich war, das er von Böhmen bis nach Rom durch lauter eigenthümliche Güter und Kastelle reisen konnte. (Im V. Bd. der neuen hist. Abhandl. d. b. Akadem. d. Wissensch. 1798, S. 507 -639. Diese Preisfrage wurde von der bayr. Benediktiner-Congregation im J. 1796 gestellt.)
2) Kurze Geschichte der Grafen von Formbach, Lambach und Pütten in Hinsicht ihrer Abstammung, Besitzungen, Ministerialen und Stiftungen. München 1803. 8. (Auch abgedr. im I. Bd. der neuen hist. Abhandl. d. b. Akademie. 1804. Der Verfasser erhielt dafür die goldene Medaille zu 25 Dukaten.)
3) Allgemeines Register über die Matrikel des Bisthums Regensburg von Th. Ried. Regensburg 1814.
5) Index diplomaticus, geographicus personarum et rerum in codicem diplomaticum episcopatus Ratisbonensis. 1816. 4.
5) Universalregister zur Geschichte der Religion Jesu Christi von Fr. L. Gf. v. Stolberg. 2 Bde. Hamburg, Solothurn und Wien 1825. 8.
6) Recensio et indices ad codicem traditionum Pataviensium antiquissimum. (In M. Frhrn. v. Freyberg's Sammlung hist. Schriften und Urkunden, I. Bd. 1827, S. 377—512.)
7) Recensio et indices ad codicem traditionum monasterii Ensdorfensis primaevum. (In M. Frhrn. v. Freyberg's Sammlung hist. Schriften und Urkunden. II. Bd. S. 170—366.)
8) Recensio ad diplomata imperatorum authentica. Tom. I. et II. novae collectionis (sive XXVIII et XXIX antiquae) monum. boicor. Monachii 1829, 1830, 1831.
9) Commentarius diplomatico-criticus super duplex privilegium Austriacum Friderici I. et II. imperatorum, utrumque brevius et longius. Occasione notae Nr. CVIII codicis Pataviensis Vol. XXVIII Mon. Boic. sect. II. additae conscriptus, consentiente academia scientiarum boica. Monach. 1831, 76 S. 4.
10) Ammerthal im Nordgau und seine Besitzer. (In Buchner's neuen Beiträgen zur vaterländischen Geschichte.)
11) Stammreihe und Geschichte der Grafen von Sulzbach mit einer Beigabe, enthaltend die Reimchronik des Abtes Hermann von Kastel, geschrieben 1324. (Im XI. Bd. d. Denkschriften d. b. Akad. d. Wissensch. 1833.) Auch separat.

Manuscript:

Von dem Werthe der bayer. alten Schriften und Denkmäler, Griechen und Römer, über Boii, Rhaeti, Vindelicii. Cod. ger. 3428, 22 Bl. 8. In der Staatsbibliothek zu München.

P. Maurus Schub, geb. zu Schneeberg 17. Sept. 1756, Profess 28. Okt. 1778, Neomyst 9. Juni 1781. Nach der Aufhebung seines Klosters verwaltete er viele Jahre die Pfarrei Vilshofen, zog sich dann nach Ensdorf zurück, und starb dort 29. Sept. 1844 als Jubilar des Ordens und Priesterthums. Er war ein vorzüglicher Entomolog; durch mehr als 50 Jahre sammelte er unablässig inländische Insekten, wodurch seine naturhistorischen Sammlungen einen bedeutenden Werth erlangten.

Mallersdorf.

Mallersdorf in Niederbayern, Bisthum Regensburg, Landgericht Mallersdorf, gestiftet im J. 1109 von Heinrich, Grafen von Kirchberg, und seinem Sohne Ernst, zu Ehren des hl. Johann Evangelist; kolonisirt von Michelsberg in Bamberg. Aufgehoben von Churfürst Max Joseph 1803. Die Klosterkirche, die sehr schöne Gemälde hat, ist Pfarrkirche. Die Klostergebäude sind nun den armen Franziskanerinen von Pirmasens als Mutterhaus überlassen worden.

Literatur:

Hundius, Metrop. II. S. 316 sq. — Lexikon v. Baiern, II. S. 227 sq. — Meidinger, Beschreibung, S. 346 sq. — Merian, Topographia, S. 126. — Monum. boica XV. S. 245—435, mit Abbildung des Klosters. — Reg. bav. I. 134, 138, 152, II. 24, 40, 258, III. 250, 342, 532. — Stumpf, Handbuch, S. 271 sq. mit Abbildung. — Wenning, Topographia, III. S. 73, mit Abbildung. — Zimmermann, Churb. geistl. Cal. III. S. 377—390. (Kurze Geschichte.)

Manuscripte: In der Staatsbibliothek zu München:

Cod. germ. 1783 Chronik des Klosters Mallersdorf von Joh. Sigmund Brechtel, 1617, 264 Bl. Fol. Mit gemalten Wappen. — Cod. lat. 1049. — 1078. — 1360.

Im Kloster Metten:

Chronicon M. Mallersdorfensis. (S. Deigl.)

Schriftsteller:

P. Heinrich Widmann, A. A. et Philos. Magister, geb. zu Straubing 13. Nov. 1689, Profess 28. Okt. 1710, Neomyst 9. Sept. 1714, war einige Zeit Direktor des adeligen Seminars im Schottenkloster St. Jakob in Regensburg, dann vier Jahre Professor der Philosophie an der Universität Erfurt und zugleich Dekan der philosoph. Fakultät. In's

Kloster zurückgekehrt wurde er Prior, Abt seit 5. Aug. 1732, † 14. Okt. 1758. Er war ein nicht unbedeutender Panegyriker. (Besnard, Lit. Ztg. 1834, IV. S. 314 sq.; Zimmermann, Churb. geistl. Cal. III. S. 388 sq.)

Schriften:

1) Monile animae rationalis, sive libertas. Erfordiae 1728, 40 S. 4.
2) Theses philosophiae toto quadriennio Erfordiae pro duplici cursu datae.
3) Leichenrede auf J. G. Seidenbusch congr. S. Philippi Ner. Regensburg 1730. 4.
4) Rede auf die Sekundizfeier des Abtes Alphons Wenzl von Mallersdorf. Das. 1736. 4.
5) Leichenrede auf Alexander Baille, Abt des Schottenklosters St. Jakob in Regensburg. Das. 1736.
6) Lobrede auf den hl. Johann Nep. Das. 1744. Fol.
7) Lobrede auf den hl. Fidelis von Sigmaringen aus Anlass seiner Canonisation. Straubing 1747. 4.
8) Leichenrede auf J. Ferdinand M., Graf von Leublfing. Regensburg 1748. Fol.
9) Rede beim 500jährigen Jubiläum der P. P. Carmeliten zu Abensberg. Straubing 1751. 4.
10) Zweite Rede bei der Sekundizfeier des Abtes Dominikus von Oberaltaich, 1751. Straubing 1752.

P. Placidus Scheinhörl, geb. zu Sallach 12. Okt. 1693, Professor zu Freising 1727—1733, † 14. Dez. 1761.

Schrieb:

Dritte Rede beim 1000jährigen Jubiläum des Stiftes Oberaltaich. Straubing 1732. 4.

P. Anton Warmuth, geb. zu Nekarsulm 29. April 1700, Profess 1719, kam im J. 1744 als Professor der Mathematik nach Salzburg und bekleidete dieses Lehramt bis 1748. In's Kloster zurückgekehrt wurde er Prior und blieb es 15 Jahre. Er starb als Propst zu Inkofen 20. Sept. 1767. In der Todtenrotel heisst es von ihm: „Ingentem scriptorum eruditione aeque ac eleganti manu praestantissimorum molem relinquens.“ (Verzeichniss der akad. Professoren, S. 36.)

P. Bonifaz Stöckl, geb. zu Pilsting (?) 27. Nov. 1747, Profess 27. Okt. 1771, Neomyst 18. Juli 1773. Er erhielt zu Salzburg von Leopold Mozart Unterricht im Componiren, war von 1781—1784 Professor zu Amberg, starb im Kloster 27. Sept. 1784. Er componirte Mehreres. (Lipowsky, M. Lex. S. 345.)

P. Emmeram Frings, geb. zu Augsburg 5. Mai 1735, Profess 1758, Priester 1760, † 30. Okt. 1791.

Manuscripte:

1) Epitaphien der Kirche zu Inkofen. (Cod. germ. 3180 der Staatsbibliothek zu München.)
2) Chronicon Mallersdorfense. (Unbekannt wo; wird zitirt von Gentner, Gesch. des Klosters Weihenstephan, S. 139.)

P. Wolfgang Aigner, geb. zu Regensburg 27. Okt. 1745, Profess 27. Okt. 1765, Neomyst 21. Nov. 1769, von 1774—1780 und 1781—1788 Professor zu Freising und dann zu Neuburg an d. D. und Amberg, dann Propst zu Inkofen, † 19. Okt. 1801.

Schrieb:

1) Leichenrede auf Abt Ludwig Joseph, Fürstbischof von Freising. 1788. Fol.
2) Mehrere Gelegenheitsreden.

P. Maurus Deigl, letzter Abt, geb. zu Hofdorf 31. Okt. (al. 15. Dez.) 1766, Profess 26. Okt. 1788, Neomyst 8. Mai 1791, zum Abt erwählt 14. Juli 1801. Nach der Aufhebung zog er nach Straubing, woselbst er sich hauptsächlich mit der Abfassung einer vollständigen Geschichte des Klosters Mallersdorf beschäftigte. Er starb dort 2. Febr. 1826. (S. Zarbl: „Der Seelsorger", 1840, II. S. 344.)

Manuscripte:

1) Chronicon monasterii Mallersdorfensis O. S. B. in Bavaria inferiori. 3 Bde. Fol. (In der Bibliothek zu Metten.)
2) Geschichte der ehem. Kloster Mallersdorf'schen Pfarrei Inkofen.

P. Ernest Heilmayr, geb. zu Pfaffenhofen 25. Sept. 1768, Profess 25. Okt. 1789, Neomyst 21. Okt. 1792, Regens des Klosterseminars, Professor zu Amberg 1797—1807, Stadtpfarrer zu Reichenhall, wo er am 5. Februar 1828 starb. (Felder, Lex. III. S. 200; Zarbl: „Der Seelsorger", 1842, IV. S. 283.)

Schrieb:

1) Predigt auf das Aerndtefest zu Reichenhall. Salzburg 1814.
2) Kunst der Ehefrauen, rohe, unartige Ehemänner zahm und gefällig zu machen. Landshut (Thoman) 1818.[1])

---

[1]) Felder gibt auch den unvollständigen Titel einer Schrift Heilmayr's: „Kurze Geschichte der ersten Erfindung. . . . ." Ingolstadt 1812.

Frauenzell.

Frauenzell in der Oberpfalz, in einer sehr rauhen Gegend, gestiftet von Reimar, Ritter v. Brennberg, 1312 für Eremiten, die nach der Regel des hl. Benedikt, und unter Oberaufsicht des Klosters Oberaltaich lebten. Seit 1351 ein Priorat, im J. 1424 zur selbstständigen Abtei erhoben. Aufgehoben von Churfürst Max Joseph 21. März 1803. Die Klostergebäude stehen nun leer.

Literatur:

Bruschius, Chronolog. II. S. 1 sq. — Gsellhofer Fr., Beiträge z. Geschichte des ehem. Kl. Frauenzell. (Verhandl. des hist. Vereins von Oberpfalz, VIII. S. 41—62.) — Hundius, Metropol. II. S. 323—331. — Sächerl Jos., Chronik des Benediktinerklosters Frauenzell. (Verhandl. des hist. Vereins von Oberpfalz, Bd. XV. S. 257—466, und separat. Regensburg 1853. 8.) — Zimmermann, Churb. geistl. Cal. IV. S. 214—230. (Kurze Geschichte des Klosters.)

Manuscripte: In der Staatsbibliothek zu München:

Cod. germ. 4874 Ehrenreiche Vorstellung der Geschichte des Klosters Frauenzell bis unter Abt Gregor Molitor, 1670—1694 von Guntherus Mayr. 140 Bl. 4. — Cod. lat. 1886 Compendium annalium Cellae Marianae (Frauenzell) authore P. Corbiniano Kugler. Saec. XVIII. 97 S. 4.

Schriftsteller:

P. Anselm Pellhamer, geb. zu Regensburg 31. Mai 1710. Superior der Missionsstation zu Schwarzach im Pongau, Prior seit 1771, † 6. Juli 1788.

Schrieb:

1) Leichenrede auf Abt Benedikt (Cammermayr) von Frauenzell. Regensburg 1751. Fol.
2) Leichenrede auf Abt Jakob von Reichenbach. Das. 1752. Fol.

P. Heinrich Mühlpaur, letzter Abt, geb. zu Waldmünchen 1. Febr. 1737, wurde 1760 Weltpriester, und bald darauf Pfarrer zu Martinsneukirchen, trat dann zu Frauenzell in den Orden, und machte 7. Okt 1764 Profess, zum Abt erwählt 14. Juli 1788, † 5. März 1810 zu Altenthan, wohin er sich nach erfolgter Aufhebung begeben hatte. (S. Verhandlungen des hist. Vereins von Oberpfalz, Bd. VIII. S. 49, und Bd. XV. S. 378—380.)

Schrieb:

1) Leichenrede auf Abt Nivard von Walderbach, S. Ord. Cisterc. Regensburg 1775. Fol.

Andechs.

Andechs in Oberbayern (auch der hl. Berg genannt, Mons sanctus, Andecium) Bisthum Augsburg, gestiftet von Herzog Albrecht III. 1455 zu Ehren des hl. Nikolaus, kolonisirt von Tegernsee; aufgehoben von Churfürst Max Joseph 17. März 1803. Das Kloster hatte eine Propstei zu Paring, und zu München das sog. Grufthaus mit Kirche, wo stets ein Conventual wohnte. Ferner stellte es dem Frauenkloster Lilienberg O. S. B. bei München einen Beichtvater und einen Caplan. Zu Moritzing bei Bozen hatte das Kloster mehrere Weingüter nebst Hof. — Durch die Grossmuth des Königs Ludwig I. von Bayern wurde Andechs als Priorat wiederhergestellt und dem Stifte St. Bonifaz zu München einverleibt (1850). Gegenwärtig unterhält dasselbe dort drei bis vier Patres. An P. Magnus Sattler, derzeit dort Prior, hat Andechs einen Geschichtschreiber gefunden.

Literatur:

Aichler D., Chronicon Andecense. Monach. 1595. 4. — Andechs, mons sanctus, d. i. Begriff vom hl. Berg Andechs (mit Kupfern.) Augsburg 1699. — Bayern in seinen . . . Schönheiten, I. S. 179—188. (Beschreibung und Abbildung.) — Chronik von Andechs. München 1625. 4. und 1715. (Beide anonym.) — Chronik von dem Heyltum auf Perg Andechs o. O. o. J. (saec. XVI.) 4. — Eixl, tres sacratissimae hostiae in monte s. Andechs miraculis clarae. Ratisb. 1696. — Ferchl Fr. M., Chronik von Erling und Heiligenberg (Andechs) während des 30jährigen Krieges von Abt M. Friesenegger mit dessen Porträt und Faksimile. München 1833. 4. — Hirsching, Stifts- und Klosterlex. S. 124—128. — Historiola montis sancti Andecensis. Aug. Vind. 1755, auch deutsch: Geschichtbeschreibung von dem jetzt sogenannten hl. Berg Andechs. Augsburg 1755, 3 Thle. — Hundius, II. 63. — Huttler J. Ch., Chronicon Andecense. Monach. 1602. — Kibler Aegidius, De tribus hostiis in monte sancto Andechs miraculis claris. Monach. 1696. — Meidinger, hist. Beschreibung. S. 306. — Mittermüller Rup.,

Geschichte der Heiligthümer auf dem Berg Andechs. Münch. 1848. — Monum. boica Vol. VIII. 577—602. — Parnassus boic. 1736, VI. St. S. 5 sq. — Pez, Thesaur. anecd. T. I. diss. isag. XXI—XXIV. — Propst C., Chronik des Gotteshauses und Klosters Andechs. München 1657. 4. — Sattler Mag., Chronik von Andechs. Donauwörth 1877, 868 S. 8. (Mit Abbildungen.) — Desselben, Mönchsleben nach dem Tagebuche des P. Placidus Scharl O. S. B. Regensburg 1868. gr. 8. — Scheuerecker, Der hl. Berg Andechs und seine Wunder nach der von P. Suter 1715 verfassten Chronik. Augsburg 1845. — Schrank, Baierische Reise, S. 247 sq. — Sedlmaier, Geschichte von Andechs, nebst einer in den Monum. boicis nicht enthaltenen Urkunde Herzog Albrecht III. des Frommen über die Fundation und Dotation des Kl. Andechs vom Jahre 1458. (S. Jahresb. des hist. Vereins von Oberbayern, IX. S. 40.) — Stengelius C., Monasteriologia I. mit Abbildung. — Sulzbacher Kalender, 1868. — Wenning M., Topographia I. S. 237, mit Abbildung. — Zimmermann, Churb. geistl. Kal. 1754, S. 52—55, 121—123. — Ueber die Bibliothek: Pez, Thesaurus anecdot. T. I. l. c. — Aretin, Beiträge, V. St. S. 54—64.

In der Staatsbibliothek:

a) Cod. germ. 2927 Chronik von Andechs, 27 Bl. 4. (Saec. XV.)
b) Cod. lat. 352 Reliquiae sacrae. — 1328 Chronicon, reliquiae sacrae. — 1330 Catalogus librorum. — 1370 Abbates. — 1377 Chronicon, reliquiae.

Im Kloster Andechs:

Catalogus Abbatum et Fratrum Andecensium 1455—1803. Fol. — Necrologium Andecense, 1 Bd. Fol. — Rotularium Andecense. — Ephemerides Andecenses ab 1730—1803. — Ephemerides Erlinganae (1753—1818) — Fragment eines Tagebuches des P. J. N. v. Hortig, 1794—1797.

Schriftsteller:

P. Meinrad Mosmiller, geb. zu Issing 22. Sept. 1717, studirte in Wessobrunn und Freising, Profess 21. Nov. 1740, Priester 1743, Präfekt des Klosterseminars, Pfarrvikar von Erling, Beichtvater zu Lilienberg, Novizenmeister der bayr. Benediktiner-Congregation, zum Abt ewählt 26. Juni 1759, † 10. Jan. 1767. (Sattler, Chronik von Andechs, S. 529—612; Sattler, Mönchsleben, S. 122; Felder, Lit. Ztg. 1828 IV.)

Schrieb:

1) Lob- und Dankrede bei Eingang des 300jährig. Jubiläumus zu Andechs. (In der Sammlg. der Festreden. Augsburg 1756.)
2) Leichenrede auf Abt Beda (Schallhamer) von Wessobrunn. 1760. Fol.
3) Predigt bei der Jubelprofess des P. Virgil Sedlmayr O. S. B. von Wessobrunn. Tegernsee 1762. Fol.

4) Schuldigstes Dankopfer des Frauenklosters Lilienberg O. S. B. ob der Au nächst München, gehalt. bei der Feier des 50jährig. Bestandes dieses Klosters. München 1766. Fol.

P. Gregor Schreyer, geb. zu Pingarten 9. Mai 1719, † 6. Juni 1767. War ein ausgezeichneter Organist, Violinist und Compositeur. (Lipowsky, Mus. Lex. S. 316.)

Compositionen:

1) Op. I. Missae (octo) solemnes. Aug. Vind. 1755.
2) Op. II. Missae (sex) breves. Ibid. 1763.
3) Op. III. Vesperae (quatuor). Ibid. 1766.

Manuscript:

Moduli musici pro dramate: „Fata philosophiae a musis S. Emmerami exhibita." 1751. 4.

P. Rupert Schröfl, geb. zu Hausen bei Weilheim 20. März 1701, † 9. Okt. 1767. (Besnard, Lit. Ztg. 1834, I. S. 125.)

Schrieb:

Predigt bei dem 300jährig. Jubiläum der dem Kl. Andechs gehörigen Gruftkapelle zu München. Augsburg 1751. 4.

P. Ulrich Apell, geb. zu Cham 6. Okt. 1706, Schatzmeister zu Andechs, † 11. März 1777.

Schrieb:

Der von Gott in seinem III. Säkulo dreymal gesegnete hl. Berg Andechs. (Schlusspredigt bei der 300jährig. Jubelfeier zu Andechs.) Augsburg 1756. Fol.

P. Maurus Streidel, geb. zu Beuerberg 21. April 1713, Profess 13. Nov. 1746, Neomyst 16. April 1747, Professor der Theologie am Communstudium der Congr., Archivar zu Andechs, wo er das ganze Klosterarchiv in gute Ordnung brachte, Beichtvater zu Lilienberg bei München, wo er 4. Juli 1778 starb. (Besnard, Lit. Ztg. 1834, IV. 98.)

Schriften:

1) Exercitatio canonica circa quaestionem, an regularis in episcopum electus in instanti terminativo consecrationis desinit esse regularis nec ne? Tegernsee 1760. 4.
2) Exercitatio canonica de juribus primatus apostolici primogeneis. Aug. Vind. 1761, 28. S. 4.
3) Positiones ex jure univ. can. ibid. 1 Bg. 4.

P. Romuald Schleich, geb. zu Tettenschwang 21. Febr. 1708, Profess 25. Nov. 1731, Neomyst 29. Sept. 1737, Professor zu Freising 1748—1752 und zugleich Präses der Marian. Congregation, Novizenmeister der bayr. Bendiktiner-Congregation, Missionär zu Schwarzach im Salzburgischen, Regens des Klosterseminars, † 5. Okt. 1788. (Besnard, Lit. Ztg. 1833, IV. S. 117.)

Schrieb:

1) Predigt beim 1000jährig. Jubelfeste des Kl. Wessobrunn. 1753. (In der Sammlg. der Festpredigten.)
2) Historiola montis sancti Andecensis. (Im Verein mit P. Scharl herausgegeben.) Aug. Vind. 1755.
3) Lobrede auf die hl. Mechtildis, gehalten in der Kirche der regul. lateran. Chorherrn Ord. S. Aug. zu Diessen 14. Juni 1756. Augsburg. 4.
4) Daniel der Mann der Begierden und unfehlbarer Wegweiser zur Liebe und Anschauung Gottes. (Aus dem Spanischen übersetzt.) Freising 1760. 8.
5) Leges mariani sodalis. 1781.

Manuscript:

Hymni, comoediae, orationes.

P. Maurus Burger, geb. zu Langwaid 10. Sept. 1760, Profess 11. Nov. 1782, Neomyst 19. Juni 1785, Professor zu Salzburg und in seinem Kloster, wo er 25. Febr. 1793 starb.

Schriften:

1) Lateinische Sprachlehre. Salzburg 1788. 8.
2) Lateinische Muster für die lateinische Vorbereitungschule. Das. 1789. 8.
3) Lateinische Kernreden und Muster für die Grammatikalklassen. Das. 1790, 490 S. 8.
4) De philosophiae cum studiis monasticis nexu. Monachii 1792, 126 S. 8.

P. Colomann Frank, Dr. theolog., geb. zu Waldmünchen 27. April 1732, Profess 22. Nov. 1750, Neomyst 3. Mai 1753, Professor des Kirchenrechtes zu Freising, München und Amberg; am letzten Orte auch Schulpräfekt, † 23. Sept. 1796.

Schrieb:

Resolutiones selectae ex universa jurisprudentia ecclesiastica Germaniae accommodatae. Amberg. 1783, 28 S. 4.

P. Nonnos. Madlseder, geb. zu Meran (Tirol) 20. Juni 1730, Profess 22. Nov. 1750, Priester 1754, Componist, † 3. April 1797.

Compositionen:

1) Op. I. Offertoria XV pro festis Domini. Aug. Vind. 1765.
2) Op. II. Offertoria XV pro festis sanctorum. ibi. 1767.
3) Op. III. Quinque miserere et „Stabat mater". ibi 1768.
4) Op. IV. Quinque Vesperae solemnes. S. Galli. 1771.

P. Johann Bapt. Randl, geb. zu Gaisbach bei Tölz 30. Nov. 1770, studirte zu Wessobrunn und Fürstenfeld, Profess 8. Jan. 1792, Neomyst 12. Jan. 1794, Pfarrvikar von Widdersberg. In den Kriegsjahren leistete er dem Kloster, wie den umliegenden Dorfgemeinden sehr grosse Dienste, weil er geläufig französisch sprach, und oft vermittelnd auftreten konnte. Mit Vorliebe betrieb er die naturwissenschaftlichen Studien (besonders Botanik), und besorgte die meteorologischen Beobachtungen der Station Andechs. Dieser talentvolle Religiose hatte das Unglück, am 18. Sept. 1801 im Ammersee, in dem er badete, zu ertrinken. (Baader, Lex. II. 2, S. 15—16; Kehrein, Gesch. der Kanzelberedsamk. I. S. 269—270.)

Schriften:

1) Predigten und Homilien. München 1800. 8. II. Aufl. 1808.
2) Sammlung fröhlicher Lieder mit Melodien. Augsburg.

Manuscript:

Uebersetzung des Werkes: „Traité de la paix interieure" v. P. Ambros. Compez.

P. Gregor Rauch, letzter Abt, geb. zu Erling bei Andechs 22. Juli 1749, Profess 1. Okt. 1769, Neomyst 3. Okt. 1773, Caplan zu Nonnberg 1775—1778, mehrere Jahre Professor zu Neuburg a. D., und zu München; zum Abt erwählt 3. Jan. 1791. Nach Aufhebung seines Klosters zog er nach Epfach zu seinem Bruder P. Placidus, der dort Pfarrer war.[1] Er starb in Epfach 25. März 1812. (Baader, Lex. II. 2, S. 8; Sattler, Mönchsleben, S. 416—424 und S. 442; P. Placidus Scharl veröffentlichte in der Münchner politischen Ztg. 1812, Nr. 80 (3. April) einen ausführlichen Nekrolog über Abt Gregor.)

Schriften:

1) Entwurf einer Körperlehre. Das. 1785. 8.
2) Synopsis philosophiae corporum. Neoburgi a. D. 1786, 86 S. 8.

---

[1]) Abt Gregor hatte 5 Brüder, die sämmtlich Benediktiner waren: P. Bernard in Andechs, P. Benedikt in Scheyern, P. Placidus in Wessobrunn, P. Joh. Bapt. in Benediktbeuern, P. Amand ebendas. (S. Sattler, Mönchsleben, S. 414.)

3) Naturlehre mit Vorbereitung und Anwendung, in Sätzen entworfen. Ingolstadt 1786, 72 S. 8.
4) Theoria motus. 1787. 4.
5) Elementa sectionum conicarum et calculi infinitesimalis usui auditorum physicae accommodata. Monachii 1790, 171 S. (S. Obert. Lit. Ztg. 1792, I. S. 412; Allgem. t. Biblioth. Bd. 102, II. S. 447.)

Manuscript:

Reihenfolge der Capläne des adel. Benediktiner-Frauenstiftes Nonnberg bei Salzburg mit geschichtl. Bemerkungen. 1776. (Benützt und ergänzt von P. Fr. Esterl in der Geschichte des Stiftes Nonnberg.)

P. Roman Baumgärtner, geb. zu Riedesheim 3. Nov. 1762, Profess 9. Okt. 1785, Neomyst 26. Aug. 1787, Professor am Lyzeum zu Amberg 1803, † als Quieszent zu Handzell bei Aichach 2. Mai 1812. (Felder, Lit. Ztg. 1819, I. S. 301; Kehrein, Gesch. d. Kanzelbereds. I. S. 288—289; Kapler, Magazin, 1803, S. 382—383.)

Schriften:

1) Gedichte vermischten Inhaltes. 1804. 2te Aufl. 1811.
2) Gebet- und Betrachtungsbuch für Katholiken. Amberg, 2 Bde. 1804. II. Aufl. 1809.
3) Reden an Jünglinge über moralisch-religiöse Gegenstände zur Veredlung sittlicher Gefühle. Amberg und Sulzbach (Seidel), 2 Bde. 1808, 8.
4) Gebete bei der hl. Messe. Amberg 1809.
5) Martin Cochem's Myrrhengarten. (Neu bearbeitet.)

P. Placidus Scharl, geb. zu Seefeld 10. Okt. 1731. Von 1742—1747 studirte er zu Freising, trat im Okt. 1747 in's Noviziat, das er in Weihenstephan zurücklegte, und machte 6. Okt. 1748 Profess. Er erhielt zu Kloster Rott (1748—1754) seine theologische Ausbildung und primizirte 31. März 1755 zu Andechs. Er wirkte dann als Professor an den Lehranstalten zu Freising (1756—1758) und Salzburg (1759—1770). In dieser Stellung schenkte er der Pflege der deutschen Sprache eine grössere Aufmerksamkeit. Sein Vortrag war anziehend, fasslich und voll Leben. (Im J. 1762 bereiste er Italien.)

Von 1770—1780 wirkte er als Professor der Theologie in Andechs; 1781—1784 war er Rektor des Lyzeums in Neuburg; 1794—1803 Rektor des Lyzeums zu München, und zugleich Administrator des dem Kloster Andechs gehörigen „Grufthauses". In dieser Stellung überraschte ihn die Säkularisation. Er blieb zu München, und verzehrte — aber keineswegs unthätig — seine kleine Pension. Aus freien Stücken hörte er an allen Sonn- und Feiertagen, sowie an den Vorabenden derselben in der St. Michaelskirche viele Stunden Beichte, und hielt auch öfters Gastpredigten in München und dessen Umgebung. Am 9. Juni 1805 feierte er in aller Stille zu Bockhorn seine Sekundiz, bei der Niemand als sein ehemaliger Abt, sein Beichtvater, der Exjesuit P. Seb. Winkelhofer, und sein Bruder Benno (ehem. Laienbruder Soc. Jesu) zugegen waren. Auch noch nach der Säkularisation -- obschon das Leben einförmiger geworden — setzte er sein schon 1748 begonnenes Tagebuch fort. Dessgleichen unterzog er sich der Mühe, täglich die puncta und lumina der Meditation, wie er schon seit dem Noviziat zu thun gewohnt war, aufzuzeichnen.

Er starb zu München 10. Febr. 1814, und erhielt neben P. Benno Ortmann auf dem alten Friedhofe seine Ruhestätte. Scharl hatte eine besondere Vorliebe für naturwissenschaftliche Studien; desshalb ruhte er nicht, bis auch in seinem Kloster ein Naturalienkabinet zu Stande kam. . . . Sehr viele Stücke erhielt es durch seinen Sammelfleiss. Die Anzahl der Petrefakten war eine bedeutende. Ebenso verwendete Scharl die durch vieljährige Lehrthätigkeit erworbene Summe von 3000 fl. zur Anschaffung von Werken für die Klosterbibliothek. P. Magnus Sattler hat Scharl's Tagebuch zum Theil der Oeffentlichkeit übergeben. (S. oben die Literatur.)

Schriften:

1) Historiola montis sancti Andecensis. Aug. Vind. 1755. Auch deutsch: Kurze Geschichtsbeschreibung von dem jetzt sog. hl. Berg Andechs. Augsburg 1755, 3 Thle. 4. (Im Verein mit P. Romuald Schleich bearbeitet.)
2) Systema grammaticae graecae. Aug. Vind. 1770.
3) Leichenrede auf Abt Ulrich IV. von Wessobrunn, gehalten beim sog. 30sten 19. Febr. 1770. Tegernsee 1770, 24 S. Fol.
4) Rotula mortualis in obitum R. R. D. D. Josephi Abbatis Andecensis. 1775.
5) Lob- und Sittenrede auf das Titularfest der Erzbrudersch. immaculatae conceptionis B. V. M. zu Wessobrunn 11. Aug. 1776. Tegernsee 1777. 4.
6) Der redende Berg. Eine Cantate zur Feier des Namensfestes des Abtes Johann Baptist von Andechs. Augsburg 1776.
7) Verlängerung des Lebens, ein Beweis der göttlichen Güte gegen uns. Rede auf die Sekundiz des P. Corbinian Burghard von Andechs am XVII. Sonntag nach Pfingsten. 1785. München 1785. 4.

---

[1]) Dasselbe enthält sehr viele interessante Nachrichten über die damalige Lebensweise und Thätigkeit der bayer. Benediktiner. Die Beschreibung der verschiedenen Reisen, die Scharl unternommen, machen die Lektüre doppelt anziehend. Der Leser erhält genaue Nachricht über die Aufhebung des Klosters, den Zustand der Bibliothek (S. 375 sq.), des Naturalienkabinetes (S. 379 sq.), u. s. f.

8) Leichenrede auf Abt Benedikt (Schwarz) von Tegernsee 3. Dez. 1787. Tegernsee 1787. Fol.

9) Rotula mortualis in obitum R. R. D. D. Joannis Baptistae, Abbatis Andecensis († 30. Nov. 1790). (Abgedruckt bei Sattler, „Mönchsleben", S. 405—412.

10) Von Versteinerung des Holzes. (In den Abhandl. d. churb. Akad. d. Wissensch. Bd. VI. S. 243—278.) (1794.)

11) Predigt über die vergangene Zeit. Gehalten zu Andechs, als Scharl am 7. Okt. 1798 seine Jubelprofess ablegte. München 1798. 8.

12) Nekrolog des Gregorius Rauch, letzten Abtes von Andechs. (Münchner politische Ztg. 1812, 3. April.)

Manuscripte:

1) Il viaggio di Febo a Spitzberga. Cantate zu Ehren des Fürstbischofes Joseph von Freising, als derselbe 1755 Andechs besuchte.

2) Lykurgos. Ein Drama, aufgeführt von den Schülern des f. b. Lyzeums zu Freising. 1758.

3) Collectaneen zu einer Geschichte des Nonnenklosters Lilienberg (bei München). O. S. B. 1759.

4) Die geistliche Wiese. Ein Fastnachtspiel, komponirt für die Nonnen des Klosters Lilienberg.

5) Die übereilte Arithmetik, Drama.

6) Damon und Pytheas, Drama. 1765, 36 Bl. (Im hist. Verein von Oberbayern. S. Jahresb. VI. S. 74, Nr. 3; vergl. cod. ger. 4074 d. Staatsbiblioth. zu München.)

7) Roderich in Spanien, Drama.

8) Balthassar, Drama.

9) Joseph, der jüdische Feldherr in Jotapata. (Drama.)

10) Synorin und Canna, Drama. (Lorenz Hübner bearbeitete dieses Drama deutsch, und gab es, ohne Scharl's Namen zu nennen, in Druck.[1])

11) Besuch Jupiters bei Philemon und Baucis. Melodrama, aufgeführt zu Ehren des Fürstbischofes Sigmund von Salzburg. — Die Musik hiezu lieferte der berühmte Michael Haydn. (Manuscript in Andechs)

12) Continuatio Annalium Congregationis Benedictino-Bavaricae ab anno 1774 — c. 1781.[2])

---

[1]) Die sub Nr. 5—10 inclus. aufgezählten Dramen hat Scharl während seiner Lehrthätigkeit zu Salzburg (1759—1770) in lateinischer Sprache verfasst. Sie kamen durch die Studenten des akademischen Gymnasiums zu Salzburg zur Aufführung.

[2]) Das Generalcapitel der bayer. Benediktiner-Congregation, welches 1774 zu Wessobrunn abgehalten wurde, ernannte Scharl zum Historiographen der Congregation.

13) Annulus. Eine Cantate bei der Benediktionsfeier des Abtes Johann Baptist von Andechs. 1775. (Auch die Musik lieferte Scharl; s. Sattler, Mönchsleben, S. 303.)
14) Welches sind die besten Mittel, das Wachsthum des Holzes in Bayern überhaupt zu befördern? Welcher Boden ist für jede Gattung des Holzes der tauglichste, und welche ist die vortheilhafteste Lage oder Stellung für die Samenbäume zum Holzanflug? 1776, 31 Bl. Fol. Diese Arbeit wurde von d. b. Akademie der Wissenschaften 1776 mit 50 Dukaten belohnt. (S. Sattler, Mönchsleben, S. 271—272.)
15) Abhandlung über die beste Art der Zucht und Bearbeitung der Schafwolle. (Der bayr. Akad. d. Wissensch. eingesandt; S. Westenrieder, Gesch. d. Akademie, I. 463, II. 309 und 616; Sattler, Mönchsleben, S. 151.)
16) Der verlorene Sohn, Cantate auf seine eigene Jubelprofess 7. Okt. 1798. (Die Musik lieferte P. Benedikt Holzinger von Andechs.)
17) Tagebuch vom J. 1748—1814. (Im Kloster Andechs.) Von diesem Tagebuche hat P. M. Sattler die interessantesten Parthien veröffentlicht. (Regensburg 1868.)
18) Diarium, 1781—1784. (Staatsbiblioth. zu Münch. Cod. lat. 2292 und 2293, 168 und 320 Bl. 8.)
19) Notata varia. (Daselbst cod. lat. 2294 und 2295, saec. XVIII. 950 S. 8.)

P. Benedikt Holzinger, geb. zu Aichach 30. März 1747, Profess 16. Nov. 1766, Neomyst 20. Jan. 1771; ein guter Musiker und Componist, blieb nach der Aufhebung des Klosters bei P. Cölestin Ostermann zu Erling, wo er 29. Juli 1815 starb. (Lipowsky, Musik. Lex. S. 130.)

P. Edmund Hochholzer, geb. zu Landshut 1. Okt. 1764, Profess 28. Okt. 1781, Neomyst 30. Sept. 1787, Professor im Kloster und zu Amberg 1791—1796, Beichtvater auf dem Lilienberg, Stadtpfarrer zu Moosburg seit 1806, gest. als solcher 24. Febr. 1830. (Felder, Lex. III. S. 225; Kehrein I. S. 300.)

Schriften:

1) Leichenrede auf die Frau Seraphina Riederauer, Oberin des Klosters Lilienberg O. S. B. 1799. Fol.
2) Rede bei Eröffnung der neu errichteten Mädchenschule im Kloster Lilienberg. 1800.
3) Rede bei der Fahnenweihe zu Moosburg. 1814.
4) Nach dem Conspectus status ecclesiastici D. Frisingensis v. J. 1811, hat er auch Schriften pädagogischen Inhaltes herausgegeben.

P. Ildephons Nebauer, geb. zu Brennberg 27. Jan. 1768, Profess 29. Juni 1788, Neomyst 27. März 1791, wurde nach der Aufhebung seines Klosters Professor zu Straubing, 1809 daselbst Stadtpfarrer. Als 1830 König Ludwig I. Metten wiederherstellte, trat er zu Metten in's Kloster, wo er 1. Juni 1830 seine Gelübde erneuerte, und Prior wurde. 1837 legte er dieses Amt nieder und starb als Jubilar im Kloster 14. März 1844. (Sein Porträt ist in Metten.)

Schrieb:

1) Tentamen physicum et mathematicum. Straubing. 1785.
2) Bruderschaftspredigt, gehalten zu Wessobrunn. 1795.
3) Trauerrede auf Abt Joseph (Leonardi) von Wessobrunn. (Münch.) 1798.
4) Nekrolog über P. Placid. Scharl O. S. B. von Andechs. (Gesellschaftsblatt für gebildete Stände. München. 26. März 1814.)
5) Die vier Bücher von der Nachfolge Christi in lat. Hexametern und deutschen Reimen. Regensburg 1822. II. Aufl. das. 1849.
6) Das Versöhnungsopfer auf Golgatha. (Drama.) Straubing 1827.

P. Joh. Nep. v. Hortig, Dr. theol., Mitglied der Akad. der Wissensch. zu München, geb. zu Pleistein 3. März 1774, wo sein Vater churfürstl. Pfleg- und Forstamts-Administrator war. Nachdem er die untern Klassen zu Amberg, und die philosophischen im adelichen Erziehungsinstitute zu Neuburg a. d. D. zurückgelegt hatte, widmete er sich 1792 und 1793 zu Ingolstadt den juridischen Studien; jedoch schon im Herbst 1793 verliess er die Universität, und trat mit seinen zwei Jugendfreunden Carl Freyherrn v. Hartmann und Anton v. Jenni zu Andechs in den Orden. Am 26. Okt. 1794 legte er Profess ab, und primizirte 23. Juli 1797. Im J. 1799 kam er als Kaplan nach Kloster Nonnberg, von wo aus er die Vorlesungen der Salzburger Universität besuchte. Nach seiner Rückkehr in's Kloster lehrte er die Kleriker Logik und Metaphysik. Nach der Aufhebung (1803) versah er einige Zeit die Pfarre Erling bei Andechs, folgte aber schon im November desselben Jahres einem Rufe nach Salzburg, wo er bis zum J. 1805 Philosophie lehrte. 1806 wurde er Professor der Kirchengeschichte zu Amberg. 1813 trat er in die Seelsorge ein, und bezog die Pfarrei Windisch-Eschenbach; 1821 wurde er abermals zum Lehrfache berufen, und lehrte an der Universität Landshut Moraltheologie, christl. Religionslehre, Pädagogik, Patrologie und Kirchengeschichte. Im J. 1826 zog er bei Verlegung der Universität nach München. Im folgenden Jahre wurde er Kanonikus an der Metropolitankirche. Diese Würde nöthigte ihn, sein so liebgewonnenes Lehrfach aufzugeben, weil die damit verbundenen Arbeiten seine Zeit zu sehr in Anspruch nahmen. Er ward Mitglied des allgem. geistl. Rathscollegiums und des erzbischöflichen Ehegerichtes. — Im J. 1830 wurde er ausserordentliches, und 1841 ordentliches Mitglied der Akademie der Wissenschaften historischer Klasse. — Seine vielfältigen Verdienste wurden durch Ertheilung des St. Michaelsordens geehrt (1841 7. Jan.), und ihm sogar ein bischöflicher Stuhl angetragen, den er aber entschieden ablehnte. Sein Tod erfolgte zu München am 23. Febr. 1847.

Hortig war ein grosser Kenner der Literatur und der Sprachen, und leistete auf dem Gebiete des Humors und der Satyre Nennenswerthes. Nicht nur in der alten Literatur war er vollkommen zu Hause, sondern er sprach auch fertig französisch, italienisch und englisch. Selbst im Spanischen brachte er es zu einer gewissen Stufe von Vollkommenheit. — Er las erstaunlich Vieles, und Schriften, die ihm besonders zusagten, las er oft und lebte sich ganz in sie hinein. — Sein Charakter war anspruchslos, sanft, still und zurückgezogen, den Freunden ein wahrer Freund, in deren Mitte er seine ganze Individualität entfaltete. — So heiter Hortig das Leben auffasste, so entschieden war er im Ernste der Pflichten und Amtsgeschäfte. In der Wissenschaft drang er auf Klarheit und Anwendung. Er war ein stiller, aber steter Beobachter der Menschen und Dinge. Konnte er nicht in freier Natur sein, so war ihm auch wohl im Getriebe der Menschen, auf dem Markte, an Ladenfenstern, kurz in der unbemerkten Belauschung schlichter Landleute, wie z. B. jener Dachauerinen, von denen die eine der andern die neue Pinakothek zu München mit den Worten zeigte: „Do schau d'Spinnapothek"!

Seine Bibliothek und seine Manuscripte vermachte er dem neu gegründeten Stift St. Bonifaz in München, um so seine Anhänglichkeit an seinen alten Orden zu bethätigen. Zur Dotation des erzbischöfl. Klerikalseminars der Diözese Freising und anderer derartiger Studienanstalten hatte er schon in den Jahren 1843—1844 die bedeutende Summe von 11,000 fl. zum Geschenk gemacht. Dr. Beilhack beschliesst die Biographie Hortig's mit den Worten: „Des redlichen ‚Nariskus' (Hortig) Schriften arbeiten durch Humor und Satyre der Zerfahrenheit in Gesittung und Kunst männlich entgegen, sie weisen unter Belächlung und Verhöhnung aller Scheinweisheit auf die natürliche Wahrheit hin, und sind im hohen Grade werth, der deutschen Leserwelt mit aller Wärme empfohlen zu werden." (S. Beilhack, Biog. Hortig's („Nariskus") Programm des k. Max. Gymnas. zu München 1851. — Schematism. der Diöz. München-Freising 1848, S. 174—178; Nekrolog der Deutschen, XXV. 1847, S. 151 sq.; Permaneder, Annales, S. 388—389, 412, 481.)

Schriften:

A. Unter seinem Namen (Hortig) erschienen:

1) Predigten für alle Festtage des kath. Kirchenjahres. Landshut 1821. 2te Aufl. 1826. III. Aufl. 1832.

2) Rede bei Vorlesung der Universitätsgesetze am 3. Dez. 1824. Landshut 1824.
3) Rede bei dem Trauergottesdienste für S. K. M. Max Joseph in der Universitätskirche zu Landshut 16. Nov. 1825. Landshut 1825.
4) Oratio funebris in exequiis Leonis XII. P. M. die 6 Martii 1829 in eccl. Monacensi metropol. celebratis. Monachii.
5) Predigten über die sämmtlichen Evangelien, gehalten in der Universitätskirche zu Landshut. Landshut 1827. 2te Aufl. 1832. (S. Kehrein, I. S. 337; Athanasia, 1839, Bd. 26, S. 259—260.)
6) Predigt bei der Primizfeier des P. Ludw. Fackler, O. S. B. von Metten. München 1838. 8.
7) Predigt bei der Gelübdeablegung von 11 Jungfrauen aus dem Orden der barmherzigen Schwestern zu München. München 1834.
8) Predigt bei der Feier des Jubiläums der Stadtpfarre St. Martin und Castulus zu Landshut. 1836.
9) Kurzgefasste Tugendlehre in Aussprüchen der hl. Schrift alten und neuen Testamentes. Regensburg 1841. 12. (Verfasst auf Veranlassung der Vorträge über Religionslehre, die er dem Kronprinzen Maximilian von Bayern ertheilte.)
10) Handbuch der christlichen Kirchengeschichte. I. Bd. Landshut 1826. II. Bd. 1. Thl. das. 1827. (Dr. Ig. v. Döllinger lieferte des II. Bdes. II. Abtheilung.)

B. Unter dem Namen Johann Nariskus gab er heraus:

11) Gesammelte Blätter. Sulzbach 1832, 312 S. 8.
12) Reisen zu Wasser und zu Land mit etwelchen Anhängseln und Einstreuungen. Sulzbach 1835, 236 S. 12.
13) Wunderbare Begebenheiten des Blasius Berneiter und seiner Gefährten. Das. 1837, 400 S. 12.
14) Zwölf Körbe. Eine Erzählung. Landshut 1841, 349 S. 12.
15) Das neuromantische Drama Rüberunkel. (Auf Veranlassung und mit besonderer Unterstützung Sr. k. Hoh. des Kronprinzen von Bayern herausgegeben von Hofrath B. W. Hermann. München 1834. 4. Liter. artist. Anstalt.)

Hortig war Mitarbeiter des von Fr. v. Besnard redigirten „Repertoriums für das kath. Leben, Wissen und Wirken." Landshut (bei Vogel) 1841 und 1842. 4.

P. Ulrich von Tein, geb. zu Neuburg a. d. D. 26. Aug. 1773, machte seine Studien zu Neuburg, und bezog mit 18 Jahren die Universität Ingolstadt, wo er Rechtswissenschaft studirte, dann aber 1793 in den Orden trat, Profess 26. Okt. 1794, Neomyst 25. Juni 1797. Er pastorirte vom Kloster aus die Pfarrei Widdersberg; war

Prediger im Nonnenkloster Lilienberg 1802; Missionarius zu Schwarzach (im Pongau) 1803. Nach Aufhebung seines Klosters war er Erzieher und Hofmeister der Söhne des Baron Hackl zu Pappenheim; Commorant zu Bernried, von wo aus er sechs Jahre die Seelsorgsstation Tutzing versah; Pfarrer zu Wippenhausen 1815—1821; Pfarrer zu Zell (Oberpfalz) 1821—1838. In Folge einer Lähmung des rechten Arms resignirte er (1838), und zog sich als Quieszent nach Untergünzburg zurück, wo er 4. Sept. 1852 starb. (Mittheilung des P. Mag. Sattler in Andechs.)

Schrieb:

1) Conkordanz der k. Verordnungen vom J. 1799—1818 in Kirchen-, Schul-, Pfarr- und andern Gegenständen. 2. Aufl. Freising 1819, 56 S.
2) Die sieben Worte unsers am Kreuze sterbenden Erlösers. Das. 1820, 39 S.

Manuscripte:

a) Die einfachste und einträglichste Bienenzucht in 45 Fragen.
b) Viele Gedichte, welche noch zu Andechs aufbewahrt werden.

Literatur der Klöster der bayer. Benediktiner-Congregation (Allgemeines):

Gedruckt wurde: Sanctiss. D. N. Innocentii div. provid. Papae, erectio et institutio congregationis benedictino-bavaricae sub invocatione S. S. Angelorum custodum juxta exemplar rev. camerae apostol. Romae impressum. 1686. 4. — „Ueber die bayer. Benediktiner-Congregation" fortlaufende Artikel in den Beilagen der Augsburger Postzeitung 1859, Nr. 74—102; Verfasser derselben ist P. B. Braunmüller. — Regula S. P. Benedicti cum declarationibus ab exempta congreg. bened. bav. sub titulo S. S. Angelorum custodum ab Innocentio XI. erecta superadditis, mandato rev. capit. general. edita. Typ. M. Tegernsensis 1735. 272 S. 12.

Handschriftlich: I. Im kgl. Reichsarchiv zu München: 1) Annales congregationis Benedictino-Bavaricae inchoati a R. D. Greg. Kümpfler, abb. Schyrensi. 3 Thle. Fol. Dieselben beginnen mit dem Entstehen der Congregation und enden mit dem J. 1767. Der I. Thl. (429 Bl.) reicht bis zum J. 1719 und wurde abgefasst von Greg. Kümpfler, Petrus Guetrather von Tegernsee und Carl Meichelbeck von Benediktbeuern. Der II. Thl. (463 Bl.) beginnt mit dem J. 1720 und endet mit 1748. Die einzelnen Fortsetzer sind P. C. Meichelbeck bis zum J. 1732 (fol. 1—145); P. Leonhard Hochenauer, 1732—1734 (fol. 146—173); P. Alph. Haidenfeld, 1734—1747 (fol. 173—420); P. Benno Voglsanger, 1747—1748 (fol. 420—461). Der III. Thl. 1748—1767 ist von Paul Nagl allein verfasst. (Sig. Kl. Benediktbeuern 125.) — 2) Bruchstücke aus den Annales congreg., betr. die J. 1725—1740, einige Lücken der Annales des III. Theiles ausfüllend. — 3) Annales congr. Bened. bav. von 1735—1741. Abschrift eines Theiles der Annales mit Abweichungen. — 4) Concepte zu den Annales congr., betr. die J. 1709—1734 und 1741—1747. Mit Auszügen, Notizen, gedruckten kaiserl. und päpstl. Erlässen von 1703—1741. — 5) Acta congregationis sub praeside generali Bernardo abbate Tegernseensi, a Quirino Millon, priore Tegernseensi scripta. 1692—1697. — 6) Protokolle über die Generalkapitel in Tegernsee 1705, Scheyern 1708 und 1731, Benediktbeuern 1723, mit päpstl. Schreiben.

— 7) Beschreibung der Veranstaltungen zur Beherbergung und Verpflegung der fremden Gäste auf den Generalcapiteln der Congregation zu Weihenstephan 1717 und Benediktbeuern 1723. — 8) Auszüge aus den Capitulardekreten und Resolutionen, nach alphabetisch geordneten Stichwörtern zusammengestellt. — 9) Ceremoniale congregat. Ben. bav. praeside Quirino, mon. Tegernseensis abbate, confirmatum 1705.

II. In der Staatsbibliothek zu München: Cod. lat. 1521, 1522 Annales congregat., sive memoriale rerum memorabilium, quae in erectione et progressu ejusd. congreg. notatu digna sunt. 1684–1698. Fol. — 1728 Collectanea ad Monasticon Palatinum.

Cod. germ. 1909 Repertorium über die Urkunden der oberpfälzischen Klöster Ensdorf (Gnadenberg), Michelfeld, Reichenbach (und Seligenpforten) von Valentin Schweighauser. 472 Bl. fol. 1663. — 1911 Introduktion der Religiosen in die oberpfälzischen Klöster .... Weissenohe, Michelfeld .... Reichenbach im J. 1668. — 1912 Recess vom J. 1668, die oberpfälzischen Klöster betr. — 2176, 2660, 2661 Akten der oberpfälzischen Klöster. — 3255 Ueber die Buchdruckereien in den Klöstern Tegernsee, Wessobrunn und Thierhaupten. — Aufhebung der Klöster in Bayern, in Briefen geschildert von P. Seb. Günthner, 2 Fasz. in 4.

III. In der Stadtbibliothek zu Regensburg: Monasticon Palatino-Neoburgicum von Th. Ried.

IV. Im hist. Verein von Oberbayern: Hefner J. v., Collectanea ad Bavariae monasteria spectantia, 19 Cahiers. (S. Jahresb. XXXI. S. 70.) — Desselb., Notizen über die Klöster Wessobrunn, (Beyharting), Scheyern, (Raitenhaslach, Schliersee), Oberaltaich, (Schlehdorf). 5 Fasz. Fol. (S. Jahresb. 1870. S. 151.)

V. In der Domkapitelbibliothek zu München: Geschichte der bayer. Benediktiner-Congregation von Anton Köllmayr. 1789. 1. Bd. 67 Bl.

Nachträge und Berichtigungen zum I. Bande.

S. 13, Zeile 7, 12 und 19 lies jedesmal 1 Bd. statt I. Bd.
" 18, " 15. Stum machte am 13. Nov. (nicht 13. März) Profess.
" 30, " 25. Die philosophischen Fächer wurden am Gymnasium zu Benediktbeuern seit den Zeiten des Abtes Amand (erwählt 1784) gelehrt.

Zu Weltenburg's verdienten Männern:

P. Roman Niedermayr, geb. zu Dietfurt 25. April 1751, studirte zu Neuburg und Ingolstadt, Profess 11. Okt. 1772, Neomyst 15. Okt. 1775, † 1. Dez. 1776. Er war ein guter Botaniker und hatte bereits ein reichhaltiges Herbarium angelegt. Seine Kenntnisse in der Botanik wurden in öffentlichen Literaturblättern rühmend erwähnt.

Conv. Joseph Koller, geb. zu Miesbach 4. Dez. 1714, erhielt den ersten Unterricht in den Wissenschaften im Kloster Seon. Bald verliess er aber die Studienlaufbahn und wurde Maler. Längere Zeit hielt er sich in Franken auf, trat c. 1749 in den Orden und legte 24. Juni 1750 Profess ab. Er starb 10. Dez. 1777. Gegenwärtig wird kaum mehr von ihm ein Gemälde zu Weltenburg vorhanden sein.

P. Maurus (II.) Cammermaier, Abt, geb. zu Kefring 6. Dez 1699, Profess 24. Okt. 1717, die theologischen Studien machte er zu Niederaltaich, Neomyst 15. Jan. 1724. Er vikarirte dann die Pfarrei Holzharlanden, war Oekonom, 7 Jahre Prior, wurde zum Abt erwählt 12. Febr. 1744 und starb 15. Dez. 1777. Er hinterliess handschriftlich eine Chronik seines Stiftes und that viel für die Bibliothek. (Rotula.)

P. Rupert Walxheiser, Abt, geb. zu Stadtamhof 11. Juli 1743, studirte unter den Jesuiten zu Regensburg, Profess 7. Okt. 1761, Priester 1767: er war im Kloster Professor der Moraltheologie; 1770 Cellerarius und wurde 22. April 1768 zum Abt erwählt. Von ihm sagt die Rotel: „Literas amavit, aestimavit atque eximia non raro praedicatione extulit. Professorem aliunde accersivit, qui juniores religiosos theologicis ac juridicis disciplinis annis quinque instruxit. Septimanis singulis disputationes privatae instituebantur ...

Hue literarum auxilia, libri spectant, quos bene multos eosque pretiosos (veluti Fleurii historiam ecclesiasticam, encyclopaediam germanicam aliosque) emit. Huc quoque revocari merentur collectiones monetarum, librorum, tabularum antiquarum, rerum naturalium ac papilionum imprimis, sumtu ac labore non mediocri ab ipso factae. Item rudera, valla ac alia antiquissima monumenta, quae frequentiora tum apud nos, tum in vicinia supersunt, quae a suis delineata, unacum ara Jovis (anno 211 posita) academiae scientiarum boicae misit. Domi suos informatos fuisse non contentus, quosdam alio proficisci permisit, alium ut linguas orientales, alium ut gallicam atque anglicam addiscerent, alium ut in arte inveniendi modulos perfectior redderetur." Dieser um wissenschaftliche Thätigkeit seines Klosters hochverdiente Abt starb 14. Aug. 1786.

S. 43. Zur Biographie des Conv. Ed. Schmid. Von ihm steht in der Rotel: „Literarum quoque studiis, maxime antiquitatis historia delectabatur; hinc tota nostra vicinia peragrata, lustrataque, varias veterum inscriptiones, monumentaque alia, praesertim celebrem illam Jovis aram, ab hominum oblivione vindicavit, congessitque diligenter; quos labores, ut compensaret boica scientiarum academia Monacensis, bina vice Edmundum decoravit praemio."

P. Benno Gruber, geb. zu Kelheim 28. Sept. 1759, Profess 12. Nov. 1780, Neomyst 24. Juni 1783, † 18. März 1796. Er war ein gründlicher Tonsetzer, der mehrere Compositionen in Druck gab. Auch componirte er die Musik zu dem in Weltenburg aufgeführten Singstücke: „Gute Kinder, der Eltern grösster Reichthum." Handschriftlich hinterliess er noch Mehreres. (S. Felder, Lit. Ztg. 1820, II. S. 270.)

Zu St. Emmeram:

„ 50. St. Emmeram besass zu Hainspach, Lauterbach und Hohengebraching Propsteien, wo Religiosen des Stiftes zur Besorgung der Oekonomie und der Seelsorge exponirt waren.

„ 51. Zur Literatur dieses Stiftes: Ueber Christoph Hoffmann, gelehrten Mönch von St. Emmeram: s. Finauer, Versuch einer baierisch. Gelehrtengeschichte, 1767, S 105, und Oefele, Scriptores rer. boicar. T. I. S. 543.

„ 52. P. Seb. Bey(e)rer machte 6. Nov. 1740 Profess, war nacheinander Pfarrer von Schwabelweis, Expositus in Haindling, Prediger und Cooperator zu St. Emmeram, sechs Monate vor seinem Tode wurde er Pfarrer von Dechbetten, und starb, wie es scheint, im Kloster.

„ „ P. N Hackl starb am 25. (nicht 26.) Aug. 1754. Er hinterliess 20 Manuscripte, theils aszetischen, theils theologischen Inhaltes.

„ „ Fürstabt Kraus primizirte am 23. Jan. 1724.

„ 61. Zeile 12 (von unten) lies: Stück I. S. 100.

„ 64. P. J. Baumann, Profess 2. Nov. (nicht 3.)

„ „ (Nota) lies: Monse statt Mosne.

„ „ Zu P. Jos. Reindl's Biographie: Ein um das Stift sehr verdienter Religiose, dessen Biographie ich seiner Zeit anderswo ausführlicher zu veröffentlichen vorhabe. Seine Studien machte er zu Ingolstadt, wo P. Ig. Weitenauer S. J. sein Professor war. Seiner Frömmigkeit wegen wurde er zum Präfekt der marianischen Congregation erwählt. Als Religiose stand er den meisten Aemtern, inner und ausser dem Kloster, mit grossem Nutzen vor, und bewies als Cooperator zu St. Emmeram zur Zeit einer Epidemie rastlosen Eifer und Muth. Zur Zeit grosser Theuerung (1771) war er Propst zu Lauterbach und theilte den ganzen Getreidevorrath an die Stiftsunterthanen aus. Er starb als Jubilar der Profess und des Priesterthums nach sechstägiger Krankheit am Schlagfluss.

S. 64. Nachtrag zur Biographie des P. J. B. Enhuber. Kaum war er Priester geworden, so lehrte er im Stifte 2 Jahre Philosophie und darauf 13 Jahre Theologie (meist Dogmatik). Zugleich hatte er noch mehrere andere Aemter zu bekleiden. So war er anfänglich Direktor des Seminars zu St. Emmeram (dessen Zögling er einst selbst gewesen), dann mehrere Male Festtags- und Fastenprediger an der Stiftskirche; dazwischen Exkurrens nach Schwabelweis und Dechbetten. Am 3. Febr. 1775 wurde er Prior und blieb es ohne Unterbrechung bis 1784 (nicht 1785). Weil seine Gesundheit stark angegriffen war, bat er um Enthebung von diesem Amte, die er erhielt und dafür das Subpriorat verwalten musste. Bald darauf wurde er Pfarrer und Propst zu Gebraching und von 1791 bis zu seinem Tode Grossökonom im Stifte. Schwabelweis und Gebraching erhielten durch seine Bemühungen neue Gotteshäuser. Das letztere weihte Maximilian Prokopius, Fürstbischof von Regensburg, 1789 am Namensfeste des Erbauers ein. Bei diesem Kirchenfürsten stand Enhuber in hoher Gunst. Derselbe ernannte ihn zum geistlichen Rath und Bücher-Censor, eine Ehre, die bis dahin noch nie einem Religiosen von St. Emmeram zu Theil geworden war. Enhuber besass alle Eigenschaften eines guten Kanzelredners. Die hl. Schrift hatte er ganz in seiner Gewalt, daher waren seine geistlichen Reden durchweg mit Stellen aus derselben gewürzt. Er war auch in den kirchlichen Ceremonien sehr bewandert, und drang strenge darauf, dass der Ritus pünktlich und genau nach den römischen Rubriken abgehalten wurde. (Vergl. hierüber die Einleitung, S. 38, Anmerkung 2.) — Fürstabt Frobenius gab den ersten Wink, dass sich Enhuber an die Bearbeitung einer neuen Gesammtausgabe der Werke des Rhabanus Maurus machte. Aus allen Theilen Europa's wurden ihm Handschriften zugesandt.

„ 74. Zeile 18: Die Denkschrift auf P. Roman Zirngibl erschien nebst dessen Porträt in „Westenrieder's hist. Schriften, I. (einzig.) Bd. S. 1—128. Münch. 1824" Sie wurde wieder abgedruckt in der Kerz'schen Lit. Ztg. Bd. XIV. II. Abth. S. 104—144, 212—222, 211—301.

„ 76. Bei Zirngibl's Schrift sub Nr. 22 add. S. 87—104.

„ 77. Zu Zirngibl's Schriften:

31) Des St. Emmeramischen Abtes Albert Rechnung von den J. 1329—1330. (In Westenrieder's hist. Schriften, I. S. 129—180.)

32) Ueber den Werth der alten Regensburgischen Pfenninge. (In Westenrieder's Beiträgen, Bd. VI. S. 205 sq.)

„ 95. Minichsdorfer's Schrift sub Nr. 1 erschien zu Regensburg, 20 S. stark.

„ 96. Werner gab noch anonym heraus: „Joseph Klein, Generalvikar des Erzbisthums München-Freysingen, eine Skizze von P. W. B (Petrus Werner Benediktiner). Landshut 1823. gr. 8.

Zu den Gelehrten dieses Stiftes:

P. Jacob Passler, geb. zu Reichenbach 10. Febr. 1705, studirte zu Freising, Profess 8. Dez. 1723, Neomyst 25. Juli 1729. Er war Bibliothekar, Custos, Novizenmeister, Propst zu Hochengebraching und zu Hainspach, Oekonom im Kloster, vom 28. April 1756 bis zu seinem Tode, 16. Okt. 1772, Beichtvater zu St. Walburg in Eichstädt. Handschriftlich hinterliess er mehrere Bände, die schätzbares Material für die Geschichte seines Klosters enthalten. Weder Ziegelbauer (Hist. rei lit. III. 588), noch die Rotel geben den Titel seiner Manuscripte an.

Zu Oberaltaich:

S. 110. Die Rotel hat Hemmauer, nicht Hemauer.

„ 112. P. B. Appel (Apell) starb am 11. Juni (nicht 11. März).

„ 114. Das Manuscript sub a) Brevis autobiographia Ganseri wurde der Rotel beigedruckt.

„ 117. P. Jos. M. Hiendl sollte nach Scholliner stehen, weil er nach ihm gestorben.

„ „ Zeile 15 add. Bd. I. S. 132—135.

„ 118. Scholliner gieng nicht in's Kloster zurück, sondern blieb Propst zu Welchenberg, wo er 16. Juli (al. 17.) 1795 starb. In seiner Biographie (Westenrieder, Beiträge, VII. S. 381—400) ist gleichfalls sein Todesjahr irrthümlich angegeben. Er war auch Mitglied der societas literaria germano-benedictina. Zu seinen Schriften gehören noch: Anmerkungen über des H. Aug. Max Lipowsky hist. herald. Abhandlung von dem Ursprunge der Klösterwappen. Ferner gab er auch mit Kaindl den XIII. Bd. der Mon. boica heraus. Ueber seinen Tod berichtet die Rotel: „Perrexerat Rev. abbas noster Welchenbergam, Hermanno ad proximum diem onomasticum solitum praestiturus homagium. Exultat prae gaudio ven. senex, innatantes lacrymulis oculi cordis delicium produnt. Ast subito obmutescit, bis terque interrogatus a Reverendissimo: „Quid tibi accidit? an male te habes?" nullum signum edit et quasi in extasin raptus sedet. Sed prorumpens subito ex ore sanguineus vomitus satis clare demonstrat, virum lethali apoplexia tactum fuisse, ex qua post arduum trium horarum agonem s. inunctus ceromate hora secunda pomeridiana deficiens mortuus est." Die Rotel ist am 17. Juli ausgestellt. Ich vermag nicht zu entscheiden, ob der 16. oder 17. Juli sein Todestag ist.

Zu Benediktbeuern:

„ 135. Zur Literatur:

a) Catalogus manuscriptorum M. Benedictoburani 1735. (Sehr wahrscheinlich von L. Hohenauer verfasst.)

b) Diarien über die täglichen Gäste und sonstige Begebenheiten im Kloster Benediktbeuern von den J. 1785—1791. 4. (Beide Manuscripte in der Staatsbibliothek.)

„ 136. P. A. v. Haidenfeld machte laut der Rotel am 12. (nicht am 21.) Okt. Profess; er war Regens des Klosterseminars, Professor der Theologie, in der Seelsorge zu Kochl, Weihl und Jachenau, blieb einige Zeit wegen angegriffener Gesundheit zur Erholung zu Walchensee und wurde von dort in's Kloster als Archivar und Bibliothekar berufen, wo er starb,

„ „ P. A. Madlseder, Profess 25. Okt. 1739, Neomyst 29. Sept. 1743, 10 Jahre Pfarrer in Kochel; er starb im Kloster.

„ 137. P. L Heinrich starb im Kloster, wo er erst nach seiner Rückkehr aus der Filialkirche, in der er Gottesdienst gehalten hatte, vom Schlage getroffen wurde.

„ 138. Zur Biographie des Abtes Benno Vogelsanger: Seine Studien machte er als Zögling des Gregorianischen Institutes zu München, wo er sechs Jahre blieb;

die theologischen Studien machte er am Communstudium der Congregation (zu Rott und Prifling); die Rechtswissenschaften hörte er zu Salzburg. Nach Vollendung der Studien war er zwei Jahre Professor und Moderator des Klosterseminars, dann Professor der Philosophie am studium commune (zu Weihenstephan). Seine Lehrthätigkeit am Lyzeum zu Freising währte von 1741—1742 und von 1745—1754. (Dem gemäss ist das, was S. 138, Zeile 8 steht, zu berichtigen.) Er war zu Freising zugleich Schulpräfekt. Von 1742 —1745 war er im Kloster Director clericorum, Bibliothekar, Archivar und lehrte Kirchenrecht. — 1755 wurde er Prior. — 1760 Visitator der Universität Salzburg; 1761 Präses der bayer. Benediktiner Congregation; 1765 wurde er in diesem Amte bestätigt. — 1776 wurde er Definitor perpetuus congregationis. — Am 13. Juli 1783 wurde er vom Schlagflusse getroffen. — Als junger Religiose war er des P. Carl Meichelbeck Freude und Hoffnung, und das mit Recht. — Seine Schriften sub Nr. 2 und 3 erschienen 1740.

S. 138. Zur Biographie des P. Gerard Sepp: geb. 4. März 1747, Profess 11. Nov. 1769, Neomyst 1. Jan. 1772, er war Pfarrvikar zu Heilbrunn, dann zu Grossweil, Lehrer am Klosterseminar, Professor des Kirchenrechtes, 1778 Küchenmeister und Inspektor der Klosterfischerei. Mit Erlaubniss seines Abtes gieng er auf einige Zeit in das Schottenstift St. Jacob nach Regensburg, um dort die englische und französische Sprache zu erlernen. In sein Kloster zurückgekehrt, wurde er 1785 Inspektor der Stiftswaldungen. In der Alterthumskunde und namentlich in der Numismatik besass er ausgebreitete Kenntnisse.

„ „ P. A. Reiff starb 11. (nicht 9.) Juni.

„ 140. Zur Biographie des Abtes Amand Fritz: Seine Studien machte er am Gymnasium zu Benediktbeuern und zu München; am 19. Sept. 1755 erhielt er das Ordenskleid und begann sein Noviziat in Scheyern. Die Theologie studirte er am Communstudium durch vier Jahre zu Rott und zu Prifling, wo er öffentlich theologische Thesen vertheidigte, welche dem Weihbischofe und Augsburgischen Generalvikar Frhrn. v. Adlmann gewidmet wurden. Nach Vollendung seiner Studien lehrte er im Kloster ein Jahr Moraltheologie und wurde dann Professor des Klosterseminars. — 1760 ernannte ihn Abt Benno zum Notarius publicus, und bald darauf wurde er vom Generalcapitel der Congregation zum Sekretär derselben ernannt. — 1761—1763 war er Regens des Klosterseminars. — 1763 wurde er Director clericorum und zugleich Archivar. — Von 1768—1776 war er Novizenmeister der bayer. Congregation, welche damals das gemeinsame Noviziat in Scheyern hatte. — 1776 Praefectus culinae. — 1778 wurde er einstimmig als Prior erwählt, und blieb es bis zu seiner Erwählung zum Abt. Die Benediktion nahm der Weihbischof Baron J. Nep. v. Ungelter 17. Okt 1781 vor. — Das Hochaltarblatt, das Martin Knoller malte, wurde 1788 vollendet. — Was Abt Amand zur Hebung der Studien gethan, darüber berichtet die Todesanzeige: „Plures (religiosorum) tum domi tum in celeberrimis etiam academiis optimis scientiis et artibus imbui curavit, nulli parcens labori, ut filios educaret, qui et reipublicae et ecclesiae ornamenta fierent. Libros in quavis scientia necessarios ipse suis procuravit; philosophiam in nostrum seminarium ipse primus introduxit; armarium mathematicum ipse adornavit; instrumentis ipse auxit et locupletavit; imagines melioris penicilli ipse in ordinem redegit; rebus quoque naturalibus, numismatibus aliisque compluribus ipse manus admovit; .... nullas omnino impensas timuit, unice pro filiorum suorum bono et monasterii honore sollicitus; noverat enim, non male impendi pecunias, quae pro scientiarum incremento impendantur." Er starb am 9. Febr. 1796 (nicht 4. März). Die Todesanzeige, die von P. Waldram Jocher, damaligem Prior, unterzeichnet, enthält in 12 Folioseiten eine ausführliche Biographie dieses verdienten Abtes. (Vergl. Trauerrede auf Abt Amandus von P. C. Poppel. Tegernsee 1796, 18 S. Fol.)

S. 140. Zur Biographie des P. B. Koller: Seine Studien machte er zu Benediktbeuern und als Zögling des Gregorianischen Seminars zu München. — Von 1776—1795 war er Regens des Seminars, Musikinstruktor, Chorregent und Lehrer der Grammatik. Am 27. Sept. 1795 wurde er Subprior, kam aber noch im Spätherbste desselben Jahres nach Walchensee (als Exkurrens für Jachenau). Im Oktober 1798 kam er als Inspektor des Seminars und Oekonom in's Kloster zurück, begann aber bald zu kränkeln und legte 22. Febr 1799 alle seine Aemter nieder.

Zu den Gelehrten und verdienten Religiosen dieses Stiftes:

P. Johann Bapt. Rauch, geb. zu Erling 22. Sept. 1757, machte seine Studien zu Andechs und Augsburg, Profess 28. Okt. 1777, Neomyst 21. Okt. 1781; er lehrte von 1784—1787 im Kloster Mathematik, Physik, Logik und Metaphysik, und im Klostergymnasium Poesie und Rhetorik; im J. 1787 wurde er an die Universität nach Ingolstadt gesandt, um höhere Mathematik zu studiren. Steiglehner war sein Professor. In's Kloster zurückberufen, war er von 1788—1790 Professor der Philosophie für vier Stiftskandidaten, 1790—1791 lehrte er Moraltheologie, 8. Jan. 1791 wurde er an Stelle seines Bruders Gregor (der zum Abt von Andechs erwählt worden war) Professor der Mathematik und Physik zu Neuburg an der Donau und zugleich Rektor. In dieser Stellung blieb er bis zu seinem Tode. Am 4. Juni 1792 fand man ihn todt im Bette. Ein Schlagfluss hatte seinem Leben unerwartet ein Ende gemacht. Rauch besass in allen Wissenschaften gründliche Kenntnisse, besonders aber in den mathematischen Fächern.

Conv. Columban Kern, geb. zu Kötzing 23. März 1741. Im J. 1768 erhielt er Aufnahme in Benediktbeuern und machte 11. Nov. 1770 Profess. Er war Chorregent, Organist und Instruktor der Musik für die Seminaristen. „Conscripsit Missale monasticum, antiphonaria pluraque psalteria charactere certe elegantissimo, aut ut verius dicamus, formis literisque acri incisis penicillo expressit labore sat molesto et tamen indefesso." Starb 24. April 1796. (Rotula.)

Zu Tegernsee:

„ 160. Zur Literatur:

a) Florilegium sacrum, seu collectio religiosorum, quos abbates Udalricus III. Schwaiger, Bernardus Wenzel, Quirinus IV. Millon et Petr. Guetrather sacra professione creare sunt dignati, videlicet ab a. 1636—1736. Opera et studio P. Romani Krinner, professo Tegernseensi. 1 Bd. 500 S. Fol. (Enthält ausführliche Biographien der innerhalb dieses Zeitraumes eingetretenen Religiosen. (Krinner war geb. zu Haidhausen bei München 1678, † 2. Mai 1738.)

b) Tagebuch des Abtes Gregor (Rottenkolber) von Tegernsee über Kriegs- und Quartierlasten von den J. 1796—1801. 4.

c) Drei Extrakte aus Chroniken des Kl. Tegernsee. Fol. (Die Manuscripte sub a, b und c in der Staatsbibliothek.)

S. 161. P. S. Zeidlmayr, geb. 6. Juni 1671, Profess 15. Okt. 1690, Neomyst 20. Okt. 1697.

„ „ P. A. Dratzieher wurde (nach der Rotel) am 13. Okt. 1726 Priester.

„ „ P. L. Trautsch, Profess 17. Okt. 1717, Neomyst 17. Okt 1724, gab auch einige Vespern in Druck.

„ „ P. A. Mayr war von 1748—1749 Frühmesser in Gmund, von 1749 bis zu seinem Tode Expositus zu St. Leonhard in Kreuth, und starb auch dort.

„ 163. P. A. Marschall, Profess 22. Nov. 1716, Neomyst 7. Okt. 1725.

„ „ P. M. Wagner, geb. am 17. Febr. (nicht 27.), starb zu Kreuth, wohin er sich zur Herstellung seiner Gesundheit begeben hatte.

„ „ P. B. Gaigl war zuerst Professor in Strassburg, dann am stud. commune congregationis (zu Rott und Scheyern). Er war auch Prior.

„ 164. P. R. Wilhelmseder starb am 26. (nicht 25.) Januar.

„ „ P. N. Brand, Neomyst 15. Okt. 1780 (nicht 29. April 1787).

„ 172. Zeile 11: Von Günthner befinden sich noch mehrere Handschriften in der Staatsbibliothek zu München. Meistens kleinere Abhandlungen.

„ 173. Zeile 3 von unten: lies Bd. XV. II. Abtheilung.

„ 175. Zu den gelehrten und verdienten Männern von Tegernsee:

P. Heinrich Trittenpreis, geb. zu Ismaning 7. Juni 1710, Profess 17. Okt. 1728, Neomyst 2. Okt. 1735, Subregens des Convikes der studirenden Ordenskleriker zu Salzburg 1737, Exkurrens nach Waykirchen (Waakirchen) und Schafflach, welche Filialen vom Stifte zwei Stunden entfernt sind, (1741), † 29. Sept. 1751. Er schrieb: Adversaria Tegernseensia. 1 Bd. 4.

P. Columban Höchstetter, geb. zu Schwaz 2. Okt. 1696, Profess 19. Okt. 1721, Neomyst 18. Okt. 1722, er war Director clericorum, Inspektor der Stiftsbuchdruckerei und Praefectus cellae vinariae. Er ordnete das Stiftsarchiv und führte seit dem J. 1726 die Hauschronik, † 10. Juli 1756.

Conv. Ellinger Krinner, geb. zu Tegernsee 28. Juni 1702, Profess 31. Mai 1739, † 9. Febr. 1773. Vor seinem Eintritte in den Orden war er in mehreren grösseren Buchdruckereien in Verwendung. Als Laienbruder führte er über 30 Jahre die Aufsicht über die stiftische Buchdruckerei, welche ihm mehrere Verbesserungen zu verdanken hatte.

Conv. Andreas Grienwald, geb. zu Egern 13. Dez. 1719, Profess 26. Aug. 1753, † 12. Juni 1781. Von ihm sagt die Rotel: „Cum longaeva experientia magistra doctus rerum ac jurium monasterii nostri haud mediocriter gnarus esset, plurima scripsit, in ordinem redegit, in commentarios retulit, nobis et posteris profutura.“

P. Franz Minsterberger, geb. zu Tirol (Dorf) 9. Juni 1732, Profess 1758, Priester 1763; er war neun Jahre in der Seelsorge zu Loiben, starb im Kloster 18. Okt. 1785. Er führte Zeit seines Lebens ein genaues Diarium, das verloren zu sein scheint.

P. Benedikt Schwarz, Abt, geb. zu Kötzing 23. Jan. 1715, studirte an der Klosterschule zu Tegernsee und zu Salzburg, Profess 19. Okt. 1738, Neomyst 14. Okt. 1742, Regens des Klosterseminars, Pfarrvikar zu Egern, Propst zu Loiben, zum Abt erwählt 13. Juli 1762. Er that sehr viel für wissenschaftliche Zwecke, und liess auch von seinen Religiosen meteorologische Beobachtungen anstellen, deren Resultate er nach Mannheim und München sendete. Die Herausgeber der Monumenta boica spenden ihm in

VI. Vol. folgendes Lob: „Primum, et suo equidem jure, nuncupamus Benedictum abbatem Tegurinum, humanitatis rarissimae laude conspicuum, studiisque nostra eo affectu prosecutum, quem Musae boicae etiamnum tenellae exosculantur, adultiores olim celebrabunt." Und die Rotel sagt über ihn: „Depraedicant tandem Benedicti munificentiam illa excelsae magnitudinis fabrica, id est illa quadrangularis aedificii pars, quae meridionalem respicit plagam; hospitum cubilia splendida suppellectili exornata; bibliotheca pretiosis etiam libris ad incrementum perducta; seminarium ad omnem decentiam instructum; armarium physico-mathematicum recens erectum etc. . . . . Ueber seinen Tod, der sich zu Kreuth 6. Nov. 1787 ereignete, schreibt die Todesanzeige: „Mos erat Reverendissimo capiti ut singulis annis die 6. nov. ad div. Leonardum thaumaturgum in Kreuth (pago duabus circiter horis a monasterio dissito), cum aliquibus confratrum iter instituerat, ibique ejus festum celebraret. Advenit ibi sanus, sacrumque pro more summo spiritus ardore perficit. Redux ad domum parochialem invaditur deliquio, secuturae apoplexiae mortisque prodromo." . . . . Nachdem er die Tröstungen der Religion erhalten, sagte er zu den umstehenden Religiosen: „Gratias vobis refero, charissimi! pro vestro in me obsequio! Sinite modo, ut me paululum colligam, sinite, ut me Deo meo conjungam," worauf er bald verschied.

Zu Wessobrunn:

S. 177. Zur Literatur:

Excerpte und Notizen zur Geschichte von Wessobrunn. Wahrscheinlich von P. Angelus Widmann. (Staatsbiblioth. zu München.) Derselbe war geb. zu Peissenberg 30. Nov. 1726, studirte zu Polling und München, Profess 17. Nov. 1748, Neomyst 23 Jan. 1752, er war Organist und Chorregent, Pönitentiarius zu Vilgertshofen, Vikar von Forst, Waldmeister, Archivar, † 17. Okt. 1797.

„ „ Zeile 6: Ein thätiger Mitarbeiter der Concordantia bibliorum Wessof. war auch P. Maurus Luz.

„ 178. P. C. Leutner war auch Notarius apostolicus.

„ 179. Abt Beda, Neomyst 17. Juli (nicht Juni).

„ „ P. Ver. Eisvogl, Profess 28. (nicht 23.) Okt. Derselbe schrieb (nach der Biblioth. générale des écrivains de l'orde de S. Benoit I. 284) auch noch: „Consolator fidelis et proficientis animae, sive exhortationes in singulas dominicas et festa anni " Aug. Vind. 1727.

„ 180. Millbauer hiess mit dem Klosternamen Benedikt, nicht Beda.

„ 182. P. A. v. Campi war auch Dr. theolog.

„ 183. Abt Ulrich Neomyst 1. Okt. (nicht Nov.)

„ 184. P. P. Nagl starb am 9. (nicht 12) Juli.

„ 185. P. B. Hypper starb nicht im Kloster, sondern auf seiner Rückreise aus Tirol (wo er sich auf den Weingütern des Klosters aufgehalten), zu Weilheim in seinem väterlichen Hause und im nämlichen Zimmer, in dem er zur Welt gekommen war. Er war auch ein guter Organist, und bereicherte die Klosterbibliothek mit werthvollen Büchern.

„ 186. P. M. Bayrhamer war auch Componist

„ „ P. Schallhart starb 29. (nicht 20.) Jan.

„ 188. Abt Jos. Leonardi starb 1798 (nicht 1799).

„ „ v. Kleimayern's Biographie steht bei Besnard, Lit. Ztg. 1827, I. S. 257 sq.

Zu Wessobrunns verdienten Männern:

Conv. Waltho Pambler, geb. zu Arnschwang 8. März 1712, Profess 29. Mai 1740, er war Kalligraph und schrieb für den Chor mehrere Antiphonarien. Starb 30. April 1769.

P. Amand Saurlacher, geb. zu Benediktbeuern 6. Juni 1766, Sohn des dortigen Chirurgen, studirte im Seminar zu Benediktbeuern, Profess 28. Okt. 1787, studirte zu Salzburg Theologie und orientalische Sprachen, primizirte dort in der S. Caroluskapelle 13. Juni 1790; er lehrte ein Jahr im Stifte Seon Theologie, und 1791 am Lyzeum zu Freising dasselbe Fach, musste aber wegen Kränklichkeit das Lehrfach aufgeben und starb im Kloster 1. Okt. 1794. Er war ein hoffnungsvoller talentvoller Religiose.

Zu Thierhaupten:

S. 191. Handtriser's zweite Schrift erschien nicht 1768, sondern 1763—1765.

„ „ Zu Pichler's Biographie: Das erste Mal reiste derselbe 1749 nach Rom und war deutscher Beichtvater (wie es scheint, im Kloster St. Paul). — Im J. 1774 reiste er mit Erlaubniss des Abtes von Scheyern, in welches Kloster er übergetreten war, abermals nach Rom und war wieder zu St. Paul deutscher Beichtvater und wurde darauf Beichtvater des Nonnenklosters S. Scholastica zu Subiaco. Ueber seinen Entschluss, ganz in S. Georgio zu Venedig zu bleiben, berichtet die vom Stifte Scheyern herausgegebene Rotel: Hisce in regionibus peritia sua in animanda chely et organo perbene notus, ac conversationis suavitate amicorum suorum adeo sibi devinxit animos, ut continuis importunisque precibus cedere ac in monasterio ad S. Georgium maj. permanere coactus fuerit. Dort bekleidete er die Stelle eines Organisten und starb er nach 22jährigem Aufenthalte 23. Okt. 1796. Der Abt des dortigen Klosters, Namens Venier, berichtete über seinen Tod nach Scheyern und lobte ihn als einen exemplarischen Religiosen, der sich niemals dem Chorgebete entzogen. Auch habe sein meisterhaftes Orgelspiel viel zur Feier des Gottesdienstes beigetragen. — Hiemit will ich jenen zweideutigen Satz, den ich S. 194 geschrieben, widerrufen haben. — Thierhaupten erhielt bald nach dem Austritt Pichler's neuerdings einen vortrefflichen Organisten; es war diess P. Placidus Rumpf, geb. zu Ingolstadt 18. Sept. 1747, Profess 13. Okt. 1765, Neomyst 6. Okt. 1771, er war auch Professor der Theologie und 22 Jahre Präses und Prediger der Rosenkranzbruderschaft. Er starb 21. Aug. 1798.

Zu Weihenstephan:

„ 197. Zur Literatur:

Cod. lat. 21558, Chronicon Weihenstephanense.

Ferner: Föringer, Ueber die Annales Weihenstephanenses (Sitzungsber. der Akad. der Wissensch. zu München, 1879, II. 1, S. 83—96.)

„ 198. P. M. Dagaro, Profess 28. (nicht 8.) Okt.

Zu Attel:

„ 204. Bei der Restauration dieses Klosters übernahm Admont die Colonisirung.

Zu Rott:

S. 219. P. Pl. Metsch, Neomyst 3. April 1731. Er war auch ein vorzüglicher Organist. Seine Compositionen erschienen zu Nürnberg; die Rotel gibt die Titel derselben nicht an.

" " P. E. v. Sutor, Profess 1780 (nicht 1781), wurde mit päpstlicher Dispense 16. Juni 1782 zum Priester geweiht, primizirte 7. Juli. Er hielt sich ein Jahr im Stifte Kremsmünster auf, wo er bei Placidus Fizlmillner und Thadd. Dörflinger in der Mathematik und Astronomie Unterricht nahm. Eine ausführliche Biographie Sutor's enthält die ausgegebene Rotel. (7 S. Fol.)

" " P. J. M. Kerscher, geb. 1743 (nicht 1742), Profess 8. Nov. 1762, Priester 1768.

Zu Rotts verdienten Männern:

P. Primus Schreier, geb. im Leuchtenbergischen, „Luensis" 28. Aug. 1729, war Seminarist von St. Emmeram, Profess 15. Okt. 1750, Neomyst 29. Sept. 1756, er war zweimal Subprior, und ein vorzüglicher Musiker, † 26. Sept. 1798. Die Rotel sagt von ihm: „Organoedus excellentissimus juxta commune omnium, qui eum organa intonantem audiere, solenne testimonium, omnique reliqua musices classe expertissimus."

Zu Scheyern:

" 241. Lechner handelt über die gottselige Margaretha (nicht Maria) Ebner von Medingen Ord. Praedicat. († 1216) in der Schrift: „Das mystische Leben der hl. Margaritha v. Cortona. Regensburg 1862, S. 219—323."

In Manuscript hinterliess er: Commentar zu den Schriften des Alten und Neuen Testamentes. Der Commentar des Neuen Testamentes befindet sich zu St. Vincenz bereits unter der Presse. — Lechner starb 1871 (nicht 1873).

" " Dr. A. Prand ist auch kgl. bayer. geistl. Rath.

Zu Prifling:

" 246. P. P. Gerl, Profess 28. Okt. 1736.

" 247. P. M. Pronath, geb. 7. Sept. 1738 (nicht 5. Okt. 1731). Er errichtete im Kloster ein astronomisches Observatorium.

" 259. Die Schrift Kaindl's sub Nr. 3 lautet mit genauem Titel: „Die teutsche Sprache aus ihren Wurzeln mit Paragraphen über den Ursprung der Sprache. Sulzbach, 5 Bde. gr. 8. I. Bd. 1815, II. und III. Bd. 1823, IV. Bd. 1824, V. Bd. 1826. (Die zwei letzten Bände Register.)

Zu Priflings verdienten Männern:

P. Gregor Pez, geb. zu Forchheim 2. März 1722, studirte zu Bamberg, Profess 12. Nov. 1747, Neomyst 21. Juni 1748. Hierauf war er sechs Jahre Caplan im Kloster Säben in Tirol, wurde, von dort zurückgekehrt, als Cooperator in mehreren Stiftspfarren angestellt und endlich Pfarrer zu Pointen, wo er sich zur Zeit einer Epidemie rastlos thätig zeigte und selbst, vom Faulfieber ergriffen, dem Tod schon sehr nahe war. Er war dann Oekonom (Propst?) zu Hemau, und machte als solcher für das Kloster im Nordgau vortheilhafte Erwerbungen. In's Kloster zurückberufen, starb er als Senior und Jubilar 16. Sept. 1799. „Calluerat aliquando artem pictoriam et ceroplasticam, et utriusque multa specimina a se confecta reliquit, interque ea eminent 13 mappae geographicae, in quibus peramplum Nordgaviae Neopalatinae districtum juxta exempla, jam ante ducentos annos a perito geometra exarata accurato calamo delineavit et coloribus distinxit. Calligraphus cum esset, non solum plurima in usum etiam aliorum elegantissime descripsit, sed et pro usu chori libri nostri choralis magnam jam partem charactere typicis simillimo exaravit, non cessaturus ab opere nisi supradicta hemiplegia manum de tabula ponere jussisset " (Rotula.)

Zu Reichenbach:

S. 264. Zur Literatur:
Monumenta Reichenbacensia bei Oefele, Scriptor. rer. boic. I. S. 399—416.

Zu Ensdorf:

„ 275. Zeile 9 lies: 1745 statt 1754.

„ 276. Desing wurde Priester 4. Mai 1723.

Zu Mallersdorf:

„ 288. P. B. Stöckl, geb. zu Piling in Niederbayern, starb nicht im Kloster, sondern zu Amberg. Dieses Piling scheint ein Weiler zu sein; Stumpf's Handbuch enthält diesen Ort nicht.

Zu Frauenzell:

„ 290. P. A. Pellhamer, geb. 1715 (nicht 1710), Profess 15. Nov. 1739, Neomyst 12. Mai 1743.

Zu Andechs:

„ 292. Bei P. C. Frank gibt der Catalogus congregationis als Professjahr 1750, die Rotel 1751 an.

„ 294. P. R. Schröfl starb 16. (nicht 9.) Okt. 1767.

„ „ P. Ulrich Apell war geboren zu Rain (nicht zu Cham). Er gab auch eine deutsche Uebersetzung des Werkes des P. Anselm Fischer: „Tractatus de tribus votis religiosis“ in Druck.

„ „ P. M. Streidel (Streidl) starb am 3. (nicht 4.) Juli.

„ „ Zeile 11 lies: S. 5—6, nicht 15—16.

„ 295. Zeile 1 v. u.: (P. Aegid Madlseder); er studirte im Seminar zu Polling und zu Freising und war Lehrer des Klosterseminars, Prediger und Beichtvater zu Lilienberg, (dreimal) Subprior, Chorregent und vorzüglicher Organist.

Corrigenda des I. Bandes.

S. 3. Z. 2 v. u. lies: wenn nicht anderes bemerkt.
„ 4. „ 12 v. o. lies: 1755, statt 1756.
„ 15. „ 12 v. u. lies: Suevico-Benedictina.
„ 16. „ 5 v. u. lies: Einblick in.
„ 35. „ 4 v. u. lies: darüber.
„ 46. „ 19 und 20 v. o. „und“ vor „zu erklären“ zu streichen, vor „sich einstimmig“ zu setzen.
„ 112. „ 1 v. o. lies. Medium.
„ 208. „ 16 v. u. lies: Il canto.
„ 214. „ 21 v. o. lies: Chesterfield.
„ 231. „ 22 v. o. lies: und dem er (statt demselben).
„ 239. „ 19 v. o. lies: Bibliothek.
„ 247. „ 12 v. u. lies: erfahrener.
„ 253. „ 8 v. u. lies: Malebranche.
„ 261. „ 8 v. u. lies: Gregory's.
„ 296. „ 20 v. o. lies: Lombez.
„ 268. ¹) im Texte weggeblieben.

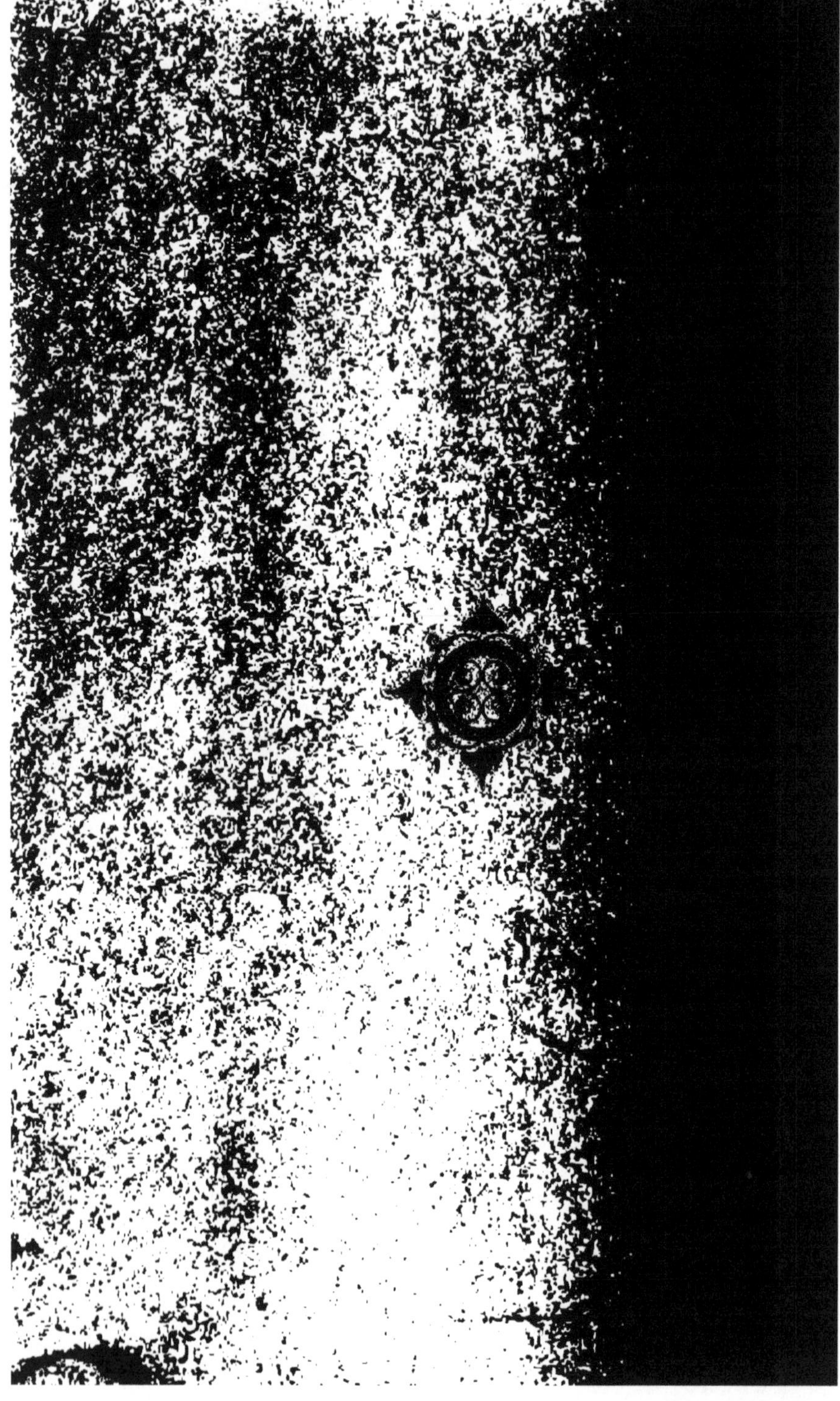
n

Die Schriftsteller

und die

um Wissenschaft und Kunst verdienten Mitglieder

des

Benediktiner-Ordens

im heutigen Königreich Bayern

vom Jahre 1750 bis zur Gegenwart.

Von

August Lindner,

Priester des Fürstbisthums Brixen.

Zweiter Band.

Regensburg, 1880.

Druck von Georg Joseph Manz.

In Commission der M. Hueber'schen Buchhandlung in Schrobenhausen.

Die Schriftsteller

und die

an Wissenschaft und Kunst verdienten Mitglieder

des

Benediktiner-Ordens

im heutigen Königreich Bayern

vom Jahre 1750 bis zur Gegenwart.

Von

August Lindner,

Priester des Fürstbisthums Brixen.

Zweiter Band.

Regensburg, 1880.

Druck von Georg Joseph Manz.

In Commission der M. Hueber'schen Buchhandlung in Schrobenhausen.

Inhalt.

II. Die Abteien in Ober- und Niederbayern ausser der bayerischen Benediktiner-Congregation.

Seite

A. In Oberbayern:

1) **Seon** 1

Schriftsteller und Gelehrte:

P. Rufin v. Mayr 2
„ Roman Pinzger 3
„ Bened. Reicherseder . . —
„ Carl Sölch . . . . . —
„ Marian Wimmer . . . . —
„ Rufinus Widl 4

2) **St. Veit** 5

Schriftsteller und Gelehrte:

P. Marian Kopp 6
„ Edmund Zauner . . . . —
„ Bernard Stadler . . . . —

3) **Ettal** 7

Schriftsteller und Gelehrte:

P. Romuald Dreyer 9
„ Carl Baader 10
„ Marzellin Reischl . . . . —
„ Bruno Parode 11
„ Sigmund v. Gondola . . . 12
„ Ferdinand Rosner 13
„ Bernard Grf. v. Eschenbach . 14
„ Othmar Seywold . . . . —
„ Dominikus Ziegler . . . 15
„ Roman Kögl . . . . . —
„ Alphons Hafner . . . . —

Seite

P. Columban Poppel . . . 16
„ Virgil Hellensteiner . . . 17
„ Magnus Knipfelberger . . . —
„ Maurus Stölzl . . . . —
„ Joseph Lindauer . . . . —
„ Othmar Weiss 18

B. In Niederbayern:

4) **Niederaltaich** 21

Schriftsteller und Gelehrte:

P. Bonifacius Sanftl 23
„ Michael Haimerl . . . . —
„ Placidus Moser 24
„ Augustin Ziegler . . . . —
„ Joh. Bapt. Lackner . . . 25
„ Gregor Pusch 26
„ Erenbert Mösl . . . . —
„ Beda Schallhamer . . . —
„ Franz Xav. Maichl . . . —
„ Bonifacius Sanftl 27
„ Candidus Huber . . . . —
„ Laurentius Hunger . . . 28
„ Corbinian Marichal . . . 29
„ Bernhard Deutmayr . . . —

5) **Metten** 30

Schriftsteller und Gelehrte:

P. Gregor Geyer 31
„ Innozenz Deixlberger . . . 32

	Seite
P. Lambert Kraus	33
„ Marian Seelmayr	—
„ Gotthard Kufner	34
„ Roman Doppel	35
„ Cölestin Stöckl	—
„ Amand Steigenberger	36
„ Placidus Rapauer	—
„ Joh. Bapt. Sternkopf	—
„ Frobenius Diemer	—
„ Joh. Ev. Elger	—
„ Anselm Rixner	37
„ Maurus Gandershofer	39
[„ Ildephons Nebauer	47]
„ Michael Homaier	—
„ Roman Raith	—
„ Carl Ammer	—
„ Benno Müller	48
„ Wolfgang Schicker	—
„ Odilo Grillmaier	—
„ Maurus Deybeck	—
„ Gregor Höfer	49
„ Willibald Freymüller	—
„ Bonifacius Wimmer	—
P. Franz Xav. Sulzbeck	49
„ Fortunat Braun	50
„ Rupert Mittermüller	—
„ Cölestin Feiner	51
„ Philipp Markmiller	—
„ Matthäus Lipp	—
„ Bartholomäus Gerz	52
„ Simon Stiessberger	—
„ Benedikt Braunmüller	—
„ Paulus Bertold	53
„ Roman Sachs	—
„ Utto Kornmüller	—
„ Amand Meyer	54
„ Thomas Bauer	—
6) **Aspach**	55
Schriftsteller und Gelehrte:	
P. Carlmann Kolb	—
„ Maurus Wimmer	56
„ Rupert Hoy	—
7) **Formbach**	57
Schriftsteller und Gelehrter:	
P. Clarus Mayr	58

III. Die Benediktiner-Abteien in Schwaben.

	Seite
1) **St. Magnus in Füssen**	59
Schriftsteller und Gelehrte:	
P. Gallus Zeiler	61
„ Columban Zeiler	—
„ Dominikus Dorn	62
„ Beda Enzensberg	—
„ Bernard Weiher	—
„ Benedikt Zimmermann	63
„ Leopold Natterer	64
„ Aemilian Hafner	—
„ Carl Pipin Zeitler	65
„ Basilius Sinner	—
„ Placidus Keller	66
„ Franz Sal. Endress	67
„ Jos. Maria Helmschrott	—
2) **Ottobeuren**	69
Schriftsteller und Gelehrte:	
P. Honorat Reich	74
„ Michael Reichbeck	75
„ Nikolaus Meichelbeck	—
„ Rupert Kolbinger	76
P. Philipp Langpartner	76
„ Hieronymus Hornstein	—
„ Joh. Chrys. Kolbinger	77
„ Franz Rauch	—
„ Beda Braunmüller	—
„ Albert Löchle	78
„ Anselm Erb	—
„ Alexander Scheffler	79
„ Placidus Christadler	80
„ Conrad Renz	—
„ Martin Baur	81
„ Ambros Chrismann	—
„ Raphael Weiss	—
„ Augustin Bayrhamer	82
„ Franz Schnitzer	83
„ Meinrad Schwikardt	85
„ Ignatius Zollikofer	—
„ Benedikt Vogel	86
„ Wolfgang Erb	—
„ Anton Schegg	—
„ Dominikus Wonhaas	—
„ Petrus Sedelmayr	—

	Seite
P. Honorat Göhl	87
„ Albert Reiser	92
„ Franz S. v. Depra	93
„ Paulus Alt	94
„ Gallus Dingler	96
„ Conrad Back	97
„ Ulrich Schiegg	98
„ Caspar Eberle	101
„ Roman Chrismann	102
„ Leander Kiderle	103
„ Michael Pock	—
„ Maurus Feyerabend	—
„ Theodor Clarer	107
„ Willibald v. Staader	109
„ Basilius Miller	—
„ Barnabas Huber	110
„ Benedikt v. Dreer	112
3) **Kempten**	114
Schriftsteller und Gelehrte:	
— Gregor Frhr. v. Bibra	116
— Bernard v. Buseck	—
P. Aemilian Baron Tänzl	—
4) **St. Ulrich**	117
Schriftsteller und Gelehrte:	
P. Jos. v. Zoller	119
„ Franz Frhr. v. Mändl	120
„ Cölestin Mayr	—
„ Bonifacius Sartor	121
„ Benno Grf. Ruepp-Falkenstein	—
„ Martin Gutwillig	—
„ Maurus Gruber	—
„ Leonhard Sondermayr	—
„ Rupert Sembler	122
„ Columban Walser	—
„ Wicterp Grundner	—
„ Dionys Holdenrieder	123
„ Maurus Krumm	—
„ Placidus Braun	124
„ Leonhard Neumayr	131
„ Benedikt Abt	132
„ Jos. Maria Heis	133
„ Petrus M. Mayr	—
5) **Hl. Kreuz in Donauwörth**	134
Schriftsteller und Gelehrte:	
P. Placidus Hoser	135
„ Maurus Baumharter	—
„ Michael Krazer	136
P. Ildephons Rimele	136
„ Wunibald Eder	—
„ Gallus Hammerl	—
„ Beda Mayr	137
„ Bernard Stocker	141
„ Aemilian Gerstner	143
„ Amand Weninger	—
„ Cölestin von Königsdorfer	—
6) **Mehrerau**	150
Schriftsteller und Gelehrte:	
P. Fr. Pappus v. Tratzberg	152
„ Apronian Hueber	—
„ Joachim Reichart	153
„ Paul Popelin	154
„ Joh. Bapt. v. Meyenberg	—
„ Jos. Gegenbaur	—
„ Meinrad Merkle	157
7) **Elchingen**	159
Schriftsteller und Gelehrte:	
P. Prosper Ilger	160
„ Corbinian Thomas	—
„ Columban Luz	161
„ Viktorin Seckler	162
„ Basilius Zeller	—
„ Meinrad Widmann	—
„ Aemilian Würth	163
„ Robert Plersch	—
„ Benedikt Baader	164
„ Placidus Friedinger	—
„ Roman Mittich	—
8) **Fultenbach**	165
Schriftsteller und Gelehrte:	
P. Michael	—
„ Benedikt Fasold	166
„ Cölestin Siessmayr	—
„ Placidus Buz	—
9) **Deggingen**	167
Schriftsteller und Gelehrte:	
P. Bernard Zimmermann	168
„ Michael Dobler	—
„ Anselm Molitor	—
„ Placidus Dinger	169
„ Willibald Zinsmeister	—

Seite

10) **Irrsee** 170

Schriftsteller und Gelehrte:

P. Meinrad Spiess . . . 171
„ Ulrich Weiss . . . . —
„ Candidus Werle . . . 172
P. Eugenius Dobler . . . 172
„ Honorius Grieninger . . 173
„ Ulrich Peutinger . . . 174
„ Petrus M. Feichtmayr . . —
„ Maurus Schleicher . . 175

IV. Die Benediktiner-Abteien in Franken.

Seite

1) **Amorbach** 176

Schriftsteller und Gelehrte:

P. Cölestin Trunk . . . 177
„ Ildephons Schad . . . —
„ Pirmin Lang 178

2) **Neustadt am Main** . . . 179

Schriftsteller und Gelehrte:

P. Aemilian Höninger . . 180
„ Roman Sartori . . . . —
„ Peregrin Pögel . . . . —
„ Placidus Stürmer . . . 181
„ Carl Leim . . . . . —
„ Franz Kraus . . . . . —

3) **Schwarzach** 183

Schriftsteller und Gelehrte:

P. Christoph Balbes . . . 184
„ Ludwig Beck 185

4) **Michelsberg in Bamberg** . . 186

Schriftsteller und Gelehrte:

P. Gregor Kurtz 187
„ Anselm Geissendorfer . . 188
„ Placidus Güssregen . . 189
„ Gallus Brockard . . . —
„ Cajetan Rost 190
„ Lothar Fortner . . . . —
„ Carlmann Rath 191
„ Marian Schlösser . . . —
„ Otto Reinhard 192
„ Joh. Nep. Planer . . . 193

5) **Theres** 194

Schriftsteller und Gelehrte:

P. Gregor Fuchs 195
„ Joh. Gerber . . . . . —

6) **St. Stephan in Würzburg** . . 196

Schriftsteller und Gelehrte:

P. Ignatius Gropp . . . 197
„ Maternus Reuss . . . 199
P. Aloys Lommel . . . 201
„ Gregor Schöpf . . . . —
„ Stephan Hammel . . . . —
„ Paul Metzger . . . 202

7) **Banz** 203

Schriftsteller und Gelehrte:

P. Ignatius Cimarolo-Brentano . 205
„ Valentin Rathgeber . . 206
„ Gallus Winkelmann . . —
„ Placidus Hubmann . . —
„ Burchard Hirnlehe . . 207
„ Gregor Stum . . . . —
„ Roman Metz . . . . —
„ Columban Rösser . . . —
„ Gregor Herzog . . . 208
„ Valerius Molitor . . . 209
„ Ildeph. Schwarz . . . —
„ Aemilian Graser . . . 212
„ Beda Ludwig . . . . —
„ Chilian Martin . . . . —
„ Dominikus Schram . . 213
„ Maurus Hoch 214
„ Franz Regel . . . . . —
„ Placidus Sprenger . . . —
„ Burchard Vollert . . . 216
„ Bernard Jungleib . . . 217
„ Joh. Bapt. Roppelt . . —
„ Joh. Chrys. Cantor . . 218
„ Columban Flieger . . . 219
„ Jos. Bauer . . . . . —
„ Wolfgang Lorenzer . . —
„ Benedikt Martin . . . —
„ Ildephons Schatt . . . 221
„ Cölestin Stöhr . . . 222
„ Augustin Geyer . . . 223
„ Dionys Linder . . . 224
„ Othmar Frank 225

	Seite
8) **Plankstetten**	228
Schriftsteller und Gelehrte:	
P. Maurus Herbst . . .	229
„ Willibald Schreiner . .	230
P. Dominikus Fleischmann .	230
„ Franz Xav. Fendt . .	231
„ Roman Reutter . . .	—

V. Die Schottenstifte.

	Seite
1) **St. Jakob in Regensburg** . .	232
Schriftsteller und Gelehrte:	
P. Andreas Gordon . . .	233
„ Bernard Stuart . . .	234
„ Marian Brockie . . .	235
„ Bonifaz Leslie . . .	236
„ Gallus Leith	—
„ Ildephons Kennèdy . .	237
P. Benedikt Arbuthnot . .	238
„ Bernard Grant . . .	239
2) **St. Jakob in Würzburg** . .	240
Schriftsteller und Gelehrte:	
P. Maurus Mac Donald . .	241
„ Gallus Carmichael . .	—
„ Placidus Geddes . . .	—
„ Benedikt Ingram . . .	—

VI. Die nach der Säkularisation entstandenen Benediktinerstifte.

	Seite
1) **St. Stephan in Augsburg** . .	242
Schriftsteller und Gelehrte:	
[P. Jos. M. Heiss . . .	243]
[„ Barnabas Huber . . .	—]
„ Franz Leimer . . .	—
„ Stephan Postelmayer . .	—
„ Alexander Felder . . .	244
„ Placidus Lengmüller . .	—
„ Anton Kuisel	—
„ Joh. Chrys. Lössl . . .	—
„ Philipp Kramer . . .	245
„ Ludwig Preissinger . .	—
„ Theodor Gangauf . . .	246
„ Matthäus Rauch . . .	247
„ Matthias Zillober . . .	—
„ Bartholomäus Zenetti . .	248
„ Raphael Mertl	—
„ Hieronymus Gratzmüller .	249
„ Pius Reinlein	—
„ Magnus Bernhard . . .	250
„ Thomas Kramer . . .	—
„ Luitpold Brunner . . .	—
„ Kaspar Kuhn . . .	252
„ Bened. Permanne . . .	255
„ Stephan Stengel . . .	—
P. Narcissus Liebert . . .	—
„ Hermann Koneberg . .	256
„ Eugen Gebele . . .	258
„ Bonifacius Sepp . . .	258
„ Sigisbert Liebert . . .	—
„ Theobald Labhart . .	259
„ Fr. Sal. Goldner . . .	—
2) **St. Bonifaz in München** . .	260
Schriftsteller und Gelehrte:	
P. Bonifaz Käser	—
„ Bonifacius v. Haneberg .	261
„ Bruno Husel	269
„ Paul Birker	270
„ Joh. de cruce Klingl . .	271
„ Pius Gams	—
„ Magnus Sattler . . .	272
„ Aegid Hennemann . .	273
„ Daniel Olckers . . .	—
„ Wilhelm v. Coulon . .	—
„ Clemens Reinhard . .	—
3) **Scheftlarn**	275
Schriftsteller und Gelehrte:	
P. Bonifacius Schneider . .	276
Anonymi	277

Nachträge und Berichtigungen zum II. Bande . . . . Seite 279

Aus Seon:

P. Michael Griss 279

Aus Ettal:

P. Anselm Kuchlbacher . . 280
„ Franz Nainer . . . . —
„ Alph. Grf. Arco . . . . —
„ Carl Kröll . . . . . —
„ Placidus Wild . . . . —
„ Aemilian Frhr. v. Kaltenthal —
„ Jos. v. Wackerstein . . . —
„ Ludw. v. Campi 281
„ Romuald Klöck . . . . —
„ Benedikt Pacher . . . . —
„ Willibald Kleinhans . . . —
„ Raymund Kressierer . . . —

Aus Niederaltaich:

P. Ignatius Krenauer . . . 282

Aus St. Magnus in Füssen:

P. Magnus Grf. Schauenburg . 283
„ Gregor Martin . . . . —
„ Ildeph. Bobinger . . . . —

Aus St. Ulrich:

P. Ulrich Beitinger 284
„ Sebastian Degle . . . . —
„ Willibald Kastenmiller . . —

Aus hl. Kreuz in Donauwörth:

P. Magnus Heisler 284
„ Columban Voraus . . . . —
„ Benedikt Mair 285
„ Benno Gorhan . . . . —
P. Edmund Eiselin 285
„ Maurus Heinleth . . . . —

Aus Elchingen:

P. Julian Brigl 286
„ Bernard Hörmann . . . . —
„ Placidus Eberle . . . . —
„ Robert Kolb . . . . . —
„ Joh. Bapt. v. Rehlingen . 287
„ Maurus Weiss . . . . —
„ Gregor v. Zieglauer . . . —

Aus Irrsee:

P. Bernard Böck 287
„ Ildephons Mahler 288
„ Jos. M. Frhr. v. Landsee . —
„ Martin Pfeifer . . . . —
„ Anselm Schwink . . . . —

Aus Plankstetten:

P. Corbinian Heckl 289

Aus St. Bonifaz in München:

P. Benedikt Zenetti 289
„ Odilo Rottmanner . . . —

Beilagen:

1) Rotula in obitum R. P. Eugenii Dobler 290
2) Uebersicht der verschiedenen Benediktiner-Congregationen in Süddeutschland, Oesterreich und der Schweiz 292
3) Verzeichniss der in diesem Werke besprochenen Stifte in chronologischer Ordnung 294

II. Die Abteien in Ober- und Niederbayern ausser der bayerischen Benediktiner-Congregation.

A. In Oberbayern.

Seon.

Seon (Seeon, M. S. Lamberti in Seon), Bisthum Freising (ehemals Salzburg)[1]), Landgericht Trostberg, auf einer Insel des mit dem Kloster gleichnamigen See's. Gestiftet zu Ehren des hl. Lambertus von Graf Aribo 994 auf seinem Schlosse, das damals Burglieh oder Burgeli hiess, wurde es aufgehoben von Churfürst Max Joseph 1. April 1803. Durch Kauf kam das Kloster in den Besitz eines Privaten, im J. 1852 kaufte es die Kaiserin Dona Amalia von Brasilien. Die Klosterkirche ist Pfarrkirche. — Im Klostergarten befindet sich eine Heilquelle, die Kohlensäure und kohlensaures Eisen enthält. Das Conventgebäude dient nun als Badeanstalt. Die Lage im See mit der gesunden bewaldeten Umgebung ist reizend.

Literatur:

Archiv, oberbayerisches, VII. 295; VIII. 70, 284, 370, 410; XIV. 34, 46; XV. 222. — Bavaria, Landeskunde. I. 263, 265, 267, 314, 521, 621, 633. — Descriptio monasterii Seonensis (s. l., sine anno). Fol. — Druin Josefine v., Beschreibung des Bades Seon. Münch. 1835. 8. — Geiss E., Gesch. der Pf. Trostberg, im oberbayer. Arch. I. 2, (1839). — Hundius, III. 235—244. — Mayer A., Statistische Beschreibung des Erzbisth. München, S. 613 sq. — Mon. boic. II, 115—167. — Reg. bav. I. 152, 284; II. 4, 180,

---

[1]) Gehörte zur salzburgischen Benediktiner-Congregation. — Die Anordnung der einzelnen Abteien ist chronologisch nach ihrer Stiftung.

318, 388. — Siegert C., Seon in Oberbayern, einst Schloss, dann Kloster, nun Curort. Münch. 1856. 206 S. 8. Mit einer Ansicht des Klosters (Stahlstich) und 3 Lithographien. — Stengelius C., Seon inferioris Bavariae monasterium cum serie et vita Abbatum. Aug. Vind. 1620. Fol., mit Abbildung des Stiftes in Kupfer. — Stengelius, Monasteriologia, Pars I, mit Abbildung. — Stumpf Pl., Bayern . . . . Handbuch, S. 191—192. — Wenning, Topographia, II. S. 16, mit Abbildung des Klosters. — Zimmermann, Churb. geistl. Cal. II. S. 74—89. (Kurze Gesch. d. Klosters.) — Vaterländ. Magazin, 1840. S. 159—160. — Sighart, Gesch. der bildend. Künste in Bayern, S. 389, 426, 498. — Ueber die Bibliothek: Aretin, Beyträge, 1805, Stück X. S. 441—444. — Pez Thesaurus Anecdot. T. I. pag. VIII. sq.

Manuscripte: In der Staatsbibliothek:

a) Cod. germ. 3636—3642 (P. Jo. Werlin's Schriften.)

b) Cod. lat. 1048 Martyrol. roman. cum necrologio Seonensi. — 1458 und 1459 P. Honorati Kolb abb., chronicon monast. Seon. O. S. B. cum X delineationibus monasterii anno 1644. Fol. — 1460 P. Columbani Freidlsperger († 1727), abbatis in Seon, Annales autographi monasterii ab 1701—1725, 340 S. Fol. — 17724 Epitome omnium privi legiorum monasterii S. Lamberti in Seon.

In der erzbischöfl. Ordinariatsbibliothek zu München:

Feichtmayr, Kurze Geschichtsbeschreibung von dem Kloster Seeon 1764. 4.[1])

Schriftsteller:

P. Rufin v. Mayr, geb. zu Burghausen 18. Okt. 1694, Profess 1713, Priester 1718, Caplan zu Chiemsee 1721, zum Abt erwählt 2. April 1727, starb im Rufe grosser Frömmigkeit 8. Juli 1753. (Vergl. Salzb. Kirchenbl. 1879, Nr. 6.)

Schrieb:

Lobrede beim I. Saeculum U. H. im Elend bei Attl. München 1729, 28 S. 4.

---

[1]) Seon hatte seine literarische Blüthezeit von der Mitte des siebenzehnten bis um die Mitte des achtzehnten Jahrhunderts. Siegert zählt (S. 100) mehrere Conventualen auf, die sich auch in späterer Zeit als Schriftsteller hervorgethan, gibt aber ihre Schriften nicht an. Es sind: P. Honorat Metzger († 1764), P. Edmund Luz († 1768), P. Bonifaz Selzer († 1775). Merkwürdig ist der schon 1721 verstorbene P. Wolf- gang Schaumberger, welcher ein Werk: „Syntagma de viris illustribus O. S. B.“ geschrieben. Desselben erwähnt Pez im Thesaur. anecdot. noviss. Diss. isagog., und Siegert S. 100; es ist nun in der Staatsbibliothek zu München cod. lat. 17722.

P. Roman Pinzger, geb. zu Mattigkofen, † 4. Okt. 1755; Componist. (S. Besnard, Lit. Ztg. 1831, II. S. 376.)

P. Benedikt Reicherseder, geb. zu Landshut 25. März 1716, Novizenmeister, Professor der Philosophie und Theologie im Kloster, dann Professor der Rhetorik zu Salzburg; als solcher zeichnete er sich vorzüglich durch eine treffliche Deklamationsgabe aus. Seiner philologischen Kenntnisse wegen nannte ihn einer seiner Zeitgenossen: „Parnassi gaudium, Phoebi delicium, Decus Ovidii, Ciceronis Filius, Virgilii cliens, Domicilium omnium scientiarum.“ Am 12. Sept. 1753 wurde er zum Abt seines Stiftes erwählt, und bekleidete auch das Amt eines Generalvisitators der Salzburgischen Benediktiner-Congregation. Zur Zeit grosser Theuerung (der Schäffel Getreide kostete 15 fl.) liess er den Armen zu Lieb jedes Laibchen Brod wenigstens um 4 Loth schwerer backen, als vorgeschrieben war. Er starb am 10. April 1760. (Siegert, Kl. Seon, S. 101; Zimmermann, Churb. geistl. Cal. 1755, S. 87; Reithofer, „die merkwürdigen Landshuter“. Im Landshuter Wochenbl. 1817, S. 237.)

Manuscripte:

1) An moderni philosophi plus sapiant quam veteres? (Problema pro gradu) 1736. Cod. lat. 17728 d. Staatsbiblioth.
2) Exitiosa fratrum discordia (Joannis et Garsiae in Etrura. (?) a. 1562). Tragoedia. 1742. Cod. lat. 17728 das.
3) Randrusia Jutiae urbs a Nicolao Ebbone liberata. 1751. Cod. lat. 17728 das.
4) Manlius Torquatus. (Tragoedia). Cod lat. 17728 das. (s. anno).

P. Carl Soelch, geb. zu Waldsassen 26. Febr. 1710, studirte zu Eger in Böhmen, Profess 1732, Priester 1736, Missionär in Schwarzach (Pongau), Pfarrvikar zu Bitthart und Obing, † 9. März 1776. (Besnard, Lit. Ztg. 1834, II. S. 123.)

Schrieb:

1) Rede bei der 600jährig. Jubelfeier des Stiftes Baumburg. 1758.
2) Leichenrede auf Abt Benedikt Reicherseder von Seon. 1760. Fol.

P. Marian Wimmer, Dr. phil., geb. zu Mühldorf 13. Jan. 1725, studirte zu Salzburg, Profess 1744, Priester 1748, Professor am akad. Gymnasium zu Salzburg 1759, Wallfahrtspriester zu Maria-Plain, Novizenmeister, Pfarrer zu Lauterbach, starb im Kloster 29. Juni 1793. (Besnard, Lit. Ztg. 1834, IV. S. 318; Sattler, Mönchsleben, S. 135.)

Schrieb:

1) Tragoediae in theatro Juvaviensi exhibitae. Norimb. 1764. [illegible] 8.

Manuscript:

Fortsetzung der Ephemeriden der Präfektur des akad. Gymnasiums zu Salzburg. (NB. Seit dem Abgange des P. Leonhard Klotz von Wessobrunn [1740] waren dieselben nicht mehr fortgeführt worden.)

P. Rufinus Widl, geb. zu Frauenchiemsee 26. Sept. 1731, Profess 1749, Professor der Philosophie an der Universität Salzburg von 1768 bis 1770, neun Jahre Prior, Pfarrvikar zu Obing, wo er 12. März 1798 starb. (Baader, Lex. II. 2, S. 231; Verzeichniss der akad. Professoren, S. 70.)

Schriften:

1) Prima mentis humanae actio theoretice ac practice expensa. Salisb. 1769. 4.
2) Secunda mentis humanae actio. Ibid. 1769. 4.
3) Tertia mentis humanae actio. Ibid. 1769. 4.
4) Epitome psychologiae empiricae. Ibid. 1770. 4.

St. Veit.

St. Veit bei Neumarkt (M. S. Viti cis Rotham),[1]) liegt hart am Marktflecken Neumarkt, Bisthums München-Freising (ehem. Salzburg), gestiftet von Dietmar von Leonberg, Dornberg und Tungau 1130 zu Elsenbach, colonisirt von St. Peter zu Salzburg; 1171 wurde es auf den St. Veitsberg bei Neumarkt verlegt. Es wurde aufgehoben von Churfürst Max Joseph 1803. Das Vermögen wurde dem adeligen Damenstifte St. Anna in München zugetheilt. Die Klostergebäude verkaufte die Regierung an Baron Speck-Sternburg. Die Klosterkirche blieb, wie bisher, Pfarrkirche des Ortes Neumarkt.

Literatur:

Ertl, Churb. Atlas, II. 235. — Hundius, Metrop. III. 300. — Jubelfest, siebentes, des Klosters St. Veit. Landshut 1730. — Lexikon v. Baiern, III. 254. — Meidinger, Beschreibung, S. 378. — Mon. boica V. S. 227 —289, mit Abbildung des Klosters — Stumpf, Handbuch, S. 152—153. — Wenning, Topographia, III. S. 56, mit Abbildung des Klosters. — Zimmermann, Churb. Geistl. Cal., III. S. 463—475 (enthaltend eine kurze Gesch.).

Manuscripte: In der Staatsbibliothek:

Cod. lat. 1330 Catalogus librorum. — 2221 Epithalamium ad secund. agni nuptias honoribus Gregorii monast. ad S. Vitum cis Rotham abbatis. 1762. 4. — 2329 Compendium fundationis, translationis, abbatum monasterii S. Viti cis Rotham O. S. B. 1778. 96 Bl. 8. —

In den Sammlungen des hist. Vereins von Oberbayern:

Compendium historiae monasterii S. Viti cis Rotham O. S. B. 1775. 36 Bl. 4. (S. Jahresbericht XXIV/XXV. S. 163).

---

[1]) Gehörte zur Salzburgischen Benediktiner-Congregation.

P. Marian Kopp, geb. zu Neumarkt 1679, Professor zu Salzburg, † 24. April 1754.

Schrieb:

1) Predigt bei der Jubelfeier der Einsiedlkapelle zu Teising. Landsh. 1727. 4.
2) Dankrede beim VII. Jubiläum des Kl. St. Veit. 1730. 4.

P. Edmund Zauner, geb. zu Vilsbiburg 1. Jan. 1694, Profess 5. Okt. 1713, lehrte sechs Jahre am akad. Gymnasium zu Salzburg, und von 1734—1736 dort Philosophie; war, in's Kloster zurückgekehrt, Prior, † 5. Aug. 1765. (Baader, Lex. II. 2, S. 239—240, Verzeichniss der akad. Professoren, S. 19—20.)

Schriften:

1) Disput. menstrua de termino, quid sit, et an detur actus extra propositionem. Salisb. 1735.
2) Disput. menstrua de logica, an huic in rigore aristotelico acceptae convenire queat ratio scientiae? Ibid. 1735.
3) Fasciculus quaestionum philosophicarum. Ibid. 1736. 4.

P. Bernard Stadler.

Schrieb:

Trauerrede auf Abt Gregor Kirchmayr von St. Veit. Landshut, 1764. Fol. [1])

---

[1]) Die Schrift: Compendium fundationis, translationis, abbatum monasterii S. Viti O. S. B. (1778) ist wahrscheinlich von einem Conventualen dieses Klosters verfasst. (Cod. lat. 2329 der Staatsbiblioth. zu München.) — Aus älterer Zeit hat sich P. Otto Aicher durch Abfassung seiner vielen lateinischen Schulbücher und als tüchtiger Professor einer bedeutenden Namen erworben. † 1705. (S. Kobolt, Lex. S. 16—19.)

Ettal.

Ettal Bisthum Freising, Landgericht Werdenfels, in einem wildromantischen, von hochansteigenden Bergkegeln umschlossenen Alpenthale, gestiftet von Kaiser Ludwig dem Bayer 1332 zu Ehren der sel. Jungfrau. Her sagt mit Recht von Ettal: „Der grossartige Eindruck, den die Kirche gleich von ihrem Eingang aus auf das Gemüth macht, ist ebenso unbeschreiblich, als jener der Töne des vortrefflichen Orgelwerkes,[1]) wenn man sie in der Mitte des Kirchenschiffes vernimmt." Auf dem Hochaltare steht das aus orientalischem Alabaster gehauene Marienbildniss, das der Kaiser Ludwig selbst nach Ettal hatte bringen lassen. Das Deckengemälde des Presbyteriums, sowie das Choraltarbild nebst einigen andern sind von Knoller's Meisterhand. Im J. 1803 wurde Ettal von Churfurst Max Joseph aufgehoben. Die Gebäude verkaufte der Staat um 42,000 fl. an einen Privaten. Gegenwärtig ist Graf Pappenheim Eigenthümer. Der Prälatenstock ist Wohnung des Pfarrers. Ein grosser Theil der Gebäude wurde abgebrochen. Die Kirche ist Pfarrkirche des Ortes. Europäischen Ruf hat die adelige Ritterakademie erlangt, die aber mit dem furchtbaren Brand, der Ettal 1744 in Asche legte, ihr Ende erreichte.[2]) Später entstand wieder ein

---

[1]) Diese Orgel wurde 1803 von der Regierung zum Verkaufe ausgeboten. Zum Glücke meldete sich kein Käufer. Wohl aber wurde die kleinere Orgel, deren sich die Mönche zur Begleitung des Choralgesanges bedienten, verkauft. Sie soll an Schönheit des Tones der grossen in der Kirche wenig nachgestanden haben. — Ueber den Einfluss der Ettaler Religiosen auf das Ammergauer Passionsspiel s. die Biographie des P. Rosner und P. Weiss.

[2]) Westenrieder schreibt in den Beyträgen zur vaterl. Historie über diese Anstalt Bd. IX. S. 261 sq.: „Die Ritterakademie zu Ettal wurde von Abt Placidus zu seinem unsterblichen Ruhme errichtet; denn bei dieser Einrichtung verdient ebensowohl der Muth und feste Entschluss, unermessliche Kosten auf die Herstellung zweckmässiger Gebäude und anderer Bedürfnisse zu verwenden, als schon selbst der Einfall, der nur von einem grossen Verstande ausgehen konnte . . . . . im vollsten Masse unsere Bewunderung. Auch der allgemeine Beifall des damaligen Zeitalters

Klosterseminar, das sehr stark besucht war. Das Kloster hatte sehr grosse Besitzungen. Das ganze Thal der Amper bis Graswang mit den weitausgedehnten Waldungen war sein Eigenthum. Dazu gehörten auch Ober- und Unter-Ammergau mit eigenem Gerichte, Bayersoien, Kollgrub, Saulgrub, viele Güter im Loisachthale, Murnau, (der Markt nebst Pfleggericht), der Staffelsee, Seehausen, Eschenlohe, (Burg und Dorf), die Hofmarken Mähring, Aubing, Maisach und Esting, welche Letzteren später an das Kloster Fürstenfeld kamen. In Tirol besass es einen Hof nebst Weingütern nahe bei St. Valentin (Untermais).

Literatur:

Aretin, Beiträge, 1804. St. I. S. 63—70. — Babenstuber L., Fundatrix Ettalensis, i. e. imago beatiss. virg. a Ludovico IV. in monasterio O. S. B. Ettalensi publico cultui exposita. Monach. 1694. 8. Deutsch durch P. Rom. Haimlinger. Münch. 1696. 8. (Enthält auch eine kurze Geschichte des Klosters.) — Blätter, hist. pol., Bd. VI. S. 482—496. — Deutinger, die ältern Matrikeln des Bisth. Freising, I. S. 169—173. — Gerbert M., iter alemannic. S. 441 sq. — Her, „Kloster Ettal". (Im Werke „Bayern in seinen Schönheiten" III. S. 25—32, mit Abbildungen; ein sehr gelungener Aufsatz.) — Derselbe, „Aus Ettaler Archivalien." (Oberb. Arch. IX. Hft. 2; X. S. 19, 213; XII. Hft. 1.) — Hoheneicher, Resignation des Abtes Benedikt v. Ettal (Hormayr, Taschenbuch vaterl. Gesch. XIV. S. 200 sq.) — Holland Dr. H., Kaiser Ludwig der Bayer u. sein Stift zu Ettal. Münch. 1860. — Hundius, Metropol. editio Ratisb. II. 205—220. — Kronik, eine schöne, von Kaiser Ludwig IV., wye durch jn das loblich Gotzhauss zu Etal erpaut und gestyfft worden. Gedruckt d. Lukas Zeyssenmaier zu Wessobrunn (saec. XVI.) 20 S. 4. — Lex. von Baiern, I. S. 582—587. — Magazin, vaterl., II. 183. — Mannhart, Trauerrede auf Abt Placidus v. Ettal. Augsbg. 1736. Fol. — Meichelbeck, Hist. Frising. II. S. 144—145, 161, 243, 321, 434, 450, 496. — Meidinger, Beschreibung, S. 331—335. — Miracula et beneficia div. virg. et matris Mariae, fundatricis Ettalensis ab ann. 1693—1723. Ettal. 1725. 8. — Mon. boic. VII. S. 223—329. (Die dortige Abbildung ist einem Plane entnommen, der nie so zur Ausführung kam). — Nachricht vom Ursprung des Benediktiner-Klosters Ettal. Augsb. 1764. 8. — Nachricht, kurze, vom Ursprung, Fortgange und Ende des B. Klosters Ettal. Münch. 1860. 24 S. 8. (Daselbst eine Beschreibung der Kirche, deren Gemälde,

und der gemeinschaftliche Eifer und das Zutrauen, mit welchem man die Blüthe des deutschen Adels aus allen süddeutschen Ländern nach Ettal schickte, verdient unsere Aufmerksamkeit und erweckt eine überaus günstige Meinung für die Einsichten und Bestrebungen des damaligen Zeitgeistes."

der Sakristei u. s. f.). — Nagler, das Madonnabild zu Ettal. (Oberbayr. Archiv. X. S. 205 sq.) — Niggl Erh., Opera bona Ludovici bavarici imp. contra Bzovium. Ingolstad. 1628. 8. — Palaeosphyrae And. (Althamer), historia monast. Ettal. 1740. 4. (wieder abgedruckt in Finaueri biblioth. bav. I. St. 3. S. 163—188.) — Parnassus boic. VI. St. 4. S. 243 sq. — Schlett, Leben des Kaisers Ludwig d. B. — Schrank Fr., Baierische Reise, S. 70—75. — Stengelius, Monasteriologia, II., mit Abbildung. — Stumpf, Bayern, Handbuch, S. 203 sq. — Sulzbach. Kal. 1846, S. 57—72. — Wenning, Topographia, I. S. 241, mit Abbildung. — Wolf H., Descriptio fundationis monasterii div. Mariae Virg. in Ettal a Ludovico IV. imperatore conditi. Aug. Vind. 1548. 4. — Zimmermann, Churb. Geistl. Calender, I. S. 143 sq. — Ueber die adelige Ritterakademie: Günthner, Geschichte der literar. Anstalten, II. S. 272—274. — Meichelbeck, Hist. Frisingens. II. pars I. S. 496 sq. — Hist. Universit. Salisburg. S. 229. — Westenrieder, Beyträge zur vaterl. Hist. IX. S. 266—280. (Enthält ein Verzeichniss von allen Adeligen, die an der dortigen Akademie studirten). — Ziegelbauer, Novus rei lit. O. S. B. conspect. S. 139—145; desselb., Hist. rei literar. O. S. B. I. S. 272 sq.

Manuscripte: In der Staatsbibliothek zu München:

Cod. germ. 1519. — Cod. lat. 1352 Statuta. — 1384 Fundatio monasterii. — 1706. — 1709 (Lusus poetici.) —

In den Sammlungen des hist. Vereins von Oberbayern:

a) Gedichte, Abhandlungen von adeligen Akademikern zu Ettal entweder vorgetragen, oder verfasst (Nr. 1625—1696). — b) Urkunden v. J. 1468—1802 (Nr. 1775—1812). — c) Reihenfolge der Aebte u. Conventualen (Nr. 1816—1822). — d) Brevis epitome omnium fidelium ex gremio nostrae congregationis (Ettalensis) defunctorum ab anno 1344—1654. 8 Bl. Fol. (Nr. 1817). — e) Fragment eines Tagebuches eines Ettaler Religiosen v. J. 1683—1691. 4. (Nr. 1823). — f) Studien der Religiosen zu Salzburg u. Freising v. 1617—1770 (Nr. 1648—1901). — g) Die adelige Ritterakademie Betreffendes. (Nr. 1846—1863). (S. XIII. Jahresb. d. hist. Ver. v. Oberbayern.) — Her, Materialien zu einer Geschichte der adeligen Ritterakademie zu Ettal. Elaborat v. J. 1858. (S. XXI. Jahresbericht des hist. Ver. v. Oberbayern, S. 159, nota 12.).

Dr. Policzka, Ministerialreferent zu München, besass mehrere Archivalien von Ettal; er lebte noch 1854. — Reithofer Dionys, Kurze Gesch. des Klosters Ettal (unbekannt, wo sich dieses Manuscript befindet).

Schriftsteller:

P. Romuald Dreyer, Dr. theol. et phil., geb. zu Schöneburg bei Ochsenhausen 1685, trat 1710 in den Orden, war Professor der

Philosophie zu Salzburg 1715—1726 (?). Er lehrte dann dasselbe Fach an der adeligen Ritterakademie zu Ettal; † 27. April 1750. (Hist. Univ. Salisb. S. 417.)

Schriften:

1) Essentia entis rationis. Salisb. 1716. 8.
2) Tractatus quinquepartitus de generatione et corruptione. Ibid. 1717. 4.
3) Tractatus metaphysicus tripartitus de ente. Ibid. 1717. 4.
4) Concursus causae primae cum secunda. Aug. Vind. 1719. 4.
5) Animadversiones contra philosophiam atomisticam cl. viri P. Fructuosi Scheidsach, Seonensis Benedictini. Salisb. 1720.
6) Institutio praevia recens monasterium ingressi et conversionem pristinae vitae morumque serio cogitantis. Monach. 1726. 8.
7) Fides divina in ipsis suis principiis in- et extrinsecis examinata. Aug. Vind. 1729. 4.

P. Carl Baader, erster Präfekt des Lyzeums zu Freising 1697—1698; lehrte bis 1702 dort Poesie, 1702—1715 Professor am akad. Gymnasium zu Salzburg, hierauf an der adeligen Akademie seines Klosters, † 1759. (Hist. Univ. Salisb. S. 313.)

Schrieb:

1) Saul Israelitarum ex-rex. 1708.
2) Samson Philistaeorum flagellum.
3) Ambitio severe castigata in Maximo Tyranno 1710.
4) Patientia calamitatum victrix in Jobo Hussaeo principe. 1711. (Diese Theaterstücke blieben wahrscheinlich Manuscripte.)

P. Marcellin Reischl, geb. zu Murnau 27. Jan. 1697, Profess 8. Nov. 1716, studirte zu Salzburg, war Professor an der adeligen Ritterakademie zu Ettal und dann zu Freising 1741—1742. Nach dem furchtbaren Brand, der Ettal zerstörte (1744), nahm Abt Leonhard von Benediktbeuern einen grossen Theil der Ettaler Conventualen in sein Kloster auf, bis die Gebäude wieder hergestellt wurden. Reischl lehrte nun zu Benediktbeuern sowohl für die dortigen Kleriker als für die von Ettal Theologie. Nach dem Aufbau Ettals kehrte er dorthin zurück, war Novizenmeister und Director fratrum clericorum, † 30. Jan. 1763. (Baader, Lex. I. 2, S. 164; Besnard, Lit. Ztg. 1832, I. S. 381.)

Schriften:

1) Illustris adolescens documentis ethico-christiano-politicis condignam vivendi normam edoctus. Aug. V. 1731. Fol. Erschien 1741 mit dem veränderten Titel: „Adolescens illustris documentis generosissimi status sui dignitatem et obligationem edoctus." Campid. Fol.

2) Philosophia moralis, seu ethica peripatetico-thomistica ad normam inclytae et illustris academiae Ettalensis publ. disp. exposita a L. Comite ab Eschenbach et Comite de Sallern. Campid. 1736. Fol. (S. Neu fortgesetzt. Parnassus boicus, 31. Bericht, S. 71—78, VI. Stück S. 526—527.)

3) Illustris adolescentis annus philosophicus. Ibid. 1738. Fol. 3. Alph. 5 Bg. (S. Regensb. gel. Ztg. 1741, S. 161.)

4) Illustris adolescens canonicus Moguntinus metropolitanae et electoralis urbis atque ecclesiae Moguntinae historiam brevissima tabellarum via edoctus, quam publ. disp. exposuit Fr. Lud. comes de Metternich. Campid. 1738. 29 Bg. Fol.

5) Illustris adolescentis in exteras regiones peregre abeuntis arma romano-catholica contra omnis generis infideles et praecipuos tam veteres quam modernos haereticos . . . . pub. disp. expos. Fr. X. Pockstainer. Campid. 1740. 43 Bg. Fol. (S. Regensb. gel. Ztg. 1741, St. 25, S. 149.)

6) Atlas historicus utramque ab orbe condito historiam ecclesiasticam et profanam ac omnes scientias ad historiam necessarias complectens. Aug. Vind. 1741 et 1758.

7) Philosophia aristotelica secundum explicationem Thomae Aq. Salisb. 1741. 4.

8) Die ganze Dialektik, oder die Disputirkunst, vorgetragen in einer Universaltabelle und in 4 Partikulartabellen. Freising. 1741.

9) Theses speculativo-polem. morales, quas in monast. Benedictoburano publ. disp. exposuere Fr. Fr. Udal. Waldenburger, Bonif. Riedl, Landfridus Heinrich, professi Benedictoburani, et Fr. Fr. Roman. Koegl et Beda Staab, professi Ettalenses. Tegernsee 1745. Fol.

10) Compendium arithmeticae, geometriae et trigonometriae. (o. Ort.)

11) Mappa universalissima unico aspectu exhibens principales mundi magni partes et singulas scientias et artes de illis tractantes. Kaufburae 1755. Fol.

12) Manuale scientiae sanctorum e variis ascetarum libellis collectum. Aug. Vind. et Friburg. Brisg. 1758.

14) Enchiridion Teutonis catholici res theologicas, historicas et alia utilissima complectens. Aug. V. 1750. 12.

P. Bruno Parode, geb. zu Namur (Belgien) 14. März 1710, kam in früher Jugend mit seinen Eltern nach München, wo er seine Studien machte. Nachdem er einige Zeit Rechtswissenschaft studirt, trat er 1732 in den Orden, war bis zum grossen Brande des Klosters 1744 Professor der Geschichte an der adeligen Ritterakademie, dann einige Zeit Pfarrvikar von Weix und Eschenlohe, starb im Kloster als Bibliothekar 10. Mai 1763. (Besnard, Lit. Ztg. 1831, I. S. 126.)

Schrieb:

1) Historisch-kritische Gegenanmerkungen über eine deutsche Uebersetzung der Kirchengeschichte des Claud. Fleury. Augsb. u. Innsbruck 1757. 8.
2) Claudii Fleurii historia ecclesiastica latine reddita, T. I. — T. XIX. Aug. Vind. et Oeniponti 1758—1763. 8. (Die Fortsetzung besorgte P. D. Ziegler v. Ettal.)
3) Veranstaltete eine neue Auflage nebst Fortsetzung des Werkes: „Historisch-chronologische Tabellen vom Anfange der Welt bis auf unsere Zeit von P. Edmund Pock O. S. B.,[1]) des kayserlich exempten Stiftes und Klosters zu Ettal Professus, Bibliothekar und bei der dordortigen hochadeligen Ritterakademie ordentl. Lehrer der Geschichte." Augsb. 1764. (Parode starb vor dem Druck dieser neuen Ausgabe.)

Manuscript:

Excerpta ex Cl. Fleurii historia ecclesiastica latine reddita. (Staatsbibliothek zu Münch. Cod. lat. 6131. 39 Bl. Fol.)

Jos. Sigismund Reichsgraf von Gondola, geb. zu Wien 16. Dez. 1711, und in der adeligen Ritterakademie zu Ettal erzogen. Im J. 1730 15. Aug. legte er Profess ab; Priester 1735. Wurde in der Folge Weihbischof von Paderborn und zugleich Episcopus Tempensis in partib. infidelium et Vicarius apostolicus in terris septentrionalibus. Er starb zu Propstdorf am 5. (al. 7.) März 1774. Das Stift Ettal setzte er zum Universalerben ein. (S. Grustner Casimir: Glückseligste Wahl des besten Theils; Rede, als Gondola zu Ettal die hl. Profess abgelegt. Kempten 1732. Fol.)

Schriften:

1) Geistliches Kunstgrifflein, mit leichter Mühe in allen Ständen heilig zu werden. München 1751. 4.
2) Der aus seinen Früchten erkannte Baum, oder nothwendige heilige Würkungen der mit lebhaftem Glauben angestellten Betrachtung des heiligen Leidens Jesu Christi; Predigt, gehalten zu Bozen am Charfreitag, 9. April 1762. Bozen 1762. 50 S. 4.
3) Das in den Armen der Lieb und Demuth vergnügt ruhende göttliche Kind Mariä. (Pred., geh. 2. Febr. 1762 im marianischen Congregationssaal zu Freising.) Freising 1762. 20 S. Fol.
4) Predigt von der Augenwendung Mariä. Münch. 1763. 4.

---

[1]) P. E. Pock, geb. zu Salzburg 18. Nov. 1691, starb als Bibliothekar und Professor der Geschichte zu Ettal 21. Juli 1737. Eine ausführliche Biographie bringt Ziegelbauer in dem Werke: Novus rei literariae O. S. B. Conspectus, fol. 143—144.

5) Der fromme Herzog aus Bayern und des hl. römischen Reichs Kaiser Henricus in einer Lobrede entworfen, als die zu Wien versammelte churbayerische Landesgenossenschaft nach 24 Jahren wieder das erstemal (übrigens das viertemal) dessen Ehrenfest in der kaiserl. Hofkirche der P. P. Augustiner-Eremiten zu Wien am 15. Juli 1765 begangen. Wien 1765. Fol.

P. Ferdinand Rosner, geb. zu Wien 26. Juli 1709, kam 1719 ins adelige Erziehungsinstitut nach Ettal, wo er seine Gymnasialstudien vollendete, und 1725 in den Orden trat. Zu Salzburg hörte er Theologie und wurde 1734 Priester. Acht Jahre lehrte er an der adeligen Ritterakademie zu Ettal, und von 1759—1765, und 1768—1775 am Lyz. zu Freising. In's Kloster zurückgekehrt, war er Archivar, erlebte seine Jubelprofess, † 14. Jan. 1778. (Eine ausführliche Biographie s. Besnard, Lit. Ztg. 1833, I. S. 245 sq.)

Schriften:

1) Ectypon inexorabilis justitiae patris in filium prodigio insigne. Tegernsee 1736. 4.
2) Mira in fratrem pietas, seu Heliodorus Brittannorum rex. Ibid. 1737. (34?). 4.
3) Victor inermis amor in filio erga parentem defunctum pio adumbratus. Ibid. 1739. 4.
4) Admiranda Dei promittentis fidelitas stupendo Athaliae casu evoluta. Ibid. 1739. 4.
5) Innocentia pressa, non oppressa, sed vindicata, sive Hirlanda Brittaniae minoris princeps spretis fortunae sinistrae furoribus exultans. Ibid. 1740. 4.
6) Regia vindicta, seu perfidia accusata, judicata, regie vindicata a Vampa Hispanorum rege. Ibid. 1741. 4.
7) Lis poetica Palladem inter et Doridem suo de Apolline, quam honorib. Anselmi (Molitor) Deggingensis abbatis modulis musicis decantarunt pierides benedictinae parnassus Frisingensis. Frising 1771. Fol.

Manuscripte:

a) Oratio in laudem S. Leopoldi, Austriae inferioris patroni, Viennae habita.
b) Oratio de S. S. Patriarcha Benedicto.
c) Oratio funebris piis manibus Augustiss. Imp. Caroli VI. 1745.
d) Bitteres Leiden, obsiegender Tod und glorreiche Auferstehung des eingefleischten Sohnes Gottes, einer christl. Versammlung vorgestellt. 1750. 343 S. Fol. (Von diesem Manuscript existiren nur 2 Exemplare, eines in der Domkapitel-Bibliothek zu München, und eines zu Ammergau.

Nach diesem Texte wurde wahrscheinlich in d. J. 1750 und 1760 das sog. „Ammergauer Passionsspiel“ zu Ammergau aufgeführt. (S. Deutinger, Beiträge III. S. 427.)

e) Musae Viennenses et Ettalenses, sive varia notata miscellanea seriojocosa, composita aut collecta Viennae et Ettaliae latine et germanice. 1748—1755. 6 Voll. Fol. 3149 S. (Cod. lat. 6121—6124 in der Staatsbiblioth. zu München.)

f) Ettalenses ephemerides, seu sententiae ex patribus collectaé. 1769. 725 S. Fol. (Das. cod. lat. 6125.)

g) Musae Ettalenses, sive opera poetica Ettalensia maximam partem a. P. Fer. Rosner composita. T. I. et T. IV. 1754. 305 u. 161 S. (Das. cod. lat. 1706 und 1709.)

P. Bernard Graf von Eschenbach, geb. zu München 1719, kam als Jüngling in das adelige Erziehungsinstitut nach Ettal, und trat dort 1737 in den Orden, Priester 1745, Professor der Philosophie zu Freising in den Schuljahren 1753 und 1754. Im J. 1754 erhielt er dort die Lehrkanzel des Kirchenrechtes und blieb in dieser Stellung bis er am 15. Januar 1761 zum Abt seines Klosters erwählt wurde. Als solcher liess er sich die Hebung des wissenschaftlichen Strebens sehr angelegen sein, bereicherte die Bibliothek mit kostbaren Werken, und das Museum mit verschiedenen Apparaten; † 24. März 1779. Als gewandter Kanonist und Beförderer der Studien gebührt ihm hier ein Platz. (S. Felder Lit. Ztg. 1820, I. S. 121; Merzwalden M., Leichenrede auf Abt Bernard v. Ettal. Augsb. 1779.) [1])

P. Othmar II. Seywold (Seywald), Mitglied der societas litteraria germano-benedictina, geb. zu Mittenwald 10. Nov. 1729, studirte zu Polling, Olmütz und Innsbruck, trat 1748 in den Orden und wurde 1752 Priester. Als Direktor des Klosterseminars war er mit ganzer Seele dem Geschäfte der Jugendbildung ergeben, eingedenk der Worte des hl. Chrysostomus: „Mehr als einen Maler, Bildhauer und alle dergleichen Künstler schätze ich in der That den, welcher die jugendlichen Gemüther zu bilden versteht.“ Seywold lehrte auch im Kloster Theologie, und wurde 28. April 1779 zum Abt erwählt. Zum Theil verdankt ihm das Kloster den Prachttempel, der nach dem Brande aus seiner Asche allmählig wieder emporsteigend, nach einer langen Reihe von Jahren durch Abt Othmar erst die innere Ausschmückung erhielt, und ausgezeichnet in seinen Marmorsäulen, noch mehr aber in dem

---

[1]) Der Verfasser konnte von ihm keine Schriften auffinden, obschon es sehr wahrscheinlich ist, dass er während seines Lehramtes zu Freising mehrere Thesen, Dissertationen oder Traktate aus Anlass öffentlicher Prüfungen, Promotionen etc. geschrieben.

Charaktergemälde „Mariä Himmelfahrt“ von Knoller's Meisterhand, seines Gleichen sucht. Seywold war der italienischen und französischen Sprache kundig, und begünstigte die Studien; † 2. Sept. 1787. Sein Porträt in Oel ist im Pfarrhause von Mittenwald. (Besnard, Lit. Ztg. 1834, I. S. 282—284.).

Schrift:

Ueber die Pflichten der Aeltern, IV. Predigt im I. Bd. der Predigten der churfürstl. bayer. Gesellschaft zur Beförderung geistlicher Beredsamkeit. Augsb. 1779.

P. Dominikus Ziegler, geb. zu Schloss Starnberg 15. Nov. 1710, Profess 1729, studirte zu Salzburg Theologie und wurde 1734 Priester, von 1750—1759 Professor am Lyzeum zu Freising, † 8. Okt. 1791.

Schriften:

1) Claudii Fleurii historia ecclesiastica latine reddita a Tom. XX. — Tom. XXIV. Aug. Vind. 1764—1768.[1])
2) Carl Emmanuel's, Königs v. Sardinien, Gesetze und Verordnungen aus dem Italienischen ins Deutsche übersetzt. 1778. 8.

P. Roman Koegl, geb. zu Schongau 13. Okt. 1721 studirte zu Rottenbuch und München, Profess 11. Nov. 1741, Neomyst 22. Okt. 1747. Nach 1744 erfolgter Einäscherung des Stiftes vollendete er im Kloster Benediktbeuern seine Studien. Er vikarirte einige Klosterpfarreien, wurde dann Stiftsbibliothekar und Novizenmeister. In seinem Alter erblindete er beinahe ganz, wurde aber durch geschickte ärztliche Hilfe wieder hergestellt. Er feierte seine Jubelprofess und Jubelmesse und starb 10. Juni 1800.

Schriften:

1) Spiritus S. Chrysostomi, seu doctrina moralis ex ejusdem aureis operibus. Aug. V. 1776. 8. (Auch deutsch das. 1781. 2 Bde.)
2) Geistliche Betrachtungen von dem Leiden und Tode Jesu Christi als Gebete abgefasst. Augsb. 1781. 8. (S. Bibl. nov. eccl. Friburg. Vol. VI. 1. S. 99—100.)
3) Der in den untrüglichen Wahrheiten des Christenthums unterrichtete Katholik. Augsb. 1782. 8.

P. Alphons[2]) Hafner, letzter Abt, geb. zu Reutte in Tirol 16. April 1742, wo sein Vater Schullehrer und Organist war. Die lateinischen

---

[1]) Eine Fortsetzung der lat. Uebersetzung von Fleury's Kirchengeschichte lieferte der bayerische Carmelit P. Alexander a S. Cruce, Tom. XXV. — Tom. LXXXII. Aug. Vind. 1768–1791.

[2]) Ildephons.

Studien begann er zu Ettal, vollendete das Gymnasium unter den Jesuiten zu Augsburg und hörte die Philosophie an der Innsbrucker Universität, wo er zum Magister der Philosophie creirt wurde. Am 28. Okt. 1762 legte er Profess ab, wobei er den Namen Alphons (was öfters für Ildefons geschrieben wurde) erhielt. Abt Bernard II. liess ihn zu Freising und Benediktbeuern in den theologischen Wissenschaften bilden. An jedem Orte blieb er 2 Jahre. Am 8. Sept. 1767 primizirte er, worauf er nach St. Emmeram geschickt wurde, um die orientalischen Sprachen zu studiren. Von dort zurückgekehrt wurde er 14. Juli 1769 Conventbeichtvater, dann Praeses confraternitatum, Pfarrvikar von Eschenlohe, und Direktor des Klosterseminars; von 1776—1779 lehrte er zu Freising Theologie, 1781 kam er als Rektor des Lyzeums nach Straubing. Hier war es, wo er sich einst beim nächtlichen Studium so sehr vertiefte, dass er bis in die Mitte des folgenden Tages beim Lampenlichte sass, ohne den Tag zu ahnen. Nach dem Tode des Abtes Othmar II. wurde Hafner 3. Okt. 1787 zu dessen Nachfolger erwählt und beschloss die Reihe der 32 Aebte Ettals. Während seiner Regierung vollendete er die schöne Chorkapelle, und übertrug dorthin feierlich das marianische Gnadenbildniss. Die Ausschmückung der Kirche setzte er fort und hatte bereits den Plan gefasst, auch die Façade der Kirche zu vollenden, die ihres Gleichen nicht leicht gefunden haben würde. Die Aufhebung seines Stiftes vereitelte aber dieses. Künste und Wissenschaften fanden an ihm einen edlen Gönner, der selbst grosse Opfer zu deren Unterstützung nicht scheute; das Klosterseminar nahm neuen Aufschwung, und war sehr zahlreich von Jünglingen aus Südbayern, Tirol und Schwaben besucht. Viele erhielten unentgeltlich Unterricht und Verpflegung. Viele Schulden des Klosters wurden von ihm abbezahlt. Bei Aufhebung des Klosters ging Hafner anfangs in seine Heimath, wo er sich nur kurze Zeit aufhielt, dann in die Benediktinerabtei S. Giorgio bei Venedig, wo er, wie es scheint, als Gast lebte. Sein Tod soll 7. Mai 1807 im Kloster S. Giustina zu Padua erfolgt sein.[1]) Als er Professor zu Straubing war, gab er eine neue Bearbeitung von Bruchhauser's Physik in Druck. (Bote f. Tirol und Vorarlberg, 1828, S. 336.)

P. Columban Poppel, geb. zu Hochstadt bei Mönchsroth 4. Jan. 1744, Profess 28. Okt. 1765, Neomyst 8. Okt. 1769. Todeszeit unbekannt. Zur Zeit der Aufhebung seines Klosters lebte er noch.

---

[1]) Es ist mir unbekannt, ob er später zu S. Giustina seinen Sitz aufgeschlagen, oder ob er nur zufällig dorthin gekommen, und vom Tode ereilt worden sei.

Schrieb:

Trauerrede auf Abt Amand (Fritz) von Benediktbeuern. Tegernsee 1796. Fol.

P. Virgil Hellensteiner, geb. zu Garmisch 6. Okt. 1760, Profess 7. Okt. 1781, Neomyst 6. Jan. 1785, letzter Prior, gest. zu Partenkirchen 31. Juli 1822. (Im Status ecclesiast. Dioec. Frisingensis wird er unter den Schriftstellern aufgeführt. Der Verfasser kann aber von ihm keine Schrift angeben.)

P. Magnus Knipfelsberger, geb. zu Reutte (in Tirol) 4. Sept. 1747, Profess 28. Okt. 1765, Neomyst 18. Okt. 1772. Wurde im J. 1772 Pfarrvikar von Weix, später Professor der humaniora an der Klosterschule zu Ettal. Nach der Aufhebung seines Klosters stand er 1803—1804 als Hilfspriester zu Stetten bei Kaufbeuern in der Seelsorge. Ueberhandnehmende Gebrechlichkeit nöthigten ihn, aus der Seelsorge auszutreten, worauf er sich als Quiescent nach Schongau zurückzog und dort 14. Juni 1825 starb. Er verbesserte den Text des sogenannten Passionsspieles von Oberammergau, welches nach den von ihm getroffenen Abänderungen und Verbesserungen in den J. 1780, 1790 u. 1800 zur Aufführung kam.[1])

P. Maurus Stölzl, Dr. theolog., geb. zu Rumeltshausen 3. Febr. 1755, Profess 28. Okt. 1777, Priester 23. Sept. 1780, Professor der Rhetorik und Philosophie zu Salzburg. Nach der Aufhebung seines Klosters Pfarrer zu Merching, resignirte aber und starb zu Schrobenhausen 22. Nov. 1828.[2]) (Besnard, Lit. Ztg. 1834, III. S. 319.)

Schriften:

1) Griechische Sprachlehre u. Sammlung, theils prosaischer, theils poetischer griechischer Stellen. Salzburg (Duyle) 1796.
2) Praecepta eloquentiae romanae in usum scholarum edita. Salisb. 1800. 16¼ Bg.

P. Joseph Lindauer, geb. zu Salgrub 7. Dez. 1759. In einem Alter von eilf Jahren kam er mit seinen Eltern nach Mastricht, wo sie das Bürgerrecht besassen und eine Handlung betrieben. Dort

---

[1]) Der von P. Knipfelsberger verbesserte Text des Passionsspieles war der einzige, welcher von dem churfürstl. Bücher-Censur-Collegium zu München approbirt wurde, und seinen Vorzügen hatten die Ammergauer hauptsächlich jenes Privilegium zu verdanken, in Folge dessen es ihnen möglich war, das Gelübde ihrer Voreltern ununterbrochen zu erfüllen. (S. Deutinger, Beiträge, III. S. 438—440.)

[2]) Ihm gebührt das Verdienst, sich um Joh. Barthol. Stölzl angenommen und ihm zu den Studien verholfen zu haben. (Die Biographie dieses Mannes s. XX. Jahresbericht des hist. Vereins von Oberbayern, S. 109—114.)

lernte der Knabe die niederländische Sprache und besuchte das Gymnasium. Die philosophischen Fächer hörte er 1781 und 1782 zu Augsburg. Er studirte dann ein Jahr zu Ingolstadt Theologie und trat 15. Okt. 1783 zu Ettal in den Orden; 17. Okt. 1784 legte er Profess ab, 1785 kam er nach Salzburg, um dort Dogmatik, Kirchenrecht und orientalische Sprachen zu studiren, wurde 21. Okt. 1787 Priester, und 1788 in's Kloster zurückgekehrt Lehrer der Dogmatik und orientalischen Sprachen. Sieben Jahre blieb er in dieser Stellung und zählte nicht nur Stiftskleriker, sondern auch Auswärtige unter seinen Hörern. Zugleich war er Bibliothekar, und benützte die Ferienzeit zu verschiedenen Reisen, um fremde Bibliotheken kennen zu lernen und seine Kenntnisse im Bibliothekfache zu erweitern. Durch sein Bemühen erhielt die Bibliothek einen Zuwachs von vielen sehr seltenen und kostbaren Werken. Sein Abt Alphons förderte sehr sein Bestreben. Im November 1795 wurde Lindauer Professor der Dogmatik, Patrologie und Liturgik an der Universität Salzburg und zugleich Universitätsbibliothekar. Seine Amtsführung fiel in jene Zeit, in der die Universitäts-Bibliothek durch die Grossmuth des Kaisers von Oesterreich die Bibliotheken von St. Cajetan, der Augustiner Eremiten von Hallein und Tittmanning, des fürstl. Stiftes Berchtesgaden und die erzbischöfl. Hofbibliothek zum Geschenke erhielt. Diese ungeheuere grösstentheils durcheinander geworfene Masse von Bänden ordnete er nun mit unsäglicher Mühe. 1802 war er auch Vizerektor und Prokanzler. Bei der Umwandlung der Universität in ein Lyzeum wurde er provisorisch in seinem Lehramte bestätigt, suchte aber bald um Entlassung nach, die er 30. Nov. 1811 erhielt. Seit dieser Zeit genoss er der verdienten Ruhe zu Salzburg, wo er 8. Jan. 1832 starb. (Verzeichniss d. akad. Profess. S. 96.)

P. Othmar Weiss, Dr. philos., geb. zu Bayersoien 24. April 1769, erhielt seine Bildung im Klosterseminar zu Ettal und zu München, Profess 23. Okt. 1791, zum Priester geweiht 19. Sept. 1795, brachte er am 4. Okt. das erste heilige Opfer dar. Seine höhere Bildung erlangte er an der Universität zu Ingolstadt, wo er den philosophischen Doctorgrad erlangte. Im J. 1798 war er Professor am akademischen Gymnasium zu Ingolstadt und hierauf Pfarrvikar von Eschenlohe (bis 1803). Nach der Aufhebung des Klosters Ettal zog er sich als Pensionist dorthin zurück, und war ohne jegliche Entschädigung im Schulfache und in der Seelsorge thätig; dem Pfarrer von Ettal erbot er sich, sämmtliche Festtags- und Fastenpredigten zu übernehmen. Die Beichten der vielen Wallfahrer anzuhören, war er immer bereit. Mit Beihilfe seiner Schulknaben kleidete er die ihm so liebe Kirche für die festlichen Tage und Zeiten in festlichen Schmuck. Auch die neuen Altarzierden hatte die bei der Aufhebung des Klosters alles Schmuckes beraubte Kirche seinen Bemühungen zu verdanken. Es wurde bemerkt, dass, so lange Weiss in Ettal war, die Wallfahrt noch immer in Blüthe gewesen, nach seinem Abgange aber bald in grosse Abnahme gekommen sei. Da der kurz vorher noch so vortrefflich bestellte Musikchor zu Ettal durch die plötzliche Auswanderung der Klosterseminaristen und den Abzug der meisten Conventualen nunmehr ganz leer stand, so dass einige Zeit in dem herrlichen Tempel, in dem bis dahin der Gottesdienst mit der grössten Feierlichkeit gehalten worden war, unter dem Pfarrgottesdienst keine andere Musik mehr ertönte, als die des vom Volke gebeteten Rosenkranzes, so beschloss P. Othmar im Vereine mit seinem Mitbruder, dem Pfarrer P. Anselm Achmiller, einen neuen Grund zu legen. P. Anselm bildete sich zum Organisten, und P. Othmar übernahm es, einige Knaben von Oberau zu Sängern heranzubilden. Bei den damaligen Kriegszeiten hatte er auch noch Gelegenheit, den neuen, auf den Gründen des ehemaligen Klosters angesessenen Bewohnern Ettals nützliche Dienste zu erweisen. Bei den Durchmärschen fremder Krieger nützte er allenthalben durch seine Kenntniss der französischen Sprache. Die Tiroler wurden gegen ihn mit Hochachtung erfüllt, und betrugen sich zahmer, da er noch immer seinen Benediktinerhabit trug. Im J. 1812 übernahm er die Leitung der Pfarrei Jesewang bei Fürstenfeldbruck, wo er am 26. Jänner 1843 als der letzte Ettaler Benediktiner starb. Nur ein Ruf hätte vermocht, dass er mit Freuden die Pfarrei verlassen hätte, — der Ruf zurück in's Kloster. Eine stille Sehnsucht nach seinem Ettal kam nie aus seinem Herzen. Als das Ordinariat München - Freising an sämmtliche Benediktiner der Erzdiözese die Frage richtete, ob sie bei der Wiedereinführung dieses Ordens in den kgl. bayer. Staaten in die zu errichtenden Ordenshäuser eintreten würden, kam diese Frage auch an den Pfarrer von Jesewang. Dieser antwortete: „Nein! wenn die Frage von dem Eintritte in was immer für ein anderes Kloster gelten soll. Aber Ja! wenn Ettal wieder aufgerichtet wird; dann werde ich mit Freudenthränen die Schwelle der Klosterpforte küssen." [1]) — Auf Bitte der Ammergauer unterzog sich Weiss der Mühe, den Text des sogenannten Ammergauer Passionsspieles zum Behufe einer würdigen und erbaulichen Vorstellung umzuarbeiten (1811). Insbesondere ist der erschütternde Ernst der Chöre des altgriechischen Trauerspieles in diesem christlichen Trauerspiele wieder zu finden. Noch im J. 1840 wurde das Passionsspiel genau nach dem von Weiss verbesserten Texte aufgeführt. — Die Musik

---

[1]) So wie Weiss antworteten fast ausnahmslos alle Benediktiner, die in den bayerischen Staaten im J. 1827 noch lebten. Sämmtliche bischöfliche Ordinariate waren auf Befehl der Regierung angewiesen worden, alle noch lebenden Benediktiner zu fragen, ob sie gesonnen seien, in die wieder zu errichtenden Stifte einzutreten.

lieferte P. Benedikt Pittrich, Cisterzienser des aufgehobenen Stiftes Fürstenfeld. (S. Dellinger, ausgez. Männer von Landsberg, im Oberbayer. Archiv, Bd. XIV. S. 108. Eine anziehend geschriebene Biographie über Weiss erschien in Flossmann's und Heissler's deutschem Schulboten 1844, S. 68 sq. und ein Abdruck davon in Deutinger's Beyträgen zur Geschichte der Erzd. München-Freysing, Bd. III. S. 385–394; s. Neuen Nekrolog der Deutschen J. 1843, der aus Flossmann geschöpft; Catalogus vener. Conventus Ettalensis in Bavaria superiori O. S. P. Benedicti anno 1800 [s. l.] Fol.)

B. In Niederbayern:

Niederaltaich.

Niederaltaich (Niederalteich, Niederaltach, Altacha inferior, M. S. Mauritii in Altacha), Bisthum Passau, Landgericht Hengersberg, gestiftet vom hl. Pirmin,[1]) Wanderbischof und Abt, und dem Herzog Odilo im J. 731. Im J. 741 zogen 12 Mönche von Reichenau in Niederaltaich ein. Als Mitstifter wird auch Herzog Thassilo genannt.[2]) Im J. 910 wurde das Kloster von den Ungarn zerstört, jedoch nie ganz von Geistlichen verlassen. Kaiser Heinrich der Heilige stellte es wieder für Benediktinermönche her. Im Januar 1634 wurde das Kloster von den Schweden überfallen und theilweise zerstört; 1648 abermals besetzt und ausgeplündert. Ein im J. 1671 ausgebrochener Brand vernichtete alle Kirchenparamente und die an seltenen und den ältesten Handschriften reiche Bibliothek. Der dem Kloster hieraus erwachsene Schaden belief sich auf 200,000 fl. — Es wurde aufgehoben von Churfürst Max Joseph 1803. Niederaltaich war das grösste Benediktinerstift in Bayern; es zählte bei 60 Conventualen und darüber, hatte 3 Propsteien: St. Oswald, Rinchna und Spitz, und viele Pfarreien. Die schöne mit zwei Thürmen versehene Stiftskirche ist nun Pfarrkirche des Ortes. Die Klostergebäude sind grösstentheils demolirt. Erwähnenswerth ist, dass Niederaltaich das Mutterkloster von Kremsmünster, wohin es 777 mehrere

---

[1]) Sein hl. Leib ruht in der Jesuitenkirche zu Innsbruck, welches ihn als II. Stadtpatron verehrt. Im Jahre 1777 kamen einige Reliquien nach St. Blasien. (Demgemäss ist das, was Lechner in seinem Martyrologium S. 421 sagt, zu berichtigen.)

[2]) Alljährlich wurde zu Niederaltaich am 18. Januar für Herzog Thassilo feierlicher Seelengottesdienst gehalten, und bei dieser Gelegenheit die Armen mit einem Almosen beschenkt. Die Zahl der Menschen, die sich aus diesem Anlasse zu Niederaltaich einfand, betrug oft 6000. Auch zu Kremsmünster war derselbe Gebrauch bis Ende des vorigen Jahrhunderts. Dieser Tag hiess der Carnisseltag.

Mönche mit Faterik als Abt entsendete. Im J. 753 kolonisirte Niederaltaich das Stift Wessobrunn.

Literatur:

Braunmüller Bened. (O. S. B. zu Metten), Hermann, Abt von Niederaltaich. (Programm v. Metten). 1876. 84 S. 4. — Hermanni, Annales, bei Oefele, script. rerum boic. I. S. 656—684. — Bruschius, Chronologia, II. S. 34—50. — Ehrenfeuchter, die Annalen von Niederaltaich. Göttingen 1870. 8. — Finauer P. P., lit. Magazin, I. 1, 2. — Giesebrecht, Annales Altachenses. 1841. 8. — Hayden Placidus (O. S. B. von Niederaltaich), des Klosters Niederaltaich kurze Chronik. Regensburg 1732. 345 S. 4. — Desselben, Jubelfest, das tausendjährige, des Klosters Niederaltaich. Regensb. 1732. 4. — Hirsching, Stiftslex. S. 56—61. — Hundius, Metropolis, II. 1—34; III. 39. — Lackner J. B., Memoriale, seu Altachae inferioris memoria superstes. Passavii 1779. Fol. — Lexik. v. Baiern, II. 504—510. — Mon. boica. XI. 1—340, XV. 1—89, mit Abbildung d. Klost. — Monum. Germ. VI. 35. — Antiquitates Altachenses bei Oefele, Script. rer. boic. I. S. 719—729. — Parnassus boic. 1736, S. 9—34. — Pertz, Annales Altachenses. Hanov. 1868. — Reg. bav. I. 6, 10, 12, 30, 36, 60, 80, 84, 102, 180, 190, 204, 208, 211, 234, 386. — Schuegraf R., Auszüge aus einem Diarium des Abtes Marian Pusch v. Niederaltaich. (Verh. d. hist. Ver. v. Niederbayern Bd. V. S. 3—48, Bd. VII. S. 3—116.). — Series capituli inferioris Altachae sub regula S. P. Benedicti. Ratisbon. 1793 und 1802. — Stengelius C., Monasteriologia, Pars. I. mit Abbildung. — Stumpf, Handbuch, S. 151. — Sulzbacher Kalender (Beschreibung u. Abbildung), 1879. 55—74. — Wenning, Topographia, IV. 27, mit Abbildung. — Zimmermann, Churb. Geistl. Calend. IV. S. 360—438 (enthält eine kurze Gesch. d. Klosters). — Ueber die Bibliothek: Aretin, Beyträge, 1805. Stück VI. S. 663—666. — Pez Thesaur. anecdot. T. I. diss. isagog. pag. L sq. — Ziegelbauer, Hist. lit. I. 557. — Ueber den Markt Regen (wo das Kloster Besitzungen hatte): Akstaller Fr., Beiträge zur Gesch. d. M. Regen. (Verhandl. d. hist. Ver. v. Niederbayern. XV. S. 1 sq.)

Manuscripte: In der Staatsbibliothek zu München:

Cod. germ. 1756, 1757, 1758 Chronik von Niederaltaich authore G. Pusch (s. unten). — 2922 Chronik von Niederaltaich, 118 Bl. 4. (Reicht bis z. J. 1731, vielleicht identisch mit der vom P. Placid. Hayden 1732 edirten Chronik). — 2924 Geschichte des Wallfahrtsortes Frauenau und Kirchdorf im Walde 1759—1760. 92 Bl. (Diese 2 Orte gehörten zum Kloster.). — Cod. lat. 472 Excerpta annalium. — 1203 (fasc. VI.) — 1204 Antiquitates pagi. — 1320 Diplomatarium, fragmenta. — 1321 Lackner J. B., Septennium I[um] Augustini II. Altachae Praesulis 1764—1771. — 1322 Chronicon. — 1323 Tabula chronologica abbatum. 1785. (208 Bl.) —

1324 Index librorum MSS. bibliothecae Nideraltanae anno 1671, (praeclara haec 687 codicum MSS. collectio consumpta est incendio 1671). — 1854 Viti Bacheneder, abbatis, historia Altachae inferioris et chronicon diplomaticum Nideraltachense[1]) — P. Math. Aubele, fundatio coenobii Altachae inferioris. 1585. 1. Bd. 8.

In den Sammlungen des hist. Vereins von Oberpfalz:

a) Des Joscio Hamberger, Abtes des Kl. Niederaltaich, Annalen über den spanischen Erbfolgekrieg in Bayern 1702—1713. b) Des Abtes Marian Pusch von Niederaltaich Annalen von dem österreichischen Erbfolgekrieg v. 1741—1746 nebst der Lebensgeschichte dieses Abtes. (Copie von J. N. Schuegraf; s. Verhandl. d. hist. Ver. v. Oberpfalz XXVII. S. 409. Beide Manuscripte enthalten Nachrichten über Miederaltaich.)

Schriftsteller;

P. Bonifacius Sanftl, Dr. theolog. et protonotarius apostol., geb. zu Regen 1691, Profess 1714, Priester 1719, Regens des Convictes für studirende Ordenskleriker zu Salzburg, und von 1726—1733 Professor der Philosophie an der dortigen Universität. Er war in's Kloster zurückgekehrt Subprior, von 1740—1746 Propst zu St. Oswald, Prior, Pfarrer zu Schwarzach, wo er 6. Jan. 1758 starb. (Baader, Lex. II. 2, S. 72; Hist. Univ. Salisburg. S. 435; Zimmermann, Churb. geistl. Cal. IV. S. 362, 426; Verzeichniss der akad. Professoren, S. 8.)

Schriften:

1) Utile philosophicum, seu tractatus de quatuor causis thomisticis. Salisb. 1725. 8. Edit. II. Ibid. 1727.
2) Natura tam cum se, quam in arte, aemula sua et in auctore suo; item in variis mirabilibus ac demum in defectibus et monstris per disquisitionem philosoph. considerata. Ibid. 1728. 263 S. 4.
3) Casus, fortuna et fatum, tanquam causae per accidens. Ibid. 1728. 8.
4) Ornamentum animae supernaturale, seu gratia justificativa hominis theol. schol. expensa. Straubing. 1734. 214 S. 8.
5) Gemina regula actuum humanorum, seu lex et conscientia. Ibid. 1735. 433 S. 8.

P. Michael Haimerl, Dr. phil., geb. zu Straubing 1697, Professor am Lyzeum zu Freising 1735—1736, Pfarrer in Grafenau, starb im Kloster 3. Febr. 1763. (Lackner, Memoriale, S. 172; Zimmermann, Calender, IV. S. 415.)

[1]) Vgl. Lackner, Memoriale, S. 112.

Schrift:

1) Disputatio menstrua de existentia materiae sine forma substantiali. Frising. 1736. 19 S. 8.

P. Placidus Moser, geb. zu Triftern 18. Januar 1718, studirte zu Kremsmünster und Salzburg, Profess 9. Okt. 1740, primizirte 22. Sept. 1743, Professor am Lyzeum zu Freising 1747—1748, Lektor der Theologie im Kloster, Novizenmeister, Prior, Pfarrvikar zu Frauenau, Propst zu Rinchna, starb dort am Friesel 4. Jan. 1766. (S. Lackner, Memoriale, fol. 173—174.)

Schrift:

Die von Gott gesegnete und in Gott selig ruhende Taube, d. i. Leichenrede auf Abt Columban von Metten; gehalten am 11. Okt. 1752. Straubing 1753. Fol. 17 S.

P. Augustin Ziegler, geb. zu Greiffenberg 11. April 1720, Profess 9. Okt. 1740, studirte an der Universität zu Ingolstadt Philosophie und Theologie, Novizenmeister, Prior, Pfarrer zu Regen, von 1751—1753 Professor der theoretischen Philosophie zu Salzburg, zum Abt erwählt 27. Mai 1764. Wegen übler Wirthschaft und Schuldenmacherei musste er resigniren 1775, zog sich nach Straubing zurück und starb dort 12. Juli 1778. (Baader, Lex. I. 2, S. 366.)

Schriften:

1) Diss. dialectico-psychologica de mentis humanae ratiocinio. Salisb. 1752, 11 Bg. 4.
2) Intellectus simpliciter percipiens ad normam philosophiae neoterico-eclecticae methodo synthetica expositus. Ibid. 1752. 4.
3) Diss. logico-critica de emendatione mentis humanae. Ibid. 1752, 8 Bg. 4. (S. Regensb. gel. Ztg. 1752, S. 180.)
4) Intellectus recte judicans ad normam philosophiae expositus. Ibid. eod. 4.
5) Intellectus methodice discurrens ad normam philosophiae, methodo synthetica expositus. Ibid. eod. 4.
6) Diss. psychologica de methodico mentis humanae ratiocinio. Ibid. eod. 11 Bg. 4.
7) Philosophia rationalis, sive logica ad normam philosophiae neoterico-eclecticae methodo synthetica exposita. Ibid. eod. 4.
8) Psychologico-Ontologia, seu prima et secunda methaphysices pars. Ibid. 1753. 4.
9) Theologico-Pneumatologia, seu tertia et quarta metaphysices pars. Ibid. 1753. 4.

10) Philosophia naturalis, seu physica. 3 Tomi (mit Kupfern.) Ibid. 1753. 3 Alph. 4. (S. Regensb. gel. Ztg. 1753, S. 280.)
11) Metaphysica universalis. 2 Tomi. Ibid. 1753, 1 Alph. u. 11 Bg. 4.

P. Johann Bapt. Lackner, Mitglied der Akademie der Wissenschaften zu München und Protonotarius apostol., geb. zu Salzburg 17. Nov. 1735, machte mit ausgezeichnetem Erfolge in seiner Vaterstadt die Gymnasialstudien und trat, nachdem er 1753 aus der gesammten Philosophie defendirt hatte, in den Orden. Am 20. Okt. 1754 legte er Profess ab, hörte theils im Kloster, theils zu Salzburg Theologie und wurde 1759 Priester, im J. 1760 kam er als Professor der Grammatik nach Salzburg, welche Lehrkanzel er bald mit der theologischen in seinem Kloster vertauschte. Er ward seiner ausgezeichneten Fähigkeiten wegen bald zu den verschiedensten Aemtern befördert. So war er Prior, Novizenmeister, Pfarrer zu Schwarzach, Propst zu St. Oswald, wo er sich als tüchtiger Oekonom bewies, Propst zu Rinchna, wo er die Kirche restaurirte, endlich in's Kloster zurückberufen Archivar und Sekretär des Abtes. In dieser Stellung schrieb er das Memoriale Altachae inferioris, das nebst einer auf Urkunden gegründeten Geschichte des Stiftes ein genaues, mit biographischen Daten versehenes Verzeichniss von allen Religiosen von Niederaltaich enthält, soweit man von denselben Kenntniss erlangen konnte. Bei Durchlesung dieser Schrift macht sich unwillkürlich der Wunsch rege, dass jedes bayerische Stift sich ein ähnliches Denkmal gesetzt hätte. Lackner überlebte die Frucht seiner Anstrengungen nicht lange, denn die Wassersucht raffte ihn im kräftigsten Mannesalter 10. Febr. 1781 dahin. (Baader, Lex. II. 1, S. 142 sq.; Besnard, Lit. Ztg. 1827, II. S. 281 sq.)

Schriften:

1) Lobrede auf den hl. Franz von Paula, gehalten bei den Paulanern zu Au nächst München. München 1765.
2) Lob- und Dankrede, als Abt Adalbert (Tobiaschu) von Metten seine Ordensgelübde erneuerte. Freising 1766. II. Aufl. 1767.
3) Die Barmherzigkeit Gottes in einem Jubelpriester, und die göttl. Gnade in einer Klosterjungfrau. Zwei Ehrenreden, gehalt. zu Straubing. 1768, 32 S. Fol.
4) Trauerrede auf Abt Theobald von Alderspach S. Ord. Cisterc. Passau 1779, 23 S. Fol.
5) Memoriale, seu Altachae inferioris memoria superstes, ex tabulis, annalibus, diplomatibus, epitaphiis aliisque antiquitatum reliquiis collecta. Passavii 1779, 179 S. Fol.

Manuscript:

Septennium I. Augustini II. Praesulis 1764—1771. (Cod. lat. 1321 der Staatsbibliothek zu München.)

P. Gregor Pusch, geb. zu Niederaltaich 1700, Profess 1720, Priester 1726, starb als Senior 1783.

Manuscript:

Chronik von Niederaltaich. 3 Tomi. Fol. Tom. I. v. J. 731—1231; Tom. II. v. 1231—1772; Tom. III. v. 1772—1779. (Cod. germ. 1756, 1757, 1758 der Staatsbibliothek zu München, 430, 483, 314 Bl.)

P. Erenbert Mösl, geb. zu Wels (Oesterreich) 1750, Profess 1773, Priester 1775, lehrte in seinem Kloster Mathematik, Theologie und orientalische Sprachen, auch besorgte er einige Zeit die meteorologischen Beobachtungen, † 13. Dez. 1790.

Schrieb:

Materia tentaminis philosophici. Passavii 1780.

Manuscript:

Frage, ob die Abstellung der Feiertage zu billigen sei. 128 S. 4. (Cod. ger. 4252 der Staatsbibliothek zu München.)

P. Beda Schallhamer, Dr. phil., geb. zu Waging (Salzburg) 1736, Professor der Theologie zu Salzburg 1771—1773, Propst zu Spitz, dann zu Erlahof, † 23. Jan. 1791. (Baader, Lex. II. 2, S. 81; Verzeichniss der akad. Professoren, S. 73.)

Schrieb:

1) Aliquid ex theologia contra grande nihilum, seu dissert. de magia nigra critico-historica. Salisb. 1769. 30 Bg. 4.
2) Positiones ex logica univ. Ibib. 1772. 4.
3) Exercitatio scholastica, seu positiones ex prolegomenis philosophiae et logica. Ibid. 1772. 4.
4) Positiones ex physica univ. Ibid. 1773. 4.
5) Theses ex univ. philosophia. Ibid. 1773. 4.

P. Franz Xav. Maichl, geb. zu München 1735, Propst zu Rinchna, Pfarrvikar zu Regen, starb im Kloster 1793.

Schriften:

1) Lobrede auf den hl. Joh. v. Nepomuck. Straubing 1768. 14. S. Fol.
2) Erste Rede beim 1000jährig. Jubiläum des Stiftes Kremsmünster. 1777. (In der Sammlung der gehaltenen Festpredigten.)

P. Bonifaz Sanftl, geb. zu Regen 1741, Professor zu Freising 1769—1770, Prior, Novizenmeister, Archivar, † 27. Okt. 1796.

Schrift:

Leichenrede auf Abt Lambert I. von Metten, gehalten am 30. Dez. 1790. 16 S. 4.

P. Candidus Huber, ausserordentliches Mitglied der Akademie der Wissenschaften zu München, ordentliches Mitglied der landwirthschaftl. Gesellschaft zu Burghausen und der botanischen Gesellschaft zu Regensburg, geb. zu Ebersberg 4. Febr. 1747, studirte unter den Jesuiten als Zögling des gregorianischen Seminars zu München, dann zu Passau, und trat 1768 in den Orden. Am 10. Sept. 1769 legte er Profess ab, und primizirte 5. Mai 1772. Er war Cooperator zu Regen, Pfarrer zu Ebersberg, und von 1799—1803 Waldmeister der dem Kloster Niederaltaich gehörigen Waldungen am Rusel (Risel). Er eignete sich vorzügliche Kenntnisse in der Forstkultur an, und machte sich durch Anlegung einer Holzbibliothek [1]) verdient. Diese Bibliothek überschickte er schon im J. 1790 an die bayer. Akademie der Wissenschaften zu München, welche ihn desshalb als ausserordentliches Mitglied aufnahm.

Durch die Aufhebung seines Klosters (1803) sah er sich plötzlich aus seinem bisherigen Wirkungskreis hinausgeschleudert. Daher war ihm das Anerbieten des ehem. Klosterrichters v. Streber, einstweilen bei ihm sich niederzulassen, bis sich für ihn ein tauglicher Posten gefunden haben würde, sehr willkommen. Auch dieser fand sich bald. Herr Graf Törring Yettenbach-Gutenzell wies ihm sein Jagdschloss Stallwang (1½ Stunden von Landshut entfernt) als Wohnung an. Hier fand Huber seine Rusel im Kleinen wieder. Hier hatte er noch den Vortheil, nicht weit von Landshut entfernt zu sein, und mit den Gelehrten der dortigen Hochschule Verkehr zu pflegen. In Stallwang gieng eine neue Welt für seine Lieblingsbeschäftigung auf. Die vielen Pilze, vorzüglich die kleinen schmarotzenden, welche auf den Blättern, den Rinden und andern Theilen der Bäume vorkommen, die damals erst seit kurzer Zeit die Aufmerksamkeit der Botaniker auf sich gezogen hatten, beschäftigten jetzt seine stille Musse. Es währte nicht lange, so hatte er es durch viele Uebung dahin gebracht, dass er mit diesen sehr kleinen Gegenständen bald vertrauter ward, als mancher Botaniker mit offenblühenden Pflanzen. Er hatte sich einen Scharfblick eigen gemacht, der bewunderungswürdig war; kein Pilzchen entging ihm, und bald war auch das Fremdeste, das bisher noch ganz unbekannt geblieben, in seine Gattung eingereiht, richtig beschrieben, und

[1]) Er gab seiner Sammlung von Hölzern die Form von Büchern, daher der Name Holzbibliothek.

mit einem passenden Namen belegt. — Nebenbei war er auch auf die Vervollständigung seiner Holzbibliothek bedacht, welche er bis zum J. 1808 auf 150 Bände gebracht hatte — Seit einiger Zeit kränkelte er an der Herzwassersucht, welche seinem emsigen Leben am 17. Juni 1813 ein Ende machte.[1]) (S. Felder, Lit. Ztg. 1813, II. Intelligbl. Nr. 8, S. 10; Schrank v. Fr., Andenken an Candidus Huber, abgedruckt in der Zeitschrift f. Baiern und angränz. Länder, 1817, II. Jahrg. Hft. I. S. 97—114; Magazin f. kath. Religionslehrer 1814, 2. Hft. S. 240—252.)

Schriften:

1) Ankündigung einer natürlichen Holzbibliothek. 1792.
2) Kurzgefasste Naturgeschichte der vorzüglichsten Holzarten nach ihrem verschiedenen Gebrauche in der Landwirthschaft, bei Gewerben und Offizinen. Handbuch für jeden Liebhaber der Forstwissenschaft sowohl, als für die Ebersbergische Holzbibliothek. München (Lentner) 1793. 187 S. 8. (S. Allg. d. Biblioth. Bd. 112. II. S. 379—382.)
3) Ueber die Einzäunungsarten oder Befriedigungen in Bayerns verschiedenen Gegenden. (Abgedr. im Bayerischen Wochenblatte 1801. Stück 7 und 8, S. 100—120.)
4) Vollständige Naturgeschichte aller in Deutschland einheimischen und einiger nationalisirten Baum- und Bauhölzer. Münch. (Lindauer). 1808. 2 Bde. 4.

Manuscript:

Ueber die Art und Weise, wie die Fruchtbaumzucht in Bayern am leichtesten und gemeinnützigsten emporgebracht werden könnte. (Diese von der landwirthschaftl. Gesellschaft zu Burghausen gestellte Preisfrage beantwortete Huber, und erhielt den ersten Preis (1793); sie scheint Manuscript geblieben zu sein.)

P. Laurentius Hunger, Mitglied der mineralogischen Societät zu Jena, und der naturforschenden Freunde zu Berlin, geb. zu Raindorf

---

[1]) Er hatte sich selbst seine Grabschrift verfasst, welche also lautet: „Homo interpres, Minister, Sacrificium Naturae. Hic expectat resurrectionem Candidus Huber. Natus Ebersbergae ann. 1747. 4. Feb. Professus Niederaltacensis 1769 10. Sept. Parochus in Ebersberg, Sylvarum Praefectus in Rusel. Exul per decem annos.“ Diese letzten Worte Exul u. s. f. hatte er hinzugesetzt, um auf die Auflösung seines Klosters Niederaltaich anzuspielen, seit welcher Zeit er sich heimathlos fühlte. Graf Törring gab ihm freie Wohnung; im Uebrigen hatte er aber keine Anstellung. Er musste sich mit der Klosterpension begnügen, und hatte desshalb beständig mit einer gewissen Dürftigkeit zu kämpfen. Denn um seinem Werke über die inländischen Holzarten die möglichste Vollkommenheit zu geben, musste er verschiedene Reisen anstellen, und wohin er selbst nicht kommen konnte, Andere um ihre Dienste ersuchen, welche er grossmüthig belohnte. Diess musste ihn, da sein Jahrgehalt nur gering war, in ziemliche Verlegenheit setzen.

bei Furth 5. Sept. 1757; Profess 30. Nov. 1778. Schon frühzeitig zeigte er Neigung zum naturwissenschaftlichen Fache und wurde bald ein tüchtiger Mineralog. Von 1788—1794 lehrte er am Lyzeum zu Passau Naturgeschichte und Mathematik, musste aber mit Milbiller und J. Schubbauer seinen Posten verlassen, worauf er nach Wien gieng. Später erhielt er die Pfarrei Schwarzach bei Deggendorf, resignirte aber bald auf dieselbe und starb als Pensionist zu Hals bei Passau 5. Sept. 1813. (S. Näheres bei Felder, Lit. Ztg. 1814, Intelligbl. S. 36—37.)

P. Corbinian Marischall, geb. zu München 1. Juni 1744, Profess 11. Nov. 1762, Priester 1767 Pfarrvikar zu Kirchdorf, gest. in der ehem. Kloster Niederaltaichischen Propstei Rinchna als Expositus 10. Juni 1817. Seine Verdienste um die Wissenschaften würdigt das Straubinger Wochenblatt 1817, Nr. 31.

P. Bernard Deutmayr, Dr. theolog., geb. zu München 28. Dez. 1747, Profess 28. Okt. 1767, Priester 1771, Lektor der Theologie im Kloster, seit 1783 Pfarrvikar in Grafenau, 1804 trat er in den Ruhestand, und starb zu Grafenau 29. Juli 1827. (Annalen d. bair. Literatur, II. S. 300; Baader, Gel. Baiern, S. 236; Felder, Lex. I. S. 166; Zarbl, „der Seelsorger“, 1841. III. S. 119.) [1]

Schrieb:

1) Exercitatio de juribus ecclesiasticis Germaniae specialibus. Straubing. 1779—1780, Partes 2. 8.
2) Exercitatio de jure publico universali ecclesiastico unacum subjectis ex jure Germaniae particulari, nec non de nexu sacerdotium inter et imperium corollariis. Ratisb. 1781. 216 S. 8. (Pars I.)
3) Exercitatio de limitibus utriusque potestatis nec non de juribus principum circa sacra. Straubing. 1782. 123 S. 8. (Pars II.)

---

[1] Hier sollen einige Privatgelehrte des Stiftes erwähnt werden, von denen übrigens dem Verfasser keine Schriften bekannt sind. 1) P. Gottfried Schmidhueber, geb. zu Dingolfing 14. Febr. 1697, Professor zu Freising 1731—1733, † 29. Dez. 1761. — 2) P. Franz Lipp, geb. zu Straubing 27. Sept. 1729, Dr. theol. et jur. utriusq., studirte zu Salzburg, Lehrer der juridischen Fächer im Kloster, † 6. Febr. 1762. — 3) P. Anton Luckner, geb. zu Cham 10. Febr. 1709, Dr. jur. utriusq., studirte an den Universitäten zu Prag und Innsbruck, lehrte im Kloster Kirchenrecht, wurde Pfarrer der Klosterpfarre Aggspach (Oesterreich), starb dort 16. Okt. 1765. — 4) Candidus v. Schreibaur, geb. zu Aurolzmünster 26. Dez. 1726, Professor der Philosophie zu Freising 1761—1763, starb im Kloster 7. Mai 1768. — 5) P. Ambros Rieger, Dr. philos., geb. zu Partenkirchen 16. April 1710, Professor der Humaniora zu Salzburg, Propst zu Spitz, dann zu Erlahof in Oesterreich, wo er 10. Juni 1768 starb.

Metten.

Metten[1]) (M. S. Michaelis in Metten, Mettena), Bisthum Regensburg, Bezirksamt Deggendorf am linken Ufer der Donau, eine Stunde von Deggendorf entfernt. Gestiftet von Carl d. Gr. c. 791; aufgehoben 21. März 1803 von Churfürst Max Joseph. König Ludwig I. hat dieses Kloster 1830 wieder hergestellt. P. Roman Raith, Profess von Metten, u. P. Ildeph. Nebauer, Profess von Andechs, waren die Ersten, welche in dasselbe eintraten. Rasch blühte die neue Pflanzung empor, obschon dieselbe mit sehr grossen Schwierigkeiten zu kämpfen hatte. Schon 1837 wurde eine Lateinschule eröffnet, und gegenwärtig befindet sich im Kloster ein vollständiges Gymnasium nebst einem doppelten Erziehungsinstitute, da auch die Knabenseminaristen des Bisthums Regensburg in Metten studiren. Die Zahl der Studenten beträgt jetzt jährlich bei 300, früher 400. Aus dieser Abtei ging P. Bonifaz Wimmer hervor, der den Benediktinerorden nach Amerika verpflanzte und die Abtei St. Vinzenz gründete.[2]) Der letzt verstorbene Erzbischof von München, Gregorius von Scherr, war gleichfalls Religiose und Abt von Metten.

Literatur:

Aichinger, Kloster Metten u. seine Umgebung. Landshut 1859. — Bayern in seinen .... Schönheiten, III. S. 433—440. (Nach Mittermüller's Schriften). — Bruschius, Chronologia II. S. 20—34. — Freymüller W., das Benedictiner-Stift Metten und seine Studienanstalt. (Programm) 1870. — Hundius, Metropolis, II. 346—348. — Lexikon von Baiern, II. 252. — Meidinger, Beschreibung, II. 120. — Mittermüller R., O. S. B. von Metten, das Kloster Metten u. seine Aebte. Straubing 1856. 342 S. 8. — Müller u. Gruber, der bayer. Wald, S. 225. — Mon. boica, Vol. XI. S. 341—518.

---

[1]) Metten gehörte vor seiner Restauration nicht zur bayer. Benediktiner-Congregation.

[2]) Vergl. Hipelius, Album Benedictinum 1869, pag. 53—60.

(43 Urkunden nebst Abbildung.) — Reg. bavar. I. 10, 14, 16, 22, 86, 316, 374, 402, 406. — Stengelius, Monasteriologia, I. mit Abbildung. — Stumpf, Handbuch, S. 235—236. — Wenning, Topographia, IV. S. 88, mit Abbildung. — Zimmermann, Churb. Geistl. Calender, IV. S. 231 — 262. (Kurze Gesch. des Klosters.). Ueber die Bibliothek: Aretin, Beyträge 1805. Hft. VI. S. 657—662. — Pez, Thesaur. anecdot. T. I. diss. isagog. pag. XLVIII sq. — Ueber die Gelehrten des Klosters: Gandershofer M., Verdienste der Benediktiner von Metten um die Pflege der Wissenschaften u. Künste. Landshut 1841. 8.

Manuscripte:

Chronik von Metten, von P. Carl Freudlsperger († 1760). — Chronik von Metten, von Cölestin Stöckl († 1807) u. Tagebuch desselben.

Schriftsteller:

P. Gregor Geyer, Mitglied der Akademie der Wissenschaften zu München, geb. zu Landau 31. Jan. 1742, Profess 28. Okt. 1760, Priester 1765, hörte theils im Kloster unter P. M. Seelmayr, theils zu Freising Theologie, und wurde nach Vollendung seiner Studien Bibliothekar, Archivar und Lektor der Theologie. In seiner Stellung als Archivar wurde seine Vorliebe für Geschichte und Diplomatik geweckt. In kurzer Zeit brachte er es so weit, dass er alle Handschriften älterer und neuerer Zeit fertig zu lesen vermochte. Der Abt beauftragte ihn, alle Urkunden des Archivs zu revidiren, zu ordnen und zusammenschreiben zu lassen. Um seine Kenntnisse in diesem Fache zu erweitern, leitete er mit verschiedenen Gelehrten eine Correspondenz ein. Unter diesen verdienen hervorgehoben zu werden: Fürstabt Frobenius v. St. Emmeram, Fürstabt Martin Gerbert v. St. Blasin, Abt Magnus v. Göttweih, Virgil de vericolis (vulgo Crito Bulaeus) Bibliothekar in Eichstädt, Scholliner von Oberaltaich, A. M. Lipowsky, C. Reg. v. Reichersberg, Abt Desing von Ensdorf, Aug. Meindl, Franz Crismer, Ord. Carth. von Buxheim, Lieble und Patert, O. S. B. Congr. S. Mauri. Leider gieng diese interessante Correspondenz bei der Säkularisation zu Grunde. 1771 wurde P. Gregor Erzieher der beiden Söhne des Baron Leoprechting zu Irlbach, starb aber schon 25. Mai 1772 an Dyssenterie. (Gandershofer, Verdienste, S. 24; Felder, Lit. Ztg. 1820, II. S. 123; Mittermüller, Metten, S. 225 sq.)

Schriften:

1) Assertiones hist.-morales ex disciplina de re monastica. Straubing 1769. 4.
2) Assertiones theolog. de religione revelata et vera Christi ecclesia. Ibid. 1770. 4.
3) Gottfried von Bouillon, ein Heldenspiel in 5 Aufz., aufgeführt, als Abt

Adalbert von Metten seine Jubelprofess ablegte (11. Sept 1768). Das. 1768. 48 S.

4) Abhandlung über ein seltenes Siegel Kaisers Ludwig des Teutschen. (Abhandl. d. Akademie. Bd. VII. S. 307—352). 1772.
5) Excerpta traditionum Reichenbacensium (Mon. boic. Vol. XIV).
6) Salomon a Saba honoratus. Ein Melodrama zu Ehren des Abtes Lambert am Anniversarius seiner Wahl zum Abt. Straubing 1773. 4.
7) Beiträge zu den Monum. boic. („Monum. Mettensia"). Vol. XI.

Manuscript:

Commentar zu dem Werke Mabillon's: „De re diplomatica" u. Uebersetzung der Schrift des hl. Thomas v. Aquin: „De regimine principum."

P. Innocenz Deixlberger, Dr. theol. et philos., Rector magnificus zu Salzburg, geb. zu Metten 8. Febr. 1701, erlangte seine theolog. Bildung im Cisterzienserstifte Gotteszell, Subregens des Convictes der Ordenskleriker zu Salzburg 1727; Professor am akademischen Gymnasium zu Salzburg 1738—1747; Professor der Philosophie daselbst 1747—1749, der Theologie 1749—1759. Nach Niederlegung der Professur Wallfahrtspriester zu Maria Plain 1759—1772, seit 1765 dort auch Superior, starb als Senior in Metten 20. Sept. 1777. (Baader, Gel. Baiern, S. 254 [wo er irrthümlich Drixlberger heisst]; Baader, Lex. I., 1., S. 95; Mittermüller, Metten, S. 226; Verzeichniss d. akad. Profess. S. 39.)

Schriften:

1) Idea simplex, vocis humanae terminus secundum sui originem, s. logice discussa. Straub. 1748. 4.
2) Theses menstruae ex logica, de scientiae philosophiae rationalis scopo. etc. Salisb. 1748.
3) Vox oris interpres mentis logice expensa. Salisb. 1748.
4) De causa efficiente ejusdemque influxu. Ibid. 1749.
5) Corpus naturale cum suis proprietatibus experimentis physicis subjectum. Ibid. 1749.
6) Corpus naturale secundum proprietates magis speciales per experimentum expensum. Ibid. eod. a.
7) Dissert. theolog. de poenitentia. Ibid. 1751. 4.
8) Festiva coronis coronae Marianae, d. i. Lobrede beim Schluss der Krönungsfeier des Gnadenbildes Maria Trost zu Plain bei Salzburg. Salzbg. 1751. 4. (4. Aufl. 1768.)
9) Theses ex logica, physica et theologia. Salisb. 1748—1759.
10) Q. Septim. Flor. Tertulliani liber de praescriptionibus adversus haereticos brevibus notis illustratus. Salisb. 1752.
11) Metanoea catholicorum a novatorum erroribus vindicata. Ibid. 1754. 4.

12) Dissert. de angelorum peccato et supplicio. Ibid. 1756. 4.
13) Lehrschule kernhafter Tugenden aus dem Lat. des P. A. Bellecius be titelt: „Virtutis solidae praecipua impedimenta, subsidia et incitamenta.“ 3 Bde. Augsbg. 1764. 8.
14) Das wunderthätige Gnadenbildniss Maria Trost auf dem Plain bei Salzburg, und sein Ursprung. Salzbg. 1764.
15) Hinlänglicher Bericht von dem Ursprung und Wachsthum der Wallfahrt Maria Plain, sammt einem Auszug der daselbst erfolgten Gutthaten. Salzbg. 1768. 8.
16) Jesus der .... Wundergott in seinem Gnadenbildniss zu Loretto bei Salzburg. Pred. beim 100jährig. Jubiläum dieses Gotteshauses. 1751.
17) Titus Romanorum Caesarum clementissimus in scena musica exhibitus honorib. onomasticis R. D. D. Lamberti Kraus, abbatis O. S. B. in Metten, a filiis obedientissimis XV. Cal. Oct. 1773. Straubingae.

P. Lambert Kraus, Abt, geb. zu Pfreimdt 17. Sept. 1728; Profess 29. Sept. 1748, Priester 21. Nov. 1752, Chorregent, Novizenmeister, Pfarrer zu Metten und Stephansposching, zweimal Prior, zum Abt erwählt 1770, † 27. Nov. 1790. (Eine ausführliche Biographie von Mittermüller, Metten u. s. Aebte, S. 223, 228, 235—242, 261. Vergl. Besnard, Lit. Ztg. 1827, I. S. 411—416; Gandershofer, Verdienste, S. 23.)

Schriften:

1) Die bestrafte Trunkenheit. Ein Fastnachtsspiel. Straubing 1759. 4.
2) Trauerrede auf Abt Ignaz (Lanz) von Niederalteich. Straubing 1764. Fol.
3) Caeremoniale monastico-benedictinum in usum Fr. Fr. Mettensium. Straub. 1765.
4) Titus Manlius Torquati filius, oder scharfbestrafter kindlicher Ungehorsam. Ein Trauerspiel. Straubing 1770. 4.
5) Höchstbelohnter kindlicher Gehorsam. Ein Singspiel. Straubing 17..
6) General Pool, der Korsikaner. (Manuscript verloren.)
7) Mehrere musikalische Compositionen.

P. Marian Seelmayr, geb. zu Landshut,[1]) Kaplan zu Nonnberg bei Salzburg 1756—1759, Professor zu Freising 1770—1772, Archivar im Kloster, in welcher Stellung er mehrere Beiträge zu den Monum. boic. lieferte, zuletzt Pfarrer zu Stephansposching. Er starb 27. Aug. 1791, als er eben von seiner Pfarrei in's Kloster auf Besuch gekommen war. (Mittermüller, S. 235.)

---

[1]) Zeit seiner Geburt und Profess konnten nicht ermittelt werden.

Schrieb:

1) Redivivus e funere phoenix in II^da^. professione R. P. Ildeph. Hoeger monach. Mettensis et vic. parochiae ad S. Stephanum in Posching. 1758.
2) Sol Mettenae nova luce splendens onomastica festivitate Adalberti abbatis in Metten. 23. April 1760. Straubingae.
3) Der närrische Heilige. Ein Lustspiel in drei Aufzügen. Aufgeführt von den Studenten Mettens. Straubing 1762.

P. Gotthard Kufner, geb. zu Osterhofen 9. Nov. 1743, begann seine Studien unter den Jesuiten zu Straubing und vollendete sie zu Freising, Profess 30. Okt. 1763, Priester 1767, Lektor der Theologie im Kloster, Professor der Philosophie zu Freising 1783 und 1784, von dort zurückgekehrt wieder Lektor der Theologie und Bibliohekar. In Gesellschaft von zwei Ordensmitgliedern machte er zur Erweiterung seiner Kenntnisse eine grössere Reise und besuchte mehrere berühmte Städte, als: Hamburg, Altona, Dresden, Leipzig u. s. f., in denen er die Bibliotheken besuchte und mit gelehrten Männern Bekanntschaft machte. Unwohlsein nöthigte ihn zur Rückkehr in seine Heimath. — Nachdem P. A. Hafner, Professor zu Straubing, zum Abt von Ettal erwählt worden war, wurde P. Gotthard an dessen Stelle als Professor der Physik nach Straubing berufen, wurde zugleich Rektor und starb in dieser Stellung 25. Jänner 1792. (S. Baader Gelehrt. Baiern, S. 363; Besnard, Lit. Ztg. 1827, II. S. 277—279; Mittermüller, Kloster Metten, S. 261—262; Rötger, Nekrolog St. II. S. 91.)

Schriften:

1) Corollaria theolog. historic. critica ex tractatibus de Deo uno, trino, creatore, ac de gratia Christi. Straubing. 1776. 14 S. 4.
2) Leichenrede auf Abt Joseph (Michl) von Gotteszell, S. Ord. Cist. Straubing 1776. Fol.
3) Systema theologicum ex omnibus theologiae classibus adornatum. Ingolstadii 1778. 168 S. 8.
4) Materia concertationis literariae ex jure eccles. statui Germaniae accommodato. Straub. 1780. 29 S. 4. (S. Nürnberger gel. Ztg. 1781. S. 212.)
5) Synopsis jurisprudentiae ecclesiasticae universae publ. et privat. statui Germaniae, maxime Bavariae, accommodatae. Burghusii 1781. 259 S. 8. (S. Annal. d. bayer. Literat. III. S. 164.)
6) Synopsis institutionum logicarum, metaphysicarum ac mathematicarum. Aug. Vind. 1783. 106 S. 8.
7) Positiones ex physica et geometria, jure sociali et gentium. Ibid. 1784. S. 8.

8) Sätze aus d. allgem. Geschichte des Erdkörpers, aus der Naturgeschichte, der Naturlehre, der höhern Analyse, den konischen Sektionen und dem allgemeinen Staats- und Völkerrecht. Straubing 1790. 8.

9) Sätze aus der Naturlehre, den konischen Sektionen, dem Intregal- und Differentialkalkul u. dem allgem. Staats- und Völkerrecht. Straubing 1791. 8.

10) Dissertatio de aëre dephlogistico. ibi. eod. a.

Manuscript:

Prolegomena theologiae. 1778. (In der Klosterbibliothek zu Metten.)

P. Roman Doppel, geb. zu Ingolstadt 3. Juli 1754 Sohn eines churfürstl. Hauptmannes, studirte zu Ingolstadt, trat 1775 in den Orden und lehrte 1790 im Kloster Theologie, von 1791—1794 Professor am Lyz. zu Freising, † als Hilfspriester zu Stephansposching 15. Okt 1796. (Mittermüller, S. 239, 263.)

Schrieb:

Entwurf der Lehrgegenstände f. d. Schüler der I. Grammatik zu Freising 1792.

P. Cölestin Stöckl, letzter Abt, geb. zu Rottalmünster 1743; Profess 1760; lehrte am Lyzeum zu Freising Theologie 1771—1773, zum Abt erwählt 20. Januar 1791. Nach der am 21. März 1803 erfolgten Aufhebung seines Klosters zog er sich auf das Schlösschen Himmelberg zurück, wo er 27. Mai 1807 starb. Stöckl war ein Freund und Gönner des wissenschaftlichen Strebens; leider war seine Regierung von kurzer Dauer. Unter ihm begann P. Corbinian Aufleger († 8. Juli 1796 zu Metten) ein Naturalien- und Kunstkabinet anzulegen. (Gandershofer, Verdienste, S. 25; Mittermüller, S. 249—255, 257, 260, 288.)

Schriften:

1) Assertiones ex praelectionibus libri I. et II. juris ecclesiastici publici. 1770. 15 S. 4.

2) Assertiones ex praelectionibus universi juris ecclesiastici exercitio finali propositae. 1771.

3) Praelectiones universi juris ecclesiastici. 1771.

4) Selecta juris ecclesiastici publ. disput. in episc. Lyceo Frisingensi exposita, resp. praen. D. Josepho M. S. R. J. Equite de Dufresne. Aug. V. 1772.

Manuscripte:

a) Forts. der Chronik des Stiftes Metten, bis z. J. 1803.

b) Tagebuch v. 1790—1803.

P. Amand. Steigenberger, geb. 1741, Profess 1761, Priester 1765, Musikdirektor und Seminarinspektor, Prior, Novizenmeister, Pfarrvikar zu Stephansposching, starb zu Deggendorf 31. Mai 1808. Er war ein Virtuos im Klavier, Tonsetzer und Violoncellospieler. Er komponirte mehrere Miserere, Stabat mater, und setzte die 2 Schauspiele: „Salomon a Saba honoratus“ und „Titus Romanorum Caesarum clementissimus“ in Musik. (Mittermüller, Metten, S. 268.)

P. Placidus Rapauer, geb. zu Deggendorf 21. Sept. 1749, Prior, starb zu Metten 7. Juli 1814.

Schrieb:

Leichenrede auf Abt Ignatius II. (Krenauer) von Niederaltaich, gehalten 13. April 1799. Straubing 1799. Fol.

P. Joh. Bapt. Sternkopf, aus Reisbach an der Vils, letster Prior; ein ausgezeichneter Orgelspieler und gründlicher Tonsetzer. Von seinen Compositionen erschien nur eine Vesper, Augsburg 1783. Er starb zu Deggendorf 1. Sept. 1817, 64 J. alt.

P. Frobenius Diemer, geb. zu Freising 4. Juli 1745, Profess 7. Okt. 1764, Priester 8. Okt. 1769, Bibliothekar, Novizenmeister, Prior, Subprior, zuletzt 15 Jahre Pfarrer zu Michaelsbuch. Nach der Aufhebung des Klosters zog er nach Bogen, wo er 21. Dez. 1822 starb. (Felder, Lex. III. S. 95; Mittermüller, S. 268—269.)

Schrieb:

1) Assertiones theologiae dogmaticae una cum selectis controversiis historiae ecclesiasticae. Straub. 1773. 14 S. 4.
2) Bearbeitete im Verein mit P. G. Geyer die Monum. Mettensia. (Mon. boic. IX.)
3) Als Bibliothekar verfasste er einen Katalog über die Jnkunabeln der Klosterbibliothek nach Vogts u. Bauers Anweisung.

P. Johann Ev. Elger, geb. zu München 28. Aug. 1756, Profess 1777, starb als Pensionist zu Deggendorf 16. Okt. 1828. Er verlegte sich mit grossem Eifer auf die Naturwissenschaften, besonders die Botanik. Zu diesem Zwecke legte er eine werthvolle Naturaliensammlung an, in der das botanische Fach eine hervorragende Stellung einnahm. (S. Felder, Lex. III. S. 120; Mittermüller, S. 267.)

Manuscripte, Sammlungen und Handzeichnungen:

1) Flora bavarica, seu icones plantarum Bavariae indigenarum. 6 Bde. Fol. 1790. Von ihm selbst gezeichnet und illuminirt.
2) Musci Bavarici ex historia muscorum Jac. Dellenii excerpti, delineati pictique. 45 tabulae fol. (1798).

3) Bayerns Arzney- und Hauswirthschaftspflanzen in alphabetischer Ordnung nebst ihren Benennungen in verschiedenen Sprachen, ihren Standorten, Blüthezeiten etc. 1807. 541 S. 4. Mit vierfachem Register.
4) Anfangsgründe der Pflanzenkunde in bildlichen Darstellungen aller zur Pflanzenlehre nothwendigen Theile. (1808.) 162 Folioblätter.
5) Beschreibung und Abbildung ausländischer Pflanzen in 10 Klassen getheilt. 4 Bde fol.
6) Zeichnungen der Grabdenkmäler der Eck'schen Familie, die in der ehem. St. Martinspfarrkirche im Gottesacker zu Metten sich befanden. (Cod. germ. 2264 der Staatsbibliothek zu München.) Die Steine selbst wurden beim Abbruch der Kirche als Bausteine nach Vilshofen verführt.

P. Anselm (Thaddaeus) Rixner, Dr. phil., Mitglied der Akad. der Wissensch. zu München, geb. zu Tegernsee 3. Aug. 1766. Seine Studien machte er in der Klosterschule zu Tegernsee und zu Freising; Profess 1787, Priester 1789. Auf Kosten seiner Mutter besuchte er hierauf ein Jahr die Universität Ingolstadt. Von dort zurückgekehrt lehrte er im Kloster Kirchenrecht; von 1793—1797 war er Professor der Philosophie zu Freising; von 1800—1803 Lektor der Theologie im Kloster und Bibliothekar. — Nach der Aufhebung von Metten erhielt er einen Ruf als Philosophieprofessor nach Amberg und kam mittelst Tausch nach Passau; dort behagte es ihm aber gar nicht, und er kehrte wieder an seinen früheren Posten nach Amberg zurück (1809). Bis zum Jahre 1834 war er dort ununterbrochen als Professor thätig, zog nach erlangter Pensionirung nach München, und starb dort 10. Febr. 1838. (Gandershofer M., Verdienste Mettens, S. 29—30; Lipp Math. O. S. B. von Metten, Erinnerung an Professor Ans. Rixner (Programm), Landshut 1865; Nekrolog auf P. Ans. Th. Rixner (o. Ort und anonym); Mittermüller, Kloster Metten, S. 263—265. Ein Porträt von ihm ist in der Kupferstich-Sammlung des hist. Vereins von Oberbayern.)

Schriften:

1) Synopsis institutionum philosophicarum. Monachii 1795. 139 S.
2) Conspectus universae metaphysicae, sive naturae sive morum. Straubing. 1797. 122 S. 8.
3) Trauerlied auf das Grab des 1803 aufgehobenen Stiftes Metten. (Abgedr. in Mittermüller „Metten und seine Aebte." S. 255—258.)
4) Versuch einer neuen Darstellung der uralten indischen All-Eins Lehre. Nürnberg 1808. 8.
5) Aphorismen aus der Philosophie als Leitfaden für die Candidaten der Wissenschaft. Landshut 1809.

6) Aphorismen der gesammten Philosophie zum Gebrauche lyzeistischer Vorlesungen. Sulzbach, 2 Bde. 1818.

7) Leben und Lehrmeinungen berühmter Physiker des 16. u. 17. Jahrhunderts. (Im Verein mit P. Th. Siber.) Sulzbach 1820—1826. 7 Hefte gr. 8. Das erste Heft erschien 1829 in neuer Auflage.

8) Handbuch der Geschichte der Philosophie. Sulzbach, 3 Bde. 1822—1823. (Neue Auflage, veranstaltet von Gumposch. das. 1850 sammt Supplement.)

9) Flohia, oder die Flohiade, ein kurzes Lesegedicht in Macaronischen Versen mit deutscher Uebersetzung. Amberg 1827. (2te Aufl. Sulzbach 1831.) (S. Leipz. Lit. Ztg. 1832, Nr. 211.)

10) Ueber ein grosses Paradoxon; gegen J. G. Hainer, Dr. und Professor der Theologie in Amberg (Pseudonym unter dem Namen Gottlieb Friedrich.) 1827. 4.

11) Weisheitssprüche und Witzreden aus J. Kant's und anderen Schriften gezogen und alphabetisch geordnet. Amberg 1828. 8.

12) Rezension von J. J. Fichte's Charakteristik der neuern Philosophie. Sulzbach 1829. 8.

13) Weisheitssprüche und Witzreden aus Jean Paul. Amberg 1830. 8.

14) Handwörterbuch der deutschen Sprache mit Hinweisung auf ihre Ableitung für Vernunft, Sprach- und Geschichtsforscher. Sulzbach. 1830. gr. 8. (Auch mit dem Titel: „Alphabetisches Wortregister zu J. Ev. Kaindl's vierbändigem Werke: die Teutsche Sprache aus ihren Wurzeln.)

15) Herzog Ernst von Bayern, eine ritterliche Mähre von Friedrich von Veldeck mit erläuternden Anmerkungen. Amberg 1830. 8.

16) Brief aus und nach Abdera gegen die Verächter und Lästerer der Spekulation. Sulzbach 1831. 8. (Anonym.)

17) Vom Wahrsagen und Weissagen, ein Auszug aus Ciceros Buch von der göttlichen Sehergabe (de divinatione), sammt einem Anhange merkwürdiger Wahr- u. Weissagungen der letzten 4 Jahrhunderte der christl. Zeitrechnung. Sulzbach 1831.

18) Von den Wissenschaften und ihrer Lehrweise. Ein Auszug aus Fr. Bacons von Verulam Büchern vom Wachsthum der Wissenschaften und neuem Organon. Amberg 1825. (Programm.)

19) Von dem Entstehen der Gelehrten-Schule zu Amberg und den Rektoren derselben bis zur Uebernahme der Anstalt durch die Jesuiten. (1555—1626.) Amberg 1831. 4. (Progr.)

20) Geschichte der Studienanstalt zu Amberg. Ein Beitrag zur Geschichte der bayr. gelehrten Schulen; Sulzbach 1832, 276 S. 8. und Nachträge zur Gesch. der Studienanstalt. Das. 1832, 30 S. nebst Tabellen.

21) Geschichte der Philosophie bei den Katholiken in Altbayern, bayerisch Schwaben und Franken. München 1835. 8. (S. Münch. gel. Anzeig. 1836, Nr. 12 u. 13.)

22) Darstellung des Fundamentes der All-Eins Lehre an den Formeln der Infinitesimal-Rechnung. (Kleine Abhandlung in Ast's Journal für Wissenschaft und Kunst. Bd. I. H. 3, S. 104 u. Bd. II. H. 2.)

Rixner's handschriftlicher Nachlass befindet sich in der Staatsbibliothek zu München, cod. germ. Rixneriana 18.

P. Maurus Gandershofer, geb. zu Pentling bei Regensburg am 22. Jan. 1780. Sein Taufnahme war Georg; seine Eltern waren Wirthsleute. Als Knabe wurde er in die Trivialschule nach Dechbetten geschickt, wo dessen Fleiss und vortreffliche Anlagen, besonders zur Musik, bald die Aufmerksamkeit des daselbst exponirten Religiosen von St. Emmeram, unter dessen Hoheit die Hofmark Pentling gehörte, auf sich zogen. Georg's Zukunft ward bald gesichert durch die Aufnahme in das Knabenseminar von St. Emmeram. Als er hier die sogenannten Inferiora unter den Professoren Höpfel, Murr, Brandmayer, unter den Exjesuiten Aigner, Schweller, Spann, Sauter und Direktor Schmid mit ausgezeichnetem Erfolge absolvirt, nahte der Zeitpunkt, einen Beruf zu wählen; er entschied sich für den Benediktinerorden. Die Wahl des Klosters selbst entschied ein besonderer Umstand. Gandershofer und sein Freund und Mitzögling des Seminars, Roman Raith aus Werd, unternahmen 1798 eine Vakanzreise durch den bayerischen Wald. Auf dem Wege nach Metten überfiel sie ein Ungewitter, und ganz durchnässt und ermattet erreichten sie das Kloster, wo sie mit vollen Armen der Gastfreundschaft empfangen, und erquickt wurden. Damals lebte dort das Brüderpaar Johann Nep. und Gamalbert Holzhauser, beide durch ihre musikalischen Fähigkeiten ausgezeichnet und weitum bekannt, indem sie mit den Zöglingen des Klosterseminars (14 an der Zahl) eine förmliche Kapelle bildeten. Dieselbe liess sich bei Feierlichkeiten, bei Ankunft von Gästen und andern Anlässen hören. Auch bei Ankunft der beiden Studiosen spielte zur Erheiterung Abends die Kapelle.

Unter diese mischte sich auch der junge Künstler Gandershofer, und spielte so ausgezeichnet die Violine, dass Abt Cölestin ihm bei der Abreise zusprach, er sollte, wenn er Lust habe, Benediktiner zu werden, in Metten um die Aufnahme ansuchen; denn man würde ihm dieselbe mit Freuden gewähren. So geschah es auch. Beide Freunde, von der hier empfangenen freundlichen Aufnahme gerührt, gaben sich auf ihrer Heimreise gegenseitig das Versprechen, nur in diesem Kloster zu leben und zu sterben. Im Herbste 1799 traten sie dort als Novizen ein. In den Jahren 1798 und 1799 seufzten die Klöster und Städte unter der Last der Einquartirung. Metten erlitt viele Bedrängnisse, doch das Bitterste, was das Stift treffen konnte, war die am 21. März 1803 (St. Benediktustage) erfolgte Aufhebung. Statt dass dieser hohe Tag, wie sonst, zu Ehren des Ordensstifters festlich begangen werden konnte, mussten Abt und Convent sich Morgens vor dem churfürstl. Commissär versammeln, um das Urtheil der Auflösung ihres Klosters zu vernehmen; der 1. April war als der Tag bestimmt, an welchem Alle das Kloster verlassen haben sollten. Zum Glücke erwirkte noch der Abt für Gandershofer beim Bischofe von Regensburg die Priesterweihe (26. März 1803), und so erhielt er, wie jeder andere Conventual, eine jährliche Pension von 400 fl. Wenn auch dadurch für die leiblichen Bedürfnisse hinreichend gesorgt war, so genügte das keineswegs für seinen geistigen Wissensdrang. Weil er gute musikalische Kenntnisse besass, erhielt er bald einen Ruf nach Straubing, und wurde dort als Gesanglehrer und Inspektor der Trivialschulen angestellt. Dort blieb er bis 1809.[1])

Noch in demselben Jahre eilte Gandershofer mit dem zu Straubing ersparten Gelde auf die Hochschule nach Landshut, um sich eine akademische Bildung zu erwerben. Nach Beendigung seiner Studien fand er als Custos an der dortigen Universitätsbibliothek Verwendung. Die Bibliothekwissenschaft war und blieb sein Lieblingsfach.[2]) Se. kgl. Hoheit der Kronprinz Ludwig von Bayern besuchte zu Landshut die Universitätsbibliothek, fand da die schönste Ordnung und Reinlichkeit, und verschaffte dem Custos im J. 1814 einen für seinen Forschungsgeist noch ausgedehntern Wirkungskreis; er erhielt nämlich Verwendung als Adjunkt bei der kgl. Hof- und Staatsbibliothek in München.

Gandershofer wurde jetzt, wie man gewöhnlich einen unermüdeten Sammler nennt, ein förmlicher Bücherwurm. Hier sammelte er das Material zur Fortsetzung und Ergänzung des Kobolt'schen Gelehrten-Lexikons. Nach seinem eigenen Geständnisse schöpfte er hiezu das Meiste aus den Todtenroteln der säkularisirten Klöster Bayerns, die mit mehreren andern kostbaren Büchern auf den kgl. Salzstädeln in München chaotisch aufgelagert waren. Seinem glühenden Eifer für die Literatur Bayerns verdankt daher die kgl. Hofbibliothek 28 Kisten ihr abgängiger, 1817 schon zum Versteigern bestimmter wichtiger Bücher. Nach einigen Jahren wurde Gandershofer nach Freising versetzt, um

---

[1]) Um die vielen Beweise der Liebe und Achtung, die ihm in Straubing von Hohen und Niedern zu Theil wurde, einigermassen zu vergüten, verlegte er sich auf die Erforschung der Geschichte dieser Stadt, und übergab später seine im Laufe von mehr als 20 Jahren erworbenen Materialien dem Magistrate der dortigen Stadt. (S. Sighart, Gesch. und Beschreibung von Straubing, II. Thl.)

[2]) P. Roman. Raith, Subprior von Metten, berichtet, dass Gandershofer schon als Kleriker einen besondern Eifer für wissenschaftliche Beschäftigung zeigte, und wahrscheinlich, wenn Metten noch länger bestanden hätte, Klosterbibliothekar geworden wäre. Sicher wäre Gandershofer in das wieder errichtete, ihm so theuere Kloster Metten eingetreten, wenn ihn seine fortwährende Kränklichkeit daran nicht gehindert hätte.

die daselbst noch zurückgebliebene bischöfliche Registratur zu ordnen. Obgleich ihm dieses Geschäft wenig Musse gewährte, so verwendete er doch diese wieder dazu, um das Reich des Wissens zu erweitern. Damals lebte in Freising ein unbedeutender Mann, Motzler mit Namen, der den kleinen Bücherhandel betrieb. Gandershofer gab ihm Anleitung, wie er diesen ausbreiten und sich in der Bücherkunde vervollkommnen könnte. Beides in Bälde zu erzielen, bot diesem Manne die schönste Gelegenheit der von Zeit zu Zeit ausgeschriebene Verkauf von Bibliotheken aufgehobener Klöster Bayerns. Motzler wurde nach und nach ein bedeutender Antiquarbuchhändler Bayerns, und Gandershofer verhalf ihm dazu durch Verfassung gut geordneter Kataloge. Wie mit den Jahren der Ruf von Gandershofer stieg, so vermehrten sich auch seine literarischen Arbeiten, Correspondenzen und Anfragen der Gelehrten. — An Freising hing Gandershofer mit ganzer Seele, und kaum hatte sich um ihn und die Literaten dieser Stadt das innigste Band der Freundschaft geschlungen, so hiess ihn ein neuer höchster Befehl wieder scheiden. Von Lorenz v. Westenrieder, Sekretär der hist. Klasse der Akademie der Wissenschaften, begünstigt und empfohlen, wurde er 1828 als Adjunkt und Mitarbeiter bei der kgl. Akademie der Wissenschaften, und später unter dem Direktor Freiherrn von Freiberg beim allgemeinen Reichsarchiv verwendet. — Gandershofers viele Erfahrungen in der vaterländischen Literatur und Diplomatik bewährten sich bei Edirung der neuern Bände der „Monumenta boica". Doch bald untergrub die Geistesanstrengung und die sitzende Lebensweise seine Gesundheit um so mehr, als er die ihm gegönnte Musse wieder zum eigenen Fachstudium verwendete, ja selbst die Nächte zur Abfassung von Schriften opferte. In diese Zeit fällt die Veröffentlichung der Geschichte der Stadt Moosburg, der Geschichte des Kl. Altomünster, und die Schrift „Erinnerung an L. v. Westenrieder." Seit seinem zweiten Aufenthalte zu München fing Gandershofer an fortwährend zu kränkeln, besonders litt er stark an Schwindel. Um sich durch die Landluft dieses Uebels zu entledigen, nahm er die Stelle eines Schlosskaplans zu Seefeld, aber nur für so lange an, bis der Graf von Törring-Seefeld einen Andern gefunden haben würde. — Mit erneuten Kräften kehrte er nach München zurück; aber diesen zu viel vertrauend, und überdiess dem Nachtstudium über Gebühr ergeben, erneuerte sich sein Kopfübel zum zweiten Male, und setzte seiner gewohnten Thätigkeit ein unliebsames Ziel. Zum zweiten Male suchte er die Geisteskräfte durch Luftveränderung zu stärken, und ging in das Heilbad Abach; aber es war ihm unmöglich, hier die Stunden ganz zur Herstellung seiner Gesundheit zu opfern. Sein rastloser Eifer befasste sich vielmehr mit dem mühsamen Aufsuchen der histor. Quellen zu einer Chronik von Abach. Die geistige Anstrengung war daher vorzüglich Schuld, dass ihn nach seiner Rückkehr nach München bald die alte Krankheit befiel. Daher fasste er den Entschluss die beschwerlichen, nicht selten mit kränkenden Chikanen verbundenen Archivdienste aufzugeben, und nach Regensburg zu ziehen, um hier in Ruhe den Rest seiner Tage zu verleben. Doch nein, wenn auch der Körper Ruhe bedurfte, seinem Geiste war es unmöglich, in dieser an geschichtlichen Denkwürdigkeiten so reichen altbojoarischen Hauptstadt, unbeschäftigt zu sein. Der gerade in der Bildung begriffene historische Verein für den Regenkreis (nun Verein für Oberpfalz und Regensburg) gab ihm die erwünschte Gelegenheit, auch hier seine gesammelten literar. Schätze zum Besten der vaterländischen Geschichte mitzutheilen. Kaum als Ehrenmitglied in den Verein aufgenommen, übergab er zum Zeichen seiner Freude darüber demselben die vortrefflich geschriebene Chronik des Marktes Abach. — Zur Stunde wurde er Freund und Rathgeber des Vereinsvorstandes Gumpelzheimer. Es erschien von nun an kein Band der Vereinsschrift, der nicht eine gediegene Arbeit Gandershofer's enthielt. (S. das Verzeichniss der Schriften.) Von besonders grossem Vortheil für den Verein war, dass derselbe Gandershofer zum Conservator der Vereinsbibliothek und zum Ausschussmitgliede erwählte. In kurzer Zeit war das Chaos der Bücher in die schönste Ordnung gebracht, und ein Katalog verfertigt, den der Verein veröffentlichte. Später unterzog er sich auch der Mühe, ein Verzeichniss aller Handschriften, Urkunden u. s. w. des Vereins anzufertigen. — Der hist. Verein von und für Oberbayern nahm Gandershofer „in Anerkennung seiner ausgezeichneten Verdienste um wissenschaftliche Forschung" 9. April 1840 als Ehrenmitglied auf. Endlich muss Gandershofer's Uneigennützigkeit und Bereitwilligkeit, mit der er andern Literaten von seinen Wissensschätzen mittheilte, rühmend anerkannt werden. Als ihm in letztern Jahren bei zunehmender Kränklichkeit im Klerikalseminar zu Regensburg freie Wohnung gestattet wurde, bedurfte es nur eines Winkes, dass er die in der grössten Unordnung befindliche Bibliothek des Seminars ordnete und katalogisirte. Der hinterlegte Katalog zeigt von seinem eisernen Fleisse, und seiner Gewandtheit im Bibliothekfache. Am 28. Aug. 1843 hatte er sich nach beendeter Versammlung des Ausschusses des hist. Vereins in den von ihm früher nie besuchten sog. „Wittmannskeller" begeben, um sich dort durch ein Glas Bier zu erquicken. Als er Abends halb 9 Uhr heimkehren wollte, gerieth er auf einen ihm unbekannten kleinen Erdaufwurf, stürzte kopfüber hinunter, und blieb an der Stelle, in Folge von Gehirnerschütterung und eingetretenem Blutsturze todt. Anstatt die nächsten Tage, wie er beschlossen hatte, zu seinem Mitbruder, P. Michael Homaier, nach Hemau zu reisen, um sich bei ihm einige Zeit zu erholen, führte ihn der Tod (wie sein Jugendfreund und Connoviz P. Raith schreibt, der gleichfalls zu diesem Besuche von Gandershofer war eingeladen worden) auf einem andern Wege zu den ihm bereits vorangegangenen Mitbrüdern. Schuegraf, der mit Gandershofer auf vertrautestem Fusse stand, schliesst dessen Nekrolog mit folgender Bemerkung: „Die Nachricht von Gandershofer's unerwartetem Tode war für Alle, die den Seligen kannten, eine wahre Schreckenspost; wie sehr aber derselbe im Leben allerseits geehrt und geachtet war, davon gab die ungemein zahlreiche Leichenbegleitung aus allen Ständen den sprechendsten Beweis.“ [1]) Seine Ordnungsliebe, die er überhaupt, insbesondere aber in seiner Bibliothek, beobachtete, kann man nicht genug rühmen. Eben desshalb, und zugleich wegen der Reichhaltigkeit seiner Bibliothek, die in der That die ganze Literatur über Bayern umfasste, war es ihm stets ein Leichtes, überallhin schnell Aufklärung zu geben, und wenn er selbst etwas verfasste, diess erschöpfend zu leisten. Alle geschichtlichen, vielfältig mit den schätzbarsten Handschriften oder Inkunabeln vermengten Materialien waren nach den Namen der Provinzen, und diese wieder nach den Landgerichten und Pfarren in eigenen Kardeineln (?) chronologisch geordnet; für den angehenden Historiker waren am brauchbarsten dessen aus mehreren Bänden bestehendes Repertorium über sämmtliche Bände der Monumenta boica, der Regesta boica u. s. w., worin alle Städte, Märkte, Klöster u. a. O., dann Geschlechter u. s. w. mit Allegirung der Bände und Seiten bemerkt waren. Ebenso befand sich in seiner Bibliothek kein Buch, in welches er nicht eigenhändig Bemerkungen gemacht, oder, wenn dasselbe des Registers entbehrte, ein solches dazu verfasst hatte. Es ist daher ewig schade, dass diese herrliche Bibliothek, auf deren Errichtung und Vervollständigung Gandershofer sein ganzes Leben verwendete, sowie seine handschriftlichen Sammlungen nach seinem Tode zersplittert wurden, indem zwar der bessere Theil testamentarisch dem Regensburgischen Klerikalseminare zufiel, der übrige aber auf dem Wege der Versteigerung verkauft wurde. (Entnommen aus der von J. R. Schuegraf verfassten: „Kurzen Lebensgeschichte des G. Maurus Gandershofer,“ abgedruckt in den Verhandlungen des hist. Vereins von Oberpfalz und Regensburg, 1844, Bd. VIII. S. 278—294; Schaden, Gelehrtes München, S. 34—35.)

---

[1]) Seine Ruhestätte fand er auf dem Gottesacker der untern Stadt, wo ein nach seinem Willen einfaches Grabmonument die Inschrift trägt:

Cineres
R. D P. Mauri Gandershofer Professi Ord. S. Benedicti
in Metten, nat. 22. Jan. 1780 in Pentling, mort.
28. August. 1843. R. I. P.“

Schriften:

1) Denkwürdigkeiten der Domkirche in Freising bei Gelegenheit ihrer eilfhundertjährigen Jubelfeier. Freising 1824. 95 S. 8.
2) Nachträge zu A. M. Kobolt's Lexikon bayerischer Gelehrten. Landshut (Storno) 1825. 8 Bg. 8.[1])
3) Kurze chronologische Geschichte der Stadt Moosburg in Bayern aus archivalischen Quellen. Landshut 1827. 143 S. 8. (S. Benkert, Religionsfreund 1828, Hft. III. S. 1585 sq.)
4) Erinnerungen an Lorenz von Westenrieder, Domkapitular u. Patrizier von München, mit dessen Bildniss. Münch. 1830. 167 S. 8.[2]) (S. Eos, Ztsch. 1830, Nr. 92 u. 93; Blätter f. literarische Unterhaltung, Leipzig 1831, II. S. 1322 sq.)
5) Geschichte des Brigittenklosters Altomünster in Bayern mit Rückblick auf die Geschichte des dortigen Fleckens. Münch. 1830. 104 S. 8.
6) Verdienste der Benediktiner von Metten um die Pflege der Wissenschaften und Künste. Landshut (Thoman) 1841. 39 S. 8.
7) Johann Keppler, Kaiserlicher Mathematiker mit seinem Bildniss, Wappen und Faksimile. 1842. gr. 4. (Anonym.)

In den Verhandlungen des hist. Vereins des Regenkreises (nun von Oberpfalz und Regensburg) erschienen von ihm:

8) Chronik des Marktes und Badeortes Abach nächst Regensburg aus archivalischen und andern verlässigen Quellen. (Bd. I. S. 277—394).
9) Erinnerung an H. Ferdinand Alois Grafen von und zu Freyen-Seyboldstorf. (Bd. II. S. 229—233.)
10) Des Johann Aventin, genannt Thurmaier, Haus- und Handkalender mit A. Nagels Erläuterungen. (Bd. III. S. 1—65.)
11) Monumenta sepulchralia praecipua in Coemeterio seu Conditorio Nobilium ad S. Emeramum olim extantia. (Bd. III. S. 98 sq.)
12) Nekrolog auf Dr. Fr. A. Jäger, Pfarrer in Pförring. (Bd. IV. S. 157 sq.)
13) Etwas zur Ergänzung der Pförringer Annalen des Dr. Fr. A. Jäger. (Bd. V. S. 26 sq.)

---

[1]) Zu diesen „Nachträgen" hat Gandershofer noch später Ergänzungen gesammelt, die gegenwärtig im Besitze des Buchhändlers G. J. Manz in Regensburg sind.

[2]) Gleichsam auf einen Punkt conzentrirt Gandershofer in dieser Schrift die Fülle seiner erworbenen Kenntnisse. Nur ihm, dem viel begünstigten Freunde, war es gelungen das Leben desselben in einem getreuen Bilde lebendig vor die Seele zu zaubern! Der Magistrat von München, dem er das Werk widmete beeilte sich, die Verdienste des Verfassers vermittelst eines schmeichelhaften Schreibens und beigefügten goldenen Kelches zu belohnen. (S. Schuegraf l. c. S. 285—286.)

14) Ueber die vielerlei Benennungen der Kreishauptstadt Regensburg. (Bd. VI. S. 71 sq.)
15) Bücherkatalog der hist. Vereinsbibliothek von Oberpfalz. (Bd. VI. S. 287—322.)
16) Literarisches Repertorium über den Kreis Oberpfalz und Regensburg. (Bd. VIII. S. 188—241.)

In verschiedenen Zeitschriften:

17) Die letzten Jahre des vormaligen adeligen Damenstiftes Obermünster zu Regensburg. Ein Nachtrag zu R. Zirngibls Abhandlung von diesem Stifte. (In Zarbl's „Seelsorger" 1840. Bd. II.)
18) Kurze Geschichte der abgebrochenen Augustinerkirche zu Regensburg. (Im Regensburger Tagblatte 1838.)
19) Kritik der Chronik Regensburg's von Gumpelzheimer. (Daselbst 1839.)

Im Regensburger Unterhaltungsblatte:

20) Nekrolog des hochw. Hrn. Fr. Sebastian Job, k. k. Beichtvaters. (Jahrg. 1834. Nr. 13.)
21) Die hl. Hedwig aus dem Hause Bayern. (1841, Nr. 3.)
22) Das fürstliche Haus Thurn und Taxis. (1841, Nr. 23 u. 25.)
23) Lebensskizze des fürstl. Thurn und Taxis'schen Musikdirectors Heinrich Croes. (1842, Nr. 3.)
24) Die St. Blasien, vormals Dominikanerkirche zu Regensburg in der sog. Predigerstrasse. (1842, Nr. 56.)
25) Die Zerstörung der Adelburg bei Velberg. (1842, Nr. 61.)
26) Länder- und Völkerkunde. (1843, Nr. 14 u. 15.)
27) Kriegsthaten und Grausamkeiten des Panduren Obersten Fr. von der Trenk in Bayern. (1843, Nr. 18—26.)
28) Ueber die Wiederaufnahme des Vorhabens Karl d. Grossen die Donau mit dem Rhein zu verbinden. (1843, Nr. 32.)

In der Literatur-Zeitung für kath. Religionslehrer, welche nacheinander von Felder, Mastiaux und Besnard redigirt wurde:

29) Beyträge zur Literatur in Baiern älterer und neuerer Zeit (anonym). (Diese Beiträge ziehen sich von I. bis zum XXIV. Jahrgange (inclusive) hindurch, 1810—1834, und enthalten Gelehrte und Schriftsteller Bayerns mit Angabe ihrer Werke. Sie bilden so zu sagen eine Ergänzung und Fortsetzung der Kobolt- und Bader'schen Gelehrten Lexika. Als Separatabdruck würden sie einen stattlichen Band füllen.)[1]

---

[1]) Bei Abfassung vorliegender Schrift lieferten diese Beiträge dem Verfasser eine Menge Material, das er sonst wohl kaum aufzu-

30) Viele Nekrologe in den Intelligenzblättern besagter Literaturzeitung.

31) Viele Stücke zum Werke: „Beiträge zur Literargeschichte u. Bibliographie". München 1828. 4. (Edirt v. Antiquar Peischer.)

Manuscripte:

1) Material zu einer Geschichte der Stadt Straubing. (Vom Verfasser dem Magistrate genannter Stadt geschenkt.)

2) Beurkundete Reihe der Benediktiner Aebte von Aspach in Niederbayern mit historischen Zugaben. 1825. Fol.

3) Necrologium cathedralis Ecclesiae Frisingensis ex inscriptionibus sepulchralibus, tabula Canonicorum in ambitu etc. congestum. 1824.

4) Weihe der Abtissinen St. Clara Ordens in Regensburg mit historischen Notizen. 1835. Fol.

5) Historische Mittheilungen von dem ehemaligen Dominikaner Nonnenkloster Pettendorf an der Naab, mit einer Zeichnung des dasigen Priorat- und Conventsiegels. 1840. 4.

6) Materialien zum Behufe von Jahrbüchern der k. Haupt- und Residenzstadt München von ihrer Entstehung bis zum Tode des Königs Maximilian I. 1825. Fol. (Chronologisch geordnet.)

7) Historische Literatur des vormaligen Regenkreises. 1834. 4.

8) Die Buchdrucker von Landshut in Bayern von Hanns Wurmb (1501) bis auf unsere Zeit, nebst einem Verzeichnisse der daselbst im 16. Jahrhunderte erschienenen Druckstücke. Fol. 1814.

9) Schwandorf, Stadt im Kreise Oberpfalz, ein historisches Fragment. 1838. 4.

10) Chronik des XIX. Jahrhunderts mit besonderer Rücksicht auf Bayern. 1800—1841. Fol.

11) Biographie des geistl. Rathes Ant. Dötzl von Regensburg. 4.

12) Reformationsgeschichte Regensburg's. 4. (Eine mit vielen Beiträgen und Originalurkunden vermehrte Uebersetzung der von L. Hochwart begonnenen und And. Mayer fortgesetzten Geschichte über den Anfang der Kirchenreformation zu Regensburg.)

13) Biographische Beiträge zur Fortsetzung des Kobolt'schen Gel. Lexikons.

14) Urkundliche Nachrichten vom einstigen Kloster, dann Chorherrnstift Illmünster. 1842. 4.

15) Urkundliche Materialien vom Markte Nittenau. 1843. 4.

16) Urkundliche Materialien von der Stadt Eschenbach.

17) Notizen über Regensburgs Künstler. (Im Besitz des hist. Vereins von Oberpfalz.)

---

finden im Stande gewesen sein dürfte. Sonderbarer Weise hat bisher noch kein Biograph Gandershofer's dieser vortrefflichen Arbeit, die eine staunenswerthe Bücherkenntniss voraussetzt, Erwähnung gethan.

P. Ildephons Nebauer. (S. Andechs.)

P. Michael Homaier, geb. zu Neustift bei Freising, † als Stadtpfarrer zu Hemau 17. Mai 1845.

Manuscript:

Nekrologium monasterii Mettensis ab. ann. 1616—1803.

P. Roman. Raith, geb. zu Wörth a. d. Donau 1778, erhielt seine Bildung im Seminar von St. Emmeram und zu Straubing, Profess 28. Okt. 1800, zum Priester geweiht 8. Sept. 1802, Chorregent und Inspektor des Klosterseminars. Nach der Aufhebung war er Cooperator zu Posching und Ettenstetten, dann Pfarrer zu Oberwinkling. Nach der Wiederherstellung des Klosters Metten brachte er mit Freuden seine Pfarrei zum Opfer, und ging in's Kloster zurück. Er versah das Amt eines Subpriors und Organisten und † 28. Sept. 1856. Ausser der Orgel spielte er die Flöte, Violine, Klavier und ganz vortrefflich die Harfe. Sein Porträt (in Oel) hängt im Refektorium zu Metten. (Mittermüller S. 270.)

Conventualen Mettens, welche nach der Wiederherstellung des Klosters Schriften verfassten:

Mehrere Benediktiner von Metten gaben anonym heraus:[1]) Ascetisches Handbuch für Ordensleute. Landshut 1858—1860. 4 Bde. 8.

P. Carl Ammer, geb. zu Windhag am 10. Jan. 1819, Priester 14. Okt. 1842, Prof. 16. Okt. 1842, einige Zeit Präfect u. Gymnasial-Professor in München u. Metten; † 21. Juli 1856. Einen ausführlichen Nekrolog über Ammer schrieb in die Augsburger Postzeitung (1856) sein Mitbruder P. Bened. Braunmüller.

Schriften:

1) Ueber die mosaischen Schöpfungstage und ihr Verhältniss zur Geologie. (Programm.) Regensb. 1851.
2) Ueber die Streitfrage von der Lage des Paradieses. Straubing 1855.
3) Die Chronologie des Lebens Jesu. Das. 1855.
4) Italienisches Lesebuch. Das. 1856.
5) Theoretisch-praktische Grammatik der italienischen Sprache, zunächst für Studirende. Das. 1856.

---

[1]) Die Bearbeiter sind: P. Rupert Mittermüller, P. Benedikt Braunmüller und P. Adalbert Mayer. Letzterer geb. zu München 2. Dez. 1831, Profess 24. Jan. 1858, Priester 13. Aug. 1858, derzeit in Stephansposching.

6) Eine Anzahl Excerpten aus den neuesten Werken über Geologie und Geognosie nebst Vorarbeiten über die Geschichte dieser Wissenschaften. (Manuscripte.)

P. Benno (Jos.) Müller, Dr. theolog. et phil., geb. zu Neuwied (Preussen) 7. Mai 1803, Priester 24. Aug. 1827, Prof. 10. Febr. 1838, Rektor und Prof. am Ludwigsgymnasium zu München, 1851 Trappist in Oelenberg; seit 1855 Hospes im Stifte St. Bonifaz in München, wo er 1. April 1860 starb.

Schriften:

1) De angelorum aliarumque formarum apparitionibus commentatio. Wratislaviae. 1832.
2) Disputatio de pentateuchi auctore. Monach. (Progr.) 1842—1843.
3) Jacobi Balde carmina lyrica. Ibid. 1844. 8. (cum effigie J. Balde.)
4) Historia Merdasidarum ex Hallebensibus Cemaleddini annalibus excerpta. (Progr.) Monach. 1844.
5) Tragoediae select. Lat. recentior. Monach. 1845.
6) Die Offenbarung des hl. Johannes. Münch. 1860.

P. Wolfgang Schicker, geb. zu Gosel 26. Nov. 1799, Prieste 25. Jan. 1823, Prof. 24. Febr. 1835; † 22. März 1862.

Manuscript:

Ein grosser Theil des Cassian in's Deutsche übersetzt.

P. Odilo Grillmaier, geb. zu Hundsbach 28. Dez. 1819, Priester 15. Juli 1842, Prof. 18. Febr. 1861; † 18. Aug. 1862. Er war vor seinem Eintritte in den Orden vieljähriger Regens des Klerikalseminars zu Regensburg. Er übersetste den noch übrigen von P. W. Schicker nicht übersetzten Theil des Cassian, schrieb eine Erklärung des Breviarii monastici, und mehrere Auslegungen über die hl. Schrift, namentlich die Psalmen u. s. f.

P. Maurus Deybeck, geb. zu München 12. Dez. 1822, Profess 23. Okt. 1843, Priester 22. Juli 1846, Studienlehrer, Lehrer der franz. Sprache u. Seminarpräfect; † 7. Febr. 1871.

Schriften:

1) Recueil d'exercises gradués pour servir à l'étude de la langue francaise. Landshut 1862.
2) Pensées sur l' éducation primaire. Programm. Landshut 1862.
3) Missale Benedictino-monasticum. Ratisb. (Pustet) bearbeitet im Verein mit P. B. Braunmüller.

P. Gregor Hoefer, Ritter des Michaelsordens, geb. zu Seidlsreuth 14. Jan. 1813, Priester 27. Juli 1837, Prof. 26. April 1844, starb als Rektor u. Professor des k. Ludwigs-Gymnasiums zu München 31. Mai 1875.

Schriften:

1) Einige Bemerkungen über die Benützung der heidnischen Klassiker zum gelehrten Jugendunterrichte. (Programm.) Regensburg 1844.
2) Ueber Anmerkungen zu den Schulausgaben der alten Klassiker, mit einer Beilage, Anmerkungen zu V. 171 des Ajax von Sophokles enthaltend. (Programm.) Münch. 1846.
3) Beiträge zur Kritik u. Erklärung einiger Stellen im Agrikola des Tacitus. (Programm.) Münch. 1848.
4) Ueber einige korrupte Stellen in den Schriften des Tacitus. (Programm.) Münch. 1851.
5) Mehrere handschr. Arbeiten über Tacitus, Horaz u. andere Klassiker.

P. Willibald Freymüller, Dr. theol., geb. zu Mintraching 6. Nov. 1807, Priester 1. Juni 1833, Prof. 10. Febr. 1838, Professor am Gymnasium zu Metten.

Schriften:

1) Die Messianische Weissagung in Virgils Ekloga IV. (Progr.) Regensb. 1852.
2) Orpheus u. sein Verhältniss zu Moses. (Progr.) Landshut 1858.
3) De Socratis daemonio. (Progr.) Landishuti 1864.
4) Rückblick auf das Benediktinerstift u. die Studienanstalt Metten. (Progr.) Landshut 1870.
5) P. Carl Ammers theor. prakt. italienische Sprachlehre (2. u.) 3. Aufl. Landshut 1874.
6) Herz Jesu Andacht. Gebetbuch für die Mitglieder der Herz Jesu Bruderschaft.

P. Bonifacius Wimmer, geb. zu Thalmassing 14. Januar 1809, Priester 31. Juli 1831, Profess 29. Dez. 1833. Er ging 1846 nach Nordamerika, wo er in der Provinz Pennsylvanien 29. Sept. 1847 den Grund zur Abtei St. Vinzenz legte; wurde zum ersten Abte derselben ernannt 24. Aug. ist 1855; jetzt zugleich Präses der amerik.-cassinens. Bened. Congregation.

Schrieb:

Lebensgeschichte der ehrw. Dienerin Gottes Anna Maria Taigi von P. Ph. Balzofiore. Aus dem Italienisch. Regensburg 1867. 12.

P. Franz Xaver Sulzbeck, geb. zu Zenching 17. März 1807, Priester 1. Aug. 1831, Prof. 29. Dez. 1833, freiresignirter Prior von Weltenburg, Senior, und seit 1852 Pfarrer zu Michaelsbuch.

Schriften:

1) Leben des hl. Corbinian. Regensb. 1843. 8.
2) Leben des hl. Wolfgang. Das. 1844. 8.
3) Leben des hl. Gotthard. Das. 1863. 8.
4) Leben des hl. Otto. Das. 1865. 8.
5) Schauspiele zur Belehrung u. Unterhaltung, besonders für kath. Jungfrauenbündnisse. Landshut 1861.

P. Fortunat Braun, geb. zu Cham 7. Dez. 1806, Priester 20. Aug. 1832, Prof. 29. Nov. 1840, Professor am Gymnasium.

Schrift:

Disputatio de pristinis Benedictinorum scholis. Monach. 1845. (Progr.)

P. Rupert Mittermüller, geb. zu Mainburg 7. Juni 1814, Priester 27. Juli 1837, Prof. 20. Febr. 1842, Bibliothekar, Novizenmeister und Prior.

Schriften:

1) Geschichte der Heiligthümer auf Berg Andechs. Münch. 1848. 12.
2) Reform der kath. Kirche, d. h. Anhang zur Schrift: „Nothwendigkeit einer umfassenden Reform der kath. Kirche. Münch. 1849.
3) Kloster Metten u. seine Aebte. Straubing (Schorner) 1856. 243 S. 8.
4) Leben u. Wirken des Bischofs Michael Wittmann. Landshut 1859.
5) Kanonisches Recht der Regularen nach Bouix. Landsh. 1861.
6) Erbauliche Züge aus dem Leben des Bischofs Mich. Wittmann. Landshut 1863.
7) Die hl. Hostien u. die Juden in Deggendorf. Landsh. 1866.
8) Leitfaden zur bayer. Geschichte. Das. 1867.
9) Altbayerische Geschichte in Lebensbildern. Das. 1871.

Programme:

10) Die bischöfl. Knabenseminare u. ihre Gegner. Deggendorf 1849.
11) Historische Erläuterungen über controverse Thaten u. Lebensumstände Carl's des Gr. Das. 1850.
12) Das Zeitalter des hl. Rupert. Straubing 1854. II. Aufl. Das. 1855.
13) Winke zum Studium der Geschichte für Gymnasialschüler. Landshut 1859—1860.
14) Herzog Arnulph v. Bayern. Das. 1863.
15) Herzog Albert III. von München. Das. 1867 u. 1869.

In verschiedenen Zeitschriften:

a) Erzbischof Arno v. Salzburg. (Chilianeum, Würzburg 1865.)
b) Johannes Trithemius als Geschichtschreiber. (Hist. politisch. Blätter. Münch. 1868.)

c) Ueber protestantische Elemente in Giesebrecht's Kaisergeschichte. („Katholik", Mainz 1863, 1864, 1865.)
d) Von dem Ehehindernisse der Weihe, den Kirchengesetzen über Cölibat und Priesterehe, dem Alter des priesterlichen Cölibatsgesetzes, der Reform der kirchlichen Censuren durch Pius IX. (Theils im „Katholik", 1866, theils im Archiv für kath. Kirchenrecht von Moy-Vering 1866 u. 1871.
e) Pilgrim von Passau. („Katholik" 1867.)
f) Erzbischof Wilhelm von Mainz. (Das. 1868.)
g) Monographie über Conrad von Wimpina. (Das. 1869.)
h) Ludwig der Bayer und Papst Johann. XXII. (Das. 1872.)
i) Nachklänge zum vatikanischen Dekret von der Unfehlbarkeit des Papstes. (Das. 1873.)
k) Thomistische Aphorismen über Freiheit und Gnade. (Das. 1875.)
l) Qualification der Päpste des X. u. XI. Jahrhunderts. („Sion" 1864.)
m) Lage der alten Stadt Cucullae. (Jahresbericht des Museum Carolino-Augusteum zu Salzburg 1859.)
n) Verschiedene Aufsätze in den Beilagen zur Augsburger Postzeitung u. s. f.

P. Cölestin Feiner, geb. zu Regenstauf 29. Dez. 1818, Profess 11. Okt. 1846, Priester 4. Nov. 1846, d. Z. Pfarrer in Ettenstetten.

Schrieb:

Vom Phönix in den Schriften der Väter. (Programm.) München 1851.

P. Philipp (Fr. X.) Markmiller, geb. zu Hochstädt 23. Okt. 1825, Profess 25. Okt. 1846, Priester 6. Dez. 1848, Studienlehrer und Gymnasialprofessor in Metten. Darf seit 1860 ausserhalb des Klosters leben, und ist d. Z. Pfarrer in Bayrdilling.

Schrieb:

1) Die Heroide u. ihre Anwendbarkeit an Gymnasien. (Prgr.) Landshut 1857.
2) Mehrere noch ungedruckte Theaterstücke, Festspiele u. Gedichte.

P. Mathäus Lipp, geb. zu Vilsbiburg 15. Okt. 1823, Prof. 11. April 1847, Priester 18. Juli 1848, Rektor des Gymnasiums und Knabenseminars zu Metten.

Schriften:

1) Schauspiele für die Jugend (pseudonym). Landshut 1851.
2) Erzählungen für die Jugend. 2 Bdchen. Landshut 1852. (Pseudonym Liphold.)
3) Erinnerung an Prof. Anselm Th. Rixner (O. S. B. von Metten). Progr. Landshut 1865.

P. Bartholomäus Gerz, geb. zu Wittlich 18. März 1804, Priester 29. Mai 1831, Profess 8. Sept. 1847, Professor der Mathematik u. Physik.

Schriften:

1) Ueber die Methode, die irrationale Quadratwurzel aus einer absoluten Zahl als Kettenbruch darzustellen, nebst beigefügter Tabelle. (Programm.) Deggendorf 1848.
2) Die Prinzipien für das Studium der Geometrie mit einigen geometrischen Betrachtungen. (Programm.) Regensb. 1853.
3) Handschriftlich: Verschiedene mathematische Abhandlungen.

P. Simon Stiessberger, geb. zu München 12. Dez. 1822, Profess 1. Nov. 1844, Priester 18. Juli 1848, d. Z. in der Seelsorge arbeitend.

Schrieb:

1) Proprium Missarum O. S. B. Ratisb. 1853.
2) Proprium Mettenense, seu supplementum Breviarii-benedictino-monast. pro choro Mettenensi. Landishuti 1856.
3) Supplementum ad Proprium Mettenense. Ibid. 1864.
4) Supplementum Breviarii Benedictino-monast. ad usum exemptae Congr. Bavaricae. Ibid. 1877.

P. Benedikt Braunmüller, geb. zu Rötz 12. März 1825, Priester 16. Juli 1850, Profess 24. Okt. 1852, z. Z. Studienlehrer in Metten.

Schriften:

1) Beiträge zur Geschichte der Bildung in den drei ersten Jahrhunderten des Christenthums. (Progr.) Regensb. 1855.
2) Ueber den Bildungszustand der Klöster des IV. u. V. Jahrhunderts. (Progr.) Das. 1856.
3) Der Natternberg. (Progr.) Landshut 1872.
4) Beiträge zur Geschichte des östlichen Donaugaues. (Progr.) Landshut 1873.
5) Die lobesamen Grafen von Bogen. (Progr.) Das. 1874.
6) Die bescholtenen Grafen von Bogen. (Progr.) Das. 1875.
7) Abt Hermann von Niederaltach. (Progr.) 1876.
8) Sossau, seine Kirche u. Wallfahrt. Straubing 1877.
9) Ueber den liturgischen Gesang. (In Witt's fliegenden Blättern.) 1870.
10) Nachtridentinische Geschichte der Benediktiner in Bayern. (Fortlaufende Artikel in der Beilage der Augsburger Postzeitung 1859, Nr. 74—102; erschien anonym u. blieb unvollendet. Die Fortsetzung besitzt P. Braunmüller in Manuscript.
11) Kurzer Bericht über die Ersch. U. L. Fr. bei Mettenbuch, 5. Aufl. Deggendorf 1877/78.

12) Gesch. Nachrichten über die hl. Hostien in der Grabk. zu Deggendorf. Deggendorf 1879.
13) Verschiedene Abhandlungen und Aufsätze in gelehrten Zeitschriften.
14) Bearbeitete mit P. M. Deybeck das Missale benedictino-monasticum und lieferte dem Verfasser mehrere Beiträge zu den Schriftstellern Mettens.

P. Paul Bertold, geb. zu Donauwörth 11. Okt. 1829, Profess 21. März 1854, Priester 4. Jan. 1855, Professor am Gymnasium.

Schrieb:

1) Prolegomena zu Lactantius. (Programm.) Landshut 1861.
2) Mehrere Aufsätze in verschiedenen Zeitschriften.

P. Roman Sachs, geb. zu Altenkundstadt 1. Jan. 1821, Priester 17. Juni 1848, Profess 11. Okt. 1857, Professor der Geschichte und Pater spiritualis III. ord. S. Franc.

Schrieb:

Die Argeer im Römischen Cultus. (2 Programme.) Landshut 1866 u. 1868.

P. Utto (Jos.) Kornmüller, geb. zu Straubing 5. Jan. 1824, Priester 16. Juli 1847. Profess 30. Nov. 1858, Präfekt des bischöfl. regensb. Knabenseminars zu Metten und Chordirektor.

Schriften:

1) Chronik des Prämonstratenser Klosters u. der Pfarrei Windberg. (Verhandl. des hist. Ver. v. Niederbayern. 1856.)
2) Der kath. Kirchenchor, oder die Pflichten der Chorregenten u. Chormusiker. Landshut 1868.
3) Lexikon der kirchlichen Tonkunst. Brixen 1870.
4) Das liturgische Hochamt. Regensb. 1871.

In verschiedenen Zeitschriften:

5) Die kirchlichen Singschulen. (Cäcilia, red. v. Oberhoffer. Luxemburg 1864.)
6) Zur Geschichte des Chorals. (Chilianeum, Würzburg 1870.)
7) Die Choralkompositionen vom X. bis XII. Jahrhundert. (Monatshefte für Musikgeschichte. Berlin 1872.)
8) Das musikalische Alphabet. (Das. 1878.)
9) Guido von Arezzo. (Cäcilienkalender, Regensburg 1876.)
10) Rechtskräftige Verordnungen über Kirchenmusik. (Das. 1879.)
11) Der ägyptische Joseph. (Liederspiel.) (In den Münchner Jugendblättern der Isabella Braun, 1861.)[1]

---

[1]) Zu diesem Spiele in lebenden Bildern, sowie in gleicher Weise zu dem „verlorenen Sohne", componirte derselbe auch die Musik; ferner zu einer Menge von Liedern und zu vielen kirchenmusikalischen Piecen. Er verfasste auch mehrere kleinere Theaterstücke.

12) Die Symbolik der Thiere. (Das. 1873.)
13) Geschichte der Orgel. (Das. 1876.)
14) Gesch. der Orgel und über das Orgelspiel (Amerik. Cäcilia 1879).

P. Amand. Meyer, geb. zu Grossthundorf 25. Jan. 1829, Priester 22. Juli 1854, Profess 26. Mai 1859, Assistent des Professors der Mathematik.

Schriften:

1) Hauptpunkte der geschichtlichen Entwikelung u. Begründung der christl. Zeitrechnung. (Progr.) Landshut 1871.
2) Beiträge zu den Beweisen des pythagoräischen Lehrsatzes. (Progr.) Das. 1877.
3) Der pythagoräische Lehrsatz, bewiesen durch reguläre Dreiecke. (Progr.) Das. 1878.

P. Thomas (Fr. X.) Bauer, Dr. phil., geb. zu Mitterskirchen 20. April 1821, Priester 26. März 1848, Lyzealprofessor zu Passau, Profess 5. Jan. 1860, Direktor des bischöflichen Knabenseminars zu Metten.

Schrieb:

Ueber die Unfehlbarkeit päpstlicher Entscheidungen ex cathedra. (Programm.) Passau 1864. [1])

[1]) Berichtigung zu S. 35: Von Abt Cölestin Stöckl von Metten sagte ich irrthühmlich, dass er auf dem Schlösschen Himmelberg gestorben. Er zog sich aber dahin bloss zurück, bis die Aufhebungsgeschäfte beendet waren kehrte im J. 1803 wieder in sein Kloster zurück und starb in demselben.

Aspach.

Aspach (Asbach, Aspacum), Bisthum Passau, Landgericht Rotthalmünster, gestiftet von Christina, Wittwe des Grafen Gerold von Frauenstein, 1127; aufgehoben von Churfürst Max Joseph 1803. Die Kirche besitzt Freskomalereien von Jos. Schöpf, einem würdigen Schüler M. Knoller's. Die noch zum Theil erhaltenen Gebäude sind Privateigenthum.

Literatur:

Hirsching, Stiftslex. S. 178—181. — Hohn, Niederbayern, S. 73. — Hundius, Metrop. II. 75—80. — Lexikon v. Baiern, I. S. 113—117. — Meidinger, Beschreibung, S. 307—309. — Monum. boic. V. S. 99—227, 51 Urkunden und Abbildung. — Index general. m. boic. I. 134, 135. — Reg. bav. I. 130, III. 330, IV. 6, 20, 58, 154, 260, 262, 336, 362, 474, 630. — Stumpf, Handb. S. 295. — Wenning, Topographia, III. 60, mit Abbildung. — Zimmermann. Churb. geistl. Cal. III. S. 294—313. (Kurze Gesch. des Klosters.) — Eine Abbildung enthält auch Ertl's Churb. Atlas, II. 141. — Ueber die Bibliothek: Aretin, Beyträge, 1805, Stück 10, S. 425—428.

Manuscripte: In der Staatsbibliothek zu München:

Cod. lat. 1331 Necrologium Aspacense saec. XVIII. 175 fol. — 1332 Necrolog. Aspacense saec. XVIII. Fol. — 1875 Diplomatarium monast. Aspacensis saec. XVI. 38 fol. — Extrakt aus der Chronik von Aspach vom J. 1120—1787. saec. XVIII. Fol.

Beurkundete Reihe der Aebte von Aspach, von M. Gandershofer. (Unbekannt wo; vielleicht im Klerikalseminar zu Regensburg, das den grössern Theil von dem literarischen Nachlass Gandershofer's erthielt.)

Schriftsteller:

P. Carlmann Kolb, geb. zu Köstlarn 1703, studirte zu Aspach und Landshut, Profess 29. April 1724, Priester 1729, wurde Erzieher der Söhne des Grafen Max von Tattenbach-Reinstein, starb zu München

15. Jan. 1765. Er war ein vortrefflicher Organist und veröffentlichte mehrere musikal. Compositionen. (Lipowsky, M. Lex. S. 155.)

P. Maurus Wimmer, Abt, geb. zu Triftern 22. Sept. 1715, † 26. März 1773 zu München, wo er sich als Landschaftsdeputirter aufhielt. (Besnard, Lit. Ztg. 1834, IV. S. 291.)

Schrieb:

Dritte Jubelrede beim 600jährig. Jubiläum des Klosters Alderspach s. ord. Cist. 1746. Stadtamhof 1747. 4.

P. Rupert Hoy, geb. zu Landsberg 7. Jan. 1762, Profess 13. Nov. 1784, Priester 15. April 1787,[1]) wirkte als Lektor des Kirchenrechtes in seinem Kloster. Nach dessen Aufhebung zog er nach Deggendorf, wo er freiwillig in der Seelsorge Aushilfe leistete; seit 1821 erster Chorvikar an der Domkirche zu Regensburg, starb daselbst 13. Dez. 1826. (Ein ausführlicher Nekrolog bei Besnard, Lit. Ztg. 1827, Intelligbl. Nr. III. S. 43—45, verfasst von P. M. Gandershofer.)

Schriften:

1) Fromme Empfindungen bei der Sekundizfeier des Pfarrers Jos. Lehrbuchner zu Höcking. Straubing 1810. 8.
2) Anrede an die I. Generalversammlung der „Harmonie" zu Deggendorf, 1. Jan. 1814. Das. 1814, 14 S.
3) Beschreibung der Feier des allerh. Geburtsfestes Sr. Maj. des Königs von Bayern (27. Mai 1815) sammt einer Anrede an das I. Bataillon der kgl. Landwehr. Passau 1815. 8.
4) Die Noth und ein gutes Gewissen. (Eine Pred.) Passau 1817. 8.
5) Einige Paragraphe über Charakterlosigkeit. Eine Schrift für jeden Gebildeten. Straubing 1818.
6) Ablassgebete für jeden der 7 Altäre im Pfarrgotteshaus zu Deggendorf. Das. 1818. 8.
7) Einfluss der geoffenbarten Religion auf das Wohl der Staaten. Passau 1820. 8. II. Aufl. das. 1821.
8) Wahrheiten für alle Stände, besonders für Studirende. Sulzbach 1825.

---

[1]) Damals blühte im Kloster Aspach ein schöner Kreis von Privatgelehrten: P. Alan Wazlhofer, Archivar; P. Ildephons Trost, Bibliothekar; P. Bonifaz Trenner, Professor der Mathematik am Lyzeum zu München; P. Placidus Gerhager, Lector theolog. und Regens chori.

Formbach.

Formbach (Vormbach, Varnbach, Formbacum), Bisthum Passau, Landgericht Passau II, gestiftet im J. 1194 von Himmeltrudis (aus dem Hause Neuburg) und den Grafen Thiemo und Egbert von Neuburg, die sich von Vormbach, Victenstein, Widberg und Pütten nannten. Es wurde Aufgehoben 1803 von Churfürst Max Joseph. Die Kirche, nun Pfarrkirche, hat Freskomalereien von Innozenz Barrati; das Klostergebäude ist im Besitze eines Privaten. Das Kloster besass in Oesterreich die Propstei Gloggnitz.

Literatur:

Angeli Rumpler, abbatis Formbacensis, historia sui monasterii. (Pez, Thesaur. anecdot. T. I. Pars III. S. 426—485; reicht bis zum J. 1505.) — Bruschius, Chronologia, II. 100—110, 193—196. — Gerhohi Praepositi Reichersbergensis, liber de vita B. B. abbatum Formbacensium, Berengeri et Wirntonis. bei Pez, Thes. T. I. Pars III. S. 339—425.) — Finauer P., Biblioth. I. 22. — Hundius, Metropolis, II. 220—226. — Lex. v. Baiern, III. S. 546 sq. — Meidinger, Beschreibung, S. 377 sq. — Monum. boic. IV. 1—213. — Moriz J., Kurze Geschichte der Grafen von Formbach. (Abhandl. d. bayer. Akadem. 1804.) — Oefele Fel., Scriptores rer. boic. T. I. 88—147. „De vita et scriptis Angeli Rumpleri." — Reg. bav. I. 120, 126, 140, 152, 182, 302, 340, 344, 368. — Stumpf, Handb. S. 283. — Sulzbacher Kal. 1862, S. 39—42. — Wenning, Topographia, III. S. 62, mit Abbildung des Kl. — Zeitschrift f. Bayern u. angränz. Länder, 1817, Hft. 8, S. 163—174. „Leonhard, Abt zu Formbach." — Zimmermann, Churb. geistl. Cal. III. S. 353—365. (Kurze Gesch.) — Ueber die Biblioth.: Pez, Thesaur. Anecdot. diss. isagog. pag. LIII. — Ziegelbauer, Hist. rei lit. I. S. 557.

Manuscripte: In der Staatsbibliothek zu München:

Cod. lat. 466 (fol. 202) Formulae claustralium. — 1352 Catalogus cod. mss. in biblioth. Formpacensi anno 1610, 56 folia. — 1806 Scripta autographa Angeli Rumpler.

Nach Ziegelbauer (Hist. lit. I. 558 u. II. 406) schrieb P. Clarus Fasmann ein Chronicon Formbacense in 2 Bden.

Schriftsteller:

P. Clarus Mayr, Mitglied der Akad. der Wissenschaften zu Münch., geb. zu Schärding 26. April 1724, Profess 1. Nov. 1743, erhielt zu Salzburg seine Bildung in den höhern Wissenschaften. Er bereicherte das physikalische Kabinet seines Klosters mit vortrefflichen Instrumenten, und erwarb für die Naturaliensammlung viele seltene Stücke. In den Naturwissenschaften hatte er tiefe Kenntnisse. In seinem Alter erblindete er an einem Auge; † 3. Dez. 1784. (Besnard, Lit. Ztg. 1828, III. S. 124.)[1]

Schriften:

1) Abhandlung über den Flusssand. (1765.) (In den Abhandl. d. Akad. d. Wissensch. philos. Classe. Bd. III.)
2) Abhandlung von einer Gattung Pflanzenseide. (In den philos. Abhandl. Bd. III. Thl. II. S. 183—212.) (1765.)
3) Gedanken, wie den fast jährlichen von Austretung der Flüsse verursachten Schäden nach den Naturgesetzen des Wassers zu steuern sey. (Das. Bd. VIII. S. 353—373.) (1773.)

Manuscript:

Abhandlung über die in der Nähe von Formbach vorkommenden Naturalien. (Der Akad. d. Wissensch. zu Münch. eingesandt.)

---

[1]) Am Ende des vorigen Jahrhunderts soll in Formbach P. Dionys Groz, Musiker und Componist, gelebt haben. Ich konnte über ihn nichts Näheres erfahren.

III. Die Benediktiner-Abteien in Schwaben.

St. Magnus in Füssen.

St. Magnus in Füssen (St. Mang, M. S. Magni ad fauces Julias), Bisthum Augsburg, gestiftet vom hl. Magnus,[1]) Apostel des Allgäus, um das J. 720. Die Reihenfolge der Aebte lässt sich urkundlich erst im zehnten Jahrhunderte verfolgen. Es wurde aufgehoben von der Fürstin Wilhelmine von Oettingen-Wallerstein 14. Jan. 1803, welcher es bei der Säkularisation als Entschädigung angewiesen worden. Das Kloster besass die Propstei Rickholz und in Südtirol den Ansitz Gagers (unweit des Schlosses Braunsberg bei Lana) nebst andern Besitzungen in derselben Gegend.[2]) Das fürstl. Haus Oettingen-Wallerstein behielt das Kloster nebst Besitzungen bis zum J. 1839, in welchem es dieselben für 194,000 fl. an Th. Friedrich Freiherrn von Ponikau verkaufte, dessen Erben noch Besitzer sind. Die prachtvolle Stiftskirche blieb Pfarrkirche der Stadt Füssen. Das Stiftsarchiv befindet sich grossen Theils zu Wallerstein. Ein Theil wurde beim Verkaufe der Herrschaft St. Mang an den Freiherrn von Ponikau ausgeliefert. Die namentlich an typographischen Denkmälern äusserst schätzbare Bibliothek des Klosters befindet sich vollständig zu Maihingen, wo sie mit der fürstl. Wallerstein'schen Bibliothek vereinigt ist.

---

[1]) Wie die neuern Forschungen darthun, folgte der hl. Magnus der Regel des hl. Columban, und erst nach seinem Tode nahmen die Bewohner der St. Magnuszelle die Benediktinerregel an.

[2]) So kaufte das Stift im J. 1694 vom Stifte Weingarten das sog. S. Martinsurbar an der Etsch nebst Weingütern zu Gagers und Nals für 27,000 fl. — Zur Zeit der Aufhebung betrugen die Revenüen des Stiftes jährlich ungefähr 28,000 fl.

Literatur:

Aschau, Pfandgericht und erstes Stiftungsgut des Kl. Füssen, im „Bothen für Tirol“ Jahrg. 1822, S. 268. — Bayern, das Kgr., in seinen Schönheiten, I. S. 327—332. — Bruschius, chronologia, I. S. 434—436. — Compendiosa chronica de principiis, ortu et progressu almae provinciae Tyrolensis Fr. Fr. Minorum Reformatorum divo Leopoldo sacrae. Campidon. 1753. (anonym). Enthält S. 139 sq. eine Beschreibung der damals vom hl. Magnus in Füssen noch aufbewahrten Reliquien. — Gerbert, iter alemannicum, S. 443. sq. — Helmschrott, s. d. Schriften. — Herzenswunsch Gerardi und Dominici, dess nächst seelig abgeleibten, und nunmehr . . . regierenden H. Prälaten des uralten Benediktiner-Gotts-Hauss S. Magni in Fiessen gnädigst erfüllt. Augspurg 1717, 20 S. Fol. (Festschrift zur Einweihung der neuen Stiftskirche, die 15. Febr. 1717 von Alexander Sigmund, Fürstbischof von Augsburg, vollzogen wurde; mit einer Abbildung des Klosters und der Kirche.) — Hundius, Metropolis, II. S. 310 sq. — Keller, s. dessen Schriften. — Rader, Bavar. pia . . . S. 177. — Schrank, baierische Reise, S. 158—162. — Dr. Steichele, Bisthum Augsburg, Geschichte des Klosters St. Magnus, Bd. IV. S. 369—419. — Stengelius C., Monasteriologia, P. I. mit Abbildung. — Ziegelbauer, Hist. rei lit. I. S. 565. — Ueber einzelne Aebte: Biographie des Abtes Dominikus Dierling († 1738), verfasst von J. Kögl im „Bothen für Tirol und Vorarlberg“, 1832, fol. 144 und 148.[1]) — Peintner F., „Wundervoller Magnus-Stab“, Leichenrede auf Abt Dominikus. Kempten 1739. Fol. — Inama P., „Benedictus Magnus ad S. Magnum“, Leichenrede auf Abt Benedikt (Pautner). Kauffbeyren 1745. Fol. — Kettelath E., „Kurz und Lang“, Leichenrede auf Abt Leopold, Frhr. v. Rost. Kaufbeyren 1750. Fol. — Enslin Primus, O. S. Fr., „Dreyfache Verläugnung“, Leichenrede auf Abt Gallus. Kempten 1755. Fol. — Ueber die Herrschaft Gagers s. „Der deutsche Antheil des Bisthums Trient“, S. 709, 740 sq.

Manuscripte: In der Staatsbibliothek zu München:

Cod. lat. 1387 (fol. 212) Catalogus bibliothecae S. Magni.

In der fürstl. Wallerstein'schen Bibliothek zu Maihingen:

Anonymi, Chronik des Benediktinerstiftes St. Mang bis zum J. 1585, mit Tabellen, 28 Bl. saec. XVII. — P. Martini Stempfle, abb. Continuatio Actorum M. S. Magni in Füssen ab a. 1651—1661, 338 Bl. Fol. — Necrologium M. S. Magni in Füssen. 1674. 4. — Necrologium (aliud). — Catalogus Librorum bibliothecae Sancti Magni de annis 1628—1686—1695. Fol.[2])

---

[1]) Dort wird auch bemerkt, dass die Porträte von sämmtlichen Aebten von Füssen in Reutte aufbewahrt seien.

[2]) In der Bibliothek zu Ottobeuren befindet sich: „Das k. b. Landgericht

Schriftsteller:

P. Gallus Zeiler, geb. zu Kempten 11. Mai 1705, machte seine Studien zu Kempten, Ochsenhausen und Ottobeuren, bezog die Universität Innsbruck, legte am 11. Dez. 1722 Profess ab und wurde 1729 Priester. Er war sieben Jahre Organist und gab den Sängerknaben Unterricht in der Musik und im Latein, vikarirte die Seelsorgsstation Binswang, war seit 1738 ohne Unterbrechung Verwalter der Herrschaft Gagers bei Lana (Tirol). Als solcher wurde er 1. Dez. 1750 zum Abt erwählt. Besondere Verdienste erwarb er sich durch Anschaffung einer neuen Orgel mit 34 Registern, gebaut von Andreas Jäger aus Füssen, durch Renovation der St. Magnuskapelle, Anschaffung kostbarer Ornate u. s. f. Er starb 7. Jan. 1755 am Schlagflusse, als er eben im Chore mit seinen Religiosen die Prim sang. Er war ein sehr guter Organist, der Mehreres componirte. (Vergl. Enslin, Leichenrede auf Abt Gallus.)[1])

Compositionen:

1) Dulia harmonica. Aug. Vind. 1732.
2) Canticum Marianum bipartitum, XII Magnificat complectens. (Opus V.) Aug. Vind. 1737.[2])
3) Responsoria ad lamentationes hebdomadae sanctae. (Im Contrapunkt; wahrscheinlich Manuscript.)

P. Columban Zeiler,[3]) geb. zu Türkheim 25. Jan. 1705, Profess 11. Nov. 1722, Priester 1729, zur Zeit einer Epidemie zur Aushilfe in

---

Füssen in seinen alterthümlichen, geschichtlichen, artistischen und malerischen Schönheiten mit den nächsten Umgebungen der Stadt Füssen" von Conrad Bernhard, Pfarrer in Ingenried, 4 Thle. 4. (Der II. Thl. enthält: Geschichte des Klosters St. Magnus in Füssen, nebst ausführlicher Beschreibung der Kirche und des Klosters, 220 S. Auszüge davon enthielt das Füssner Wochenblatt. Dr. Clem. Lor. Gratz, Generalvikar zu Augsburg, hat seit Jahren Material zu einer urkundlichen Geschichte von Füssen gesammelt, welches sich in seinen Händen befindet. Darunter war mir die Zusammenstellung der Gelehrten von Füssen sehr dienlich: „Wissenschaftliche und künstlerische Strebsamkeit im St. Magnus-Stifte zu Füssen." 1. Fasz. 4. — Nicht anzugeben vermag ich, wo folgende Manuscripte sind: Benedicti Furtenbach (abbatis 1480—1524), Consuetudines majores monasterii S. Magni; (conscript. 1520). — Henrici Amman (abb. Fauc. † 1611), Abbatum acta. — Martini Stempfle (abb. Fauc. † 1661), Diarium ab a. 1614—1661.

[1]) Die Grabschrift dieses Abtes lautet: Hic jacet R. R. ac Ampliss. D. D. Gallus Abbas LVI., qui postquam annos vixit homo XLIX, sacerdos XXV, abbas IV, sub galli cantum aeternae felicitatis mane sibi accinuit, cum primam caneret in choro psallens, cantare non prius desiit, quam mors pausam interposuit. A. MDCCLV. d. VII. Jan. R. I. P.

[2]) Seine übrigen Compositionen konnte ich trotz alles Bemühens nicht auffinden.

[3]) Nicht zu verwechseln mit einem andern P. Columban Zeiler, gleichfalls Con-

der Seelsorge zu Brugg, Novizenmeister, Pfarrvikar von Binswang, Archivar und Subprior, † 25. Nov. 1756.

Schrieb:

Litterae ad R. P. Chardan S. J., collegii Constantiensis rectorem, de reliquiis S. Magni adhuc existentibus. 1745. (Wurde von P. Chardan veröffentlicht.)

P. Dominicus Dorn, geb. zu Innsbruck 10. Aug. 1703, studirte in seiner Vaterstadt, Profess 11. Nov. 1722, Neomyst 28. Okt. 1727, ein guter Kanzelredner, † 24. April 1761.

Manuscript:

Acta Sanctorum O. S. B. per singulos anni dies metrice descripta. 1728.[1])

P. Beda Enzensberg, geb. zu Sonthofen 30. Nov. 1699, Profess 11. Nov. 1722, Priester 1727, Praefectus culinae, Oekonom, 14 Jahre Pfarrer zu Füssen, Administrator zu Gagers, dann Pater spiritualis und Subprior, zeigte zur Zeit, als in Füssen eine ansteckende Krankheit herrschte, die grösste Opferwilligkeit, ohne irgend einen Schaden zu leiden, starb hochverdient um das Kloster 7. Sept. 1772.

Schrieb:

Regulae compositionis. 1722. (Wahrscheinlich Manuscript).

P. Bernard Weiher, geb. zu Bernbeuren am Auerberge 30. Aug. 1734, Profess 28. Okt. 1753, Neomyst 1. Jan. 1759. Er war Prior und Archivar. Er brachte das Stiftsarchiv in eine neue, musterhafte Ordnung, und verfasste über dasselbe ein Verzeichniss, in dem kurz und genau der Inhalt jeder Urkunde angegeben war, wesshalb seine Manuscripte ein wahrer Schatz für die Geschichte des Allgäus sind. Er war durch Frömmigkeit und Wissenschaft gleich ausgezeichnet. Er starb im Kloster 12. Jan. 1801.

---

ventual von Füssen, der Caplan zu Säben bei Brixen war, und in Manuscript hinterliess: Historia et alia in erectione monasterii monialium Sabionae in Tyroli prope Brixinam (cod. S. Magni 219.) Er starb 24. Febr. 1723.

[1]) P. Cölestin Vogler, geb. zu Füssen 1723, Profess 1747, Priester 1751, Professor am Lyzeum zu Freising, in's Kloster zurückgekehrt Custos, dann Pfarrer von Füssen, starb als Opfer der Nächstenliebe an einer ansteckenden Krankheit 2. April 1772.

Manuscripte:

1) Breviarium Archivi Faucensis alphabeticum, in 4 tomos distributum. Fol.
2) Breviarium archivi Faucensis. Tomus specialis: De privilegiis et actis Tyrolensibus. 1 Bd. Fol.
3) Breviarium, seu summarium archivi Faucensis. (Claustralia; spiritualia; confraternitates; congregationis acta etc. etc.) Tom. unicus. (Im Freiherrlich Ponikau'schen Archiv zu Füssen.)[1]

P. Benedikt Zimmermann, geb. zu Stiefenhofen 13. März 1729, Profess 6. Nov. 1746, Neomyst 9. April 1752, Professor der Theologie in seinem Kloster und drei Jahre im Stifte Ottobeuren, Subprior, starb als Senior 25. Sept. (?) 1806. (Gradmann, Lex. S. 811.)

Schriften:[2]

1) Das Placetum regium mit seinen Gründen von einem Mann im Zimmer im Allgäu. 1782. 8. (o. O.)
2) So denke ich vom Beweise des H. Fr. Xav. Gemeiner, dass die Ordensgelübde jener Orden, die der Landesfürst in seinen Staaten nicht mehr dulden will, ohne vorhergehende Dispensation ihre Verbindlichkeit verlieren. 1783. 8.
3) Etwas an H. Phil. Obernetter, öffentl. Lehrer der geistl. Rechte und Kirchengeschichte auf dem k. k. Lyzeum in Kostnitz von einem steifen Liebhaber der Wahrheit im Allgäu. 1783. 8.
4) Ungebetenes Schreiben in Betreff des H. Prof. W. in Dillingen, abgegeben an den namenlosen Fragesteller: „Ob die Bischöfe auch das Genehmigungsrecht über bürgerliche Gesetze besitzen." 1783. 8.
5) Gespräch zweyer altmodischer Pfarrer, A. und B. im Allgäu, über den Satz des H. Obernetter, dass die Bischöfe kein eigenes Recht inne haben sollen, ihre Diözesanen wegen Ausschweifungen und Sünde mit zeitlichen Strafen zu züchtigen. 1783. 8.
6) Zweites Gespräch zweier Pfarrer, u. s. w. 1783. 8.
7) Anmerkungen über Fr. Xav. Gemeiner's Anleitung zum allgem. Kirchenrecht, herausgegeben von einem Oesterreicher nächst Tyrol. 1785.
8) Wie weit, und auf was für Gegenstände erstreckt sich die geistliche Gewalt der obersten Vorsteher der Kirche? 1786. 8.
9) Fr. Xav. Gemeiner's Anleitung zum allgem. Kirchenrechte. (Aus dem Lateinischen mit Noten.) Augsburg 1789, 339 S. 8.
10) Lieferte viele Beiträge zu dem in Augsburg in vielen Bänden erschienenen

[1] Die Manuscripte sub Nr. 1 und 2 besass das fürstl. Wallerstein'sche Archiv; gegenwärtig sind sie in demselben nicht mehr vorhanden.

[2] Seine meisten Schriften erschienen anonym.

Werke: „Sammlung von Schriften über verschiedene Gegenstände zur Steuer der Wahrheit.“

P. Leopold Natterer, geb. zu Niederhofen bei Leutkirch 6. Dez. 1732, Profess 28. Okt. 1753, Neomyst 16. Okt. 1757, Küchen- und Kellermeister. Er sammelte über 2000 Pflanzengattungen aus der Gegend von Füssen, Reutte und dem nahen Allgäu und ordnete sie nach Linné's System. Er besass in der Botanik ausgebreitete Kenntnisse. Seine Leistungen wurden von den botanischen Gesellschaften zu Erlangen und Ingolstadt ehrenvoll gewürdigt. Er starb 6. Okt. 1806. (S. Schrank, bayerische Flora. München 1789, I. S. 21.)

P. Aemilian Hafner, letzter Abt, geb. zu Reutte (Tirol) 25. Dez. 1739, studirte zu Hall unter den Jesuiten, machte am 30. Nov. 1758 Profess, Neomyst 16. Mai 1764, dann Küchen-, Keller- und Novizenmeister, Custos, Prior, zum Abt erwählt 6. April 1778. Grosse Verdienste erwarb er sich um die studirende Jugend, indem er in seinem Stifte ein Gymnasium eröffnete, das bis zur Aufhebung des Klosters fortbestand. (S. Einleitung und die Biographie des P. J. Helmschrott.) Auch war er ein eifriger Beförderer der wissenschaftlichen Thätigkeit seiner Conventualen, wie die unter ihm blühenden Gelehrten beweisen. Durch die Säkularisation fiel das Stift St. Magnus dem fürstl. Hause Oettingen-Wallerstein zu. Abt und Conventualen mussten bis 1. März 1803 das Kloster verlassen haben. Der Abt zog nach Reutte. Seine auf 3000 fl. geschätzte Münzsammlung brachte er dem fürstl. Hause Oettingen-Wallerstein zum Opfer.[1]) Zu Reutte bewohnte er sein väterliches Haus, und genoss allenthalben den Ruf eines frommen Ordensmannes und wahren Vaters der Armen. Er starb 19. Mai 1823. Er ruht auf dem Pfarrgottesacker von Breitenwang. Viele kostbare, ihm gehörige Kirchenparamente schenkte er theils der St. Magnuskirche zu Füssen, theils der Pfarre Breitenwang und der Filialkirche zu Pflach.[2])

---

[1]) Die Münzsammlung des Stiftes verdankte einem glücklichen Funde ihre Entstehung. Im J. 1684 fand ein Arbeiter aus Faulenbach im nahen Berge beim Holzfällen einen irdenen Topf, der sehr viele (eine Nachricht nennt 2000) grössere und kleinere römische Münzen mit dem Gepräge der Kaiser Vespasian, Titus, Antoninus, Caracalla u. a. enthielt. Diese Münzen kamen in den Besitz des Klosters und bildeten den Grundstock der Münzsammlung.

[2]) Hafner wollte vor seinem Tode den ihm vorangegangenen Mitbrüdern zu St. Magnus noch ein schönes Denkmal setzen. Er liess daher die Gruft der Stiftskirche im J. 1820 auf eigene Kosten schön restauriren und dort folgende Inschrift anbringen: „In hisce tumulis requiescunt reliquiae filiorum div. Benedicti et Magni; pro adhuc viventium cineribus non erit amplius locus in diversorio hoc; patuit enim hoc D. Magni coenobium ruinae magnae totius status ecclesiastici anno MDCCCIII. Posteritati haec fieri fecit Aemilianus Abbas ultimus. MDCCCXX.“

(Bothe für Tirol und Vorarlberg 1828, S. 336 sq.; Steichele, Bisth. Augsbg. Bd. IV. S. 418.)

P. Carl (Pipin) Zeitler, geb. zu Augsburg 30. März 1757, Profess 10. Okt. 1779, Neomyst 20. Juni 1784, Professor der Logik und Metaphysik zu Salzburg 1803—1805, Prediger an der Stifts- und Stadtpfarrkirche zu Füssen, starb als solcher 6. Nov. 1823. (Verzeichniss der akad. Professoren, S. 106.)

Schriften:

Cantate zur Jubelfeier (Sekundiz) des P. Symbert Holzmann, O. S. B. von St. Magnus. (Felder, Lit. Ztg. 1818, IV. Intelligbl. Nr. XI.)

P. Basil. Sinner, geb. zu Enkenhofen 15. Febr. 1745, Profess 25. Nov. 1764, Neomyst 8. Okt. 1769, weilte mit seinem Abte Gerard Ott längere Zeit zu Wien, Professor zu Freising, dann Professor der Mathematik am Stiftsgymnasium, Propst zu Rickholz (1802). Nach der Aufhebung seines Stiftes fürstl. Oettingen-Wallerstein'scher Oberbibliothekar und Hofkaplan zu Wallerstein, wo er 8. März 1827 starb. Er war ein ausgezeichneter Mathematiker, Physiker und Mechaniker. (Felder, Lex. II. S. 348; Schmid Christoph, Erinnerungen aus m. Leben, Bd. III. S. 111; Steichele, Bisthum Augsb. IV. S. 417.)

Schriften:

1) Uebersicht des erstjährig. Unterrichtes in der Mathematik am Gymnasium zu St. Mang. Ottobeuren 1790. 4.
2) Abhandlung über die praktisch-geometrische Aufgabe, aus zwei an einem Standort aufgenommenen Winkeln die Entfernung des Standortes von einem jeden Ecke eines bekannten Dreyecks zu finden. Nebst einem Anhange von Lehrsätzen aus der Stereometrie und Trigonometrie. Ottobeuren 1791. 8. (Die Lehrsätze sind separat gedruckt in 4.)
3) Uebersicht des halbjährig. Unterrichtes aus der Naturlehre und angewandten Mathematik. 1792. 4.
4) Conspectus notitiae praeliminaris et isagogicae ad theologiam et historiam ecclesiasticam ad d. III. Sept. 1792. Füssae. 8.
5) Conspectus monumentorum et documentorum, quibus religionis christiano-catholicae veritas innititur. Ibid. 4.
6) Beschreibung des Telegraphen, den P. B. Sinner in der Bibliothek des Stiftes St. Magnus in Füssen aufgestellt hat. Füssen, 1795. 4. (S. Schmid l. c.) [1])

[1]) Dieser Telegraph befindet sich nun zu Maihingen. Sinner hatte denselben lange vor den französischen Erfindungen konstruirt.

Manuscripte:

a) Catalogus monumentorum typographicorum bibliothecae M. S. Magni in Füssen. 1 Bd. Fol. (Fürstl. Wallerstein'sche Biblioth. zu Maihingen.)[1]
b) Catalogus codicum manuscriptorum bibliothecae Santmangensis. 1780. 1 Bd. 111 Bl. 4. (Das.)[2]
c) Commentarius grammaticus in difficiliora libri genesis loca textus originalis hebraici. 1 Bd. 52 Bl. 4. (Das.)
d) Idea tentaminis ex institutionibus linguae hebraicae. 1789. 4. (Das.)

P. Placidus Keller, geb. zu Füssen 8. Sept. 1754, Profess 25. Nov. 1772, Neomyst 3. Mai 1778, lehrte am Stiftsgymnasium Grammatik und Poësie, war Lehrer der Theologie für die Ordenskleriker, Novizenmeister, und von 1801—1803 Prior. Im J. 1805 wurde er Benefiziat im Schlösschen Rickholz, wo er am 17. Mai 1831 starb. Er machte sich durch seine Forschungen um die Geschichte seines Klosters sehr verdient. (Steichele, Bisth. Augsbg. IV. S. 417; Felder, Lex. I. S. 380.)

Schriften:

1) Lebensgeschichte des hl. Abtes Magnus mit kritischen Anmerkungen. Ottobeuern 1789. 8.
2) Positiones selectae ex theologia morali et virtutibus theologicis. Fuessae 1797. 4.
3) Theses theolog. de sacramentis. Ibid. 1798.
4) Kurze Chronik des ehem. Benediktinerklosters zu St. Mang in Füssen. Füssen 1807, 35 S. 8.

Manuscripte:

5) Annales Faucenses, seu chronicon monasterii ad S. Magnum in Faucibus a fundato monast. usque ad a. 1666, 1 Bd. 389 Bl. Fol. (Conscripti a. 1796.) In der fürstl. Wallerstein'schen Bibliothek zu Maihingen.
6) Chronicon monasterii S. Magni ad Fauces Julias a prima fundatione usque ad exstinctionem. (Conscript. a. 1818.) 128 Bl. 4. (In der Biblioth. zu Ottobeuren.)
7) Vita S. Magni abbatis. 40 Bl. 4. (Das.)
8) Uebersetzte die Schrift des P. Fr. Neumayr, S. J., Theatrum asceticum in's Deutsche.
9) Der St. Magnus-Stab und dessen Geschichte. 1822. (Das Original ist wahrscheinlich verloren; Copie zu Ottobeuren.)

---

[1]) Verschieden von Helmschrott's Bearbeitung.
[2]) Dieser Katalog war für den spätern Bearbeiter des Manuscripten-Katalogs der Wallersteinischen Bibliothek ein bedeutendes Hilfsmittel.

P. Franz Sales Endress, geb. zu Schrezheim bei Dillingen 24. Mai 1771, Profess 15. Sept. 1793, Neomyst 15. April 1798, wurde nach der Aufhebung fürstl. Oettingen-Wallerstein'scher Bibliothekar zu Deggingen, wo er 7. Juni 1831 starb.

Manuscripte:

a) Historische, statistische und topographische Notizen von Oettingen. Ein Oettingisches Regestenwerk vom J. 700 bis zum J. 1600. 1 Fasz. in 24 Sexternen. Fol. (Fürstl. Bibliothek zu Maihingen.)
b) Beiträge zur Geschichte und Genealogie der fürstl. Häuser Oettingen vom J. 1444—1827, mit archivalischen Beiträgen von Geheimrath und Archivar Frei. 2 Bde. Fol. (Das.)

P. Joseph[1]) Maria Helmschrott, geb. zu Dillingen 14. Juni 1759, machte in seiner Vaterstadt unter den Jesuiten die niedern und die philosophischen Studien, Profess 10. Okt. 1779, Priester 20. Juni 1784. Den theologischen Unterricht genoss er im Kloster unter P. Basil. Sinner. Kaum zum Priester geweiht, wurde er zum Unterbibliothekar ernannt. (Der Oberbibliothekar war als Professor in Freising abwesend.) Da zu derselben Zeit von Seite gelehrter Gesellschaften an die Klöster und Stifte zu wiederholten Malen die Aufforderung ergieng, ihre literarischen Schätze der gelehrten Welt mitzutheilen, so unterzog sich Helmschrott der Mühe, sämmtliche Inkunabeln der Stiftsbibliothek zu beschreiben, (1789) und das Resultat zu veröffentlichen. Abt Aemilian erwählte ihn bald zum Direktor und Professor des neugegründeten Gymnasiums, das sich eines grossen Zudrangs von Seite der Jugend erfreute, so dass die früheren Räumlichkeiten bald zu klein wurden. Viele arme Jünglinge konnten am Füssner Gymnasium um geringes Kostgeld oder unentgeltlich, durch grossmüthige Unterstützung von Seite des Stiftes und der Bürger der Stadt, ihren Studien obliegen. Jährlich erschien ein Rechenschaftsbericht, es wurden öffentliche Prüfungen gehalten und das Schuljahr nach Sitte der Jesuiten mit einem Schauspiele beschlossen. Leider war dieser wohlthätigen Anstalt nur eine kurze Dauer beschieden. Sie fiel zugleich mit dem Stifte. Das Haus Oettingen-Wallerstein wies (1803) dem Stadtpfarrer und Caplan von Füssen das bisherige Gymnasialgebäude als Wohnung an. Dadurch war die Beendigung des Studienjahres 1803 sehr gefährdet. Der Magistrat von Füssen erklärte sich bereit, ein passendes Lokal zur Verfügung zu stellen, und ersuchte den Abt, die Vorlesungen durch seine Conventualen fortsetzen zu lassen. Im Abgange einiger Conventualen übernahm der

[1]) Im Catalog des Stiftes St. Mang ist der 23. Mai 1758 als sein Geburtstag bezeichnet.

Abt selbst eine der Unterklassen. P. Helmschrott behielt die Direktion und P. Joh. Bapt. Fischer[1]) ertheilte, wie bisher, Unterricht in der Musik. So wurde das Schuljahr 1803 zu Ende geführt und mit einer rührenden Abschiedsrede die Studirenden für immer entlassen.

Helmschrott nahm beim Pfarrer zu Füssen Wohnung und blieb dort bis 1804. Er wirkte dann in der Seelsorge zu Niederrieden bei Memmingen 1804—1810, zu Schwabsoyen 1810—1812, zu Hopfen 1812—1815 und als Pfarrer zu Munzingen im Ries seit 3. Mai 1815, wo er bei der kleinen Gemeinde, die er zu pastoriren hatte, noch viele Zeit für literarische Beschäftigungen fand, und ihm die nahe fürstl. Wallerstein'sche Bibliothek jeder Zeit zur Benützung offen stand. Er starb als Frühmessbenefiziat zu Markt Offingen 29. Juli 1836. (Felder, Lex. III. S. 201—207.)

Schriften:

1) Verzeichniss alter Druckdenkmale der Bibliothek des uralten Benediktinerstiftes zum hl. Magnus in Füssen. Mit liter. Anmerkungen. Ulm (Stetten) 1790, 2 Alph. 3 Bg. 4. (S. Meusel, Hist. lit. bibliograph. Magazin, V. Stück, S. 149 sq.)
2) Entwurf der Gegenstände zur öffentl. Prüfung der niedern Schulen im Benediktinerstifte zu St. Magnus in Füssen nebst einer Abhandlung über das Sittenverderbniss bei der jetzigen studirenden Jugend. Füssen (Mayer) 1793, 40 S. Aehnliche Verzeichnisse wurden in den Jahren 1794, 1795, 1796, 1797, 1799 und 1801 verfasst und zu Füssen bei Mayer gedruckt.
3) Der gerechte Fürst. Ode auf Churfürst Clemens Wenzeslaus von Trier und Bischof von Augsburg. 1795, 4 Bg.
4) Joseph der Unterkönig in Aegypten von seinen Brüdern erkannt. Ein Singspiel. 1795. 8.
5) Ode auf den Gedächtnisstag (6. Mai [?] 1764), an dem der Hochw. Herr Aemilian, regierender Abt des Benediktinerstiftes St. Magnus in Füssen, dem Allerhöchsten sein erstes hl. Messopfer darbrachte.[2]) Von einem seiner Söhne gesungen. 1799. Füssen (Mayer), 1 Bg. 4.
6) Ode auf den Churfürsten Clem. Wenzeslaus von Trier, F. Bisch. von Augsburg, als derselbe zu Füssen die hl. Firmung spendete. Gesungen im Stifte zu St. Magnus 15. Sept. 1799. Das. (Mayer.)

---

[1]) Geb. zu Buchloe 24. März 1748, Profess 25. Nov. 1772, Neomyst 6. Jan. 1778, bis zur Aufhebung des Stiftes Instructor der Musik und Chorregent. Ein vorzüglicher Musiker, der durch unentgeltlichen Unterricht in der Musik vielen Jünglingen die Studienlaufbahn zu betreten möglich machte; starb zu Füssen 29. Dez. 1823.

[2]) Die Angaben über den Tag der Priesterweihe und Primiz des Abtes Aemilian widersprechen sich in den mir zugänglichen Quellen.

Ottobeuren.

Reichsstift Ottobeuren (Ottobeuern, Ottenbeuren, Utenburren, Ottobura, M. Ottoburanum), unweit Memmingen, gestiftet von Sylach, einem Grafen des Illergaus und Herzog in Franken, zu Ehren des hl. Martyrers Alexander, im J. 764. Die Stiftsgebäude auf einer mässigen Anhöhe oberhalb des gleichnamigen Marktes sind wahrhaft grossartig, daher Ottobeuren von jeher als Schwabens Eskurial galt [1]) Vom südlichen und nördlichen Flügel des Conventgebäudes

---

[1]) Ottobeuren ist das Mutterkloster von Mariaberg in Tirol, dem einzigen Stifte, das von der Congregatio suevica S. Josephi noch besteht. Dasselbe wurde anfänglich zu Schuls in der Schweiz gegründet, dann aber zwischen 1145—1146 nach Mariaberg verlegt. Die ersten fünf Aebte waren Professen von Ottobeuren. Mariaberg versieht zu Meran ein achtklassiges Gymnasium und besitzt dort ein schönes Collegium. Auch leitet dasselbe dort eine stark besuchte Erziehungsanstalt. Der Verfasser genoss in derselben seine wissenschaftliche Bildung und spricht hier seinen Professoren für die humane Behandlung den wärmsten Dank aus. Bisher hat derselbe folgendes veröffentlicht: I. „Nekrolog des A. R. D. Stephan Prantner, Subprior und Senior des Stiftes Wilten s. Ord. Praemonst.“ († 18. Mai 1873); er war ein in den naturwissenschaftlichen Fächern und namentlich in der Botanik sehr bewanderter Mann. (Salzburger Kirchenblatt 1873, Nr. 29.) — II. „Kurze Nachrichten über einige im Rufe grosser Frömmigkeit verstorbene deutsche Benediktiner des siebenzehnten, achtzehnten und neunzehnten Jahrhunderts.“ Artikel im Salzburger Kirchenblatte. Im Jahrg. 1878 Nr. 8: P. Jac. Molitor, P. Pl. Högg von Ottobeuren. — Nr. 9: P. F. Xav. Staas, P. M. Frhr. v. Leoprechting von Niederaltaich, P. Sim. Speer von Benediktbeuern, Fr. Rup. Grf. Kuen-Belasi, P. Andr. Geist (nicht Geisl) von Weingarten, P. Jos. Hess von Ettal, M. Benedicta Sennoner von Säben. — Nr. 12: P. Maur. Herbst von Plankstetten, P. Jul. Edelmann von Elchingen. — Nr. 15: P. Math. Lang von Mariaberg, M. M. Anna Bar. Caretto von Sonnenburg. — Nr. 19 u. 20: P. Pius Barmettler von Rheinau. — Nr. 21: P. Ans. Wickart, C. Gab. Weniger, P. Januar Herter von Rheinau. — Nr. 27: P. Ildeph. Andermatt von Rheinau. — Nr. 27 u. 28: P. Joach. Seiler von Fischingen. — Nr. 30: P. Math. Munding, P. Jac. Gräter, P. Fr. Klesin P. Alph. Frey von

ist jeder 406', vom östlichen und westlichen jeder 466' lang. Die mit Malereien geschmückte und in Kreuzform erbaute Kirche ist 312' lang, 210' breit, und hat zwei Thürme, von denen jeder 286' hoch ist. Die Orgel, ein Meisterwerk, hat 77 Register und 4 Clavituren. Ottobeuren leitete bis zur Aufhebung ein vortreffliches Gymnasium nebst doppeltem Erziehungsinstitute. Es besass das Priorat St. Johann in Feldkirch (Vorarlberg), und das Superiorat Maria Eldern, das nun nebst der Kirche dem Erdboden gänzlich gleichgemacht ist. Churfürst Max Joseph verfügte 28. Nov. 1802 die Aufhebung des Stiftes, die am 1. Dez. publizirt wurde. Das Stiftsgebiet umfasste $4^3/_4$ □Meilen mit 20,000 Einwohnern. Die jährlichen Reventüen betrugen 130,000 fl. Der Personalbestand im J. 1802 war 45 Conventualen und 3 Novizen. König Ludwig von Bayern übergab 1835 Ottobeuren dem neugegründeten Stifte St. Stephan zu Augsburg als abhängiges Priorat, das fortan dort vier bis fünf Conventualen unterhält, welche die ausgedehnte Seelsorge der Pfarrei Ottobeuren versehen, und eine Erziehungsanstalt für arme verlassene Knaben leiten. (1855.)

Literatur:

Baader, Reisen, II. S. 6 sq. — Baumann Dr. Fr. L., Necrologia Ottenburana. (Zeitschrift des hist. Vereins von Schwaben, 1878, Hft. III. S. 358—450.) — Bayrhamer, s. dessen Schriften. — Bernhard M., s. dessen Schriften unter St. Stephan in Augsbg. — Bruschius, chronologia, I. S. 628—641. — Feyerabend, s. dessen Schriften. — Gegendeklaration, Ruperti Abbten des . . . Reichs-Gottshauss Ottenbeyren denen v. einer Hochfürstl.

Ochsenhausen. — Nr. 39: P. Ul. Schwaiger von Tegernsee. — Nr. 42: P. Maur. Gut von Mererau, P. Bon. Leu, P. Adelhelm Zurgilgen, Joach. Albini von Engelberg. — Jahrg. 1879 Nr. 6: M. B. Hiemer von Klosterwald, P. Rufin. v. Mayer von Seon. — Nr. 12: P. K. Nack von Neresheim, P. Mart. Steinegg von St. Blasien. — Nr. 14: C. J. Hueber, P. V. Rumpf von Scheyern. — Nr. 14, 18, 26, 27: P. Pet. Lechner von Scheyern. (Werden fortgesetzt.) — III. Im Verein mit P. Fridolin Waltenspül, Archivar und Prior des aufgehobenen Benediktinerstiftes Rheinau (Cant. Zürich) zum Gedächtniss des 1100jährigen Stiftungsjahres der genannten Abtei: Catalogus religiosorum exempti monasterii Rhenaugiensis, congreg. Helveto-Benedictinae. (Freiburger Diöcesanarchiv 1878 und 1879, Bd. XII. und XIII.)

Handschriftlich hat er bearbeitet: a) Erinnerung an R. P. Steph. Prantner, S. Ord. Praem. 84 S. 4. (Das Salzb. Kirchenbl. enthält nur einen Auszug aus dieser ausführlichen Biographie.) — b) Johann B. v. Schulthaus, der vollkommene Sodale, Vorbild eines stnd. Jünglings, von P. J. Bapt. Hofer S. J. Frei bearbeitet aus dem Lateinischen. — c) Lebensbildnisse denkwürdiger Benediktiner. — d) Schriftsteller der im heutigen Württemberg und Baden bis zur Säkularisation bestandenen Benediktinerstifte, vom J. 1750 angefangen. — e) Die Aufhebung der Klöster in Deutschtirol durch Kaiser Joseph II. nebst statistischen Beilagen. (Noch unvollendet.)

Augspurg Ordinariats Administration wider denselben und dessen Reichs-Gottshauss bishero attentirten gewaltthätigen und widerrechtlichen Proceduren entgegengestellt. 4. (o. O. o. J.) — Gerbert, Iter, S. 154—162. — Illerkreis-Intelligbl. Jahrg. 1815—1816. — Lexikon v. Schwaben, II. S. 397 sq. — Mayer, advocatia armata, S. 152. — Monum. Germ. VII. 1. — Petri, Suevia ecclesiast. S. 831—845. — Postelmayer, s. dessen Schrift unter St. Steph. — Raiser Dr. J. N., Chronicon antiquissimum Ottoburanum. (IV. Jahresber. des hist. Ver. v. Schwab. S. 65—86, auch separat. Augsbg. 1839. 4. Enthält den sog. Thesaurus Ottoburanus, aber sehr mangelhaft.) — Desselb., Gesch. d. wappenberechtigten Orte, S. 104. — Reg. Bav. I. 207, 275, II. 16, 93, 106, 240, 252, 416, 418. — Steichele Dr. A., Aeltestes Chronikon od. Schenkungsbuch des Kl. Ottenbeuren. (Archiv f. Gesch. d. Bisth. Augsburg, II. Hft. 1, S. 1—68. Enthält den sog. Thesaurus [unverkürzt] nebst kritischen Bemerkungen.) — Stumpf, Handbuch, S. 1015 sq. — Sulzbacher Kalender 1850, S. 64 sq. (Beschreibung nebst Abbildung des Klosters und Porträt des P. Ul. Schiegg.) — Supplementum martyrologii Benedictini mensalis pro M. Ottoburano ex variis manuscr. et veteribus documentis collectum. Ottobur. 1750. 4. — Beisetzung und Einführung der Blutzeugen Bonifacii, des Arztes, Benedicti et Victoriae virg. et m. sammt Gedächtniss des sel. Ruperti I., Abt zu Ottobeyren. (26. Juni 1711.) Kempten 1711. 4. — Ziegelbauer, Conspectus, S. 55; desselb., Hist. rei liter. I. S. 560 sq. — Ueber die Klosterschule und das Ordensleben zu Ottobeuren unter den Aebten Honorat und Paulus, s. „Ludwig Aurbacher's Jugendschicksale." (Hist. pol. Blätter, 1879, Bd. 83, S. 823—836, u. 889—903.) — Ueber die Bibliothek: Baader, l. c. — Gerken, Reisen, I. S. 193—197. — Ueber das Priorat St. Johann: Bothe f. Tirol und Vorarlberg 1833, S. 248. — Ueber Maria Eldern: Das Gnadenbild Maria Eldern. Ottob. 1866. 12. (anonym). — Stengelius C., Hodoeporicon mariano-benedictinum. Aug. Vind. 1659, S. 72 sq. nebst Abbildung. — Ueber einzelne Religiosen: Geiger L., Nikolaus Ellenbog († 1543), eine hist. Monographie. (Oesterreichische Vierteljahrsschrift 1870, Hft. I./II., auch separat, Wien bei Holzhausen. — Die Vita R. P. Seb. Roeher (auch Rhör und Röhrer) steht in dem Werke: „Opuscula ascetica P. Seb. Roeher O. S. B. lib. et imp. M. Ottoburani professi, studio et op. alterius ejusdem ord. et mon. religiosi in lucem data." Altdorffii ad Vineas 1693. 12. pag. 15—24. Herausgeber dieser Opuscula war P. Alb. Kretz. — S. die Schriften von Feyerabend und Miller unter Ottobeuren. — Territorium imp., liberi et exempti m. Uttenburensis cum suis late confiniis. 1676. (Karte des Stiftsgebietes in Kupfer gestochen.) — Picturae conventus Ottobur. s. Renz.

Manuscripte:

A. Chroniken: 1) „Thesaurus Ottoburanus" cod. membr. saec. XIII. k. Reichsarchiv zu München; er reicht bis zum J. 1236 und ist von verschiedenen Mönchen geschrieben worden.[1]) 2) „Calendarium“, gewissermassen eine Fortsetzung des „Thesaurus“, enthält Aufzeichnungen über den Zeitraum vom J. 1145—1418.[2]) — 3) P. Nic. Ellenbog, Chronicon ab origine monasterii usque ad a. 1470. (Geschrieben im J. 1510.)[3]) — 4) P. Christiani Franz († 1599), Fragmenta historica. (Scheinen verloren zu sein.) — 5) P. Dav. Aichler († 1594), Chronologia miscellanea, sacra et profana, domestica et extranea. 334 S. 4. (Geschrieben im J. 1570. Biblioth. zu Ottob.) — 6) P. Georgii Baumbauer († 1600), Collectanea. — 7) P. Galli Sandholzer († 1619), a) Chronologia a fundatione monasterii usque ad a. 1600. Tom. fol. unic.[4]) (Copie aus d. J. 1698, in der Staatsbiblioth. zu München) b) Compendium majoris chronologiae cum variis appendicibus. 4. (Daselbst.) — 8) P. Jac. Molitor († 1676), Chronologia monasterii usque ad a. 1640, 2 Bde.[5]) (Scheint verloren zu sein.) — 9) P. Alberti Kretz[6]) († 1713), a) Annales Ottoburani ab a. 764—1710, 5 Tom. Fol. (Staatsbiblioth. zu München unvollst.) b) Chronologia Ottoburana. Partes tres. 3 Bde. Fol. Pars I. 1600—1622, Pars II. u. III. 1628(?)—1640. (Staatsbiblioth. zu München unvollst.) c) Series et acta abbatum 764—1710. Tom. unic. (Zu Ottobeuren.) — 10) P. Theodori Schilz (Andere schreiben Schylz u. Schülz)[7]), a) Chronicon divisum in partes duas. 1 Bd. 392 S. Fol. Dieses Manuscript enthält sehr reichhaltiges Material für die Geschichte des Hauses; dessen Inhalt folgt hier: Pars I. De professione cum quibusdam reducibilibus ad eam: a) Praeliminaria et numerus chronologorum Ottoburanorum, fol. 1—34. b) Schedae professionis et nomina cum meritis professorum, fol. 38—112. (Enthält die Religiosen des Stiftes in chronologischer Ordnung bis zum J. 1734; von da ab bis 1766 hat sie ein anderer Religiose eingetragen.) c) Litterae fundationis, heraldica Ottoburana, series abbatum cum insignibus eorum,

---

[1]) Eine Copie des Thesaurus enthält der Codex: „Chronologica varia.“ (Bibliothek zu Ottob.)

[2]) Näheres über die Manuscripte sub Nr. 1 und 2 s. Feyerabend, Jahrb. I. Praef. pag. XIX sq.

[3]) Nun im k. Reichsarchiv zu München. Ein anderes hist. Manuscript Ellenbog's, betitelt „Continuatio historica“, war schon im achtzehnten Jahrhunderte nicht mehr zu Ottobeuren vorhanden. (Cf. Schilz, Chronicon, S. 30.)

[4]) P. Paul Fux fertigte von diesem Werke eine Abschrift an.

[5]) P. Gordian Guetleb († 1717) verfasste von dieser Schrift einen Auszug, betitelt: Brevis et compendiosus extractus ex chronologia. P. J. Molitor. 1 Bd. 4. (Biblioth. zu Ottobeuren.) — Ueber Molitor s. Feyerabend, Jahrb. III. 519—522; Hist. Univ. Salisb. S. 366 sq.

[6]) P. Albert Kretz, geb. zu Kempten 1643, Profess 1661, Priester 1669, Professor der Theologie, Prior und Archivar, † 25. Sept. 1713. Er stand mit Mabillon in Correspondenz, der ihn sehr schätzte. (S. Feyerabend l. c. S. 642 sq.)

[7]) Geb. im Luxemburgischen 19. März 1678, Profess 9. Nov. 1700, Priester 7. April 1703, Bibliothekar, Administrator zu St. Johann in Feldkirch, Superior in Eldern, Prior, † 7. Jan. 1737.

episcopi et abbates e congr. Ottoburana postulati, catalogus hospitum ab a. 1619—1741, series cancellariorum, confoederationes, fol. 176—332. Pars II. De mortuis cum reducibilibus: a) Exequiae professorum, obligationes et consuetudines pro defunctis, anniversaria fundata, tabula rituum monast. Ottoburani (eine alte Gottesdienstordnung), de sepultura religiosorum, de sepultura et epitaphiis abbatum (enthaltend eine Sammlung von längst verschwundenen Grabschriften Ottobeurischer Aebte), fol. 336—392. Dasselb., b) Chronicon majus Ottoburanum, 820 S. Fol. mit Handzeichnungen. (Beide Manuscripte zu Ottobeuren.) — 11) P. Magni Merrath († 1744),[1] Chronologia ecclesiastica lib. et exempt. M. Ottoburani, 1742, 1 Bd. 550 S. Fol. Enthält von fol. 49—114 eine Series Religiosorum v. Ottob. bis zum J. 1751. (Biblioth. zu Ottob.) — 12) Dingler, s. dessen Schriften.

B. Diarien: 1) Ruperti Ness, abbatis († 1740), Diaria ab a. 1710—1740, 14 Bde. Fol. II. Band — XV. Bd. inclus. in der Bibliothek zu Ottobeuren; der I. Bd. gieng verloren. Sie theilen sich nach verschiedenen Gesichtspunkten in: Politica, ecclesiastica, oeconomica etc. 2) Fragmentum diarii P. A. Kretz ab a. 1710 bis Sept. 1713, 1 Bd. Fol. 127 S. — 3) Depra, s. dessen Schrift. — 4) Alt, s. dessen Schrift. — 5) Miller, s. dessen Schrift.

C. Miscellen (sämmtlich zu Ottobeuren, wenn nicht anderes bemerkt): Necrologium Ottoburanum, seu liber mortuorum, continens nomina fratrum, confoederatorum etc. 1 Bd. Fol. saec. XVIII.—XIX. — Kiderle, s. dessen Schriften. — Chronologica varia, copia nempe „Thesauri Ottoburani", et alia notatu dignissima ex variis antiquis monasterii nostri documentis. 1 Bd. Fol. — Exemptio Ottoburana ab omni regia servitute, i. e. expeditione regali et exercitali vel hostili clypeo, a curiali itineratione et ab omni regni negotio. 1 Bd. Fol. (Verfässer unbekannt.) — Series abbatum et alia memorabilia monasterii Ottoburani auctore P. Gordiano Guetleb. 1700, 1 Bd. 4. — Historia advocatiae Ottoburanae. 2 Bde. Fol. (saec. XVIII.) Verfasser derselben ist wahrscheinlich P. A. Kretz. — Verordnungen . . . . des Gotteshauses Ottobeyren, 1710, 1 Bd. Fol.[2]) — Repertorium . . . . jeder brieflichen Urkund und Dokumente des hl. R. Reichsstiftes Ottobeuren. 1 Bd. Fol. (saec. XVIII.) — Repertorium archivii auctore Alb. Kretz. 1 Bd. Fol. — Archivregister. 1 Bd. Fol. — Communicatio privilegiorum Casinensium M. Ottoburano a Paulo V. P. M. a. 1617. facta. — Notizen, kl. historisch., über Ottobeuren aus den J. 1739—1769, 1 Bd. 4. — Kriegssachen aus dem 30jährig. Kriege. 6 Bde. Fol. (Meist nur Ottobeuren und Schwaben betreffend.)[3]) — Huber, ottobeurisch. Oberamtmann:

---

[1]) S. Feyerabend, Jahrb. IV. S. 18.

[2]) Enthält auch Akten aus der Zeit des Abtes Anselm.

[3]) Enthält mehrere Briefe des treuen Hauswächters P. Jeremias Mayr, der zur Zeit des Schwedenkrieges in Ottobeuren zurückblieb, und unter fortwährender Lebensgefahr den Kranken die Tröstungen der Religion spendete. Er war aus Mindelheim, machte 8. Sept. 1602 Profess, † 2. Febr. 1651.

„Die Franzosen in den J. 1800 u. 1801 in Schwaben. 4. (Meistens Ottobeuren betreffend.) — Weckbecker, Statistische Uebersicht des Reichsstiftes Ottobeuren im J. 1802 1 Bd. Fol. — Verzeichniss der im Kl. Ottobeuren befindlichen Gemälde, Kunstwerke etc. zur Zeit des Abtes Honorat. 1 Bd. Fol. — Merkwürdige Ereignisse aus den J. 1803—1809 von Joachim Hansmann, Convers von St. Gallen.[1] (Meist das Stift Ottobeuren betreffend.) — Die weite Welt im engen Crayss von 764—1710. 3 Bde. Fol. I. u. II. Bd. (764—1564), III. Bd. (1564—1710.) (Staatsbiblioth. zu Münch.; defekt.) Enthält eine Geschichte des Klosters Ottobeuren. — Litterae mortuales M. Ottoburani ab a. 1650—1802. Collectaea P. Seb. Henle O. S. B. zu Wiblingen. 1 Bd. Fol. (Manche Roteln sind handschriftlich.) — Codices epistolares a. s. XVI — s. XIX. 4 Bde. Fol. — Ueber das Superiorat und die Wallfahrt Maria Eldern: Schilz Th., Chronologia peregrinationis Elderensis uno lapide distantis ab imperial. monast. Ottoburano. 1 Bd. Fol. 118 S. (Begonnen von Schilz im J. 1720, von Verschiedenen fortgesetzt bis z. J. 1780. — Desselben, Chronicon Elderense, fortgesetzt bis zur gänzlichen Auflösung dieses Wallfahrtsortes (1806.) 4.

In der Staatsbibliothek zu München:

Catalogus abbatum Ottenpurensis monast. usq. ad a. 1584. (Vielleicht von P. Christian Franz.) 1 Bd. 4. — P. Alb. Kretz, Historia mon. Ottoburani von 764—1711. 1 Bd. Fol. — Desselb., Register der Urkunden und Sachen in den Tom. I.—IV. der Chronologia universalis. 1 Fasc. Fol. — Ottoburana singularia ex chronicis comprehensa a P. A. Kretz. 1707, 1 Hft. Fol. — Manuscriptorum Ottoburanor. conscriptio. 1 Hft. saec. XVIII. 4.[2])

Schriftsteller:

P. Honorat Reich (Raich), Protonotarius apostolic., geb. zu Wangen 25. Mai 1677, Prof. 2. Febr. 1694, Priester 24. Sept. 1701, Novizenmeister, Prior, Professor der Philosophie und Sekretär der schwäb. Benediktiner-Congregation, Pfarrer von Tisis bei Feldkirch, Oekonom im Kloster seit 1732, starb als Jubilar 10. Juli 1750. Ein vorzüglicher Organist. Seine Compositionen zeigen von tiefer Kenntniss des Contrapunktes.

---

[1]) Hospitirte nach der Aufhebung des Stiftes St. Gallen zu Ottobeuren.

[2]) Bei Zusammenstellung der Literatur und der Schriftsteller über Ottobeuren gieng dem Verfasser P. M. Bernhard, Bibliothekar zu Ottobeuren, bereitwilligst an die Hand, und lieferte viele Beiträge. Ausserdem dienten als Quellen Miller, Liber mortualis und Schilz, Corpus professionis (s. die handschriftl. Quellen), sowie die Sammlung der Roteln der schwäbischen Benediktiner-Stifte. Ueber die schwäbischen Stifte existiren meines Wissens nur mehr zwei Sammlungen von Roteln. Eine vollständige befindet sich in der fürstl. Wallerstein'schen Bibliothek zu Maihingen, stammend aus hl. Kreuz in Donauwörth. Eine andere besitzt das Kloster Ottobeuren; sie reicht aber nur von 1629—1778.

Das schätzbarste Denkmal seines musikalischen Genies war die Orgelbegleitung zum römischen Choralgesang (eine Art Ordinarium Missae), deren man sich im Kloster Ottobeuren bediente. (Lipowsky, Mus. Lex. S. 271.)

Compositionen:

1) Bassus choralis (organum) vocibus psallentium in templo Ottoburano accommodatus. 1701. (Bibliothek zu Ottob.)
2) Missa jubilaei sacerdotis a 20 voc. ad solennes secundas primitias Gordiani S. R. J. Praelati ac D. lib. et imper. Monast. Ottobur. Abbatis, sacerdot. jubilaei; composit. et oblata a P. H. Raich .1710. 1. Jan. (Chor zu Ottob.)
3) Domine, Dixit et Magnificat a 4 vocib. (Das.)
4) Dasselbe, in einer andern Melodie. (Das.)

P. Michael Reichbeck, Mitglied der societas literaria germano-benedictina.[1]), geb. zu Salzburg 25. Juli 1707, Profess 8. Dez. 1724, Priester 22. Sept. 1731, Pfarrer in Tisis, Bibliothekar, stand mit mehreren Gelehrten der Mauriner-Congregation in literarischer Correspondenz, † 7. Sept. 1755. (Feyerabend, Jahrb. IV. S. 62.)

Manuscripte:

1) Collecta ex rarissimis libris. 1733, 3 Bde. 4. (Staatsbiblioth. zu Münch.)
2) Bibliotheca historico-critica auctorum Congreg. S. Mauri auctore Philipp. le Cerf. — (Uebersetzung dieses in französischer Sprache 1726 zu Haag erschienenen Werkes.)
3) Verfasste einen Katalog über die Stiftsbibliothek.

P. Nicolaus Meichelbeck (böck), geb. zu Reichenau 30. Juli 1716, Profess 13. Nov. 1734, Neomyst 9. April 1740, Professor der Philosophie, Musikinstruktor und Chorregent, † 26. April 1756. Er lieferte zu mehreren Theaterstücken die Musik, welche aber verloren gegangen zu sein scheint.

Compositionen:

1) Fortis Achates, sive angelus custos a studiosa juventute (exhibitus). Ottob. 1746. 4.[2])
2) Rara divinae bonitatis vindicta in Didacum juvenem atheum exercitata. Ibid. 1747. 4.
3) Fortitudo amoris inter adversa constans in Oreste et Pylade. Ibid. 1747. 4.

---

[1]) Das Aufnahmsdiplom ist abgedruckt bei Feyerabend, Jahrb. IV. S. 361.

[2]) Alle diese Theaterstücke, Cantaten u. s. w. wurden zu Ottobeuren bei Wankenmiller gedruckt. Die Musik war handschriftlich. Die Verfasser dieser Theaterstücke sind nicht genannt, es waren aber ohne Zweifel Religiosen von Ottobeuren.

4) Perfidia severe castigata, sive Sedecias rex Solymarum perfidus justo Dei judicio punctus. Ibid. 1748. 4.
5) Scientia coronata, sive Athenais ob insignem doctrinam e humili loco in aulam et Caesaris thronum assumpta. Ibid. 1750. 4.
6) Ingeniosus amor conjugis in maritum, Ansbertae in Bertulfum Germaniae principem. Ibid. 1751. 4.
7) Trinus unius Dei Israelis cultus severo igne examinatus. Ibid. 1752.

P. Rupert Kolbinger,[1]) geb. zu Haigerloch 11. Nov. 1694, Profess 9. Nov. 1711, Priester 21. Sept. 1720, Professor der Philosophie zu Freising 1725,[2]) dann Präfekt des Klostergymnasiums und Lehrer der Rhetorik, dann der Theologie, verwaltete von 1737—1749 das Amt eines Priors, und wusste als solcher die klösterliche Ordnung durch die ihm ganz eigene Bescheidenheit und Liebe im besten Zustande zu erhalten. Superior zu Maria-Eldern seit 1748, starb als solcher 15. Okt. 1756. (Feyerabend, Jahrb. IV. S. 73.)

Schriften:

1) Natura secundum se et per partes explicata. Frising. (Immel) 1726. 176 S. 8.
2) De quidditate logicae. Monach. et Straub. 1727. 8.
3) Tractatus de incarnatione, jure, justitia et restitutione. 1724. (Manuscr. zu Ottob.)

P. Philipp Langbartner (Langpartner), geb. zu Petting (Salzburg) 4. Nov. 1688, Profess 8. Dez. 1709, Priester 15. Juni 1715, Subcustos, Pfarrer in Theinselberg, Cellerarius, Professor der Grammatik am Gymnasium, Beichtvater zu Klosterwald, der erste, der dort beständig seine Wohnung hatte; Custos (1742), Beichtvater zu Klosterholzen, starb daselbst 15. Nov. 1756.

Schrieb:

Der himmlischen Gold-Grub kurtzer Begriff, d. i. ganz besondere, jedoch wahrhafte Weisse Gott recht zu dienen, durch welche man zur Liebe Gottes ohnfehlbar gelangen kann. Auctore P. Alphonso Madriliensi O. S. B. In's Deutsche übersetzt. Ottobeuren, III. Aufl. 1776, 85 S. 8.

P. Hieronymus Hornstein, geb. zu Ochsenhausen 12. April 1721, erhielt im dortigen Reichsstifte und zu Ottobeuren Unterricht in der Musik und in den Wissenschaften, Profess 28. Sept. 1740, Neomyst 28. Sept.

---

[1]) Bruder des P. Chrysostomus († 1758).

[2]) Aus Ottobeuren wirkten noch zu Freising als Professoren: P. Gallus Sindlin 1722 († 1785), P. Athanas. Finger 1776 († 1801), P. Philipp Miller († 1799). Die Uebrigen werden hier ausführlicher besprochen.

1746, † 21. Juli 1758. Er war ein guter Organist, der Einiges componirte. (Lipowsky, Mus. Lex. S. 414.)

P. Joh. Chrysostom. Kolbinger, Dr. jur. utr., geb. zu Sigmaringen 13. Okt. 1703, Profess 28. Sept. 1720, Priester 20. Dec. 1727, Professor der Philosophie und des Kirchenrechtes, Archivar und Novizenmeister 1734, seit 30. Dez. 1740 bis zu seinem Tode, der am 19. Okt. 1758 erfolgte, Professor des Kirchenrechtes an der Universität Fulda. Er war auch der erste Visitator der Fuldaischen Diözese, und hat sich um dieselbe in mehrfacher Hinsicht verdient gemacht. Der von Fulda nach Ottobeuren geschickte Todesbericht rühmt ihn: „ob eximiam morum suavitatem, inculpatam conversationem atque in agendis singularem prudentiam et dexteritatem. (Feyerabend, Jahrb. IV. S. 72.)

Schrift:

Leichenrede auf Amandus, ersten Fürstbischof von Fulda. (Fulda?) 1756.

Compositionen:

a) Dolor compatientis animae, sive motteto ad sepulchrum Christi D. a canto solo, 2 violinis concert., 2 violis concert., organo et violoncello. (Chor zu Ottob.)

b) Affectus compatiens ad sepulchrum Christi Domini a canto solo, 2 violinis, 2 violis et organo. (Das.)

P. Franz Rauch, geb. zu Benningen bei Memmingen 22. Febr. 1703, Profess 9. Nov. 1733, Priester 19. Juni 1734, Professor der Philosophie und Theologie im Kloster,[1]) dann Prior und Novizenmeister, † 28. Jan. 1759.

Schrift:

Tractatus canonicus de irregularitatibus in genere et in specie. Ottobur. 1746. 4.

Manuscripte:

a) Universa philosophia Doctoris angelici. 1 Bd. 4. (Biblioth. zu Ottob.)

b) Tractatus de actibus humanis et de verbo incarnato. 4. (Das.)

P. Beda Braunmüller, geb. zu Ottobeuren 1. Mai 1685, Profess 15. Aug. 1706, Priester 19. April 1710, Lehrer der Theologie im Kloster, und erster Regularpfarrer zu Ottobeuren, Prior zu Feldkirch 1745, starb als Jubilar 14. März 1761. Er veröffentlichte theologische Thesen.

---

[1]) Das theologische Hausstudium des Stiftes Ottobeuren erfreute sich eines vortheilhaften Rufes, wesshalb Aebte verschiedener Benediktinerstifte ihre Kleriker dorthin sandten. So finden sich dort vom J. 1678—1735 aus folgenden Stiften Kleriker, die ihre theolog. Studien machten: Deggingen, Donauwörth, Ebersmünster (Elsass), Elchingen, Ettal, Fultenbach, Füssen, Irrsee, Isny, Kempten.

P. Albert Loechle, geb. zu Kempten 28. Nov. 1696, Profess 21. März 1718, Priester 20. Sept. 1721, Professor der Rhetorik und Präfekt des Klostergymnasiums, führte für die Studirenden die marianische Congregation sub titulo B. V. M. praesentatae ein, war dann Professor der Philosophie und Theologie, Pfarrer zu Tisis, Bibliothekar, Archivar und Inspektor der Stiftsapotheke, seit 1750 Oekonom. In allen diesen Aemtern bewies er sich als einen sehr tüchtigen Geschäftsmann. † 30. März 1764.

P. Anselm Erb, Dr. jur. utriusq., geb. zu Ravensburg 29. Jan. 1688, Profess 15. Aug. 1706, Priester 24. Sept. 1712, Neomyst 16. Okt. Er lehrte zu Salzburg zwei Jahre Philosophie, und erwarb dort den juridischen Doktorgrad; war dann Professor des Kirchenrechtes zu Freising und Regens Lycei 1725—1734, Professor des Kirchenrechtes an der Universität Fulda 1734—1740. Zum Abt erwählt 23. Nov. 1740, entfaltete er während seiner 27jährigen Regierung eine sehr gesegnete Thätigkeit, und war Gönner der Wissenschaften und Künste. Der von seinem Vorgänger, Rupert Ness, 1736 begonnene Bau der Stiftskirche wurde von Abt Anselm 1766 beendet,[1]) dieselbe im genannten Jahre eingeweiht, und zugleich das (um zwei Jahre verschobene) 1000jährige Jubiläum festlich begangen. Das Territorium des Reichsstiftes vergrösserte er durch den Ankauf der Herrschaft Stein, die 254,805 fl. kostete. Grosse Sorgfalt verwendete er auf die Verbesserung der deutschen Schulen seines Gebietes, indem er auf Abhaltung der sog. Feiertags- und Sommerschule drang, und die Lehrer dafür honorirte. Vom Alter gebeugt, resignirte er 12. Mai 1767, und starb nach einigen Tagen, 21. Mai, als Jubilar des Ordens und Priesterthums. Sein Porträt befindet sich im Speisesaal zu Ottobeuren. Ein Kupferstich findet sich in dem Werke: „Tractatus musico-compositorio-practicus" von P. M. Spiess, welches dieser dem Abte Anselm dedizirte. (Feyerabend, Jahrb. III. S. 738, IV. S. 4, 27, 30, 41, 71, 81, 102, 125, 162; Trauerrede auf Anselm des Reichsstiftes Ottobeuren Abten, Ihro Röm. Kaiserl. Majestät würklich. Rath und Erb-Caplan, von P. Alexander Huttler, Ord. s. Spiritus de Roma in Sassia, des löbl. Oberspitals in Memmingen Capitular. Ottobeuren 1767, 15 S. Fol.)

Schriften:

1) Scientiarum prodromus, seu selectae quaestiones ex prolegomenis. Salisburg 1722. 8.
2) Forum sacrum casuum reservatorum, seu tractatus theolog.-can. de

---

[1]) Der Bau der Stiftskirche kostete eine halbe Million. — Die beiden Orgeln in derselben kosteten 31,810 fl. — Die geschnitzten Chorstühle 14,610 fl. (S. Feyerab. ...)

casibus reservatis in genere et in specie ad lib. V. decret. tit. 38. Frising. 1726, 203 S. 8.

3) Dissertatio canonico-politica de matrimoniis coram magistratu, vel ministro protestantium contractis. Fuldae (Koes) 1737, 49 S. 4.

4) Tractatus de natura, requisitis et obligatione sponsalium, tum secundum jus commune, cum ad edictum dioecesanum Fuldense. Fuldae (Koes) 1740, 166 S. 4.

5) Allocutio ad Rever. capitulum ducalis ecclesiae Campidonensis pro electione novi principis et abbatis, dicta XVI. Calend. Julii 1760. Campidonae 1760, 16 S. 4.

6) Tractatus de poenitentia. 4. (Manuscript zu Ottob.)

P. Alexander Scheffler, geb. zu Freising 24. Juni 1705, Profess 8. Dez. 1724, Priester 24. Sept. 1729, Präfekt und Professor der Rhetorik am Stiftsgymnasium, Professor der Philosophie zu Freising 1739—1741, Pfarrvikar zu Theinselberg, wo er die Bruderschaft von Maria Trost (sog. Gürtelbruderschaft) einführte; Pfarrer zu Tisis; von 1749—1751 Professor der Philosophie zu Salzburg, Superior zu M. Eldern, starb als solcher 17. Mai 1767; ein Mann von grosser Frömmigkeit. (Feyerabend, Jahrb. IV. 119—123; Baader, Lex. II. 2, 84.)

Schriften:

1) Disputatio de ente rationis. Frising. 1740. 8.

2) Genimina viperarum incarnati verbi veritatem theantricam haeretico dogmate depravantium, labore annuo schol. dog. confutata. Ottob. 1748.

3) Dissert. prolegomenalis de objecto dialecticae. Salisb. 1750. 4.

4) De simplici rerum perceptione ad mentem et sensum doctoris angelici breviter discussa. Ibid. 1750. 4.

5) Erothemata philosophiae rationalis peripatetico-neoterica de instestino mentis judicio juxta div. Thomae doctrinam. Ibid. 1750. 4.

6) Exercitatio physica de natura et loco corporis naturalis juxta mentem et normam doctoris angelici. Ibid. 1751. 4.

7) Exercitatio physica de accidentalibus absolutis. Ibid. eod. 4.

8) Exercitatio psychologica de substantia per quam homo est. Ibid. 1751. 4.

9) Marianische Ehren-, Gnaden- und Schröckenkron. (Pred. gehalt. zu Maria Plain; in der Samml. der Festreden. 1751. 4.)

10) Neutestamentisches Schau- und Dankbrod zur Fortpflanzung und Vermehrung der ewigen Anbethung des allerh. Sakramentes in einem eifer- und liebvollen Rauchopfer auserlesener täglicher Gebether . . . nebst kurzen Betrachtungen von dem bittern Leiden Christi und dem hl. Leben Mariä. Ottobeuren 1756 (anonym). II. Aufl. Augsb. (Rieger) 1776.

11) Wunderschöne Früchte des ottobeurischen Eldernbaumes. Ottob. 1759.
12) Horologium sacerdotis manuale. Ottoburae 1762.
13) Rede beim 1000jährig. Jubiläum des Klosters Ottobeuren. 1766. (In der Sammlung der Festreden.)

Manuscripte:

a) Logica magna. 1740. 4.
b) Tractatus de verbo Dei incarnato. 4.
c) Kurze Lebensbeschreibung der gottselig. M. Creszentia Höss, würdig. Mutter in Kaufbeuern, welche 1744 5. April in der hl. Osternacht im 62. Jahre ihres Alters seligst verstorben. 4. (Biblioth. zu Ottob.)

P. Placidus Christadler, geb. zu Wangen 1. Mai 1709, studirte zu Ottobeuren, Profess 13. Nov. 1725, Priester 30. Mai 1733, Professor der Rhetorik und Theologie im Kloster, Novizenmeister, Professor zu Freising 1749—1750. Er war ein gründlicher Orgelspieler, und bildete den P. Fr. Schnitzer zum Tonkünstler heran. Beim Baue der beiden Orgeln der Stiftskirche war er selbst thätig. Auch legte er den Grund zu der in der Folge bedeutend gewordenen Gemäldesammlung [1]) des Stiftes und war, nach dem Zeugnisse Feyerabend's, ein grosser Kunstkenner. Am Morgen des 6. Okt. 1767 fand man ihn todt in seinem Bette. (Feyerabend, IV. S. 126; Lipowsky, Mus. Lex. S. 407.)

Schriften:

1) Effigies peccati sincera umbrosis et nigris coloribus delineata. Ottob. 1741, 96 S. 8.
2) Necessitas logicae. Frising. 1749. 8.
3) Summulae logicae in commodum discipulorum succincta methodo traditae. Frising. 1750. 8.

Manuscripte:

Cursus philosophiae. 4. — Tractatus de virtute poenitentiae, vitiis et peccatis, gratia, justificatione et merito, de jure et justitia. (Sämmtl. zu Ottob. Mehrere starke Bände in 4.)

P. Conrad Renz, geb. zu Stetten am Kaltenmarkt 20. Jan. 1696, Profess 6. Jan. 1716, Priester 20. Sept. 1721, Professor am Klostergymnasium, Professor der Theologie, Subprior (1748), Archivar, starb als Senior und Jubilar 20. Jan. 1770.

---

[1]) Dieselbe zählte 1802 circa 1000 Stücke. Vergl. den Katalog derselben bei der Literatur über Ottobeuren.

Schrift:

Picturae conventus Ottoburani, quae utriusque testamenti mysteria praecipua repraesentant et illustrant. 1783. (o. O.) 4. (Op. post.) Mit 2 Abbildungen des Klosters in Kupfer, dem alten Ottobeuren, und dem Neubau nebst Kircke.

Manuscript:

Tractatus de gratia, justificatione, merito, sac. poenitentiae, de incarnatione et de angelis. 4 Bde. 4. Saec. XVIII. (Biblioth. zu Ottob.)

P. Martin Baur (Paur), geb. zu Ravensburg 28. Okt. 1716, Profess 13. Nov. 1734, Neomyst 9. April 1741, Subcustos, Professor der Grammatik, Novizenmeister, Prior, Pfarrer zu Ottobeuren, † 16. Dez. 1777.

Schrift:

Dissertatio psychologica de mutuo commercio inter mentem humanam et corpus. Ottobur. 1753, 73 S. 4.

P. Ambros Chrismann, geb. zu Hindelang 4. Okt. 1727, Profess 13. Nov. 1747, Neomyst 29. Sept. 1753, Pfarrer zu Ottobeuren, Aushilfspriester im Priorat St. Johann zu Feldkirch, Cellerarius, starb zu Ottobeuren 5. Nov. 1778.

Manuscripte:

a) Material zu einer Geschichte des Priorats St. Johann. (Scheint verloren.)
b) Handbüchlein des Epiktet. (Biblioth. zu Ottob.)

P. Raphael Weiss, geb. zu Wangen 10. März 1713, Profess 13. Nov. 1730, Priester 21. Sept. 1737, Chorregent und Componist, † 28. Okt. 1779. Er lieferte zu mehreren Theaterstücken die Musik, die aber Manuscript blieb.

Compositionen:

1) Urna praedestinationis, sive B. V. Maria certa clientum salus, Anselmo O. S. B. Monast. Ottoburani abbati in votum natalitium a musis Ottoburanis exhibita. 1746. Ottobur. 4.[1])
2) Hostia eucharistica Deo uni et trino pro solem. sacrae religiosae professionis jubilaeo R. R. D. D. Ruperti II. a 4 vocib. etc. 1738. (Im Chor zu Ottob.)
3) Jesus honorabilis, h. e. lytaniae breves de S. S. nomine Jesu a 4 voc. etc. . . . 1741. (Das.)
4) Requiem solenne a 4 voc. etc. 1741. (Das.)

---

[1]) S. Anmerkung zu P. N. Meichelbeck. S. 75.

5) Joanna Aurelianensis, acta ludis autumnalibus. Ottob. 1744. (Die Musik verloren.)
6) Psalmus 50. Miserere a 4 voc. 1745. (Im Chor zu Ottob.)
7) Gloriosus invidiae partus in S. Edmundo Anglorum rege et martyre. — Melodrama. Ottob. 1745. (Die Musik verloren.)
8) Zelus gloriosus victrixque virgineae matri vere devotus in S. Anselmo archiep. Cantuarensi. Ottob. 1754. (Detto.)
9) Ancilla Ibera veritatis fidelis magistra. Ottob. 1757. (Detto.)
10) Manlius redux e pugna ovans, patris jussu capite plexus. Ottob. 1759. (Detto.)
11) Musica sepulchralis. s. a. (Chor zu Ottob.)
12) „Sub tuum praesidium confugimus“ a canto, alto, tenore, basso, organo, s. a. (Das.)
13) Sequentia pro sol. festo S. S. Patris nostri Benedicti a 4 voc., s. a. (Das.)

P. Augustin Bayrhamer, geb. zu Tannhausen (Württemberg) 6. Sept. 1729, Profess 13. Nov. 1747, Neomyst 30. Sept. 1753, wurde zur Ausbildung in den orientalischen Sprachen von Abt Anselm in das Stift St. Gallen gesandt, wo er sich drei Jahre aufhielt. Zurückgekehrt lehrte er Rhetorik, Poesie, Philosophie und Kirchenrecht, und von 1775—1777 am Lyzeum zu Freising Logik und Physik, wurde dann im Kloster Archivar, wo er 4. Jan. 1782 starb. Er war der französischen und italienischen Sprache vollkommen mächtig, und schrieb ein klassisches Latein. Auch legte er den Grund zu der in der Folge bedeutenden Münzsammlung des Stiftes. (Feyerabend, Jahrb. IV. S. 50, 100, 157, 173, 174.)

Schriften:

1) Das von der gottseligen Milde Sylachi gestiftete .... tausendjährige Ottobeyren, oder kurze Beschreibung der Stiftung, Erhaltung und Wachsthumes des uralten und befreyten Reichsstiftes Ottobeyren. Ottobeyren (Wankenmiller) 1766, 89 S. Fol.
2) Das tausendjährige durch die bischöfliche Einweihung der neuen Kirche geheiligte Ottobeyren. ... (Beschreibung der 1000jährigen Jubelfeier und Sammlung der gehaltenen Festreden.) Ottob. 1767, 160 S. Fol. (Anonym.)
3) Theses ex univ. philosophia. Ottobur. 1770 und 1777. 4.

Manuscripte:

a) Alceste Phoebi et Amoris beneficio rediviva. (Operette zur Feier des 1000jährigen Jubelfestes 1766, in Musik gesetzt von Benedikt Kraus.)
b) Chronologia Ottoburana (continuata).
c) Institutiones physicae. 4. (Biblioth. zu Ottob.)
d) Geschichte dès Pelagianismus.
e) Conatus hebraeo-graeci natalitiis honoribus D. Anselmi abbatis oblati. Ottob. 1755. Fol. (Biblioth. zu Ottob.)

P. Franz Schnitzer,[1]) geb. zu Wurzach 13. Dez. 1740, Profess 15. Aug. 1760, Neomyst 8. Juni 1766, Musik-Instruktor der Studenten und Kleriker, Chorregent und Küchenmeister, ein vortrefflicher Organist und Compositeur. Er änderte die vorher üblichen, und für die Festtage des Kirchenjahres bestimmten Antiphonen des einstimmigen Chorals in vierstimmige schöne Kirchengesänge um. Die Grundregeln der Tonsetzkunst hatte er unter Anleitung des Benedikt Kraus, ehem. Kapellmeisters in Triest, der sich mehrere Jahre in Ottobeuren aufhielt, gelernt. Neben 15 Theaterstücken, die grossen Beifall ernteten, den vier Tagzeiten, die nach Frankreich bestimmt waren, und andern kleinen Stücken für die Kirche, bearbeitete er drei Contrapunktmessen, die Antiphonen auf das Fronleichnamsfest, und eine marianische Antiphon auf die Adventzeit, fünf Stücke, welche die genaueste Kunstprüfung aushalten. Am 9. Mai 1785 Morgens 6 Uhr noch wohl und gesund, warf er nach einer kurzen Zeit gestocktes Blut in Form einer Erdbirne aus. Der zufällig anwesende Arzt mahnte, dass Schnitzer mit den hl. Sterbsakramenten versehen werde. Abends 6 Uhr war er eine Leiche.[2]) (Feyerabend, Jahrb. IV. S. 185 sq.)

Compositionen:

A. Gedruckt:

1) Sechs Sonaten, in Kupfer gestochen von Fr. Ul. Schiegg. 1773.
2) Cantus Ottoburani monasterii pro festis et processionibus consuetis, canto, alto, tenore, et basso. 1784, 5 Hfte. 4. (Ottoburae.)

B. Handschriftlich:

3) Offertorium solemne de plurib. martyr. a 4 voc., 2 violinis, alto viola, 2 clarinis, tympano, violone et organo. 1763. (Chor zu Ottob.)
4) Domine, Dixit, Magnificat a 4 voc. ordin., violino I. II., alto viola, violone et organo, 2 clarinis et tympano pro primitiis R. et rel. P. Norb. Kopp 28. Apr. 1764. (Das.)
5) Veni s. Spiritus a 4 voc., violino I. II., alto viola, clarino I. II., tympano, basso et organo pro primitiis P. N. Kopp. 1764. (Das.)
6) Vesperae de sabbatho infra annum a 4 voc. ordinar., violino I. et II.,

---

[1]) Dessen Porträtbüste aus Gyps im Kloster Ottobeuren.

[2]) 9. Maji, dum casu medicus noster cellam ipsius cum P. oeconomo ingrederetur atque ipsum quaerebant, quomodo se haberet, ipse hilari vultu respondit: „optime, dormivi enim per 9 horas.“ Sed ecce! vix haec protulerat, dum medicus in ore ipsius partem conglobati sanguinis adverteret; jussus a medico, ut exspuat, jam vix spirare poterat . . . . jam saeviens infirmitas omnem medici eludebat artem, de momento in momentum quasi deficere vires, usque dum tandem eadem die circa horam VI. vespertinam in corona comprecantis totius ven. conventus nostri ad ultimum usque halitum sibi praesens, agonem suum placidissime consummaret.“ (So der Fortsetzer des Chronikons des P. Th. Schilz.)

alto viola, basso et organo con 2 clarinis et tympano pro primit. P. N. Kopp 1764. (Das.)

7) Prolis impudicae prius, posthac serio poenitentis, pie severus castigator Erchembaldus. Ottob. 1767.[1]) (Die Musik verloren.)

8) Regia, innocens atque pia impiae crudelitatis hostia, sive Maria Stuart, Scotorum regina perfide suppressa, crudeliter mactata. Ottoburae 1767. (Detto.)

9) Hymni duo pro festis Domini, circumcisionis et Epiphaniae, a canto solo, 2 violinis, cornu I. II., violone et organo. 1768. (Chor zu Ottob.)

10) Titus Caesar patriae, imperii atque orbis deliciae. Ottob. 1768. (Die Musik verloren.)

11) Felicitas in vera Christi fide insigniter triumphans. Ottobur. 1770. (Detto.)

12) Valentiniani ferox ambitio decenter castigata. Ottobur. 1771. (Detto.)

13) Junius Brutus fortis in filiis sui victor, urbisque Romae vindex gloriosus. Ottobur. 1772. (Musik in der Biblioth. zu Ottob.)

14) Sanctius verae fidei victima insigniter gloriosa. Ottob. 1773. (Die Musik verloren.)

15) Insignis sapientia praecipuum solii decus. Singspiel zu Ehren des Abtes Honorat. 1773. (Text zu Ottob.; die Musik verloren.)

16) Illustre verae fidei anathema in Anacleto juvene. Ottob. 1775. (Musik verloren.)

17) Ambitio infelix, sive Zeno orientis imperator. Tragoedia. Ibid. 1776. (Detto.)

18) Salomon virtutis et patriae victima. Tragoedia. Ibid. 1778. (Detto.)

19) S. Ludovicus IX. Galliarum rex. Tragoedia. Ibid. 1779. (Detto.)

20) Alma I. solemn. a 4 vocib., 2 viol., cornu ex c., organo con violone. 1782. (Biblioth. zu Ottob.)

21) Drama musicum in Josepho Aegypti prorege. (Die Musik verloren.)

22) Sigismundus rex et martyr. Tragoedia. (Detto.)

23) Salomonis judicium. (Die Partitur in der Biblioth. zu Ottob.)

24) Missae solenn. a canto, alto, tenore, basso, due violini, due viole di alto, due flauti con organo. (Chor zu Ottob.)

25) Missa solenn. a canto, alto, tenore, basso, 2 violini, 2 viole, 2 clarini, tympano, violone et organo obligati. (Das.)

26) Missa contrapunctata pro sabbatho sancto cum graduale, magnificat et antiphona. (Das.)

27) Graduale pro ss. nocte nativitatis D. N. Jesu Chr. a 4 voc., 2 violinis, viola, cornu vel Pifel obligat. organo con violone. (Das.)

28) Missa 4 voc. pro adventu, vigilia aut quadragesima etc. (Das.) (Abt Honorat machte zu dieser Composition die Bemerkung: „bona, amoena et artificiosa secundum regulas contrapuncti floridi ac simplicis.“)

---

[1]) Zu diesen Theaterstücken lieferte Schnitzer die Musik, die aber grösstentheils verloren gieng.

29) Missa de Requiem a violino I. II. et canto, alto, tenore, basso con organo. (Das.)
30) Antiphonae in festo SS. Corporis Christi a 4 vocib. (Biblioth. zu Ottob.) („Opus eximium", schrieb Abt Honorat auf das Titelblatt).
31 „Te Deum laudamus" solem. a 4 vocib. . . . . c. organo. (Chor zu Ottob.)
32) „Regina coeli" a canto alto etc. . . . organo et violone. (Das.)
33) Hymni duo de beata virg. Maria a alto solo, 2 viol., viola et organo. (Das.)
34) Kyrie, gloria et credo, canto, alto, tenore, basso, violone et organo. (Das.)
35) Missa a 4 vocib. canto, alto, tenore, basso cum organo. (Das.) (Signatur O. K. 11.)

P. Meinrad Schwikardt, geb. zu Füssen 14. Aug. 1724, Profess 28. Sept. 1740, Neomyst 6. Okt. 1748, lehrte mehrere Jahre Dogmatik und Kirchenrecht. Er besass eine besondere Geschicklichkeit in Tabellisirung weitschichtiger Bände; Beichtvater zu Holzen und Kloster Wald, Subprior, Prior. Ein Mann von vorzüglichen Geistesgaben; † 30. Dez. 1787. Sein Porträt erschien in Kupfer. (Feyerabend, Jahrb. IV. 198.)

Schriften:

1) Dissertatio de sacramento baptismatis juxta doctrinam et disciplinam ecclesiae atque theolog. schol. dogm. placita explicatum. Ottoburae 1753, 150 S. 4.
2) Breve biblicum, seu omnium ex utroque testamento librorum brevissima ac compendiosa connexio ad praeviam et praeliminarem pro legenda s. scriptura praeparationem. Campidonae 1785, 19 S. 8.
3) Bibliorum compendium analyticum, seu totius s. scripturae compendiosa et methodica connexio. Einsidlae (Benziger) 1787, 518 S. 8.
4) Conspectus analysis brevissimae super psalterium quoad singulos versus explicatum. 8. (s. l. s. a. Nur 1 Bg. wurde gedruckt.)

Manuscripte:

a) Tractatus de poenitentia et de actibus humanis 1753—1755. 4. (Biblioth. zu Ottob.)
b) Kurzer und vollständiger Auszug des Ottob. Archivs. (Gieng verloren.)

P. Ignatius Zollikofer (Zollicher), geb. zu Steinbach 28. Nov. 1739, Profess 15. Aug. 1760, Neomyst 15. Juni 1766, Archivar, † 2. April 1789. Er copirte die drei ersten Bücher des „Codex epistolaris" des P. Nik. Ellenbog, und liess diese Copie notariell vidimiren. Es ist dieses die einzige (mir bekannte) Copie der drei ersten Bücher, denn das Originale des Codex epistol. scheint schon vor der Aufhebung verloren gegangen zu sein. Die übrigen Bücher des Codex epistolaris von Ellenbog sind in Paris. (Mittheilung des P. M. Bernhard, Bibliothekar zu Ottobeuren.)

P. Benedikt Vogel, geb. zu Saulburg 31. Dez. 1718, Profess 13. Nov. 1744, Neomyst 29. Sept. 1749, Lehrer der Musik im Klosterseminar, † 20. April 1790.

Compositionen:

1) Lytaniae de s. s. nomine Jesu a canto: alto: tenore: basso: violino 2: trombone 2: clarino: con tympano, violone con organo.
2) Lytaniae de s. s. nomine Jesu (aliae). 1772.
3) Lytaniae de s. s. Trinitate. 1778.
4) Lieferte die Musik zu: „Laurus impudentis novercae partus Crispo per Faustam parta.“ Ottobur. 1755. (Nr. 1, 2 und 3 auf dem Chor zu Ottobeuren; von Nr. 4 gieng die Musik verloren.)

P. Wolfgang Erb, geb. zu Ravensburg 13. Jan. 1731, Profess 13. Nov. 1751, Neomyst 16. Okt. 1757, Professor und Präfekt des Gymnasiums, Oekonom im Priorat St. Johann zu Feldkirch, Superior zu Maria-Eldern, † 14. April 1793.

Manuscripte:

Versus et responsoria brevia festivis honoribus Anselmi abbatis professione et sacerdotio jubilaei, patris pergratiosi noviter exhibita (1762). 4. Auf 46 Pergamentblättern prachtvoll geschrieben. (Biblioth. zu Ottob.)

P. Anton Schegg, geb. zu Kaufbeuern 15. Jan. 1739, Profess 15. Aug. 1760, Neomyst 16. Okt. 1763, Professor der Theologie und des Stiftsgymnasiums, ein Mann, der tiefes Wissen in den theologischen Fächern besass, † 7. Sept. 1793. Handschriftlich hinterliess er eine Fortsetzung des Chronicon des P. Th. Schilz, und Epistolae correctae. 4. (Biblioth. zu Ottob.)

Schrift:

Theses ex universa theologia. Ottobur. 1781, 14 S. 4.

P. Dominicus Wonhaas, geb. zu Stötten 13. März 1740, Profess 15. Aug. 1760, Neomyst 30. Sept. 1764; er war der letzte Regularpfarrer zu Theinselberg, und starb im Kloster 12. Juli 1794.

Manuscript:

Geschichte der Pfarrei Theinselberg. (Im Pfarrarchiv zu Lachen, wovon Theinselberg nun eine Filiale ist.)

P. Petrus Sedelmayr, geb. zu Inderstorf 4. Mai 1722, Profess 13. Nov. 1743, Neomyst zu Salzburg 29. Sept. 1746, Professor der Theologie 1750, Professor der Rhetorik und Präfekt des Stiftsgymnasiums, zugleich Präses der marianischen Congregation; Novizenmeister, 8 Jahre Prior, zweimal Superior zu Eldern, 19 Jahre Beichtvater zu

Kloster Holzen. Er starb zu Ottobeuren 9. Sept. 1799. Handschriftlich hinterliess er mehrere theologische Abhandlungen. (S. Feyerabend, Jahrb. IV. S. 88.)

P. Honorat Goehl, geb. zu Immenstadt 6. Jan. 1733, machte seine Studien theils am Gymnasium zu Ottobeuren, theils zu Freising; Profess 13. Nov. 1751, Priester 17. April 1757. Er lehrte an der Klosterschule Syntax, dann Philosophie, war Novizenmeister, Director Clericorum, Cooperator im Priorat zu St. Johann in Feldkirch, und wurde nach der Resignation des Abtes Anselm am 13. Mai 1767 zu dessen Nachfolger erwählt. In allen seinen Berufsgeschäften hatte er sich als den erbaulichsten Ordensmann bewiesen, wesshalb ihm von seinen Mitbrüdern mit Recht diese Würde übertragen wurde. Er war die lebendige Ordensregel. Honorat übertraf seine beiden ausgezeichneten Vorgänger, die Aebte Rupert und Anselm, in einer dreifachen Hinsicht: durch Einführung des majestätischen Gottesdienstes, durch Hebung des Unterrichts- und Erziehungswesens, und durch Beförderung des wissenschaftlichen Strebens seiner Religiosen. Ihm hatte Ottobeuren jenen schönen, rührenden Gesang bei kirchlichen Festlichkeiten zu danken, der erst mit dem Aussterben der Religiosen verklungen. Niemand entsprach hierin besser den Absichten des Abtes Honorat, als P. Fr. Schnitzer, der auf seinen Befehl die vorhin einstimmigen Antiphonen vierstimmig setzte, welche von mehr als 30 Mönchen gesungen mit Begleitung der majestätischen Orgel den Feierlichkeiten Würde und Anmuth gaben, die damals in den meisten Kathedralkirchen vermisst wurde. Hierin steht Abt Honorat dem Fürstabte Martin Gerbert von St. Blasien würdig zur Seite, der in seinem Stifte gleichfalls den in Vergessenheit gekommenen, ja fast stiefmütterlich behandelten Choralgesang wieder zu Ehren brachte.[1]) Ein ferneres Unternehmen des Abtes war die Erweiterung der Klosterschule. Ein Gymnasium bestand im Kloster schon seit dem siebenzehnten Jahrhunderte. Es hatte sechs Klassen, welche die Bezeichnung führten: Principia, Rudimenta, Grammatica minor, Grammatica major, Poesis, Rhetorica. Zu diesen sechs Klassen fügte Honorat die zwei philosophischen Kurse hinzu (1789).[2]) So war das Gymnasium nach der damaligen Einrichtung ein vollständiges. Eben zu jener Zeit hatten sich die Grundsätze der sog. Philosophen aus Frankreich nach Deutschland verbreitet, und ihre Wirkungen auch auf Erziehungshäuser und Studienanstalten zu äussern begonnen. Zügellosigkeit der Jugend, Ungehorsam gegenüber den Er-

---

[1]) S. Dr. J. Bader, Kloster St. Blasien, S. 107; desselb., Fürstabt Martin Gerbert. Freiburg 1875, S. 123 sq. — Abt Honorat, als Freund der alten Kirchenmusik, sorgte auch, dass an hohen Festtagen italienische Meisterwerke im Contrapunkt ausgeführt wurden. Wenn die Sängerknaben mitwirkten, war der Chor mit fünfzig Stimmen und darüber besetzt.

[2]) Nach diesem ist das, was an der Einleitung S. 31 steht, zu berichtigen.

ziehern und schlechter Fortgang in den Wissenschaften waren die bösen Früchte jener gottlosen Meinungen. Viele Eltern wussten daher ihre Söhne, seitdem mit der Unterdrückung der Gesellschaft Jesu viele von derselben geleitete Institute eingegangen waren, in grossen Städten nicht mehr sicher. Diesen Umstand benützte Abt Honorat zu der vielleicht schon lange geplanten Erweiterung der Stiftsschulen. Es fehlte ihm weder an Räumlichkeiten, noch an tüchtigen Lehrern. Sofort wurden zwei getrennte Seminarien, das Eine für adelige, das Andere für bürgerliche und unbemittelte Jünglinge errichtet. Beide zusammen zählten durchschnittlich bei 90 Zöglinge. Viele Studenten hatten ihre Wohnung im Markte, dessen Bürger sich sehr wohlthätig bewiesen. Vom Jahre 1789 an war die Anstalt alljährlich von c. 160 Studenten besucht. Unter diesen waren nicht bloss Schwaben und Bayern, sondern auch viele aus den österreichischen Erblanden, aus Elsass, Lothringen, der Schweiz, ja sogar aus Italien und Frankreich [1]). Mit Ertheilung des Unterrichtes waren 12 Conventualen betraut; überdiess gaben sechs täglich Unterricht in der Musik, zwei im Gesang, zwei auf dem Clavier, und zwei in der Violine. Die Erholungen mussten alle Zöglinge gemeinschaftlich machen; es war Sorge getragen, dass sie nie ohne Aufsicht waren. Mehrere Hunderte von Priestern und Staatsdienern verdankten dieser Anstalt ihre religiöse und wissenschaftliche Bildung. Mit der Aufhebung des Stiftes hörte auch dieses wohlthätige Institut auf. — Für die Beglückung seiner Unterthanen scheute Abt Honorat keine Kosten. Zur Beförderung des Verkehres liess er im Gebiete des Reichsstiftes eine gründliche Strassenrenovation vornehmen, die bei 30,000 fl. kostete. Die Holzkultur erhielt unter ihm vorzügliche Beachtung, und um dem Holzmangel zu steuern, kaufte er Tausende von jungen Eschen, Eichen, Buchen, Lärchen und Akazienstämmen, und liess sie in den Stiftswaldungen zum grossen Nutzen für die Nachkommenschaft vertheilen. Viele Gründe wurden von ihm entsumpft und in die herrlichsten Fruchtböden umgewandelt. Statt der

---

[1]) Es folgen hier die Namen von einigen Adeligen, die an der Ottobeurischen Lehranstalt ihre Bildung erlangt haben: Grafen und Freiherren: Jos. Maria Duc-Surville aus St. Vesoul, Eduard Flussey aus Besançon, v. Horben aus Lautrach, v. Wintershofen aus Steinfeld in Kärnthen; aus dem niedern Adel: Beck, Blum, Braunmühl, Chrismar, Depra, Frey, Gundlinger, Hellwig, Huber, Kolb, Leixl, Macolini, Metz, Pfisterer, Rappold, Sartory u. s. f. — Vergl. Catalogi juventutis literariae in gymnasio Ottoburano sub auspiciis S. Rom. imperii Praelati Honorati, liberi imperialis et exempti monasterii Ottoburani Abbatis, S. C. M. actualis consiliarii et capellani perpetui. Ottoburae 1792, 1798, 1799, 1800, 1801. 4. und Catalogus juventutis literariae in Gymnasio Ottoburano sub auspiciis . . . . Pauli Abbatis . . . 1802 Ottob. (Ganser) der letzte, denn das Schuljahr 1802/3 wurde nicht mehr gehalten. Die Kataloge 1793—1797 sind zu Ottobeuren nicht mehr vorhanden.

Pferde verwendete der Abt allenthalben die viel dauerhafteren Maulesel, wofür er zuerst manchen Spott erndtete, aber bald auch viele Nachahmer fand. — Das dem Stifte gehörige, und durch die Länge der Zeit ganz baufällig gewordene Priorat St. Johann in Feldkirch (Vorarlberg) liess er mit einem Kostenaufwande von 30,000 fl. wieder wohnlich herstellen.[1])

Bald nach der französischen Revolution kam eine grosse Anzahl von Emigranten, besonders Geistliche, Grafen und Edelleute — nach Deutschland. Keiner derselben, der in Ottobeuren einkehrte, zog unbeschenkt von dannen. Mehrere genossen einige Tage, Andere einige Monate, wieder Andere ein paar Jahre im Stifte Gastfreundschaft. Der Abt war oft von Allem so entblösst, dass er mehr als einmal seine eigenen Kleidungsstücke vom Leibe gab, um diesen Unglücklichen zu helfen. Einem übel beschuhten Emigranten gab er einst seine Reisestiefel. So benahm sich das Stift gegen eine fremde Nation eben zu einer Zeit, wo deren hohe Repräsentanten zu Rastadt (1798) den Untergang aller wohlthätigen Stifte und Klöster Deutschlands mit unerhörter Herzenshärte betrieben.

Aus den Jahresrechnungen von 1791—1800 ergibt sich, dass die für die Emigranten verwendeten Subsidien sich auf 20,000 fl. beliefen. Ueberdiess hielten sich im Stifte mehrere andere deutsche Ordensmänner auf, die sich hatten flüchten müssen, namentlich Benediktiner von Einsiedeln, St. Gallen[2]) und Ebersmünster. Die unglücklichen Schlachten der Kaiserlichen gegen die Franzosen nöthigten endlich den Abt seine Person in Sicherheit zu bringen. Am 9. Mai 1800 Abends kamen die Reichsprälaten Romuald von Ochsenhausen, und Siard von Schussenried als Flüchtlinge nach Ottobeuren; etwas später, in derselben Nacht noch, der apostol. Nuntius von Luzern. Abt Honorat wollte anfangs nichts von Flucht wissen; jedoch er besann sich eines Bessern, berief um Mitternacht die geistlichen Hausoffizialen zu sich, und übertrug denselben die Verwaltung. Am 10. Mai Morgens 4 Uhr fuhr er mit den obengenannten Herren nach Oberndorf, und von dort nach Tirol. Erst am 10. August d. J. kehrte er in Begleitung der P. P. Seb. Sidler und Barnabas Huber in sein Stift zurück. Am 15. Nov. 1801 erneuerte er

---

[1]) Zu St. Johann, das ehem. dem Reichsstifte Weingarten gehörte (bis 1695), lebte viele Jahre als Prior der berühmte Historiograph P. Gabriel Bucelin († 9. Juni 1681). Sehr wahrscheinlich liegt er in der Prioratskirche begraben. Gegenwärtig befindet sich in den Gebäuden das k. k. Staatsgymnasium. Die Kirche ist dem Gottesdienste erhalten. (S. Weizenegger-Merkle, II. S. 174—180.)

[2]) 20. April 1810 starb zu Ottobeuren der Laienbruder Joachim Hansmann, Profess von St. Gallen, durch 12 Jahre zu Ottobeuren Hospitant, ein vorzüglicher Kalligraph. Zu Ottobeuren hatte man in den zwei letzten Jahrhunderten keine Laienbrüder mehr aufgenommen.

mit dem Senior, P. Gallus Dingler, seine vor 50 Jahren abgelegte Ordensprofess. Die Reichsgrafen von Babenhausen, Zeil, Immenstadt und Wurzach beehrten ihn mit Besuchen und Glückwünschen. Ebenso fanden sich bei dieser Feier die Aebte von Irrsee, Roth und Wiblingen ein. An demselben Abend kam eine von P. Maurus Feyerabend verfasste, und von P. Theodor Klarer in Musik gesetzte Cantate („das Opfer Noah's") zur Aufführung. Am 16. Nov. wurde Haydn's Meisterwerk: „Die Schöpfung" gegeben. Nun waren die schönen Tage des Abtes zu Ende, indem er von dieser Zeit an fast nichts als Einquartierungen, Contributionen, Gelderpressungen u. s. f. zu erdulden hatte. Am 5. und 6. März 1802 hielt er noch zwei Capitelreden, in denen er die Seinen zur treuen Erfüllung ihrer Berufspflichten und zur gemeinschaftlichen, standhaften Erduldung aller bevorstehenden Uebel und Drangsale zum letztenmal ermahnte. Am 15. März wurde er unter dem feierlichen Hochamte, dem er aus Andacht allzeit anzuwohnen pflegte, vom Schlagflusse getroffen, schleppte sich noch mit Mühe an die nächste Fensteröffnung hinter dem Choraltar und rief um Hilfe. Zwei Mitbrüder und einige Studenten eilten herbei, und trugen ihn auf einem Tragsessel in die Abtei. Bei abermals eintretender Schwäche (23. Mai) liess er sich die hl. Sterbsakramente reichen. Von dieser Zeit an dienten dem kranken Abte abwechselnd Tag und Nacht seine Ordensgeistlichen. Unter den nächtlichen Phantasieen, die in der Nervenschwäche des Kranken ihren Grund hatten, war besonders eine auffallend, nämlich Abbetung des „Vater unsers" in der ungewohnten bayerischen Mundart. Einen guten Theil der Nacht brachte er mit diesem Probestücke zu, und konnte dasselbe niemals zu Stande bringen, worüber er sich beim Morgenbesuche vor seinem Leibarzte Dr. Benz wehmüthig beklagte. Anfangs Juli konnte er wieder im Zimmer herumgehen; er selbst versprach sich noch eine längere Lebensfrist, als er in der Nacht vom 16. auf den 17. Juli d. J. unvermuthet starb, und Morgens nach 4 Uhr ohne Veränderung eines Gesichtszuges, mehr einem Schlafenden als Todten ähnlich, im Bette mit kreuzweise übereinander gelegten Händen vom Conventdiener gefunden wurde. Der Reichsabt Honorius von Irrsee setzte seine Leiche in der Stiftskirche bei. An der Grabstätte wurde seinem ausdrücklichen Willen gemäss ein einfacher Stein gesetzt, der bloss die Buchstaben H. J. H. P. trug. Sie bedeuten: „Hic jacet Honoratus peccator." Abt Honorat war nichts weniger als ein Freund von Zerstreuungen und Unterhaltungen. Die Stunden des Tages theilte er in Chorbesuch, Gebet, Lesung und Amtsgeschäfte. Niemals fand man ihn müssig. Bei Tisch begnügte er sich mit der gewöhnlichen Conventkost. In allen seinen Geräthschaften sah man nur Gewöhnliches. Er wollte von Prunk nichts wissen. Wenn es seine Amtsgeschäfte gestatteten, hielt er sich genau an [illegible] Tagesordnung, die im Convent beobachtet wurde. An

Sonn- und Festtagen erschien er allzeit eine Viertelstunde vor 12 Uhr Mitternachts im Chor zum Chorgesang, der an höhern Festen gewöhnlich eine halbe Stunde länger dauerte. Uebrigens wusste sich der „kleine Prälat“, wie man ihn seiner Statur wegen allenthalben hiess, innerhalb und ausserhalb des Stiftes ungetheilte Hochachtung zu erwerben. Von seinem Kunstsinn zeugte die von ihm um viele Stücke vermehrte Gemälde-, Kupferstich- und Münzsammlung. Sein Porträt in Oel befindet sich zu Ottobeuren. (S. Feyerabend, Jahrb. IV. 122 sq., 135, 141, 153, 165, 176, 183 sq., 198, 212, 215, 219, 228, 285, 290, 312, 338; Gradmann, Lex. S. 187 sq. David, Trostrede über den Tod des H. H. Honorat, Abt von Ottobeuren, gehalt. 18. Aug. 1802. Ottobeur. 12 S. Fol.)

Schriften:

1) Disputatio finalis ex univ. logica. Ottob. 1762. 4.
2) Auszüge englischer und heiliger Gedanken über die . . . Geheimnuss-Wahrheiten und Schuldigkeiten des Christenthums aus den hl. Vätern Benedicto, Bernardo, Thoma Aq., Ignatio L. u. s. w. Ottobeuren und Immenstadt 1765, 466 S. 8. (Mit Kupfern.)
3) Concordantia meditationum S. Anselmi Archiep. Cantuar. cum exercitiis genuinis S. Ignatii Lojol. Aug. Vind. 1766, 404 S. 8.
4) Gut katholisches Gebetbuch für das Volk. Ottob. 1768, 584 S. 8. II. Aufl. das. 1782.
5) Adhortatio Benedictini ad Benedictinos in principio jejunii quadragesimalis. 1777. 4. (s. l., Ottob.?)
6) Theresianum animae humanae castellum abbreviatum. Ottobur. 1779 und 1783, 94 S. 8.
7) a) Allocutio ante electionem R. D. Magistri et Praelati Memmingani. 1781. 4.
   b) Allocutio in confirmatione R. D. Magistri et Praelati Memmingani, (David Laber) 1781. 4. (Beide o. O.)
8) Weihnachtsgedanken, oder heilige Liebes-Anmuthungen zu dem liebreichsten Kind Jesus in der Krippe. (Aus P. Pergmayr's Schriften gezogen.) Ottob. 1782, 80 S. 8.
9) S. Joannis Climaci scalae versio tentata et explanatio. Ibid. 1784, 217 S. 8.
10) Adhortatio ante electionem principis et abbatis Campidonensis. 1785 die 27. Dec. 4.
11) Positiones ex univ. philosophia. Ottobur. 1785, 49 S. 4.
12) Gründlicher Bericht der löbl. Erzbruderschaft des hl. Rosenkranzes. Augsburg 1789, 134 S. 8.
13) Nicolai Eschii exercitia, et Henrici Harphii mortificationes cum notis. Ottob. 204 S. 8.

14) Psalterium et officium marianum cum monitis saluberrimis Pii, principis S. Gallensis. Aug. Vind. 1791, 373 S. 8.
15) Schola humilitatis et charitatis continens gradus humilitatis D. Bernardi et opusculum D. Thomae Aq. de divinis moribus, de dilectione Dei et proximi, et de beatitudine coelesti. Aug. Vind. 1793, 428 S. 8.
16) Mirabilis Dei charitas et largitas in ss. sacramento altaris. Aug. Vind. 1793, 334 S. 8.
17) Ethica religiosa Coelestini II. abbatis et principis S. Gallensis. Ottobur. 1793, 244 S. 8.
18) Methodus examinandi profectum spiritualem. Ibid. 1793, 56 S. 8.
19) Canticum canticorum. Ibid. 1799, 27 S. 8.
20) Ludovici Argentinensis Ord. Capuc., perfectiones Dei Jesu Chr. et B. Mariae V. Campid. 1799, 212 S. 8.
21) Summula summae D. Thomae Aq. Pars I. Ottob. 1799, 127 S. Pars II. ibid. 332 S., Pars III. Campidon. 209 S. 8.
22) D. Thomae Aq. de dilectione Dei et proximi opusculum abbreviatum. Campid. 1799, 155 S. 8.
23) D. Thomae Aq. libri contra gentiles. Ottob. 1799, 108 S. 8.
24) D. Thomae Aq. quaestiones disputatae. Ibid. 1800, 108 S. 8.
25) Quodlibeta D. Thomae Aq. Campidon. 1800, 59 S. 8.
26) P. Guffelii examen abbreviatum neotericae philosophiae. Campid. 1800, 102 S. 8.
27) D. Thomae Aq. Summa quoad substantiam conscripta et abbreviata. Campid. 1801. 8.
28) R. P. Laur. Scupuli, Pugna spiritualis cum additamentis, partim abbreviata, partim explicata. Campid. 1801. 12.[1])

Manuscripte:

a) Visiones ven. Bartholomaei Holzhauser.
b) Erkenntniss der evangelischen Räthe.
c) Latreia summi Dei.
d) Philosophia aristotelico-thomistica.
e) Rationarium abb. Honorati ab anno 1793—1796 inclus. (Sämmtl. Manuscr. zu Ottob.)

P. Albert Reiser, geb. zu Waldsee 24. Sept. 1749, Profes 2. Okt. 1768, Neomyst 12. Juni 1774, starb im Kloster 30. Jan. 1803.

Schriften:

1) Trauerrede auf den Prälaten Sigismund II. von Memmingen, ord. S. Spiritus. Memmingen 1781. Fol.

---

[1]) Seine Schriften, mit Ausnahme der sub Nr. 2, erschienen anonym.

2) Trauerrede auf den H. Reichsprälaten Aemilian von Irrsee, gehalt. 16. Herbstmonat 1784. Kaufbeuern 1784, 40 S. 4.

P. Franz Sales v. Depra, geb. zu Ochsenhausen 23. Mai 1748, wo sein Vater Jakob[1]) (römischer Reichsritter) die Kanzlerstelle des dortigen Reichsstiftes bekleidete; Profess 12. Okt. 1766, Neomyst 6. Okt 1771, Pfarrer zu Ottobeuren 1781, Pfarrer zu Bayershofen[2]) bei Dillingen 1790, dann abermals Pfarrer zu Ottobeuren bis zu seinem Tode 14. Mai 1806. Er widmete sich mit rastlosem Eifer der Seelsorge und war ein fruchtbarer Kanzelredner. Sein frommer Wahlspruch, den er auch in seiner Handlungsweise zum Ausdrucke brachte, lautete: „Alles aus Liebe zu Jesus!" Depra war der Erste, welcher nicht bei seinen Mitbrüdern in der Gruft der Stiftskirche, sondern gemäss dem Befehl der kgl. bayer. Regierung auf dem allgemeinen Friedhofe zu St. Sebastian beerdigt wurde. Depra starb im Rufe hoher Frömmigkeit. Die Verehrung, welche die Pfarrkinder Ottobeurenszu ihm getragen, hat sich bis zur Stunde auf die Kinder und Kindeskinder fortererbt. Er hat auf dem Friedhofe ein schönes Monument.[3]) (Feyerabend, Rotula; Baader, Lex. II. 1, S. 25; Kehrein, Gesch. d. Kanzelberedsamk. I. S. 224—226. Sein Porträt auf Glas gemalt ist im Kloster Ottobeuren.)

Schriften:

1) Fruchtbringender Himmelsthau, d. i. vollst. Gebetbuch, welches enthält: 16 gottselige Unterrichte, auserlesene Morgen-, Abend-, Mess-Gebete aus dem römischen Missal und Brevier u. s. w. Ottobeuren 1775. 8. 2te Aufl. das. 1778. 3te Aufl., mit Kirchenliedern vermehrt, Augsb. (Doll) 1789. 4te Aufl. das. 1796. 5te Aufl. das. 1805. 40 Bg. (S. Augsb. Monatschrift f. kath. Rel. 1804, S. 789.)
2) Marianische Lob- und Sittenpredigten für das gemeine Landvolk. Kempten 1784. 8. N. Aufl. das. 1787.

---

[1]) Starb am 3. April 1784.

[2]) Ehemals versah diese Pfarrei das Stift Fultenbach.

[3]) Die frühere von P. M. Feyerabend verfasste Grabschrift (an dessen Stelle nun eine kürzere getreten) lautete: „Gaude viator, quiescit amodo a laboribus apostolicis, dum viveret sacerdos, quievit nunquam gregis Ottoburani per decennium bis pastor optimus, ovium commissarum solatium, amor et gaudium; parochianae juventutis deliciae, informator et cultor eximius; osor novorum veterumque exagitator scelerum, liberalior in omnes quam ditior pater pauperum, mariani cultus promotor egregius, religionisque catholicae vindex adsertorque integerrimus, verbo omnibus omnia fiendi avidus A. R. P. Fr. Sal. Depra O. S. B. Ottoburae professus, nobili stemmate etc. . . . ."

3) Predigten auf die vornehmsten Festtage unsers göttl. Erlösers u. s. lieben Heiligen. Augsb. 1795, 25 Bg. 8.
4) Alte und neue Denksprüche für Jedermann. Augsbg. 1793. 8.
5) Die heilige Charwoche nach d. römisch. Missal und Brevier eingerichtet. (Deutsch). Ottobeuren 1795. 8.
6) Auserlesene Andachten b. hl. Grabe. Das. 1796. 8.
7) Kern der auserlesensten Andachten für jeden guten Christen. Das. 1798. 8. (2 Auflagen.)
8) Gegen die höchst schädliche Ergötzlichkeit des Tanzes. Ein heilsames Christenlehrgeschenk f. die noch unverdorbene Landjugend. Augsb. 1798. 12. (4 Auflagen.)
9) Kurze Andachten für das fromme Kind. Augsb. 1786. 12. 33ste Aufl. Augsb. (Doll) 1857, 8 Bg.
10) Das kleine fromme Kind. Kaufbeuern 1798. 12.
11) Das kleinere fromme Kind. Augsb. 1799. 12.
12) Sehr nützliche Betrachtungen für jeden Tag des Monaths aus der hl. Schrift und der hl. Väter Lehre gezogen. Kaufbeuern 1799. 12.
13) Katholischer Katechismus mit Fragen und Antworten, gegründet auf die hl. Schrift und Lehre der hl. Väter für die zweite Klasse der Schulkinder. Ottobeur. 1799. 8.
14) Unterricht von den nothw. Glaubenslehren, wie auch v. der hl. Beicht und Communion. Das. 1800. 12. (12 Auflagen.)
15) Predigten auf alle Sonntage des Jahres. Das. 1. Bd. 1802, 35 Bg.; 2. Bd. das. 1804, 30 Bg. (S. Augsbg. Monatsschrift f. kath. Relig. 1802, S. 575 und 1804, S. 186.)
16) Rotula auf den Tod der M. Benedikta Hiemer O. S. B. zu Klosterwald bei Ottobeuren. Ottob. 1805. (Enthält biographische Nachrichten über diese sehr fromme Nonne.) [1])

Manuscript:

Diarium Ottoburanum parochiale ab a. 1781—1805. 4. 1 Bd. (Gieng verloren.)

P. Paulus Alt, letzter Abt, geb. zu Wangen 15. März 1760, studirte zu Wangen und Ottobeuren, Profess 8. Dez. 1780, Neomyst 6. Juni 1784, Lektor der Theologie, Professor des Kirchenrechtes und Schulpräfekt zu Freising 1796—1797, daheim Novizenmeister und Direktor der Kleriker, Prior 1797, zum Abt erwählt 23. Juli 1802 und zwei Tage darauf vom Churfürsten von Trier zu Oberdorf benedizirt. Abt Paulus berechtigte zu den schönsten Hoffnungen, denn er besass alle jene Eigenschaften im vollsten Masse, die erforderlich sind, um eine so grosse Communität zu

---

[1]) Einen Auszug dieser Rotula enthält das Salzburger Kirchenblatt, 1879, Nr. 6.

regieren und glücklich zu machen. Er stellte das vollkommenste Bild eines kräftigen Regenten und eines frommen Asceten dar. Vorzüglich hat man es seinem väterlichen Charakter zuzuschreiben, dass nach erfolgter Aufhebung 18 Conventualen unter den grössten Entbehrungen und fortwährenden Neckereien das Kloster Ottobeuren nicht verliessen[1]), und der Welt ein heroisches Beispiel von Berufstreue gaben. Sehr schmerzlich fiel dem Abte, dass das so blühende Stiftsgymnasium, das mit den tüchtigsten Lehrkräften besetzt war, zugleich mit dem Stifte von der Regierung aufgehoben wurde. Umsonst war die Ankündigung des Schuljahres 1802/3 gewesen, welche in dem letzten Katalog des Ottobeurischen Gymnasiums vom J. 1802 eingerückt wurde.[2]) Sein Bestreben gieng nun dahin, wenigstens den feierlichen Gottesdienst in der Stiftskirche nicht in Verfall kommen zu lassen. Aber auch dieser Trost sollte ihm nach kurzer Frist nicht mehr gegönnt sein.[3]) Aber Abt Paulus verliess seine Heerde auch in diesen trostlosen Tagen nicht. Ende September des Jahres 1807 machte er von Ottobeuren aus einige Besuche bei seinen Verwandten in Oberschwaben. Zuletzt hatte er sich noch zu seinem Bruder, dem Pfarrer von Maria Thann bei Wangen, begeben, (Willens, des andern Tages heim zu reisen) als er dort am

---

[1]) Hätten alle Religiosen Ottobeuren verlassen, wäre vielleicht Kirche und Kloster jetzt ein Trümmerhaufen, wie diess leider anderwärtig wirklich geschehen.

[2]) Im Jahre 1802 war die Studienanstalt von 101 Studenten besucht.

[3]) Es sollen hier wörtlich einige Stellen aus seinem Diarium folgen: 1805. 3. Maj. (Inventio S. crucis) „Divina laus, quae in hoc sacro loco per 1040 annos diu noctuque personabat, hodie proh dolor! penitus cessari jussa est. Mane siquidem circa horam nonam ad me venit judex de Kolb attulitque signaturam a se scriptam et signatam. Hanc post discessum ejusdem aperui et continebat plura interdicta jam dudum praevisa aut intentata: 1° Interdicebatur nobis psalmodia in choro. 2° Celebratio festorum ordinis in diebus praesertim ferialibus cum aliqua solemnitate juncta. 3° Congregationes, exhortationes, processiones aliaeque devotiones. . . . . 4° Prohibebatur conventualibus nostris exceptio confessionum, visitatio infirmorum etc. . . . . Sumto prandio hac ipsa die D. D. confratribus in refectorio congregatis praefatam signaturam praelegi, proposuique cum sacra psalmodia ceu characteristicum praecipuum, nullique alteri postponendum instituti benedictini opus, atque unicum pene adhuc spiritus nutrimentum solatiumque nobis supersit, an non judicent expedire, ut meo et conventus nomine supplica ad electorale regimen Ulmam mittatur, qua allatis gravibus motivis exoretur facultas psalmodiam continuandi in choro, vel saltem publice recitandi in ecclesia preces canonicas. Talem supplicam plerique, etiam Seniores, omittendam censuerunt, eo quod non tantum nil effecturos, sed etiam crabones nos magis irritaturos timerent . . . . . His motivis . . . a proposito quantumvis aegerrime, tandem desistere coactus fui . . . Igitur die hac dictis Vesperis et completorio chorus noster versus est in luctum et obmutuit." (Diar. Pars II.) — Am 13. Nov. 1805 schreibt er, heute, festo Omn. S. S. ord. nostri, wurde in der Kirche gar nichts gehalten (s. ob. Erlass v. 3. Mai), sed unusquisque privatim renovationem votorum faciebat, et vigilias defunctor. pro sua devotione recitabat.

2. Okt. Morgens 1 Uhr, plötzlich vom Schlage gerührt, verschied. Sein Leichnam wurde 5. Okt. zu Wangen am Begräbnissplatze seiner Familie beigesetzt. Die ausgegebene Todtenrotel sagt von ihm in kurzen aber wahren Worten: „Die bis an's Ende unabgeänderte Beobachtung der hl. Ordenssatzungen, der Geist des Gebetes und einer ungeheuchelten Tugend, die unverrückte Standhaftigkeit bei allen Stürmen der Zeit, das gute Herz, welches zum Wohlthun Jedermann offen stand, die Zärtlichkeit seiner Liebe, womit er alle seine Brüder umfasste .... machen uns sein Andenken für jederzeit unvergesslich." (Feyerabend, Jahrb. IV. S. 345 sq.; Rolula.)[1])

Manuscript:

Tagebuch des Abtes Paulus von Ottobeuren. 2 Bde. 4. (Der I. Bd. scheint verloren zu sein, denn es befindet sich nur mehr der II. Bd. zu Ottobeuren; dieser beginnt mit August 1803, und endet mit Dezember 1805. Es enthält viele auf Ottobeuren sich beziehende merkwürdige Aufzeichnungen.)

P. Gallus Dingler, geb. zu Kempten 17. Jan. 1733, Profess 13. Nov. 1751, Neomyst 29. Sept. 1757, Chorregent, Kellermeister, dann Archivar, als welcher er das ganze Stiftsarchiv in eine neue Ordnung brachte und beschrieb; war von 1776—1793 Administrator der Abtei Fultenbach; in's Kloster zurückgekehrt Prior und dann Superior zu Maria-Eldern, wo er sich durch unermüdlichen Eifer im Beichthören und grosse Wohlthätigkeit gegen Arme die Achtung des Klerus und Liebe des Landvolkes in weiten Kreisen erwarb. Nach Aufhebung der Wallfahrt Maria-Eldern (1803) gieng er wieder in's Kloster. Dort lebte er mit mehreren Conventualen als Pensionär, unterstützte dieselben in den seelsorglichen Verrichtungen und leuchtete als Muster eines Ordensmannes von hoher Vollkommenheit bis zu seinem 1. Dez. 1808 erfolgten Tode. Er war Jubilar des Ordens und Priesterthums. (Feyerabend, Jahrb. IV. S. 334; Rotulae mortuales, eine edirt von P. M. Feyerabend, die andere von P. R. Chrismann. Vergl. Cantate, als P. G. Dingler sein 50jährig. Priesterthum feyerte. Ottob. 1807. 4.

Manuscripte:

1) Beschreibung des Archivs des Reichsstiftes Ottobeuren.
2) Notamina ad conficiendum chronicon Ottoburanum ab a. 1770—1802 inclus. 263 S. Fol.

---

[1]) Sein Porträt in Oel befindet sich zu Ottobeuren. Vergl. die Schilderung, die Ludw. Aurbacher über den edlen Charakter dieses Abtes überliefert hat. (Hist. pol. Blätter, Bd. 83, Hft. XI. S. 833 sq.)

3) Fragmentum Diarii, 1781. 4. (Aus der Zeit, als er Administrator in Fultenbach war;[1]) Nr. 2 und 3 zu Ottobeuren.)

P. Conrad Back (Bagg), geb. zu Haigerloch 23. Juni 1749, Profess 29. Sept. 1771, Neomyst 23. April 1775. Er bildete sich im Kloster unter Neubauer's Leitung im Componiren aus. Er verblieb nach der Aufhebung im Kloster, wo er 10. April 1810[2]) starb. (Feyerabend, Jahrb. IV. S. 220, und Rotula mortual.)

Compositionen:

1) Hymnus de apostolis. 1773. (Chor zu Ottob.)
2) „Veni s. Spiritus" a 4 voc. 1774. (Das.)
3) Hymnus de confessore pontifice a voc. cantante, violino I. et II. etc. . . . 1774. (Das.)
4) Hymni pro festo S. S. reliquiarum, omnium sanctorum, ac s. s. monachorum ordinis, a voce cantante etc. . . . . 1774. (Das.)
5) Hymnus „Veni s. spiritus" a canto, alto, tenore, basso etc. . . . . 1775. (Das.)
6) Ps. „Miserere" a 4 vocib., 2 corn. et organo. 1783. (Das.)
7) „Asperges" u. „Vidi aquam" a canto, alto, tenore, basso et org., pro festis abbatialibus. 1790. (Das.)
8) „Josephus honoratus", Operette zur Feier der 25jährig. Regierung des Abtes Honorat. 1792. (Gieng verloren.)
9) Litaniae de ven. sacramento. 1794. (Chor zu Ottob.)
10) Psalmi vesperales a 4 voc. in falso Bordoni (inaequalis). Biblioth. zu Ottob.)
11) Authore parente servata religio. (Drama.) 1794. (Gieng verloren.)

---

[1]) Von Dingler sind eine Menge Briefe zu Ottobeuren vorhanden, die Aufschlüsse über die damaligen Zustände des Klosters Fultenbach geben. — Am 9. April 1808 starb zu Ottobeuren der Conventual P. Felix Martin, geb. zu Hawangen 23. Juli 1763, war Togatus im Stifte St. Gallen, und zeichnete sich schon damals durch seine Fertigkeit in der griechischen Sprache aus, die er zeitlebens mit Eifer betrieb; er betete täglich den Cursus marianus in griechischer Sprache. Er hatte 11. Nov. 1783 Profess gemacht und wurde 17?8 Priester.

[2]) Die letzten drei Lebensjahre war Back ganz auf fremde Hilfe angewiesen, und konnte ohne dieselbe nicht einmal gehen. P. Michael Pock nahm sich seiner mit rührender Aufopferung an, und leistete ihm bei Tag und Nacht die Dienste eines Krankenwärters. Am 10. April war Back, wie gewöhnlich, mit den übrigen Religiosen beim Vespertrunk, als er auf einmal (als hätte er von seinem nahen Ende eine Ahnung gehabt) den zur Seite sitzenden P. M. Pock, der sein Gewissensrath war, bat, er möchte seine Beichte hören, und ihm auch die übrigen Sterbsakramente reichen. Er empfieng dieselben sitzend auf seinem Zimmer. Zum Abendtisch liess er sich zum nicht geringen Erstaunen wieder in's Refektorium führen, ass mit seinen Mitbrüdern zu Tisch, und verweilte bis halb neun Uhr unter ihnen. — Nachts eilf Uhr verschied er. — „Cum dilexisset suos, — in finem dilexit eos", sagt von ihm Feyerabend in der Todtenrotel. Seiner friedliebenden Gesinnung wegen wurde er mit Recht „Amator confratrum" genannt.

12) Der Tod Jesu, Cantate. (Detto.)
13) „Stabat mater“ a canto, alto, tenore etc. . . . . (Chor zu Ottob.)
14) „Miserere“ a 4 voc. ordinar. . . . . (Das.)
15) Lytaniae de SS. Trinitate a canto, alto, tenore etc. . . . . (Das.)
16) Completorium cum hymno et antiph. in falso Bordoni (inaeq.) a 4 voc. cum organo. (Biblioth. zu Ottob.)
17) Ps. „Credidi“ a violinis etc. . . . . (Chor zu Ottob.)
18) Ps. „Credidi.“ (Verschieden vom obigen. Das.)
19) Ps. „Momento“ a 4 voc. etc. . . . . (Das.)
20) Completorium a 4 voc. ordin. 2 viol. etc. . . . . (Das.)
21) Ps. „De profundis“ a 4 voc. etc. . . . . (Das.)
22) Graduale, offertorium et communio pro dom. III. Advent. a canto, alto, tenore etc. (Das.)
23) „Salve regina.“ (Das.)
24) Hymnus pro festo S. Joann. Bapt. et S. Patris Benedicti. (Das.)
25) Graduale, offertorium et postcommunio. (Das.)
26) Inno per la solennità dell' epifania a canto, tenore, basso etc. . . . . al M. R. e rel. Fr. Gasparo Eberle dell' ord. di S. Benedetto per la festa del suo nome. . . . . (Das.)
27) Graduale, offertorium, et communio pro festo S. Marcelli P. M. a canto, alto, tenore, basso et violone. (Das.)

P. Ulrich Schiegg, Mitglied der Akademie der Wissenschaften zu München, geb. zu Gosbach (Württemberg) 3. Mai 1752, studirte zu Zwifalten und Ehingen, Profess 29. Sept. 1771, Neomyst 1. Okt. 1775. Ueber ihn schreibt Feyerabend in den Ottobeurischen Jahrbüchern (IV. 177): „In unserm Schwaben (man dürfte sagen in Deutschland) machte nicht so fast einen französischen Schüler und Nachahmer, als einen wahren Erfinder der sogenannten Luftballone der damalige Stiftsökonom P. U. Schiegg, ein Mann, welcher sich schon damals in seinem 31. Jahre einen grossen Reichthum an hohen Kenntnissen und Einsichten in allen Gegenständen der theoretischen und angewandten Mathematik verschafft hatte. Schiegg liess nach einigen vorhergegangenen Versuchen mit kleinern am 22. Jan. 1784 bei einem heftigen Winde zum allgemeinen Vergnügen einen grössern Luftballon steigen, welcher mit einer immer wachsenden Geschwindigkeit seinen Weg nach Westen nahm, nach drei und einer halben Minute sich auch dem schärfsten Auge ganz unsichtbar machte, und zuletzt nach einer Reise von 45 Minuten sich hier ganz sanft wieder zur Erde niederliess. Die grösste und schönste Luftmaschine aus allen aber war jene vom 16. Mai d. J., welche nach einer in kurzer Zeit zurückgelegten Reise von 3½ Meilen in dem Gebiete des Hrn. Reichsgrafen von Truchsess unweit Treherz niederstieg. ... Der Hr. Reichsgraf schickte alsbald den aus der Luft angekommenen

Fremdling sammt einem Glückswunsche und dem gnädigen Anerbieten, eine Gnade zu begehren, die dem Hrn. Professor Schiegg zu wählen beliebte, an denselben zurück, und dieser bat um das Bürgerrecht in dem Städtchen Wurzach, das er nachmals an den armen Schnitzer, einen gebornen Wurzacher, und leiblichen Bruder unsers P. Fr. Schnitzer verschenkte." Im selben Jahre wurde unter Schiegg's Leitung das ganze Gebiet des Reichstiftes Ottobeuren geometrisch vermessen, über alle Gemeinden und Besitzungen wurden besondere geographische Karten und Pläne verfertigt, und die Grundbücher darnach eingerichtet. Als Zug von Schiegg's Kunstfertigkeit verdient Erwähnung, dass derselbe schon im J. 1773 sechs Sonaten, die vom damaligen Regens chori, P. Fr. Schnitzer, componirt worden waren, aus freiem Antriebe, und ohne alle fremde Anleitung als ersten Versuch auf 24 Kupfertafeln meisterlich gelungen, in Stich brachte, und dem Publikum mittheilte.

Nachdem Schiegg mehrere Jahre im Stifte die philosophischen Fächer gelehrt hatte, wurde er nach dem Tode des P. Dominikus Beck[1]) (1791) als Professor nach Salzburg berufen, wo er Mathematik, Astronomie, Physik und Landwirthschaft mit grossem Beifall lehrte. Nach seinem Vorschlage wurden bei den erzbischöfl. Salzsudwerken bedeutende Holzersparnisse eingeführt.

Im Herbste 1800 rief ihn der hochbejahrte Abt Honorat, der seiner in den Verwaltungsgeschäften dringend bedurfte, ungeachtet wiederholter Gegenvorstellungen von Seite des Fürsterzbischofes Hieronymus und der Universitätsvorstände, in das Kloster zurück, machte ihn zum Grosskellner und übertrug ihm die Aufsicht über die Stiftsreventüen, sowie die Oberleitung aller Oekonomieämter, in welchem Wirkungskreis er bis zur Aufhebung des Reichsstiftes verblieb, und sich um dasselbe grosse Verdienste erwarb. Im J. 1803 erhielt er einen Ruf nach München, um an den Arbeiten des topographischen Bureaus Theil zu nehmen. Auch wurde er mit der Untersuchung der Original- oder Mustermaasse und Gewichte betraut. Sehr einflussreich wirkte er auf das im J. 1804 zu München unter der Firma: „Utzschneider, Reichenbach und Liebherr" gegründete mathematisch-mechanische Institut, das seinem Beirathe Vieles verdankte.

Am 10. März 1805 wurde Schiegg zum öffentlichen ordentlichen Professor der Astronomie und Mathematik an der Universität zu Würzburg ernannt; allein er trat dieses Amt nicht an. König Max Joseph beauftragte ihn, durch Reskript vom 5. Dez. d. J., mit der Vermessung der bayerischen Provinzen in Franken, welchem Befehle er sich sofort

---

[1]) Er war Benediktiner des Reichsstiftes Ochsenhausen, und einer der hervorragendsten Mathematiker, die der Orden damals hatte. Geb. zu Aepfingen bei Ulm 27. Sept. 1732, starb er als Professor der Mathematik zu Salzburg 22. Febr. 1791. (S. Baader, Gel. Baiern, S. 82—86; Oberteutsche Lit. Ztg. 1791, II. S. 397—399.)

unterzog. Besonders merkwürdig ist die von ihm unter Beihilfe des Vermessungsadjunkten Thaddä Lämmle mit ausgezeichneter Genauigkeit im J. 1807 ausgeführte Messung der Basis von 47273,44 bayerischen Fussen zwischen Nürnberg und dem Dorfe Bruck nächst Erlangen, — deren Endpunkte er mit zwei ganz in die Erde vergrabenen Sandsteinen bewahrte. Schiegg liess sie mit passender Inschrift versehen. Auf dem zu Nürnberg am Thurme der St. Johannes-Kirche: „Meta australis"; auf dem zu Bruck am Thurme der Dorfkirche: „Meta borealis", auf beiden steht dann, wie folgt: „Baseos, quam ager inter turrim S. Joannis Norimbergae et eam in pago Bruck excipit, Maximiliani Josephi Bavariae regis jussu abs Udalrico Schiegg et Thaddaeo Laemmle Mens. Sept. et Octobr. MDCCCVII. ferreis regulis hic terminata.")

Diese Bemessung Schiegg's diente sowohl zur Herstellung des grossen Dreieck-Netzes in Franken, als zur Verifikation der frühern Messung derjenigen Hauptbasis von 74192,6 bayerischen Fussen, welche bereits im Jahre 1801 in der Richtung des nördlichen Thurmes der Frauenkirche zu München, zwischen Obervöhring und Aufkirchen bei Erding, unter Leitung des französischen Ingenieurs Bonne zur Herstellung einer militärisch-topographischen Karte von Bayern ausgeführt wurde. Die Orientirung des Ganzen wurde vom französischen Astronomen Henry, und dann durch die von Schiegg vorgenommenen Azimuthalbeobachtungen bewirkt. Am 27. Jan. 1808 wurde Schiegg mit dem Titel eines Steuerrathes bei der k. Steuervermessungs-Commission angestellt, und hatte um die Gründung der nachher sogenannten Steuerkataster-Commission wesentliche Verdienste, wie dieses Hr. von Utzschneider als Abgeordneter in der Ständeversammlung Bayerns (1822) öffentlich hervorgehoben hat. (S. Verhandl. Bd. V. S. 417 u. Bd. IX. S. 66—67.) In eben derselben Ständeversammlung sprach Freiherr v. Westernach: „Er (Hr. v. Utzschneider) wird mir erlauben, dass ich neben ihm seinen Freund nenne; — es muss seinem Zartgefühl wohlthun, einige Zweige des Lorbeers, der so hell an seiner Stirne glänzt, mit ihm zu theilen. Es ist der grosse Mathematiker und Astronom Ulrich Schiegg, Benediktiner des vormaligen Reichsstiftes Ottobeuren." (Verhandl. 1828, Bd. VIII. S. 479.) Leider war Schiegg kein hohes Alter beschieden. Während er im J. 1807 in Landesvermessungsgeschäften sich in Franken aufhielt, traf ihn vor dem Gasthause zu Ehingen bei Wassertrüdingen am Hesselberg (auf dem er ein trigonometrisches Signal errichtet hatte) in Folge Scheuwerdens der Pferde das Unglück des Umsturzes seines Wagens, wobei er durch den Druck des an seine Seite gestellten Instrumentenkastens eine sehr schwere Quetschung an den Rippen erlitt, von der er zwar nach einigen Wochen so weit geheilt war, dass er bald wieder in seinen Geschäften arbeiten konnte, deren Folgen aber er seine ganze übrige Lebenszeit fühlte, bis er nach fortwährenden Brustbeschwerden einem Lungenleiden am 4. Mai 1810 erlag. Er ruht auf dem Friedhofe zu München.

Gutmüthigkeit war der Hauptzug seines sanften Charakters, und bei all' der Tiefe seines Wissens gewahrte man an ihm nur Bescheidenheit und Anspruchslosigkeit. So wie er mit grösster Seelenruhe dem Herannahen seines Lebensendes entgegen sah, nahm er auch ein paar Tage vor demselben von seinen um ihn versammelten Freunden herzlichen Abschied, und liess jeden derselben die ihm zugedachten Andenkenstücke, z. B. seine astronomische Sekunden-Uhr, Fernröhre, Compass, Tabatiere u. s. w. unmittelbar aus seinen Händen in Empfang nehmen. J. M. Schramm zu Sulzbach verfertigte 1813 nach einem Porträte von Schiegg eine Lithographie. Eine Copie davon ist im Sulzbacher Kalender 1850, S. 71. (S. Humboldt, Geographische Ephemeriden; Jahresberichte der Akademie der Wissenschaften zu München, 1810, S. 79; Sulzbacher Kalender l. c.; Verzeichniss der akad. Professoren, S. 93; Feyerabend, Jahrbücher, IV. S. 177—179, 183, 271, 331—333; Rotula in obitum R. P. Udalrici Schiegg. Ottoburae 1810. Fol. Anonym. Verfasst von P. M. Feyerabend.)

Schriften:

1) Nachricht über einen aërostatischen Versuch, welcher im Reichsstifte Ottenbeuren den 22. Jänner 1784 vorgenommen worden. Ottobeuren (Wankenmüller), 16 S. 8.
2) Positiones ex univ. philosophia. Ibid. 1785, 49 S. 4.
3) Kurze Anleitung zur gründlichen Erlernung der Rechenkunst; der studirenden Jugend gewidmet. Ottob. 1790, 64 S. 8.
4) Anleitung zu Holzersparnissen bei Bräupfannen, Branntweinhäfen und Waschkesseln. Ottob. 1791. 4. anonym. (Mit Kupfern.) [1]
5) Ueber Reibung und Steifigkeit der Seile als Hinderniss der Bewegung bei Maschinen. Salzburg (Duyle) 1796. 8.
6) Reise auf den Glockner. (In Fr. M. Vierthaler's Lit. Ztg. 1801, III. S. 369—414.) — Einer kleinern Reise Schiegg's erwähnt Professor And. Buchner in seiner Reise nach der Teufelsmauer. Regensburg Hft. I. (1818), S. 72.
7) Karte des Gebietes des Reichsstiftes Ottobeuren zur Zeit der Säkularisation; (dem IV. Bde. der Ottobeurischen Jahrbücher beigegeben.) (Op. posth.; von Gabelsberger in Stein gravirt. Der Stein ist noch in der Bibliothek zu Ottobeuren aufbewahrt.)

P. Caspar Eberle, geb. zu Ottobeuren 2. März 1751, studirte im Stifte Weingarten, Profess 2. Okt. 1768, erhielt seine höhere Bildung

---

[1]) Gradmann (schwäbisches Gelehrtenlexikon, S. 187) schreibt diese Schrift irrthümlich dem Abte Göhl zu. Göhl mag vielleicht deren Abfassung veranlasst haben.

zu Salzburg, Neomyst 1. Okt. 1775. Er war Bibliothekar, Professor der Logik und Metaphysik, Präfekt des Gymnasiums, Lehrer der Hermeneutik und orientalischen Sprachen, in denen er ausgebreitete Kenntnisse besass, nebenbei unterrichtete er die Stiftszöglinge im Orgelspiel, worin er seines Gleichen suchte. Wegen Kränklichkeit gieng er nach Maria-Eldern. 1803 kehrte er in's Kloster zurück, und unterrichtete bis zu seinem Ende unentgeltlich Jünglinge in den Gymnasialfächern, in der französischen Sprache und im Orgelspiel. Er starb am Nervenfieber im Kloster als Subsenior 20. Sept. 1811. (Rotula.)

Schrift:

Principia methodica ad linguae italicae faciliorem pronuntiationem, declinationem et conjugationem, in usum studiosae juventutis. Ottoburae 1787, 42 S. 8.

Manuscript:

Organum ad cantum choralem monasterii Ottoburani, continens Missas, Requiem, Hymnos, psalmos vesperales, completorium, antiphonas marianas.[1]) 1793. (Im Chor zu Ottob.)

P. Roman Chrismann, geb. zu Hindelang 27. Jan. 1760, studirte zu Kempten, Ottobeuren und an der Hochschule zu Freiburg, Profess 8. Dez. 1780, Neomyst 1. Okt. 1786. Er war acht Jahre Professor am Stiftsgymnasium, dann Wallfahrtspriester zu Maria-Eldern, Adjunkt des P. Prior zu St. Johann in Feldkirch, in das Stift zurückgekehrt erster Bibliothekar, Studienpräfekt und Professor der Philosophie. Nach erfolgter Aufhebung blieb er bis zum Tode im Kloster. Ungeachtet der Auflösung des Stiftsgymnasiums und Convictes arbeitete er bis auf die letzten Tage seiner Krankheit durch Privatunterricht an der wissenschaftlichen und religiösen Bildung einzelner gleichsam vom Sturme übrig gelassener Jünglinge, denen er in den Gymnasialfächern und in der französischen Sprache Unterricht ertheilte. Er starb am Typhus 2. März 1816. (S. Felder, Lit. Ztg. 1816, Intelligbl. Nr. 4, S. 38—39; Baader, Lex. I. 1, S. 77.)

Schriften:

1) Compendium historiae mythologicae usibus scolarum accomodatum. Ottoburae 1794. 8.
2) Sammlung verschiedener Aufsätze, Fabeln, lehrreicher Erzählungen aus den ältesten und neuesten Schriftstellern. 1809.
3) Bemerkungen über den Entwurf zu einem neuen Rituale des Bisthums Constanz. Kempten 1810. 8.

---

[1]) Einige Modulationen ausgenommen, fast gleich dem „Ordinarium missae“ etc. des P. H. Reich (s. S. 74).

4) Gründliche Anleitung zur Rechenkunst. 1812. 4.
5) Die Andacht zur allerh. Dreifaltigkeit. (Aus dem Französ. von Boudon.) 1814
6) Kurze Uebersicht der ganzen christ-kathol. Lehre. 1815. 8.
7) Einige Roteln über Ottobeurische Conventualen, 1802—1811, in deutscher Sprache. (Verschieden von den von Feyerabend verfassten.)

P. Leander Kiderle, geb. zu Ebersbach 5. März 1745, studirte zu Steingaden, München und Ottobeuren, Profess 12. Okt. 1766, Neomyst 1. Okt. 1769. Er wurde sofort zum Lehrfach an den untern Gymnasialklassen verwendet, und wirkte in dieser Stellung mit geringer Unterbrechung mit grossem Geschick bis 1802. Bei Aufhebung seines Klosters schloss er sich denjenigen seiner Mitbrüder an, die das Communitätsleben zu Ottobeuren fortsetzten, und starb dort, bis zu seinem Tode den klösterlichen Uebungen mit Eifer ergeben, 7. April 1816. (Felder, Lit. Ztg. 1816, Intelligbl. Nr. 8, S. 17—18.)

Schriften:

1. Carmina ex diversis fontibus hausta, atque in unum collecta. 1795 und 1800. (Ottob. ?) 4.
2) Alte und neue Sprüchwörter für das christl. Landvolk. Ottob. 1801. 8.
3) Handlexikon von allgem. vorkommenden Gegenständen zur Uebung der lat. Sprache. (Ort und Jahr des Druckes mir unbekannt.)

Manuscripte:

a) Catalogus def. abbatum et religiosorum M. Ottoburani ab a. 1500—1816.
b) Synopsis historiae Ottoburanae, seu abbates et religiosi Ottoburani a pietate vel doctrina posteritati commendandi. 1 Bd. 48 S. 4. (Biblioth. zu Ottob.)
c) Miscellanea. 1802.

P. Michael Pock, geb. zu Neresheim 31. Juli 1750, studirte zu Wiblingen, Profess 29. Sept. 1771, Neomyst 29. Sept 1776, Musikinstruktor, Pfarrvikar von Niederdorff (excurrendo), Pönitentiar zu Maria-Eldern, „Praefectus cellae vinariae", Oekonom, starb im Kloster 21. April 1817. (S. Nota zu P. Conrad Back, S. 97.)

Manuscript:

Ottobeurisches Säkularisations-Chartular. (Fortgesetzt von P. B. Miller.) 1 Bd. Fol. (Biblioth. zu Ottob.)

P. Maurus Feyerabend, geb. zu Schwabmünchen 7. Okt. 1754. Schon mit zehn Jahren in das Stift Ottobeuren als Chorknabe aufgenommen, machte er am dortigen Gymnasium seine Studien bis zur Philosophie. Mit 16 Jahren nahm er das Ordenskleid, machte 29. Sept. 1771 Profess, wurde 20. Dez. 1777 Priester, und las 6. Jan. 1778 die die erste hl. Messe. Von dieser Zeit an fasste er den schönen Vorsatz, seine Kräfte und sein ganzes Leben der Ehre des Hauses zu widmen, das für ihn schon als Knaben so mütterlich gesorgt hatte. Nachdem er unter P. A. Bayrhamer die Theologie absolvirt hatte, wurde er, erst 26 Jahre alt, Professor des Kirchenrechtes, und zugleich Präses der Rosenkranzbruderschaft. Beide Aemter versah er mit grossem Beifall. Weil er sich aber auch in den alten klassischen Sprachen ausgebreitete Kenntnisse erworben hatte, so bestellte ihn Abt Honorat 1785 als Präfekt des Seminars und Gymnasiums und als Professor der Rhetorik und Poësie. In dieser Stellung offenbarte sich sein tiefer Blick auf dem Gebiete des Erziehungswesens. Namentlich hatte das Ottobeurische Gymnasium ihm seinen Ruf und die grosse Frequenz zu danken.[1]) Im J. 1802 ernannte ihn Abt Paulus zum Conventprior. Mit ebensoviel Eifer als Mässigung stand er diesem schwierigen Amte vor, und durchkämpfte die dem Mönchswesen folgende feindliche Epoche in gänzlicher Zurückgezogenheit, sich mit rastlosem Eifer wissenschaftlichen Arbeiten widmend. Bei der am 1. Dez. 1802 erfolgten Aufhebung des Reichsstiftes richtete Abt Paulus mit mehreren (18) gleichgesinnten Conventualen, unter denen auch Feyerabend war, an die churfürstl. Regierung die dringendste Bitte, man möge ihnen gestatten, noch ferner in den Klostergebäuden ein gemeinschaftliches Leben zu führen; diess wurde 13. Juli 1803 auch zugestanden. Die Conventualen legten ihre Pensionsgelder zusammen, und überliessen die Besorgung der zeitlichen Bedürfnisse, wie bisher, dem P. Honorius Pfeffer. Nach dem Tode des Abtes Paulus wurde Feyerabend vom Generalvikariat Augsburg die höchste geistliche Gewalt über die zu Ottobeuren freiwillig in Communität lebenden Conventualen ertheilt. Die zärtliche Liebe, mit der Feyerabend seinem Professkloster zugethan war, bestimmte auch das Mass seines Schmerzes bei Aufhebung desselben[2]); jedoch er glaubte der Mutter mehr als unfruchtbare Thränen schuldig zu sein, und entschloss sich, seinem Stifte ein Denkmal zu setzen, das dauerhafter als Erz wäre: er verfasste

[1]) „Quantum in hoc arduo munere, quod per 17 continuos sustinuit annos, laboraverit, docendo, scribendo, admonendo, morum integritati maxima cum sollertia, dicam an? anxietate invigilando, promovendis perficiendisque, crescente in annos sodalium numero, litterarum studiis salubriora consilia, novaque adminicula investigando, quo scholam Ottoburanam celeberrimis atque frequentissimis aequaret, notius esse arbitramur, quam ut multis." . . . . (Clarer im Nekrolog über Feyerabend) — Feyerabend besass die seltene Gabe, die Schüler für den Gegenstand, den er vortrug, zu begeistern. Er war ein eminenter Lehrer. — Vergl. Hist. pol. Blätt Bd. 83, Hft. XI. S. 831.

[2]) S. Jahrbüch. IV. Bd. S. 357—360. — Als Motto zum IV. Bde. wählte er die Worte aus Virgil's Aeneide: „Quis talia fando temperet a lacrymis?

mit unsäglicher Mühe und unter grossen Schwierigkeiten die Ottobeurischen Annalen, die er auf eigene Kosten drucken liess. (S. Schrift sub. Nr. 9.) Sein sehnlichster Wunsch, den auch seine Mitbrüder hegten, war und blieb die Wiederherstellung des Klosters Ottobeuren.

Als daher 1814 der Wiener Congress eröffnet wurde, liess Feyerabend als Prior im Namen der in Communität lebenden Conventualen durch den Fürsten Anselm M. Fugger bei Kaiser Franz II. ein Promemoria einreichen, des Inhaltes, dass bei der Neugestaltung des Reiches das ehem. Reichsstift berücksichtigt werden möchte. Auch der apostol. Nuntius della Genga und Papst Pius VII. wurden um ihre Verwendung beim Congresse angegangen.[1]) — Jedoch es war Alles umsonst. Feyerabend schied von dieser Erde, ohne seinen Wunsch erreicht zu sehen. Durch viele anstrengende Arbeiten, mit denen er Gebet, Betrachtung und das Studium der hl. Schrift unaufhörlich verband, erschöpft, wollte er doch von Haltung des Hochamtes an Festtagen, und vom Beichthören, worin er dem Pfarrer unermüdet aushalf, nicht ablassen, bis er am 1. Nov. 1817 im Beichtstuhle von einem Schlagfluss betroffen wurde. Von dieser Zeit an konnte er seine Zelle nicht mehr verlassen. In diesem Zustande sah man ihn, beladen mit Schmerzen, einen Mann des Leidens, allein auch einen Mann der Geduld und des unerschütterlichen Vertrauens auf die Erbarmungen Gottes. Gestützt auf diese und wiederholt durch die hl. Sakramente gestärkt, erwartete er ruhig und mit festem Muthe die letzte Stunde, die für ihn kam am 8. März 1818, Mittags 12 Uhr. Er erhielt seine Ruhestätte auf dem Sebastiansfriedhofe, wo ihm erst kürzlich auf Kosten von Einigen seiner Verehrer, und namentlich durch die Bemühung des P. M. Bernhard an Stelle des früheren ein schönes Monnument gesetzt wurde. Ludw. Aurbacher schreibt von ihm: „Er war ein Repräsentant des religiösen, klösterlichen, in sich abgeschlossenen Lebens. In ihm waltete ganz und gar jener Benediktinergeist, der theils selbst durch aszetisch-fromme Uebungen zur geistlichen Vollkommenheit immer mehr und mehr hinan zu streben, theils durch den Unterricht der Jugend, und durch fleissigen Betrieb der Gelehrsamkeit zur Ehre Gottes und zum Besten der Mitmenschen möglichst beizutragen sich bemüht[2]).“ (Aus dem Nekrolog, den

[1]) Dieselben Bemühungen machte zur Wiederherstellung der Karthause Buxheim der dortige Prior P. Petrus Lipburger.

[2]) Hiemit stimmt überein, was Clarer über ihn schreibt: „Vir apprime doctus, morum severus, integer vitae, scelerisque purus, instituti monastici amantissimus atque tenacissimus, ut ab eo latum unguem discedere nefas putaret.“ Feyerabend hatte im Stifte Ottobeuren einen Neffen, P. Placidus, geb. zu Schwabmünchen 10. April 1777, Profess 21. Okt. 1795, Neomyst 11. Juni 1801. Er wurde nach der Aufhebung Chorregent zu Memmingen, wo er am 12. Juli 1855 starb. Er war ein tüchtiger Musiker, wie auch P. Maurus auf der Violine sehr gewandt war.

P. Th. Clarer herausgab, und aus der Schrift: „Andenken an Th. Clarer“ (von Aurbacher), S. 17--21; auch in Felder's Lit. Ztg. 1821, I. Intelligbl. Nr. 2. Sein Porträt in Oel befindet sich zu Ottobeuren.)

Schriften:

1) Cultus Deo T. O. M. a litteraria juventute Ottoburana exhibendus. Ottoburae 1791. 12.
2) Prolegomenae institutiones philosophiae rationalis compendii via adornatae. Ottob. 1793, 44 S. 8.
3) Ars poetica ad mentem Horatii Flacci. Ibid. 1798. 8.
4) Gewöhnliche Gebete für die kleinen Zöglinge der Ottobeurischen Schule. (Deutsch und lateinisch.) Ottobeuren 1798. 8.
5) Des hl. Gregor des Gr. sämmtliche Briefe, übersetzt. Kempten 1807, 6 Bde. 8.
6) Des hl. Gregor des Gr. Homilien, übersetzt. Das. 1810. 8.
7) Pastoral des hl. Gregor des Gr. München 1810, 236 S. 8.
8) Ursachen (50), warum die hl. römisch katholische Religion vor allen andern zu wählen sei. Uebersetzt aus dem Lateinischen des P. Schmier. Einsiedeln 1810. 8.
9) Des ehemaligen Reichsstiftes Ottenbeuren Benediktinerordens in Schwaben sämmtliche Jahrbücher in Verbindung mit der allgem. Reichs- und der besondern Geschichte Schwabens. Diplomatisch, kritisch und chronologisch bearbeitet. Ottenbeuren bei Ganser, I. Bd. 1813, LXVIII. 630 S.; II. Bd. 1814, 845 S.; III. Bd. 1815, 748 S.; IV. Bd. 1816, 500 S. 8. Beigegeben ist eine Abbildung des Stiftes in Steindruck; eine Karte des Stifts-Gebietes (von Schiegg), und das Verzeichniss der zur Zeit der Aufhebung lebenden Conventualen.
10) Rede auf die 600jährige Jubelfeier wegen der wunderbaren Begebenheit mit dem allerh. Sakramente, die sich 1216 in der kath. Dorfgemeinde Benningen bei Memmingen ereignete. 1816, 20 S. 4.
11) Des hl. Cyprian sämmtl. Werke, übersetzt. München (Lentner) 1818, 4 Bde. (Der Tod hinderte ihn an der Vollendung dieser gediegenen Uebersetzung.)
12) Rotulae[1]: in obit. P. Franc. S. de Depra. 1806. — R. D. D. Pauli, Abbatis. 1807. — P. Hieronymi Stadler. 1807. — P. Felicis Martin. 1808. — P. Galli Dingler. 1808. — P. Conradi Back. 1810. — P. Udalrici Schiegg. 1810. — P. Casp. Eberle. 1811. — P. Seb. Sidler et Math. Osterrieder. 1812. — P. Bern. Klaus. 1812. — P. Rob. Hornung. 1814. — P. Rom. Chrismann. 1816. — P. Leandri Kiderle. 1816. — P. Michaelis Pock. 1817. (Sämmtlich gedruckt zu Ottobeuren bei Ganser.)

---

[1]) Diese Roteln sind nicht leere Todesanzeigen, sondern vollständige Nekrologe der betreffenden Conventualen des Stiftes.

13) Cantate zur Feier des 50jährig. Priesterjubiläums des P. Gallus Dingler. Ottobeuren 1807. 4. — (Die Musik ist von Th. Clarer.)

Manuscripte:

a) Corpus traditionum Ottenburensium, oder Sammlung aller Ottenbeurischen alten Urkunden. 1 Bd. Fol.

b) Das Opfer Noach's, Cantate zur Jubelprofess des Reichspräl. Hon. Göhl und des P. G. Dingler. 1801.

c) Ode auf das Namensfest des Abtes Paulus Alt, 29. Juni 1807. (Ein rührendes Gedicht.) (Nr. a—c zu Ottob.)

d) Diarium belli gallici. 1 Bd. 4. (Gieng verloren.)

P. Theodor Clarer (Klarer), geb. zu Dorndorf bei Ulm 15. Juli 1766 (al. 1765), studirte zu Ottobeuren und Augsburg. Im J. 1786 erhielt er das Ordenskleid, Profess 9. Aug. 1789, Neomyst 5. Juni 1791; bald darauf Professor der Philosophie, in welchem Fache er sich tiefe Kenntnisse erwarb, und Chorregent. Von 1801—1802 war er Novizenmeister (der letzte), und lehrte noch kurze Zeit am Stiftsgymnasium Poësie und Rhetorik. Im J. 1805 wurde er Pfarrer von Ottobeuren und starb als solcher 18. Juli 1820. In allen diesen so verschiedenen Verhältnissen benahm sich Clarer mit solcher Treue und Sicherheit, dass er eben durch sein Wesen, eine seltene Mischung von Verstand und Gemüth, Würde und Bescheidenheit, Ernst und Milde — die Achtung und Liebe Aller zu gewinnen wusste. Wenn man den Ausdruck: „sein ganzes Leben war Musik", auf irgend Jemand anwenden kann, so war er es. Die reinste, edelste der Künste stimmte ganz zu seinem Gemüthe. Er liebte und betrieb sie aber nicht bloss als Diletanterie zum Zeitvertreibe, sondern als mildernstes Studium zur Erhebung und Begeisterung. Besonders lag ihm die Kirchenmusik am Herzen. Unter seiner mehrjährigen Leitung, und durch Unterstützung trefflicher Musiker erhob sich zu den letzten Zeiten des Stiftes die Musik zu Ottobeuren zu einer Vollkommenheit, wie man sie damals selbst bei fürstlichen Kapellen kaum fand. Dass Haydn's „Schöpfung" [1]) und die „vier Jahreszeiten" von den Conventualen unter Mitwirkung der Studenten vollständig besetzt und trefflich ausgeführt, gegeben wurden, beweist, wie gross die Zahl der Musikverständigen und wie deren Uebung vorgeschritten. Was die Kirchenmusik Erhabenes bot, erwarb Clarer für das Stift, und brachte es zur Verherrlichung des Gottesdienstes zur Aufführung. Besonders imposant wurden die Contrapunkte unter seiner Leitung durchgeführt.[2]) Da Abt Honorat, ein Verehrer dieser ernsten und feierlichen Kirchenmusik, sie mit grossem Kostenaufwand selbst aus Rom sich zu verschaffen

[1]) S. Feyerabend, Jahrbücher, IV. S. 331.

[2]) S. Hist. pol. Blätter, Bd. 83, Hft. 11, S. 829 sq.

wusste, so hörte man an den höhern Festtagen in dem herrlichen Tempel Gesänge, welche das Ohr mit wundersamen Harmonien, und das Gemüth mit heiliger Ehrfurcht erfüllten. Clarer war die Seele des Ganzen. Die Pflege der Kirchenmusik betrieb er auch noch nach Aufhebung des Klosters mit Eifer und Erfolg, so weit es die beschränkten Kräfte und Hilfsmittel ihm erlaubten. Obschon ihn bei allmähligem Abgange seiner Mitbrüder der immer mehr zunehmende Verfall der Musik mit Schmerz erfüllte, so fand er doch noch darin eine Befriedigung, wenn er seine ihm lieb gewordenen Meisterwerke in schwachen unsichern Umrissen wieder schauen konnte. In den letzten Jahren machte er sogar den Versuch, den Choral[1]) in seinem Gotteshause wieder einzuführen, wozu er junge Männer aus seiner Gemeinde, nicht ohne bedeutenden Erfolg, unter seiner und der noch zu Ottobeuren zurückgebliebenen Mitbrüder Anleitung vorbereitete. („Andenken an Th. Clarer, Pfarrer zu Ottobeuren." München 1820, 24 S. 8. Verfasser ist Ludwig Aurbacher, zur Zeit der Aufhebung Novize zu Ottobeuren, und später Professor der schönen Wissenschaften des k. Cadettenkorps zu München. Die Schrift erschien anonym, und ist auch abgedruckt worden in Felder's Lit. Ztg. 1821, Intelligbl. Nr. 2.)

Schriften:

1) Nekrolog auf P. Maurus Feyerabend. Ottob. (Ganser) 1818.
2) Nekrolog auf P. Honorius Pfeffer. Das. 1819.[2])

Compositionen:

1) Requiem. (Clarer's erste Composition.)
2) Ein Singspiel zu Ehren des Namensfestes des P. M. Feyerabend. (Partitur.)

---

[1]) S. Anmerkung zur Biographie des Abtes Paulus Alt.

[2]) Hier mögen noch zwei vorzügliche Musiker des Stiftes erwähnt werden, von denen mir keine Compositionen bekannt sind: P. Honorius Pfeffer, geb. zu Kempten 2. Juni 1762, Profess 11. Nov. 1783, Priester 28. Sept. 1788. Nachdem er am Stiftsgymnasium den studirenden Jünglingen mehrere Jahre in der Musik Unterricht ertheilt hatte, wurde er 1793 Küchenmeister und 1800 Kastner, welche Aemter er mit ebenso gewissenhafter Treue, als kluger Gewandtheit bis zur Aufhebung des Stiftes rühmlichst verwaltete. Auch nach der Aufhebung desselben übernahm er nach dem Wunsche seiner Mitbrüder die Sorge für das kleine Hauswesen, und erleichterte denselben durch seine treue Sorgfalt ihre Lage um Vieles. Nachdem er zwei Jahre gekränkelt, und zuletzt sich ein Nervenfieber dazugeschlagen, starb er 26. Juli 1819. Pfeffer war ein sehr religiöser, geschickter und in allen seinen Geschäften ordnungsliebender Mann, dessen Verlust den Conventualen um so empfindlicher ward, je mehr sie seit so langen Jahren gewöhnt waren, die Sorge für das Haus ganz allein ihm zu überlassen. (Aus Clarer's Nekrolog) — P. Thomas Enderle, geb. zu Aletshausen 11. Juli 1772, Profess 21. Sept. 1790, Neomyst 2. Okt. 1796, war ein Virtuos auf der Orgel, starb im Kloster 15. Okt. 1827.

3) Honoratus, ut alter Noachus, in orbis diluvio suorum saluti intentus. Das Opfer Noach's, Singspiel zur Feier der Jubelprofess des Abtes Honorat 15. Nov. 1801. (Partitur und einzelne Stimmen.) Die Dichtung ist von P. M. Feyerabend.
4) Magnificat. (In Falso bordoni inaequalis, — Contrapunkt. (Chor zu Ottob.)
5) Miserere a 4 vocibus, 2 violinis, alto, viola, 2 cornib., violone et organo. (Das.)
6) Gloria ad miss. quadragesimalem in D. maj. (Das.)
7) Genius Ottoburanus. Ein Singspiel.
8) Dramatiolum ad dieem onomasticum R. P. Romani (Chrismann), a canto, alto, tenore, basso, due violini, alto, viola, violone. (Nr. 1, 2, 3, 7 u. 8 in der Biblioth. zu Ottob.)
9) „Tenebrae factae sunt" a 4 voz. (Zu St. Stephan in Augsburg.)

P. Willibald v. Staader, geb. zu Waldsee 12. Dez. 1749, Profess 2. Okt. 1768, Neomyst 19. Juni 1774, Pönitentiarius zu M.-Eldern, er blieb nach der Aufhebung im Kloster. Er und P. Basil Miller waren zuletzt die einzigen Bewohner des Klosters Ottobeuren; er starb dort als Senior 1. Dez. 1831.

Schriften:

1) Nekrolog auf P. Theodor Clarer. Ottob. 1820.
2) Miscellanea Ottoburana, Aufzeichnungen aus und über Ottobeuren, pol. Zeitereignisse, Gelegenheitsgedichte. 1 Conv. 4. (Staatsbiblioth. zu Münch.; es ist mir unbekannt, ob von ihm verfasst, oder nur gesammelt.)

P. Basilius Miller, geb. zu Ochsenhausen 24. Okt. 1781, Profess 9. Sept. 1798, ordinirt 22. Sept. 1804, Neomyst 7. Okt. Obschon der jüngste von allen Professen des Stiftes zur Zeit der Aufhebung, war er keineswegs der letzte von jenen Ottobeurischen Religiosen, welche eine seltene Anhänglichkeit an ihr Ordenshaus an den Tag legten. Von Jahr zu Jahr schmolz die kleine Heerde, so dass er nach dem Tode des P. Willibald der einzige Bewohner des Klosters war. Beharrlich schlug er mehrere Anträge zur Uebernahme ansehnlicher Stellen wohl hauptsächlich aus dem Grunde aus, um sich von seinem Kloster nicht trennen zu müssen. Er blieb der treue Wächter des Heiligthumes, bis dasselbe dem neugegründeten Stifte St. Stephan zu Augsburg übergeben wurde. Durch seine Bemühungen hat sich manches historische Denkmal zu Ottobeuren bis zur Stunde erhalten. Er sammelte viele auf Ottobeuren Bezug habende historische Daten. Er war der französischen Sprache vollkommen mächtig. † 2. Juni 1844 als Wallfahrtspriester zu Mussenhausen bei Mindelheim. (Mittheilung des P. M. Bernhard.)

Manuscripte:

1) Liber mortualis monasterii Ottoburani, complectens R. R. D. D. in Christo defunctorum abbatum, monachorum, sacerdotum, clericorum et conversorum potiorem numerum a fundatione monasterii usque ad a. 1802, 1 Bd. Fol. (conscript. 1818.)[1]
2) Ottobeurische Tagsschriften des P. B. Miller. 5 Bde. Fol. I. Bd. 1805—1808; II. Bd. 1809—1812; III. Bd. 1813—1815; IV. Bd. 1816—1817; V. Bd. 1818—1822.[2]
3) Ottobeurisches Säkularisations-Chartular vom J. 1802 nach amtlichen Aktenstücken zusammengestellt von P. M. Pock, fortges. von P. B. Miller bis zum J. 1832. 1 Bd. Fol.
4) Beobachtungen aus der Säkularisationsgeschichte.
5) Einige merkwürdige, zum Theil noch ungedruckte Zeitschriften aus den Jahren 1810—1815. 1 Bd. Fol.
6) Collectanea varia. 6 Bde. 4. (Sämmtl. Manuscripte zu Ottobeuren.)

P. Barnabas **Huber**, erster Abt des Stiftes St. Stephan zu Augsburg, geb. zu Gutenberg bei Kaufbeuern 13. April 1778. Sein Vater, ein Müller, brachte ihn frühzeitig nach Ottobeuren, wo er in der dortigen Klosterschule durch Fleiss, Fortschritt in den Wissenschaften, und im Gesange sich auszeichnete. Seine Professoren waren die P. P. Feyerabend, Schiegg und Eberle. Nach Vollendung der Humanitätsklassen trat er dort (1793) in den Orden, und legte am 13. Nov. 1794 Profess ab. Am 30. Mai 1801 wurde er Priester, und las 14. Juni die erste hl. Messe.[3] Abt Honorat erkannte bald die geistigen Fähigkeiten des jungen Barnabas, machte ihn zum Bibliothekar und Professor der griechischen Sprache am Stiftsgymnasium. Bei der Invasion der französischen Armee unter Moreau begleitete P. Barnabas den sich flüchtenden Abt. Bei der Aufhebung des Stiftes wurden P. Barnabas mehrere gute Pfarreien angeboten; er übernahm aber die Stelle eines Erziehers der Söhne des Fürsten Fugger-Babenhausen, und gieng nach Babenhausen. Mit warmem Interesse und gewissenhafter Sorgfalt stand er diesem wichtigen Berufe vor, und führte seine Zöglinge die

---

[1]) Enthält in chronologischer Ordnung die Religiosen des Stiftes nebst biographischen Daten, welche aber in älterer Zeit nicht immer ganz zuverlässig sind.

[2]) Sie enthalten interessante Nachrichten über das Schicksal von Ottobeuren nach der Aufhebung, und geben Zeugniss von der bewunderungswürdigen Anhänglichkeit der Religiosen zu ihrem Kloster.

[3]) Im letzten Catalog des Stiftes Ottobeuren vom J. 1802 ist bei den P. P. B. Huber, J. Braun, Pl. Feyerabend, B. v. Dreer, B. Klaus, J. v. Tomazzoli und Norb. Jäger als Priesterjahr irrthümlich 1802 statt 1801 angegeben. Derselbe Irrthum ist in den Katalog, den Feyerabend den Ottobeurischen Jahrbüchern beigefügt hat, übergegangen.

ganze wissenschaftliche Laufbahn hindurch bis auf die Hochschule zu Würzburg, wohin er dieselben begleitete. Auf den Reisen, die zur Ausbildung der jungen Prinzen unternommen wurden, war er ihr beständiger Begleiter und väterlicher Freund. Durch derartige Verhältnisse sammelte er einen schönen Schatz von Menschenkenntniss und Erfahrungen. Auch erwarb er sich jene feinen und wohlgefälligen Manieren, die ihm bis zum Ende seines Lebens den Ruf eines sehr gebildeten und klugen Mannes erwarben. Nachdem das Geschäft der Erziehung zu Ende war, behielt ihn sein nach Ableben des Fürsten Anselm zur Regierung gekommener Zögling, Fürst Anton, bei sich, und ernannte ihn zum Hofbibliothekar. In allen Fällen bediente er sich seines Rathes, und schenkte ihm sein vollstes Vertrauen. Als König Ludwig die Gründung eines Stiftes zu St. Stephan in Augsburg beschlossen, so fiel sein Blick auf P. Barnabas, als einen Mann von Geist und Erfahrung. Er ernannte denselben im Dezember 1834 zum Abte von St. Stephan. Zugleich wurde das ehemalige Reichsstift Ottobeuren mit dem neuen Stifte als Priorat verbunden. Mit Bischof Riegg bereiste Abt Barnabas (1835) mehrere österreichische Benediktinerstifte, um Professoren für sein Stift zu suchen.[1]) Bald nach der am 20. April 1835 erhaltenen Benediktion trafen die in Oesterreich geworbenen Professoren zu St. Stephan ein, so dass schon im Herbste 1835 das Gymnasium von Benediktinern geleitet wurde. Die Wirksamkeit des neuen Abtes war eine gesegnete, obschon schwierige, denn nun galt es, einen eigenen Convent zu schaffen, indem die österreichischen Professoren wieder in ihre Stifte zurückkehrten. 1844 feierte Abt Barnabas zu Ottobeuren seine Jubelprofess, wozu König Ludwig in einem freundlichen Handschreiben ihm seine vollste Theilnahme ausdrückte. Im Mai 1851 feierte er seine Jubelmesse im Kloster Andechs. Im Juli dieses Jahres befiel ihn eine anscheinend unbedeutende Unpässlichkeit, die eine schlimme Wendung nahm, und am 29. Juli seinen Tod zur Folge hatte. Sein Verscheiden war sanft. Kurz vor demselben hatte er an seine Ordenssöhne die letzten Worte gerichtet, worin er Liebe und Einigkeit als den Wahlspruch seines Hauses empfohlen hatte. Abt Rupert von Scheyern widmete dem edlen Dahingeschiedenen einige Worte der Erinnerung. (Nekrolog der Deutschen, Bd. XXIX. I. Thl. S. 573 sq.)

Schrift:

1) Welcher ist jener Glaube, aus dem nach der Schrift der Gerechte lebt, der die Welt und ihre Laster bezwingt und selig macht? (Conferenz-

[1]) Diese Reise findet sich genau beschrieben in Ig. Albert v. Riegg's Leben. (Conferenzarbeiten der Augsburgischen Diözesangeistlichkeit, Bd. IV. Hft. II. S. 69 —101.)

arbeiten der Augsburgischen Diözesan-Geistlichkeit. Augsburg 1829, Bd. I. Hft. I. S. 41—62.)

2) Abhandlung über: „Was heisst sich selbst verläugnen, was sein Kreuz tragen, was Jesu nachfolgen?“ (Das. Bd. III. Hft. II. S. 74—129.)

P. Benedikt v. Dreer, Mitglied des hist. Vereins von Schwaben und Neuburg, geb. zu Mindelheim 17. Juli 1778, Profess 21. Okt. 1795, Neomyst 14. Juni 1801, Pfarrer zu Bayershofen bei Dillingen, starb zu Zusamaltheim 2. Dez. 1856. Hinterliess in Handschrift: Geschichte der Pfarrei Bayershofen. 1839. (Dem hist. Ver. von Schwaben vorgelegt. S. Jahresber. V./VI. S. 113.)[1]

---

[1]) Hier soll auch Ludwig Aurbacher, der zur Zeit der Aufhebung des Klosters Ottobeuren noch Kleriker war, und nur die vota simplicia abgelegt hatte, eine Stelle finden. Er war geb. zu Türkheim 26. Aug. 1784, machte seine Studien zu Diessen, München und Ottobeuren, und erhielt am 19. Aug. 1801 zu Ottobeuren zugleich mit Magnus (Gottfried) Ackermann und Fr. Xav. Eger das Ordenskleid. (Es waren dieses die letzten Novizen Ottobeurens.) Nach der Aufhebung Ottobeurens begab er sich auf den Rath seines Gönners, des P. Th. Clarer, in das Stift Wiblingen; aber auch dort war seines Bleibens nicht. Im J. 1808 wurde er auf Verwendung des P. Ul. Schiegg Professor des deutschen Styls und der Aesthetik des k. Cadettenkorps zu München. 1834 trat er in den Ruhestand, und starb zu München 25. Mai 1847. Aurbacher war Zeit seines Lebens dem Benediktinerorden in unwandelbarer Liebe zugethan; er blieb unverehelicht. Seit dem Tode Clarer's, seines innigsten Freundes, trug er immer schwarze Kleidung. In der deutschen Literatur nimmt Aurbacher eine ehrenvolle Stellung ein. Vergl. „Ueber Ludw. Aurbacher's Jugendschicksale“. (Hist. pol. Bl. Bd. 83, Hft. 11, S. 823—836 und Hft. 12, S. 889—903; Bd. 84, S. 207—219.) — Allgem. deutsche Biographie, I. S. 688 sq. Schaden, Gelehrtes München, S. 4 sq.)

Schriften:

A. Schulschriften:

1) System der deutschen Orthographie. Nürnberg 1813. 8.
2) Theorie des Geschäftsstyls mit besonderer Hinsicht auf Militär-Dienstschriften. Münch. 1816. 8.
3) Lehrbuch des deutschen Styls. 2 Thle. Das. 1817. II. Aufl. das. 1822. I. Abth. Grundlinien der Stylistik; II. Abth. Grundlinien der Rhythmik der deutschen Sprache.)
4) Dramaturgische Studien. Das. 1818. 8.
5) Andeutungen zu einem neuen und einfachen Entwurfe der Psychologie. Das. 1819.
6) Grundlinien der Rhetorik. Das. 1820. 8.
7) Ueber die Methode des rhetorischen Unterrichtes. Das. 1821. 8.
8) Grundlinien der Poëtik. Das. 1821. II. Aufl. das. 1838.
9) Grundlinien der Psychologie Das. 124. 8.
10) Philologische Belustigungen. Aus der Brieftasche eines oberdeutschen Schulmeisters. 2 Hfte. Das.
11) Kleines Wörterbuch des deutschen Sprache nach J. Ch. Adelung's grösserem Wörterbuch, mit besonderer Hinsicht auf die oberdeutsche Mundart.

12) Handbuch zur intellektuellen und moralischen Bildung für angehende Offiziers. Eine Chrestomatie. (Anonym.)
13) Vorschule zur Geschichte und Kritik der deutschen Literatur.
14) Pädagogische Phantasien. Blätter für Erziehung und Unterricht, zunächst in Volksschulen. Münch. II. Aufl. 1838.
15) Schriftproben in oberschwäbischer Mundart.
16) Briefsteller, zunächst für studirende Jünglinge. (Anonym.)

B. Gedichte und Erzählungen:

17) Perlenschnüre. Sprüche nach Angelus Silesius. Luzern 1823. (N. Aufl. Münch. 1831.)
18) Das Fest aller Bayern. (Gedicht.) Münch. 1824. 8.
19) Erinnerungen an Gastein. Das. 1824. 12.
20) Dramatische Versuche. (Fürstenweihe — Fürstenkampf — Fürstensieg). Das. 1826. 8.
21) Volksbüchlein. 2 Bdchen. Das. I. Aufl. 1827—1829. II. Aufl. das. 1835—1839. (I. Bd. enthält: Geschichte des ewigen Juden; Abenteuer der 7 Schwaben etc. II. Bd. enthält: Legende von St. Christoph.) Die Wanderungen des Spiegelschwaben etc. Dieses Volksbüchlein wird von Hamberger ein wahrer Schatz echter Volkspoësie genannt.)
22) Berlenburger Fibel, oder literarische Leiden und Freuden des Schulmeisters Mägerl. Das. 1830. (Anonym.)
23) Die Laienbürger. (In den „Fliegenden Blättern", Bd. V. 1747, nebst Aurbacher's Portät (op. posth.).
24) Büchlein für die Jugend. Stuttgart (anonym) 1834.
25) Marienkind, Erzählung für die Jugend. 1831. (Anonym.)
26) Aus dem Leben und den Schriften des Magisters Herle und seines Freundes Mänle. (Anonym.)

C. Vermischtes:

27) Ueber Tagebücher zur Beförderung der Kenntniss und Bildung des Herzens und Verstandes. (Anonym.)
28) Vertraute Briefe aus dem Lustlager des bayer. Cadettencorps.
29) Soldatenspiegel. Ein Lesebuch f. Unteroffizieres und Gemeine, wie auch zum Gebrauch in Garnisonsschulen. (Anonym.)
30) Andenken an Theodor Clarer, Pf. in Ottobeuren. Münch. 1820. 8. (Anonym.)
31) Erinnerungen aus dem Leben einer frommen Mutter.
32) Kunz von den Rosen, Kaiser Maximilian's I. lustiger Rath. Ein Beitrag zur Gesch. der Hofnarren.
33) Mein Ausflug an den Ammersee und dessen Umgebung, in Briefen.
34) Mehrere kritische Aufsätze, Recensionen, grössere und kleinere Erzählungen in der „Eos" und „Charitas". (Vergl. hist. pol. Bl. Bd. 84, S. 215 sq.)

D. Ausgaben:

35) Des Joh. Angel. Silesius geistliche Hirtenlieder. Münch. 1826. 12.
36) Desselb. cherubinischer Wandersmann. Sulzbach 1829. 12.
37) Anthologie deutscher katholischer Gesänge aus älterer Zeit. Landshut 1831. 12.
38) Schulblätter, Zeitschrift für Erziehung und Unterricht, zunächst mit Rücksicht auf die Volksschulen. Münch. 4 Hfte, 1829—1832. 8.
39) P. Abraham a S. Clara, grosse Todtenbruderschaft. Nebst Tafeln.

Manuscripte:

Schwäbisches Idiotikon; Autobiographie bis zum Antritt seines Lehramtes als Professor des k. Cadettenkorps. (Staatsbiblioth. zu München.)

Kempten.

Kempten, gefürstete Abtei (Campita, Campodunum, Campidunum, Campidonum), Dioecesis nullius, gestiftet zu Ehren der sel. Jungfrau von Hildegard, Gemahlin Kaisers Karl des Gr., im J. 777.[1]) Papst Hadrian I. beschenkte das Kloster mit den Reliquien des hl. Gordianus und Epimachus. Der erste Abt, Audogar, starb im J. 796 im Rufe der Heiligkeit. Das Gebiet des fürstl. Stiftes Kempten umfasste unter dem Namen „Gefürstete Grafschaft Kempten" (1802) einen Flächeninhalt von $18^1/_4$ □Meilen, und war mit Ausnahme des Lehens Binswang und der Vogtei Aitrang ein geschlossenes Ganze. Das Land war in acht verschiedene Gerichtsbezirke oder Pflegämter eingetheilt. Diese waren: 1. Kempten, 2. Sulzberg-Wolkenberg, mit dem Sitz zu Lenzfried, 3. Hohenthann (Sitz Lautrach), 4. Liebenthann (Sitz Obergünzburg), 5. Grönenbach, 6. Kemnat, 7. Thingau, 8. Falken (Sitz Kempten). Die Zahl der Unterthanen belief sich auf 40,000. Die genannten acht Pflegämter und Vogteien umfassten eine Residenzstadt (Kempten), 7 Marktflecken, 85 Dörfer, 45 Pfarreien (ohne die Patronatspfarreien), 8 bewohnte Schlösser (Grönenbach, Lautrach, Günzach, Lenzfried, Neuburg, Langeneck, Insel und Hezlinshofen), ferner eine Menge von Weilern, Höfen und verfallenen Schlössern. Im J. 1802 kam das gesammte Stiftsgebiet an den Churfürsten von Bayern, welcher das Stift aufhob, und die Capitularen pensionirte. Die Stiftskirche wurde Pfarrkirche; in den Stiftsgebäuden sind nun verschiedene Regierungsbehörden untergebracht. Weltberühmt war die stiftische Buchdruckerei, in der vorzüglich Missale und Breviere gedruckt wurden. Dieselben zeichnen sich durch korrekten und dem Auge wohlthuenden Druck ganz besonders aus.

---

[1]) Schon vor dem Jahre 777 bewohnte Audogar mit mehrern andern frommen Männern die Einsiedelei bei der St. Nikolauskapelle im sog. Weidach, unweit des nachmaligen Stiftes Kempten.

Literatur:

Beschreibung der 1000jährigen Jubelfeier des fürstl. Hochstiftes Kempten im Mai 1777. Kempten 1777. Fol. — Boxler L., Sammlung der merkwürdigsten Ereignisse in dem ehem. fürstl. Reichsstifte Kempten seit dessen Entstehung bis zur Auflösung im J. 1802. Kempten 1822, 192 S. 8. — Bruschius, Chronologia, I. S. 89—120. — Festschrift zur 1100jährigen Gedenkfeier der Gründung des Hochstiftes Kempten (vom 9.—11. Mai 1877). Kempten 1877, 54 S. 8. — Gerbert, iter alemann. S. 140—154. — Haggenmüller J. B., Geschichte der Stadt und gefürsteten Grafschaft Kempten. Kempten 1840—1847, 2 Bde. 8. — Kesel J., Kemptisches Denkmal. Ulm 1727. — Kuen Mich., Collectio scriptor. rer. hist. monasticorum. Vol. I. Tom. II. „Tractatus de monfast. Campidonensi". — Lex. v. Schwaben, I. S. 1078—1118. — Meierhoer J., Geschichtliche Darstellung der denkwürdigsten Schicksale der k. b. Stadt Kempten. Kempten 1856, 54 S. 8. — Petri, Suevia ecclesiastica. S. 228 sq. — Renz J. B., Historische Nachrichten über die Bestandtheile des Fürstenthums Kempten. (Illerkreis-Intelligbl. 1815 und 1816.) — Stengelius C., Monasteriologia I. mit Abbildung. — Triplex triumphus Campidonensis in auspicatissimo adventu S. R. E. principis et Cardinalis Angeli Mar. Quirini, et in abbatiali benedictione cels. ac R. R. S. R. J. principis ac D. D. Engelberti, ducalis ecclesiae Campidonensis abbatis, necnon in consecratione ejusdem ecclesiae apostolico privilegio peracta. mense Majo. 1748. Ex ducali typographia Campidun. 1748. 4. — Widerlegung, gründliche, des hochfürstl. Stiffts Kempten des von der Statt ejusdem nominis vor demselben sich anmassenden Herkommens (o. O.) 1737, 2 Abtheil. 206 u. 322 S. Fol. — Ziegelbauer, Hist. r. lit. I. S. 558—560, 603—606. — Zur ältern Geschichte des Stiftes Kempten, von Dr. Ludw. Baumann. Augsb. 1876. (Aus der Zeitschr. des hist. Vereins f. Schwaben und Neuburg, Bd II. S. 219—258 ff., enthält die Aebte von Kempten v. J. 752—1302.)

Manuscripte: In der Staatsbibliothek zu München:

Cod. germ. 2922, Chronik des fürstl. Stiftes Kempten. 4.

Cod. lat. 1211. — 1370 Fundatio monasterii, abbates, privilegia.

In den Sammlungen des hist. Vereins von Oberbayern:

Cammerer A. A. L., Geo-Chronologie der ehem. fürtlichen Benediktiner-Abtei Kempten. 1817, 279 Bl. 4. (S. Jahresber. XXIX. S. 85.)

In der Bibliothek des hist. Vereins von Schwaben:

a) Geschichte des fürstl. Hochstiftes Kempten bis zum J. 1760, nebst Abbildungen der Wappen der Fürstäbte. b) Renz, hist. Nachrichten über die Bestandtheile des vormaligen Fürstenthums Kempten, aus welchem die

Landgerichte · Kempten, Grönnenbach und Obergünzburg gebildet wurden. 83 Bl. Fol.

Zwei handschriftliche Chroniken des Stiftes Kempten bewahrte bis 1806 die Bibliothek des Benediktinerstiftes Mehrerau. (S. Ziegelbauer, Hist. lit. IV. S. 542.) Abbildungen des Stiftes sind nicht selten.

Schriftsteller:

Gregor Fr. Conrad Freiherr v. Bibra, geb. zu Bamberg 12. Mai 1754, starb zu Niedersonthofen 10. März 1793. Er war ein grosser Freund und Kenner der Naturwissenschaften, wesshalb ihm von seinem Fürstabte die Aufsicht über das Naturalienkabinet und dessen Ordnung anvertraut wurde. Von besonderem Eifer für dessen Bereicherung beseelt, durchreiste er zu wiederholten Malen Gebirgsgegenden der Schweiz und Tirols, und sammelte dort seltene Naturprodukte. Auch hatte er viel Geschick im Ausstopfen von Vögeln, und verstand sie vor Verwesung zu bewahren, sowie aus den Flügeln derselben die reizendsten Landschaften zusammen zu weben. (Jäck, I. Panth. S. 88.)

Bernard v. Buseck hinterliess in

Manuscripte:

a) Hochfürstl. stiftkemptischer Fürstensaal. 1765. (Im k. Reichsarchiv zu München.)

b) Heraldische Chronik des Stiftes Kempten. (Das.)

P. Aemilian Baron Tä(a)nzel von Tratzberg, lebte 1802 als Senior.

Schrift:

Rede beim 1000jährigen Jubiläum des Stiftes Ottobeuren. (In der Sammlung der Festreden, die Bayrhamer edirte.)

St. Ulrich.

St. Ulrich, unmittelbares Reichsstift in Augsburg. Der alten Ueberlieferung gemäss sammelten sich nach Beendigung der diokletianischen Verfolgung, in der auch die hl. Afra den Martyrtod erlitten hatte, die Gläubigen, und erbauten da, wo St. Ulrich steht, über dem Grabe der hl. Afra, eine Kirche, die ihr zu Ehren geweiht wurde. Im sechsten Jahrhunderte war dort der Sitz des Augsburgischen Bischofes. Später finden sich bei der Kirche weltliche Kanoniker. Bischof Bruno von Augsburg, (Bruder des Kaisers Heinrich II.) stiftete zu St. Afra 1012—1016 eine Benediktinerabtei. Die ersten 12 Mönche kamen aus Tegernsee. Weil in der Folge (1187) der Leib des hl. Ulrich zu St. Afra beigesetzt wurde, hiess die Abtei fortan zu St. Ulrich und Afra. Aufgehoben wurde es von Churfürst Max Joseph 12. Dez. 1802.[1]) Bis zum J. 1806 blieben der Abt und mehrere Conventualen im Klostergebäude, bis das Kloster in eine Kaserne umgewandelt wurde, wozu es noch dient.[2]) Die Stiftskirche, ein gothischer Prachtbau, blieb kath Pfarrkirche. Das Kloster besass zu Liezheim ein Superiorat (Propstei). Ehedem war Liezheim ein Frauenkloster O. S. B. (gestiftet 1157), das zur Zeit der Reformation eingieng. Herzog Wilhelm von Pfalz-Neuburg übergab es 1655 dem Stifte St. Ulrich. Bei Bozen hatte St. Ulrich bedeutende Besitzungen.[3])

---

[1]) Alle Stifte und Klöster Augsburgs wurden der Reichsstadt Augsburg als Entschädigung zugewiesen. Mit der Reichsstadt kamen dann auch alle Stifte an Bayern.

[2]) Bei diesem Anlasse wurden aus dem Kreuzgange, dem Begräbnissplatze der Religiosen, alle Grabsteine entfernt. Auch der berühmte P. Carl Stengel († 22. Jan. 1663) ruht in demselben. S. Veith, Biblioth. August. III. S. 183 sq.

[3]) So besass es den Hatschiterhof auf Prazöll, gekauft im J. 1675; den Lagederhof, gekauft 1676 für 10,000 fl.; das sog. Lichtensteinische Urbar, im J. 1758 angekauft für 40,000 fl.; den Unterbergerhof bei Leifers, erworben für 6000 fl.; in der Stadt Bozen selbst den St. Afrahof.

Literatur:

Baader Cl., Reisen, I. S. 86 sq. — Braun P., s. dessen Schriften unter St. Ulrich S. 130. — Bruschius, Chronologia, I. S. 493—508. — Descriptio chronologica et compendiosa monasterii S. Udalrici et Afrae Aug. Vind. cum tabulis aeneis. Aug. Vind. 1793. 4. — Gerbert, Iter alemannicum, S. 184 sq. — Gerken Ph. W., Reisen, I. S. 212 sq. u. 244—247. — Hertfelder, Bernard (abb. ad S. Udalricum), Basilica S. Udalrici et Afrae. Aug. Vind. historice descripta cum brevi chronico ejusdem monasterii. Aug. Vind. 1627; and. Ausgab. ibid. 1653, 1657. (Die Kupfer sind in jeder Ausgabe dieselben.) — Hirsching, Stiftslexikon, S. 198—204. — Jaffè Dr. Phil., Des Abtes Udalskalk von St. Ulrich zu Augsburg „Registrum tonorum". (Archiv f. Gesch. d. Bisth. Augsburg, II. Hft. 1, S. 68 sq.) — Khamm Corbin. (O. S. B. ad S. Udalricum), Hierarchia Augustana, Partes 3. Aug. Vind. 1709—1719. 4. — Kistler Roman, O. S. B. zu St. Ulrich, Basilika, d. i. herrliche Kirche des freyen Reichsklosters St. Ulrich und Afra, sammbt den Heiligthumber, Altär, und silbern Bildnussen, so in selber aufbewahrt werden. Augspurg 1712. Fol., mit vielen Kupfern. (Sind beinahe dieselben wie in Hertfelder's Werk.) Monum. boica Vol. XXII.: Catalogus abbatum, pag. I—XXIV; 273 Urkunden, S. 1—773. Vol. XXIII. Diplomatarium miscellanum, et excerpta, S. 1—712. — Scheuermayer, das Brustkreuz des hl. Bischof Ulrich,[1]) beschrieben im XXXI./XXXII. Jahresbericht des hist. Vereins von Schwaben, S. 75—80, mit Abbildung. — Solemnität, achttägige, in dem höchl. Gotteshaus St. Ulrich zu Augsburg. Augsb. 1712. (Beschreibung der 700jährig. Säkularfeier des Stiftes.) — Steichele Dr. A. edirte: Fr. Wilhelmi Wittwer, catalogus abbatum monast. S. Udalrici et Afrae. (Archiv f. Gesch. des Bisthums Augsbg. III. S. 10—437.) — Stengelius Carol. (O. S. B. professus ad S. Udalricum et abbas Anhusanus), Monasteriologia insignium aliquot monasteriorum familiae S. Benedicti in Germania. Pars I. Aug. Vind. 1619. Fol. mit Abbildung. — Desselb., Chronologica descriptio monasterii S. Udalrici et Afrae. Aug. Vind. 1613. Fol. — Sulzbacher Kalender 1873, Beschreibung mit Abbildung. (Auch Separatabdruck.) — Ziegelbauer, Conspectus, fol. 214 sq. — Ueber die Gelehrten des Stiftes s. Braun Pl., Notitia hist. litteraria de codicib. manuscr. . . . Aug. Vind. 1791—1796, 6 Tomi. 4. (Enthält zerstreut eine Literaturgeschichte des Stiftes.) — Veith, Biblioth. Aug. Aug. Vind. 1785—1796. 8. — Ueber die Bibliothek: s. Braun's Schriften. — Hirsching, Versuch, II. 1. Abth. S. 73—82, Supplementband, S. 187—200. — Ziegelbauer, Hist. rei lit. I. S. 563 sq. — Ueber die Besitzungen des Stiftes in Tirol: „Bothe für Tirol und Vorarlberg", 1827, S. 104 — Ueber den St. Afra-Hof, den das Stift in der Stadt Bozen besass: Südtirol. Volksblatt, 1877, Nr. 50. — Entferntern Bezug haben: Des P. R. Möhner O. S. B. von St. Ulrich Reise in die Niederlande im J. 1651, edirt von

[1]) Dasselbe befindet sich noch in der St. Ulrichskirche

P. L. Brunner. Augsburg 1872. 8. Ein Tourist in Oesterreich während der Schwedenzeit. Aus den Papieren des P. Reginbald Möhner O. S. B. zu St. Ulrich. Edirt von Albin Czerny. Linz 1874, 128 S. Lex. 8. — Andachts-Eyffer, d. i. Ehrenfest bei Erhebung und Beysetzung der vier Augspurgischen Bischöfe: Wicterpi, Thossonis, Nidgarii und Adalberonis, wie auch der hl. Dignae in St. Ulrich 1698. Augspurg 1699, 266 S. 4. (Beschreibung der Festlichkeit und Sammlung der gehaltenen Predigten.)

Manuscripte: In der Staatsbibliothek zu München:

Cod. germ. 154. — 1762. — 1763. — 2231.

Cod. lat. 1615, 1616, 1617, Epistolae ad C Stengelium datae 357, 639, 357 folia. — 2296 Diarium P. Car. Stengelii 1632—1654, 234 Bl. 8.

In den Sammlungen des hist. Vereins von Schwaben und Neuburg:

Hist. Beschreibung von Ober- und Unterliezheim von Grieser und Raiser. (S. V./VI. Jahresb. S. 127.)

Abbildungen des Stiftes finden sich in den Werken Hertfelder's, Kistler's und Braun's. Einige Porträte von Aebten von St. Ulrich besitzt das Stift St. Stephan in Augsburg.

Schriftsteller:

P. Joseph Zoller, Edler von Zollershausen, geb. zu Innsbruck 5. April 1676, Profess 21. Nov. 1694, wurde 1700 Priester, war Pfarrer zu St. Ulrich 1712, Subprior 1715, 17 Jahre Prior, dann Propst von Liezheim, wo er 1. April 1750 starb. (Veith, Bibl. Aug. VII. S. 151.)

Schriften:

1) Sermones decem, habiti in octiduana solemnitate jubilaei septimi ob introductam in templum S. S. Udalrici et Afrae religionem benedictinam anno 1712 celebrati. 1712. (Collecti et editi a P. J. Zoller.)
2) Mira satis ac sine omni peccato Mariae sanctissima conceptio cum symbolis chronographice concepta. Aug. Vind. 1712. 8.
3) Conceptus chronographicus de concepta sacra Deipara septingentis s. scripturae, s. s. patrum ac rationum, nec non historiarum, symbolorum, antiquitatum et anagrammatum suffragiis roboratus. Aug. Vind. 1712. Fol.
4) Apparatus biblico-chronographicus 1000 exquisitis s. scripturae textibus instructus. Aug. Vind. 1713. 4.
5) Apparatus chronographico-sententiosus 1000 exquisitis s. s. patrum gravissimorumque auctorum paganorum praeterea ac poëtarum veterum eloquiis instructus. Salisb. 1721. 4.
6) Applausus gratulatorius eucharistico-jubilaeus praesuli suo gratioso quinquagenarias primitias feliciter repetenti oblatus a filiis. Aug. Vind. 1728. (Festschrift zur Sekundiz des Abtes Willibald Popp; zeugt von poëtischem Talent des Verf.)

P. Franz Freiherr v. Maendl, geb. zu Straubing 15. Sept. 1685, Profess 13. Nov. 1703, Neomyst 29. Sept. 1709, † 1. Jan. 1751.

Schrift:

Hellscheinender durch den berührenden Todesschatten in seinem heroischen Tugend-Glantz nicht verdunkelter Vollmond, d. i. Leichenrede auf M. A. Katharina Hildegard, geb. Freyin v. Hasslang, Abtissin des Klosters St. Johann B. zu Holtz O. S. B., vorgetrag. 9. Okt. 1721. Augsbg. 1721.

P. Cölestin Mayr, Dr. theolog., geb. zu Donauwörth 21. April 1679, Profess 25. Mai 1698, erhielt zu Salzburg seine theologische Bildung, Priester 1703, Novizenmeister, Professor der Philosophie zu Salzburg und Regens des Convictes der Ordenskleriker 1711 — 1714, Professor der Dogmatik 1714—1732, von 1729—1733 zugleich Rector magnificus der Hochschule. Durch sein Bemühen erhielt Salzburg eine eigene Lehrkanzel für das jus publicum. Nach Hause zurückgekehrt war er Propst von Liezheim 1733—1735, wurde zum Abt erwählt 17. Juli 1735, und starb 19. März 1753. Er war ein Beförderer des wissenschaftlichen Strebens, und that viel für die Stiftsbibliothek. (Hist. Univ. Salisb. S. 320—321; Veith, Bibl. Aug. VII. S. 145—151, XII. S. 179; Verzeichniss der akad. Professoren, S. 1 sq.; Syllabus Rectorum, S. 11—14; Baader, Lex. II. 1, S. 185; Braun, Gesch. v. St. Ulrich, S. 349 sq.)

Schriften:

1) Theses menstruae philosoph. separatis libellis explicatae. Salisb. 1712—1714. 4.
2) Trismegistus discurrens sub triplici facie, symbolica, rationali, et naturali. 1713. 4.
3) Hyperdulia Mariana, seu festa Deiparentis cultu symbolico philos.-hist.-morali publica disputatione celebrata. Fol.
4) Tractatus theolog. de jure et justitia. 1715. 4.
5) „ de venerabili Eucharistiae sacramento. 1717.
6) „ de fide divina. 4.
7) „ de verbi divini incarnatione. 1718. 4.
8) „ de mysteriis verbi divini incarnationem praecedentibus, comitantibus et sequentibus. 1719. 4.
9) De vita, morte aliisque mysteriis usque ad secundum Christi adventum. 1720. 4.
10) De secundo adventu Christi tractatio. 1721. 4.
11) De statu futuri saeculi, seu de futura mundi, beatorum, damnatorum et parvulorum conditione. 1722. 4.
12) Wunsch des Gerechten, d. i. Leichenrede auf den Hintritt des Franz Anton von Harrach, Erzbischof und Fürst von Salzburg. 1727. Fol.[1]

[1]) Alle Schriften Mayr's erschienen zu Salzburg.

P. Bonifac. Sartor, geb. zu Laimendingen 10. Febr. 1685, studirte zu Augsburg und Salzburg, Profess 1716, Neomyst 29. Sept. 1718, Propst zu Liezheim, Director Fr. Fr. clericorum, Custos, † 17. Sept. 1755. Er war ein beliebter Kanzelredner, der während eines Decenniums in verschiedenen Kirchen von Augsburg und Umgebung über 1000 Kanzelreden hielt. (Rotula.)

P. Benno Graf Ruepp-Falkenstein, Dr. theolog., geb. zu Augsburg 19. Aug. 1678, Profess 15. Mai 1698, Priester 1702, Professor der Dogmatik in Banz 1706—1708, im Kloster 1708—1711, dann lehrte er dasselbe Fach im Stifte Claderub (Böhmen) 1712—1714. Von 1723—1724 war er Professor am Lyzeum zu Freising, starb im Kloster 31. Dez. 1756.[1]) (Besnard, Lit. Ztg. 1833, I. S. 252, Hist. Univ. Salisb. S. 471; Veith, Biblioth. Aug. VII. S. 139.)

Schriften:

1) Fasciculus florum collectus in viridiario thomistico, i. e. quaestiones selectiores ex philosophia thomistica. Frising. 3 Partes, 1724.
2) Mehrere theolog. Thesen.

P. Martin Gutwillig, geb. zu Schrobenhausen 30. März 1688, Neomyst 6. Jan. 1713, Chorregent, ein guter Musiker, † 10. Juni 1762 als Senior und Jubilar, im vierundfünfzigsten Jahre seiner Profess, im neunundvierzigsten seines Priesterthums. Er veröffentlichte mehrere aszetische Schriften, deren Titel ich nicht anzugeben vermag.

P. Maurus Gruber, geb. zu Rain 21. Juni 1725, Profess 25. Juli 1746, erhielt zu Ingolstadt seine theologische Bildung, Priester 1749, Propst zu Liezheim, Professor zu Salzburg und akademischer Prediger, † 11. Nov. 1771.

P. Leonhard Sondermayr, geb. zu Friedberg 21. März 1682, Profess 13. Nov. 1703, Neomyst 29. Sept. 1706, Cellerarius, Subprior, Prior, starb als Senior und Jubilar 14. (al. 15.) Juli 1773. (Veith, Reliquiae et fragmenta, S. 60.)

Schriften:

1) Cananäisches von Christo ausgeübtes erstes Wunderwerk. Predigt beim Portiunkulafeste in der Kirche der P. P. Franziskaner zu Augsburg. Augsburg 1734. 4.
2) Vorbereitung auf den Tod. Augsburg 1760. 8.

---

[1]) Der längst verschwundene Grabstein des P. Benno im Kreuzgange von St. Ulrich trug die Inschrift: „Hic jacet P. R. ac clariss. P. Benno comes de Ruepp et Falkenstein, liberi ac imperial. hujus monast. capitularis ac pater spiritualis, s. s. theologiae doctor, ultra 30 annos ejusdemque professor emeritus, qui tam professionis, quam sacerdotii jubiläus ob. 1756. 31. Dec. aet. s. 78, profess. 58, sac. 54.“ Näheres über dieses berühmte Adelsgeschlecht s. Dachauer, Geschichte der Freiherren und Grafen von Ruepp auf Falkenstein. Münch. 1844.

P. Rupert Sembler, Dr. theolog., geb. zu Salzburg 8. Mai 1709, Profess 15. Aug. 1729, studirte an der Universität Salzburg Theologie, Neomyst 27. April 1732, Professor der Philosophie zu Salzburg 1737—1739, der Theologie 1755—1764, Archivar, Propst zu Liezheim 1766, starb das. 14. Juli 1778. (Verzeichniss der akad. Professoren, S. 25—26; Veith, Bibl. Aug. V. S. 226—228.)

Schriften:

1) Bellum dialecticum, seu oppositio propositionum. Salisb. 1738. 8.
2) Limites demonstrationis in exercitio menstruo scholastico positi. Ibid. 1738. 8.
3) Finis seu causa finalis, una cum parergis ex libr. I. et II. Physicor. 1739. 8.
4) Dissertatio in dogma de sacrosancto Trinitatis mysterio. 1760. 4.
5) Officia Sodalis Mariani in allocutionibus partheniis declarata. 1764.[1]

P. Columban Walser, geb. zu Erling 24. Aug. 1735, trat 1761 in den Orden, Priester 1765, Professor zu Salzburg 1770—1772, Propst zu Liezheim, starb im Kloster 7. Aug. 1788. (Verzeichniss der akad. Professoren, S. 72.)

Schriften:

1) Positiones ex prolegomenis philosophiae, et ex I. parte logicae theoretice consideratae. Salisb. 1771. 4.
2) Epitome philosophiae primae, seu notiones ontologicae universaliores. Salisb. 1772. 4.
3) Theses ex univers. philosophia. Salisb. 1772. 4.

P. Wicterp Grundner, geb. zu Augsburg 30. Sept. 1744, war der Sohn armer Eltern; reich an Talenten machte er grosse Fortschritte auf der literarischen Bahn. Am 13. Nov. 1765 machte er Profess, und studirte zu Salzburg Theologie, Rechte und Geschichte. Am 5. Juni 1769 primizirte er. Im nämlichen Jahre kehrte er in sein Kloster zurück, und erhielt den Auftrag, über Kirchengeschichte, und später über Kirchenrecht Vorlesungen zu halten. Seinen Schülern flösste er Liebe zur neuesten soliden Literatur ein, in der er besonders bewandert war. Im J. 1774 erhielt er einen Ruf als Professor und Präfekt nach Freising, musste aber bald wieder nach Hause zurückkehren. Bei dem Ausbruche des Debitwesens hatte er für die Interessen des Stiftes in Wien, München und an andern Orten zu sorgen. Durch sein gefälliges Betragen fand er überall Eingang, und hatte sich meistens des erwünschten Erfolges seiner Unterhandlungen zu erfreuen. Am 11. März 1790

[1]) Alle Schriften Sembler's erschienen zu Salzburg.

wurde er zum Abte erwählt. Er suchte seine Söhne durch Liebe an sich zu fesseln, eine bessere Ordnung in seinem Kloster einzuführen, und alle Mitglieder desselben zu berufsmässigen und literarischen Arbeiten anzuhalten. Unter ihm erhielt das Archiv eine regelmässige Ordnung. Er vermehrte die Bibliothek mit den besten Werken, versah das mathematische Museum mit neuen Instrumenten, und liess ein Naturalienkabinet anlegen. Die Gunst und Gnade der Fürsten wusste er durch seine Klugheit, durch sein offenes Wesen und seinen religiösen Sinn zu erwerben. In hoher Gunst stand er bei dem Churfürsten Carl Theodor, der ihn als Propst von Liezheim zum Verordneten des Herzogthums Neuburg ernannte. Den Gelehrten war er ein Gönner und Freund; mit mehreren derselben stand er in Briefwechsel. Namentlich war er ein Beförderer der literarischen Studien des P. Pl. Braun. Dass das schätzbare Werk: „Notitia hist. litteraria de codicibus mss.“ ... auch publicirt wurde, daran hatte Abt Wicterp vielen Antheil. Seine Unterthanen liebte und unterstützte er als ein wahrer Vater. Mit der Armuth von Jugend auf bekannt, zeigte er sich sehr wohlthätig gegen Nothleidende. Seine ohnedem nie feste Gesundheit wurde durch die schwere Regierungslast, durch viele Drangsale, durch die drohenden Gefahren der französischen Revolution und lästige Einquartierungen so zerrüttet, dass alle ärztliche Hilfe fruchtlos war, und er seinen Leiden 22. Jan. 1795 erlag. Er hatte verordnet, dass sein Leichnam ohne allen Prunk in die Flocke gehüllt im Kreuzgange beigesetzt werden sollte. (Braun, Gesch. von St. Ulrich, S. 358—362.)

P. Dionysius Holdenrieder,[1]) geb. zu Gablingen 11. Nov. 1731 Profess 13. Nov. 1755, Neomyst 14. Okt. 1759, Professor zu Freising 1764—1766, Professor zu Salzburg 1766—1768, Studienpräfekt zu Freising 1781—1784, in's Kloster zurückgekehrt Subprior, starb zu Augsburg 21. Aug. 1808.

Schriften:

1) Logica practica, sive major, in compendium collecta. Frising. 1765. 4.
2) Physica universalis in compendium collecta. Fris. 1766. 4.
3) Logicae naturalis praestantia veterum exemplis illustrata et continuata. Salisb. 1767. 4.

P. Maurus Krumm, geb. zu Augsburg 28. März 1754, Profess 19. Mai 1776, Neomyst 10. Okt. 1779. Von 1784—1788 Professor zu Freising, war im Kloster Novizenmeister, Lektor der Theologie und zweimal Prior. Im J. 1802 nahm er mit Zustimmung seines Abtes die Pfarrei Wengen (Ger. Dillingen) an; 1803 wurde er Pfarrer zu Rosshaupten bei Füssen; 1804 Pfarrer zu Wertingen; als solcher wurde er

---

[1]) Im Verzeichniss der Professoren von Freising heisst er Holderrieder.

von den Capitularen des Ruralcapitels im J. 1810 zum Camerarius, und 1811 einstimmig zum Dekan gewählt. Er starb als solcher zu Wertingen 30. April 1829. (Felder, Lex. III. S. 276.)

Schriften:

1) Positiones ex hermeneutica sacra novi Testamenti. Aug. Vind. 1792.
2) Leidensgeschichte Jesu in 15 Predigten zur Beförderung des praktischen Bibelstudiums. Augsb. 1795.
3) Gebetbuch zur Beförderung des thätigen Christenthumes. Das. 1795.
4) Erbauungsrede am Titularfeste der hochlöbl. Erzbruderschaft der unbefleckten Empfängniss Mariä zu Wessobrunn, gehalten am 9. August 1801.

P. Placidus Braun, Mitglied der Akademie der Wissenschaften zu München, geb. zu Peiting bei Schongau 11. Febr. 1756. Weil er gute musikalische Anlagen hatte, fand er in frühester Jugend Unterkunft im Klosterseminar von St. Magnus zu Füssen, wo er die Anfangsgründe der Wissenschaften studirte. Mit 13 Jahren kam er als Chorknabe nach St. Ulrich, und besuchte von dort aus sechs Jahre das Jesuiten-Gymnasium von St. Salvator. Auch die Philosophie studirte er zu Augsburg, und war fest entschlossen nach Vollendung derselben in den Benediktinerorden zu treten, obschon er noch unschlüssig war, in welches Stift er gehen sollte.[1]) Dem Anerbieten von Seite des Stiftes St. Ulrich folgend trat er dort (13. Mai 1775) ein, und legte 19. Mai 1776 Profess ab. Die Theologie studirte er im Kloster, und erhielt am 18. Sept. 1779 die Priesterweihe. Seine erste hl. Messe las er zugleich mit drei andern Mitbrüdern (Neumayr, Krumm und Hilber) am 10. Okt. d. J. Hierauf hörte er Kirchenrecht unter P. Wicterp Grundner, einem in diesem Fache gründlichen Gelehrten, der aber noch vor Ende des Schuljahres in wichtigen Angelegenheiten des Stiftes sich auf längere Zeit nach Wien begeben musste. Vor seiner Abreise übergab er dem P. Braun wider alle Erwartung die Schlüssel der Bibliothek mit dem Auftrage, dieselbe Jedem zu öffnen, der sie zu sehen verlange. Ein willkommener Auftrag, der jedoch zugleich in ihm den Gedanken wach rief, dass ein Bibliothekar ohne bibliographische Kenntnisse nicht viel besser sei, als ein Gefangenwärter und unwissender Hüter eines reichen Schatzes. Braun fühlte seinen Mangel und seine Unzulänglichkeit, einer Bibliothek vorzustehen, die so reich an literarischen Schätzen war. Sofort

---

[1]) Um dieselbe Zeit erhielt Braun, da er eine sehr schöne Diskantstimme besass, zweimal eine Einladung, sich als Sänger an den churtrierischen Hof zu begeben. Er blieb aber seinem Entschlusse, Benediktiner zu werden, treu. Braun componirte in seinen ersten Priesterjahren Mehreres, und hatte eine ganz besondere Vorliebe für den ernsten Choralgesang. Seine Compositionen zeichneten sich durch Einfachheit und tiefen Ernst aus.

suchte er sich die nöthigen Kenntnisse zu erwerben. Er trat mit dem als Schriftsteller und Buchhändler bedeutenden Fr. A. Veith zu Augsburg in Verbindung, der bereitwilligst mit bibliographischen Hilfsmitteln u. s. f. an die Hand gieng, und ihn in kurzer Zeit auf der nur schüchtern betretenen Bahn weit vorwärts brachte. Braun erlangte nach und nach eine genaue Kenntniss alles dessen, was die Bibliothek enthielt. Abt Joseph Maria ernannte ihn 1785 zum Oberbibliothekar mit unumschränkter Gewalt, und gab ihm zugleich den Auftrag, einen neuen Katalog zu verfassen. Das war für Braun ein neuer Sporn, und nach einem Jahre stand die Bibliothek in verjüngter Gestalt, durch viele kostbare Werke bereichert, da; ein sehr brauchbarer Katalog überzeugte seinen Vorstand und die Mitbrüder, dass der P. Braun zugetheilte Wirkungskreis ganz für denselben passe. Von vielen Gelehrten aufgemuntert, entschloss sich endlich P. Braun, das Publikum mit den Schätzen der Stiftsbibliothek näher bekannt zu machen, und begann die Bearbeitung des Werkes: „Notitia hist.-literaria de libris ab artis typ. inventione etc. . . . impressis. (S. unten sub Nr. 1.)

In der Dedikation an seinen Abt Joseph Maria bespricht er in gedrängter Kürze die literarischen Leistungen des Stiftes St. Ulrich. In gleicher Weise beschrieb P. Braun die Manuscripte der Stiftsbibliothek. Er gab von jeder Handschrift historischer Natur kurz den Inhalt an, bestimmte nach den Regeln der Kritik das Alter derselben, und fügte schätzbare Bemerkungen bei. Der Appendix eines jeden Bandes enthält „Anecdota ex manuscriptis excerpta“. Dieses Werk, das den Titel führt: „Notitia hist.-litteraria de codicibus mss. in bibliotheca S. Udalrici“ (s. unter sub Nr. 2) ist ein wahres Musterwerk dieser Art.[1]) Kein Stift in Bayern kann sich eines ähnlichen rühmen. Durch dasselbe hat P. Braun sowohl den seit der Gründung ununterbrochen literarisch thätigen Mönchen von St. Ulrich, als auch sich selber ein unvergängliches Denkmal gesetzt. Dieses Alles leistete er in einem Zeitraume von wenigen Jahren, während er der Bibliothek und dem Archive vorstand. Auch letzteres erhielt durch ihn bald eine neue Einrichtung, wobei ihm der Plassen-

[1]) Die zwei ersten Bände widmete P. Braun dem Herzog Carl Eugen von Württemberg, den dritten Band dem Abte Wicterp Grundner von St. Ulrich, den vierten dem Fürstabte Mauritius von St. Blasien, den fünften dem geistl. Rathe Steiner, den sechsten Gregor II., dem letzten Abt von St. Ulrich. Dieser wurde, da das Klostergebäude 1806 als Militärlazareth benützt wurde, und eine bösartige Seuche unter den Kranken ausbrach, ein Opfer der Nächstenliebe 14. Jan. 1806. Mit ihm wurden vier andere Religiosen von St. Ulrich, da sie den Kranken geistliche und leibliche Hilfe brachten, von der Epidemie ergriffen und starben innerhalb sechs Wochen. Diese Opfer waren: P. Martin Promberger († 20. Dez. 1805), P. Wicterp Woerle († 11. Jan. 1806), P. Aug. Drichtler, letzter Propst von Liezheim († 28. Jan. 1806), und P. Magn. Stiböck († 31. Jan. 1806.)

burger Archivar Spiess und Ritter K. H. v. Lang bereitwilligst an die Hand giengen. Braun reinigte, ordnete und bezifferte fast unzählige Faszikel alter bestaubter Papiere, und verfasste zur Erleichterung der häufigen Kanzleiarbeiten brauchbare Repertorien. Bei der Reinigung von so vielen Urkunden begann sich bei ihm ein Uebel zu entwickeln, das ihn Zeit seines Lebens nie mehr ganz verliess, eine sehr bedenkliche Engbrüstigkeit, die in ihrem Entstehen nicht beachtet worden. Im J. 1796 machte ihn Abt Gregor Schäfler zum Grosskellner (mit Beibehaltung der Aemter eines Bibliothekars und Archivars.) Die trüben Zeitverhältnisse machten ihm dieses Amt äusserst dornenvoll. Abt Joseph Maria hatte nicht glücklich gewirthschaftet, Abt Wicterp hatte wieder Vieles verbessert, jedoch kaum hatte sich das Stift in finanzieller Beziehung ein wenig erholt, so brach der Krieg herein. Die Einquartierungen, Contributionen, endlosen Lieferungen, die Verarmung der Stiftsunterthanen u. s. f. würden auch die Bemühungen des tüchtigsten Finanzmannes vereitelt haben.

Im J. 1798 hatte der Churfürst Clemens Wenzeslaus den Entschluss gefasst, der Studienanstalt seiner Residenzstadt Dillingen eine neue Gestaltung zu geben, und die Leitung derselben den Benediktinern zu übertragen. Zu diesem Zwecke wendete sich der Churfürst an P. Braun, damit derselbe mit den schwäbischen Benediktiner-Aebten eine Correspondenz einleite. Die Säkularisation vereitelte jedoch den Plan des Churfürsten. Nach dem Frieden zu Luneville glaubte Abt Gregor auf Ruhe für sich und die Seinen hoffen zu können. Er liess die Stiftsgebäude mit ziemlichen Kosten restauriren, und dachte nur auf Mittel die Schuldenlast vollkommen zu tilgen. Bald aber wurde zu Regensburg die Säkularisation der geistlichen Stifte beschlossen, und schon im August 1802 kündigte Bayern dem Abte die militärische Besitznahme des Stiftes an, welche im September erfolgte. So furchtbar dieser Schlag war, so liess Gregor den Muth nicht sinken, und hoffte noch immer, sein Stift der gänzlichen Vernichtung zu entreissen.[1]) Er schickte einen eigenen Bevollmächtigten nach Regensburg; er gieng selbst nach München, und wandte Alles an, die Existenz des Stiftes zu erhalten. Allein vergebens; er musste die Worte hören: „Man wird mit ihnen keine Ausnahme machen!" Eine Cumulativ-Commission von Seite Bayerns und der Reichsstadt Augsburg kündigte 12. Dez. 1802 dem Abte die Auflösung seines Stiftes und das Ende seiner Regierung an, die er mit unerschrockenem Muthe, und mit völliger Hingebung in den göttlichen Willen vernahm. Es wurde Alles in Beschlag und unter Siegel genommen, und den Stiftsbeamten nach vorgängiger Verpflichtung die Administration übertragen. Der seiner Regierung ent-

[1]) S. Braun, Gesch. von St. Ulrich, S. 368–374.

setzte Abt tröstete seine Religiosen, ermahnte sie zur Ordnung, und zur Erfüllung ihrer religiösen Pflichten, von denen sie die weltliche Macht nicht entbinden konnte. Diese Ermahnung wirkte; sie blieben auch als Pensionisten (darunter P. Pl. Braun) in einem brüderlichen Verein, beobachteten die klösterliche Ordnung, und setzten den Gottesdienst fort. Die mühevolle Seelsorge litt nicht den geringsten Abbruch, obgleich sie nur die ärmlichen Stolagebühren dafür erhielten. Nach der Schlacht bei Ulm kam eine sehr grosse Anzahl österreichischer Gefangener nach Augsburg, von welchen einige Hunderte in der rauhesten Herbstzeit eine Nacht hindurch in der St. Ulrichskirche eingesperrt wurden. Französische Generäle wollten in dem säkularisirten und aller Meubeln entblössten Kloster Quartier nehmen. Da sie bei diesem Zustande desselben kein bequemes Unterkommen fanden, wurden sie darüber so aufgebracht, dass sie den Abt und seine Religiosen misshandelt haben würden, wenn man sie nicht von der Säkularisation des Klosters überzeugt hätte. Die Religiosen blieben bis zum J. 1806 im Kloster. Anfangs November ergieng der Befehl, das Kloster gänzlich zu räumen, da die Reichsstadt Augsburg durch den Pressburger Frieden an die Krone Bayern gefallen war, und das Klostergebäude als Kaserne verwendet wurde. Nun war das St. Ulrichstift gänzlich vernichtet. Das Archiv wurde entfernt, die reiche Bibliothek zerstreut, vieles Werthvolle zerstört u. s. f. Dem P. Placidus Braun wurden verschiedene ehrenvolle Anträge gemacht. Er lehnte sie alle ab. Er bezog mit mehreren Mitbrüdern in der Nähe der St. Ulrichskirche eine Wohnung, und leistete neben seiner literarischen Thätigkeit ohne alle Entschädigung an der St. Ulrichskirche Aushilfe. Selbst in dieser Zurückgezogenheit hatte er von den Feinden des Mönchswesens Manches zu dulden, trug es aber mit religiöser Ergebung. Neben dem innern Troste, den ihm die Religion gewährte, suchte er Aufheiterung in anhaltender literarischer Beschäftigung. Am 3. Aug. 1808 wurde er ordentliches auswärtiges Mitglied der Akademie der Wissenschaften zu München und erhielt zugleich die Einladung sich in München zu historischen und diplomatischen Arbeiten verwenden zu lassen. Dazu konnte er sich nicht entschliessen, denn er wollte seine Kräfte der Erforschung der Geschichte des Bisthums Augsburg widmen, und sich von St. Ulrich nicht mehr trennen. Der neue Akademiker begann die ihm eröffnete Laufbahn mit wahrem Feuereifer. Unermüdet in Durchsuchung alter Urkunden, entdeckte er manches historische Faktum, das ehedem Zweifeln unterworfen war, und berichtigte manche bisher irrige Meinungen. Er geizte mit den Stunden vom frühen Morgen bis zur Abendruhe. Alle diese viele Zeit und Mühe in Anspruch nehmenden Arbeiten, verbunden mit einer ausgedehnten Correspondenz, hinderten ihn nicht, auf das Pünktlichste die Obliegenheiten eines Ordensmannes zu erfüllen. Kein Morgen vergieng ohne die Meditation. Zudem brachte er hunderte von Stunden mit Beichthören zu, ohne irgend eine Verpflichtung zu haben. Der hochw. Bischof von Augsburg, v. Fraunberg, wählte ihn zu seinem Gewissensrath, und ernannte ihn zum Assessor beim Offizialate. P. Placidus hatte nur den Wunsch, als einfacher Ordensmann zu sterben, und verlangte ausdrücklich, mit der Cukulle angethan, in's Grab gesenkt zu werden, was auch geschah. Da ihm jetzt die Archive des Bisthums Augsburg, in Dillingen und anderwärts zur Benützung geöffnet waren, so gab es für ihn massenhaft zu ordnen, zu copiren u. s. w., namentlich da er keinen Schreiber oder Gehilfen zur Seite hatte. Am 18. Sept. 1829 hatte P. Braun seine Sekundiz gefeiert; er begieng aber dieses Fest so still als möglich. Diese prunklose Feierlichkeit veranlasste seinen Bischof, sowie das bischöfl. Ordinariat, dem anspruchslosen Jubelpriester die herzlichste Theilnahme zu bezeigen. Das oberhirtliche Schreiben drückt ausser der rühmlichen Anerkennung der Verdienste um Kirche und Staat noch insbesondere den rührendsten Dank aus für seine Leistungen zum Besten der Diözese. Beide huldvolle Schreiben erhielt Braun auf seinem Krankenlager. Schon am 3. Okt. hatte er sich unwohl gefühlt, liess sich aber nicht abhalten, in der St. Ulrichskirche Beichte zu hören; (es war Vorabend des Rosenkranzfestes.) Allein Schüttelfrost und plötzliche Ermattung, sowie sehr erschwertes Athemholen zwangen ihn nach Verlauf von 1½ Stunde sich nach Hause zu schleppen, und ärztliche Hilfe zu suchen. Es entwickelte sich ein gefährliches katarrhalisches Fieber mit den fürchterlichsten Paroxismen, die mit jeder Wiederkehr drohender wurden, und den wirksamsten Heilmitteln Trotz boten. Der fromme Dulder äusserte sich schon am ersten Abende seines Anfalles, jedoch ohne feige Furcht vor dem Tode, gegen seinen Arzt: „Der mit mir alt gewordene Feind wird diesesmal über Sie und über mich siegen; ich unterliege ihm sicher.“ Er verlangte die Tröstungen der hl. Religion, ertrug seine Leiden mit christlicher Geduld, ja wahrer Starkmuth, und behielt das Bewusstsein bis zum letzten Athemzuge. Er starb am 23. Okt. 1829 ½7 Uhr Abends.[1]) In seinem Testamente hatte er die Stiftskirche von

[1]) Braun war im vollen Sinne des Wortes eine liebenswürdige Persönlichkeit. Obschon kein Freund bunten Scherzes und grösserer Gesellschaftszirkel, war er doch immer heiter und gegen Jedermann gefällig. Einfach in Allem, war er ein Feind alles äussern Prunkes, aber ein Freund der Ordnung und Reinlichkeit. So streng er gegen sich selbt in Erfüllung seiner Berufspflichten war, so nachsichtig war er gegen Andere. Uebertriebenheiten liebte er nicht, Betschwestereien hasste er. Mit Wahrheit sagt Hormayr über Braun: „Die Nähe der Frauen hatte für ihn immer etwas Verlegenes und Unheimliches; konnte es leicht sein, so vermied er sie überall, selbst im Beichtstuhle.“ Braun's Latein ist nichts weniger als klassisch; er hatte viele Urkunden gelesen, daher er mit dem verdorbenen Latein des Mittelalters zu vertraut wurde. Braun war auch kein Redner, aber in allen seinen Aeusserungen,

St. Ulrich und die Armen Augsburgs beider Confessionen als Haupterben eingesetzt. Seine Manuscripte, ein wahrer Schatz für die Geschichte des Bisthums Augsburg, legirte er dem bischöfl. Ordinariate von Augsburg. (Nekrolog über P. Pl. Braun in den Conferenzarbeiten der Augsburgischen Diözesan-Geistlichkeit, Bd. I. Hft. 2, S. 203—227 [anonym]; Zarbl, „der Seelsorger“, 1839, I. S. 823 sq.; Felder, Lex. I. S. 91; Hirsching, Versuch einer Beschreibung sehenswürdiger Bibliotheken. Supplementband, S. 188—196. Den Nekrolog Hormayr's über Braun im bayer. Volksfreund konnte ich nur im Auszug benützen.)

Schriften:

1) Notitia historico-litteraria de libris ab artis typographicae inventione usque ad annum 1479 impressis, in bibliotheca monasterii ad S. S. Udalricum et Afram Augustae exstantibus. Accedunt VII tabulae aeneae sexaginta primorum typographorum alphabeta continentes. Pars I. Aug. Vind. (Veith) 1788, XVI. 208 S. Pars II. ibid. Notitia historico-litteraria ..... libros complectens ab anno 1480 usque ad annum 1500 inclusive impressos; accedunt III tabulae aeneae sexdecim primorum typographorum alphabeta continentes. Ibid. 1789, VIII. 325 S. 4.[1])

---

mochten sie mündlich oder schriftlich sein, bedachtsam, kurz, gründlich und bestimmt. Ein ausländischer Gelehrter, welcher Braun nur aus seinen Schriften kannte, fällte über denselben folgendes Urtheil: „Er war einer der alten Kerngelehrten .... nur auf das Wahre, aber auf diess unermüdet und gründlich dringend.“ Seine Handschrift war rein und leicht leserlich. — Braun war wohlthätig, aber immer nur im Stillen. Man weiss kein Beispiel, dass er je einen Fehler gegen die Mässigkeit sich hätte zu Schulden kommen lassen; er trank nur zur Tischzeit; ausser derselben niemals. Kleine Spaziergänge waren ihm zum Bedürfniss geworden. Er machte sie gewöhnlich allein, zuweilen auch in Gesellschaft eines Freundes, in dessen Umgang er Nahrung für seinen Geist fand. Ein ihm anvertrautes Geheimniss war so gut verwahrt wie im Grabe. Auf seiner Stirne las man die heitere Stimmung seiner Seele. Jemanden zu schmeicheln war ganz im Widerspruche mit seinem Charakter, der sich immer gerade aussprach, ohne je zu beleidigen. Freiherr v. Hormayr sagt über ihn: „Braun's starre Anhänglichkeit an das Kloster und die Kirche von St. Ulrich, und seine Unfähigkeit zu irgend einer bleibenden Freude, da St. Ulrich nicht mehr vollständig herzustellen war, hatte etwas ungemein Rührendes und wahrhaft Grossartiges. Sein Gedächtniss wird nicht vergessen in den Gemüthern Aller, die ihn kannten, und die einen Sinn und Herz haben für seinen gefühlvollen Ernst und für seinen festen, redlichen, gegen allen Tand dieses Lebens uneigennützigen Sinn.“ (Nekrolog im bayer. Volksfreund).

[1]) Aehnliche Arbeiten über merkwürdige Bücher einzelner Bibliotheken sind: Grass Fr. Xav., Raritas librorum in bibliotheca Novacellensi C. Reg. ord. s. Aug. delitescentium. Brixinae 1777. 8.; Desselb., Verzeichniss typographischer Denkmäler aus dem fünfzehnten Jahrhundert, welche sich in der Bibliothek des regulirten Chorherrenstiftes des hl. Augustin zu Neustift in Tirol befinden. Brixen 1789. 880 S. 4. (anonym), nebst sechs Tabellen interessanter Schriftarten; Desselb., Verzeichniss

2) Notitia historico-litteraria de codicibus manuscriptis in bibliotheca liberi ac imperialis monasterii O. S. Bened. ad S. S. Udalricum et Afram exstantibus; in fine habetur appendix continens anecdota historico-diplomatica ex iisdem codicibus excerpta. Aug. Vind. (Veith) Vol. I. 1791, XIV. 164 S.; Vol. II. 1792, XIII. 184 S.; Vol. III. 1793, XII. 196 S.; Vol. IV. 1793, VIII. 195 S.; Vol. V. 1794, X. 170 S.; Vol. VI. 1796, 203 S. 4.

3) Geschichte von dem Leben, den Wunderwerken und Erfindung des hl. Augsburgischen Bischofs Simpert (Symbert, Sympert). Augsburg 1792. 8.

4) Geschichte von dem Leben und den Wunderwerken des hl. Augsburgischen Bischofs Ulrich, aus alten Dokumenten gesammelt. Augsburg 1796. 8.

5) Geschichte der Bekehrung, Leiden und Erfindung der hl. Martyrin Afra. Augsburg 1804, 87 S. 8.

6) Nachricht von der Erhebung und Uebersetzung der hl. Martyrin Afra. Augsburg 1805, 128 S. 8.

7) Abhandlung über die Traditiones und Codices Traditionum. (In den N. Beyträgen z. vaterl. Historie v. Westenrieder, Bd. I. S. 185—217.)

8) Geschichte der Bischöfe von Augsburg, chronologisch und diplomatisch verfasst. Augsburg 1813—1815, 4 Bde. 451, 568, 643, 757 S. 8. (Wurde von Papst Pius VII. durch ein Breve belobt.)

9) Codex diplomaticus monasterii S. Udalrici et Afrae notis illustratus. (Mon. boic. Vol. XXI und XXII. 773 u. 712 S. 4.)

10) Geschichte der Kirche und des Stiftes der Hl. Ulrich und Afra in Augsburg. (Mit Abbildung desselben und mehreren Kupfern.) Augsburg 1817, 474 S. 8.

11) Geschichte des Collegiums der Jesuiten in Augsburg. München 1822, 207 S. 8.

---

einiger Büchermerkwürdigkeiten aus dem sechzehnten und siebenzehnten Jahrhundert in der Bibliothek zu Neustift. Brixen 1790, 288 S. 4. (anonym); Desselb., Nachtrag zu den typographischen Denkmälern aus dem fünfzehnten und Büchermerkwürdigkeiten aus dem sechzehnten und siebenzehnten Jahrhunderte zu Neustift. Brixen 1791, 130 S. 4., nebst 14 Kupfertafeln, verschiedene Schriftproben enthaltend, von Grass selbst gestochen; (anonym) — Helmschrott J. M., Verzeichniss alter Druckdenkmale der Bibliothek von St. Magnus in Füssen. Ulm 1790. 4. — Hupfauer P., Druckstücke aus dem fünfzehnten Jahrhunderte in der Bibliothek zu Beuerberg. Augsburg 1794. 8. — Seemiller S., Bibliothecae academ. Ingolstad. incunabula typographica. Ingolst. 2 Tom. 1787—1789. 4. — Strauss A., Monumenta typographica, quae exstant in bibliotheca collegii Can. Regul. in Rebdorf notis illustrata. Eichstadii 1787, 244 S.; Desselb., Opera rariora, quae latitant in bibliotheca C. Reg. in Rebdorf. Eichstad. 1790, 43 Bg. 4. — Merkel J., Kritisches Verzeichniss [illegible] seltener Inkunabeln und alter Drucke in der Hofbibliothek zu Aschaffenburg. [illegible] Aschaffenburg 1832. 8. u. s. f.

12) Historisch-topographische Beschreibung der Diözese Augsburg. Augsburg 1823, 2 Bde. 614 u. 346 SS. 8.
13) Geschichte der Grafen von Dilingen und Kyburg, diplomatisch bearbeitet. (V. Bd. d. hist. Abhandlg. d. bayer. Akademie 1823, S. 373—492.)
14) Lebensgeschichte aller Heiligen und Seligen, welche theils in der Stadt, theils in der Diözese Augsburg geboren wurden, gelebt haben, oder gestorben sind. Augsburg 1825, 224 S. 8.
15) Die Domkirche zu Augsburg und der höhere und niedere Klerus an derselben. Augsburg 1829, 267 S. 8.
16) Geschichte des Collegiatstiftes St. Peter auf dem Perlach in Augsburg. (Op. posth.) In den Conferenzarbeiten der Augsburgischen Diözesan-Geistlichkeit, Bd. IV. Hft. 1, S. 239—260.

Manuscripte:

1) Geschichte des ehem. Reichsstiftes St. Ulrich und Afra, statistisch, topographisch und diplomatisch verfasst, sammt einem Verzeichnisse der gelehrten Männer und ihrer Schriften. (NB. Das Werk sub Nr. 10 ist nur ein Auszug von dieser Schrift.)
2) Codex diplomaticus episcopatus Augustani cum notis geographicis, genealogicis ac historicis. 2 Voll.
3) Geschichte der Collegiatstifte St. Moriz und St. Gertraud in Augsburg.
4) Geschichte der männlichen Klöster in Augsburg: a) St. Georgen, b) hl. Kreuz, c) Dominikaner, d) u. e) der beschuhten und unbeschuhten Carmeliter, f) der Minoriten, g) der Franziskaner, h) der Kapuziner.
5) Geschichte des weltlichen Damenstiftes St. Stephan.
6) Geschichte der Nonnenklöster in Augsburg: a) St. Katharina, b) St. Ursula, c) St. Margareth, d) Kl. zum Stern, e) St. Martin auf der Harbrücke,[1] f) St. Nikolaus, g) Englische Fräulein.
7) Das wohlthätige Augsburg.
8) Geschichte der alten Liturgie des Bisthums Augsburg nebst Beiträgen zur Geschichte der Kirchenmusik. (Blieb unvollendet.)[2]

P. Leonhard Neumayr, geb. zu Augsburg 7. Juni 1754, studirte bei den Jesuiten zu Augsburg, Profess 19. Mai 1776, Neomyst 10. Okt. 1779, Professor zu Freising 1784—1787, lehrte im Kloster Theologie 1787—1794, war dann wieder Professor zu Freising, wo er Kirchenrecht lehrte 1794—1797, Professor der Moral und Pastoraltheologie zu Salzburg 1797—1803, starb zu Augsburg 8. Juli 1836. (Felder, Lex. III. S. 343; Verzeichniss der akad. Professoren, S. 100.)

---

[1] S. Dr. Steichele, Beiträge zur Gesch. des Bisthums Augsburg, I. S. 180—192.
[2] Sämmtliche Manuscripte sind im Besitz des bischöfl. Ordinariates Augsburg.

Schriften:

1) Materia tentaminis ex logica, metaphysica et mathesi. Frising. 1785
2) Tentamen ex iisdem. 1788.[1])
3) Sätze aus der Körperlehre. 1789.
4) Positiones de religione, ecclesia, Deo uno et trino, creatore ac de sacramentis. 1790.
5) Positiones de homine, Christo, gratia ac lingua chaldaea. 1791.
6) Positiones de sacramentis et de statu hominis post mortem. 1792.
7) Positiones de jure ecclesiastico publ. univ. et particulari Germaniae. 1793.
8) Positiones ex jure eccl. privato. 1794.

P. Benedikt Abt, geb. zu Diedorf bei Augsburg 3. Nov. 1768, Profess 13. Nov. 1787, Neomyst 8. Jan. 1792. Seine theologische Bildung erhielt er theils im Kloster, theils zu Salzburg (1797). Er war Professor der Philosophie und Theologie im Kloster von 1798 bis zur Aufhebung. Abt Gregor bestellte ihn 1804 zum Pfarrer von St. Ulrich. In dieser Stellung blieb er bis zur neuen Pfarrorganisation, in Folge deren er 1810 der Pfarrei enthoben und in den Pensionsstand gesetzt wurde. Am 29. Juni 1814 wurde er Pfarrer von St. Georg zu Augsburg, 27. Juni 1814 erhielt er die ehem. Stiftspfarre St. Ulrich wieder, und hatte sie bis zu seinem Tode inne. Die kath. Geistlichkeit des Oberdonaukreises wählte ihn (1818) als Abgeordneten des Landtages zu München, wo er seine Anhänglichkeit an die Kirche und das Vaterland offen zu bekunden Gelegenheit hatte. Zeuge dessen sind die gedruckten Landtagsverhandlungen jener Zeit, sowie die rühmliche Anerkennung, die ihm von Seite des Monarchen und selbst von Sr. Heiligkeit Papst Pius VII. zu Theil geworden.[2]) Im Okt. 1821 wurde er zum Kanonikus des Bisthums Augsburg ernannt. Er nahm diese Stellung aber niemals an, weil er sich von St. Ulrich nicht trennen wollte. Er war ein Mann des Gebetes, ein gründlicher Theolog, sowie ein treuer Anhänger seines Ordens. Sein Ordenskleid trug er bis zu seinem am 16. Febr. 1847 erfolgten Tode. (Mittheilung des P. Pl. Jungblut, Subprior des Stiftes St. Bonifaz, der unter Abt als Caplan gedient hat; vergl. Kehrein, Gesch. I. S. 356—358.)

Schriften:

1) Katechismus für Kinder der untersten Klasse. Augsburg 1812. 8.
2) Predigten und Homilien auf alle Sonntage des Kirchenjahres. Augsburg 1822—1823 (Doll) 2 Bde. 8. II. Aufl. 1854 (das.) III. Aufl. 1855. 8.
3) Rede bei der Jubelhochzeit des H. Veit. Augsburg 1831.

---

[1]) Alle übrigen Schriften sind zu Augsburg gedruckt.

[2]) Das betreffende an ihn gerichtete apostolische Breve ist abgedruckt in Felder's Lit. Ztg. 1818 (Intelligbl.)

4) Katholische Geheimnissreden. Augsburg 1847. II. Aufl. das. 1852, 335 S. 8.

P. Joseph Maria Heis, geb. zu Augsburg 28. Dez. 1769, Profess 13. Okt. 1790, Neomyst 29. Dez. 1793, schloss sich dem Stifte zu St. Stephan in Augsburg an und wurde von Abt Barnabas mit der Beichtigerstelle im Kloster Oberschöneufeld (S. Ord. Cist.) betraut, wo er als Jubilar am 10. Mai 1851 starb.

Schriften:

1) Predigt am Feste des hl. Johannes v. Nep., vorgetragen zu St. Moriz in Augsburg. 1834. (Abgedruckt in der Zeitschr. Athanasia 1835, XVII. Bd. Hft. 3, S. 510—521.)
2) Der vom Tode erweckte Lazarus, dramatisch bearbeitet in 3 Aufzügen mit Gesang und mit 1 Kupfer. Augsburg (Doll) 1835, 5 Bg. 8.

P. Petrus Maria Mayr, geb. zu Wörishofen 3. Febr. 1778, studirte zu Augsburg, Profess 8. Sept. 1798, Priester 19. Sept. 1801, Cooperator an der Stiftskirche zu St. Ulrich, Pfarrer zu Klimnach 1810, Pfarrer zu Haunstetten 1816, Pfarrer zu Billenhausen 1825, resignirte freiwillig in seinem Alter und starb als das letzte Mitglied des Stiftes und Jubilar zu Augsburg 7. Aug. 1857. Er war ein sehr beliebter Kanzelredner.

Schriften:

1) Predigten an verschiedenen Festtagen. Augsburg (Doll) 1822, 17 $^1/_2$ Bg. 8.
2) Gebetbüchlein für kath. Christen. Augsburg 1844. 11te Aufl. das. 1859. 8.
3) Neues Gebetbuch für römisch-kath. Christen. Das. 3te Aufl. 1847, (11 Bg.)
4) Unterricht über das Sakrament der Busse, des Altars und die Firmung.
5) Litaneien nebst Kreuzwegandacht.

Hl. Kreuz in Donauwörth.

Hl. Kreuz in Donauwörth[1]) (Donauwerd, M. St. Crucis in Werdea), Bisthum Augsburg, anfänglich von Manegold I. von Werd zu Mangoldstein für Benediktinernonnen gegründet im J. 1049. Ungefähr 1100—1110 nach Donauwörth verlegt und den Benediktinern übergeben. Die ersten Mönche kamen aus St. Blasien im Schwarzwald. Es wurde aufgehoben im Dez. 1802 von Wilhelmine, Fürstin von Oettingen-Wallerstein, der es durch die Säkularisation zugefallen war. Zur Zeit der Aufhebung betrugen die jährlichen Renten des Klosters circa 30,000 fl. An Aktivcapitalien waren 73,000 fl. vorhanden. Die Klosterkirche, schon früher Pfarrkirche, blieb es. Dieselbe wird nun durch die Bemühungen des Hrn. L. Auer schön restaurirt. In der sog. Gruftkapelle, in der der Partikel des hl. Kreuzes aufbewahrt, ist die Restauration bereits vollendet. Das Archiv befindet sich vollständig zu Wallerstein; die Bibliothek zu Maihingen. Die Klostergebäude sind noch Eigenthum des Fürsten Oettingen-Wallerstein. Seit 1876 hat die Anstalt „Cassianeum" einen Theil des Klosters gemiethet.

Literatur:

Baader, Reisen, I. S. 101. — Bertholdi abb. S. Crucis Werdani O. S. B. historia quomodo portio vivificae crucis Werdeam pervenerit. (Oefele, Script. I. S. 332 sq.) — Hirsching, Stiftslexikon, S. 1027—1033. — Königsdorfer, s. dessen Schrift S. 148, Nr. 8. — Lexikon von Bayern, I. S. 499—504. — Lexikon von Schwaben, I. S. 464. — Meidinger, Beschreibung, S. 321 sq. — Monum. boic. XVI. S. 1 - 99, mit Abbildung. — Pahl P. G., Herda, — Erzählungen und Gemählde, III. Bd. S. 54 sq. — Sallinger C., Kurzgefasste Geschichte des Klosters zu hl. Kreuz und der ehem. Reichsstadt Donauwörth

[1]) So benannt von dem beträchtlichen Partikel des hl. Kreuzes Christi, den der Stifter Manegold I. von Werd aus Konstantinopel nach Mangoldstein gebracht, und der zur Gründung des Klosters Anlass gegeben hatte.

(o. O.) 1844, nebst 4 Abbildungen. — Steichele Dr., Bisthum Augsburg, III. S. 827—896. (Geschichte des Klosters.) — Desselb., Einkünfte-Verzeichniss des Klosters hl. Kreuz in Donauwerd aus dem XIII. Jahrhunderte. (Archiv f. Gesch. des Bisthums Augsburg, II. Hft. 3, S. 416—432.) — Stengelius, Monasteriologia, I. mit Abbildung.

Manuscripte: In der fürstl. Bibliothek zu Maihingen:

Beck G., O. S. B. von hl. Kreuz († 1619), Chronik des Klosters hl. Kreuz in Donauwörth. — Descriptio monasterii S. Crucis Werdeae. 4. (saec. XVII.) mit Abbildung des Klosters aus dem XVI. Jahrhunderte, des Kreuzpartikels u. s. w. auf Pergament. — Memoriale parochi et parochiae Donauwerdanae ab a. 1600—1631. — Brevis historia monast. S. Crucis usque ad a. 1715. Fol. — Album confoederationis a M. S. Crucis Werdeae cum aliis coenobiis initae. 1695. — Necrologium M. S. Crucis saec. XVI. Fol. — Aliud, saec. XVIII. gr. 4. — Collectio rotularum ad monasterium S. Crucis missarum, mehrere Bände. Fol.

Im Besitze des Hrn. L. Auer in Donauwörth:

a) Stocker's diplomatische Gesch. von hl. Kreuz. — b) Descriptio historica monasterii S. Crucis Werdeae ad Danubium O. S. B. ab ipsa illius fundatione ad usque tempora nostra congesta ab uno ejusdem coenobii presbytero. Fol. saec. XVIII.

Schriftsteller:

P. Placidus Hoser,[1]) geb. zu Augsburg 1725, Profess 1746, Priester 5. Okt. 1751, † 17. April 1768. Ein guter Musiker und Verfasser eines Nekrologiums des Klosters hl. Kreuz, das sich handschriftlich in der fürstl. Wallerstein'schen Bibliothek zu Maihingen befindet. 1 Bd. 4. (Rotula.)

P. Maurus Baumharter, geb. zu Donauwörth 1692, Profess 1712, wurde von Abt Amand nach Rom in's Collegium germanicum geschickt, wo er sechs Jahre den Studien mit ausgezeichnetem Erfolge oblag und 1718 Priester wurde. Im April 1720 verliess er das Colleg und kehrte in sein Kloster zurück, wo er 1729 Prior wurde und dieses Amt mit grösstem Nutzen bis zu seinem Tode, 24. Juli 1770, bekleidete. (Rotula.)

Schriften:

1) Rede auf den hl. Bernhard, gehalt. im Reichsstifte Kaisersheim. Neuburg 1728. 4.
2) Mehrere Gast- und Gelegenheitspredigten.
3) Culmen honoris suffragante virtutum robore conscensum. Cantate zu

---

[1]) Nicht Höser.

Ehren des Abtes Amand Röls. (Manuscript in der Biblioth. zu Maihingen.)

P. Michael Krazer,[1]) geb. zu Rain 16. Juni 1714, studirte zu Neuburg und Dillingen, Profess 29. Sept. 1735, hörte zu Ingolstadt beide Rechte, Neomyst 29. Sept. 1738, Custos, Pfarrer an der Klosterkirche, Granarius und Oekonom, Professor der Theologie, Pfarrer zu Mündling, Hauschronograph, † 17. Okt. 1772. (Rotula.)

Schrift:

Fünfte Lobrede beim Jubiläum zu Obermedlingen. Augsbg. 1752. 4.

P. Ildephons Rim(m)ele, geb. zu Neuburg an d. D. 21. Sept. 1703, Profess 13. Nov. 1723, studirte zu Dillingen Theologie, Neomyst 29. Sept. 1727, Pfarrer zu Mündling, dann im Kloster Oekonom, Subprior, Prior; er war Gründer des Kunst- und Naturalienkabinets, ein Alterthumskenner und Numismatiker, starb als Senior 12. Juli 1777. Ich kenne von ihm nur die Schrift: Rotula in obitum R. R. D. D. Coelestini I., abbatis ad S. Crucem. 1776 (s. l.), 6 S. Fol. (Königsdorfer, III. 1, S. 431.)

P. Wunibald Eder, aus Eichstädt gebürtig, † 14. Nov. 1784.

Schrift:

Trauerrede auf Michael, Abt von Deggingen. Nördlingen 1777, 18 S. Fol. (anonym).

P. Gallus Hammerl, geb. zu Donauwörth 8. Juni 1730, Profess 24. Okt. 1751, Neomyst 29. Sept. 1755. Vor seiner Wahl zum Abt, 3. Juli 1776, bekleidete er die Aemter eines Kastners und Grosskellners. Empfänglich für Alles, was den Seinigen zum Nutzen, Ruhm und anständigen Vergnügen gereichen konnte, that er das Möglichste, wodurch dieser Zweck zu erreichen war. Er entschloss sich daher zunächst, drei Viertheile des Klosters (der eine bedurfte dessen nicht mehr) um einen Stock höher zu bauen, um zur Herstellung einiger Krankenzimmer, eines grössern Bibliothekgebäudes, eines physikalischen Kabinets, eines neuen Meditations- und Capitelsaales, und schöner Gastzimmer Raum zu gewinnen. Für Bücher und wissenschaftliche Apparate verwendete er mehrere Tausende von Gulden. Dem gelehrten P. B. Mayr überliess er die Auswahl der neu anzuschaffenden Werke, sowie die Leitung der gesammten Studien. Um die letztern auf alle Weise zu befördern, vermehrte Abt Gallus die Zahl der Lehrer, sowohl für die höhern als für die niedern Klassen,

---

[1]) Nicht Grazer, wie Einige schreiben.

und verlegte die Schulen in die ehemalige Wohnung des klösterlichen Oberamtmannes, die ganz nahe dem Kloster gelegen war. Er liess die Studirenden nicht nur durch jährliche Austheilung von Preisen, sondern noch mehr durch reichliche Unterstützung mit Kost, Geld, Kleidern und Büchern zu grösserem Fleisse aufmuntern, und brachte die Donauwörther Schule in sehr vortheilhaften Ruf. Allerdings wurde dieser namentlich dadurch begründet, dass dem Abte die fähigsten und tüchtigsten Männer zu Gebote standen. Man konnte kaum ein literarisches Fach nennen, worin sich nicht der Ein und Andere aus den Conventualen hervorzuthun gesucht hätte. Denn Abt Gallus hatte mehrere der erst von ihm aufgenommenen Ordenszöglinge auch auswärtig in philosophischen und theologischen Fächern für höhere Lehrämter heranbilden lassen. Ausser diesen studirten Andere daheim verschiedene Zweige des Wissens, so dass es ebensowenig an Rednern, Dichtern, als an geübten Botanikern, Entomologen u. s. f. fehlte. Dabei war es eine seltene Erscheinung, dass unter etlichen 20 Conventualen kaum vier bis fünf zu finden waren, die nicht wenigstens ein oder das andere musikalische Instrument zu behandeln verstanden. Weil auf solche Art jeder Studirende die beste Gelegenheit hatte, auch in der Musik etwas zu lernen, Abt Gallus selbst aber als Freund derselben ohnehin fortwährend acht bis zehn der geschicktesten Sängerknaben im Kloster unterhielt, so entstand (unter Mitwirkung von einigen Stadtmusikanten) ein vollständiges Orchester, welches die Bewunderung aller Kenner und selbst der grössten Meister auf sich zog. An Uebung und Anlass, sich hören zu lassen, war umsoweniger Mangel, da man nicht nur mit den besten Werken der damaligen Tonkünstler reichlich versehen war, sondern P. Gregor (Franz) Bühler (nachheriger Kapellmeister zu Augsburg) von Zeit zu Zeit die gediegensten Symphonien, Messen, Operetten, Oratorien u. s. f. lieferte, wobei sich sein Genie um so trefflicher ausnahm, je gewählter die Texte waren, die seine klösterlichen Genossen Mayr, Weninger und selbst noch Bronner für ihn und nach seinem Geschmacke dichteten. Es ist kaum zu glauben, mit welchem Beifall dergleichen Operetten, Oratorien u. s. w. aufgenommen wurden. — Jedoch wird dem Abte Gallus zur Schuld gelegt, dass unter ihm die klösterliche Disciplin in Abnahme gekommen, woran der allzu häufige Verkehr der Religiosen mit den zahlreichen Gästen, die das Kloster besuchten, eine Hauptursache gewesen sein mag. Abt Gallus starb nach sechstägiger Krankheit an der Lungenentzündung 18. Mai 1793. Professor Joh. Michael Sailer hielt ihm die Grabrede, wozu er den Text wählte: „Geben ist besser als empfangen.“ (Aus Königsdorfer's Gesch. III. 1. Abth. S. 459 sq. Vergl. Bronner's Selbstbiographie, I. S. 426—430, 437, 443, 447, 485; II. S. 14, 228—238.)

P. Beda Mayr, geb. zu Taiting (Daiting) bei Friedberg 15. Jan.

1742, studirte im Kloster Scheyern, zu Augsburg, München und an der Universität Freiburg im Breisgau; Profess 29. Sept. 1762, Neomyst 6. Jan. 1766. Seine theologische Bildung erhielt er zu Benediktbeuern am stud. comm. der bayer. Benediktiner-Congregation. Er war Professor der Theologie im Kloster, Pfarrer zu Mündling, Bibliothekar und Prior, und starb am Schlagfluss 28. April 1794. Mayr beschäftigte sich lebhaft mit der Frage über die Möglichkeit einer Glaubensvereinigung zwischen Katholiken und Protestanten, und theilte im J. 1778 hierüber seine Gedanken Dr. H. Braun zu München in einem Briefe mit. Braun liess den Brief ohne Wissen und Willen des Verfassers drucken unter dem Titel: „Der erste Schritt" u. s. w. (s. Nr. 10). Alois Merz in Augsburg predigte dagegen öffentlich am Pfingstfeste 1778 in der Domkirche zu Augsburg. Mayr erhielt vom fürstbischöfl. Ordinariate Augsburg eine Rüge und musste desshalb längere Zeit seine theologischen Vorlesungen im Kloster einstellen. Zehn Jahre später begann Mayr die Herausgabe seines Hauptwerkes: „Vertheidigung der natürlichen, christlichen und kath. Religon". (S. unten Nr. 41.) Auch in diesem Werke verfolgt er irenische Tendenzen, indem er auf jenen „ersten Schritt" zurückkommt, sich gegen die demselben unterstellten Gesinnungen zu vertheidigen sucht, und nochmals sein ganzes Unionsprojekt entwickelt. Dieser Versuch rief neue Bedenken hervor. Mit Recht trat Hochbichler in Augsburg gegen Mayr auf. Dass Mayr von den edelsten Absichten beseelt war, lässt sich nicht in Abrede stellen, aber nicht minder steht die Thatsache fest, dass seine Schriften vom Geiste der damaligen Aufklärung durchweht sind. Uebrigens war er als Ordensmann in jeder Hinsicht ein Muster, lebte sehr mässig und strenge, war liebevoll und mildthätig, besonders gegen arme Studirende. Frühzeitig gieng er zur Ruhe, aber bald nach Mitternacht sass er schon wieder an seinem Studirtisch. Die ihm angebotenen Professuren an den Hochschulen zu Ingolstadt und Salzburg schlug er entschieden aus, um ganz seiner schriftstellerischen Thätigkeit leben zu können. Mehrere berühmte Theologen, sowie verschiedene Universitätsfakultäten holten sich in schwierigen Fällen bei ihm Rath. Als Prediger war er populär und gerne gehört. Zu Michael Sailer stand er stets in freundschaftlichen Beziehungen. (Näheres über sein Leben s. Baader, Lex. I. 2, S. 12—16; Werner, Gesch. der kath. Theologie, S. 237—242; Steichele, Bisth. Augsb. III. Bd. S. 875—876: Fr. Xav. Bronner's Leben, Bd. I. S. 302, 328, 360, 366, 370, 422—423, 434—444; Rötger, Nekrolog, St. IV. S. 120—123; Rotermund, Lex. Bd. IV. S. 1114; Kehrein, I. S. 166—168, welcher über dessen Predigten ein sehr günstiges Urtheil fällt.)

Schriften:

1) Brief über den neulich gesehenen Kometen. (In den Baier. Samml. und Auszügen, 1766, S. 546—566.)
2) Dissert. de Copernicano mundi systemate, qua illud nequaquam cum sensu scripturae sacrae pugnare asseritur. Dilling. 1768. 4.
3) Lobrede auf den Brd. Bernard v. Cortrone Ord. Capuc. Münch. 1769. 4.
4) * Ein Päckchen Satyren aus Oberteutschland. Münch. 1769. 8. (Die erste und die letzte Satyre ist nicht von Mayr.
5) Rede auf die jährl. Gedächtniss der Einweihung des Gottesh. in dem Stifte Scheyern. Freis. 1768, 23 S. 4.
6) Der Spatzierstock in seinem Glanze, d. i. Dank- und Ehrenrede auf die Spatzierstöcke, von Sebastian Leo AA. LL. et philosophiae baccalaureus und Stadtgratulant in München. 1769, 16 S. 4.
7) Predigt auf den hl. Bernhard; gehalten im Reichsstifte Kaisersheim. Dilling. 1772. 4.
8) * Gedanken eines Landpfarrers über die Kuren des Pf. Gassner. 1775. 8. (Wurde von H. Braun verstümmelt herausgegeben.)
9) Prüfung der bejahenden Gründe über die Frage: „Soll man sich in der abendländischen Kirche bei dem Gottesdienste der lateinischen Sprache bedienen?" 1777. 8.
10) Der erste Schritt zur künftigen Vereinigung der katholischen Kirche, gewagt, — fast wird man es nicht glauben — von einem Mönche. Münch. 1778, Wallerstein 1778. 8. (Ohne Wissen des Verfassers von Dr. H. Braun edirt.) [1]
11) * Des wohlehrwürdigen Predigers zu Sangersdorf Straff- und Sittenpredigt auf seine Bauern nach dem Beispiel des Br. Gerundio von Compazas, sonst Zotes. (Berlin) 1775. 8.
12) Trauerrede auf Abt Anselm (Molitor) von Deggingen O. S. B. Augsburg 1778. 4.
13) Predigt auf das Titularfest der hochlöbl. Brudersch. der schmerzh. Mutter vom schwarzen Serviten-Skapulier zu Elchingen. 1777, 20 S.
14) Abhandlung von der Bewegung der Körper in krummen Linien und Anwendung derselben auf unser Sonnensystem. Mit Kupfern. Augsburg 1779. 4.
15) Gedächtnissrede auf Fürst Aloys zu Oettingen. Oettingen 1780. Fol.
16) Ein seltener und ein gewöhnlicher Narr. Lustspiel. Donauwörth 1779. 8. N. Aufl. 1791.
17) Der Schatz und die Rarität. Lustspiel. Das. 1781.

NB. Die mit * bezeichneten Schriften erschienen anonym.

[1]) Von A. Merz wurde diese Schrift widerlegt.

18) Die gebesserten Verschwender und der bestrafte Geiz. Lustspiel. Das. 1781.

19) Ludwig der Strenge, oder die blinde Eifersucht, in 5 Aufzügen. (Die Grundlage zu diesem Trauerspiel war das tragische Ende der Herzogin Maria von Brabant, die im Kloster hl. Kreuz begraben liegt.)

20) Konradin, Herzog aus Schwaben, in 5 Akten. Das. 1783.

21) Die guten Söhne. Schauspiel. Das. 1783.

22) Die Verehrung und Anrufung der Heiligen, sonderl. Mariens, aus der hl. Schrift und Vernunft gerechtfertigt. Augsbg. 1781. 8.

23) Predigten für das Landvolk auf alle Sonn- und Feyertage. 2 Thle. Augsbg. 1777.

24) Predigten über den Katechismus für gemeine Leute. 2 Thle. Das. 1781. 8.

25) Sonntags- und Festpredigten. 2 Thle. 1782.

26) Festpredigten und Gelegenheitsreden. (Sämmtlicher Predigten V. Thl.) Das. 1782.

27) Predigten auf alle Sonn- und Festtage des Jahres. 3 Bde. 1787. Auch mit dem Titel: „Sämmtlicher Predigten“ VI., VII. u. VIII. Thl.

28) * Des H. Abt von Condillac Geschichte der ältern und neuern Zeiten vom Utrechterfrieden bis auf unsere Zeiten fortges. XIII. Bd. Das. 1785. (Die ersten XII Bde. hat Zabuesnig übersetzt.)

29) Ludwig der Höcker, oder der bestrafte Undank der Kinder gegen die Eltern, in 5 Aufzügen. Donauwört 1784. 8.

30) Der Eremit auf der Schlangeninsel (nach Kotzebue). Ein Singspiel in 3 Aufzügen. Das. 1785 u. 1789.

31) Der junge Freygeist, in 3 Aufzügen. Das. 1785.

32) Die belohnte Mildthätigkeit, in 3 Aufzügen. Das. 1786.

33) Die Jagd der 7 Schwaben auf einen Hasen. Singspiel. Das. 1786.

34) * Grundsätze zur Feststellung und Aufrechthaltung der Eintracht zwischen der politischen und kirchlichen Macht in katholischen Staaten. Im Verein mit Th. J. v. Haiden herausgegeben. (Augsburg) 1785, 319 S. 8.

35) * Etwas an H. Nikolai, Buchhändler in Berlin und seinen Rezensenten in der allg. Lit. Ztg. Nr. 94 u. 95 für H. Dr. Professor Sailer in Dillingen, von keinem Exjesuiten und keinem Proselytenmacher. 1786, 56 S. 8.

36) * Antwort an den Verfasser des Bogens: „Von dem, was Proselytenmachen heisst.“ 1787, 31 S. 8.

37) * Entwurf eines Religionscollegiums. 1786.

38) * Die kath. Lehre von den Ablässen für die Verstorbenen bei Gelegenheit einer kath. Verordnung auseinandergesetzt. Augsburg 1787. 16. und 60 S. 8.

39) Die partheyische und unpartheyische Kinderliebe, ein Schauspiel in 4 Aufzügen. Donauwörth 1787. 8.
40) Die Mode, ein Singspiel nach der Mode. Das. 1787.
41) Vertheidigung der natürlichen, christlichen und katholischen Religion nach den Bedürfnissen unserer Zeiten. Augsbg. (Rieger) 1787—1790. 3 Thle.[1]) (S. Nov. bibl. eccl. Friburg. Bd. 7, fasc. 4. S. 289.)
42) Apologie der Vertheidigung der katholischen Religion. Augsbg. 1790, 259 S. 8. (Gegen Hochbichler in Augsburg gerichtet.)
43) Die Antworten auf zwei sog. Kritiken über das Werk „Vertheidigung" etc. in der „Kritik über gewisse Kritiker", 1790, Nr. 7 u. 9. Das. 1790. 8.
44) Der Lügner (Theaterstück). Donauwörth 1789. 8.
45) Mit Schaden wird man klug, (in 3 Aufz.) Das. 1789.
46) Der Comödienfehler, (in 3 Aufz.). Das. 1790.
47) Der blinde Harfner. Schauspiel in 5 Aufz. Das. 1790.
48) Die Erde steht. Lustspiel. Das. 1792.
49) Die belohnte Ehrlichkeit. Lustspiel. Das. 1792.
50) Alles und Nichts thun. Lustspiel. Das. 1793.
51) Pyramus und Thispe. Singspiel. Das. 1794.
52) Anfangsgründe der Mathematik und Algebra zum Gebrauche der höhern und niedern Schulen. Augsbg. 1792. 8.
53) Die göttl. hl. Schrift des Neuen Testamentes, lateinisch und deutsch. Fortsetzung der von Dr. H. Braun gelieferten Uebersetzung. VII. Bd. Augsbg. 1794.
54) Ueber die wichtigste Pflicht der Eltern in der Erziehung. (Predigt in den vom churbaier. Predigerinstitute. veröffentl. Reden, Bd. 2.) 1779.
55) Beiträge zu der in Augsburg erschienenen Sammlung auserlesener Kanzelreden.
56) Beiträge zum Frankfurter Realwörterbuch und zur deutschen Encyklopädie.
57) Viele einzeln gedruckte Gelegenheitsgedichte.
58) Abhandlung über Staffelsee in Oberbayern, welches einst ein bischöflicher Sitz gewesen sein soll. Opus posth. (Abgedr. in der Lit. Ztg. von Kerz, 1827, II. Bd. Intelligbl. S. 75—103.)

P. Bernard Stocker, Mitglied der Akademie der Wissenschaften zu München, geb. zu Zipplingen im Ries 5. Sept. 1744, Profess 29. Aug. 1767, Neomyst 8. Okt. 1769; er war Bibliothekar, Archivar und Prior.

---

[1]) Die in diesem Werke vorkommenden irrigen Ansichten wurden von J. E. Hochbichler (S. J.) in Augsburg gründlich widerlegt in der Schrift: „B. Mayr's Vertheidigung der kath. Religion, untersucht von J. E. Hochbichler." Augsburg 1790. 8.

Nach Aufhebung des Stiftes wurde er fürstl. Wallerstein'scher Bibliothekar und starb als solcher im aufgelösten Minoritenkloster zu Maihingen[1]) 10. Nov. 1806. (Baader, Lex. II. 1, S. 195 sq.)

Schriften:

1) Kirchenkalender aller Heiligen, die unter der Regel des hl. Benediktus gelebt haben. 2 Thle. Pappenheim 1786, 655 S. 4. (S. N. Lit. des kath. Teutschl. IV. S. 582; dieses Martyrologium wurde in vielen Klöstern des Ordens über Tisch vorgelesen. An dessen Stelle ist heut zu Tage das Lechner'sche Martyrologium getreten.)
2) Diplomatische Erklärung altteutscher Wörter vom XII. bis in das XVII. Jahrhundert. Donauwörth (Singer) 1798, 298 S. 8. (S. Obert. Lit. Ztg. 1798, II. S. 98; Neue allgem. teutsche Biblioth. Bd. 47, I. S. 192; Erlanger Lit. Ztg. 1799, I. S. 309.)
3) Vocabularium latinitatis antiquioris et medii aevi diplomaticum. Noerdlingae 1805, 104 S. 8.

Manuscripte:

a) Diplomatische Geschichte des Klosters hl. Kreuz in Donauwörth. Fol., mit Federzeichnungen. (Von Königsdorfer benützt.)[2]) Im Besitze des Hrn. L. Auer in Donauwörth.
b) Necrologium monasterii S. Crucis Danubio-Werdeae Ord. S. Bened. ex nostris S. S. Udalrici et Afrae Augustae, Deggingano et Thierhauptano necrologiis, nostris ac hujatis civitatis libris parochialibus, chronicis, variisque confratrum nostrorum manuscriptis conscriptum. 1786. 4.[3]) (Das.)

---

[1]) In den Räumen des ehem. Minoritenklosters ist gegenwärtig die fürstl. Wallerstein'sche Bibliothek aufgestellt. Es sind mit ihr vereinigt die Bibliotheken der aufgehobenen Stifte St. Magnus in Füssen, hl. Kreuz in Donauwörth und Deggingen. Gegenwärtig steht ihr (nun schon über 40 Jahre) Wilhelm Freiherr Löffelholz von Kolberg vor, welcher sich durch Anlegung eines Zettel- und Realkataloges um dieselbe sehr verdient gemacht hat und dem Gelehrten, was immer für eines Faches, schnellstens Auskunft zu geben vermag, was die Bibliothek ihm biete. Der Verfasser fühlt sich verpflichtet, diesem tüchtigen Bibliothekar für die erhaltenen Winke und Dienstfertigkeit bei Benützung besagter Bibliothek den wärmsten Dank auszusprechen.

[2]) Andere Chronisten aus hl. Kreuz waren: P. Columban Sellinger († 8. Sept. 1766) und P. Michael Krazer († 1772). Ihre Arbeiten scheinen verloren gegangen zu sein. — Stocker's Chronik war 1875 bei Antiquar Windprecht in Augsburg für 12 Mk. zum Verkaufe ausgeboten (wahrscheinlich bloss eine Copie). — Hirsching zitirt dieses Manuscript (Stiftslexikon, S. 1033) fälschlich als gedruckt.

[3]) Enthält in chronologischer Ordnung die Religiosen des Klosters hl. Kreuz, von c. 1312 bis zur Aufhebung. Dem Hrn. Maler Lauter in Donauwörth

P. Aemilian Gerstner, geb. zu Reimling 26. Dez. 1768, Profess 17. Nov. 1790, Neomyst 29. Juni 1794, zog nach der Aufhebung nach Wernitzstein, † 19. März 1814. Er war ein wahres Genie für mathematische und physikalische Studien. (Königsdorfer, Gesch. III. 2, S. 198.)

P. Amand Weninger, geb. zu Donauwörth 8. Okt. 1753, Profess 19. Okt. 1777, Neomyst 8. Okt. 1780, starb als I. Pfarrvikar zu hl. Kreuz in Donauwörth 17. Dez. 1815. Nach Königsdorfer ein vorzügliches Dichtertalent. Er besass eine sehr seltene Schmetterlingsammlung (Königsdorfer, Gesch. III. 1, S. 537, 539.)

Schrift:

Das Opfer des Melchisedech, Cantate zur Feier der Jubelmesse des P. Ulrich Schluderer, letzten Priors von hl. Kreuz in Donauwörth, 5. Juli 1812. (In Musik gesetzt von Franz Bühler.) Donauwörth 1812.[1])

P. Cölestin v. Königsdorfer, letzter Abt, geb. zu Flotzheim bei Monheim 18. Aug. 1756, machte zu Augsburg 1768—1776 unter den Jesuiten seine Studien mit ausgezeichnetem Erfolge, trat 18. Okt. 1776 in's Kloster und legte am 19. Okt. 1777 (zugleich mit drei sehr talentvollen Jünglingen, Placidus Herrle aus Ingolstadt, Bonifaz [Xaver] Bronner[2]), und Amand Weninger) feierliche Profess ab. Er hörte dann unter P. Beda Mayr nochmals Logik, Metaphysik, Mathematik und Dogmatik; weil aber P. Beda vom Augsburgischen Ordinariate als Verfasser der Schrift des ersten Schrittes zur Vereinigung der getrennten Religionsparteien auf einige Zeit vom Lehramte suspendirt worden war, wurde P. Columban

---

gebührt das Verdienst, dieses Manuscript nebst mehrern andern auf hl. Kreuz bezüglichen Akten vor Vernichtung gerettet zu haben.

P. Ulrich Schluderer, letzter Prior, geb. zu Rain 29. Dez. 1734, Profess 22. Okt 1758, Neomyst 4. Juli 1762, starb zu Donauwörth als Jubilar 13. Nov. 1812. Er soll eine Chronik von hl. Kreuz geschrieben haben. Nach Andern sei es aber nur eine Copie der Georg Beck'schen Chronik von hl. Kreuz.

[1]) Am 4. Febr. 1823 starb zu Augsburg Franz (Gregor) Bühler (Bihler), einstens Benediktiner von hl. Kreuz in Donauwörth, geb. zu Schneidheim 12. April 1760, trat 1778 in den Orden und erhielt 5. Juni 1785 die Priesterweihe. Auf ganz legitimem Wege suchte er zu Rom um Dispense nach, aus dem Orden treten zu dürfen, und erhielt sie (1794). Er wurde dann Organist an der Stifts- und Collegiatkirche zu Bozen (Tirol), und im J. 1801 Domkapellmeister zu Augsburg. Ihm war ein grosser schöpferischer Compositionsgeist gegeben, daher er mit seltener Fertigkeit schrieb. Seine Musikstücke sind gefällig in der Melodie, voll in der Harmonie, ergreifend in den Uebergängen. Der physischen Trennung ungeachtet blieb er seinem ehemaligen Professkloster in aufrichtiger Liebe und Freundschaft zugethan. (Vergl. Königsdorfer, Gesch von hl. Kreuz, III. 2. Abth. S. 52 sq.)

[2]) Verliess heimlich 29. Aug. 1785 das Kloster, gieng in die Schweiz, und starb als Cantonalbibliothekar zu Aarau 12. Aug. 1850. Seine Schriften s. Baader, Gelehrtes Baiern, S. 152—155. (Vergl. Fr. Xaver Bronner's Leben, von ihm selbst beschrieben. Zürich 1795—1797, 3 Bde. 8.)

Voraus sein Lehrer. Am 28. Dez. 1780 wurde er zum Priester geweiht, und las 30. Dez. die erste Messe. Im Herbste 1781 wurde er vom Abte Gallus nach Ingolstadt geschickt, um an der dortigen Universität noch einmal die theologischen Wissenschaften im ganzen Umfange und die orientalischen Sprachen zu studiren. Während der drei Jahre, die hiezu bestimmt waren, benützte er die Gelegenheit, sich noch mehr in der französischen und italienischen Sprache zu üben, und besuchte auch philosophische und juridische Collegien. So hörte er über Experimentalphysik P. Cölestin Steiglehner, über Reichsgeschichte Krenner, über Kirchenrecht Weishaupt. Nach seiner Rückkehr in's Kloster wurde er sogleich Präses der Rosenkranzbruderschaft, ein Amt, das ihm sechs Jahre hindurch nicht bloss das öftere Predigen, sondern auch vielfältigen Krankenbesuch und Beichthören zur Pflicht machte, ihm aber dadurch die ausgebreitetste Gelegenheit verschaffte, sich in der Seelsorge praktisch zu üben. Indessen wurde er im Jahre 1785 als Lehrer der angehenden Geistlichen seines Klosters aufgestellt, und trug diesen neben dem Unterricht in der griechischen, hebräischen und syrischen Sprache, in vier auf einander folgenden Jahren Hermeneutik, Dogmatik, Moral und Kirchenrecht vor. Im J. 1791 wurde er Professor der Physik an der Salzburger Hochschule. Kurze Zeit hatte er diese Stelle inne, als plötzlich der damalige Professor der Mathematik, P. Dominikus Beck, Benediktiner von Ochsenhausen, mit Tod abgieng (22. Febr. 1791). Königsdorfer musste nun auch die mathematischen Collegien für die Physiker übernehmen, ein Umstand, der ihm als Neuling in seinem eigenen Fache beinahe seine Gesundheit und um so mehr Anstrengung kostete, je weniger er sich dazu hatte vorbereiten können. Indessen gelang es ihm doch, sich die allgemeine Zufriedenheit durch seine Vorlesungen zu erwerben. Als im Späthhebste P. Ulrich Schiegg aus Ottobeuren an Beck's Stelle trat, konnte er nun ganz seinen ihm so lieb gewordenen physikalischen Studien leben. Er hatte bereits angefangen, ein Lehrbuch der Physik zu bearbeiten, und wollte vorerst über Kant's metaphysische Anfangsgründe der Naturwissenschaft erläuternde Bemerkungen in den Druck geben, als er am 15. Jan. 1794 zum Abt seines Klosters erwählt wurde, und desshalb sein Vorhaben gänzlich aufgeben musste. Indessen lehrte er auch als Abt noch die Jüngsten seiner Mitbrüder Logik, Metaphysik, Mathematik und Physik, und suchte den wissenschaftlichen Eifer bei den Letztern, sowie bei der studirenden Jugend an der Klosterschule auf alle Weise zu fördern. Allein eine ungünstige Periode begann nun für die Abtei zum hl. Kreuz hereinzubrechen. In ihr musste, wie es die Lage von Donauwörth mit sich brachte, neben unzähligem andern Militär, selbst das französische Hauptquartier unter General Moreau zweimal (1796 und 1800) aufgenommen und unterhalten werden. Das Nämliche geschah in der Folge noch zweimal unter

Napoleon, 1805 und 1809, jedoch unter ganz veränderten Umständen, da hl. Kreuz zu bestehen aufgehört hatte. Die unerschwinglichsten Kriegslasten aller Art, verbunden mit tausenderlei Verlust durch Feuersbrünste und Viehfall und die heterogensten dadurch veranlassten Geschäfte nahmen ihm das Vorzüglichste hinweg, ohne welches man für die Wissenschaften nichts Erspriessliches wirken kann, — Ruhe und Geldmittel.

Endlich fiel das Stift bei der allgem. Säkularisation dem fürstl. Hause Oettingen-Wallerstein als Entschädigung für die verlorene Herrschaft Dachstuhl zu. In Folge dessen hob die Fürstin Wilhelmine von Oettingen-Wallerstein das Kloster im Januar 1803 auf. Das Pensionsdekret des Abtes und der Conventualen datirt vom 15. Jan. 1803.[1]) Der Abt erhielt jährlich 3500 fl. Pension und freie Wohnung

[1]) Abt Cölestin schildert in der Geschichte von hl. Kreuz als Augenzeuge die letzten Tage des Klosters. Weil sich ähnliche Scenen bei der Aufhebung der Klöster wiederholt haben mögen, sollen diese hier nicht vorenthalten werden. Er schreibt: Mehrere Tage zuvor, ehe wir diese Decrete (Pensionsdekrete) zur Hand bekamen, hatte uns der Abt auf Ersuchen des H. v. Belli (Aufhebungscommissärs) in das Tafelzimmer berufen, um die von der Fürstin in Hinsicht auf unser künftiges Loos gefassten Beschlüsse eröffnen zu lassen. Denen gemäss wurde uns nicht allein die förmliche Auflösung des Klosters und unsere Pensionirung kund gethan, sondern zugleich erklärt: Noch hätten wir bis zum 15. Januar den gemeinschaftlichen Tisch zu geniessen, von diesem Tage an aber jeder sich selbst zu verkösten. Was wir bisher in unsern Zellen zu eigenem Gebrauche an Büchern, Bildern, Kästen, Kleidern, Betten oder sonstiger Einrichtung besassen, das Alles bleibe uns unbenommen. Der Aufenthalt im Kloster sei bis Lichtmessen anberaumt. Seitdem die Commissionen der Besitznahme angefangen hatten, gab es fast täglich neue Lustparthien. Nicht allein unsere Klosterpferde, sondern auch die Equipagen von Wallerstein und manche fremde waren in fortdauernder Bewegung. Die Cavaliere und Beamten von dort, mehrere gute Freunde von hier und der Nachbarschaft, unterhielten sich familienweise und recht angenehm mit Besuchen. Da war denn an wohl besetzten Tafeln kein Mangel. Die Conventualen wurden öfter dazu geladen, und ihre Musik oder ihr Gesang belebten meistens noch mehr die freundlichen Gesellschaften, die je zuweilen, wie manche Spazierfahrt, nach unsern Pfarr- und Mayerhöfen absichtlich veranstaltet schienen, um die guten Geistlichen in ihrer gegenwärtigen, allerdings sehr sonderbaren Lage aufzumuntern, vielleicht auch nur um sie näher kennen zu lernen. Daher ward auch für sie mit Kaffee und Punsch, mit Champagner und Burgunder keineswegs gespart. Doch in der Mitte jener reizenden Aussichten und dieser genussreichen Zerstreuungen stiegen bei Vielen noch häufig düstere Wolken von Tiefsinn und trauriger Empfindung auf, wogegen weit mehr noch Abt Cölestin als Andere zu kämpfen hatte. Hunderten von alten Freunden, Dienern, Schülern, Unterthanen schien es eben so undenkbar, dass hier kein Kloster mehr, als dass kein Donauwörth mehr sein sollte. Wenn dann so manche vom weltlichen, wie vom geistlichen Stande kamen, und aufgereizt durch die innigste Theilnahme an unserm Schicksale hören und sehen wollten, was mit uns vorgehe, da lässt sich nicht beschreiben, wie wehe man gewöhnlich von einander schied. Inzwischen war unser politisch-moralischer Sterbetag, der 15. Januar, als der Wahltag des Abtes, wirklich herangerückt. Auf ihn folgte die grösste, aber auch die sonderbarste Thätigkeit im ganzen Umfange des Klosters. Nicht allein die schöne grosse

in der sog. Münze zu Donauwörth. Jeder Conventual bekam 450 fl. Allein gleich anfangs fühlte der Abt, wie sehr man ihm das theils aus

Monstranz mit der dazu gehörigen Einfassung der hl. Kreuztafel, jenes herrliche Geschenk des Kaisers Maximilian I., sondern auch der prächtige reich vergoldete Baldachin mit dem ganzen Ornate aus gleichem Stoffe und noch vier andern nicht minder kostbaren mussten eingepackt und nach Wallerstein abgeführt werden. Viele andere gottesdienstliche Geräthschaften, als Messgewänder, Kelche etc. traf das nämliche Schicksal. . . . . Auf eine ähnliche Art verfuhr man mit unsern literarischen Schätzen, den vielen tausend Büchern aus allen Fächern der Wissenschaften und darunter befindlichen seltenen Manuscripten, Inkunabeln, Landkarten. Weil aber nicht nur diese Werke allein eine Menge Kisten, Verschläge und Fässer zum Einpacken erforderten, sondern mit ihnen auch die gesammten Schränke und Gallerie-geländer der Bibliothek nach Maihingen wandern mussten, so gab diess den Schreinern, Zimmerleuten, Lad- und Fuhrknechten mehrere Tage hindurch nicht wenig zu schaffen, und das damit verbundene Hämmern, Poltern, Rennen, Schreien sprachen ebenso wahr als laut den Gräuel der Verwüstung aus. Spuren davon zeigten sich an manchen Stellen auf der Strasse von hier bis Wallerstein, wo mehrere unterwegs verlorene Schriften oder Bände gefunden wurden. Nicht viel anders gieng es den im Armarium vorhandenen, zum Theil sehr kostbaren physikalischen und mathematischen Instrumenten. . . . . Die Stallungen, Schupfen und Scheuern wurden von allem vorhandenen Viehe, von Kutschen, Wägen, Schlitten und Baufahrnissen jeder Art geleert. Der Rappenzug des Abtes hatte das Glück, in den Hofstall aufgenommen zu werden. . . . . Wie der Bauhof, die Küche, die Bibliothek, die Sakristei, so ward auch das Schlafhaus, oder unsere Zellen von Tag zu Tag leerer. Gestern zog dieser, heute ein Anderer aus. Dass das schöne Ganze, welches bisher in einem Hause so ehrenvoll, so zweckmässig, so belehrend und unterhaltend beisammen war, und immerhin hätte bleiben sollen, nun so zwecklos nach allen Richtungen hin zersplittert wurde, liess sich ohne Schmerzen nicht ansehen. Das Schmerzlichste blieb indessen unstreitig die wechselseitige Trennung selbst. Sogar denjenigen, die sich früher ungescheut nach Auflösung sehnten, fiel es jetzt unaussprechlich schwer, dem so heilig bestandenen Brüderverein entsagen, das so heimisch schützende Obdach verlassen zu müssen. Je früher indessen, desto trauriger und desto inniger betrauert reiste vor allen Andern der jüngste Mitbruder, P. Joseph Baumeister, ab, weil er zur Fortsetzung seiner Studien nach Würzburg eilen musste. So schwer schied selbst Benjamin nicht aus den Armen Jakobs, als Joseph aus den Armen seines Abtes und Vaters Cölestin. Eben um diese Zeit hatte der Bruder des Abtes, Martin Königsdorfer, Pfarrer zu Lutzingen, an denselben eine Einladung ergehen lassen, auf einige Tage sich zu ihm zu begeben, um ferne zu sein vom Anblicke desjenigen, was bereits beschrieben worden. Dahin fuhr nun derselbe zum Letztenmal mit seinen Pferden, schlief nach der Zurückkunft nur einmal noch in der schon ganz leeren Abtei, las die hl. Messe, und wanderte dann, begleitet vom P. Prior und P. Subprior, unter unnennbaren Gefühlen durch den Garten hin, in seine neue Wohnung. Somit hatte die Auflösung und die ganze Geschichte des Klosters ein Ende. (III. Bd. 2. Thl. S. 199 sq.)

Treffend bemerkt Königsdorfer in Rücksicht auf die falsche Beschuldigung, als seien die schwäbischen Stifte in literarischer Hinsicht unthätig gewesen: Gerade bei einer solchen Verfassung, wie sie in unsern ehemaligen Abteien bestand, war nicht nur die entsprechendste Ausbildung, sondern auch die vollkommenste Befriedigung eines jeden einzelnen Individuums, in Bezug auf seine Be-‑ung, auf die leichteste Art zu erwarten. Der junge Benediktiner

Neid, theils durch übermässige Ansprüche verkümmern werde. Noch mehr verlegen machte ihn die mündliche Aufforderung der Fürstin selbst: er möchte doch seinen künftigen Wohnsitz in Wallerstein nehmen. Allerdings hätte ihn die dort jederzeit so gefällige Aufnahme bestimmen können, hiezu ja zu sagen und dem, wie es schien, herzlichen Verlangen der Fürstin, am Abte Cölestin einen ebenso erfahrenen als wohlmeinenden Rathgeber in Bezug auf die Studien ihrer vier Prinzen zu erhalten, Gehör zu geben. Indessen sagte es seinen Gefühlen auf keine Weise zu, in der Nähe des Hofes, oder gar am selben zu leben. Auch lag ihm sein Gotteshaus, und was davon in geistlicher Hinsicht noch bestehen durfte, sowie das Beste seiner Mitbrüder zu sehr am Herzen, als dass er sich so leicht hätte entschliessen können, Donauwörth zu verlassen. — Cölestin verliess zuletzt sein Kloster und bezog 1. Febr. 1803 die sog. Münze zu Donauwörth. In diesem stillen Wohnsitze, nahe dem Kloster, führte er ein zurückgezogenes, der Pflege der Religion und Wissenschaften geweihtes Leben. Die erste Frucht seiner Musen war die Veröffentlichung von 37 Predigten, die er einst selbst in verschiedenen Kirchen gehalten, wodurch er seinem Kloster in religiöser Hinsicht eine Erinnerung setzen wollte. (Vergl. hierüber die von ihm mit rührenden Worten abgefasste Vorrede.) Dieselben fanden, wohl hauptsächlich in Rücksicht auf seine Persönlichkeit, reissenden Absatz. Bald darauf gieng Königsdorfer an die Bearbeitung der Geschichte seines Klosters, die er im Herbste 1828 vollendete. Er schreibt hierüber im letzten Bande: „Die Geschichte des Klosters zum hl. Kreuz ist hiemit vollendet, aber welche Gefühle durchdringen jetzt den Verfasser derselben? Kaum weiss er, ob er sich über ihre Vollendung mehr freuen oder mehr trauern soll. Das Erstere wäre wohl nur unter der Bedingung möglich, dass die von ihm und von tausend Andern mit

---

konnte Alles werden, wozu er sich fähig oder getrieben fühlte, Oekonom, Musiker, Seelsorger, Gelehrter, alles im selbst beliebigen Massstabe. Denn fast jede Abtei besass in den letzten Zeiten die schönsten Oekonomien, ein wohlbesetztes, hier und dort ganz vollständiges Orchester, gewöhnlich sehr ausgebreiteten Wirkungskreis in Pastoralgeschäften, Bibliotheken, Armarien, Naturalienkabinete; Gymnasien, Seminare, Schulen von dieser oder jener Art. Was daran in einem Kloster fehlte, liess sich gar leicht aus einem andern heimholen. Und man konnte wirklich behaupten, so viele Prälaturen, so viele religiöse, ökonomische, Kunst- und wissenschaftliche Institute. Auch glänzten in jeder derselben wenigstens einige vortreffliche Männer, Kenner und Meister in diesem oder jenem Fache, somit die geschicktesten Führer für lernbegierige Zöglinge. Den Talentvollsten unter den Letztern bot man willig nicht nur zu Hause alle möglichen Hilfsmittel zu immer grössern Fortschritten an, sondern sandte sie auch, Tausend und wieder Tausend von Kosten nicht achtend, zu den berühmtesten öffentlichen und Privatlehrern, auf Universitäten, in andere durch wissenschaftlichen Flor sich vorzüglich auszeichnende Klöster, selbst auf Reisen in's Ausland .... (Gesch. von hl. Kreuz, III. 2, S. 43 sq.)

ihm seit einiger Zeit gar sehr gehegte Hoffnung auf Wiederherstellung des ihm so werthen Stiftes nicht schon ganz aufgegeben werden müsste." .... Am 30. Dez. 1830 feierte der Abt, umgeben von einigen seiner trauten Freunde, in aller Stille seine Sekundiz in seiner Hauskapelle. (Eine Beschreibung dieser Feier s. in Benkert's Religionsfreund, 1830, Jan.-Hft. S. 40.) König Ludwig würdigte ihn eines allergnädigsten Handschreibens (2. Jan. 1832) und verlieh ihm das Ritterkreuz des Verdienstordens der bayer. Krone. Abt Cölestin starb zu Donauwörth am 16. März 1840 Abends $^1/_2$8 Uhr. Seine Ruhestätte erhielt er in der auf eigene Kosten erbauten Kapelle des Friedhofes von hl. Kreuz. (J. N. Kremer († 1874) fertigte 1832 von Königsdorfer eine Lithographie an. Ein schönes Porträt des Abtes [in Oel] besitzt Hr. L. Auer zu Donauwörth. Dasselbe wurde bald nach seiner Erwählung zum Abt gemalt. S. Königsdorfer, Geschichte von hl. Kreuz; Steichele Dr., Bisthum Augsburg, III. Bd. S. 877—879 u. 884—887; Felder, Lex. I. S. 401; Verzeichniss des akad. Professoren, S. 88—93.)

Schriften:

1) Theologiae in compendium redactae .... systema eo nexu et ordine concinnatum, quo R. R. Fr. Fr. Benedictinis Werdeae ad Danubium in monasterio S. Crucis traditum et explicatum fuit. Pappenhemii (Seybold) 1787. 4.
2) Sätze aus der Philosophie. Salzburg 1792. 4.
3) Kurzer Entwurf verschiedener physikalischer Versuche, welche für den hohen Adel und Standespersonen in dem physikalisch-mathematischen Instrumentensaale der hochfürstl. Universität zu Salzburg vom 9. Mai bis zum 13. Brachmonat jeden Mittwoch Abends 4 Uhr angestellt wurden. 1792. 8.
4) Trauerrede auf Placidus, Abt des Benediktinerklosters Deggingen im Ries, gehalt. 17. Dez. 1798. Donauwörth (Singer).
5) Trauerrede auf Frau Benedikta, Abtissin des adeligen Benediktinerstiftes Holzen, gehalt. 14. Jan. 1800. Donauwörth (Singer).
6) Predigt bei der Jubelmesse des P. Ulrich Schluderer, letzten Priors des Klosters zum hl. Kreuz in Donauwörth und Pfarrers; gehalt. 5. Juli 1812. Donauwörth (Sedelmayr) 1812. (Vergl. Kehrein, Gesch. der Kanzelberedsamk. I. S. 245.)
7) Sieben und dreissig Predigten. Augsburg (Veith) 1814, XXIV, 646 S. 8.
8) Geschichte des Klosters zum hl. Kreutz in Donauwörth. Donauwörth. 8. (I. Bd. 1819, XXVI. 422 S.; II. Bd. 1825, XIV. 617 S.; III. Bd. 1. Abth. 1829, XVIII. 618 S., 2 Abth. 1829, XX. 448 S. mit Abbildung des Klosters und mehreren Kupfern.) [1])

---

[1]) Friedrich Böhmer sagt von diesem Werke in seinen Reg. Friedrich II. Nr. 28: „Ein besonders für die letzten Zeiten der Klöster und deren Aufhebungs-

geschichte merkwürdiges Buch, dessen Verfasser dem unbefangenen Leser Hochachtung abgewinnt.“ Dr. Steichele nennt es „ein unvergängliches Denkmal von Cölestin's tiefem Wissen, edeln Gemüthe und reichen Herzen.“ — Derselbe schildert den Charakter des Abtes Cölestin mit folgenden Worten: „Mit reicher, geistiger Begabung ausgestattet, in den Wissenschaften allseitig bewandert, mit der Bewegung des Jahrhunderts vertraut und den Ideen der Neuzeit nicht abhold, aber festhaltend an christl. Erkenntniss und kath. Wahrheit, wie am Geiste seines Ordens, dabei ein Mann von Weltkenntniss und feiner Bildung, hatte Cölestin wie Wenige den Beruf und die Kraft, die Wunden, welche die jüngst vergangene Zeit dem geistigen Wesen und dem Haushalte seines Klosters geschlagen hatte, zu heilen und dasselbe in doppelter Richtung nach einem wohlbemessenen Plane zu regeneriren. Aber die Zeitverhältnisse traten seinen Entwürfen entgegen“ . . . . (Bisth. Augsb. III. S. 878.)

Mehrerau.

Mehrerau (Mererau, Augia major, Augia Brigantina).[1] Eine Viertelstunde von Bregenz am Bodensee reizend gelegen. Die erste Gründung dieses Klosters ist unbekannt. Man will einen klösterlichen Verein zu oder bei Bregenz in die Tage des hl. Columban und Gallus setzen, als sie hier im J. 612 mit ihren Schülern zusammenlebten und dem noch heidnischen Volke die Lehren des Christenthums verkündeten. Die historisch bekannte Stiftung oder Restauration des Klosters nach seinem Verfalle wird in's J. 1098 gesetzt. Sie geschah durch Ulrich IV. Grafen von Bregenz (der es nebst anderem Besitzthume auch mit der Pfarrkirche zu Bregenz beschenkte), und seiner Gemahlin Bertha. Die Colonisirung gieng von Petershausen (bei Constanz) aus. Es wurde aufgehoben von König Max Joseph von Bayern am 1. Aug. 1806. Bis letzten Februar 1807 mussten die Conventualen das Kloster geräumt haben. Glocken, Altäre, Orgel, Ornate und andere Kirchengeräthschaften wurden veräussert. Nackt und verlassen standen Kirche und Kloster, die schöne Zierde der reizendsten Landschaft da. Die Kirche wurde endlich abgebrochen (1808) und die Steine des Thurmes zum Baue des Maximilianhafens nach Lindau verführt. Das Klostergebäude wurde als Kaserne verwendet. Im J. 1854 erlaubte Kaiser Franz Joseph I. von Oesterreich den Cisterziensern des im Cantone Aargau (1841) aufgehobenen Stiftes Wettingen, sich in Mehrerau niederzulassen und ein Priorat zu gründen. Dieselben haben auch unter grossen Schwierigkeiten eine sehr schöne Kirche im byzantinischen Style erbaut. Eine Abbildung des Stiftes Mehrerau (in Aquarell) aus der Zeit der Aufhebung befindet sich gegenwärtig im Priorat Mehrerau. Eine Abbildung sieht man auch am Plafond des dortigen Refektoriums.

---

[1]) Dürfte streng genommen hier nicht aufgenommen werden, weil es nicht im heutigen Bayern liegt. Diese Ausnahme ist aber dadurch gerechtfertigt, dass es zur Zeit der Auflösung unter Bayern stand, und sich grösstentheils aus Schwaben rekrutirte.

Literatur:

Bergmann Fr., Necrologium Augiae majoris Brigantinae O. S. B. anno 1728 renovatum calamo P. Pauli Popelin ejusdem loci professi. Wien 1853, 72 S. 4. (Separatabdruck des V. Bdes. der Denkschriften der k. Akademie der Wissenschaften zu Wien.) — Desselb., Früheste Kunde über den Bregenzerwald und die Stiftung des Klosters Mehrerau. (118 Bd. der Wienerjahrbücher der Literatur.) — Blätter, hist. pol. 1855. — Bruchius, Chronologia, I. 10 sq. — Gallia Christiana. Tom. V., fol. 919 sq. (editio 1736). — Hirsching, Stiftslexikon, S. 519—523. — Merkle-Weizenegger, Vorarlberg, II. S. 281—313. (Kurze Geschichte des Klosters.) — Pez B., Biblioth. ascetica. Tom. X. S. 403 sq. — Predigt bei der feierlichen Einweihung der Klosterkirche zu Mehrerau 7. Aug. 1859 von P. Cyprian Ord. Cap. Bregenz 1859, 20 S. 8. — Schlee, descriptio Rhaetiae, S. 24. — Staffler J. J., Beschr. v. Tirol. 1. Bd. 2. Thl. S. 20 sq. — Trithemius, Chronicon Hirsaug. I. S. 274. — Tirolerehrenglanz, IV. S. 84—86. — Wendt, Austria Sacra, Bd. I. S. 456 —464. — Ziegelbauer, Hist. rei lit. O. S. B., T. II. S. 63, 100, 146; T. III. S. 384; T. IV. S. 140, 150, 154, 345, 410, 440, 486, 539, 569, 574, 654, 687, 704. — Die Klöster Mehrerau und Wettingen nach ihrer Vergangenheit und Zukunft. Rede bei der feierlichen Eröffnung des Conventes in der Mehrerau bei Bregenz 18. Okt. 1854 von C. Greith. St. Gallen 1854, 32 S. 8. — Ueber einzelne Persönlichkeiten: P. Fr. Ramsperg, Bothe v. Tirol, 1827, S. 24. — Abt Placidus Vigellius, Ziegelbauer, Hist. rei lit. III. S. 384 sq. u. Blätter, kath. aus Tirol, 1845, Nr. 24, S. 561—566.

Manuscripte:

Hueber, s. dessen Manuscript, S. 152. — Ramsperg Franz, Prior zu Mehrerau, Historische und bewährte, aus glaubwürdigen Authoribus und Briefen geschöpfte Relation von der Landschaft und Grafschaft, auch uralten Stadt, und in specie dem Kloster Bregenz ab urbe condita usque ad tempora Abbatis Gebhardi II. († 1616). 1 Bd. 326 S. Fol. (Biblioth. der P. P. Kapuziner zu Bregenz.) Die im Museum zu Bregenz befindliche Handschrift (Original?) enthält eine Fortsetzung von P. Apronian Hueber bis zum J. 1728. — Desselb., Beschreibung aller und jeder Benefizien und Pfründen zu Bregentz. 1 Bd. Fol. c. 500 S. (Pfarrarchiv zu Bregenz.) — Desselb., Pfarrei Alberschwende und Sulzberg mit seinen Caplaneien und Descriptio von der Pfarrei Riffensperg, item Pfarrei Langen hinter dem Tobel und Caplanei Hörbranz. 1 Bd. Fol. (Das.) — Desselb., Chronik des dreissigjährigen Krieges. 1 Bd. 246 S. Fol. (In der Biblioth. der P. P. Kapuziner zu Bregenz: Viel auf Bregenz und Mehrerau Bezügliches enthaltend.) — Genealogie des Stiftes Mehrerau bis zum J. 1854 von Laur. Wocher, Conventual desselb. Stiftes. 1878. 1 Bd. Fol.[1]) — Saalbuch des Klosters Mehrerau aus dem J. 1472 nach der Wienerhandschrift aus Kl. Mehrerau bearbeitet und mit Register versehen von L. Wocher S. Ord. Cist. von Mehrerau. 1 Bd. Fol. 800 S. — Ein Theil des Archivs von Mehrerau ist gegenwärtig im Museum zu Bregenz. Daselbst sollen sich auch einige der an P. Apronian Hueber gerichteten Briefe von gelehrten Zeitgenossen befinden.[2])

Schriftsteller:

P. Franz Pappus von Tratzberg, Laubenberg und Rauchenzell, geb. zu Bregenz 1. Jan. 1674, Sohn des dortigen Vogteiverwalters Franz Apronian Pappus, Profess 25. Nov. 1691, Präbendarius in Bregenz, zum Abt erwählt 2. April 1728, erbaute von 1732—1740 vom Grunde aus neu die herrliche Stiftskirche, welche 1808 abgebrochen wurde, resignirte freiwillig 1748, und starb als Jubilar 1. März 1753. P. Apronian Hueber nennt ihn mit Recht „Musarum Majoraugiensium decus".

Schriften:

1) Controversiae fidei jocoso-seriae. Campidon. 1709.
2) Liber vitae bipartitae. Campid. 1709.
3) Hortulus biblico-moralis et asceticus, pro floribus exhibens fasciculos septuaginta doctrinarum moralium et asceticarum. Constantiae (Wohler) 1727, 588 S. 4.
4) Scholasticum personae ecclesiasticae pro foro poli et soli breviarium, exhibens universam theologiam moralem, controversiis fidei et juris canonici permixtam. Aug. Vind. I. Bd. 1733, 1224 S.; II. Bd. das. 1747, 695 S. 4.
5) Manuale concionatorum. Aug. Vind. et Ratisbon. 1739. 8.

P. Apronian Hueber, geb. zu Dornbirn (Vorarlberg) 4. Aug. 1677 (od. 1678), Profess 26. Nov. 1695 (od. 1696), vom J. 1712 bis zu seinem Tode 2. Febr. 1754 Prior. Hochverdient um die Geschichte seines Klosters. Im Jahre der Aufhebung (1806) waren in der Bibliothek von Mehrerau noch 976 Briefe, die unter Hueber's Adresse eingelaufen waren, vorhanden. Er hatte nämlich einen ausgedehnten Briefwechsel mit Gelehrten in Deutschland, Frankreich, Italien und der Schweiz. Unter den eingelaufenen Briefen waren auch solche von Bernard Pez und Marquard Herrgott u. s. f., denen er verschiedene literarische Aufschlüsse

---

[1]) Enthält die Religiosen des Stiftes in chronologischer Ordnung mit biographischen Daten, viel ausführlicher als das Necrologium Bergmann's.

[2]) Viele Notizen über die Gelehrten von Mehrerau verdanke ich dem Conventualen Laur. Wocher von Mehrerau. Auch P. Joh. Bapt. Baur, Ord. Capuc. zu Bregenz, lieferte mir Beiträge.

ertheilt hatte. Dieser Briefwechsel ist bei der Aufhebung grösstentheils verloren gegangen. Ziegelbauer sagt von Hueber: „Vir eximius, rei literariae benedictinae, si quisquam alius, promovendae studiosus.“ (S. Bergmann, Necrologium, S. 11; Merkle, Vorarlberg, II. S. 299—300; Ziegelbauer, Hist. rei lit. IV. S. 154, 410, 539.)

Schriften:

1) Instructio ultimi concilii Romani in sacra basilica Lateranensi habiti pro parvulis prima vice ad sacramentum confessionis et communionis admittendis. Campidunae 17 . .
2) Epitome historica monasterii Brigantini cum notis et observationibus criticis ab anno 611—1728. (Gallia Christiana D. Samarthani, Tom. V. fol. 919 sq.)[1])
3) De vita et martyrio B. Fidelis a Sigmaringen, Ord. Capuc. authore Placido Viggelio, abbate Mon. Brigantini notis et observationibus aucta a P. Apr. Hueber. (Abgedruckt bei Pez, Bibliotheca ascetica. Tom. X. S. 403 sq.)
4) Alle Beiträge über Mehrerau in Ziegelbauer's Hist. rei lit. O. S. B. sind von Hueber.
5) Er war Herausgeber einiger aszetischer Werke Placid. Hellbock's und Jos. Langenauer's (Conventualen von Mehrerau).

Manuscript:

Epitome historica Augiae majoris Brigantinae ex J. Strabone, Jepesio aliisque scriptoribus praecipue vero ex authenticis tum proprii tum Sangallensis monasterii documentis concinnata notisque ac indice nonnihil copiosiori illustrata ad a. usq. 1728. (Von andern Conventualen bis zum J. 1764 fortgesetzt.) 1 Bd. 169 S. ohne Register. (In der Biblioth. der P. P. Kapuziner in Bregenz.)

P. Joachim Reichart, geb. zu Hall (Tirol) 16. März 1701, Profess 3. Mai 1720, einige Zeit Professor am fürstl. Lyzeum zu Kempten,[2]) Pfarrer zu Grünenbach, starb im Kloster 17. Jan. 1761.

Schriften:

1) Das verborgene Leben mit Christo in Gott. (Aus dem Französisch. des H. M. Boudon.) Augsbg. 1732, 302 S. 8.

---

[1]) Nur ein Auszug aus unfügem Manuscript.

[2]) Vom J. 1740—1747 versahen die schwäbischen Benediktiner-Abteien die Lehrkanzeln am Gymnasium und Lyzeum zu Kempten. Die meisten Professoren entsendeten die Stifte: St. Blasien, Ochsenhausen, Weingarten, Petershausen, Wiblingen und St. Georgen zu Villingen. Fürstabt Engelbert von Sirgenstein berief an Stelle der Benediktiner die Piaristen, die bis 1803 dort lehrten. (Haggenmüller, Gesch. von Kempten, II. S. 348.)

2) Die ewige Anbetung der göttlichen Vorsichtigkeit. (Aus dem Französisch. von Boudon.) Das. 1733, 136 S. 8.
3) Controversia sub S. S. pontificibus Clemente VIII. et Paulo V. Dominicanos et Jesuitas inter diutius Romae agitata. Campid. 1736.

P. Paul Popelin, geb. zu Wengen 17. Okt. 1693, Profess 5. April 1717, war ein Schüler des P. Apronian Hueber, Maler und Calligraph, starb 2. Juni 1768.

Manuscript:

Necrologium Augiae majoris Brigantinae O. S. B. 1728 renovatum. (Wurde mit genealogischen Erläuterungen edirt von Fr. Bergmann, 1854 [s. die Literatur]). Das Original befindet sich im Pfarrarchiv zu Bregenz.

Ferners schrieb er auf Befehl seines Abtes zwei grosse Choralbücher (die von den Besuchern des Stiftes wegen der prachtvollen Schrift bewundert wurden), und zwar mit einer einzigen gewöhnlichen Feder. (S. Continuatio Epitomes historicae P. A. Hueberi ad ann. 1764. Mittheilung des L. Wocher aus seiner Genealogia Augiae major. S. 355 sq. II. Nr. 235.)

P. Johann Bapt. v. Meyenberg (Mayenberg), geb. zu Altshausen 4. April 1713, Profess 11. Juli 1732, zum Prieser geweiht 14. Okt. 1736, Neomyst 16. Okt. Er war vom 18. Nov. 1740 bis 20. Aug. 1743 Beichtvater zu Grimmenstein, und wurde 17. Mai 1748 zum Abt erwählt. Als solcher baute er das Kloster vom Grunde aus neu, wie es gegenwärtig noch steht, † 9. März 1782.

Schrift:

Quidditas praedeterminationis physicae ad mentem S. Thomae Aq. exposita una cum parergis ex univ. philosophia deff. Greg. Weber, Dominico ab Ach et Merbodo Ackermann, professis Augiae maj. Brigantii 1740.

P. Joseph Gegenbaur, letzter Prior, geb. zu Herletshofen bei Leutkirch in der ehememaligen österr. obern Landvogtei Schwaben (nun Württemberg) 15. April 1767; die Gymnasialstudien begann er zu Ottobeuren, und vollendete sie im Stifte Zwifalten (1784). Die Philosophie hörte er am Lyzeum zu Ehingen, das unter Leitung der Benediktiner von Zwifalten stand. Im Sept. 1785 erhielt er mit noch drei Candidaten die Aufnahme im Stifte Mehrerau, worauf er sofort, gemäss den damaligen österr. Gesetzen in's Generalseminar nach Innsbruck geschickt wurde, und in fünf Jahrgängen die Theologie ihrem ganzen Umfange nach absolvirte. Nun erst konnte er das Noviziat beginnen (28. Juni 1790). Am 18. Sept. 1791 legte er Profess ab, und erhielt 29. Sept. d. J. die Priesterweihe. Die Admission für die Seelsorge erhielt er auf sieben Jahre. Sein Abt verwendete ihn aber für das Lehrfach, denn er wurde bald Professor der Syntax und Rhetorik, sowie Moderator (Präfekt) des Klostergymnasiums. Im Sept. 1795 wurde er Novizenmeister und Repetitor der theologischen Lehrfächer für die jüngern Mitbrüder mit dem Auftrage, sich auf eine Concursprüfung für das theologische Hausstudium vorzubereiten. Anfangs Sept. 1799 bestand er dieselbe aus der Dogmatik und dem Bibelstudium. Weil man aber gerade im Augenblick in Mehrerau keinen Hauslehrer nöthig hatte, kam Gegenbaur als Pfarrer nach Grünenbach (Allgäu), von wo er 1. Juni 1801 als Prior in's Stift zurückgerufen wurde. 1801 unterzog er sich auf Wunsch des Abtes an der Universität zu Freiburg der Lektoratsprüfung aus der Moral, Pastoral und Katechetik. Diese Prüfung fiel zur vollsten Zufriedenheit der Examinatoren aus, und erwarb ihm ein Fähigkeitszeugniss mit dem besondern Lobe einer ausgebreiteten Belesenheit. — Da den Abt Franz II. in seinem hohen Alter das Gedächtniss sehr verliess, musste Gegenbaur als Prior das Geistliche und P. Benedikt Kern das Zeitliche besorgen. Man beseitigte die übertriebene Strenge, suchte aber im Uebrigen genau die Klosterordnung zu halten. Die vorgeschriebenen Tagzeiten wurden gemeinsam gebetet, an Festtagen aber choraliter gesungen. Das gesetzliche Klostergymnasium, an welchem die Singknaben den Freitisch hatten, war in den letzten Jahren ziemlich zahlreich besucht, und dass es mit guten Lehrern versehen war, beweist zur Genüge die baldige Beförderung einiger Conventualen als Professoren an das k. k. Gymnasium nach Feldkirch. Am 8. März 1805 starb der letzte Abt von Mehrerau, Franziskus Hund,[1]) und sehr bald ertheilte das k. k. Gubernium zu Innsbruck dem Stifte die Erlaubniss, einen neuen Abt zu wählen. Da man aber diese Wahl in der Fastenzeit nicht vornehmen wollte, so wurde sie auf den 22. April verschoben. Ganz unvermuthet kam, da Alles schon vorbereitet war, am 20. April Abends ein Regierungsbefehl, welcher die Wahl bis auf erhaltene Erlaubniss von der höchsten Hofstelle in Wien untersagte. Auch diese erfolgte, aber erst Ende des J. 1805, als der französische Marschall Augereau mit seinen Truppen in Vorarlberg schon eingerückt war, und dasselbe einstweilen für Frankreich in Besitz genommen hatte. Weil man in diesem Zeitpunkte für den Fortbestand des Klosters keine Aussicht hatte, so beschlossen die Conventualen, die Wahl einstweilen zu verschieben. Als im J. 1806 Vorarlberg und mit ihm das Stift Mehrerau an Bayern kam, so war sein künftiges Schicksal nicht mehr zweifelhaft. Um indessen Alles für die Rettung des Klosters zu thun,

---

[1]) Er war geb. zu Bayenfurt bei Weingarten 28. Febr. 1733, Profess 13. Nov. 1751; Priester 21. März 1759, Lektor der Theologie, Seelsorger, Oekonom, zum Abt erwählt 22. Aug. 1791. Sein Porträt hängt in der Bibliothek zu Mehrerau.

fiel Gegenbaur auf den Gedanken, ob nicht etwa der Antrag: auf Stiftsrechnung ein Schullehrer-Institut errichten und erhalten zu wollen — bei der neuen Regierung eine günstige Aufnahme finden dürfte, und das Kloster in seiner Existenz erhalten könnte. Das Vorhaben wurde dem bischöfl. Ordinariate zu Constanz angezeigt, von diesem mit Beifall aufgenommen und zu unterstützen verheissen. Ein Promemoria, in dem dieser Wunsch bestimmt dargelegt, und die daraus entspringenden Vortheile für den Staat aufgeführt waren, wurde dem bischöfl. Ordinariate in Duplo übersendet, welches das eine an das Gubernium zu Innsbruck beförderte, das andere aber an Fürstprimas v. Dalberg gelangen liess, mit dem Ansuchen, dass derselbe die Sache Sr. Majestät dem Könige von Bayern dringend empfehlen möchte. Das Gubernium zu Innsbruck verlangte, um die Sache besser befördern zu können, einen Plan des zu errichtenden fraglichen Institutes: auch dieser wurde verfasst, und an das Kreisamt Bregenz überreicht, aber es erfolgte keine weitere Rückantwort, denn es lag einmal im Plane der Regierung, kein Kloster mehr bestehen zu lassen. Zu Anfang des Sommers 1806 kam der k. b. Hofcommissär v. Merz mit seinem Sekretär Hecht etc. als Organisationscommissär für Vorarlberg in das Kloster Mehrerau, und Jeder erkannte in ihm den wirklichen Aufhebungscommissär des Klosters. Er erhielt auch am 26. Aug. das Auflösungsdekret, datirt vom 1. Aug., und eröffnete es dem Klosterpersonale am 27. Aug. Somit war das Stift förmlich aufgehoben, und die Conventualen wurden pensionirt. Gegenbaur wurde 7. Nov. 1806 Rektor und Professor des k. b. Gymnasiums zu Feldkirch, 1807 auch Schulinspektor der Landgerichte Feldkirch, Sonnenberg und Montafon. Sowohl um die Studienanstalt zu Feldkirch, als um die Schulen seines Distriktes hat er sich sehr grosse Verdienste erworben. Die k. b. Regierung hat in mehreren Belobungsdekreten alles dieses vollkommen anerkannt. Lange schon hatte die zahlreiche Schuljugend in Feldkirch keinen eigenen Gottesdienst mehr. Gegenbaur liess nicht nach, bis zu diesem Zwecke die Kirche des ehem. Ottobeurischen Priorates St. Johann überlassen wurde. In dieser hielt er nun täglich selbst Gottesdienst, und an Sonn- und Feiertagen passende Erbauungsreden. 1812 beförderte ihn die k. b. Regierung auf die Pfarrei Wasserburg am Bodensee, wo er am 16. Juni 1842 starb. (Felder, Lex. III. S. 162—171; Bergmann, Necrolog. Aug. Brigant. S. 20, 37; Weizenegger-Merkle, II. S. 305.)

Schriften:

1) Gelegenheitsrede über die Ehrwürdigkeit des Priesterstandes, gehalt. am 22. Weinmonat 1804, als P. Roman Kösel, Conventual von Mehrerau, seine erste hl. Messe las. (Kam nicht in den Buchhandel.)
2) Verhältniss der christlichen Moral zur Dogmatik. Bregenz 1805.

3) Ueber die Quellen, aus der die Pastoral ihre Grundsätze schöpft. Das. 1806.
4) Religiöse Gedanken am Grabe des Erlösers. Das. 1807.
5) Schulrede über die Verfassung der neu organisirten Studienschule zu Feldkirch. Feldkirch 1810.
6) Rechenschaftsrede über den Gang des öffentlichen Unterrichtes an der Studienschule zu Feldkirch. Das. 1811.
7) Leichenrede bei Beerdigung des Hrn. Schuldirektors J. Bapt. Fröhlich zu Feldkirch. Das. 1811.
8) Kritische Bemerkungen über die beiden Briefe des hl. Petrus. (In Felder's Magazin, 1816, Hft. IV.)
9) Kritische Bemerkungen über den kath. Brief des hl. Judas. (Das. 1817, Hft. 2.)

Manuscripte:

a) Institutiones theologiae dogmaticae in usum suorum auditorum secundum normam et ordinem E. Klüpfel.
b) Compendium theologiae moralis.
c) Grundsätze des christl. Glaubenssystems.
d) Praktische Anleitung für Schullehrer.
e) Bemerkungen über die Kräfte, Fähigkeiten und Anlagen des Menschen.
f) Mehrere Schulreden über das deutsche Schul- und Erziehungswesen, über den Zweck des Studirens; über den Nutzen der Deklamationsübungen; über die Fehler der Studirenden, wenn sie sich den Wissenschaften widmen etc.

P. Meinrad Merkle, geb. zu Wiblingen in Vorderösterreich (nun Württemberg) 12. Jan. 1781, konnte bei den Benediktinern seines Vaterortes den Gymnasialstudien obliegen, gerieth aber in Folge des französischen Ueberfalles im J. 1796 als Militärarzt in eine ganz fremde Laufbahn; das J. 1798 führte ihn wieder in die Heimath zurück, und der günstige Umstand, dass in Wiblingen gerade einige jüngere Klostergeistliche die Philosophie hörten, kam ihm gelegen, indem der Prälat ihm an dem Unterricht Theil zu nehmen erlaubte. Nur musste er am Lyzeum zu Ehingen 1800 noch eine Prüfung ablegen, weil der Lektor der Philosophie zu Wiblingen keine gültigen Zeugnisse auszustellen berechtigt war. Nachdem er auch die Theologie in Wiblingen gehört hatte, trat er in Mehrerau in den Orden, und machte 1804 Profess. Zum Priester geweiht 29. Sept. 1804 wurde er von seinem Abte Franz sofort zum Lehrfache bestimmt. Im Jahre der Aufhebung lehrte er am Stiftsgymnasium Poësie. Drei Jahre nach dem Abzuge aus dem Kloster erhielt er die Weisung, bei den Gymnasiasten zu Feldkirch den Kirchengesang einzuführen. Er machte dann mit seinem Mitbruder P. Paul Ott die Concursprüfung für das Lehramt (1810), und wurde im selben Jahre als Gymnasialprofessor zu Feldkirch angestellt. Bei dem Abgange des Rektors Gegenbaur übertrug ihm die bayer. Regierung 1812 dessen Stelle. Er starb zu Feldkirch als emeritirter Gymnasialpräfekt 28. Okt. 1845. (Weizenegger-Merkle, Vorarlberg, II. S. 310—311; Bergmann, Necrolog. S. 3, 7, 27, 37.)

Schrift:

Vorarlberg, aus den Papieren des in Bregenz verstorbenen Priesters Franz Jos. Weizenegger. Innsbruck (Wagner) 1839. 8. 1. Bd. 353 S., 2. Bd. 370 S., 3. Bd. 366 S.[1]) (Eine hist. statist. Beschreibung dieses Landes.)

---

[1]) Um die Mitte des vorigen Jahrhunderts gab ein Conventual von Mehrerau eine Lebensbeschreibung des hl. Columban in Druck (kl. 8.). In dem vorliegenden Exemplare fehlt das Titelblatt. Der Verfasser ist mir daher unbekannt.

Elchingen.

Reichsstift Elchingen (Oberelchingen), unweit Ulm, Bisthum Augsburg, gestiftet von Conrad von Sachsen, Markgraf von Meissen und seiner Gemahlin Luitgarde zu Ehren des sel. Jungfrau Maria. Das Stiftungsjahr wird gewöhnlich auf 1128 angesetzt, obschon es sich urkundlich nicht sicher nachweisen lässt. Es wurde aufgehoben von Churfürst Max Joseph 4. Sept. 1802.[1]) Das Stiftsgebiet zählte zwei □Meilen mit 4000 Einwohnern. Die jährlichen Revenüen betrugen ungefähr 69,000 fl. Die Stiftskirche dient als Pfarrkirche. Die Klostergebäude sind gänzlich abgebrochen worden.

Literatur:

Brunner L., Schicksale des Klosters Elchingen und seiner Umgebung in der Zeit des 30jährigen Krieges. (Zeitschrift des hist. Ver. v. Schwaben, 1876, S. 157—282.) — Bruschius, Chronolog. I. S. 164—169. — Gerbert, Iter alem. S. 195 sq. — Lexikon von Schwaben, S. 519 sq. — Raiser J. N., Die vorige Benediktiner-Reichsabtei Elchingen in Schwaben. (Zeitschrift für Bayern und angränz. Länder, Jahrg. II., Bd. I. S. 129—160, u. S. 257—376; auch separat. München 1817, 140 S. mit Abbildung des Klosters. — Reg. bav. IV. 195, 201, V. 3, 39. — Stengelius C., monasteriologia Pars I. mit Abbildung. — Ziegelbauer, Conspectus, S. 43, 48.

Manuscripte:

Tagebuch des P. Jos. Linder vom J. 1700—1725. (Staatsbiblioth. zu München.) — Baader Bened., s. dessen Schrift, II. 164. — Raiser J. N., Geschichte des Klosters Elchingen, nebst Sammlung der Urkunden und Regesten desselben und Beyträgen von Weyermann. 4. (Im hist. Verein von Schwaben und Neuburg; s. Kat. der Ver. Bibliothek, S. 122.)

---

[1]) Das militärische Okkupationsdekret datirt vom 23. Aug. 1802.

Schriftsteller:

P. Prosper Ilger, Dr. theolog. und phil., geb. zu Diettenheim (Württemberg) 11. Dez. 1707, Profess 1725, Priester 1731, Confessarius conventus, † 26. Juli 1753. (Rotula.)

Schriften:

1) Quaestiones theologicae de restitutione fructuum et poenitentiae sacramento valido et informi. 1751. 8. (Druckort mir unbekannt.)
2) Controversia canonistica de obligatione legis irritantis una cum exegesi . . . . de fidei commissis. Lincii 1754. 8.

P. Corbinian Thomas, Dr. theolog. et philos., geb. zu Augsburg 24. Sept. 1694, studirte zu Augsburg und Dillingen, Profess 15. Aug. 1715, und erlangte die theologische Bildung zu Salzburg. Mit einem tief durchdringenden Verstande verband er eine unersättliche Wissbegierde, welche ihn antrieb, die Nebenstunden auf wissenschaftliche Gegenstände zu verwenden. Auf diese Art erwarb er sich durch Fleiss und beinahe ohne allen fremden Unterricht nicht nur in der hebräischen und griechischen Sprache, sondern auch in der Mathematik und insbesondere in der Astronomie gründliche Kenntnisse, wie das seine Schriften darthun. Im J. 1721 wurde er Professor der Mathematik zu Salzburg. 1731 trat er in die theologische Fakultät über und lehrte Dogmatik, Exegese, orientalische Sprachen, Hermeneutik und geistliche Beredsamkeit bis zu seinem am 15. Juni 1767 erfolgten Tode. Er war auch Vicerektor und Prokanzler. Es war auch gewöhnlich seine Sache, akademische Promotionen einzuleiten; bei solchen Anlässen konnte man jedesmal sein ciceronianisches Latein bewundern, und noch mehr seine Gewandtheit im Extemporisiren. Es geschah gar häufig, dass er sein Concept in der Wohnung vergass, oder aus Mangel an Zeit sich auf den Vortrag gar nicht vorbereiten konnte. Mehrere Schriften liess er unvollendet. (Hist. Univ. Salisb. S. 333 sq.; Hübner B., Lob- und Trauerrede auf P. C. Thomas. Augsbg. 1767. 4.; Acta Eruditor. Lipsiens. T. I. saec. VII. p. 308; Sattler, Mönchsleben, S. 131 sq.; Veith, Bibl. Aug. I. S. 190—200, u. Supplem. S. 141 sq.; Verzeichniss der akad. Professoren, S. 6 sq.)

Schriften:

1) De quaestione super celebrando Paschate a. 1724 inter catholicos et acatholicos exorta. Salisb. 1727. 4.
2) Prodromus Mercurii philosophici; de praestantia, utilitate et methodo [illegible]ii experimentalis physico-mathematici cum fig. Ibid. 1728. 12.

3) Firmamentum Firmianum, seu manuductio ad globum artificialem coelestem cum 83 tabulis. Aug. Vind. 1731. 8.
4) Fundamentum trigonometriae, sive manuductio ad globum artificialem. Ibid. eod.
5) Jus naturale gentium theolog. deductum. Salisb. 1737. 4.
6) Tractatus de officio hominis ad Deum. Ibid. 1740.
7) Theologiae dogmaticae prolegomena. Tom. unic. Ibid. 1750. 4.
8) Spicilegium theologicum de ecclesia Christi. Ibid. 1751. 4.
9) Septimii Florentis Tertulliani liber de praescriptionibus adversus haereticos. Ibid. 1752. 8.
10) Manuductio ad collegia physico-experimentalia in univ. Salisburgensi diebus mercurii et sabbati instituenda. Ibid. 1753. 4.
11) Sep. Fl. Tertulliani libri de baptismo et poenitentia notis perpetuis illustrati. Ibid. 1755. 4.
12) Erotemata sacra de linguae hebraicae origine et variis progressibus per modum exercitii menstrui. Ibid. 1762. 4.
13) Tractatus de verbo Dei scripto et tradito. Ibid. 1765. 4. Erschien auch später mit dem Titel: „Introductio in hermeneuticam sacram utriusque testamenti; accesserunt principia theologiae patristicae. Salisburg. (s. a.) Die principia theologiae sind von P. M. Lory aus Tegernsee.

P. Columban Luz, geb. zu Weissenhorn 31. Juli 1713, Profess 8. Sept. 1733, Neomyst 24. Juni 1739, Archivar, † 11. Juni 1778. Er war Mitglied der societas litteraria germano-benedictina.[1])

Schriften:

1) Leben des P. Claudius Martin O. S. B. Congr. s. Mauri. (Aus dem Französisch.) Linz 1746, 251 S. 4.
2) Trauer- und Klagereden des E. Flechier. (Aus dem Französisch.) Constanz 1747. 4.
3) Regul s. Benedicti mit sittlicher Auslegung. Ulm 1749. 8.
4) Brevierschul. Augsbg. 1750. 8.
5) Nothwendige Wissenschaft für geistliche Ordenspersohnen, sonderheitl. derjenigen, welche unter der Regel des Ertz-Patriarchen Benedicti streiten. Constanz und Ulm 1751, 514 S. 4.
6) Heilsamer Unterricht für alle Klosterfrauen. Ulm 1753. 4.
7) Benediktiner-Mission in Engelland, oder kurze doch gründliche Beschreibung auf was Weis Engelland von denen Ordenssöhnen des hl. Benedicti ehemahlen zu dem wahren Glauben bekehret worden. Augsbg. 1755, 236 S. 8., nebst einer Erzehlung und Beschreibung des Lebens und Todes einiger Benediktinischer Missionarien, welche seit Henrici VIII.

[1]) Es gelang mir nicht, nähere Daten über diesen um den Orden verdienten Schriftsteller aufzufinden.

Königs Zeiten ihr Blut und Leben aufgesetzt, und den Tod haben ausstehen müssen (als II. Thl.). Das. 1755, 104 S. 8.[1])

8) Examen regulae pro novitiis sub regula s. Benedicti. Aug. Vind. 1759. 8.

9) Leben der Dienerinen Gottes Mechtild vom hl. Sakrament, Benedikta von der Passion und Maria von Jesu nebst Anhang, enthaltend: Satzungen zu der Regel des hl. Erzvaters Benedictus für die Klosterfrauen der ewigen Anbetung S. S. Sacramenti, bestätigt von Papst Clemens XI. Nach dem Exemplar, das 1705 zu Rom von der camera apostolica gedruckt worden. Augsbg. 1760, 618 S. 8. Anhang 137 S.

10) Hebdomas sancta elucidata et ejus officium. Günzburgi 1761. 8.

11) Leben des Augustin Calmet von Senon O. S. B. congreg. S. Vitoni et Hydulphi. Augsbg. 1768. 8. (Aus dem Französisch.)

12) Erklärtes und ausgelegtes Leben und Leiden Jesu Christi aus allen vier Evangelisten in Eins zusammengezogen. Günzburg 1776. 8.

Manuscripte:

Archivextrakte. (Wird von Dr. Joh. Nep. Raiser in seiner Schrift: „Die vormalige Benediktiner-Abtei Elchingen“ öfters zitirt.)

P. Victorin Seckler, geb. zu Aislingen 30. Okt. 1705, Profess 25. Nov. 1728, Neomyst 27. Mai 1731, Lektor der Theologie in seinem Kloster, † 24. Juni 1783.

Schriften:

1) Manuductio fundamentalis ad linguam latinam, d. i. ausführliche Lehr- und Grundsatzungen der lat. Sprache für Prinzipisten und Rudimentisten. Günzburg 1771. 8.

2) Rhetores Elchingenses. Ulmae 1775. 8.

P. Basil. Zeller, geb. zu Augsburg 13. Juni 1705, Profess 13. Nov. 1724, Neomyst 1. Okt. 1729, Professor am Lyzeum zu Freising 1743—1744, † 24. Juni 1784. (Veith, Bibl. Aug. XII. Supplem. S. 118.) Er gab mehrere Predigten in Druck.

P. Meinrad Widmann, geb. zu Erringen 19. Febr. 1733, Profess 10. Nov. 1754, Neomyst 29. Sept. 1760, † 25. März 1793.

Schriften:

1) Wer sind die Aufklärer? beantwortet nach dem ganzen Alphabete. Augsburg 1780, 2 Bde. 8. II. Aufl. das. 1787. III. Aufl. 1790, 429 S. 8.

---

[1]) Diese Schrift ist nicht ein Auszug aus dem Werke des P. Clemens Reyner „Apostolatus Benedictinorum in Anglia“ Duaci 1626, 2 Tomi, sondern eine selbstständige Arbeit, indem Luz mit der englischen Congregation zu diesem Zwecke eine Correspondenz einleitete.

2) Lob- und Trauerrede auf Abt Benedikt Maria (Angehrn) von Neresheim. Ulm 1787.
3) Etwas an den berüchtigten H. Lorenz Hübner und seine unrichtigen Einsender. Ulm 1791. 8.
4) Der Cölibat ist noch nicht aufgehoben. Trauerspiel oder tragisches Strafgericht in 3 Aufzügen. Parthenopel (Ulm) 1791.
5) Nocheinmal: Der Cölibat ist noch nicht aufgehoben. Ein hist. Trauerspiel in 5 Aufzügen. Freystadt (Augsbg.) 1791. 8.
6) Die Stifter Elchingens, ein Drama, aufgeführt 6. März 1792 von den Elchingenschen Musen zur Feier des Wahltages des Abtes Robert. 1792, 18 S. (S. Obert. Lit. Ztg. 1791, I. S. 878—879.)
7) Das Sterbglöcklein der in den letzten Zügen liegenden oberteutschen allgem. Literaturzeitung. Augsbg. 1793. 8.[1]

P. Aemilian Würth, geb. zu Kempten 2. Nov. 1765, Profess 15. Aug. 1784, Neomyst 8. Dez. 1789, † 27. Juni 1795. (Gradmann, Lex. S. 793.)

Schrift:

Beantwortung der Frage: „Welcher Lehrvortrag in der Philosophie ist natürlicher, der lateinische oder der deutsche?" Augsbg. 1793. 8.

P. Robert Plersch, letzter Abt, geb. zu Elchingen 6. März 1766, Profess 15. Aug. 1785, Neomyst 8. Dez. 1789, zum Abt erwählt 31. Aug. 1801, starb als Pensionär im Kloster Elchingen 3. Okt. 1810. (Baader, Lex. II. 1, S. 255 sq.)

Schriften:

1) Das Priesterthum ein Gegenstand der Verehrung, und nicht der Verachtung, Primizpred. Augsbg. 1795. 8.
1) Frage: Was können diejenigen wohl Besseres hoffen, als sie wirklich haben, die den thörichten Wunsch äusserten: „Wenn doch nur einmal die Franzosen in das Teutschland kämen!" Das. 1795. 8.
3) Was war eigentlich die Hauptursache der französischen Revolution? Zur ernsten Warnung für Fürsten und Regenten Teutschlands. (Anonym.) Ulm 1796. 8.
4) Von dem Leben und den Heldenthaten Napoleons des Gr. 3 Bde. 1810. (Im Selbstverlage des Verfass.)

Manuscript:

Institutiones juris ecclesiastici universalis, publici et privati, notis hist. et criticis illustrati, Germaniae accomodati. 4 Bde. (Vergl. Halle'sche Lit. Ztg. 1811, I. S. 103.)

[1]) Mehrere seiner Schriften erschienen anonym.

P. Benedikt Baader, geb. zu Rottenburg am Nekar 21. März 1751, Profess 9. Okt. 1768, Neomyst 2. Okt. 1774, Prior, starb in seiner Heimath 13. (al. 23.) April 1819. Ein um die Geschichte seines Klosters hochverdienter Mann.

Manuscript:

Merkwürdige Begebenheiten, die sonderheitlich im Kloster Elchingen sich zugetragen vom J. 1785—1818, 5 Bde. Fol. (Im hist. Verein von Schwaben und Neuburg.)[1])

P. Placidus (Math.) Friedinger, geb. zu Ochsenhausen 22. Febr. 1778, Profess 12. Okt. 1794, Priester 30. Mai 1801, Professor am Klostergymnasium, seit 1827 Pfarrer in Markelsheim (Bisthum Rottenburg), zugleich Kammerer und Schulinspektoratsverweser, starb dort 28. Febr. 1834. Er schrieb einige Abhandlungen in das Constanzer Archiv.

P. Roman. Mittich, geb. zu Salzburg 23. Sept. 1760, studirte zu Salzburg, Profess 25. Okt. 1779, Neomyst 3. Okt. 1784, lehrte zu Salzburg die Humaniora, wurde 1800 in seinem Kloster Bibliothekar und Prior. Nach der Aufhebung desselben gieng er in das Schottenstift nach Wien, und gelobte dort 10. April 1803 stabilitas loci. Er war dann 1803—1807 Novizenmeister und Professor der Moral, 1807 Pfarrer zu Höbersbrunn, 1811 im Oktober Pfarrer zu Eggendorf im Thal, 1814 Pfarrer zu Platt bei Rötz, wo er bis zu seinem Tode 11. März 1841 verblieb. Er war Jubiläus der Profess und des Priesterthums und seit 12. Nov. 1837 Senior. (Mittheilung des P. Paul Nuttil, O. S. B. bei den Schotten in Wien.)

Schriften:

1) Theologiae christiano-catholicae theoret. et practicae conspectus systematicus. Günzburgi 1789.
2) Die Stifter Elchingens, am 6. März 1791, als am hochfeierlich. 25sten Wahltage des H. Reichsprälaten Robert . . . . von den Elchingischen Musen besungen. Das. 1791. 8.
3) Systema universae christiano-catholicae theologiae. Ibid. 1792.

[1]) Ein für die Geschichte Elchingens wichtiges Manuscript, das interessante Nachrichten über das traurige Ende dieses berühmten Reichsstiftes enthält.

Fultenbach.

Fultenbach (M. S. Michaelis in Fultenbach), Bisthum Augsburg, Landgericht Dillingen. Als erster Stifter dieses Klosters wird der hl. Wikterp, Bischof von Augsburg, genannt um das Jahr 740. Wiederhersteller desselben war Gebron, ein Domherr des Hochstiftes Augsburg, 1130. Im J. 1648 wurde es von den Franzosen niedergebrannt, aber wieder aufgebaut. Churfürst Max Joseph hob es 1803 auf. Diese Abtei war nicht reich begütert, die Mitgliederzahl derselben stieg kaum auf zwölf. Gegenwärtig ist von Kirche und Kloster keine Spur mehr übrig. Der Pflug geht über die Stelle, wo sie gestanden.

Literatur:

Catalogus abbatum Fultenbacensium von Vit. Bild, veröffentlicht von Placidus Braun in dem Werke: „Notitia hist. literar. de Cod. Manuscr." T. IV. pag. 192 sq. — Feyerabend, Jahrb. IV. S. 152—158. — Lexikon von Schwaben (II. Ausgabe), I. S. 676 sq. — Festschrift zur 1000jährigen Jubelfeier des Stiftes Fultenbach, 1739. (Den Titel dieser Schrift vermag ich nicht genau anzugeben.)

Im hist. Verein von Schwaben:

Urkundliche Beiträge zur Geschichte des Klosters Fultenbach.
S. Diarium des P. G. Dingler unter Ottobeuren, S. 97.

Schriftsteller:

P. Michael . . . . . .,[1]) geb. zu Eichstädt 7. Juli 1690, Profess 13. Nov. 1707, Neomyst 21. März 1713, zum Abt erwählt 4. Okt. 1723, † 26. Aug. 1765.

---

[1]) Seinen Geschlechtsnamen konnte ich nicht erfahren.

Schriften:

1) Lobrede auf die Sekundiz des Abtes Bartholomäus von Wettenhausen. Augsbg. 1740. Fol.
2) Lobrede auf den hl. Bernhard, gehalten im Stifte Kaisersheim. Neuburg 1756.

P. Benedikt Fasold, geb. zu Friedberg 24. Juni 1718, Profess 8. Dez. 1740, Neomyst 19. Juli 1744, Custos, Lehrer am Klosterseminar. Er starb im Kloster hl. Kreuz zu Donauwörth 24. Jan. 1766, wohin er sich zur Herstellung seiner Gesundheit begeben hatte. Laut der Rotula war er ein guter Musiker, der mehrere Compositionen in Druck gab.

P. Cölestin Siessmayr, geb. zu Unteregling 28. Okt. 1712, Profess 28. Okt. 1733, Neomyst 15. Jan. 1736, Caplan zu Nonnberg, Professor am akad. Gymnasium zu Salzburg, dann Professor der Philosophie zu Freising, starb im Kloster 23. Juni 1770. Er gab einige Thesen in Druck.

P. Placidus Buz, von 1758—1760 Professor der theoretischen Philosophie zu Salzburg. (Verzeichniss der akad. Professoren, S. 52.) [1]

Schriften:

1) Moderatio intellectus judicantis secundum regulas logicales expensa. Salisb. 1759. 4.
2) Elaterium corporum philosophica methodo expensum. Ibid. 1760. 4.
3) Gravium descensus philosophico-neoterica methodo explicatus. Ibid. 1760. 4.

---

[1]) Nähere biographische Daten waren nicht zu erlangen.

Deggingen.

Deggingen (Mönchsdeggingen), Bisthum Augsburg, Gericht Harburg, zwei Stunden von Nördlingen auf einer Anhöhe, von der aus man das ganze Ries überblickt. Die Zeit der ersten Stiftung des Klosters lässt sich nicht genau bestimmen; gewiss ist, dass im zehnten Jahrhundert zu Deggingen ein Frauenkloster Benediktinerordens bestand. Der hl. Otto, Bischof von Bamberg, übergab dasselbe c. 1138 Benediktinermönchen. Der erste Abt, Marquard, war aus Michelsberg bei Bamberg; wahrscheinlich wurde es von dort aus kolonisirt. Bei der Säkularisation wurde Deggingen dem fürstl. Hause Oettingen-Wallerstein zugewiesen. Die Fürstin Wilhelmine verfügte dessen Aufhebung, und liess 20. Okt. 1802 vom Kloster Besitz ergreifen. Die Klosterkirche, dem hl. Martin geweiht, ist Pfarrkirche der dortigen Katholiken. Das Klostergebäude dient dem Pfarrer und einigen Privaten als Wohnung. Der südliche Theil wurde abgebrochen.

Literatur:

Braun, Beschreibung, I. S. 593. — Guth J. B., Kurze Geschichte des Klosters Deggingen. (In der Zeitschrift: „Das Ries wie es war und wie es ist.“ Nördlingen, Hft. V. S. 20—55, Hft. VII. S. 29—47, mit Abbildung des Klosters.)[1] — Hirsching, Stiftslex. S. 964—966. — Hohn, Schwaben, S. 119. — Reg. bav. III. S. 461. — Steichele Dr., Bisthum Augsburg, III. S. 628—649. (Geschichte des Klosters.) — Stumpf, Handbuch, S. 1008. — Stengelius C., Monasteriologia, I. mit Abbildung. — Entfernter haben Bezug: Lang J. Paul, Ueber ein merkwürdiges Siegel des Deggingischen Kloster-Convents vom J. 1364. Wallerstein 1775. — Gloria et jubilatio sacerdotii. Jubelschrift zur Sekundizfeier des Abtes Heinrich V. Nördlingen 1728. — Braisch Aurelius (O. S. B. von Neresheim), Leichenrede auf Abt Heinrich von Deggingen. Nördl. 1744. Fol.

---

[1]) Eine ziemlich ungenaue Arbeit.

Schriftsteller:

P. Bernard Zimmermann, geb. zu Deggingen 4. April 1713, studirte zu Deggingen und Neuburg an d. D., Profess 1. Nov. 1731, Neomyst 5. Okt. 1738, Chorregent, Sekretär der schwäbischen Benediktiner-Congregation, zweimal Prior, machte sich um die Geschichte seines Hauses sehr verdient, † 26. Dez. 1764. „Vir omni exceptione major, in labore indefessus, in scribendo facillimus et eorum, quae acta monasterii concernunt, compilator solertissimus, qui proin dignissimus, ut omnes ei requiem precemur aeternam.“ (Degging'sche Chronik, Tom. II. S. 364.)

Manuscripte:

1) Kloster Degging'sche Chronik von den ältesten Zeiten bis zum J. 1764; von da bis zum J. 1798 fortgesetzt von P. Pl. Dinger und Willib. Zinsmeister. 3 Thle. Fol. I. Thl. v. J. 959—1659, 561 S.; II. Thl. v. 1659—1778, 466 S.; III. Thl. v. 1778—1798, 348 S. (ohne Register und ohne die Wappen). Fürstl. Wallerstein'sche Bibliothek zu Maihingen.
2) Decennia (quatuor) actuum monasterii Deggingen, quibus addita sunt etiam acta externa ab a. 1730—1769, 2 Thle. 345 u. 286 SS. (Nach dem Tode Zimmermann's von Andern fortgesetzt.) In der fürstl. Bibliothek zu Maihingen.

P. Michael Dobler, geb. zu Holzheim bei Dillingen 1704, Profess 1731, Priester 1732, hatte seine Studien in Dillingen gemacht, war ein vorzüglicher Organist und Tondichter, Professor der Theologie und Prior. Zum Abt erwählt 7. Okt. 1743, resignirte er freiwillig des hohen Alters wegen 19. Nov. 1771, † 2. Dez. 1777. (Rotula.)

Schrift:

Succisae cedri collecti fructus, d. i. Trauerrede auf Abt Amand (Röls) von hl. Kreuz in Donauwörth. Nördlingen 1748, 24 S. Fol.

P. Anselm Molitor (Müller), geb. zu Wörthle bei Dinkelsbühel, von 1757—1771 Professor der Theologie zu Freising, zum Abt erwählt 19. Nov. 1771, † 17. März 1778. (Besnard, Lit. Ztg. 1828, IV. S. 249; Mayr B., Leichenrede auf Abt Anselm Molitor.)

Schriften:

1) Dissert. optico-physica de objecto visus et modo videndi cum figuris. Frising. 1759. 8.
2) Dissert. theolog. de potestate ecclesiae legislativa, coactiva et declaratoria. Ingolstad. 1764. 4. (Auch deutsch, Freising 1768.)

3) Ewiges Denkmal eines rechtschaffenen Ordensmannes und Abtes. Trauerrede auf Cölestin (Högenauer), Abt von hl. Kreuz in Donauwörth. Dillingen 1776. Fol.

P. Placidus Dinger, zum Abt erwählt 22. April 1778, † 15. Nov. 1798. Er setzte die Degging'sche Chronik, die Zimmermann begonnen, vom J. 1764—1798 fort. (S. Zimmermann's Manuscript.) Ferner hinterliess er handschriftlich: Beschreibung des Klosters Deggingen und Diarium von den J. 1792—1798, 1 Bd. 4. (Biblioth. zu Maihingen.)

P. Willibald Zinsmeister, letzter Abt, aus Mörnsheim gebürtig, zum Abt erwählt 10. Dez. 1798. Im J. 1807 verliess er das Kloster, da Wallerstein dasselbe von den Pensionären geräumt wissen wollte, und bezog das Schlösschen Bollstatt, wo er 21. März 1824 starb. Er wurde auf dem dortigen Gottesacker, an der Sakristei der Kirche, neben dem Grabe seiner Mutter beerdigt. (Steichele, Bisth. Augsb. III. S. 648 sq.)

Manuscript:

Kloster Degging'sche Chronik vom J. 1778 bis Dezember 1801. (Umarbeitung und Fortsetzung der von Pl. Dinger verfassten Chronik. Fol. (Fürstl. Bibliothek zu Maihingen; es fehlt in dem Manuscripte eine ganze Sextere, umfassend den Zeitraum von den J. 1785—1799.)

Irrsee.

Reichsstift Irrsee (Irsee, Ursinum), Bisthum Augsburg, Landgericht Kaufbeuern, 1½ Stunde von Kaufbeuern in einem einsamen waldbekränzten Thale; gestiftet zu Ehren der sel. Jungfrau von Heinrich, Markgrafen von Ronsperg 1182, welcher dem Heerbanne des Kaisers Friedrich folgend vor Neapel 1191 starb. Schon vor der Stiftung des Klosters hielten sich dort mehrere Eremiten auf. Nachdem ihnen vom Markgrafen Heinrich der grosse Wald Ursin geschenkt worden, begann die Constituirung eines Klosters. Die Abtei Isny sendete nach Irrsee Wernher als Prior, welcher die Waldbrüder in den Satzungen des Benediktinerordens unterwies. Der erste Abt von Irrsee war Cuno v. Westenried, Profess von Ottobeuren (1185—1188). Churfürst Max Joseph hob das Stift 29. Nov. 1802 auf. Es besass 10 Dörfer, 15 Weiler, und zählte 4200 Unterthanen. Die schöne Stiftskirche mit zwei Thürmen ist nun Pfarrkirche des Ortes. Die Stiftsgebäude dienten von 1803—1834 als Sitz des Rentamtes; seit 1849 befindet sich in denselben die Irrenanstalt für den Regierungsbezirk Schwaben.[1])

Literatur:

Beisetzung des hl. Eugenius im Gotteshause Irrsee. Kempten 1668. 4. — Braun, Beschreibung des Bisthums Augsburg, I. 121, II. 161. — Bruschius, chronologia, I. S. 582—595. — Gerbert M., Iter alemannicum, S. 415—418. — Jahresbericht des hist. Vereins von Schwaben, IV. S. 47. — Krumm Al., Das Kloster Irrsee, eine hist. Skizze. Kaufbeuern 1856, 14 S. 4. (Programm der dortigen landwirthschaftl. Schule.) — Lexikon von Schwaben, I. S. 1003 sq. — Raiser Dr. J., Beiträge, 1831, S. 12. — Desselb., Geschichte der wappenberechtigten Orte, S. 31—44. — Stengelius C., Monasteriologia, T. I. mit Abbildung. — Stumpf, Handbuch, S. 984 sq. —

---

[1]) Im achtzehnten Jahrhunderte lebte im Stifte P. Magnus Remi, ein nicht unbedeutender Maler.

Zapf G. W., Literarische Reisen durch einen Theil von Baiern, Franken u. s. w. im J. 1782, IV. Brief, S. 47—54 (editio 1. Augsbg. 1783). — Ziegelbauer, Hist. rei lit. I. S. 562 sq. II. S. 146.

Manuscripte: In der Staatsbibliothek zu München:

Cod. germ. 4956 Kronik von Kloster Irrsee bis zum Tode des letzten Abtes Honorius († 1809), kompilirt, wie es scheint, von P. M. Schleicher. 1 Bd. 360 S. Fol. — 4957 Chronica imp. M. Ursinensis. 170 Bl. 4. (s. Grieninger, S. 174).

Im hist. Verein von Schwaben:

Stoss, chronologisch-topographische Erinnerung zur Stiftung des Klosters Irrsee. (S. Jahresbericht VIII./IX. S. XXIV.)

Exzerpte aus einer Irrseeischen Chronik hat der Stadtpfarrer Dopfer in Kaufbeuern gesammelt. Dieselben befinden sich wahrscheinlich im dortigen Stadtpfarrarchiv. Laut des Chronicon Ottoburanum von P. Th. Schylz (S. 265) hat P. Placidus Emmer, der im achtzehnten Jahrhunderte lebte und Conventual von Irrsee war, eine Chronik des Stiftes geschrieben.

Schriftsteller:

P. Meinrad Spiess,[1]) geb. zu Honsolgen 24. Aug. 1683, Profess 12. Nov. 1702, Neomyst 8. Jan. 1708, Oekonom, viermal Subprior und eben so oft Prior, dreimal Novizenmeister, ein vorzüglicher Musiker und Componist; † 12. Juli 1761.

Schriften:

1) Antiphonarium Marianum, constans 26 antiphonis. Campid. 1713.
2) Cithara Davidis noviter animata. Constantiae 1717. (Dedizirt den Benediktiner-Aebten der Congr. S. Spiritus.)
3) Philomela ecclesiastica. Aug. Vind. 1718.
4) Cultus latreutico-musicus. Constantiae 1719.
5) Laus Dei in sanctis ejus, i. e. XX offertoria de communi sanctorum. Mindelhemii 1723. (Dedizirt den Aebten der Congreg. S. Josephi.)
6) Hyperdulia musica, i. e. 8 litaniae lauretanae. Aug. Vind. 1726.
7) Sonatae XII. Ibid. 1734.
8) Tractatus musico-compositorius practicus. Aug. Vind. 1745. (Dedizirt dem Abte Anselm von Ottobeuren.)

P. Ulrich Weiss, Mitglied der Akad. der Wissensch. zu München und der societas litteraria germano-benedictina, geb. zu Augsburg 1. Nov. 1713, studirte zu Irrsee, Augsburg und Salzburg, Profess 13. Nov. 1729, Neo-

---

[1]) Klauber hat sein Porträt in Kupfer gestochen.

myst 21. Nov. 1736. Er wurde Professor zu Salzburg und Freising. Im J. 1744 reiste er mit Anselm Desing und Oliverius Legipontius in literarischen Angelegenheiten nach Prag. Ein Jahr gab er im Reichsstifte Weingarten Vorlesungen aus der Mathematik, musste aber wegen Kränklichkeit das Lehramt aufgeben. Er starb zu Irrsee 4. Juni 1763. In der Rotula heisst es von ihm: „Grammaticus ex asse, poeta natus, orator excellens." (Baader, Lex. I. 2, S. 309; Zapf, lit. Reise, IV. Brief, S. 51 sq.)

Schriften:

1) Liber de emendatione intellectus humani in duas partes digestus, veram operationem omnium intellectus theoriam, tam earundem directionem solide edisserens. Kauffburae 1747, 5 Alph.
2) Epistola apologetica ad Em. Card. S. R. E. Angelum M. Quirini contra calumnias Fortunati Brixiensis. Aug. Vind. 1750. 4.

P. Candidus Werle,[1]) Mitglied der Akademie der Wissenschaften zu München (seit 1759), geb. zu Landsberg 30. Dez. 1716, Profess 1736, Priester 1742, bildete sich unter Leitung des P. Hiss S. J. in der Mathematik zu Ingolstadt aus, Professor der Matheamtik zu Salzburg 1748—1762, wo er sich durch Anschaffung von physikalischen Instrumenten und durch Verbesserung des Salzburgischen Kalenders verdient machte. Von 1762 bis zu seinem Tode, 24. Febr. 1770 war er Pfarrer zu Irrsee. (Sattler, Mönchsleben, S. 134; Rotula; Verzeichniss der akad. Professoren, S. 40.)

Schriften:

1) Arithmeticae, geometriae et trigonometriae tam planae quam sphaericae specimina, una cum parergis ex physica experimentali de terra et aqua eorumque meteoris. Salisb. 1751. 4.
2) Mechanicae, hydrostaticae et astronomiae specimina una cum parergis ex physica experimentali de aëre et igne eorumque meteoris. Salisb. 1754. 4.

P. Eugen Dobler, Mitglied der Akademie der Wissenschaften zu München, geb. zu Mindelheim 2. Sept. 1714, Profess 28. Okt. 1733, Neomyst 30. März 1739. Er kam 18. Dez. 1746 durch Vermittlung des P. Anselm Desing nach Kremsmünster, um dort sowohl die Ordenskleriker, als die adeligen Akademiker in den mathematischen Fächern zu unterrichten. Nebstdem arbeitete er unverdrossen an der Einrichtung und Ausstattung einer „mathematischen Stube", sowie später an der Einrichtung der neuen Sternwarte, bei deren Bau er die unmittelbare Ueberwachung zu besorgen hatte. Dobler machte eine Reise nach

---

[1]) Unrichtig scheint die Schreibweise Woerle.

Paris, um mathematische Instrumente anzukaufen. Mit Réaumur, La-Caille und vielen andern gelehrten Mathematikern stand er in Correspondenz. Zu Kremsmünster verweilte Dobler mit wenigen Unterbrechungen (z. B. im J. 1755, wo er einige Zeit zu S. Epore bei Toull in Lothringen sich aufhielt) bis zum J. 1762. Als Remuneration bezog er jährlich 200 fl. Von seinem Abte zurückgerufen, eben zur Zeit, wo er die Früchte seiner Bemühungen um die Sternwarte hätte geniessen, und die astronomischen Beobachtungen beginnen können, verliess er nur ungerne das Stift Kremsmünster, und bewahrte demselben stets ein freundliches Andenken, indem er im J. 1771, zum Beweise seiner Anhänglichkeit, ein von ihm verfertigtes Gregorianisches Spiegelteleskop überschickte, das noch aufbewahrt wird. Seine wissenschaftlichen Arbeiten setzte er, nach Irrsee zurückgekehrt, fort. Aus Zapf's Reisen entnimmt man, dass er eine vortreffliche Handbibliothek besessen habe. Er starb zu Irrsee als Senior 29. April 1796.[1])

Manuscript:

Wie die Wolken in die Höhe steigen und allda erhalten werden. (Abhandlungen der bayer. Akademie der Wissenschaften zu München, circa 1759 eingesendet.)

P. Honorius Grieninger, letzter Abt, geb. zu Immendingen 31. Dez. 1741, Profess 10. Okt. 1762, Neomyst 24. Juni 1766, Bibliothekar, Prior, zum Abt erwählt 20. Sept. 1784. Nach der Aufhebung wohnte er einige Zeit als Pensionär im Kloster, zog 13. Nov. 1805 nach Kaufbeuern und starb dort 6. Febr. 1809. Sein Grabmonument ist auf dem Stadtfriedhofe von Kaufbeuern noch zu sehen. Sein Porträt findet sich im Pfarrhofe zu Kaufbeuern. (Zapf, lit. Reisen, II. Brief, S. 48 sq.)

Schriften:

1) Positiones selectae ex institutionibus mathematicis. 1773.
2) Tentamen philosophicum ex propositionibus philosophicis. 1775. (Beide Schriften wurden wahrscheinlich in Kaufbeuern gedruckt.)

---

[1]) Im Sterbebuche der Pfarre Irrsee steht fol. 337 über ihn am 29. April 1796 Folgendes: „Cum se jam per plures annos continuis precibus et vix non quotidiana exhomologesi ad felicem subeundam mortem praeparasset, hodie apoplexiae telo confixus obiit Ven. confrater et Senior noster A. R. ac clarissimus P. Eugenius Dobler annor. 82, vir in scientiis mathematicis versatissimus, ideoque in Austria non tantum praesertim in celeberrima Academia Cremifanensi per plures annos qua professor matheseos, sed et in Bavaria longe celeberrimus; altero die magno comitantium numero corpus sepulturae dedit R. P. Honoratus Dochtermann p. t. Prior." — Vergl. Hagn Th., Wirken der Benediktiner-Abtei Kremsmünster, S. 152; Fellöcker, Gesch. der Sternwarte Kremsmünster, S. 11—12, 19—20. Die dortigen Angaben über Geburt und Todeszeit sind nach Obigem zu berichtigen.

Manuscripte:

a) Continuatio chronicae (Ursinensis) ab electione Honorii Abbatis. (Cod. germ. 4957, 170 Bl. 4. Staatsbiblioth. zu München.) Die Aufzeichnungen beginnen erst mit dem 25. Febr. 1795. Es scheint ein vorausgehender Band verloren gegangen zu sein.
b) Geschichte der Kastenvogtei über das Reichsstift Irrsee, aus Urkunden gesammelt und beschrieben. 1792, 1 Bd. 174 S. 4. (Pfarrarchiv zu Irrsee.)
c) Geschichte des schwedischen Krieges, das Reichsstift Irrsee betreffend, aus Originalurkunden. 1794, 1 Bd. 211 S. 4. (Das.)
d) Die Inkunabeln der Stiftsbibliothek zu Irrsee. (Scheint verloren zu sein; Zapf benützte diese Schrift zu seinen Annales typographici. Vergl. Zapf l. c.)

P. Ulrich Peutinger, geb. zu Inningen bei Augsburg 8. Jan. 1751, studirte unter den Jesuiten zu Augsburg, Profess 22. Nov. 1772, hörte im Kloster unter P. H. Grieninger Mathematik, und unter P. Jos. M. von Landsee Theologie, und wurde 1776 Priester. Er war Professor der Philosophie im Kloster, Professor der Dogmatik zu Salzburg 1793—1804, Professor der Theologie im Stifte Wiblingen 1804—1806, kehrte im September 1806 nach Irrsee zurück,[1]) und starb dort 12. Juni 1817. (Felder, Lex. II. S. 102; Verzeichniss der akad. Professoren, S. 95; Werner, Gesch. der kath. Theologie, S. 252.)

Schriften:

1) Σκιαγραφια universi juris canonici. 1779. 4.
2) Positiones selectae ex philosophia practica universali. Kaufburae 1784. 4.
3) Prüfungssätze aus der Moralphilosophie. Das. 1791.
4) Religion, Offenbarung und Kirche in der reinen Vernunft aufgesucht. Salzburg 1795, 475 S. 8.
5) De mutata theologia et immutabili ecclesiae fide. Salisburg. 1797, 34 S. 4.
6) Die Geschichte der Kirche unseres Herrn Jesus Christus. Salzburg 1802, 422 S. 1. Thl. (nicht mehr erschienen).
7) Mehrere kleinere Dissertationen.

P. Petrus Maria Feichtmayr, geb. zu Augsburg 8. Mai 1748, Profess 13. Sept. 1767, Neomyst 8. Juni 1772, † 8. Mai 1820.

Schriften:

1) Rede auf das Fest der Erhöhung des hl. Kreuzes, gehalt. im Kloster hl. Kreuz zu Donauwörth. Augsbg. 1779, 20 S. 4.

---

[1]) Im J. 1806 lebten im Kloster noch sechs Patres als Pensionäre, denen sich Peutinger anschloss.

2) Rede auf das Titularfest der Bruderschaft der unbefleckten Jungfrau und Gottesmutter Mariä, gehalt. im Kloster Wessobrunn 12. Aug. 1792. Landsberg 1792, 23 S. 4.

P. Maurus Schleicher, geb. zu Schwäbisch-Gmünd 10. Nov. 1753, Profess 22. Nov. 1772, Neomyst 11. Okt. 1778, starb zu Kaufbeuern 30. Juni 1822.

Manuscripte:

1) Chronik von Kloster Irrsee. 1 Bd. 360 S. Fol. (Staatsbiblioth. cod. germ. 4956.) Sie beginnt mit der Gründung des Stiftes und endet mit dem J. 1809.
2) Beschreibung des dem Stifte Irrsee gehörigen Bades Bückenried.

IV. Die Benediktiner-Abteien in Franken.

Amorbach.

Amorbach in Unterfranken (Amorbacum), Bisthum Würzburg (ehem. Mainz), im Odenwalde in einem schönen Thale, zwei Stunden von Miltenberg entfernt, gestiftet vom hl. Pirmin, Abt und Wanderbischof, um das J. 714, unter Mitwirkung Carl Martell's und des fränkischen Grafen Ruthard. Der hl. Pirmin setzte den hl. Amor,[1] Mönch des französischen Benediktinerklosters Saint Maur des Fosses (Monast. Fossatense), als ersten Abt ein, daher der Name. Bei der Säkularisation fiel die Abtei dem fürstl. Hause Leiningen anheim, welches die Aufhebung verfügte (1803). Die jährlichen Reventüen des Stiftes betrugen nach dem Schätzungswerthe 130,000 fl. Die ehem. Stiftskirche ist ein grossartiger Bau im italienischen Style.[2] Gegenwärtig wird in derselben protestantischer Gottesdienst abgehalten. Ein Meisterwerk in der Stiftskirche ist die Orgel (erbaut 1782). In den Klostergebäuden befinden sich nun die fürstl. Leiningen'schen Amtswohnungen. Die schätzbare Klosterbibliothek wurde im J. 1851 vom Fürsten Leiningen für 5500 fl. an den Antiquar Beck in Nördlingen verkauft.[3] Eine Viertelstunde von Amorbach liegt der bekannte St. Amorsbrunn, der nebst der dortigen Kapelle Eigenthum des Klosters war.

Literatur:

Archiv für Unterfranken und Aschaffenburg, I. 2, S. 56 sq.; IV. 1, S. 118 sq. — Chronicon Gottwicense, II. S. 859. — Debon A., Hist. topogr.

---

[1]) † 17. Aug. 767.

[2]) Sie hat aus alter Zeit noch zwei byzantinische Thürme gerettet.

[3]) S. Katalog der fürstl. Leiningen'schen Bibliothek der vorigen Benediktiner-Abtei Amorbach. Amorbach (Volkhart) 1851. 8.

Skizze der Stadt und des vormaligen Klosters Amorbach. (Archiv f. Unterfr. XIV. S. 1—36; auch separat. Würzburg 1856.) — Gropp Ig., Aetas mille annorum, seu historia monast. Amorbacensis O. S. B. Francofurt. 1736, 290 S. Fol. mit Abbildung des Klosters. — Desselb., Würzburgische Chronik, I. 101, 455, 459; II. 15, 17 sq., 87, 91 sq. — Gudenus, codex diplom. III. 677. — Hirsching, Stiftslex. S. 112—122. — Landbote, bayerisch. 1851, S. 349 sq. — Link, Klosterb. I. S. 344—372; II. S. 729. — Reg. bav. I. 47, 49, 53, 75, 109; III. 217; IV. 291, 393. — Stumpf, Handbuch, S. 797 sq. — Sulzbacher Kalender, 1848, S. 75 sq. — Ussermann, Episcopat. Wirceburg. S. 90. — Würdtwein, Dioec. Moguntina, I. 729, III. 84. — Ueber den dem Kloster gehörigen St. Gotthardsberg s. Madler, der Gotthardsberg. Amorbach 1831. 8.[1])

Schriftsteller:

P. Cölestin Trunk, starb 11. Nov. 1796.

Schrift:

Disquisitio in veram originem dogmatis christiani de ss. trinitate. Moguntiae 1786, $11^{1}/_{2}$ Bg. 8.

P. Ildephons Schad,[2]) Dr. theolog., geb. zu Stein bei Neidenau (Baden), war in seinem Kloster Lektor der Theologie und Kanzleidirektor, starb als Pfarrer zu Stein 16. April 1811.

Schrift:

De praxi ecclesiae primitivae orandi et offerendi pro defunctis indistincta praxi ecclesiae modernae. Mogunt. 1781. 4. (S. Biblioth. nov. eccl.

---

[1]) Ueber die fränkischen Benediktinerstifte im Allgemeinen vergl. Fabricii collectio manuscriptorum monasteria ordinis praecipue S. Benedicti concernentium. Fol. und Collectio manuscriptorum de monasteriis O. S. B. in Francia orientali. Fol. (Beide Manuscripte in der Universitätsbiblioth. zu Würzburg.) — S. Oefele, Script. rerum boic. I. S. 603—612: „Ladislai Sunthemii Monasteriologia Franconiae."

[2]) Ich befürchte, dass die Schriftsteller und Gelehrten dieses Stiftes mir nicht alle bekannt geworden sind. Wenn man vom Zustand einer Klosterbibliothek auf die wissenschaftliche Thätigkeit der Religiosen schliessen darf, so war es in Amorbach um dieselbe wohl bestellt, denn die Bibliothek besass in jedem wissenschaftlichen Fache (namentlich Geschichte) vortreffliche Werke in grösserer Anzahl. Dazu kam noch eine Sammlung von 12,000 Dissertationen. Nach der Banzer Bibliothek dürfte sie wohl die beste unter allen fränkischen Klosterbibliotheken gewesen sein. (Vergl. den Katalog der Amorbach'schen Klosterbibliothek.) Allerdings mögen die vielen Seelsorgstationen, welche das Kloster besetzen musste, den Studien, und namentlich der Schriftstellerei hinderlich gewesen sein.

[3]) Nicht zu verwechseln mit Roman Schad, der einst in Banz war, und zum Protestantismus abfiel.

Friburgensis Fasc. VI. 1781, S. 537; Felder, Lit. Ztg. 1821, Intelligbl. Nr. 3, S. 46.)

P. Pirmin Lang, geb. zu Buchen (Baden) 4. Juni 1767, Priester 6. Sept. 1791, Caplan zu Götzingen, Stadtpfarrer zu Sinsheim (Baden), Stadtpfarrer zu Neidenau, starb dort 8. April 1834. (Felder, Lit. Ztg. 1812, II. S. 400.)

Schriften:

1) Leichtfassliche Geschichtspredigten auf die Feste des Herrn, der sel. Jungfrau und Gottesmutter Maria und einiger Heiligen. Augsbg. 1805.[1])
2) Trauerrede auf Friedrich Wilhelm, Fürst zu Leiningen. Heidelberg 1807.

[1]) Von Kehrein, Gesch. der Kanzelberedsamkeit, I. 277, sehr gerühmt.

Neustadt am Main.

Neustadt am Main in Unterfranken, Bisthum Würzburg, Gericht Rothenfels, wurde gegründet um das J. 741 vom hl. Burkard († 754), einem Engländer, Mitarbeiter des hl. Bonifacius, und Glaubensboten im Frankenlande. Das Stift liegt zwischen Würzburg und Aschaffenburg am rechten Mainufer, hart vor dem Eingang in das Spessartgebirg. — Vor der Gründung des Klosters hiess der Ort Rorlach (Rorenlacha); es stand dort ein Jagdschloss des Königs Pipin. Kaiser Carl der Grosse soll die zu Ehren des hl. Martin und der sel. Jungfrau Maria gemachte Stiftung durch eine zu Aachen im Mai 786 unterfertigte Urkunde (deren Aechtheit von Einigen bestritten wird) bestätigt haben. In Neustadt war die erste Schule Frankens angelegt, und mehrere Mönche aus diesem Kloster bestiegen den bischöfl. Stuhl zu Würzburg, als: Burkard, Megingaud († 785), Gozbald (Gottwald) († 855), Thieto († 932.) Durch die Säkularisation fiel Neustadt sammt seinen Besitzungen dem fürstl. Löwenstein'schen Hause zu, welches am 20. Jan. 1803 das Kloster aufhob. — Am 26. Mai 1857 schlug der Blitz in die Abteikirche, einen alten romanischen Basilikenbau, und brannte sie aus. Auch die sieben harmonischen Glocken, von denen die älteste die Jahrzahl 1289 trug, schmolzen bei diesem Brande. Durch die Grossmuth des Fürsten Carl Löwenstein-Wertheim-Rosenberg wurde die Kirche im alten Style mit einem Kostenaufwande von 100,000 fl. wieder hergestellt. Sie ist Pfarrkirche des Ortes. In den Klostergebäuden ist nun der Sitz eines fürstl. Löwenstein'schen Rentamtes. Hat Neustadt auch nicht viele Schriftsteller aufzuweisen, so gab es dort doch immer Männer, welche die Wissenschaften pflegten, wesshalb eine im J. 1756 abgehaltene Visitation das Kloster mit Recht nennt: „Seminarium virtutum et doctrinae; arbor fructificans in ripa Moeni amoeni plantata.

Literatur:

Archiv für Unterfranken, VI. Hft. 2, S. 62, 68; Hft. 3, S. 174, 177 sq. — Fries, Chronik, S. 443. — (Höfling), Herstellung der Klosterkirche der ehem. Benediktiner-Abtei Neustadt am Main. Würzburg 1837. 8. — Kraus Joh. A., die Benediktiner-Abtei Neustadt am Main (hist. Monographie). Würzburg (Etlinger) 1856, 256 S. 8. — Kraus Fr., O. S. B. von Neustadt, s. dessen Schriften. — Link G., Klosterbuch der Diözese Würzburg, I. S. 123—343 (Geschichte), und II. S. 746—748 (Literatur). — Desselb., Beschreibung der Benediktiner-Abtei Neustadt am Main. Festgabe zur feierlichen Einweihung der ehem. Abteikirche daselbst. Würzburg 1872, 207 S. Lex. 8. (Dasselbe, was im Klosterbuch l. c.) Monum. boic. XXVIII. 1, p. 256, 275; XXXI. 1, p. 11, 14, 26, 40, etc. — Nachrichten, diplomatische, über Ursprung und Stiftung des Klosters Neustatt. Typis Monasterii 1767, 144 S. kl. Fol. — Reg. bav. I. 225; II. 61, 133; III. 19, 179, 187; IV. 723; V. 73, 181. — Schannat, Buchonia vetus, S. 255, 433. — Staatsakten, auserlesene, III. 333. — Stumpf, Handb. 895. — Ussermann, Episcopatus Wirceburgens. 1—15, 325—331.

Manuscripte:

Catalogus abbatum monast. Neustatt, auctore P. Bernardo Krieg. 1724, 164 S. (Pfarrarchiv zu Neustadt.) — Ephemeris Neostadiana . . . . s. das Manuscript des P. Fr. Kraus, S. 182.

Schriftsteller:

P. Aemilian Hoeninger, geb. zu Königshofen im Tauberthal 3. Febr. 1694, Profess 21. Nov. 1715, Neomyst 1. Jan. 1720, cellarius, culinarius, granarius, Prior, † 5. Dez. 1758. Nach Ziegelbauer (Hist. rei lit. T. III. S. 539) gab er seit 1734 mehrere musikalische Compositionen in Druck.

P. Roman Sartori, geb. zu Hammelburg 7. Mai 1711, Profess 7. Jan. 1731, Neomyst 19. Mai 1735, Lektor der Philosophie und Theologie 1740—1749 und zugleich Waldmeister, Pfarrer zu Neustadt 1749 —1751, Oekonom 1752—1770, † 21. Aug. 1788. (Mittheilung des Pfarrers G. Link.)

Schrift:

Inscrutabile providentiae divinae mysterium, una cum thesib. reliquis de Deo uno et trino. Wirceburg. 1741. 4.

P. Peregrin Poegel, geb. zu Sandau in Böhmen 1. März 1711, Profess 13. Febr. 1735, Priester 30. Mai 1738, Chorregent und Prior, † 15. Nov. 1788. Er war ein Virtuos im Orgelspiel. Mozart reiste von Frankfurt aus nach Neustadt, um Poegel persönlich kennen zu lernen. In den letzten Lebensjahren erblindete Poegel. (Näheres s. Link, Klosterbuch, I. S. 257—259.) Poegel gab mehrere Compositionen in Druck, die ich nicht näher kenne.

P. Placidus Stürmer, geb. zu Kronungen 13. Juli 1716, Profess 19. Febr. 1736, Priester 24. Sept. 1740, Neomyst 29. Sept., Lektor der Logik, Metaphysik und Theologie 1741—1745, Prior 25. Febr. 1779, † 24. April 1794 an der Wassersucht mit einem Buche in der Hand. Stürmer drang sehr darauf, dass sich die Kleriker seines Stiftes an eine geordnete wissenschaftliche Thätigkeit gewöhnten, wesshalb er jedem Neulinge — Stürmer war auch Novizenmeister — das Buch Mabillon's: „Tractatus de studiis monasticis" in die Hände gab. Seine Schriften über die Trinität enthalten einige irrthümliche Ansichten. (Baader, Lex. II. 2, S. 200; Oberthür, Taschenbuch f. d. Gesch. des Frankenlandes, 1798, S. 65—71; Rötger, Nekrolog, St. III. S. 217.)

Schriften:

1) Breves quaedam reflexiones ad responsa Billuarti in causa physicae praedeterminationis. Anno period. Jul. 6479. Fuldae.
2) Anonymi O. S. B., Dogma scholasticum de unitate in Trinitate collatum cum Patrum eadem de re doctrina, ad explicandum primarium fidei christianae caput et ad elucidandam sententiam nostram de relationibus. Parisiis 1760.
3) Dogma scholasticorum de unitate in Trinitate, collatum cum celeberrimorum Ecclesiae Patrum eadem de re doctrina, ... accedit nunc responsio ad oppositas dissertationes et objectiones quorundam theologiae professorum e Soc. Jesu. Venetiis (Fuldae) 1772. 8. (S. Wiest, Institutiones Theolog. Dog. II. 119; Liebermann, Institut. Theolog. III. 250.) Erschien auch unter dem Titel: „Sublime mysterium S. S. Trinitatis in unitate collatum. Bamberg. 1773. 8.
4) Dissertatio de fato et statu theologiae in scholis Catholicorum. Subnectuntur alias jam editae breves reflexiones ad Billuartum in causa physicae praedeterminationis, auth. Theophilo Alethino, O. S. P. B. 1783.
5) Dissertatio apologetica, qua respondetur recentissimi adversarii objectis contra opusculum: „Dogma scholasticum de unitate in Trinitate" etc. Anno period. Jul. 6503. (Diese Schrift ist gegen den Dogmatiker P. Bernardin Baur, S. Ord. Cist. von Ebrach, gerichtet.)

P. Carl Leim, geb. zu Röttingen 1755. Wegen vorzüglicher Leistungen in der Musik lebte er nach der Aufhebung am fürstl. Hofe zu Wertheim. Im J. 1811 wurde er Pfarrer zur Karlbach, 1819 Pfarrer zu Steinfeld, wo er 31. Aug. 1824 starb. Er componirte viele Musikstücke. Bis zu seinem Tode unterrichtete er junge Schullehrer in der Musik, die bei der Prüfung im Seminar zu Würzburg sich auszeichneten. Er war auch ein tüchtiger Seelsorger. (Link, Klosterbuch, I. S. 194.)

P. Franz Kraus, geb. zu Retzbach 14. Sept. 1780, Profess 31. Mai 1801, Priester 12. Sept. 1804, Cooperator zu Estenfeld, Caplan zu Retzbach 1805—1808, Pfarrer zu Pflochsbach von 1808 bis zu seinem Tode 29. Nov. 1847. Ein mit ganzer Seele seinem Orden, und namentlich seinem Professkloster ergebener Religiose. Er bemühte sich, aber leider vergeblich, für die Wiederherstellung des Klosters Neustadt. Papst Pius VII. würdigte ihn am 2. Juni 1817 eines liebevollen Trostschreibens. (Eine Lebensskizze dieses sehr frommen Mannes s. bei Link, Klosterbuch, I. S. 197—200, wo auch das apostol. Breve abgedruckt.)

Schrift:

Festrede, als in der ehem. Stiftskirche zu Neustadt am Main nach erfolgter Restauration derselben wieder zum ersten Mal feierlicher Gottesdienst gehalten wurde (10. Jan. 1837). (Abgedr. in Benkert's Religionsfreund, 1837, Nr. 30, S. 465—480, u. Nr. 31, S. 481—494, mit geschichtlichen Notizen über Neustadt. [Auch separat.])

Manuscripte:

a) Kraus war der letzte Fortsetzer des für die Klostergeschichte von Neustadt wichtigen Manuscriptes „Ephemeris Neostadiana anno incarnationis 1631, annotari coepta, in qua breviter et veraciter describitur genealogia religiosorum Fr. Fr. ibidem Deo famulantium. Insertis hinc inde rebus memorabilibus . . . . Inchoata per Fr. Bernardum Krieg, ejusd. Monast. sacerdotem professum. 213 S. 4. (Enthält sämmtliche Professen von Neustadt von den J. 1631—1802 mit biographischen Notizen.)

b) Leichenrede auf P. Jos. Kimmel, letztes Mitglied des aufgehobenen Stiftes der regul. Chorherren Ord. S. Aug. zu Triefenstein. (Beide Manuscr. sind im Pfarrarchiv zu Neustadt.)

Schwarzach.

Schwarzach in Unterfranken (Münsterschwarzach, M. St. Felicitatis in Schwarzacha), Bisthum Würzburg, Gericht Dettelbach, an der Mündung der Schwarzach in den Main. Ursprünglich war dort ein Frauenkloster Benediktinerordens, das Theodora, eine Tochter Carl's des Grossen, im achten Jahrhundert gegründet hatte. Im J. 877 zogen die Benediktinermönche der im J. 816 vom Grafen Megingaud gestifteten Abtei Megingaudhausen nach Schwarzach. — Abt Bernard Reyder begann den Bau einer neuen Münsterkirche, den Neumann leitete. Abt Januarius Schwab vollendete dieselbe, und liess sie 1741 einweihen. Es war ein Prachtbau im italienischen Style. Die Wände waren mit Freskomalereien geziert, welche Deutschlands Glaubensboten verherrlichten.[1]) Von den Klostergebäuden steht nur mehr ein kleiner Theil, der Gasttrakt.

Literatur:

Amica Palladi oliva in religioso S. Felicitatis pomario .... Wirceb. 1671. 4. (Festschrift auf die Benediction des Abtes Placidus Büchs.) — Archiv für Unterfranken, I. Hft. 2, S. 54 sq.; Hft. 3, S. 73 sq.; V. Hft. 2, S. 50 sq. — Baader, Reisen, II. S. 162 sq.[2]) — Bericht vom Ceremoniel bei der Einweihung der neuen Kirche zu Kloster Schwarzach. Würzburg

[1]) Das Plafondgemälde war ein Meisterwerk des Johann Holzer (aus Burgeis in Tirol gebürtig). Baader nennt es (Reisen, II. S. 162) unstreitig eines der schönsten Deckengemälde Deutschlands. Von all' dieser Herrlichkeit ist nun jede Spur verschwunden, denn im Jahre 1837 wurde die Kirche demolirt. Eine Beschreibung der Gemälde, welche sie enthielt, findet sich bei Benkert, Religionsfreund, 1837, Nr. 38. S. 473—481. — Bei Demolirung der Kirche wurde auch das schöne Geläute, das aus sieben harmonischen Glocken bestand, zerstört. Die zwei grössten Glocken wurden in Stücke gehauen. Zwei andere kamen nach Stadt Schwarzach u. s. f.

[2]) Was dort Baader über Schwarzach betreffs eines Prozesses sagt, bezieht sich nicht auf dieses, sondern auf ein anderes Benediktiner-Stift Schwarzach, das in Baden liegt.

1743. 4., mit 2 Abbildungen in Kupfer (von Kirche und Kloster).[1] — Consecratio ecclesiae novae in abbatia Schwarzacensi per Episc. Fridericum Carolum. Wirceburg. 1743. 4. — Dinner C., Catalogus et descriptio abbatum monasterii div. Felicitatis, vulgo Münster-Schwarzach. Wirceburgi 1586, 8. — Desselb., Historia vitae Joannis Burchardi, abbatis coenobiorum in Schwarzach et Banz anno 1595, bei Ludewig, Script. Bamberg. II. S. 71—126. — Fries, Chronik, I. 418, 421, 460, 476, 586, 687, 708, 809, 814. — Gerken Ph., Reisen, II. S. 355 sq. — Gropp, Collectio script. rerum Wirceburg. — Link G., Klosterbuch, I. S. 376—390. — Ludewig, Script. Bamberg., enthält II. S. 4—48: „Chronicon Schwarzacense" ab a. 800—1590. — Magna gloria domus novissimae Schwarzacensis, sive vita et res gestae abbatum Schwarzacensium. Wirceburg. 1743. 4. — Reg. bav. I. 47, 53, 387; II. 113, 187, 403; III. 165. — Stumpf, Handb. S. 818. — Trithemius, Chronicon Hirsaug. S. 72, 104, 111, 258. — Ussermann, Episcop. Wirceburg. S. 288—302. — Ueber die Biblioth.: s. Hirsching, Versuch, I. S. 187—196.

Manuscripte:

Bausch Burchard (Prior), Platanus exaltata juxta aquas in plateis, quae antiquiss. div. Felicitatis in Schwarzach Ord. S. Bened. fundatores, abbates . . . . religiosos . . . . donationes . . . . aliaque memorabilia explicat anno 1698. Fol. 136 S. (In dem hist. Verein zu Würzburg.) — Compendium historiae M. Schwarzacensis O. S. B. ab a. 815—1714, 8 Bl. Fol. (Daselbst.) — Chronicon de fundatione M. Schwarzach. 40 Bl. Fol. (Ehemals in der fürstl. Palm'schen Bibliothek zu Regensburg; zum Theil abgedruckt bei Ludewig l. c.) — Chronicon archisterii div. Felicitatis in Schwarzach O. S. B. 1695, Pars I. (In dem hist. Verein zu Bamberg, s. Bericht XXXVII. S. 27.)[1])

Schriftsteller:

P. Christoph Balbes, zum Abt erwählt 1744, † 22. Juli 1766. Da er Mitglied der societas litteraria germano-benedictina war, muss er sich in literarischer Hinsicht irgendwie verdient gemacht haben. Ich konnte über ihn nichts Näheres erfahren. (S. Legipontius, corpus academicum, S. 20.)[2])

[1]) Abbildungen dieses einstens so interessanten Münsters nebst Klostergebäuden befinden sich in den Sammlungen des hist. Vereins von Unterfranken, und zwar: a) Grundriss des ehem. Münsters zu Schwarzach (Nr. 1367); b) Iconographia novae basilicae monast. ad s. Felicitatem in Münster-Schwarzach (Nr. 1835); c) die Kirche im Querdurchschnitt, gezeichnet von B. v. Neumann (Nr. 84); d) Modell der Kirche mit allen Gebäulichkeiten und Gärten vom k. Hofmodelleur Carl Schropp in Bamberg, 1863. — Auch besitzt derselbe Verein mehrere Porträte von Schwarzacher Aebten. — Das Archiv von Schwarzach befand sich im J. 1786 noch auf der Feste Marienberg bei Würzburg. (S. Hirsching, Versuch, I. S. 191.)

[2]) Ob der Schwarzacher Conventual, P. Gregor v. Mertzenfeld, der eine Intro-

P. Ludwig Beck, Dr. theolog. u. jur. utriusq., geb. zu Hammelburg 1721, Professor des Kirchenrechtes zu Fulda, seit 1773 Abt seines Klosters. Er soll 1761 eine Abhandlung über das Papstthum geschrieben haben. Meusel schreibt ihm noch zwei Werke zu, die aber sicher einen andern Beck zum Verfasser haben. (S. Ussermann, Episcop. Wirceburg. S. 302.)[1]

---

ductio ad jus publicum romano-ecclesiasticum. Coloniae 1713. 4. geschrieben, auch noch hieher gehöre, kann ich nicht sagen, weil mir sein Todesjahr unbekannt ist.

[1]) Die Schrift: „Magna gloria domus Schwarzacensis" (s. die Literatur von Schwarzach) hat wahrscheinlich ein Conventual dieses Stiftes verfasst. Auf der k. Bibliothek zu Würzburg kennt man den Verfasser dieser Schrift nicht. — Im J. 1786 lebte im Kloster P. Otto Weigand, der einen neuen Bibliothekskatalog anlegte. Seiner erwähnt Hirsching, Versuch, I. S. 191 sq.

Michelsberg in Bamberg.

Michelsberg in Bamberg (Mons monachorum), Bisthum Bamberg, gestiftet von Kaiser Heinrich dem Heiligen und seiner Gemahlin Kunigunde; kolonisirt von Amorbach; vom hl. Otto, Bischof von Bamberg, 1117—1121 erweitert. Das Stift krönt einen der sieben Hügel Bambergs, von dem aus man eine prächtige Aussicht über Stadt und Umgebung geniesst. Es wurde aufgehoben im Oktober 1802 von Churfürst Max Joseph. Die jährlichen Reventüen desselben betrugen zur Zeit der Aufhebung 48,000 fl. Die grossartigen Klostergebäude dienen als Spital, die Kirche, in der der Leib des hl. Otto ruht, blieb dem Gottesdienste erhalten. Michelsberg besass in Bamberg die Propstei S. Fiden (St. Getreu) und zwei schöne Herrschaften, Gremsdorf und Rattelsdorf, an welch' letzterem Orte beständig zwei Conventualen residirten.

Literatur:

Bayern, das Königreich, in seinen Schönheiten, II. S. 101—106. (Beschreibung nebst Abbildung.) — Bruschius, Chronolog. I. S. 312—330. — Hirsching, Stiftslex. S. 267—274. — Hofmann Mart., Abbates montis monachorum. Norimberg. 1695. 4.[1]) — Jäck J. H., Grundzüge zur Geschichte der ehem. Benediktiner-Abtei Michelsberg. (Kerz, Lit. Ztg. 1826, Intelligbl. Nr. 7, S. 129—160.) — Desselb., Verdienste der Abtei Michelsberg um die Beförderung der Wissenschaften. (Beyträge zur Kunst- und Literaturgeschichte, edirt von Jäck und Heller. Nürnberg 1822, Hft. II. S. 15—73. Daselbst ein Verzeichniss aller Mönche, die zu Michelsberg je gelebt haben, verfasst von P. Otto Reinhard.) — Desselb., Die Schreiber- und Malerschule des Klosters Michelsberg vom Anfange des XI. bis Mitte des XII. Jahrhunderts. (Beschreibung der öffentl. Biblioth. zu Bamberg, I. S. 9 sq.) — Landgraf M., die Benediktiner-Abtei Michelsberg. Bamberg 1837. 8., mit 2 Abbildungen. (Kurze geschichtliche Beschreibung.) — Raab G., Geschichte des Ortes und der Pfarrei Rattelsdorf. (XXIX. Bericht des hist. Vereins

---

[1]) Auch bei Ludewig, Script. rer Bamberg. II. S. 893—933.

von Bamberg, S. 69—161, und XXX. S. 1—142.) — Schannat, Vindemiae literariae, II. 47 sq. „Necrologium monast. S. Michaelis." — Schweitzer K., Das Urkundenbuch des Abtes Andreas im Kloster Michelsberg bei Bamberg in vollständigen Auszügen. (XVI. Bericht des hist. Vereins von Bamberg [1853], S. 1—147, und XVII. [1854], S. 1—175.) — Desselb., Vollständiger Auszug aus den Calendarien des ehem. Fürstenthums Bamberg. (Beilage zum VII. Bericht des hist. Vereins von Bamberg [1844], S. 67—319; enthält Auszüge aus dem Nekrologium des Kl. Michelsberg aus älterer Zeit.) — Sulzbacher Kalender, 1864, S. 83—86. (Kurze Beschreibung des Klosters mit Abbildung.) — Ussermann, Episcopatus Bamberg. S. 296—317. — Ueber die Bibliothek: Baader, Reisen, II. S. 283—287. — Hirsching, Versuch, I. S. 40, IV. 205. — Jäck, Beschreibung der Biblioth. zu Bamberg, II. S. 66 sq. — Schannat, Vindemiae lit. S. 50 sq. — Ziegelbauer, Hist. lit. I. S. 500—502.

Manuscripte: In der Staatsbibliothek zu München:

Cod. germ. 1784 Reformation des Kl. Michelsberg, saec. XVIII. 90 Bl. Fol.

In den Sammlungen des hist. Vereins zu Bamberg:

a) Rechte und Gerechtigkeiten der Abtei St. Michael ob Bamberg, verfasst 1748, 2 Bde. (S. XXVII. Bericht des Vereins, S. XXXVI.) — b) Extractus ex Manuscr. cui Titulus: „Fasciculus abbatum St. Michaelis ab abbate Andrea collectus" cod. chart. Fol. (S. XXVII. Bericht des Vereins, S. XXXVIII.)

Abbildungen des Klosters: 1) In Meissner's Städtebuch, 1618. Fol. 2) Aus dem J. 1725, ein Kupferstich, angefertigt bei der Wahl des Abtes Anselm. 3) Aus dem J. 1743, Kupferst., bei der Wahl des Abtes Ludwig Dietz. 4) Auf einer Thesentafel aus derselben Zeit. 5) In Heller's Taschenbuch von Bamberg, S. 84. Sämmtlich in den Sammlungen des hist. Vereins von Bamberg. (S. Heller, Verzeichniss von Bambergischen topo-hist. Abbildungen, Nr. 137, 190—201, 203—208, 275—279, 281.)

Schriftsteller:

P. Gregor Kurtz, geb. zu Bamberg 1693, Profess 1715, Priester 1718, er war unter der Regierung der Aebte Anselm Geissendorfer und Ludwig Dietz, Professor der Theologie im Kloster und Prior. Die Conventualen: Marian Kieser, Bernard Keller, Gallus Brockard, Alexander Schnee, Carlmann Rath und Andere waren seine Schüler; † 1. Sept. 1750. (Jäck, I. Panth. S. 632.)

Schriften:

1) Theologia sophistica. Bamberg. 1746, 600 S. (Die Schrift behandelt die sog. Propositiones damnatae.)
2) Accessus et recessus ad sacrificium missae. Bamb. 1748, 4 Tomi.

3) Die wahre Heiligkeit eines geistlich-tugendsamen Wandels in auserlesenen Betrachtungen. Bamberg 1750. 8.
4) De probabili et probabilismo. (Eine Schrift gegen P. Matern, (?) S. J., deren Druckort mir unbekannt.)

P. Anselm Geissendorfer, Dr. jur., geb. zu Bamberg 1689, trat 1707 in den Orden, und wurde 1717 Priester. Im Kloster war er Novizenmeister, Kellermeister, Kanzleidirektor, Lektor der Theologie und Prior. Im J. 1719 kam er im Auftrage des Stiftes nach Wien, um bei dem Reichshofrath verschiedene Angelegenheiten in Ordnung zu bringen. Nach dem Tode des Abtes Christoph v. Guttenberg wurde er am 8. Mai 1724 zum Abt erwählt. Als solcher zeigte er grosse Rührigkeit, jedoch gestaltete sich seine Regierung bald zu einer sehr kummervollen, indem er im Eifer für klösterliche Zucht zu weit gieng. Die vom hl. Otto für sieben Priester und zwei Laienbrüder gestiftete, und dem Kloster Michelsberg einverleibte Propstei St. Getreu (St. Fiden) baute er neu, und setzte dorthin vier Priester. Er selbst verliess Michelsberg und wohnte zu St. Getreu, was den Unwillen des Conventes erregte. Ja er gieng sogar mit dem Plane um, in St. Getreu ein förmliches Priorat mit zwölf Priestern und vier bis fünf Laienbrüdern zu errichten, und die Güter dieser Propstei ganz von Michelsberg zu trennen. Die steigende Unzufriedenheit der Conventualen, welche gegen alle diese Massregeln waren, liessen es ihm räthlich erscheinen, Michelsberg ganz zu verlassen (1740). An seine Stelle wurde P. Ludwig Dietz zum Abt erwählt (1743). Abt Anselm hielt sich nach seiner Entfernung einige Zeit in Tirol auf, gieng dann nach Rom und endlich nach Klingenzell (Thurgau), wo er 14. Sept. 1773 starb. So wenig irgend Jemand seine überspannten Reformen billigen konnte, so musste man doch seinen umfassenden Kenntnissen in den theologischen und juridischen Fächern Anerkennung zollen. (Eine ausführliche Biographie dieses Abtes steht bei Jäck, I. Pantheon, S. 306—314.)

Schriften:

1) Entwurf der kaiserlichen Stiftung und Abtey Michelsberg sammt Ursachen, wodurch jetziger Prälat Anselm gezwungen worden gegen das kaiserliche Hochstift Bamberg quoad spiritualia bei dem apostolischen Stuhle, quoad temporalia bei dem Reichsvikariat-Hofgericht sich des natürlichen Defensionsrechtes zu bedienen. Augsb. 1741, 64 S. Fol.
2) Veritates invincibiles pro justitia causae Fr. Anselmi Abbatis. Aug. Vind. Fol. $2^1/_2$ Bg.
3) Literae responsoriae et declaratoriae ad citatorias Episcopi Bambergensis, praes. 21. Maji 1741. Aug. Vind. 1741. Fol. 2 Bg.
4) Paraenetica epistola ad suum venerabilem conventum. Aug. Vind. 1741, 2 Bg. Fol.

5) Zum Besten der lieben Wahrheit und hl. Gerechtigkeit, zur Beförderung der Rechtssache des Abtes von Michelsberg. 1 Bg. Fol. Deutsch und lateinisch.
6) Himmelschreiende Bedrückung des Abtes Anselm und seines Klosters Michelsberg. 3 Bg. Fol.
7) Pro memoria cum additamento ad ultimum exhibitum. 1 ½ Bg. Fol.
8) Dulce et amarum imperialis Monasterii ad S. Michaelem O. S. B.
9) Abbas Anselmus . . . . vindicatus puncto inobedientiae erga summum Pontificem ipsi falso imputatae. Aug. Vind. 1741, 1½ Bg. Fol. (Dagegen erschien: Hochfürstl. Bambergischer Bericht pro informatione an die k. k. Majestät mit der bescheinigten specie facti in Sachen des gewesenen Abtes Anselm gegen das Hochstift Bamberg. Bamberg 1743, 40½ Bg. Fol.)

P. Placidus Güssregen, geb. zu Hallstadt 26. Aug. 1760, trat 1779 in den Orden und erwarb 16. Aug. d. J. den Gradus (Doctorgrad?) aus der Philosophie. Er war Prediger, Bibliothekar und Architekt; † 1. Nov. 1798. (Jäck, I. Panth. S. 415.)

P. Gallus Brockard, geb. zu Bamberg 8. Juni 1724, trat am 25. März 1744 in den Orden, und wurde 1750 Priester. Schon als junger Geistlicher suchte er sich durch eifriges Studium in der Geschichte und Diplomatik auszubilden. Abt Ludwig Dietz erlaubte ihm, die Vorlesungen über Rechtswissenschaft an der Bamberger Hochschule zu besuchen (1750). — Dadurch sammelte er bald einen solchen Vorrath von Kenntnissen, dass er die Stelle eines Vizekanzleidirektors im Kloster erhielt, und die verwickeltsten Rechtsfälle zu lösen im Stande war. Er machte sich mit glücklichem Erfolg an die schwierige Aufgabe, das gesammte Klosterarchiv zu ordnen, und über dasselbe ein genaues Verzeichniss anzufertigen. Alle Urkunden wurden in geschlossenen tragbaren Kisten verwahrt. Bei diesem Anlass fand Brockard die längst verloren geglaubte Originalstiftungsurkunde des Klosters, vom Kaiser Heinrich dem Heiligen ausgefertigt, wieder auf. Als Abt Ludwig vor den preussischen Einfällen die Flucht ergriff, übertrug er Brockard die oberste Leitung aller klösterlichen Angelegenheiten (1758—1759). Ja, das Vertrauen dieses Abtes zu ihm war so gross, dass er auf dem Sterbebette den Conventualen Brockard als seinen Nachfolger empfehlen zu müssen glaubte. Des sterbenden Vaters Wille galt den Söhnen heilig; am 11. Dez. 1759 wurde P. Gallus als Abt erwählt, und am 19. März 1760 benedizirt. Als Abt war seine erste Angelegenheit, das Innere der Kirche zu restauriren. Er liebte die Zierde des Hauses Gottes, wachte über die prompteste Gerechtigkeitspflege, führte tabellarische Ordnung ein, und liess einige Kleriker des Stiftes auf der Universität zu Bamberg ausbilden. Auch scheute er keine Kosten, die Bibliothek mit den neuesten Erzeugnissen der Literatur aus allen Zweigen zu bereichern. Die Amtshöfe des Stiftes zu Gremsdorf und Rattelsdorf wurden neu erbaut. Den steilen dornigten Berg hinter dem Kloster verwandelte er in ein wonnevolles Eden, welches noch heut zu Tage Bambergs natürliche Lage ungemein hebt. — Jedoch des Gallus Regierung wurde gegen Ende seines Lebens noch schwer getrübt. Der preussische Krieg, die Theuerung, der Aufenthalt der feindlichen Truppen, Wetterschäden, Ueberschwemmungen, Rechtsstreitigkeiten bei den Reichsgerichten und zuletzt die höchst zahlreichen Besuche von zudringlichen Gästen, welche die Güte des Abtes missbrauchten, erschöpften die Klosterkassen. Wen möchte er daher befremden, dass Abt Gallus bei seinem Tode 30. April 1799 dem Kloster Schulden hinterliess? Jedoch demungeachtet gebührt ihm das Verdienst, seinem Nachfolger gelehrte und fromme Söhne emporgebracht zu haben.[1]) (S. Jäck, Panth. I. 116—118; Fränkische Post-Ztg. Mai 1799. — Weyermann G., Trauerrede auf Abt Gallus von Michelsberg. Bamberg 1799. 4.)

P. Cajetan Rost, Dr. theolog., letzter Abt, geb. zu Bamberg 11. Nov. 1748; an den Lehranstalten seiner Vaterstadt genoss er die wissenschaftliche Ausbildung, machte am 14. Sept. 1767 Profess und wurde 1771 Priester. Vom J. 1785—1786 lehrte er an der Bamberger Universität Kirchengeschichte. Seine Gelehrsamkeit und sein bescheidenes Benehmen gewann ihm die Zuneigung der Conventualen im hohen Grade, daher er mit den Aemtern eines Kastners, Kanzleidirektors und Priors betraut wurde. Nach dem Tode des Coadjutors Franz Stöhr wurde Rost am 30. März 1796 zum Abte erwählt. Erst nach drei Jahren (26. Mai 1799) erlangte er die äbtliche Benediktion. Obgleich die Einquartierungslasten von 1796—1801 für sein Kloster sehr drückend und die übrigen Bedürfnisse zur Kriegführung so dringlich waren, dass in Summa ein Betrag von mehr als 40,000 fl. hiezu erforderlich war, so fand Abt Cajetan dennoch Mittel und Wege, die übernommene Schuldenlast nach und nach zu vermindern. Für wissenschaftliche Zwecke that er, was unter solchen Umständen möglich war, und berief P. Gabr. Schwarz aus Reichenbach, einen tüchtigen Lehrer der Theologie, in sein Kloster. Abt Cajetan überlebte die Auflösung seines Stiftes nur kurze Zeit, und starb zu Bamberg 16. Febr. 1804.[2]) (S. Jäck, I. Panth. S. 935; Manz'sche Realencyklopädie, Bd. XII. S. 505.)

P. Lothar Fortner, Dr. philos., geb. zu Bamberg 21. Dez. 1746,

---

[1]) Sein Porträt in Oel befindet sich im hist. Verein zu Bamberg. Daselbst sind noch einige andere Porträte von Aebten und Conventualen von Michelsberg. (S. Heller, Verz. Nr. 297—299.)

[2]) Dessen Porträt in Oel, auf dem Paradebette liegend, besitzt der hist. Verein zu Bamberg.

Profess 2. Juli 1767, Priester 21. Okt. 1770, Amtmann der dem Stifte gehörigen Herrschaft Gremsdorf, Kanzleidirektor 1782, Prior 1792, Kastner und Direktor des klösterlichen Lehenwesens, † 27. März 1805. (Jäck, I. Panth. S. 2102.)

Schriften:

1) Dissert. de fidei articulis fundamentalibus et non fundamentalibus ab heterodoxis sine fundamento assertis. Bamb. 1772. 4.
2) Positiones ex univ. jure. Ibid. 1777. 4.

P. Carlmann Rath, Dr. theolog., geb. zu Bamberg 24. Febr. 1727, Profess 25. März 1745, Priester 1750. Er wurde von Abt Ludwig auf die Universität Würzburg geschickt, wo er unter Barthel Kirchenrecht hörte. Nach seiner Rückkehr lehrte er zu Michelsberg Kirchenrecht, und unterrichtete nicht nur Religiosen dieses Klosters, sondern zählte auch andere junge Männer, wie Adalbert Philipp v. Hutten, v. Karg, Ott und Andere zu seinen Schülern. Dadurch wurden Rath's Fähigkeiten auch dem damaligen Fürstbischofe von Bamberg, Adam Friedrich v. Seinsheim, bekannt, welcher ihm nach Aufhebung des Jesuiten-Ordens die Lehrkanzel der Kirchengeschichte an der Bamberger Universität übertrug (1773—1782). Im J. 1782 wurde er Amtmann der Stiftsherrschaft Rattelsdorf. Von 1796—1803 war er Kanzleidirektor im Stifte. Er starb zu Bamberg 29. Dez. 1809. (Jäck, I. Panth. S. 888.)

Schriften:

1) Relatio brevis critico-historica de ortu et progressu juris canonici cum annotationibus in articulos instrumenti pacis westphalicae forum canonicum attingens. Bamberg. 1766, 60 S. 4.
2) Dissertatio de lege amortisationis. (Druckort?)
3) Historiae ecclesiasticae saeculum primum religionis et juris circa sacra, quod ante ac post legem scriptam obtinuit collatione Romanor. Pontificum. Bamb. 1776, 54 S. 4.
4) Theses ex universa theologia. Ibid. 1776, 16 S.

P. Marian Schlosser, geb. zu Bamberg 24. Nov. 1772, Priester 18. Mai 1799, zog nach der Aufhebung seines Klosters nach Forchheim, wo er 3. Juni 1815 starb. (Felder, Lit. Ztg. 1817, Intelligbl. Nr. 7, S. 9; Jäck und Heller, Beyträge zur Kunst- und Literaturgeschichte.)

Schrift:

Gedichte, Satyren, Räthsel, Charaden. 3 Lieferungen. Bamberg 1807—1808. 8.

P. Otto (Albert) Reinhard, geb. zu Höchstadt 9. Juni 1775, wurde 24. Juni 1795 Benediktiner, war Novizenmeister und Bibliothekar 1801. Vom Mai 1815 bis zu seinem Tode widmete er täglich die Stunden von 5—9 Uhr Früh, und von 1—3 Uhr Nachmittags der öffentlichen Bibliothek zu Bamberg. Er inventirte in dieser Zeit mehr als eine halbe Million kleiner Druckschriften und kopirte eine Menge Kataloge und Berichte. Ein besonderes Verdienst um die Bibliothek erwarb er sich durch grossmüthige Geschenke von Büchern und Handschriften, welche er theils durch Kauf erworben, theils aus dem Nachlasse des durch seine Talente und Kenntnisse ausgezeichneten P. Lothar Fortner (s. dessen Biographie unter Michelsberg) erhalten hatte. Unter diesen Geschenken waren zwei Chroniken des Stiftes Michelsberg. Die vielfachen Verdienste Reinhard's um die öffentliche Bibliothek zu Bamberg der k. Regierung und der k. Akademie der Wissenschaften vorzutragen, rechnete sich der dermalige Bibliothekar H. J. Jäck[1]) zur Pflicht, und that diess in Berichten, datirt vom 2. Okt. 1815, 11. Okt. und 27. Dez. 1816, 19. Juni und 12. Dez. 1817, 3. Jan. und 30. Sept. 1818, 30. Sept. 1819, 31. Okt. 1820, 4. Nov. 1821, 7. Dez. 1822. Die Regierung gab auch mehrfache Beifallsbezeigungen und die Hoffnung zur einstigen reellen Belohnung. Allein diese erfolgte bis zu seinem Tode ebensowenig, als eine kräftige Unterstützung der Bibliothek selbst. Dessen ungeachtet beschränkte Reinhard seine Dienstfertigkeit nicht im Mindesten. Niemals machte er eine trübe Miene über zu viele oder zu dringend ihm vorgelegte Arbeiten. Er sehnte sich vielmehr, bei jeder scheinbaren Genesung durch verdoppelten Eifer einzubringen, was er während der Zeit seiner Krankheit versäumt hatte. Mit dieser gutmüthigen Gesinnung arbeitete er noch 11. Febr. 1823 Vormittags neben Bibliothekar Jäck bei den Manuscripten. Dieser bemerkte sein übles Aussehen, machte ihn darauf aufmerksam, und bot ihm zu Gebote stehende Stärkungsmittel an. Er lehnte aber Alles ab, und entfernte sich — worauf er von ungewöhnlich starker Entzündung der Eingeweide befallen wurde, an der er am 13. Febr. 1 Uhr Morgens verschied. Auf Jäck's Wunsch hatte Reinhard ein Verzeichniss der Conventualen, die je zu Michelsberg gelebt, und ein Verzeichniss von allen Manuscripten, die in der dortigen Bibliothek bis 1803 bewahrt wurden, verfasst, von denen ein grosser Theil von den dortigen Mönchen selbst geschrieben worden war. Diese Arbeit Reinhard's

---

[1]) Ueber diesen hochverdienten Mann, welcher seiner Zeit die Seele der Bamberger Bibliothek war, s. Felder, Lex. I. S. 337—341 und Jäck's Panth. I. S. 511—513 und II. S. 51—57. P. Heinrich (Joachim) Jäck war geb. zu Bamberg 30. Okt. 1777, Profess des Cisterzienserstiftes Langheim 20. April 1796, Priester 30. Mai 1801, Bibliothekar der öffentlichen Bibliothek zu Bamberg vom Sommer 1803 bis zu seinem zu Bamberg erfolgten Tode 26. Jan. 1847.

erschien in Jäck und Heller's Beyträgen zur Kunst- und Literaturgeschichte. Nürnberg 1822. 8. (b. Riegel), S. XV—LXXII. (S. P. Otto A. Reinhard, ehem. Conv. von Michelsberg und achtjähriger Bibliothekgehilfe zu Bamberg, von Bibliothekar H. J. Jäck. Bamberg 1823. 4., und Jäck, Gesch. der öffentl. Biblioth. zu Bamberg, II. S. 104.)

P. Johann Nep. Planer, geb. zu Hassfurt 27. Sept. 1773, war Singknabe im Cisterzienserstifte Langheim, und machte theils dort, theils zu Bamberg seine Studien; Profess 4. Juni 1795, Priester 10. Sept. 1799. Er zeichnete sich durch seine Fähigkeiten in der Musik und in der Poësie aus. Nach der Aufhebung des Stiftes wirkte er als Seelsorger zu Tütschengereuth (Bez. Bamberg), dann zu Marktzeulen (1834), und zuletzt zu Schesslitz, wo er 21. Dez. 1846 starb. Er unterrichtete fortwährend Jünglinge in den Gymnasialfächern, von denen die grosse Mehrzahl sich dem geistlichen Stande widmete.[1]) Er war ein stets lebensfroher Mann, der durch seine Leutseligkeit sich die allgemeine Liebe erwarb. Es kamen von ihm mehrere gute Gelegenheitsgedichte in die Oeffentlichkeit. (Jäck, I. Panth. S. 868; Mittheilung des Pfarrers G. Link zu Neustadt am Main.)

---

[1]) Der geistl. Rath Arneth zu Bamberg, ehem. Hofkaplan des Königs Otto von Griechenland, sowie der gegenwärtige Domprobst zu Bamberg verehren den längst Heimgegangenen in treuer Liebe als ihren Lehrer. Manchmal hatte Planer 15 Studiosen zugleich in Unterricht.

Theres.

Theres in Unterfranken (Tharissa), Bisthum Würzburg, Landgericht Hassfurt, gestiftet von Suidger, Bischof von Bamberg, im J. 1043, der später unter dem Namen Clemens III. den päpstlichen Stuhl bestieg. Die Lage der Abtei, umschlossen von waldigen Höhen und Weinbergen, ist sehr anmuthig. Sie wurde 1803 von Churfürst Max Joseph aufgehoben. Das Klostergut gieng anfänglich für 103,000 fl. an den Coburgischen Minister Kretzschmann über, und kam später in den Besitz des Frhrn. von Dietfurt. Die Klosterkirche, die Abt Gregor 1716 zu bauen begonnen hatte, und die mit einem Kostenaufwande von 100,000 fl. nicht mehr herzustellen wäre, wurde, ungeachtet des Flehens der Landbewohner, vom ersten Käufer abgebrochen und die Steine derselben als Baumaterial verkauft. Ueber den letzten Abt, Benedikt Mahlmeister, der sich durch eine wohlthätige Stiftung für Arme seiner Vaterstadt Volkach verdient gemacht hat, s. Link, Klosterbuch, I. S. 390 sq.

Literatur:

Archiv für Unterfranken, I. Hft. 2, S. 55 sq. — Braunfels, Die Mainufer, S. 157. — Gropp, Chronik, I. 157, 171, 213; II. 150, 318, 360 378, 497, 574-575, 579. — Des Abtes Gregor II. (Fuchs) Priesterjubelfeier. Bamberg 1745. Fol. — Link, Klosterbuch, I. S. 390—395. — Monum. boic. XXXI. 1, p. 372, 376. — Oesterreicher, Denkwürdigkeiten, II. S. 116. — Reg. bav. I. 29, 157, 349; II. 213, 427, 439; III. 393; IV. 497, 533; V. 31, 173. — Stumpf, Handbuch, S. 839, mit Abbildung. — Ussermann, Episcop. Wirceb. S. 302—310.

Manuscripte:

a) Brevis descriptio fundationis monasterii Theres ejusdemque abbatum series. 38 S. 4.

b) Chronicon histor. Theresensis abbatiae.

c) Collectanea varia ad historiam ecclesiasticam nec non monasterii Theres historiam facientia per Fr. Joann. Henn disposita. 135 Bl. 4.
d) Liber fundationis, donationum et redituum monast. Tharissani. 236 S. 8. saec. XVII. Sämmtliche Manuscripte im hist. Verein von Unterfranken zu Würzburg. Derselbe Verein besitzt die Porträte der Aebte Kaspar Denner, Ant. Reuter, Greg. Gans, Kilian Frank, Greg. Fuchs, Greg. Heiger und Bernard Breuning; alle übrigen scheinen verloren gegangen zu sein. Eine Abbildung des Klosters in Kupfer findet sich in der Schrift: „Sacrificium vespertinum", die der Convent dem Abte Gregor II. darbrachte, als er sein Priesterjubiläum begieng. Leinecker lieferte vom Kloster eine Lithographie.

Schriftsteller:

P. Gregor II. Fuchs, zum Abt erwählt 1715, erbaute Kirche und Kloster vom Grund aus neu, starb nach 40jähriger segensreicher Regierung 1755.

Schrift:

Dominicale, Festivale, Mariale. Norimbergae 1701.

P. Johann Gerber, geb. zu Wipfeld, † 18. Jan. 1778. (Seine Biographie s. bei Klüpfel, Necrologium sodalium et amicorum, S. 45—50.)

Schrift:

Diotavelli's Commentar über den 50. Psalm nach der latein. Ausgabe des Ignatius Kistler, Can. regul. S. Aug. Augsbg. 1756.[1])

---

[1]) Am Ende des siebenzehnten Jahrhunderts lebte in Theres P. Heinrich Heinlein, der mehrere sehr brauchbare Schriften über Moraltheologie herausgab. (S. Hist. Univ. Salisb. 361.)

St. Stephan in Würzburg.

St. Stephan in Würzburg. Bischof Heinrich von Würzburg gründete im J. 1013 zu St. Stephan ein Stift für regulirte Chorherren, an deren Stelle Bischof Adalbero im J. 1057 Benediktiner setzte. Die ersten Mönche (30) kamen aus der St. Gumberts-Abtei zu Ansbach; es wurde aufgehoben 1803 von Churfürst Max Joseph. Am 1. Jan. 1804 wurde die Stiftskirche den Protestanten als Pfarrkirche überlassen. In dem Kloster befinden sich die Wohnung des protestantischen Pfarrers und seit 1850 auch verschiedene Regierungsdikasterien. Ein schöner Garten umgiebt die Gebäude.

Literatur:

Archiv für Unterfranken, Bd. I. Hft. 1, S. 134, „Mönchstracht im Kloster St. Stephan"; Bd. XII. „M. Leyser, Abt von St. Stephan" († 1548). — Gerken Ph. W., Reisen, II. S. 347—349. — Gropp Ig., Collectio Scriptor. I. 829 sq. — Link G., Klosterbuch. I. S. 395—402. — Scharold K. G., Die Inschriften der ehemals in der Abteikirche zu St. Stephan in Würzburg vorhandenen Grabsteine. (Archiv für Unterfranken, V. Hft. 3.) — Ussermann, Episcop. Wirceburg. S. 268—279. — Ueber die Bibliothek s. Hirsching, Versuch, I. S. 279—287.

Manuscripte: Im hist. Verein von Unterfranken zu Würzburg:

a) Fundatio monasterii S. Stephani Protomartyr. ord. s. Bened. Herbipoli una cum serie seu catalogo abbatum. 12 Bl. Fol. — b) Gropp. Ig., s. dessen Manuscripte S. 198. — c) Liber defunctorum fundatorum, benefactorum, abbatum et fratrum monasterii S. Stephani conscriptus anno 1696 per P. Fr. P. S. 235 S.

In der Universitätsbibliothek zu Würzburg:

Fundatio et abbates M. ad S. Steph. Herbipoli.

Eine Abbildung des Klosters existirt von J. A. Hofmann. Der hist. Verein von Unterfranken besitzt die Porträte der Aebte Eucharius Weiner († 1701), Alberich Ebenhöch († 1727), und Roman Römscheid († 1762).

Schriftsteller:

P. Ignatius Gropp, Dr. philos. und Mitglied der societas litteraria germano-benedictina, geb. zu Kissingen 12. Nov. 1695. Er studirte mit Auszeichnung zu Würzburg und trat nach absolvirter Philosophie 1716 in den Orden. Am 8. Dez. 1717 machte er Profess, und errang den Doctorgrad aus der Philosophie und das Licentiat aus der Theologie. Er lehrte im Kloster Philosophie und Theologie 1722—1729, war Bibliothekar 1729—1740, Prior im Schottenstift zu St. Jakob in Würzburg 1740—1741, Prior in seinem Kloster, 1741—1749. Im J. 1749 wurde er Pfarrer zu Gündersleben[1]) bei Würzburg, und stand dieser Gemeinde bis zu seinem am 19. Nov. 1758 erfolgten Tode, allgemein geliebt, vor. Gropp stand mit vielen Historikern seiner Zeit (unter Andern mit P. Bernard Pez) in Correspondenz. Die beiden gelehrten Weihbischöfe, Jos. Bernard Mayer von Würzburg und Franz Jos. v. Hahn von Bamberg, schätzten ihn hoch. Seine beiden Aebte, Alberich und Roman, förderten seine Studien. Sein Fleiss in Erforschung der Würzburgischen Geschichte war unermüdet. Seine Verdienste um dieselbe haben bleibenden Werth. Er fand viele, früher unbekannt gebliebene, Urkunden, und lieferte schätzbare historische und diplomatische Materialien zu einer Geschichte des katholischen Frankenlandes. Sein Porträt, in Oel, besitzt der hist. Verein zu Würzburg. (Baader, Lex. II. 1, S. 66—68; Schöpf, Beschreibung von Wirzburg, S. 358—362. Einen ausführlichen Nekrolog schrieb Schöpf in den „Würzburger Anzeiger“, 1797, S. 716—723.)

Schriften:

1) Vita S. Bilihildis, ducissae Franciae orientalis et comitissae Hochemii natae, fundatricis ac primae abbatissae veteris monasterii Moguntiae; ex MSS. codicib. 2. Wirceburg. 1727. (Steht auch in den Scriptor. rerum Moguntin. Bd. III.)
2) Christliche Frühlings-Blume Fränkischer Heiligkeit, die hl. Bilihildis, Herzogin zu Franken, geb. Gräfin zu Höchheim bei Würzburg, glorw. Stifterin eines heut zu Tag Cistercienserordens berühmten Frauenklosters Alt- sonsten Hohen-Münster genannt, in der Erzbischöfl. Stadt Maynz .... nebst vorheriger kurzer Nachricht von denen übrigen Heiligen des Bistums Würzburg mit hist. Anmerkungen. Würzb. 1727. 4.
3) Ebracensis ecclesiae monumenta sepulchralia cum 14 Tabul. aeneis; accedunt alia quaedam monumenta. Wirceburg. 1730. 4.

---

[1]) War eine dem Stifte inkorporirte Pfarrei.

4) Tractatus mysticus de divina sapientia ab Erbino suffraganeo Bambergensi conscriptus. Norimb. 1733. 8.

5) Leben des hl. Amor. Mainz 1734. 8.

6) Geistliche Andachtsübungen von der hl. Bilihildis, enthaltend ihre Lebensbeschreibung und Betrachtungen. Würzb. 1735. 12.

7) Aetas mille annorum antiquissimi et regalis monasterii B. Mariae Virg. in Amorbach O. S. Bened. in archidioeces. Moguntina .... historica methodo adumbrata .... ex ejusdem monasterii chartis et documentis, quorum hic centum proferuntur, aliisque probatis authoribus eruta et probata. Francof. 1736, 290 S. Fol., mit Abbildung des Klosters, der Kirche und Porträt des Abtes Engelbert.[1])

8) Lebensbeschreibung der Hl. Kiliani, Colonati und Totnani, nebst gründlicher Nachricht von dem Collegiatstift zum Neuen Münster. Würzburg 1738. 4.

9) Collectio novissima scriptorum et rerum Wirceburgensium a saec. XVI., XVII. et XVIII. hactenus gestarum, pro coronanda decies saeculari aetate episcopatus Wirceburgensis adornata. Tom. I. ab a. 1495 usque ad a. 1617, cum tab. aen. Francofurti 1741. Fol. Tom. II. ab a. 1617 usq. ad a. 1742. Ibid. Zusammen über 17 Alphab. (S. Leipziger Gel. Ztg. 1741, S. 764 und 1744, S. 699.)

10) Würzburgische Chronik deren letztern Zeiten, oder ordentliche Erzählung deren Geschichten, Begebenheiten und Denkwürdigkeiten, welche in denen dreyen letztern Hundert Jahrlauffen, d. i. vom J. 1500 bis anhero in den Hochstift Würzburgisch und Franken Landt bey Geistlich und Weltlichen Wesen sich zugetragen. I. Thl. vom J. 1500—1642. Würzburg 1748. Fol. II. Thl. vom J. 1642—1750. Das. 1750.

11) Geheiligter Wirzburgischer Bischofssitz, d. i. Lebensbeschreibung deren Hl. Burchardi, Megingaudi, Arnonis, Brunonis, Adalberonis, Bischofen zu Wirzburg. Wirzb. 1754. 4.

12) Inscriptiones monumentorum ecclesiae St. Stephani Wirceburgi (op. posth.). (Veröffentlicht im Archiv von Unterfranken, Bd. V. S. 161 sq.)

Manuscripte:

a) Historia monasterii St. Stephani cum supplementis. (Im hist. Verein von Unterfranken zu Würzburg.)

b) Ecclesia St. Stephani cum monasterio O. S. B. in rev. suis abbatibus cum rebus per elapsa septem saecula circa se gestis histor. methodo repraesentata usque ad a. 1762, 22 Bl. 8. (Daselbst; ist nur ein Auszug der Schrift sub a.)

---

[1]) Beigefügt findet sich gewöhnlich auch die Festschrift: Hell-Erschallen de Jubelposaunen oder Jubel- und Dank-Predigten beim achttägigen Jubel- und Dankfest des Klosters Amorbach. Frankfurt 1735, 111 S. Fol.

c) Geschichte des adeligen Ritterstiftes zu St. Burkard in Würzburg. (Das.)
d) Res Ebracenses collectae ab Ig. Gropp. (Im hist. Verein zu Bamberg; s. XXVII. Bericht, S. 27.)

P. Maternus Reuss, geb. zu Langendorf 22. Febr. 1751, und zu Neustadt an der Saale erzogen. Er widmete sich dem Studium der Medicin zu Würzburg, woselbst er auch die ärztliche Praxis begann. Bald fasste er jedoch den Entschluss, in St. Stephan das Ordenskleid des hl. Benedikt zu nehmen; am 15. Okt. 1777 legte er Profess ab, am 23. Sept. 1780 wurde er Priester. Schon am 24. Juli 1782 erhielt er die Lehrkanzel der theoretischen Philosophie an der Würzburger Universität, die er bis zu seinem Tode, 26. Sept. 1798, inne hatte. Reuss war einer der eifrigsten Verfechter der Kantischen Philosophie, und vielleicht einer der Ersten, welcher sie an einer katholischen Hochschule öffentlich lehrte. An der damaligen Reorganisirung des Würzburgischen Studienwesens nahm er den thätigsten Antheil. Sein Vortrag war so anziehend und gemeinverständlich, dass Personen aus allen Ständen seine Vorlesungen besuchten. Durch das Lesen von Kant's Schriften wurde Reuss so begeistert, dass er sich von seinem Abte die Gnade ausbat, nach Königsberg reisen zu dürfen, um diesen Philosophen persönlich kennen zu lernen. Es wurde ihm gestattet. (S. Schöpf, hist.-stat. Beschreibung von Wirzburg, S. 375—382; Baader, Lex. I. 2, S. 168; XXVII. Bericht des hist. Vereins von Bamberg, S. 65.)[1]

[1]) Einige Züge aus seinem Leben, die uns Schöpf in der Schrift: „Beschreibung des Hochstiftes Wirzburg" aufbewahrt hat, mögen hier folgen, weil diese Schrift ziemlich selten geworden: So sehr auch Reuss am philosophischen Forschen und anhaltenden gelehrten Arbeiten Vergnügen fand, so sehr er Philosoph war, so sehr war er auch das, was einen frommen Christen, einen gewissenhaften Geistlichen ausmacht. In der Beobachtung seiner Ordensgelübde waren ihm auch Kleinigkeiten wichtig. Mönch sein hiess bei ihm mehr thun und arbeiten, als der Mensch, der Christ, der Geistliche schuldig sind. Besonders äusserte er mehrmals vor seinem Tode, dass er sich glücklich schätze, als Benediktiner zu sterben. Und wirklich war sein Tod für ihn das, was er für einen christlichen Philosophen in jeder Rücksicht sein kann. Hier zeigte sich sein erhabener Geist in seiner ganzen Grösse. Nachdem Reuss drei Vierteljahre an der Gelbsucht gekränkelt hatte, und beinahe wieder hergestellt zu sein schien, so verfiel er den 25. Juni 1798 in eine Krankheit, die Einige für Leberverhärtung, Andere für Entkräftung hielten. Es war jedoch die Wassersucht. Die ersten sechs Wochen seiner Krankheit konnte Reuss manchen Tag ein halbes Stündchen und auch länger ausserhalb des Bettes zubringen. Die letzten sechs Wochen aber waren voll Qual und Schmerzen, die ihm von vierundzwanzig Stunden kaum zwei Stunden Ruhe und Schlaf zuliessen. Die Fingerspitzen ohne Gefühl, die Hände ohne Haltbarkeit versetzten den sonst so rüstigen Mann in die Nothwendigkeit, sich gleich einem Kinde Speise und Trank durch Andere reichen zu lassen. Jede leichte Bewegung, die man an ihm vornehmen musste, drohte ihn zu ersticken, und versetzte ihn in den letzten Tagen in die gefährlichsten Ohn-

Schriften:

1) Dissertatio aesthetica transcendentalis Kantiana, una cum thesibus ex historia philosophiae et mathesi etc. Wirceb. 1788, 27 S. 4. (S. Auserles. Lit. des kath. Teutschl. I. St. 4, S. 590; Oberteutsch. Lit. Ztg. 1788, III. S. 1607; Jenaer Lit. Ztg. 1790, III. S. 79; Allgem. teutsch. Biblioth. Bd. 116, I. S. 129.)
2) Soll man auf katholischen Universitäten Kant's Philosophie erklären? Würzburg 1789, 62 S. 8. (S. Obert. Lit. Ztg. 1789, II. S. 885; Auserles. Lit. des kath. Teutschl. Bd. II. St. 3, S. 434; Feder's und Meiner's Biblioth. III. S. 224; Allgem. teutsche Biblioth. Bd. 116, I. S. 127.)
3) Logica universalis et analytica facultatis cognoscendi purae. Wirceb. 1789, 191 S. 8. (S. Obert. Lit. Ztg. 1789, II. S. 1209; Auserles. Lit. des kath. Teutschl. Bd. III. S. 178; Götting. Gel. Ztg. 1790, I. S. 259; Jenaer Lit. Ztg. 1791, I. S. 228.)
4) Dissertatio, theoria sensualitatis, cum propositionibus ex historia philos. et mathesi. Ibid. 1793, 20 S. 8. (S. Obert. Lit. Ztg. 1793, II. S. 119.)
5) Dissert., theoria facultatis repraesentandi. Ibid. 1793, 24 S. 8. (S. Obert. Lit. Ztg. 1793, I. S. 1127.)

---

machten. So musste er seinem sich langsam nähernden Tode entgegensehen. Bei allen diesen Kämpfen und Schmerzen, die sich mit jedem Tage vermehrten, entfloh ihm kein Seufzer, noch weniger eine Klage. Wenn seine Mitbrüder, die in seiner Krankheit nie von seinem Schmerzenslager kamen, ihm ihre Liebesdienste leisteten, so waren Freudenthränen der Ausdruck seines dankbaren Herzens. Rührend war seine Andacht, rührend seine Entschlossenheit und Gottergebenheit beim Empfange der Sterbsakramente. Dass Reuss in seinem ganzen Leben wirklich religiös und fromm war, das wussten die, welche ihn genauer kannten, schon lange. Einem Vertrauten hatte er einst, als von der Verantwortlichkeit eines Arztes die Rede war, erzählt: „Als ich als angehender Arzt das erste Rezept schreiben sollte, schickte ich zuvor in meinem Zimmer auf den Knieen mein Gebet zu Gott, dass er mir in diesem Unternehmen beistehen möchte.“ — Nachdem Reuss unzählige Leiden seiner schmerzvollen Krankheit mit christlichem Duldermuthe überstanden hatte, und einige Tage lang an die Stelle des Schlafes eine Reihe tödtlicher Ohnmachten getreten war, starb er den schönen Tod eines frommen Priesters. Mit dem Crucifixe in der Hand wechselte er zwischen dem Gebete des ihm beistehenden Priesters und seinem eigenen Gebete ab. Am 26. Sept. vor 6 Uhr Früh fühlte er die schnelle Annäherung des Todes. „Rufen Sie auch die andern Brüder,“ sagte er dem ihm beistehenden Priester, ihn zärtlich bei der Hand fassend, „damit sie sehen, wie ich sterbe.“ Sogleich erschien der P. Prior und die jungen Geistlichen. Ersterer übernahm das Amt des Beistandes, und betete ihm vor. Jedes Gebet wiederholte Reuss mit lauter Stimme. Endlich waren ein brennender Kuss auf den Gekreuzigten und die Worte: „Jetzt beten Sie“ — wobei er einem ihm zunächst stehenden Geistlichen das Crucifix in die Hände gab — sein rührender Abschied von dieser Welt.

6) Theoria rationis, cum propositionibus ex psychologia rationali. Ibid. 1793, 16 S. 8. (S. Obert. Lit. Ztg. 1793, II. S. 447.)
7) Vorlesungen über die theoretische und praktische Philosophie seit dem J. 1789 gehalten, und nur zunächst für seine Zuhörer, auch für jene Denker herausgegeben, welche das Wesentliche der Lehre über Logik, Metaphysik, Naturrecht und Moralphilosophie nach den Grundsätzen der kritischen Philosophie zu verstehen und zu beurtheilen wünschen, ohne Vorlesungon darüber zu hören. Würzb. 1797, 2 Thle. 8.
8) Initia doctrinae philosophicae solidioris. Pars I. Initia logicae. Salisburg. 1798, 127 S. 8. (S. Jen. Lit. Ztg. 1798, II. S. 481; Obert. Lit. Ztg. 1798, I. S. 273; Erlanger Lit. Ztg. 1799, I. S. 592.)
9) Initia doctrinae philosophicae. Pars II. Initia physicae purae (op. posth.), edit. a P. Paul. Metzger. Salisb. 1801. 8.

P. Aloys Lommel, aus Ebern gebürtig, war vom 15. März 1783 bis zu seinem Tode Pfarrer zu Saal an der Röhne (einer Stiftspfarre); † 14. Juli 1817, 76 J. alt. Er war ein bedeutender Kanzelredner. (Jäck, I. Pantheon, S. 679.)

P. Gregor Schöpf, geb. zu Würzburg 30. Nov. 1772, Profess 1791, Priester 18. Dez. 1796. Vor der Aufhebung besorgte er einige Zeit den Gottesdienst für die Garnison, und wurde 1803 im Auftrage der grossherzogl. Regierung zu archivalischen Arbeiten verwendet. Er starb zu Würzburg 22. März 1820. (Felder, Lex. II. S. 311.)

Schriften:

1) Biographie des Würzburgischen Geschichtschreibers P. Ig. Gropp, O. S. B. von St. Stephan zu Würzburg. (In den Würzb. Anzeigen gelehrter und gemeinnütziger Gegenstände, 1797, S. 716—723.)
2) Historisch-statistische Beschreibung des Hochstiftes Wirzburg, mit 13 statistischen Beilagen. Hildburghausen 1802, 620 S. 8.
3) Leitfaden zu einer allgem. Statistik mit Hinweisung auf die wahre und gründliche Staatskunde. Nürnbg. 1805. 8.

Manuscript:

Geschichte des Stiftes St. Stephan zu Würzburg. Er beabsichtigte dieselbe der Oeffentlichkeit zu übergeben. Die Säkularisation hat ihn daran verhindert. (S. Schöpf, Beschreibung, S. 235.)

P. Stephan Hammel, geb. zu Gissigheim unweit Bischofsheim an der Tauber 21. Dez. 1756. Die Anfangsgründe der Musik erlernte er bei dem Schullehrer seines Ortes. Sein Vater liess ihn sofort studiren. Von Königsheim kam er nach Bischofsheim, um die Studien fortzusetzen. Zur fünften Schule kam er nach Würzburg. Dort bildete er sich als

Virtuos im Orgelspiel heran. Im Anfange des philosophischen Kurses trat er zu St. Stephan in den Orden, 14. April 1781 wurde er Priester. Als Componist und Orgelvirtuos erlangte er einen weiten Ruf. Sein meisterhaftes Orgelspiel und besonders seine Begleitung des Choralgesanges zog Viele in die Stiftskirche von St. Stephan. Er componirte mehrere Messen, Konzerte, ein Te Deum, Choralvespern, Cantaten, Variationen für das Clavier, eine Litanei. Alle seine Compositionen sind melodien- und schwungreich, und tragen einen religiösen Charakter an sich. — Ungefähr um das Jahr 1795 wurde er Pfarrer in der Stiftspfarrei Veitshöchheim. Er starb dort 30. Jan. 1830. Bei seinem Musikgenie vernachlässigte er keineswegs die Seelsorge, und war sehr wohlthätig gegen Arme. Das Pfarrbuch von Veitshöchheim sagt von ihm: „Pastor maxime fidelis et zelosissimus." (S. Schöpf, Hist.-stat. Beschreibung von Wirzburg, S. 440—444; Benkert, „Religionsfreund", 1830, Februarheft, S. 65—67; Link, Klosterbuch, II. S. 265—268; Andres B., Fränkische Chronik, 1807, II. S. 56; Hamburger Journal für Musik, 1783, S. 440.)

P. Paul. Metzger, geb. zu Bütthard 22. Nov. 1770, Profess 5. Okt. 1792, Priester 1797. Nach erfolgter Aufhebung Hilfspriester zu Stalldorf, dann Pfarrer zu Retzstadt 1808, Pfarrer zu Wülfertshausen 1816, resignirte c. 1826, starb dort 26. Nov. 1834.

Schriften:

1) Initia doctrinae philosophicae: initia physicae purae, una cum prolegomenis ad metaphysicam auctore Materno Reuss, in abbatia Bened. Wirceburg. ad S. Stephanum presbytero, philos. Dr. et Profess. Opus posth., editum a P. Mezgero. Salisburgi 1801. 8.
2) War Mitarbeiter des Würzburger Gelehrten Anzeigers und der Salzburger Literatur-Zeitung.

Banz.

Banz in Oberfranken (Banthum, Bantum, Bantz), Bisthum Bamberg (ehem. Würzburg). An der Stelle des Klosters stand einst das Schloss der Grafen im Banzgau. Die letzte Erbgräfin von Banz, Alberada, stiftete das Kloster im J. 1071. Die Kolonisirung gieng wahrscheinlich von Fulda aus. Das Stift besass die Dörfer Altenbanz, Nedensdorf, die Herrschaft Gleusdorf, Schloss Buch (Bug) am Forst nebst mehreren anderen Ortschaften. Die Reventüen des Stiftes betrugen im J. 1802 45,000 fl. Hirsching schreibt:[1]) Nicht leicht wird man ein Kloster finden, wo die Wissenschaften in grösserem Flor stehen, als hier. Der Büchersaal ist in doppelter Rücksicht prachtvoll und sehenswerth. Alle Repositorien sind von kostbarem Holze und mit Bronze verziert, und die Decke meisterhaft von Bergmüller aus Augsburg gemalt. Man findet darin kein wissenschaftliches Fach vernachlässigt, in mehreren aber, z. B. im Fache der Diplomatik, der teutschen Geschichte, der Patristik, der Bibeln, des Staatsrechtes, sind die besten und zum Theil seltensten Werke, darunter auch die italienische Literatur ausgezeichnet. Ansehnlich ist der Vorrath von alten Druckwerken.[2]) Ebenso geschmackvoll, als überaus reichhaltig waren das Münz- und Medaillenkabinet, die schätzbare Naturaliensammlung, die aus allen Naturreichen Seltenheiten hatte, das Kunstkabinet, die Gemäldesammlung alter teutscher Meister auf Holz und auf Kupfer."[3]) — Die Klostergebäude sind grossartig. In denselben ist das von einem Italiener gut ausgemalte Refectorium seiner romantischen Lage wegen merkwürdig. Die Schnitzereien im Chor der Kirche, eine Arbeit von Nestfeld aus Wiesentheid, stellen Scenen aus dem Leben des hl. Benedikt dar. Churfürst Max Joseph verfügte 24. Okt.

---

[1]) Stiftslex. S. 291 sq.

[2]) Der grösste Theil der Bibliothek kam in die k. Bibliothek nach Bamberg.

[3]) Vergl. Hirsching, Nachrichten von sehenswerthen Gemäldesammlungen, S. 356 sq.

1803 die Aufhebung. Herzog Wilhelm von Bayern erkaufte 1814 die Klostergebäude nebst Waldungen und mehreren Ortschaften für 300,000 fl. und schuf Banz zu seiner Sommerresidenz um. Grossen Ruf hat die naturhistorische Sammlung von Banz erlangt, deren Gründer Dr. Carl Theodori und P. Aug. Geyer (Benediktiner von Banz) sind.[1])

Literatur:

Baader, Reisen, II. S. 317—328. — Bayern, das Königr., in seinen Schönheiten, II. S. 409 sq. (Beschreibung und Abbildung.) — Birnbaum M. Dr., Alberada, Erbgräfin von Banz. Bamberg 1816. — Bruschius, Chronologia, S. 52—56. — Dinner C., Catalogus et descriptio abbatum monasterii divae Felicitatis, vulgo Münsterschwarzach, ord. S. Benedicti; accessit ejusdem argumenti Bantho, sive descriptio et historia monasterii Banthensis, vulgo Bantz. Ed. II. Wirceburgi 1589, 49 S. 8. (Beide Beschreibungen in lateinischen Versen.) — Gruner J. Fr., Origines M. O. S. B. in Bantz. Coburgi 1751. — Desselb., De instauratione M. O. S. B. in Bantz, facta per Ottonem Ep. Bambergensem. Ibid. 1753. — Hirsching, Stiftslex. S. 281—295. — Desselb., Nachrichten von Gemälde- und Kupferstichsamml. S. 356—364. — Jäck H., Die ehem. Abtei Banz. 1823. 8. — Desselb., Ueber die Entstehung und den Untergang der Abtei Banz, und über die wissensch. Verdienste derselben. (Archiv von Unterfranken, 1846, III. Bd. 2. Hft.) — Nikolai, Reise, I. S. 94—113. — Oesterreicher P., Geschichte der Herrschaft Banz; zweiter Theil, enthaltend Urkunden, die Darstellung der Aebte des vormaligen Klosters. Bamberg 1833, 340 S. 8. Mit einem Anhange und genealogischen Tabellen, 26 S. (Der erste Theil erschien niemals.) — Origines coenobii Banzensis. (Bei Ludewig, script. rer. Bamberg. II. S. 48—65.) — Realencyklopädie, Manz'sche, „Banz" I S. 1006 sq. (In Kürze das Wichtigste beisamm.) — Reg. bav. I. 97, 99, 125, 155, 189, 191, 199. — Roppelt J. B., Beschreibung des Hochst. Bamberg. 1801, S. 191—202. — Schatt, s. dessen Schrift S. 221, sub Nr. 9. — Schweitzer C. A., Todestag der

---

[1]) Theodori sagt in seiner Beschreibung von Banz: Die Abtei stand (zur Zeit der Aufhebung) auf dem Gipfelpunkt ihres Ruhmes, ihrer Gelehrsamkeit und der Verdienste um die Wissenschaften. Die damals lebenden Benediktiner werden ewig in der Literaturgeschichte unseres Vaterlandes fortleben. . . . . Banz hatte das nämliche traurige Loos, wie so viele andere dem Staatsärar zugefallene Klöster. Was im Verlaufe so vieler Jahrhunderte durch vereinte Kräfte ihren Gelübden Alles aufopfernder Männer, durch Beharrlichkeit, Fleiss und Umsicht zusammengebracht wurde, ... wurde nun auf einmal zerstreut. Zerstörungen hatten statt, als ob diese selbst Zweck gewesen wären. Unverzeihliche Verschleuderungen brachten selbst den Staat um mannigfache Vortheile. — Wie schade war es nicht um die grossen Glocken, deren Geläute einst majestätisch von des Berges Höhen weithin in das Thal herabschallte, um bei dieser Bilderstürmerei anderer Art zerschlagen zu werden etc. etc.

Gräfin Alberada von Banz. (Archiv für Unterfranken. Bayreuth (1847), Bd. III. Hft. 3, S. 48 sq.) — Desselb., Vollständiger Auszug aus den vorzüglichsten Calendarien des ehem. Fürstenth. Bamberg. (VII. Bericht des hist. Vereins von Bamberg [1844], S. 67, 319. Enthält Auszüge aus dem Necrologium Banthense.) — Semler J. Sal., Einige zur mittlern Geschichte des berühmten Klosters Banz gehörige Nachrichten. Altdorf 1752, 2 Bg. 4. (Eine seltene Schrift, die einige Verdrüsslichkeiten und Beeinträchtigungen erzählt, welche die Aebte Georg Truchsess von Henneberg und Johann V. mit dem Hochstifte Würzburg hatten.) — Sprenger Pl., s. dessen Schriften S. 216. — Stengelius C., Monasteriologia, Pars II., mit Abbildung. — Sulzbacher Kalender, 1861, S. 131 sq.; 1862, S. 78—86. (Kurze geschichtl. Beschreibung.) — Theodori Dr. C., Geschichte und Beschreibung des Schlosses Banz. Münch. 1846. II. Aufl. Das. 1857. — Vaterl. Magazin, IV. S. 400; V. S. 293. — Wetzlarer Beiträge, II. 1, S. 98.

Manuscripte: In den Sammlungen des hist. Vereins zu Bamberg:

a) Gerichtsordnung aus der Zeit des Abtes Alexander von Rotenhan. († 1554.) — b) Pfortengerichtsbuch vom J. 1677. — c) Jagdprotokolle des Klosters Banz vom J. 1755—1776. — d) Der Einfall der Preussen in Banz, 1757—1759. Mehrere Faszikel. (S. XXV. Bericht, S. 33.) — e) Consuetudines monast. Banthensis. (S. XXVII. Bericht, S. 37.)

Im Pfarrarchiv zu Banz:

Cenotophium anniversarios continens defunctorum fundatorum, benefactorum, abbatum, patrum et fratrum ord. S. Bened. hic in Banth(o) professorum, collectum a. 1665; renovatum 1719.[1])

Von Abbildungen des Stiftes existiren aus dem J. 1629 ein Kupferstich, gestochen von P. Balthasar Weller, O. S. B. in Banz. — Aus dem J. 1786, Kupferstich des P. Joh. Bapt. Roppelt. (Beide Abbildungen im hist. Verein zu Bambg; s. Heller, Verzeichniss, Nr. 438—444. Derselbe Verein besitzt mehrere Porträte von Banzer Aebten, wie von Gr. Stumm, Gall. Dennerlein etc.)

Schriftsteller:

P. Ignatius Cimarolo-Brentano, geb. zu Bamberg 10. Aug. 1673, Profess 1. Aug. 1694, Neomyst 29. Sept. 1697, Prior und Hauschronograph, starb als Jubilar der Profess und des Priesterthums am 24. März 1750.[2])

---

[1]) Der letzte Abt von Banz, Gallus, bezeugt auf dem ersten Blatte, dass dieses Necrologium im Stifte Banz täglich bei der Prim gebraucht worden sei.

[2]) Schatt schreibt von ihm: „Mane ante hor. VI. senio, calculi et podagrae doloribus exhaustus, pluribus editis libris ac relictis manuscriptis clarus, stylo ele-

Schriften:

1) Annus asceticus, seu meditationes super evangelia in singulos anni dies. Norimb. 1725. (Auch deutsch. Münch. 1727.)
2) Epitome chron. mundi christiani. Aug. Vind. 1727, 800 S. Fol.
3) Historicus et encomiastes marianus. Norimb. et Viennae 1729, 880 S. 4.
4) Unterricht der Kinder, wenn sie zur hl. Beicht gehen. Bambg. 1733. 12.
5) Der zweifache Segen Gottes, Pred., geh. am 8ten Tage der Einweihungsfeierlichkeit des Klosters Schwarzach. Würzbg. 1743. 4.

P. Valentin Rathgeber, geb. zu Oberelsbach 3. April 1682, Profess 6. Dez. 1708, Neomyst 18. Okt. 1711, verliess 1729 das Kloster, am 2. Sept. 1738 kehrte er jedoch reumüthig nach Banz zurück. Er war ein äusserst geübter Violoncello- und Orgelspieler, und ein fruchtbarer Componist. Nach schwerem Gichtleiden starb er 2. Juni 1750. Von ihm wurden 22 religiöse musikalische Compositionen veröffentlicht; jedoch die meisten blieben ungedruckt.[1])

P. Gallus Winkelmann, geb. zu Würzburg 6. Juni 1695, Profess 13. Nov. 1715, Neomyst 13. Nov. 1719, Kellermeister 1722 und 1749, Novizenmeister 1724 und 1734, Prior 1726 und 1753, Kastner 1731, Bibliothekar 1739, Waldmeister 1749, † 6. März 1757. Er verewigte seinen Namen in der Geschichte des Stiftes Banz durch die Gründung des dortigen Naturalien-, Kunst- und Münzkabinetes. (Jäck, I. Panth. 1152; Journal von und für Franken, 1792, VIII. Bd. IV. Hft. 2, S. 212; Baader, Reisen, II. S. 320.)

Schrift:

Leichenrede auf Abt Gallus Knauer, S. Ord. Cist. von Langheim. Augsburg 1721, 24 S. 4.

P. Placidus Hubmann, geb. zu Bamberg 6. Dez. 1710, Profess 1. Nov. 1732, Neomyst 30. Okt. 1736. Seine theologische Bildung erhielt er zu Rott am Inn unter P. Alph. Wenzel und P. Virgil Sedlmayr. Er war Lektor der Theologie 1739, Bibliothekar 1745, kam auf den

---

gans, planus et succinctus, nullo fractus labore, mundi et sui contemtor rigidissimus, qui pingues parentum fortunas haeres unicus paupertati religiosae postponens tam avide reliquit, ac eas alii quaerunt." (Schatt, S. 128.) In Bezug auf die biographischen Daten der Banzer Gelehrten benützte ich durchweg Schatt's „Series abbatum Banzensium, additis conventualibus" in der Schrift: „Lebensabriss des Abtes Gallus Dennerlein" (S. 103—159).

[1]) Compositiones musicae, quas praelo non subjecit, et maxima ex parte sacrae sunt, adeo foecundum ejus ingenium produnt, ut unicum virum tot partibus sufficientem vix ullus crederet, nisi qui vidisset, et visis attonitus haereret." (Schatt, S. 131.)

Wunsch des Abtes Gregor Stum als Erzieher des jungen Baron Carl Joh. Alexander v. Rotenhan nach Bamberg 1752, von dort zurückgekehrt Novizenmeister, dann Prior 1756, † 14. Mai 1762. Er war in allen Zweigen der Wissenschaft bewandert und unterstützte des Abtes Gregor wissenschaftliche Bestrebungen auf alle Weise. (Jäck, I. Panth. S. 504.)

Schrift:

Libri duo de logicae artis natura. Bamberg. 1741, 298 S. 4.

P. Burchard Hirnlehe, geb. zu Volkach 15. Sept. 1701, Profess 6. Juni 1726, Neomyst 28. März 1728, Prior seit 15. Sept. 1736, † 26. April 1765. Hauschronograph. (S. Sprenger, Gesch. von Banz, S. 8, §. 5.)

P. Gregor Stum (Stumm), geb. zu Sesslach 30. März 1693, Profess 13. Nov. 1715, Neomyst 13. Nov. 1719, zum Abt erwählt 27. Jan. 1738, Jubilar 1765, † 7. Okt. 1768. Schatt nennt ihn: „Bibliothecae parens, studiorumque restaurator in aeternum celebrandus." (Schatt, S. 131 sq.; Baader, Reisen, II. S. 320; vergl. die Einleitung, S. 18, wo aber der 13. März irrig als der Tag seiner Profess bezeichnet ist.)[1]

P. Roman Metz, geb. zu Prölsdorf 4. März 1725, Profess 13. Nov. 1743, Neomyst 29. Juni 1749, Professor der Theologie in der Abtei Theres, dann Administrator in Buch, Hauschronograph, † 19. Sept. 1777. (Sprenger, Gesch. von Banz.)

P. Columban Rösser, Dr. philos., geb. zu Mönchstockheim 11. Dez. 1736, studirte zu Würzburg und Bamberg, Profess 8. Dez. 1761, Neomyst 14. Okt. 1764. Er war Professor der Philosophie im Kloster (1770). Im Oktober 1772 berief ihn der Fürstbischof von Würzburg, Adam Friedrich von Seinsheim, als Professor der Logik und Metaphysik auf die Universität nach Würzburg; er starb dort als solcher 12. Dez. 1780. Seit dem J. 1776 war er Mitglied der Akademie nützlicher Wissenschaften zu Erfurt. (Baader, Lex. I. 2, S. 175 sq.; Bönicke, Grundriss der Gesch. der Universität Würzburg, II. S. 195; Jäck, I. Panth. S. 923.)[2]

---

[1]) P. Othmar Hartung, geb. zu Neustadt an der Saale 8. Febr. 1714, Profess 29. Juni 1739, Neomyst 29. Juni 1743, Prior, Praeses confrat. ss. rosarii, wurde auf Verlangen des Fürstbischofes Adam Friedrich Prior im Schottenstifte St. Jakob zu Würzburg (1760), dann Administrator der Herrschaft Gleusdorf (1762), starb nach eilfjährigem geduldig ertragenen Krankenlager im Kloster 21. Mai 1777. (Jäck I. Pantheon, S. 433.)

[2]) Die Professoren der Würzburger Universität liessen ihrem Collegen in der Universitätskirche ein Monument mit folgender Inschrift setzen: „Memoriae Columbani Roesser, Stockheimensis, Benedictini Banthensis, philosophiae per septem annos publici et ordinarii professoris, de academia, patria et amicis optime meriti; cujus ossa hic prope quiescunt Diem supremum obiit 1780. 12. decemb."

Schriften:

1) Theses ex institutionibus logicae idealis. Bamberg. 1760. 8.
2) Encyclopaedia positionum philosophicarum ac mathematicarum. Coburgi 1772, 384 S. 8.
3) Commentatio de sensu veri. Wirceburgi 1774. 4.
4) Dissertatio de praejudicio antiquitatis et novitatis. Ibid. 1775, 24 S. 4.
5) Institutiones logicae. Ibid. 1775, 198 S. 8.
6) Institutiones metaphysicae. Ibid. 1776. 8. Nov. edit. ibid. 1795, 120 S. 8.
7) Theses philosophicae ab a. 1774—1779.
8) Primae lineae anthropologiae. Wirceburg. 1776, 64 S.
9) Institutiones geographiae physicae. Ibid. 1777. 8. (S. Lit. des kath. Teutschl. II. S. 202; Schwarz, Anleitung, III. S. 111.)
10) Comm. academ. de ortu amicitiae et de sensu veri. Wirceb. 1778. 8.
11) De gloriae finibus a Cicerone nimium prolatis. Ibid. 1778.
12) De Taciti mores Germanorum exponentis fide non dubia. Ibid. 1778.
13) De quibusdam philosophiae naturalis theoriis. Ibid. 1779, 28 S. 8.
14) Disquisitio libelli: „Entwurf zu der ältesten Erd- und Menschengeschichte." Das. 1779. (S. Lit. des kath. Teutschl. IV. S. 39.)
15) Observationes de cultura humanitatis felicitatem juvante. Ibid. 1778, 16 S. 4.
16) De theologia ab astronomiae studio non sejungenda. Ibid. 1779, 22 S.
17) Institutiones philosophicae de homine et Deo, in usum auditorum suorum accomodatae. Wirceb. 1780, 270 S. 8. (S. Lit. des kath. Teutschl. IV. S. 305; Carus, Gesch. der Psychologie. Leipz. 1808, S. 681.)
18) Institutiones historiae humanitatis. Bambergae 1794 8. (Op. posth.)
17) Verschiedene Aufsätze im „Fränkischen Zuschauer".

P. Gregor Herzog, geb. zu Bamberg 10. Aug. 1743, Sohn eines fürstbischöfl. Hofrathes; Profess 8. Dez. 1761, Priester, mit päpstl. Dispens, 1766, starb zu Bamberg 1. April 1784. Ein Mann, der tiefes Wissen und grosses Rednertalent besass. Er war Mitglied des churfürstl. Predigerinstitutes zu München, und löste eine Preisaufgabe des genannten Institutes (s. unten sub. Nr. 3). (Vollert, Biographie des P. G. Herzog zu dessen Versuch einer charakteristischen Moral. Augsb. 1785; Jäck, I. Panth. S. 461; Kehrein, I. S. 146, 148.)

Schriften:

1) Rede auf das Ordensjubiläum des Abtes Gregor (Stum) von Banz. Bambg. 1765, 68 S. 4.
2) Lob- und Trauerede auf Malachias, Abt von Langheim, S. Ord. Cist. Das. 1774. 4.

3) Preispredigt der kath. Predigergesellschaft [1]) zu München über den Text: „Nolite provocare ad iracundiam filios vestros, sed educate eos in correctione Domini. (Ep. ad Ephesios VI. 4.) 1779, I. Bd. (Augsbg. bei Veith.) (Sie ist bekannt unter dem Namen „Simia St. Chrysostomi", weil sie ganz den Geist dieses grossen Kirchenvaters athmet, und durchweg mit Stellen aus dessen Schriften bereichert ist. Joh. Mich. Sailer stritt mit Herzog um den Preis. Herzog erhielt für die Lösung eine goldene Medaille im Werth von 60 fl.)
4) Ueber den wahren Busseifer, Predigt. (Das. 1780, IV. Bd.)
5) Versuch einer charakteristischen Moral aus biblischen Schilderungen. Augsbg. 1785, XVI. 431 S. (opus posthum., edirt von Vollert, nebst Biographie des P. Gr. Herzog).

NB. Diese Schrift konnte ich ungeachtet alles Bemühens nicht zur Einsicht erhalten, somit Herzogs Biographie nicht ausführlicher geben. In einigen Quellen fand ich als Druckjahr 1787 angegeben.

P. Valerius Molitor, geb. zu Kronach 28. Mai 1728, studirte unter den Jesuiten theils zu Bamberg, theils zu Würzburg, und trat als Philosoph in's Kloster; Profess 1. Jan. 1750, Neomyst 1. Nov. 1753. Er war Cellerarius und Prior, und wurde 24. Okt. 1768 zum Abt erwählt. Einen solchen gelehrten menschenfreundlichen und thätigen Vorsteher musste das Stift Banz haben, um den Ruhm noch ferner zu behaupten, den es unter der Regierung des Abtes Gregor erworben hatte. Er führte bedeutende Bauten auf, unterstützte die Gelehrten und Wissenschaften. Valerius selbst war in der Diplomatik und in der Münzwissenschaft sehr erfahren, und bereicherte das Münzkabinet, ordnete das Archiv und legte Kataloge an. J. G. Meusel eignete dem Abt Valerius einen Band seiner hist. Bibliothek zu. In den Theuerungsjahren 1770 und 1771 war Abt Valerius sehr wohlthätig gegen die Nothleidenden, und liess, um den Leuten Arbeit und Brod zu verschaffen, zu Banz einen Flügel, der heute noch „Hungerbau" heisst, aufführen. — Er starb 1. Mai 1792. (Baader, Reisen, II. S. 320; Hirsching, Stiftslex. I. S. 290; Schlichtegroll, Nekrolog, IV. Jahrg. Bd. II. S. 363—366; Nikolai, Reise durch Deutschl. I. S. 106; Oesterreicher, Gesch. der Herrschaft Banz, S. 332; Roppelt, Hist.-topogr. Beschreibung von Bamberg, I. S. 197.)

P. Ildephons Schwarz, geb. zu Bamberg 4. Nov. 1752, studirte zu Bamberg und trat nach absolvirtem ersten philosophischen Cursus in den Orden. Die Philosophie und Theologie studirte er im Kloster unter P. Columban Rösser, und machte 15. Aug. 1770 Profess. Nachdem Rösser (1772) als Professor nach Würzburg berufen worden, trat P. Pla-

[1]) Dieses Institut nannte sich „Gesellschaft zur Beförderung geistlicher Beredsamkeit", und entstand im J. 1777. Dr. Heinrich Braun zu München führte die Direktion.

cidus Sprenger an dessen Stelle. Unter diesem vollendete Schwarz den theologischen Kurs, und wurde 2. März 1776 zum Priester geweiht. Im J. 1779 wurde Schwarz Professor der Mathematik, Philosophie und Theologie. Als solcher bildete er durch 15 Jahre die Kleriker des Stiftes Banz in den Wissenschaften heran. In spätern Jahren verlegte er sich noch auf Erlernung der englischen Sprache. Obwohl Schwarz mehrere Lehrkanzeln an Universitäten angeboten wurden, und selbst der Herzog von Württemberg, Carl Eugen, ihn als Hofkaplan berufen wollte, so zog er dennoch vor, in Banz zu bleiben. Als Professor wirkte er mit dem grössten Eifer und Glück auf Verstand und Herz seiner Schüler. Seine ganze Erholung bestand in einem Spaziergange in den nahen Wald, zuweilen ergieng er sich im neu angelegten Klostergarten, der vorzüglich durch die Bemühungen des P. Pl. Sprenger zu Stande gekommen war. Die letzten Lebensjahre fühlte Schwarz fast fortwährend Kopfschmerzen und sein Magen verdaute keine Speisen mehr. Dennoch unterliess er nie seine Vorlesungen, die er oft, den Kopf auf die Hand gestützt, fortsetzte. Umsonst gebrauchte er mehrere Kuren. Indess schien sein Körper noch kräftig zu sein, ja am Tage, der seinem Tode vorangieng, zeigte er sich heiterer als je. Am 19. Juni 1794 celebrirte, weil Fronleichnamsfest war, Abt Otto das Pontifikalamt. P. Ildephons war Ceremoniär. Kaum hatte er sich beim Hochamt nach dem Gloria auf seinem Sedile niedergelassen, so rührte ihn der Schlag. Er neigte sich zum Subdiakon hin und sagte: „Schlag"; diess war sein letztes Wort. Man trug ihn in sein Zimmer, wo er nach Empfang der hl. Oelung am selben Tage verschied. Schwarz gehörte unter die Zahl derjenigen Menschen, die nicht zu glänzen, sondern auf dem Posten, wohin sie die Vorsehung gesetzt hat, zu nützen suchten. Genau erfüllte er die Verbindlichkeiten, die ihm als Ordensmann oblagen, war in Gesellschaft anspruchslos und liess seine geistige Ueberlegenheit Niemanden fühlen. Wenn es sich aber um die Wahrheit handelte, vertheidigte er dieselbe muthig. Jäck sagt, dass Schwarz ein äusserst lebhafter Jüngling gewesen, und dass eine Art von unschuldigem Muthwillen ihn im Umgange angenehm gemacht habe. Jedoch nach überstandenem Noviziat (unter P. Anselm Bögner) verlor sich diess gänzlich. Schwarz war bei der Tiefe seines philosophischen Wissens ein wahres Sprachengenie. Er verstand englisch, französisch, italienisch und war in den orientalischen Dialekten wohl bewandert.[1]) (Aus: „An-

[1]) Sein Mitbruder, P. Columban Flieger, verfasste auf Schwarz folgendes Epitaphium: „Piis manibus Plur. Rev. et Doctiss. D. ac Patris Ildephonsi Schwarz, Professi et Professoris in monasterio Banz, qui animi candore ac vitae innocentia infans, addiscendi cupiditate et ardore juvenis, obsequii promptitudine adolescens, aetate aeque ac concilio vir; doctrina, sapientia et eruditione adultus, virtutibus ac meritis senex, obiit 19. Jun. 1794, a. aet. 41, religiosae professionis 24, sacerdotii 19.

denken an P. Ildeph. Schwarz" von P. Othmar Frank. Bamberg 1796. 8. Steht auch nebst dem Porträte von Schwarz in dessen Handbuch der christl. Religion, III. Bd. In der IV. Ausgabe, S. 372—419. Vergl. Baader, Lex. II. 2, S. 132 sq.; Hirsching, Stiftslex. S. 292; Schlichtegroll, Nekrolog auf das J. 1794, I. S. 317—344; Denkwürdigkeiten aus dem Leben ausgezeichneter Teutscher des XVIII. Jahrh. S. 490; Rötger, Nekrolog, St. VI. S. 1053—1055; Jäck, I. Panth. S. 1053—1055.)

Schriften:

1) Rev. Alexandri Geddes, de vulgarium sacrae scripturae versionum vitiis eorumque remediis libellus. Ex anglico vertit et notas quasdam adjecit presbyter et monachus O. S. B. Bambergae 1787, 13 Bg. 8.[1]) (S. Lit. des kath. Teutschl. Bd. 8, S. 261.)
2) Rede bei der Beerdigung des Hochw. Johann Nep., Abtes von Langheim, S. Ord. Cisterc. Bamberg. 1791, 2 Bg. 4.
3) Betrachtungen über einige der wichtigsten Wahrheiten der christl. Religion. Das. 1793, 344 S. 8. (S. Obert. Lit. Ztg. 1793, II. S. 501.)
4) Handbuch der christlichen Religion. 3 Bde. Bamberg und Würzburg 1793—1794. II. Aufl. das. 1797.[2]) III. Aufl. 1802. IV. Aufl. 1804. V. Aufl. 1818. 8. (S. Obert. Lit. Ztg. 1793, II. S. 147; 1794, II. S. 289; Literarisches Magazin für Katholiken, Bd. I. S. 564, 694.)
5) Jacob Archer's Predigten. (Aus dem Englischen.) Bamberg, 1795—1796, 2 Bde. (Nur theilweise von Schwarz, die meisten übersetzte P. Othm. Frank.) (S. Würzb. Gel. Ztg. 1796, S. 409; Obert. Lit. Ztg. 1797, S. 385.)
6) Antonii Genuensis, in regia Neapolitana academia olim philosophiae professoris, elementum artis logico-criticae, libri quinque. De novo edidit, plurimisque in locis auxit. (Op. posth.) Aug. Vind. 1796, 358 S. 8. (S. Neue allgem. teutsch. Biblioth. Bd. 30, II. S. 321; Obert. Lit. Ztg. 1797, I. S. 929.)
7) Anleitung zur Kenntniss derjenigen Bücher, welche den Candidaten der Theologie, den Stadt- und Landpredigern und Vikarien in der kath. Kirche wesentlich nothwendig oder nützlich sind. Auch unter dem Titel: „Handbibliothek für angehende Theologen." (Opus posth.) I. Bd. Coburg 1803, XX. 528 S. II. Bd. das. 1804, XVIII. 836 S., nebst einem Vorbericht und einer freyen Charakteristik des berühmten Ver-

---

[1]) Der Titel des Originals lautet: Prospectus of a new translation of the holy bible from corrected texts of the originals compared with the ancient versions. With various readings explanatory notes and critical observations. By the Rev. Alexander Geddes L. D. D. Glasgow. 1786. Fol. m.

[2]) Diese wurde vom berüchtigten Apostaten Roman Joh. Bapt. Schad veranstaltet, der Vieles, was dem Geiste Schwarz's zuwider, eigenmächtig hinzugefügt hat.

fassers (von J. B. Schad). (S. Obert. Lit. Ztg. 1805, II. S. 681; 1806, II. 140, 1012.)

8) Schwarz war ein thätiger Mitarbeiter der Zeitschriften „Literatur des kath. Teutschland“ und „Magazin für Katholiken“.

Manuscript:

Vorlesungshefte aus der Exegese und Patristik. (Kgl. Biblioth. zu Bamberg, cod. chart. Nr. 2367 und 2368.)

P. Aemilian. Graser, geb. zu Kirchaich 5. März 1756, Profess 29. Juni 1779, Neomyst 12. Okt. 1783, Lehrer des Kirchenrechtes 1792, Chorregent 1794, † 24. Jan. 1795. Ein ausgezeichneter Organist, und in allen Wissenschaften wohlerfahrener Mann. (Jäck, I. Panth. S. 340.)

Schriften:

1) Auserlesene schriftmässige Gebete aus den besten Gebet- und Erbauungsbüchern für nachdenkende Katholiken. Bambg. 1791, 34 Bg. 8.
2) Er war Mitarbeiter von Sprenger's literar. Zeitschriften. (S. Schwarz, Anleitung zur Bücherkenntniss, I. 14, II. 724.)

P. Beda Ludwig, geb. zu Würzburg 12. Febr. 1750, Profess 1. Nov. 1771, Priester 24. Sept. 1774, lehrte im Kloster die Rechtswissenschaften 1784, wurde Professor der theologischen Fächer in der Abtei Theres 1787—1791, Administrator der Stiftsgüter zu Bug (Buch) 1793—1796. Er starb zu Bug 29. Mai 1796. Er war ein tiefdenkender Gelehrter, und zugleich Kunstkenner.

Schriften:

1) Habakuk, der Prophet, nach dem hebräischen Text mit Zuziehung der alten Uebersetzungen übertragen und erläutert. Frankf. und Bamberg 1779, 112 S. 8. (Diese Schrift diente als Seitenstück zu dem Werke: Habakuk vates olim Hebraeus, imprimis ipsius hymnus denuo illustratus. Francof. et Lipsiae 1777, 76 S.)
2) Exegesis psalmi CIX. (Hebraeis CX.) de Messia, Jesu Nazareno, vero Deo, rege et sacerdote, ex veritate hebraica et antiquis versionibus adornata et ut psalterii prodromus proposita. Bambergae 1779, 154 S. 8. (S. Lit. des kath. Teutschl. IV. S. 73.)
3) Er war auch thätiger Mitarbeiter von Sprenger's literarischen Zeitschriften.

P. Chilian Martin, geb. zu Gereuth 5. Dez. 1736, Profess 8. Dez. 1761, Neomyst 14. Okt. 1764, er war Forstinspektor, dann Stiftskassier, zugleich ein berühmter Organist, † 29. April 1797. („Dolendum, quod sui artificii non potuerit instituere haeredem!“ Schatt, S. 140.)

P. Dominicus Schram (Schramm), geb. zu Bamberg 24. Okt. 1722, Profess 13. Nov. 1743, Priester 18. Aug. 1748. Er war vieljähriger Lektor der Theologie zu Banz, von 1782 bis zum Herbst 1787 Prior in der Benediktiner-Abtei Michelsberg bei Bamberg, starb in Banz 21. Sept. 1797. Schram gehört zu den hervorragenderen Theologen, welche der Benediktinerorden in dieser Periode aufzuweisen hat. Seine Schriften wurden in vielen Klöstern des Ordens und auch an Universitäten als Vorlesebücher benützt, und haben bis auf die Gegenwart ihren Werth behauptet. (Baader, Lex. II. 2, S. 116; Hirsching, Stiftslex. S. 292; Jäck, I. Pantheon, S. 1039.)

Schriften:

1) De eo, quod salva fide catholica de animabus brutorum dici potest. 1764, 408 S. 8.
2) Compendium Theologiae dogmaticae, scholasticae, et moralis, methodo scientifica propositum. Aug. Vind. (Rieger), 3 Tomi, 1768. Editio II. emendata et aucta, ibid. 1789. 8. T. I. 816 S.; T. II. 895 S.; T. III. 895 S. Editio nova prodiit Taurini 1837—1839, 3 Tomi.
3) Institutiones juris ecclesiastici publici et privati, hodiernis academiarum Germanicarum moribus accomodatae. Aug. Vind. 1774—1775, 5 Tomi. 8. Editio II. Ibid. 1782. (S. Nov. Bibl. eccl. Friburg. 1775.)
4) Epitome canonum ecclesiasticorum ex conciliis Germaniae collecta. Ibid. 1774.
5) Institutiones Theologiae mysticae ad usum directorum animarum, curatorum, omniumque perfectioni christianae studentium. Ex sacra scriptura, conciliis, S. S. Patribus, mysticis primariis et theologicis rationibus adornatae. Ibid. 1774, 2 Tomi. 8. Nova Editio. Paris. 1868.
6) R. D. Bartholomaei Carranzae, Ord. Praedicator., Summa Conciliorum dudum collecta, cum additionibus Franc. Sylvii, nunc vero in novum ordinem chronologicum redacta, residuis conciliis omnibus aucta, usque ad modernum S. Pontif. Pium VI. continuata, succinctis notis historicis, theologicis et canonicis illustrata, triplici indice, pontificum, conciliorum et canonum instructa, et in 4 tom. distributa. T. I. ab a. Christi 33, usq. ad. a. 599. Aug. Vind. (Rieger) 1778. 8.; T. II. ab a. 599—1199; T. III. ab a. 1200—1545; T. IV. ab a. 1545—1778. Ibid. 1778. (S. Lit. des kath. Teutschl. II. S. 452 und III. S. 194.)
7) Analysis operum SS. Patrum et Scriptorum ecclesiasticorum. Ibid. 18 Tomi, 1780—1796. 8. Tom. I. continet opera: S. Barnabae, Hermae pastoris, S. Clementis Pap., S. Ignatii Ep. et M., S. Polycarpi Ep. Smirn., S. Dionysii Areopag., S. Justini philos. et M., Tatiani Assyri, Athenagorae phil. christ., S. Theophili episc. Antioch., Hermiae philosophi. — T. II. continet opera S. Irenaei Ep. Lugdun. et M., S. Clementis presb. et

catechistae Alexandrini. — T. III.—T. XVIII. cont. opera S. Cypriani, Gregorii, Dionysii, Eusebii, Eustathii, Zenonis, Damasi Papae.

Manuscripte:

1) Philosophia eclectica 1753. (In der k. Biblioth. zu Bamberg, Cod. ch. Nr. 2363.)
2) Beschreibung des Naturalienkabinets der Abtei Banz. 1757. (Das. cod. ch. Nr. 2361.)
3) Beiträge zur Geschichte von Bamberg. (Das. cod. ch. Nr. 2362.)

P. Maurus Hoch, geb. zu Bamberg 16. Dez. 1741, Profess 10. Aug. 1762, Neomyst 30. März 1766, Custos, Inspektor der Stiftswaldungen seit 1793, † 14. März 1800. Er war ein vorzüglicher Physiker und verfertigte mehrere Thermometer, Barometer, Hygrometer, Elektrophore u. s. w. (Hirsching, Stiftslex. S. 293.) [1]

P. Franz Regel, geb. zu Kronach 29. Okt. 1749, Profess 15. Aug. 1770, Priester 24. Sept. 1774, Bursar und Küchenmeister, seit 1796 Kanzleidirektor und Stiftskassier, starb zu Kronach 9. Sept. 1803. (Jäck, I. Panth. S. 895.)

Schrift:

Abhandlung über die Communion unter beiden Gestalten. Aus dem Französ. des J. B. Bossuet, mit verschiedenen Anmerkungen begleitet, sammt Anhang über die Communion der Orientalen. Bambg. und Würzbg. 1780, 34 Bg. 8. (S. Lit. des kath. Teutschl. IV. S. 257.)

P. Placidus Sprenger, geb. zu Würzburg 27. Okt. 1735, widmete anfänglich sich an der dortigen Universität dem Studium der Rechtswissenschaft; Profess 15. Aug. 1763, Neomyst 30. März 1766. Er war im Kloster Professor des Civilrechts und der Theologie, Kanzleidirektor 1778—1788 u. 1796, Prior 1792, Prior der Benediktiner-Abtei St. Stephan zu Würzburg vom 12. Jan. 1796 bis 30. Okt. d. J. Zurückgekehrt Bibliothekar, Director

[1]) P. Otto (III.) Roppelt, vorletzter Abt von Banz, geb. zu Bamberg 13. Sept. 1743, Profess 13. Nov. 1765, Neomyst 15. Okt. 1769, Praeses conferentiarum moralium, mehrere Jahre Kanzleiassessor, seit 1785 Kanzleidirektor, Professor der beiden Rechte 1790—1792, zum Abt erwählt 19. Juni 1792, wurde 1796 von den Franzosen als Geissel nach Bamberg geführt, flüchtete sich beim abermaligen Einfalle derselben (1800) nach Coburg, wo er an Gichtleiden 17. Dez. 1800 starb. Sein Leichnam wurde in aller Stille zu Banz beigesetzt. Er war ein Beförderer der Wissenschaften, ein vertrauter Freund und Kenner derselben, sowie ein Mann von vortrefflichen Eigenschaften des Verstandes und Herzens. (S. Roppelt, Beschreibung von Bamberg, I. S. 197; Oesterreicher, Gesch. der Herrschaft Banz, S. 33?—338. [illegible] sind mir von diesem Abte nicht bekannt.)

clericorum, und 1799 zum zweiten Male Prior. Er zog sich nach der Aufhebung in das Banz nahe gelegene Staffelstein zurück, wo er 23. Sept. 1806 starb. Durch seinen scharfen Verstand und Fleiss wirkte Sprenger in seinen Lehrvorträgen höchst anregend. Durch seine schriftstellerische Thätigkeit erhöhte er nicht wenig den Ruf, den Banz als Gelehrten-Akademie sich bereits erworben. Als Prior erweiterte er den Klostergarten; die schönen Gartenanlagen am Mainabhange, in denen die Besucher von Banz noch heutzutage mit Vergnügen lustwandeln, sind sein Werk.

Nikolai schreibt über Sprenger: „Ich erblickte P. Pl. Sprenger mit Achtung, mit der man einen Mann erblicken muss, der den Gedanken gefasst, seine Mitbrüder zu verbessern, und der, soviel seine Lage erlaubt, Hand an das Werk legt. Er ist ein ernsthafter, etwas in sich verschlossener Mann, in vielen Wissenschaften wohl bewandert und gewiss ein denkender Kopf. Er hatte auch unter den übrigen Religiosen die vorzüglichste Bibliothek.“[1]) Schatt spendet ihm das Lob: „Vir doctissimus, qui multum ad acquirendam amplificandamque monasterii nostri gloriam literarum bene fundatam contulit.“ (S. Hirsching, Stiftslex. S. 293; Jäck, I. Panth. S. 1083 sq.; Nikolai, Reise durch Deutschland, Bd. I. S. 94—113. Sein Bildniss steht vor dem XIV. Bde. der N. Deutschen Bibliothek, und vor dem III. Bde. der Literatur des kath. Teutschland.)

Schriften:

1) Gratulatio episcop. Conrado Francisco facta in ejus electione sub titulo: „Datus a Sione novus praesul imperiali ecclesiae Bambergensi.“ Bamb. 1753. Fol.
2) Glückwunsch auf das Namensfest des Fürstbischofes Adam Friedrich von Würzburg. 1761, 1 Bg.
3) Er gab heraus die gelehrte Zeitschrift: „Literatur des kath. Teutschland.“ Coburg und Nürnberg 1775—1792, 12 Bde. Vom J. 1792 an gab er ihr den Titel: „Literarisches Magazin für Katholiken und deren Freunde.“ Coburg 1792—1798, 6 Hfte.[2]) (S. Allgem. deutsch. Bibliothek, Bd. 29, 2, S. 456; Bd. 35, 1, S. 93; Bd. 38, 1, S. 306; Schwarz, Anleitung, I. S. 12 sq.)
4) Thesaurus rei patristicae, continens dissertationem ex rarissimi D. Nicolai de Nourry apparatu, et Gallandi Nov. bibliotheca Patrum. Wirceburg. 1784—1792, 3 Bde. 4. (S. Biblioth. Nov. eccl. Friburgens. VI. S. 557; Schwarz, I. 44.)

---

[1]) Die meisten Conventualen zu Banz hatten Handbibliotheken, indem sie das Honorar, das sie für ihre schriftstellerischen Arbeiten erhielten, mit Zustimmung des Abtes zur Anschaffung von Büchern verwendeten.

[2]) P. Columb. Flieger war Mitredakteur.

5) Aelteste Buchdruckergeschichte von Bamberg, wo diese Kunst neben Mainz vor allen übrigen Städten Deutschlands zuerst getrieben wurde, aus der Dunkelheit hervorgezogen und bis 1534 fortgesetzt. (Mit Abbildungen.) Nürnberg 1800, 86 S. 4. (S. Würzb. Anzeig. 1800, S. 537.)
6) Diplomatische Geschichte der Benediktiner-Abtei Banz im Franken von den J. 1050—1251. Mit 61 Beilagen und 1 Kupfer. Nürnberg (Lechner) 1803, 399 S. 8.
7) Nothwendige Berichtigung der Biographie des Dr. J. Schad in Jena. Koburg 1803, 1 Bg.
8) Er war mehrere Jahre Redakteur der literar. Zeitung: „Der fränkische Zuschauer", und lieferte Hirsching Beiträge zur Geschichte des Bibliothek des Stiftes Michelsberg bei Bamberg. (S. Versuch einer Beschreibung sehenswürdiger Bibliotheken, III. 2, S. 209—220.)

Manuscripte:

1) Geschichte der Abtei Banz von 1251—1803.
2) Geschichte der wissenschaftlichen Schulen zu Banz.
3) Geschichte der gelehrten Conventualen von Banz.[1]

P. Burchard Vollert, geb. zu Hirschfeld 8. Dez. 1741, Profess 13. Nov. 1765, Neomyst 15. Okt. 1769. Er war Novizenmeister 1783 und 1788, Prior 1792, 1795 und vom 5. März 1802 bis zur Aufhebung. Auch lehrte er im Kloster Kirchenrecht. Er starb zu Altenbanz 19. Juni 1808, indem er am Altar von einem Schlagflusse getroffen wurde. In Betreff seiner Wohlthätigkeit genüge hier zu erwähnen, dass er eine Summe von 600 fl., welche er durch seine literarischen Arbeiten erworben hatte, zur Unterstützung von armen Kranken angelegt wissen wollte, welchem Wunsche Abt Otto am 15. Juni 1798 entsprach. (S. Schatt, S. 144; Jäck, I. Panth. S. 1131; Baader, Lex. II. 2, S. 218.)

Schriften:

1) Erklärung der hl. Schrift nach dem buchstäblichen und geistl. Verstande aus den hl. Vätern, und andern bewährten Schriftstellern der Kirche von S. le Maistre de Sacy, Priester. (Aus dem Französ.) Augsburg (Wolf). Altes Testament, 1787—1818, in 15 Bden.; Neues Testament, 1793—1803, in 12 Bden. (Mit Beihilfe einiger anderer Conventualen von Banz.) (S. Obert. Lit. Ztg. 1788, I. S. 553; Auserles. Lit. des kath. Teutschl. I. S. 210, II. S. 573; Tübinger Gel. Ztg.

---

[1]) Diese drei Manuscripte giengen nach dem Tode Sprenger's in den Besitz des Banzer Conventualen, P. Joh. Chrys. Cantor, über; nach Cantor's Tod (1815) erhielt sie Professor Deuber zu Freiburg im Breisgau. Wo sie gegenwärtig sich befinden, kann der Verfasser nicht angeben.

1789, S. 505; Jenaer Lit. Ztg. 1788, III. S. 749; 1795, III. S. 97; 1796, III. S. 476; 1798, I. S. 229; 1801, II. S. 356.)

2) Biographie des P. Greg. Herzog, O. S. B. von Banz, zu dessen Versuch einer charakteristischen Moral aus biblischen Schilderungen. Augsburg 1787. (?) 8.

3) Laur. Steph. Rondet, Harmonie der histor. Bücher des alten Bundes, vorzügl. um die Bücher der Könige, Chronikon und Machabäer verständlich zu machen. Augsburg 1792, 398 S. 8. (S. Jenaer Lit. Ztg. 1794, I. S. 819.)

4) Register zu Schram's Kirchenrecht und zu einigen Büchern von dessen Analysis Patrum.

5) Verschiedene Rezensionen in der Zeitschrift: „Literatur des kath. Teutschland.“

P. Bernard Jungleib, geb. zu Forchheim 26. Okt. 1752, Profess 1. Nov. 1771, Priester 2. März 1776, Chorregent, Cellerarius, Director Patrum juniorum, Novizenmeister. Er war ein ausgezeichneter Organist, starb zu Bamberg 18. Okt. 1811.

P. Johann Bapt. Roppelt, geb. zu Bamberg 17. Dez. 1744, besuchte daselbst das Gymnasium und die Universität, Profess 13. Nov. 1765, Neomyst 15. Okt. 1769. Er wurde hierauf Prediger in der Stiftskirche. Nachdem er verschiedene Klosterämter, u. a. die Verwaltung der Lehensachen und des Bauwesens verwaltet, verfasste er eine musterhafte Beschreibung aller dem Kloster angehörigen Güter und Bezirke, und Spezialkarten von dem ganzen Fürstenthume Bamberg. Er machte auch auswärts viele geometrische Vermessungen, und später von den Städten Bamberg und Forchheim vollständige Grundrisse. Das Naturalienkabinet des Klosters ordnete er und vermehrte es auf eigene Kosten. Im Juli 1794 würde er an der Universität Bamberg Professor der theoretischen und praktischen Mathematik. Im J. 1804 trat er in den Ruhestand, widmete sich aber fortwährend mathematischen und geometrischen Arbeiten, und gab Unterricht im Zeichnen. Er starb zu Bamberg 11. Febr. 1814. Von Statur war er sehr klein, blass und mager. Er war ein gründlicher Mathematiker und zugleich jovialer Gesellschafter. (Der hist. Verein zu Bamberg besitzt von ihm zwei Porträte.) (Baader, Lex. I. 2, S. 177; Jäck, I. Panth. S. 929—933; Hirsching, Stiftslex. S. 293; Desselb., Nachrichten von sehenswerthen Gemälden und Kupferstichsammlung, S. 356, 364; Nikolai, Reise durch Deutschland, I. S. 98.)

Schriften:

1) Institutio de calculo literali et analysi. Bamberg. 1763, 102 S. 8.

2) Praktische Abhandlung von den Gränzzeichen sammt einer geometri-

schen Unterweisung, zum Nutzen und Gebrauch der Kloster Banzischen Marken. Mit 7 Kupfern. Coburg 1775, 92 S. 8. (S. N. allgem. teutsche Biblioth. Bd. 28, II. S. 504.)

3) Introductio in mathesin, quarumcunque scientiarum cultoribus accommodata, ad ejus quoque studium incitatoria. Bamberg. 1775. N. Aufl. 1777, 204 S. 8. (S. Lit. des kath. Teutschl. Bd. 2, S. 492.)

4) Praktischer Entwurf eines neu zu errichtenden Lager- oder Saalbuches, Urbariums, für Beamte, Cameralisten, Amtsverwalter, Feldmesser etc. (Mit Vorrede von Julius Malblank.) Mit 12 Kupfern. Nürnberg 1792, 21 Bg. Fol. (S. Jen. Lit. Ztg. 1794, II. S. 393, und IV. S. 587; Erlang. gel. Ztg. 1794, St. 28, S. 694; Staatsw. und jurid. Lit. 1794, III. S. 282; Reichsanzeiger, 1794, S. 761; Fränkischer Merkur, 1794, St. 34, S. 619; Tübinger Gel. Ztg. 1795, S. 289.)

5) Oratio praefatoria, qua in Universitate Bambergensi professor matheseos lectiones suas inchoavit. Bamb. 1794. 4.

6) Einige Bemerkungen über praktische Geometrie. Das. 1794, 2 Bg. 4.

7) Systema universae matheseos. Ibid. 1794. 4.

8) Historisch-topographische Beschreibung des kaiserl. Hochstiftes und Fürstenthums Bamberg in 2 Theilen nebst einer geographischen Originalkarte dieses Landes. Bamberg 1801, 693 S. 8. (S. Obert. Lit. Ztg. 1802, I. S. 91.)

9) Geographische Karte des Bisthums und Fürstenthums Bamberg. Nürnberg, vier (?) Auflagen, 1796, 1801, 1804.

10) a) Geometrische Aufnahme und Grundriss der Stadt Bamberg;
b) Abbildung des Stiftes Banz; in Kupfer gestochen. 1786.

Handschriftlich:

11) Geographische Vorstellung des churfürstl. bayerischen Fürstenthums Bamberg. Illuminirte Handzeichnung in 33 Folioblättern. (Im hist. Verein zu Würzburg; s. Contzen, Sammlungen, S. 297.)

12) Ueber Geschützkunde und Geometrie. (Im hist. Verein zu Bamberg; s. 27. Bericht, S. XXXVIII.)

P. Johann Chrys. **Cantor**, geb. zu Lichtenfels 31. März 1775, studirte an der Universität zu Bamberg, Profess 5. Aug. 1794, Priester 18. Mai 1799, von da an Kanzleiassessor und Sonntagsprediger. Im J. 1803 wurde er Pfarrer zu Banz. Im J. 1815 erhielt er die Pfarre Oberailsfeld bei Waischenfeld, starb aber schon am 30. Aug. 1815. Er war k. Distrikts-Schulinspektor und hat sich um die Hebung des Volksschulwesens grosse Verdienste erworben. (Baader, Lex. I. 1, S. 69; Felder, Lex. I. S. 122; Jäck, I. Panth. S. 168 und 1190.)

Schriften:

1) Gedichte. I. Thl. Bamberg 1798, 154 S. 8. (S. Erfurt. Gel. Ztg. 1798, S. 269; Jenaer Lit. Ztg. 1799, II. S. 22.)
2) Geschichte der merkwürdigsten Naturbegebenheiten auf unserer Erde, von Christi Geburt bis auf unsere Zeiten. I. Bd. Coburg 1803, 453 S.; II. Bd. 1804, 447 S.; III. Bd. 1805, 345 S. 8. (S. Obert. Lit. Ztg. 1803, II. S. 1052; Hall. Lit. Ztg. 1804, III. S. 245; Neue allgem. teutsche Biblioth. Bd. 95, II. S. 356.)

P. Columban Flieger, geb. zu Bamberg 7. Jan. 1754, Profess 8. Sept. 1784, Priester 20. Sept. 1788, Sekretär des Abtes 1792, Bibliothekar 1796, Novizenmeister 1800, Kanzleidirektor 1802—1803. Er zog nach der Aufhebung des Klosters nach Lichtenfels, wo er 24. Dez. 1815 starb. (Felder, Lex. I. S. 88.) — Flieger war ein thätiger Mitarbeiter der Zeitschrift: „Der fränkische Zuschauer" und besorgte einige Jahre mit Sprenger die Redaktion der gelehrten Zeitschrift: „Magazin für Katholiken und deren Freunde."

P. Joseph Bauer, geb. zu Forchheim 14. März 1745, Profess 13. Nov. 1765, Neomyst 15. Okt. 1769, Präses der Conferenzen über Theologie, seit 1792 Inspektor der Stiftsapotheke, starb zu Redwitz 12. Mai 1817. (Jäck, I. Panth. S. 56.)

Schriften:

1) Das Buch Ekklesiastikus, oder die weisen Sprüche Jesu, des Sohnes Sirach. Bambg. 1793, 15 Bg. 12. (S. Schwarz, Anleit. I. S. 176.)
2) Das Buch Tobias nach der Vulgata mit Zuziehung der orientalischen Sprachen verdeutscht. Das. 1793, 5½ Bg. 12.

P. Wolfgang Lorenzer, geb. zu Bamberg 20. Nov. 1761, Profess 8. Sept. 1784, Neomyst 28. Sept. 1788, Lektor der Philosophie, Adjunkt des Bibliothekars 1796, Waldmeister 1800, Professor des Kirchenrechtes und Kanzleiassessor 1801, Capitelsekretär 1802, starb in Banz 18. Sept. 1819. (Jäck, I. Panth. S. 690.)

Schrift:

Pantheon berühmter Dichter, mit einem Verzeichniss ihrer Werke. Coburg 1798, XX. 383 S. 8.

P. Benedikt Martin, geb. zu Eggenbach 29. Jan. 1736, studirte unter den Jesuiten zu Bamberg, Profess 28. Okt. 1754, besuchte die Universität Würzburg, um die Rechtswissenschaften zu studiren. Barthel und Sündermahler waren seine Professoren. Am 25. Juli 1759 primizirte er, war dann Lektor des Kirchenrechtes 1767, Prior 1777, Administrator der Herrschaft Gleusdorf vom 23. Febr. 1798—1803. Erst nach hartem Kampfe wurde ihm eine höhere Klosterpension bewilligt. Sein dessbalb mehrere Jahre geführter Rechtsstreit ist wegen der verschiedenen Beschlüsse mehrerer Dikasterien, und wegen der eigenthümlichen Oppositionsart des Imploranten merkwürdig. Bis in das höchste Alter blieb Martin thätig und aufmerksam auf die neuesten Erscheinungen der Literatur. Nach der Aufhebung seines Stiftes zog er nach Bamberg, wo er 20. Juli 1820 starb. Schatt sagt von ihm: „Vir per dura et aspera probatus, et sibi constans.“ (Jäck, I. Panth. S. 162; Felder, Lex. III. S. 309.)

Schriften:

1) Meine Ueberzeugung von der heutigen Verfassung der Klöster. (In der Mainzer Monatsschrift.)
2) Schreiben eines alten Mönches an die Verfasser der Mainzischen Monatsschrift. 1787, II. S. 728.
3) Geognostische Beobachtungen im Bambergischen. (Kameral-Correspondent, 1808, Nr. 22, S. 105 sq.)
4) Sichere Mittel, die so schädlichen Ueberschwemmungen des Itzgrundes in Sommermonaten und ihre schlimmen Folgen zu vermeiden. (Kameral-Correspondent, 1808, II.
5) Mehrere gute Rezensionen über rechtswissenschaftliche Werke in Literaturblättern. [1])

---

[1]) P. Gallus Dennerlein, letzter Abt, geb. zu Gunzendorf 20. Jan. 1742, Profess 8. Dez. 1761, Adjunkt des Bibliothekars und Waldmeisters, Kanzleiassessor 1777, Cellerarius und Oekonom 1785, Administrator der Herrschaft Gleusdorf 1789, abermals Cellerarius, zum Abt erwählt 1. Mai 1801. Nach der Aufhebung seines Stiftes zog er sich nach Schloss Buch am Forst zurück, wo er 2. Okt. 1820 starb. Seine Regierung war von zu kurzer Dauer, als dass er seinen Eifer in Förderung des wissenschaftlichen Strebens hätte bethätigen können. (S. Schatt, Lebensabriss des Gallus Dennerlein, Abten und Prälaten des aufgelösten Benediktinerstiftes Banz. Bamberg und Würzburg 1821. 8. Das Porträt dieses Abtes erschien 1801 bei Lochner zu Nürnberg in Kupfer.)

P. Ambrosius Seyfried, geb zu Gmünd am Main 18. Okt. 1775, Profess 28. Juli 1793, Priester 18. Mai 1799, war zur Zeit der Aufhebung vom Abte als Professor der Philosophie designirt, wurde 1804 Pfarrer zu Kirschletten, dann (1813) zu Zapfendorf. Zuletzt pastorirte er die kath. Gemeinde zu Coburg. König Max. verlieh ihm 27. Mai 1814 in Anbetracht der ausgezeichneten Verdienste, die er sich während der in seiner Pfarrei herrschenden Typhusepidemie nicht nur durch Spendung der religiösen Tröstungen, sondern auch durch Selbstbesorgung, Wart und Pflege der Kranken erworben, die goldene Civilverdienst-Medaille. Er starb zu Coburg 5. Juli 1823. (S. Schatt, Lebensskizze des P. Ambros. Seyfried. Bamberg 1823, 35 S. 8.)

Manuscript:

Meine Gedanken vom Mönchthum in Betrachtung der 7 Kapitel des Landrathes Eybel von den Klosterleuten. (In der k. Biblioth. zu Bamberg, Cod. Nr. 2074, 28 Bg. Fol.)

P. Ildephons Schatt, geb. zu Schamelsdorf 6. Jan. 1774, Profess 5. Aug. 1794, Priester 22. Sept. 1798. Er wirkte im Stifte als Lektor der Theologie und Direktor der Kleriker. Nach erfolgter Aufhebung zog er nach Bamberg, redigirte dort ein Jahr die Bamberger Zeitung, und erhielt 7. Nov. 1804 die Stelle eines Professors am dortigen Schullehrerseminar, die er bis zu seinem Tode versah. Seit 1809 war er auch Inspektor der genannten Anstalt. Er starb 4. Jan. 1829 (nachdem er noch am selben Tage seinen Zöglingen in der obern Pfarrkirche die hl. Messe gelesen) in Folge des Austrittes von Gehirngefässen. — Durch Veröffentlichung der Biographie des Abtes Dennerlein und der Series abbatum et Conventualium Banzensium hat er seinem untergegangenen Stifte ein schönes und würdiges Denkmal gesetzt. (Jäck, I. Panth. S. 980; Nekrolog der Deutschen, VII. 1, S. 58—61.) [1])

Schriften:

1) Beyträge zur Standes- und Sittenlehre in einer kritisch-philosoph. Bearbeitung der Chesterfield'schen Erziehungsmaximen. Zunächst für die studirende Jugend meines Vaterlandes. Bamberg 1805, 236 S. (S. Obert. Lit. Ztg. 1805, II. 93, 253; Jen. Lit Ztg. 1807, I. 200, 388.)
2) Aphorismen, als Einleitung in seinen pädagogischen Lehrcursus. Bamberg 1812, 248 S.
3) Skizze einer Geschichte der christl. Katechetik. (In Brenner's theolog. Zeitschrift.)
4) Andenken an die Verdienste des Pfarrers P. Ambros Seyfried, O. S. B. von Banz, um die leidende Menschheit. Bambg. 1814.
5) Sollen Katechismen in Fragen und Antworten eingekleidet sein? (Eine katechetische Abhandlg.)
6) Irr- und Winkelzüge auf dem Felde der Grammatik, Logik und Pädagogik. Bamberg 1822. 8.
7) Des Dekans Pflaum zu Bayreuth Selbstbekenntnisse wider Willen. 1823. [1])
8) Lebenskizze des am 5. Juli 1823 verstorbenen P. Ambros Seyfried, Pfarrers der kath. Gemeinde zu Coburg. Bamberg 1823, 35 S. 8.
9) Lebensabriss des Hochw. Gallus Dennerlein, Abten und Prälaten des aufgelösten Benediktiner-Stiftes Banz. Mit einem Vorworte über die Individualität des Menschen-Karakters, und 10 merkwürdigen Beylagen

[1]) Von dieser Schrift ist mir der Druckort nicht bekannt.

aus der Chronik dieser Abtey von 1071—1803. Bamberg und Würzburg (Göbhardt) 1821, 240 S. 8.[1])

P. Cölestin Stöhr, geb zu Kronach 25. Jan. 1766, Profess 8. Sept. 1789, Priester 25. Mai 1793. Er war Inspektor der Stiftsapotheke 1793—1796, dann Director clericorum und Kanzleiassessor 1801, Adjunkt des P. Waldmeisters 1801—1803. Nach der Aufhebung zog er in seine Vaterstadt, wo er am 19. Mai 1836 starb. Seine Liebe zu den Wissenschaften liess ihn keinen Augenblick müssig; bis zu seinem Tode betrieb er mit Eifer das Studium der Naturwissenschaften, besonders das der Mineralogie. (Jäck, I. Panth. 1107, II. 111; Nekrolog der Deutschen (1838), XIV. 1, S. 346.)

---

[1]) Die erste Beilage (S. 103—159) enthält: Series abbatum Banzensium, ex variis monasterii documentis collecta, additis conventualibus, quantum scire licuit. Von jedem Religiosen gibt Schatt biographische Nachrichten. Derartige Verzeichnisse, so werthlos sie Manchen scheinen mögen, können für den Literaten von Wichtigkeit sein, weil sie gar oft die einzige Quelle für biographische Nachrichten sind, indem bei der Aufhebung der Klöster die Professbücher, Kataloge, Roteln u. s. f. fast durchweg zu Grunde gegangen sind. Aehnliche Arbeiten über Benediktinerstifte sind: Catalogus religiosorum professorum mon. St. Emmerami ab a. 1278—1744. Ratisb. 1744, 34 S. 4. — Lackner J. B., Memoriale seu Altachae inferioris memoria superstes. Passavii 1779. Fol. — Besange H., Synopsis vitae religiosorum O. S. B. Cremifani professorum ab a. 1677-1777. Styrae, 214 S. 8. — Der Catalogus religiosorum M. Cremifanensis vom J. 1877 (verfasst vom Archivar und Kanzleidirektor P. Leonhard Achleutner) enthält die Religiosen des Stiftes vom J. 1777 bis zur Gegenwart. — Saecularis memoria defunctorum monachorum M. S. Petri Salisburgi ab a. 1682—1782. Salisb. 1782, 229 S. 8. (Verfasser ist P. Beda Seeauer.) — Kinnast, Album Admontense. Graecii 1874. Enthält S. 71—132 die seit dem J. 1674 verstorbenen Religiosen. — Album Einsidlense. 1876, 152 S. 8. Enthält S. 97—128 die seit 1800 verstorbenen Religiosen. Verfasser desselben ist P. Adelrich Dieziger, Archivar. (Derselbe hat auch eine Series aller Religiosen des Stiftes Einsiedeln von den ältesten Zeiten angefangen mit ausführlichen biographischen Daten verfasst. 1 Bd. Fol.) — Catalogus religiosorum exempti monasterii Rhenaugiensis, congr. Helveto-benedictinae. (Freiburger Diözesanarchiv, Bd. XII. und XIII.) Von handschriftlichen Arbeiten wäre zu nennen über Weingarten: „Ara funebris", begonnen von P. Gabriel Bucelin. (Nun im k. Archiv zu Stuttgart.) Enthält die Biographien der Religiosen des Stiftes von den J. 1612—1804. Nach Bucelin's Tod haben Verschiedene die Einträge besorgt. — Ueber Engelberg: Catalogus virorum illustrium mon. Montis Angelorum von P. Carl Stadler († 1822). — Ueber Tegernsee: Florilegium sacrum von P. R. Krinner (s. Nachtrag zu Tegernsee). — Ueber St. Blasien: Catalogus omnium Fr. Fr. S. Blasianorum ab a. 1596—1800 et ultra cum observationibus, verfasst von P. Magnus Raunegger und P. Paulus Kettenacker. 1 Bd. Fol. (Biblioth. zu Einsiedeln.) — Epitome religiosorum Ettonis Monasterii (Ettenheimmünster), vitae series, necnon eorundem acta laude digna auctore P. Carolo Will. Vergl. Freiburger Diözes.-Archiv, III. S. 178 u. s. f.

Schriften:

1) Phänomene und Sympathie in der Natur, nebst dem wunderbaren Geheimnisse, Wunden ohne Berührung, vermöge des Vitriols nach K. Digby bloss sympathetisch zu heilen. Koburg 1795. 8.
2) Neues Kunst- und Wunderbuch der Natur. Das. 1798.
3) Magazin nützlicher und angenehmer Materien. (Leipz. 1802 (Schäfer), und Koburg 1804 (Ahl), 2 Thle. 8.
4) Physiognomik, oder Kunst, die Menschen aus dem Gesichte zu beurtheilen. Mit der Silhouette des Verfassers. Koburg und Leipz. 1804, 2 Thle. 561 S. 8. (S. Obert. Lit. Ztg. II. 93, 566.)
5) Repertorium der vorzüglichsten Kunstmaschinen und Kunsterfindungen in unserer Zeit. Koburg 1807.
6) Verzeichniss und Beschreibung einiger von berühmten Meistern verfertigten Gemälde, wie auch von einigen andern ältern und merkwürdigen in Banz. (In Meusel's „Neuen Miszellen artistischen Inhaltes", St. V. S. 623—632. (1797.)
7) Kunstnovellen der Vor- und jetzigen Zeit. Leipz. 1821.
8) Beschreibung mehrerer interessanter Münzen und Medaillen unserer Zeit. Kulmbach 1822.
9) Panorama auf dem Weissenstein mit Karte. Bamberg 1824.
10) Neue Chronik der Stadt Kronach. Kronach 1825, 368 S. (Gemeinschaftlich mit seinem Bruder Hieronymus edirt.)

P. Augustin. Geyer, geb. zu Marktschorgast 17. Aug. 1774, Profess 5. Aug. 1794, Priester 22. Sept. 1798, Sakristeidirektor und Custos 1801, Kanzleiassessor 1802. Nach erfolgter Aufhebung zog er nach Bamberg, und ertheilte dort den Zöglingen des technischen Instituts an Sonn- und Feiertagen Unterricht in den Naturwissenschaften. Im J. 1815 wurde er Pfarrer zu Banz, und starb dort 12. Jan. 1837. — Geyer betrieb mit grossem Eifer das Studium der Mineralogie, und erwarb sich als Kenner, und durch Sammeln und Ausgraben von Petrefakten (besonders der Ichthyosauren), sowie als Mitgründer[1]) der in ihrer Art einzigen Naturaliensammlung zu Banz bleibende Verdienste. Herzog Wilhelm von Bayern und die naturforschende Gesellschaft zu Frankfurt ehrten sein Forschen durch Verleihung von goldenen Medaillen.[2]) (Neuer Nekrolog der Deutschen, XV. 1, S. 84—86.)

[1]) Der eigentliche Gründer dieser Sammlung, welche europäischen Ruf erlangt hat, ist Dr. Carl Theodori. Ueber diesen hochverdienten Mann, der über den Pterodactylus ornithocephalus Banthensis, über den Ichthyosaurus, die Liasformation und Anderes geschrieben, s. Jäck, I. Panth. S. 112 sq.

[2]) Von Geyer ist dem Verfasser keine Schrift bekannt.

P. Dionys. Linder, Mitglied der mineralogischen Gesellschaft zu Jena, geb. zu Bamberg 19. März 1762, und von 19 Kindern das jüngste;[1]) Profess 8. Sept. 1784, Priester 20. Sept. 1788. Nachdem er unter P. Ildeph. Schwarz die Theologie absolvirt hatte, wurde er Keller- und Gastmeister. Schon im J. 1792 begann er eine Sammlung von Schmetterlingen anzulegen, welche er grossen Theils selbst in dem neu angelegten Klostergarten fieng. Abt Otto übergab ihm die Aufsicht über das Naturalienkabinet.[2]) Seine Freundlichkeit gegen die Besucher erwarb ihm zahlreiche Geldspenden, welche er zur Bereicherung der Sammlungen verwendete. Bei der Aufhebung des Klosters erbat sich Linder vom Churfürsten Max Joseph die Gnade, an dem nun zum Staatseigenthum gewordenen Banzer Naturalienkabinet, das sofort nach Bamberg übertragen wurde, auch ferner Dienste zu leisten. Er wurde 8. Aug. 1803 als Custos desselben ernannt. Er traf Anstalt, dass die sehr verwahrlosten Sammlungen der Bamberger Universität gereinigt, und mit der Banzer Sammlung vereinigt wurden. Sie wurden in einem prachtvollen Saale, den Fürstbischof Ludwig hatte erbauen lassen, aufgestellt. Linder schränkte seine Bedürfnisse auf das Nothwendigste ein, um das, was von seiner Klosterpension und Gehalte als Custos[3]) ihm erübrigte, für dasselbe verwenden zu können. Auf diese Weise gelang es ihm, im J. 1823 eine Stiftung von 3000 fl. für das Kabinet zu machen. Ihr folgte eine zweite im Betrage von 2000 fl., und eine dritte von 500 fl. In gerechter Würdigung seiner Verdienste verlieh ihm König Ludwig I. die goldene Verdienstmedaille und den Charakter eines geistlichen Rathes (1833). Linder erwirkte auch, dass die erwähnte Sammlung der Studienanstalt zu Bamberg als Eigenthum überlassen wurde, und für ewige Zeiten den Namen „Linder'sche Naturaliensammlung" führen sollte. — Freiwillig ertheilte er an allen Sonn- und Feiertagen den Schülern des Lyzeums unentgeltlich Unterricht in den naturgeschichtlichen Fächern, und bethätigte seine Liebe zu den Studirenden durch eine Stiftung von 4000 fl. für arme kranke Studenten. Er starb zu Bamberg 13. März 1838.[4]) (Jäck, II. Panth. S. 67; Jäck, Tagblatt, 72; Nekrolog der Deutschen, XVI. 1, S. 314—317.)

---

[1]) Von seinen Geschwistern wurden zwei Franziskaner, einer Cisterzienser zu Langheim, einer Weltpriester und eine Schwester Clarissin.

[2]) Dieses Naturalienkabinet, dessen Gründer P. G. Winkelmann war, ist mit der nachher berühmten Theodori-Geyer'schen naturhistorischen Sammlung zu Banz nicht zu verwechseln, indem letztere erst nach der Aufhebung des Klosters entstand.

[3]) Als solcher bezog er jährlich 500 fl.

[4]) Fürst Pückler-Muskau erwähnt in seinen Werken an mehreren Stellen rühmend der Verdienste und Liebe Linder's zur genannten Sammlung, welche um so mehr Anerkennung verdient, je seltener solche Beispiele werden. Sein Porträt

Schrift:

Beschreibung des k. Naturalienkabinetes zu Bamberg. Münch. 1818. 8.

P. Othmar Frank, Dr. philos., Mitglied der Akademie der Wissenschaften zu München (seit 1826),[1] und ordentlicher Professor der Philosophie und orientalischen Sprachen (insbesondere der indischen und persischen) an der Ludwig-Maximilians-Universität zu München. Er war geboren zu Bamberg 8. Mai 1770, Profess 8. Sept. 1789, Neomyst 24. Juni 1793. Er lehrte zu Banz Theologie 1795, dann Physik und Mathematik 1799, und war Bibliothekar. Der Fürstbischof Franz von Bamberg verlangte ihn als Erzieher der jungen Barone von Buseck, daher Frank 1801 nach Bamberg abgieng. Dort wurde er noch vor erfolgter Regierungsveränderung (18. Sept. 1802) Professor der Philosophie an der Universität. Nach Auflösung derselben (23. Nov. 1803) lehrte er am Lyzeum zu Bamberg. Im J. 1804 privatisirte er und widmete sich dem Studium der orientalischen Sprachen. Im J. 1812 kam er nach München, wurde im Mai 1813 zum Studium des Sanskrit auf Staatskosten nach Paris, und im folgenden Jahre zum gleichen Zwecke nach London geschickt, von wo er im J. 1817 nach München zurückkehrte. Mit Reskript vom 22. März 1821 wurde er ordentlicher öffentlicher Professor der Philosophie zu Würzburg zum Vortrage der orientalischen (besonders indischen und persischen) Sprachen. Am 3. Okt. 1826 wurde er für die Sanskritsprache an die Universität nach München berufen. Seit seinem Aufenthalte im Seminar zu Haileyburg stand Frank in naher Verbindung mit den ausgezeichnetsten englischen Gelehrten seines Faches, wie Wilson, Prinsep, Sir A. Johnson u. s. f. Die philologischen Gesellschaften zu London und Kalkutta übersendeten ihm jederzeit nicht nur ihre Journale, sondern auch die in der Sanskritsprache erschienenen Werke. Im J. 1840 begab sich Frank im Auftrage des Königs Ludwig von Bayern nach Wien, um den Ankauf einer Sammlung indischer Antiquitäten zu besorgen. Dort erkrankte er und starb 16. Sept. 1840. (Permaneder, Annales, S. 453, Nekrolog der Deutschen, 1840, Jahrg. XVIII. 2, S. 1299; Schaden, Gelehrtes München, S. 31.)

---

befindet sich im hist. Verein zu Bamberg. (Heller, Verzeichniss von bambergischen Porträts, Nr. 586.)

[1]) Er war auch ordentl. Mitglied der asiatischen Gesellschaft von Grossbritannien und Irland (zu London), der asiat. Gesellschaft zu Paris, und Ehrenmitglied der asiat. Gesellschaft von Bengalen zu Bombay.

Schriften:

1) Andenken an P. Ildeph. Schwarz, O. S. B. zu Banz. Bamberg 1794. 64 S. 8. Mit dessen Porträt in Kupfer. (S. Schlichtegroll, Nekrolog 1794, I. S. 317; Würzburger gelehrt. Anzeig. II. 166.)
2) Archer's Reden aus dem Englischen übersetzt. Das. 1795, 2 Bde. 8. (Schwarz begann die Uebersetzung.)
3) Das Licht vom Orient. Nürnberg 1808. 8. (S. Obert. Lit. Ztg. 1808, II. S. 38.)
4) Ueber die Cypresse. Aus dem Persischen übersetzt. (Im Morgenblatt, 1808, Monat Juli.)
5) De Persidis lingua et genio commentationes philosophico-persicae. Norimbergae (Stein) 1809. 8. maj. (S. Allg. Lit. Ztg. von Halle, 1810, I. 52–54.)
6) Sam's Rede. Uebersetzt aus dem Persischen. Schahnameh des Ferdusi. (Im Morgenblatt, 1810, März.)
7) Von einer neuen Geschichtsquelle des teutschen Alterthums. (Das. 1810, 9. Okt.)
8) Linguae germanicae origo persica. — Etymologicum Persico Germanicum. Norimbergae (Stein) 1811.
9) Persien und Chili in einem Sendschreiben an Alexander v. Humboldt. Nürnb. 1813.
10) Fragmente eines Versuches über dynamische Spracherzeugung, und Vergleichung der persischen und teutschen Sprache und Mythen. Nürnberg 1813, 129 S. 8. (L. L. Z. 1814, I. 155, 1238.)
11) Ueber die morgenländischen Handschriften der k. Hofbibliothek zu München mit Bemerkungen. München 1814. 8. (Akademischer Verlag.)
12) Conspectus Chrestomathiae Sanscritae. Mon. 1817. 4.
13) Der biblische Orient. München 1820. 8.
14) Chrestomathia sanscrita, quam e codicibus Manuscr. adhuc ineditis Londini exscripsit atque in usum tironum versione, expositione, tabulis grammaticis etc. illustratam edidit Oth. Frank. Monach. 1820—1821, Partes 2, 4 maj.
15) Vjacaranam-Grammatica Sanscriti, nunc primum in Germania edita. Wirceburgi 1823. 4.
16) Vjäsa, Ueber Philosophie, Mythologie, Literatur und Sprache der Hindu. (Zeitschrift über Sprache, Philosophie und Mythologie. München und Leipzig, I. Bd. I. Hft. 1826, II. Bd. III. Hft. 1830.)
17) Die Philosophie der Hindu, Vaedanta Sara von Sadananda, sanskrit und deutsch zum ersten Male übersetzt und mit Anmerkungen und Auszügen aus den Scholien des Rama Krishna-Thirtha begleitet. Münch. 1835. 4. (Akad. Verlag.)

18) Ueber das Bild des Weltbaumeisters Visvakarman in einem Felsentempel bei Illora in Indien. (Philos. Abhandl. der bayer. Akademie der Wissensch. zu München. 1835, Bd. XII. [I].)

19) Ueber ein Denkmal der indischen Mythologie nach einer indischen Zeichnung mit einem Stahlstiche. (Das. Bd. XV. 1838.)

20) Ueber einige indische Idole des k. Antiquariums zu München und zwei indische Köpfe in der Glyptothek Sr. Majestät des Königs. (Das. Bd. XV. 1838.)

21) Ueber die indischen Verwandtschaften im Aegyptischen, besonders in Hinsicht auf Mythologie. (Das. Bd. XVIII. Abth. I. 1841.)

Plankstetten.

Plankstetten (Blankstetten), Bisthum Eichstädt, Landgericht Beilngries. Gestiftet von Ernst, Grafen von Hirschberg, im J. 1129. Am 25. April 1525 wurde es von den Bauern geplündert, und theilweise zerstört, die Urkunden und Bücher verbrannt. Im J. 1632 wurde es zum zweiten Mal von den Schweden geplündert. Nur mühsam konnte sich das Kloster von diesen Schlägen erholen. König Max Joseph hob es im August 1806 auf, nachdem am 26. Dez. 1805 das Eichstädtische Gebiet vom Grossherzog von Toskana an Bayern übergegangen war. Die Besitzungen des Klosters wurden für 163,669 fl. veräussert. Die Klosterkirche ist Pfarrkirche des Ortes. Die Klostergebäude dienen als Pfarrerswohnung; der grössere Theil steht leer.[1])

Literatur:

Falkenstein, Nordgauische Alterthümer, II. S. 326. — Fuchs J. B., Gesch. des ehem. Klosters Plankstetten. (XVI. Jahresber. des hist. Vereins von Mittelfranken. Ansbach [1847], S. 41—96)[2]) — Hefner Otto Titan v., Die Zerstörung des Kl. Plankstetten, ein Beitrag zur Geschichte des 30jährigen Krieges. (Morgenblatt zur bayer. Ztg. 1865, Nr. 293, 294, 297, 303.) — Hirsching, Stiftslex. S. 434 sq. — Mayer A., Series abbatum monast. Blankstettensis. (XVIII. Jahresber. des hist. Vereins von Mittelfranken, 1849,

---

[1]) Zur Zeit der Säkularisation bestand in Mittelfranken nur mehr dieses einzige Mannskloster Benediktinerordens. Alle übrigen, wie z. B. Heidenheim (gestiftet 750), Mönchsroth (gestiftet 1109), St. Aegid zu Nürnberg, giengen schon zur Zeit der Reformation zu Grunde Frauenkloster Benediktinerordens besteht in Mittelfranken noch eines, St. Walburg in Eichstädt, berühmt durch den wunderbaren Oelfluss (St. Walburgisöl). Dieses Kloster, das dem Aussterben sehr nahe war, hat König Ludwig I. am 7. Juni 1835 wieder hergestellt.

[2]) Dort wird (S. 89) irrthümlich bemerkt, dass Plankstetten der bayer. Benediktiner-Congregation angehört habe.

S. 97 sq.) — Mon. boic. IX. S. 400. — Reg. bav. IV. 72, 99, 127, 156, 243, 247, 297, 390, 396. — Stumpf, Handb. S. 691 sq. — Sulzbacher Kalender, 1859, S. 99—106, mit Abbildung.

Manuscripte: In der Staatsbibliothek zu München:

Antiquitates Blankstettenses, d. i. historischer Bericht von den Aebten des Kl. Blankstetten bis zum J. 1757 [1]) (resp. 1794), mit den Wappen der Aebte. 1 Bd. 4.

In den Sammlungen des hist. Vereins von Mittelfranken:

a) Chronik des Kl. Plankstetten vom J. 1697. (S. Verhandl. des Vereins, Bd. XIV. S. 275, und Bd. XXVI. S. 434.)
b) Brems, Das Benediktinerkloster Plankstetten im 30jährigen Kriege. 4. (1836.)

Im Ordinariatsarchiv zu Eichstädt:

a) Antiquitates Blankstettenses, d. i. Kurzer hist. Bericht deren von ersten Fundationsjahren des Kl. Blankstetten vorgestandenen Aebten, sammt unter dero Regierung ergebenen Merkwürdigkeiten. 4. (Reicht bis zum J. 1742, und scheint ähnlich dem Manuscr., das in der Staatsbibliothek ist.)
b) Chronik des Kl. Plankstetten von P. Teynzerer (Aus dieser Quelle schöpfte Fuchs.)

Im Stadtpfarrarchiv zu Beilngries:

a) Chronica Blankstettensia, collecta ex antiquis chronicis et archivi monumentis a quodam monacho Blankstettensi. 2 Voll. (Vol. I. von dem J. 1129—1688; Vol. II. von dem J. 1688—1740.)
b) Chronicon Blankstettense. 4 Voll. (Reicht bis zum J. 1689.)

Schriftsteller:

P. Maurus (Fr. Xav.) Herbst, geb. zu Pleinfeld 14. Sept. 1701, studirte zu Neuburg und Ingolstadt, Profess 11. Nov. 1720. Er vollendete die theologischen Studien im Kloster Michelfeld, und wurde 1726 Priester. Er war 19 Jahre Pfarrcooperator zu Plankstetten. Zum Abt erwählt 24. Sept. 1742, starb er im Rufe der Heiligkeit 4. April 1757. (S. Eichstädter Pastoralblatt, 1857, S. 13—80; Felder, Lit. Ztg. 1822, I. S. 155; Fuchs, Gesch. des Kl. Plankstetten. (XVI. Jahresber. des hist. Vereins von Mittelfranken, S. 86 sq.); Lechner, Benediktiner-Martyrologium,

[1]) Verfasser könnte möglicher Weise P. Willibald Schreiner sein, der 1758 gestorben ist und eine Geschichte von Blankstetten geschrieben hat.

S. 134 sq.; Salzburger Kirchenblatt, 1878, Nr. 12; Sion, 1839, S. 777—779, und 1840, S. 173—174; Strauss A., Viri scriptis, eruditione et pietate insignes, S. 166—172; Suttner J. G., Maurus Xav., Abt von Plankstetten. Eichstädt 1857. 8. — Klauber hat sein Porträt in Kupfer gestochen.)

Schriften:

1) Des schlafenden Caroli Alberti allerdurchlauchtigstes wachendes Herz. . . . Predigt, gehalten bei den P. P. Franziskanern zu Dietfurt. Regensburg 1751. Fol.
2) Der Portiuncula-Ablass. Predigt, gehalten daselbst. Regensburg 1752. Fol.
3) Des schlafenden Grossen Caroli Alberti wachendes Herz. Predigt, gehalten daselbst 1752. (Verschieden von Nr. 1.) Münch. 1752. Fol.
4) Rede auf die Sekundiz des Abtes Anselm (Meiller) zu Ensdorf. Sulzbach 1752. Fol.

P. Willibald Schreiner, geb. zu Herrieden 14. Nov. 1703, Prior, praeses confr. ss. rosarii, Archivar, † 18. Dez. 1758.

Schrift:

Einfältige Gespräch zwischen Vatter und Sohn von der Erzbruderschaft des hl. Rosenkranzes. Sulzbach 1740. 8.

Manuscripte:

a) Annales monasterii Blankstettensis.
b) Repertoria Archivii Blankstettensis.

P. Dominicus Fleischmann, geb. zu Berching 3. Okt. 1714, studirte zu Neuburg und Ingolstadt, Profess 1737, erhielt seine theologische Bildung theils zu Rott am Inn, theils zu St. Jakob in Regensburg, wo Leith und Bayle seine Professoren waren; Priester 1740, Cooperator zu Plankstetten, Lektor der Theologie, Prior, zum Abt erwählt 23. Mai 1757. Als solcher zeigte er sich zur Zeit grosser Theuerung (1771) sehr wohlthätig gegen die Nothleidenden, starb als Jubilar des Ordens und Priesterthums 27. Jan. 1792. (Strauss A., Viri insignes, quos Eichstadium genuit vel aluit, S. 110—113; Eichstädter Pastoralblatt, 1857, S. 42; Fuchs, Gesch. von Plankstetten, S. 87 sq.)

Schriften:

1) Lobrede auf den hl. Franz von Assisi, gehalten zu Beilngries 1748. Ingolst. 4.
2) Königliches Priesterthum, d. i. Predigt bei der Primiz des P. Maurus Rottenberg, O. S. B. von Plankstetten, 15. Jan. 1749. Ingolst. 1749.

3) Schutzschrift der allzeit unbefleckten Jungfrau Maria, contra anonymum sub rosa. Stadt am Hof 1752. 8.
4) Schaubühne der evangelischen Wahrheit, d. i. Sonn- und festtägliche Predigten. München, 2 Bde. 1755, 515 und 485 S. Fol.
5) Leichenrede auf Abt Anselm (Meiller) von Ensdorf. Eichstädt 1761.
6) Lobrede auf den hl. Franz Xav., als hl. Reliquien von ihm 3. Dez. 1762 nach Plankstetten überbracht wurden. Ingolst. 1762. Fol.

P. Franz Xav. Fendt, ein gebürtiger Eichstädter, † 25. Okt. 1795.

Schrift:

Zehrpfennig für die andächtigen Wallfahrter nach Jerusalem, d. i. Betrachtungen über die schmerzhaften Geheimnisse des Leydens Christi. Münch. und Ingolstadt 1762. 8.

P. Roman Reutter, geb. zu Kalmünz 1755, Profess 1776, † 1806. Er componirte mehrere Messen, Litaneien und die Musik zum Singspiel: „Der Weinberg des Naboth.“ (Lipowsky, Mus. Lex. S. 280.)

V. Die Schottenstifte.

St. Jacob in Regensburg.

St. Jacob in Regensburg, unmittelbares Reichsstift. Ungefähr um das J. 1068 kamen zwei schottische Benediktinermönche, Marian und Mercherdach, nach Regensburg, und liessen sich bei Weih-St. Peter nieder, wo sie ein kleines Kloster bauten. Nach und nach kamen mehrere schottische Benediktiner nach Regensburg, so dass das Kloster zu klein wurde. Es wurde ihnen daher im J. 1109 vom damaligen Regensburgischen Burggrafen Otto und dessen Bruder Heinrich und andern Wohlthätern vor dem Roselinthore (am jetzigen Jacobsplatze) ein neues Kloster nebst Kirche zu Ehren des hl. Jacobus des Aeltern erbaut. Dieses Stift war in Bayern, ja in ganz Deutschland das einzige, welches den Säkularisationssturm überlebte, und sich bis auf die neueste Zeit erhielt.[1]) Im J. 1862 lebten im Stifte nur mehr zwei Patres. In Folge Uebereinkommens zwischen dem römischen Stuhle und Sr. Majestät dem Könige von Bayern wurde dieses Stift durch apostol. Breve vom 2. Sept. 1862 aufgehoben, und sein Vermögen theils dem schottischen Seminare zu Rom, theils dem Klerikalseminare der Regensburger Diözese zugewiesen. Die Kirche, ein romanischer Bau, ungefähr aus dem J. 1184, hat ein prachtvolles Portal, wie in Deutschland seines Gleichen nicht zu finden. In den Klostergebäuden befindet sich seit 1872 das Diözesanklerikalseminar. — Das Stift besass zu Kelheim die Propstei St. Johann.

---

[1]) Es wurde wahrscheinlich in Rücksicht auf England nicht aufgehoben.

Literatur:

Acta Sanctorum, Feb. Tom. II. fol. 361. — Baader, Reisen, I. S. 413—416. — Bavaria, Landes- und Volkskunde, Bd. II. 1. Abth. S. 148. — Bülau Th., Die Architektur des Mittelalters in Regensburg, fortges. von J. Popp. Regensburg 1839, Hft. 10. — Ertl, Kurze Uebersicht der vorzügl. Denkwürdigkeiten der Stadt Regensburg. 1842, S. 94. — Hundius, Metropolis, II. S. 275. — Jakob G., Die Kunst im Dienste der Kirche. Landshut 1870, S. 51. — Karch G., Das Portal der Schottenkirche zu Regensburg. Würzb. 1872. 4. — Niedermayer A., Künstler und Kunstwerke der Stadt Regensburg. Landshut 1857, S. 184. — Nikolai, Reise, II. S. 367 sq. — Paricius, Allerneueste Nachricht, S. 243—342. (Kurze Gesch. des Klosters nebst Abbildung.) — Reber Dr., Eine Legende des Schottenklosters in Regensburg. (Verhandl. des hist. Vereins von Oberpfalz, Bd. XXIX. S. 116 sq.) — Ried Th., Histor. Nachrichten von dem Schottenkloster Weyh-St. Peter zu Regensburg. Regensbg. 1813. 8. — Sulzbacher Kalender, 1879, S. 85—109. (Kurze Gesch. nebst Beschreibung der Kirche.) — Tafrathshofer J. B., Das Schottenkloster St. Jakob in Regensburg. Augsbg. Post. Ztg. 1851, 26. Feb. Nr. 57.) — „Das Schottenpriorat zu Kelheim.“ (Kelheimer Wochenblatt, 1856, Nr. 3—32.) — Vaterländisches Magazin, 1840, S. 41 u. 49. — Walderdorff Grf., Regensburg in seiner Vergangenheit und Gegenwart, S. 166—177. — Zeitschrift für christl. Archäologie und Kunst von F. v. Quast und H. Otte. Leipzig 1856, I. S. 21 u. 49. — Ueber die Bibliothek: Hirsching, Versuch, S. 650—670. — Ziegelbauer, Hist. rei lit. I. S. 536.

Mehler L., Worte am Grabe des P. Marian Graham, Priors des Schottenklosters St Jakob, gespr. 26. März 1844 (o. O. 8.) — Die einzige (mir bekannte) Abbildung der Stifter steht bei Paricius l. c., und davon ein Holzschnitt im Sulzbacher Kalender, 1879.[1])

Schriftsteller:

P. Andreas Gordon, Dr. phil., Mitglied der Akademie der Wissenschaften zu München, geb. aus adeligem Geschlechte zu Coforch,[2]) Provinz Angus, in Schottland, 15. Juli 1712. Im J. 1724 kam er nach Regensburg, studirte dort Philosophie und Sprachen, und bereiste dann Italien und Frankreich. Zurückgekehrt trat er 1732 in's Schottenstift St. Jacob, worauf er zur Ausbildung nach Salzburg geschickt wurde.

---

[1]) Ueber die Schottenklöster im Allgemeinen vergl.: De Scotorum monasteriis in Germania, und Indiculus monast. O. S. B. extra Scotiam. (Beide Manuscripte in in der Universitätsbibliothek zu Würzburg.)

[2]) Meusel schreibt Cofforach.

1737 wurde er Professor der Philosophie an der Universität Erfurt, und starb dort 22. Aug. 1750. (Baader, Gel. Baiern, S. 395).[1])

Schriften:

1) Programma de studii philosophici dignitate et utilitate. Erfordiae 1737. 4.
2) Dissertatio de cognitione. Ibid. 1740.
3) Dissertatio de immortalitate animae humanae. Ibid. 1741. 4.
4) Dissertatio utrum duellum sit licitum. Ibid. 1741. 4.
5) Dissertatio de concordandis mensuris. Ibid. 1742.
6) Dissertatio de campana urinaria, una cum parergis ex univ. philosophia. Ibid. 1743.
7) Dissertatio de natura logicae. Ibid. 1744. 4.
8) Phaenomena electricitatis exposita. Ibid. 1744. 8. (Auch deutsch: „Versuch einer Erklärung der Elektricität." Erfurt 1746. 8., und noch öfters.)
9) Philosophia utilis et jucunda. 3 Tomi. Ibid. 1745. 8.
10) Dissertatio de spectris. Ibid. 1746. 4.
11) Unpartheische Nachricht von dem Ursprunge des jetzigen Krieges in Grossbrittannien. Strassburg 1745. 4.
12) Oratio philosophiam novam utilitatis ergo amplectendam, et scholasticam philosophiam futilitatis causa eliminandam suadens. Coloniae 1747. Ratisb. 1748.
13) Epistola ad amicum Wirceburgi degentem. Erford. 1748. 4.
14) Varia philosophiae mutationem spectantia. Ibid. 1749. 4. (I. Aufl. 1734.) (Den Inhalt der einzelnen Dissertationen s. bei Meusel, Lex. der 1750—1800 verstorb. teutschen Schriftsteller, Bd. IV. S. 289.)
15) Physicae experimentalis elementa ad usus academicos composita. (Opus posth. edirt von P. B. Grant.) Erford. 1751—1753 cum XLVIII tabulis aeneis.

P. Bernard **Stuart**, geb. aus adeligem Geschlechte in Schottland 1706, Profess zu St. Jacob 1726, kam 1728 als Kaplan nach Nonnberg bei Salzburg, um sich zugleich an der dortigen Universität auszubilden. Von 1733—1741 lehrte er dort Mathematik, in welchem Fache er ausgebreitete Kenntnisse besass. Seine Lehrmethode fand desto grössern Beifall, weil er jederzeit auf die Anwendbarkeit dieser Wissenschaft für das bürgerliche Leben Rücksicht nahm. Der damalige Erzbischof von Salzburg, Leopold Graf Firmian, ernannte ihn (1736) zum erzbischöfl. geistl. Rathe, und übertrug ihm die oberste Leitung über alle öffent-

[1]) In seinen philosophischen Schriften sollen einige irrthümliche Behauptungen vorkommen. Die Jesuiten widerlegten dieselben.

lichen Bauten.[1]) Das schöne Lustschloss Leopoldskron bei Salzburg wurde nach Stuart's Plan aufgeführt. Zu Augsburg baute er das Theater für die Jesuitenzöglinge. Von verschiedenen Fürsten wurde er in Bauangelegenheiten um seinen Rath befragt. 1742 wurde er als Professor der Mathematik nach Petersburg berufen, jedoch schon im folgenden Jahre kehrte er wieder nach St. Jacob zurück, weil das rauhe Klima sehr nachtheilig auf seine Gesundheit gewirkt hatte. Am 25. Sept. 1743 erfolgte seine Wahl zum Abt von St. Jacob. 1755 unternahm er zur Wiederherstellung seiner Gesundheit eine Reise nach Italien, starb aber schon am 22. Sept. d. J. (Esterl, Gesch. von Nonnberg; Lipowsky, Bair. Künstlerlex. II. S. 126; Verzeichniss der akad. Professoren, S. 17; Paricius, Nachricht, S. 340—342.)

Schrift:

Ephemeris ecclesiastica, astronomica, astrologica, erotematibus et variis joco seriis comitata ad annum 1738. Salisb. 1738. 4.

P. Marian Brockie, Dr. theolog. Er war Professor der Philosophie an der Universität zu Erfurt, und Prior des dortigen Schottenklosters, wirkte 12 Jahre als Missionär in Schottland, kehrte nach Regensburg zurück, und starb als Prior und Senior 1756. Weitere Nachrichten waren nicht zu erlangen.

Schriften:

1) Scotus a Scoto propugnatus, seu quaestiones ad mentem Joannis Duns Scoti. Ratisbon. 1711. 4.
2) Ars philosophice loquendi, sive logica vocalis. Francof. et Lipsiae 1717. 8.
3) Examen doctrinae Quesnellianae. Erford. 1720. 8.
4) Lucae Holstenii Vaticanae Basilicae Can. et bibliothecae Praefecti, Codex regularum monasticarum et Canonicarum additamentis auctus. Aug. Vind. (Veith) 1759, 6 Tom. Fol. (Opus posth.)

Manuscript:

Monasticon scoticum, complectens omnium ordinum monasticorum abbatias, prioratus in regno Scotiae, a tempore susceptae religionis christianae usque ad fatalem illorum dissolutionem; ex codicibus antiquis, membranis et instrumentis, tum domesticis tum extraneis collectum 1751. (S. Acta Erudi-

---

[1]) Schon im J. 1735 übergab er dem Erzbischofe Leopold einen Plan, die Moorstrecken, besonders um Salzburg, urbar zu machen, auf Torf zu graben, und denselben als Brennmaterial zu verwenden. (S. Koch-Sternfeld, über Strassen- und Wasserbau, S. 50 und 120.)

tor. Lips. 1751, Oktoberheft; Leipziger Gelehrten-Ztg, 1751, S. 748; Erlanger gelehrte Anmerkungen in den Beyträgen zur 45sten Woche, S. 716; Hirsching, Versuch einer Beschreib. sehenswerther Bibliotheken Teutschlands, III. S. 658.)

P. Bonifaz Leslie, Dr. philos., Professor der Philosophie an der Universität zu Erfurt, † 8. März 1773, 73 J. alt.

Schrift:

Disputationes philosophicae. . . . .

P. Gallus Leith, von edler Abkunft, in Schottland 30. Dez. 1709 geboren, kam, neun Jahre alt, in's Seminar nach St. Jacob zu Regensburg; 1725 trat er in den Orden, und legte 29. Sept. 1726 Profess ab. Die Philosophie studirte er in Erfurt, die Theologie in Regensburg, und zwar mit so ausgezeichnetem Erfolge, dass sein Professor, P. Alph. Wenzel, ihm das Zeugniss gab, er habe alle seine Schüler, die er in einem Zeitraume von 47 Jahren gehabt, übertroffen. 1732 wurde er Priester, und kam als Kaplan nach Nonnberg, um zugleich die Vorlesungen aus dem Kirchenrechte an der Salzburger Universität zu besuchen. Nach St. Jacob zurückgekehrt, lehrte er Philosophie und Theologie, und stand dem Schottenseminare als Präfekt vor. 1740 gieng er als Missionär nach Schottland, und hatte dort in der Pastoration seines ausgedehnten Distriktes viele Gefahren und Beschwerden zu erdulden. In diese Zeit fielen nämlich die bürgerlichen Unruhen, welche der junge Prinz Carl Eduard erregte, da er an der nord-östlichen Küste Schottlands im Juni 1745 landete, und sich bald an der Spitze einer kleinen Armee von Schotten sah, die sich in ihrer religiösen Freiheit gekränkt fühlten. Leith wurde vom Prinzen Carl zum Gewissensrath erwählt, und in geheimen Aufträgen nach England geschickt, jedoch ohne den gewünschten Erfolg. Nach dem unglücklichen Treffen bei Culloden (27. April 1746) fand Leith glücklicher Weise unerkannt in London ein Asyl, musste aber unter der Volksmenge sehen, wie sein einziger Bruder auf höchst grausame Art hingerichtet wurde, indem man demselben die Eingeweide aus dem lebendigen Leibe riss und sie in's Feuer warf. Endlich entkam Leith verkleidet als Bedienter des bayer. Gesandtschaftssekretärs, H. v. Erdt, (1747) glücklich nach Regensburg. Vom traurigen Schicksal seiner Heerde benachrichtigt, suchte er alsbald wieder um Erlaubniss nach, derselben zu Hilfe kommen zu dürfen. Als ihm seine Obern diess bewilligten, reiste er nach Holland, und bestieg dort ein Schiff; er wurde jedoch verrathen, sofort all' des Seinen beraubt, in den untersten Schiffsraum geworfen und nach London in den Kerker abgeführt. Nach einer halbjährigen Haft wurde er unter der Bedingung, dass er sofort die Insel verlasse, auf freien Fuss gesetzt. Er verliess London, und gieng zu seiner Heerde, der er durch neun Jahre mit der grössten Selbstaufopferung als Seelsorger vorstand. Er würde auch dieselbe nie mehr verlassen haben, wenn ihn nicht seine Mitbrüder zu Regensburg am 2. Juni 1756 einstimmig als Abt erwählt hätten. Rom bestätigte die getroffene Wahl, und so traf Leith im November 1756 zu Regensburg ein. Als Abt zeichnete er sich durch Anspruchslosigkeit und tiefe Religiosität aus. Er starb am 18. Okt. 1775. (Vergl. Butz, Trauerrede auf Abt Gallus Leith. Regensbg. 1775. Fol.)

Schriften:

1) Breviarium doctrinae Patrum. Pedeponti 1740. 4.
2) Conclusiones scholastico-positivae. Ratisbon. 1740. 4.

P. Ildephons Kennedy, Mitglied der Akademie der Wissenschaften zu München, der Gelehrten-Akademie zu Bologna, und der ökonomischen Gesellschaft zu Burghausen. Er war geboren zu Muthel in Schottland 1722, trat in der Folge in's Schottenstift zu St. Jacob, † 9. (al. 11.) April 1804. Seit dem J. 1773 war er churfürstl. Büchercensurrath. In den Naturwissenschaften besass er ausgezeichnete Kenntnisse. (S. Baader, Gel. Baiern, S. 583 sq.; Kohlbrenner, Materialien, 1773, S. 246; Nikolai, Reise, Bd. VI. S. 675; Westenrieder, Denkrede auf Ildeph. Kennedy. Münch. 1804.)

Schriften:

1) Carmen in consecrationem episcopi baronis de Schmid. Ratisb. 1742. 4.
2) Carmen in obitum electoris Moguntini. Erfurdiae 1743. 4.
3) Hauptsätze und Erläuterungen jener physikalischen Versuche, welche Kennedy auf dem akademischen Saale in München angestellt hat. ... Münch. 1763, 146 S. 8. (S. Allgem. Deutsche Biblioth. Bd. I. S. 307.)
4) Abhandlung von den Morästen. (In den Abhandl. der churbayer. Akademie der Wissensch. Bd. I. Abth. 2, S. 127—160. 1763.)
5) Volksbelehrung eines Kometen. Münch. 1765. 8. (Anonym.)
6) Verschiedene physikalische Abhandlungen. (Im „Patrioten von Baiern", 1769.)
7) Ueber einen Stein, welcher vom Himmel gefallen soll seyn. 1774. (Anonym.)
8) Theoretisch-praktisches Werk, die Beförderung der Künste, der Manufakturen und der Handelschaft betreffend, oder Beschreibung der nützlichen Maschinen und Modelle, welche in dem Saale der zur Aufmunterung der Künste, Manufakturen und Handelschaft errichteten Gesellschaft aufbewahrt werden. Erläutert durch Abrisse auf 55 Kupferplatten, nebst einer Nachricht von verschiedenen Entdeckungen und Verbesserungen, so die Gesellschaft in dem Feldbau, den Manufakturen,

der Chemie und den schönen Künsten in England, wie auch in den britannischen Kolonien in Amerika gemacht hat. Durch Wilhelm Bailey. (Aus dem Englischen.) München 1776. 4. (S. Allgem. Deutsche Biblioth. Bd. 28, S. 512; Nürnberg. Gel. Ztg. 1779, S. 665; Hillesheims baier. ökonomischer Hausvater, Bd. I. S. 325—347; Annalen der baier. Literat. Bd. I. St. 2, S. 164.)

9) Abhandlung von dem Bezoar. (Neue philos. Abhandl. der bayer. Akademie der Wissensch. I. Bd. S. 3—37. 1778)

10) Versuche mit dem Eise. (Das. Bd. II. S. 405—466. 1780.)

11) Abhandlung vom Baumsteine. (Das. Bd. III. S. 19—66. 1783.)

12) Abhandlung von einigen in Baiern gefundenen Beinen. (Das. Bd. IV. S. 1—48. 1785.)

13) Anmerkungen über die Witterung, besonders der Jahre 1783—1786. (Das. Bd. V. S. 399—446. 1789.)

14) Ueber die Verwandtschaft des Fuchses mit dem Hunde. Das. Bd. VI. S. 217—242. 1794.)

15) Anmerkungen über das Singen der Vögel. (Das. Bd. VII. S. 170—206. 1797.)

P. Benedikt Arbuthnot, Mitglied der Akademie der Wissenschaften zu München. Er war geboren zu Rora bei Peter-Heard, nördlich von Aberdeen in Schottland 5. März 1737. Seine Eltern gehörten einem altadeligen Schottengeschlechte an. Eilf Jahre alt, kam er in das Schottenseminar St. Jacob zu Regensburg. Am 21. Nov. 1756 nahm er das Ordenskleid. Er wurde Direktor des Schottenseminars, und trug mehrere Jahre Mathematik und Philosophie vor. Am 4. Juni 1776 wurde er zum Abt erwählt, und starb 19. April 1820. Er widmete sich mit besonderer Vorliebe mathematischen und astronomischen Studien, und brachte es darin sehr weit, so dass gelehrte Gesellschaften Deutschlands und Englands den scharfsinnigen Denker für ihre wissenschaftlichen Zwecke zu gewinnen wetteiferten. (Baader, Gel. Baiern, S. 33 sq.; Felder, Lit. Ztg. 1821, I. Intelligbl. Nr. III. S. 48.)

Schriften:

1) Abhandlung von den Kräften der Körper und der Elemente. (Abhandl. der Akademie der Wissensch. zu München, Bd. IX. S. 179—219.) (1775.)

2) Ueber die Preisfrage: „Ob und was für Mittel es gebe, die Hochgewitter zu vertreiben, und eine Gegend vor Schauer und Hagel zu bewahren.“ (Das. S. 400—436.)[1]

---

[1]) Erhielt als Belohnung 50 Dukaten.

3) Ob die Ursache des Steigens und Fallens des Barometers periodisch sey? (Das. Bd. VI. S. 188–266.)
4) Anmerkungen über des H. von Justi Geschichte der Erdkörper. (Das. Bd. VII. S. 207–272.)

P. Bernard Graut, längere Zeit Professor der Philosophie an der Universität Erfurt. Todeszeit unbekannt.[1])

Schriften:

1) Anfangsgründe der Arithmetik, Geometrie und Trigonometrie. Erfurt 1756. 8.
2) Praelectiones encyclopaedicae in physicam experimentalem et historiam naturalem. Erfordiae 1770. 8.
3) Encyklopädische Lehrstunden über die Naturlehre und Naturgeschichte. Gotha 1779. 8.

---

[1]) Am Ende des achtzehnten Jahrhunderts lebte zu St. Jacob P. Maurus Horne, ein um die Bibliothek seines Stiftes sehr verdienter Mann. (Vergl. Baader, Reisen, II. S. 415; Hirsching, Versuch, III. S. 654, 659.)

Am 21. Nov. 1855 starb im Stifte P. Benedikt Deasson, ein Astronom und gelehrter Mathematiker, auch Lehrer des Direktors der Sternwarte zu München, Dr. Joh. v. Lamont († 6. Aug. 1879); geb. zu Huntly 28. Jan. 1771, Profess zu St. Jakob 29. Sept. 1794, Priester 11. März 1797; er war Prior des Stiftes.

St. Jacob in Würzburg.

St. Jacob in Würzburg, gestiftet von Embriko, Bischof von Würzburg im J. 1139 zum Andenken an die ersten Frankenapostel, Kilian, Colonat und Totnan. Im J. 1497 wurden, da alle Schottenbenediktiner bis auf einen ausgestorben waren, Benediktiner aus dem St. Stephanskloster zu Würzburg dahin gerufen, jedoch so, dass den Schotten, wenn solche um Aufnahme anhalten würden, der Eintritt immer offen stand. Vom J. 1506—1516 stand diesem Kloster der berühmte Johannes Trithemius als Abt vor. 1547 war das Kloster ganz ausgestorben, und die Güter fielen dem Bischofe von Würzburg anheim. Fürstbischof Julius Echter von Mespelbrunn räumte das Kloster (1594) wieder den schottischen Benediktinern ein. St. Jacob zu Regensburg besetzte es mit Religiosen. Aufgehoben 1803. Die Kirche, ein romanischer Bau aus dem J. 1146, dient nun als Heumagazin, das Klostergebäude als Militärspital.

Literatur:

Baader, Reisen, II. S. 413 sq. — Gerken, Reisen, II. 343 sq. — Hirsching, Versuch, I. S. 287—293. — Horn Ph. Fr., Joh. Trithemius, Abt des Klosters St. Jacob, mit Porträt. Würzburg 1843. 4. — Link, Klosterbuch, I. S. 402 sq. — Trithemius J., Compendium breve fundationis et reformationis monasterii St. Jacobi O. S. B. in suburbio Herbipolensi, bei Ludewig, Script. Wirceburg. Fol. 993—1004. — Ussermann, Episcopatus Wirceburgensis, S. 279—288. — Wieland M., Das Schottenkloster St. Jacob zu Würzburg, mit dem Grundrisse dieser ehem. Abteikirche. (Archiv von Unterfranken, Bd. XVI. S. 1—182.) — P. Placidus Shan, Benediktiner von St. Jacob, und Missionär; dessen Biographie in der Zeitschrift: „Athanasia", Bd. XIV. Hft. 1, S. 124—127.

Manuscripte: In der Universitätsbibliothek zu Würzburg:

a) Necrologium Scotorum Herbipol. 8.
b) Series abbatum M. Scotorum Herbipol. 4.
c) Aug. Bruce, abb. Scotor. Herbipol. Diarium monast. 8.

Im hist. Verein von Unterfranken: [1])

Chronicon monasterii St. Jacobi Scotorum Herbipoli.

Im hist. Verein von Oberpfalz:

Dotatio et fundatio monasterii St. Jacobi ad Scotos in suburbio Herbipolensi trans pontem Moeni.

Schriftsteller:

P. Maurus Mac-Donald, aus Hebrid in Schottland gebürtig, ein vorzüglicher Blumist, † 2. Jan. 1810.

P. Gallus Carmichael, geb. zu Perth 10. Febr. 1741, Priester 10. Juni 1767, Prior 12. Juli 1791, ein sehr wissenschaftlich gebildeter Mann, der in seinem Sterbejahre noch die neugriechische Sprache lernte. Starb zu Würzburg 22. Okt. 1824.

P. Placidus Geddes, geb. zu Edinburg 2. Juli 1757, Priester 21. Aug. 1781, richtete im J. 1785 im oberpfälzischen Stifte Weissenohe eine Choraldruckerei ein, starb als der letzte Prior seines Klosters zu Würzburg 11. Febr. 1839.

P. Benedikt Ingram, aus Ruth gebürtig, Professor der englischen Sprache an der Universität Würzburg, lebte 1821 zu Frankfurt am Main. Todeszeit unbekannt.

Schrift:

Grammatik der englischen Sprache nach Johorns Grundsätzen der einfachen und reinen Aussprache. Würzbg. 1806. 8.

---

[1]) Derselbe Verein besitzt mehrere Porträte von Aebten aus St. Jacob, unter diesen auch das des Abtes Johannes Trithemius (auf Holz gemalt), und eine Abbildung des Stiftes. — Der Grabstein des Trithemius mit seinem lebensgrossen Bildnisse befindet sich nun in der Neumünsterkirche. — Zur Literatur von St. Jakob hat entfernter Bezug: S. Kuhn, Verehrung des hl. Makarius, ersten Abtes des Schottenklosters zu St. Jakob und Patrons der Stadt Würzburg Würzburg 1853, 74 S. 8. (Enthält S. 1—25 einige histor. Notizen.) — Um die Mitte des vorigen Jahrhundertes lebte im Stifte P. Macarius Cutts; er war Bibliothekar und Mitglied der societas literaria germano-benedictina.

VI. Die nach der Säkularisation entstandenen Benediktinerstifte.

St. Stephan in Augsburg.

St. Stephan in Augsburg, gegründet von König Ludwig I. 20. Dez. 1834.[1]) Zum ersten Abt ernannte er P. Barnabas Huber, Conventualen des ehem. Reichsstiftes Ottobeuren. Das Stift ertheilt den Unterricht am kathol. Gymnasium und Lyzeum zu St. Stephan[2]) und leitet zwei Erziehungsinstitute, das eine für Zöglinge aus dem Bürgerstande, das durchschnittlich 80 Jünglinge zählt, und das andere vorherrschend für adelige Studenten, ungefähr für 50 berechnet. König Ludwig hat dem Stifte das ehem. Reichsstift Ottobeuren als abhängiges Priorat einverleibt,[3]) wo gegenwärtig vier Conventualen aus St. Stephan die ausgedehnte Ortsseelsorge versehen. Einige Laienbrüder unterrichten dort verwahrloste Knaben in verschiedenen Handwerken. Das Conventgebäude von St. Stephan ist Eigenthum des Militär-Aerars, nicht aber die beiden Seminare, welche das Stift auf eigenem Grund, und auf eigene Kosten erbaut hat.

Literatur:

Boll J. Ev., Die ersten zehn Jahre des Benediktinerstiftes St. Stephan in Augsburg. (Progr.) Augsburg 1846, 28 S. 4. — Eröffnung, feierl., des Benediktinerstiftes St. Stephan in Augsburg und Uebergabe der kath. Studienanstalt an dasselbe. (Conferenzarbeiten der Augsburger Diözesangeistlichkeit, Bd. IV. Hft. 2, S. 69—111.) — Schematismus des Bis-

---

[1]) Papst Gregor XVI. bestätigte die Stiftung 19. Mai 1835. Die Constituirung erfolgte am 5. Nov. 1835.

[2]) Im Schuljahre 1879/80 wurden an der Studienanstalt über 670 Schüler inscribirt.

[3]) Die Gebäude blieben Staatseigenthum.

thums Augsburg. 1835, S. 182; 1836, S. 180—192. — Sulzbacher Kalender, 1853, S. 59—66. (Kurze Beschreibung, nebst Abbildung.) — Zur Feier des 5. Nov. 1835 von P. Dionys Priglhuber, O. S. B. von Michelbeuern.[1])

Schriftsteller:

P. Joseph M. Heis, s. St. Ulrich, II. S. 132.

P. Barnabas Huber, s. Ottobeuren, II. S. 110.

P. Franz Leimer, geb. zu Kriegshaber 6. Febr. 1828, Profess 21. Nov. 1849, Priester 7. Aug. 1853; er war als Kleriker 1850—1851 Seminarpräfekt, nach der Priesterweihe Studienlehrer, starb aber schon 14. Nov. 1853.

Schrift:

Die Flora von Augsburg mit Berücksichtigung ihres medizinisch-ökonomisch-technischen Werthes, nebst einer Namenerklärung. Mit einer Karte des Florengebietes. Augsb. 1854, 370 S. 8. (Kollmann.) (Op. posth.)

P. Stephan Postelmayer(ayr), geb. zu Augsburg 28. Nov. 1799, Priester 20. Aug. 1824, dann Stadtkaplan bei St. Ulrich, seit 14. März 1828 Benefiziat von St. Margareth in Augsburg, trat gleich bei Errichtung der Abtei St. Stephan 5. Nov. 1835 in dieselbe ein, Profess 7. Nov. 1836, 1837—1842 Custos und Oekonom, 1841—1842 Subprior, 1842—1845 Prior und Oekonom in Ottobeuren, 1843—1845 zugleich Novizenmeister, 1845—1850 und 1852—1855 Prior, Stiftsdekan und Oekonom in Augsburg, Pfarrvikar, Novizenmeister und Oekonom in Ottobeuren, kurz vor des Abtes Barnabas Tod und während des folgenden Interregnums 1851 Prior von St. Stephan. Ausserdem war er 1839—1842 Conservator der dem Stifte übergebenen Sternwarte und Ausschussmitglied des hist. Vereins für Schwaben und Neuburg. Während eines Erholungsaufenthaltes in Ottobeuren starb der um das Stift hochverdiente Mann eines plötzlichen Todes am 1. Juli 1855.

Schriften:

1) Legende der Heiligen auf alle Tage des Jahres für das christkath. Volk. 4 Thle. Augsb. 1834—1836. kl. 8. V. Aufl. das. 1851. (Schlosser.)
2) Das Salve Regina. Das. 1836. 8.
3) Die 7 leiblichen Werke der Barmherzigkeit. Das. 1836. 8.
4) Die hl. 10 Gebote Gottes. Das. 1838. 8.
5) Abhandlung über den St. Ulrichskelch zu Ottobeuren und den Sarg des

[1]) Der Vollständigkeit wegen soll auch die Skandalschrift: „Mein Austritt aus der römischen Kirche und dem Stifte St. Stephan in Augsburg" von M. Böck genannt werden.

selig. Abtes Rupert I. von Ottobeuren nebst lithographischen Abbildungen. (Combinirter Jahresbericht des hist. Vereins von Schwaben und Neuburg, XVII./XVIII. 1853. 4.)

P. Alexander Felder, geb. zu Dillingen 7. Juli 1802, Priester 28. Aug. 1830, Profess 7. Nov. 1836. Er war Studienlehrer zu St. Stephan bis 1852, Prior und Pfarrvikar zu Ottobeuren 1852—1857, von 1857 bis zu seinem Tode dort Bibliothekar, † 27. Nov. 1860.[1])

Schriften:

1) Institutiones ad eloquentiam.
2) Syntaxis ornata.
3) Mnemotechnik, vorgetragen von Otto Revenlow.
4) Allgem. Geschichte, mnemotechnisch bearbeitet.
5) Die Verlobten von Manzoni. (Aus dem Italienischen übersetzt.)

P. Placidus Lengmüller, geb. zu Landshut 17. Jan. 1823, Profess 16. Okt. 1842, Priester 26. Sept. 1845, 1845—1847 Seminarpräfekt zu St. Stephan, 1847—1850 und 1852—1857 Novizenmeister und Oekonom zu Ottobeuren, 1850 zur Aushilfe im Stifte St. Bonifaz, 1857—1865 Pfarrvikar zu Ottobeuren, von 1857—1861 und 1863—1865 zugleich Prior, starb dort 4. Mai 1865. (S. Brunner, Rede am Grabe des P. Pl. Lengmüller. Ottob. 1865. 8.)

Manuscript:

Ottobeurische Denk- und Sehenswürdigkeiten. 4. (Biblioth. zu Ottob.)

P. Anton Kuissl, geb. zu Wettenhausen 12. Dez. 1826, Profess 21. Nov. 1849, Priester 29. Okt. 1851, 1851—1857 Seminarpräfekt, 1855—1857 Custos, 1857 bis zu seinem Tode Seelsorgspriester in Ottobeuren, starb zu Augsburg, wo er Heilung suchte, 28. Jan. 1868.

Schrift:

Das Gnadenbild Maria in Eldern in der Kloster- und Pfarrkirche zu Ottobeuren. Geschichte der Wallfahrt nebst einigen Andachtsübungen zum Gnadenbilde. Ottobeuren 1866, 71 S. (Ganser.) 12.

P. Johannes Chrysostomus Loessl, geb. zu München 18. Jan. 1824, Profess 2. Febr. 1845, Priester 11. Sept. 1847, nacheinander im Orden Novizenmeister, Kleriker-Direktor, Custos, Oekonom zu Otto-

---

[1]) Pseudonym gab er heraus: Regeln für Fussgeher von Viandante. Dillingen 18 . .

beuren und Inspektor des dortigen Institutes, an der Studienanstalt bei St. Stephan Lehrer der hebräischen Sprache, Seminarpräfekt, Studienlehrer, Gymnasialassistent, starb am 10. Juli 1869.

Schrift:

Entwicklung der römischen Dichtkunst bis auf Horaz. (Progr.) Augsburg 1867, 44 S. 4. (Pfeiffer.)

P. Philipp Kramer, geb. zu Nassenbeuren 22. März 1818, Profess 1. Mai 1839, Priester 19. Aug. 1841, 1841—1842 Seminarpräfekt, 1842—1843 Studienlehrer, 1843—1861 Professor der Mathematik und Physik am Gymnasium, 1849—1850 Seminardirektor, nach des ersten Abtes Barnabas Tod 1851 fast einstimmig zum Prälaten erwählt, verzichtete jedoch freiwillig auf diese Würde, 1853—1855 Seminardirektor und Subprior, 1854—1861 Professor der Pädagogik am Lyzeum, 1855—1861 Stiftsprior und Oekonom von St. Stephan, 1861—1863 Prior, Oekonom und Inspektor des Institutes zu Ottobeuren, 1863—1865 wieder Professor der Mathematik am Gymnasium, 1865 bis zu seinem Tode am 31. Aug. 1871 Prior und Pfarrvikar zu Ottobeuren.

Schriften:

1) Elementar-Mathematik für Gymnasien. I. Abth.: Elementar-Arithmetik. 2. Aufl. Augsburg 1862. VIII. u. 320 S. 8. (Matth. Rieger.) II. Abth.: Elementar-Geometrie. 2. Aufl. Mit 213 Figuren auf 7 lithographirten Tafeln. Das. 1855, XII. u. 260 S. 8. (Rieger.)
   NB. Die erste Auflage beider Abtheilungen erschien 1851.
2) Anfangsgründe der ebenen und sphärischen Trigonometrie und deren Anwendung auf Lösung quadratischer und kubischer Gleichungen. Mit Anwendung auf einige wichtigere Fälle aus dem Gebiete der Geodäsie, Physik und mathematischen Geographie. Mit 2 lithographirten Figurentafeln. Das. 1852, 140 S. 8. (Rieger.)
3) Die Auflösung der Gleichungen des zweiten und dritten Grades mit Hilfe goniometrischer Funktionen ausführlich und leichtfasslich dargestellt. (Progr.) Das. 1852, 43 S. 4. (Himmer.)
4) Elemente der mathematischen Geographie für den Schul- und Selbstunterricht. Mit 26 Holzschnitten im Texte. Das. 1857, 118 S. 8. (Rieger.)

P. Ludwig Preyssinger, geb. zu Neumarkt in der Oberpfalz 6. Okt. 1810, Profess 15. Aug. 1838, Priester 5. April 1841, 1841—1844 Professor der Mathematik am Gymnasium, 1842—1872 Conservator der Sternwarte, 1844—1872 Professor der Mathematik, Physik, Chemie und Naturgeschichte am Lyzeum, 1845—1872 Infirmarius, † 20. Dez. 1872.

Schriften:

1) Kurzgefasste Lehre vom Ablasse. Augsbg. (Doll) 1843, 1½ Bg. 8.
2) Leitfaden zum Unterrichte in der Arithmetik für lateinische Vorbereitungsschüler. Ulm 1844. 8.
3) Betrachtungen der wichtigsten Unterscheidungslehren der Katholiken und Protestanten. Regensbg. 1845.
4) Naturlehre oder Physik im engern Sinne. Augsbg. 1847, mit 7 Tafeln.
5) Vade mecum für Freunde der Naturwissenschaft. Das. 1847 und 1850, 2 Bde. 12.
6) Grundzüge aus der Lehre von den Kegelschnitten, zugleich kurze Darstellung der Harmonie der Formeln, der Proportionen, Gleichungen etc. (Progr.) Das. 1849, 28 S. 4. (Himmer.)
7) Grundzüge der Kegelschnittslehre. Das. (Rieger) 1849. 16.
8) Versuch einer kurzen Darstellung des elektro-galvanischen Telegraphen. 2 Auflagen. Das. 1850. 8.
9) Praktische Trigonometrie. Das. 1852.
10) Ergänzungsblatt zum astronomischen Bilderatlas. Schwäbisch-Hall. 1853. 8.
11) Versuch einer rationellen Erörterung der erstern Fundamentalpunkte der Elementar-Mechanik. (Progr.) Augsbg. 1858, 24 S. 4.
12) Verschiedene astronomische Notizen zu sehr vielen Kalendern.

P. Theodor Gangauf, zweiter Abt von St. Stephan, geb. zu Bergen 1. Nov. 1809, Priester 28. Aug. 1833, dann Cooperaturprovisor in Pölling, trat gleich bei Errichtung der Abtei St. Stephan 5. Nov. 1835 in dieselbe ein, Profess 7. Nov. 1836, war 1836—1837 Seminarpräfekt und Supplent der philosophischen Fächer am Lyzeum, 1837—1841 Seminarpräfekt und Studienlehrer, 1841—1847 Seminardirektor und seit 1845—1851 zugleich Stiftsdekan, 1847—1851 Rektor der Gesammtstudienanstalt, wurde am 20. Dez. 1851 zum Abte erwählt, 25. März 1852 benedicirt, resignirte freiwillig die Abtei 20. Juli 1859. Von 1841—1875 war er überdiess ohne Unterbrechung Professor der Philosophie am Lyzeum trotz langjähriger Leiden, von denen ihn der Tod am 15. Sept. 1875 erlöste.

Schriften:

1) Metaphysische Psychologie des hl. Augustinus. (Progr.) Augsbg. 1844, 59 S. 4. (Winter.)
2) Metaphysische Psychologie des hl. Augustinus. Fortsetzung. (Progr.) Das. 1845, 40 S. 4. (Kremer.)
3) Metaphysische Psychologie des hl. Augustinus. Fortsetzung. (Progr.) Das. 1847, 51 S. 4. (Kremer.)

4) Verhältniss zwischen Glauben und Wissen nach den Principien des Kirchenlehrers Augustinus. (Progr.) Das. 1851, 34 S. 4. (Kollmann)
5) Metaphysische Psychologie des hl. Augustinus. Abth. 1 u. 2. Das. 1852, X und 450 S. 8. (Kollmann.)
6) Des hl. Augustinus speculative Lehre von Gott dem Dreieinigen. Ein wissenschaftlicher Nachweis der objectiven Begründetheit dieses christlichen Glaubensgegenstandes, aus den Schriften des genannten grossen Kirchenlehrers gegen den unter dem Schein der Wissenschaft dieses christliche Grunddogma bekämpfenden Unglauben zusammengestellt. Das. 1866, XIV u. 448 S. gr. 8. (Schmid.)

P. Matthäus Rauch, geb. zu Marzelstetten 18. Dez. 1814, Profess 29. Sept. 1839, Priester 6. Okt. 1843, 1843—1845 Seminarpräfekt, 1845—1851 Gymnasialprofessor, 1851—1876 Rektor der Gesammtstudienanstalt und Professor der Anthropologie und Pädagogik am Lyzeum, seit 1859 zugleich Seminardirektor, Kreisscholarch, Inspektor der höheren Töchterschulen, Ritter des Verdienstordens vom hl. Michael, starb 31. Juli 1876.

Schriften:

1) Anthropologische Studien. (Progr.) Augsbg. 1864, 44 S. 4. (Pfeiffer.)
2) Anthropologische Studien. Fortsetzung. (Progr.) Das. 1865, 44 S. 4. (Pfeiffer.)
3) Anthropologische Studien. Fortsetzung. (Progr.) Das. 1866, 47 S. 4. (Pfeiffer.)
4) Anthropologische Studien. Fortsetzung. (Progr.) Das. 1868, 40 S. 4. (Pfeiffer.)
5) Anthropologische Studien. Fortsetzung. (Progr.) Das. 1870, 40 S. 4. (Pfeiffer.)

Ueberarbeitet und zusammengefasst in folgendem Werke:

6) Die Einheit des Menschengeschlechtes. Anthropologische Studien. Das. 1873, 428 S. 8. (F. Butsch Sohn.)

P. Matthias Zillober, geb. zu Osterlauchdorf bei Mindelheim 15. April 1818, machte seine Studien zu Augsburg und München. Die Theologie hörte er zu Dillingen. Profess 11. Nov. 1840, Priester 17. Aug. 1842, Novizenmeister zu Ottobeuren 1842, Gymnasialprofessor zu St. Stephan 1843—1871, zugleich Lehrer der hebräischen Sprache, Prior zu Ottobeuren 1871 bis zu seinem Tode 13. März 1877. Er war ein tüchtiger Philolog und Geschichtskenner.

Schriften:

1) Odenathus und Zenobia in Palmyra. (Progr.) Augsbg. 1853, 32 S. 4. (Kollmann.)
2) Eine neue Handschrift der 6 Satyren des Aulus Persius Flaccus. (Progr.) Das. 1862, 34 S. 4. (Himmer.)

P. Bartholomäus Zenetti, geb. zu Augsburg 22. März 1815, Profess 29. Sept. 1839, Priester 19. Aug. 1841, 1841—1845 Studienlehrer, 1845—1853 Gymnasialprofessor, jetzt Professor der Aesthetik, Philologie (seit 1853) und Geschichte (seit 1855) am Lyzeum, Lehrer der italienischen Sprache an der Studienanstalt und seit 1862 zugleich Stiftsprior.

Schriften:

1) Explicationes ad nonnullos veterum scriptorum locos. (Progr.) Augsburg 1848, 28 S. 4. (Kremer.)
2) Grundriss der italienischen Literaturgeschichte. (Progr.) Das. 1861, 35 S. 4. (Himmer.)
3) Die bildende Kunst des classischen Alterthums. (Progr.) Das. 1869, 47 S. 4. (Pfeiffer.)
4) Italienische Prosastücke in deutscher Uebersetzung. (Progr.) Das. 1878, 48 S. 8. (Pfeiffer.)

R. R. D. Raphael Mertl, dritter Abt von St. Stephan, Ritter des kgl. bayer. Verdienstordens vom hl. Michael I. Klasse, Inhaber des Verdienstkreuzes und der Kriegsdenkmünze vom J. 1870/71, geb. zu Forchheim 16. Okt. 1820, machte seine Gymnasialstudien zu Bamberg, später in Augsburg, trat nach deren Vollendung 1840 in das dortige Benediktinerstift St. Stephan, legte 11. Nov. 1841 Profess ab, studirte in Dillingen Theologie, erhielt die Priesterweihe 24. Aug. 1844, versah 1844—1846 das Amt eines Stiftsbibliothekars und 1844—1848 die Stelle eines Studienlehrers, war 1848—1859 Gymnasialprofessor. Nach der Resignation des Abtes Theodor wurde er am 6. Sept. 1859 zu dessen Nachfolger erwählt und am 2. Febr. 1860 in der Stiftskirche zu Augsburg feierlich benedicirt. Auch als Abt blieb er noch acht Jahre, bis 1867, Ordinarius der dritten Gymnasialklasse, half dann noch längere Zeit in der Schule aus, besonders im Wintersemester 1869/70, wo er für den damals schwer erkrankten freiresignirten Abt Theodor Philosophie am Lyzeum docirte. In seine Regierungszeit (1864) fiel das 1100jährige Jubiläum des altehrwürdigen Stiftes Ottobeuren, zu dessen festlicher Begehung der Abt mit fast sämmtlichen Capitularen St. Stephans in den Herbstferien sich dorthin begab und Alles aufbot, die achttägige Festfeier zu erhöhen. Wegen der vielen Opfer und der grossen persönlichen Sorgfalt, die er in den J. 1870—1871 für die in seinem Stifte verpflegten verwundeten Krieger aufwendete, — ihre Zahl betrug einmal gleichzeitig über, 100 — erhielt er das Verdienstkreuz und die Kriegsdenkmünze, und in Anerkennung seiner Verdienste um Stift und Studienanstalt St. Stephan am 1. Jan. 1873 den Verdienstorden vom hl. Michael I. Klasse. — In den J. 1875/76 wurde von ihm der Neubau des kgl. Studienseminars St. Joseph und 1879/80 der des Erziehungsinstitutes aufgeführt.

Schriften:

1) Die allgemeine Geschichte nach Uschold's Grundrisse für Schulen und zum Privatgebrauche, mnemonisch bearbeitet. Augsbg. 1847, 162 S. 8. (Schmid.)
2) Adnotationes ad Sophoclis Electram in usum discipulorum conscriptae. Partic. I. V. 1—660. (Progr.) Aug. Vind. 1854, 30 S. 4. (Kollmann.)

P. Hieronymus Gratzmüller, geb. zu München 19. Jan. 1824, Profess 2. Febr. 1845, Priester 11. Sept. 1847, 1847—1850 Studienlehrer, 1848—1851 Custos und Ceremoniar, 1854—1856 Professor der Anthropologie am Lyzeum, jetzt Lehrer der Stenographie an der Studienanstalt (seit 1848), Direktor des Institutes für höhere Bildung bei St. Stephan (seit 1850), und Superior der barmherzigen Schwestern (seit 1862). P. Hieronymus ist Gabelsberger's vorzüglichster unmittelbarer Schüler und um die Stenographie hochverdient.

Schriften:

1) Kurzgefasstes Lehrbuch der Gabelsberger'schen Stenographie. Preisschrift. München 1853, 48 u. 36 S. 8. (Georg Franz.) (Im J. 1879 war bereits die 21. Aufl. erschienen.)
2) Wie kann die Erlernung der Stenographie an den bayerischen Gymnasien gefördert werden? (Progr.) Augsbg. 1856, 23 S. 4. (Kremer.)

P. Hieronymus redigirte und authographirte ausserdem:

3) Monatsblätter des Gabelsberger Stenographen-Vereins in Augsburg, sieben Jahrgänge 1857—1864. Augsburg 1857—1864. 8. (Verlag des Vereins, Druck von Stempfle.)
4) Vier Bücher von der Nachfolge Christi von Thomas a Kempis. Nach der deutschen Uebersetzung des Dr. Guido Görres in stenographischer Schrift authographirt. (1. Aufl. 1870.) 2. Aufl. Lindau 1876, XII und 212 S. 16. (Stettner.)

P. Pius Reinlein, geb. zu Bamberg 3. Nov. 1822, Profess 18. Nov. 1846, Priester 20. Okt. 1849, 1849—1853 Seminarpräfekt, 1850—1853 Studienlehrer, 1853—1854 Hilfspriester in Ottobeuren, 1854—1859 Studienlehrer, 1855—1859 Seminardirektor, 1859—1876 Gymnasialprofessor, seit 1876 Fachlehrer für verschiedene Gegenstände.

Schrift:

Der Niobe-Mythus nach Ovid übersetzt und erklärt. (Progr.) Augsburg 1871, 31 S. 4. (Pfeiffer.)

P. Magnus Bernhard, geb. zu Füssen 12. April 1825, studirte zu Augsburg und an der Universität zu München, Profess 18. Nov. 1846, Priester 22. Nov. 1850, Studienlehrer zu Augsburg 1850—1857, gegenwärtig erster Vikar und Bibliothekar zu Ottobeuren. Er verfertigte über die dortige Bibliothek einen Zettelkatalog und brachte viele historisch merkwürdige Gegenstände (Skulpturen, Gemälde, Handschriften u. s. w.), die bei der Säkularisation aus dem Kloster verschleppt wurden, wieder in dasselbe zurück. Der Verfasser hat ihm sehr viele Beiträge zu den Schriftstellern und Gelehrten Ottobeurens zu danken.

Schrift:

Beschreibung des Klosters und der Kirche zu Ottobeuren. Andenken an die eilfhundertjährige Jubelfeier vom 25. Sept. bis 2. Okt. 1864. Ottobeuren (Ganser), 104 S. 8.

P. Thomas Kramer, Rektor der Gesammtstudienanstalt, Professor der Pädagogik am Lyzeum, Mitglied des kgl. Kreisscholarchates, Inspektor der höheren Töchterschulen, Mitglied der kgl. Prüfungscommission für den Einjährig-Freiwilligendienst von Schwaben und Neuburg, geb. zu Augsburg 11. Nov. 1821, Profess zu Metten 11. April 1847, Priester 26. Juli 1847, trat 1855 nach St. Stephan über und ist seit dieser Zeit Gymnasialprofessor, seit 1876 zugleich Rektor etc.

Schriften:

1) Ueber die hypothetischen Sätze. (Progr.) Augsburg 1863, 46 S. 4. (Pfeiffer.)
2) Die gelehrte Tischgesellschaft des Athenäus. V. Buch, Cap. 1—45. In's Deutsche übersetzt und mit Erklärungen versehen. (Progr.) Das. 1872, 88 S. 8. (Pfeiffer.)
3) Preces in usum juventutis literarum studiosae. Editio altera. München 1879, IV u. 350 S. 12. (Ernst Stahl.)

P. Luitpold Brunner, Dr. philos., geb. zu Passau 15. Juni 1823, Profess 30. Nov. 1847, Priester 22. Nov. 1850, 1850—1852 Prediger und Seelsorgspriester in der neuerrichteten Abtei St. Bonifaz in München, 1866 von der Universität Würzburg mit dem Doctordiplome beehrt, 1852—1879 Professor der Religionslehre am Gymnasium, 1867—1878 Professor der Geschichte am Gymnasium und 1876—1878 zugleich der deutschen Sprache in der Oberklasse, jetzt Präses der lateinischen Congregation (seit 1852), Direktor der Laienbrüder (seit 1860), Professor der Moral-, Rechts- und Religions-Philosophie (seit 1875) und der Logik und Metaphysik (seit 1879) am Lyzeum, Stiftsbibliothekar (seit 1870), Ausschussmitglied und Bibliothekar des historischen Kreisvereins für Schwaben und Neuburg.

Schriften:

1) Das Leben des deutschen Apostels Bonifacius. Zugleich als Erklärung der Bilder aus der Geschichte dieses Heiligen in der Basilika zu München. Regensburg 1852, 128 S. 8. (Pustet.)
2) Die Einfälle der Ungarn in Deutschland bis zur Schlacht auf dem Lechfelde am 10. August des Jahres 955. (Progr.) Augsburg 1855, 56 S. 4. (Kremer.)
3) Die Grafen von Hals, ein Beitrag zur Geschichte Bayerns. (Progr.) Das. 1857, 58 S. 4. (Kremer.)
4) Die Markgrafen von Ronsberg. Ein Beitrag zur Geschichte des bayerischen Schwabens. (Progr.) Das. 1860, 46 S. 4. (Himmer.)
5) Beiträge zur Geschichte der Markgrafschaft Burgau. Mit Stammtafel. (29. und 30. combinirter Jahresbericht des hist. Kreisvereins für Schwaben und Neuburg für die J. 1863 und 1864.) Das. 1865, VIII und 114 S. 8. (Pfeiffer.)
6) Beiträge zur Geschichte der Markgrafschaft Burgau. (Fortsetzung.) (31. Jahresbericht des hist. Vereins für 1865.) Das. 1865, 150 S. 8. (Pfeiffer.)
7) Rede am Grabe des Hochwürdigen Herrn P. Placidus Lengmüller, O. S. B. Priors und Pfarrers zu Ottobeuren, gehalten am 7. Mai 1865. Ottobeuren 1865, 8 S. 8. (Ganser.)
8) Catalog der Bibliothek des historischen Kreis-Vereins im Regierungsbezirke von Schwaben und Neuburg, Augsb. 1867, 123 S. 8. (Pfeiffer.)
9) Kaiser Karl's V. Todtenfeier, veranstaltet von Kaiser Ferdinand I. im Dome zu Augsburg am 24. u. 25. Februar 1559. Mit 2 lithogr. Beilagen. Im 34. Jahresbericht des hist. Vereins von Schwaben für 1868.) Augsbg. 1869, S. 67—87. 8. (Pfeiffer.) NB. Auch Separatabdruck.
10) Reise des P. Reginbald Möhner, Benediktiners von St. Ulrich in Augsburg, als Feldcaplans bei den für Spanien geworbenen und unter dem Commando des Markgrafen Leopold Wilhelm von Baden geführten deutschen Regimentern in die Niederlande im J. 1651. Nebst Auszügen aus der Beschreibung früherer Reisen desselben. (Im 35. Jahresbericht des hist. Vereins von Schwaben für 1869 und 1870.) Das. 1872, S. 91—208 8. (Pfeiffer.) NB. Auch Separatabdruck.
11) Vormittagspredigt, gehalten am 5. Juli 1873. (Im „Jubiläums-Tagebuch". Ausführliche Nachrichten über das im Juli 1873 gefeierte St. Ulrichs-Jubiläum nebst den dabei gehaltenen Predigten. Von L. Hörmann,

Stadtpfarrer bei St. Ulrich und Afra. Das. 1873, S. 63—83. 8. (Kranzfelder.)

12) Die Flucht der verwitweten Truchsessin Maria von Waldburg, geborenen Gräfin von Oettingen, aus der Haft im Schlosse Zeil im Jahre 1539, und

13) Aus dem Bildungsgange eines Augsburger Kaufmannssohnes vom Schlusse des 16. Jahrhundertes. Zwei Abhandlungen in der Zeitschrift des hist. Vereins für Schwaben und Neuburg, I. Jahrgang. Das. 1874, S. 99—114 und 137—182. gr. 8. (Schlosser.)

14) Die Vöhlin von Frickenhausen, Freiherrn von Illertissen und Neuburg an der Kammel. Das. II. Jahrg. Augsburg 1875, S. 259—378. (Schlosser.) NB. Auch Separatabdruck.

15) Schicksale des Klosters Elchingen und seiner Umgebung in der Zeit des 30jährigen Krieges (1629—1645). Aus dem Tagebuche des P. Johannes Bozenhart. Das III. Jahrg. Augsburg 1876, S. 157—282. (Schlosser.) NB. Auch Separatabdruck.

16) Kaiser Maximilian I. und die Reichsstadt Augsburg. (Progr.) Das. 1877, 69 S. 8. (Pfeiffer.) Ausserdem viele Predigten und kleinere Aufsätze in der Sion und mehrere Manuscripte historischen Inhaltes.

P. Caspar (Jos.) Kuhn,[1]) geb. zu Rohrbach im württemb. Oberamte Waldsee 8. Nov. 1819. Die Knabenjahre verlebte er daheim theils als Hirte auf der Heide am Rohrsee, theils in der Schule zu Ziegelbach, die er von 1825—1833 und dann noch vier Jahre als Sonntagsschüler besuchte. Schon frühe drängte es ihn zum Studium, aber sein Wunsch gieng nicht so bald in Erfüllung. Er musste all' die verschiedenen Geschäfte seines Vaters erlernen und betreiben, der Seilermeister, Oekonom, Spezereihändler, Bierwirth und Bäcker war. Nebenbei beschäftigte sich Joseph mit Verfertigen von Bienenkörben, mit Repariren von alten Regenschirmen, und Fassmalerei. Bereits erwachsen, regte sich in ihm der Drang, in einen geistlichen Orden zu treten; doch alle Bemühungen waren fruchtlos. Endlich, schon 21 Jahre alt, begann er, nachdem er noch kurz vorher sein väterliches Haus gemalt und die Kapelle in Rohrbach restaurirt hatte, mit allem Ernste das Studium, und erhielt beim Kaufmann und Philologen Sebastian Schückler zu Wurzach zwei Jahre lang Vorunterricht. Im Herbste 1842 zog er nach Augsburg, wohin ein halbes Jahr später ihm seine Eltern nachfolgten, und wurde, nachdem zahlreiche Hindernisse besiegt waren, an der Studienanstalt zu St. Stephan aufgenommen. Zweimal wurde er Preisträger, und absolvirte 1848 das Gymnasium. Nun trat er zu St. Stephan in den Orden. Zu Ottobeuren erhielt er 12. Nov. 1848 das Ordenskleid

[1]) Besitzt die Kriegsdenkmünze vom J. 1870/71

und brachte daselbst das Noviziat zu. Nach Augsburg zurückgekehrt, hörte er am dortigen Lyzeum die Philosophie, und legte 6. Jan. 1851 die feierlichen Gelübde ab. Von Ostern dieses Jahres an hörte er an der Universität zu München Theologie unter Döllinger, Haneberg, Frohschammer etc. und studirte nebenbei Botanik. Am 4. Mai 1853 wurde er zu Dillingen zum Priester geweiht, und las am 16. d. M. zu St. Stephan die erste hl. Messe. Darauf wurde er Stiftsbibliothekar und im Herbste Professor an der Lateinschule. Beides blieb er 17 Jahre. Zugleich gab er Unterricht in der Botanik und Entomologie und in der spanischen Sprache. Im Herbste 1870 kam er nach Ottobeuren, um in der Seelsorge zu arbeiten. Erst jetzt, bereits 51 Jahre alt, betrat er als Prediger zum ersten Male die Kanzel. Ausser den Seelsorgsgeschäften betrieb er Verschiedenes. So stellte er das schöne ehem. Klostertheater wieder her, gründete eine Theatergesellschaft und führte einige Jahre über dieselbe die Direktion. Dieses gab ihm Veranlassung, für die Bühne mehrere Stücke zu dichten. Durch seinen Sammelfleiss brachte er ein Herbarium von mehr als 3000 Arten phanerogamischer Pflanzen und eine sehenswerthe Sammlung von circa 4000 Arten von Insekten zusammen, wozu eine ausgewählte Privatbibliothek von 800 Bänden kommt, meistentheils naturhistorische Werke enthaltend. So bunt und vielfältig wie sein Leben, ist auch seine schriftstellerische Thätigkeit.

Schriften:

1) Geschichtskalender oder tägliche Erinnerungen aus der Welt-, Kirchen-, Kunst- und Literaturgeschichte. Augsbg. 1857, 878 S. 8.
2) Die Käfer des südbayerischen Flachlandes analytisch beschrieben. Das. 1858, 400 S. 12.
3) Katholische Literatur-Chronik. Das. 1866, 64 S. gr. 8. (Nur diese I. Lieferung wurde gedruckt, enthaltend 774 Schriftsteller von Christus bis zum J. 1020. Das Uebrige, enthaltend die kath. Schriftsteller von 1020 bis zur Gegenwart (circa 20,000), ist noch Manuscript, 4 Bde. 4200 S. 4., nebst Registerband, 784 S.
4) Einiges über die Flora von Ottobeuren. (Im XXIII. Bericht des naturhist. Vereins in Augsburg. 1875.)
5) Silach, oder die Stiftung des Klosters Ottobeuren. Hist. Ritterschauspiel in 4 Aufz. mit Gesang. Kempten 1877, 103 S. 8.
6) Der hl. Alexander und die Seinigen. Hist. Schauspiel in 3 Aufz. Augsburg 1877, 68 S. 8.
7) Die Zigeunerhütte am Rohrsee, oder die zwei Freunde. Eine Erzählung für die reifere Jugend. Das. 1878, 147 S. 8.
8) Nichts als Hindernisse! Lustspiel mit Gesang in 3 Aufz. Das. 1879, 64 S. 8.
9) Von Augsburg nach Lima, oder des Lebens wechselvolles Spiel. Ein

Buch für die studirende Jugend und das gebildete Volk. Das. (Schmid) 1879, 174 S. 8.

10) P. Jeremias, ein Zeitgemälde aus dem Schwedenkriege für das Volk. (Novelle.) Das. 1879, 133 S. 8.

11) Der Heiland naht! Gebete und Betrachtungen auf jeden Tag des Advents. Das. 1879, 88 S. 12.

12) Physikalische und meteorologische Abhandlungen. (In der deutschen Fortbildungsschule von Reichensperger. Das. 2 Bde.)

13) Augsburgische Witterungsbeobachtungen in den J. 1866—1869. (Im XX. und XXI. Bericht des naturwissenschaftl. Vereins von Augsburg. Das. 1867 und 1871.)[1]

---

[1]) Von Kuhn's Manuscripten sind folgende zu erwähnen:

1) Die Pflanzen der Umgegend von Augsburg analytisch beschrieben. 138 S. 4.
2) Naturlegende: Naturwissenschaftliche Abhandlungen auf jeden Tag des Jahres. 868 S. 4.
3) Die Schmetterlinge um Augsburg analytisch beschrieben. 200 S. 4.
4) Die Augsburger Flora nach Oken's System.
5) Die um Ottobeuren wildwachsenden Pflanzen (c. 900 Arten).
6) Beschreibung der Fliegen um Ottobeuren (947 Arten). 155 S.
7) Meteorologische Beobachtungen in Ottobeuren von den J. 1871—1880.
8) Die Schöpfungsgeschichte im Einklange von Schrift und Wissenschaft. 4.
9) Der hl. Willibald, hist. Schauspiel mit Gesang in 3 Akten.
10) Lustig und listig, Posse mit Gesang in 3 Aufz.
11) Die Hundstage eines Fortschrittlers, dramatisches Zeitbild in 3 Akten.
12) Esther, biblisch-hist. Schauspiel mit Gesang in 3 Aufz.
13) Die Kinder des Musikers, Schauspiel mit Gesang in 3 Aufz.
14) Joseph, der Statthalter von Aegypten, biblisches Schauspiel, bearbeitet nach Alex. Duval.
15) Die Unabhängigkeit, Schauspiel von Breton de los Herreros. (Aus dem Spanischen.)
16) Rebenhans, Lustspiel von Hartzenbusch. (Detto.)
17) Krumm und dumm, Lustspiel von Hartzenbusch. (Detto.)
18) Die Brücke von Montibe, Schauspiel von Calderon. (Detto.)
19) Don Juan Tenorio, Schauspiel von Zorilla. (Detto.)
20) Erheiterungs-Pillen, dem melancholischen Publikum verschrieben. (Sammlung von 200 drolligen Antworten und witzigen Einfällen.)
21) Katechismus der Kirchengeschichte. 4.
22) Sprüche der Weisheit, Sentenzen aus der hl. Schrift und den Vätern, aus Dichtern und aus Philosophen. 580 S. 4.
23) Beschreibung des Domes, der St. Moritz- und hl. Kreuzkirche zu Augsburg, nebst einem Verzeichnisse der im J. 1806 aus Augsburgs Kirchen entwendeten Kostbarkeiten. 200 S. 4.
24) Aus meinem Leben.
25) Gespräche über die Kunst und das Schöne.
26) Mehrere (circa 40) musikalische Compositionen.
27) Nächstens soll erscheinen: Robert und Leander, oder verschiedene Lebenswege, für die studirende Jugend und das gebildete Volk geschrieben.

P. Benedictus Permanne, geb. zu Niederstotzingen (Württemberg) 25. Nov. 1826, Priester 19. Mai 1852, 1852—1854 in der Seelsorge, 1854 in den Orden eingetreten, Profess 24. Juni 1855, 1855—1856 Seminarpräfekt, 1856—1857 in der Abtei Solesmes in Frankreich, 1857—1869 Novizenmeister, jetzt Professor der französischen (seit 1857) und englischen (seit 1868) Sprache am Gymnasium und Lyzealprofessor für Naturgeschichte (seit 1873) und Anthropologie (seit 1876), Mitglied der kgl. Prüfungscommission für den Einjährig-Freiwilligendienst für Schwaben und Neuburg.

Schriften:

1) Predigt über die Würde und Aufgabe des katholischen Priesterthums, gehalten am Primizfeste des neugeweihten Priesters Franz Bonifazius Permanne in der Stadtpfarrkirche zu St. Ulrich in Augsburg den 20. Nov. 1853. Augsburg 1853, 29 S. 8. (Kremer.)
2) Études et Réflexions sur l'origine, le développement et les rapports des langues romanes. (Progr.) Das. 1859, 48 S. 4. (Himmer.)
3) Biologie der Coniomycetes Entophyti oder der innern Brandpilze und ihre Beziehungen zur übrigen Pflanzenwelt. (Ein Beitrag zum Studium der Botanik und der Kryptogamen insbesondere. (Progr.) Das. 1874, 60 S. 4. (Pfeiffer.)

P. Stephan Stengel, geb. zu Prichsenstadt 11. Sept. 1836, Profess 6. Okt. 1857, Priester 12. April 1860, 1860—1870 theils Seminarpräfekt, theils Studienlehrer, theils Lehrer der Arithmetik, 1871 unterzog er sich der mathematischen Lehramtsprüfung, seit 1871 Professor der Mathematik am Gymnasium, seit 1872 zugleich der Physik und Astronomie am Lyzeum, Conservator der Sternwarte, seit 1878 auch Vorstand der meteorologischen Station Augsburg.

Schriften:

Elementar-Mechanik fester Körper, für die Schule bearbeitet. (Progr. Mit einer lithographirten Tafel. Augsburg 1875, 56 S. 8. (Pfeiffer.)

NB. Seit 1872 liefert P. Stephan für circa 30 Kalender jährlich die astronomischen Angaben.

P. Narcissus Liebert, Dr. philos., geb. zu Augsburg 18. März 1844, Profess 20. April 1864, Priester 30. April 1867, unterzog sich im Herbste 1867 der philologischen Lehramtsprüfung, erwarb am 27. Juni 1868 an der Universität Würzburg den Doctorgrad der Philosophie, 1868—1871 Gymnasialassistent, 1869—1870 Seminarpräfekt, 1870—1871 Studienlehrer, jetzt Gymnasialprofessor (seit 1871), Lehrer der hebräischen Sprache (seit 1872), Novizenmeister und Klerikerdirektor (seit 1871).

Schriften:

1) De doctrina Taciti. (Dissertation.) Wirzburg 1868, 122 S. 8. (Thein.)
2) Abendpredigt, gehalten am Vorabende des St. Ulrichsfestes 1873. (Im „Jubiläums-Tagebuch" von Hörmann. Augsburg 1873, S. 49—62. 8.) (Kranzfelder.)
3) Lateinische Stilübungen. (Progr.) Das. 1876, 47 S. 8. (Pfeiffer.)

P. Hermannus Contr. (Georg) Koneberg, Besitzer des Ehrenkreuzes und Ritterkreuzes des kgl. bayer. Militärverdienstordens, geb. zu Bedernau 15. Aug. 1837, machte seine Studien zu Augsburg 1848—1856, bezog im Oktober 1856 die Universität München, und war von 1858—1860 im Priesterseminar zu Dillingen. Zum Priester geweiht 16. Aug. 1860 versah er als Aushilfspriester Dietershofen (Dek. Ottobeuren) bis August 1861. Von 1861 bis Februar 1864 Frühmessbenefiziat des Fürsten Fugger in Babenhausen, dann Kaplan zu Memmingen, vom Juli 1864 bis 1867 Kaplan an der Stadtpfarrei St. Ulrich in Augsburg. Im Oktober 1867 trat er in das Benediktinerstift St. Stephan zu Augsburg, Profess 10. Okt. 1868, Lehrer an der dortigen Studienanstalt 1868 bis Juli 1870, Feldpater in der bayer. Armee vom Aug. 1870—1871, Pfarrer zu Ottobeuren vom Oktober 1871 bis zur Gegenwart. Er hat als solcher Reisen nach Italien und nach Frankreich unternommen und wirkt bei seiner angestrengten Thätigkeit als Seelsorger auch als populärer Volksschriftsteller im Sinne seiner Ordensgenossen Aegidius Jais und Corbinian Riedhofer.

Schriften:

1) Abschiedsworte an die in den Krieg ziehenden Soldaten im Mai 1866. Augsburg.
2) Lasset die Kleinen zu mir kommen. 1867. 12. (Eine Predigt.)
3) Der grosse Tag naht heran. Eine Predigt. 1869. 12.
4) Neue Soldatenlieder nach alten Melodien. Augsburg (Kranzfelder) 1871. 16.
5) Der arme Lazarus und der reiche Prasser. (Predigten.) Augsburg (das.) 1872. II. Aufl.
6) Maria, Vorbild und Beschützerin der Soldaten. Veteranenpredigt. Ottobeuren (Ganser) 1872. 8.
7) In Treue fest. Predigt. Das. 1872. 8.
8) Maria, Hilfe der Christen. Predigt. Das. 1872. 8.
9) Durch Kampf zum Sieg. Predigt. Das. 1872. 8.
10) Einigkeit macht fest. Predigt. Das. 1872. 8.
11) Blatt der Erinnerung an eine junge Dulderin. Das. 1873. 16.
12) Friedensworte eines Feldgeistlichen. Augsburg (Schmid) 1873. 8.

13) Herz Jesu-Predigt. Ottobeuren (Ganser) 1873. 8.
14) Jubiläumspredigt. Das. 1873. 8.
15) Immergrün auf das Grab eines Schulknaben. Das. 1873. 16.
16) Vergissmeinnicht auf das Grab eines Schulkindes. Das. 1873. 16.
17) Wie Ferdinand Maler wurde. Jugendschrift. Augsburg 1874. 8. (Schmid.)
18) Das Kind in Verkehr mit Gott, Gebetbüchlein für die kath. Kinderwelt. Das. 1874, IIte Aufl. 12. (Kranzfelder.)
19) Drei Schulmessen für Kinder. Das. 1874, IIIte Aufl. 12.
20) Die hl. Firmung, Erklärung derselben. Ottobeuren (Ganser) 1874, IV. Aufl. 8.
21) Die Internationale. Augsbg. 1872, II. Aufl. 8.
22) Waisenglück für Alt und Jung. Das. (Kranzfelder) 1874. 12.
23) Geschichte des deutsch-französischen Krieges für das Volk. Das. (Schmid) 1874. 4.
24) Ein verlorenes Lebensglück, Jugendschrift. Kempten 1875, 166 S. 8. (Kösel.)
25) Wiedersehen im Felde. Das. 1875. 8.
26) Der kleine Hirte für Kinder. Das. 1875. 12.
27) Störnfried von Gottlieb Job. Würzburg (Wörl) 1875. 12.
28) Andenken beim Kapiteljahrtag in Ottobeuren. Ottobeuren (Ganser) 1874. 8.
29) Das kath. Priesterthum, Primizpredigt. Das. 1875. 8.
30) Memento, eine Anrede bei Einweihung des Denkmals für die gefallenen Krieger aus Ottobeuren. Das. 1874. 8.
31) Darf ein Katholik die liberale Presse unterstützen? Würzbg. 1876. 12.
32) Aus alter und neuer Zeit. Kempten 1876. 8
33) Tagzeiten zur göttl. Vorsehung. Ottobeuren (Ganser) 1876. 8.
34) Lourdes. Kempten 1877, 2te Aufl. 12. (Kösel.)
35) Ein Besuch im Vatikan. Würzburg 1877. 12.
36) Herr, rette mich! Gebetbuch für römisch-kath. Christen. Ottobeuren (Ganser) 1877. 8. IIte Aufl. Augsbg. 1878.
37) Vierte Schulmesse. Das. 1877. 12.
38) Ein Wort im Vertrauen. Ottob. 1878, IIIte Aufl. 8.
39) Fünfte Schulmesse. Das. 1878. 12.
40) Seid dankbar! Eine Predigt. Donauwörth 1878. 8.
41) Hansjörgle und Pfannenstachus, oder vom Dorf in die Stadt. Zwei Erzählungen für die Jugend. II. Aufl. Augsbg. (Kranzfelder.)
42) Lebensbilder für Christen in biblischen Darstellungen. Kempten (Kösel) 1879.
43) Vitus, für Kinder. Das. 1879. 12.
44) Germana, für Kinder. Das. 1879. 12.
45) Worte eines Landpfarrers über die Civilehe. Das. 12.

46) Extrem und gemässigt, von einem bayer. Veteran. Würzburg (Wörl). 16.
47) Der Priester, ein Mitarbeiter Gottes. Eine Primizpredigt. Ottobeuren 1879.
48) Hilarion, der berühmte Einsiedler, den Kindern erzählt. Kempten 1879.
49) B. Labre, der glückliche Bettler. Das. 1879.
50) Unser Tanz. Für Eltern und die reifere Jugend. Donauwörth (L. Auer) 1879.
51) Tagzeiten zum hl. Benedikt und zur hl. Scholastica. Ottob. 1880, 15 S. 8.
52) Die Gnadenschätze in der Kloster- und Pfarrkirche zu Ottobeuren. Das. 1880, 23 S. 8.

P. Eugen Gebele, Dr. philos., geb. zu Osterbuch 10. April 1836, Priester 21. Juli 1861, 1861—1868 in der Seelsorge thätig, 1868 in den Orden eingetreten, Profess 6. Jan. 1869, promovirte 1870 an der Universität München, 1870—1878 Lehrer der Religion, Geographie und Geschichte, seit 1878 Professor der Geschichte und seit 1879 zugleich der Religion am Gymnasium, Ausschussmitglied des historischen Vereins von Schwaben und Neuburg.

Schriften:

Leben und Wirken des Bischofs Hermann von Augsburg vom J. 1096—1133. Nach den Quellen bearbeitet. Augsburg 1870, 124 S. 8. (Liter. Institut von Dr. Huttler.)

P. Bonifacius Sepp, geb. zu Augsburg 14. Mai 1839, Priester 26. Juli 1863, 1863—1865 Kaplan, 1865—1868 Seminarpräfekt, 1868 in den Orden eingetreten, Profess 6. Jan. 1869, 1870 philologische Lehramtsprüfung, 1870—1874 Studienlehrer und Gymnasialassistent, seit 1874 Gymnasialprofessor.

Schriften:

1) Frustula; prelo mandavit Spiritus Lenis. Augsburg. 1877, 15 S. (Kranzfelder.)
2) Lateinische Redensarten. Zusammengestellt von Spiritus Lenis. Das. 1878, 16 S. 8. (Kranzfelder.)
3) Varia. Eine Sammlung lateinischer Verse, Sprüche und Redensarten. Herausgegeben von Spiritus Lenis. Das. 1879, 88 S. 8. (Kranzfelder.)

P. Sigisbert Liebert, geb. zu Augsburg 25. Jan. 1851, Profess 28. Jan. 1872, Priester 7. April 1874, zur Zeit Präfekt des Seminars und Studienlehrer. Er bearbeitete für dieses Werk die Schriftsteller des Stiftes St. Stephan in Augsburg mit Ausnahme der gegenwärtig in

Ottobeuren sich befindenden. Auch lieferte er dem Verfasser mehrere andere hieher bezügliche Beiträge.

P. Theobald Labhardt, Dr. philos., geb. zu Augsburg 5 Okt. 1851, Profess 16. Febr. 1873, studirte von 1873—1878 theils an der Universität zu München, theils zu Würzburg Theologie und Philologie, war 1874/75 Verweser der I. Lateinklasse, wurde 23. Juli 1875 Priester, unterzog sich 1877 der philologischen Lehramtsprüfung und promovirte am 12. Juli 1879 zu München aus der Philosophie. Seit 1878 ist er Studienlehrer, seit 1879 auch Seminarpräfekt und Lehrer der deutschen Sprache in der Oberklasse. Seine Promotionsschrift: „Quae de Judaeorum origine judicaverint veteres," wird nächstens veröffentlicht werden.

P. Franz Sales Goldner, geb. zu Freihalden 26. Sept. 1817, Priester 6. April 1843, wirkte im Lehramte zu Neuburg, war Schulbeneficiat zu Streitheim, seit 4. Jan. 1847 Studienlehrer und seit 29. Mai 1848 Subrektoratsverweser zu Günzburg, 28. Nov. 1848 Gymnasialprofessor zu Freising, trat im Mai 1851 wieder in die Seelsorge. Am 4. Juli 1878 erhielt er Aufnahme im Stifte St. Stephan und legte 21. Dez. 1879 Profess ab. Seit dieser Zeit ist er Professor der hebräischen Sprache.

Schriften:

1) Der Sünden-Quell, ein Gedicht des Aurelius Prudentius Clemens. (Progr. der Studienanstalt Freising.) Freising 1850, 26 S. 4.
2) Druckfertig ist: Die Hymnen des römischen Breviers und die Sequenzen des römischen Missale erklärt.

St. Bonifaz in München.

St. Bonifaz in München, gestiftet von König Ludwig I. im J. 1850. Dem Stifte ist die gleichnamige Stadtpfarrei inkorporirt, welche jetzt über 40,000 Seelen zählt, und deren Pastoration die Thätigkeit der Stiftsmitglieder vorwiegend in Anspruch nimmt. Einige Conventualen sind als Professoren am Gymnasium thätig oder mit der Leitung des kgl. Erziehungsinstitutes (Holland'sches Institut) betraut. Dem Stifte St. Bonifaz hat König Ludwig I. die ehemalige Abtei Andechs als abhängiges Priorat einverleibt. Der Prior und zwei Conventualen versehen die dortige Wallfahrt und die Pfarrei Erling; einer der Patres ist zugleich Präfekt der von Abt Haneberg 1856 gegründeten St. Nikolausanstalt für verwahrloste Knaben.

Literatur:

Stubenvoll B., Die Basilika und das Benediktinerstift St. Bonifaz in München. Festschrift zum 25jährigen Jubiläum. München 1875, 210 S. 8. (E. Stahl.)

Schriftsteller:

P. Bonifaz Käser, geb. zu Augsburg 21. Nov. 1813, studirte zu Augsburg und München, kam 1838 in das Klerikalseminar nach Dillingen und wurde am 5. Juni 1840 Priester. Er wirkte dann als Vikar und Pfarrer an mehreren Seelsorgsstationen des Bisthums Augsburg, trat 21. Mai 1863 in den Orden und machte 6. Juni 1864 Profess. Er war Präfekt der St. Nikolausanstalt zu Andechs vom 23. Okt. 1863 bis 22. Sept. 1868; Gastmeister und Oekonom zu St. Bonifaz von 1868—1873; starb 14. Sept. 1873 im Kloster Schäftlarn, wohin er sich zur Herstellung seiner Gesundheit begeben hatte. Käser war ein besonderer Freund und Kenner der Geschichte. Er gehörte viele Jahre dem hist. Filialverein in Neuburg als Mitglied an, wesshalb das Neuburger Collectaneenblatt (Organ dieses Vereins) ihm einen verdienten Nachruf widmete: „P. B. Käser war eines der thätigsten Mitglieder des Vereines; den monatlichen Sitzungen wohnte er immer an und liess es sich nicht gereuen, oft bei schlechter Witterung einen fast zweistündigen Weg zu unternehmen. Er war sowohl in der vaterländischen als in der Kunstgeschichte gründlich bewandert und gab allezeit gediegene Urtheile ab. Insbesondere nützte er dem Verein durch seine Zeichnungskunst. Wo er einen längeren Aufenthalt nahm, sammelte er einen reichen Schatz von Aufrissen, Prospekten von Ortschaften, Kirchen, Denkmälern, Grabsteinen, Wappen, von denen er mehrere in Aquarellfarben lebend und treu ausführte. So hatte er aus den Amtsbezirken Neuburg, Monheim, Rain und Donauwörth eine reiche Sammlung von Zeichnungen genannter Gegenstände im Besitze, von denen mehrere lithographirt wurden. Andere Lithographien erschienen in den Vereinsschriften von Mittelfranken. Auch in Andechs setzte er seine Zeichnungen fort, entwarf z. B. das ganze Gebirgspanorama vom Grünten bis zur Benediktenwand von Andechs und vom Hohenpeissenberge aus. Seine zeichnungskundige Hand (schliesst der Nekrolog) ist nun verstorben, aber sein Andenken wird im Verein nicht erlöschen." (Vergl. die Basilika, S. 199—202.)

Dr. Daniel Bonifacius v. Haneberg, Bischof von Speyer, geb. am 17. Juni 1816 zur „Tanne", Pfarrei Lenzfried bei Kempten, erhielt in der hl. Taufe den Namen Daniel. Frühzeitig machten sich seine eminenten Fähigkeiten, insbesondere zum Sprachenstudium, bemerkbar. Er studirte bis zur dritten Gymnasialklasse (inclus.) in Kempten und vollendete die Gymnasialstudien in München 1835. Von 1835—1839 studirte er Philosophie, Theologie und orientalische Sprachen an der Universität München, 1838—1839 war er Alumnus des Georgianum. Noch als Candidat des ersten theologischen Kurses übersetzte er Wiseman's Vorträge über die „vornehmsten Lehren und Gebräuche der katholischen Kirche" (1837). Döllinger, der hauptsächlichste Förderer seiner theologischen Studien, schrieb die Vorrede. — Zwei Jahre darauf folgte die Uebersetzung der Vorträge Wiseman's über den „Zusammenhang zwischen Wissenschaft und Offenbarung". Haneberg's Bearbeitung der im J. 1838 von der theologischen Fakultät gestellten Preisaufgabe über Joh. 6, 51—64 wurde gekrönt. (Abgedruckt im „Archiv für theologische Literatur, II.") Am 13. Aug. 1839 promovirte er in lateinischer Sprache, 29. Aug. 1839 wurde er zum Priester geweiht. Schon am 4. Dez. 1839 erfolgte seine Ernennung zum Privatdozenten an der theologischen Fakultät München. Am 23. Okt. 1840 wurde er ausserordentlicher, 1844 ordentlicher Professor der alttestamentlichen Exegese und der biblisch-orientalischen Wissenschaften. Von 1845—1851, und später wieder von 1856—1858 verwaltete er zugleich das Amt eines Universitätspredigers. Neben seinen Vorlesungen an der Universität nahmen ihn seelsorgliche

Verrichtungen aller Art ausserordentlich in Anspruch. Am 1. Mai 1846 wurde Haneberg ordentliches Mitglied der „Deutschen Morgenländischen Gesellschaft“, für deren Zeitschrift er einige Artikel verfasste. Am 1. Jan. 1846 erhielt er das Ritterkreuz des Verdienstordens vom hl. Michael, 23. Aug. 1872 das Comthurkreuz. Am 29. Juli 1848 ernannte ihn die kgl. bayer. Akademie der Wissenschaften zu ihrem ordentlichen Mitgliede. Seit 28. Aug. 1848 war er Ehrenmitglied der theologischen Fakultät von Prag, seit 3. Aug. 1865 auch von Wien. Im J. 1850 trat Professor Dr. Haneberg als einer der ersten Novizen in das von König Ludwig I. eben neu gegründete Benediktinerstift St. Bonifaz ein. Seine Lehrthätigkeit an der Universität wurde nur für die Dauer des Noviziats durch einen einjährigen Urlaub unterbrochen. Am 28. Dez. 1851 legte er feierliche Profess ab. Nachdem der erste Abt von St. Bonifaz, Paulus Birker, am 6. Sept. 1854 freiwillig resignirt hatte, wurde P. Bonifacius Haneberg am 4. Okt. 1854 zum Abte erwählt und am 19. März 1855 feierlich benedizirt. Achtzehn Jahre lang, von 1854—1872, genoss St. Bonifaz (mit Andechs) das segensreiche Walten des Abtes Haneberg.

Im J. 1856 gründete Haneberg in Andechs eine Rettungsanstalt für verwahrloste Knaben, die noch fortbesteht. 1861 unternahm er eine Reise nach Tunis und Algier und errichtete eine Missionsstation in Porto Farina, die aber wegen Mangels an Erfolg im J. 1864 wieder aufgegeben wurde. Die von Papst Pius IX. beabsichtigte Berufung Haneberg's an die vatikanische Bibliothek unterblieb durch Intervention König Maximilian's II. Im J. 1863 tagte die „Versammlung katholischer Gelehrter“ in den Räumen von St. Bonifaz.[1])

Im Februar 1864 unternahm Haneberg eine wissenschaftliche Reise nach Palästina. Kaum war er zurückgekehrt (29. Mai), so traf die Nachricht von seiner am 1. Juni erfolgten Wahl zum Bischof von Trier ein. Abt Haneberg lehnte, vornehmlich aus Rücksicht für St. Bonifaz, die Wahl ab. 1865 stand sein Name auf der Liste der Candidaten für den erzbischöflichen Stuhl von Cöln. 1866 bat er um Zurücknahme der bereits ausgefertigten Ernennung zum Bischof von Eichstätt. Am 10. Okt. d. J. verlieh ihm König Ludwig II. das Ritterkreuz des Verdienstordens der bayerischen Krone, mit welchem der persönliche Adel verbunden ist. Am 14. Okt. 1868 erhielt Abt v. Haneberg die Einladung zur Theilnahme an den vorbereitenden Arbeiten für das Concil. Er reiste am 4. Nov. 1868 nach Rom und kehrte am 12. März 1869 nach München zurück.

Am vatikanischen Concil selbst konnte Abt v. Haneberg nicht theilnehmen, weil nur der Präses der bayerischen Benediktiner-Congre-

[1]) S. „Verhandlungen der Versammlung katholischer Gelehrter in München vom 28. Sept. bis 1. Okt. 1863.“ (Von P. Pius Gams.)

gation, damals Abt Utto Lang von Metten, Sitz und Stimme im Concil hatte. [1])

Der wiederholt befürchtete und bisher stets glücklich abgewendete Verlust des ausgezeichneten Abtes und Professors Haneberg trat endlich 1872 für St. Bonifaz und München ein. Der Aufmunterung Papst Pius' IX. folgend, nahm Abt Haneberg die vom 16. Mai 1872 datirte kgl. Ernennung zum Bischof von Speyer an. Am 29. Juli 1872 wurde er präkonisirt, und am 25. Aug. durch Erzbischof Gregor v. Scherr in der Basilika des hl. Bonifacius feierlich konsekrirt. Zwei Tage nach der Konsekration (27. Aug.) ward der bisherige Prior von Schäftlarn, Benedikt Zenetti, mit grosser Stimmenmehrheit zum Abt von St. Bonifaz erwählt.

Am 31. Aug. nahm der neugeweihte Bischof Abschied von St. Bonifaz und München, am 2. Sept. von Andechs und reiste über Hohenschwangau, Lindau [2]) und Strassburg nach Speyer, woselbst er am 10. Sept. 1872 Abends eintraf. Am 11. Sept. fand die feierliche Inthronisation statt.

Von nun an war seine ganze aufopferungsvolle Thätigkeit der Erfüllung seiner bischöflichen Pflichten gewidmet. St. Bonifaz hatte nur noch zweimal die Freude, den geliebten Bischof zu sehen und in der Basilika predigen zu hören: im März 1874 und im November 1875. In letzterem Jahre hielt Bischof Haneberg (21. Nov.) die Festrede zur Feier des 25jährigen Jubiläums der Gründung von St. Bonifaz. Ein Jahr vorher (12. Okt. 1874) hatte er den Trost erlebt, die Königin Mutter Marie von Bayern in die katholische Kirche aufzunehmen.

Leider sollte das gesegnete Wirken Bischof Haneberg's der Diözese Speyer nur wenige Jahre beschieden sein. Schon am 31. Mai 1876 wurde dieser treue Diener des Herrn in eine bessere Welt hinübergerufen. „Er war zu gut für diese Welt, darum nahm ihn der Herr zu sich" — dieses Wort der Königin Mutter Marie fand lebhaften Widerhall in den Herzen Aller, die den Verewigten gekannt hatten. Am 2. Juni 1876 wurde die irdische Hülle des Verklärten im Dome von Speyer feierlich beigesetzt. Dompfarrer Dr. Becker gab der allgemein und tief gefühlten Trauer um den heissgeliebten Bischof beredten Ausdruck. [3]) Der mit Bischof Haneberg's Tod erlittene Verlust ward

[1]) Darnach ist auch die Aeusserung Sepp's zu berichtigen (Görres und seine Zeitgenossen 1776—1848. Nördlingen 1877, S. 493): „Der gelehrte Abt Haneberg, diese Celebrität der theologischen Fakultät, lehnte darum die Einladung zur Theilnahme am vatikanischen Concil ab, weil er von diesen römischen Curialisten Alles fürchtete."

[2]) Nicht auch über Einsiedeln, wie der „Schematismus des Bisthums Speyer nach dem Stande des Jahres 1873" irrthümlich berichtet. (S. 182.)

[3]) Trauerrede, gehalten am Grabe des Hochw. Hrn. Dr. Daniel Bonifacius v. Haneberg, Bischof von Speyer. Speyer 1876.

weit hinaus über die Grenzen der Diözese Speyer auf's schmerzlichste empfunden. War ja doch der so früh Heimgerufene Unzähligen von allen Rang- und Bildungsstufen Rathgeber, Tröster und Helfer gewesen.

Nicht leicht wieder finden sich in einem Manne die herrlichsten Eigenschaften des Geistes und Herzens in so reichem Masse und in solcher Harmonie vereinigt, wie es bei Haneberg der Fall war. Als Gelehrter und akademischer Lehrer eine anerkannte Celebrität, musterhaft als Priester und Ordensmann, ausgezeichnet als Prediger und Seelsorger, hervorragend als Abt wie als Bischof, war Haneberg zugleich von einer unbegrenzten Demuth und unbesiegbaren Herzensgüte. Streng war sein Urtheil nur, wenn es sich um gerechte Würdigung literarischer Produkte handelte. Wie ernst er es mit der Wissenschaft genommen, dafür geben seine eigenen Schriften ein glänzendes Zeugniss. (Vergl. die „Erinnerungen an Dr. Daniel Bonifacius v. Haneberg, Bischof von Speyer. Herausgegeben von Dr. Peter Schegg. München [Stahl] 1877, 240 S. [Auch dem I. Bde. des „Evangelium nach Johannes" vorgedruckt.] Schegg hat auch den Artikel „Haneberg" für die „Allgemeine Deutsche Biographie" verfasst.)

Schriften:

I. Exegetische:

1) De significationibus in veteri testamento praeter literam valentibus pro impetranda legendi facultate in Aula Almae Ludovico-Maximilianae die VII. Decembris MDCCCXXXIX disputavit Dr. Daniel Haneberg. 29 p. Monachii 1839. 8.
2) Religiöse Alterthümer („Handbuch der biblischen Alterthumskunde", herausgegeben von Jos. Franz Allioli, unter Mitwirkung von Lor. Clem. Gratz und Daniel Haneberg, Bd. I. Abth. 2.) Landshut (Vogel) 1844, 236 S. 8.
3) Die religiösen Alterthümer der Bibel. Zweite, grösstentheils umgearbeitete Auflage des Handbuches der biblischen Alterthumskunde. Mit 2 Tafeln in Steindruck und 1 Titelblatt. München (Cotta) 1869, XV, 700 S. 8.
4) Einleitung in's alte Testament für angehende Candidaten der Theologie. Regensburg (Manz) 1845, XII, 355 S. 8.
5) Versuch einer Geschichte der biblischen Offenbarung als Einleitung in's alte und neue Testament. II. Aufl. Regensburg (Manz) 1850, XII, 778 S. 8.
6) Geschichte der biblischen Offenbarung als Einleitung in's alte und neue Testament. III. Aufl. Regensburg (Manz), XVI, 839 S. 8. IV. Aufl. Das. 1876, XVI, 882 S. 8.
7) E. Renan's Leben Jesu, beleuchtet. Das. 1864, 91 S. 8.

8) Evangelium nach Johannes, übersetzt und erklärt von Daniel Bonifacius v. Haneberg, Bischof von Speyer. Redigirt und ergänzt mit dem Bildnisse und einem Lebensumrisse[1]) des Verfassers versehen und herausgegeben von Dr. Peter Schegg. I. Bd. München (Stahl) 1878, CCL, 642 S. II. Bd. Das. 1880, VI, 710 S.

II. Akademische Abhandlungen:

9) Ueber die in einer Münchner Handschrift aufbehaltene arabische Psalmenübersetzung des R. Saadia Gaon. Mit einer Probe. (Abhandlungen der Akademie der Wissenschaften I. Kl. III. Bd. 2. Abth.) München 1841, 57 S. 4.

10) Erörterungen über Pseudo-Wakidi's Geschichte der Eroberung Syriens. (Aus den Abhandlungen der kgl. bayer. Akademie der Wissenschaften I. Kl. IX. Bd. 1. Abth.) München 1860, 40 S. 4.

11) Abhandlung über das Schul- und Lehrwesen der Muhammedaner im Mittelalter, in der öffentlichen Sitzung der kgl. bayer. Akademie der Wissenschaften zur Vorfeier des Geburtsfestes Sr. Majestät des Königs am 27. Nov. 1850 bruchstückweise gelesen. München 1850, 40 S. 4.

12) Zur Erkenntnisslehre von Ibn Sina und Albertus Magnus. (Aus den Abhandlungen der kgl. bayer. Akademie der Wissenschaften I. Kl. XI. Bd. 1. Abth.) München 1866, 79 S. 4.

13) Das muslimische Kriegsrecht. (Aus den Abhandlungen der kgl. bayer. Akademie der Wissenschaften I. Kl. XII. Bd. 2. Abth.) München 1871, 79 S. 4.

14) Canones S. Hippolyti Arabice e codicibus Romanis cum versione latina, annotationibus et prolegomenis edidit Daniel Bonifacius de Haneberg. Monachii 1870, 125 p. 8. Sumptibus Academiae Regiae Boicae.

In den Sitzungsberichten der philos. philol. Klasse der kgl. bayer. Akademie der Wissenschaften:

15) Ueber das neuplatonische Werk: Theologie des Aristoteles. 1862, S. 1—12.

16) Anzeige neuerer Arbeiten über punische Alterthümer (mit einer Tafel. Karte der Umgebung von Tunis). 1863, I. S. 18—46.

17) Die neuplatonische Schrift von den Ursachen (liber de causis). 1863, I. S. 361—388.

18) Punische Inschriften (mit 2 Inschriftentafeln). 1864, II. S. 299—304.

19) Ueber das Verhältniss von Ibn Gabirol zu der Encyklopädie der ichwânuççafâ. 1866, II. S. 73—102.

20) Ueber arabische Canones des hl. Hippolytus. 1869, II. S. 31—48.

---

[1]) „Erinnerungen", auch separat erschienen: s. oben S. 264.

III. Predigten und Gedächtnissreden:

21) Zur Erinnerung an Joseph von Görres. Eine Rede, gehalten bei dem feierlichen Gottesdienste für den Verewigten am 3. Febr. 1848. München (Lentner) 1848, 28 S. 8. (Auch Histor. polit. Blätter 21, S. 232—256.)

22) Der Beruf der barmherzigen Schwestern, eine Predigt am 4. Mai 1848 in der Mutterhaus-Kirche gehalten, als 16 Novizinnen das Ordensgelübde ablegten und 10 Candidatinnen das Ordenskleid erhielten. München (Weiss) 1848, 21 S. 8.

23) Vom innern und äussern Berufe des Benediktinerordens. Eine Predigt, gehalten an Mariä Lichtmess 1852 bei der Gelübdeablegung der Priester Plac. Jungblut und Maur. Flossmann in der Basilika zu München. Regensburg (Manz) 1852, 20 S. 8.

24) Die Güte und Grösse Christi in der Berufung der Apostel und der Priester. Eine Predigt, gehalten zu Lenzfried den 12. Juni 1853 bei der Primiz des hochw. Herrn Johannes Gantner. Kempten (Kösel) 1853, 23 S. 8.

25) Von der Bestimmung des Menschen und dem Danke dafür. Predigt am Sylvesterabend 1854, gehalten in der Basilika in München. München (Rieger) 1855, 16 S. 8.

26) Festpredigt des Hochw. Abtes Bonifaz von Haneberg (und zwei Ansprachen des Adolph Kolping) bei Gelegenheit der Stiftungsfeier des katholischen Gesellenvereins am 13. und 14. Juni 1858, S. 7—18. München (Stahl). 8.[1])

27) Ein Kranz auf den Sarkophag Sr. Majestät Ludwig I. von Bayern. Trauerrede, gehalten in der Basilika in München am 11. März 1868, München (Herm. Manz) 1868, 23 S. 8.

28) Predigt über die gegenwärtige Lage des hl. Vaters zu Rom, gehalten in der Basilika in München am 6. Nov. 1870. Münch. (Rieger) 16 S. 8.

29) Predigten zur Feier des fünfundzwanzigjährigen Bischofsjubiläums des Hochw. Bischofs von Mainz, Wilh. Emman. Frhrn. v. Ketteler, gehalten am 25. und 26. Juli 1875 von dem Hochw. Bischofe von Speyer, Dr. Daniel Bonifacius v. Haneberg, und Pfarrer Dr. F. J. Holzwarth, nebst der Ansprache des Hochw. Bischofs von Mainz bei Aufrichtung des Kreuzes auf dem Ostthurme des Domes. Mainz (Kirchheim) 1875, 47 S. 8.

30) Eine heilige, katholische und apostolische Kirche. Festpredigt zur fünfundzwanzigjährigen Jubelfeier der Basilika in München. München (Lentner) 1875, 24 S. 8.

31) Sechs Predigten von Dr. Daniel v. Haneberg im Kathol. Volksfreund (gegründet von Ant. Westermayer):

---

[1]) Hieher gehört auch: Rede am Grabe Sr. Excellenz des H. Nikolaus v. Koch, am 21. Jan. 1866, 13 S. (Als Manuscr. gedruckt.)

a) Aus dem J. 1851: Am hl. Dreikönigstage. An Mariä Verkündigung. An Weihnachten.
b) Aus dem J. 1852: Am Charfreitag. An Pfingsten. Am ersten Adventsonntage.

Von Haneberg's Gedächtnissreden sind ferner gedruckt:

32) Rede am Grabe des Dr. Guido Görres (1852); im 30. Bd. der Historisch-politischen Blätter, S. 137—142.
33) Rede am Grabe von Dr. M. Deutinger (11. Sept. 1864); in der „Augsburger Postzeitung", Beilage 72, vom 16. Sept. 1864; auch im „Schematismus der Geistlichkeit des Erzbisthums München und Freising für das J. 1865", S. 298—301.
34) Rede am Grabe des Professor Dr. Beraz (8. Juni 1869); in der „Augsburger Postzeitung", Beilage 31, vom 16. Juni 1869.

IV. Hirtenbriefe:

35) Hirtenbrief des Bischofs von Speyer an den Klerus und die Gläubigen seiner Diözese, bei dem Antritte des Oberhirtenamtes erlassen. Speyer 1872, 16 S. 8.
36) Fasten-Hirtenbrief für das J. 1873, 40 S. Speyer. 8.
37) Die Standeswahl. Fasten-Hirtenbrief für das J. 1874, 31 S. Speyer (Schwab). 8.
38) Der Abfall vom Glauben. Fasten-Hirtenbrief für das J. 1875, 32 S. Speyer (Schwab). 8.
39) Die Vorurtheile gegen die katholische Kirche. Fasten-Hirtenbrief für das J. 1876, 43 S. Speyer (Schwab). 8.

V. 28 Artikel im „Kirchenlexikon" von Wetzer und Welte:

40) 1. Bachides. 2. Belsazar. 3. Caaba. 4. Col Nidre. 5. Exil der Hebräer. 6. Fasten bei den Juden. 7. Jahr der Hebräer. 8. Islam. 9. Judenthum. 10. Kaliph. 11. Karäer. 12. Koran. 13. Magog. 14. Muhammed. 15. Moschee. 16. Mufti. 17. Musaph-Gebet. 18. Omar. 19. Parsismus. 20. Philo. 21. Schiiten. 22. Simon Ben Jochai. 23. Sohar. 24. Sonniten. 25. Ulema. 26. Wallfahrt bei den Muhammedanern. 27. Wehabiten. 28. Zalal (-Gebet).

VI. Abhandlungen, Anzeigen und Recensionen in Zeitschriften:

41) Im „Archiv für theologische Literatur". (In Verbindung mit mehreren Gelehrten herausgegeben von Dr. J. J. Döllinger, Dr. D. Haneberg, Dr. J. B. Herb, Dr. F. Xav. Reithmayr, Dr. M. Stadlbaur, Professoren der theologischen Fakultät der Universität München. 2 Jahrg. 1842 und 1843.)
42) 68 Beiträge von Haneberg, darunter eine Abhandlung: „Das Zeugniss

der alten Kirche über den sakramentalischen Sinn der Worte Christi" bei Joh. 6, 51 ff. II. Jahrg. S. 1057—1097.

In der Zeitschrift „Sion":

43) Der Czour-Vedam von Robert de Nobili. Sion 1837, S. 832—837.

44) Siroze, ein neuaufgefundenes Dokument der Parsenreligion. 1838, S. 569—575.

45) Vergangenes zum Vergleiche mit der Gegenwart. 1838, S. 673—677 und 681—685.

46) Der ostindische Kaiser Akbar der Grosse und die Jesuiten an seinem Hofe. 1838, S. 729—735 und 740—744.

47) Gegenwärtige Stimmung in der griechischen Kirche gegen die römisch-katholische. S. 809—815 und 817—821.

48) Rückblick auf die Mission in Madura. 1838, S. 841—847.

49) Bruchstücke aus einer tamulischen Geschichte. Jakobiner-Clubb im Herzen von Ostindien. S. 881—885.

50) Bernardino v. Feltri, ein wunderthätiger Prediger aus dem Franziskaner-Orden. 1838, S. 969—974 und 977—979.

51) Berührung der griechischen Kirche mit dem Protestantismus. 1839, S. 145—148 und 153—155.

52) Der Patriarch Cyrillus Lukaris von Constantinopel versucht den Calvinismus einzuführen. 1839, S. 185—189, 193—199 und 201—207.

53) Theologische Streitigkeiten in Griechenland. 1839, S. 381—385.

54) Eine kleine Symbolik des Frohnleichnamsfestes. 1839, S. 605—611.

In der Zeitschrift „Neue Sion":

55) Der Rationalismus unter den deutschen Juden. I. Jahrg. 1845, S. 117—119.

56) Ueber die neuesten Versuche einer Einführung des Protestantismus in die monophysitische Kirche Aethiopiens. I. Jahrg. 1845, S. 137—139 und 141—143.

In „Siloah" (Zeitschrift für religiösen Fortschritt inner der Kirche. Redigirt von Dr. Martin Deutinger und Dr. Max Huttler. Augsburg [Kollmann] 1850):

57) Ein Blick in's Benediktinerkloster zu Clugny zur Zeit des hl. Bernhard. Bd. I. Nr. 5, S. 49—52.

58) Noch eine Einkehr im Benediktinerkloster zu Clugny. Nr. 21, S. 241—244.

In der „Zeitschrift der Deutschen Morgenländischen Gesellschaft":

59) Im Jahre 1848: „Die Verehrung der 12 Imame bei den Schiiten" — arabischer Text, Uebersetzung, Erläuterungen. II. Bd. S. 74—90.

60) Im J. 1849: Drei nestorianische Kirchenlieder" von Theodor v. Mopsvestia, Narses und Babai, syrischer Text, Uebersetzung, Anmerkungen. III. Bd. S. 231—242.

61) Im J. 1852: „Ali Abulhasan Schadeli. Zur Geschichte der nordafrikanischen Fatimiden und Sufis." VII. Bd. S. 13—27.

In der „Zeitschrift für die Kunde des Morgenlandes, herausgegeben von Ewald, C. v. d. Gabelenz u. s. w." I. Bd. 2. Hft. Göttingen 1837, S. 185—190:

62) Die sinesischen, indischen und tibetanischen Gesandtschaften am Hofe Naschirwans nach Alwardi, mit Einleitungen, Text, Uebersetzung und geschichtlichen Notizen.

In den „Historisch-politischen Blättern":

63) Die Aufgabe des Christenthums in Algier. 34. Bd. S. 773—788 und 821—831.

Im „Bonner Theologischen Literaturblatt":

64) 17 Anzeigen und Recensionen, 1866—1869.

VII. Uebersetzungen und Bearbeitungen:

65) Wiseman. Die vornehmsten Lehren und Gebräuche der katholischen Kirche. Dargestellt in einer Reihe von Vorträgen. Aus dem Englischen übersetzt von Daniel Haneberg. Mit einem Vorwort von J. J. Döllinger. Regensburg (Manz) 1838. 8. 2te verbesserte Aufl. 1847. 3te verbesserte Aufl. 1867.

66) Wiseman. Zusammenhang der Ergebnisse wissenschaftlicher Forschung mit der geoffenbarten Religion. 12 Vorträge, gehalten zu Rom. In deutscher Uebersetzung herausgegeben von Daniel Haneberg. Mit einer illustrirten ethnographischen Karte der alten Welt und sechs anatomischen Abbildungen. Regensburg (Manz) 1840. 8. — Nach der neuesten Auflage des Originals verbessert und vermehrt von Bened. Weinhart. Regensburg, 2te Aufl. 1847. 3te Aufl. 1866.

67) Geschichte des Leidens und Sterbens Jesu unseres göttlichen Erlösers in Betrachtungen und Belehrungen frei bearbeitet[1]) nach P. Wilhelm Stanyhurst. Mit einer Vorrede von Dr. Daniel Bonifaz von Haneberg, Abt O. S. B. München. Verlag des katholischen Büchervereins. XX und 396 S. 8.

68) Gebet- und Erbauungsbuch für katholische Kranke. Mit einer Vorrede von Dr. Daniel Bonifaz v. Haneberg, Abt O. S. B. München, Verlag des katholischen Büchervereins. 1870, X und 326 S. 8. („Die Auswahl und Zusammenstellung wurde von mehreren Ordenspriestern besorgt." Vorrede.)

P. Bruno Husel, geb. zu Deiningen 16. Okt. 1819, Profess 24. Febr. 1853, Priester 5. Juni 1853, Professor am kgl. Ludwigs-Gymnasium zu München; starb 27. Juli 1876.

---

[1]) Von Dekan Andreas Oehri, Pfarrer in Oberalting.

Schrift:

Die sozialen Zerwürfnisse in der römischen Republik bis zur I. Secession. (Progr.) Münch. 1862, 18 S. 4.

P. Paulus Birker, freiresignirter Abt des Stiftes St. Bonifaz in München, geb. zu Sonthofen im Allgäu 19. Okt. 1814. Zwölf Jahre alt, kam er an die kgl. Studienanstalt nach Kaufbeuern, 1827 an die Studienanstalt St. Anna nach Augsburg, 1828 an das kath. Gymnasium von St. Stephan derselben Stadt und wurde Zögling des neugegründeten Studienseminars St. Joseph, wo er bis zum Uebertritt an die Universität München verblieb (Herbst 1834). Zu München studirte er Philosophie und Theologie, trat 1837 in das neugegründete Stift St. Stephan zu Augsburg und bestand zu Ottobeuren sein Noviziat. Am 7. Okt. 1838 legte er die Ordensgelübde ab, und kam zur Vollendung der theologischen Studien abermals an die Universität nach München. Am 29. Aug. 1839 erhielt er die Priesterweihe, wurde darauf Novizenmeister zu Ottobeuren, dann Prior, hierauf Professor am Lyzeum zu St. Stephan und zugleich Direktor des Institutes für höhere Bildung. Am 4. Nov. 1850 wurde er von Sr. Majestät König Ludwig I. zum Abt des neugegründeten Benediktinerstiftes St. Bonifaz in München ernannt und am 5. Juni 1851 benedizirt. Am 6. Sept. 1854 resignirte er freiwillig die Abtei. Im J. 1861 (13. Nov.) wurde er Administrator und Dignitärabt des Benediktinerstiftes Disentis (Schweiz). Von dort zog er sich 1877 in das Stift St. Bonifaz zurück, wo er sich noch gegenwärtig aufhält.

Schriften:

1) Predigt am Feste der kirchlichen Uebertragung und Aussetzung des Elderischen Gnadenbildes Mariens in der Klosterkirche zu Ottobeuren 19. Sonntag nach Pfingsten. Ottob. 1841. 8.
2) Gebete zur heiligsten Jungfrau Maria nach dem hl. Anselm zu obiger Uebertragungsfeierlichkeit. Das. 1841. 8. (Anonym.)
3) Züge aus dem Leben des hl. Ulrich, dargestellt in einer Festpredigt. Augsbg. 1843. 8.
4) Grundlinien der christlichen Erziehung, mit besonderer Berücksichtigung des „Institutes für höhere Bildung" bei St. Stephan in Augsburg. (Progr. 1849/50.) Augsburg (Kollmann.)
5) Ueber Erziehung und Unterricht. (Progr. der Klosterschule zu Disentis.) Chur 1869. 4.
6) Idee der Schule. (Progr. der Klosterschule zu Disentis.) Das. 1870.
7) Idee der religiösen Orden. Das. 1870. 8.
8) Messe und Schule. (Progr. der Klosterschule zu Disentis.) Das. 1871. 4.

9) Die Unfehlbarkeitslehre. (Progr. der Klosterschule zu Disentis.) Das. 1872. 4.
10) Neu gab er heraus: Exercitatorium spirituale cum directorio horarum canonicarum auctore R. P. Garcia Cisnerio, abb. O. S. B., et formula orationis et meditationis auctore R. P. Ludovico Barbo, abb. O. S. B. Ratisbon. (Manz) 1856. 8.

P. Johann vom Kreuze Klingl, geb. zu Landshut 26. März 1815, Profess 17. Febr. 1852, Priester 21. März 1852, derzeit Prior und Pfarrvikar von St. Bonifaz. (Seine Schrift s. I. Bd. S. 146, Nr. 10.)

P. Pius (Bonifacius) Gams, Dr. der Theologie und Philosophie, Ehrenmitglied der Akademie zu Madrid und ordentliches Mitglied der hist. Vereine von Oberbayern und Unterfranken, geb. zu Mittelbuch (Württemberg) 23. Jan. 1816, erhielt 1838 den Preis der theologischen Fakultät und den ersten homiletischen Preis, Priester 11. Sept. 1839, wurde Vikar zu Aichsteten im Oktober 1839, dann zu Gmünd. Am 6. April 1841 Präceptorat-Verweser in Horb. In den J. 1842—1843 machte er mit Staatsunterstützung eine wissenschaftliche Reise, zurückgekehrt wurde er zuerst im April 1844 Pfarrverweser in Wurmlingen, 19. Dez. 1844 Professoratsverweser in Rottweil, 19. Febr. 1845 Oberpräceptor in Gmünd, 1. Mai 1847 Professor der Philosophie und Theologie zu Hildesheim. Am 29. Sept. 1855 trat er in die Benediktinerabtei St. Bonifaz und legte 5. Okt. 1856 Profess ab. Viele Jahre war er an der dortigen Basilika Prediger, und ist neben seiner literarischen Thätigkeit auch durch die seelsorglichen Verrichtungen, wie es die Verhältnisse von St. Bonifaz mit sich bringen, in Anspruch genommen. Dem Verfasser dieser Schrift ist er mit Rath und That beigestanden, und hat demselben in uneigennützigster Weise seine werthvollen handschriftlichen Sammlungen zu Gebote gestellt.[1])

Schriften:

1) Die sieben Worte Jesu am Kreuze. Rottenburg 1845, 291 S.
2) Ausgang und Ziel der Geschichte. Tübingen 1850, 444 S.
3) Johannes der Täufer im Gefängnisse. Das. 1853.
4) Geschichte der Kirche Jesu Christi im XIX. Jahrhundert. Zugleich Fortsetzung der K. G. v. Berault-Bercastel'schen Geschichte. Innsbruck (Wagner) 1853—1858, 3 Bde. 8.
5) Die eilfte Säkularfeier des Martyrtodes des hl. Bonifacius in Fulda und Mainz, geschildert mit den dabei gehaltenen Predigten. Mainz 1855.
6) Margotti Dr. J., Die Siege der Kirche im ersten Jahrzehnt des

[1]) Vergl. die handschriftlichen Quellen.

Pontificates Pius IX. Deutsch von Dr. P. Gams. II. Aufl. Innsbruck 1860. 8.

7) Katechetische Reden, gehalten in der Basilika zu München. Regensbg. 1862, 2 Bde.

8) Organisirung des Peters-Pfennigs. Das. 1862.

9) Kirchengeschichte von Spanien. Das. (Manz) 1862, 1864, 1874, 1876, 1879, 5 Bde. 422, 492, 480, 482, 572 S. gr. 8.

10) Der Peterspfennig als Stiftung. Das. 1866.

11) Möhler J. A., ein Lebensbild (von B. Wörner) mit Briefen und kleineren Schriften Möhler's, herausgegeben von Dr. P. Gams. Das. 1866.

12) *Das Jahr des Martyrtodes der hl. Apostel Petrus und Paulus. Das. 1867, IV, 97 S.

13) *Kirchengeschichte von J. A. Möhler, herausgegeben von Dr. Gams. Das. 1867—1870, 3 Bde., mit Register.

14) Festpredigt, gehalten bei der Consekration des Hochw. Hrn. Abtes D. Bonifacius von Haneberg zum Bischofe von Speyer in der St. Bonifacius Pfarrkirche zu München 25. Aug. 1872. Speyer 1872.

15) Series episcoporum ecclesiae catholicae quotquot innotuerunt a B. Petro Ap. — Ratisbonae (Manz) 1873, 963 S. 4.

16) Hierarchia catholica Pio IX. Pontifice Rom. sive Supplementum I. ad opus praecedens. Monachii 1879, 108 S. 4.

17) Zur Geschichte der spanischen Staatsinquisition. (Separatabdr. aus seinem Werke der Kirchengeschichte Spaniens.) Regensb. 1878, 96 S. 8.

18) a) Register I. der hist.-pol. Blätter zu Bd. 1—35. Münch. 1858.
b) Register II. der hist.-pol. Blätter zu Bd. 35—50. Das. 1865.
c) Register III. der hist.-pol. Blätter zu Bd. 51—81. Das. 1879.

19) Nekrologien der in den J. 1802—1813 in der Erzdiözese Freiburg und dem Bisthum Rottenburg aufgehobenen Männerklöster. Freiburger Diözesanarchiv, Bd. XII und XIII, und Tübinger Quartalschrift (1879), Bd. 61, Hft. II, III, IV.

P. Magnus Sattler, geb. zu Hinnang 14. Juni 1827, studirte zu Kempten und an der Universität zu München, dann im Klerikalseminar zu Dillingen. Zum Priester geweiht 26. Mai 1851, wirkte er einige Jahre als Kaplan in der Seelsorge. 1856 trat er in den Orden, legte 5. März 1857 Profess ab und war kurze Zeit Präfekt des kgl. Erziehungsinstitutes zu München, dann Superior des Klosters Andechs von 1858 bis Herbst 1870, Pfarrvikar zu St. Bonifaz in München 1870 bis Herbst 1873. Als solcher drang er auf den Bau der St. Benediktuskirche für die Bewohner der entlegenen Theile der Maxvorstadt. Seit 1873 ist er Prior in Andechs.

---

*) In's Französische übersetzt von Abbé Bélet.

Schriften:

1) Ein Mönchsleben aus der zweiten Hälfte des XVIII. Jahrhunderts. Nach dem Tagebuch des P. Placidus Scharl, O. S. B. von Andechs. Regensburg (Manz) 1868, 464 S. gr. 8.
2) Chronik von Andechs. Donauwörth (L. Auer) 1877, 868 S. 8.
3) Das Büchlein von Andechs. Auszug aus obigem Werke. Das. 1876.
4) Die ehemalige Gruftkirche zu München, und das wunderthätige Bildniss der schmerzhaften Mutter Mariä. (Artikel im Sulzbacher Kalender 1867, 41 S. 8.)

P. Aegidius Hennemann, geb. zu München 6. Sept. 1838, Profess 5. Okt. 1859, Priester 4. Jan. 1862.

Schriften:

1) Manual of prayers. Munich. (Manz) 1870.
2) Das Kloster der Armenischen Mönche auf der Insel S. Lazzaro bei Venedig. Historische Skizze. Venedig (S. Lazzaro) 1872, 71 S. 8.

P. Daniel Olckers, geb. zu Fulda 7. Aug. 1827, Priester 8. Aug. 1852, Profess 21. Juli 1862, Religionslehrer am Ludwigsgymnasium und Lehrer der italienischen Sprache am Maximilians- und am Ludwigsgymnasium.

Schriften:

1) Der Himmlische Palmgarten. Auszug aus des P. Wilhelm Nacatenus S. J. Palmgarten, nebst andern bewährten Gebeten und einer Auswahl beim Gottesdienst gebräuchlicher Lieder. München, Verlag des kathol. Büchervereins, 1862, IV, 432 S. 8.
2) Alcune poesie in dialetto romanesco di G. G. Belli scelte ed illustrate. Programma del r. Ginnasio Massimiliano pell' anno scolastico 1877/78. Monaco 1878, 36 p. 8.

P. Wilhelm von Coulon, geb. zu Bayerdiessen 15. Juli 1845, Profess 31. Okt. 1867, Priester 29. Juni 1869, Studienlehrer am Ludwigsgymnasium zu München.

Er erhielt für die Bearbeitung der Preisschrift: „Weissagungen der kleinern Propheten", das Accessit.

P. Clemens (Carl) Reinhard, Dr. medicinae, geb. zu Tegernsee 13. Nov. 1838, promovirte 1863, wurde 1869 Privatdozent an der Universität zu München, trat dann in den Orden, Profess 17. Nov. 1870, Priester 20. März 1872.

Schrift:

Beobachtungen über die Abgabe von Kohlensäure und Wasserdunst durch die Perspiratio cutanea. Eine Probe-Abhandlung. München 1867, 48 S. 8. (Abgedruckt in der „Zeitschrift für Biologie“. V. Bd. München 1869, S. 28—60.)

Manuscript:

Physiologische Untersuchung über das Eindringen von Wasser und wässerigen Lösungen durch die Haut. (Gekrönte Preisschrift.)

Scheftlarn.

Scheftlarn (Schäfftlarn, Scheffilarn, Ascapha, Schaphularia), Erzbisthum München-Freising, Landgericht Wolfrathshausen. Als Stifter wird ein gewisser Walker oder Waltrich, ein Weltpriester, genannt, der im J. 772 zu Sceftilar, wo schon eine dem hl. Dionys geweihte Kapelle nebst einer Villa Pipins stand, ein Benediktinerkloster gründete. Im J. 955 wurde das Kloster von den Hunnen zerstört. Im J. 1140 stellten es Herzog Heinrich V. von Bayern und sein Bruder Otto, Bischof von Freising, wieder her, und übergaben es dem Prämonstratenserorden. Kolonisirt von Ursberg. Aufgehoben von Churfürst Max Joseph 1803. König Ludwig I. übergab Scheftlarn dem Benediktinerorden 1866. Gegenwärtig steht diesem Stifte, weil es die erforderliche Anzahl von 12 Conventualen nicht hat, ein Prior vor. Das prächtige Stiftsgebäude wurde unter den Aebten Melchior, Hermann und Felix (1705—1764) unter Leitung des Max Pärmann erbaut.

Literatur:

Chronicon breve Scheftlariense, Ord. Praemonstatensis ab a. 1146—1562, bei Oefele, script. rer. boic. T. I. S. 639—642. — Gistl Joh., Historische Skizze von Schefftlarn, ehem. Prämonstratenser-Abtei. Münch. 1832, 54 S. 12. — Hundius, Metropolis Salisb. III. S. 199—208. — Meichelbeck, Hist. Frising. I. 78, 98, 113, 160, 170, 318, 363, 379, 381, 393; II. 102, 112, 231. — Monum. boica VIII. S. 357—576, mit Abbildung. — Monum. Germaniae XVII. S. 335—350. — Oberbayerisches Archiv, 1840, S. 147. — Reg. bav. I. 158, 322, 364; II. 102. — Stumpf, Handb. S. 207 sq. — Vaterländisch. Magazin, II. 102. — Wenning, Topographia, I. S. 263, mit Abbildung. — Zimmermann, Churb. geistl. Calender, I. S. 186.

Manuscripte: In der Staatsbibliothek zu München:

Cod. germ. 1820. — Cod. lat. 1330 (fol. 137 sq.) catalogus librorum. — 1891.

Schriftsteller:

P. Bonifacius (Matthias) Schneider, geb. zu Niedersonthofen im Allgäu 22. Sept. 1828, studirte am Gymnasium zu St. Stephan in Augsburg, und von 1848—1852 an den Universitäten zu München und Freiburg im Breisgau Philosophie und Theologie. Er wirkte dann über 25 Jahre als Erzieher in hochadeligen, meist bayerischen Familien, trat 1870 zu Scheftlarn in den Orden und legte 10. Aug. 1871 Profess ab. Am 16. Mai 1873 wurde er Priester und wirkt seitdem als Lehrer und Präfekt des Klosterseminars zu Scheftlarn.

Schriften:

1) Das Geheimniss aller Geheimnisse im allerh. Sakrament des Altars in Betrachtungen auf jeden Tag des Monats, aus dem Lateinischen des P. Basil Balthasar. Freiburg (Herder) 1873, 564 S. 8.[1])
2) Nächstens gedenkt er herauszugeben: Ablass-Brevier, d. i. Schatz der Kirche in den hl. Ablässen . . . ein vollst. Gebet- und Andachtsbuch.

---

[1]) Der Titel des Originals lautet: Mysterium mysteriorum in SS. Eucharistiae sacramento, auct. P. B. Balthasar O. S. B. princip. Monast. S. Galli. Typis coenobii S. Galli 1770.

Anonymi.

A. Gedrucktes:

Anonymus congregat. Benedictino-bavaricae: Geist des hl. Vaters und Patriarchen Benediktus. Münch. 1760, 4 Bd. 8. Uebersetzung des anonym erschienenen Werkes: Spiritus SS. Patris nostri Benedicti, seu meditationes in regulam S. Benedicti. Tugii 1753. (Verfasser ist P. Deodat Müller O. S. B. von Rheinau.)

Anonymus Ottoburanus: Memoriale animae aspirantis ad beatam aeternitatem. Ottoburae 1757. 16.

Anonymus Ottoburanus: Alceste rediviva; seu votum Germaniae, ut per Gallias pene extincta religio denuo reviviscat: drama musicum R. R. . . . S. R. J. Praelato Honorato lib. imp. exempt. M. Ottoburani abbati a studiosa juventute Ottoburana exhibitum 28. Aug. 1793. Ottoburae, 20 S. 4.

Anonymus von St. Veit: Beschreibung der siebten Jubelfeier des Stiftes St. Veit bei Neumarkt. Landshut 1730. 4.

B. Handschriftlich:

Anonymus Benedictoburanus: Artaxerxes, Schauspiel von den Benediktbeurischen Musen aufgeführt 1791. 4. (Cod. germ. 3177 der Staatsbibliothek zu München.)

Anonymus S. Emmeramensis: Einleitung in die bayer. Geschichte bis zur Kirchenversammlung zu Aschheim. (Cod. germ. 2828 der Staatsbibliothek, saec. XVIII. 163 Bl. 4.; vielleicht von Frobenius Forster.)

Anonymus S. Emmeramensis: Vita S. Emmerami et aliorum Sanctorum in ecclesia S. Emmerami sepultorum. (In der k. Stadt- und Kreisbibliothek zu Regensburg. MS. saec. XVIII.)

Anonymus Ettalensis: „Coenobita Ettalensis regularibus statutis e sacra regula depromptis monasterii disciplinam et consuetum ordinem edoctus. 1751, 196 S.[1]) (Cod. lat. 1352 der Staatsbibliothek zu München.)

[1]) Ein anderes Exemplar dieses Manuscriptes mit 211 S. besitzt die Bibliothek zu Ottobeuren. Möglicher Weise könnte P. Maurus Greiff Verfasser dieses Manuscriptes sein. Er war geboren zu Mammendorf 1687, Profess 1710, Priester 1717, † 30. Mai 1767. Er war Professor an der adeligen Akademie zu Ettal, 22 Jahre Prior und über 20 Jahre Novizenmeister, ein Mann von hoher Frömmigkeit.

Nachträge und Berichtigungen zum II. Bande.

Zu Seon:

S. 1. Seon besass zu Maria Egg ein Superiorat und besorgte die dortige Wallfahrt.

„ 3. P. M. Wimmer, Profess 8. Sept. 1744, Neomyst 11. Jan. 1748, er war die letzten 13 Jahre seines Lebens fortwährend krank.

„ 4. P. Rufin Widl, Dr. philos., studirte zu München und trat nach absolvirter Rhetorik in den Orden. In Salzburg studirte er vier Jahre Philosophie und Theologie, wurde 1759 Priester und lehrte darauf zu Freising zwei Jahre Logik und Physik; zu Salzburg lehrte er zuerst die Inferiora, dann Philosophie. Die letzten 12 Jahre seines Lebens war er Pfarrer zu Obing.

Zu Seons verdienten Religiosen:

P. Michael Griss, geb. zu Burghausen 20. Juni 1741, Profess 1760, studirte zu Benediktbeuern Theologie, Neomyst 29. Juni 1766. Er war Caplan im Kloster Frauenchiemsee, Wallfahrtspriester in Maria Egg und starb im Kloster 9. Dez. 1798. Er legte eine Mineralien- und eine Münzensammlung an und war auch Calligraph. Er hinterliess ein prachtvoll geschriebenes Antiphonarium.

Zu Ettal:

„ 9. P. R. Dreyer studirte zu München und Salzburg, Profess 1710, Priester 1711, er war im Kloster Professor der Philosophie, zu Salzburg Dekan der theologischen Fakultät und Regens des Convikts der studirenden Kleriker. In das Kloster zurückgekehrt, Custos, Praeses der lateinischen Congregation, Spiritual der adeligen Zöglinge, Novizenmeister und durch sechs Jahre Prior. Er starb als Subprior.

„ 10. P. M. Reischl primizirte 12. Sept. 1723.

„ 11. P. B. Parode machte am ersten Sonntag im November 1733 Profess, Neomyst 29. Juni 1735, er lehrte an der adeligen Akademie auch die französische Sprache.

„ 12. P. Sigmund Grf Gondola primizirte 15. Aug. 1735 und starb (laut der Rotel) am 4. März 1771.

„ 13. P. Ferd. Rosner, Profess 1. Nov. 1726.

S. 14. P. B. Graf v. Eschenbach, Profess 1. Nov. 1737, Neomyst 21. März 1745. „Orator facundissimus . . . . . Privilegiorum seu jurium Casinensium communionem nobis impetravit.“ (Rotula.)

„ „ P. Othmar Seywold, Profess 1. Nov. 1749, Neomyst 23. Mai 1751 (nicht 1751); er war von 1770—1775 Pfarrvikar zu Merching, in's Kloster zurückberufen, Novizenmeister und Professor der Moraltheologie bis zu seiner Erwählung zum Abt.

„ 15. P. Dominikus Ziegler, Profess 28. Okt. 1730 (nicht 1729), Neomyst 17. Okt. 1734; er war auch Professor der Humaniora an der adeligen Akademie zu Ettal.

„ „ Die Rotel hat Kögel, nicht Kögl.

„ 17. Zeile 8 lies: Knipfelberger, statt Knipfelsberger.

Zu Ettals verdienten Männern, von denen mir namentlich zwar keine Schriften bekannt sind, gehören noch:

P. Anselm Kuchlbacher, geb. zu Salzburg 21. März 1705, Profess 2. Juli 1736, Priester 17 0, „per 16 annos pharmacopola utpote in hac arte magister omnibus numeris absolutus“ (Rotula.) Er starb 25. Mai 1752.

P. Franciscus Nainer, geb. zu Maria-Plain 21. März 1703, er studirte zu Salzburg, und war dort Repetitor der Philosophie; Profess 21. Nov. 1727, Neomyst 29. Sept. 1729. Er lehrte an der adeligen Akademie seines Klosters viele Jahre Rhetorik und war ein guter Komiker; † 27. Dez. 1751. Ohne Zweifel ist er der Verfasser von mehreren Theaterstücken, die von den adeligen Zöglingen zu Ettal aufgeführt wurden.

P. Alphons Graf Arko wurde aus besondern Rücksichten vor vollendetem Noviziate zum Priester geweiht. Er war 20 Jahre Regens und Professor an der adeligen Akademie, † 23. Jan. 1754, 65 Jahre alt; 39 Jahre Priester und 38 Jahre Professus.

P. Carl Kröll, geb zu Rattenberg (Tirol) 1716, Profess 14. Nov. 1736, Priester 1740, er war Professor der Theologie und der Humaniora an der adeligen Akademie, † 21. März 1767.

P. Placidus Wild, geb. zu München 27. März 1694, Profess 1713, Priester 1719. Er war Professor der Humaniora an der adeligen Akademie und starb als Senior 31. Jan. 1768. Er hinterliess musikalische Compositionen: „Comicus excellens . . . . musices peritia (chelys praecipue, quam artificiosissime animandae) plurimum calluit, serenissimo etiam Bavariae principi notus et charus.“ (Rotula.)

P. Aemilian Freiherr v. Kaltenthal, geb. zu Regensburg 6. Aug. 1706, er studirte an der Akademie zu Ettal, Profess 1. Nov. 1725, wurde dann in's Collegium germanicum nach Rom geschickt, wo er Philosophie und Theologie studirte, und vom Papste Benedikt XIII. zum Priester geweiht wurde. Nach Ettal zurückgekehrt, lehrte er an der adeligen Akademie die Humaniora und starb 30. Juli 1782 als Jubilar der Profess und des Priesterthums.

P. Joseph v. Wackerstein, geb. zu München 20. März 1738, studirte an der Akademie zu Ettal, Profess 1. Nov. 1757, Neomyst 3. Okt. 1762. Zum Studium der Mathematik und zur Erlernung der französischen Sprache wurde er erstlich in das Stift Polling und darauf zur weiteren Ausbildung nach Paris (wahrscheinlich zu den Maurinern nach S. Germain des Près) geschickt. Er starb als ein Opfer seines Berufes als Seelsorger zu Egling 17. Aug. 1784, wo er beim Krankenbesuche die febris putrida erbte.

P. Ludwig v. Campi „de monte sancto", geb. zu Bozen in Tirol 25. März 1710, er studirte an der Akademie zu Ettal und zu Freising, Profess 1. Nov. 1726, Theologie und Rechte hörte er zu Salzburg, Neomyst 16. Mai 1731. Er war mehrere Jahre Professor an der Akademie des Klosters, 1751—1767 Prior, 1767 Subprior und Spiritual des Conventes, starb als Jubilar der Profess und des Priesterthums 17. Juli 1785.

P. Romuald Klöck, geb. zu Farchant (Bez. Werdenfels) 22. Mai 1733, studirte zu München, Profess 20 Okt. 1754, Priester 7. Okt. 1759. Er war stufenweise Professor an allen Klassen des Klosterseminars und 14 Jahre Regens desselben; im J. 1768 auch Professor am Lyzeum zu Freising. Er starb 7. Febr. 1791. Die Rotel spendet ihm folgendes Lob: „Custos juvenum impigerrimus . . . . vir gravitate morum conspicuus, religiosus ad normam exactus, ... otii osor acerrimus."

P. Benedikt (III.) Pacher, geb. zu Reichling 1711, Profess 1731, studirte zu Salzburg Philosophie und Theologie, Neomyst 1. Okt. 1737. Er war Inspector der Stiftswaldungen, Küchenmeister und wurde 9. Nov. 1739 zum Abt erwählt. Unter ihm legte ein Brand (1744) Kloster und Kirche in Asche, wobei auch die kostbare Bibliothek zu Grunde gieng. Abt Benedikt erbaute das Kloster, schöner als es zuvor gewesen, wieder auf, restaurirte die Kirche, legte aber 1759 freiwillig die äbtliche Regierung nieder und gieng als Gast in das Stift St. Peter zu Salzburg, wo er bis zu seinem Tode in stiller Zurückgezogenheit lebte. Er starb als Jubilar der Profess und des Priesterthums 17 Juni 1796. Was er zur Beförderung der Studien gethan, erwähnt die Rotel mit folgenden Worten: „Clericorum religiosorum animos Benedictus noster qua pollicitationibus, qua praemiis et liberalibus a litterario labore animi relaxationibus ad implenda status sui munia et litterarum amorem accendit; hunc in finem, ut bibliothecae jacturam, quantum quidem licuit, quodammodo repararet, venalem praefecti nostri Murnaviensis D. Joa. Michl primum, dein illustr. D. de Langenmantel patricii Augustani magnis sumptibus coemit."

P. Willibald Kleinhans, geb. zu Nauders (Tirol) 11. Mai 1757, studirte zu Ettal und Augsburg, Profess 1781, Priester 3. Okt. 1781. Er wurde als Professor der Theologie nach Seon berufen, und lehrte, in sein Kloster zurückgekehrt, Dogmatik und Moraltheologie, † 22. Aug. 1796.

P. Raymund Kressierer, geb. zu Pfaffenhausen 26. Febr. 1755, studirte zu Ettal und München, Profess 28. Okt. 1778, Neomyst 6. Okt. 1782. Er lehrte im Kloster Kirchengeschichte, die griechische und französische Sprache; er war einige Zeit Cooperator zu Egling, dann Prior, Novizenmeister und Professor am Klosterseminar, um das er sich viele Verdienste erwarb. Bei den Durchmärschen der Franzosen nützte er viel durch seine Kenntniss der französischen Sprache. Er starb 9. Dez. 1800. [1])

Zu Niederaltaich:

S. 21. Zeile 16: Das Stift besass in Niederösterreich die Herrschaft Erlahof, wo stets ein Conventual residirte.

„ 25. Lackner war niemals in Rinchna, sondern trug nur zur Restauration der dortigen Propsteikirche bei.

---

[1]) Aus Ettal lehrten ausser den schon erwähnten noch folgende Conventualen am Lyzeum zu Freising: P. Franz Sal. Steinhauser von 1779—1784, P. Gerard Polz von 1790—1792, P. Aemilian Mannhart von 1799—1802. Alle drei erlebten die Aufhebung ihres Stiftes.

S. 26 P. Gregor Pusch, geb. zu Niederaltaich 13. Dez 1700, Profess 10. Okt. 1720, studirte zu Salzburg Theologie, Neomyst 22. Sept. 1726. Er war Professor des Kirchenrechtes im Kloster, dann in der Seelsorge zu Schwarzach und über 40 Jahre zu St. Oswald, wo er unermüdet im Beichthören der aus Bayern, Oesterreich, Böhmen und sogar aus Ungarn kommenden Wallfahrer war. Auch war er ein sehr populärer und gerne gehörter Prediger. Sein Tod erfolgte zu St Oswald 22. Mai 1783. Er war ein Bruder des 1716 verstorbenen Abtes Marian von Niederaltaich. Ueber die Thätigkeit des P. Gregor als Archivar berichtet die Rotel: „Archivi monumenta omni sedulitate congessit, obscura explicavit et antiquitatis memoriae pernox insudavit, ita quidem, ut vix ulla praepositura aut parochia ex nostris sit, quae non ipsi sua (ut vocamus) urbaria in acceptis referat." Im Druck erschien von ihm: „Gute Worte", wie es scheint, eine aszetische Schrift, und Officia S. Oswaldi regis et S. Quirini.

„ „ P. Franz Meichl starb am 27. Febr. 1793. Er war auch Pfarrer zu Regen und Schwarzach, Propst zu Rinchna und starb als Regens des Seminars und Chorregent, 59 Jahre alt, 40 Jahre Professus und 35 Jahre Priester.

„ 29. Zeile 9 v. o. lies: Marichal, statt Marischall.

„ „ Nota, Zeile 5: P. Fr. Lipp starb 1761 (nicht 1762).

Zu Niederaltaichs verdienten Männern gehört:

P. Ignatius (II.) Krenauer, vorletzter Abt. Er war geb. zu Schongau 29. Sept. 1735, kam als Jüngling zu seinem Onkel nach Passau, Profess 11. Nov. 1753, Priester 1758. Die theologischen Studien machte er zu Salzburg und war dann in der Seelsorge zu Regen, Frauenau und Grafenau, und Professor der Dogmatik im Kloster. Am 16. Mai 1775 wurde er zum Abt erwählt, nachdem er schon bei der Wahl seines Vorgängers Augustin (1761) mehrere Stimmen erhalten hatte. Als Abt drang er auf würdevolle und feierliche Abhaltung des Gottesdienstes, verwendete grosse Summen zur Anschaffung von gelehrten Werken, bereicherte die Münzsammlung und das physikalische Kabinet, und erwarb sich um die Schulen (Gymnasium und Realschule) seines Klosters (vergl die Einleitung, S. 31) grosse Verdienste. Die Söhne unbemittelter Eltern wurden unentgeltlich auf Stiftskosten unterrichtet und verpflegt. — Er starb am 11. Januar 1799. (Vergl. die Rotel, 8 S. Fol., die von P. Florian Scharrer, damaligem Prior, unterzeichnet, und „Trauerrede auf Ignatius des Stiftes Niederaltaich Abten, des Hochstiftes Bamberg Canonicus und einer hochlöbl. Landschaft in Baiern Verordneten, gehalten am 13. April 1799 von P. Pl. Rapauer O. S. B. und Prior in Metten. Straubing (Lerno) 1799, 12 S. Fol.)

Zu Metten:

„ 31. Zeile 9. v. u. lies: Dysenterie.

„ 33. P. M. Seelmayr (Sellmayr) wurde geb. am 13. Juni 1730, Profess 29. Sept. 1748, Neomyst 15. Juli 1753.

„ 38. Rixner's Schrift sub Nr. 2 hat zwei Bände

Zu Aspach:

„ 55. Das Stift besass in Niederösterreich die Herrschaft Selling, wo stets ein Conventual residirte.

„ „ Zeile 4 v. u. lies: erhielt.

Zu Formbach:

S. 57. Zeile 4 lies: die sich von Formbach, Lambach, Wels etc. . . .
„ „ Zu Mönchwald (in Steyermark) besass das Kloster eine Herrschaft nebst Pfarrei.
„ 58. P. C. Mayr wurde geb. am 16. April (nicht 26.).

Zu St. Magnus in Füssen:

„ 62. P. D. Dorn starb 24. Okt. (nicht April).
„ 66. Keller war schon 1790 Prior.

Zu den Gelehrten dieses Stiftes gehören:

P. Magnus Graf Schauenburg, geb. zu Freiburg im Breisgau 2. Febr. 1713, Profess 11. Nov. 1737, Priester 27. Sept. 1713 (?), Provisor in Weissensee, Küchenmeister, Kanzleidirektor, † 28. Juni 1776. „Archivum redegit in ordinem, artium liberalium ac praeprimis linguae gallicae italicaeque adprime peritus.“ (Rotula.)

P. Gregor Martin, geb. zu Aitrin 9. März 1749, studirte im Prämonstratenserstifte Roth, zu Salzburg und Innsbruck, Profess 21. Nov. 1772, Priester 1777. Er wurde von seinem Abte zur Erlernung der orientalischen Sprachen in das fürstl. Stift St. Blasien geschickt. Zurückgekehrt lehrte er im Kloster orientalische Sprachen, war Subprior und Provisor von Binswang, zuletzt providirte er Weissensee, wo er 1788 in der Nacht von Christi Himmelfahrt von Räubern in seinem Pfarrhause überfallen wurde, die ihn zu ermorden drohten. Durch eine Summe Geldes beschwichtigt, zogen sie zwar ab, ohne ihm ein Leid anzuthun, P. Martin aber erkrankte in Folge des Schreckens und starb im Kloster 2. Febr. 1789.

P. Ildephons Bobinger, geb. zu Augsburg 13. Okt. 1753, er studirte am Gymnasium zu Augsburg und im Stifte St. Ulrich die Humaniora, Profess 6. Jan. 1777, Priester 1780 Er wurde 1786 Professor zu Freising, begann aber an der Lungenschwindsucht zu kränkeln und musste nach einem Jahre die Professur aufgeben, worauf er sich in das Stift St. Ulrich begab, wo er 3. März 1789 starb.

Zu Ottobeuren:

„ 85. Zeile 5 v. u. lies: Copie der zwei (nicht drei) ersten Bücher.
„ 87. Zeile 1 v. u. lies: in (statt an).
„ 88. (Nota 1) Zeile 3 lies: Fussey, statt Flussey.
„ 96. Zeile 10 v. o. lies: Rotula.
„ 107. Zeile 17 v. u. lies: Dilettanterie.

Zu St. Ulrich:

„ 121. P. Benno Grf. Ruepp, Profess 25. (nicht 15.) Mai.
„ „ P. M. Gutwillig gab auch mathematische Schriften in Druck und war Verfertiger einer kunstreichen Uhr. (S. Bibliothèque générale des écrivains de l'ordre de S. Benoît, I. S. 118.)
„ „ P. L. Sondermayr starb am 14. Juli.
„ 122. P. Columban Walser erhielt 13. Okt 1761 das Ordenskleid, Profess 1762,

Neomyst 2. Juni 1765; er war zuerst vier Jahre Professor der Inferiora zu Salzburg.

S. 126. Zeile 8 v. u. lies: Ihnen.

Zu den Schriftstellern und Gelehrten von St. Ulrich gehören:

P. Ulrich Beitinger, geb. zu Inningen 2. Sept. 1743, Profess 13. Nov. 1765, Priester 13. Nov. 1768, † 21. Jan. 1772. Er hinterliess handschriftlich mehrere musikalische Compositionen.

P. Sebastian Degle, geb. zu Augsburg 21. Jan. 1721, Profess 13. Nov. 1743, Neomyst 29. Okt. 1747. Als Custos erwarb er für die Stiftskirche sehr schöne Paramente und verfertigte selbst kunstreiche Stickereien. Er war auch kurze Zeit Cooperator zu Liezheim und zuletzt Subprior. Während seiner lange dauernden und schmerzhaften Krankheit schrieb er ein Dominicale, ein Mariale und noch viele andere Predigten, im Ganzen 10 Bände. Als Custos verfasste er eine genaue Beschreibung von der Erhebung und Uebertragung des hl. Ulrich (13. Mai 1762), die in der Bibliothek aufbewahrt wurde. Er war auch Calligraph und schrieb als junger Priester zwei sehr schöne Antiphonarien. Er starb, nachdem er das Amt eines Subpriors niedergelegt hatte, 27. Mai 1791.

P. Willibald Kastenmüller, geb. zu Augsburg 31. Jan. 1769, studirte zu Augsburg, Profess 13. Nov. 1787, Priester 17 . . Er war Festtagsprediger an der Stiftskirche, Professor der Stiftskleriker, 1796 Pfarrer zu St. Ulrich, starb als solcher am Typhus 28. Jan. 1797. Er besass eine vorzügliche Rednergabe. Er gab in Druck: Reformation und Aufklärung, in einer Gelegenheitsrede abgefasst von W. K. Augsb. (J. B. Balthasar) 1796.

Zu hl. Kreuz in Donauwörth:

„ 136. P. Wunibald Eder, geb. 11. Jan. 1747, Profess 29. Sept. 1767, Priester 25. Mai 1771, Professor des Klosterseminars, Vikar von Gunzenheim, Präses confr. ss. rosarii, Novizenmeister, Prior, † 11. Nov. 1784.

„ „ Abt Gallus verwendete laut der Rotel während seiner Regierung für die Bibliothek 8000 fl.

Musiker, Componisten und verdiente Männer von hl. Kreuz.[1])

P. Magnus Heisler, geb. zu Rettenbach 5. Mai 1725, studirte zu Augsburg, Profess 5. Okt. 1746, Neomyst 29. Aug. 1751, Professor der Humaniora und Musikinstruktor für die Seminaristen des Klosters, Chorregent und Subprior, † 2. Jan. 1783. Er war ein sehr geübter Organist und gab Sonaten und Orgelstücke in Druck. Seine letzte musikalische Composition war bereits zur Hälfte schon gestochen, als ihn der Tod überraschte.

P. Columban Voraus, geb. zu Velburg im Nordgau 23. Sept. 1745, Profess 17. Nov. 1767, Neomyst 8. Okt. 1769. Er war ein vorzüglicher Organist und sehr guter Musiker, der die meisten Instrumente spielte. Er war Musikinstruktor für die Zöglinge der Stiftschule, Professor der Moraltheologie, Pfarrer an der Klosterkirche, Administrator des Gutes Muttenau, und starb im Kloster 24. Okt. 1793. Ihm verdankte das Kloster eine reichhaltige Sammlung von Conchilien und Testaceen. Aus freiem Antriebe gab

[1]) Vergl. die Biographie des Abtes Gallus, S. 137.

er vielen armen Knaben der Stadt Unterricht in der Musik, und ermöglichte ihnen so Aufnahme in Klosterseminaren oder anderen Unterrichtsanstalten. In Bezug auf sein Musiktalent berichtet die Rotel: „Si organoeda opus erat, animavit organa, si cantore, cantavit, si buccinatore, tuba clanxit, cornuque insonuit, si tibicine, tibia transversa eaque, quae informis toni est, imo omnis fere generis tibiis aures demulsit, si pandurista, barbyton et acutam et mediam et gravem praecipue ita animavit, ut omnium, principum etiam, admirationem in se converterit et mensurae et expressionis, quam dicunt, tenacissimus, licet aliud fere agere et ludendo ludere videretur."

P. Benedikt Mair, (Mayr) geb. zu Rain 3. Jan 1759, studirte zu Polling und Ingolstadt, Profess 17. Nov. 1782, Neomyst 20 Juni 1784. Er wurde zum Studium der Mathematik nach Ingolstadt geschickt, wo er zwei Jahre blieb. Zurückgekehrt, war er Professor der Mathematik und Philosophie für die Kleriker bis zu seinem Tode. Zugleich war er auch Präses der Rosenkranzbruderschaft, welches Amt häufigen Krankenbesuch in der Stadt mit sich brachte. Er starb als Opfer seines Berufes 11. Jan. 1791 am Typhus, den er am Krankenbett geerbt hatte.

P. Benno Gorhan, geb. zu Altusried 23. März 1741, machte zu Ellwangen seine Studien, Profess 13. Nov. 1763, Neomyst 11. Okt. 1767. Er war Professor des Klosterseminars, dann einige Zeit Subprior und Pfarrer im Stifte Fultenbach, zurückgekehrt Präses der Rosenkranzbruderschaft, und starb 19. Jan. 1791. Er war ein geübter Orgelspieler und gab Orgelstücke in Druck.

P. Edmund Eiselin, geb. zu Dinkelsbühl 12. Febr 1727, studirte zu Ellwangen, Profess 13. Nov. 1746, machte mathematische, theologische und juridische Studien zu Dillingen und Ingolstadt, Neomyst 29. Aug. 1751. Er war Professor der Philosophie am Klosterseminar, Novizenmeister, acht Jahre Hospitant im Stifte Ottobeuren, 1787—1789 Professor des Kirchenrechtes und Schulpräfekt zu Freising und starb im Kloster als Opfer seines Berufes 16. Febr. 1794.

P. Maurus Heinleth, geb. zu Donauwörth 12. Juli 1748, studirte zu München und Dillingen, Profess 21. Okt. 1773, Neomyst 6 April 1777. Er war Pfarrer an der Klosterkirche, Custos, Subprior und ein guter Musiker: „Tetrachordo cecinit nec unquam ullam symphoniam suo concentu destituit;... insuper et chorum nostrum quam plurimis ditavit operibus musicis, quibus describendis plurimum desudavit." (Rotula.) Er starb 6. Febr. 1798.

Zu Mehrerau:

S. 152. Zu Hueber's Biographie und Schriften: Er war vieljähriger Professor der Philosophie und Theologie in seinem Kloster. — Die Schrift sub Nr. 1 erschien 1726 und zwar deutsch. Ferner schrieb er:

6) Anathema juridico-canonicum ac philosophico-theologicum. Constantiae 1712. Fol.

7) Thallera (?)[1] seu concordia libertatis creatae cum efficacia intrinseca gratiae. Ibid. 1719. 4.

8) Leben des hl. Columban, Abtes des Klosters Luxeuil und Mehrerau. 1737. (Demgemäss ist die Nota auf S. 158 erläutert.)

---

[1]) Vielleicht tessera.

9) Dem P. Joh. François, Congr. S. Vitoni et Hydulphi, lieferte er viele Beiträge zur Bibliothèque générale des écrivains de l'ordre de saint Benoit. (Cf. T. I. S. 511.)

S. 153. Reichard war Mitglied der societas literaria germano-benedictina.

Zu Elchingen:

„ 160. P. Prosper Ilger war viele Jahre Professor der Theologie im Kloster.

„ 161. Zur Biographie des P. C. Luz: er machte seine Gymnasialstudien im Stifte Elchingen, und wurde von seinem Abte zur Erlernung der französischen Sprache auf einige Zeit nach Frankreich geschickt — Er war auch Sekretär der Stiftskanzlei.

„ 162. Bei der Schrift Seckler's sub Nr. 2 add. „seu schola rhetorices". Er starb 12. Nov. 1735 (nicht 24. Juni 1783).

„ „ P. Basil Zeller war 22 Jahre: „Missionarius in monte SS. Trinitatis apud Austriacos" (vielleicht Sonntagberg, welche Wallfahrt dem Stifte Seitenstetten gehört), kehrte wieder in sein Kloster zurück und starb als Kanzleiassessor 24. Juni 1781.

„ 163. P. Aemilian Würth war Bibliothekar und Professor der Philosophie im Kloster. Er gab (laut der Rotel) ausser der schon aufgeführten Schrift noch eine zweite in Druck, deren Titel nicht angegeben ist.

Zu Elchingens verdienten Männern:

P. Julian Brigl, geb. zu Aislingen 20. Aug. 1705, Profess 13. Nov. 1725, Neomyst 3. Juni 1731, er war von 1734—1738 Professor zu Freising, und starb als Prior und Senior 18. Okt. 1771. Er ordnete die Stiftsbibliothek und verfasste einen neuen Katalog.

P. Bernard Hörmann, geb. zu Dillingen 26. Nov. 1752, Neomyst 29. Sept. 1778, er war seit 1786 Professor zu Freising und starb dort am Nervenfieber 6. März 1787. Der damalige Fürstbischof von Freising schätzte ihn sehr und wich nicht von seinem Sterbelager, bis er verschieden war.

P. Placidus Eberle, geb. zu Wolfegg 21. Juni 1758, studirte zu Ottobeuren und Dillingen, Profess 21. Okt. 1779, Neomyst 29. Sept. 1784. Er lehrte zuerst im Kloster Philosophie und war von 1789—1791 Professor der Logik und Physik zu Freising. Krankheit nöthigte ihn, in sein Kloster zurückzukehren, wo er 23. April 1792 plötzlich starb. Er hatte zum Druck eine Abhandlung bereitet: „Diatribe de utilitate metallicarum virgarum ad declinanda fulgura."

P. Robert Kolb, geb. zu Deggingen bei Wiesensteig 8. Nov. 1736, machte seine Studien zu Elchingen und Ellwangen, Profess 12. Okt. 1755, Neomyst 5. April 1761. Er war im Kloster Musikdirektor und Professor der Philosophie und wurde 6. März 1766 zum Abt erwählt. Er machte sich in vielfacher Hinsicht um sein Reichsstift verdient, so dass man ihm den ehrenvollen Titel eines Wiederherstellers desselben beilegte. Die durch einen Blitzstrahl beschädigte Kirche stellte er wieder prächtig her und begann den Bau eines neuen Klostergebäudes. Für die Wissenschaften that er sehr viel, begründete ein physikalisches Kabinet und führte in allen Trivialschulen des Stiftsgebietes einen verbesserten Lehrplan ein und erhöhte die Gehalte der Lehrer. Seine Vorschläge in Bezug auf Regelung des Armenwesens erwiesen sich sehr vortheilhaft und erlangten später sogar Gesetzeskraft. Er starb in Folge einer Verkältung, die er sich beim Löschen eines Brandes zu Falheim zugezogen hatte, 25. März 1793. (Rotula.)

P. Johann Bapt. v. Rehlingen „de Haltenberg“, geb zu Augsburg 3. Juli 1764, Profess 15. Aug. 1781. Als junger Priester wurde ihm vom Abte die Inspektion sämmtlicher Schulen des Elching'schen Stiftsgebietes übertragen, in welcher Stellung er rastlos thätig war und viel zur Hebung des Schulwesens beitrug. Dieser hoffnungsvolle Religiose starb als Opfer seines Berufes, indem er beim Krankenbesuche sich die damals von den Franzosen eingeschleppte Seuche zuzog, der er 11. Febr. 1791 erlag.

P. Maurus Weiss, geb. zu Neuburg an d. D. 29 März 1739, machte in seiner Vaterstadt und zu Innsbruck seine Studien. Profess 10. Nov. 1751, Priester 1760. Er lehrte im Kloster Kirchenrecht, war 1763—1761 und 1778—1782 Professor zu Freising und zugleich Regens des Lyzeums. Er starb im Kloster 18. Dez. 1797.

P. Gregor Ziegelauer,[1]) Edler von Blumenthal, geb. zu Bozen (Tirol) 28. Okt. 1751, Profess 9. Okt. 1768, Neomyst 2. Okt. 1774. Er war von 1784—1787 Professor des Kirchenrechtes zu Freising und Präfekt; im Kloster war er Kanzleidirektor. Nach Aufhebung seines Stiftes gieng er nach Admont und gelobte dort Stabilität, war Provisor von St. Laurenz, Pfarrer in Kallwang, und starb im Stifte 22. April 1821 als Senior und Jubilar des Ordens.

Zu Fultenbach:

S. 165. Bei der Restauration von Fultenbach (1130) übernahm St. Blasien im Schwarzwald die Kolonisirung.

Zu Deggingen:

„ 168. P. Ans. Molitor, geb. 16. Juni 1723, er studirte zu Ellwangen und Dillingen, Profess 17. Okt. 1745, Neomyst 15. Okt. 1747; er war auch in seinem Kloster Professor der Theologie.

„ 169. Abt Placidus Dinger wurde geb. zu Ellwangen 27. Febr. 1729, machte dort seine Studien, Profess 15. Dez. 1748, Neomyst 24. April 1753. Er war Lehrer am Klosterseminar, Inspektor der Klosterwaldungen, Provisor in Buggenhofen und zugleich Prior, bis er zum Abt erwählt wurde. Er starb plötzlich am Schlagflusse auf dem Wege von Buggenhofen zum Kloster, in welcher Wallfahrtskirche er am selben Morgen die hl. Messe gelesen hatte. Von ihm wurde zu Bollstadt eine neue Villa zur Erholung der Religiosen erbaut.

Zu Irrsee:

„ 172. Die Rotel über P. Eugen Dobler ist wörtlich abgedruckt in der Beilage sub Nr. 1.

Zu den Gelehrten dieses Stiftes gehören:

P. Bernard Böck, geb. zu Ehingen (Vorderösterreich) 23. Febr. 1703, machte dort seine Studien, Profess 29. Sept. 1721, Neomyst 21. Juni 1727, er war Custos, besorgte die Seelsorge der Filialkirche in Blöcktach und

[1]) Der Catalogus religiosorum M. Elchingensis vom J. 1771 hat Zieglauer.

wurde, erst 28 Jahre alt, (10. Okt. 1731) zum Abt erwählt. Von ihm sagt die Rotel: „Praesul literatissimus; Museum erexit mathematicum, copiosissimum, testantibus, quotquot viderunt, technophylacium." Für die Bibliothek that er sehr viel und förderte die Studien des gelehrten P. Eugenius Dobler. Er starb 9. Nov. 1765.

P. Ildephons Mahler, geb. zu Elchingen 6. Jan. 1723, machte seine Studien zu Neresheim und Ellwangen, Profess 13. Okt. 1743, Neomyst 19. Okt. 1749, von 1760—1762 Professor der Mathematik zu Freising, starb als Pfarrer zu Irrsee 2. Mai 1772. Er besass in den mathematischen Wissenschaften tiefe Kenntnisse und war ein guter Mechaniker. Mehrere Aebte schickten Kleriker nach Irrsee, um dieselben von Mahler in der Mathematik unterrichten zu lassen. Höchst wahrscheinlich war auch P. D. Beck von Ochsenhausen sein Schüler.

P. Joseph Maria Freiherr v. Landsee, geb. zu Feldkirch (Vorarlberg) 5. Juli 1740, Profess 27. Aug. 1758, Neomyst 2. Juli 1765. Er war im Kloster Professor der Theologie und besass ausgebreitete Kenntnisse in den orientalischen Sprachen. Die Rotel sagt von ihm: „Poeta, rhetor, philosophus, theologus, jurista." Er starb am Schlagflusse 2. Juli 1780.

P. Martin Pfeifer, geb. zu Kaufbeuern 6. März 1746, Profess 13. Sept. 1767, Neomyst 20. April 1772. Er war Direktor der Kleriker und Professor im Kloster, und in der hebräischen, syrischen und chaldäischen Sprache bewandert. Er starb 30. Nov. 1783.

P. Anselm Schwink, geb. zu Aislingen bei Dillingen 1. Okt. 1725, er studirte zu Dillingen und Elchingen, Profess 13 Okt. 1713, Priester 13. Okt. 1749. Er war im Kloster Professor der Mathematik, durch 25 Jahre Chorregent, 12 Jahre Pfarrer von Irrsee, seit 1781 Subprior und starb als solcher 4. April 1793. Er war ein sehr gewandter Organist und gab mehrere kirchliche Compositionen in Druck.[1]) Von diesen heisst es in der Rotel: „Etsi (in illis) styli novitatem quotidianis mutationibus obnoxiam, nunquam tamen firmitatem aequus rerum arbiter desiderabit."

Zu Neustadt am Main.

S. 180. „Das Kirchweihfest zu Neustadt am M. am 8. Dez. 1879." (Artikel im Würzburger kath. Sonntagsblatt Nr. 51.)

Zu Michelsberg:

„ 186. Michelsberg wurde gestiftet im J. 1009.

Zu Theres:

„ 195. Ich bin nicht sicher, ob das aufgeführte Dominicale von Abt Gregor II. ist.

Zu Banz:

„ 206. Der genaue Titel der Schrift Brentano's sub Nr. 2 lautet: „Epitome chronologica mundi christiani ab anno nativitatis Christi usque ad saeculi decimi

---

[1]) Meine Nachforschungen über die Titel der Compositionen blieben gewöhnlich erfolglos. Derartige Compositionen scheinen nur in sehr wenigen Exemplaren und meistens auf Kosten des betreffenden Stiftes gedruckt worden zu sein.

octavi annum vergentis sextum deducta, exhibens status civilis et ecclesiae fata, sanctorum vitas, eruditorum scripta, naturae portenta, personarum illustrium ortum, belli pacisque vicissitudines, caeteraque plura." Aug. V.

Zu Plankstetten:

S. 231. P. Franz Xav. Fendt (Fend), geb. 27. März 1724, studirte zu Eichstätt und Neuburg, Profess 1743, Priester 1748, er war im Kloster Professor der Theologie und Novizenmeister.

P. Corbinian Heckl, geb. zu Allersperg 11. Nov. 1748, studirte zu Neuburg, Eichstätt und Ingolstadt, Profess 1. Mai 1771, Neomyst 14. Juni 1772. Er ordnete die Klosterbibliothek und verfasste einen neuen Katalog.

Zu St. Jacob in Regensburg:

„ 239. Des P. Deasson, eines ebenso ausgezeichneten Mathematikers als praktischen Mechanikers, wird erwähnt in den historisch-politischen Blättern, Bd. 85, Hft. 1, S. 56, 57, 59.

Zu St. Stephan in Augsburg:

„ 254. Nota. Die Schriften sub Nr. 10 und 27 erschienen 1850 zu Augsburg (bei Manz) in Druck.

Bei der Schrift sub Nr. 9 lies: der hl. Willebold statt Willibald.

Zu St. Bonifaz in München:

Zu den verdienten Männern dieses Stiftes gehören:

Der gegenwärtig regierende Abt Benedikt Zenetti, geb. zu Speier 13. Mai 1821, Priester 1. Aug. 1847, Profess 28. Dez. 1851, Prior des Stiftes Scheftlarn 22. Mai 1866, zum Abt erwählt 27. Aug. 1872, benedicirt 10. Nov. 1872. Obschon selbst nicht schriftstellerisch thätig, befördert er nach Kräften die wissenschaftlichen Studien seiner Religiosen, lässt sie an der Hochschule ausbilden und verwendet jährlich grosse Summen für die Bibliothek.

P. Odilo Rottmanner, geb. 21. Nov. 1841, Priester 31. Juli 1864, Profess 22. Febr. 1866. Er lieferte dem Verfasser namhafte Beiträge zu den Gelehrten seines Stiftes und steht seit mehreren Jahren mit grossem Nutzen der Bibliothek vor.

Beilage Nr. 1.

Rotula in obitum Pl. R. P. Eugenii Dobler.[1])

Mindelhemii non ignobili sub ditione domus bavaricae oppido, in quo 2. sept. 1714 et cunas et ex aqua regenerationis Francisci Michaelis nomen accepit, prima tum virtutis, tum scientiarum fundamenta posuit. Utraque magis magisque evecturus animum, ad claustri solitudinem adjecit, et votorum suorum metam in nostro monasterio attigit, dicto 28. oct. 1733 solemni juramento. Ex illo die omne tempus inter pietatem et studia sollicite partiebatur novellus Benedicti filius, et non indignus eximii viri P. Udalrici Weiss p. m. discipulus; continuo enim illud proverbiorum dictum animo ruminabat: „Principium sapientiae timor domini, et scientia sanctorum prudentia", quod ei ad sectandam virtutem calcar, et ad excolendas scientias stimulum perpetuo addebat. Quare factum, ut oblato 30. mart. 1739 prima vice incruento sacrificio, cum ad mathesin aeque ac ad artem instrumenta mathematica conficiendi aequalem et a natura quasi inditam dexteritatem proderet, a superioribus Augustam Vindelicorum ad D. Brander, tunc temporis maximi nominis mechanicum mitteretur, qui artem illius suis institutionibus perpoliret, et manum in perficiendis ejusmodi laboribus ad perfectionem dirigeret. Domum redux cum maximo dexterrimae diligentiae encomio, quam clarius adhuc instrumenta exacte non minus quam pereleganter ab illo elaborata loquuntur, ad cathedram matheseos evehitur, ex qua post aliquot annos non alio fine descendit, quam illam cum majori nominis sui fama mox denuo ascensurus. Per id tempus Cremifanii, celeberrimo Austriae monasterio et florentissimo scientiarum emporio, professor desiderabatur, qui mathematum placita explanaret. Datis hunc in finem ad abbatem nostrum Bernardum p. m. literis Eugenius, cujus scientiae fama intra monasterii nostri septa contineri amplius jam non poterat, ad hanc spartam evocatur, quam pluribus annis adeo exornavit, ut non invito abbate nostro Bernardo Cremifanensis monasterii expensis in laboris exantlati praemium ad perlustrandam Galliam et ad ipsam hujus regni urbem primariam mitteretur. Biennio, quo Parisiis detinebatur, familiarissime usus est D. de la Caille,

---

[1]) Aus zwei Gründen glaubte ich die Rotel wörtlich hier aufnehmen zu sollen: weil sie sehr selten ist, und weil dadurch die Biographie des verdienten P. E. Dobler vervollständigt wird. — Zu den von mir benützten Quellen gehören auch die Roteln der verschiedenen Stifte. Sie sind theils gedruckt, theils geschrieben. Es standen mir zu Gebote die Roteln der Klöster der bayerischen Benediktiner-Congregation mit Ausnahme von Ensdorf, Michelfeld, Reichenbach und Weissenohe. — Von den Stiften in Ober- und Niederbayern, extra congregationem, fehlte mir St. Veit. — Von den schwäbischen Stiften benützte ich alle Roteln ausser denen von Mehrerau. — Ohne dieselben wäre die Angabe von biographischen Daten oft geradezu unmöglich gewesen.

primi subsellii astronomo, cujus institutionibus sublimem, ad quem in rebus astronomicis eluctatus est, scientiae gradum in acceptis referebat. Domum Cremifanio, quod a suo in Galliam itinere secundo petierat, revocatum, ut doctrinae thesauros in suos etiam confratres diffunderet, non multo post tempore sors denuo Ursinio invidebat Eugenium. Primum a celeberrimo Bavariae monasterio Ettalensi, ut fratribus religiosis philosophiam cum mathesi traderet, mox ab Ensdorfensi superioris Palatinatus asceterio, ut scripta philosophica et physica D. abbatis Anselmi (Desing) senio jam pene confecti prelo proxime committenda in ordinem redigeret, repetitis literis expetitur. Quibus negotiis ad finem perductis Cremifanium tertio invitatus accesit, cimeliarchium ex tribus naturae regnis sat copiose collectum et a Rrsso D. abbate Eremberto, amico Eugenii integerrimo, fundatum dispositurus. Jam vero annis sensim accrescentibus ad suum monasterium aspirabat Eugenius, quod etiam mense octobri 1779 ex Austria reducem, cum Cremifanii ternis vicibus viginti, et quod excedit, annis demoratus esset, peramanter excepit. Tunc, qui aliorum commodis annis pene quadraginta vixerat, deo et animae suae totus quantus vivere decrevit. Tantum autem aberat dilectissimus confrater noster, ut inter pietatis opera, quibus maximam diei partem consecrabat, laboris manuum a S. Patre nostro summopere commendati et diuturna consuetudine illi admodum familiaris oblivisceretur, quin potius turpis otii osor infensissimus vel Museum rerum naturalium thesauris undequaque collectis, vel floribus diversi generis ex conchyliis ad naturae imitationem affabre confectis, vel avibus singulari arte corruptioni subductis et ad naturae invidiam, ut ita dicam, quasi resuscitatis magno numero exornavit. Haec dum agebantur, firmissima et quasi juvenescente sanitate senior noster fruebatur, et quia dedit illi dominus honorem senectutis, 29. oct. 1783 jubilaeam professionis memoriam, et 3. Maji 1789 quinquagesimum sacerdotii annum solenniter celebravit. Ultimam hanc solennitatem non multo post senectutis incommoda presso pede insequebantur; laborare pedum infirmitate, destitui memoria, et repetitis hemiplegiae insultibus quassari venerabilis senecio caepit. Pulsantem illico auscultans dominum, qui prius quotidie mortem ante oculos suspectam habebat, illam modo omni momento sibi appropinquantem ceu furem praestolabatur. Ut antehac oculi, dum astronomiae vacabat, sic nunc animus inperturbate in superuis haerebat; conscientiae suae arbitro illam singulis vix non diebus manifestabat; heroicis virtutum actibus elata voce saepius et nonnunquam etiam inter comedendum, quod ultimo quoque vitae illius die accidit, erumpentibus in Deum ferebatur. Quid mirum igitur, quod supremus vitae necisque dominus, per quem sectatori timoris domini multiplicabantur dies, et addebantur anni vitae, ultimum illius agonem brevem et quasi momentaneum esse decreverit?

Hesterna die hora tertia vespertina tam vehementi apoplexia sanguinea correptus est, ut amisso omni sensu per decem horas continuas spirarit equidem, sed hodie hora prima noctis oleo infirmorum inunctus frustra tentatis omnibus machaonum artificiis placide tandem exspiravit. Praesumendum etc. [1])

Colendissimis DD. confoederatis

Dabamus Ursinii ipso obitus die 29. april. 1796.

Addictissimi

Honorius abbas.

P. Honoratus p. t. prior et conventus.

---

[1]) Folgt die übliche Bitte um Persolvirung der hl. Messen.

Beilage Nr. 2.

Uebersicht der verschiedenen Benediktiner-Congregationen in Süddeutschland, Oesterreich und der Schweiz.

I. **Die bayerische Congregation.** (Congr. SS. Angelorum custodum.)

1) Weltenburg (VII. Jahrh.).
2) St. Emmeram in Regensburg (697).
3) Oberaltaich (731).
4) Benediktbeuern (741).
5) Tegernsee (746).
6) Wessobrunn (753).
7) Weihenstephan (1021).
8) Thierhaupten (1022).
9) Attel (1040).
10) Weissenohe (1053).
11) Rott (1073).
12) Scheyern (1077, 1113).
13) Prifling (1109).
14) Mallersdorf (1109).
15) Reichenbach (1118).
16) Michelfeld (1119).
17) Ensdorf (1121).
18) Frauenzell (1312).
19) Andechs (1455).

II. **Die schwäbische Congregation des Augsburger Bisthums.** (Congr. S. Spiritus.)

1) St. Magnus in Füssen (VIII. Jahrh.)
2) Ottobeuren[1] (764).
3) Hl. Kreuz in Donauwörth[2] (1049).
4) Neresheim (1095).
5) Elchingen (1128).
6) Fultenbach (740, 1130).
7) Deggingen (1138).
8) Irrsee (1182).

III. **Die schwäbische Congregation.** (Congr. S. Josephi.)[3]

1) St. Trudpert (VII.—VIII. Jahrh.).
2) Weingarten (750, 985).
3) Petershausen bei Constanz (983).
4) Isny (1042).
5) Mariaberg in Tirol (1046.)
6) St. Georgen in Villingen (1084).
7) Zwiefalten (1089).
8) St. Peter auf dem Schwarzwald (1091).
9) Mehrerau (1098).
10) Wiblingen (1099).
11) Ochsenhausen (1099—1100).

IV. **Die österreichische Congregation.**[4]

1) Mondsee (748).
2) Kremsmünster (777).
3) Lambach (1056).
4) Mölk (1089).
5) Göttweib (1094).
6) Seitenstetten (1112).

---

[1]) Trat 1760 aus dem Congregationsverband.
[2]) Trat 1740 aus dem Congregationsverband.
[3]) Die Abteien derselben lagen, mit Ausnahme von Mariaberg, im Bisthum Constanz.
[4]) Bestätigt von Papst Urban VIII. 1625.

7) Garsten (1108).
8) Gleink (1121).
9) Kleinmariazell (1136).
10) Altenburg (1144).
11) Schotten in Wien (1158).[1]

V. Die Salzburgische Congregation.

1) St. Peter in Salzburg (VII. Jahrh.)
2) Michelbeuern (757, 785).
3) Seon (994).
4) Ossiach (1026).
5) Admont (1074).
6) St. Paul in Kärnthen (1091).
7) St. Veit (1130).

Ferner die Nonnenklöster:

8) Nonnberg bei Salzburg (VII. Jahrh.).
9) Chiemsee (782).
10) St. Georgen am Längsee (1006).
11) Göss (1020).

VI. Die schweizerische Congregation. (Sub patroc. B. M. Virg. immaculatae.)

1) Disentis (614).
2) St. Gallen (VII. Jahrh.).
3) Pfäffers (731).
4) Rheinau (778).
5) Einsiedeln (861—863).
6) Mury (1027).
7) Fischingen (1135—1138).
8) Engelberg (1082).
9) Mariastein (Beinwyl) (circa 1085).

VII. Die Strassburger oder Elsässische Congregation.[2]

1) Altdorf.
2) Ebersmünster.
3) Ettenheimmünster (VIII. Jahrh.).
4) Gengenbach (736—746).
5) Mauersmünster.
6) Schuttern (603).
7) Schwarzach am Rhein (724—734) und die Nonnenklöster:
8) St. Johann in Zabern.
9) Biblisheim.

VIII. Die Congregatio S. Blasiana.

Dieselbe umfasste das fürstliche Stift St. Blasien, mehrere Priorate u. Propsteien und einige Frauenklöster.

IX. Die Congregatio Scotica.

1) St. Jacob in Regensburg (1068).
2) St. Jacob in Würzburg (1189).[3]
3) St. Jacob in Erfurt (1036).

[1] Die Stifte St. Lambrecht in Steiermark, gestiftet 1102, und Arnoldstein in Kärnthen, gestiftet 1107, standen in keinem Congregationsverbande.

[2] Sie wurde vorzüglich auf Betrieb des Erzherzogs Leopold, Bischofs von Strassburg, 1624 gegründet.

[3] In den letzteren Zeiten waren die Klöster zu Würzburg und Erfurt nur Priorate. — Niemals standen in einem Congregationsverbande in Bayern die Abteien: Amorbach, Aspach, Banz, Ettal, Formbach, Kempten, Metten, Michelsberg, Neustadt am Main, Niederaltaich, Plankstetten, Schwarzach, St. Stephan in Würzburg, Theres und St. Ulrich in Augsburg, von welch' letzterem Stifte die Bibliothèque générale des écrivains de l'ordre de saint Benoit jedesmal unrichtig bemerkt, dass es zur schwäbischen Congregatio S. Spiritus gehöre.

Beilage Nr. 3.

Die in diesem Werke besprochenen Stifte nach ihrer Stiftungszeit.

1) Weltenburg VII. Jahrhundert.
2) St. Emmeram in Regensburg 697.
3) Amorbach 714.
4) St. Magnus in Füssen c. 720.
5) Niederaltaich 731.
6) Oberaltaich 731.
7) Benediktbeuern 740.
8) Neustadt am Main 741.
9) Tegernsee 746.
10) Wessobrunn 753.
11) Ottobeuren 764.
12) Kempten 777.
13) Metten 791.
14) Schwarzach 877 (816).
15) Seon 991.
16) Michelsberg in Bamberg 1009.
17) St. Ulrich in Augsburg 1012.
18) Weihenstephan 1021 (725).
19) Thierhaupten 1022 (750).
20) Attel 1040.
21) Theres 1043.
22) Hl. Kreuz in Donauwörth 1049
23) Weissenohe 1053.
24) St. Stephan in Würzburg 1057 (1013).
25) St. Jacob in Regensburg 1068.
26) Banz 1071.
27) Rott 1073.
28) Mehrerau 1098 (VII. Jahrh.).
29) Mallersdorf 1109.
30) Prifling 1109.
31) Scheyern 1113 (1077).
32) Reichenbach 1118.
33) Michelfeld 1119.
34) Ensdorf 1121.
35) Aspach 1127.
36) Elchingen 1128.
37) Plankstetten 1129.
38) Fultenbach 1130 (740).
39) St. Veit 1130.
40) Deggingen 1138 (X. Jahrh.)
41) St Jacob in Würzburg 1139.
42) Irrsee 1182.
43) Formbach 1194.
44) Frauenzell 1312.
45) Ettal 1332.
46) Andechs 1455.
47) St. Stephan in Augsburg 1834.
48) St. Bonifaz in München 1850.
49) Scheftlarn 1866.

I. O. G. D.

Alphabetisches Verzeichniss der Abteien.

Andechs, I. 292, 316.
Amorbach, II. 176.
Aspach, II. 55, 282.
Attel, I. 205, 314.
Banz, II. 203, 288.
Benediktbeuern, I. 133, 309.
St. Bonifaz in München, II. 260, 289.
Deggingen, II. 167, 287.
Elchingen, II. 159, 286.
St. Emmeram in Regensburg, I. 50, 307.
Ensdorf, I. 274, 316.
Ettal, II. 7, 278, 279.
Formbach, II. 57, 283.
Frauenzell, I. 290, 316.
Fultenbach, II. 165, 287.
St. Jacob in Regensburg, II. 232, 289.
St. Jacob in Würzburg, II. 210.
Irrsee, II. 170, 287.
Kempten, II. 114.
Hl. Kreuz in Donauwörth, II. 134, 281.
St. Magnus in Füssen, II. 59, 283.
Mallersdorf, I. 287, 316.
Mehrerau, II. 150, 285.
Metten, II. 30, 282.
Michelfeld, I. 267.
Michelsberg in Bamberg, II. 186, 288.
Neustadt am Main, II. 179, 288.
Niederaltaich, II. 21, 281.
Oberaltaich, I. 109, 309.
Ottobeuren, II. 69, 283.
Plankstetten, II. 228, 289.
Prifling, I. 242, 315.
Reichenbach, I. 263, 316.
Rott, I. 216, 315.
Scheftlarn, II. 275.
Scheyern, I. 222, 315.
Schwarzach, II. 183.
Seon, II. 1, 279.
St. Stephan in Augsburg, II. 242, 289.
St. Stephan in Würzburg, II. 196.
Tegernsee, I. 157, 311.
Theres, II. 194, 288.
Thierhaupten, I. 193, 314.
St. Ulrich in Augsburg, II. 117, 283.
St Veit, II. 5.
Weihenstephan, I. 196, 314.
Weissenohe, I. 211.
Weltenburg, I. 42, 306.
Wessobrunn, I. 176, 313.

Register

der in beiden Bänden vorkommenden Schriftsteller und Gelehrten etc.

O. S. B.[1])

Abt Bened (St. Ulr.), II. 132.
Aign Rup. (St. Emmer.), I. 68.
Aigner Wolfg. (Mallersd.), I. 289.
* Alt Paul. (Ottob.), II. 94.
Altoneder Lud. (Schey.), I. 224.
Aman Mich. (Ober.), I. 122.
Ammer Carl (Mett.), II. 47.
Apell Ulr. (And.), I. 294, 316.
Appel Beda (Ober.), I 112, 309.
* Arbuthnot Bened. (St. Jac. Reg.), II. 238.
v. Arco Grf. Alph. (Ett.), II. 280.
Arnold Max. (Ober.), I. 130.
* Aschenbrenner Beda (Ober.), I. 127.
Aurbacher Lud. (Ottob.)], II. 112.
Azenberger Flor. (Ober.), I. 131.
Baader Bened. (Elch.), II. 164.
Baader Carl (Ett.), II. 10.
Baader Veremund (St. Emmer.), I. 56.
Bacher Virgil (St. Emmer.), I. 95.
Back Conr. (Ottob.), II. 97.
* Balbes Christ. (Schwarz.). II. 184.
* Bartscherer Aeg. (Michelf.), I. 269.
Bauer Jos. (Banz), II. 219.
Bauer Thom. (Mett.), II. 54.
Baumann Joach. (St. Emmer.) I. 64, 307.
Baumgärtner Rom. (And.), I. 297.
Baumharter Maur. (Donau.), II. 135.
Baur Mart. (Ottob.), II. 81.
Bayrhamer Aug. (Ottob.), II. 82.
Bayrhamer Maur. (Wesso.), I. 186, 313.
* Beck Lud. (Schwarz.), II. 185.
Beer Thassilo (Wesso.), I. 188.
Beitinger Ulr. (St. Ulr.), II. 284.
Bernhard Mag. (St. Steph. Augsb.), II. 250.
Bertold Paul. (Mett.), II. 53.
Beyerer Seb. (St. Emmer.), I. 52, 307.
v. Bibra Greg. (Kempt.), II. 116.
Biderer Luk. (Schey.), I 230.
* Birker Paul. (St. Bonif.), II. 270.
Bobinger Ildeph. (Füss.), II. 283.
* Boeck Ber. (Irrs.), II. 287.
Brand Nonnos. (Teg.), I. 164, 312
Braun Fort. (Mett.), II. 50.
Braun Placid. (St. Ulr.), II. 124.
Braunmüller Beda (Ottob.), II. 77.
Braunmüller Bened. (Mett.), II. 52.
Brigl Jul. (Elch.), II. 286.
* Brockard Gall. (Michelsb.), II. 189.
Brockie Marian (St. Jac. Reg.), II. 235
Brunner Greg. (Bened.), I. 140.
Brunner Luitp. (St. Steph. Augsb.), II. 250.
Buchberger Leon. (Teg.) I. 166.
Bucher Bened. (Ober.), I. 115.
[Buchner Aloys (Bened.)], I. 155.

[1]) In dieses Register sind die in den Anmerkungen besprochenen Benediktiner gleichfalls aufgenommen, wenn sie in den Zeitraum nach 1750 fallen. Die Aebte sind mit Sternchen bezeichnet. Die, welche in den Anmerkungen vorkommen, sind in Klammern eingeschlossen.

Burger Maur. (And.), I. 294.
v. Buseck Ber. (Kempt.), II. 116.
Buz Placid. (Fult.), II. 166.
Calligari Wend. (St Emmer.), I. 56.
* Cammermaier Maur. (Welt.), I. 306.
v. Campi Alph. (Wesso.), I. 177, 182, 313.
v. Campi Lud. (Ett.), II. 281.
Cantor Joh. Ch. (Banz), II. 216.
Carl Luk. (Weih.), I. 201.
Carl Rup. (Weih.), I. 197.
Carmichael Gall. (St. Jac. Würzb.), II. 211.
Chrismann Amb. (Ottob.), II. 81.
Chrismann Rom. Ottob), II. 102.
Christadler Placid. (Ottob.), II. 80.
Cimarolo-Brentano Ig. (Banz), II. 205, 288.
Clarer Theod. (Ottob.), II. 107.
v. Coulon Wilh. (St. Bonif.), II. 273.
Dagaro Max. (Weih.), I. 198, 314.
Danegger Dion. (St. Emmer.), I. 93.
[Deasson Bened. (St. Jac. Reg.)], II. 239, 289.
* Deigl Maur. (Mallersd.), I. 289.
Deixlberger Innoc. (Mett.), II. 32.
* [Dennerlein Gall. (Banz)], II. 220.
v. Depra Fr. Sal. (Ottob.), II. 93.
* Desing Anselm (Ensd.), I. 275, 316.
Deutmayr Ber. (Nieder.), II. 29.
Deybeck Maur. (Mett.), II. 48.
Diemer Corbin. (Ober.), I. 124.
Diemer Froben. (Mett.), II. 36.
Dietl Maur. (Attel), I. 210.
Diller Jos. (St. Emmer.), I. 97.
* Dinger Placid. (Degg.), II. 169, 287.
Dingler Gall. (Ottob.), II. 96.
Degle Seb. (St. Ulr.), II. 284.
Dobler Eugen (Irrs.), II. 172, 290.
* Dobler Mich. (Degg.), II. 168.
Doblinger Gabr. (Prif.), I. 245.
Dobmayr Marian. (Weissen.) I. 212.
Doppel Rom. (Mett.), II. 35.
Dorn Domin. (Füss.), II. 62, 283.
Dratzieher Aemil. (Teg.), I. 161, 312.
v. Droer Bened. (Ottob.), II. 112.
Dreer Remig. (Ensd.), I. 283.
Dreyer Romuald (Ett.), II. 9, 279.
Durmayr Gotth. (Teg.), I. 163.
Eberle Casp. (Ottob.), II. 101.
Eberle Placid. (Elch.), II. 286.
Eder Wunib. (Donau), II. 136, 284.
Eiselin Edm. (Donau.), II. 285.
Eisvogel Verem. (Wesso.), I. 177, 179, 313.
Elcher J. Ev. (Mett.). II. 36.
Ellinger Ans. (Wesso.), I. 190.
v. Emmerich Frob. (St. Emmer.), I. 68.
[Enderle Thom. (Ottob.)], II. 108.
Endres Fr. Sal. (Füss.), II. 67.
Engl Bonav. (Ensd), I. 275.
Enhueber Joh B. (St. Emmer.), I. 64, 308.
Enhueber Otto (Schey.), I. 229.
Enzenberg Beda (Füss.), II. 62.
* Erb Ans. (Ottob.), II. 78.
Erb Wolfg (Ottob.) II. 86.
* v. Eschenbach Grf. Ber. (Ett.) II. 14, 280.
Eumring Heinr. (Michelf.), I. 268.
Faseld Bened (Fult), II. 166.
Feichtmayr Pet. M. (Irrs.), II. 174.
Feil Nonnos. (Weih.), I. 204.
Feiner Coelest. (Mett.), II. 51.
Felder Alex. (St. Steph. Augsb.). II. 244.
Fellerer Jac. (Ensd.), I. 275, 316.
Fendt Fr. Xav (Plank.), II. 231, 289.
Feyerabend Maur. (Ottob.), II. 103.
[Feyerabend Placid. (Ottob.)], II. 105.
Fischer Bened. (Wesso.), I. 190.
[Fischer J. Bapt. (Füss.)], II. 68.
Fischer Maur. (Weih.), I. 202.
* Fleischmann Dom. (Plank.), II. 230.
Flieger Columb. (Banz), II. 219.
Flierl Flor. (Reichen.), I. 265.
Finger Athanas. (Ottob.), II. 76.
Foertsch Innoc. (Weih.), I. 203.
* Forster Frobenius, Fürst. (St. Emmer.), I. 56.
Fortner Lothar (Michelsb.), II. 190.
Frank Colomann (And.), I. 295, 316.
Frank Othm. (Banz), II 225.
Freyberger Pirmin (Ober.), I. 110.
Freymüller Willib. (Mett.), II. 49.
Friedinger Placid. (Elch.), II. 164.
Frings Emmer. (Mallersd.), I. 288.
Frischeisen Mart. (Teg.), I. 172.
* Fritz Amand (Bened.), I. 140, 310.
Froelich Wolfg. (St. Emmer.), I. 67.
* Fuchs Greg. (Theres), II. 195, 288.
Fuchs Jos. (Teg.), I. 174.
* Furtner Willib. (Thierh.), I. 194.
Gaigl Bern. (Teg.), I. 163, 312.
Gams Pius (St. Bonif.), II. 271.
Gandershofer Maur. (Mett.), II. 39.
* Gangauf Theod. (St Steph. Augsb.), II. 216.
Ganser Benno (Ober.), I. 112, 309.

Gebele Eug. (St. Steph. Augsb.), II. 258.
Geddes Placid. (St Jac. Würzb.), II. 241.
Gegenbaur Jos. (Mehr.), II. 154.
* Geissendorfer Ans. (Michelsb.). II. 188.
Gerber Joh. (Theres), II. 195.
Gerbl Fr. Xav. (Prifl.), I. 244.
[Gerhager Placid. (Asp.)], II. 56.
Gerl Marian (Ober.), I. 116.
* Gerl Petr. (Prifl.), I. 216, 315.
Gerstner Aemil. (Donau.), II. 143.
Geyer Aug. (Banz), II. 223.
Geyer Greg. (Mett), II. 31.
Gerz Barth. (Mett.), II. 52.
Gloggner Gotth. (Teg.), I. 172.
* Goebl Honorat (Ottob.), II. 87.
Goldner Fr. Sal. (St. Steph Augsb.), II. 259.
Gollowitz Dom. (Ober.), I. 124.
v. Gondola Sigm. (Ett.), II. 12, 279.
Gordon Aud. (St. Jac. Reg.), II. 233.
Gorhan Benno (Donau.), II. 285.
Graesboeck Vinc. (Ober.), I. 130.
Graf Wolfg. (Weih.), I. 201.
Grant Bernh. (St. Jac. Reg.) II 239.
Graser Aemil. (Banz), II. 212.
Gratzmüller Hieron. (St. Steph. Augsb.), II. 249.
* Gratz Corb. (Rott), I. 218.
Greiff Maur. (Ett.), II. 278.
* Grieninger Honorius (Irrs.), II. 173.
Grienwald And. (Teg.), I. 312.
Grillmaier Odilo (Mett.), II. 48.
Griss Mich. (Seon), II. 279.
Gropp Ig. (St. Steph. Würzb.), II. 197.
Gruber Benno (Welt.), I. 307.
Gruber Maur. (St. Ulr.), II. 121.
* Grundner Wieterp (St. Ulr.), II. 122.
Günthner Seb. (Teg.), I. 169, 312.
Güssregen Placid. (Michelsb.), II. 189.
Gutl Verem (Prifl.), I. 213.
Gulder Bened. (Michelf.), I. 269.
Gutwillig Mart. (St. Ulr.), II. 121, 283.
Hackl Nonn (St. Emmer.), I. 52, 307.
Haeckl, Wolf. (Michelf.), I. 268.
* Hafner Aemil. (Füss.), II. 64.
* Hafner Alph. (Ett), II. 15.
Hagel Maur. (Bened.), I. 155.
v. Haidenfeld Alph (Bened.) I. 136, 309.
Haimerl Mich. (Nieder), II. 23.
Hammel Steph (St. Steph. Würzb.). II. 201.
* Hammerl Gall. (Donau), II. 136, 281.
* v. Haneberg Bonif. (St. Bonif.), II. 261
Harter Maur. (Schey.), I. 231.
[Hartung Othm. (Banz)], II. 207.
Hauff Rup. (Schey.), I. 227.
Heckl Corb. (Plank.), II. 289.
Heilmayer Ern. (Mallers.), I. 289.
Heinleth Maur. (Donau.), II. 285.
Heinrich Landfried (Bened.), I. 137, 309.
Heinrich Placid. (St. Emmer.), I. 88.
Heinrich Symb. (Thierh.), I, 195.
Heis Jos. M. (St. Ulr.), II. 133.
Heisler Mag. (Donau), II. 281.
Hellensteiner Virg. (Ett.), II. 17.
Helmschrott Jos. M. (Füss.), II. 67.
Hemauer Aemil. (Ober.), I. 110.
Hennemann Aeg. (St. Bonif.), II. 273.
* Herbst Maur. (Plank.), II. 229.
Herzog Greg. (Banz), II. 208.
Hibler Frob. (Schey.), I. 228.
Hiedl Virg. (Bened.), I. 113.
* Hiendl Jos. M. (Ober.), I. 117.
Hirnlehe Burk. (Banz), II. 207.
Hoch Maur. (Banz), II. 214.
Hochbrucker Coel. (Weih.), I. 203.
* Hochenauer Leon. (Bened.), I. 136.
Hochholzer Edm. (And.), I. 300.
Hoechstetter Columb. (Teg.), I. 312.
Hoecker Amand. (Ober.), I. 131.
Hoefer Greg. (Mett.), II. 49.
* Hoellerer Lamb. (Wesso.), I. 183.
Hoeninger Aemil. (Neust), II. 180.
Hoermann Ber. (Elch), II. 286.
Hoermann Engelb. (Attl), I. 206.
v. Hofstetten Benno (Schey.), I. 229.
Holdenrieder Dion. (St. Ulr.), II. 123.
Holler Aeg. (Attl), I. 208.
Holner Leon. (Schey.) I. 225.
Holzinger Bened. (And.), I. 300.
Holzwart Ild. (Reichenb.), I. 265.
Homaier Mich. (Mett.), II. 47.
[Horne Maur. (St. Jac. Reg.)], II. 239.
Hornstein Hieronym. (Ottob.), II. 76.
v. Hortig Joh. Nep. (And), I. 301.
Hoser Placid. (Donau.), II. 135.
Hoy Rup. (Asp.), II. 56.
* Huber Barnabas (Ottob.), II. 110
Huber Cand (Nieder.), II. 27.
Hubmann Placid. (Banz), II. 206.
Huckher J. Ev. (Ensd.), I. 283.
Hueber Apron. (Mehr.), II. 152, 285.

Hundtrieser Bened. (Thierh.), I. 194, 311.
Hunger Laur. (Nieder.), II. 28.
Husel Br. (St. Bonif.), II. 269.
Hypper Ber. (Wesso.), II. 185, 313.
Jais Aeg. (Bened.), I. 143.
Jansen Jos. (Thierb.), I. 194.
* Jelmiller Mart. (Schey.), I. 228.
Ilger Prop. (Elch.), II. 160, 286.
Ingram Bened. (St. Jac. Würzb.), II. 241.
Jungleib Bern. (Banz), II. 217.
Kaeser Bonif. (St. Bonif.), II. 260.
Kaindl J. Ev. (Prif.), I. 259, 315.
Kaltenthal Aem. Frh. (Ett.), II. 280.
Kandler Rom. (Wesso.), I. 185.
Kastenmiller Willib. (St. Ulr.), II. 284.
Keller Plac. (Füss.), II. 96, 283.
Kellner Emmer. (Ensd.), I. 283.
Kellner Emmer. (Reich.), I. 264.
Kennedy Ild. (St. Jac. Reg.), II. 237.
Kern Columb. (Benedikt.), I. 311.
Kerscher Jos. M. (Rott.), I. 219, 315.
Kiderl Leand. (Ottob.), II. 103.
Kiefel Aug. (Ober.), I. 132.
[Klauber Joach. (Schey.)], I. 227.
* v. Kleinmayern Joh. D. (Wesso), I. 188, 313.
[Kleinhans Corb. (Teg.)], I. 158.
Kleinhans Willib. (Ett.), II. 281.
Klingl J. de Cruce (St. Bonif.), II. 271.
* Klocker Carl (Bened.), I. 141.
Klöck Romuald (Ett.), II. 281.
Knidtlmaier Lamb. (Ober.), I. 132.
Knipfelberger Mag. (Ett.), II. 17.
Knogler Gabr. (Schey.), I. 230.
Koegl Rom. (Ett.), II. 15.
Koenigsberger Mar. (Prif.), I. 215.
* v. Koenigsdorfer Coel. (Donau.), II. 143.
Kolb Carlm. (Asp.), II. 55.
* Kolb Robert (Elch.), II. 286.
Kolbinger Chrys. (Ottob.), II. 77.
Kolbinger Rup. (Ottob.), II. 76.
Koller Bonif. (Bened.), I. 140, 311.
Koller Jos. (Weltenb.), I. 306.
Koneberg Herm. (St. Steph. Augsb.), II. 256.
Kopp Mar. (St. Veit), II. 6.
* Kornmann Rup. (Prif.), I. 252.
Kornmüller Utto (Mett.), II. 53.
Kramer Phil. (St. Steph. Augsb.), II. 245.
Kramer Thom. (St. Steph. Augsb.), II. 250.
Kranzberger Bonif. (St. Emmer.), I. 63.
Kraus Fr. (Neust.), II. 181.
* Kraus J. Bapt., Fürst (St. Emmer.), I. 52, 307.
* Kraus Lamb. (Mett.), II. 33.
Krazer Mich. (Donau.), II. 136.
Kremer Jos. (Ensd.), I. 283.
* Kronauer Ig. (Nieder.), II. 282.
Kressierer Raym. (Ett.), II. 281.
Krinner Ellinger (Teg.), I. 312.
Kroell Carl (Ett.), II. 280.
Kronbaur Joh. Ev. (Weissen.), I. 213.
Krumm Maur. (St. Ulr.), II. 123.
Kuchlbacher Ans. (Ett.), II. 280.
Kufner Gotth. (Mett.), II. 34.
Kuhn Casp. (St. Steph. Augsb.), II. 252, 289.
Kuisel Ant. (St. Steph. Augsb.), II. 241.
Kurtz Greg. (Michelsb.), II. 187.
Labhardt Theob. (St. Steph. Augsb.), II. 259.
Lackner J. Bapt. (Nieder.), II. 25, 281.
Lambacher Corb. (Schey.), I. 225.
Lambacher J. Gual. (Ober.), I. 114.
Landsee J. M. Frhr. (Irrs.), II. 288.
Lang Angel. (Ober.), I. 122.
Lang Pirmin (Amorb.), II. 178.
Langbartner Phil. (Ottob.), II. 76.
Lechner Petr. (Schey.), I. 239, 315.
Ledermann Heinr. (St. Emmer.), I. 56.
Leim Carl (Neust.), II. 181.
Leimer Fr. (St. Steph. Augsb.), II. 243.
* Leiss Rup. (Schey.), I. 238.
* Leith Gall. (St. Jac. Reg.), II. 236.
Lengmüller Placid. (St. Steph. Augsb.), II. 244.
* Leonardi Jos. (Wesso.), I. 188, 313.
Leslie Bonif. (St. Jac. Reg.), II. 236.
Leutner Coel. (Wesso.), I. 178, 313.
Lex Aug. (St. Emmer.), I. 91.
Lickledcrer Bened. (Weih.), I. 202.
Liebert Narciss. (St. Steph. Augsb.), II. 255.
Liebert Sigisb. (St. Steph. Augsb.), II. 258.
Liebheit Gabr. (Weih.), I. 199.
Lindauer Jos. (Ett.), II. 17.
Linder Dion. (Banz), II. 224.
Lingl J. Nep. (Weiss.), I. 212.
[Lipp Fr. (Nieder.)], II. 29, 282.
Lipp Matth. (Mett.), II. 51.
Loechle Alb. (Ottob.), II. 78.
Loessl Chrys. (St. Steph. Augsb.), II. 241.
Loex Ans. (Welt.), I. 43.
Lommel Al. (St. Steph. Würz.), II. 201.
Lorenzer Wolfg. (Banz), II. 219.
Lory Mich. (Teg.), I. 167.

[Luckner Ant. (Nieder.)], II 29.
Ludwig Beda (Banz), II. 212.
Luidl Gottfr. (Bened.), I. 136.
Luidl Thyemo (Rott), I. 218.
Lukas Alb. (St. Emmer.), I. 87.
Lupperger Rup. (Rott), I. 218.
Luz Columb. (Elch.), II. 161, 286.
[Luz Edm. (Seon)], II. 2.
Mac Donald Maur. (St. Jac. Würzb.), II. 211.
Madlseder Aeg. (Bened.), I. 136, 309.
Madlseder Nonnos. (And.), I. 295.
v. Ma(e)ndl Fr. (St. Ulr.), II. 120.
Maerz Angel. (Schey.), I. 225.
Magold Maur. (Teg.), I. 173.
Mahler Ildeph (Irrs.), II 288.
Maichl Fr. Xav. (Nieder.), II. 26, 282.
Mair Bened. (Donau.), II. 285.
Mall Seb (Bened.), I 148.
Manikor J. Ev. (Schey.), I 224.
Mannhart Aemil. (Ett.), II. 281.
Mareis Mart. (Attel), I 208.
Marichal Corb. (Nieder.), II. 29, 282
Markmiller Phil. (Mett.), II. 51.
Martin Bened. (Banz), II. 219.
Martin Chilian (Banz), II 212.
Martin Felix (Ottob.)], II. 97.
Martin Greg. (Füss.), II 283.
Marschall Ans. (Teg.), I. 163, 312.
Mayer Heinr (St. Emmer), I. 63.
Mayer Jos. M. (Ober.), I. 129.
Mayerhofer Joh. Ev. (Ober.), I 125
[Mayr Adalb. (Mett.)], II. 47
Mayr Aug. (Teg.), I. 161, 312.
Mayr Beda (Donau), II. 137.
Mayr Clarus (Formb), II. 58, 283.
* Mayr Coel. (St. Ulr.), II. 120.
Mayr Pet M. (St. Ulr), II. 133.
* v. Mayr Rufin (Seon) II. 2.
Mayr Rup (Wesso.), I. 177.
Meichelbeck Nic. (Ottob.), II. 75.
Meilinger Flor (Bened.), I. 149.
* Meitler Ans. (Reichenb.), I. 263.
Merkle Meinr. (Mehr), II. 157.
* Mertl Raph. (St. Steph. Augsb.), II. 248.
[Mertzenfeld Greg. (Schwarz.)], II 184.
Metsch Plac. (Rott), I. 219, 315.
Metz Rom. (Banz), II. 207.
[Metzger Honorat. (Seon)], II. 2.
Metzger Paul. (St. Steph. Würz.), II. 202.
* Meyenberg Joh. B. (Mehr.), II. 154.
Meyer Amand. (Mett.), II. 54.
* Michael . . . (Fultenb.), II. 165.
Millbaur Bened. (Wesso.), I. 180, 313.
* Miller Aemil. (Rott), I. 221.
Miller Basil. (Ottob.), II. 109.
Miller Philipp (Ottob.), II. 76.
Minichsdorfer Mart. (St. Emm.), I. 95. 308.
Miesterberger Fr. (Teg.), I. 312.
* Mittermayr Ulr. (Wesso.), I. 183, 313.
Mittermüller Rup. (Mett.), II. 50.
Mittich Rom. (Elch.), II. 164.
Moesl Erenb. (Nieder.), II. 26.
* Molitor Ans. (Degg.), II. 16?, 287.
* Molitor Valer. (Banz.), II 209.
Moritz Ans (Ensd.), I. 284.
Moritz Jos. (Ensd), I. 284.
Moser Coel. (Ober.), I. 116.
* Moser Nonn. (Attl), I. 207.
Moser Placid. (Nieder.), II. 24.
* Mosmiller Meinr. (And.), I. 293.
Muck Bened. (Reichenb.), I. 261.
Muckensturm Conr. (Schey.), I. 227.
* Mühlpaur Heinr. (Frauenz.), I. 291.
Müller Benno (Mett.), II. 48.
Müller Vinc. (Ensd.), I. 275.
* [Mutzl Rup. II. (Schey.)], I. 222.
Nagl Paul. (Wesso.), I. 184, 313.
Nainer Fr. (Ett.), II. 280.
Naisl Aemil. (Weih.), I. 198.
Natterer Leop. (Füss.), II. 64.
Nebauer Ildeph. (And.), I. 300.
Neumayr Leon. (St. Ulr.), II. 131.
Niedermayer Bened. (Welt.), I. 49.
Niedermayer Roman. (Welt.), I. 306.
Niedermayr Rup. (Weih.), I. 199.
Oberhueber Mar. (Att.), I. 206.
Oberndorfer Coel. (Ober.), I. 111.
Olckers Dan. (St. Bonif.), II, 273.
Ortmann Benno (Prif.), I. 247.
Ostermayr Benno (Weih.), I. 201.
Ott Maur. (Ober.), I. 112.
* Pacher Bened. (Ett.), II. 281.
v. Packenreuth Jos. M. (Wesso.), I. 180.
Paemer Nonn. (Teg.), I. 162.
Pambler Waltho (Wesso.). I. 314.
Pailler Maximian (St. Emm.), I. 108.
* v. Pappus Franz (Mehr.), II. 152.
Parode Bruno (Ett.), II. 11, 279.
Partl Vinc. (Ober.), I. 115.
Passler Jac. (St. Emmer.), I. 308.
Paumann Emmer. (St. Emmer.), I. 63.

Pellet Fr. Xav. (Ensd.), I. 284.
Pellhammer Ans. (Frauenz.), I. 290, 316.
Perl Plac. (Weissen.) I. 212.
Permanne Ben. (St. Steph. Augsb.), II. 255.
Peslmiller Ber. (Weih.), I. 202.
Peutinger Ulr. (Irrs.), II. 174.
Pez Greg. (Prif.), I. 315.
[Pfeffer Honorius (Ottob.)], II. 108.
Pfeiffer Mart. (Irrs.), II. 288.
Pichler Pl. (Thierh.), I. 194, 314.
Pinzger Rom. (Seon), II. 3.
* Plaichshirn Greg. (Teg.), I. 162.
Planer Joh. N. (Michelsb.), II. 193.
* Piersch Rob. (Eich.), II. 163.
Pock Mich. (Ottob.), II. 97, 103.
Poegel Peregr. (Neust.), II. 180.
[Polz Gerard (Ett.)], [1]) II. 281.
Popelin Paul. (Mehr.), II. 154.
Poppel Columb. (Ett.), II. 16.
Poschinger Sig. (Ensd.), I. 275.
Postelmayer Steph. (St. Steph. Augsb.), II. 243.
Praelisauer Colum. (Rott), I. 217.
Prand Al. (Schey.), I. 241, 315.
[Praunsberger Mar. (Teg.)], I. 161.
* Prechtl Max. (Michelf.), I. 269.
Preyssinger Lud. (St. Steph. Augsb.), II. 245.
Prixner Jos. (Reichen.), I. 265.
Prixner Seb. (St. Emmer.), I. 64.
* Pronath Mart. (Prif.), I. 247, 315.
Pruggberger Mar. (Teg.), I. 162.
Pschorn Pius (Ober.), I. 132.
Puchner Bened. (St. Emmer.), I. 87.
Pusch Greg. (Nieder.), II. 26, 282.
Rait Innoc. (Ober.), I. 130.
Raith Rom. (Mett.), II. 47.
Randl J. Bapt (And.), I. 296
Rapauer Pl. (Mett.), II. 36.
Rath Carlmann (Michelsb.), II. 191.
Rathgeber Valent. (Banz), II. 206.
Rauch Fr. (Ottob.), II. 77.
* Rauch Greg. (And.), I. 296.
Rauch J. Bapt. (Bened.), I. 311.
Rauch Matth. (St. Steph. Augsb.), II. 247.
Reber Mar. (Michelf.), I. 272.
Regel Fr. (Banz), II. 214.
v. Rehlingen J. B. (Eich.), II. 287.
Reich Honorat (Ottob.), II. 74.
Reichart Joach. (Mehr.), II. 153, 285.
Reichbeck Mich. (Ottob.), II. 75.
Reichenberger Wunib. (Prif.), I. 245.
* Reicherseder Bened. (Seon), II. 3.
Reichmayr J. Ev. (St. Emmer.), I. 65.
Reiff Aemil. (Bened.), I. 138, 310.
Reiffenstuel Rup. (Ober.), I. 123.
Reindl Jos. (St. Emmer.), I. 64, 307.
Reinhard Clem. (St. Bonif.), II. 273.
Reinhard Otto (Michelsb.), II. 192.
Reinlein Pius (St. Steph. Augsb.), II. 249.
Reischl Marcellin (Ett.), II. 10, 279.
Reiser Alb. (Ottob.), II. 92.
Reitter Ber. (Weih.), I. 199.
Renz Conr. (Ottob.), II. 80.
Reuss Mater. (St. Steph. Würzb.), II. 199.
Reuter Rom. (Plank.), II. 231.
Riedhofer Corb. (Bened.). I 152.
Riedl Bonif. (Bened.), I. 137.
[Rieger Amb. (Nieder.)], II. 29.
Riesch Ulr. (Bened.), I. 152.
Rimmele Ildeph. (Donau.), II, 136.
Rixner Ans. (Mett.), II. 37, 282.
Roesser Columb. (Banz), II. 207.
Roppelt Joh. B. (Banz), II. 217.
* [Roppelt Ott. (Banz)], II. 214.
Rosner Ferd. (Ett.), II. 13, 279.
* Rost Caj (Michelsb.), II. 190.
Roth J. Bapt. (Rott), I. 219.
* Rottenkolber Greg. (Teg.), I. 168.
Rottmanner Odilo (St. Bonif.), II. 269.
Ruedorfer Ildeph. (Rott), I. 220.
Ruepp-Falkenstein Graf Benno (St. Ulr.), II. 121, 283.
Rumpf Placid. (Thierh.), I. 314.
Sachs Rom. (Mett.), II. 53.
Salomon Emm. (St. Emmer.), I. 105.
Sanftl Bonif. (Nieder.), II. 23.
Sanftl Bonif. (Nieder.), II. 27.
Sanftl Colomann (St. Emmer.), I. 65.
Sartor Bonif. (St. Ulr.), II. 121.
Sartori Rom. (Neust.), II. 180.
Sattler Mag. (St. Bonif.), II. 272.
Saurlacher Amand. (Wesso), I. 314.
Schad Ildeph. (Amorb.), II. 177.
Schallhamer Beda (Nied.), II. 26.
* v. Schallhamer Beda (Wesso.), I. 179, 313.

[1]) Im Text heisst es irrig Gerald statt Gerard.

Schallhart Pontian (Wesso.), I. 186, 313.
Scharl Flor. (Prif.), I. 217.
Scharl Pl. (And.), I. 297.
Schatt Ildeph. (Banz), II. 221.
Schauenburg Magnus Graf (Füss.), II. 283.
Scheffler Alexand. (Ottob.), II. 79.
Schegg Ant. (Ottob.), II. 86.
Scheiffele Hier. (Schey.), I. 235.
Scheinhörl Pl. (Mallersd.), I. 288.
Schello Aug. (Teg.), I. 164.
v. Schenkl Maur. (Prif.), I. 250.
Scheyerl Fl. (Attl), I. 207.
Schicker Wolfg. (Mett.), II. 48.
Schiegg Ulr. (Ottob.), II. 98.
* Schifferl Joh. E. (Ober.), I. 111.
Schleich Romuald (And.), I. 295.
Schleicher Maur. (Irrs.), II. 175.
Schlosser Marian. (Michelsb.), II. 191.
[Schluderer Ulr. (Donau.)], II. 143.
* Schmid Edm. (Thierh.), I. 194.
Schmid Edm. (Welt.), I. 43, 307.
Schmid Mag. (Rott), I. 220.
Schmid Rup. (Welt.), I. 44.
Schmidhuber Rup. (Wesso.), I. 192.
[Schmidhueber Gottf. (Nieder.)], II 29
Schneider Bened. (Ober.), I. 131.
Schneider Bonif. (Scheftl.), II. 276.
Schneller Georg. (Ober.), I. 123.
Schnitzer Fr. (Ottob.), II. 83.
Schoenberg Paul. (St. Emmer.), I. 94.
Schoepf Greg (St Steph. Würz), II. 201.
Scholliner Herm. (Ober.), I. 117, 309.
Schram Dom. (Banz), II. 213.
Schreger Odilo (Ensd.), I. 282.
[v. Schreibaur Cand. (Nied.)], II. 29.
Schreier Primus (Rott), I. 315.
Schreiner Willib (Plank.), II. 230.
Schrettinger Willib. (Weissen.), I. 214.
Schreyer Greg. (And), I. 294.
Schwink Ans. (Irrs.), II. 288
Schroefl Rup. (And.), I. 294, 316.
Schub Maur. (Ensd.), I. 286.
* Schwarz Bened. (Teg.), I. 312.
Schwarz Ildeph. (Banz.), II. 209.
Schwarzhuber Symb. (Wesso.), I. 186.
Schweinoester Beda (Rott), I. 218.
Schwikardt Meinr. (Ottob.), II. 85.
Seckler Victorin (Elch.), II. 162, 286.
Sedelmayr Pet. (Ottob.), II. 86.
Sedlmayr Virg. (Wesso.), I. 183.
Seelmayr Mar. (Mett.), II. 33, 282.
[Selzer Bonif. (Seon)], II. 2.
Sembler Rup. (St. Ulr.), II. 122.
Sepp Bonif. (St. Steph. Augsb.), II. 258, 310.
Sepp Gerard (Bened.), I. 138.
[Seyfried Ambros (Banz),] II. 220.
* Seywold Oth. (Ett.), II. 14, 280.
Siber Thad. (Schey.), I. 236.
Siessmayr Coel. (Fultenb.), II. 166.
Sinner Bas. (Füss.), II. 65.
Sinner Thadd. (Ensd.), I. 284.
Soelch Carl (Seon), II. 3.
Sondermayr Leon. (St. Ulr.), II. 121, 283.
Sorko Virg. (Teg.), I. 172.
Spiess Meinr. (Irrs.), II. 171.
Sporer Ott. (Michelf.), I. 268.
Sprenger Plac. (Banz), II. 214.
v. Staader Willib. (Ottob.), II. 109.
Stadler Ber. (St Veit), II. 6.
Stangl Greg. (Rott), I. 220.
Stark Ber. (St. Emmer.), I. 97
Steigenberger Am. (Mett.), II. 36.
* Steiglehner Coel. Fürst (St. Emm.), I. 80.
[Steinhauser Fr. Sal. (Ett.)], II. 281.
Stengel Steph. (St. Steph. Augsb.), II. 255.
Sternkopf J. Bapt. (Mett.), II. 36.
Stiessberger Simon (Mett.), II. 52.
Stocker Ber. (Donau.), II. 141.
Stoeckl Bonif. (Mallersd.), I. 288, 316.
* Stoeckl Coel. (Mett.), II. 35.
Stoeger Ber (Ober.), I. 126.
Stoehr Coel. (Banz), II. 222.
Stoelzl Maur. (Ett), II. 17.
Streidel Maur. (And.), I. 294, 316.
Ströhl J. Nep. (Michelf.), I. 268.
* Stuart Ber. (St. Jac. Reg.), II. 234.
Stürmer Pl. (Neust.), II. 181.
* Stumm Greg. (Banz), II 207.
Sturm Rup. (Weih.), I. 2?2.
Sulzbeck Fr. Xav. (Mett.), II. 49.
v. Sutor Emm. (Rott), I. 219, 315.
v. Tänzl Aemil. (Kempt.), II. 116.
v. Tein Ulr. (And.), I. 303.
Thaler Raph. (Weih.), I. 203.
Thoma Ans. (Schey.), I. 241.
Thomas Corb. (Elch.), II. 160.
Trautsch Leon. (Teg.), I. 161, 312.
[Trenner Bonif. (Asp.)], II. 56.
Trittenpreis Heinr. (Teg.), I. 312.
Troester Aug. (St. Emmer.), I. 108.
[Trost Ildeph. (Asp.),] II. 56.

Trunk Coel. (Amorb.), II. 177.
Velhorn Plac. (Ensd.), I. 283.
Vitzthum Wolfg. (Bened.), I. 148.
* Voelkl Inn. (Weih.), I. 201.
Vogel Bened. (Ott.), II. 86.
[Vogler Coel. (Füss.)], II. 62.
* Voglsanger Benno (Bened.), I. 138, 309.
Vogt Aemil. (Weissen.), I. 213.
Vollert Burk. (Banz), II. 216.
Voraus Columb. (Donau.). II 284.
v. Wackerstein Jos. (Ett.), II. 280.
Wagner Jos. M. (Bened.), I. 150.
Wagner Maur. (Teg.), I. 163, 312.
Waizenbauer Heinr. (Weih.), I. 199.
Walberer Edm. (Prif.), I. 260.
[Walcher Bed. (Bened.), I. 143.
Walcher J. Damasc. (Bened.), I. 143.
Walser Columb. (St. Ulr.), II. 122, 283.
* Walzheiser Rup. (Welt.), I. 306.
Warmuth Ant. (Mallersd.), I. 288.
[Weigand Ott. (Schwarz.)], II. 185.
Weigl J. Frob. (Prif.), I 250.
Weigl Rup. (Rott), I. 219
Weiher Ber. (Füss.), II. 62.
* Weinberger Dom. (Att.), I. 208.
Weinzierl Coel. (St. Emmer.), I. 107.
Weiss Othm. (Ett.), II. 18.
Weiss Maur. (Elch.), II. 287.
Weiss Raph. (Ottob.), II. 81.
Weiss Ulr. (Irrs.), II. 171.
Weissengruber Pet. (St. Emmer.), I. 62.
Weixer Rom. (Weih.), I. 200.
Weninger Amand. (Donau.), II. 143.
Werle Cand. (Irrs.), II. 172.
* Werner Bened. (Welt.), I. 41.
Werner Petr. (St. Emmer.), I. 95, 308.
Widl Rufin (Seon), II 4, 279.
Widmann Angel. (Wesso.), I. 313.
Widmann Heinr. (Mallersd.), I. 287.
Widmann Meinr. (Elch.), II. 162.
Wild Placid. (Ett.), II. 280.
Wilhelm Marian (Ensd.), I. 284.
Wilhelmseder Rup. (Teg.), I. 164, 312.
* Wimmer Bonif. (Mett.), II. 49.
Wimmer Mar. (Seon), II. 3, 279.
Wimmer Maur. (Asp.), II. 56.
Winnerl Benno. (Bened.), I. 147.
Winkelmann Gall. (Banz), II. 206.
Wisneth Bened. (Prif.), I. 259.
Wonhaas Dom. (Ottob.), II. 86.
Wonrstn Mar. (Bened.), I. 139.
Würth Aemil. (Elch.), II. 163, 286.
[Wuzlhofer Alan. (Asp.)], II. 56.
Zacherl Ans. (Ober.), I. 116.
Zacherl Coel. (Schey.), I. 2[illegible]0.
Zallwein Greg. (Wesso.), I. 181.
Zauner Edm. (St. Veit), II. 6.
Zech Chrysogon. (Teg.), I. 164.
Zeidlmayr Seb. (Teg.), I. 161, 312.
Zeiler Columb. (Füss.), II. 61.
* Zeiler Gall. (Füss.), II. 61.
Zeitler Castor. (Teg.), I. 161.
Zeitler Pipin Carl (Füss.), II. 65.
Zeller Basil. (Elch.), II. 162, 286.
Zenetti Barth. (St. Steph. Augsb.), II. 248.
* Zenetti Bened. (St. Bonif.), II. 289.
v. Zieglauer Greg. (Elch.), II. 287.
* Ziegler Aug. (Nieder.), II. 24.
* Ziegler Diepold (Reichenb.), I. 261.
Ziegler Dom. (Ett.), II. 15, 280.
Zillober Matth. (St. Steph. Augsb.) II 247.
Zimmermann Bened. (Füss.), II. 63.
Zimmermann Bern. (Degg.), II. 168.
* Zinsmeister Willib. (Degg.), II. 169.
Zirngibl Rom. (St. Emmer.), I. 69, 308.
Zobl Seb. (Attl), I. 207.
v. Zoller Jos. (St. Ulr.), II. 119.
Zollikofer Ig. (Ottob.), II. 85, 283.

Die Schrift[illegible]

[illegible]

[illegible] Wissenschaft und Kunst [illegible]

[illegible]

Benediktiner-Ord[illegible]

im heutigen Kö[illegible]ch Ba[illegible]

vom Jahre 1750 [illegible]

Von

August [illegible]
Priester des [illegible]

Nachträge zum I. und II. Bande.

Regensburg, [illegible]
Druck von Georg Joseph [illegible]

[illegible]

Die Schriftsteller

und die

um Wissenschaft und Kunst verdienten Mitglieder

des

Benediktiner-Ordens

im heutigen Königreich Bayern

vom Jahre 1750 bis zur Gegenwart.

Von

August Lindner,
Priester des Fürstbisthums Brixen.

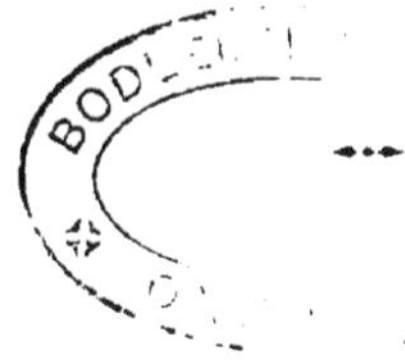

Nachträge zum I. und II. Bande.

Regensburg, 1884.
Druck von Georg Joseph Manz.

Im Selbstverlage der Benediktinerstifte Scheyern und St. Bonifaz in München.

Vorbemerkung.

Seit dem Erscheinen seines Werkes war der Verfasser unablässig bemüht, Berichtigungen und Ergänzungen zu sammeln. Nach Ablauf von vier Jahren waren dieselben nicht unbedeutend. Die hier gegebenen Nachträge umfassen zugleich die seit dem Jahre 1880 bekannt gewordenen literarischen Produkte der bayerischen Benediktiner.

Namhafte Beiträge und Berichtigungen haben mir zukommen lassen: Anton Gutenäcker, kgl. Bibliothekar zu München, P. Sigisbert Liebert, O. S. B. zu St. Stephan in Augsburg, P. Benedikt Braunmüller, O. S. B. zu Metten, P. Odilo Rottmanner, O. S. B., Bibliothekar zu St. Bonifaz in München. Bei Anfertigung des Verzeichnisses der Erscheinungen seit 1880 wurde das in den „Studien O. S. B.“ von P. Willibald Hauthaler, O. S. B. zu St. Peter in Salzburg, verfasste „Literatur-Verzeichniss“ dankbar benützt.

Der Verfasser.

Zu den Quellen.

S. 2 Z. 2 von oben lies: 2 Bde. (st. 3 Bde.).
„ 3 Gutenäckers „Verzeichniss“ erschien 1861 und 1862.
„ 4 Z. 12 Kuen: Collectio scriptorum hat 6 Tomi, von denen der I. 1755 (nicht 1756), der VI. 1768 erschien.
„ 6 Z. 7 Ussermann, Episcop. Bambergens. erschien im Jahre 1801 (nicht 1804).
„ 6 Z. 25 Von den Monumenta boica ist 1883 der 44. Bd. erschienen. (1876 der 43., nicht 48.!)

Zu den benützten Quellen gehören:

Anzeigen, gelehrte, herausgegeb. von den Mitgliedern der bayer. Akademie der Wissenschaften. 50 Bde. München 1839 bis 1859. 4.

Arbeiten, nützliche und auserlesene der Gelehrten im Reich. 7 Stücke. Nürnberg 1733—1736. 8. (Mit 7 Porträten.)

Archiv, oberbayerisches, für vaterl. Geschichte. München 1839 bis 1883. Bd. I—XLI. (Alle Jahr erscheint ein Band.)

Archiv des hist. Vereins von Unterfranken und Aschaffenburg. Würzburg 1832—1882. Bd. I—XLVI. (Wird fortgesetzt.)

Kalender für kath. Christen (vulgo Sulzbacher Kalender). Sulzbach 1841—1883. (Er erscheint noch alljährlich.)

Kobolt, A. M., Bayerisches Gelehrten-Lexikon. Landshut 1795. — Nachträge zu demselben von M. Gandershofer. Das. 1824. 8.

Ludewig, J. P., Scriptores rerum episcopatus Bambergensis. Francofurti 1718. Fol.

Parnassus boicus, oder neu eröffneter Musenberg, 24 Thle. nebst 10 Fortsetzungen in 6 Bden. München 1722—1740.

Weltenburg.

S. 42 Zur Literatur: „Die Hofmark Affecking" (Verhandlg. des histor. Vereins von Oberpfalz. VI. 302 sq.).

„ 43 **P. Ans. Löx** wurde 1726 (nicht 1727) Priester.

„ 43 Z. 2 von unten lies: Irnsing (st. Irsing).

„ 49 Die Schrift **Werner's** sub Nr. 23. „Das Bierzwangsrecht" erschien zu München 1800 (Lentner).

„ 49 **P. Joseph Mayrhofer,** geb. zu Aigen am 23. Januar 1818, Priester 13. August 1852, Profess 22. Dez. 1858, der Zeit Bibliothekar zu Weltenburg.

Schrift:

Flora Weltenburgensis. Regensburg (Pustet) 1880. 118 S. mit 1 topographischen Karte (Festschrift des Klosters zum 1400jährigen Ordens-Jubiläum).

St. Emmeram.

Geschichtliches.

S. 50 Als im Jahre 1633 Regensburg in die Hände der Schweden fiel, musste das Stift St. Emmeram alles Kirchensilber als Brandschatzung für den Herzog Bernard von Sachsen-Weimar zum Opfer bringen. Darunter war auch ein seines materiellen und noch viel mehr seines Alters und seiner Kunst wegen höchst werthvoller Hochaltar.[1]) Diesen hatte das Kloster vom Regensburger Bischofe Tutto († 930) erhalten. Fürstabt Kraus berichtet (Ratisb. monast. S. 94) darüber, dass er von „lauter Gold mit vielen guten Steinen besetzt gewesen und in der Mitte ein Kreuz von Gold hatte, welches von drei kaiserlichen Kronen des Caroli Magni, Carolomanni und Arnolphi gemacht war". Zur selben Zeit wurden dem Kloster sehr viele Handschriften und die besten juridischen Bücher geraubt, die vom schwedischen Dr. Bremer in mehrere Fässer verpackt und hinweggeführt wurden.

„ 51 Zur Literatur: Canisius, Antiq. lectiones, Ed. Ingolst. enthält in

---

[1]) Wahrscheinlich wurde er an hohen Festtagen aufgestellt.

Tom. II. 1—32 Meginfred de St. Emmeramo; 33—170 Arnolfi lib. de St. Emmeramo. Letzteres viel besser bei Pertz, Script. IV. 543—574. — Der Artikel über St. Emmeram in Ersch und Gruber's Encyklopädie steht im Bd. 34 der I. Sect. S. 67—70. Freiburger Kirchenlex. I. Aufl. III. 557—559.

Geschichte der Gerechtsamen und Differenzen des Reichsstiftes St. Emmeram mit Stadt, Hochstift und Stifter in Regensburg. 1784. Fol.

Goudin, Ans., Unschuld des Regenspurg. Bischoffs Emmeram, d. i. Beschreibung dessen Lebens, Marters etc. Regenspurg 1726.

Oefele, Script. rer. boic. I. 547. (Christ. Hoffmann, hist. episcop. Ratisp. et monast. St. Emmer. Abbat.)

Pez, Thesaur. anecdot. enthält Tom. I. Pars III. pag. 1—78. Cod. diplom.; 79—190 Cod. traditionum; 191—286 Anamodi lib. traditionum. — Tom. III. Pars II. enthält 141—625 Opera Othloni monachi St. Emmerami.

Vogl, Cölestin, Mausoleum oder herrliches Grab des bayer. Apostels und Blutzeugen St. Emmerami nebst Historie von dem Ursprung dieses Stiftes und Klosters. I. Aufl. Straubing 1661. II. Aufl. Regensburg 1672. III. Aufl. Das. 1680. Die IV. Aufl. erschien umgearbeitet vom Fürstabte J. B. Kraus unter dem Titel: „Ratisbona monastica" (s. dessen Schriften I. S. 54, sub Nr. 19—21). Die Schrift des J. B. Kraus „De ortu et libertate monast. St. Emmerami Ratisb." 4°. 308 S. ist gegen: Hansizii Soc. Jes. „systema in prodrom. ad Tom. III. Germaniae sacrae exhibitum" gerichtet.

Ueber den Apostaten Greg. Rothfischer vgl. a) Prüfung von Rothfischer's Nachricht von seinem Uebergange und seinem Glaubensbekenntnisse, 3 Thle., Innsbruck 1752—1753. b) Bandel, Katholisches Kriegsrecht über den Kloster- und Glaubensdeserteur Greg. Rothfischer. Constanz 1752. 4. — Nachricht von Rothfischers vor und in dem Kloster geführten Lebenswandel. Regensburg 1753. 4. — Die Zeitschrift „Studien", enthält folgende Artikel des P. Ben. Braunmüller: a) Conföderationsbriefe des Klosters St. Emmeram. 1882, 2. Hft. S. 113—119. b) Reihe der Aebte von St. Emmeram. 1883. 3. Hft. S. 118—134.

S. 51 Z. 3 von unten lies: 223 (st. 232).

„ 51 Z. 2 von unten lies: 1330 (st. 1333).

Zur handschriftlichen Literatur: In der Staatsbibliothek zu München: a) Descriptio antiquitatum et picturarum in monasterio St. Emmerami. 1560. — b) Historia monast. St. Emmerami, de abbatibus, juribus, donationibus, privilegiis, consuetudinibus. 6 Voll. Fol. (Beide codd. sind noch ohne Nro.)

„ 52 Ueber **P. Nonnos Hackl** vgl. Baader, Gel. Baiern. 433 und Felder, Lit. Ztg. 1820. I. 271.

S. 55 Zur Schrift des **J. B. Kraus** sub Nr. 38. „Mayeri emblemata." Die erste Ausgabe derselben besorgte P. Mag. Ziegelbauer, Ratisb. 1739 (Memmel). 4. 88 S. Die Ausgabe, die Kraus veranstaltete, hat LII + 89 S. Die 89 Seiten der II. Edition stimmen genau mit den 88 Seiten der I. Edition. Nur hat die II. Ausgabe am Schlusse noch eine Nota von 6 Zeilen. In der II. Ausgabe ist neu: die Praefatio pag. III – XLVIII und der deutsche Brief des Adam Adami an den Abt Placidus von St. Emmeram, pag. XLIX—LIII.

„ 55 Z. 5 von unten lies: 1742 (st. 1744).

„ 64 Z. 5 von oben lies: Albert II. (st. I.).

„ 64 Die Compositionen des **P. Seb. Prixner** sub Nr. 2 sind im Contrapunkt geschrieben.

„ 65 Z. 7 von oben lies: Friburg. III. (st. II.).

„ 66 Z. 4 **P. Colomann Sanftl** starb am 27. Nov. 1809 (nicht am 23.).[1])

„ 66 Z. 16 von oben lies: Baader, II, 2 (st. I, 2).

„ 66 Z. 10 von unten lies: „Annalen der Geschichte, 1786."

„ 67 Die Schrift des **P. W. Frölich** sub Nr. 10 erschien anonym. Die II. Aufl. kam 1791 heraus (Regensburg) und unterscheidet sich von der I. durch die Art der Beweisführung.

„ 76 Auf dem zweiten Blatte der Schrift **Zirngibel's** sub Nr. 15 „Sammlung aller Urkunden K. Ludwig des Baier", steht: „Ludwig's des Baiers Lebensgeschichte diplomatisch und chronologisch im Jahre 1811 als eine akademische Preisschrift bearbeitet."

„ 86 Ueber Fürstabt **C. Steiglehner**, vergl.: Hormayr's Archiv 1819, Nr. 57 sq. — Denkmünze zu Ehren des letzten Fürstabtes C. Steiglehner von St. Emmeram, nebst einer kurzen Biographie desselben. München 1820. 8.

„ 88 Die Schrift des **P. B. Puchner** sub Nr. 2 erschien zu Regensburg (Rottermundt) 1822. 8.

„ 95 **P. V. Bacher's** Fastenpredigten erschienen in II. Aufl. 1845.

„ 95/96 Die Predigten des **P. P. Werner** sub Nr. 11 erschienen in I. Aufl. im Jahre 1820. — Werner war auch erzbischöfl. Synodalexaminator und geistl. Rath. Er starb nach nur eintägiger Krankheit an zurückgetretenem Friesel.

„ 98 Ueber **P. Bernh. Stark** vergl. Neuer Nekrolog der Deutschen XVII. Jahrg., 2. Abth., S. 881—883. Seine Schrift sub Nr. 3 „Palaeographische Abhandlung etc." soll in I. Aufl. schon 1824 erschienen sein.

„ 107 Zur Biographie des **P. Cölestin Weinzierl:** Er war geboren zu Neuhausen bei Landshut, Sohn eines Bierbrauers. Seine

---

[1]) Sein Grabstein ist im Vorhofe von St. Emmeram rechts in der Mauer befestigt.

erste Anstellung war die eines Cooperators und Predigers an der Stiftskirche zu St. Emmeram (1798), in welcher Eigenschaft er bis zum Jahre 1820 mit ungemeinem Beifalle und grossem Nutzen wirkte. Vermöge seines Predigertalentes wurde er im Jahre 1821 als Hofprediger an die St. Michaelskirche nach München berufen, wo er bis 1830 blieb. Am 16. Mai 1830 wurde er Pfarrer von St. Emmeram (u. Rupert) in Regensburg und entfaltete als solcher, obschon auf Jahren, eine ungewöhnliche Thätigkeit. Zugleich war er Dekan des Ruralkapitels Regensburg, Distriktsschulinspektor und Kreisscholarch, in welcher Eigenschaft er der Jugendbildung eine vorzügliche Aufmerksamkeit zuwandte.

Im Jahre 1830 wurde er auch zum Abgeordneten der Stände des Reiches erwählt und blieb es, so lange er Pfarrer war. — Auf den Vorschlag des Königs von Bayern wurde er am 28. Juni 1842 zum Dompropst von Regensburg ernannt, als solcher vom Papste Gregor XVI. bestätigt und am 4. August 1842 installirt. In dieser Stellung verblieb er bis zu seinem am 21. Oktober 1847 [1]) erfolgten Tode. (Vergl. „Neuer Nekrolog d. Deutschen“ XXV. Jahrg. II, 661—663. — Rede bei der Beerdigung des Hochw. P. Coel. Weinzierl, zum Andenken von seinem Bruder Simon, Bierbrauer zu Neuhausen, dem Drucke übergeben. München 1847. — Schematismus des Bisthums Regensburg 1848, S. 151.)

Von ihm erschien noch im Druck: 12) Rede am Jahrestage der Schlacht bei Eggmühl bei dem feierlichen Trauergottesdienst für die in dieser Schlacht gefallenen baierischen Krieger von C. W., Cooperator zu St. Emmeram und Feiertagsprediger. Regensburg 1811. 32 S. 8.

Oberalteich. (Oberaltach.)

S. 109 Zur Literatur: Hirsching, Nachrichten von sehenswürdigen Gemälden Bd. V. 8—10. — Beschreibung der Wallfahrt auf dem Bogenberge. Straubing 1769. 8. — Dr. Oswald Redlich, Kirchenschatz und Bibliothek von Oberaltaich gegen Mitte des XII. Jahrh. aus dem Traditionscodex von Oberaltaich Nr. 1 des Münchner Reichsarchivs. (Mittheil. des Instituts für österr. Gesch.-Forsch. IV, 287—288.) — Stadlbaur, K., Pfarrer, die letzten Aebte des Klosters Oberalteich. (Verhandl. des hist. Vereins von Niederbayern

[1]) Irrig ist sein Todesdatum (auf S. 107, Z. 13 von oben) auf den 14. April 1845 angesetzt. Der N. Nekrolog der Deutschen hat fälschlich den 20. Oktober.

XXII. Bd. (1882). 3—83. Enthält interessante Nachrichten, namentlich über die Aufhebung dieses Stiftes.)

S. 110 Zu den Handschriften: der Cod. germ. 2925 wurde im Jahre 1734 geschrieben und hat 180 Bl. 4.

„ 110 Die Schrift **Freyberger's**: „Achte Lobrede“ erschien zu Straub. 1747.

„ 111 Z. 1 von unten lies: „fundamentaliter thomistice expensus.“

„ 124 Die Schrift des **D. Gollowitz** sub Nr. 9: „Anleitung“ erschien im Jahre 1855 zu Regensburg von Haringer in VII. Auflage.

„ 127 Zu **P. Beda Aschenbrenner**, Z. 2 von unten lies: Baader, Lex. II, 2. Vergl. auch Felder, Lex. III, 469. Felder, Lit. Ztg. 1818. Intellig.-Bl. II, S. 19 und 1819 I. Bd. S. 296—298. — Koppe, Lexikon der jetzt lebenden juridischen Schriftsteller.

„ 128 Z. 2 von oben lies: Prantl, Gesch. der Univ. I. Bd. — Die Schrift sub Nr. 10 erschien anonym. — Handschriftlich hinterliess Aschenbrenner: „Historia litteraria Oberaltacensis inde a saeculo XII. adusque nos.“ 1 Vol. (Geschrieben im Jahre 1800.) (Vergl. Felder, Lit. Ztg. l. c.)

Benediktbeuern.

„ 134 Zur Literatur: Freiburger Kirchenlex. II. Bd. S. 329—332. (II. Aufl.) — Hirsching, Nachrichten, I, 132, III/IV, 442 sq. — V, 42 sq. — Hoheneicher, Fr., Weissagung des ehrw. Vaters Simon Speer, Benediktinermönches zu Benediktbeuern im Jahre 1599. Ein kleiner aber nicht unrichtiger Beytrag zu den verschied. Bemerkungen gegen H. Zschokke's 6 Bücher baierisch. Geschichten. München (Fleischmann) 1819. 8.

„ 134 Z. 2: „die Arbeiten der Gelehrten im Reich“ enthalten nur das Porträt des **P. Meichelbeck**, nicht auch dessen Biographie, welche dort Platz gefunden hätte, wenn nicht „die Arbeiten“ zu erscheinen aufgehört hätten.

„ 135 In der Staatsbibliothek zu München: Cod. lat. 27181. Compositiones miscellaneae **P. Magni Bendel** II. Bd. 75 Bl. 4. Im hist. Verein von Oberbayern: Verzeichniss und Inhaltsangabe der im kgl. Reichsarchiv zu München befindlichen Urbare von Benediktbeuern, angefertigt von Dr. C. Theodor Inama-Sternegg (s. 41. Jahresb. S. 34).

„ 137 **P. Bonif. Riedl** starb am 7. (nicht 6.) April.

„ 139 Rotula in obitum P. M. Wourstn:[1])

P. Marianus Wourstn, in lucem prodiit Monachii 12. Sept.

[1]) Die vorzüglichen literarischen Verdienste Wourstn's dürften den vollständigen Abdruck der über ihn ausgegebenen Rotel rechtfertigen.

1727 patre Joann. Georgio Wourstn S. E. B. camerae protocollista, matre Polyxena Sanctjohanserin, dictus in baptismo Dominicus. Studia inferiora et philosophiam absolvit Monachii, cumque et moribus et scientia praecelleret, nostro gremio sociatus 22. Oct. 1747 sacram professionem emisit ac denique 8. Oct. 1752 prima vice incruentum deo sacrificium obtulit. Officia, quae gessit, multa sunt et gloriosa. Curae animarum in Hailbrunn applicatus partes boni pastoris omnes implevit; brevi tamen voluntate superiorum ab hoc munere liberatus ob singularem in litteris eruditionem religiosos fratres nostros in disciplinis philosophicis instituit: id quod tam erudite praestitit, ut paulo post eorum etiam director constitutus iis theologiam scholasticam explanare juberetur. Verum doctrinae tam late diffusae non poterant diu intra claustra delitescere.

Itaque a. 1759 in episcopali lyceo Frisingensi publice philosophiam tradere jussus est eaque insigni cum honore absoluta iterum domum revocatur et conferentiis, ut ajunt, casuisticis praeficitur curaeque unâ animarum in Weihl applicatur. Ita praeparatus a. tandem 1763 ad alpes Salisburgenses pergit[1]), ibique in vinea domini strenue non sine maximo animarum emolumento laborat, indefessus ubique operarius, dignus certe mercede sua, quam, ut pie speramus, jam nunc in coelis recepit.

Quatuor enim annis hoc in negotio insumtis et sanitate laboribus istis aliisque miseriis nimium prostrata, a missione redux curae animarum in Wahlensee addicitur... Verum anno ibidem uno commoratus, denuo revocatur atque honore Subprioris insignitur, donec tandem bibliothecae nostrae et archivii curam suscepit, ad quod munus obeundum natus factusque videbatur, nec a nobis tantum, sed ab extraneis etiam huc adventantibus, hac in re non immerito summo semper in honore habitus. Denique paucis post annis praesidium quoque fraternitatis Marianae eidem demandatur, cui muneri quatuor annis praefuit. Verum sibi libentius quam aliis imperare cupiens a. 1784 dimisit omnia, resignatoque etiam post 15 annos subprioratu jubetur conficere indicem bibliothecae nostrae, quae pro indefessa ipsius industria ac insigni prorsus eruditione praestantissimis libris iisque vilissimo plerumque pretio comparatis exornata ad praecipuam M a r i a n i nostri gloriam adaucta est.

Atque ut hunc laborem felicius ac citius ad calcem perduceret, ab omni prorsus chori frequentatione exemtus est; qua

---

[1]) Factus missionarius in Schwarzach.

tamen exemptione, ut poterat, non est usus; matutinas enim laudes quotidie sua sponte accessit.

De virtutibus, quibus excelluit, angustiae temporis et brevitas loqui nos prohibent. Virtutem tamen illius characteristicam praeterire silentio nefas ducimus. Erat haec devotio singularis ac ferventissima in Deum eucharisticum, quem tota vita sua religiosa praeter visitationes ordinarias nostro in monasterio inductas, frequentatis per diem vicibus et tempore bene longo adoravit, quam piissimam consuetudinem ad extremum usque vitae terminum retinuit. Accedit huic virtuti alia, zelosissima nimirum illius religio, quam, quia digne verbis exprimere non possumus, satius Silentio praeterimus; denique zelus animarum incredibilis, id quod affluxus populi probat, turmatim ipsius ad tribunal accurrentis, et fervor, quem in excipiendis eorum confessionibus prae se tulit.

Etsi enim viribus fractus, ita ut movere prae languore vix pedem potuerit, continere tamen se non potuit, quin in templum confessiones audiendi causa reperet. Viribus tandem indies magis magisque deficientibus lecto affigitur, cumque vis morbi (infirmitas stomachi erat) omnem cibum et medicinam rejicientis ingravesceret, die 26. Junii euntis anni sacro viatico refectus et ultimo morientium sacramento inunctus die 3. Julii 1793 animo in voluntatem Dei resignatissimo efflavit animam aetatis suae 66, professionis 46, sacerd. 41 nondum completis, cujus animam communibus suffragiis etc.

Amandus, Abbas.

P. Waldramus, h. t. Prior.

S. 140 Abt **Amand Fritz** schrieb: Diurnale tyronum communis novitiatus congreg. Benedictino-Bavaricae p. t. ad monasterium Schyrense translati. 1769. 212 S. 4. (S. L. Rosenthal's Antiquarcatalog. München, XXXIV. Nr. 1145 a.)

„ 142 Das Porträt des Abtes **Klocker** von Benediktbeuern fertigte Bock im Jahre 1801 an.

„ 145 Zur Literatur über **P. A. Jais**: Jais, Betrachtungen, Predigten und Christenlehren, nebst einer kurzen Lebensgeschichte des Verfassers (S. 1—40). II. Aufl. Regensburg. — Münchner Jugendfreund XXI. (1862). S. 280—335. (Leben des P. A. Jais.) — Die Schrift sub Nr. 18 hat den Titel: Handbuch zum Unterrichte etc. Sie hat 350 S. 8. — Reiter, M., Biographischer Nachtrag und schriftstellerische Notizen zu P. Aeg. Jais Geist und Leben mit dessen Bildniss. Salzburg (Meyer) 1828. 8.

„ 147 Z. 3 von unten lies: saec. XII. (st. XIII.).

„ 149 Ueber **P. Seb. Mall** vgl. Felder, Lex. I. 442—443. — Ad disputationem publicam pro summis in theol. honoribus rite obeundis a Fridol. Urich ex Maehlin Argoviensi subeundam invitat S. Mall. Landishuti 1824. 8.

S. 150 **P. Fl. Meilinger** schrieb: 5) Melchior Fesele und Albrecht Altdorfer, zwei baierische berühmte Maler des XVI. Jahrhunderts. (In den baier. Annalen 1833, Nr. 14, 15, S. 106 u. 130.)

„ 154 Zu **P. Corb. Riedhofer's** Schriften: Die Schrift sub Nr. 21 Nützliches Allerlei erschien in 5 Lieferungen vom Jahre 1816 (nicht 1818) bis 1821. Von der Schrift sub Nr. 30 erschien der I. Jahrg. 1825, der II. 1828, der III. 1833. Im Jahre 1835 erschien eine neue Auflage mit dem Titel: „Neue religiöse Vorträge auf alle Sonn- und Festtage.“ Augsburg 1835. — Im Jahre 1830 erschien: Beispiele aus dem Leben der Heiligen. Landshut. (Vielleicht eine Erweiterung der Schrift sub Nr. 37: „Erzählungen aus dem Leben der Heiligen.“)

„ 156 Von **Al. Buchner's** Schrift: Summa theologiae erschien Pars I. und II. 1829; Pars III. 1. Abth. 1829, 2. Abth. 1830. — Vom Pars III. 2. Abth. erschien auch 1829 eine Ausgabe (365 S.).

Tegernsee.

„ 158 Zur Literatur: Baumgartner, Tegernsee und seine Umgebungen. Münch. 1822. — Tegernsee's Rettung seiner Vorrechte wider Niederaltaich. Tegernsee 1767. — Marienminne, Dichtungen von Werinher von Tegernsee, Gottfried von Strassburg, Conrad von Würzburg. Münster 1858. — Mayer, Acta S. Quirini Mart. (Archiv für österr. Gesch. 1849. III, 281.) — Sepp, Dr., Ursprung der Glasmalerkunst im Kloster Tegernsee. München und Leipzig 1878. — Verse zum Lobe von Tegernsee von Magister Peter von Rosenheim, den ersten Visitator vom Jahre 1426 (Anzeiger für Kunde deutscher Vorzeit. 1883, Nr. 2, S. 33—35).

Zu den Handschriften:

„ 160 Z. 1 von oben lies: Cod. germ. 1835 (st. 1836).

Zu erwähnen sind noch folgende Codd. der Staatsbibliothek:

Cod. germ. 3848, Quirini Rest, abb. Tegernseensis, Enchiridion seu manuale Praelatorum.

Cod. lat. 1464, 1927, 27212. Letzter enthält: Quirini Milon abb. Tegernseensis Collectanea de abbatibus Tegernseensibus ab anno 746 usq. 1726. 111 Bl. 4. (Geschrieben im Jahre 1773.) — Catalog der Bibliothek des Kl. Tegernsee im XVIII. Jahrh. 1 starker Folioband. (Noch ohne Nr.)

In den Sammlungen des histor. Vereines von Oberbayern: Wiedemann, Dr. Th., Zusammenstellung der im ehem. Archiv der niederösterreichischen Lehenstube befindlichen Urkunden und Verhandlungen über die Lehen des Kl. Tegernsee im Lande unter der Enns (s. 41. Jahresbericht S. 35).

Im Stadtarchiv zu Augsburg:

Briefwechsel über die Flucht des Tegernseer-Conventualen P. Anselm Schmid aus Amberg, nebst einem Originalbriefe des letzten Abtes von Tegernsee an das Stift Neresheim (Neresheimer Akten Fasc. Nr. 9).

S. 162 Gegen die Schrift **Pruggberger's** sub Nr. 2 erschien: Malleolus A., ad D. Joachimum Schyrensem abbatem de profanis paganorum oraculis contra Marianum Pruggberger. Francof. 1765. 4.

„ 174 **Jos. Fuchs** konnte wegen eingetretener Aufhebung des Klosters nicht mehr Profess ablegen. — Die Primizpredigt sub Nr. 7 hat Fuchs dem jetzigen Münchener Universitäts-Professor Dr. Schegg am 21. April 1838 (Dom. II. post Pascha) gehalten.

Wessobrunn.

„ 176 Im Juni 1880 gingen die Klostergebäude nebst einem Theile der Güter durch Kauf an den Bauunternehmer M. Sager über.

„ 177 Zur Literatur: Die Mönche von Stams zu Wessobrunn. Mit Urkunden von Roger Schranzhofer S. Ord. Cisterc. (Im Sammler für Gesch. und Statistik von Tirol. Innsbruck 1808, IV, 229 bis 251.) — Freiburger Kirchenlex. XI, 896. — Tausendmal gesegneter Brunnen Wessonis, d. i. Zweyfaches Dank-, Jubel- und Freudenfest des uralt und befreyten Klosters Wessobrunn. Gott dem allmächtigen gehalten, da besagtes Stift zugleich das tausende von seiner Stiftung und das fünfzigste Jubeljahr von erstesmal abgehaltenen Ordensgelübden des H. Beda, dermal regier. Abbtens . . im Jahre 1753 vom 23. Herbstmonaths an durch 8 Tage feyerlichst begieng. Augsbg. 1753. Fol. (Diese Schrift enthält nebst historischer Einleitung und Beschreibung der Feierlichkeiten auch die acht gehaltenen Jubelpredigten, zwei lateinische von Wessobrunner Religiosen verfasste Singspiele und viele lateinische Verse, mit denen die Triumphpforten etc. geschmückt waren. — Sie ist dem gräflichen Hause Törring dedizirt, weil dessen Vorfahren zur Stiftung des Klosters beigetragen haben. — Popp, R.: Ein Wehr-Thurm im ehemaligen Kloster zu Wessobrunn. Mit 1 Abbildg. Münch. 1871. — Unrichtigkeiten enthält die Schilderung des Klosters Wessobrunn, welche in Schulte's Briefen über Frankreich auf einer Reise vom Jahre 1811, Leipzig 1815, Th. I. abgedruckt ist.

Handschrift: Literarische Nachrichten von Wessobrunn als ein Beytrag zur Geschichte der Wissenschaften in Baiern. Gesammelt von Anselm Ellinger, Benediktiner zu Wessobrunn. 1. Bd. Fol. 346 S. mit mehreren Beilagen und alten Schriftproben. (Im kgl. Wilhelms-Gymnasium zu München.) Geschrieben circa 1784—1787.— Der letzte Schriftsteller, den Ellinger bespricht, ist P. M. Bayrhamer. — Die nachstehenden Ergänzungen zu Wessobrunn sind fast alle diesem MS. Ellinger's entnommen.

S. 178 Zu **Leutner's**[1]) Schriften:

1) Epigrammatum libri quatuor cum Lyricorum uno, Elegiarum altero. Ad honestam animi remissionem et juventutis studiosae commodum scripti. Salisb. Jo. Jos. Mayr. 1730. 8.

2) Arena natalitia. Frisingae 1731. Ein lat. Gedicht auf Abt Thassilo (Bölzl) von Wessobrunn, in welchem Leutner seinem Abte für die besondere Sorgfalt, welche er auf seine literarische Ausbildung verwendete, Dank sagt.

3) Omina onomastica. Frisingae 1732.

4) Der Schrift: „Dramata parthenia" sind beigegeben Gedichte von P. Agapit Moser, O. S. B. des Stiftes Kremsmünster, von Graf Salvin von Thurn, Leopold Graf-Lodron, Johann Carl von Herberstein, Cajetan Fugger von Zinnenberg, Carl Christ. von Rall, provinciae Tyrolensis et Salisburgensis Ord. S. Ruperti equite und von Georg Leutner,[2]) Curatus zu St. Margareth in Sechtenau.

5) Sechs lat. Gedichte zur Feier der Jubelprofess des Abtes Thassilo von Wessobrunn. Aug. Vind. 1738.

6) Epistolae geminae abbatis D. Antonii Sambuccae scriptae ad abbatem D. Andream Baccium, canon. insig. collegiatae ecclesiae ad S. Marcum Romae de gestis quibusdam D. D. Angeli Mariae Quirini S. R. E. Cardinalis, bibliothecarii. Antea italice editae. Solodii 1744. Aug. Vind. et Frib. Brisg. 1749. Leutner übersetzte diese Briefe in's Deutsche und fügte einen Brief hinzu, den er einst an P. Gr. Zallwein schrieb,[3]) in welchem er über die Reise Quirini's durch Bayern berichtete.

7) Jubiläum Quirinale, cum Eminentiss. S. R. E. Cardinalis Angelus M. Quirini quintum ab adita episcopatus Brixiensis sede lustrum ipsis natalitiis conditi a se apud S. Eustachium clericalis collegii festis illustraret. 1753. Ein Festgedicht, das Leutner ver-

[1]) Ueber seine drei letzten Lebensjahre berichtet die Rotel: „Balbutiente licet lingua ... nunquam quietus ... ad ultimum usque annum manu dextera literas tractavit et liberata dextera scripsit; nec verbulo unquam dolores aut quidquam aliud conqueri auditus."

[2]) Es war ein Bruder des P. Coel. Leutner.

[3]) Zallwein war, als Leutner ihm schrieb, Professor im Seminar zu Strassburg in Kärnthen.

fasste, und auf Befehl des Abtes Beda von Wessobrunn dem Druck übergab. (Wo die Schrift gedruckt worden, gibt Ellinger nicht an.)

8) Leutner und Symbert Schwarzhuber gaben gemeinsam heraus: Anniversarius Quirinianus,[1] seu justa funebria piis manibus Emin. R. R. D. D. Angeli M. Quirini Ord. S. Ben. S. R. E. Tit. S. Praxedis Cardinal., Commendatarii Tit. S. Marci, S. R. E. Bibliothecarii, Congregationis indicis Praefecti, olim Archiepiscopi Corcyrani, Episcopi Brixiensis, Ducis, Marchionis, Comitis, celebrata a musis benedictinis Monasterii Wessofontani. Aug. Vind. (Jos. Dom. Gruber) 1756. 4. — Die Schrift hat 2 Thle.; der erste enthält eine lange Leichenrede; der zweite achtzehn Gedichte in verschiedenen Versmaassen, in denen das Leben und die Thaten Quirini's besungen werden; — den Schluss bildet eine von Baron Joseph von Petrasch, Herrn in Czerneck und Neuschloss, verfasstes Gedicht, das von den Benediktinern zu Wessobrunn in's Lateinische übersetzt wurde.

9) Sehr wahrscheinlich ist Leutner der Herausgeber von zwei Briefen des Card. Angelus Maria Quirini, welche derselbe in den Jahren 1753 und 1754 schrieb, als er Reliquien des heiligen Benedikt und der heiligen Scholastika dem Kloster Wessobrunn zum Geschenke machte. — Diese Briefe erschienen im Jahre 1754 zu Augsburg (u. Freiburg) und sind mit Anmerkungen versehen. Quirini behauptet in denselben, dass die Leiber des heiligen Benedikt und der heiligen Scholastika niemals nach Frankreich übertragen worden seien.

S. 180 **P. Veremund Eisvogl** schrieb noch:

11) Concordia animae benedictinae cum Deo, seu meditationes in singulos dies super acta, vitam et virtutes sanctorum Ord. S. Bened. 2 Tomi. Aug. Vind. 1723. 8.

12) Lobrede auf den heiligen Benedict. Freysing 1725. 4. Die Leichenrede auf Abt Tassilo von Wessobrunn erschien zu München.

„ 180 **P. Jos. M. v. Packenreuth** war (wie Ellinger berichtet) nur Dr. philos., nicht auch Dr. theologiae et juris can. Seine Schriften mit genauem Titel sind:

2) Usus contra abusum logicae sophisticae; def. Rel. Fr. Fr. Benno Hoffstetter et Angelus Maerz Benedictini Schyrenses. 5. Febr. 1751. Typ. Monast. Tegernsee 1751. 24 S. 4.

3) Usus logicae analyticae et topicae, def. Fr. Colomannus Frank, Benedictinus Andecensis mense Aug. 1751.

4) Theses emblematicae ex univ. philosophia, def. Edmund Guetmann, Michelfeldensis et Col. Frank Andec. 1752.

---

[1] Quirini starb 6. Januar 1755. Er richtete am Tage vor seinem Tode noch ein kurzes Schreiben an das Kloster Wessobrunn.

S. 181 - Zu **Zallwein.** Lit.: Leichenrede auf P. Gr. Zallwein von Adam Beyer (d. i. Beda Mayr, O. S. B. zu Donauwörth). — Zallwein's juridische Dissertationen sind mit vollständigen Titeln folgende:

1) Jus canonicum in genere et praecipue trium primorum saeculorum, seu Disputatio I. ex prolegomenis jur. can. anno 1752. Defendens P. Candidus Schreibauer, Benedict. Nideraltachensis. Salisburgi 1752. 4.

2) Fontes originarii jur. can. una cum jure can. quarti ecclesiae saeculi, seu Disputatio II. ex prolegomenis jur. can. a. 1752. Def. R. Fr. Opportunus Dunckl, Bened. Lunaelacensis. Salisb. 1752. 4.

3) Fons originarius jur. can. tertius, cum jure can. quinti, sexti et septimi saeculi, seu Disputatio III. ex prolegomenis jur. can. de conciliis a. 1754. Def. P. Franc. Lipp, Benedic. Nideraltachensis. Salisb. 1754. 4.

4) Fons originarius quartus et quintus jur. can., seu Disputatio IV. de potestate Summi Pontificis et Ss. Patrum a. 1755. Def. Praen. D. Bernardus Kögl, Ursinensis Suevus. Salisb. 1755. 4.

5) Jus ecclesiasticum particulare Germaniae ab aera Christi usque ad Carolum IV. Imp. Dissertatio I., quam sub auspiciis Emin. et Sereniss. Principis Electoris et Archiepiscopi Coloniensis Clementis Augusti a. 1757 def. Praen. D. Christoph. Bernardus Graever, Monasterio — Westphalus. Salisburg. 1757. 4.

6) Jus ecclesiasticum Germaniae ab aevo Caroli IV. Imp. usque ad nostra tempora. Dissert. II., quam sub auspiciis ejusdem principis Electoris def. a. 1757. Praen. D. Ign. Maria Zur-Mühlen, Monasterio-Westphalus. Salisb. 1757.

7) De statu ecclesiae. De Hierarchia in statu ecclesiae et de praerogativis ecclesiae Salisburgensis, quam sub auspiciis Celsissimi ac R. R. D. D. Sigismundi Christ Archiepiscopi et Principis Salisburgensis def. a. 1757. Illustriss. ac generosiss. D. Ferdinandus S. R. J. comes de Wildenstein, Styrus Graecensis. Salisb. 1757. 4.

8) Collectiones juris ecclesiastici antiqui et novi a primordiis ecclesiae usque ad Decretum Gratiani. Dissert. I., quam sub auspic. ejusd. Archiepiscopi def. a. 1760 Nobilis D. Joannes Petrus Mar. Barbieri, Roveredanus Griso. Salisb. 1760. 4.

9) Collectio juris eccl. novi et novissimi a Decreto Gratiani usque ad nostra tempora; item de authoritate, usu et studio ejusdem. Dissert. II. Def. R. P. Ildeph. Lidl, Bened. Sanpetrensis. Salisb. 1760.

Auch hielt Zallwein die 1. Predigt beim Jubiläum von Wessobrunn. (Abgedruckt in der Festschrift.)

S. 183 **Alphons von Campi** hinterliess in Manuscript:

1) Catalogus bibliothecae Wessofontanae.

2) Universa philosophia, theologia, et universum jus canonicum.

3) Commentarius in decretales Gregorii IX.

4) Commentarius in apocalypsin S. Joannis.

5) Collectaneae de jejuniis antiquorum Christianorum et de hora missae in diebus jejunii.

6) Dissertatio de jejunio Sabbati in occidente.

7) Dissertationes plures de custodia eucharistiae.

8) Dissert. de missa praesanctificatorum.

9) Dissert. de graecis et latinis liturgiis.

10) Tractatus de festis et officiis dioecesanis quantum ad clerum saecularem.

11) Commentarius literalis et moralis in Ps. „Noli aemulari in malignantibus“.

12) Tractatus de velis tabernaculi Moysis et Davidis.

13) Tractatus de templo Hierosolymitano.

14) Tractatus de ecclesiis Christi fidelium.

„ 183 Zu **Abt Ulrich Mittermayr.** Derselbe machte sich um die Bibliothek besonders dadurch verdient, dass er dieselbe in ein neues prächtiges Lokal übertragen liess und mit kostbaren historischen Werken vermehrte. Er schaffte für das Armarium physicum auch viele Instrumente an. — Handschriftlich ist erwähnenswerth: Rede am Namensfeste des Abtes Thassilo Bölzl. In derselben schildert er all' die grossen Verdienste, die sich dieser Abt um die Hebung des literarischen Strebens unter seinen Religiosen erworben hat.

„ 183—184 Zu **P. Virgil Sedlmayr.** Er war Dr. phil. und besass eine seltene Gewandtheit im Vortrag, der sich durch Klarheit und Fasslichkeit auszeichnete. Er war so sehr dem Studium ergeben, dass er gewöhnlich nicht über vier Stunden dem Schlafe widmete. — Ich führe zuerst die von mir noch nicht genannten Schriften Sedlmayrs auf; dann einige derselben mit genauern Titeln.

A. 17) Deus unus in se et attributis suis scholastico-dogmatice expensus, def. Columbanus Parruckher et Bonifacius Selzer, Benedictini Seeonenses. Ratisbonae typis J. B. Lang 1735. 4. (Dedizirt dem Reichsgrafen Max Emmanuel von Preyssing, Baron zu Alten-Preyssing etc.)

18) Theses ex univ. theologia 1735. Eine grosse Tafel mit Emblemen, in Kupfer gestochen von Fleischmann in Regensburg mit dem Porträte des Fürstabtes Anselm von St. Emmeram. (Defendenten waren: F. F. Tutto Schuech und Carl Gradl von St. Emmeram.)

19) Quaestio satis celebris inter Scholasticos novis argumentis illustrata, Utrum praemotio physica sit amica, et scientia media sit inimica libertati. Aug. Vind. 1759. 8. (In dieser Schrift spricht er sich gegen die scientia media aus.)

B. Schrift sub Nr. 8) Nobilitas beatissim. virginis sine labe conceptae, illustriss. equestris ordinis Bavarici S. Georgii in honorem et defensionem ejusdem immaculatae conceptionis nuper erecti augustissimae praesidis, theologicis quaestionibus expensa et sub auspiciis Ign. Felicis Jos. S. R. J. comitis de Terring in Jettenbach unacum propositionibus ex univ. theologia defensa a P. J. Bapt. Kremer, Benedictino Schyrensi. Monachii Typ. M. Magd. Riedlin. (Mit Porträt des Grafen Terring.)

Nr. 12) Tractatus de locis theologicis, sub gl. ausp. Joan. Bapt. ex comitibus de Barnis, abbatis, S. Joannis in Vineis, archiep. Edesseni. Def. Aug. Mayr, Benedictinus Tegernseensis etc.

Nr. 13) Reflexio critica in ideam divini amoris propositam ab A. R. D. Eus. Amort et in responsa ejusdem ad sic vocatos scrupulos S. P. T. Lienhardii Roggenburgensis ideae refutatoris. Salisburgi et Graecii (Veith), 1749. 8. Dedizirt dem Cardinal Quirini.[1])

---

[1]) Diese Reflexio richtete Sedlmayr gegen die Schrift Amort's, welche ein Jahrzehent früher unter folgendem Titel erschienen war: Idea divini amoris seu expositio distincta primi et maximi mandati. Aug. V. et Ratisb. 1739. 8. In derselben stellte Amort folgende Sätze auf:

1) Falsam esse vulgatam persuasionem existimantium, quod perfectus amor Dei excludat aut omnino excludere possit desiderium propriae beatitudinis.
2) Amorem Dei in scriptura praeceptum consistere in affectu amicitiae, mixto ex actu benevolentiae, quo volumus Deo omnia bona, et ex actu concupiscentiae, quo volumus fruitionem Dei tanquam nostri summi boni.
3) Sine hoc amore Dei neminem justificari.
4) Amorem in scriptura praeceptum essentialiter involvere serium propositum eliciendi actus amoris practicos seu placendi Deo per studium bonorum operum.

P. Virgil Sedlmayr dagegen behauptete in seiner Reflexio:

1) Quod amor purae benevolentiae erga Deum non sit error Romae confixus.
2) Quod non sit vulgata persuasio, amorem Dei perfectum, ut talem, excludere desiderium propriae beatitudinis.
3) Quod talis persuasio non sit falsa.
4) Certum esse, quod amor in scriptura praeceptus non sit essentialiter mixtus ex benevolentia et concupiscentia.

Amort gab dagegen seine Animadversiones in Sedlmayeri Reflexionem heraus.

Sedlmayr antwortete mit der Responsio apologetica (vid. Schrift sub Nr. 14).

Den Schluss der Streitigkeit bildete Amort's Schrift: Systema doctrinae circa duo praecepta, spei et charitatis. Aug. V. et Herbipoli 1749. 8.

S. 185 **P. B. Hypper** war auch ein vorzüglicher Klavierspieler und Organist, so dass er selbst von auswärtigen Kennern zu den grössten Meistern auf diesen Instrumenten gezählt wurde. Zu seinen Schriften gehören noch:

10) Des ehrw. P. Liborius Siniscalchi S. J. Lehr- und Geistreiche Fasten- und Buss-Predigen aus dem Italienischen. Augsb. 1756. 4. II. Aufl. Augsb. 1765.

11) Des P. Caes. Calini S. J. Lobrede auf die zwei Heiligen Aloysius Gonzaga und Stanislaus Kostka S. J. Augsb. 1766. 4.

Muratori's Naevae jurisprudentiae gab Hypper in Druck. Pedeponti 1753. 8.

Die Schrift sub Nr. 1 erschien bei Veith in 8. Das Original hat den Titel: „Calinus C., S. J. Riflessioni istorici e morali sopra alcuni santi dell' ordine Benedettino. Venezia 1725."

Zur Uebersetzung Carlini's „Biblische Weltgeschichte" sub Nr. 2): Das 1.—4. Buch wurde von zwei Weltpriestern übersetzt. Hypper übersetzte das 5.—8. Buch. Augsb. und Gräz (Veith und Wolff) 1750. Folio.

Die Schrift sub Nr. 7 „Die wahre Braut Christi" hat auch Hypper aus dem Italienischen übersetzt.

P. Petrus Marstaller, geb. zu Mintraching 5. Januar 1718, Prof. 22. November 1739, er war Oekonom, Pfarrer von Roth, Wessobrunn und Iffeldorf, zuletzt Superior zu Vilgertshofen, wo er 12. Januar 1784 todt in seinem Zimmer gefunden wurde, nachdem er Abends noch gemeinschaftlich mit den Mitbrüdern gesund gespeist hatte. Er schrieb:

Kurtzer Begriff und Innhalt der hochl. Bruderschaft und Seelenbundes der schmertzhafften Mutter Gottes zu Vilgertshofen in Oberlands Bayern. Augsb. (bei Fetscher) 1765. 8.

„ 186 Zu **Bayrhamer;** er war auch Componist. Sein vieljähriger Freund, R. D. Radhart, C. Reg. von Diessen, verfasste auf ihn folgendes Epitaphium:

„Hoc jacet in tumulo Senior venerabilis ille A. R. R. P. Maurus Bayrhamer:

Juvavij natus, musarum castus amicus,
Musicus, orator, compositorque fuit.
Wessonis fontes, montesque Tyrolis amabat, [1]
Voce, chely, modulis charus ubique suis.
Fertilis ingenio, celebris natusque poeta,
Quidquid tentabat dicere, versus erat.
Castalides musae vestrum lugete sodalem
Nasoni, Plauto, Virgilioque parem.

[1]) Eine Anspielung auf die dem Kloster gehörige Besitzung bei Meran.

Qui cantu poterat mentes cicurare feroces,
Atque jocis mensas exhilarare suis.
Dulcia gustavit, sed tandem sensit amara
Cantatum satis est. Optime Maure tace.
Osseus ille latro tibi dulcia guttura clausit,
Nunc cane cum superis cantica laeta choris.

Bei der Schrift sub 2) adde: „ad honestam animi remissionem et studiosae juventutis utilitatem". (Vgl. Finauer, Magazin für die neueste Literatur. — Münchener Gelehrte Nachrichten, Intelligenzblatt 1770, S. 61.)

S. 186/187 Ueber **Schwarzhuber** vergl. Veith, Bibl. Aug. XII, 47—56.

Z. 5 von oben liess: Friedrich II. (st. III.).

Die Schrift sub Nr. 3 hat 296 S.

Das prakt. kath. Relig.-Handbuch erschien in V. Aufl. zu Salzburg 1823. 4 Bde.

„ 188 Ueber v. **Kleimayern** vgl. Felder, Lit. Ztg. 1815. IV, 279.

„ 188 Z. 3 von oben lies bei der Schrift sub Nr. 18 bedenklichsten (st. bedenklichen).

„ 191 Die Handschriften des **P. Ans. Ellinger** besitzt das königl. Wilhelms-Gymnasium zu München. (Ehem. das kgl. Schulhaus genannt.)

[Siehe S. 313. Nachtrag]. **P. Angelus Widman** schrieb noch: Notata über die Pröpste von Polling, cod. lat. 27203 der Staatsbibliothek zu München.

[Siehe S. 313]. **P. Maurus Luz**, † 10. Oktober 1737, 69 Jahre alt.

„ 192 **Conv. Thiento Sailer**, geb. zu Forst bei Wessobrunn 1709, trat 1734 in den Orden und legte im Jahre 1737 simplex professio ab. Am 10. Oktober 1766 fand man ihn Morgens todt im Bette. Er war ein sehr geschickter Mechaniker, zugleich Buchbinder und Pförtner (Rotula).

Thierhaupten.

„ 193 Zur Literatur: Cherle B., Chronologia monastico-philosophica celeberrimi monasterii S. P. Benedicti in Thierhaupten. Aug. Vind. 1702. 191 S. 8. Enthält pag. 157—191 eine Series abbatum nebst kurzer Geschichte des Klosters.

Weihenstephan.

„ 196 Zur Literatur: Hirsching, Nachrichten. VI. 103—108.

„ 197 **P. Rupert Carl** machte am 24. October 1700 (nicht 28. Oct. 1703) Profess. — Die Karte: Germania, Italia, Gallia, Hispania Benedictina ist sein, und nicht (wie S. 199 irrig angegeben) des P. Rupert Niedermayer's Werk.

S. 198 Bei der Schrift des **P. Aem. Naisl** sub Nr. 6 lies: Glaubens- und Himmelsstrassen (statt Sittenstrassen). Die II. Aufl. hat 1425 S.

„ 199 Die Schrift des **P. M. Dagaro** „Sapienti pauca" hat als Titelvignette das Porträt des Abtes Ildephons Huber von Weihenstephan († 1749). Dagaro übersetzte die Schrift Mansi's über das Fegfeuer in das Deutsche. Ingolstadt 1753.

„ 200 Zur Schrift des **P. Gab. Liebheit** sub Nr. 1. Gyges etc. setze hinzu: Opus politicis, comicis, sacris et profanis oratoribus utilissimum ... quod summariis, notis sicubi visum et indice copioso illustravit P. Gab. Liebheit. Ratisb. typis H. Lenzii 1736. Impensis J. Gastel Bibliop. Pedepont.

„ 201 **P. Roman Weixer** gab noch heraus: 18) Theses theologicae, quas def. in studio communi congregationis Benedictino-Bavaricae Fr. Fr. Udalricus Mittermayr et Josephus de Packenreith Benedictini Wessofontani. Frisingae (Chr. Carl Immel) 1738.

„ 202 Die Synopsis historiae Weihenstephanensis des P. Lickledderer, 1. Bd., Fol., reicht bis zum Jahre 1770.

Attl.

„ 205 Literatur: Hirsching, Nachrichten V. 17. — Acht Festpredigten, gehalten bei dem 100jährigen Jubiläum der Wallfahrtskirche U. Herrn im Elend bei Attl. Münch. 1729. 4. (Mit Kupfer.)

„ 206 **P. Engelb. Hörmann** starb am 28. (nicht 18.) März.

„ 207 Des **P. Nonnos Moser** Psalterium Davidis erschien in 3 Theilen Pedeponti (Gastl) 1742 (cum icone).

Weissenohe.

„ 211 I. Betreffs der Stifter und des Stiftungsjahres. Weissenohe wurde[1]) vom bayerischen Pfalzgrafen Aribo gestiftet. Als Pfalzgraf kann er als der IV. nicht bezeichnet werden, er war der V. In linea recta dürfte die Bezeichnung der IV. richtig sein. Was das Jahr der Stiftung betrifft, lässt sich dasselbe nur annäherungsweise bestimmen. Das Kloster wurde

---

[1]) Herr Karl Glaser, Ober-Appellationsgerichtsrath a. D. zu München, welcher sich bereits sieben Jahre eingehend mit der Geschichte des Stiftes Weissenohe befasste, in dessen Mauern er seine frühesten Jugendjahre verlebt hat, hatte die Güte, dem Verfasser in höchst uneigennütziger Weise mehrere Berichtigungen und Ergänzungen zukommen zu lassen, deren Hauptinhalt hier mitgetheilt wird.

nicht vor 1087 und nicht nach dem 18. März 1102 gestiftet. Keineswegs ist das Jahr der Stiftung 1109, denn in diesem Jahre hat Papst Pascalis II. das bereits bestehende Kloster bestätigt. Die Confirmationsbulle ist an den Abt Otbert gerichtet. Auch 1053 kann nicht das Jahr der Stiftung sein. Diese Angabe beruht auf dem Irrthum des Bruschius, dass Bischof Gebhard von Eichstätt Stifter des Klosters gewesen sei. Aribo grandaevus, der am 18. März 1102 gestorben, war im Jahre 1053 höchstens 30 Jahre alt und in solchem Alter stiftete er sicher kein Kloster. — In der oben erwähnten Confirmationsbulle sind als Stifter bezeichnet: Illustris vir Eribo cum conjuge sua Guilla et neptis ejus Hademuot. Als Mitstifterin wird Eribo's Nichte oder Verwandte Hademud zu bezeichnen sein, denn im mittelalterlichen Sprachgebrauch bezeichnet neptis Nichte und auch eine weitschichtigere Verwandte. — Aribo hatte eine Tante (Vaters Schwester), Namens Wichburg, und diese eine Tochter, Namens Hademut, welche wahrscheinlich unverehelicht war.

II. Zur Literatur.

A. Druckwerke.

P. Hermann Scholliner schrieb zu seiner Dissertatio genealogica sistens Weissenoensis O. S. B. et plurium coenobiorum fundatores etc. (Norimb. 1784): „Supplementa und Emendationes". Sie wurden zwar gedruckt, kamen aber nicht in den Buchhandel. Auf der Münchner Staatsbibliothek findet sich davon kein Exemplar, wohl aber auf der dortigen Universitätsbibliothek (Theologica 794), wo sie der Dissertatio beigebunden sind.[1]) — Scholliner schrieb die Dissertatio auf Veranlassung des Abtes Maurus von Weissenohe, welcher auch die Druckkosten bestritt. — Bruschius hat in seiner Chronologia (I, 13—14) einige irrige Angaben über Weissenohe. — Was Zimmermann's Churb. Geistl. Kalender (V. S. 95 sq.) enthält, beruht auf Mittheilung des Abtes Maurus. — Franz Wenzel Goldwitzer war Kaplan zu Neunkirchen a. Br. und später Pfarrer zu Büchenbach. Seine Chronik von Weissenohe ist in Okens Isis Jahrg. 1823. Er hat aus dem Salbuche des Abtes Maurus geschöpft. — Schrettinger hat in der bayer. National-Ztg., Jahrg. 1835, II. Hälfte, S. 78, 83, 87, 91, eine sehr kurze und (nach Glaser's Aussage) werthlose Arbeit geliefert.

---

[1]) Hr. Karl Glaser liess eine Abschrift (sieben Blätter in Quart) anfertigen und diese dem Exemplare der Dissertatio des histor. Vereines zu Regensburg beibinden.

B. Manuscripte.

Siehe hier unten S. 24 die handschriftlichen Arbeiten des Abtes Maurus Hermann von Weissenohe. — Hr. Karl Glaser schrieb über Weissenohe 5 Capitel, nämlich: 1) Weissenohe's Lage und nächste Umgebung. 2) Aelteste Nachrichten von Land und Volk. 3) Spezielle Beschreibung des Klosters und Ortes Weissenohe. 4) Wo stand das älteste Kloster? 6) Zeit und Beweggrund der Stiftung. 7) Stiftungsgüter. „Ueber das 7. Capitel,“ (schreibt Hr. Glaser an den Verfasser ddo. 4. October 1883), „wo erst die eigentliche Geschichte des Klosters beginnt, komme ich nicht hinaus. Meiner Tage sind nur mehr wenige. Indess, was noch fehlt, kann durch Benützung der Archive ergänzt werden. Dieselben werden aber spärliches Material ergeben und demnach wird und muss die eigentliche Klostergeschichte mager ausfallen. — Den Hauptwerth lege ich auf das 4. Capitel, denn Niemand ist mehr, der sagen könnte, wie das seit 50 Jahren grösstentheils demolirte Kloster bald nach der Aufhebung ausgesehen hat.“ — Die auf S. 212, Z. 1 citirte urkundliche Geschichte der Abtei Weissenohe ist nach der Versicherung des Hrn. Glaser keine Geschichte, sondern nur ein Collektaneenheft,[1]) welches Ausschnitte aus Druckschriften und Katalogen der bayer. Benediktiner-Congregation (die auf Weissenohe Bezug haben) enthält. Nur eine sehr kurze Geschichte des Klosters (ohne Werth) ist darin enthalten.

III. Ueber die verschiedenen Abbildungen des Klosters. 1) Die Abbildung, welche Scholliner's Dissertatio genealogica beigebunden, stellt das Kloster dar wie es zu Ende des XVIII. Jahrhunderts aussah. Es wurde von einem Conventualen des Klosters Michelfeld, Namens Franz Kohl, gezeichnet und von Stahl in Nürnberg in Kupfer gestochen. — 2) Der aus Anlass der Benediktion[2]) des Abtes Johann Gualbert von Weissenohe (des I. nach der Restauration) angefertigte Kupferstich stellt die Westfront des Klosters dar, welche aber damals noch gar nicht gebaut war. Ein Exemplar besitzt der hist. Verein zu Bamberg. — 3) Ein gewisser Böner (nicht Bröner, wie es auf S. 212, Zeile 4 von oben irrig heisst), welcher Kupferstecher zu Nürnberg war, und sehr viele Gebäude in und um Nürnberg herum aufnahm, fertigte zwischen 1700—1727 „ad vivum“ eine Abbildung des Klosters an. Ein Exemplar davon findet sich in der Sammlung der Böner'schen Kupferstiche in der Stadtbibliothek zu Nürnberg. —

[1]) Dieses Heft befindet sich unter den Heckenstaller'schen Handschriften in der Bibliothek des Domkapitels München-Freising zu München.

[2]) Die Benediktion ging am 1. Mai 1700 vor sich.

4) Ein Herr Haller von Hallerstein soll auch eine Abbildung des Klosters wahrscheinlich aus der Zeit nach 1803 gefertigt und publizirt haben.[1]) — 5) Eine Abbildung des Klosters gleich der sub Nr. 1 aufgeführten befindet sich gegenwärtig in der Kirche zu Weissenohe.

IV. Zu den Literaten des Klosters gehören: **P. Maurus Hermann,** letzter Abt, geb. zu Schwandorf 19. Februar 1726, Profess 8. Dezember 1744, primizirte 29. März 1750, zum Abt erwählt 11. Jänner 1758, gestorben zu Schwandorf 7. Juni 1809. Schon am 22. Februar 1802 nahm eine churfürstliche Commission das Klostergut in Beschlag.[2]) Sein Grab ist an der Kirchhofmauer zu Schwandorf jetzt noch unversehrt. Auf einem einfachen an der Kirchhofmauer befestigten Stein steht mit lateinischen Lettern: „Hier liegt der Hochw. hochwohlgeb. Maurus Hermann, 51jähriger Abt des aufgelöseten Klosters Weisenoe, am 19. Febr. 1726 zu Schwandorf geboren, den 7. Juni 1809 daselbst gestorben. Unvergesslich den Seinigen, Unvergesslich den Armen. Sanft ruhe seine Asche."

Er schrieb zwischen 1758 und 1768 für sein Kloster ein **Salbuch,** dem eine kurze Geschichte des Klosters vorangeschickt ist, und im Jahre 1793 eine **„Historia Monasterii Weissenoensis"**, Folio, welche mit seiner am 9. April 1758 vollzogenen Benediktion endet. Das Original der Historia besitzt der histor. Verein zu Regensburg. — Eine von Hrn. Glaser gefertigte Abschrift wird nach seinem Tode das kath. Pfarramt Weissenohe im bayer. Oberfranken erhalten. — Das Original des Salbuches befindet sich im kgl. Archiv zu Bamberg. — Eine beglaubigte Abschrift besitzt das k. b. Rentamt Neunkirchen am Brand.

Placidus (Andreas) Richter, geb. zu Schönhofen, Landgerichts Hemau, 6. Dezember 1780, wo sein Vater Jäger war. Im Jahre 1793 begann er die Gymnasialstudien zu Regensburg. Nach Vollendung der Philosophie trat er in das Kloster Weissenohe und legte am 7. März 1802 Profess ab. Allein die bald erfolgte Aufhebung brachte ihn an das Lyceum nach Amberg, wo er im Genusse eines Stipendiums Theologie studirte und 5. März 1805 zu Regensburg zum Priester geweiht wurde. Da er aber wegen des damaligen Ueberflusses an Hilfspriestern keine Anstellung in der Seelsorge erhalten konnte, so nahm er bei dem damaligen Direktor der Landesdirektion der Oberpfalz (nachherigem Direktor der kgl. Regierung des Regenkreises) v. Schmitt die Stelle eines Privatlehrers für dessen Kinder an und bereitete sich auf das Lehrfach vor.

[1]) Hr. Glaser konnte hievon kein Exemplar auftreiben.

[2]) Es ist nicht bekannt, wie lange der Abt noch im Kloster blieb.

Am 12. Juli 1808 bestand er die Konkursprüfung der Real- und Gymnasial-Professurskandidaten und erhielt im November desselben Jahres vor den übrigen Mitgeprüften die Stelle eines Professors an der Unterprimärklasse zu Amberg. Er rückte dann in die II. und III. Gymnasialklasse vor und blieb in dieser Eigenschaft bis 8. Dezember 1826, wo er zur Wiederherstellung seiner Gesundheit eine zeitweilige Quieszenz antrat. Kaum fühlte er sich wieder hergestellt, so übernahm er im Jahre 1827 den Unterricht der Religionslehre in der III. und IV. Gymnasialklasse, bis er am 17. Juli 1828 ein Kanonikat im erzbischöflichen Kapitel zu Bamberg erhielt.

Wie sehr er sich als Professor die Erfüllung der Pflichten seines Berufes angelegen sein liess, wie er nicht nur die wissenschaftliche und moralische Bildung der ihm anvertrauten Schüler, sondern auch der gesammten studirenden Jugend der Anstalt als Bibliothekar einer von ihm errichteten und besorgten Leseanstalt für Studirende und als Rektoratsassessor (welche Stelle er 10 Jahre bekleidete) zu befördern trachtete, dafür erhob sich nur Eine Stimme von Seite seiner ehemaligen Schüler, seiner Vorstände und insbesondere der kgl. Regierung. Denselben Eifer bethätigte er als Capitular. Es schätzte auch der edle Erzbischof v. Fraunberg den stillen anspruchslosen Mann, und zeichnete ihn bei jeder Gelegenheit aus. Mit Anfang Oktober wurde er von einem heftigen Nervenfieber befallen, dem er 25. Dezember 1830 erlag. Die Ruhe und Heiterkeit, welche die stete Gefährtin seines thätigen Lebens war, zeigte sich im schönsten Glanze in den Tagen der Krankheit, die er mit der Ergebung eines wahren Christen ertrug.

(N. Nekrolog der Deutschen, VIII. Jahrgang (1830), II. Thl. S. 872—875).

S. 213 **P. Aemilian Vogt** starb am 5. Oktober 1816 als Curatus auf dem Mariahilfberge zu Amberg.

„ 214 **P. W. Schrettinger** hat sich ein besonderes Verdienst durch Abfassung eines handschriftlichen Realkataloges der königl. Staatsbibliothek zu München erworben. (Vergl. Schaden, Gel. München. S. 109.) C. W. Bock hat Schrettinger's Porträt kurz vor der Aufhebung in Tusche gezeichnet. Dasselbe liegt seinem handschriftlichen Nachlasse bei, den die Staatsbibliothek besitzt. Später wurde dasselbe in Kupfer gestochen. Ein Exemplar davon besitzt der hist. Verein von Oberbayern. (S. XIX. Jahresb. S. 90, Nr. 39.)

Bei der Schrift sub Nr. 6 ist hinzuzufügen: „besonders für Nichtbibliothekare“.

Rott.

S. 217 Die Vita S. Marini et Aniani ist von Johannes a via verfasst, und hat ein Titelkupfer. Sie erschien auch deutsch: Das Leben der heiligen SS. Marini und Aniani, die auss Irrland in Bayern kommen seind. München 1579. 4. Mit 1 Kupfer.

Handschriften: Der Extrakt aus dem Archiv Cod. Ger. 1819 ist aus dem Jahre 1722.

„ 217 P. Wolf. Dullinger, Menda in Rota Aurisiensi emendanda, i. castigationes et emendationes chronici Rotensis a P. Daniele Molitor posteris relicti. (S. Pez. Thes. anecdot. Diss. isag. n. 21. pag. XI.)

„ 217 Zeile 16 v. o. ist vor ejusdem zu setzen: „cod. lat. 1444".

„ 218 Note (¹) soll es heissen: Corbinian Dettelbach, Felician Kobold, Placidus Thaller, Gregor Müllpacher etc.

Zu den um die Literatur verdienten Männern von Rott gehört: Abt **Gregor Mack**, geb. zu Landau 18. Oktober 1730, studirte zu Landshut, Profess 15. November 1750, Neomyst 29. September 1755. Er war Cooperator zu Rott, Prediger zu Kötzting, 1759 Prior und zugleich Oekonom. Nach der Resignation des Abtes Benedikt wurde er 17. Juni 1776 zum Abt erwählt. Er that ungemein viel für die Bibliothek, das physikalische Kabinet und die Sternwarte. Auch vermehrte er die von seinen Vorgängern angelegte Kupferstichsammlung. Er starb an der Wassersucht (nachdem er kurz vorher seine Jubelprofess gefeiert) 2. September 1801. Die Rotel spendet ihm folgendes Lob: „Qua antea Prior, eadem prorsus singulari in subditis suis regendis pollebat prudentia aeque ac dexteritate, non ferreo dominantis imperio, sed aureo charitatis funiculo trahere suos pro semper assuetus."

[S. 315 Nachtrag.] **P. Primus Schreier** war zu Luhe bei Weiden geboren.

Scheyern.

„ 223 Zur Literatur: Bonschab, Ig., S. J., das hl. Kreutz zu Scheyern. Augsburg und Ingolstadt (Craetz) 1756. 4. — Knitl M., Scheyern als Burg und Kloster. Ein Beitrag zur Geschichte des Hauses Scheyern-Wittelsbach, sowie zur Geschichte des Benediktiner-Ordens. Mit 4 Abbildungen und den Werken des Conradus Schyrensis aus der Münchner Staatsbibliothek entnommenen Initial-Buchstaben. Freising (Datterer) 1880. 215 S. (Vergl. „Studien" 1880. IV. 232—234.) — Desselben, Scheyerns Stellung in der Culturgeschichte (Jenaer Inauguraldissertation). 1880. Auch Ingolstadt. 39 S. — Desselben, Scheyern's Stellung in der Kunstgeschichte. Freising (Datterer) 1880. — Hartl A., Stift Scheyern. Benediktinerbuch S. 541—547.

S. 225 Ueber **P. Leonhard Holner** vergl. Felder, Lit. Ztg. 1823. 3. Bd., S. 287.

„ 227 Ueber **P. Rupert Hauff** vergl. Baader, Gel. Baiern. S. 478.

„ 228 Zur Biographie des **P. Frobenius Hibler:** Derselbe machte seine Studien in Polling und Augsburg. Sein Abt schickte ihn nach St. Emmeram, wo er unter C. Steiglehner Mathematik und Physik hörte. Im Jahre 1781 wurde er Professor der Mathematik und Physik am Lyceum zu Amberg. — 1786 wurde er nach Scheyern zurückberufen und lehrte die Kleriker die genannten Gegenstände.

„ 236 **P. Thaddäus Siber** besass den kgl. bayer. Ludwigs- und Michaelsorden.

Zu Scheyerns verdienten Religiosen gehört: **P. Ulrich Achter,** geb. zu Aichach 10. März 1770, Profess 13. Mai 1798, Neomyst 3. Mai 1801, † 25. Oktober 1803. Er wird in der Rotel als vorzüglicher Musiker gerühmt.

„ 239 Ueber **P. Rupert Leiss** vergl. Familienschatz 1872, S. 375 bis 376; 378—380. — Beilage zur Augsburger Post-Ztg. 1872, S. 318—319; Münchner Pastoralblatt 1873. Nr. 2 sq.

„ 240 Ueber **P. Petrus Lechner**, dessen Tod 1874 (nicht 1873) erfolgte, vgl. Münchner Pastoralblatt 1874. Nr. 33 sq. — Nordamerikanisches Pastoralblatt 1875. Nr. 1, 2.

Zu seinen Schriften:

Die Schrift Nr. 7 erschien in I. Aufl. als II. Bd. der „Neuen Folge der Leitsterne auf der Bahn des Heils" mit dem Titel: „Von der Erkenntniss und Liebe U. Erlösers Jesu Ch., oder Wegweisung für alle diejenigen, welche Gott aufrichtig suchen. Aus dem Französischen des P. J. B. Saint Jure. — Die Schrift Nr. 22 lautet: Demore Abbé, Leben der hl. Clara von Assisi, ersten Abtissin des Klosters St. Damian (1194—1253), übersetzt von Lechner. Mit 1 Stahlstich. Regensburg (Manz), gr. 8. 1857 (nicht 1854). — Die Schrift sub Nr. 40 erschien in der nämlichen Sammlung als XI. Bd. der Neuen Folge. — Als opus posthumum erschien: Die hl. Schrift des alten und neuen Testamentes nach der Vulgata und dem Grundtext erklärt.[1]) Zuerst erschien das neue Testament. Abtei St. Vinzent (Nordamerika) 1881. VI. 936 S. —

[1]) Lechner begann dieses Werk im Jahre 1852 und vollendete es am 15. Juni 1867. Näheres über dasselbe siehe im Salzburger Kirchenblatte 1879. Nr. 34 und „Studien" 1882. 2. Hft. S. 421—424.

Vom alten Testamente ist bisher gedruckt: I. Bd. Genesis, Ruth. Das. 1882. III. 607 S. Lex. 8. II. Bd. Könige, Hohes Lied. Das. 1883. 833 S.

P. Bernard Schmid veröffentlichte:

Predigten in der Zeitschrift „Die Kanzelstimme". Würzburg V. und VI. Jahrg. (1883, 1884). — Rezension des Lehrbuches der Patrologie des Dr. Nirschl („Studien" 1882. 1 Bd.). — Der kleine Teichwirth, oder Anleitung zur Karpfenzucht (Separatabdruck der landwirthschaftlichen Wochenschrift Oberbayerns. 1883.)

Priefling (Prüfening).

Zur Literatur: Braunmüller B., die Reihe der Aebte im Kloster Prüfening. („Studien" 1882. 1. Hft. S. 132—136. — Ein guter Soldat und eifriger Mönch (P. Bonif. Kawemann). (Das. S. 136 bis 138.) — Desselben, Beiträge zur Geschichte von Prüfening. Ueber einige Gebäulichkeiten daselbst. (Verhandlungen des hist. Vereins von Oberpfalz. 1882. XXXVI. Bd., S. 273—278.)

S. 242 Zeile 3 v. u. lies: Verhandlungen (st. Sammlungen).

„ 243 Zu den Handschriften: Die zitirte Historia monasterii Priflingensis von P. Edm. Walberer ist jetzt nicht mehr in der Bibliothek zu St. Jakob, sondern in Metten; ferner ist dieselbe (wie P. Braunmüller mittheilt) keine eigentliche Geschichte und führt auch nicht diesen Titel, sondern: „Materialien zu einer Geschichte des Klosters Prüfening". 2 Bde. Folio. Dieses Manuskript enthält pag. 473—564 die Biographien von 51 Schriftstellern des Klosters. Die daraus gewonnenen Ergänzungen folgen hier, denn zur Zeit der Drucklegung (1880) hatte der Verfasser von diesem Elaborat noch keine Kenntniss.

„ 243/244 Zu **P. Verem. Gufl.** Er war Notarius apostolicus, lehrte im Stifte Arnoldstein (in Kärnthen) Theologie und von dort zurückgekehrt noch an verschiedenen theol. Lehranstalten Kirchenrecht.

Die Schrift sub Nr. 2 erschien zu Straubing.

Bei der Schrift sub Nr. 10 ist hinzuzufügen: ecclesiastico-politicorum. — Von der Schrift sub Nr. 11 hat der II. Thl. den Titel: „Veritates catholicae queis philosophia scholastica sustentatur." I. Thl. 169, II. Thl. 296 S.

13) Officium parvum S. Erminoldi I. abbatis Priflingensis. Ratisb. 1754.

14) Gherardi Cortonensis episcopi compendium defectuum missae. Ratisb. 1760.

15) Oratio Clementis P. P. VIII. post sacrificium missae pro lucrandis indulgentiis. (sine loco, s. anno.) 12.

16) Biographiae (Rotulae) defunctorum religiosorum Priflingengensium. Ratisb.

17) Reihenfolge der Aebte und kurze Geschichte des Klosters Priefling. (In Zimmermann's churb. Geistl. Calender. Bd. IV. S. 91—117.)

Manuscripte:

a) Oratio in honorum et bonorum status sacerdotalis defensionem dicta a Christophoro Scheurl Wittenbergae 1511, nunc illustrata a. Christi 1755.

b) Commonitorium ad civilis et publici juris consultos catholicos. 1755. 4.

c) Indiculus theologicus hallucinationum philosophiae neotericae. 1759. Fol.

d) De jure in sacra.

S. 244 **P. Fr. Gerbel**, die Angaben über die Zeit seiner Geburt stimmen nicht überein. In einigen Quellen wird als sein Geburtstag der 3. März 1689 angegeben. Walberer hat in seinen „Materialien" den 14. November 1689. — Neomyst 23. (nicht 3.) Mai.

In Manuskript hinterliess er:

Pater spiritualis, seu monita ac consilia, quibus religiosi tyrones diriguntur. 1739.

„ 245 **Br. Gabr. Doblinger**, betrieb mit Vorliebe das Studium der Philosophie. — Kaindl berichtet, dass er ungeachtet seiner vielen Beschäftigungen sehr gewissenhaft und pünktlich in den religiösen Uebungen gewesen.

„ 245 **Br. Marian Königsberger** machte am 25. März 1734 Profess und starb am 9. (nicht 10.) Oktober 1769.

Von ihm erschienen 25 Compositionen in Druck. (In den „Studien" 1881, 4. Heft, S. 200—201 sind 19 namentlich aufgeführt.)

„ 245 **P. Wunibald Reichenberger** gab in Druck:

Geist des hl. Vaters und Patriarchen Benediktus. München 1760. 4 Bde. Uebersetzung des Werkes: Spiritus SS. P. Nostri Benedicti seu meditationes in regulam S. Benedicti. Tugii 1753, das P. Deodat Müller von Rheinau zum Verfasser hat. — Die Schrift Nr. 11 „Der treue Geleitsmann" erschien im Jahre 1776 zu Würzburg in III. Aufl. mit dem Titel: Azarias fidelis, sive exercitium pietatis. — Die Schrift sub Nr. 12 ist in 4 — Handschriftlich hinterliess er: Leben der ehrw. Maria Crucifixa, Herzogin von Parma.

„ 246 **P. Petrus Gerl** machte 18. Oktober 1736 Profess. Er wurde am 28. Mai 1779 von der „Gesellschaft zur Beförderung geistlicher Beredsamkeit“ zum Ehrenmitgliede ernannt.

Er schrieb auch:

Lebensgeschichte des unglücklichen P. Nonnos Gschall von Oberaltach.[1])

S. 247 **P. Martin Pronath** war 1738 (nicht 1731)[2]) geboren.

Er schrieb:

6) Apologia methodum scholasticam a notis pedantismi et schlenderianismi vindicans. Ratisb. 1764. 8.

7) Theoremata philosophica. Pedeponti 1765. 4.

„ 248 Von **P. Benno Ortmann's** Schrift sub Nr. 9 erschien der I. Thl. im Jahre 1795. — Er schrieb noch: Dreitägige Geisteserneuerung für die marianischen Sodalen der kleineren Congregation in der Charwoche zu München. Vergl. über ihn „Gesellschaftsblatt für gebildete Stände“, 1811, 4. Stück.

„ 250 Zeile 15 v. u. lies: Gebenbach (st. Gegenbach).

„ 258 Zur Biographie des Abtes **Rup. Kornmann**: Eine kurze Biographie nebst Porträt erschien im II. Bde. des Werkes: Sammlung von Bildnissen gelehrter Männer von Chr. Wilhelm Bock. Nürnberg 1802 (der ganze Band ist unpaginirt). — P. Rupert Mittermüller veröffentlichte in den „Studien O. S. B.“ 1883, 1. Heft S. 107—114 und 2. Heft S. 335—356 Ergänzungen zur Biographie des Abtes Rupert Kornmann.

Zu seinen Schriften gehören:

30) Biographie des Br. Marian Königsberger (Lipowsky, Mus.-Lex., S. 152—155). 31) Positiones selectae ex jure naturae et gentium et ex jure ecclesiastico universo 1781.

Die Schrift sub Nr. 20, Sybille der Religion, erschien im Jahre 1843 zu Regensburg in III. Aufl.

Zu seinen Handschriften gehören:

15) Fromme Wünsche über Agrikultur.

16) Bemerkungen über den Contributionsplan, wonach die geistlichen Stifter und die Abteien a. 1798 fünfzehn Millionen zahlen sollten.

17) Mehrfache Vorstellungen (1798—1802) an die baierische Landschaft und an den Kurfürsten über die Gefahren der Unterdrückung des Prälatenstandes.

18) Institutiones logicae et metaphysicae (circa 1786).

19) Zusätze zu den im Jahre 1775 erschienenen Anfangsgründen der hebräischen Sprache von Joh. Gottl. Biedermann.

---

[1]) Dieser entleibte sich selbst am 3. Dezember 1777.

[2]) Das Datum seiner Geburt wird sehr verschieden angegeben. Die Catalogi der Congr. Bav. haben den 5. und 7 Oktober. Die Rotel hat den 7. September 1738.

20) Anfänge der französischen Sprache.

21) Buddas und die Armen, eine Cantate, abgesungen am Wahltage des Abtes Petrus (1779 oder 1780).

22) Alzest, oder der grossmüthige Entschluss, eine allegorische Cantate.

23) Eine Rede, von Kornmann verfasst für die Landstände von Pfalz-Neuburg. Diese trugen sie vor, als sie am 3. Dezember 1792 dem Kurfürsten Karl Theodor die Jubiläums-Medaille überreichten. Auch die Medaille war von Kornmann projektirt.

24) Meine Gedanken über die Einwürfe, welche der Scheller'schen Erklärung der Verbindlichkeit gemacht werden.

25) Von der Cultur der Muttersprache, besonders der deutschen, und von ihrem Einflusse auf die Sitten und den Volkscharakter.

26) Methode zum Choralgesang vom Jahre 1777 (Fr. Antonius Kornmann, novitius Prüfeninganus hac methodo cantum choralem edoctus).

27) Verschiedene Reden und eine Anzahl Predigten (der Inhalt ist näher angegeben in den „Studien" l. c.).

S. 259 Zu **P. Joh. Kaindl.** Die Vita S. Ottonis steht bei Canisius, antiq. lectiones in Vol. III (nicht II). — Kaindl verfasste Kornmann's Biographie in den „Nachträgen zu den beiden Sybillen". Regensburg 1817.

„ 259 **P. Benedikt Wisneth** schrieb sich Wisnet. Er gab in Druck: Drei Reden über die wissenschaftliche und moralische Bildung der studierenden Jugend auf den pfalzbaierischen lateinischen Schulen. Amberg 1802.

„ 260 **P. Edmund Walberer's** Manuskripte sind:

1) Materialien zu einer Geschichte des Klosters Prüfening. XVII Jahrhundert bis zur Aufhebung. 2 Bde. Folio.[1])

2) Diarium historiae Priflingensis. 2 Bde. Folio.[2])

3) Die Kirche zu Prüfening.

4) Das Kloster Prüfening'sche Gut Buch zwischen Pfatter und Straubing.

5) Tagebuch.

6) Positiones ex theologia theoretica.

7) Leben des hl. Otto.

8) Idea calendarii perpetui.

9) Status capellarum civitatis et dioecesis Ratisbonensis.

10) Predigten geh. zu Nittendorf von 1792—1805. (Sämmtliche Manuskripte sind im Kloster Metten aufbewahrt.)

---

[1]) Auf S. 260 mit dem irrigen Titel „Historia" et aufgeführt.

[2]) Auf S. 260 sub b) mit dem irrigen Titel: „Notamina et Excerpta" aufgeführt.

S. 261 **Joh. Bapt. Frobenius Weigl** starb am 5. Juli 1852 (nicht 6. Juni). — Eine ausführliche Biographie schrieb Dom. Mettenleiter in den „N. Nekrolog der Deutschen“ XXX Jahrg. 1. Thl. S. 466—472.

Seine Schrift sub Nr. 12 erschien zu Wien 1836—1839. Bei der Schrift Nr. 13 lies: Predigten und Homilien. — Er schrieb noch 15) Predigt bei der Einführung der armen Schulschwestern, gehalten in der Pfarrkirche zu Hahnbach 28. August 1842. Stadtamhof 1842.

Von seinen Compositionen erschienen einige Messen und Litaneien im Druck. Viele Offertorien waren in Abschrift verbreitet. — Für die Zeitschrift „Der Prediger und Katechet“ lieferte er mehrere Predigten.

Zu Priefling's verdienten Religiosen gehören:

P. Cölestin Engl, geb. zu Hemau 10. März 1743, studirte zu Neuburg an der Donau und zu Salzburg, Profess 9. Okt. 1763, Neomyst 17. März 1767. — Er war viele Jahre Professor der Theologie in Priefling und vier Jahre im Kloster Frauenzell. — Von 1774—1776 war er Professor am Lyceum zu Freising und elf Jahre in gleicher Eigenschaft zu Straubing, wo er zugleich Oekonom, Regens des Seminars und Schulpräfekt war. Von 1794—1795 versah er die Stelle eines Inspektors des Gregorianischen Seminars zu München. Nach Priefling zurückgekehrt, lehrte er die Kleriker Philosophie und starb 11. März 1802.

P. Wilhelm Erber, geb. zu Mainburg 30. Juli 1757, Profess 12. Oktober 1777, Neomyst 8. Oktober 1780, Lehrer an der Realschule zu Priefling, zur Zeit der Aufhebung Prior, starb zu Kumpfmühl 27. Oktober 1804.

Schrift:

Gegenstände zur öffentlichen Prüfung aus der Realschule nach dem gnädigst verordneten pfalzbaier. Schulplan in der Pflanzschule Prifling's. Regensbg. 1788. 46 S. kl. 8. (Enthält S. 25—46 Gelegenheitsrede über die in den Klöstern befindlichen Sing- und Realschulen.) Vergl. Westenrieder, Jahrb. der Menschengesch. in Baiern. Münch. 1788. I. 366.

Reichenbach.

„ 263 Z. 5 v. u. lies: Verhandlungen XXIII. (st. XXII.).

„ 264 **Abt Anselm Meiller** hielt am 2. Juli 1752 seine Sekundiz, bei welcher Abt Maurus Xaverius von Plankstetten die Predigt hielt.

„ 265 Ueber **P. Jos. Prixner** s. Lipowsky, Musik-Lex. S. 257.

Michelfeld.

S. 267 Zur Literatur: Delineationes lapidum sepulchralium ac cujusdam imaginis B. V. Mariae in monasterio Michelfeld. 9 Stücke (Staatsbibliothek zu München).

„ 268 **P. Joh. Nep. Ströhl** wurde zu Auerbach (nicht zu Amberg) geboren.

„ 269 **P. Aegid Bartscherer** hinterliess in Manuscript:

Tyrocinium Ord. S. Bened. in usum novitiorum Congregationis Benedictino-Bavaricae. 3 pts. 4. 24 + 313 + 123 SS. (Dieses Manuscript bot der Antiquar L. Rosenthal zu München in seinem Cataloge XXXIV sub Nr. 2658 zum Verkaufe aus.)

„ 272 **P. Max Prechtl** gab anonym heraus:

Ueber den Geist und die Folgen der Reformation, besonders in Hinsicht der Entwickelung des europäischen Staatensystems. Deutschland. 1810. 8.

„ 273 Zu den verdienten Religiosen von Michelfeld gehört: **P. Amand. Brand**, geb. zu Hirschau in der Pfalz 2. Mai 1767, Profess 26. Oktober 1788, primizirte 18. Juni 1791. Nach Aufhebung seines Klosters war er Extraordinarius und Kustos der kgl. Staatsbibliothek zu München, in welcher Stellung er am 15. Mai 1829 starb. (Siehe N. Nekrolog der Deutschen 1829. 2. Abth. S. 937.)

Ensdorf.

„ 274 Zur Literatur: Hirsching, Nachrichten III./IV. Bd. S. 22.

„ 275 Z. 10 v. o. **Abt Placidus von Reichenbach** schrieb sich **Göschl.**

„ 279 Zu **P. Anselm Desing.** Zu Ensdorf soll sich noch dessen Porträt vorfinden.

Zu dessen Schriften:

Die Schrift sub Nr. 5: Compendium, wurde 1755 wieder aufgelegt. Die Schrift sub Nr. 8: Index, erschien auch 1747 zu Ingolstadt. Bei der Schrift sub Nr. 11: Quintus etc., soll es Z. 4 v. u. heissen: „Sallustio quoque“ (st. Sallustioque).

„ 280 In der Schrift Nr. 12 heisst es auf dem Titel: Philosophia Aristotelica secundum explicationem S. Thomae Aquinatis. Salisburgi. 158 + 108 + 94 S.

„ 280 Nr. 18 lies: „Spiritus legum bellus, an et solidus, disquisitio.“

Nr. 24. Das „Jus gentium“ erschien ohne Angabe des Druckortes (München, Gastl).

S. 282 Die Handschrift sub Nr. 13, Verzeichniss der Handschriften etc. verfasste Desing im Jahre 1757. — Gandershofer berichtet, dass sich von Desing in der Bibliothek des Klosters Ensdorf bis zur Aufhebung ein „Globus terrestris insolitae magnitudinis“ befand.

„ 284 **P. Marian Wilhelm** starb nach Angabe Gandershofers am 10. September 1808.

„ 285 Ueber **P. Joseph Moritz** enthält der „Neue Nekrolog der Deutschen“ eine Biographie. (XII. Jahrg. 1. Abth. S. 226 bis 228.)

Die Staatsbibliothek zu München bewahrt noch:

Correspondenz des P. Jos. Moritz mit P. Placidus Braun von St. Ulrich zu Augsburg.

Mallersdorf.

„ 287 Zu den Schriftstellern gehört:

P. Gregor Windrich, geb. zu Conzell, machte seine Studien zu Straubing, war im Kloster Kellermeister und Prior und zeichnete sich als Kanzelredner aus. Er hielt sich einige Zeit im Kloster Weltenburg auf und providirte von dort aus die Filialkirche Staubing, welche durch sein Bemühen vom Grunde aus neu gebaut wurde. Er starb im Kloster Mallersdorf 25. Oktober 1753, 60 Jahre alt, 39 Jahre Profess, 36 Jahre Priester. Die Rotel bemerkt, dass von ihm Predigten im Druck erschienen, ohne dieselben näher zu bezeichnen.

„ 288 Z. 6 v. o. lies: Theses philosophicae, statt philosophiae.

„ 288 Gandershofer schreibt: **Schinhörl**, nicht **Scheinhörl**.

Andechs.

„ 292 Zur Literatur: Ueber das Kloster und die Wallfahrt zu Andechs erschienen mehrere Chroniken etc., die bei der Literatur von mir entweder gar nicht, oder nicht mit genauem Titel aufgeführt worden sind: Chronica von dem hochw. u. löblich. Heilthumb auf dem Heiligenberg Andechs genannt mit 2 Holzschnitten. o. Ort. 4. 1572. — Auszug der Wunderzaichen u. Gnaden auff dem hl. Berg Andechs. München 1595. 16 Bl. 4. — Begriff, kurtzer, von dem hl. Berg Andechs, mit vielen Kupfern. Augsburg 1682, 1692, 1754. — Beschreibung, kurtze, von dem hl. Berg Andechs, mit Kupfern. Augsburg 1755. 4. — Schatzkammer, in denen Heiligthümern auf den hl. Berg Andex. 1755. Augsb. (Gruber). 8. —

Beschreibung des hl. Berges von Andechs u. seines Schatzes mit vielen Kupfern. Augsburg 1781. 8. — Chronica vo(n) dem hochwürdig u. loblich Heilthum auf dem heiligenberg Andechs genennt. (O. O. u. ohne Jahr.) Saec. XVI. 34 Blätter. 4. Mit 3 Holzschnitten. — Chronik von dem hochw. u. löbl. Heylthum auf dem heyligen Berg Andechs. Augsburg (Hans Schönsperger) ohne Jahr. 39 Blätter mit 1 Holzschnitt. — Chronicon Andecense Montis sancti: Ursprung der Grafen von Andechs. München 1602. — Chronicon Andecense, von dem Ursprung der Grafen von Andechs und dem Herkommen der hochwürdigen Heylthumber. München 1611. 4. Mit vielen Holzschnitten. — Himmel auf Erden, d. i. der hl. Berg Andechs. Münch. 1715. 4. — Von dem Ursprung und Anfang des hl. Berg Andechs. (O. O. und ohne Jahr.) [Augsburg] Johann Bämler. 15 Blätter. Folio. — Holder, W., Bericht welcher massen Papst Sixtus V. die neue Augsburgische Bruderschaft des hl. Berg Andex mit Ablass bedacht. Tübingen 1588. 4. — Freiburger Kirchenlexikon, II. Aufl., I. Bd. S. 808—810. — Heindl Em. P., Andechs 1884.

S. 292 Z. 9 v. u. lies: Ferchel (st. Ferchl).

„ 293 **P. Meinrad Mosmiller's** Leichenrede sub Nr. 2 ist in der Schrift: „Apparatus funebris, quo piissimis manibus R. ac. Ampliss. D. D. Bedae monast. Wessofontani abbatis in perennaturae devotionis monumentum moestissimi filii parentarunt. Aug. Vind. 1760, enthalten. — Vergl. Felder-Besnard, Lit.-Ztg. 1828. IV. S. 384.

„ 296 Die Predigten des **P. Joh. Bapt. Randl** erschienen in I. Aufl. zu München 1798.

„ 296 Ueber **Abt Gregor Rauch** vergl.: Dr. Altenburg, der letzte Abt von Andechs. Hist.-biographische Studie. („Deutscher Hausschatz" 1880, Nr. 14, S. 222—224; Nr. 15, S. 227—229.)

„ 300 **P. Edmund Hochholzer** machte am 10. Oktober 1784 (nicht 28. Oktober 1781) Profess. Ueber ihn findet sich eine Biographie im „N. Nekrolog der Deutschen", VIII. Jahrg. 1. Abth. S. 180—182.

„ 302 **P. Joh. Nep. Hortig** starb am 27. (nicht 23.) Februar 1847. Vergl. „N. Nekrolog der Deutschen", XXV. Jahrg. S. 151—152.

Die Schrift sub Nr. 5: Predigten etc., hat 2 Bde.

Die Schrift sub Nr. 6 erschien 1833 (nicht 1838).

Zu Wessobrunn.

„ 313 Z. 15 v. u. Die Schrift: „Consolator fidelis" etc., ist, wie richtig angegeben, von Eisvogl verfasst. Sie erschien zu Augsburg (Stroetter). 8.

Nachträge zum II. Bande.

Seon (Seeon).

S. 1 Z. 6 v. u. lies: 514 (st. 314).

Zur Literatur: Die Pfarrei Obing (ehem. dem Kloster Seon incorporirt) von Alois Kis. (Oberbayerisches Archiv, 40. Bd. S. 72—184.)[1]

„ 2 Der Cod. germ. 3636—3642 enthält auch eine Beschreibung der Bibliothek des Klosters.

„ 2 Z. 10 v. u.: Der Codex 1460 hat 340 Blätter (nicht Seiten).

„ 2 **Abt Honorat Kolb**, Verfasser des Chronicon Seonense cod. lat. 1458, 1459, starb am 13. Mai 1670, 70 Jahre alt. Er hatte freiwillig auf die Abtei resignirt und sich in das dem Stifte gehörige Superiorat Maria Eck zurückgezogen. (Ort und Zeit seiner Geburt, sowie die Zeit der Wahl zum Abte sind in der Rotel nicht aufgeführt.)

Abt Columban II. Freydlsperger war geboren zu Altötting. Die niederen Studien machte er zu Seon, die höheren zu Salzburg, wo er auch als Ordenskleriker die Philosophie und Theologie hörte. — Er war Prior, Beichtvater zu Frauenchiemsee, wurde 6. Juni 1701 zum Abt erwählt und starb 28. Jänner 1727, 76 Jahre alt, 56 Jahre Profess, 52 Jahre Priester. Er war Assistens der Universität zu Salzburg und Visitator aller Nonnenklöster der Erzdiözese Salzburg.

P. Wolfgang Schaumberger, geb. zu Salzburg, war Professor am Lyzeum zu Freising, starb dort als solcher an der Lungenentzündung 16. August 1721, 32 Jahre alt, 14 Jahre Profess, 8 Jahre Priester. Er sammelte auch Material zu einer Geschichte bayerischer Adelsgeschlechter. Dieses Manuscript scheint verloren zu sein.

P. Honorat Mezger, geb. zu Kufstein (Tirol) 12. August 1706, machte seine Studien zu München, Profess 13. November

---

[1] Der gut geschriebene Aufsatz enthält auch eine Series Parochorum von Obing und Mehreres, was sich auf die Geschichte des Klosters Seon bezieht.

1729, Neomyst 5. Oktober 1732, Professor am akad. Gymnasium zu Salzburg, in das Kloster zurückberufen Instruktor der Studenten, Chorregent und Bibliothekar. † im Kloster 26. März 1764. „Facilitate docendi et agendi mansuetudine plane eximius, musices peritissimus et librorum amator praecipuus.“ (Rotula.)

S. 2 **P. Edmund Luz**, geb. zu Wasserburg 10. April 1700, alumnus domus S. Gregorii zu München, Profess 1719, hörte zu Salzburg die Theologie, Neomyst 3. April 1725, Professor am Lyzeum zu Freising, Pfarrer zu Seon, Wallfahrtspriester zu Maria Eck. † 14. Jänner 1768.

P. Bonifaz Selzer, geb. zu Berg bei München 30. Juli 1710, studirte zu München, Profess 28. Oktober 1728, hörte die Theologie im Studium commune der bayer. Benediktiner-Congregation und las am 4. Oktober 1733 die erste heilige Messe. Er war hierauf 4 Jahre Professor am Lyzeum zu Freising, 13 Jahre Kaplan zu Frauenchiemsee und dort 18 Jahre ordentlicher Beichtvater. In das Kloster zurückberufen war er Novizenmeister und ausserordentlicher Beichtvater von Frauenchiemsee. Er starb im Kloster 12. November 1774.

„ 2 Z. 5 v. u.: **P. Rufin v. Mayr** machte am 28. Oktober 1714 (nicht 1713) Profess. (Vergl. Felder-Besnard, Lit. Ztg. 1828. III. S. 248; Augsburger Post-Ztg. Beilage, Jahrg. 1857, Nr. 110.)

„ 3 Ueber **P. Marian Wimmer** und sein Verhältniss zu Mozart, vergl. A. J. Hammerle, Neue Beiträge für Salzburgische Geschichte, Literatur und Musik. Salzburg 1877, S. 13 sq., woselbst eine ausführliche Biographie des P. Wimmer zu finden.

„ 3 Z. 14: **P. Carl Sölch**, † 9. Mai (nicht März) 1776. Nach Vollendung der philosophischen Studien hörte er zu Ingolstadt Theologie und trat 1732 in den Orden. Profess 15. November 1733, Neomyst 3. April 1736. „Vir lectionis immensae, vastae eruditionis atque in omni prope scientiarum genere versatissimus.“ (Rotula.) Der Ort, wo er Pfarrvikar war, heisst Bittenhart (nicht Bitthart).

„ 4 **Conv. Rogatus Kollbrenner**, geb. zu Sigsdorf 1694, Profess 17. August 1732, † 11. Juni 1750. „Homo in arte pictoria egregie versatus.“ (Rotula.)

St. Veit.

„ 5 Zur Literatur: St. Veit, Bez.-Amt Mühldorf. (Sulzb. Kalender 1882, S. 41—50.) — Der Verfasser des Codex 2329 Compendium fundationis etc. ist **P. Placidus Diener**, Profess von St. Veit. † 5. Dezember 1778.

Ettal.

S. 7 Devrient schreibt in seiner Abhandlung: „Das Ammergauer Passionsspiel.“ Leipzig 1851. S. 2 über die Benediktiner von von Ettal: „Ihre grosse Bräuerei und Bäckerei versorgte Ammergau und weithin die Umgegend mit Speise und Trank; zinspflichtig waren ihnen die Thäler . . . Zwang und Hilfe, Schutz und Zucht, Rath und Lehre, mancherlei Anregung, Erheiterung, Festlichkeit, Zuspruch in den wichtigsten wie kleinsten Dingen, aller Lebensathem ging von den Ettaler Herren aus. Auch das Passionsspiel kam von ihnen. Eines der wohlthuendsten Werkzeuge ihrer Gewalt über die Seelen lebt noch heute in ganzer und überwältigender Wirkung; es ist der Ton ihrer Orgel. Vor ihren grossen Klangeffekten treten alle anderen musikalischen Wirkungen zurück. Da ist nichts zu hören von dem schrillenden nervenerschütternden Tonansatz, welcher bei angezogenen vollen Registern uns das Anhören der Orgelmusik oft kaum überwinden lässt. Nein, weich und flüssig strömen die Tonwellen hervor und dennoch mit so ungeheurer Macht und Fülle, dass es ist, als ob die Kuppel bärste und Gott der Herr mit all seinen Donnern herniederführe, um ihnen nichts als sein Erbarmen zu verkünden. Man meint bei den sanften Zügen die Stimmen der Seligen zu vernehmen, die von dem ewigen Entzücken singen, während die tiefen Töne dazu, wie fern donnernde Stimme des Ewigen unsere bebende Seele erinnern, dass sein Wink Welten schaffen und vernichten kann. Diese Wirkung, die sich auch auf die trägsten Gemüther geltend machen muss, kann uns allein schon die ausharrende fromme Begeisterung zu ungewöhnlichen Unternehmungen bei einer Gemeinde begreiflich machen, die, wie Ammergau, den Ton dieser Orgel so oft vernimmt, als sie in hergebrachter Weise das Ettaler Gnadenbild besucht.“

„ 8 Z. 19 Zur Literatur: „Oberb. Archiv“ IX, 2; X, 19, 213; XII, 1 enthalten: „Kriegsdrangsale des Klosters Ettal.“

„ 9 Hermann W., Descriptio fundationis monasterii Ectal. Aug. Vind. (Val. Othmar) 1548. 4. 10 Bl. mit einem Holzschnitt. — Dasselbe deutsch (o. O., o. J.) (Daselbst.) 10 Bl. 4. Mit dem nämlichen Holzschnitt.

Ein andechtiger Rueff von unser lieben Frauen und Wunderlichen Ursprung des Closters Etal für die Pilger und Wahlfarter, so dahin khommen. Gedruckt zu Tegernsee 1618. 12. In Versen. 8 Blätter nebst 2 Holzschnitten. — Hirsching, Nachrichten III./IV, S. 32—33; VI, 95—96.[1])

In der Staatsbibliothek zu München:

Cod. lat. 27188: Ettaler Kloster-Chronik. (Enthält Aufzeichnungen über Begebenheiten des Klosters bis zum Jahre 1632.) — Cod. lat. 27189: Copie der Ettaler Chronik mit Reliquien-Verzeichniss saec. XVIII. — Cod. lat. (noch ohne Signatur): Vestigia antiquae pietatis et charitatis erga augustissimam fundatricem Ettalensem, erga Superiores et Confratres, erga proximum quemque relicta a **P. Ferdinando Marpeck** in Ettal († 1684). 25 Bl. 4. (Enthält auch Aufzeichnungen aus seinem Leben.)

S. 11 Z. 8 v. u. lies: 1759 (st. 1750).

„ 12 Zu **Gondola's** Schriften:

6) Joseph, der gerechte Mann Mariä, Pred. am 19. März 1762 in der Stifts- und Collegiatkirche zu Bozen. Bozen 1762. 26 S. 4.

7) Das dreyfache Kreutz. Pred. am Feste der Kreutz-Erfindung zu Unteryhn[2]) am 3. Mai 1762. Bozen 1762. 36 S. 4.

Ueber Gondola vergl.: Evelt, Weihbischöfe von Paderborn. — Dreves, Gesch. der kath. Gemeinden zu Hamburg. Altona. II. Aufl. S. 227.

„ 13 Die Theaterstücke des **P. Ferdinand Rosner** von Nr. 1 bis inclus. 6 wurden von den adelichen Zöglingen des Stiftes auf dem Theater zu Ettal aufgeführt.

„ 15 Zur Schrift des **P. Rom. Koegl** sub Nr. 1 setze hinzu: „collecta ac in singulos anni dies ad meditandum proposita. (Rieger.)

„ 15 Anmerkung: Lies: Tom. LXXXIII (st. LXXXII), ferner 1768—93 (st. 1791). — Das ganze Werk hat nebst dem Register 86 Bände, wovon der erste 1758, der letzte im Jahre 1798 erschien. Aug. Vind. et Oenip. (Wolff.)

An der Fortsetzung hat auch der Carmelit P. Benno Lechner († 1794) gearbeitet.[3])

„ 17 **P. Magnus Knipfelberger** gab als Professor des Lyzeums zu Freising heraus:

Entwurf der Gegenstände für seine Schüler am Lyceum zu Freising. Ohne Jahr. (1794.) (Knipfelberger ist die richtige Schreibweise, nicht Knipfelsberger.)

„ 20 Die Pfarrkirche zu Oberammergau ist im Besitze eines schönen

---

[1]) Zur Veröffentlichung hat der Verfasser vorbereitet: „Catalogus omnium religiosorum monast. Ettalensis ab anno 1344 usq. ad a. 1803 defunctorum." (Mit vielen biographischen Daten.)

[2]) Jetzt schreibt man Unterinn.

[3]) Vgl. Besnard, Lit. Ztg. 1827. II. Bd. S. 273.

Porträts (in Oel)[1]) von **P. Othmar Weiss.** — Seiner erwähnt in Kürze der N. Nekrolog der Deutschen. XXII. Bd. 1. Abth. S. 68.

Niederaltaich (Niederaltach).

S. 22 Zur Literatur: Härtl M., Hist.-topographische Darstellung des Künzengaues (Verhandl. des hist. Ver. v. Niederbayern, IV. Bd., III. Heft, worin S. 19—41 eine Gesch. v. Niederaltach). Besser ist die Gesch. v. Niederaltach in Klämpfl's „Quinzingau" (Künzengau), II. Aufl. 82—152.

Schuegraf's: Auszug aus dem Diarium des Abtes Marian Pusch handelt vom österreichischen Lager bei Hengersberg im Jahre 1742. (Es kommen darin Notizen über alle umliegenden Klöster vor, und was dieselben zu leiden hatten.) — Die „Studien O. S. B." enthalten: Dippel Jos., Dr., Die Urstätten der Benediktiner im bayerischen Walde. (1882, 1. Heft, S. 97.) Handelt vorzüglich über die kulturhist. Bedeutung v. Niederaltach u. der abhängigen Probstei Rinchnach. — Drangsale des Klosters Niederaltach im Jahre 1226, von P. B. Braunmüller („Studien" 1881, 1. Heft, S. 99—108). — Schuegraf, Alruna, Markgräfin von Camb.[2]) Münch. 1819. 51 S. 8. — Vita S. Alrunae, marchionissae Chambensis; auctore anonymo Nideraltacensi. O. S. B. (Pez. Thesaur. Anecdot. Tom. III. Pars III. 253—269.) — Urkunden- und Notizensammlung des Abtes Hermannus Altacensis. 1242—1300. (Im Archiv für Kunde österr. Gesch. 1848, Heft 1, S. 1 sq.)

Manuscripte:

In der Staatsbibliothek zu München:

Cod. lat. 27196: De fundatione et abbatibus Altachae inferioris. 23 Bl. 4. (Reicht bis zum Jahre 1657.) — Synopsis historica originis, fundationis, progressus ac moderni status Altachae inferioris saec. XVIII. 1. Fasc. — Ordo praepositorum Rinchnacensium a B. Gunthero usque ad a. 1674. 10 Bl.

„ 23 Zu **P. Bonif. Sanftl's** Schriften gehören:

6) Incunabula et educatio philosophiae, seu disputatio menstrua de ortu et progressu logicae ac totius philosophiae. Salisburgi 1727. 12.

---

[1]) Der Verfasser liess durch Corbinian Christa in Oberammergau einige Photographien anfertigen.

[2]) Alruna, „Markgräfin von Cham," ist ein auf etwas Eitelkeit beruhender Irrthum. Sie war Gemahlin des Edlen Mazelin v. Cham (Chamb), ein Schloss und Gut nahe bei Ortenburg am Regen. — Von jenen Edlen von Cham, deren mehrere vorkommen, stammen die Herren und Grafen von Hals (bei Passau). So berichtet Abt Ben. Braunmüller an den Verfasser.

7) Primitiae philosophiae seu disputatio menstrua de termino logicali. Ibid. 1727. 12.

S. 25 Z. 10 v. u. lies: Tobiaschu (st. Tobiasehu).

„ 29 **P. Laur. Hunger** wurde im Jahre 1783 Priester.

Metten.

„ 30 Literatur: Denkstein einer Capellenweihe zu Metten vom Jahre 1407 von P. B. Braunmüller. („Studien“ 1881, II. Heft, S. 319—320.)

„ 32 Z. 13 von oben: **P. Innoc. Deixlberger**, Profess 29. September 1721, Neomyst 29. September 1725.

„ 33 Z. 18 von oben: **P. Lambert Kraus** primizirte 21. November 1752 und wurde am 9. Oktober 1770 zum Abt erwählt.

„ 35 Ueber **Abt Coel. Stöckl** vergl. Felder-Besnards Lit. Ztg. 1834. III. 319.

„ 36 Z. 2 v. u. lies: Dillenii (st. Dellenii) Historia muscorum. Das Werk erschien in englischer Sprache im Jahre 1768 zu London in 4. mit über 1000 Abbildungen.

„ 37 Ueber **P. Anselm Rixner**, s. N. Nekrolog der Deutschen. XVI. Jahrg. S. 195—198.

„ 46 Zu **P. M. Gandershofer's** Schriften gehören:

Biographische Nachrichten von katholischen Gelehrten und Schriftstellern geistlichen Standes, die im Laufe der jüngsten zwei Dezennien des gegenwärtigen Jahrhundertes aus unserer Mitte geschieden. (Anonym.) In der Zeitschrift „Der Seelsorger“, redigirt von J. B. Zarbl. I. Bd. (1839), S. 412—414, 818—824; II. Bd. (1840), 1. Abthl. 182—184; III. Bd. (1841), 1. Abthl. 119—122, 273—277; IV. Bd. (1842), 1. Abthl. 282—290, 2. Abthl. 295—298; V. Bd. (1843), 1. Abthl. 271—272, 2. Abthl. 252—262.

„ 46 Z. 5 v. u. lies: X (st. I) und XXV (st. XXIV).

Gandershofer's „Beyträge zur Literatur“ erschienen erst vom X. Jahrgange an bis inclus. XXV. der Felder-Mastiaux-Besnard'schen Literatur-Zeitung. Gandershofer sagt in der Vorbemerkung zum I. Artikel, München, 27. Februar 1819, „dass er verstorbene geistliche Schriftsteller Bayerns, die von Kobolt und Baader entweder ganz oder doch zum Theil umgangen worden,“ behandle. Der I. Artikel hat die Ueberschrift: „Beyträge zur bayerischen Gelehrtengeschichte älterer und neuerer Zeit.“ Um das Nachsuchen der sehr zerstreuten und oft erst nach langen Zwischenräumen erschienenen Artikel zu erleichtern, folgt hier die Angabe derselben.

Im X. Jahrg. 1819, 1. Bd. S. 289—304: Adorf, M. — Blümel (Nr. 1—50). — 2. Bd. S. 225—240: Bodler, Joh., S. J. — Deibl, Ulrich (Nr. 51—109). — 3. Bd. S. 273—288: Daubenmerkel. —

Düfrene, S. J. (Nr. 110—137). — 4. Bd. S. 257—270; Dugo. — Elt (Nr. 138—165).

Im XI. Jahrg. 1820, 1. Bd. S. 113—128: P. Emmeram von Dachau, O. Cap. — Faber, Joh., S. J. (Nr. 166—200). — 1. Bd. S. 257—272: Faber, Matthias. — Frank, Ig., S. J. (Nr. 201—248). — 1. Bd. S. 400—416: Frank, J., S. J. — Gastl, And., S. J. (Nr. 249—288). — 2. Bd. S. 113—128: Gaudanus, Nic., S. J. — Golling, S. J. (Nr. 289—323). — 2. Bd. S. 257—272: Gollowitz, Dom. O. S. B. — Grueber, J. N., S. J. (Nr. 324—364).

Im XII. Jahrg. 1821, 1. Bd. S. 129—144: Gruber, Leonh. — Günthner, Fr. Xav. (Nr. 365—373). — 1. Bd. S. 257—272: Günthner, Seb., O. S. B. — Haemerl, Clar., O. S. Fr. (Nr. 374 bis 395). — 1. Bd. S. 400—416: Haeser, Vitus, O. S. B. — Hager, Chrys., C. Reg. (Nr. 396—401). — 2. Bd. S. 113—128: Haidelberger, G., S. J. — Hardter, H., O. S. B. (Nr. 402—418.) — 2. Bd. S. 273—288: Harer, J. — Hauser, Berth., S. J. (Nr. 419 bis 439). — 2. Bd. S. 401—406: Hausmann, Christoph. — Heitmayr, Aug., C. Reg (Nr. 440—456).

Im XIII. Jahrg. 1822, 1. Bd. S. 140—160: Held, Aegid. — Herlemann, Coel., O. S. B. (Nr. 457—473). — 2. Bd. S. 400—416: Hermann, Abt v. Niederaltach. — Heusler, Joh. Seb. (Nr. 474—492).

Im XIV. Jahrg. 1823, 1. Bd. S. 129—144: Hieber, Castolus, O. S. Fr. — Hizler, Jakob, S. J. (Nr. 493—519). — 3. Bd. S. 145 bis 160: Hizler (Forts.). — Hörmann, E., O. S. B. (Nr. 519—539). 3. Bd. S. 273—288: Hörmann, Matth. — v. Hollstein (Nr. 540—560).

Im XV. Jahrg. 1824, 1. Bd. S. 401—416: Holying, Edm. — Huber, Barth. (Nr. 561—584).

Im XVII. Jahrg. 1826, 4. Bd. S. 129—144: Huber, C., O. S. B. — Jobst, Joh. (Nr. 585—622). — 4. Bd. S. 273—288: Johann v. Carniola, O. S. B. — Keller, Jac., S. J. (Nr. 623—651).

Im XVIII. Jahrg. 1827 (Fortges. v. Besnard), 1. Bd. S. 129 bis 144: Keller, M. — Kleinhans, Matth. (Nr. 652—675). — 1. Bd. S. 257—272: v. Kleimayern, J. D, O. S. B. — Koler, Joh., S. J. (Nr. 676—699). — 1. Bd. S. 401—416: Koler, J. — Kreislmayr, Chr. (Nr. 700—720). — 2. Bd. S. 273—288: Kreitmann, M. — Lechner, B., Ord. Car. (Nr. 721—749). — 2. Bd. S. 404—416: Lechner, Kasp., S. J. — Leonardi, J., O. S. B. (Nr. 750—762).

Im XIX. Jahrg. 1828, 1. Bd. S. 120—128: Lechner, A., O. S. B. — Limhard, B., O. S. B. (Nr. 763—770). — 1. Bd. S. 248—256: Link, Fr., Ord. Praed. — Mack, J., O. S. Fr. (Nr. 771 bis 793). — 2. Bd. S. 117—128: Madlseder, N, O. S. B. — Mareis, B., Ord. Cap. (Nr. 794—812). — 2. Bd. S. 255—256: Mareis, M., O. S. B. — Maria Cath. Hildegard, O. S. B. (Nr. 813

bis 815). — 3. Bd. S. 115—128: P. Maria de Monte Carmelo. — Mayr, Joh. (Nr. 816—848). — 3. Bd. S. 243—256: Mayr, Joh. Mich. — Meazza (Nr. 849—871). — 3. Bd. S. 375—384: Meck, H., O. S. Fr. — Meyding, B., O. S. B. (Nr. 872—886). — 4. Bd. S. 121—128: Meylinger, G. — Mittermaier, U., O. S. B. (Nr. 887 bis 900). — 4. Bd. S. 249—256: Mocquentin, Joh., S. J. — Morhart, G., C. Reg. (Nr. 901—913). — 4. Bd. S. 377—384: Morizi, Grat., O. S. Fr. — Mosmiller, M., O. S. B. (Nr. 914—924).

Im XX. Jahrg. 1829, 1. Bd. S. 250—256: Mouleta, Fr., S. J. — Myrlich, Jos., S. J. (Nr. 925—940).

Im XXI. Jahrg. 1830, 3. Bd. S. 379—384: Nack, C., O. S. B. — Neudecker, Sig., O. S. Fr. (Nr. 941—950.)— 4. Bd. S. 121—128: Neuhuber, N., Ord. Cap. — Nuber, Vitus (Nr. 951 - 970). — 4. Bd. S. 246 bis 256: Oberhuber, Jos. — Ortmann, B. (Nr. 971—985).

Im XXII. Jahrg. 1831, 1. Bd. S. 120—128: Ostermayr, A., C. Reg. — Paur, Aq., C. Reg. (Nr. 986—1008). — 2. Bd. S. 113 bis 124: Paur, Ig., S. J. — Pfyffer, Fr. Xav., S. J. (Nr. 1009 bis 1035). — 2. Bd. S. 254—256: Philipp, J. — Pilbis, St., Ord. Cap. (Nr. 1036—1043). — 2. Bd. S. 376—384: Pincian, J. — Poppel, C., O. S. B. (Nr. 1044—1062). — 3. Bd. S. 239—252: Pracher, B. — Ram, Matthias, S. J. (Nr. 1063—1096). — 3. Bd. S. 374—380: Randl, J. B. — Reinhard, Dom., Ord. Praed. (Nr. 1097—1115).

Im XXIII. Jahrg. 1832, 1. Bd. S. 252—256: Reichenberger, W. — Reinhard, O. Cap. (Nr. 1116—1124). — 1. Bd. S. 380—384: Reischl, J. — Reitter, C., Ord. Cist. (Nr. 1125—1133). — 2. Bd. S. 111—112: Reittmair, Joachim, S. J. — Reitmair, Steph. (Nr. 1134 bis 1135). — 3. Bd. S. 248—256: Reidtmayr, Wolfg., O. S. B. — Richter, G. (Nr. 1136—1152). — 3. Bd. S. 380—384: Rid, Fr. Arsenius, Can. Reg. — Ried, Th. (Nr. 1153—1154).

Im XXIV. Jahrg. 1833, 1. Bd. S. 238—256: Rieger, Casp., S. J. — Sailer, J. Mich. (Nr. 1155—1191). — 3. Bd. S. 215 bis 224: Salicetus, J. — Scheck, Jak. (Nr. 1192—1213). — 3. Bd. S. 344—352: Scheffler, Jak. — Schinhörl, Pl., O. S. B. (Nr. 1214 bis 1229). — 4. Bd. S. 117—128: Schirlinger, Gerard, O. S. B. — v. Schmid, Fr. Xav. (Nr. 1230—1254). — 4. Bd. S. 249—256: Schmid, Jak., S. J. — Schmiedhueber, R., O. S. B. (Nr. 1255 1269). — 4. Bd. S. 374—384: Schneider, F. — Schreier, Jos., S. J. (Nr. 1270—1286).

Im XXV. Jahrg. 1834, 1. Bd. S. 123—128: Schrenk, B. v. Notzing. — Schwaiger, Alb., C. Reg. (Nr. 1287—1301). — 1. Bd. S. 373—384: Schwaiger, Paul Herk., C. Reg. — Seitz, M. J. (Nr. 1302—1320). — 2. Bd. S. 114—124: Seiz, Placid., O. S. B. — Soldner, Ben. (Nr. 1321—1342). — 2. Bd. S. 243—252: Solidus, M. Seb. — Stainer, Gg. Mich. (Nr. 1343—1363). — 2. Bd. S. 376—384: Steinmayr, M., Ord. Praem. — Staudinger, G., C. Reg. (Nr. 1364—1377). — 3. Bd. S. 121—128: Staupitz, Joh., O. S. B. — Stipperger, G., O. S. Fr. (Nr. 1378—1400). — 3. Bd. S. 319 bis 325: Stockhammer, Q., O. S. B. – Strassmayr, H., O. S. B. (Nr. 1401—1412). — 4. Bd. S. 97—112: Straub, M., Ord. Praem. — Sutor, F., O. Er. S. Aug. (Nr. 1413—1437). — 4. Bd. S. 191 bis 224: Sutor, J. B., C. Reg. – Wasner, V., O. S. B. (Nr. 1438 bis 1533). — 4. Bd. S. 291—342: v. Waydman, Matth. — Zwinger, Jos., S. J. (Nr. 1534—1662). — Hiemit schliessen die Beiträge.

Zu den verdienten Religiosen gehören:

S. 47 **Conv. Albert Schoettl**, geb. zu Metten, † 15. April 1757. „Insignis architectus et lapicidarum magister.“ Starb an der Hektik, 32 Jahre alt, 11 Jahre Profess.

„ 47 **P. Martin Oberndorffer**, geb. zu Landshut 5. Mai 1730, Profess 21. November 1752, Neomyst 23. Juni 1754. Er war Coadjutor von Puch bei Metten, wurde dann auf Wunsch seines Bruders, des P. Cölestin Oberndorffer, (s. dessen Biographie I. Bd. S. 111) Direktor des Conviktes der Studirenden zu Freising, wo er, wie sich die Rotel ausdrückt, „singulari sua discretione et prudentia tam nobilium quam plebeiorum Convictorum animos sibi conciliavit.“ In das Kloster zurückberufen war er Praeses der Bruderschaften, Praefectus culinae und Cellerarius. Er starb nach zweijährigem Leiden an der Lungentuberkulose 25. Dezember 1787. Die Stiftsbibliothek verdankte ihm eine grosse Zahl von Werken über die neueste Literatur, unter welchen sich sehr kostbare Exemplare befanden. (Rotula.)

„ 47 **P. Bernard Farnbauer**, geb. zu Münichhofen 30. Juni 1719, Profess 21. März 1743, Neomyst 28. Oktober 1744. Er war Chorregent, wirkte in der Seelsorge zu Neuhausen, Berg, Rettenbach und Stephansposching, zuletzt Küchenmeister. Körperlicher Gebrechen wegen wurde er auch dieses Amtes enthoben und starb 1. Juni 1790 in Folge eines Schlagflusses, der ihn schon im Herbste 1789 getroffen hatte. Er spielte die meisten Instrumente, ganz vorzüglich aber die Orgel. Selbst in seiner Krankheit wirkte er, so lange es die Kräfte gestatteten, auf dem Figuralchore mit.

Metten nach der Restauration.

„ 49 Ueber **P. Gregor Höfer**, s. Jahresbericht des kgl. Ludwigs-Gymnasiums zu München. 1874/75. S. 44 sq.

„ 49 **P. Willibald Freymüller** war 8 Jahre Alumnus im Collegium germanicum zu Rom. — Als Conventual von Metten wirkte er 8 Jahre als Professor der Philosophie im Schottenkloster St. Jakob in Regensburg. Seine Schrift sub Nr. 6 erschien zu Regensburg (Manz) 1849.

S. 49 **P. Franz Xaver Sulzbeck** starb im Stifte Metten als emeritirter Pfarrer am 17. Mai 1881.

„ 50 **P. R. Mittermüller:**

16) S. Gregorii Magni Dialogorum liber II. de vita et miraculis S. Benedicti. Ratisbonae (Pustet) 1880. XI. 76.

17) Expositio regulae ab Hildemaro tradita et nunc primum typis mandata. Ibid. 1880. XV. 658 S. Festschriften zum 1400jährigen Jubiläum des hl. Benedikt.

18) In den Studien und Mittheilungen aus dem Benediktinerorden veröffentlichte er:

a) Das St. Rupert-Jubiläum in Salzburg (1782). (1882. II.[1]) 365—369.) — b) Ueber die literarische Thätigkeit der baier. Benediktiner-Congregation in den letzten Jahren ihres Bestehens. (1882. III. S. 158—161.) — c) Ueber die Praemotio physica in den Institutiones philosophicae des P. Liberatore, S. J. (1882. IV. S. 438 bis 447.) — d) Ergänzungen zur Biographie und literarischen Thätigkeit des Abtes Rupert Kornmann von Prüfening. (1883. I. 107—114, II. 335—356.) — e) Der Güntherianismus, beziehungsweise dessen Hauptgedanke durch einen alten Benediktiner der Salzburger-Universität (P. Plac. Renz jun. von Weingarten) im Voraus bekämpft. (1883. III. 149—152.) — f) Ein Ordenspastoralfall. (1883. III. 184—187.)

19) Im Archiv für kath. Kirchenrecht:

Zur Lehre von den Ehehindernissen der Clandestinität. (1882. I. Heft. 109—113.)

20) In der II. Aufl. von Wetzer und Welte's Kirchenlexikon erschienen bisher von ihm die Artikel:

Andechs — Backer, D. Aug., O. S. B. — Blosius, L., O. S. B. — Böekhn, Pl., O. S. B. — A. Bruno von Segni.

In den „Zeitgemässen Broschüren“:

Lebensbild J. M. Sailers. VIII. Bd.

„ 51 **P. Matth. Lipp** gab seine Schauspiele unter dem Namen Liphold's heraus.

„ 52 **P. Simon Stiessberger** machte 1847 (nicht 1844) Profess.

„ 52 **P. Benedikt Braunmüller**, der am 17. März 1884 zum Abt von Metten erwählt wurde, schrieb noch:

15) Namhafte Bayern im Kleide des hl. Benedikt (Beilagen zum

[1]) Die römischen Ziffern bedeuten das Heft.

Jahresbericht der Studienanstalt Metten). Landshut 1880. 70 S. 1881. 54 S. 8.[1])

16) In den Studien und Mittheilungen O. S. B.:

a) Ueber den universellen Charakter des Benediktinerordens. (1880. I. 29—52, II. 3—26.) — b) Zum 1. Juni 1880. [Erinnerung an die Wiederherstellung des Benediktinerordens in Bayern und speziell an die Eröffnung des Stiftes Metten, 1. Juni 1830]. (1880. I. 140—144.) — c) Verbrüderungsbriefe für die Abtei Formbach am Inn. (1880. II. 163—165.) — d) Drangsale des Klosters Niederaltach im Jahre 1226. (1881. I. 99—108.) — e) Diakon und Abt Ato auf einer Synode zu Regensburg. (1881. I. 118—123.) — f) Der Custos und sein Amt. (1881. III. 114—127.) — g) Conföderationsbriefe des Klosters St. Emmeram in Regensburg. (1882. I. 113—119.) — h) Reihe der Aebte des Klosters Prüfening. (1882. I. 132—136.) — i) Ein guter Soldat und ein eifriger Mönch. (P. Bonif. Kawemann von Prüfening. (1882. I. 136—138.) — k) Zur Reformgeschichte der Klöster im XV. Jahrh. (1882. II. 311—321.) — l) Zur apostolischen Klostervisitation vom Jahre 1593. (1882. IV. 383—391.) — m) Probst, Decan, Prior in ihrem gegenseitigen Verhältnisse. (1883. II. 231—249.) — n) Reihe der Aebte von St. Emmeram in Regensburg. (1883. III. 118—134.) — o) Wichrami monachi St. Galli opusculum de computo hucusque ineditum. (1883. IV. 357—361.)[2])

17) In den hist.-pol. Blättern:

a) Des hl. Bonifaz Aufenthalt und Thätigkeit in Bayern, nach Quellen zusammengestellt. (1881. 88. Bd. S. 721—736 und 822 bis 834.) — b) St. Bonifaz und die baierischen Klostergründungen. (1882. 89. Bd. Heft 11.) — c) Ueber episcopus vocatus. (Bd. 91.)

18) In den Verhandlungen des hist. Vereins von Niederbayern:

Hermann, Abt von Niederaltach. (XIX. Bd. 245—329.)

19) In den Verhandlungen des hist. Vereins von Oberpfalz:

a) Zur Lösung der Frage über unterirdische Gänge (Bd. 34. S. 260.) — b) Beiträge zur Geschichte von Prüfening. Enthält die Beschreibung einiger Gebäude zu Prüfening. (Bd. 36. S. 273—278.)

20) In den historischen Jahrbüchern:

Ein bestrittenes Carolinger Diplom vom Jahre 907. (1880. I. 287—296.)

---

[1]) Sie enthalten die Biographieen folgender Männer: Sturmi, Abt, Bischof Arbo, Bischof Atto, Erzbischof Leidrad, Erzbischof Arn, Abt Eigil, Bischof Baturich.

[2]) Ganz kurze Mittheilungen sind: Der Convent von Niedernburg in Passau im Jahre 1751 (1880 III. 164). — Denkstein einer Capellenweihe zu Metten. (1881 II. 319—320.)

21) In Haberl's Cäcilien-Kalender:

Spaziergang durch den Garten der Capgewächse. (1883. II.)

22) In der II. Auflage von Wetzer und Welte's Kirchenlexikon:

Die Artikel: Aldersbach, Barnes, Joh., Bec (Abtei), Benediktbeuern, Benediktinerorden, Berchorius, Petr., Bernhard von Morlay, Bernhard von Waging, Billy, Jac., Blampin, Th., Boldevin von Wenden.

23) Im Deggendorfer Donauboten (1883) veröffentlichte er mehrere auf die Spezialgeschichte Deggendorfs bezügliche Artikel unter der Chiffer: P. B.

S. 53 **P. Roman Sachs** schrieb noch:

2) In Wetzer und Welte's Kirchenlexikon (II. Aufl.) die Artikel:

St. Alto, Apostelbrüder, Berno von Reichenau, le Bossu, Jacob, Bouquet, Martin, Cartier, Gallus.

„ 53 **P. Utto Kornmüller** veröffentlichte:

15) In den „Studien“:

a) Die Pflege der Musik im Benediktinerorden. (1880. I. 64—90, II. 46—73, IV. 1—35. — 1881. II. 209—235, III. 3—40, IV. 197—236.) — b) Der liturgisch-musikalische Congress zu Arezzo. (1883. I. 130—142, II. 397—403.)

16) In Haberl's Cäcilien-Kalender:

a) Die Neumen. (1880.) — b) Drei Beförderer einer guten Kirchenmusik aus dem XVIII. Jahrhundert (P. Meinrad Spiess von Irsee, Fürst-Abt Martin Gerbert von St. Blasien, Abt Honorat Göhl von Ottobeuren). (1882. S. 936 sq.)

17) In der literarischen Rundschau:

a) Kirchliche Musikliteratur der neuesten Zeit. (1880, Nr. 19.) — b) Referat über Reismann's: Carl M. von Weber. (1883).

18) In der Linzer theol. Quartalschrift:

Die Musik beim liturgischen Hochamte. (1881. I. 170—171.)

19) Ferner erschien:

Offertorium aus dem Commune Sanctorum für Sopran, Alt und Orgel. Regensburg. Pustet. (O. J.)

Sein Aufsatz über Guido von Arezzo ist im Cäcilien-Kalender des Jahres 1877 (nicht 1876).

Schriftsteller seit 1880.

„ 54 **P. Edmund Schmidt**, geb. zu Limburg (Nassau) am 20. November 1844, Profess 13. Dezember 1868, Priester 26. Dezember 1868, Lehrer der französischen Sprache und Stenographie am Gymnasium zu Metten. Beendete seine Gymnasial-Studien in Metten und machte seine theologischen Studien in Innsbruck.

Schriften:

1) Regula S. P. Benedicti juxta antiquissimos codices recognita. Ratisb. 1880. XXIX. 74 S. 8. (Festschrift des Stiftes Metten zum 1400jährigen Ordensjubiläum.)

2) Vorrede zur Regel des hl. Benedikt. („Studien“ 1883. I. 1—23.) Das IV. Capitel der Regel des hl. Benedikt. („Studien“ 1883. III. 1—21.)

3) Der Artikel: „Der hl. Benedikt“ in der II. Aufl. des Freiburger Kirchenlexikons, S. 322—325.

S. 54 **P. Felician Fischer**, geb. 25. September 1837 zu Sidling bei Cham, Priester 24. August 1870, Profess 7. Mai 1871; Assistent am Gymnasium.

Schrift:

Flora Mettenensis, I. Beilage zum Jahresbericht der Studienanstalt Metten, 1882/83. 86 S.

P. Gotthard Geiger, geb. 6. September 1853 zu Unterzwieselau, Diözese Passau, Priester 29. Juni 1878, Profess 3. April 1883, machte seine Studien am Gymnasium und Lyceum in Passau, studirte Philologie in Würzburg, z. Z. geprüfter Lehramtskandidat.

Schrieb:

Die Abtei Metten. (Benedikt.-Buch, S. 507—519.)

P. Ambrosius (Rudolph) Soeder, Dr. theolog., geb. zu Lohr 12. November 1846, Priester 3. August 1872, trat zuerst in die Seelsorge, wurde Repetent im b. Klerikalseminar zu Würzburg, nahm hierauf das Ordenskleid und machte 12. September 1882 einfache Profess, d. Z. Lektor der Theologie.

Schriften:

1) Der Begriff der Katholicität der Kirche und des Glaubens nach seiner geschichtlichen Entwicklung. Würzburg (Wörle) 1881. X. 231. (Vgl. „Studien“ 1882. IV. 447.)

2) Ambrosius und das Commune martyrum. Beitrag zur Zahlensymbolik der Väter. („Studien“ 1882. III. 69—82.)

3) Die erste Kirchenversammlung auf deutschem Boden (Concil von Cöln im Jahre 346). („Studien“ 1883. II. 295—305; III. 67—81; IV. 344—359.)

Aspach.

„ 55 Zur Literatur: Hirsching, Nachrichten. V. 16. — Die ehem. Abtei Asbach, Bez.-Gericht Griesbach. (Sulzbacher-Kalender 1881. S. 69—74.)

Formbach.

S. 57 Zur Literatur: Braunmüller, Verbrüderungsbriefe für die Abtei Formbach am Inn. („Studien" 1880. II. 163—165.)

In der Staatsbibliothek zu München:

Cod. lat. 27183: Epitome historico-chronologica vitae et gestorum abbatum Varnbacensium congesta, à **P. Franc. Langpartner** 1733. — Cod. lat. 27184: Federzeichnungen von den Bildnissen der Aebte von Formbach (saec. XVIII).

St. Magnus in Füssen.

„ 60 Zur Literatur: Austria sacra, II. 435—446. — Leben und Wunderthaten dess hl. Magni, des grossen Apostels, Nothhelfers, Beichtigers, Stüffters und Ersten Abtes seines Uhralten Closters zu Füessen von Abt Martin von Füessen. (Aus dem Lateinischen.) Kempten (Dreherr) 1665. 8. — Hirsching, Nachrichten. VI. 105—108. — Petri, Suevia ecclesiast. 324—330. — Eine Anzahl von Archivalien über St. Mang besitzt Frhr. von Ponikau, darunter Codex epistolaris monasterii S. Magni in Füssen. (Enthält Originalbriefe des P. Nicolaus Ellenbog von Ottobeuren.)

„ 62 Zur Biographie des **P. B. Weiher**. Er studirte zu Augsburg als Chorknabe des St. Ulrichsstiftes, war als junger Priester Custos, Vikar von Binswang, Cooperator von Füssen, cellerarius, culinarius, granarius, oeconomus, Subprior, zuletzt Archivar und Prior, in welcher Eigenschaft er starb. Die Rotel rühmt ihm nach: „Perdius ac pernox divinis laudibus intererat. Vir sane omni laude superior utpote sobrietatis, humilitatis, charitatis amator indefessus, silentii et solitudinis cultor eximius, otii autem osor praecipuus ac omnis regularis disciplinae ut in se, ita et in aliis magna tamen cum discretione zelotes maximus. Obiit malo pulmonum, quod plurimum annorum vehementissima tussis praedixit et tussientem ante binas hebdomadas lecto affixit."

„ 63 Zimmermann's Schrift sub Nr. 8 erschien in Kempten.

„ 66 **Keller's** Schrift sub Nr. 7 wurde im Jahre 1805 verfasst und ist seinem Manuskripte sub Nr. 6 beigebunden.

Ottobeuren.

„ 70 Zur Nota: Zum Verzeichniss der Schriften des Verfassers:

Zur Schrift sub II.). Es ist seit jener Zeit keine Fortsetzung zu „Kurze Nachrichten über deutsche Benediktiner, die im Rufe grosser Frömmigkeit im XVII., XVIII. und XIX. Jahrh. gestorben", erschienen.

S. 70 Zur Schrift sub III). Der I. Thl. erschien im XII. Bde. S. 251 bis 288. Der II. Theil (und zugleich der Schluss) des Catalogus Religiosorum exempti monasterii Rhenaugiensis erschien nicht (wie beantragt war) im XIII., sondern erst im XIV. Bande des „Freiburger Diözesanarchivs" (Jahr 1881), S. 1—62 u. S. 297—304. — Im XVI. Bde. derselben Zeitschrift, pag. 217—238 erschien: 1) Catalogus possessionum monasterii Rhenaugiensis. Nach dem Manuskripte des P. Fridolin Waltenspül, des letzten Archivars und Priors von Rheinau, herausgegeben von Aug. Lindner. (1883.)

IV) Die Schriftsteller und die um Wissenschaft und Kunst verdienten Mitglieder des Benediktiner-Ordens im heutigen Königreich Bayern vom Jahre 1750 bis zur Gegenwart. Regensburg (J. G. Manz) 1880. 2 Bde. gr. 8. 316 u. 303 SS. — Nachträge zu beiden Bänden. Daselbst (Manz) 1884. 87 S. gr. 8.

In der Zeitschrift: „Studien und Mittheilungen aus dem Benediktiner-Orden, redig. v. P. Maurus Kinter":

V) Die Schriftsteller und die um Wissenschaft und Kunst verdienten Mitglieder des Benediktinerordens im heutigen Königreiche Württemberg vom Jahre 1750 bis zu ihrem Aussterben. III. Jahrg. (1882), II. Bd. S. 113—128 und S. 270—288 (Weingarten). — IV. Jahrg. (1883), I. Bd. S. 65—82 und 276—283 (Zwiefalten). — II. Bd. S. 47—52 (Isny) und 309—318 (Wiblingen). — V. Jahrg. (1884), I. Bd. S. 98—115, u. 410—427 Fortsetzung und Schluss von Wiblingen.[1])

VI) Kurze Nachrichten über Stephan Stocker (vulgo L. B. Est), Chorregent der Stadtpfarre Meran, † 15. Februar 1882. (Im Boten für Tirol 1882, Nr. 137, 138, 139.) (Anonym.)

VII) Die letzten Tage des sog. versperrten Klosters der Servitinnen in Innsbruck vom 30. März 1782 bis 12. October desselben Jahres. Nach den handschriftlichen Aufzeichnungen der Schw. M. Francisca Salesia von Sterzinger. (Beilage zu der Zeitschrift „Monatrosen", redig. v. P. Joh. Paul M. Moser. XII. Jahrg. (1882), I. u. II. Heft.) Auch separat. Innsbruck 1882. Vereinsdruckerei. 23 S. gr. 8. (Anonym.)[2])

Zu den Handschriften:

Das Manuskript sub e) „Die Aufhebung der Klöster in Deutschtirol unter Joseph II. vom Jahre 1782—1787" ist seit Herbst 1883 zum Drucke bereit.[3])

---

[1]) Es folgen noch Ochsenhausen und Neresheim. (Von dieser Schrift werden nur einige dreissig Separatabdrücke gemacht.)

[2]) Er schrieb auch: Kloster Weltenburg in Brunner's Benediktinerbuch (1881) S. 556—558.

[3]) Diese Schrift wird in der Ferdinandeums-Zeitschrift zu Innsbruck publizirt.

Von den vielen auf die Geschichte des Benediktinerordens bezüglichen Handschriften halte ich der Erwähnung werth:

1) Die Schriftsteller und Gelehrten der ehemaligen Benediktinerabteien in Baden von 1750 bis zu ihrem Aussterben. Es werden behandelt: 1) Reichenau (das zu keiner Congregation gehörte). — Aus der Congr. S. Joseph: 2) St. Trudpert. 3) Petershausen. 4) St. Georgen in Villingen. 5) St. Peter im Schwarzwald. — Aus der Strassburger Congreg.: 6) Schuttern. 7) Ettenheimmünster. 8) Schwarzach am Rhein. 9) Gengenbach. (Die Schriftsteller der fürstl. Abtei St. Blasius hat bereits im Jahre 1874 Dr. Jos. Bader im VIII. Bde. des Freiburger Diöcesanarchivs veröffentlicht.)

2) **Excerpte aus verschiedenen Sammlungen von Roteln.** Dieselben füllen mehrere Faszikel in Quart. Der Verfasser excerpirte die Roteln folgender Klöster: I. Aus der bayer. Congregation: Attl [nebst Abschrift des Manuskriptes des G. Adlgasser, dessen im Buche „Die Schriftsteller", I., 206, Z. 1 erwähnt wird]. — St. Emmeram. — Frauenzell. — Mallersdorf. — Prüfening. — Rott. — Tegernsee. — Thierhaupten. — Weltenburg. — Wessobrunn. — II. Abteien in Ober- und Niederbayern, die nicht zur bayer. Congregation gehörten: Aspach. — Formbach. — Niederaltach. — Plankstetten. — Seon. — III. Abteien der Augsburgischen Congregatio S. Spiritus: Deggingen. — Donauwörth (hl. Kreuz). — Elchingen. — Fultenbach. — Irsee. — S. Magnus in Füssen. — Neresheim. — IV. Abteien der Congr. Suevica S. Josephi: St. Georgen in Villingen. — Isny. — Mariaberg. — Mehrerau. — Ochsenhausen. — St. Peter auf dem Schwarzwald. — Petershausen bei Constanz. — St. Trudpert. — Weingarten. — Wiblingen. — Zwiefalten. [1])

Von einzelnen Abteien hat der Verfasser vollständige Verzeichnisse der Religiosen (wenigstens über einen bestimmten zusammenhängenden Zeitraum) nebst biographischen Daten in lat. Sprache bearbeitet, nämlich: Von St. Emmeram vom Jahre 1278—1803. — Von Ettal von der Stiftung bis 1803. — Von hl. Kreuz in Donauwörth vom Jahre 1342—1803. — Von Neresheim vom Jahre 1424 bis 1803. — Von Ottobeuren von den ältesten Zeiten bis 1803. — Von Petershausen vom XVI. Jahrh. bis 1803. — Von Wiblingen von 1450—1806.

3) Material zu den Schriftstellern und Gelehrten des Benediktiner-

---

[1]) Ich halte diese Sammlung desshalb für wichtig, weil von manchen Abteien die Roteln nur noch in einem Exemplare (resp. nur in einer Rotelnsammlung) existiren.

ordens der ehedem im heutigen deutschen Reiche bestandenen Abteien vom Jahre 1750 bis zum Aussterben.[1])

4) Verzeichniss der Druck- und Handschriften des P. Carl Stengel von St. Ulrich in Augsburg, ehem. Abtes von Anhausen.

5) Verzeichniss der Druckschriften des P. Gabriel Bucelin von Weingarten.[2])

S. 71 Zur Literatur: Baumann, L. Zur Geschichte des Chronicon Ottoburanum (N. Archiv für ältere deutsche Geschichtskunde. 1883. 8. 162—163). — Bernhard, Mag., Die Buchdruckerei des Klosters Ottobeuren („Studien" 1881. 4. Heft. S. 313—322). — Derselbe: Briefe des P. Felix Pfeffer, O. S. B. des Reichsstiftes Ottobeuren, aus seiner Gefangenschaft und seinem Exil. 10. October 1646 bis 16. Februar 1647 („Studien" 1881. 2. Heft. S. 345—351; 3. Heft. S. 133—140; 4. Heft. S. 329—351). — Hess, Monum. Guelfica. T. II. 289—292 enthalten: Necrologium Ottoburanum saec. XII. et XIII. — Schelhorn's hist. Schriften, Memmingen. II. Thl. pag. 169 bis 222 enthalten: „Ueber Ottobeurische Urkunden."

Zu den Handschriften: In der Staatsbibliothek zu München: Cod. lat. 27242, Historia fundationis monast. Ottobur. una cum catalogo abbatum ab anno 764 usq. 1656. Cod. saec. XVII. 1 Bd. Folio. — P. Alberti Kretz, Annales Ottoburani. Tomus I, III. et V. (Ohne Nr.) — P. Alberti Kretz, Chronologia Ottoburana. Pars II. et III. reicht bis 1640. (Noch ohne Nr.)

„ 74. **P. Honorat Reich** wurde laut der Rotel am 27. (nicht 25.) Mai geb.

„ 75 **P. Nic. Meichelbeck** primizirte laut der Rotel 9. April 1741.

„ 76 Zu **P. Rupert Kolbinger**: Secutus in explicandis dogmatibus S. Thomam Aq. „cujus Summam prope totam memoria complectebatur." (Rotula.)

[1]) Von der werthvollen Handschrift „Excerpta ex Archivo Rhenaugiensi" 1. Bd. Fol. 753 S., welche P. Fridolin Waltenspül, der letzte Prior des Stiftes Rheinau, verfasst hat, fertigte der Schreiber dieses mit geringen Ausnahmen eine Abschrift an (1877 und 1878). Die vorzüglichsten Abhandlungen in denselben sind: Ecclesia monasterii Rhenaugiensis 120 Bl. 4. (nebst den Plänen der alten und neuen Kirche). — Syllabus benefactorum monasterii. 24 Bl. 4. — Verhältniss des Stiftes Rheinau zum Canton Zürich. 36 Bl. — Vermögensstand des Stiftes im Jahre 1862. — Inventar der Kirchensachen im Jahre 1835. — Die Statthalterei Ofteringen. — Die Statthalterei Mammern. — (Der Catalogus possessionum wurde wörtlich, der Catalogus religiosorum und die Disciplina monasterii Rhenaugiensis dem Hauptinhalte nach im „Freiburger Diözesanarchiv" veröffentlicht.)

[2]) Der Verfasser beabsichtigt auch ein genaues Verzeichniss von Bucelin's Handschriften nebst kurzer Inhaltsangabe anzufertigen. Die meisten derselben befinden sich in der Privatbibliothek des Königs von Württemberg. P. Nicolaus Schmid, d. Z. Küchenmeister des Stiftes Einsiedeln, hat seit Jahren Material zu einer Biographie Bucelin's gesammelt. Wie weit seine Arbeit gediehen, ist mir nicht bekannt.

S. 77 **P. Fr. Rauch** wurde laut der Rotel am 22. September (nicht Februar) geboren.

„ 80 **P. Conrad Renz** starb am 3. April 1770 (nicht 20. Januar). Er war 18 Jahre Professor und hielt sich streng an die scholastische Methode. Er war auch Bibliothekar und besass viele Kenntnisse in den mathematischen Wissenschaften.

„ 83 Ueber **P. Fr. Schnitzer** vergl. Lipowsky, Musik-Lexikon S. 314.

„ 86 Ueber **P. B. Vogel** vergl. Lipowsky, Musik-Lexikon S. 358, wo irrthümlich Salzburg als sein Geburtsort angegeben ist. — Starb am 20. Oktober (nicht April).

„ 89 Die Anmerkung sub Nr. 1 ist dahin zu berichtigen, dass **P. Gabriel Bucelin** nicht in Feldkirch, sondern im Kloster Weingarten starb und dort auch seine Ruhestätte fand. Seines hohen Alters wegen wurde er im März des Jahres 1681 von Feldkirch nach Weingarten gebracht.

„ 96 Das Tagebuch des Abtes Paulus Alt hat 58 Blätter.

„ 98 **P. Conrad Back** componirte noch: Leidensgeschichte Jesu. 8 S. 4. Diese Handschrift befindet sich in der k. k. Studienbibliothek zu Salzburg.

„ 101 Von **P. Ulrich Schiegg** befindet sich zu Ottobeuren eine Gypsbüste und ein Porträt in Lithographie.

„ 106 **P. M. Feyerabend's** Schrift sub Nr. 5 erschien 1807—1809.

„ 110 Das Liber mortualis des P. Basil Miller hat 87 S. Die Mannskripte sub 4 und 5 sind dem sub Nr. 3 beigebunden.

„ 112 Ueber **L. Aurbacher** vergl.: N. Nekrolog der Deutschen. XXV. Jhrg. 1. Abth. S. 383—390. — Augsburger Allgem. Ztg. 1847. S. 1322 bis 1324. (Der dortige Aufsatz hat Friedr. Beck zum Verfasser.) — Augsburger Allgem. Ztg. 1869. S. 136—137, u. 1879, S. 3333—3334. — Aurbacher's Autobiographie hat die Signatur cod. germ. 5259.

„ 113 Nr. 13 lies: Vorschule zur Geschichte und Kritik der deutschen Prosa und Poesie (o. O.). 1837. 114 S. — Zur Schrift sub Nr. 34: In der Zeitschrift „Charitas" erschien: „Die Aebte", eine Novelle, edirt von Ed. von Schenk. III. Jahrg. 1836. S. 42—104. (Regensb. bei Pustet.) — Aurbacher gab noch heraus: „Novellen und lyrische Gedichte." — Im Jahre 1881 erschien bei Herder (Freiburg): „Gesammelte grössere Erzählungen von L. Aurbacher. Aus den Schriften und dem Nachlasse des Autors zusammengestellt von Jos. Sarreiter." 223 S. 8.

Kempten.

„ 115 Zur Literatur: Z. 12 v. o. lies: Meierhofer (st. Maierhoer). — Meichelbeck, P. C., Der Ländersegen aus der wechselseitigen Vereinigung der Fürsten und Unterthanen, da der h. H., des H. R.

Reichs Fürst u. Abt von Kempten, der röm. Kaiserin Majestät Erzmarschall Kastolus I. aus dem uralten Hause der Reichs-Freiherren Reichlin von Meldegg seine abteiliche Einsegnung hielt. Kempten. 1794. 104 S. kl. 8. — Karrer, J. P., Beschreibung und Geschichte der Altstadt Kempten. Kempten 1828. (Mit Ansicht und Plänen.) — Kesel, kemptisches Denkmal, oder geistliche und weltliche Geschichte der uralten schwäbischen Reichsstadt Kempten. Ulm 1727.

St. Ulrich.

S. 118 Zur Literatur: Die Schrift: „Achttägige Solemnität", Zeile 20 v. u. hat 321 Seiten in 4.

„ 119 Abbildung, wahrhaffte, aller fürnemen Hailthumb-Gefässen nebst kurtzer Beschreibung deren darinn verschlossenen Reliquien, welche bei St. Ulrich und Afra zu Augsburg aufbehalten werden. Mit 56 schönen Kupfern von Manasser. (Augsbg.) 1630. 4. — Hirsching, Nachrichten. III./IV. Bd. 324—326. — Petri, Suevia ecclesiastica. 115—119. — Schelhorn, J. G., Sammlung für Kirchen- und Gelehrtengesch., 1787, gibt S. 237—243 Nachrichten über P. Clemens Sender. — Zapf, Augsburger Biblioth., Bd. II, 621 bis 627 enthält die Literatur über St. Ulrich, doch sehr mangelhaft.

Im Stadtarchiv zu Augsburg befinden sich mehrere auf St. Ulrich bezügl. Archivalien, darunter hebe ich hervor:

a) Inventarium über die Kirchengeräthe und Ornamente in der St. Ulrichskirche zu Augsburg. Schätzung des Kirchensilbers auf Befehl des kgl. Commissärs. 1803. (Sig. J 4.[4.]) — b) Verzeichniss der Gülten und Güter des Klosters St. Ulrich in Bayern, Schwaben, Allgäu, Botzen und Augsburg sammt Umgebung. (B 1.[1.]) c) Reventüenstatus für Bayern und Augsburg nach Auflösung des Reichsstiftes St. Ulrich, 1803—1804. (B 1.[7.]) — d) Nachruf des Abtes Joseph Maria 1790. (B 25 II.[12.]) — e) Beschwerden des Abtes Gregor Schäfler wegen Räumung der bisher vom Pfarrer und den Religiosen bei St. Ulrich innegehabten Wohnung in den Gebäuden des ehemal. Reichsstiftes. — Auszug der Klostergeistlichen von St. Ulrich und Unterbringung derselben im Joh. Bapt. Fumasischen Hause im Jahre 1806 nebst einem Originalbriefe des P. Placidus Braun (B 2.[26. 27. 28.]).

„ 119 **P. Jos. v. Zoller** hinterliess handschriftlich:

a) Monasterium SS. Udalrici et Afrae unacum abbatibus ac religiosis ab initio coloniae Benedictinae usque in praesens tempus collectum.

b) Ausführliche Erzählung, was sich im Kloster Liezheim von der Reformation an bis auf gegenwärtige Zeiten zugetragen.[1])

S. 120 Die Schrift des **Coel. Mayr** sub Nr. 3 erschien im Jahre 1713. Die sub Nr. 6 De fide divina erschien 1717. 259 S. 4.

„ 121 Ueber die kunstreiche Uhr, die **P. Martin Gutwillig** erfand und selbst construirte (vergl. II, S. 283), schreibt er selbst an Ziegelbauer:[2]) 1) Non habet hoc solare horologium acum magneticum, qua saepius fallit et tarde omnino subsistit, neque semper eandem a polo habet declinationem. Quapropter hoc novum horologium nullum a propinquo ferro patitur obstaculum, sed ubique locorum exponi potest. — 2) Monstrantur in eo non solum singuli horae quadrantes, sed etiam minuta per totum annum. Unde horologii universalis nomen sibi jure vindicat. — 3) Ventorum nomina supra horizontem insculpta gerit. Lineam meridionalem ostendit in omnibus hemispheriis adeoque terra marique usui esse potest. — 4) Gaudet istud horologium iis praerogativis, ut nullum aliorum horologiorum vitium habeat . . . et in multis aliorum virtutes superet.

„ 123 Zu **Holdenrieder**: Nach Braun lauten die Titel der von ihm zu Freising herausgegebenen Abhandlungen also: 1) Logica theoretica et practica et metaphysica. 1765. — 2) Logica et metaphysica. 1765. — 3) Physica particularis. 1766. Ausserdem gab er noch „Positiones ex theologia“ heraus.

„ 124 **Krumm** gab noch heraus: 5) Gedicht auf die Sekundiz des Abtes Joseph Maria. In Musik gesetzt von P. Nidgar Fichtl, O. S. B. zu St. Ulrich. Augsbg. 1783. — 6) Ode auf den Tod des Ludwig Joseph, Bischofs von Freising. 1788.

„ 124 Zu **P. Placidus Braun**. Zur Literatur über ihn: Frhr. von Hormayr's Nekrolog über Braun steht im Bayerischen Volksfreund. Ein Unterhaltungsblatt für alle Stände. Münch. 1829. Nr. 184, 188, 189, 190, 191 (= S. 804—806, 825—827, 830—831, 834 bis 835, 839). — Benkert's Religionsfreund 1829, S. 1537—1540 (hat aus Hormayr geschöpft). — Augsbg. Ordinari Post-Ztg. 1829, Nr. 256, S. 7. — v. Hormayr's Taschenbuch. 1831. 433. — Neuer Nekrolog der Deutschen. VII. 1829. 713—722. — Manz'sche Realencyklopädie. II. 1866. 1140 sq. — Liter. Handweiser. 1866, Sp. 65. — Den Nekrolog in den Conferenzarbeiten hat Fr. v. Paula Baader verfasst — gleichfalls mit Zugrundelegung des Hormayr'schen Nekrologs.

Ueber Braun's musikalische Wirksamkeit konnte ich bloss Folgendes auffinden: Er leitete viele Jahre das Orchester der Stifts-

[1]) Es ist nicht bekannt, wohin diese zwei Manuskripte nach der Aufhebung gekommen. P. Placidus Braun kannte sie noch.

[2]) Hist. rei literariae IV. Bd. S. 731.

kirche zu St. Ulrich. In seinem Mannesalter sang er eine schöne Bassstimme. Man hat von ihm mehrere Messen und eine Litanei de Sanctissimo. Er war besonders tüchtig im Fugensatz und Contrapunkt und ein grosser Freund des Choralgesanges. Bei der Sekundiz des Abtes Joseph Maria, 1. Januar 1783, wurde von ihm eine Messe aufgeführt, welche er wahrscheinlich zu dieser Festfeier eigens komponirt hatte.

Zu Braun's Manuskripten gehören noch:

1) Catalogus codicum manuscriptorum Bibliothecae Benedictinorum liberi ac imperialis Monasterii SS. Udalrici et Afrae Aug. Vind. compilatus a P. Pl. Braun. p. t. bibliothecario. 1787. 1 Bd. Fol. Im Stadtarchiv zu Augsburg (G 39). (Zuerst zählt Braun die Manuskripte alphabetisch nach den Verfassern auf, dann in der Ordnung, wie sie in der Bibliothek aufgestellt waren.)

2) Catalogus librorum impressorum in magna bibl. lib. et imp. monasterii SS. Udalrici et Afrae Aug. Vind. extantium sub R. R. et A. S. R. J. Praelato Josepho Maria a P. Pl. Braun renovatus et auctus a. 1787. 3 Bde. Fol. (Daselbst.) Dieser mit grosser Genauigkeit abgefasste Katalog hat noch vor vielen anderen diesen besonderen Vorzug, dass Braun auch alle in Sammelwerken vorkommenden Abhandlungen nach den Autoren in alphabetischer Ordnung anzeigt und Anmerkungen über die Seltenheit mancher Bücher beifügt.

Seine Geschichte des Stiftes St. Ulrich enthält 5 Abtheilungen. I. Gründung und religiöse Verfassung. 68 S. 4. — II. Besitzungen des Stiftes in Schwaben. 40 S. — III. Besitzungen im Herzogthum Bayern. 38 S. — IV. Besitzungen im Herzogthum Neuburg. — Propstei Liezheim. — Besitzungen in Tyrol. 32 S. — V. Die gelehrten Männer des Stiftes. 96 S. — Diese 5 Abtheilungen hätten nach Braun's Absicht als II. Band der „Geschichte der Kirche und des Stiftes der HH. Ulrich und Afra in Augsburg, Augsburg 1817" erscheinen sollen. Aber Niemand wollte den Verlag übernehmen. Der Verfasser dieser Nachträge liess im Sommer des Jahres 1883 von diesem kostbaren, bis dahin nur in einem Exemplare vorhandenen Manuskripte eine genaue Copie anfertigen. — Der Codex Diplomaticus episcopatus Augustani 2 Quartbände, hat 484 und 552 SS.[1])

[1]) Die auf S. 125 Note 1 angegebenen Todestage der vier Conventualen sind folgender Weise zu berichtigen: P. Martin Promberger † 18. Dezember (nicht 20.); P. Wicterp Woerle † 10. Jänner (nicht 11.); P. Magnus Stiboeck † 30. Jänner (nicht 31.); P. Augustin Drichtler † 27. Jänner (nicht 28.). Letztgenannter starb nicht an der Epidemie, sondern an einer andern Krankheit. — Zu den irrigen Angaben gaben fehlerhafte Einträge in einem Nekrologium Veranlassung. Erst später erhielt der Verfasser die Roteln selbst zur Einsicht.

Dem Archiv des Stiftes stand Braun seit 1790 vor.

S. 132/133 Ueber **B. Abt**, s. N. Nekrolog der Deutschen XXV. 1, S. 138. Seine Schrift sub Nr. 4 erschien in II. Aufl. 1855 (nicht 1852). Er schrieb noch: 5) Gründlicher Fastenunterricht. — 6) Rede am Grabe einer hoffnungsvollen Christin, der einzigen Tochter einer Wittwe. (Conferenzarbeiten der Augsburgischen Diözes.-Geistl. 1832. S. 226—232.)

„ 133 **P. Petrus M. Mayr.** Beide Schriften sub 4 und 5 erschienen 1818 in Augsburg.

Zu den verdienten Religiosen dieses Stiftes gehören noch:

P. Petrus Mar. Popp, geb. zu Rain 1. November 1701. Er war der Sohn des Bruders des Abtes Willibald von St. Ulrich. Er machte zu Ingolstadt seine Studien und trat als Philosoph in das Stift, wo er am 23. Mai 1723 Profess ablegte. Abt Willibald schickte ihn zur Ausbildung nach Rom in das Collegium germanicum. Dort benützte er sorgfältig die Gelegenheit zu allseitiger Ausbildung, wurde vom Papste Benedikt XIII. zum Priester geweiht und las 21. März 1726 die erste heilige Messe. In sein Kloster zurückgekehrt zeigte er in den ihm anvertrauten Aemtern gewissenhafte Pünktlichkeit und Religiösität. Als Prior hielt er strenge Ordnung und ging mit seinem moralischen Beispiel immer voraus. „Dieser Charakter machte ihn würdig, eine Infel auf seinem Haupte zu tragen. Aber eben dieses (schreibt Braun) bewog einige Leichtsinnige, dass sie solche auf Einen brachten, der das Stift in den tiefsten Verfall stürzte. Dieser [1]) suchte den frommen ernsthaften und sehr pünktlichen Prior bald von seiner Seite zu schaffen und bestellte ihn zum Propst in Liezheim.“ [2]) Popp verdient unter den Literaten einen Platz theils wegen seiner vorzüglichen Kenntnisse in den theologischen Wissenschaften, theils auch desshalb, weil er unter Abt Cölestin die Bibliothek ordnete, einen brauchbaren Katalog verfasste und dieselbe mit einer grossen Zahl wissenschaftlicher Werke vermehrte. Auch legte er eine kostbare Sammlung von Kupferstichen an. Er starb als Propst zu Liezheim 21. April 1766 und erhielt dort seine Ruhestätte.

P. Aemilian Angermayer, geb. zu Pleinfeld in Franken 3. Mai 1735, studirte zu Wien, Neuburg und Augsburg. Seine

---

[1]) Es wurde Jos. Maria von Langenmantel als Abt gewählt, der zum Unsegen des Stiftes vom 2. April 1753 bis 16. Februar 1790 regierte.

[2]) Wörtlich aus Braun's Gesch. v. St. Ulrich „Die gelehrten Männer des Stiftes“ entnommen.

treffliche Bildung sowie seine Fertigkeit auf der Violin verdankte er dem Seminar zu Neuburg. Er machte 13. November 1755 Profess. Als Kleriker hörte er bei den Dominikanern zu Augsburg die Theologie und unterzog sich auch einer öffentlichen Disputation. Neomyst 14. Oktober 1759. Nachdem er privatim noch die Moraltheologie studirt hatte, verlegte er sich auf Abfassung musikalischer Compositionen, welche herrliche Proben seines Genies sind. Vom Jahre 1768—1772 lehrte er im Kloster Dogmatik. Von 1774—1777 war er Professor der Theologie im Kloster St. Magnus zu Füssen. Nach Hause zurückgekehrt wurde er Director clericorum und starb 9. Mai 1803.

Schriften:

1) Positiones dogmatico-scholasticae. Aug. Vind. 1772.

2) Positiones dogmatico-scholasticae. Fuessae 1775.

P. Benno Gelterle, geb. zu Thannhausen in Schwaben 1. April 1737, studirte zu Augsburg, Profess 11. November 1759, Neomyst 12. Oktober 1761. Chorregent, Professor der Philosophie und Theologie, Novizenmeister, Prior. Ein schweres Fussleiden nöthigte ihn, dem Priorat zu entsagen. Durch 13 Jahre war er an das Zimmer gebannt und in der letzten Zeit konnte er selbst das Bett nicht mehr verlassen. Man fand ihn am 24. Juni 1803 todt im Bette. „Musicam sacram singulariter adjuvit; ob insignem in ea arte peritiam, chori regens bis constitutus, quo munere sic perfunctus est, ut novis inventis musicis, tum alienis tum etiam propriis chori suppellectilem magnopere ampliaverit. Erat ipse in conversatione amoenus et affabilis, hilaris semper et serenus ore; gravis simul et maturus, item mansuetus, pacificus, offendi et offendere difficillimus etc.“ (Rotula.)

P. Augustin Drichtler, geb. zu Augsburg 30. Oktober 1742, studirte zu Augsburg, Profess 13. Oktober 1762, Neomyst 26. Oktober 1766. Mit Einverständniss des für die Wissenschaften eingenommenen Abtes Wicterp errichtete er ein mathematisches Museum und versah es mit Instrumenten, legte ein Naturalienkabinet an und ordnete es systematisch. Nachdem er Prior gewesen, wurde er 1798 Superior in Liezheim, wo er auch Gelegenheit fand, seine ökonomische Tüchtigkeit zu erproben. Seine Verwaltung wurde durch die Franzosen sehr getrübt. Die Säkularisation machte endlich seiner segensreichen Thätigkeit ein Ende.

Im November 1802 wurde er nebst den zwei anderen Religiosen, die zu Liezheim residirten, pensionirt, worauf er sich zu seinen Mitbrüdern nach St. Ulrich begab. Nach der Erhebung und Uebersetzung des Leibes der heiligen Afra, zu deren Verherrlichung er Vieles beitrug, starb er an einem Magenübel[1]) 27. Januar 1806. Er fand als der Letzte im Kloster seine Ruhestätte.

P. Nidgar Fichtl, geb. zu Bocksberg 5. Dezember 1748, Profess 21. November 1769, Neomyst 4. Juni 1772, Chorregent zu St. Ulrich (zur Zeit der Aufhebung) und Componist, starb zu Augsburg 27. Februar 1817.

P. Rupert Streicher, geb. zu Türkenfeld 28. Oktober 1766, Profess 13. November 1787, Neomyst 6. Januar 1791, wurde nach der Aufhebung des Klosters Chorregent zu St. Georgen in Augsburg, und dann zu St. Ulrich, starb dort 10. Mai 1837.

Hl. Kreuz in Donauwörth.

S. 135 Zur Literatur: Hirsching, Nachrichten. VI. 26.

„ 138 Ein sehr gelungenes Porträt des **P. Beda Mayr** (in Oel ausgeführt von Degle im Jahre 1792) hat Herr Benefiziat Bautenbacher zu Günzburg dem histor. Verein von Schwaben geschenkt.

„ 143 **P. Aemilian Gerstner** starb in Donauwörth.

„ 143 Zu Nota [2]): Der von Petzholdt redigirte N. Anzeiger für Bibliographie 1881, 1. Heft, S. 2—11 enthält ein genaues Verzeichniss aller Schriften Bronner's und Daten über seine weiteren Lebensschicksale. — Die Zeitschrift „Argovia" enthält im XII. Bde. „Aus Fr. Xav. Bronner's Tagebuch einer Reise nach Kasan."

Mehrerau.

„ 150 Aus Ramsperg's und Ap. Hueber's hist. Abhandlungen geht (wie P. Laur. Wocher dem Verfasser mittheilt) unzweifelhaft die Präexistenz des Klosters Mehrerau vor dem Jahre 1098 und die Gründung einer klösterlichen Genossenschaft durch die HH. Columban und Gallus hervor. — Zu Mehrerau existirt noch eine Abbildung des Klosters in Oel aus der Zeit des Apronian Hueber.

„ 151 Z. 5 v. o. lies: 118. Bd., 1847. II, 1.

„ 151 Zur Literatur: Biographische Daten über die P. P. **Fr. Ramsperg** und **Fr. Pappus** enthalten die „Kath. Blätter aus Tirol". 1845. S. 777. — Chronologisches Verzeichniss der Urkunden des ehem.

---

[1]) Nicht (wie S. 125 angegeben) an der Epidemie.

Stiftes Mehrerau von J. G. Hummel, Pfarrer. (XVII. und XIX. Bericht des Bregenzer Museums.)

S. 152 Z. 17 v. o.: Die Schrift des **Franz Pappus** sub Nr. 2 hat folgenden Titel: „Liber vitae tripartitae corporalis, spiritualis et moralis," h. e. Liber Genesis litteraliter et mystice nova methodo expositus. Campiduni (Mayr) 1709. 8.

„ 152 Zu den Handschriften: Chronicon abbatis [Aloysii Sprenger] Augiae majoris von 1690—1696. (Im Ferdinandeum zu Innsbruck.)

„ 152 Die biographischen Daten über **P. Apronian Hueber** sind nach der Rotel folgender Weise zu berichtigen: Er war geb. am **4. August 1682**, machte die niederen Studien im Kloster Mehrerau, die höheren unter den Jesuiten, und trat 1699 in den Orden. (Die Zeit der Profess ist nicht angegeben.) — Er war 16 Jahre Professor der Theologie und Philosophie, die er nach den Grundsätzen und der Methode des heiligen Thomas v. Aquin vortrug, Novizenmeister und 31 Jahre Prior. Er starb am 2. Februar **1755**. Er war auch Mitglied der Societas litteraria germano-benedictina.

„ 153 **P. Joachim Reichart** wurde am 13. Oktober 1725 Priester.

„ 154 **P. Paul Popelin** wurde (laut der Rotel) am **16**. Oktober 1693 geboren und 1719 Priester. Er war Moderator der Kleriker, Bibliothekar und Cellerarius.

Zu den Schriftstellern von Mehrerau gehört noch:

„ 158 **P. Petrus Pümpel**, geb. zu Feldkirch 2. September 1772, studirte am Gymnasium seiner Heimat, dann zu Innsbruck Philosophie, Profess 1798, Priester 22. September 1798. Er war einige Jahre Lehrer an der Stiftsschule und Kellermeister. Im Jahre 1801 kam er als Pfarrer nach Grünenbach, wo er 29 Jahre wirkte. Körperlicher Gebrechen wegen resignirte er freiwillig 1830, verblieb aber zu Grünenbach, seine Klosterpension von 400 fl. geniessend. Er starb zu Grünenbach am 25. August 1836, wo seit dem Jahre 1453 ohne Unterbrechung Religiosen aus dem Stifte Mehrerau die Seelsorge versahen.

Schriften:

1) Ein Wort zu seiner Zeit, gesprochen und jederzeit dem Leser nützlich, oder Grabreden. Isni (bei Rauch) 1823. 2 Bde. 80 und 208 S. kl. 8.

2) Praktisches Krankenbuch zum gemeinnützigen Gebrauch für Seelsorger, auch für die, welche um Kranke sind. Isni (bei Rauch) 1824. 265 S. 8.

Elchingen.

S. 159 Zur Literatur: Petri, Suevia ecclesiastica. 303—309. — Birle Aug., Bericht über die Schlacht von Elchingen, 14. Oct. 1805, von einem Augenzeugen, einem ungenannten Benediktiner von Elchingen. (Zeitschrift des hist. Vereins von Schwaben. 1879. S. 51—70.)

I. In der Staatsbibliothek zu München:

Kurze Beschreibung des U. L. Fr. Gotteshauses Elchingen. 47 Bl. 4.

II. Im Reichsarchiv zu München:

Ein Sammelband, Elchingensia Nr. **25**, 405 Bl., Fol., enthält: 1) Diarium P. Anselmi Bauser, incoeptum 2. Juni 1657—1680 (Blatt 1—62). — 2) Fragmentum Diarii vom Jahre 1689, 1708 bis 1711 (Blatt 81, 82, 83, 275—282, und 347). — 3) Diarium P. Galli Müttermayr († 1. December 1686) vom 21. April 1683 bis 1685 inclusive (Blatt 292—302). — 4) Nomina eorum, qui professionem emiserunt in monast. Elchingensi a saeculo XVI. Der Erste, der verzeichnet wird, ist P. Martin Stumpp, der Letzte P. Placidus Eberle († 1792) (Blatt 347—349). Dieser Band enthält auch einen Plan der Stiftskirche und des Klosters.

Sammelband Nr. **26** enthält: 1) Verzeichniss der verstorbenen Patres und Fratres vom Jahre 1521—1729 (Fol. 48—51). — 2) Verzeichniss der Professen vom Jahre 1548—1689 (Fol. 52). — 3) Chronik des Klosters Elchingen bis zum Jahre 1489 (saec. XVIII) — 4) Kürzere Chroniken und annalistische Aufzeichnungen.

Nr. **46**. Ausführliches Repertorium über das Archiv des Klosters Elchingen von P. Columban Luz (geschrieben von 1764—1778). 5 Bde.: I. 496; II. 194; III. 271; IV. 184; V. 59 + 35 SS.

III. In der Kreis- und Stadtbibliothek zu Augsburg:

Cod. germ. 383: Annales monasterii Elchingensis 2 Tomi. Tom. I. von 1600—1700; Tom. II. von 1700—1785. — Cod. germ. 378: Diaria monasterii Elchingensis ab a. 1629—1725. — Cod. germ.: 384: Centones historici de ortu monasterii Elchingensis. saec. XVII. et XVIII.

IV. Im Pfarrarchiv zu Ober-Elchingen:

Streitigkeiten wegen der Schirmvogtei mit den Ulmern von 1484 bis 1652. 1 Bd. 272 S. Fol. — Acta Congregationis v. 1729 bis 1732. — Diaria v. 1696—1714. — Verschiedene Notizen über Kl. Elchingen und dessen Aebte vom Jahre 1431—1793 (ohne Angabe des Verfassers). — Tagebuch der Pfarrei Oberelchingen, begonnen von **P. Julian Edelmann**[1]) im Jahre 1801,

[1]) Geboren zu Unterelchingen 10. Oktober 1757, studirte zu Elchingen und Dillingen, Profess 24. Oktober 1779, primizirte 18. September 1784, versah vom

fortgesetzt bis 1832. — Ein grosser Theil der Urkunden ging bei der Aufhebung nebst anderen Archivalien zu Grunde. Einen Theil davon nahm der ehem. Conventual P. Petrus Martin (nachmaliger Pfarrer von Elchingen) zu sich. Dieser lieh sie dem Bischof Keller in Rottenburg zur Einsicht. — P. Peter starb, ohne sie wieder von Rottenburg zurückerhalten zu haben. Auch Bischof Keller starb, und so wurden die genannten Akten zugleich mit seinem Eigenthum versteigert. Durch Zufall kam man darauf, dass dieselben in Rottenburg zurückgeblieben und mit dem Nachlasse des dortigen Bischofs versteigert worden seien. Nähere Nachforschungen ergaben, dass sie sich im Besitze eines Antiquars in Ulm befänden, von welchem sie circa 1845 oder 1846 durch die königliche Regierung in Augsburg um den Preis von circa 30 fl. erworben wurden. Wo sich nun diese Archivalien befinden, konnte ich nicht erfahren. [1])

S. 161 Z. 6 v. o.: Die Schrift sub Nr. 6 Tract. de off. erschien in 4.

„ 162 Zu **P. Columb. Luz.** Seine Schrift sub Nr. 10 hat den Titel „Hebdomada", nicht Hebdomas, besteht aus 2 Theilen und ist mit vielen Kupfern versehen. Von ihm soll auch sein: „Kernlehre der praktischen Andacht." II. Aufl. Augsburg 1797. Ueber sein Archiv-Repertorium s. Seite 61 Nr. **46.**

„ 163 Zu **Widmann's** Schriften: 8) Zweite Predigt beim Jubiläum der Wallfahrt Maria Schiessen, 7. August 1781. In der Schrift: „Vollständiger Entwurf der im Jahre 1781 vollbrachten Jubelfeier in Schiessen. Günzburg (bei Wagegg)".

„ 164 **Friedinger's** Abhandlung im Constanzer Archiv, II, 475—483,

---

Kloster aus excurrendo seit 1786 die Pfarrei Thalfingen, war Subprior und seit 1801 Pfarrer zu Elchingen. Am 21. März 1805 wurde er pensionirt und versah von dieser Zeit bis zu seinem Tode die Stelle eines Hilfspriesters zu Elchingen. Er starb im Rufe hoher Frömmigkeit 18. Januar 1835. Ein kurzer Nekrolog über ihn findet sich im „Salzburger Kirchenblatte" 1878, Nr. 12. — Auch soll circa 1835—1836 zu Weissenhorn bei Fr. Xav. Stiegele über ihn eine kurze Lebensbeschreibung in Druck erschienen sein, welche ich aber nicht selbst gesehen habe. — Seiner erwähnt auch der N. Nekrolog der Deutschen. XIII. Jahrg. (1835) S. 1173—1175.

[1]) Zu Elchingen findet sich noch ein Theil der nun höchst selten gewordenen Roteln von Klöstern vor, mit denen Elchingen conföderirt war. Sie füllen 16 Bde. Fol. (Das Inhaltsverzeichniss s. unten S. 82 Anmerkung.) In dieser Sammlung sind die Roteln aus den Klöstern Wiblingen, Zwiefalten und Ochsenhausen aus den Jahren 1779—1791 (so viel mir bekannt) die einzig noch existirenden; aus den Jahren 1791—1802 konnte ich keine auffinden. Bis 1779 finden sich die Roteln dieser drei Klöster zum Theil in der Rotelnsammlung zu Ottobeuren, welche mit 1779 schliesst. Dass die Roteln der Elchingersammlung nur bis 1791 geht, dürfte wahrscheinlich darin seinen Grund haben, dass die nach 1791 eingelaufenen zur Zeit der Aufhebung nicht gebunden waren, und auf diese Weise verloren gingen.

lautet: „Welchen Nutzen kann der Seelsorger für seine Berufsgeschäfte aus der Welt und welchen aus der Kirchengeschichte ziehen?" Ich kenne von ihm bloss diese einzige Abhandlung.

Zu den Componisten des Klosters Elchingen gehört: **P. Ambros Lutzenberger**, geb. zu Ichenhausen 20. Dezember 1767, Profess 24. Juni 1787, Neomyst 16. September 1792, lebte 1823 mit einigen anderen Mitbrüdern als Quieszent in Oberelchingen, starb als Organist zu Augsburg 27. März 1834.

Er gab in Druck:

„Vierzehn kleine, theils grössere Präludien oder Vorspiele, nebst 56 Cadenzen aus den gewöhnlich vorkommenden Tonarten für minder und mehr geübte Orgel- oder Pianofortespieler." Augsburg bei Böhm (o. Jahrz).

Fultenbach.

S. 165 Literatur: Petri, Suevia ecclesiastica 342. — Tausendjähriges Jubelfest des Klosters Fultenbach 1739, nebst den dabei gehaltenen Predigten. Dillingen 1739. 4. — Austria sacra, II. Bd. 486.

I. Handschriftlich: In der Staatsbibliothek zu München: Correspondenz und Aufzeichnungen des Abtes Magnus von Fultenbach. 1707—1712. Cod. lat. 27190.

II. Im Stadtarchiv zu Augsburg: Correspondenz des Klosters Neresheim mit Fultenbach, die Administration dieses Klosters betreffend aus den Jahren 1773, 1777, 1791. (Neresheimer Akten Nr. 105.)

III. In der Bibliothek des Schlosses (ehem. Kl.) Neresheim: Güterbeschreibung des Klosters Fultenbach. 1 Bd. Fol. [1])

„ 165 Von Abt **Michael** von Fultenbach erschien noch: Trauerrede auf Abt Willibald (Popp) von St. Ulrich. 1728. (Druckort unbekannt.)

„ 166 Z. 7 v. u.: Zur Biographie des **P. Placidus Buz**. Er war geboren zu Bayrshofen bei Dillingen, studirte zu Freising die niedern Schulen, zu Dillingen Philosophie und Theologie, nach deren Vollendung er in den Orden trat. Profess 1. Mai 1746, Neomyst 7. Juli 1748. Er war zwei Jahre Kaplan zu Nonnberg und besuchte zugleich die Universität zu Salz-

---

[1]) In dieses Manuscript hat vorne eigenhändig Abt Benedikt M. von Neresheim und Administrator von Fultenbach hineingeschrieben: „Dieses Buch habe der ursachen abschreiben und vidimiren lassen, damit in Falle, dass das Kloster Fultenbach um die darinnen befindliche Documenta bey etwann leidiger umständen durch ohngetreuer oder gewaltthätige Hände kommen, oder in unglücksfällen, dass selbes zu Grund gehen sollte, dieses allhier zu finden wäre, wo es sodann ohne geringsten Anstand dorthin abgegeben werden sollte.

Reichsstift Neresheim 21. Dezember 1776."

burg, um sich auf eine Professur vorzubereiten. Nachdem er zu Salzburg seine Lehrthätigkeit beendet hatte, war er im Stifte Novizenmeister, 2 Jahre Professor der Philosophie, 3 Jahre Prior, dann Pfarrer von Ellerbach, zuletzt Stiftsökonom. Er starb 16. Dezember 1771 im 50. Lebensjahre.

Deggingen.

S. 167 Literatur: Petri, Suevia ecclesiastica 257. — Die ehem. Abtei Deggingen. (Sulzbacher Kalender 1882, S. 111—116.)

„ 168 Z. 13 v. u.: Zu **P. Mich. Dobler**. Ueber seine Compositionen schreibt die Rotel: „Ab organo progressum fecit ad componendos modulos musicos, non illos quidem, qui jocos theatri aut genium redolerent, sed quod laudis divinae in ecclesia sanctitas exposceret, graves, devotos et spiritui compunctionis promovendo natos et factos."

„ 169 Ueber **Placidus Dinger** vergl. Königsdorfer, C., Leichenrede auf Abt Placidus. (In den 37 Predigten S. 469—507.)

Irrsee.

„ 170 Zur Zeit der Säkularisation bestand der Besitz des Stiftes aus dem Markte Irrsee, dem Schlösschen Bickenried, den sechs Pfarrdörfern Pforzen, Rieden, Schlingen, Lauchdorf, Ketterschwang, Mauerstetten und Eggenthal, aus zwei Kirchdörfern Frankenhofen und Romatsried, aus sechs Weilern: Eiberg, Hasslach, Oppenried, Wielen, Grossried und Hausen und aus den Einöden Grub, Röhrwang und Schleifmühle.[1])

„ 170 Zur Literatur: Petri, Suevia ecclesiastica. 823. — Der genaue Titel der Schrift Tria castra ist: „Sive stativa honoris, d. i. drey mit herrlichen Triumph-Gezelten wolgezierte Lager, durch welche der unüberwindliche Held, König und Martyrer Eugenius in dess hl. römisch. Reichs U. L. Fr. Gottshauss Irsee O. S. B. Anno 1668 den 10. Juny hochfeyrlich eingeführt u. beygesetzt worden. Typis ducalis monast. Campidonensis per Rudolphum Dreher. 1668. 4. Mit Abbildung des Stiftes Irsee in Kupfer und musikalischer Beilage."

[1]) Die zur Zeit des Schwedenkrieges in das Stift Kreuzlingen bei Constanz geflüchteten Kloster Irrseeischen Urkunden und der damals auf 100,000 fl. gewerthete Kloster- und Kirchenschatz (was Alles in zehn Weinfässern verpackt war) wurden 1632 bei der Belagerung der nahen Stadt Constanz in Kreuzlingen von den Schweden entdeckt und alle Urkunden, Saalbücher und Codices im Klosterhofe zu Kreuzlingen verbrannt. (Kl. Irrseeische Chronik.)

I. **Handschriften: In der Kreis- und Stadtbibliothek zu Augsburg:**

Chronicon Ursinense. 3 Bde. 4. Cod. germ. 385. Vol. I. Pars II. (Pars I. fehlt), opera P. Placidi Emer, continet varia documenta. 714 S. Vol. II. Chronicon imperial. monast. B. V. Mariae in Ursin Augustanae dioecesis, continuatum de anno 1710—1784, a P. Honorio Grieninger. 505 S. Vol. III. v. J. 1784, ab electione Honorii abbatis usque ad a. 1808 von P. Hon. Grieninger. 350 Bl. (Vergl. das von mir S. 174 sub a) angeführte Manuskript Grieninger's.)

II. **In der Staatsbibliothek zu München:**

Kurze Information über die ältesten Vögte, Schutzherren und Advokaten des Klosters Irsee (saec. XVIII. 1 Fasz.). — Aufzeichnungen über die Reihenfolge der Aebte (saec. XVII.).

III. **In der Stiftsbibliothek von St. Florian:**

Chronicon imperialis monasterii Ursinensis von der Stiftung desselben 1182—1710. Cod. papyr. saec. XVIII. 2 Bde. 235 und 228 SS.

S. 170 Zu Nota [1]). **P. Magnus Remy,** geb. zu Graz 29. Jänner 1674, machte zu Irrsee als Laienbruder Profess 24. Juni 1700. Erst später wurde er zu den theologischen Studien zugelassen und am 20. October 1720 Priester. † im Kloster 28. Juli 1734.

„ 171 Z. 15 v. o.: **P. Placidus Emer** (so hat die Rotel) war geb. zu Gmund in Schwaben, war Pfarrer zu Irrsee, Novizenmeister und Subprior. † 25. Jänner 1716, 43 Jahre alt, 23 Jahre im Orden, 19 Jahre Priester.

„ 171 **P. Meinrad Spiess** starb am 12. Juni (nicht Juli).

Seiner Schrift sub Nr. 8 ist das Porträt des Abtes Anselm von Ottobeuren beigefügt.

Zu seinen Compositionen gehören noch folgende Manuskripte:

a) Missa quadragesimalis ex E-moll in contrapuncto a canto, alto, tenore, basso, cembalo, violone. (Bibliothek zu Ottobeuren.)

b) Missa ex C-moll quadragesimalis, VI., a canto, alto, tenore, basso, cembalo, violone. (Daselbst.)

„ 172 Z. 10 v. o. Die Schrift „Liber" etc. erschien in 4.

„ 172 Z. 16 v. o. **P. Candidus Werle** machte Profess am 11. November 1736. Seine Schrift sub Nr. 2 erschien 1755.

„ 173 Z. 4 v. u. lies: Zapf . . . IV. (nicht II.) Brief.

„ 174 Von **Grieninger's** Manuskript sub c) existirt noch ein zweites Exemplar in der Kreis- und Stadtbibliothek zu Augsburg. Cod. germ. Nr. 386. (Ob Autographum, ist nicht bekannt.) S. oben die Literatur S. 64.

„ 174 **P. Feichtmayr** starb zu Schwabmünchen.

S. 174 Zu den verdienten Religiosen gehört:

P. Sympert Manostetter, geboren zu Augsburg 21. September 1773, Profess 25. September 1791. — Nach der Aufhebung wurde er Hofmeister bei Dr. Benz in Ottobeuren und kam von dort als Direktor der Elementarschulen nach Kaufbeuren, um deren Aufblühen er sich grosse Verdienste erwarb. Er starb dort 9. Dezember 1807. Er war auch ein gewandter Dichter; ob in lateinischen oder deutschen Versen, gibt die Rotel nicht an.

Amorbach.

„ 176 Nota [3]). Den Katalog über die Klosterbibliothek von Amorbach hat H. Huller verfasst.

Zur Literatur: Episcopius M., der in Erbauung dreyfacher Kirch hochgerühmte Baumeister u. grosse Priester Engelbertus der Abtei Amorbach Prälat, in einer Lob- und Trauerrede vorgestellt. Aschaffenburg 1753. Fol. — Freiburger Kirchenlex. II. Aufl. I. Bd. S. 753.

„ 177 Debon's hist. Skizze enthält eine Karte nebst Abbildung.

Im Archiv des Schlosses Miltenberg: Collectanea ad conscribendam historiam Amorbacensem per professum P. Antonium Klug. 1732. 1 Vol. 904 S. 4.

„ 178 **P. Pirmin Lang** war Pfarrer zu Neidenau seit 8. Juni 1826.

Neustadt am Main.

„ 180 Zur Literatur: Diplomatische Prüfung zweier Stiftungs- und Ausstellungs-Urkunden, welche Kaiser Carl d. Gr. im Jahre 794 und 812 dem Benediktinerkloster Neustadt am Main ertheilt haben soll. (Klüber's Abhandlg. u. Beobachtungen für Gesch. II. 1834. S. 340.)

„ 182 Das Porträt des P. Franz Kraus befindet sich im Pfarrhause zu Neustadt am Main.

Schwarzach.

„ 183 Zur Literatur: Magnarum alarum aquila, grandis ex scuto gentilitio veniens ad Libanum, quando S. R. I. princeps Frid. Carolus Ep. Bamb. et Wirceburgens. D. Christophoro e familia Balbussiana ad S. Felicitatem (Schwarzach) O. S. Bened. abbatialis dignitatis insignia conferebat. Wirceburgi (Kleyer). Fol. 1742.

„ 184 Zur Nota [1]). P. Gr. à Merzenfeld schrieb noch: Ministra canonum, sive exegesis ad institutiones justinianas theoretico-practicas. 4 Tomi. Coloniae (Metternich) 1716—17. 4.

Michelsberg.

S. 186 Zur Literatur: Hirsching, Nachrichten. I. 96. — Havet, Handschriftliche Notizen aus dem ehem. Bamberger Kloster Michelsberg (Mittheilungen für österr. Gesch.-Forschung, II, 1, S. 119—123). — Rieger, Die Urkunden des Kaisers Heinrich II. für Kloster Michelsberg bei Bamberg. (Das. I. 1, 47—81.) — Schannat, Vindemiae literariae Coll. I. Antiquitates coenobii S. Michaelis Bambergae. — Hieher gehören auch des Abtes Anselm Geissendorfer's Schriften. II. 188—189. — Wittmann, Patr., Die literarische Thätigkeit des Abtes Andreas von St. Michael. (Hüffer, hist. Jahrbuch 1880. I. 3, 413—418.) — Das Priesterjubiläum des P. Erwin Schuberth, Conventual von Michelsberg. Bamberg 1806. 8.

Zur Literatur über den abgesetzten Abt Anselm:

a) Species facti genuina mit seiner besseren Beleuchtung in der Sach Anselmi Abbten dess Stiffts St. Michaelisberg. 1742. Folio. (Ohne Ort und Drucker.) — b) Species facta abbreviata in causa abbatis Anselmi in monte S. Michaelis quoad spiritualia. Folio. (Sine anno et typogr.) — c) Species facti concinnata in causa Anselmi abbatis. Folio. (Sine anno, sine typogr.) — d) Notanda in causa spoliati abbatis Anselmi O. S. B. 4. (Sine loco, sine anno.)

Reste der ehem. Klosterbibliothek befinden sich in der Bibliothek des gräflich Schönborn-Wiesentheidischen Schlosses Weissenstein bei Pommersfelden in Bayern. — Sie besitzt 3000 Druckwerke und circa 450 Handschriften, welche aus den Klöstern Rebdorf bei Eichstädt, Michelsberg bei Bamberg, St. Peter zu Erfurt, Himmelpforten und der Karthause Mainz stammen. Ehemals befand sich diese Bibliothek im Schlosse Gaybach. — Der Schlossgeistliche führt über die Bibliothek die Aufsicht.

„ 186 Z. 12 v. u.: Hofmann's Schrift: „Abbates“ etc. erschien 1595 (nicht 1695) 72 Seiten. 4.

„ 187 Die Schrift des **P. Gr. Kurtz** lautet mit genauem Titel: Theologia sophistica in compendio, seu 537 propositiones a concilio Constantiensi contra Wicleffium et Hussium, a Leone X. contra Lutherum, a Pio V., Gregorio XIII. et Urbano VIII. contra Bajum, ab Innocentio XI., Alexandro VIII. et Innocentio XII. contra alios, novissime a Clemente XI. contra Quesnellium proscriptae et confutatae. Publicae dissertationi expositae def. Mariano Kieser et Bernardo Keller ejusdem ordinis et loci. Bambergae 1746. 4. Mit Porträt des Papstes Clemens XI. — P. Kurtz starb 57 Jahre alt, 35 Jahre Profess, 32 Jahre Priester.

S. 190 Abt **Cajetan Rost** schrieb (nach den Berichten des hist. Vereins von Bamberg) De pietate et fatis Enochi. 1789. 4.

„ 193 Ueber **P. Joh. Nep. Planer** hat H. J. Jaeck eine 20 Bogen starke Lebensbeschreibung verfasst, welche auf der Bibliothek zu Bamberg hinterlegt ist. — Planer war ein guter Violinist und Flötist. Vgl. N. Nekrolog der Deutschen XXIV. Jahrgang S. 854—855.

Theres.

„ 194 Z. 3 v. o. lies: Clemens II. (st. III.).

„ 194 Zur Literatur: Kloster Theres. (In Oken's Isis. 1824. S. 237.) — P. W. Rubatscher gab heraus: „De praeconiis S. Felicitatis vom Mönch Tuto von Theres (cod. Admont. Nr. 763 u. 780) als Programm des I. k. k. Staatsgymnasiums zu Graz. 1880.

Manuskripte:

Im Pfarrarchiv zu Ober-Theres befindet sich: Urkundenbuch des Klosters Theres. 1603. 1 Bd. Fol. 198 Bl. Beginnt mit dem Jahre 1047. Alle Urkunden sind notariell beglaubigt.

„ 195 **P. Bernard Breunig** lieferte zu Ussermann's Episcopatus Wirceburgens. (302—310) die Nachrichten über Theres; er wurde 7. April 1766 zum Abt von Theres erwählt. Sonst konnte ich über ihn nichts erfahren.

St. Stephan in Würzburg.

„ 196 Zur Literatur. Schannat, Vindemiae lit. Coll. I. Traditiones veteres coenobii S. Stephani Herbipoli.

„ 197 Bei **Gropp** lies: Würzb. Anzeigen (nicht Anzeiger). Vergl. über Gropp: Allgem. liter. Anzeiger 1799, S. 1401—1403; Meusel, hist. liter. Magazin, I, 1802, VII, 199—205.

Banz.

„ 204 Das Aktivvermögen des Stiftes Banz soll einschliesslich der Realitäten 3,663,000 fl. betragen haben.

„ 204 Z. 10 v. u. lies: Archiv v. Oberfranken (st. Unterfranken). S. 1—14.

Zur Literatur: Z. 13 v. u. lies: Hirsching, Nachrichten, I, 100—101; III/IV, 356—363; V, 34—37. — Wetzlarer Beiträge, II, 1. Hft., 98 (Stiftung eines Jahrtages von Herzog Otto von Meran im Jahre 1223). — Freiburger Kirchenlex. II. Aufl. 1. Bd. S. 1967—1970. — Bundschuh, Geogr.-stat. Lexikon von Franken,

Artikel: „Banz“. — Mainberg, Joh. Chilian, Epistola censoria in Rapsodiam Joan. Fried. Schannat, cui titulus: „Dioecesis Fuldensis“. Ostro-Franci 1727. 4. S. 103. (Der Verfasser dieser anonymen Schrift soll der Jesuit Seyfried sein.) — Martius, Wanderungen durch einen Theil von Franken und Thüringen. 1795. S. 12 sq. (Bespricht vorzüglich das Banzer Naturalienkabinet.) — Meyer, Reise nach Stift und Kloster Banz. Weimar 1801. — Schannat, Joh. Fried., Dioecesis Fuldensis. Francofurti 1727, pag. 93. — Schneidawind, F. A., Versuch einer statist. Beschreibung des kaiserl. Hochstiftes Bamberg. Bamb. 1797. 8. — Schoepff, Carl Fried., Dissert. de comitissa Banzensi vulgo Albrath. Erlangae 1750. (Diese Schrift findet sich wieder abgedruckt in: Oetter's Sammlung verschied. Nachrichten aus allen Theilen der hist. Wissenschaften. II. Bd. 3. Stück, S. 253 und in Schöpf's Nordgau-Ost-Fränkische Staatsgeschichte. Hildburghausen 1753—1754.) — Ussermann, Aem., Episcop. Wirceburgensis, pag. 310 sq. — Weinrich, Joh. Mich., Pentas historischer und theologischer Betrachtungen. Coburg 1727. S. 720—776. — Will, Briefe über eine Reise nach Sachsen. 1785. S. 162 sq. — Die Schrift des Conrad Dinner erschien in I. Auflage im Jahre 1586 in 8. zu Würzburg bei Henricus Aquensis, Episcopalis Typographus und hat den Titel: „Bantho, sive catalogi et descriptionis monasterii Banthensis vulgo Bantz ejusque abbatum, quotquot eorum res gestae et nomina ad hanc usque aetatem investigari potuerunt, Libri duo. (P. Wilhelm Kilian O. S. B. von Banz lieferte dem Conr. Dinner im Auftrage seines Abtes Johann Burkard, dem auch die Schrift dedizirt wurde, das Material.) — Beide Schriften Gruner's über Banz wurden wieder abgedruckt in Gruneri Opuscula ad illustrandam historiam Germaniae. Vol. I. Coburgi 1760.

Zu den Historiographen von Banz gehören: P. Wolfgang Engelhard um 1590. — P. Balthasar Weller, ein guter lateinischer Dichter und Kupferstecher um 1625. — P. Placidus Boxberger † 18. Juli 1693. — P. Anselm Sohn † 13. Dec. 1692. — P. Conrad Winckelmann † 20. Mai 1719. — P. Aegidius Schwarz † 4. Aug. 1723. — P. Burchard Hirnlehe (vergl. S. 207), der eine Banthographia in Folio hinterliess. Alle Handschriften dieser genannten Conventualen scheinen bei der Aufhebung zu Grunde gegangen zu sein.

S. 205 Z. 1 v. o. lies: Archiv v. Oberfranken (st. Unterfranken). S. 48—57.

„ 206 Die Schrift des **P. Ig. Cimarolo** sub Nr. 2) lautet mit genauem Titel: „Epitome chronologica mundi christiani seu ab anno Nat. Christ. usque ad saeculi XVIII. annum 26. deducta: Aug. V. (Schlütter) 1727. Fol.

S. 207 **Stumm's** und **Rösser's** Porträte besitzt der histor. Verein zu Bamberg. — Ueber Stumm vergl. Roppelt, Topogr. Beschreib. des Hochstifts Bamberg. I. 196.

„ 209 **Molitor's** Porträt ist im histor. Verein zu Bamberg.

„ 211 Z. 7 v. o. lies: Stück VI, S. 207 (st. 1053).

„ 212 Z. 9 v. u. lies: antiquissimis (st. antiquis).

„ 212 Z. 8 v. u. lies: 135 S. (st. 154).

„ 213 Z. 21 v. o. Die Schrift Schramm's sub Nr. 4 lautet mit vollständigem Titel: Epitome canonum ecclesiasticorum ex conciliis Germaniae et aliis Fontibus juris ecclesiastici Germanici collecta ac ordine alphabeti secundum materias distincti. Aug. Vind. (Rieger) 1774. 8.

„ 214 Z. 7 v. u. lies: 34 Bogen (st. Seiten).

„ 217 **Roppelt's** Porträt besitzt der histor. Verein zu Bamberg.

„ 217 Z. 2 v. u. lies: 120 (st. 102).

„ 219 Z. 12 v. o. lies: I, 238 (st. I, 38).

„ 221 **Schatt's** Aufsatz sub Nr. 8 erschien im Jahre 1812. Er schrieb noch 10.) Rezension zweier im Kgr. Bayern neu erschienenen christkath. Katechismen.

„ 224 Z. 1 v. u. ergänze: Tagblatt der Stadt Bamberg 1838, Nr. 73 und 74.

„ 226 Z. 7 v. o. Von Nr. 3 „Das Licht" etc. erschien nur der I. Thl. Die Schrift sub Nr. 9 lautet mit genauem Titel: Persien und Chili als Pole der physischen Erdbreite und Leitpunkte zur Kenntniss der Erde etc.

St. Jakob in Regensburg.

„ 233 Zur Literatur: Graf Walderdorff schrieb: S. Mercherdach und S. Marian und die Anfänge des Schottenklosters zu Regensburg. (Verh. des hist. Ver. von Oberpfalz. XXXIV. 187—232.) — Sulzbacher Kalender 1881, 75—79.

„ 233 Z. 12 v. u. lies: Hirsching, Versuch, III. S. 650 sq.

„ 234 Den Verlag der Schrift des **P. A. Gordon** sub Nr. 9 übernahm Gastl (Pedeponti).

„ 239 **P. Joseph (Alexander) von Hamilton**, Dr. der Philosophie, Prior zu St. Jakob in Erfurt und Mitglied der kgl. Akademie der Wissenschaften zu Erfurt. Er war geboren zu Gibstown in Nordschottland, einem Landsitze des Herzogs von Gordon,[1]) 18. Oktober 1754. — Nach dem frühen Tode des Vaters kam

[1]) Seine Mutter war mit demselben sehr nahe verwandt, und sein Vater war dessen erster Kammerherr und Major domus.

Hamilton schon im Jahre 1763 mit seinem zwei Jahre älteren Bruder und andern jungen Schottländern in das adelige Seminar des Schottenklosters St. Jakob nach Regensburg. Nachdem er anfänglich dort, und später am Jesuitengymnasium derselben Stadt seine Studien gemacht hatte, trat er in das Noviziat des Schottenklosters von St. Jakob und erhielt 1777 die Priesterweihe. Im Jahre 1779 kam er in das Schottenkloster St. Jakob nach Erfurt und übernahm nach erlangtem Doktorgrade an der dortigen Universität die Lehrkanzel, der Physik und Mathematik. — Sehr thätig bewies er sich in der Seelsorge. In der mit dem Kloster verbundenen Pfarrei St. Nikolaus wirkte er eifrig als Prediger und Seelsorger und nahm sich auch besonders der auswärtigen Missionen mit Liebe und Erfolg an. Als im Jahre 1816 die Aufhebung der Universität und 1819 die des Klosters erfolgt war, blieb er als Pensionist, aber immer noch für die Seelsorge thätig, zu Erfurt. Er starb dort 22. April 1828.

Hamilton war ein liebenswürdiger Mann und in jeder Hinsicht ehrwürdig. Mit einer strengen Gewissenhaftigkeit in Erfüllung seiner Berufspflichten verband er die zarteste Schonung in Beurtheilung seiner Mitmenschen und eine ungeheuchelte Freundlichkeit und Menschenliebe im Umgange mit Jedermann. Seine Herzensgüte gewann das Zutrauen aller Herzen. Im traulichen Kreise seiner Bekannten zeigte er eine Munterkeit, die von der Reinheit seines Gemüthes und dem heitersten Seelenfrieden der klarste Beweis war. Sein religiöser Sinn bewährte sich besonders während seiner Krankheit, in welcher stilles Dulden, schonendes Betragen gegen seine Umgebung und vertrauensvolle Ergebung in Gottes Fügung hervorleuchteten. (Vergl. N. Nekrolog der Deutschen VI. Jahrg. 1828. I, S. 324 bis 325.)

Er schrieb einige physikalische Abhandlungen, von denen ich nur folgende kenne:

Das Barometer und die muthmassliche Ursache der Phänomene desselben. 1792.[1])

St. Jakob in Würzburg.

S. 240 Zur Literatur: Silbernagl, Dr., Johannes Trithemius. Eine Monographie. Landshut (Wölfle) 1868. 245 S. 8.

---

[1]) P. Bonifaz Leslie, Dr. theol. und Professor zu Erfurt, † 8. März 1779. (Mehr war nicht zu erfahren.)

S. 240 Z. 8 v. u: Das „Compendium breve fundationis" steht auch in Trithemii opera spiritualia, edirt v. Joh. Busaeus, Moguntiae. 1604.

„ 241 Die Beiträge in Ussermann's Episcopatus Wirceburgensis über St. Jakob, pag. 279--288, lieferte **P. Gallus Carmichael.**

St. Stephan in Augsburg.

„ 243 **P. Steph. Postelmayer** hinterliess in Manuscript: Kurzgefasste Beschreibung der Merkwürdigkeiten der Kirche St. Ulrich und Afra zu Augsburg. 1832. 1 Hft. 8.

„ 245 Ueber **Preyssinger** vergl. Augsburger Abendzeitung 1872, S. 5025. — Augsburger Anzeigeblatt 1872, Nr. 304; 1873, Nr. 3. — Im Jahre 1876 erschien zu Stuttgart eine III. Auflage von seinem astronomischen Bilderatlas in Imper. 4.

„ 246 Ueber **P. Th. Gangauf**, s. Liter. Handweiser 1875, 378—379. Allgemeine deutsche Biographie VIII. 358, 359.

Das unter 6) genannte Werk ist 1883 in zweiter, unveränderter Auflage erschienen.

„ 247 Ueber **P. Matth. Rauch** s. Augsb. Post-Ztg. 1876. S. 1430.

„ 247 Ueber **P. Matthias Zillober** s. Beilage zur Augsburger Post-Ztg. 1877. S. 79—80.

„ 248 **P. Barthol. Zenetti** starb als Prior im Stifte am 23. Mai 1880.

„ 248/249 **Revms. DD. Raphael Mertl** wurde 1882 von der Universität Würzburg aus Anlass ihrer 300jährigen Jubelfeier zum Doctor Philosophiae honoris causa ernannt.

Zum 25jährigen Bischofsjubiläum des hochwürdigsten Herrn Bischofs Pankratius von Dinkel von Augsburg verfasste er eine sapphische Ode,[1]) die zugleich Akrostichon ist, nebst deutscher Uebersetzung, gleichfalls im sapphischen Versmass mit Reim. Dieselbe erschien in der Augsburger Postzeitung vom 21. November 1883 und wurde auch separat gedruckt als Beilage zu der vom Stifte dem hochwürdigsten Herrn Jubilar überreichten Adresse.

„ 249 **P. Hieronymus Gratzmueller**, seit 17. Juli 1880 Stiftsprior von St. Stephan, ist noch Institutsdirektor, hat aber seit dem Schuljahre 1883/84 den Stenographie-Unterricht abgegeben.

---

[1]) Ad Reverendissimum DD.

„Pancratium
Episcopum Augustanum
munere apostolico viginti quinque annos
felicissime functum pia gratulatio."

S. 249 **P. Pius Reinlein**, war seit 1883 wegen Kränklichkeit nicht mehr in der Schule thätig. — Er starb im Stifte am 29. Jänner 1884.

„ 250 **P. Magnus Bernhard** wurde am Morgen des 4. August 1882 im Stifte St. Stephan todt in seinem Bette gefunden. Er war am 29. Juli dahin auf Besuch gekommen. Ein Nekrolog über ihn erschien in den „Studien" 1882. II. S. 418—421.

Seine Schrift, Beschreibung des Klosters Ottobeuren, erschien im Jahre 1883 zu Ottobeuren bei Ganser in II. Aufl. 128 S. 8. — Ferner schrieb er:

2) Drei unbekannte Briefe Ussermann's nach den Originalien der Stiftsbibliothek zu Ottobeuren. („Studien". 1881. I. 115—118.)

3) Die Buchdruckerei des Klosters Ottobeuren. Verzeichniss und Beschreibung der aus derselben hervorgegangenen Werke. („Studien". 1881. IV. Heft. 313—322.)

4) Briefe des P. Felix Pfeffer, Conventuals des unmittelbaren freien Reichs Gotteshauses Ottobeuren aus seiner Gefangenschaft und seinem Exil, 10. October 1646 bis 16. Februar 1647. („Studien". 1881. II. 345—351; III. 133—140; IV. 329—351.)

„ 251 **P. Luitpold Brunner** starb im Stifte am 9. Jänner 1881. Ein Nekrolog über ihn erschien in der Zeitschrift des hist. Vereins für Schwaben und Neuburg. 8. Jahrg. S. LX—LXIII. Augsburg (Schlosser) 8. und in den Studien, 4. Jahrg. (1883) 1. Bd. S. 414—417.

Von seinen Handschriften wären zu nennen:

1) Ein Band seiner Gedichte, von denen viele noch unveröffentlicht. — 2) Der „Sieg des Kreuzes", hist. Roman, dessen Inhalt in die Zeit der Hunnenschlacht auf dem Lechfelde fällt. — 3) David und Jonathan, ein Drama für die Studentenbühne des Stiftes St. Stephan, das er kurz vor seinem Tode vollendete. (Kapellmeister Orterer componirte hiezu die Musik.) — 4) Materialien zur Geschichte der „Ellerbach". — 5) Zahlreiche heraldische Arbeiten. — 6) Sehr viele Regesten und Abschriften von Urkunden. — 7) Treffen bei Neumarkt den 24. April 1809. — 8) Gerechte Urtheile über Klöster (Exzerpte aus verschiedenen Schriften). — 9) Geschichtsstudien mit besonderer Rücksicht auf den Orden des hl. Benedikt in Bayern. — 10) Zur Geschichte der Säkularisation. (Viele Exzerpte aus Zeitschriften, Abhandlungen über das Ende einzelner Klöster.) — 11) Notamina zur Geschichte Passau's.

„ 254 Zu **P. Casp. Kuhn's** Schriften:

14) Robert und Leander, oder verschiedene Lebenswege. Für die studirende Jugend und das gebildete Volk. Augsbg. (Schmid) 1880. 137 S. 8.

15) Lustig und listig. Lustspiel mit Gesang in 3 Aufzügen. Augsbg. (Manz) 1880.

16) Otto von Wittelsbach. Dramatisches Gedicht in 3 Aufzügen. Augsbg. (Kranzfelder) 1880.

17) Die Kinder des Rebellen. Ein Zeitbild aus dem X. Jahrhundert. Augsbg. (Manz) 1880.

18) Die missglückte Weiberkur. Lustspiel. Augsbg. 1881. 66 S.

19) Der hl. Willebold.[1]) Hist. Schauspiel. Augsbg. (Kranzfelder) 1882. 42 S.

20) Blicke in die Natur. Kempten (Kösel) 1883—1884. (XII. und XIII. Bändchen der „Kathol. Kinderbibliothek" des P. H. Koneberg.)

S. 255 **P. Bened. Permanne**, seit 17. Juli 1880 Subprior des Stiftes. Geognosie und Vegetalismus und ihr genetischer Zusammenhang. Naturgeschichtliche Studie, Programm der kgl. Studienanstalt Sanct Stephan in Augsburg. 1883. 93 S.

„ 255 **P. Narcissus Liebert.** 1) Lateinische Stilübungen. Zweites Heft. (Progr.) Augsburg (Pfeiffer) 1880. 47 S. 8.

2) Des hl. Kirchenlehrers Johannes Chrysostomus Homilien über den Brief an die Ephesier, Philipper und Kolosser, aus dem Urtexte übersetzt. (Bibliothek der Kirchenväter. Kempten (Kösel) 1882—1883. VII. Bd., S. 169—560; VIII. Bd., S. 1—533.)

„ 258 Zu **P. Hermann Koneberg's** Schriften:

53) Der hl. Benedikt und sein Orden. Eine Jubiläumsgabe für das Volk. Kempten (Kösel) 1880. 43 S. III. Aufl.

54) Die Macht der Wahrheit. Ottobeuren (Ganser) 1880. 20 S. 8.

55) Aloisius Büchlein nebst Betrachtungen für 6 Sonntage. Augsburg (Kranzfelder) 1880. 48 S. (2 Auflagen.)

56) Drei Tage in Ottobeuren. Erinnerung an die 1400jährige Säkularfeier der Geburt des hl. Benedikt, vom 4.—6. April 1880. München (Huttler).

57) Ottobeuren (Beschreibung im „Benediktinerbuch", S. 520—534).

58) Eine Ferienreise. Kempten (Kösel) 1881. 72 S. 8.

59) Jubiläumsbüchlein. Kempten (Kösel) 1881. VIII. Auflage. 40 S. 8.

60) Ein Kaplansjubiläum in Hofs[2]) am 30. Mai 1882. Ottobeuren (Ganser) 1882. 30 S. 8.

61) Lehr- und Gebetbüchlein für Kinder von P. Aegidius Jais. 36. Aufl. Augsbg. (Rieger) 1882. 245 S.

---

[1]) Die Meisten, welche diese Schrift anzeigten, schrieben fälschlich Willibald statt Willebold.

[2]) Erzählt die Festlichkeiten zu Ehren der 25jährigen Wirksamkeit des P. Magnus Bernhard O. S. B., welcher auch 25 Jahre die Filiale Hofs excurrendo von Ottobeuren versah.

62) St. Franciscus von Assisi. Eine Gabe für das Volk. Augsburg (Kranzfelder) 1882. 38 S.

63) „Seid barmherzig". Predigt bei einer feierlichen Einkleidung im Mutterhause der barmherzigen Schwestern in München. 26. October 1882. Ottobeuren (Ganser) 1882.

64) Schonet mir die Kinder. Augsbg. (Kranzfelder) 1883. 26 S.

65) „Zwanzig Jahre später". Schicksal zweier feindlichen Familien. (Erzählung im Eichsfelder Marien-Kalender pro 1883.)

66) „Magnificate Dominum mecum". Jubelpredigt bei der Sekundiz des geistl. Hrn. Rathes und Regens J. Ev. Wagner in Dillingen, 5. Juni 1883. Donauwörth (Auer) 1883.

67) Der Katechismus hat Recht. (Erzählung im Eichsfelder Marien-Kalender pro 1884.) [1]

S. 258 **P. Eugen Gebele** dozirt seit dem Tode des P. L. Brunner am Lyceum Philosophie.

„ 258 **Sepp, Bonif.**, seit 1880 auch Lehrer der italien. Sprache an der Studienanstalt.

1) Varia. Eine Sammlung lateinischer Verse, Sprüche und Redensarten mit besonderer Berücksichtigung der Phraseologie des Cornelius Nepos und Julius Cäsar. Augsburg (Kranzfelder) 1884. IV. Aufl. VIII. 159 S.

2) Des hl. Kirchenlehrers Johannes Chrysostomus Homilien über den 1. u. 2. Brief an die Thessaloniker, aus dem Urtext übersetzt. (Bibliothek der Kirchenväter. Kempten (Kösel) 1883. VIII. Band, Seite 535 bis Schluss. (Ist theilweise noch im Druck.)

„ 258 **P. Sigisbert Liebert** schrieb: Nekrologe über P. Magnus Ber-

[1] Seit dem Jahre 1882 ist Koneberg Redakteur des Augsburger Pastoralblattes. — Die von ihm verfasste „Kathol. Kinderbibliothek" wird fortgesetzt (Kempten, Kösel). Es erschienen bisher 11 Bändchen. Sie enthalten: I. Der kleine Hirte. Ein nützliches Büchlein für Hirtenkinder. 80 S. II. Lourdes, den Kindern erzählt. 52 S. (Bereits in III. Aufl. erschienen) III. Vitus, der Liebling Gottes, den Kindern erzählt. 60 S. IV. Germana, die stille Dulderin. 76 S. Das III. u. IV. Bändchen erschien auch vereint mit dem Titel: Vitus und Germana, oder zwei ungleiche Wege. 136 S. V. Hilarion der berühmte Einsiedler. 1881. 73 S. VI. Benedikt Labre, der glückliche Bettler. 1881. 101 S. VII. Der hl. Antonius v. Padua. 1882. 64 S. (Das VIII. Bändchen ist von Franz Berg verfasst). IX. Die hl. Elisabeth von Thüringen. 1883. 80 S. X. Der heilige Franziskus von Assisi. 1883. 68 S. XI. Loretto und Rom. 1883. 86 S. Nächstens erscheinen: Paris und die grosse Karthause und St. Cajetan.

Zur Schrift sub Nr. 42 „Lebensbilder für Christen in biblischen Darstellungen" Kempten 1879. — Diese sind abgeschlossen und enthalten in 6 Heften: 1) Abraham und Tobias, Muster für christliche Hausväter. 2) Abigail und Ruth, ein Spiegel für christliche Ehefrauen. 3) Jakob und Benjamin, Muster für unsere Söhne. 4) Rebekka und die Tochter Jephte's, zwei musterhafte Töchter. 5) Joseph und Eliezer, zwei fromme Knechte. 6) Abra und Naaman's Mägdlein, zwei Muster für christliche Mägde.

nard und P. Luitpold Brunner, O. S. B. des Stiftes St. Stephan zu Augsburg. („Studien". 1882. II. Bd. S. 418—421, und 1883. I. Bd. S. 414—417) und Zeitschrift des hist. Ver. für Schwaben und Neuburg. 8. Jahrg. 1881. S. LX—LXIII. — St. Stephan in Augsburg („Benediktinerbuch", S. 548—555.).

Artikel über Abt Theodor Gangauf in der Allgemeinen deutschen Biographie VIII. 358, 359. 4. November 1882 von der Seminarpräfektur enthoben, musste er sich im Oktober 1883 in München der Lehramtsprüfung aus der Stenographie unterziehen und 1882/83 den Stenographie Unterricht im I., seit 1883/84 auch im II. Kurs an der Studienanstalt übernehmen.

S. 259 **P. Theobald Labhardt's** Schrift: „Quae de judaeorum origine" etc. erschien 1881 zu Augsburg (Pfeiffer) 46 S. gr. 8. Mit dem Schuljahre 1881/82 musste er das Ordinariat der I. Gymnasialklasse übernehmen und wurde nach Schluss des Schuljahres 1882/83 seiner Stelle als Seminarpräfekt enthoben.

Er schrieb noch:

Die Feier des Wittelsbacher Jubiläums im Stifte und an der Anstalt St. Stephan in Augsburg. („Studien". I. Jahrg. 3. Heft. S. 159—164.)

St. Bonifaz in München.

„ 264 Noch bei Lebzeiten **Haneberg's** schrieb M. Jocham dessen Lebensbild (Deutschlands Episcopat in Lebensbildern III. Bd. II. Heft) Würzburg 1874. Mit Haneberg's Portrait. 108 S. — Nekrologe brachten: Deutscher Hausschatz III, 1876, S. 3—6, 22—24, 26; Augsburger Postzeitung, Beilage Nr. 65—70 vom 9.—24. August 1876; Augsburger Allg. Ztg. 1876, Beilage Nr. 173—175. Der in mehrere Zeitungen, auch in den Münchener „Bayer. Kurier" 1876, Nr. 177 u. 178, übergegangene Artikel der Wiener „Presse" enthält mehr Dichtung als Wahrheit.

„ 271 **P. Joh. de cruce Klingl**, Kurze Baugeschichte der St. Benediktus-Kirche in München. München 1881. 12 S.

„ 272 **P. Pius Gams.** Druckschriften:

20) Blick auf die Lage der Katholiken, welche in Süddeutschland in der Diaspora leben. (Histor. polit. Blätter 1881, Bd. 87, S. 18—36, 110—127, 488—512.)

21) Neue Literatur über Bonifacius und seine Zeit. (Ebd. S. 764—783.)

22) Festpredigt (aus Anlass des Jubiläums) in: Das 1400jährige Jubiläum der Geburt des hl. Benedictus. München 1880. S. 33—43.

23) Nekrologien der Klöster Michelsberg, Banz und Langheim nach der Säkularisation. Im: 45. Bericht über den Bestand des hist. Vereins zu Bamberg im Jahre 1882. S. 76—86. Bamberg 1883.

24) Die in den ständigen Klöstern des Kreises Schwaben und Neuburg und ein paar anderen bei ihrer Aufhebung (in den Jahren 1803 und 1806) vorhandenen Mönche. — Mit archivalischen Beiträgen von Otto Rieder, k. Archivsekretär zu Neuburg a. D. Im Neuburger Collectaneenblatt, 46. Jahrg., 1882, S. 79—129.

25) Personalstand der sog. „ständigen" Klöster im Bisthume Würzburg zur Zeit ihrer Aufhebung im Jahre 1802—1803. Im Archiv des hist. Ver. für Unterfranken, Jahrg. 1883, Bd. 2, S. 165—200.

26) Die Nekrologien der oberbayer. Klöster werden im „Oberbayer. Archiv", 1884, abgedruckt werden. Andere handschriftlich bearbeitete Nekrologien harren noch der Aufnahme in die betr. Zeitschriften.

27) P. Pius Gams ist auch Mitarbeiter der II. Auflage des „Kirchenlexikon". Bisher sind von ihm folgende Artikel erschienen: Abbo Cernuus, Adamanus, Adelhard, Affre, Aldhelmus, Angelomus, Benedikt v. Aniane, Boulogne, Braulio, Burigny, Campeggi, Cappacini. In die I. Auflage hatte er 199 Artikel geliefert, s. Neher, Statist. Personal-Katalog des Bisthums Rottenburg, 1878, S. 516.)

28) Er war Mitgründer und Mitarbeiter der „Theologischen Monatsschrift", Hildesheim 1850 und 1851, und

29) Gründer des Kathol. Sonntagsblattes von Hildesheim. 1850.

P. Magnus Sattler schrieb noch:

5) Andechs und St. Bonifaz zu München. („Benediktinerbuch" 458—471 und 472—481.)

6) Die Benediktiner-Universität Salzburg. („Studien". 1881. I. 61—64; II. 273—287; III. 90—100; IV. 282—296. 1882. I. 83—96.)

7) Die St. Nikolaus-Anstalt in Andechs, Aktenmässige Darstellung ihres 25jährigen Bestehens und Wirkens. Donauwörth (Auer) 1881. 74 S.

S. 273 **P. Aegidius Hennemann** starb am 25. Dezember 1883 zu New Orleans, St. Louisiana, nachdem er seit Juni 1880 zum drittenmal als Missionär in Nordamerika gewirkt hatte.

„ 273 **P. Daniel Olckers** starb am 7. Juli 1883. Er war in den letzten Jahren Religionslehrer am k. Ludwigsgymnasium.

„ 273 **P. Clemens Reinhard**, Sekretär des Pfarramtes von St. Bonifaz, starb am 4. Februar 1883.

P. Odilo Rottmanner[1]) schrieb:

Rezensionen über Geiler's von Kaisersberg Ausgewählte Schriften,

[1]) Gehört auf S. 273. Seiner ist im I. Nachtrage auf S. 289 gedacht. Er ist fortwährend bemüht, durch vortheilhafte Ankäufe die Stiftsbibliothek zu be-

herausgegeben von Dr. de Lorenzi, 1—4, (Literarische Rundschau 1881, Nr. 17 und 22; 1883, Nr. 20, und 1884, Nr. 5); über Tutonis Monachi opuscula, ed. Rubatscher (ebd. 1882, Nr. 12); über Stamm, Mariologia, und Kurz, Mariologie (ebd. 1882, Nr. 17); über Geiler's Aelteste Schriften, herausgegeben von Dacheux (ebd. 1884, Nr. 5); über Funk's Ausgabe der apostolischen Väter, II. Bd. (Historisch-politische Blätter, Bd. 89, S. 719—725); über Storz, Die Philosophie des hl. Augustinus (ebd. Bd. 92, S. 382—388); über Zschokke, Die biblischen Frauen, und: Das Weib im alten Testament (ebd. Bd. 92, S. 776—780); über Funk, Die Echtheit der Ignatiusbriefe (ebd. Bd. 93, S. 320—324); ferner: In welchem Jahre und an welchem Tage ist Abt Irimbert von Admont gestorben? (Mittheilungen des histor. Vereins für Steiermark, Bd. 30, S. 95 f.) Rezension über: Alzog, Handbuch der allgem. Kirchengeschichte, 10. Aufl., und Kraus, Lehrbuch der Kirchengeschichte, 2. Aufl. („Studien" 1884. I, S. 524—527.)

P. Raymund Gronen, geb. zu München 24. März 1835, Profess 1. April 1856, Priester 6. April 1858, hat die Feldzüge von 1866 und 1870/71 als Feldkaplan mitgemacht, ist Ritter des Militärverdienstordens II. Klasse, wirkt gegenwärtig als Oekonom, Schulinspektor und Katechet.

Er liess drucken:

Predigt, gehalten am 3. Oktober 1882, in: Die Feier des 700jährigen Jubelfestes der Geburt des heil. Franziskus. München 1882. S. 39—55.

P. Melchior Eberle, geb. in Grosskissendorf 27. März 1828, Profess 6. Januar 1851, Priester 4. Mai 1853, viele Jahre Studienlehrer am k. Ludwigsgymnasium, von 1878—1884 Beichtvater in Frauenchiemsee, gegenwärtig Seelsorger an der Filialkirche St. Benedikt in München.

Er schrieb: Frauenchiemsee. („Benediktinerbuch", S. 559—568.)

P. Maurus Buchert, geb. zu Bamberg 10. Februar 1843, trat 1863 in's Noviziat von St. Bonifaz ein. Im Jahre 1864 begleitete er den damaligen Abt Haneberg auf der Reise in das heilige Land. Auf dem Rückwege hielt sich Fr. Adalbert — diess war sein Taufname — einige Zeit in Montecassino auf, woselbst er am 22. Mai 1864 seine Ordensgelübde ablegen durfte. Am 10. November 1865 zum Priester geweiht, primizirte er am 19. November. Nach glücklich bestandener Staatsprüfung wurde er 1868 als Studienlehrer am k. Lud-

reichern. Dem Verfasser der Nachträge war er zur Benützung verschiedener Rotelnsammlungen und anderer Quellen behilflich, wofür ihm dieser hier öffentlich seinen wärmsten Dank ausspricht.

wigsgymnasium angestellt; seit 1877 war er Gymnasialprofessor, und seit 1879 zugleich Direktor des k. Erziehungsinstitutes. P. Maurus erfüllte alle Obliegenheiten seines Berufes mit pünktlichster Gewissenhaftigkeit, und genoss ob seines ehrenhaften und menschenfreundlichen Charakters allgemeine Liebe und Verehrung. Von frühester Jugend beseelte ihn ein geradezu unersättlicher Wissensdrang. Nicht zufrieden damit, sich die für seinen Beruf als Priester und Lehrer erforderliche Bildung anzueignen, vertiefte er in seinen Mussestunden sich in die orientalischen und in die neueren Sprachen; einen besondern Reiz übten auch die Naturwissenschaften auf ihn aus. In den letzten Monaten beschäftigte sich der Unermüdliche auch mit der Geschichte der bayer. Benediktinercongregation; sein Plan, darüber ein Programm zu schreiben, ist leider durch seinen viel zu frühen Tod, den eine tückische Krankheit herbeiführte, 8. März 1884, vereitelt worden. Mit P. Maurus wurde ein reicher Schatz von Kenntnissen begraben.

Er schrieb Rezensionen: 1) über Avila's Briefe, übersetzt von Schermer, II. Bd. (Literar. Rundschau 1877, Nr. 10), und 2) über Neison, Der Mond (ebd. 1879, Nr. 4). — Einen kurzen, ansprechenden Nekrolog enthält der „Bayer. Kurier" vom 18. März 1884.

P. Franz Ser. Nock, geb. zu Osterhofen 15. August 1839, Priester 25. Juni 1867, Profess 10. Mai 1871, Katechet und Cooperator.

Schrift:

Leben und Wirken der gottseligen Mutter Maria Anna Josepha a Jesu Lindmayr, unbeschuhte Carmelitin im Dreifaltigkeitskloster zu München. Nach authentischen Quellen. Regensburg (Pustet) 1882. XVI. 492 S. 8.

(Eine zweite, vermehrte Auflage ist im Drucke.)

P. Emmeram Heindl, geb. 31. Juli 1854 in Hofdorf, Diözese Regensburg, Profess 28. Dezember 1876, Priester 22. Februar 1879, seit 1882 Wallfahrtspriester in Andechs.

Er schrieb:

1) Einige Blüthen und Früchte der Reformation. (**Studien** 1884, I, S. 179—186.)

2) Andechs für die Besucher des hl. Berges kurz beschrieben. Im Selbstverlag des Verfassers. 1884. 66 S.

Scheftlarn.

S. 274 Literatur: Hoheneicher, Resignation der Pröpste und Aebte des Klosters Scheftlarn. (Oberb. Archiv II, 147.)

S. 276 Die Schrift: „Ablassbrevier" erschien 1880 in München (Stahl). 800 S.

P. Thaddaeus Brunner, geb. zu Wörgl in Tirol 9. November 1821, Profess in Metten 11. April 1847, Priester 25. Juli 1847, Prior von Scheftlarn 28. Oktober 1872, resignirte 16. Januar 1884.

Schrieb: Das Priorat Scheftlarn. („Benediktinerbuch", 535—540.)

P. Gregor Lindemann, geb. zu Hengersberg 17. Januar 1847, Profess 10. August 1871, Priester 16. Mai 1873, von 1880—1884 Pfarrprediger in St. Bonifaz, am 12. Februar 1884 zum Prior von Scheftlarn gewählt.

Schriften:

1) Die Kleinkinder-Bewahranstalt an der St. Benediktus-Kirche. Predigt, gehalten am 13. November 1881. München (Huttler). 16 S.

2) Die Grundsteinlegung zum Hause der Kinderbewahr- und Krippenanstalt St. Benedikt. Predigt, gehalten am 8. September 1882. München 1882. 16 S.

3) Mehrere Predigten von ihm sind in der homiletischen Zeitschrift: Der Prediger und Katechet, 1883, S. 156 ff., S. 731 ff. gedruckt.

Zu Ettal.

„ 279 Zur Literatur: Grueber, B., die Wallfahrtsbilder zu Polling und Ettal, ihre Verehrung und künstlerische Bedeutung. Mit 2 Abbildungen. Regensburg 1882.

P. Ferdinand Marpeck starb zu Ettal am 13. Juli 1684, 80 Jahre alt. — Er war geboren zu München, studirte zu Ingolstadt und widmete sich 5 Jahre den Rechtswissenschaften. Hierauf trat er in den Weltpriesterstand und erhielt ein Canonikat in der Collegiatkirche ad B. M. V. zu Regensburg (1631). Der Schwedenkrieg nöthigte ihn, Regensburg zu verlassen. Er kam zuerst in seine Vaterstadt und erhielt hierauf die Pfarre Wolfertshausen. Hier führte er seinen Entschluss, Benediktiner von Ettal zu werden, aus, obschon ihn seine Pfarrkinder nur sehr ungern entliessen (1636). Zweimal war Marpeck vorher in eine tödtliche Krankheit gefallen und bereits von den Aerzten aufgegeben worden. Beide Male erhielt er durch ein Gelübde, das er zur Mutter Gottes nach Ettal machte, seine Gesundheit wieder. Im Kloster war er Novizenmeister und Prior, zuletzt an Händen und Füssen lahm.

P. Carl Baader starb schon am 17. Juni 1731 (nicht 1759, wie Baader im Gel. Baiern S. 62 irrig glaubte) und gehört somit nicht mehr in den Bereich unseres Werkes. (Er war geboren zu Weilheim 20. Februar 1668, Profess 1690, Priester 1696.)

Anonymi.

Anonymus von Irrsee: Vitus martyr, Tragoedia oder Vitus glorreicher Blut-Zeug in einem Trauerspiel vorgestellt von der studirenden Jugend im Reichs-Gotteshaus zu U. L. Fr. in Yrrsee. Kaufbeuern 1746. 4.

Anonymus: De finibus utriusque potestatis ecclesiasticae et laicae comment. — authore D†††, Ord. S. Bened. Ratisb. 1781.

Anonymus O. S. B., Rechter Gebrauch der Vernunft. Regensburg 1752. 4.

Anonymus Wessofontanus: Abrahamo sacerdoti et victimae, seu sacerdoti jubilaeo, victimae quinquagenariae R. DD. Praesuli Bedae jur. utr. doctori abbati Wessofontano vigilantissimo, Abrahae suo benedictionem coeli filiali affectu precatur et auguratur devotissimus Conventus Wessofontanus.

S. 278 Ein Benediktiner der Augsburger Diöcese übersetzte in das Deutsche Pouget's Institutiones. „Katholische Unterweisungen." Augsburg 1779. 9 Bde.

„ 290 I. Bd. Zu Frauenzell. Die einzige (dem Verfasser bekannte) Abbildung von Frauenzell findet sich nebst kurzer Beschreibung bei Wenning IV. Thl. R. Amt Straubing S. 42.

Der auf S. 49 (Formbach) in den Nachträgen erwähnte Verfasser des Cod. lat. 27183 hiess laut der Rotel **P. Franz Lanbartner,** war geb. zu Pötting (Erzb. Salzburg) 13. März 1690, Profess 1709, Priester 1714, war 15 Jahre Propst zu Gloggnitz, † 5. April 1742.

Anmerkung Nr. 1.

Zur handschriftlichen Literatur. Es wurden bereits im II. Bde. S. 290 (Note) Rotelsammlungen erwähnt, ohne jedoch dieselben näher zu bezeichnen. Seit dem Erscheinen des Werkes hat der Verfasser noch neue derartige Sammlungen aufgefunden. Es folgt von allen, die er benützt hat, eine kurze Beschreibung. **I. Sammlung der Roteln im Kloster Ottobeuren.** Diese reicht von 1629—1779 und umfasst mehrere Bände. Die Roteln sind chronologisch ohne Rücksicht der Klöster geordnet. (Die Roteln der Jahre 1779—1803 waren zur Zeit der Aufhebung noch nicht gebunden und gingen zu Grunde.) P. Magnus Bernhard hat ein Verzeichniss aller vorhandenen Roteln angelegt, welches sich in der Bibliothek zu Ottobeuren befindet. — Sie enthält die Roteln folgender Abteien: O. S. B. A) Aus Bayern: Andechs. — Benediktbeuern. — Deggingen. — Hl. Kreuz in Donauwörth. — Elchingen. — St. Emmeram. — Ettal. — Formbach. — St. Magnus in Füssen. — Fultenbach. — Irrsee. — Kempten. — Oberaltach. — Plankstetten. — Scheyern. — Tegernsee. — Thierhaupten. — St. Ulrich in Augsburg. — Wessobrunn. — Nonnenklöster: Holzen. — Urspringen. — Wald bei Ottobeuren. — B) Aus Württemberg: Isny. — Neresheim. — Ochsenhausen. — Wiblingen. — Zwiefalten. — C) Aus Oesterreich: Mariaberg. — Melk. — St. Peter in Salzburg. — D) Aus Deutschland: Fulda. — Ferner die Roteln vieler Männer- und Frauenklöster anderer Orden, die ich der Kürze wegen hier übergehe. — Die Sammlung ist namentlich aus der Zeit vor 1750 sehr lückenhaft, weil entweder die betreffenden Roteln gar nie nach Ottobeuren gelangt sind, oder weil man nicht alle aufbewahrte. — **II. Die Sammlung der Roteln in der fürstlich Wallersteinischen Bibliothek zu Mayhingen** (Bayern). Sie stammt aus dem Kloster Hl. Kreuz zu Donauwörth, wo sie sich bis 1803 befand. Sie umfasst 6 Bände in Folio und reicht von 1728 bis 1800. Jener Band, welcher die Roteln der Jahre 1744—1750 enthielt, fehlt. Die Anordnung ist dieselbe, wie bei der Ottobeurischen Sammlung. — Sie enthält: A) Aus Bayern: a) die Roteln der Klöster der bayerischen Benediktiner-Congregation (mit Ausnahme von Ensdorf, Michelfeld, Reichenbach und Weissenohe). b) Aspach. — Deggingen. — Hl. Kreuz in Donauwörth. — Elchingen. — Ettal. — Formbach. — Füssen. — Fultenbach. — Irrsee. — Metten. — Niederaltach. — Ottobeuren. — Plankstetten. — Seon. — St. Ulrich in Augsburg. — B) Aus Oesterreich: Altenburg. — Seitenstetten. — C) Aus Württemberg: Neresheim. — D) Die Nonnenklöster: Hohenwarth, Holzen, Kühbach und St. Walburg in Eichstätt. — E) Klöster fremder Orden: Kaisersheim und Raittenhaslach S. Ord. Cisterc. — Steingaden Ord. Praem. — Indersdorf, St. Georgen in Augsburg, Hl. Kreuz daselbst, Klosterneuburg, Rebdorf, Rohr, Wettenhausen, Can. Reg. S. Aug. — **III. Die Sammlung der Roteln im Benediktinerkloster zu Delle** (ehemals Maria Stein in der Schweiz) stammend aus dem Stifte St. Peter auf dem Schwarzwald. Sie umfasst 5 Foliobände und reicht von 1675—1782 inclus. Tom. I. von 1675—1716; Tom. II. von 1717—1737; Tom. III.

von 1738—1752; Tom. IV. von 1753—1768; Tom. V. von 1768—1782. Sie enthält die Roteln A) der Abteien O. S. B.: St. Blasien. — St. Georgen in Villingen. — Isny. — Mariaberg in Tirol. — Mehrerau. — Ochsenhausen. — St. Peter auf dem Schwarzwald. — Petershausen. — St. Trudpert. — Weingarten. — Wiblingen. — Zwiefalten. — B) Fremde Orden: St. Märgen. — Waldkirch C. Reg. S. Aug. — Mit Ausnahme der Roteln von Ochsenhausen sind alle handschriftlich. — Die von St. Peter auf dem Schwarzwald sind erst seit 1753 vorhanden. — Die von St. Blasien enthalten ausser dem Namen des Verstorbenen keine biographischen Daten. — Die Anordnung ist chronologisch ohne Rücksicht auf die Klöster. — **IV. Sammlung der Roteln des ehemaligen Reichsstiftes Elchingen** (nun im Pfarrarchiv zu Oberelchingen). 16 Tomi. Folio. Die Roteln sind nach Klöstern in chronologischer Ordnung zusammengebunden. Tom. I. enthält die Roteln a) von Benediktbeuern 1594—1790; b) von Deggingen 1616—1788 incl. — Tom. II. a) Ottobeuren 1561—1790 incl.; b) Fultenbach 1639—1790 incl. — Tom. III. Melk 1602—1790. — Tom. IV. Roggenburg, Ord. Praem. 1707—1791. — Tom. V. a) Tegernsee 1567—1791; b) Wengen in Ulm, C. Reg. S. Aug. — Tom. VI. a) Irrsee 1548—1791; b) Hl. Kreuz in Donauwörth 1549—1789. — Tom. VII. a) Wiblingen 1573—1791; b) Neresheim 1553—1591. — Tom. VIII. a) Wessobrunn 1626—1789; b) Seitenstetten 1670—1788. — Tom. IX. a) Zwiefalten 1750 bis 1791; b) Fulda; c) Banz. — Tom X. a) St. Pölten, C. Reg. (Oesterreich) 1667—1783; b) Seon 1659—1791; c) Metten 1662—1791. — Tom. XI. a) St. Ulrich in Augsburg 1610—1791; b) 7 Roteln von Andechs 1777—1787; c) Thierhaupten 1551—1789. — Tom. XII. Ochsenhausen 1594—1791. — Tom. XIII. Marchthal 1680—1790. — Tom. XIV. Hohenwarth 1613—1773. — Tom. XV. Holzen 1560 bis 1791. — Tom. XVI. Kühbach und Günzburg 1660—1791. — Keine von diesen Sammlungen ist vollständig, die eine ergänzt die andere, — die Letztgenannte hat vor den übrigen das voraus, dass sie am weitesten zurückreicht, dass die Roteln nach Klöstern geordnet sind, und dass bei den meisten noch die Wappen der Aebte gut erhalten sich vorfinden, mit denen die Roteln versiegelt waren. — Obschon die Roteln einiger Klöster in allen vier genannten Sammlungen vorkommen, so finden sich umgekehrt von mehreren Klöstern die Roteln nur in einer Sammlung vor und existiren, so viel mir bekannt, überhaupt nur mehr in einer von diesen Sammlungen.

Da durch die Aufhebung sowohl die sogenannten Schedulae professionis als auch die Bücher (Professbücher), welche ein vollständiges Verzeichniss der Religiosen nebst biographischen Daten enthielten, zu Grunde gingen, lässt sich nur mehr aus den vorhandenen Roteln eine beiläufige Series der Religiosen zusammenstellen. — Die Nekrologien, welche man im Chore brauchte, enthalten meist nichts, als Namen ohne weitere Angaben. — Bisher gelang es dem Verfasser nicht eine Sammlung aufzufinden, welche die Roteln der Klöster St. Georgen in Villingen, Mariaberg, Mehrerau, St. Peter auf dem Schwarzwald, Petershausen bei Constanz, St. Trudpert und Weingarten aus den Jahren 1783 bis 1803; Isny 1782—1803; Ochsenhausen, Wiblingen und Zwiefalten aus den Jahren 1791—1803 enthält.

Es ergeht an die Leser dieser Nachträge die Bitte, dem Verfasser, wo möglich, eine solche Sammlung namhaft zu machen.

Anmerkung Nr. 2.

Der Verfasser war bestrebt, bei biographischen Angaben genau zu sein, weshalb er auch zwischen der Zeit der Primiz und der der Ordination unterschied, erstere mit „Neomyst" letztere mit „Priester" bezeichnete. Wo es ihm zweifelhaft schien, gab er nur das Jahr an, in welchem der Betreffende Priester wurde. Die meisten Catalogi religiosorum bemerken nur den Tag der Primiz. — Diesen letztern enthalten auch alle bis zum Jahre 1802 erschienenen Catalogi Religiosorum Congr. Benedictino bavaricae, jedoch unter der nicht passenden Aufschrift „sacerdos", während die Kataloge der meisten anderen Klöster die Bezeichnung „sacerdos" und „neomysta" genau auseinander halten. — Häufig fand der Verfasser, dass selbst in verlässlichen Quellen die Zeit des Priesterthums um ein Jahr divergirend angegeben war. Diess kam daher, weil der Eine die Zeit der Ordination, der Andere die der Primiz im Auge hatte, denn sehr oft primizirten die im Adventquatember geweihten Religiosen erst am 1. oder 6. Jänner des folgenden Jahres.

I. O. G. D.

Errata des Registers.

S. 297 Z. 1 v. o. lies: Elger, st. Elcher.

„ 299 Z. 8 v. o. lies: Posper, st. Proper.

„ 299 Z. 16 v. o. lies: 66, st. 96.

„ 299 Z. 25 v. o. lies: Kleimayern, st. Kleinmayern.

„ 301 Note 1) hat keine Giltigkeit, weil die richtige Schreibweise (Gerard) noch im Text berichtigt wurde.

„ 302 Z. 22 v. u. lies: Schönberger st. Schönberg.

Register.[1])

Abt B. (St. Ulr.), 57.
Achter Ulr. (Schey.), 27.
Alt P. (Ottob.), 53.
*Angermayr Aem. (St. Ulr.), 57.
Aschenbrenner B. (Ober.), 9.
Aurbacher L. (Ottob.), 53.
Baader C. (Ett.), 80.
Bacher V. (St. Emm.), 7.
Back C. (Ottob.), 53.
Bartscherer A. (Michelf.), 33.
[Bauser A. (Eich.)], 61.
Bayrhamer M. (Wesso.), 19.
[Bendel M. (Benedikt.)], 9.
Bernhard M. (St. Steph. A.), 73, 81.
[Boxberger Pl. (Banz)], 69.
*Brand A. (Michelf.), 33.
Braun P. (St. Ulr.), 34, 55, 56, 57.
Braunmüller B. (Mett.), 45, 46, 47.
Breunig B. (Theres), 68.
Brunner L. (St. Steph. A.), 73.
*Brunner Th. (Scheftl.), 80.
[Bucelin G. (Weingarten)], 52.
*Buchert M. (St. Bonif.), 78.
Buchner Al. (Benedikt.), 12.
Buz P. (Fult.), 63.
v. Campi A. (Wesso.), 17.
Carl R. (Weihenst.), 20.
Carmichael G. (St. Jakob Würzb.), 72.
Dagaro M. (Weihenst.), 21.
Deixlberger J. (Mett.), 41.
Desing A. (Ensd.), 33.
*Diener P. (St. Veit), 37.
Dinger P. (Degg.), 64.
Dobler M. (Degg.), 64.
Doblinger G. (Priefl.), 29.
*Drichtler A. (St. Ulr.), 56, 58.
*Eberle M. (St. Bonif.), 78.
*Edelmann J. (Eich.), 61.
Eisvogl V. (Wesso.), 15, 35.
Elger J. (Mett.), 36.
Ellinger A. (Wesso.), 20.
[Emer P. (Irsee)], 65.
[Engelhard W. (Banz)], 69.
*Engl C. (Priefl.), 32.
*Erber W. (Priefl.), 32.
*Farnbauer B. (Mett.), 44.

[1]) Die mit Sternchen bezeichneten Namen kommen im Hauptwerke nicht vor. — Die in Klammern eingeschlossenen Religiosen starben vor 1750 und wurden der Literatur wegen aufgenommen.

Feichtmayr P. (Irrsee), 65.
Feyerabend M. (Ottob.), 53.
*Fichtl N. (St. Ulr.), 58.
*Fischer F. (Mett.), 49.
Frank O. (Banz), 70.
Freyberger P. (Ober.), 9.
[Freydlsperger C. (Seon)], 36.
Freymüller W. (Mett.), 44.
Friedinger P. (Elch.), 62.
Fritz A. (Benediktb.), 11.
Fröhlich W. (St. Emm.), 7.
Fuchs J. (Teg.), 13.
Gams P. (St. Bonif.), 76, 77.
Gandershofer M. (Mett.), 41—44.
Gangauf Th. (St. Steph. A.), 72.
Gebele E. (St. Steph. A.), 75.
*Geiger G. (Mett.), 48.
Geissendorfer A. (Michelsb.), 67.
*Gelterle B. (St. Ulr.), 58.
Gerbel F. (Priefl.), 29.
Gerl P. (Priefl.), 29.
Gerstner A. (Donauw.), 59.
Göschl Pl. (Reichenb.), 33.
Gollowitz D. (Ober.), 9.
Gondola Frh. S. (Ett.), 39.
Gratzmueller H. (St. Stephan A.), 72.
Grieninger H. (Irrsee), 65.
*Gronen R. (St. Bonif.), 78.
Gropp Ig. (St. Steph. Würzb.), 68.
Gufl V. (Priefl.), 28.
Gutwillig M. (St. Ulr.), 55.
Hackl N. (St. Emm.), 6.
*v. Hamilton J. (St. Jak. Reg.), 70.
v. Haneberg B. (St. Bonif.), 76
Hauff R. (Schey.), 27.
*Heindl Emm. (St. Bonif.), 79.
Hennemann A. (St. Bonif.), 77.
*Hermann M. (Weissen.), 24.
Hibler F. (Schey.), 27.
Hirnlehe B. (Banz), 69.
Hochholzer E. (And.), 35.
Höfer G. (Mett.), 44.
Hörmann E. (Attl), 21.
Holdenrieder D. (St. Ulr.), 55.
Holner L. (Schey.), 27.
Hortig J. N. (And.), 35.
Hueber Apr. (Mehr.), 60.
Hunger L. (Nieder.), 41.
Hypper B. (Wesso.), 19.
Jais A. (Benedikt.), 11.
Kaindl J. E. (Priefl.), 31.
Keller Pl. (St. Magn.), 49.
[Kilian W. (Banz)], 69.
v. Kleimayern J. D. (Wesso.), 20.
Klingl J. d. Cr. (St. Bonif.), 76.
Klocker C. (Benediktb.), 11.
Klug A. (Amorb.), 66.
Knipfelberger M. (Ett.), 39.
Koegl R. (Ett.), 39.
Koenigsberger M. (Priefl.), 29.
[Kolb H. (Seon)], 36.
Kolbinger R. (Ottob.), 52.
*Kollbrenner R. (Seon), 37.
Koneberg H. (St. Steph. A.), 74.
Kornmann R. (Priefl.), 30.
Kornmüller U. (Mett.), 47.
Kraus Fr. (Neust.), 66.
Kraus J. B. (St. Emm.), 7.
Kraus L. (Mett.), 41.
Krumm M. (St. Ulr.), 55.
Kuhn C. (St. Steph. A.), 73.
Kurtz Gr. (Michelsb.), 67.
Labhardt Th. (St. Steph. A.), 76.
Lang P. (Amorb.), 66.
[Langpartner Fr. (Formb.)], 49, 81.
Lechner P. (Schey.), 27.
Leiss R. (Schey.), 27.
Leutner C. (Wesso.), 14.
Licklederer B. (Weihenst.), 21.
Liebert N. (St. Steph. A.), 74.
Liebert Sigis. (St. Steph. A.), 75.
Liebheit G. (Weihenst.), 21.
*Lindemann Gr. (Scheftl.), 80.
Lipp M. (Mett.), 45.
Löx A. (Weltenb.), 5.
*Lutzenberger A. (Elch.), 63.
Luz C. (Elch.), 61, 62.
Luz E. (Seon), 37.
[Luz M. (Wesso.)], 20.
*Mack Gr. (Rott.), 26.
Mall S. (Benediktb.), 11.
*Manostetter S. (Irrsee), 66.
[Marpeck F. (Ett.)], 39, 80.
*Marstaller P. (Wesso.), 19.
Mayr B. (Donauw.), 59.
Mayr C. (St. Ulr.), 55.
Mayr P. (St. Ulr.), 57.
v. Mayr R. (Seon), 37.
*Mayrhofer J. (Weltenb.), 5.
[Meichelbeck C. (Bened.)], 9.
Meichelbeck Nic. (Ottob.), 52.
Meilinger Fl. (Benedikt.), 12.

Meiller A. (Reichenb.), 32.
Mertl R. (St. Steph. A.), 72.
[à Mertzenfeld Gr. (Schwarz.)], 66.
Mezger H. (Seon), 36.
Michael . . . (Fultenb.), 63.
Mittermayr Ul. (Wesso.), 17.
Mittermüller R. (Mett.), 45.
Molitor V. (Banz), 70.
Moritz J. (Ensd.), 34.
Moser N. (Attl), 21.
Mosmüller M. (And.), 35.
[Müttermayr G. (Elch.)], 61.
Naisl A. (Weihenst.), 21.
*Nock Fr. (St. Bonif.), 79.
*Oberndorffer M. (Mett.), 44.
Olckers D. (St. Bonif.), 77.
Ortmann B. (Priefl.), 30.
v. Packenreuth J. M. (Wesso.), 15.
Pappus Fr. (Mehr.), 59.
Permanne B. (S. Steph. A.), 74.
Planer J. N. (Michelsb.), 68.
Popelin P. (Mehr.), 60.
*Popp P. M. (St. Ulr.), 57.
Postelmayr St. (St. Steph. A.), 72.
Prechtl M. (Michelf.), 33.
Preyssinger L. (St. Steph. A.), 72.
Prixner J. (Reichenb.), 32.
Prixner S. (St. Emm.), 7.
Promberger M. (St. Ulr.), 56.
Pronath M. (Priefl.), 30.
Pruggberger M. (Teg.), 13.
Puchner B. (St. Emm.), 7.
Pümpel P. (Mehr.), 60.
[Ramsperg Fr. (Mehr.)], 59.
Randl J. B. (And.), 35.
Rauch Fr. (Ottob.), 52.
Rauch Gr. (And.), 35.
Rauch M. (St. Steph. A.), 72.
Reich H. (Ottob.), 53.
Reichart J. (Mehr.), 60.
Reichenberger W. (Priefl.), 29.
Reinhard C. (St. Bonif.), 77.
Reinlein P. (St. Steph. A.), 73.
[Remy M. (Irrsee)], 65.
Renz C. (Ottob.), 53.
*Richter Pl. (Weissen.), 24.
Riedhofer C. (Benedikt.), 12.
Riedl B. (Benedikt.), 9.
Rixner A. (Mett.), 41.
Roesser C. (Banz), 70.
Roppelt J. B. (Banz), 70.
Rosner F. (Ett.), 39.
Rost C. (Michelsb.), 68.
Rottmanner O. (St. Bonif.), 77, 78.
Sachs R. (Mett.), 47.
*Sailer Th. (Wesso.), 20.
Sanftl B. (Nieder.), 40.
Sanftl C. (St. Emm.), 7.
Sattler M. (St. Bonif.), 77.
Schatt J. (Banz), 70.
[Schaumberger W. (Seon)], 36.
Schiegg Ul. (Ottob.), 53.
Schinhörl P. (Mallersd.), 34.
*Schmid B. (Schey.), 28.
Schmidt E. (Mett.), 47.
Schnitzer F. (Ottob.), 53.
*Schoettl A. (Mett.), 44.
Schram D. (Banz), 70.
Schreier P. (Rott), 26.
Schrettinger W. (Weissen.), 25.
[Schwarz A. (Banz)], 69.
Schwarzhuber S. (Wesso.), 20.
Sedlmayr V. (Wesso.), 17.
Seizer B. (Seon), 37.
Sepp B. (St. Steph. A.), 75.
Siber Th. (Schey.), 27.
*Soeder A. (Mett.), 48.
Soelch C. (Seon), 37.
[Sohn A. (Banz)], 69.
Spiess M. (Irrsee), 65.
[Sprenger A. (Mehr.)], 60.
Stark B. (St. Emm.), 7.
Steiglehner C. (St. Emm.), 7.
Stiboeck M. (St. Ulr.), 56.
Stiessberger S. (Mett.), 45.
Stöckl C. (Mett.), 41.
*Streicher R. (St. Ulr.), 59.
Ströhl J. N. (Michelf.), 33.
Stumm Gr. (Banz), 70.
Sulzbeck Fr. (Mett.), 45.
Vogel B. (Ottob.), 53.
Vogt A. (Weissen.), 25.
Walberer E. (Priefl.), 28, 31.
Weigl J. Fr. (Priefl.), 32.
Weiher B. (St. Magn.), 49.
Weinzierl C. (St. Emm.), 7, 8.
Weiss O. (Ett.), 40.
Weixer R. (Weihenst.), 21.
[Weller B. (Banz)], 69.
Werle C. (Irrsee), 65.
Werner B. (Weltenb), 5.
Werner P. (St. Emm.), 7.

Widmann A. (Wesso.), 20.
Widmann M. (Elch.), 62.
Wilhelm M. (Ensd.), 34.
Wimmer M. (Seon), 37.
[Winckelmann C. (Banz)], 69.
*Windrich Gr. (Mallers.), 34.
Wisneth B. (Priefl.), 31.
Woerle W. (St. Ulr.), 56.
Wourstn M. (Benedikt.), 9—11.
Zallwein G. (Wesso.), 16.
Zenetti B. (St. Steph. A.), 72.
Zillober M. (St. Steph. A.), 72.
Zimmermann B. (St. Magn.), 49.
Zirngibl R. (St. Emm.), 7.
v. Zoller Jos. (St. Ulr.), 54.

Register

der in den Nachträgen besprochenen Abteien.

Andechs, 34.
Amorbach, 66.
Aspach, 48.
Attl, 21.
Banz, 68.
Benediktbeuern, 9.
St. Bonifaz in München, 76.
Deggingen, 64.
Elchingen, 61.
St. Emmeram, 5.
Ensdorf, 33.
Ettal, 38, 80.
Formbach, 49, 81.
Frauenzell, 81.
Fultenbach, 63.
St. Jakob in Regensburg, 70.
St. Jakob in Würzburg, 71.
Irrsee, 64.
Kempten, 53.
Hl. Kreuz in Donauwörth, 59.
St. Magnus in Füssen, 49.
Mallersdorf, 34.
Mehrerau, 59.
Metten, 41.
Michelfeld, 33.
Michelsberg, 67.
Neustadt am Main, 66.
Niederalteich, 40.
Oberalteich, 8.
Ottobeuren, 49.
Priefling, 28.
Reichenbach, 32.
Rott, 26.
Scheftlarn, 79.
Scheyern, 26.
Schwarzach, 66.
Seon, 36.
St. Stephan in Augsburg, 68.
St. Stephan in Würzburg, 71.
Tegernsee, 12.
Theres, 68.
Thierhaupten, 20.
St. Ulrich in Augsburg, 54.
St. Veit, 37.
Weihenstephan, 20.
Weissenohe, 21.
Weltenburg, 5.
Wessobrunn, 13, 35.

Inhalt der Nachträge.

	Seite
Vorbemerkung	3
Quellen	4
Weltenburg	5
St. Emmeram	5
Oberalteich (Oberaltach)	8
Benediktbeuern	9
Tegernsee	12
Wessobrunn	13
Thierhaupten	20
Weihenstephan	20
Attl	21
Weissenohe	21
Rott	26
Scheyern	26
Priefling (Prüfening)	28
Reichenbach	32
Michelfeld	33
Ensdorf	33
Mallersdorf	34
Andechs	34
(Wessobrunn)	35
Seon (Seeon)	36
St. Veit	37
Ettal	38
Niederalteich (Niederaltach)	40
Metten	41
Aspach	48
Formbach	49
St. Magnus in Füssen	49
Ottobeuren	49
Kempten	53
St. Ulrich	54
Hl. Kreuz in Donauwörth	59
Mehrerau	59
Elchingen	61
Fultenbach	63
Deggingen	64
Irrsee	64
Amorbach	66
Neustadt am Main	66
Schwarzach	66
Michelsberg	67
Theres	68
St. Stephan in Würzburg	68
Banz	68
St. Jakob in Regensburg	70
St. Jakob in Würzburg	71
St. Stephan in Augsburg	71
St. Bonifaz in München	76
Scheftlarn	79
(Ettal)	80
Anonymi	81
(Frauenzell)	81
(Formbach)	81
Anmerkung Nr. 1.	82
Anmerkung Nr. 2.	84

Lightning Source UK Ltd.
Milton Keynes UK
UKHW020132191021
392439UK00002B/459

9 780274 197880